국제정치경제와 동아시아

국제정치경제와 동아시아

International Political Economy and East Asia

임혜란 · 이영섭 지음

율곡출판사

들어가는 글

전문분야에서 오랫동안 연구하고 강의하는 학자라면 누구라도 한 번쯤 현실의 주요 문제에 대해 자신의 학문적 관점을 밝히고 해결방안을 제시하기 위해 전문서적을 써보고 싶은 충동을 강하게 느껴봤을 것이다. 저자가 국제정치경제라는 과목을 미국 유학시절 처음 접하고 이후 관련 이슈에 대해 다수의 연구를 진행하고 일부 강의도 했지만 자신만의 일관된 논리 및 체계를 유지하기가 어려웠다. 늘 책을 써서 공부하고 연구했던 것들을 저자 나름의 체계로 묶어서 짜임새 있게 정리하고 싶었지만, 그동안 지식도 일천하고 시간도 부족해 계속 미루었었다. 그러나 책을 써보고 싶은 유혹을 도저히 뿌리칠 수 없어 뒤늦게나마 이 책을 집필하게 되었다.

이 책은 저자 및 공저자의 기존 연구들을 포함하고 있지만, 전문서적의 체계를 갖추기 위해 상당히 많은 부분들을 새로 써서 보강하였다. 막상 집필을 시작하고 보니 이 책이 단순히 저자의 연구들을 정리하는 것이 아니라 국제정치경제 분야에 대해 관심을 갖고 있는 학생들, 연구자들 및 일반 독자들에게도 도움이 될 수 있는 책이 되었으면 하는 욕심이 생겼다. 따라서 한편으로 국제정치경제에 대한 저자의 관점을 명확히 제시하면서도 다른 한편으로 이 분야의 전반적인 이슈에 대한 이해를 돕기 위해 몇 가지를 특별히 유념하면서 책을 썼다.

첫째, 이 책에서 저자는 학문적 영역은 서로 연계되어야 한다는 열린 사고방식, 그리고 소규모 개방국인 우리나라에서는 모든 이슈를 국내, 국제 구분 없이 다루어야 한다는 통합적인 사고방식에 근거해 국제정치경제 이슈들을 분석하고 더 나은 해법을 찾으려고 노력하고 있다.

저자가 수십 년 동안 공부하고 연구하고 강의하는 과정에서 지속적으로 느끼고 있는 것 중의 하나는 세상의 양태와 학문의 양태가 서로 너무 다르게 나타나고 있다는 것이다. 세상의 모든 일은 정치, 경제, 사회, 문화 등 다양한 분야가 서로 얽히고설켜 일어난다. 그런데 학문적 태도는 가급적 분리해 자신만의 영역에서 분석하고 있는데, 이는 학문적 체계의 차이 때문이라기보다는 연구상의 편리 때문이라고 생각된다. 저자가 주로 연구해 온 정치경제 분야에 한정해서 보더라도 정치와 경제는 분리가 불가능하고 늘 서로 엮여 있다. 그럼에도 불구하고 학문적 태도에서는 현실과는 달리 서로를 배제하려고 하는 모습을 보이고 있어 아쉬움이 많았다. 따라서 연구를 하면 할수록 타분야를 함께 포용하는 보다 개방된 학문적 태도로 현실을 직시하고 핵심을 간파하기 위해 노력해야 한다고 느끼게 되었다.

또한 세계질서에서 우리나라가 처해 있는 현실을 고려하면 이와 같은 자세는 더욱 필요하다. 현대 사회는 국내 문제와 국제 문제가 구분 없이 하나로 엮여 움직이고 있다. 그런데도 우리나라에서는 정치에서도 상대방만 이기면 된다는 제로섬 사고에 얽매여 국내에서 벗어나지 못하고 있고, 경제에서도 국제경쟁보다는 국내에서 다른 사람 것만 뺏으면 된다는 편협하고 속박된 사고에 머물러 있다. 미국, 유럽, 중국 등 지리적 · 경제적으로 내부 규모가 충분히 커서 대외문제에 대해 등한시할 수 있는 국가들조차도 거의 모든 이슈를 범세계적 · 총체적 입장에서 보려고 하는데, 국제거래를 통해서만 생존이 가능한 소규모 국가인 우리나라에서는 오히려 폐쇄주의 시각으로 보려 하고 있다. 우리처럼 늘 국제정세 소용돌이에 휘말리고 대외거래가 많은 국가에서는 더욱더 국제적인 시각에서 모든 이슈를 봐야 한다.

둘째, 국제정치경제 이슈들이 워낙 다양하고 복잡할 뿐만 아니라 여러 가지 시각들이 대립하고 있어 이 분야를 처음 접하는 사람들에게 자주 혼란을 야기한다. 이러한 문제를 최소화하고자 이 책에서는 중요한 이슈와 관련해 가능한 한 저자의 명확한 입장을 제시하려고 한다. 국제정치경제 분야에서는 대표적으로 현실주의, 자유주의, 맑스주의 세 가지 시각이 대립하고 있다. 많은 경우에는 서로 절충되어 큰 문제가 없으나, 종종 세 시각이 뚜렷이 대립할 때가 있는데, 이런 경우 이 책은 국가의 역할을 강조하는 현실주의 입장을 취할 것이다. 이러한 입장은 저자가 다른 책을 썼을 때도 표명했는데, 예를 들어 동아시아 발전모델에서 국가 역할에 대해 많은 논의가 있지만 저자는 새로운 변화 속에서도 국가 역할이 여전히 부각되어야 함을 강조했다. 물론 유연한 입장에서 자유주의 및 맑스주의 시각도 반영해 설명하겠지만, 이들이 서로 대립해 하나를 선택해야 한다면 현실주의 입장을 취할 것이다. 한 가지 주의할 것은, 국가 역할을 강조한다고 해서 국가가 시장마저 주도해 나가라는 것은 아니고 시장기능을 강화시키기 위한 국가의 개입 및 적극적 역할을 하라고 주장한다는 점이다. 예를 들어 국제체제에서 패권국이 자유롭고 안정된 국제질서라는 공공재를 제공하듯, 국내에서도 국가가 공정한 자유경쟁이 이루어질 수 있는 안정된 시장이라는 공공재를 보장하기 위해 적극적 역할을 해야 한다. 그러나 저자는 이 세 가지 시각이 서로 배타적이라기보다 보완적으로 활용되어야 한다고 생각한다. 즉, 국제정치경제에서는 현실을 직시해야 하므로 당연히 현실주의 시각이 바탕이 되지만, 좀 더 나은 현실을 만들기 위해서는 자유주의 시각에서 제시하는 상대적으로 이상적인 비전을 추구할 필요도 있다. 또한 국제정치경제질서가 강자 중심으로 나가다 보면 그로부터 도외시되고 피해를 입는 계층 및 국가들이 발생하는데, 이들 약자를 보호하기 위해 국제정치경제를 바닥으로부터 바라보는 맑스주의 시각도 고려해야 할 것이다.

셋째, 이 책은 다양한 독자들이 국제정치경제 이슈에 대해 잘 이해하고 편안히 접근할 수 있도록 여러 노력을 기울였다. 우선 모든 이슈에 대해 필요한 경제지식을 구체적으로 제시하고자 하였다. 이 책을 쓰면서 많은 국제정치경제 책들을 읽었는데, 대부분의 책에서는 독자들이 기초 경제지식을 지니고 있는 것으로 간주하거나 또는 경제이론을 정치학자 입장에서 일방적으로 설정하는 경향이 많았다. 이 책에서는 모든 이슈에 대해서 필요한 기초 경제지식을 경제원론, 미시경제, 거시경제, 국제경제 교과서에 기초해 구체적으로 설명하고 있다. 특히 제Ⅲ부 국제정치경제 분야별 주요 이슈에 대해서는 매번 기초 경제이론을 먼저 제시하고 해당 이슈들에 접근하고 있다. 또한 이 책은 가급적 많은 경우 데이터를 표 및 그림으로 표시해 여러 주장의 해당 근거를 제시하고자 하였다. 현실적인 문제를 다룰 때, 특히 정책제안을 할 때는 이론적인 논리뿐만 아니라 근거를 제시하는 것이 필요한데, 이 책에서는 이러한 중요성을 강조하고자 다른 책에 비해 데이터를 많이 활용하고 있다. 아울러 책 자체를 읽기 편하고 이해하기 쉽게 하기 위해서도 표, 그림, 박스 등을 활용하였다. 다른 책들은 너무 내용만 빼곡해 눈이 피로해지고 읽기 지루해지는 경향이 있다. 이 책은 표, 그림, 박스 등을 내용과 관련해 필요한 적재적소에 삽입함으로써 이해도 도모하고 쉬어갈 수 있는 여유를 가질 수도 있게 구성하였다.

이 책을 만드는 데 많은 분들의 도움을 받았다. 스승과 학자의 자세를 동시에 가르쳐 주시고 저자를 학문의 길로 인도해 주신 진덕규 교수님, 양승태 교수님, 故 로버트 잭만(Robert Jackman) 교수님께 제일 먼저 감사를 드리고 싶다. 윤영관 교수님은 저자가 국제정치경제를 처음 수강하고 지금까지도 계속 관심을 갖도록 만들어 주셨고 여러 현실적인 이슈에 대해서도 많은 조언을 해주셨다. 김인준 교수님은 여러 연구자료들을 이 책에서 활용할 수 있도록 도움을 주셨다. 또한 공저자인 이영섭 교수는 이 책의 경제 관련 이슈들을 집필하고 기존의 연구자료들을 사용하도록 기꺼이 제공해 주었을 뿐만 아니라 원고를 수차례 읽고 꼼꼼히 수정해 주었다. 또한 서울대학교 유혜림, 정선영, 조한나 학생은 바쁜 와중에도 자료 수집, 원고 집필 및 교정 단계에서 커다란 도움을 주었다. 아울러 일일이 언급할 수는 없지만, 학교 및 학회 동료들은 저자들이 평소 연구를 진행하는 데 격려와 논평을 해줌으로써 이 책의 주요 부분의 근간을 완성하는 데 상당한 도움을 주었다. 수업 중에 많은 질문을 던지고 오류를 지적해 준 학생들 또한 이 책의 내용을 개선하는 데 많은 기여를 하였다. 이 모든 분들의 도움에 대해 이 자리를 빌려 깊은 감사를 드린다. 그리고 이 책이 신속하고 완벽하게 출판되도록 정성을 기울여 주신 율곡출판사 박기남 사장님 및 편집부 직원들께도 심심한 사의를 표한다.

마지막으로 말로 형언할 수 없는 어려움에도 불구하고 놀라운 인내력으로 묵묵히 저자를 응원하고 세심한 배려를 해주면서 아늑함을 가져다주는 가족들에게 무한한 고마움을 전한다.

2020년 7월 관악산에서

임혜란

차 례

들어가는 글/iv

제I부 국제정치경제의 기초

제1장 국제정치경제란 무엇인가?

1. 국제정치경제의 개요 ······ 6
   1.1 국제정치경제의 중요성/6
   1.2 국제정치경제의 개념 및 특징/9
2. 국제정치경제의 내용 ······ 12
   2.1 국제정치경제의 주요 관심 및 주제/12
   2.2 이 책의 구성/15

제2장 국제정치경제의 연구 주제

1. 국가와 시장 ······ 20
   1.1 국가와 시장의 개념/20
   1.2 국가와 시장의 관계/22
2. 국가의 자율성과 국제협력 ······ 24
   2.1 국가의 자율성/24
   2.2 국가와 국제레짐/26
3. 경제성장과 분배 ······ 27
   3.1 국내에서의 분배문제/28
   3.2 국제관계에서의 분배문제/32

4. 패권경쟁 35
4.1 패권국의 역할 및 필요성/35 4.2 패권의 변화/38

제3장 국제정치경제질서의 역사적 변화

1. 세계 경제의 역사적 추이 44
1.1 경제력 규모/44 1.2 1인당 소득/46
2. 팩스-브리태니카 48
2.1 국제정치경제의 기원/48 2.2 산업혁명과 영국의 부상/50
2.3 영국 패권의 쇠락/53
3. 팩스-아메리카나 57
3.1 제2차 세계대전과 미국의 부상/57
3.2 제2차 세계대전 이후의 국제정치경제질서/61
3.3 미국 패권의 쇠락/66
4. 향후 국제정치경제질서 전망 69
4.1 미국 패권에 대한 도전/69 4.2 향후 전망/73

제Ⅱ부 국제정치경제의 접근법

제4장 현실주의 시각

1. 현실주의의 개요 84
1.1 현실주의의 기본 가정/84 1.2 현실주의에서 정치와 경제의 관계/85
2. 고전적 중상주의 88
2.1 중상주의의 태동/88
2.2 고전적 중상주의의 의의 및 주요 특징/89
3. 경제민족주의 92
3.1 경제민족주의의 태동/92 3.2 경제민족주의의 의의 및 주요 특징/94

4. 신현실주의 ········ 95
4.1 신현실주의의 태동/95　4.2 신현실주의의 의의 및 주요 특징/98
5. 현실주의에 대한 비판 ········ 102
부록 패권안정이론 ········ 104
1. 배경/104　2. 패권안정이론의 전개/105
3. 패권안정이론에 대한 비판/107

제5장 자유주의 시각

1. 자유주의의 개요 ········ 114
1.1 자유주의의 기본 가정/114　1.2 자유주의에서 정치와 경제의 관계/116
2. 고전적 자유주의 ········ 120
2.1 고전적 자유주의의 태동/120
2.2 고전적 자유주의의 의의 및 주요 특징/121
3. 케인즈주의 ········ 124
3.1 케인즈주의의 태동/124　3.2 케인즈주의의 의의 및 주요 특징/125
4. 신자유주의 : 고전적 자유주의의 부활 ········ 127
4.1 신자유주의의 태동/127　4.2 신자유주의의 의의 및 주요 특징/129
5. 자유주의에 대한 비판 ········ 133
부록 죄수의 딜레마와 국제협력의 이익 ········ 135

제6장 맑스주의 시각

1. 맑스주의의 개요 ········ 142
1.1 맑스주의의 기본 가정/142　1.2 맑스주의에서 정치와 경제의 관계/143
2. 고전적 맑스주의 ········ 147
2.1 고전적 맑스주의의 태동/147
2.2 고전적 맑스주의의 의의 및 주요 특징/149

3. 제국주의 이론 …… 150

3.1 제국주의 이론의 태동 / 150

3.2 제국주의 이론의 의의 및 주요 특징 / 152

4. 현대적 구조주의 …… 154

4.1 구조주의의 태동 / 154
4.2 종속이론 / 155

4.3 세계체제론 / 157

5. 맑스주의에 대한 비판 …… 160

부록 그람시적 분석 …… 163

제Ⅲ부 국제정치경제의 주요 분야

제7장 국제통화관계와 정치경제

1. 국제통화관계의 기초 이론 : 국제수지 및 환율제도 …… 172

1.1 국제수지 / 172
1.2 환율제도 / 179

2. 브레튼우즈 이전의 국제통화체제 …… 182

2.1 고전적 금본위제도 / 182
2.2 전간기의 대혼란 / 184

3. 브레튼우즈 체제 …… 186

3.1 브레튼우즈 통화체제의 성립 / 186
3.2 브레튼우즈 체제와 달러의 역할 / 189

3.3 브레튼우즈 체제의 붕괴 / 193

4. 브레튼우즈 이후의 국제통화체제 …… 199

4.1 변동환율제도로의 이행 / 199

4.2 국제통화체제 안정을 위한 정책공조 : 프라자-루브르 합의 / 202

4.3 현행 국제통화체제에 대한 평가 / 205

5. 새로운 국제통화체제의 모색 …… 208

5.1 효율적인 국제통화체제의 조건 / 208
5.2 국제통화체제 개선 논의 / 210

5.3 신브레튼우즈 체제와 그 도전 / 212

제8장 국제금융위기와 정치경제

1. 국제금융위기의 기초 이론 : 자본자유화 및 국제금융위기 이론 221

1.1 자본자유화/221
1.2 금융위기의 유형/224
1.3 금융위기 이론/227

2. 라틴아메리카의 금융위기 234

2.1 1980년대의 외채위기/235
2.2 데킬라 위기와 이후의 금융위기/244

3. 유럽의 금융위기 247

3.1 스칸디나비아 금융위기/247
3.2 ERM 위기/248
3.3 유로위기/251

4. 미국의 금융위기 261

4.1 S&L 위기/261
4.2 글로벌 금융위기/263

5. 국제금융체제의 개편 방향 272

5.1 국제금융질서 안정을 위한 논쟁/272
5.2 국제금융질서 개편 및 위기대응 방안/275

제9장 국제무역질서와 정치경제

1. 국제무역관계의 기초 이론 : 무역이론과 무역자유화 논쟁 287

1.1 전통적 무역이론/287
1.2 새로운 무역이론/291
1.3 무역자유화 논쟁/297

2. GATT 체제의 출범 304

2.1 제2차 세계대전 이전의 국제무역관계/304
2.2 GATT의 출범/306

3. 제2차 세계대전 이후의 다자간 무역협상 314

3.1 초기의 GATT 라운드/312
3.2 우루과이 라운드/315

4. WTO와 글로벌 무역체제 318

4.1 WTO의 조직 및 기능/318
4.2 WTO 체제의 다자협상/321
4.3 중국의 WTO 가입/324

5. 국제무역체제의 개편 방향 328
5.1 국제무역체제 변화에 대한 논쟁/328 5.2 국제무역질서의 새로운 변화/331

제10장 국제생산질서와 정치경제

1. 국제생산질서의 기초 이론 : 다국적기업 이론 341
1.1 기본 개념 및 동기/341 1.2 다국적기업 이론/345
2. 다국적기업의 역사적 발전과정 352
2.1 제2차 세계대전 이전/352 2.2 제2차 세계대전 이후/354
3. 생산세계화와 글로벌 생산 네트워크 361
3.1 글로벌 가치사슬 vs. 글로벌 생산 네트워크/361
3.2 글로벌 생산 네트워크와 지역 생산 네트워크/364
4. 다국적기업과 국제레짐 368
4.1 다자간 접근/370 4.2 지역 및 양자 간 접근/376
5. 국제생산질서의 새로운 변화 381
5.1 다국적기업의 영향 논쟁/381 5.2 생산세계화의 새로운 변화/385

제11장 경제발전과 정치경제

1. 경제발전의 기초 이론 : 발전 개념과 발전이론 397
1.1 발전의 개념 및 측정/397 1.2 발전이론/400
2. 제2차 세계대전 이후의 발전 추이 407
2.1 국가그룹별 경제성장 추이 변화/407 2.2 대외원조의 추이 및 특징/410
3. 저발전 문제 해결을 위한 글로벌 노력 414
3.1 세계은행그룹/414 3.2 UN : MDGs 및 SDGs/420
3.3 OECD : DAC/423
4. 발전전략 비교 424
4.1 수입대체산업화 전략/424 4.2 수출주도 발전전략/427
4.3 사회주의 발전전략/431 4.4 정통 자유주의 전략/432

5. 발전을 위한 제언 435
5.1 발전과 저발전 관계에 대한 논쟁/435
5.2 발전전략을 위한 제언/438

제12장 지역통합과 정치경제

1. 지역통합의 기초 이론 : 정치학적 접근과 경제학적 접근 446
1.1 정치학적 접근/447
1.2 경제학적 접근/451
2. RTA의 현황 및 특징 457
2.1 RTA 현황 및 추이/457
2.2 RTA와 WTO/461
3. 지역통합 사례 : EU 465
3.1 EU의 형성과정/465
3.2 EU의 지역통합에 대한 평가/471
4. 지역통합 사례 : 기타 지역 473
4.1 북미 : NAFTA 및 USMCA/473
4.2 남미 : MERCOSUR/476
4.3 동아시아 : ASEAN/479
4.4 대륙 간 지역협정/481
5. 지역통합의 향후 전망 493
5.1 지역주의 확산 원인 및 영향/493
5.2 지역적 접근 vs 범세계적 접근/497

제Ⅳ부 동아시아의 정치경제

제13장 동아시아 발전의 정치경제

1. 동아시아의 발전과 여러 시각 509
1.1 동아시아 발전의 추이 및 주요 변화/509
1.2 동아시아 발전을 설명하는 여러 시각들/515
2. 동아시아 발전국가 모델의 개념 및 주요 요인 522
2.1 동아시아 발전국가 모델의 개념/522
2.2 동아시아 발전국가 모델의 핵심 요인/523

3. 동아시아 발전국가 모델을 둘러싼 논쟁 …… 530
3.1 발전국가 모델의 유용성 논쟁/531 3.2 발전국가 모델과 위기의 관계 논쟁/536
3.3 동아시아 위기 이후 발전국가 모델의 변화 논쟁/538
4. 동아시아 발전국가 모델의 재구성 …… 540
4.1 대내외적인 새로운 변화/541
4.2 새로운 변화와 발전국가 모델의 재구성/549
5. 개발도상국에 대한 시사점과 국가의 새로운 역할 …… 557
5.1 개발도상국에 대한 시사점/557 5.2 세계화와 국가의 역할/561

제14장 동아시아 위기의 정치경제

1. 동아시아 위기의 전개과정 …… 571
1.1 제1단계 : 태국에서 동남아시아 주변국으로 전이/571
1.2 제2단계 : 동남아에서 동아시아 전체의 위기로 확산/575
1.3 제3단계 : 실물 및 전 사회 분야로 파급/577
1.4 제4단계 : 최악에서 회복 추세로 전환/582
2. 동아시아 위기의 원인 …… 585
2.1 동아시아 위기 원인 논쟁/585
2.2 동아시아 위기 원인의 새로운 고찰 : 회복과정을 중심으로/595
3. 동아시아 위기에 대한 정책대응 …… 601
3.1 동아시아 국가들의 정책대응/601 3.2 우리나라의 정책대응/607
4. IMF 정책처방에 대한 평가 …… 613
4.1 IMF 프로그램의 내용/613 4.2 IMF 정책 평가/617
5. 동아시아 위기 이후 새로운 정책과제 …… 624
5.1 내부적인 구조개혁/625 5.2 국제자본이동의 변동성 완화/627
5.3 지역 금융협력/630

제15장 동아시아 지역통합의 정치경제

1. 동아시아 통합의 역사적 고찰 ···································· 638

1.1 동아시아 개념의 형성/639

1.2 동아시아 공동체 구상의 역사적 고찰/641

2. 동아시아 지역통합의 필요성 ···································· 644

2.1 동아시아 발전의 지속/645 2.2 국제금융위기 대응/650

2.3 새로운 국제정치경제질서에서의 영향력 확대/653

3. 동아시아 지역통합의 현황 ···································· 655

3.1 실물부문의 지역통합 구상/656 3.2 통화 · 금융부문의 지역통합 구상/664

4. 동아시아 지역통합의 여건 평가 ···································· 680

4.1 자족성의 평가/680 4.2 이론적 조건 평가/682

5. 동아시아 지역통합의 한계 및 과제 ···································· 690

5.1 남아 있는 문제들/691 5.2 동아시아 지역통합을 위한 제언/694

참고문헌/701

찾아보기/729

〈표 차례〉

[표 3-1] 세계 산업생산 비중/54

[표 3-2] 주요국의 총생산과 1인당 소득/54

[표 3-3] 주요국의 장기 경제전망/74

[표 A5-1] 무역정책 선택과 보수행렬/136

[표 6-1] 국제정치경제 세 가지 시각의 비교/146

[표 7-1] IMF의 환율제도 분류/181

[표 7-2] 우리나라 환율제도의 변천/182

[표 7-3] 중앙은행 준비자산/192

[표 7-4] 다양한 국제통화체제에서의 성장률 및 인플레이션/207

[표 8-1] 중남미 국가의 외채규모(1980년 말 기준)/235

[표 8-2] 1980년대 중남미 주요국의 경제지표 추이/236

[표 8-3] 자본이동 규제 유형/278

[표 9-1] 비교우위의 예시/288

[표 9-2] GATT 협상 라운드/312

[표 10-1] 전 세계 직접투자에서 각국이 차지하는 비중/354

[표 10-2] 해외직접투자 유출의 지역별 비중(stock)/359

[표 10-3] 해외직접투자 유입의 지역별 비중(stock)/360

[표 10-4] 지역발전 관점에서의 글로벌 가치사슬과 글로벌 생산 네트워크/365

[표 11-1] 국가그룹별 1인당 실질GDP 성장률/409

[표 11-2] 세계은행그룹/415

[표 11-3] MDGs의 주요 목표와 성과/421

[표 11-4] SDGs 주요 목표/422

[표 11-5] 발전전략과 경제성장률/430

[표 12-1] 3국에서의 X재 생산비용/453

[표 12-2] 지역통합 이론 요약/457

[표 12-3] 우리나라의 FTA 추진 현황(2020년 1월 현재)/461

[표 12-4] 유럽의 통합과정/467

[표 13-1] 각 지역의 경제성장률/510

[표 13-2] 산업구조 변화/512
[표 13-3] 1950년 이후 한 세대에 걸쳐 고속 성장한 국가/514
[표 13-4] 후발개도국 정치경제 모델의 유형화/529
[표 13-5] 한 · 중 · 일 발전모델의 차이점/534
[표 14-1] 동아시아 위기 전개과정/574
[표 14-2] 동아시아 각국 통화가치 최대 손실률(1997년 7월 1일 대비)/579
[표 14-3] 동아시아 각국 주가지수 최대 손실률(1997년 7월 1일 대비)/581
[표 14-4a] 한국의 주요 거시경제지표/587
[표 14-4b] 태국의 주요 거시경제지표/588
[표 14-4c] 말레이시아의 주요 거시경제지표/588
[표 14-4d] 인도네시아의 주요 거시경제지표/588
[표 14-4e] 필리핀의 주요 거시경제지표/589
[표 14-5] 기업부문 부채-자본 비율, 1997년/592
[표 14-6] GDP 대비 총외채 비중/592
[표 14-7] 총외채에서 단기외채 비중/593
[표 14-8] 동구권 국가들의 경제성장률/596
[표 14-9] 동아시아 위기와 글로벌 금융위기 비교/600
[표 14-10] 동아시아 국가에 대한 긴급유동성 제공/602
[표 14-11] 동아시아 위기 이후 IMF 의향서 중 재정정책 부문/603
[표 14-12] 동아시아 위기 이후 통화정책의 변화/605
[표 14-13] 금융구조조정 주요 내용/606
[표 14-14] IMF 의향서 : 한국/614
[표 14-15] (단기외채 + 경상수지)/외환보유액/626
[표 14-16] 동아시아 5개국의 자본이동/628
[표 15-1] 동아시아의 수출집중도 및 수입집중도/647
[표 15-2] CMI 통화스왑 규모, 2009/667
[표 15-3] CMIM의 주요 내용/668
[표 15-4] CMIM 분담금 및 인출한도/669
[표 15-5] CMIM 분담금 및 투표 비율/671

[표 15-6] ABMI의 추진과정/673

[표 15-7] ABMI 태스크포스의 주요 과제 및 추진 내용/674

[표 15-8] 자족성 평가(2018)/681

[표 15-9] 경제적 조건 평가/683

[표 15-10] 정치적 친밀도 측정 지수/685

[표 15-11] 정치적 조건 평가/686

[표 15-12] 사회 · 문화적 조건 평가/688

[표 15-13] 한 · 중 · 일 각각에 대한 3국 국민들의 이미지/689

[표 15-14] 한 · 중 · 일 3국의 상호 신뢰 정도/690

〈그림 차례〉

〈그림 1-1〉 국제정치경제의 특징/10

〈그림 2-1〉 노동소득분배율 추이/29

〈그림 2-2〉 5분위분배율의 추이/30

〈그림 2-3〉 미국의 불평등 추이/31

〈그림 2-4〉 전 세계 GDP의 소득별 비중/33

〈그림 3-1〉 세계 경제의 3대 국가 : GDP 규모 기준/45

〈그림 3-2〉 세계 경제의 3대 고소득 국가 : 1인당 소득 기준/47

〈그림 3-3〉 세계 경제의 성장 및 미국 경제의 비중/62

〈그림 3-4〉 세계 경제 및 세계 무역의 성장(1960년 = 1.00)/63

〈그림 3-5〉 전 세계 무역에서 미국의 비중/66

〈그림 3-6〉 미국의 순대외자산 추이/67

〈그림 3-7〉 통일한국의 GDP 장기전망/76

〈그림 8-1〉 유로지역의 경제성장 추이(2008년 = 100)/252

〈그림 8-2〉 유로지역의 장기금리/256

〈그림 8-3〉 유럽 국가들의 부채 추이(GDP 대비 비율)/257

〈그림 8-4〉 금융위기의 충격 비교/266

〈그림 9-1〉 WTO의 조직/319

〈그림 10-1〉 직접투자의 추이 변화(연도별 flow) / 355
〈그림 10-2〉 전 세계 직접투자의 GDP 대비 비율(stock) / 357
〈그림 11-1〉 전 세계 총생산의 국가그룹별 비중 추이 / 407
〈그림 11-2〉 국가그룹별 1인당 소득 추이 / 408
〈그림 11-3〉 ODA 규모와 GNI 대비 비중 / 410
〈그림 11-4〉 ODA의 지역별 비중 / 411
〈그림 12-1〉 RTA 추이 / 458
〈그림 13-1〉 각 지역의 전 세계 GDP 비중 / 509
〈그림 13-2〉 미국 대비 각국의 1인당 소득수준(PPP 기준) / 510
〈그림 13-3〉 각 지역의 전 세계 수출 비중 / 511
〈그림 14-1〉 동아시아 각국의 환율 추이(1997년 7월 1일 = 100) / 578
〈그림 14-2〉 동아시아 각국의 주가지수 추이(1997년 7월 1일 = 100) / 579
〈그림 14-3〉 동아시아 국가들의 성장률(분기별) / 580
〈그림 14-4〉 동아시아 국가들의 성장률(연도별 : 1996～2001년) / 597
〈그림 14-5〉 위기 전후 자본흐름의 변화 / 599
〈그림 14-6〉 한국의 일별 환율 추이 / 617
〈그림 15-1〉 글로벌 금융위기 전후 동아시아 및 미국의 산업생산 / 646
〈그림 15-2〉 동아시아 지역통합 구상 / 664
〈그림 15-3〉 CMI 통화스왑 구조 / 666
〈그림 15-4〉 지역통합의 궁극적 형태 서베이 / 679

〈Box 차례〉

[Box 1-1] 국제정치경제를 공부해야 하는 이유 / 9
[Box 2-1] 미 · 중 패권경쟁과 한국 / 40
[Box 3-1] 베스트팔렌 조약 / 50
[Box 3-2] 미래 한국에 대한 전망 / 76
[Box 4-1] 고전적 중상주의 vs. 신현실주의(또는 신중상주의) / 91
[Box 4-2] 악의적 중상주의 vs. 선의적 중상주의 / 100

[Box 5-1] 시장의 실패/118

[Box 5-2] 워싱턴 컨센서스 vs. 베이징 컨센서스/132

[Box 6-1] 경쟁에 대한 세 가지 시각의 차이점/146

[Box 6-2] 국제정치경제의 시각과 페미니즘/161

[Box 7-1] 글로벌 불균형과 국제무역분쟁/178

[Box 7-2] 다양한 국제통화체제의 성과 비교/207

[Box 8-1] 민스키 시점/233

[Box 8-2] 파리클럽과 런던클럽/242

[Box 9-1] 무역정책 수단/299

[Box 9-2] WTO 사무총장/320

[Box 10-1] 개발도상국의 해외직접투자/351

[Box 10-2] 다국적기업과 NGO/380

[Box 11-1] 국제기구 가입에서의 미국의 절대적 영향력/416

[Box 11-2] 수입대체 전략 vs 수출진흥 전략/430

[Box 12-1] 무역창출 vs. 무역전환/453

[Box 12-2] 우리나라의 FTA 현황/460

[Box 13-1] 산업화와 지속성장/513

[Box 13-2] 한 · 중 · 일 공통점과 차이점/533

[Box 14-1] 동아시아 위기 vs. 글로벌 금융위기/599

[Box 14-2] IMF의 이중적 태도/620

[Box 15-1] 아시아 지역통합에 대한 오피니언 리더 서베이/679

[Box 15-2] 아시아에는 장 모네(Jean Monnet)가 없다/687

국제정치경제의 기초

01 국제정치경제란 무엇인가?

1. 국제정치경제의 개요 / 2. 국제정치경제의 내용

02 국제정치경제의 연구 주제

1. 국가와 시장 / 2. 국가의 자율성과 국제협력 / 3. 경제성장과 분배 / 4. 패권경쟁

03 국제정치경제질서의 역사적 변화

1. 세계 경제의 역사적 추이 / 2. 팩스-브리태니카 / 3. 팩스-아메리카나

4. 향후 국제정치경제질서 전망

국제정치경제란 무엇인가?

01

1. 국제정치경제의 개요

2. 국제정치경제의 내용

1. 국제정치경제의 개요

1.1 국제정치경제의 중요성

지난 수십 년간 국제사회에서 가장 큰 메가트렌드 중 하나는 세계화이다. 세계화란 국가의 경계가 약화되고 각국이 서로 긴밀하게 연결됨으로써 상호 의존성이 심화된다는 것을 의미한다. 그런데 세계화는 단순히 경제분야에서만 진행되는 것이 아니라 정치, 사회, 문화 등 모든 분야에서 동시다발적으로 진행된다. 이제는 어떤 지역에서 사건이 발생했을 때, 그것이 더 이상 특정 분야의 국지적인 사건이 아니라 여러 국가 및 여러 분야가 복합적으로 얽혀진 사건으로 나타나게 된다.

하나의 사례로 미국의 이라크 침공을 들 수 있다. 미국은 9.11 테러 이후 알카에다를 비호하는 탈레반을 축출하기 위해 테러와의 전쟁을 시작했다. 처음에는 이라크가 공격대상이 아니었지만, 대량살상무기(weapon of mass destruction)를 이용한 테러 가능성이 점차 커지면서 알카에다의 후원자인 이라크를 공격하게 되었다. 그러나 이라크를 침공해 사담 후세인 체제를 전복시키고 나서 이라크에 대량살상무기가 없다는 사실이 확인되자 부시 행정부는 이라크의 민주화를 내세워 침공을 정당화하려고 했다. 그렇다면 이 전쟁이 안보 또는 민주주의 전파라는 정치적 측면에서만 끝났는가? 상당수의 사람들은 이 전쟁을 석유전쟁이라고 규정할 만큼 그 배경에 의심을 품고 있다. 또한 이 전쟁은 이후 미국과 이라크에 한정되지 않고 많은 나라에 유가 상승으로 인한 경제적 충격을 안겨다 주었다. 즉, 이라크 전쟁은 특정국의 안보와 정치를 넘어, 경제적 동기가 깊숙이 연계되어 있고 전 세계적인 정치 및 경제적인 파장을 불러 왔다.

글로벌 금융위기 이후 주요 선진국들이 위기의 충격에서 벗어나고자 실시했던 양적완화(quantitative easing)정책도 또 다른 좋은 예이다. 글로벌 금융위기로 경제가 심각한 타격을 받게 되자 미국을 비롯한 각국은 양적완화정책을 통해 통화량을 확대해 경기를 부양하고자 했다. 물론 이러한 통화정책은 각국 중앙은행이 자국의 경제사정을 고려해 독자적인 정책주권을 가지고 결정한 것으로 볼 수 있다. 그러나 미국의 통화정책 변화는 당연히 전 세계 경제에 커다란 파장을 가져올 것이다. 미국만큼은 아니더라도 일본의 양적 완화정책은 우리나라, 중국 등 주변국에게 상당한 충격을 주었다. 부정적인 충격을 입은 국가들이 당연히 그에 대응하는 확장적인 통화정책을 연이어 시행하면서, 통화전쟁의 우려까지 제기되었다. 이처럼 독자적인 주권에 따른 경제정책 결정이 전쟁이라는 용어가 등장할 정도의 민감한 국제적인 갈등을 유발하게 된 것이다.

이처럼 상호 긴밀하게 연계된 세계화 시대에 산다는 것은 여러 가지 면에서 그 이전과는 다른 의미를 준다. 무엇보다 큰 변화는 개인이든, 기업이든, 국가든 어떤 결정을 내리더라도 국내를 벗어나 국제적인 시각에서 판단해야 한다는 것이다. 또한 국제적인 시각에서 판단해야 하는 경우 필연적으로 국가 개념이 수반되기 때문에, 정치와 경제를 분리하기보다 양자 간의 상호 복합작용을 중요하게 고려해야 한다.

우선 개별 기업의 입장에서 느껴지는 변화를 보기 위해, 우리나라 기업이 해외시장에 진출하고자 외국 기업을 인수하려 한다고 하자. 우리나라 기업의 입장에서 당연히 고려해야 할 것은, 외국 기업의 인수로 인해 수익이 확대되는지 여부이다. 그러나 외국에 진출하려고 할 때는 단순히 시장의 동향만 고려하는 것이 아니라, 그 나라의 정치적 환경, 제도 등도 함께 고려해야 한다. 그렇다면 외국의 입장에서는 어떠할까? 단순히 인수조건이 괜찮다고 해서 자국 기업을 우리나라 기업에게 판매하기는 쉽지 않다. 회계상의 손익 계산 외에 국내 정치적으로 민감한 고용보장 여부, 전략적 산업 여부, 국가 이미지 등도 중요하게 고려되기 때문이다. 1996년 대우가 프랑스 톰슨멀티미디어사를 인수하려다가 실패한 것도 단순히 경제적인 이유 때문만은 아니었다. 당시 프랑스 총리가 '톰슨멀티미디어는 한 푼의 가치도 없는 회사' 라고 했지만, 국민적 자부심을 갖는 기업의 해외 판매에 대한 야당 및 언론의 반대로 결국 무산된 것이다.

정부의 입장에서 느껴지는 변화를 한 · 미 FTA 사례를 이용해 설명해 보자. 한 · 미 FTA는 2006년 2월 3일 양국이 협상 선언을 한 후 긴 협상기간을 거쳐 2007년 4월 2일 공식 타결되었고, 2011년 11월 22일 국회 비준을 통과해 발효되었다. 한 · 미 FTA를 지지하는 대표적인 경제적 논리는 일반적으로 자유무역이 국가 전체적인 측면에서 볼 때 양국 모두에게 이득이 된다는 것이었다. 그러나 주지하다시피 자유무역협정을 체결할 때 경제적인 고려보다도 정치적인 고려가 더 중요하다. 당시 우리 정부도 대내적으로, 자유무역에 따라 승자와 패자가 발생하게 되는데 어떻게 패자의 반발을 진정시키는가 하는 정치적인 문제 해결을 가장 중요하게 고려했다. 또한 대외적으로도, 경제 외연의 확대라는 경제적 의의를 넘어 지역통합의 선도 및 한미동맹의 강화라는 정치적인 의의를 크게 강조하였다.

최근 미국과 중국 간의 패권경쟁도 세계화 및 국제정치질서의 변화에 따른 우리의 대응전략을 세우는 데 이전과는 다른 아주 곤란한 상황에 빠지게 만든다. 중국이 1970년대 말 개혁개방을 추진한 이후 경제가 급속히 발전하면서 이를 바탕으로 미국의 패권에 위협을 가하고 있는 것처럼 보인다. 이미 2014년 구매력 기준으로 경제규모가 미국을 넘어섰고, 세계 최대 규모의 외환보유액을 바탕으로 한 자금력으로 국제금융시장에 커다란 영향을 미치고 있다. 세계화를 등에 업고 중국의 경제력이 팽창하면서 국제질서의 수용자에서 제정자로 바뀌어 가고 있는 것이다. 경제적인 면만 고려한다면, 중국이 우리의 최대의 교역상대국이자 가장 많은 경상수지 흑자를 가져다주므로 중국과의 관계를 우선시하는 것이 바람직한 선택일 수 있다. 그러나 정치적인 측면을 고려한다면, 북한 문제 등 국제정치적 안보 문제가 아주 중요하므로 미국과의 관계가 우선시되는 것이 당연하다. 그런데 우리를 곤란하게 하는 것은 정치적 고려와 경제적 고려가 별개로 오는 것이 아니라 한꺼번에 다가온다는 점이다. 따라서 어떤 전략을 세워야 할지 난감해지게 된다.[1]

이처럼 복잡다기한 현실에서 어떤 문제를 국내적인 시각 또는 특정한 시각에서만 접근하면 많은 오류를 범할 수 있다. 그러한 사건의 배경 및 영향을 파악하기도 어렵다. 따라서 어떠한 대응을 해야 하는지 전략적인 선택을 취하는 데도 큰 문제를 야기할 수 있다. 이러한 현실은, 국내를 넘어서는 개방적인 시각과 더불어 다양한 분야의 상호작용을 아우를 수 있는 융합적 시각, 즉 국제정치경제적인 시각이 갖추어지지 않으면 세계화가 심화되고 확대되는 현실 세계에서 생존하기 어려울 수 있다는 점을 강조해 준다.

Box 1-1 국제정치경제를 공부해야 하는 이유

발람과 베세쓰(David Balaam and Michael Veseth)는 국제정치경제를 공부해야 하는 이유로 중요성, 유용성, 흥미로움 세 가지를 제시하고 있다. 첫째, 오늘날과 같이 세계화된 시대에는 전 세계의 모든 사람들이 서로 영향을 주고받는다. 따라서 생존을 위해서는 서로 긴밀하게 연계된 세상사를 이해하는 것이 중요하다. 둘째, 국제정치경제 관련 사건은 매일 주요 뉴스로 등장하고 있다. 따라서 주요 사건들의 원인, 영향을 제대로 파악하고 올바른 결정을 내리려면 국제정치경제에 대한 이해가 필수적이다. 셋째, 사뮤엘 존슨이 얘기했듯이, 국제정치경제에 대해 지루해한다는 것은 곧 인생에 대해 지루해 한다는 것을 의미한다. 국제정치경제는 전 세계의 다양한 사람들 간의 상호 교류에 대해 연구하는 것이므로 흥미진진한 얘깃거리를 제공해 준다.

자료 : Balaam and Veseth(2005), p.6.

1.2 국제정치경제의 개념 및 특징

국제정치경제란 국가 간 영향을 미치는 다양한 문제들에 대해서 정치와 경제가 어떻게 상호작용하는지를 연구하는 분야라고 정의할 수 있다. 즉, 국제무대에서 벌어지는 정치와 경제의 상호작용을 연구하는 학문이다.

국제정치경제의 각 단어를 하나하나 분석해 보면, 기본 개념을 보다 더 잘 이해할 수 있다.[2] 우선 '국제' 라는 것은 국가 간의 관계를 의미하므로, 국제정치경제에서는 국경을 넘어서는 문제들이 다루어진다. 오늘날에는 거의 모든 상황이 한 국가 내에 한정되지 않고 국경을 넘어 전 세계와 연계되어 있으므로, 다양한 세상사를 이해하기 위해서는 국제적인 맥락에서 다루어야 한다. 둘째로 '정치' 라는 것은 누가 무엇을 언제 어떻게 갖느냐[3]를 정하는 권력의 사용을 의미하므로, 국제정치경제에서는 국가 또는 정부의 활동이 다루어진다. 국내든 국제든 다양한 행위자들이 존재하기 마련인데, 이들 간에 가치의 획득 및 배분을 둘러싸고 벌어지는 경쟁, 갈등 및 타협을 이해하기 위해서는 국가 및 정부의 역할을 분석해야만 한다. 마지막으로 '경제' 란 재화와 서비스를 생산하고 소비하는 행위를

의미하므로, 국제정치경제에서는 희소한 자원이 시장메카니즘을 통해 어떻게 활용되고 분배되는지를 다룬다. 인간의 행동을 이해하기 위해서는 권력에 대한 욕망뿐만 아니라 물질적인 욕망을 충족시키기 위한 경제행위에 대해서도 치밀하게 분석할 필요가 있다.

그렇다면 국제정치경제의 다른 점은 무엇인가? 무엇보다도 가장 큰 특징은 국제정치경제가 정치학, 경제학과 같이 특정 분야에만 초점을 맞추는 것이 아니라, 세 가지 단어가 제시하는 개념 모두를 아우르는 학제적인 융합 학문이라는 점이다.

그림 1-1 국제정치경제의 특징

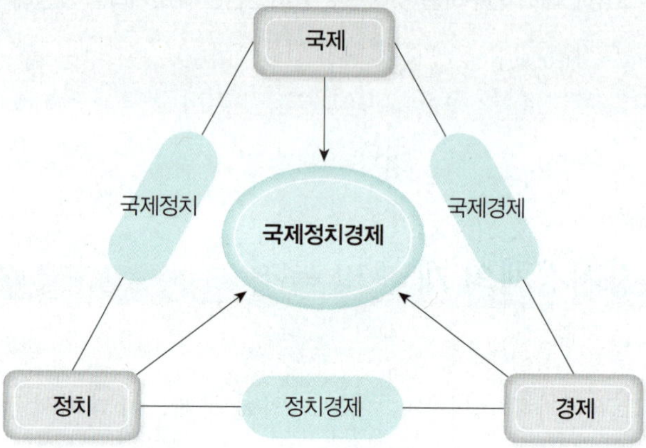

국제정치경제는 또 다른 학제적인 분야인 국제정치, 국제경제 및 정치경제와도 차이가 있다. 첫째, 국제정치 분야에서는 협의적으로 해석할 때, 주권국가 상호 간에 발생하는 정치적 대립과 항쟁, 교류와 협력 등 모든 관계와 상호작용을 연구한다. 이를 국가에 한정시키지 않고 보다 광의적 개념으로 범위를 확대해, 주권국가뿐만 아니라 국제협력기구, 초국적기업, 국제 NGO 등을 포함한 다양한 행위자들의 정치적 관계를 연구하는 분야로 해석하기도 한다. 이 분야에서는 기본적으로 상대방 국가에 대해 자국의 권력을 확대하거나 자국에게 유리한 국제질서체제를 수립하는 권력관계를 설명하는 것이 주요 목적이다. 따라서 경제적인 목적은 정치적인 목적의 수단으로만 간주되고 있다. 그러나 현실적으로는 국가 간의 관계에서도 경제적인 요인이 권력 변화에 핵심적인 요인이 되기도 하고 또한 경제적인 목적이 정치적인 목적을 넘어서 궁극적인 목적으로 추구되기도 한다.

따라서 세계무대에서 벌어지는 국가 간의 관계를 명확히 파악하기 위해서는 권력 및 안보적인 측면 외에도 경제적인 측면을 동시에 고려해야만 한다.

둘째, 국제경제 분야에서는 국경을 넘어서 이루어지는 경제행위인 국제거래에 대해 연구하고 있다. 국제거래는 크게 실물부문에서의 국제무역거래와 금융부문에서의 국제금융거래로 대별된다. 따라서 국제경제 분야에서는 왜 어떤 상품 및 자본이 한 국가 또는 시장에서 다른 국가 또는 시장으로 이동하는지, 그러한 국제거래를 통해 이득을 얻게 되는지, 국제거래로 인해 발생하는 문제는 무엇인지, 그리고 국제거래의 이득을 극대화하고 문제를 최소화하기 위한 정책은 무엇인지를 설명하려고 한다.[4] 국제경제 분야에서는 국제거래에 대한 설명을 위해 시장의 역할에 초점을 맞추고 있다. 즉, 두 시장의 가격 간에 괴리가 발생하면 시장의 힘에 의해 상품 및 자본이 이동하게 되고 다시 균형이 이루어진다는 것이다. 이러한 접근이 결하고 있는 대표적인 문제점은 두 가지이다. 하나는 국가의 역할을 고려하지 못한다는 것이고, 다른 하나는 경제적 성과의 배분과 관련된 문제를 다루지 못한다는 것이다. 국내 문제와 국제 문제를 다루는 가장 근본적인 차이는 국제 문제의 경우 필연적으로 국가라는 개념이 수반된다는 것이다. 따라서 국제거래에 대한 설명을 할 때도 국가가 어떤 역할을 하며, 한 국가의 경제행위가 다른 국가에 어떤 정치, 경제적 파장을 미치는지도 함께 고려해야만 한다.

셋째, 정치경제 분야에서는 정치와 경제의 상호작용을 연구한다. 정치의 구현체는 국가이고 경제의 구현체는 시장이므로 정치경제에서는 국가와 시장 간의 관계에 대한 논의가 주를 이룬다. 국가는 영토, 충성심, 그리고 배타성의 개념에 초점을 두고 있고 권력의 합법적 사용에 대한 독점권을 소유하고 있다. 시장은 기능적인 통합, 계약관계, 그리고 구매자와 판매자들 간의 상호 의존의 확대라는 개념에 근거하므로, 최적의 경제활동을 위해서는 정치적 통제의 제거를 필요로 한다. 이처럼 국가와 시장 간에 근본적으로 상이한 작동방식 간의 긴장관계가 현대 사회에서 인간활동의 근간을 이루어오고 있으므로 이들 간의 동태적인 상호작용을 이해해야 한다. 그런데 이러한 상호작용은 국내에서만 발생하는 것이 아니라 국경을 넘어 국제사회에서도 발생한다. 특히 세계화가 진행되면서 국가 간의 연계가 심화되면 될수록 정치경제의 논의를 국제적 외연으로 확대해야만, 국제 문제와 국내 문제가 어떻게 영향을 주고받으며 국제사회에서 국가가 자국의 이익을 극대화하기 위해 어떤 역할을 하는지도 이해할 수 있을 것이다.

이처럼 국제정치경제는 국제정치, 국제경제 및 정치경제 분야에서의 주요 관심사를 모두 다루면서도, 각각이 갖고 있는 한계점들을 보완하면서 통합적인 접근방법으로 국제사회에서 일어나고 있는 일들을 설명하고 있다. 따라서 국제정치경제는 여러 분야를 아우르는 종합적인 학문 분야로, 오늘날과 같이 복잡다기한 시대에 국제무대에서 세상이 어떻게 돌아가는지 이해하기 위해서 반드시 필요한 학문이라고 할 수 있다.

2. 국제정치경제의 내용

2.1 국제정치경제의 주요 관심 및 주제

국제정치경제는 국내외에서 세상이 어떻게 돌아가는지를 다루기 때문에, 아주 다양한 이슈들이 주요 관심사로 포함될 수 있다. 많은 문헌들에서는 세계 각국이 주로 국제거래를 통해 연계될 수 있다는 데 초점을 맞추고, 국제통화제도, 국제금융제도, 생산 네트워크와 다국적기업, 국제무역제도, 경제발전, 지역협력 등을 주요 관심사로 다루고 있다. 그러나 국제정치경제가 포괄할 수 있는 범위는 이보다 훨씬 광범위하다. 예를 들어 환경문제와 관련해 국가 간의 갈등을 어떻게 해결할 것인가, Covid-19와 같은 범세계적인 전염병은 국제정치경제질서에 어떤 파장을 가져올 것인가, 최근 점증하고 있는 테러문제는 어떤 국제정치적인 요인이 연계되어 있는가, 과거와는 달리 많은 국가들이 이민에 대해 부정적인 태도를 취하고 있는 배경은 무엇인가, 세계화에 따라 불평등이 심화되는 이유는 무엇이며 해결방안은 무엇인가, 글로벌 금융위기 이후 영 · 미 중심의 글로벌 스탠다드가 붕괴되었는데 새로운 바람직한 글로벌 거버넌스는 무엇인가 등도 국제정치경제의 관심사에 포함될 수 있다.

국제정치경제가 이러한 다양한 관심사안들에 대한 관찰 및 분석을 통해 본질적으로 설명하고자 하는 질문 및 핵심적인 주제는 크게 네 가지이다.[5] 첫 번째 주제는 국가와 시장 간의 관계이다. 앞에서 설명한 것처럼, 국제정치경제는 정치경제의 국제적 외연으로의 확장이며, 정치경제란 국가와 시장 간의 동반관계 및 동태적 상호작용에서 발생하는 문제들을 분석하는 분야이다.[6] 국가의 논리는 국가의 이해관계에 부합하도록 경제활동을 통제하려고 하기 때문에 영토의 개념이 중요하다. 반면, 시장의 논리는 가장 생산적이고 이윤이 남는 곳에서 경제활동을 하려고 하기 때문에 정치적 제약을 넘어서고 국경을 넘어서려고 한다. 이러한 긴장관계는 끊임없이 서로에게 영향을 미친다. 따라서 국제정치경제는 국가와 시장 간의 상호작용을 설명할 수 있어야 한다.

둘째는 국가 주권(national autonomy)의 문제이다. 국제정치경제는 국경을 넘어서는 국제 문제를 다루는 것이므로 국가라는 개념이 반드시 수반된다. 따라서 국가 주권의 문제가 항상 중요한 문제로 대두된다. 세계화가 진행되면 경쟁이 더욱 치열해지므로, 세계시장에서 살아남기 위해 각국은 새로운 표준 및 가치관을 받아들여야 할지도 모른다. 따라서 이러한 통합과정은 각국의 정치적 · 경제적 · 사회적 독자성을 훼손시킬 수 있으므로, 어떻게 통합과 독립성을 조화시키느냐가 중요한 문제로 대두된다. 국가 주권의 문제는 국제 경쟁뿐만 아니라 국제 협력을 위한 국제레짐(international regimes)과 관련해서도 나타난다. 국제레짐은 다양한 국제 문제들과 관련해 국가들에 의해 합의된 명시적 혹은 묵시적인 규칙 및 제도를 의미한다. 따라서 국제레짐은 문제 해결에 도움을 줄 수도 있지만 동시에 개별 국가의 정치적 · 경제적 독립성에 영향을 미칠 수도 있다. 따라서 국제레짐의 준수와 국가의 정치적 · 경제적 자주성 확립 간에 발생하게 되는 갈등의 문제도 국제정치경제의 중요한 주제가 된다.

셋째, 경제성과와 배분 간의 관계도 중요한 주제로 다루어진다. 경제학에서는 희소한 자원을 효율적으로 활용해 최대의 성과를 내는 방법을 강조한다. 그러나 이러한 성과의 사전적 차원 및 사후적 차원에 반드시 고려해야 할 것이 분배의 문제이다. 사전적인 차원에서, 자원은 무한하지 않고 제한되어 있으므로 모든 사람이 원하는 만큼 사용할 수 없다. 따라서 누구에게 희소한 자원을 어떻게 분배할 것인가가 중요한 문제로 대두되는데, 한정된 자원을 둘러싼 정치적 경합을 설명할 필요가 있다. 또한 사후적인 차원에서 성과를 어떻게 배분하느냐도 중요하다. 모든 거래는 반드시 승자와 패자를 유발하게 되어 있다. 특히 국제거래는 국내에서뿐만 아니라 국가 간 승자와 패자를 만들어낸다. 따라서 전체적인 성과의 총합이 양이 된다고 하더라도 이것이 어떻게 배분되느냐는 또 다른 문제이다. 따라서 승자와 패자 간의 상대적인 분배의 문제를 반드시 설명해 주어야 하며, 오틀리(Thomas Oatley)는 국제정치경제를 국제경제거래에서 발생하는 승자와 패자 간의 정치적 경합을 연구하는 학문이라고 정의하기도 한다.[7]

넷째 주제는 패권경쟁의 문제이다. 국제무대에서 국가들 간에 협력을 할 수도 있고 경쟁을 할 수도 있는데, 어떻게 하면 갈등을 최소화하고 안정적인 국제정치경제질서를 유지할 수 있는가는 중요한 과제이다. 흔히 강력한 국제적 리더십과 바람직한 국제거버넌스가 갖추어지면 국제레짐이 효율적으로 작동하고 각국의 협력을 용이하게 얻어낼 수 있다고 얘기한다. 그러나 각국은 국제레짐을 자국에게 유리하게 작동하도록 만들려고 하고 이로 인해 손해를 보게 되는 국가들은 당연히 자발적인 협력을 제공하지 않을 것이다. 따라서 각국이 서로 경쟁하면서도 어떻게 국제정치경제질서 유지에 도움이 되는 공공재를 제공하는 패권국으로 변환되는지, 그리고 그들의 역할 및 문제점을 설명해야만 한다. 그러나 강대국들 간의 패권경쟁뿐만 아니라 선진국과 개도국 간의 경쟁관계도 함께 설명할 필요가 있다. 최근 브릭스(BRICS)로 대변되듯이, 종종 신흥국 및 개도국들이 새로운 그룹을 형성하면서 국제정치경제질서를 재편하는 세력경쟁에 가담하고, 때로는 이들 중 일부가 새로운 패권세력으로 부상하는 경우도 있기 때문이다.

이러한 핵심적인 주제를 분석하고 설명하는 방식은 사람마다 다르다. 어떤 학자는 상대적으로 국가의 중요성을 강조하고, 어떤 학자는 그보다는 시장의 역할을 강조한다. 또한 일부에서는 국내 문제가 국제 문제를 결정짓는 핵심적인 요인이라고 주장하고, 다른 그룹은 세계화로 대변되는 국제적인 추세가 각국의 대내적인 변화를 유도하는 주요인이라고 주장하기도 한다. 이처럼 핵심 주제를 설명하기 위해 각자 강조하는 요인, 그리고 그 요인들을 분석하는 방식들이 다르기 때문에 국제정치경제에서의 이론적 접근은 여러 가지로 나타날 수 있다. 대부분의 국제정치경제 문헌에서는 이러한 접근방법들을 크게 현실주의 접근, 자유주의 접근, 맑스주의 접근 세 가지로 구분하고 있다. 때로는 중상주의 접근 또는 길핀(Robert Gilpin)의 접근법을 별도로 분류하기도 하지만, 이 책에서는 이들을 현실주의에 포함시키고 전통적인 방법을 따라 총 세 가지로 분류하고자 한다.

2.2 이 책의 구성

이 책은 크게 네 개의 부분으로 구성되어 있다. 제I부는 국제정치경제의 전반적인 기초를 설명하기 위한 것으로, 세 개의 장으로 이루어져 있다. 제1장은 국제정치경제를 공부해야 하는 이유, 국제정치경제의 개념 및 특징을 소개하면서, 주요 연구 대상 및 연구 주제를 설명하고 있다. 제2장은 국제정치경제에서 분석해야 할 네 개의 핵심 연구 주제인 국가와 시장, 국제관계와 국가 주권, 경제성과와 배분, 그리고 패권경쟁에 대해 좀 더 자세히 설명하고 있다. 제3장은 역사적인 개관을 통해 현재의 상황에 대한 이해를 제고시키기 위해, 지난 수백 년간의 국제정치경제질서의 변화과정을 보여주고 있다.

제Ⅱ부는 국제정치경제의 다양한 이론적 접근을 소개한다. 제4장은 국가 간의 관계는 근본적으로 권력투쟁적이며, 국가의 부는 국력을 좌우하며 국제경쟁에서 승리해야 국부를 축적할 수 있다고 강조하는 현실주의 접근을 설명한다. 길핀은 국제정치경제의 다양한 현상을 설명하기 위해서는 여러 접근방법들을 함께 활용해야 한다면서, 중상주의 및 다른 접근방법들을 융합해 국가 중심적 현실주의라고 명명하기도 했다. 제5장은 자유주의 접근을 설명하는데, 국가만이 국제관계에서의 주요 행위자가 아니며 국가 간에도 협력이 가능하다는 점을 강조하고 있다. 제6장은 국가의 건설 및 국제 갈등에서 정치요인에 대한 경제요인의 우위를 강조하는 맑스주의 접근을 설명한다.

제Ⅲ부는 국제정치경제의 주요 관심 분야들을 소개하고 있다. 앞에서 얘기했듯이 모든 국제 문제는 국제정치경제의 연구대상이 될 수 있지만, 이 책에서는 국제정치경제 문헌에서 가장 널리 다루어지는 여섯 개 분야만을 포함시켰다. 제7장 및 제8장은 그중에서 통화금융 분야와 관련된 이슈를 다루고 있다. 제7장에서는 국제통화제도의 변화와 주요 통화 간의 경쟁을, 그리고 제8장에서는 금융의 세계화와 국제금융위기의 문제를 중점적으로 설명한다. 제9장 및 제10장은 실물분야와 관련된 이슈를 다루고 있다. 제9장은 자유무역과 보호무역의 갈등 속에 국제무역제도가 변화되어 가는 과정을, 그리고 제10장은 생산 네트워크가 세계화되면서 다국적기업이 정치경제에 미치는 영향을 중심으로 설명하고 있다. 제11장은 국제정치경제질서의 변화 속에 개도국 및 신흥국들이 직면하게 되는 경제 발전 및 위기의 문제를 다룬다. 제12장은 범세계적 통합 추세와 더불어 지역통합이 혼재해 나타나고 있는데, 그 배경 및 영향을 설명한다.

제Ⅳ부는 국제정치경제에서 논의되는 것들을 동아시아 지역에 적용해 우리에게 좀 더 직접적으로 다가오는 문제들을 다루기 위한 것이다. 제13장은 동아시아 지역이 어떻게 다른 지역에 비해 지속적인 경제발전을 이루었는가를 동아시아 발전모델 논의를 중심으로 설명하고 있다. 제14장은 지속적인 발전과정 중에 왜 빈번하게 금융위기가 나타나는지, 그리고 그에 따른 정치경제적인 영향은 무엇인지를 설명한다. 마지막으로 제15장은 빈발하는 금융위기에 대처하고 국제정치경제질서에서 동아시아의 위상을 확립하기 위한 방안으로서 추구되는 지역협력의 정치경제 관계를 설명하고 있다.

[미주]

1. 임혜란(2014).
2. Balaam and Veseth(2005), pp.4～5.
3. Lassell(1936).
4. 김인준 · 이영섭(2013), p.6.
5. 이에 대한 보다 자세한 논의는 제2장에서 이루어진다.
6. Gilpin(1987), p.8.
7. "International political economy studies the political battle between the winners and losers from global economic exchange." Oatley(2006), p.2.

국제정치경제의 연구 주제

02

1. 국가와 시장

2. 국가의 자율성과 국제협력

3. 경제성장과 분배

4. 패권경쟁

국제정치경제 학자들은 여러 이론들을 개발해 국제사회에서 발생하고 있는 일들을 설명하려고 노력하고 있다. 이러한 노력을 통해 대답하고자 하는 근본적인 질문, 즉 국제정치경제의 핵심 연구 주제는 크게 국가와 시장 관계, 국가의 자율성과 국제협력, 경제성과와 분배, 그리고 패권경쟁 등 네 가지로 정리할 수 있다.

1. 국가와 시장

1.1 국가와 시장의 개념

국제정치경제 분야에서는 어떤 국제 문제를 분석하려고 해도 당연히 정치와 경제의 상호작용을 고려해야 한다. 따라서 정치의 구현체인 국가와 경제의 구현체인 시장이 어떤 관계를 형성하는지 설명하는 데 초점을 맞추게 된다.

국가란 집단적인 행동과 결정이 이루어지는 영역으로, 일정한 영토와 그곳에 사는 사람들로 구성되고, 주권에 의한 하나의 통치조직을 갖고 있는 사회집단을 의미한다. 이처럼 국가라는 개념은 일반적으로 영토에 근거해 정의되지만, 보다 광범위한 개념으로 사용할 수도 있다. 예를 들어 유럽연맹(EU)의 경우는 하나의 개별 국가가 아니라 여러 국가의 연합조직이지만, EU 회원국 시민들에게 영향을 미치는 결정을 내리고 정책을 채택하는 등 국가적인 특성을 지니고 있다. 더욱이 대외관계에서도 EU는 하나의 협상 주체로서 행동하기도 한다. 따라서 국제정치경제에서는 국가라는 개념을 영토와 상관없이 집단적인 정치 행동이 이루어지는 영역으로 보다 폭넓게 정의하는 것이 바람직할 것이다.

시장이란 개인적인 행동과 결정이 이루어지는 영역으로, 사람들이 상품을 팔거나 사려고 모이는 장소를 의미한다. 흔히 시장을 지리적인 장소로 인식하지만, 눈에 보이는 장소가 아니더라도 상품을 팔려는 사람들과 사려는 사람들 간에 접촉이 이루어질 수 있는 상황이 존재한다면, 이를 시장이라고 부를 수 있다. 시장의 가장 중요한 기능은 수요와 공급에 따라 가격을 정함으로써 효율적인 자원배분을 가능하게 한다는 것이다. 가격기구가 수행하는 중요한 역할은 다음과 같다.[1] 첫째는 신호의 전달이다. 가격의 높고 낮음은 소비자가 그 상품을 얼마나 원하고 있는지 또는 생산자가 그 상품을 생산하는 데 비용이 얼마나 드는지에 관한 정보를 제공해 준다. 둘째는 유인의 제공이다. 사람들은 이기적 동기에 따라 행동하는데, 시장에서의 가격 변화는 사람들이 그에 따라 효율 및 이윤을 극대화하기 위한 행동을 하도록 유도한다. 셋째는 소득의 분배이다. 노동이나 자본 등 생산요소의 가격은 바로 해당 주체의 소득을 의미하므로, 생산요소시장에서의 가격결정은 소득의 분배를 결정한다.

시장은 이러한 기능을 통해 사회적 변화를 가져오는 동력으로 작용하고 현대 세계를 형성해 가는 데 아주 중요한 역할을 한다. 시장은 본질적으로 확장적이고 동적인 특성을 지니고 있어 성장을 촉진하고, 영역을 확대해 가며, 사회의 모든 구성원을 그 영향 하에 들어오게 만드는 경향이 있다. 첫째, 시장은 성장을 촉진한다. 시장의 효율적인 자원배분 기능을 통해 노동, 자본, 토지와 같은 자원이 가장 생산적인 곳에서 사용된다면 그렇지 않은 경우에 비해 성과가 좋을 것이기 때문이다. 또한 시장에서는 경쟁에서 살아남아야 하므로 기업가들은 생존을 위해 혁신하고 생산성을 높이고자 할 것이다. 이러한 노력은 경제 전체적으로도 기술 발전과 혁신을 촉진하고 생산능력을 제고시키는 효과가 있다.

둘째, 시장은 물리적 및 지리적으로 확장하려는 경향이 있어 정치적인 영토를 넘어서고, 인간생활의 모든 것들을 시장거래의 일부분으로 포함시키려고 한다. 해외의 보다 저렴한 생산요소를 확보하거나 더 큰 상품시장을 확보하기 위해서는 당연히 시장이 국경을 넘어서야 한다. 또한 시간이 흐를수록 이전에는 시장거래의 대상이 아니었던 것들이 점점 더 시장에서의 거래대상에 포함됨으로써 사회의 모든 측면이 시장관계의 사슬로 엮여지게 된다. 이처럼 사회의 모든 것들에 가격이 매겨짐으로써 시장은 전통적 구조 및 인간관계를 해체시키고 사회에 심각한 충격을 야기한다.

셋째, 또한 시장은 국내에서뿐만 아니라 국제적인 차원에서도 비교우위에 따른 특화에 기초한 위계적인 분업체계를 만들어낸다. 이러한 분업체계는 국내에서는 사회구성원들을 핵심 세력과 주변 세력으로 재배치시키고, 국제적인 차원에서는 국가 간의 관계를 핵심국과 주변국 관계로 변화시킨다. 핵심국은 진보된 기술과 선진화된 경제발전의 혜택을 누리고 있고, 주변국은 핵심 세력의 수출시장 또는 자원공급처로서 핵심국과 연계되어 있다. 시간이 흐르면 핵심국이 주변국으로 시장을 확대해 감에 따라 자본 및 기술이 주변국으로 이전되고, 이로 인해 주변국에서도 새로운 핵심국이 형성되기도 한다. 이처럼 핵심국이 시장을 확대해 가고 새로운 핵심국이 나타나는 동적인 과정은 각 사회에 정치경제적으로 중대한 영향을 미치게 된다.

1.2 국가와 시장의 관계

어느 사회에서나 국가와 시장은 함께 존재하면서 복잡한 관계를 발생시킨다. 특히 국가와 시장은 궁극적으로 추구하는 가치가 서로 다르고, 서로 다른 목표를 달성하기 위해 서로 다른 방식으로 작동하기 때문에 지속적인 긴장관계를 형성하고 있다.

추상적인 경제학의 세계에서는 분권화된 시장에서 희소한 자원이 어떻게 배분되고 그를 이용한 경제적 성과가 누구에게 분배되는지가 개별적인 차원에서 결정된다. 즉, 사람들이 개별적으로 행동하더라도, 소위 말하는 보이지 않는 손(invisible hand)에 의해 희소한 자원이 적재적소에 효율적으로 배치되도록 한다는 것이다.

하지만 현실 세계는 이와 다르다. 여러 다양한 그룹들이 서로 갈등하고 또는 조화를 이루어가고 있는 현실에서는 시장이 추상적 경제학에서 묘사된 바와 달리 강력한 정치적 관계를 만들어낸다. 경제활동은 다양한 그룹들의 정치적 · 사회적 상태와 경제적 복지에 서로 다르게 영향을 미친다. 따라서 이들 간의 복잡한 관계는 보이지 않는 손에 의한 조화 및 효율적 배분을 어렵게 만들고, 권력 및 사회적 습성에 따른 결정을 시장의 가격메커니즘에 따른 결정 이상으로 중요하게 만든다. 현실 세계를 다양한 국가들 간의 관계로 확대하면 이러한 특성은 더욱 뚜렷하게 부각된다. 정치적 · 사회적으로, 그리고 지리적으로 나누어져 있는 국제사회에서 시장의 확대는 국가들 간의 이해관계에 새로운 충격을 줌으로써 이해가 증진되기도 하고 충돌이 야기되기도 하는 등 국제정치의 특성 및 기능에 심대한 영향을 미친다.

대내적이든 대외적이든 시장경제가 정치에 미치는 영향은 다양하게 나타난다. 우선, 시장경제에 따른 가격메커니즘의 도입은 기존의 전통적인 관계 및 제도를 분해시킬 정도로 정치 및 사회에 커다란 영향을 미친다. 시장은 기본 속성상 경쟁을 통해 효율적인 결과를 유도하므로, 사회에서 비효율적인 집단을 도태되도록 하고 사회구성원 모두를 새로운 방식에 적응하도록 만들어 간다. 더욱이 시장은 보다 효율적인 성과를 이루기 위해 확대되는 경향이 있는데, 국제사회로 확대되어 가는 경우 시장의 영향은 다른 국가의 정치적 · 사회적 관계도 변화시킬 수 있다. 시장이 단순히 확대만 되더라도 영향을 받을 수 있는데, 시장이 변동과 혼란을 야기하는 경우 정치적 · 사회적 관계에 미치는 영향은 더욱 크게 나타난다. 어떤 사회에 충격이 발생하게 되면 기존의 정치적 · 사회적 관계가 변화하게 되고 새로운 질서가 나타나게 된다. 이처럼 시장은 정치적 · 사회적 변화를 야기하는 강력한 원인으로 작용하고 있으며, 동시에 이러한 변화에 대처하고 자신들을 보호하기 위해 강력한 정치적 · 사회적 대응을 유도해 낸다. 따라서 어떠한 국가라도 시장의 힘이 전혀 제어되지 않은 상태로 무작정 확대되도록 놔두지는 않을 것이며, 나름대로의 적절한 대응을 하기 마련이다.

시장경제가 정치에 미치는 또 다른 영향은 부와 권력의 분배에서 나타난다. 추상적 경제학 이론에 따르면 시장에서의 상호 거래를 통해 모든 사람이 이득을 볼 수 있다. 그러나 모든 사람들이 이득을 보더라도 이득의 크기가 서로 다르다면, 이는 구성원들 간의 상대적인 위치에 중요한 영향을 미친다. 이러한 결과가 국제관계에서 나타난다면, 이는 곧 한 국가가 다른 국가에 비해 경쟁력이 상대적으로 떨어졌으므로 국가의 상대적인 위치도 하락하게 된다는 것을 의미한다. 현실 세계에서는 개인별 · 그룹별 · 국가별로 주어진 여건이 다르기 때문에, 시장에서의 거래를 통해 얻게 되는 이득이 서로 다르게 나타날 것이고, 따라서 시장을 통한 혜택은 모두에게 균등하게 느껴지는 것이 아니라 불균등하게 느껴질 것이다. 따라서 국가는 가능하면 시장이 국민들에게 보다 골고루 혜택을 가져오도록 만들려고 할 것이고, 국제경쟁에서는 자국민들의 혜택이 다른 국가에 비해 크게 되도록 대응할 것이다.

또한 경제적 상호관계가 권력관계를 형성시키는 점에서도 시장경제는 정치에 영향을 미치고 있다. 시장은 정치적으로 중립적이지 않으며, 시장을 통해 경제적 권력이 생겨나고 사람들은 이 권력을 자신의 이득을 위해 사용하게 된다. 경제적 상호관계가 심화되면 될수록 서로 간에 혜택을 증진시킬 수 있는 기회도 커지지만, 동시에 외부 의존에 대한 취약성도 증가해 이용당하고 조작당할 수 있는 가능성도 커지게 된다. 경제적 상호관계가 국가 간의 관계로 확대되면 이러한 취약성은 더욱 크게 나타난다. 한 국가가 다른 국가에 대해 경제적인 의존도가 큰 경우 당연히 국가 간 권력관계에서도 취약성이 커지게 된다. 이처럼 경제적 상호관계는 국가 간 위계질서, 종속성, 권력관계를 형성시키게 된다. 따라서 국가는 이에 대해 자국의 독립성은 증진시키는 반면 다른 국가들의 자국에 대한 의존성은 강화되도록 대응을 하게 될 것이다.

이처럼 국가는 시장이 국민들에게 긍정적 혜택을 가져오도록 유도하고 반면 시장의 부정적 영향은 억제될 수 있도록 경제활동에 개입하려고 할 것이다. 이와 같이 속성상 확장 및 변화하려는 시장과 시장을 적절히 관리하려고 하는 국가 간의 긴장관계에 대한 연구는 국제정치경제의 중요한 관심사이다.

2. 국가의 자율성과 국제협력

2.1 국가의 자율성(autonomy)

국제정치경제 분야에서 또 다른 중요한 연구 주제는 국제경제의 상호 의존도가 계속 증가해 가는 현실과 정치적 및 경제적 독립성을 유지하려는 국가의 욕구 간에 끊임없이 지속되는 갈등을 설명하는 것이다. 국제거래가 증가해 가면 실물적인 측면에서 자유무역 및 시장 확대에 따른 이득, 금융적인 측면에서 포트폴리오 투자 및 직접투자 등을 통한 자본의 효율적 활용에 따른 이득, 그리고 기술이전 등과 같은 여러 가지 혜택을 누릴 수 있는 기회가 커진다. 국가 입장에서 보면 당연히 이러한 혜택을 향유하고 싶어 할 것이다.

그러나 동시에 국가는 정치적 자율성, 고유 문화, 사회적 시스템 등을 보호 및 보존해야 한다는 의무감도 느낄 것이다.

한편으로 국제거래에 따른 이득, 다른 한편으로 자국의 자율성 확보가 동시에 가능하다면 국가로서는 특별히 걱정을 하지 않아도 된다. 그러나 문제는 두 가지가 상충관계로 나타난다는 점이다. 국제거래가 증대하면 할수록 각국 경제는 국제경제 시스템에 통합되므로 개별국의 경제운용 시스템도 범세계적인 보편적인 원리에 따라 움직여야 한다. 예를 들어 세계화가 진행됨에 따라 무역이 자유화되고 금융자본 이동이 확대되면 전 세계 상품시장 및 금융시장은 하나의 시장으로 움직이게 된다. 이런 경우 동일한 세계시장에서 경쟁해야 하므로 외국 기업들과의 경쟁도 심화될 것이고, 살아남기 위해 효율성을 극대화해야 하는 압박도 거세질 것이다. 이런 상황에서는 자국만의 고유한 사회적 가치 또는 독립성을 유지하려는 노력은 생존에 크게 도움이 되지 않을 것이므로 각국은 범세계적인 가치에 적응해 가려고 노력할 것이고 국가의 자율성은 훼손될 것이다.

이와 같은 국가 자율성의 문제는 국가와 시장 간의 문제와도 연계되어 있다. 보통 시장의 힘은 국제거래를 통해 정치적 경계를 벗어나려고 하고, 각국의 시장 및 사회를 하나로 통합하려는 경향을 보인다. 따라서 시장의 당연한 논리는 국가 자율성과 상관없이 국내이든 해외이든 가장 효율적인 지역에서 경제활동이 이루어지도록 하는 것이다. 이에 반해 국가는 경제활동이 자국의 이익에 부합되게 이루어지도록 영향을 미치려고 한다. 따라서 국가의 당연한 논리는 국제거래를 통해 국가 간 경제적 의존성이 증가하더라도 제반 경제활동이 자국의 힘과 사회복지를 향상시키는 방향으로 이루어져 국가 자율성이 확보되도록 하는 것이다.

어떤 사람들은 국제거래에 따른 각국 경제의 상호 의존성 증대와 국가의 자율성은 서로 상충되는 것이 아니라 긍정적으로 연계되어 있다고 주장하기도 한다. 즉, 국제거래가 증대되면 그에 따른 이득도 각국이 공유할 수 있게 될 것이고, 따라서 국가가 추구하는 사회복지도 증대하게 되므로 국가의 자율성이 훼손된다고 볼 필요가 없다는 것이다. 이들이 간과하고 있는 중요한 문제는 현실적인 국제관계에서는 경제적 상호 의존성이 증대할 때 이러한 의존성이 대칭 관계로 나타나는 것이 아니라 비대칭 관계로 나타나는 경향이 있다는 것이다. 만일 국가 간의 경제적 연계가 비대칭적인 관계로 이루어진다면, 국제거래에 따른 이득은 국제관계의 역학 구도에 따라 편향적으로 나타날 수도 있을 것이다.

코헤인과 나이(Robert Keohane and Joseph Nye)는 이러한 비대칭적인 관계로 인해 경제적 상호 의존성 증대가 개별국의 복지를 감소시키고 자율성을 훼손할 수 있다는 문제를 새로운 개념을 도입해 지적하였다.[2] 그들은 경제적 상호 의존성을 민감의존성(sensitivity interdepen-dence)과 취약의존성(vulnerability interdependence)으로 구분하였다. 민감의존성이란 주로 경제학자들이 고려하고 있는 것으로, 어떤 국가의 경제적 상황이 변하면 그에 따라 다른 국가의 경제적 상황이 영향을 받는 관계를 의미한다. 예를 들어 서로 무역거래가 큰 두 국가가 있을 때, 한 국가에서의 물가 상승은 수입물가 상승을 통해 다른 국가의 물가에도 영향을 미치게 된다. 이와는 달리 취약의존성은 주로 정치학자들이 고려하고 있는 것으로, 경제적 상호 의존성을 이용해 자국의 이득을 취할 수 있는 가능성을 의미한다. 예를 들어 무역거래를 통해 이득이 발생할 때 두 국가의 관계가 비대칭적이면 어떤 한 국가가 자국의 이득을 극대화하기 위해 무역거래 관계를 이용해 다른 국가에게 피해를 줄 수도 있을 것이다. 이처럼 경제적 상호 의존성의 확대가 자국의 후생을 감소시키면 국가는 여러 가지 보호무역정책을 통해 국가의 자율성을 증대시키려고 할 것이고, 반면 자국의 후생을 증대시킨다면 자율성을 크게 염두에 두지 않고 오히려 국제거래가 더 확대되도록 하는 조치를 취할 수도 있다.

2.2 국가와 국제레짐

국가 자율성 문제는 시장 특성과 국가 특성 간의 갈등관계에서뿐만 아니라, 국가와 국제레짐의 관계에서도 중요한 이슈로 부각된다. 국제거래가 확대되면 될수록 정치적이든 경제적이든 국가 간의 관계를 통치하고 규제하는 규칙 및 제도의 필요성 또한 증가한다. 국제레짐(international regimes)은 일반적으로 국제관계의 특정 쟁역에 있어서 국가들에 의해 합의가 된 명시적 혹은 묵시적인 규칙을 지닌 제도로서 관습을 포함한다.[3] 국제레짐은 국가 간의 관계가 복잡해지고 서로 긴밀해져 가는 현실에서 국제경제 및 국제관

계가 효율적으로 작동하도록 하는 데 중요한 역할을 할 수 있다.[4]

국제레짐에 대해서는 신자유주의, 현실주의, 인식론 등 다양한 레짐이론이 제시되었고 오랫동안 격렬한 논의가 진행되었다. 많은 레짐이론들의 공통적인 문제점 중 하나는, 국제레짐이 국제경제 및 국제관계의 기능뿐만 아니라 개별 국가의 행위에도 상당한 영향을 미침에도 불구하고, 국가 자율성과 국가레짐 간의 문제에 대해서는 크게 관심을 기울이지 않고 있다는 것이다. 예를 들어 국제레짐의 존재는 그에 대한 준수(compliance)를 전제로 한다. 그러나 국제레짐의 규칙 및 규범이 국가의 강력한 이익집단에 심각한 영향을 미치거나 국가의 자율성 및 안보 등을 침해한다면, 개별 국가는 국제레짐의 규칙 및 규범을 준수하지 않으려고 할 수도 있다. 실질적으로 현재 국제사회에 존재하는 많은 국제레짐들이 각국의 후생에 심각한 영향을 미치고 국가의 자율성을 제한하는 경우가 많다. 따라서 국제레짐에 합류하는 개별국들은 상황이 불리하게 변화할 때 국제레짐에서 탈퇴하는 권리를 유지하곤 한다.

이처럼 국제레짐은 국제경제 및 국제관계와 연계된 다양한 문제들을 해결하는 데 도움이 되면서도 개별 국가의 후생, 안보, 정치적 자율성 등에 영향을 미친다. 따라서 국가는 종종 자국의 정치적 · 경제적 이득을 위해 국제레짐에 영향을 미치거나 조종하려는 시도를 한다. 이는 국제레짐이 개별국들의 정치경제적 갈등의 장이 되기 때문에 효율적으로 작동하기 위해서는 국제레짐에 대한 준수가 요구된다는 것을 의미한다. 국제레짐에 대한 준수는 많은 경우 국가 자율성의 문제와 상충되기 때문에 국가 자율성과 국제레짐 간의 관계는 국제정치경제 분야의 중요한 주제가 되고 있다.

3. 경제성장과 분배

"경제학은 인간의 물질적 욕구를 충족시키기 위해 희소한 자원을 어떻게 활용할 것인가를 연구하는 학문"이라는 경제학에 대한 일반적인 정의에도 나타나듯이,[5] 경제학에서는 자원의 효율적 활용 및 거래를 통해 얻어지는 절대적 이득을 강조하는 경향이 있다. 반면에 정치경제 또는 국제정치경제에서는 경제활동에 따른 상대적인 분배를 좀 더 강조한다. 그러나 이것이 경제학에서 분배문제를 도외시한다는 것을 의미하는 것으로 받아들여져서는 안 된다. 경제학에서도 생산요소시장 이론 및 소득분배론을 통해 국내에서의 분배문제를 중요하게 다루고 있으며, 또한 국제무역이론을 통해서도 국가 간의 분배문제를 강조하고 있다. 다만 국제정치경제에서는 정치와 경제의 상호작용을 중시해야 하는데, 이런 점에서 국제정치경제에서는 경제학에서 다루고 있는 것과 좀 더 다른 관점에서 분배문제를 다루어야 한다.

3.1 국내에서의 분배문제

경제학에서는 분배문제를 생산요소 소득과 연계시켜 설명한다. 생산요소란 생산과정에 투입되는 모든 것들을 의미하는데, 대표적으로 노동, 자본, 토지 및 기술(또는 기업가적 노력)을 들 수 있다. 생산요소의 가격도 상품가격과 마찬가지로 생산요소시장에서의 수요 및 공급에 의해 결정된다. 그런데 생산요소의 가격은 바로 생산요소 제공자의 소득을 의미하므로, 생산요소시장 이론은 소득분배론과 직결되어 있다. 예를 들어 노동이라는 생산요소를 고려해 보자. 만일 노동시장에서 노동에 대한 수요가 증대하면 노동의 가격이 오르게 되고, 반대로 노동공급이 초과상태이면 노동의 가격이 하락하게 된다. 이러한 과정은 경제학의 가장 기본적인 수요-공급 원리를 보여준다. 그런데 노동의 가격은 임금으로 나타나므로, 임금이 오르면 노동자의 소득이 증가하고 반대로 임금이 하락하면 노동자의 소득이 감소하게 된다. 마찬가지로 자본의 대가인 이자, 토지의 대가인 지대, 그리고 기술을 포함한 기업가적 노력의 대가인 이윤도 생산요소시장의 여건에 따라 변화하고, 아울러 각 그룹의 소득도 변화하게 된다. 따라서 임금, 이자율, 지대 및 이윤의 변화는 바로 소득분배에 영향을 미치게 된다.

그런데 각 생산요소시장은 서로 연계되어 있으므로 어떤 그룹의 소득이 개선될 때 다른 그룹의 소득은 개선될 수도 있고 악화될 수도 있다. 예를 들어 새로운 기술혁신 및 제도개혁 등으로 전체적인 경제환경이 개선된다면, 임금, 이자, 이윤 등 각 생산요소의 소득이 이전에 비해 모두 증대될 수도 있다. 반면 전체적인 파이는 증가하지 않는 상황에서 각 그룹이 자신들의 몫을 확보하려 한다면, 한 그룹의 소득 증대는 곧바로 다른 그룹의 소득 감소를 의미하게 된다.

흔히들 경제학에서는 이런 생산요소들 간의 다양한 관계 중 절대적 이득만을 강조한다고 하지만, 이는 지나치게 단순화해서 해석하는 것이다. 앞의 예에서 모든 그룹의 소득이 증가한다고 하더라도 각 그룹에 돌아가는 상대적인 소득분배도 경제학의 중요한 관심사이다. 소득분배는 기능별 소득분배(functional distribution of income)와 계층별 소득분배(size distribution of income)라는 두 가지 측면에서 볼 수 있다.[6] 기능별 소득분배란 전체의 소득이 각 생산요소 사이에 어떻게 분배되는가를 보는 것이고, 계층별 소득분배란 소득이 가장 높은 사람부터 배열했을 때 각 계층에 돌아가는 소득의 비중이 얼마나 되는지를 보는 것이다.

아래의 〈그림 2-1〉은 우리나라에서의 기능별 소득분배 관점에서 특히 관심의 대상이 되는 노동소득분배율 추이를 보여주고 있다. 이 그림은 생산요소 소득의 절대적인 크

그림 2-1 노동소득분배율 추이

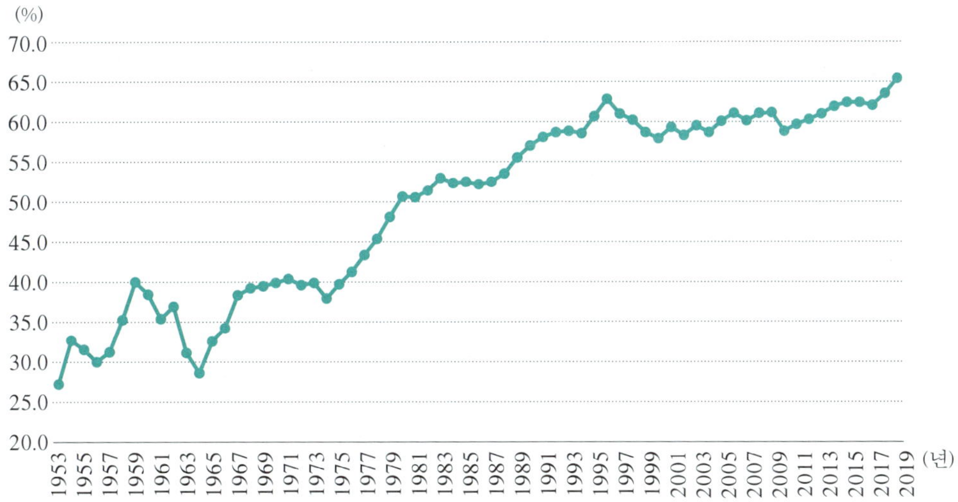

자료 : 한국은행, 국민계정.

기를 보여주는 것이 아니라 상대적인 비중의 변화를 보여주는 것이다. 우리나라의 경우 국민소득에서 임금이 차지하는 비율인 노동소득분배율은 1980년대 50% 미만에 머물렀다. 그러나 이후 꾸준히 증가해 외환위기 직전인 1997년에는 62.8%에 이르렀지만, 외환위기 이후에는 60% 수준 근처에서 등락하다가 최근에는 다시 상승하고 있다.

아래의 〈그림 2-2〉는 계층별 소득분배 관점에서 5분위분배율의 추이를 보여주고 있다. 5분위분배율이란 가장 못사는 20%의 사람들이 차지하는 소득의 비중 대비 가장 잘사는 20%의 사람들이 차지하는 소득의 비중을 의미한다. 우리나라의 경우 외환위기 이전까지는 전체적으로 분배상태가 조금씩 개선되는 추이를 보여 왔다. 그러나 외환위기의 충격으로 분배상태가 급격히 악화되었으며, 그 이후에는 일부 개선되는 추이를 보이더라도 외환위기 이전의 분배상태를 회복하지 못하고 있다. 2000년대 중반에는 전반적으로 다시 악화되는 추세를 보이다가 2010년대 들어와 개선되는 추세로 전환되었다.

그림 2-2 5분위분배율의 추이

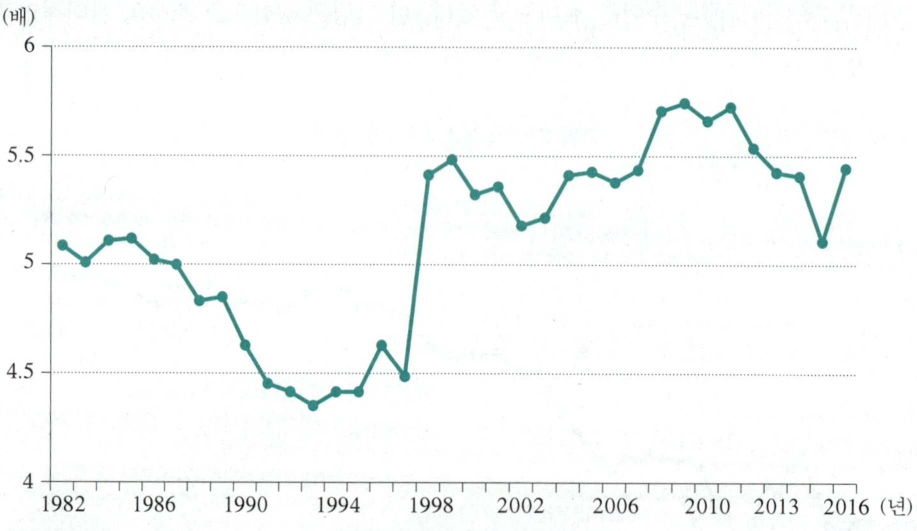

자료 : 통계청.

〈그림 2-3〉은 분배문제의 또 다른 측면을 보기 위해 소득 대신에 부의 분포를 이용해 미국에서의 분배상태를 보여주고 있다. 미국의 경우 1930년대 대공황 당시에 상위

그림 2-3 미국의 불평등 추이

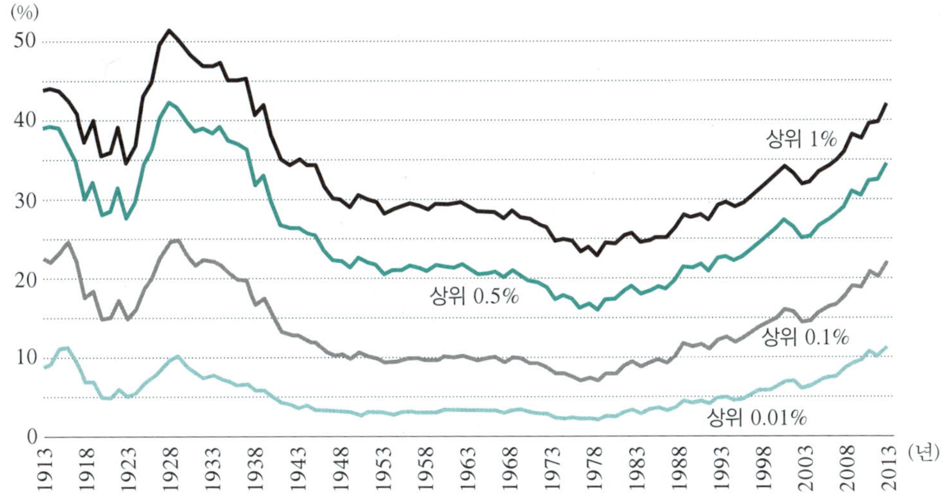

자료 : Saez and Zucman(2016).

0.1%의 사람들이 전체 부의 25% 이상을 소유하고 있을 정도로 분배상태가 최악이었으나, 이후 점차 개선되어 1950년대부터 1980년대까지는 10% 내외의 양호한 상태를 유지했었다. 그러나 1990년대 이후에는 다시 빠르게 분배상태가 악화되는 추이를 보였으며 글로벌 금융위기 당시에는 다시 20%까지 치솟아 1930년대만큼이나 악화되는 상황에 이르렀다.

경제학에서는 이러한 분배율이 경제주체의 기여도를 적절하게 반영한 것인지에 초점을 두고, 그렇지 못한 경우 조세정책 및 사회복지정책 등의 재분배정책을 통해 이를 시정하기 위한 노력을 기울인다. 경제학에서 분배문제에 대해 관심을 갖고 있기는 하지만 몇 가지 미흡한 점이 있다. 그중 하나는 소득분배가 경제적 기여도 외에 여러 가지 다른 요인들에 의해 영향을 받기 때문에, 한 사회의 분배상태를 이해하기 위해서는 그룹들 간에 좀 더 많은 이득을 차지하기 위한 갈등관계를 설명해 주어야 한다. 즉, 정치경제에서는 노사관계 또는 그룹들 간의 파워게임에 의해 상대적으로 차지하는 비율이 어떻게 달라질 수 있는지도 설명해 주어야 한다. 또한 불평들을 해소하기 위한 재분배정책도 당연히 정치경제적인 조정과정을 통해 이루어지므로, 그러한 정책이 그룹들의 손익에 미치는 영향 및 그에 대한 그룹들의 반응을 파악해야만 정책도입 과정을 이해할 수 있을 것이다.

국제정치경제 분야에서는 이러한 국내적 분배상태가 국제거래에 의해 받게 되는 영향을 추가적으로 고려해 주어야 한다. 예를 들어 자유무역을 통해 국제무역거래가 증대되면 국가 내에서 비교우위를 갖지 못한 산업은 사양화될 수밖에 없다. 비교우위를 가진 유망산업 내의 사람들과 사양산업 내의 사람들 간에 소득격차가 발생할 것이고 분배문제가 악화될 우려가 있다. 자본이동은 이러한 문제를 더욱 심화시킨다. 자본이동이 자유로운 경우 특히 비숙련노동자들은 범세계적으로 경쟁관계에 놓이게 된다. 만일 이들이 임금인상을 요구하면 기업들은 임금이 보다 싼 지역으로 공장을 이동할 것이고 이로 인해 비숙련노동자들은 실직하거나 임금이 낮아질 것이고, 경영자와 노동자 간의 소득격차는 더욱 확대될 수 있다. 이처럼 국제거래는 국내 그룹들 간의 분배문제에 큰 영향을 미치고 상대적으로 유리한 위치를 점하기 위한 그룹들 간의 갈등을 야기할 수 있으므로, 이에 대해 정확히 이해하고 적절한 정책을 마련하고자 하는 것도 국제정치경제 분야의 주요 관심사이다.

3.2 국제관계에서의 분배문제

국제거래는 국가 내에서의 분배뿐만 아니라 국가 간의 분배에도 당연히 영향을 미친다. 그동안 경제학에서는 절대적 이득에 주로 관심이 있고 상대적 이득에는 별 관심이 없었다고 인식되었던 것은 리카도(David Ricardo)의 비교우위론에 기인한 바가 크다. 리카도의 비교우위론에 따르면 두 국가가 각각 비교우위를 가진 상품을 생산하고 수출하면 두 국가 모두 무역을 통해 이득을 얻게 된다. 즉, 두 국가 모두 무역거래 이전에 비해 더 나은 상태가 가능해지게 되는데, 이는 두 국가 중 하나가 선진국이고 다른 국가가 후진국이어도 마찬가지로 적용된다. 이처럼 절대적인 차원에서 두 국가가 모두 이득을 얻게 되므로 리카도의 비교우위론은 당연히 자유무역을 옹호하는 사람들의 기본 논리가 되었다.

대부분의 경제학자들은 국제무역을 통해 각국이 절대적인 측면에서 이득을 얻을 가능성이 크므로 국제무역을 더욱 확대하자는 입장을 취하고 있다. 그러나 정치경제적인 측면에서는 절대적 이득보다도 상대적 이득을 더욱 강조하는 경향이 있다. 무역을 통해 두 국가가 모두 이득을 얻었다고 할지라도 한 국가가 다른 국가보다 더 큰 이득을 얻었다면, 국제경제에서 두 국가 간의 격차는 더욱 벌어지게 된다. 예를 들어 선진국은 고부가가치 산업에 비교우위가 있으므로 그 산업에 특화하는 반면 후진국은 저부가가치 산업에 비교우위가 있으므로 그 산업에 특화해 생산하고 무역거래를 하게 될 것이다. 따라서 선진국은 더욱더 큰 부가가치를 통해 부유해지는 반면 후진국은 비록 낮은 부가가치의 이득은 얻을지라도 선진국에 비해 상대적으로 빈곤해져 선진국과 후진국 간 격차가 더욱 커지게 된다. 따라서 국제관계에서 어떤 국가가 중요한 결정을 내릴 때 상대적 경제적 이득 차이에 따른 국가 간 분배문제를 도외시하기는 어렵다.

그림 2-4 전 세계 GDP의 소득별 비중

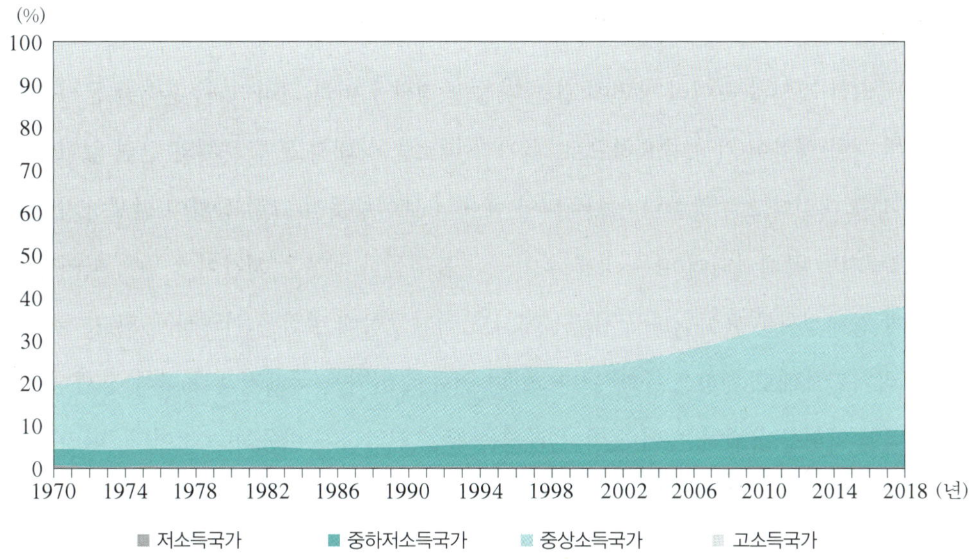

자료 : UNCTAD.

역사적으로 상대적 분배 문제의 중요성을 강조한 대표적인 사례는 19세기 성행했던 중상주의 학자들이다. 이들에 따르면 국가의 부는 금의 축적을 통해 이루어지는데, 이를 위해서는 상대국과의 무역에서 흑자를 달성해야만 그 대가로 금을 지불받을 수 있다. 이러한 주장은 소위 말하는 제로섬 게임의 논리에 기초한 것으로, 국제거래에서 한 국가의 이득은 반드시 상대국가의 손실을 의미한다. 즉, 상대국가의 부의 감소를 통해서만 자국의 부를 축적할 수 있으므로 국제거래에서 중요한 것은 오직 상대적인 이득임을 강조하고 있다. 당시의 철학자인 흄(David Hume)과 그 이후 많은 주류 경제학자들이 중상주의의 주장을 반박했지만, 이와 같은 인식은 오늘날 국가들의 행동에서도 흔히 나타나고 있다.

간혹 어떤 국가가 상대적 분배 문제를 무시하고 결정을 내린 듯한 모습을 보이기도 하는데, 이는 대부분 안보적인 배경이 깔려 있는 경우에 그렇다. 예를 들어 제2차 세계대전 이후 미국은 유럽의 부흥을 위해 마샬 플랜을 통해 유럽 국가들을 지원하고 냉전이 한참일 때도 유럽의 경제통합을 위해 지원을 아끼지 않았다. 미국은 이런 행동이 경제적인 측면에서는 자국에 손해를 끼칠 수도 있다는 것을 알았지만 정치적 · 안보적 이유 때문에 여러 경제적 비용이 수반됨에도 불구하고 그러한 정책을 취했던 것이다.

국가가 국제관계와 관련된 어떤 결정을 내릴 때는 자국의 복지, 경제적 이득, 군사력 등 다양한 측면에 미치는 영향을 복합적으로 고려한다. 따라서 상대적 분배 문제를 얼마만큼 고려할 것인가도 여러 방면에 걸친 다양한 영향에 따라 달라진다. 흔히들 군사력 및 안보에 대한 영향이 가장 중요하므로, 국가가 때로는 상대적 분배 문제와 관련 없이 중요한 결정을 내린다고 주장한다. 물론 위의 예에서 보여주듯이 그런 상황이 발생하기도 한다. 그렇지만 국제거래에 따른 경제적 이득의 불평등한 배분은 시간이 흐름에 따라 불가피하게 경제질서뿐만 아니라 군사질서에서도 국제균형에 변화를 야기하게 되고, 궁극적으로 국가안보에도 영향을 주게 된다. 이런 연유로 국가는 국제거래가 각국 경제성장에 상대적인 차이를 유발하는 데 초미의 관심을 갖고 민감하게 반응하는 것이다. 따라서 국제거래가 각국의 상대적인 경제력에 미치는 영향, 그리고 그에 따른 각국의 대응은 국제정치경제의 중요한 연구 주제가 되고 있다.

4. 패권경쟁

4.1 패권국의 역할 및 필요성

패권 또는 헤게모니(hegemony)는 어떤 집단을 주도할 수 있는 권력이나 지위이자 어느 한 지배집단이 다른 집단을 대상으로 행사하는 정치, 경제, 사상 또는 문화적 영향력을 지칭하며,[7] 패권국(Hegemon)은 그러한 영향력 및 지도력을 가진 강대국을 의미한다. 국제정치경제질서는 기본적으로 강대국들 간의 경쟁에 의해 큰 영향을 받을 수밖에 없는데, 과연 패권국이 국제정치경제질서를 유지하는 데 긍정적인가 아니면 부정적인가에 대해서는 학자들마다 견해가 다르다.

국제정치경제질서에서 패권국의 역할을 강조하는 패권안정이론(hegemonic stability theory)에 따르면,[8] 패권국은 국제거버넌스, 경제적 · 군사적 지원 및 제재 등 다양한 수단을 통해 국제협력을 도모하고 국제정치경제질서를 안정화시키며 개별국들이 그 질서를 위반하지 못하도록 한다. 따라서 국제정치경제질서의 운영은 많은 경우 효과적인 거버넌스를 제시할 수 있는 강력한 지도력을 필요로 한다. 즉, 현실적으로 대부분의 국제레짐은 강력한 리더십을 가진 패권국이 적극적으로 행동을 하지 않으면 제대로 기능하지 않는다.

국제정치경제는 절대적 경제력을 지닌 강력한 리더십을 필요로 한다는 생각을 가진 사람들은, 팩스-브리태니카(Pax-Britanica) 및 팩스-아메리카나(Pax-Americana) 시대에 국제정치경제질서가 안정된 반면 패권전환이 이루어지는 전간기(제1차 세계대전과 제2차 세계대전 사이)에는 사상 유례없는 혼란이 있었다는 역사적인 경험을 강조하고 있다. 예를 들어 킨들버거(Charles Kindleberger)는 대공황이 심화된 원인을 기존의 경제학에서 강조하는 미국의 통화정책, 무역정책 등 경제정책에서 찾기보다 국제경제의 안정을 유지하기 위한 리더십의 역할에서 찾으려 했다.[9] 킨들버거에 따르면 대공황의 정도, 범위 및 지속기간이 훨씬 더 심해진 것은 국제경제가 적절하게 대응하고 기능할 수 있도록 필요한 역할을 조율해 줄 수 있는 패권국이 없었기 때문이다. 그 당시 영국은 이미 쇠퇴기에 접어든 국가이므로 리더십을 발휘할 수 없는 상황이었고, 반면 미국은 새로이 부상하는 국가였지만 국제경제를 책임지고 가겠다는 의식은 아직 없었던 상황이었다. 킨들버거는 1930년대 대공황 당시 이러한 역할을 수행할 수 있는 패권국이 없어서 금융위기가 오랜 기간의 장기침체로 이어졌고, 세계적인 대공황으로 확대되었음을 강조하고 있다.

크래스너(Stephen Krasner)와 길핀(Robert Gilpin)도 기본적으로 킨들버거와 유사한 입장에서 패권국의 중요성을 강조하고 있다.[10] 이들에 따르면 패권국은 종종 국제정치경제질서를 수립하고 유지하기 위해 권력을 행사한다. 킨들버거는 패권국이 자국의 이익 및 범세계적인 이익을 위해 국제정치경제질서를 수립 및 유지하려 한다고 주장한 반면, 크래스너와 길핀은 패권국이 국제정치경제질서를 수립 및 유지하려고 하는 것은 자국의 이익 특히 정치적 및 안보적 이해관계 때문이라고 강조한다. 예를 들어 미국이 국제경제에서 무역개방을 요구하고 시장경제의 중요성을 강조한 것은 범세계적인 이익을 위한 이타적인 동기에 기인한 것이 아니라 소련연방에 대한 반대세력의 연대를 구축하려고 한 것이다.

이타적인 동기든 이기적인 동기든 패권국의 역할을 강조하는 사람들은 국제경제질서를 위해 패권국이 공공재를 제공할 수 있어야 한다고 주장한다. 공공재란 국방서비스, 공원, 또는 도로처럼 모든 사람이 공동으로 함께 소비할 수 있는 재화나 서비스를 의미한다.[11] 공공재는 모든 사람들의 경제활동에 이익을 줌에도 불구하고, 비경합성 및 비배제성과 같은 특성 때문에 시장의 기능에 맡겨두면 항상 충분하게 공급되지 못하는 경향이 있다. 이를 소위 시장의 실패(market failure)라고 하는데, 시장의 실패를 시정하기 위해서는 정부의 개입이 필요하게 된다. 국제정치경제에서도 마찬가지로 공정무역, 안정된 국제통화질서 등과 같은 공공재는 각국의 자유로운 선택에 맡겨질 경우 충분히 보장되지 못한다. 이론적으로 국제정치경제에서의 공공재 문제는 소수의 강대국들의 협력에 의해 쉽게 해결될 수 있다. 그러나 현실은 소수의 강대국들이 공공선을 위해 협력하기보다는 정반대로 서로 경합하므로 이러한 협력에 의해 문제를 해결하려고 기대하기는 어렵다. 과거의 역사적 경험을 살펴보면 강력한 패권국이 존재할 때 국제정치경제질서를 위한 공공재가 제공되는 경우가 상대적으로 많이 나타나는 경향을 보였다.

국제경제질서를 유지하기 위해 패권국이 해야 할 역할은 기본적으로 이러한 공공재를 제공하는 것인데, 공공재가 어떤 것인가에 대해서는 상황에 따라 다양하게 나타날 수 있다. 그중 일부는 평상시에도 국제정치경제질서를 위해 수행되어야 하는 역할이지만, 다른 것들은 대공황과 같은 위기 상황에서 특히 요구되는 것들이다. 평상시 필요한 패권국의 역할로는 자본이 원활하게 이동함으로써 선진국뿐만 아니라 개발도상국 및 후진국에도 흘러들어 갈 수 있도록 하는 것, 주요 국제통화들 간의 환율이 안정되도록 함으로써 전체적인 국제금융시장의 안정을 확보하는 것, 그리고 주요국들 간의 경제정책이 적절히 공조되도록 조율하는 것을 들 수 있다. 반면 위기 시에 패권국이 해야 할 역할은, 침체된 상황에서 상품에 대한 위축된 수요를 촉진할 수 있는 개방된 시장을 제공하는 것, 공급충격으로 인해 상품공급 여력이 부족해질 때 추가공급을 가능하게 하는 생산능력을 제공하는 것, 그리고 국제금융위기와 같은 위급상황이 발발할 때 최종대부자(lender of last resort) 역할을 수행하는 것이다.

지금까지 설명한 바와 같이 국제정치경제질서를 위해 패권국의 역할이 절대적으로 필요하다는 주장과는 달리, 일부 학자들은 국제정치경제질서의 유지를 위해 과연 패권국이 필요한가에 대한 회의를 제기하기도 한다.[12] 이들은 패권국이 없어도 국제정치경제질서의 유지는 관련 당사국들이 합의를 통해 해결할 수 있다고 주장한다. 또한 역사적으로 볼 때도 특정 패권국의 등장이 국제정치경제질서에 도움이 되기보다는 오히려 해악이 된 경우도 있으므로 패권국의 존재가 반드시 필요한 것은 아니라고 반박하고 있다. 일부 학자들은 좀 더 나아가, 비록 패권국의 존재가 국제정치경제질서에 도움이 되었다고 하더라도, 과연 그것이 전체적인 이익을 고려한 것인지 아니면 지극히 자국의 이익을 추구한 결과인지는 의구스럽다고 주장하고 있다.[13]

이처럼 패권국의 역할과 관련해 많은 논의가 전개되고 있는데, 우선적으로 패권국의 존재가 국제정치경제질서에 긍정적인가 아니면 부정적인가, 그리고 패권국이 필요하다면 패권국으로서의 책임과 의무는 무엇이며 구체적으로 어떤 역할을 수행해야 하는지 등의 문제는 국제정치경제의 중요한 연구 주제로 다루어져야 한다.

4.2 패권의 변화

시대를 막론하고 국제관계에서 가장 큰 관심사 중의 하나는 어떤 국가가 국제질서를 주도하는 국가로 부상할 것인가를 전망하는 것이다. 최근 글로벌 금융위기 이후 과연 중국이 미국을 넘어서는 패권국이 될 것인가 하는 이슈가 중요한 화두로 등장하는 데서 알 수 있듯이, 각국은 패권국으로서의 지위를 확보하기 위해 치열한 경쟁을 하고 있는 것이 현실이다. 국제정치경제질서의 역사는 곧 패권국의 흥망의 역사를 조망하는 것과 마찬가지라고 여길 수 있을 정도로 어느 국가가 패권국이 되느냐 하는 것은 언제나 많은 사람들의 관심을 끌고 있다.[14] 따라서 왜 각국은 패권국이 되기 위해서 분투하고 있는지, 그리고 어떤 이유 때문에 패권국의 흥망이 변화되는지를 분석하는 것도 국제정치경제의 중요한 주제 중 하나이다.[15]

패권경쟁은 국제정치경제질서뿐만 아니라 개별국에게도 상당히 중요한 의미를 지니고 있다. 어떤 특정 국가의 영향력이 세계 경제를 지배할 만큼 커지면 그 국가는 국제정치경제질서의 규칙 수용자가 아니라 규칙 제정자로서의 역할을 하고자 하므로 그 국가의 이해관계에 의해 국제정치경제질서가 변하게 된다. 따라서 어느 정도 경제력을 갖춘 국가들은 패권국으로서의 위치를 확립하고자 노력할 것이다. 패권국 입장에서는 국가 자율성과 국제정치경제질서가 양립하는 상황으로 국제정치경제질서를 유도할 수 있음을 의미하게 된다. 또한 국제정치경제질서가 새로운 패권국의 이해관계에 의해 상당한 영향을 받을 것이며, 그로 인해 때로는 새로운 패러다임으로 메가트렌드가 변화되기도 하는 중요한 전환을 이룰 수도 있다.

한편 많은 국가들은 이와 같은 메가트렌드 변화에 따라 구조개혁 등을 통해 적응해 가야 할 것이고, 이 과정에서 국내적으로도 정치경제적으로 상당한 충격이 가해지게 될 것이다. 더욱이 역사적으로 우리나라뿐만 아니라 수많은 국가들의 사례들이 보여주듯이, 패권이 변화되는 시대의 흐름을 제대로 파악하지 못하고 외교적인 선택을 잘못하는 경우 국가의 패망까지 초래할 수 있으므로, 패권이 어떻게 변화되어 가는지를 정확히 파악하는 것은 많은 국가들에게 있어서 생존과 직결된 중요한 문제일 수 있다.

어떤 국가가 패권국으로 등장할 것인가에 대해서도 경제학자들과 정치학자들 간에 극명한 차이를 보인다. 경제학자들은 대체적으로 경제적으로 지배적인 위치를 차지하게 되면 그에 따라 정치적 · 군사적으로도 권력이 커지면서 패권국으로 등장하게 된다고 주장한다. 반면에 정치학자들은 군사력이 전제되지 않으면, 경제적으로 부국이 될지라도 패권국이 되는 데는 한계에 봉착하게 된다고 주장하고 있다. 수천 년간의 역사를 뒤돌아보면 두 가지 입장 모두 일리가 있고, 어느 한쪽이 일방적으로 타당하다고 말하기 어렵다. 어떤 시대에는 경제학자의 입장이 좀 더 설득력이 있고 다른 시대에는 정치학자의 입장이 더 설득력을 갖기도 한다. 따라서 시대의 변화에 따라 패권국의 조건이 어떻게 변화되는지를 살펴보는 것도 흥미로운 주제가 아닐 수 없다.

이 책에서 한 가지 추가적으로 강조하고 싶은 것은 패권경쟁의 구도를 단순히 강대국들 간의 경쟁관계로 보기보다 좀 더 확장된 구도로 해석할 필요도 있다는 것이다. 대부분의 학자들은 패권경쟁을 예를 들어 영국 대 스페인, 프랑스 대 독일, 영국 대 미국, 미국 대 소련, 미국 대 중국 등과 같이 초강대국들 간의 경쟁에 초점을 맞추고 있다. 그러나 국제거래가 확대되고 각국 간의 교류가 활발해지면서 나타나기 시작한 흥미로운 현상은, 소위 말하는 개발도상국 및 후진국들이 서로 연합해 강력한 세력으로 등장함으로써 국제정치경제질서에 커다란 영향을 미치고 있다는 것이다. 과거 미 · 소 경쟁관계의 냉전시대에도 제3세계라는 세력이 일정한 정도 영향력을 발휘하기도 하였다. 또한 최근 국제무역협상이 답보상태를 보이는 것은 미국과 유럽의 양대 세력보다는 개발도상국 세력이 오히려 더 큰 요인으로 작용하고 있으며, 국제금융체제의 개혁에도 이들 세력의 요구가 중요하게 반영되고 있다. 따라서 국제정치경제질서에 영향을 미치는 패권경쟁을 논할 때 초강대국의 경쟁관계뿐만 아니라 브릭스를 중심으로 한 개발도상국들의 협력과 같이 선진국 위주의 질서에 대한 개발도상국 및 후진국들의 도전도 중요한 연구 주제로 다루어져야 한다.

Box 2-1 미 · 중 패권경쟁과 한국

최근 들어 국제정치경제질서의 변화와 관련해 초미의 관심사는 미국과 중국 간의 패권 경쟁이다. 특히 글로벌 금융위기 이후 미국 중심의 글로벌 스탠다드에 대한 회의가 커지면서 새로운 패권에 대한 논의가 더욱 활발하게 전개되고 있다.

미국의 패권이 저물기 시작했다는 대표적인 학자들로 케네디(Paul Kennedy), 퍼구슨(Niall Ferguson), 아탈리(Jacques Atali) 등을 들 수 있다. 케네디는, 미국은 부채문제를 해결하기 어려워 퇴조할 것이고 이후 다극 체제의 국제정치경제질서가 등장할 것이라고 전망하고 있다. 퍼구슨은 미국을 저무는 슈퍼파워로, 그리고 중국을 떠오르는 슈퍼파워로 묘사하면서 중국이 새로운 패권국이 될 것으로 예상하고 있다. 아탈리는 미국이 저물어 간다는 점을 인정하면서도 그렇다고 중국이 미국을 넘어서지는 못할 것이며 새로운 질서는 다극 체제로 형성될 것으로 전망하고 있다.

이들과는 달리 미국이 여전히 패권국으로서의 지위를 유지할 것이라고 주장하는 학자들로는 후쿠야마(Francis Fukuyama), 나이(Joseph Nye), 아이켄베리(John Ikenberry), 프리드만(George Friedman) 등이 있다. 후쿠야마와 나이는 미국의 소프트 파워는 아직 다른 국가들에 비해 우월해서 미국의 세기는 끝나지 않았다고 주장한다. 아이켄베리는 경제력 외에 다른 조건들을 함께 고려한 결과 미국의 패권은 죽지 않는다고 결론짓고 있고, 프리드만은 좀 더 구체적으로 미제국은 500년은 더 갈 것으로 자신하고 있다.

어느 쪽의 주장이 타당한지는 시간이 지나봐야 알 수 있을 것이다. 그러나 과거의 역사를 돌이켜 볼 때 패권국이 되려면 적어도 세 가지 조건, 즉 경제력, 문화력, 정치력(군사력 포함)이 동시에 구비되어야 한다. 경제력이란 국제질서에서 물질적으로 차지하는 능력을 말하는데, 대표적으로 GDP를 들 수 있다. 이 측면에서 보면 대체적으로 전망이 일치하는데, 중국의 GDP가 구매력 기준으로 미국을 이미 추월했고, 주요 국제기구들도 앞으로 격차가 더욱 벌어질 것으로 전망하고 있다. 문화력이란 기존 국제정치경제질서를 정당화하거나 대안적 질서를 전파할 수 있는 능력을 의미하며, 이념, 소프트 파워, 글로벌 스탠다드 등을 들 수 있다. 이 측면에서 보면 아직 불확실하다. 예를 들어 미국이 주창한 정치적 민주주의, 경제적 공정경쟁은 예전보다 신뢰도가 떨어졌지만, 그렇다고 중국이 이를 대체할 수 있는 매력적인 이념을 아직까지는 제시하지 못하고 있다. 정치력(군사력)이란 실질적으로 국제질서 유지를 위해 행동할 수 있는 능력을 의미하는데, 이는 자신의 비용을 부담하면서까지 희생을 치를 수 있는 의지를 반영하는 것이다. 이 측면에서 보면 미국에 비해 중국이 준비가 덜 되어 있다고 볼 수 있다. 예를 들어 2014년 세계은행이 중국 경제가 세계 1위가 되었다는 연구 결과를 발표했을 때 중국 정부가 그 결과를 거부하는 사태가 발생했는데, 이는 교역 협상, 기후변화, 대외 원조 등과 같은 주요 국제 현안에서 다른 나라에 더 많은 양보를 하거나 더 큰 부담을 져야 할 수 있기 때문에 나온 행동으로 해석된다.

여러 가지 상황들을 종합적으로 고려해 볼 때, 현재 진행되고 있는 패권 변화는 1990년대 초 사회주의권 몰락으로 급격히 전개된 패권 변화과정보다는 20세기 들어 영국에서 미국으로 패권이 전환되는 과정과 유사하다고 판단된다. 1870년대 미국은 이미 영국의 경제력을 따라잡고 1914년에는 영국 경제의 3배 규모로 성장했지만 패권국의 위상을 갖지 못했다. 심지어 제2차 세계대전 전에도 미국은 세계 생산량 중 40%를 차지했지만 패권국의 지위를 확립하지 못했다. 제2차 세계대전을 거치고 나서야 미국이 명실공히 진정한 패권국으로 부상하는데, 이때가 미국의 경제력이 영국을 추월한 이후 근 70년이 지나서이다.

자료 : 임혜란(2014)을 참고해 정리.

[미주]

1. 이준구 · 이창용(2007), p.18.
2. Keohane and Nye(1977), pp.3 ~ 19.
3. Wikipedia, 2015년 7월 14일 검색. 학자들에 따라 국제레짐의 정의가 규칙 및 관습만을 의미하기도 하는데, 이 책에서는 그뿐만 아니라 UN, IMF 등과 같은 공식적은 국제기구도 포함시키고자 한다.
4. 국제레짐과 관련된 다양한 논의는 Hasenclever 외(2000)를 참고할 것.
5. 이준구 · 이창용(2007), p.5.
6. 보다 자세한 설명은 이준구 · 이창용(2007) 제10장을 참고할 것.
7. Wikipedia, 2015. 7. 21. 검색.
8. 패권안정이론에서는 자유국제경제(liberal international economy)를 기본적으로 상정하고 있지만, 중요한 주장들은 일반적인 국제정치경제 상황에도 적용할 수 있으므로 아래의 설명들은 좀 더 일반적인 경우를 가정하고 전개한다. 패권안정이론에 대한 자세한 설명은 제4장 〈부록〉을 참고할 것.
9. Kindleberger(1973).
10. 킨들버거는 패권국(hegemon)이란 용어 대신 리더(leader)란 용어를 사용했는데, 크래스너와 길핀은 구체적으로 패권국이란 용어를 사용하고 있다. Krasner(1976) ; Gilpin(1987).
11. 경제학에서는 공공재가 비경합성(non-rivalry) 및 비배제성(non-excludability)의 특성을 갖고 있는 것으로 정의한다. 비경합성이란 한 사람이 어떤 재화를 소비한다고 해서 다른 사람이 소비할 수 있는 기회가 줄어들지 않는다는 것을 의미하며, 비배제성이란 대가를 치르지 않는 사람이라도 소비에서 배제할 수 없다는 것을 말한다. 이준구 · 이창용(2007), p.285.
12. 관련된 논의는 Gilpin(2001), Ch.4를 참고할 것.
13. Strange(1983).
14. 이와 관련된 주제를 다루는 서적들은 종종 베스트셀러가 되곤 하는데, 대표적인 예로 케네디(Paul Kennedy)의 "강대국의 흥망성쇠"를 들 수 있다. Kennedy(1987).
15. 백창재(2003) ; Eichengreen(1989) ; De Melo and Arvind Panafariya(1995), pp.120 ~ 121.

국제정치경제질서의 역사적 변화

03

1. 세계 경제의 역사적 추이

2. 팩스-브리태니카

3. 팩스-아메리카나

4. 향후 국제정치경제질서 전망

국제정치경제의 역사를 살펴보는 경우 대부분 제2차 세계대전 이후 미국을 중심으로 이루어진 패권 변화에 초점을 맞추고 있다. 간혹 좀 더 길게 보는 경우에도 19세기 후반 이후 영국의 패권이 정착된 이후의 시기에 한정하고 있다. 이처럼 근세 이후의 시기에 한정하다 보면, 국제정치경제질서는 서구에 의해 주도되어 온 것으로 오인할 수도 있다. 이 장에서는 국제정치경제의 역사에 대한 좀 더 객관적인 시각을 부여하고자 훨씬 더 오랜 기간 동안의 변화과정을 소개하고자 한다.

1. 세계 경제의 역사적 추이

1.1 경제력 규모

전체적인 국제정치경제질서의 변화를 살펴보기 위해서는 오랜 역사적 기간 동안 어떤 국가들이 세계 경제의 주도권을 차지하고 있었는지 이해할 필요가 있다. 다음 〈그림 3-1〉은 영국의 경제학자인 매디슨(Angus Maddison)이 여러 자료를 집대성해 제시한 세계 주요 국가들의 GDP 규모(구매력 기준)를 보여주고 있다. 이 그림에서 간단히 알 수 있듯이 기원후 지금까지 2,000여 년 동안 거의 대부분 중국과 인도가 세계 경제에서 가장 경제력이 컸었다. 이러한 추세가 무너진 것은 20세기 이후 들어와서 중국과 인도가 급격히 쇠퇴한 이후 100여 년에 불과하다.

1,000년 이상 세계 경제규모의 30% 가까이 차지했던 인도는 서쪽으로는 서아시아 및 유럽, 동쪽으로는 중국에 이르기까지 활발하게 무역을 행하면서 경제뿐만 아니라 문화적으로도 커다란 영향을 미쳤다. 중국 또한 인도에 버금가는 경제력을 보여주었고, 실크로드를 통한 국제무역을 주도하면서 세계 경제의 생산지 및 시장으로서 상당한 위치를 차지했다. 인도와 중국 두 나라는 18세기에 이르기까지 전 세계 총생산의 거의 50%를 차지하고 있었다. 이 시기에 일부 유럽 국가들이 강대국의 하나로 등장하기도 하는데, 로마의

그림 3-1 세계 경제의 3대 국가 : GDP 규모 기준

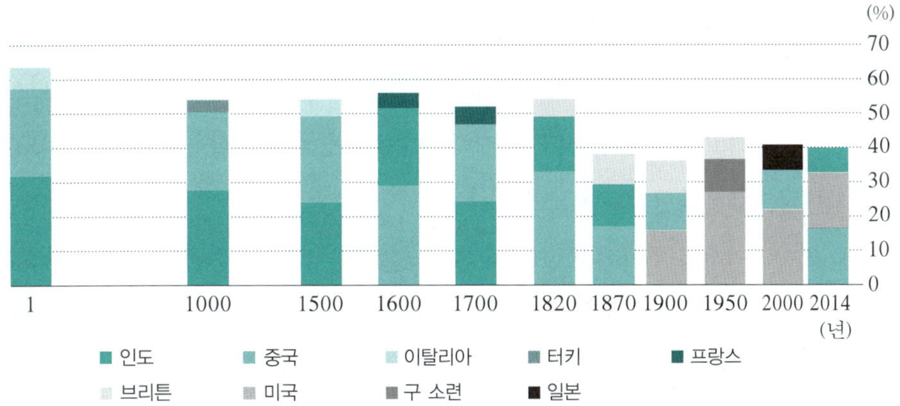

주 : 구매력 기준.

자료 : Angus Maddison 홈페이지(http://www.ggdc.net/maddison/oriindex.htm).

전성시대에 이탈리아가 중국, 인도에 이은 3대 경제대국으로 유럽 내에서는 상당한 영향력을 행사하고 있었다. 이후 11세기 이후에는 오스만 제국으로 대변되는 터키가 중동, 유럽, 북아프리카에 걸친 대제국이 되었을 때 3대 경제대국으로 부상하기도 하였다.

유럽 국가들이 세계 경제의 중심으로 부상하기 시작한 것은 18세기 후반 산업혁명 이후라고 할 수 있다. 콜럼버스가 1492년 신대륙을 발견한 이후 점증해 오던 유럽 국가들의 경제규모는 산업혁명 이후 인도 및 중국의 경제규모를 넘어서기 시작했다. 영국에서 시작된 산업혁명이 유럽 전역으로 퍼져나가면서 유럽 국가들은 새로운 형태의 생산체제를 갖추고 소득을 증대시켰으며, 자본을 축적시켜 나갔다. 이러한 유럽 경제의 발전을 더욱 촉진시킨 것은 무역자유화를 통해 국내시장을 세계시장으로 확대한 것이었다. 유럽 국가들 간에 국경을 초월하는 국제거래를 활발히 한 것뿐만 아니라, 적극적인 식민지 개척을 통해 범세계적인 국제거래를 상당히 확대함으로써 유럽 국가들의 경제우위를 확고히 할 수 있었다.

20세기 이후에는 세계 경제에서 인도와 중국의 위치가 사라지고, 새로운 국가인 미국의 위상이 급격히 부상하고 있다. 미국은 20세기 들어서기 전에 영국의 경제규모를 추월하였고 20세기 들어와서는 절대적인 영향력을 행사할 수 있는 경제대국의 위치를 상당히

오랫동안 유지해 왔다. 제2차 세계대전 이후 냉전시기에 소련이, 그리고 1970년대 이후 일본이 일시적으로 제2의 경제대국으로 부상하기도 했지만, 미국의 위치를 대체하기에는 역부족이었다. 21세기 들어서면서 일부 변화가 나타나는 것은 중국과 인도가 다시 경제대국으로 부상하고 있다는 점이다. 구매력 기준으로 중국이 미국을 추월했고, 인도가 3위의 경제대국으로 미국을 쫓아오고 있다.[1]

세계 경제의 역사적 추이에서 한 가지 흥미로운 것은 19세기 중반까지는 세계 경제의 두 강대국인 인도와 중국이 전 세계 경제의 50% 정도를 차지할 정도로 지배적인 규모를 보였는데, 19세기 후반 이후로는 세계 경제의 양강이 차지하는 비중이 겨우 30% 내외밖에 안 된다는 것이다.[2] 이는 19세기 후반 이후 국제교류가 확대되면서 국가들 간의 경쟁이 더욱 치열해졌고, 따라서 특정국이 차지하는 절대적인 패권 수준이 감소했기 때문인 것으로 판단된다.

1.2 1인당 소득

어떤 국가의 국제정치경제질서에 대한 영향력을 파악하려면 전체적인 경제규모 외에도 1인당 소득수준을 추가적으로 살펴볼 필요가 있다. 세계 경제에 영향력을 행사하기 위해서는 단순히 경제규모가 크다는 것 외에도 그 나라의 경제발전 정도가 다른 나라보다 앞서 있어야 한다. 경제가 발전되어 있는 경우 국제무역이든 국제금융이든 상대적으로 우위 입장에서 국제거래를 행할 수 있고, 국제정치경제질서에 대한 영향력이 커질 것이기 때문이다. 이러한 경제발전 정도는 GDP 규모 자체보다 1인당 소득수준을 통해 좀 더 잘 나타날 것이다.

〈그림 3-2〉는 지난 1,000여 년 동안 1인당 소득을 기준으로 세계 경제의 3대 부자 국가를 보여주고 있다. 이 그림은 앞에서 보여준 경제력 규모의 역사적 추이와 상당히 다른 결과를 보여준다. 기원 직후에는 당시 융성했던 그리스 및 로마 시대를 반영해 그리스, 로마, 그리고 주변 북아프리카의 이집트가 가장 높은 1인당 소득수준을 나타내고 있다. 11세기 초에는 이란, 이라크, 터키 등 중동의 국가들이 가장 높은 소득수준을 보였지

그림 3-2 세계 경제의 3대 고소득 국가 : 1인당 소득 기준

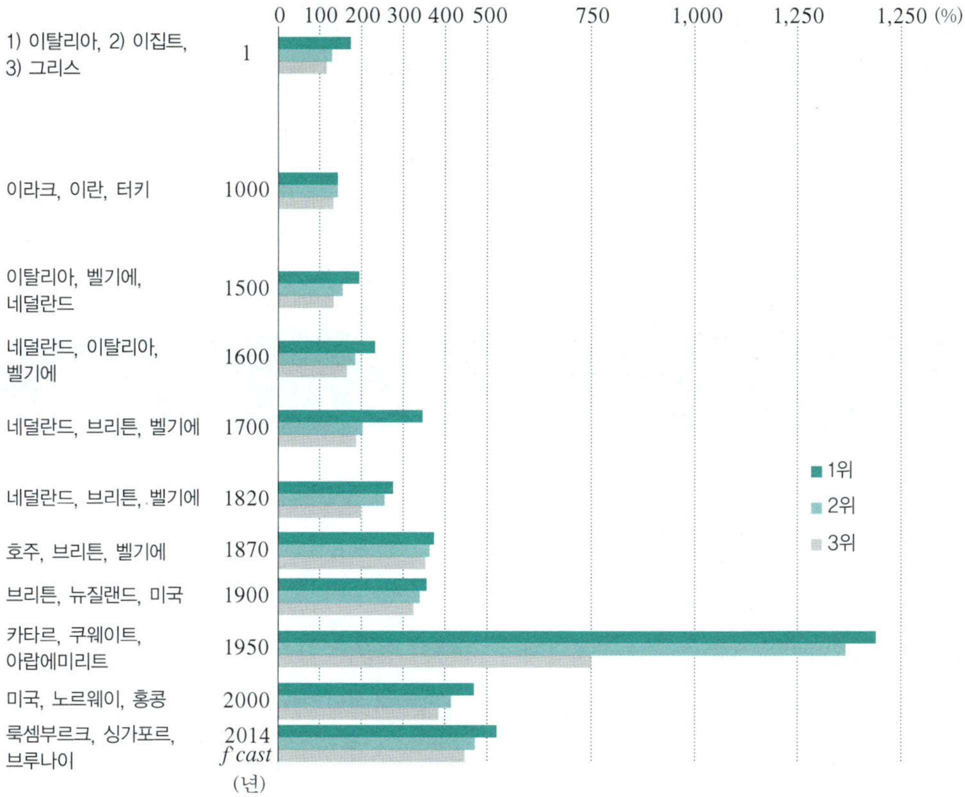

주 : 세계 평균소득 대비 비율.
자료 : Angus Maddison 홈페이지(http://www.ggdc.net/maddison/oriindex.htm).

만, 16세기 이후에는 주로 유럽의 국가들이, 그리고 20세기 이후는 일부 산유국 및 미국 등이 가장 높은 소득수준을 보여주고 있다. 즉, 경제력 규모의 역사적 추이에 비해 서구 국가들이 훨씬 더 지배적으로 나타나고 있다. 예를 들어, 네덜란드 같은 경우 경제력 규모에서는 전혀 존재감이 없었는데, 1인당 소득에서는 상당 기간 동안 가장 높은 위치를 차지하고 있다. 영국의 경우는 산업혁명 이후인 18세기 및 19세기 동안 자본집약적 산업발전, 적극적인 대외무역 개방 등을 통해서 세계 경제를 선도하는 국가로서의 위치를 확고히 보여주고 있다.

앞의 경제력 규모를 나타낸 〈그림 3-1〉과 1인당 소득을 나타낸 〈그림 3-2〉를 동시에 고려하면 흥미로운 결과를 도출할 수 있다. 국제정치경제질서에 영향력을 행사하려면

우선 경제력 규모가 커야 하고 동시에 1인당 소득으로 대변되는 경제발전 수준도 높아야 한다. 이 두 가지 조건을 동시에 만족했던 경우는 17세기 이후의 영국, 그리고 20세기 이후의 미국 정도인 것으로 나타난다. 즉, 많은 패권안정론자들이 주장하는 것처럼 범세계적인 차원에서 국제정치경제질서에 상당한 영향력을 행사할 수 있었던 대표적인 사례로 팩스-브리태니카의 영국, 그리고 팩스-아메리카나의 미국을 들 수 있다.[3]

2. 팩스-브리태니카

2.1 국제정치경제의 기원

오늘날 우리가 논하는 국제정치경제의 기원은 주권국가의 탄생 및 이들의 국제무대에서의 상호관계 증진과 밀접하게 연계되어 있다. 현대적 개념의 주권국가는 북유럽의 청교도 국가들이 가톨릭 합스부르크 국가들과의 30년 전쟁에서 승리한 이후 맺어진 베스트팔렌 조약(Peace of Westfalen) 이후 탄생했다. 이 조약은 각국의 국가 주권과 영토 보전을 인정함으로써 주권국가의 영토 내에서 이루어지는 행위는 다른 국가나 종교적인 간섭을 받지 않도록 하였다. 국제사회에서도 모든 국가가 동등한 일원으로 간주되었으며, 따라서 각국은 동등한 권리와 의무를 갖게 되었다.

국제정치경제의 기원과 관련된 또 다른 중요한 계기는 신대륙의 발견 등으로 해상항로가 개척되면서 주권국가들 간의 국제교류가 활발하게 이루어지기 시작한 것이다. 중세 유럽에서 왕과 봉건영주 사이에서 통치의 빈틈을 타 도시들이 나타나기 시작했는데 새로운 도시들에서 상인들이 자유롭게 경쟁하면서 부를 축적해 왔다. 이들은 더욱 큰 부를 축적하기 위해 금, 향신료 등을 찾아나섰고, 이는 나아가 향신료 산지였던 동양과의 무역을 개척하다가 신대륙 진출로 이어지면서 원격지무역을 촉진시킨 것이다. 원격지무역은 거대자본을 출현시켰고 아울러 세계시장에서의 각국의 경쟁을 가속화시켰다.

이처럼 한편으로 주권국가가 등장하면서 다른 한편으로 경쟁의 무대가 세계시장으로 확대되면서 각국은 국제경쟁에서의 승리를 통해 자국의 부를 축적시키기 위한 노력을 기울일 수밖에 없었다. 이러한 변화는 자연스럽게 이념적으로 중상주의(mercantilism)의 출현을 가져왔다.[4] 중상주의라는 용어는 16세기에서 18세기 중반에 이르는 기간 동안 유럽에서 만연했던 경제적 관습 및 이념들을 비판하기 위해 스미스(Adam Smith)가 처음으로 사용했다. 중상주의적인 사고방식은 정치와 경제 간의 상호 연계성에 대해 잘 인지하고 있었다. 즉, 부와 권력은 아주 밀접한 관련을 가지며, 둘 다 모두 국가 정책의 정당한 목표로 간주되었다.

중상주의에 따르면, 국가는 국가의 부를 사용해 군대를 양성하고 다른 국가들에 영향력을 행사할 수 있는 권력을 증대시킬 수 있다. 따라서 국가는 국제거래에서 수출을 증대시키고 수입을 감소시켜, 즉 국제수지 흑자를 통해 금과 은을 축적하려고 할 것이다. 또한 이러한 국가들은 다른 국가들의 제조업 생산능력을 증진시킬 수 있는 원료와 기술의 수출은 금지시키고 자신들의 제조업 생산비용을 감소시킬 수 있는 원료만을 수입하려고 한다. 유럽 국가들의 식민주의도 이와 같은 사고방식과 밀접하게 관련되어 있었다. 유럽의 본국들에게 식민지는 원료의 공급처이면서 동시에 수출시장이었으며, 따라서 식민지에서의 제조업 생산은 대부분 금지되었다.

중상주의는 스미스, 리카도 등 이후 경제학의 주류를 이루어 온 자유주의 사상가들에 의해 신랄한 비판을 받았다. 중상주의적인 행동은 소위 말하는 근린궁핍화(beggar-thy-neighbor) 정책을 의미하므로 당연히 국가 간 갈등을 초래할 수밖에 없다는 것이다. 그럼에도 불구하고 중상주의 사고는 국가 권력을 강조함으로써 영토 개념 및 국가 주권을 확립하고 국제정치경제 개념을 발전시키는 데 커다란 기여를 하였다. 이론상 주권은 국가가 자국 영토 내에서 지대한 권위를 가졌음을 나타낸다. 그럼에도 불구하고 국제사회 전체를 고려하면 국가들 간에도 권력을 더 가진 국가, 덜 가진 국가 등과 같이 권력의 서열이 나타난다. 중상주의적인 행위가 팽배할 때도 포르투갈, 스페인, 네덜란드, 영국 등과 같이 상대적으로 더 큰 권력을 가진 나라들이 있었고, 이들이 당시의 국제정치경제질서에 상당한 영향을 미쳤었다. 그러나 실질적인 의미에서 국제정치경제질서의 패권을 주도한 국가의 등장은 산업혁명 이후 영국이라고 볼 수 있다.

Box 3-1 베스트팔렌 조약

베스트팔렌 조약이란 1648년 5월 15일 오스나브뤼크, 그리고 동년 10월 24일 뮌스터에서 체결된 평화조약을 일컬으며, 웨스트팔리아 조약(Treaty of Westphalia)이라고도 한다. 이로써 신성로마제국에서 일어난 30년 전쟁(1618~1648년)과 스페인과 네덜란드 공화국 간의 80년 전쟁이 끝났다. 이 조약을 통해 종교의 자유가 허용되면서 개신교 국가들이 로마 가톨릭교회의 탄압에서 벗어나 생존의 발판을 마련했으며, 역사에서 처음으로 프로이센이 왕국으로 등장하였다. 네덜란드와 스위스는 독립을 인정받았으며, 프랑스는 이 전쟁을 통해서 영토를 확장하였다.

학자들은 이 조약을 근대 외교조약의 효시로 인정하고 있다. 30년 전쟁이 로마 가톨릭교회와 개신교 간의 대립이라는 종교적 문제를 명분으로 발발했지만, 이후 전개과정에서는 종교보다는 왕조와 국익을 앞세워 지속된 유럽 국가들 간의 정치적인 전쟁이기 때문이다. 로마 가톨릭교회 국가인 부르봉 왕가의 프랑스가 개신교 국가인 네덜란드를 지원하다가 후반기에는 직접 합스부르크 왕조의 오스트리아 및 스페인 등과 전쟁을 했다는 사실에서 극명하게 나타난다.

베스트팔렌 조약에서는 주권, 국가 간 형평성, 종교적 중립성, 세력균형과 같은 기본 원칙을 제시하였다 : 첫째, 군주가 자신의 영토의 지배자이고 그 안에는 상위의 존재가 없다 ; 둘째, 군주가 자신의 영토의 종교를 결정한다 ; 셋째, 세력균형을 추구하고 반패권에 협조한다. 이 중 특히 첫 번째와 두 번째 원칙은 주권성의 원칙을 확립하였다는 점에서 이 조약은 근대 주권국가 탄생의 기원이 되었다.

자료 : Wikipedia를 참고해 정리, 2015. 8. 1. 검색.

2.2 산업혁명과 영국의 부상

산업혁명의 확산

18세기 후반부터 19세기 초반에 걸쳐 영국을 중심으로 진행된 산업혁명과 이에 수반된 세계 경제의 변화는 새로운 국제정치경제질서를 수립했다. 18세기 중반 영국은 이미 유럽에서 가장 큰 시장규모를 가졌고 상당히 상업화된 시장경제체제를 갖추고 있었다.

지속적으로 개선되어 온 농업생산성은 급격히 증가하는 인구를 뒷받침할 수 있었으며, 물물경제가 아닌 화폐경제가 이미 자리를 잡고 있었다. 또한 전근대적인 생산 형태로부터 노동력을 해방시켜 제조업 공정에 필요한 정도의 기술을 가진 노동력을 상당수 보유하고 있었으며, 이와 더불어 대규모 투자를 위해 요구되는 자본력도 충분히 보유하고 있었다. 영국은 처음에 이러한 생산능력을 모직 생산에 쏟아부었으나, 19세기 후반부터는 면직 생산에 초점을 맞추기 시작했다. 국내시장뿐만 아니라 해외시장에서의 새로운 기회에 자극되어 영국의 기업가들은 첨단 생산기술을 개발 및 도입했고, 그 결과 생산단가가 급격하게 절감되어 판매량이 획기적으로 증가하게 되었다.

새로운 기술 덕분에 생산능력이 향상된 영국은 해외에 적극적으로 눈을 돌리게 되었다. 우선은 자국의 제조업 상품을 수출하기 위한 시장으로서, 그리고 동시에 자국 제조업 생산을 위한 원료 공급처로서 관심을 가지고 국제무역을 증대시켰다. 1801년 해외 수출이 국민소득의 18%를 차지할 정도까지 증대되었는데, 영국의 해외 수출을 증대시킨 것은 무엇보다도 면직 제품이었으며, 면직 산업은 당시 영국 경제의 7%에 달할 정도로 큰 비중을 차지했다. 영국은 처음에 주로 영연방 국가들과 무역거래를 했지만 점차적으로 영연방 이외의 다른 국가들 및 다른 식민지들과도 무역을 확장하기 시작했다. 이러한 영국의 변화와는 달리 다른 국가들은 아직 대외 개방을 통한 세계 경제의 확산에 적극적인 태도를 보이지 않았다.

영국 중심의 세계 경제체제

당시 영국이 적극적으로 개방정책을 취함으로써 오늘날과 유사한 세계 경제를 창출하는 데 기여한 몇 가지 중요한 계기가 있었다. 그중 하나는 곡물법(Corn Law)의 폐지이다. 영국도 다른 국가들과 마찬가지로 중상주의 전통 속에서 보호주의적인 정책을 유지해 왔는데, 대표적인 사례가 외국으로부터의 곡물 수입을 금지하는 곡물법이다. 그러나 19세기 들어 인구가 급증하고 도시화가 빠르게 진행되는데 농업생산이 이를 뒷받침하지 못해 곡물 수입은 필수불가피해졌다. 그러던 중 1845년 아일랜드에서 흉년이 들어 식량

난이 발생하자 보호주의의 상징인 곡물법을 폐지하기에 이르렀다. 영국은 이와 더불어 수출에 제약요인으로 작용하던 항해법(Navigation Act)을 폐지하는 등 다양한 자유무역 조치를 취하였다.

영국의 일방적인 자유화가 유럽 지역에 확산된 계기는 1860년 영국과 프랑스가 맺은 콥든-슈발리에 협정(Cobden-Chevalier Treaty)이다. 이 조약으로 영국과 프랑스 간의 관세가 현격하게 낮아졌으며, 프랑스의 무역체제도 강력한 보호주의 체제에서 다소 완화되기 시작하였다. 이 조약 이후 주변의 8개 유럽 국가들에서도 관세가 대폭 인하되었으며, 영국의 자유무역 체제가 다른 국가에도 확산되어 국제무역질서가 자유화되는 결과를 낳았다. 19세기 후반부에 발생한 여러 사건들도 유럽에서 국제거래를 확산시키는 계기가 되었다. 1870년 독일이 통일된 이후 시장을 통합하고 국제적인 영향력을 확대해 나가면서 주변국들과의 거래를 증대시켰다. 또한 당시 철도건설이 활발히 전개되었는데, 이를 위한 막대한 자본이 처음에는 영국에서 벨기에 및 프랑스로 제공되었으나 나중에는 프랑스가 오히려 자본수출국이 되는 등 자본거래도 확산되기 시작했다.

세계 경제체제는 유럽에 국한되지 않고 전 세계로 확대되었다. 영국뿐만 아니라 프랑스 및 독일에서도 섬유제품 생산이 증대하면서 미국, 호주, 뉴질랜드 등 신대륙으로부터 양모 및 면화 수입이 급증하였다. 또한 1860년대 이후 대륙 간 수송능력이 향상되면서 유럽과 신대륙들 간의 곡물 및 육류 무역도 획기적으로 확대되었다. 이처럼 영국의 산업 및 기술 발전이 유럽 국가들에게 전파되면서 전반적인 유럽 경제를 발전시킴과 동시에 국가 간 교류를 더욱 확대시켰고, 이와 함께 신대륙 및 아시아 지역까지 국제교류가 확대되면서 세계 경제체제가 수립된 것이다.

당시 영국의 영향력에 대해 여러 의견이 있지만,[5] 한 가지 확실한 것은 그 당시 여러 강대국 중 영국의 위치는 패권국이라고 간주해도 무방할 정도로 확고했다는 것이다. 1860년대 영국은 전 세계 생산의 30%, 전 세계 제조업 수출의 40%, 그리고 전 세계 신기술산업의 80% 정도를 차지하고 있었다.[6] 영국이 세계 경제체제의 구축에서 자유무역을 통한 국제교류 확대 외에도 아주 중요한 역할을 한 것은 국제자본이동을 확대시킴으로써 비로소 현대적인 의미의 국제금융거래를 국제무역거래와 함께 정착시킨 것이다. 영국의 절대적인 위치는 실물적인 생산 및 무역 부문에서보다도 금융적인 측면에서 더욱 지배적이었다.

영국은 단기 무역금융을 제공했을 뿐만 아니라 전 세계 장기 해외투자의 주요 공급원이 되었고, 또한 파운드화가 국제통화로서 역할을 함으로써 런던을 국제금융의 중심지로 만들었다. 그러나 영국은 금융중심지로서뿐만 아니라 전 세계 금융시장의 이자율에 영향을 미치고, 위기 시 긴급국제유동성을 제공하고 많은 국가들의 국제수지 불균형에 대비한 자금조달을 제공하는 등 사실상 기축통화국의 역할을 담당했다. 영국의 위치를 공고히 하는 데 가장 중요한 역할을 한 것은 금본위제도였다.[7] 금본위제도의 기본 원리는 간단하다. 각국은 자국의 통화단위를 순금의 기본 단위와 연계시켜 놓기만 하면 된다. 따라서 각국 통화 간의 교환비율은 금에 대한 상대적 가치에 의해 고정되어 있었다. 영국은 19세기 초에 금본위제도를 채택하였는데, 1870년대 이후에는 유럽, 미국 및 일본 등 주요국들이 대부분 금본위제도를 채택함으로써 국제금융체제가 금본위제도를 기반으로 형성되었다. 금본위제도가 원활하게 작동하고 국제 통화 및 금융 질서가 안정되기 위해서는 기축통화국의 역할이 필수적으로 요구되는데, 당시 영국이 그 역할을 담당했던 것이다. 따라서 영국의 파운드화를 중심으로 하는 금본위제도는 당시 안정된 국제 통화 및 금융 질서를 형성했고, 이를 기초로 국제무역과 해외투자 또한 활발하게 발전시켜 나갈 수 있었다.

2.3 영국 패권의 쇠락

영국 경제력의 상대적 감소

역설적이게도 영국이 추진한 세계 경제체제의 확산은 영국의 상대적인 쇠퇴를 가져왔다. 영국의 산업화로부터 시작하여 자본 및 기술 이전을 통해 세계 경제체제의 일원이 된 독일 및 프랑스 등은 영국과의 국제무역, 그리고 신대륙으로의 국제거래 확산을 통해 영국과의 경제적 격차를 좁혀나갔다. 이와 더불어 특히 미국이 남북전쟁의 후유증을 극복하고 세계 경제체제의 일원으로 등장하면서 국제정치경제의 지형에 상당한 변화가 발생하기 시작했다.

[표 3-1]은 1870년대부터 제1차 세계대전 직전까지 세계 산업생산의 추이를 보여주고 있다. 이 표에 따르면 1870년 영국은 전 세계 생산의 32%를 차지하고 있는 반면, 미국은 23%, 독일은 13%로서 아직 영국에 비해 경제규모가 훨씬 작다. 그러나 10년 후인 1880년대가 되면 이미 미국이 영국을 추월하고 있고, 1900년대를 넘어서면 독일도 영국을 추월하고 있다. 제1차 세계대전 직전인 1913년에는 미국이 전 세계 생산의 36%를 차지하고 독일이 16%를 차지하는 반면 영국은 겨우 14%만을 차지해 상대적인 위상이 1870년대에 비해 훨씬 작아졌다. 이러한 변화는 경제발전 정도를 보여주는 1인당 소득에서도 잘 나타나고 있다. 1870년 영국의 1인당 소득은 972달러로 미국의 764달러 및 독일의 535달러보다 훨씬 높았다. 그러나 1913년에는 1,491달러로 독일(1,073달러)보다는 높지만 미국(1,813)보다는 훨씬 낮아졌다.

표 3-1 **세계 산업생산 비중**

(단위 : %)

국가 / 연도	미국	영국	독일	기타
1870	23	32	13	32
1881~1885	29	27	14	30
1896~1900	30	20	17	33
1906~1910	35	15	16	34
1913	36	14	16	34

자료 : Rostow(1978), pp.52~53 ; Lairson and Skidmore(2003), p.50에서 재인용.

표 3-2 **주요국의 총생산과 1인당 소득**

(단위 : 1970년 미국 달러 기준)

국가 / 연도	미국		영국		독일	
	GDP(10억 달러)	1인당 소득(달러)	GDP(10억 달러)	1인당 소득(달러)	GDP(10억 달러)	1인당 소득(달러)
1870	3,050	764	3,036	972	2,099	535
1913	17,628	1,813	6,808	1,491	7,184	1,073

자료 : Chandler(1990), p.52 ; Lairson and Skidmore(2003), p.51에서 재인용.

19세기 후반에 이와 같은 커다란 변화가 발생한 데는 몇 가지 중요한 이유가 있다. 우선, 운송 및 통신 수단 혁명으로 시장이 유럽 대륙 및 신대륙으로 확장되어 감에 따라 독일 및 미국이 점점 더 큰 혜택을 보게 되었다. 1870년대에 이미 증기선은 주요 국제운송수단이 되었고, 철도는 유럽 대륙의 주요 도시들을 촘촘히 연결하였으며, 미국에서는 지방에까지 철도가 파급되었다. 또한 전신 및 해저 케이블은 유럽과 미국뿐만 아니라 전 세계의 통신을 신속하고도 저렴하게 만들었다. 더욱이 냉동선의 발명으로 제조업 상품뿐만 아니라 육류와 같은 농산품도 대륙을 넘어 거래가 가능해졌다. 시장이 확대되면 될수록 유럽 대륙 및 신대륙에서 규모의 경제 효과가 더욱 크게 나타나 생산비용이 더욱 절감되고 그에 따른 해외 수출도 더욱 증대되었다.

또 다른 이유는 상대적으로 후발국인 독일과 미국의 제도적 혁명이 새로이 부상하는 석유, 화학, 전기, 철강 등과 같은 신산업의 발전을 더욱 촉진시켰다는 것이다. 예를 들어 독일에서는 보편적이고 다양한 교육체제가 대규모의 과학자 및 기술자들을 양산했으며, 이들이 화학산업 및 기계산업을 발전시키는 데 커다란 기여를 하였다. 미국에서도 기업들이 대규모 생산 및 판매에 적합한 현대적인 경영시스템을 개발해 시장 확대에 따른 규모의 경제 효과를 크게 보게 되었다. 세계시장을 대상으로 확장되는 기업을 경영하기 위해서는 과거의 전통적인 구조에서 벗어나는 구조적 혁명이 필요했는데, 미국 기업들은 이러한 변화에 신속히 대응해 나갔다.

보호주의의 재등장

영국이 주도한 자유무역과 금본위제도를 중심으로 국제무역 및 국제금융 거래가 확대되어 감에 따라 국가 간 상호 의존도는 더욱 심화되었다. 이와 같은 세계 경제의 통합으로 한 국가의 경제상황은 다른 국가들과 긴밀하게 연계되었고 어떤 국가가 어려움에 처하게 되면 이전에 비해 다른 국가들에게 미치는 영향도 더욱 커지게 되었다. 특히 국제금융 거래의 확대는 많은 국가들을 금융위기의 전염 위험에 노출시켰다. 또한 국제무역거래가 확대됨에 따라 세계시장을 차지하기 위한 국가 간의 경쟁은 더욱 치열해졌고, 누적적인 적자를 기록하는 국가에서는 당연히 이에 대처하기 위한 방안으로 보호주의적인 정책들이 제시되곤 했다. 특히 경기가 어려울 때는 이와 같은 보호주의 경향이 더욱 강하게 등장하기 시작했다.

1870년의 보불전쟁 이후 새로운 정치경제질서가 탄생하면서 과열되었던 투자붐은 1873년 비엔나 증시의 붕괴 이후 버블이 꺼지면서 급격하게 전 세계적인 위기로 확산되었다. 당시의 위기는 19세기 말까지 지속되었는데, 19세기 중반 이후 강력한 경제성장을 이루어 왔던 유럽에 심각한 결과를 가져왔으며 장기공황(Long Depression)이라 불리고 있다.[8] 당시 많은 사람들은 오랜 기간 동안의 저성장과 물가 하락이 자유무역 때문에 발생했다고 생각했는데, 실제적으로 당시 유럽의 경기침체는 미국으로부터의 수입과도 연관이 있었다. 농지개혁, 운송수단 발달 및 생산기술의 발전으로 미국에서 수입되는 곡물 및 공산품 가격이 엄청나게 낮아지면서 유럽의 생산자들은 몰락의 위기로 내몰렸다. 이에 유럽의 지주 및 제조업자들은 강력하게 보호주의를 요구하게 되었고 이러한 이해그룹들의 요구가 거세지면서 1879년 독일을 필두로 많은 유럽 국가들이 관세를 인상하였다. 프랑스는 1892년 멜린느(Meline) 관세제도를 도입해 보호주의를 강화했고, 오스트리아, 헝가리 및 러시아도 보호주의 정책기조를 강화했으며, 미국에서는 여전히 보호주의 관세체제를 유지하고 있었다.[9] 물론 영국에서도 일부 집단의 보호주의 요구가 계속 제기되었다. 그러나 영국은 대내적인 보호주의 압력에 저항하고 다른 나라의 보호주의 정책에 대응해 보복조치를 취하지 않는 등 개방된 자유무역 정책을 지속해 나갔는데, 당시 분위기에서 이러한 태도는 예외적인 것이었다.

3. 팩스-아메리카나

3.1 제2차 세계대전과 미국의 부상

제1차 세계대전과 유럽의 몰락

제1차 세계대전은 국제정치경제질서에 상당한 영향을 미쳐 기존의 유럽 중심의 세계 경제체제를 붕괴시키고 새로운 질서를 창출하였다. 무엇보다도 전쟁으로 인해 인명 및 물질 피해뿐만 아니라 거의 모든 국제관계가 단절되었다. 그 이전의 시기에 세계 경제체제를 수립하는 데 결정적 역할을 한 국제거래의 확산은 전쟁 기간 동안 군사적인 이유로 철저히 단절되었고, 전쟁이 끝난 이후에도 예전의 수준을 회복하지 못했다. 다른 국가들과의 무역이 단절되자 유럽 국가들은 폐쇄적인 국내 산업 촉진으로 경제적인 어려움을 극복하려 했지만 이는 경제를 증진시키지 못하고 오히려 유럽 국가들을 낙후된 국가로 전락하게 만들었다. 또한 전쟁은 유럽 국가들의 생산설비를 파괴시켰지만 유럽 국가들은 전쟁비용을 조달하느라 낡은 생산설비를 대체하지 못해 유럽의 생산력도 형편없이 약화되었다.

이에 더해 전비를 조달하기 위한 과다한 재정지출로 부채가 급증하면서 많은 유럽 국가들을 재정파탄 위기로 몰아갔다. 전쟁 이전에 유럽 국가들은 무역적자가 발생하면 그동안 이루어 놓았던 해외투자로부터의 이자수익을 가지고 무역적자를 충당하였다. 그러나 전쟁이 발발하면서 전쟁물자 수입으로 무역적자가 급증하자 이를 메우기 위해 해외투자 자체를 회수해야만 했다. 전쟁 기간 중 인플레이션으로 인한 통화가치의 급락으로 해외투자액의 실질가치가 더욱 축소되었고 그나마도 전쟁이 길어질수록 해외투자 회수액이 점차 고갈되었다. 이후 미국으로부터 엄청난 금액을 차입할 수밖에 없게 되어 유럽 국가들의 부채가 급증하게 된 반면 미국은 세계 최대의 채권국이 된 것이다.[10]

유럽 국가들이 제1차 세계대전의 소용돌이에 휘몰려 고전하고 있는 사이 미국과 일본 등 비유럽 지역 국가들은 그 기회를 활용하여 활발한 산업화를 추진하고 세계시장에서 자신들의 위상을 확대해 나갔다. 미국은 영국과 독일이 전쟁을 위해 해군력을 동원함으로써 조선산업이 상당한 피해를 입는 사이 적극적인 조선산업 육성 정책으로 이후 세계 최대의 해운국가로 성장하게 되었다. 또한 일본은 전쟁물자 판매 및 아시아 지역 진출로 자국의 수출시장을 확대하면서 상당한 정도로 산업 및 기술 발전을 이룩하였다. 농산물 분야에서도 전쟁 중 유럽에서의 농산물 생산량이 급감하는 동안 미국이나 남미의 농산물 생산은 크게 증가함으로써 세계 경제체제에서 급격한 변화를 초래하였다.

전간기의 혼돈과 세계 경제체제의 붕괴

제1차 세계대전과 제2차 세계대전 사이의 기간인 전간기는 국제정치경제질서에서 혼란의 시기라고 할 수 있다. 세계 경제체제는 각국의 지극히 국가 이기적인 행동으로 인해 붕괴되었고 안정된 질서를 제공 및 유지하려고 노력하는 패권국의 존재도 뚜렷하게 느껴지지 못해, 결국에는 대공황을 맞이하고 제2차 세계대전이라는 또 다른 불행으로 빠져들어야만 했다.

제1차 세계대전이 끝난 후 각국은 국내적으로 전쟁의 피해를 극복하고 국제적으로 새로운 국제정치경제질서를 수립해야만 했다. 그러나 이러한 문제들의 해결을 위해 우선적으로 선결되어야 할 과제가 전쟁 중 누적된 각국의 부채문제와 전쟁배상금 문제였다. 두 가지 문제 모두 쉽게 해결될 수 있는 것이 아니었다. 부채문제와 관련해 미국은 채무국들에게 즉시 모든 채무를 상환하도록 요구하였다. 그러나 프랑스를 비롯해 유럽 국가들은 전쟁의 피해로 생산능력이 피폐되었고 미국에 대해 무역적자가 지속되고 있었기 때문에 미국에 대한 채무를 상환하기 어려운 상황이었다. 또한 전쟁배상금 문제와 관련해서도, 독일은 패전국으로서 전쟁의 상처로 인한 국가경제의 파괴가 훨씬 더 심했기 때문에 승전국들에 대한 배상금을 지불하기가 더욱 어려웠다.

베르사이유 조약의 협상과정에서 당연히 전시 부채문제와 전쟁배상금 문제는 가장 핵심적인 이슈로 등장하였다. 영국과 프랑스의 경우 미국에 대한 부채를 상환하기 위해서는 독일로부터의 전쟁배상금이 절대적으로 필요했으므로, 전쟁배상금을 강력히 요구하였다. 최종적으로 독일의 전쟁배상금은 1,320억 마르크로 결정되었는데, 이는 당시 독일 경제규모의 2배가 넘는 엄청난 규모였으며 독일로서는 감당하기 어려운 액수였다.[11] 독일로서는 조세 증대도 불가능하였고 무역흑자도 창출해 내기가 어려웠기 때문에 통화를 증발할 수밖에 없었고, 따라서 독일에서 사상 유례없는 초인플레이션이 발생하였다. 이러한 혼란 속에 독일이 배상금 지불을 유예하는 상황이 발생하자 프랑스와 벨기에는 독일이 베르사이유 조약을 충실히 이행하지 않는다는 이유로 루르(Ruhr) 지역을 점령하였다. 연합국 측은 독일의 전쟁배상금 액수를 경감하고 독일에게 국제대출을 제공하는 도스(Dawes) 계획을 마련하였고, 이를 통해 최악의 사태는 모면할 수 있었다.

국제질서를 혼란에 빠뜨린 또 다른 원인은 영국이 국제통화제도를 파운드 중심의 고정환율제도로 복귀시키려 한 것이다. 각국은 전쟁 중 전비조달의 필요성 때문에 통화를 자유롭게 발행하기 위해 고정환율제도를 포기했었는데, 전후에도 전후 복구사업 등을 지원하기 위해 변동환율제도를 유지하면서 통화를 필요에 따라 발행하고자 하였다. 그러나 초인플레이션 등 혼란이 극심해지자 안정적인 국제질서를 유지했던 금본위제도를 부활시키는 노력을 기울이게 되었고, 1922년 제노바 회의(Genova Conference)를 개최하여 각국이 금에 기초한 환율제도를 도입하도록 권고하였다. 그러나 이러한 노력은 별다른 성과를 거두지 못하고 말았다. 금본위제도가 성공적으로 정착되기 위해서는 무엇보다도 긴급국제유동성을 제공하고 국제수지 적자국에게 자금조달을 제공하는 기축통화국의 역할이 필요했다. 그러나 영국은 이미 이러한 역할을 하기엔 역부족인 반면 미국은 국내 문제에 우선순위를 두고 이 역할을 담당하려고 하지 않았다.

1929년 미국 증시의 붕괴로 시작되어 전 세계로 파급된 대공황은 전간기 국제정치경제질서의 혼란과 세계 경제체제의 붕괴를 극단적으로 보여준 사례라고 할 수 있다. 1920년대 후반부터 과열 양상을 보였던 미국 증시는 1929년 10월 대규모로 폭락하고 말았다. 미국 금융시장의 붕괴는 해외 지역에도 연쇄적인 파급효과를 가져와 유럽 국가들에서도 대규모의 연쇄 은행파산을 일으켰다. 금융기관들의 연쇄 파산은 곧바로 실물부문의 위기로 확산되어 산업생산이 급감하고 실업률이 급증하였으며, 수출도 큰 폭으로 위축되었다. 월가(Wall Street)의 위기는 유럽의 위기에 그치지 않고 순식간에 전 세계로 확산되었다.

1930년대의 대공황이 전 세계 모든 지역을 강타한 위기로까지 확산된 원인으로 여러 가지를 들 수 있지만 국제정치경제질서의 차원에서는 크게 세 가지를 강조할 수 있다. 하나는, 전쟁 이전부터 나타나기 시작한 보호주의가 훨씬 더 강화되었다는 것이다. 전쟁 이후 유럽 각국은 어려운 경제상황을 극복하고 대외부채를 상환하기 위해 수입제한과 같은 보호주의 조치를 취해 왔는데, 채권국이었던 미국조차 1922년 포드니-맥컴버 법(Fordney-McCumber Act)을 통과시켜 관세를 올려 유럽 국가들의 채무상환 능력을 더욱 약화시켰다. 이런 상황에서 대공황의 발생으로 내수 기반이 붕괴되자 각국은 생존을 위해 배타적인 블록화를 추진하고 수입제한을 위해 높은 관세를 매기는 등 보호주의를 더욱 강화하였다. 대공황의 충격을 처음 맞이한 미국에서는 첫 조치로 스무트-홀리 관세법(Smoot-Hawley Tariff Act)을 제정해 관세율을 59%로 대폭 인상했다. 그런데 문제는 이러한 보호주의 조치가 곧바로 다른 국가들의 보복을 불러와 세계 경제체제의 몰락을 가속화시켰다는 것이다. 미국의 이 같은 조치에 자극 받은 영국과 프랑스 등 유럽 국가들은 잇달아 경쟁적으로 수입관세를 높여 전 세계에 보호무역주의 연쇄효과를 일으켰고, 1929～ 1932년간 국제무역이 63%나 감소했다.

두 번째는 국제통화금융질서가 붕괴되면서 경쟁적 평가절하를 통한 근린궁핍화 정책이 만연했다는 것을 들 수 있다. 전쟁 이후 각국의 합의 하에 1925년부터 형식적으로 금본위제도가 도입되고 40여 개의 국가들이 참여하였지만, 대공황 이후 금융시장의 붕괴로 이 제도는 더 이상 유지되지 못했다. 그후 일부 국가들이 그룹을 형성하여 무역블록화와 연계시켜 통화블록을 구성하였는데, 대표적인 것으로 파운드화 블록, 달러화 블록, 프랑화 블록을 들 수 있다. 각 블록 내에서는 통화 간 환율을 안정시키고자 하였으나, 블록 간에는 경쟁적인 평가절하를 실시해 전체적인 국제통화금융질서가 대혼란에 빠지게 되었다. 환율의 불안정은 국제무역 및 해외투자에 대한 불확실성을 증가시켰고, 또한 경쟁적 평가절하는 상호 피해를 증가시켜 국제거래는 더욱 위축되어 전 세계적인 대공황이 확산되었던 것이다.

셋째, 이와 같은 대혼란기에 안정적인 국제정치경제질서를 제공할 수 있는 패권국이 부재했다는 것도 중요한 원인이 된다. 영국은 이미 경제적으로 팩스-브리태니카 시대에 담당했던 역할을 수행할 능력을 갖지 못한 반면, 세계에서 가장 부유한 국가로 부상한 미국은 패권국으로서의 역할을 회피하였다. 예를 들어 유럽 국가들은 미국에 대해 엄청난 규모의 부채를 안고 있는 반면 미국은 전쟁 이후 세계 최대의 채권국이 되었다. 이처럼 미국은 재정적인 여력이 충분함에도 불구하고 유럽 국가들에게 신속한 채무상환을 요구하는 등 유럽의 경제회복에 소극적인 태도를 보였다. 또한 자국의 시장을 개방해 세계 경제체제의 안정 및 확산을 진전시키기보다는 다른 국가들보다 우선적으로 관세를 인상하는 등 보호주의 태도를 지속적으로 보였다.[12] 이와 같이 영국은 이미 능력을 상실한 반면 미국은 역할을 회피해 패권의 공백이 발생함으로써 국제정치경제질서는 안정을 찾지 못하고 대혼란 속에 표류하게 된 것이다.

3.2 제2차 세계대전 이후의 국제정치경제질서

세계 경제의 확대

제2차 세계대전 이후 세계 경제체제가 전례 없는 성장과 안정을 이루는 가운데 미국은 세계에서 가장 부유하고 강한 국가로 자리를 잡게 되었다. 흔히들 미국의 패권은 1970년대 초 브레튼우즈 체제의 붕괴로 막을 내렸다고 하지만, 실제적으로 미국의 영향력은 그 이후에도 21세기 들어서까지 상당 기간 지속된다.

〈그림 3-3〉은 제2차 세계대전 이후 세계 경제성장의 추이와 미국의 상대적인 비중을 보여주고 있다. 제2차 세계대전 직후 전 세계 총생산 규모는 1조 달러에도 미치지 못하였으나 이후 빠른 속도로 증가해 1970년에는 3.0조 달러에 이르고 있다. 1970년대 두 차례의 석유파동으로 전 세계적인 침체 때문에 다소 주춤했지만, 이후 다시 회복세를 보여 1990년 22.6조 달러, 2010년 66.1조 달러, 그리고 2019년 87.8조 달러까지 증가했다. 미국의 총생산은 제2차 세계대전 직후 전 세계 총생산의 40% 이상을 차지해 절대적

그림 3-3 세계 경제의 성장 및 미국 경제의 비중

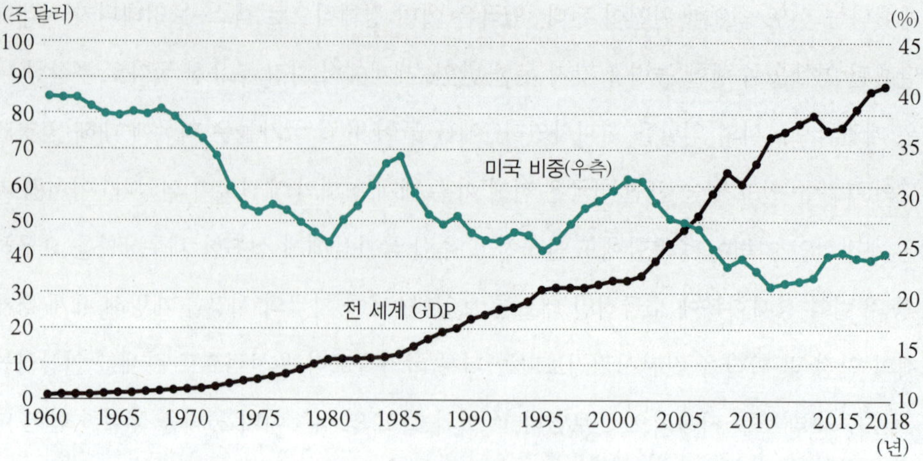

자료 : World Bank Data.

인 영향력을 발휘하고 있었다. 이후 1970년 36.2%, 1990년 26.4%, 2010년 22.7%로 점차 감소하기는 했지만, 2019년 현재 24.4%를 차지하고 있어 여전히 세계 제1의 경제 대국 위치를 고수하고 있다.

제2차 세계대전 이후 전례 없이 빠른 속도로 전 세계 경제가 성장한 배경에는 몇 가지 중요한 동인이 있다. 그중 가장 중요한 것은 미국을 중심으로 새로운 국제정치경제질서가 안착되어 안정된 질서 속에 국제무역이 확장되어 간 것이다. 〈그림 3-4〉는 1960년 이후 세계 무역의 성장 추이를 보여주고 있는데, 1960년부터 지금까지 무려 145배나 증가했다. 이 추이를 총생산 추이와 비교해 보면 1980년까지는 국제무역이 총생산에 비해 약 1.9배, 그리고 그 이후에도 최근까지 2.3배 더 빠르게 확장되었음을 알 수 있다.

또 다른 동인으로 들 수 있는 것은 유럽 경제 및 일본 경제의 빠른 회복이다. 이 배경에도 미국의 역할이 컸다. 제1차 및 제2차 세계대전으로 황토화된 유럽의 경제를 신속히 회복시켜 소련으로부터의 공산주의 확산을 막기 위해 미국은 유럽 부흥 계획(European Recovery Program) 또는 마샬 플랜(Marshall Plan)을 설립하고 유럽에 대규모의 원조를 제공하였다. 마샬 플랜은 유럽이 전후 폐허를 극복하고 경제 · 사회적 발전을 이룩하는 데 지대한 영향을 끼쳤으며, 더 나아가 유럽통합의 원동력으로 자리 잡게 되었다. 또한 미국

그림 3-4 세계 경제 및 세계 무역의 성장(1960년 = 1.00)

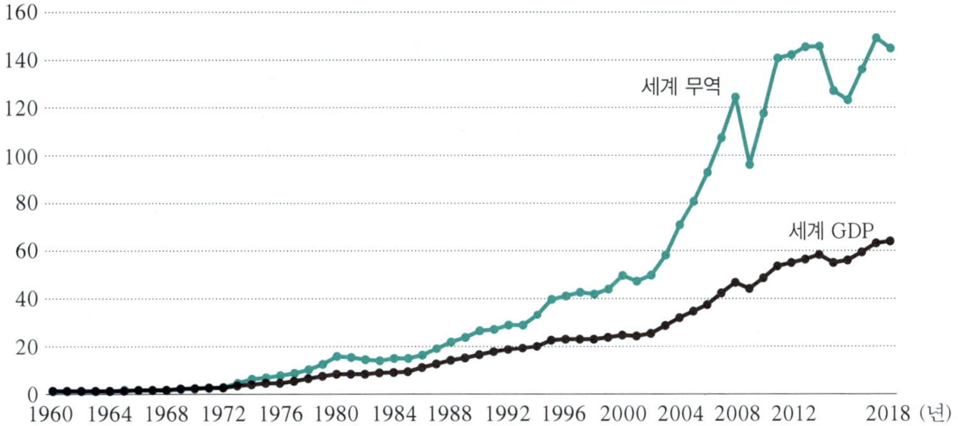

자료 : World Bank Data ; WTO Data.

은 전쟁 직후 일본에서 군국주의 위협을 제거했으나, 1949년 중국에서 공산당의 승리, 그리고 1950년 한국전쟁을 목격한 후 공산주의 확산에 대한 방파제로서 역할을 할 수 있도록 일본을 재건시키고자 하였다. 이후 미국의 일본에 대한 적극적인 지원, 그리고 일본 정부의 노력으로 일본은 짧은 기간 내에 이전의 수준을 회복하고 1950년대 이후 지속적인 고성장을 이룩하였다.

이러한 국제질서 변화요인 외에도 안정적인 에너지 공급, 특히 저렴한 수준에서의 안정적인 석유 및 천연가스의 공급도 지속적인 경제성장을 이룩하는 데 큰 기여를 했다. 비록 새로운 기술이 많이 나타나고 있었지만 에너지 비용은 여전히 총비용의 큰 부분을 차지하고 있었는데, 각국은 싼 가격으로 석유를 수입함으로써 생산비를 절감하고 생산을 더욱 확장시킬 수 있었다. 1950년대만 하더라도 전체 에너지 중 석탄이 50% 이상을 차지했는데, 1970년대에 가면 석탄의 비중은 30% 이하로 줄어들고 대신 석유 및 천연가스가 60% 이상을 차지하게 되었다. 이처럼 저렴한 가격으로 석유 및 천연가스의 공급이 증가함으로써 생산비용이 절감되었을 뿐만 아니라 에너지 효율성의 개선으로 생산성도 증대되는 효과가 함께 나타날 수 있었다.

미국 중심의 국제정치경제질서

제2차 세계대전 이후 미국의 패권은 세계 경제에서 차지하는 절대적인 비중에서뿐만 아니라 국제기구를 통해 국제정치경제질서를 지배했다는 측면에서도 명확히 나타난다. 이전의 국제정치경제질서에서의 영국과는 달리 미국은 강력한 영향력을 발휘해 전후 질서를 끌고 나갈 구체적인 국제기구들을 창설하고 이를 기반으로 자신의 패권을 행사하려고 했다. 이를 대변하는 국제기구들은 IMF, 세계은행 및 GATT(후에 WTO로 전환)를 포함하는데, 이들을 통칭해 브레튼우즈 기구들(Bretton Woods Institutions)이라고 부른다.

전후 국제정치경제질서를 구상하기 위한 논의는 일찍부터 시작되었다. 이러한 논의의 기본적인 목적은 전간기 대혼란을 더 이상 반복하지 않도록 효율적이고 안정적인 새로운 국제정치경제질서를 확립하기 위한 것이었다. 미국 주도 하에 1944년 7월 미국 뉴햄프셔 주의 브레튼우즈 시에서 세계 44개국 대표들이 모여 전후 국제경제질서의 규칙 및 제도적 장치에 관해 합의했고, 이후의 국제정치경제 체제를 브레튼우즈 체제라고 부른다.

새로운 국제경제질서는 크게 무역질서를 확립하기 위한 방안과 통화금융질서를 안정시키기 위한 방안 등 두 가지 축으로 구성되었다. 이 중 후자와 관련해서는 일찍 합의가 이루어져 관련 국제기구(IMF 및 IBRD)[13]가 곧 설립되었다. 그러나 무역질서를 확립하기 위한 방안에 대해서는 최종적인 합의가 쉽게 이루어지지 못해 GATT라는 협정 형태로 지속되다가 1995년에 가서야 관련 국제기구(WTO)가 설립되었다.

전간기의 쓰라린 경험을 통해 통화금융질서를 안정시키기 위해서는 무엇보다도 환율을 안정시키고 국제수지 불균형이 원활하게 조정되도록 할 수 있는 제도를 마련하는 게 필요하다는 인식이 강했는데, 이를 위해 창설된 것이 IMF이다. 환율안정을 위해 브레튼우즈 체제에서는 미국 달러화를 중심으로 하는 금환본위제도(gold exchange standard system)를 도입했다. 즉, 미국 달러화만이 일정한 비율로 금에 연계되도록 하고 다른 통화들의 가치는 달러에 대해 고정시켰다. 국제수지 불균형의 원활한 조정은 두 가지 방법을 통해 이루어졌다. 일시적인 불균형인 경우 IMF가 단기대출자금을 제공해 적자를 메우도록 했고, 구조적 불균형인 경우 IMF와 협의 하에 대폭적인 환율조정을 가능하게 했다. 이와 같은 구조에서 각국은 상호 간 무역거래나 금융거래, 그리고 자산 보유에 미국 달러화를 사용할 수밖에 없었다. 따라서 사실상 전 세계는 미국 달러화의 단일 통화권이 되었다. 더욱이 이러한 질서를 통제하는 IMF의 의결권은 회원국들의 출연금 규모에 따라 달라지는데, 출연금이 가장 많고 비토권까지 보유한 미국이 결국 IMF의 주도권을 갖게 되었고, 따라서 브레튼우즈 체제에서 국제통화금융질서는 미국이 지배하게 되었다.

무역질서를 확립하기 위한 논의도 전쟁이 끝나기 이전부터 이루어졌으나 통화금융 분야에 비해 훨씬 어렵게 진행되었다. 원래 미국은 무역분야에서도 국제기구인 국제무역기구(International Trade Organization)를 설립해 새로운 무역질서를 관장하게 하려고 했었다. 여러 협의를 거쳐 1947년 ITO 설립안이 최종적으로 검토되었고 1948년 3월 ITO 헌장의 최종안인 하바나 헌장(Harvana Charter)이 서명되었다.[14] 그러나 ITO가 다른 국가들에게는 예외를 인정하면서도 미국에 대해서는 여러 제한을 두고 있어 미국 정부는 불만을 품게 되었다. 이에 미국 정부는 상원에 ITO안의 비준 신청을 제출하지 않았고 결국에는 미국의 불참으로 ITO를 설립하려는 노력이 무산되었다. 대신에 협상과정에서 잠정적으로 체결되었던 '관세 및 무역에 관한 일반협정(General Agreement on Tariff and Trade ; GATT)'을 받아들이기로 합의함으로써 이후 GATT가 국제무역질서를 유지하는 근간이 되었다. 비록 협정 형태로 출발하기는 했지만, 이후 국제무역질서는 자유무역을 더욱 확대 및 강화하는 추세를 보였으며, 여러 협상 끝에 1995년 세계무역기구(WTO)를 설립하게 되었다.

브레튼우즈 체제는 제2차 세계대전 이후 국제정치경제의 기본 질서로 자리 잡으면서 안정적인 상황에서 국제거래를 확대해 나가는 데 크게 이바지했다. 강력한 경제력과 군사력을 가진 미국의 패권적 능력 하에 비교적 안정적이고 평화로운 국제질서를 유지할 수 있었으며, 이러한 질서 속에 세계 경제는 전쟁의 폐허를 극복하고 빠른 성장을 이룰 수 있었다.

3.3 미국 패권의 쇠락

세계 경제의 변화

세계 경제에서 미국의 절대적 위치는 시간이 지나면서 조금씩 쇠퇴하기 시작하였다. 미국의 위상 변화는 크게 경제규모(GDP), 무역, 그리고 미국의 순자산의 추이를 통해 확인할 수 있다. 앞의 〈그림 3-3〉에서 나타나듯이 1970년대 초까지만 하더라도 미국의 경제규모는 전 세계의 1/3 이상을 차지하고 2위 국가와의 격차도 커서 절대적인 경제대국의 위치를 유지했다. 그러나 이후 미국의 비중은 지속적으로 감소해 20%대에 머물러 있고 2위 및 3위 국가와의 격차도 상당히 감소되었다. 심지어 구매력 기준으로는[15] 미국의 경제규모가 이미 2014년에 중국에 이어 2위로 내려앉았다.

세계 경제에서 미국의 위상 변화를 더욱 뚜렷하게 보여주는 것은 국제무역 및 대외순자산의 추세 변화이다. 〈그림 3-5〉는 전 세계 무역에서 미국이 차지하는 비중을 보여주고 있다. 이에 따르면 미국의 비중은 제2차 세계대전 직후 20%를 넘었었는데, 지속적으로 하락해 2003년에는 10% 이하로 떨어졌고, 2019년 현재 8.7%에 불과한 수준이며, 이

그림 3-5 전 세계 무역에서 미국의 비중

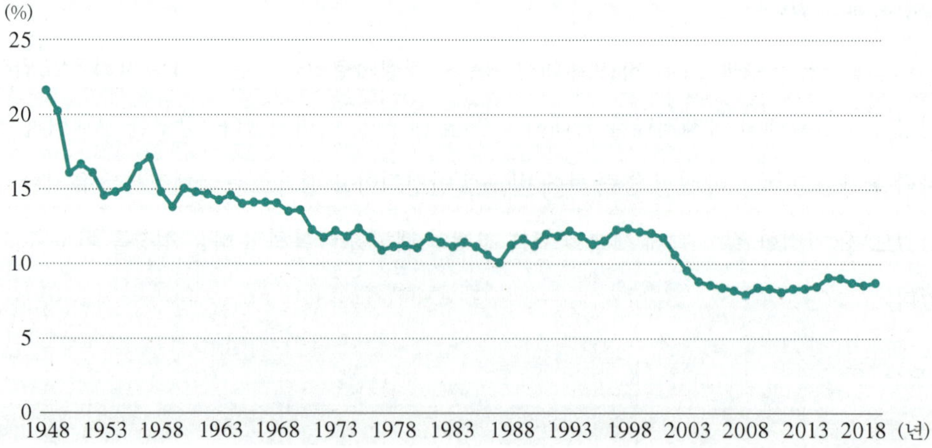

자료 : WTO Data.

와 더불어 최대 수출국의 지위도 이미 오래전에 상실했다. 반면 전후 빠른 경제성장을 이루어 온 일본, 독일, 그리고 최근에는 중국이 국제무역을 확대해 오면서 세계 최대 수출국의 위치를 번갈아 차지해 오고 있다.

한편 〈그림 3-6〉은 국제투자대조표(international investment position ; IIP)를 이용해 미국의 순대외자산 추이를 보여주고 있다.[16] 미국은 1980년대 중반까지 대외자산이 대외부채보다 큰 순채권국이었으나 1989년 이후 순채무국으로 전락했다. 일반적으로 국제정치경제의 패권국이면 당연히 최대의 해외투자국이자 순채권국일 것으로 예상하는데, 이러한 미국의 지위는 1980년대 후반 이후 변화하게 되었고, 현재 미국은 전 세계 최대의 채무국이 된 상태이다.

그림 3-6 미국의 순대외자산 추이

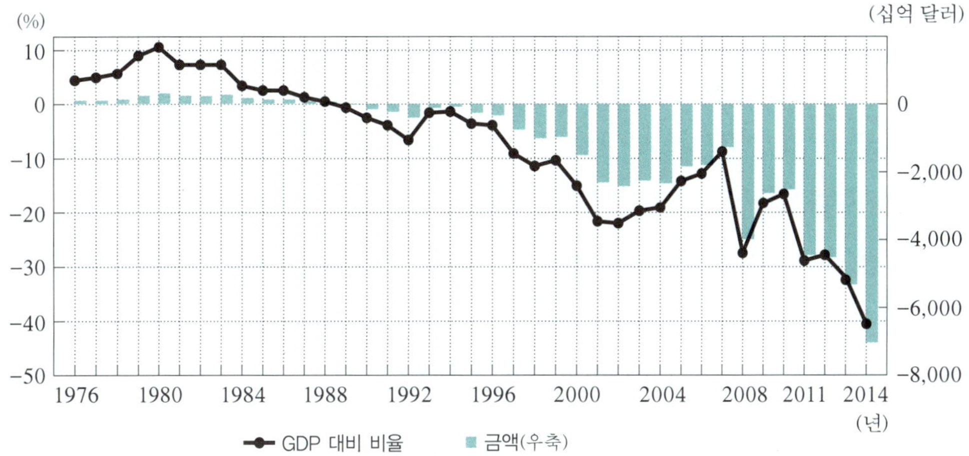

자료 : U.S. Bureau of Economic Analysis (http://www.bea.gov/international/).

신자유주의의 확산

19세기 말엽 영국의 패권이 약화되어 갈 때는 자유주의가 상대적으로 쇠퇴해 가고 보호주의가 재등장했었다. 이와는 달리 20세기 말 미국의 경제력이 상대적으로 약해짐에도 불구하고 각국의 시장은 더욱 개방되고 국제무역 및 국제금융 거래도 유례없이 확산되었다. 세계화로 대변되는 이러한 변화는 1970년대를 넘어오면서 세계 경제가 겪었던 두 가지 중요한 경험에서 비롯되었다. 그중 하나는 두 차례의 석유파동으로 세계 경제가 심각한 충격을 받았다는 것이며, 또 다른 하나는 브레튼우즈 체제의 붕괴로 국제통화제도가 변동환율제도로 전환되었다는 것이다. 두 사건 모두 각국 경제에 심각한 위협이 되었기 때문에 이에 대한 대처가 국가의 생존을 위해 필수적으로 요구되었다.

석유파동은 전 세계적인 스태크플레이션을 초래했는데, 이러한 문제는 그동안 전통적으로 사용되어 왔던 재정정책 또는 통화정책과 같은 총수요확대정책으로는 극복하기 어려웠다. 따라서 각국은 구조개혁, 기술개발, 새로운 시장 개척 등과 같이 공급 측면을 개선시킬 수 있는 개혁방안을 마련해 이를 극복하고자 하였다. 미국에서는 레이건 정부 출범 이후 레이거노믹스(Reaganomics)라는 이름의 공급주의 정책이 도입되어 정부의 지나친 시장개입보다는 작은 정부를 지향하고자 하였다. 영국에서도 대처 정부가 들어서면서 대처리즘(Thatcherism)이라는 이름의 시장 중심적인 개혁정책이 적극적으로 실시되었다. 이와 같은 자유화 및 규제완화 정책이 국내시장에 한정되지 않고 세계시장으로 확대되면서 국제무역 및 금융거래가 증가하고 다국적기업들의 해외 진출이 적극적으로 이루어졌던 것이다.

변동환율제도가 도입되면서 환율의 움직임이 자유로워짐에 따라 불확실성이 증대된 것도 이후 세계 금융시장에 커다란 변혁을 가져왔다. 변동환율제도로 이행함에 따라 외환시장에 대한 정부의 개입이 당연히 감소되어 환율은 시장에서의 수요 및 공급에 의해 결정되었다. 이와 같은 변동환율제도에서는 환율이 과다하게 움직일 수 있고, 따라서 환율과 관계된 모든 국제거래에서의 불확실성이 커지게 된다. 그렇지 않아도 석유파동에 따른 급격한 상품가격의 변화는 세계 경제에 불확실성을 증대시켰는데, 새로운 환율 변화로 가중된 불확실성에 대비하기 위해 금융시장에서는 새로운 제도의 도입, 다양한 금융상품의 개발 등 이전과는 다른 노력을 기울여야만 했다. 따라서 새로운 상황에 대처하기 위해 각국은 경쟁적으로 금융자유화 및 금융시장 개방으로 대변되는 금융개혁을 추진하게 되었다. 금융분야에서는 특히 IT 기술의 발전에 따른 거래비용의 급감 및 새로운 거래기법의 도입과 더불어 각국의 경쟁적인 규제완화 정책으로 인해 그 어느 분야보다도 폭발적으로 세계화가 확산되었다.

국내시장뿐만 아니라 세계시장에서의 자유화와 개방으로 압축될 수 있는 신자유주의적인 정책은 세계화 추세 속에서 과거의 비효율을 제거하고 새로운 경쟁력을 확보할 수 있는 방안으로 받아들여졌다. 이에 선진국뿐만 아니라 개도국 및 후진국들도 경제개혁을 추진하기 위해서는 기본적으로 국가의 개입을 축소하는 방향으로 규제완화, 시장원리 도입, 시장개방 등의 조치를 도입했다. 일부 세계화에 대한 반대운동으로 가끔 난항에 부딪치기도 했지만, 이러한 자율화 및 시장개방 추이는 글로벌 금융위기가 터지기 전까지는 세계 경제의 메가트렌드로 지속되어 왔다.

4. 향후 국제정치경제질서 전망

4.1 미국 패권에 대한 도전

흔히 1970년대 초 브레튼우즈 체제의 붕괴와 더불어 더 이상 미국 패권체제를 유지할 수 없게 되었다고 주장한다. 그러나 브레튼우즈 체제의 기본 골격이 여전히 국제무역 및 국제통화금융질서를 유지하는 기본 골격으로 작용하고 있다는 것은 미국의 패권적 지위가 아직도 사라지지 않았다는 것을 의미한다.[17] 아직까지는 미국의 패권이 사라지지 않았다고 할지라도, 지난 수십 년간 미국의 지위에 대한 도전은 계속 이어졌다. 그중에서도 제2차 세계대전 이후 냉전체제가 지속되는 동안 미국과 경쟁했던 소련, 전후 빠른 회복을 통해 경제력이 급성장한 일본, 전쟁의 상흔을 극복하고 통합을 이루어낸 유럽, 그리고 개혁 · 개방 정책 도입 이후 최근 무섭게 부상하고 있는 중국 등은 특히 주목할 만하다.

미국과 소련의 경쟁

냉전(cold war)은 제2차 세계대전 이후부터 1991년까지 미국과 소련을 비롯한 양측 동맹국 사이에서 갈등·긴장·경쟁 상태가 이어진 대립시기를 말한다. 두 세력은 군사동맹, 재래식 군대의 전략적 배치, 핵무기, 군비 경쟁, 첩보전, 그리고 우주 개발 경쟁 등의 양상을 보이며 서로 대립하였다. 냉전기에 일어난 대표적인 위기로는 그리스 내전(1946~1949), 베를린 봉쇄(1948~1949), 국공 내전(1946~1949), 한국전쟁(1950~1953), 1961년 베를린 위기, 쿠바 미사일 위기(1961~1962), 베트남전쟁(1955~1975), 소련의 아프가니스탄 침공(1979~1989) 등을 들 수 있다. 한편 이른바 '데탕트(détente)'라 하여 정치적인 긴장을 해소하고 직접적인 군사공격을 방지하려는 노력이 나타나기도 했지만, 미국은 1981년 레이건이 대통령으로 당선 된 후에는 소련에 대해 훨씬 더 적대적인 정책을 펼쳤으며 이러한 정책들을 일컬어 "신냉전"이라 칭하게 되었다.[18]

비록 1991년 소련이 붕괴되면서 냉전이 종식되었지만, 냉전기간 중에는 미국이 국제정치경제질서에서 패권국이었다고 말하기는 어렵다. 소위 말하는 미국 중심의 서방 진영에서는 미국이 패권국의 지위를 유지하고 있었지만, 동구권 및 제3세계를 포함한 전 세계를 포함하면 소련은 미국에 버금가는 패권적 지위를 행사하고 있었다. 경제적인 측면에만 한정해 보더라도 소련은 1970년대까지만 해도 선진국 수준으로 꽤 잘사는 국가에 속했다. 1인당 소득이 1950년에는 거의 이탈리아 수준이었으며 1990년에도 9,300달러로 당시 기준으로 중진국과 선진국 사이 정도는 되었다. 또한 경제력 규모(GDP)는 1988년 일본에 추월당하기 전까지 미국에 이어 세계 2위를 유지했다. 특히 1950~1960년대의 경제성장률은 미국의 2배 이상 되었기 때문에 흐루시초프는 체제경쟁에서 미국에 꿀리지 않을 수 있다는 자신감을 가졌고 평화 공존을 제시하기도 하였다. 한편 소련은 국가가 계획경제에 의거해서 과학기술을 중점적으로 육성했기 때문에 기초과학, 우주과학기술, 군사공학기술은 세계 최고였으며, 항공우주 분야에서는 미국과 앞서거니 뒤서거니 하면서 팽팽한 경쟁을 오랫동안 유지해 왔다.

일본의 급성장

제2차 세계대전에서 패한 일본은 전후 미국 군정의 지배를 받는 동안 군국주의 위협을 제거하고 부흥 및 경제성장 노력을 시작했다. 1950년 발발한 한국전쟁을 계기로 본격적인 성장기에 접어든 일본은 이후 석유파동이 발생하기 전까지 고도성장을 지속했다. 정부의 적극적인 주도 하에 산업정책을 동원해 주요 성장산업을 지원하였고, 이를 통해 제조업 중심의 경제구조로 산업전환을 이루어내면서 국제시장에서도 경쟁력을 유지할 수 있었다. 이러한 지속적인 고도성장의 결과 1968년에는 경제력 규모가 전 세계에서 미국, 소련에 이은 3위에 도달했고, 1988년에는 소련마저 추월하고 세계 2위의 위치를 차지했다. 고도성장기인 1950년에서 1980년의 기간 동안 1인당 소득도 1,921달러에서 13,428달러로 7배 가까이 증가했다. 경제성장에 따른 일본의 국가경쟁력은 무역부문에서 더욱 두드러졌는데, 1960년대부터 나타나기 시작한 무역수지 흑자는 2010년까지 계속 유지되었다.

이러한 경제성장은 세계적으로 봐도 드문 예이며, 종전 직후의 부흥으로부터 오랜 기간 동안 지속된 일본의 고도성장은 '동양의 기적'이라고 불리기도 했다. 일본의 급성장은 일본에 대한 장기전망도 아주 긍정적으로 만들었다. 고도성장기 말엽인 1980년 전후의 시기에는 일본이 21세기를 주도해 나갈 국가로 인정받기도 했다. 보겔(Ezra Vogel)은 1979년 저서에서[19] 당시 미국이 안고 있는 문제점들을 해결하기 위한 대안을 제시할 수 있는 국가로 일본을 꼽으면서 미국의 장래를 위해서는 일본을 배우라고 권하고 있다. 비록 1990년대 이후 버블이 꺼지면서 일본 경제가 침체기로 빠져들자 사라지기는 했지만, 한참 일본이 잘나갈 때 미국이 일본에 대해서 위협을 느꼈다는 것은 확실했다. 이러한 사실은 1980년대 미국에서 벌어진 일본 상품 불매운동 및 일본 때리기(Japan bashing)가 최근 벌어지고 있는 중국 때리기(China bashing)에 비해 절대 약하지 않았다는 데서 잘 확인할 수 있다.

유럽연맹(EU)

제2차 세계대전 이후 미국과 소련이라는 초강대국이 경쟁하는 상황에서 유럽이 자신들의 입지를 세울 수 있는 방법은 역내 국가들이 갈등을 조정하고 협력함으로써 공동의 목소리를 내는 것이었다. 1952년 창설된 '유럽석탄철강공동체'를 기점으로 이러한 통합 노력이 구체적으로 진행되어 왔으나 1970년대에는 석유파동 및 고질적인 유럽병으로 통합과정이 둔화되었다. 그러다 1986년 단일유럽의정서가 체결되어 유럽공동체는 구체적인 실현과정을 밟게 되는데, 1992년 단일시장을 완성하고 이후 1999년 통화통합도 이루어내었다.

개별적인 유럽 국가들이 세계 경제에서 중요한 목소리를 내기도 했지만 미국에 대응하는 세력으로서는 충분하지 못했고, 유럽이라는 지역으로 미국과 여러 면에서 힘을 겨루어 왔다. 우선 제2차 세계대전 이후 국제경제질서를 좌우하는 주요 협상들은 최근까지 거의 모두 미국과 유럽의 합의에 의해 이루어졌다. 또한 IMF, 세계은행 등 국제금융기구를 실질적으로 지배하는 최고위직들은 미국인들과 유럽인들만이 독차지해 왔다. 유럽연맹(European Union ; EU)은 경제력 면에서 미국과 유사한 정도의 규모를 차지하고 있고, 국제무역 규모는 미국보다 훨씬 크다. 또한 단일통화를 도입하면서 유로화가 달러화와 경쟁하는 국제통화가 될 것이고 역내금융시장의 통합이 가속화되어 미국 금융시장에 버금가는 시장이 될 것으로 예상하였다. 비록 2010년 이후 유럽 위기로 위상이 위축되기는 했지만 실질적으로 유로화는 미국 달러화에 이은 제2의 국제통화로서 위치가 확고하고, 유럽 금융시장의 전체 규모는 미국보다 큰 것으로 나타나고 있다.

중국의 부상

사회주의 체제가 붕괴한 이후 미국의 패권에 가장 심각한 도전은 중국의 부상일 것이다. 1970년대 말 개혁 · 개방 정책을 추진해 온 이후 중국은 빠른 속도로 성장해 세계의 경제대국으로 급부상하였다. 개혁 · 개방 초기에는 경제규모가 미국의 6%, 일본의 15%

에 불과했으나, 2010년 일본을 추월했고 2014년에는 미국의 60% 수준까지 확대되었으며, 구매력 기준으로는 이미 미국을 추월했다. 또한 전 세계에서 최대의 수출국이며, 외환보유액도 2019년 현재 세계에서 가장 많은 3조 1,200억 달러를 보유하고 있다. 게다가 중국은 세계 최대의 생산공장에서 세계 최대의 시장으로 탈바꿈해 중국 국내시장은 이미 자동차, 가전제품, 휴대폰 등 많은 주요 상품들의 최대 시장으로 성장했다. 이와 같은 현재의 경제상태만 하더라도 중국의 부상이 미국의 패권에 위협이 되고 있다. 이에 미국은 1980년대 일본에 대해 그랬던 것처럼 중국에 대해 아주 강하게 중국 때리기를 시도하고 있다.

장기전망에 따르면 중국과 미국의 경제력 격차는 더욱 확대될 것으로 예상된다. 더욱이 중국은 지금까지의 국제규칙 수용자(international rule taker)에서 국제규칙 제정자(international rule setter)로 전환하고 있어 미국과의 패권경쟁은 더욱 치열해질 것으로 판단된다. 이미 국제무역협상 등 주요 협상에서 개도국들의 입장을 강하게 대변하고 있으며, 국제기구에서 자국의 비중을 증진시켜 오고 있고 있을 뿐만 아니라 최고위직에도 자국 출신들을 앉히고 있다. 또한 미국의 패권을 상징적으로 나타내는 브레튼우즈 기구들에 대항해 신개발은행(New Development Bank) 및 아시아투자개발은행(Asian Infrastructure Investment Bank)을 출범시켰다. 이와 더불어 현재 중국 정부가 추진해 오고 있는 위안화 국제화 및 중국 금융개혁이 성과를 거둔다면, 중국 금융시장은 미국이나 유럽의 금융시장에 버금갈 것이며, 이에 따라 국제통화금융질서가 변화될 가능성도 있다.

4.2 향후 전망

향후 국제정치경제질서를 누가 주도할 것인가에 대해서는 여러 가지 전망이 있다. 많은 사람들의 관심을 끄는 것은 미국과 중국의 대결 구도인데, 여기서는 특정국들의 패권경쟁 전망보다는 보다 일반적인 전망을 소개하고자 한다.[20]

우선적으로 전망할 수 있는 것은 선진국의 성장동력이 상대적으로 저조해지는 가운데 신흥 경제권이 세계 경제의 중심 축으로 대두되는 방향으로 세계 경제질서가 재편될 것으로 보인다. 세계의 주요 시장 역할을 해왔던 미국 및 유럽이 대내외 불균형, 글로벌 금융위기 등으로 인해 수요 흡입력이 약화되는 반면, 중국 및 인도를 비롯한 신흥국이 부상하면서 새로운 세계시장을 확대해 나갈 것으로 예상된다. 이에 따라 2010년 약 50% 정도를 차지하던 개도국 및 신흥국 시장의 비중이 2030년에는 70%, 2050년에는 79%까지 증가해 이들이 세계 경제의 주요 시장으로 자리 잡을 것이다.

표 3-3 주요국의 장기 경제전망

GDP PPP rankings	2016 rankings		2030 rankings		2050 rankings	
	Country	GDP at PPP	Country	Projected GDP at PPP	Country	Projected GDP at PPP
1	중국	21,269	중국	38,008	중국	58,499
2	미국	18,562	미국	23,475	인도	44,128
3	인도	8,721	인도	19,511	미국	34,102
4	일본	4,932	일본	5,606	인도네시아	10,502
5	독일	3,979	인도네시아	5,424	브라질	7,540
6	러시아	3,745	러시아	4,736	러시아	7,131
7	브라질	3,135	독일	4,707	멕시코	6,863
8	인도네시아	3,028	브라질	4,439	일본	6,779
9	영국	2,788	멕시코	3,661	독일	6,138
10	프랑스	2,737	영국	3,638	영국	5,369
11	멕시코	2,307	프랑스	3,377	터키	5,184
12	이탈리아	2,221	터키	2,996	프랑스	4,705
13	한국	1,929	사우디아라비아	2,755	사우디아라비아	4,694
14	터키	1,906	한국	2,651	나이지리아	4,348
15	사우디아라비아	1,731	이탈리아	2,541	이집트	4,333
16	스페인	1,690	이란	2,354	파키스탄	4,236
17	캐나다	1,674	스페인	2,159	이란	3,900
18	이란	1,459	캐나다	2,141	한국	3,539
19	호주	1,189	이집트	2,049	필리핀	3,334
20	태국	1,161	파키스탄	1,868	베트남	3,176

자료 : PwC(2017), The long view : how will the global economic order change by 2050?
(https://www.pwc.com/gx/en/world-2050/assets/pwc-the-world-in-2050-full-report-feb-2017.pdf)

개도국 및 신흥국 중심으로 세계 경제가 재편되어 가는 가운데 아시아의 영향력은 더욱 확대될 것으로 예상된다. 아시아는 세계 경제질서의 재편을 주도해 나가면서 세계의 시장으로 주요 흡입력을 가지고 향후 지속적으로 세계 경제성장의 50% 이상을 주도할 것으로 전망된다. 그 결과 아시아의 경제력은 현재 전 세계의 30% 수준에서 한 세대 뒤에는 50% 이상을 차지할 것으로 전망된다.[21]

개별국의 입장에서 보면 미국, 일본, 독일 등 G7이 쇠퇴하는 반면 중국, 인도, 인도네시아 등 주로 아시아 국가들로 구성된 E7의 약진이 두드러질 것으로 예상된다.[22] 2016년 현재 경제규모(구매력 기준)는 중국, 미국, 인도 순으로 나타나고 있는데, 2050년이 되면 인도가 미국을 밀어내고 2위의 자리를 차지할 것으로 보인다. 아직까지는 대부분 중국에 대한 전망을 좋게 보고 있어 인도가 2050년에는 중국 다음의 제2의 경제대국으로 부상할 것으로 전망하고 있으나, 일부에서는 심지어 중국을 추월할 것으로 전망하기도 한다.[23] 또 하나 흥미로운 것은 2050년에는 세계 10대 경제대국에 중국과 인도 외에도 인도네시아, 브라질, 멕시코, 나이지리아 등의 신흥국들이 포함되는 반면 유럽에서는 독일만이 포함된다는 전망이다.

일반적으로 경제력이 향후 패권에 중요한 영향을 미친다. 그러나 이러한 장기 경제전망에 따른 경제력의 변화가 향후 국제정치경제질서의 패권과 연계되기 위해서서는 여러 가지 조건이 추가적으로 요구된다. 영국의 패권에서 미국의 패권으로 전환되어 가는 과정에서 미국이 국제정치경제질서를 안정시킬 능력을 가졌음에도 불구하고 그 역할을 수행할 의지가 충분하지 못하고 회피하려고 했기 때문에 대혼란이 발생했었다. 이는 장기 전망에 따른 경제력이 패권으로 연결되기 위해서는 경제대국이 국제정치경제질서를 위한 규칙을 수립하고 이를 안정시키기 위해 기꺼이 비용을 지불하고 희생을 감내할 의지를 함께 갖추고 있어야 함을 의미한다.

Box 3-2 미래 한국에 대한 전망

주요 기관들은 미래 한국 경제에 대해 어떻게 전망하고 있을까? 우리나라에 대한 장기 경제전망이 처음으로 세간의 관심을 끈 것은 2003년 골드만삭스가 스위스 다보스 포럼에서 2050년까지의 장기전망을 발표한 때이다.[24] 당시 골드만삭스의 보고서에 따르면 2005년 우리나라의 1인당 소득은 16,741달러로 미국(42,114)의 약 40% 수준에 불과하지만, 2050년이 되면 81,462달러까지 증가해 미국의 91% 수준, 그리고 일본 및 독일의 1인당 소득보다 높은 수준에 도달할 것으로 예상되었다. 아시아개발은행(ADB)은 이보다 더욱 한국 경제의 미래를 밝게 전망했는데, 2050년에는 우리나라의 1인당 소득이 미국보다도 높아질 것으로 예상하였다.[25]

골드만삭스는 통일한국의 경제에 대한 장기전망도 발표했다. 2009년 발표된 자료에서 한반도가 2012년 통일된다고 가정하고 추정했는데, 이에 따르면 통일한국의 경제규모는 2037년에는 프랑스, 2042년에는 독일, 그리고 2047년에는 일본을 추월해 G7의 일원이 될 것으로 전망하고 있다. 2000년대 한때 상당히 긍정적으로 한국 경제의 미래에 대해 전망했던 것과는 달리 최근에는 유보적으로 보는 경우가 많다.

그림 3-7 통일한국의 GDP 장기전망

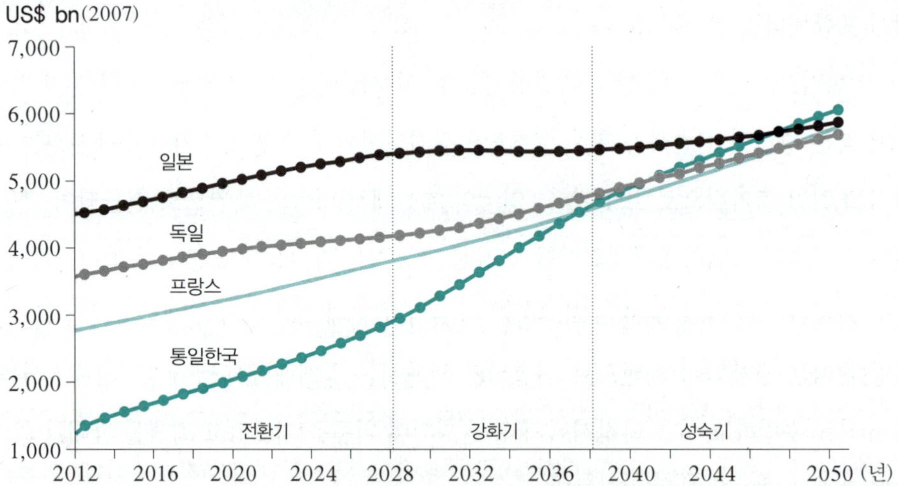

자료 : Kwon(2009).

[미주]

1. 이처럼 최근 중국과 인도가 부상하는 추이와 관련해 Economist(2013. 9. 2.)는 두 국가가 왜 현재 번창하는지보다 두 국가가 왜 쇠락했는지가 더 미스테리라고 얘기하고 있다. "Why they fell so far behind may be more of a mystery than why they are currently flourishing."
2. 구매력 기준 및 데이터 출처 차이로 인해 뒤에 나오는 표와 다소 다르게 나타날 수 있음을 유의하기 바란다.
3. Cohn(2008), p.19.
4. 중상주의에 관한 보다 자세한 이론적 논의는 제4장을 참고할 것.
5. 이와 관련된 논의는 Lairson and Skidmore(2003), pp.52～55를 참고할 것.
6. Cohn(2008), p.19.
7. 금본위제도에 대한 보다 자세한 논의는 이 책의 제8장 및 김인준 · 이영섭(2019), 제19장을 참고할 것.
8. 당시에는 이 장기불황을 대공황(Great Depression)이라 불렀는데, 1930년대 더욱 충격이 큰 세계적인 공황이 발생하면서 1930년대의 공황을 대공황, 그리고 19세기 말의 공황을 장기공황이라 부르고 있다.
9. 백창재(2012), p.24.
10. 이러한 이유 외에도 프랑스의 경우는 러시아 혁명으로 인해, 그리고 독일의 경우 연합국이 해외투자를 압수함으로 인해 대부분의 투자액을 회수할 수 없었다. 백창재(2012), p.29.
11. 제1차 세계대전 이후 승전국에 대한 독일의 배상능력 여부에 관한 논쟁이 1929년 케인즈(John M. Keynes)와 올린(B. Ohlin) 사이에 격렬하게 전개되었다. 이에 대해서는 Keynes(1929) 및 Ohlin(1929)을 참고할 것.
12. 이러한 미국의 태도는 미국이 국제연맹(League of Nations) 창설에 주도적이었음에도 불구하고 결국에는 가입하지 않은 것과 같은 고립정책과도 연계되어 있다.
13. 흔히 IBRD(International Bank for Reconstruction and Development)를 세계은행이라 부르기도 하는데, 정확히는 세계은행그룹(World Bank Group)의 한 기관이다. 세계은행의 주목적은 저개발국과 개발도상국의 빈곤 감소와 경제발전에 필요한 자금을 지원하는 것이다. 세계은행그룹은 다섯 개 기관(IBRD, IDA, IFC, MIGA, ICSID)으로 구성되어 있으며, IBRD가 이 중 규모가 가장 크고 중추적인 역할을 하는 기관이다. www. worldbank.org 참고.
14. 백창재(2000), p.51.
15. 구매력 기준이란 국가 간의 물가수준의 차이를 제거함으로써 각 통화들의 구매력을 동일하게 만들고 경제규모를 측정하는 것을 말한다.
16. 국제투자대조표는 특정 시점에 한 나라가 보유하고 있는 내국인 대외투자잔액 및 외국인 국내투자잔액의 변동내역을 체계적으로 나타내주는 통계이다. 대외순자산이란 한 국가의 개인, 기업 및 정부가 해외에 보유하고 있는 자산인 대외자산에서 외국에 대해 지고 있는 대외부채를 뺀 차액을 의미한다.
17. 일부에서는 이를 신브레튼우즈 체제라고도 부른다. 이와 관련해서는 백창재 · 조형진(2012), Dooley et al.(2009)을 참고할 것.
18. Wikipedia를 참고해 정리. 2015. 8. 9. 검색.
19. Vogel(1979).
20. 미국과 중국 간의 패권 전망과 관련된 내용은 제2장의 [Box 2-1]을 참고할 것.
21. ADB(2011).
22. E7 그룹은 브라질, 중국, 인도, 인도네시아, 멕시코, 러시아 및 터키를 포함한다. PwC(2017)의 전망에 따르면 2015년 G7과 E7의 경제규모(구매력 기준)가 대등하고 2050년에는 E7의 규모가 G7의 두 배로 확장될 것이다.
23. Citi Group(2011). 조선일보에서 재인용
(http://m.weekly.chosun.com/client/news/viw.asp?ctcd=&nNewsNumb=002146100021)

24. Goldman Sachs(2003).

25. ADB(2011).

국제정치경제의 접근법

04 현실주의 시각

1. 현실주의의 개요 / 2. 고전적 중상주의 / 3. 경제민족주의 / 4. 신현실주의
5. 현실주의에 대한 비판 / **부록** 패권안정이론

05 자유주의 시각

1. 자유주의의 개요 / 2. 고전적 자유주의 / 3. 케인즈주의 / 4. 신자유주의 : 고전적 자유주의의 부활
5. 자유주의에 대한 비판 / **부록** 죄수의 딜레마와 국제협력의 이익

06 맑스주의 시각

1. 맑스주의의 개요 / 2. 고전적 맑스주의 / 3. 제국주의 이론 / 4. 현대적 구조주의
5. 맑스주의에 대한 비판 / **부록** 그람시적 분석(Gramscian Analysis)

현실주의 시각

04

1. 현실주의의 개요

2. 고전적 중상주의

3. 경제민족주의

4. 신현실주의

5. 현실주의에 대한 비판

부록 패권안정이론

국제정치경제 분야에서의 이론적 접근은 다양하게 제시되고 있지만, 그중에서도 가장 핵심적인 것으로 현실주의 접근, 자유주의 접근 및 맑스주의 접근 세 가지를 들 수 있다. 이러한 분류는 국제관계론의 전형적인 분류와 다르지 않다.[1] 우선 이 장에서는 현실주의 접근을 먼저 다루고자 하는데, 여기에는 두 가지 이유가 있다. 하나는, 현실주의는 국제관계를 다루는 여러 학문적 체계에서 가장 오래된 사조이기 때문이다. 보통 현실주의의 기원을 16세기에 출현한 중상주의로 보고 있는데, 일부에서는 기원전 5세기 투키디데스(Thucydides)의 "펠로폰네시스 전쟁사(History of Peloponnesian War)"를 그 기원으로 간주하기도 한다. 다른 하나는, 현재 시점에서 여러 다양한 국제정치경제 이론들 중 가장 영향력이 큰 접근법은 현실주의라고 할 수 있기 때문이다. 현실주의는 고전적 중상주의, 경제적 민족주의, 신현실주의(또는 신중상주의) 등 여러 가지 형태를 취하면서 발전해 왔다. 각각의 발전과정을 설명하기 전에 우선 현실주의를 관통하는 기본적인 내용들을 살펴보자.[2]

1. 현실주의의 개요

1.1 현실주의의 기본 가정

국제정치경제의 다양한 이론들 간의 차이를 이해하기 위해서는 무엇보다도 국제정치경제질서에서 주된 행위자를 누구로 보는지 살펴보아야 한다.

현실주의에서 가장 기본적인 가정은, 국제관계에서 국가를 뛰어넘을 수 있는 권위는 존재하지 않고 국제체제는 속성상 무정부상태라는 것이다(무정부성 가정). 대부분의 국내사회와 달리 국제관계에서는 개별 국가들이 각자 자신들의 이해를 알아서 챙겨야 하는 자구체계이다. 따라서 현실주의자들은 국제관계에서 국가를 중심적 행위자(principal actor)로 간주하며, 국가 주권의 보전을 특히 중요하게 강조한다. 국가는 내부적 주권뿐만 아니라 외부적 주권을 갖고 있다. 우선 국가는 영토 내에서 합법적인 물리력 행사에 대한 독점권을 보유할 때 내부적 주권을 지니게 된다. 또한 국가는 영토 밖에 있는 외부 권위체(authority)로부터 통제를 받지 않는다면 외부적 주권을 지닌다. 주권을 보전하기 위해 국가는 충분한 힘(power)을 갖추어야 하는데, 힘이란 곧 국가가 생존하고 자국의 이익을 지속적으로 추구할 수 있는 능력을 의미한다.

현실주의자들은 또한 국가를 국제관계에서 가장 중요한 행위자일 뿐만 아니라 단일한 행위자(unitary actor)로 가정하고 있다(단일성 가정). 단일한 행위자로서 추구하는 최우선 목표에 대해 일부는 힘을 강조하기도 하고 일부는 안보를 강조하기도 하지만, 국가가 생존하면서 자국 이익을 좇기 위해서는 이 두 가지가 모두 필요하다. 물론 국가의 대외경제관계를 설명할 때 지방정부나 초국가적 행위자들의 역할을 고려할 필요성이 제기되기도 한다. 그러나 대부분의 현실주의자들은 중요한 국제 문제에 관해서는 국가가 단일한 행위자라고 강조한다. 이런 점에서 국가 이외의 다른 행위자들은 국가 정책의 프레임 내에서 움직인다고 볼 수 있다.

셋째, 현실주의자들은 국가를 편익-비용 분석에 근거해 편익은 최대화하고 목적 달성에 소요되는 비용은 최소화하려는 합리적 행위자로 간주한다(합리성 가정). 현실주의자들에 따르면 국가는 편향된 인식을 갖고 오해를 할 수 있으며, 최선의 결정을 내리기 위한 정보와 역량이 부족할 수도 있다. 따라서 국가는 모든 면을 고려해 사회적으로 가치가 최대화되는 최적의 상태를 추구하기보다는 주어진 조건 하에서 일정한 수준의 가치를 충족시키는 상태를 추구하는 데 그칠 수도 있다.

이처럼 현실주의자들은 국가를 합리적이고 단일한 행위자로 가정하고 국제관계의 복잡다기한 현상을 몇 개의 개념과 변수만을 가지고 단순하게 설명하려고 한다.

1.2 현실주의에서 정치와 경제의 관계

국제정치경제의 다양한 이론들 간의 차이는 정치와 경제의 관계, 국제정치경제질서에서의 경제의 역할에서도 찾아볼 수 있다.

정치와 경제 간의 관계에 대해서 현실주의자들은 경제보다 정치를 우선시하며, 정치 권력 분포의 변화가 국제경제관계의 본질에 영향을 미치는 가장 중요한 요소라 믿는다. 19세기 후반 이후 국제관계가 심화되고 세계화가 진전된 것도 국제경제교류가 활발해지고 기술이 발전한 데에 기인했다기보다는 국가 권력이 그러한 변화를 수용했기 때문이라고 주장한다. 즉, 강대국들은 세계시장을 개방하거나 폐쇄할 수 있는 능력을 보유하고 있으므로, 약한 국가에 대한 권력 구도를 강화하기 위하여 필요한 경우 개방정책을 내세워 세계화를 촉진시킬 수 있다고 본다. 또한 현실주의자들은 개방적이고 안정된 국제경제 질서를 창출해 내는 데 있어서 패권국의 능력을 강조한다.

국제관계에서의 손익관계에 대해서도, 현실주의자들은 앞에서 언급한 바와 같이 국제체제는 기본적으로 무정부상태이므로 각국은 스스로의 생존과 안보를 확보해야 한다고 주장한다. 그러나 국제관계는 다른 국가들과의 상호관계이므로, 현실적으로 이와 같은 생존과 안보를 확보하기 위한 노력은 다른 국가들에게 두려움과 불안을 야기할 수도 있다. 예를 들어 어떤 국가가 자국의 경제성장을 촉진하기 위해 생산력을 향상시켰다고 하자. 이는 다른 국가들에 비해 경쟁력이 향상됨을 의미하기 때문에 다른 국가들로 하여금 국제거래에서의 손실을 우려해 보호주의 정책을 취하도록 만들 수 있다. 마찬가지로 어떤 국가가 오로지 방어적 목적에서 군비를 증강한다고 하여도 이는 다른 국가들의 두려움을 증가시키며 군비 경쟁을 일으키게 된다. 따라서 현실주의자들에 따르면, 각국은 자국의 절대적 지위(absolute position) 또는 절대적 이득(absolute gains)이 아니라 국제관계에서의 상대적 지위(relative position) 또는 상대적 이득(relative gains)에 관심을 갖게 된다. 이와 다르게 자유주의자들은 각국은 각자의 이득을 최대화하는 것을 추구하며 타국의 이득과 비교하는 것에 관심을 갖기보다는 절대적 이득에 관심이 있다는 것을 보다 강조한다.

이처럼 현실주의자들이 상대적 이득을 강조하는 것은 국제관계가 기본적으로 제로섬 게임(zero-sum game)이라는 인식에서 비롯된다. 국제관계 또는 일반적인 경제거래를 게임에 비유할 때 나타날 수 있는 유형은 세 가지이다.[3] 첫째는 게임참가자들이 얻는 보수(payoff)의 합이 0인 제로섬 게임으로, 한 당사자가 이득을 얻으면 다른 당사자는 반드시 그만큼 손해를 보게 된다. 둘째는 보수의 합이 0보다 크게 되는 포지티브섬 게임(positive-sum game)으로, 참가자들 모두가 이득을 보는 'win-win' 상황이 발생할 수도 있다. 셋째는 보수의 합이 0보다 작게 되는 네가티브섬 게임(negative-sum game)으로, 결과적으로 참가자들 모두가 손실을 입게 되는 '상처뿐인 영광'의 상황이 초래될 수도 있다. 두 국가가 오랜 전쟁 끝에 겨우 종전에 합의하는 경우 또는 노사분규를 너무 오래 끌어 모두가 피해를 보는 경우가 네가티브섬 게임에 해당한다. 현실주의자들은 국제관계를 제로섬 게임으로 인식하고 있기 때문에 다른 국가가 이득을 본다는 것은 바로 자국이 손해를 입는다는 것을 의미한다. 따라서 국제관계에서의 목표는 남들보다 상대적으로 나은 결과에 도달하는 것이다. 이러한 게임에 임하는 자들은 당연히 비협조적일 수밖에 없다. 따라서 원만한 국제질서를 유지해 나가기를 기대하기는 어렵다.

현실주의자들의 제로섬 게임 인식은 자유주의자들과 시각 차이를 극명히 보여준다. 자유주의자들은, 국제관계는 제로섬 게임이 아니라 포지티브섬 게임 또는 네가티브섬 게임으로서 관여된 집단이 어떻게 협력하느냐에 따라 함께 이득을 얻거나 또는 동시에 손해를 입을 수 있다고 주장한다. 이러한 차이는 국제제도에 대한 입장에서도 잘 드러나고 있다. 자유주의자들은 IMF, 세계은행, WTO 등의 국제기구가 정치적으로 중립적이며 자유주의적 경제 가이드라인을 따르는 모든 국가에게 혜택을 준다고 믿는다. 반대로 현실주의자들은 가장 강력한 국가가 자국의 국가 이익에 부합하도록 이들 기구의 규정을 고안하며, 국제기구는 권력 구도가 실행되는 장으로서의 역할을 하고 있다고 본다.

현실주의자들의 주장은 맑스주의자들과도 차이가 있다. 현실주의자들은 상대적 이득을 강조하면서 상대적 불평등이 발생하지 않도록 재분배가 필요하다고 주장할 수 있다. 그러나 이러한 재분배는 기본적으로 자본주의 내에서의 재분배를 의미한다. 맑스주의자들은 자본주의 내에서는 부와 권력의 균등한 분배는 불가능하다고 보고 있다. 현실주의와 자유주의 모두 자본주의에 기초하고 있다는 점에서 같은 그룹에 속한다. 따라서 맑스주의자들은 균등한 분배를 실현하기 위해서 자본주의를 극복해야 한다고 주장하고 있다.

2. 고전적 중상주의

2.1 중상주의의 태동

현실주의자들의 정신적 기원은 고전적 중상주의(classical mercantilism)에서 비롯되었다고 볼 수 있다. 고전적 중상주의는 15세기에서 18세기에 걸쳐 유럽제국에서 근대 민족국가의 건설과 함께 근대적 산업체제를 확립하기 위해 채택된 국가 주도의 정책 또는 이를 기초로 한 이론을 총칭한다. 이 용어는 프랑스 중농주의 경제학자이자 미라보 후작이었던 리케티(Victor Riqueti)가 1763년 맨 처음 사용한 것으로 알려져 있다. 그렇지만 스미스(Adam Smith)가 1776년 출간한 『국부론(Wealth of Nations)』에서 자유를 제한하는 기존의 경제정책들을 '중상주의'라고 이름을 붙이고 비판하면서 널리 쓰이기 시작했다.

이후 중상주의라는 용어가 도처에서 사용되고 있지만 아직도 그 의미가 엄격히 정의되지는 않고 있으며 매우 다양한 경향과 주장들을 폭넓게 포함한다. 중상주의는 대체로 다음과 같은 내용들을 포함한다.[4] 첫째, 중상주의는 중금주의(bullionism)를 기본으로 하고 있다. 중금주의란 금·은과 같은 귀금속이 곧 국부란 인식 하에 귀금속의 상실을 국부의 손실로 생각하고 귀금속의 획득을 국가의 이익으로 생각하는 것이다. 이는 군대를 조직하고, 용병을 고용하며, 적과 동맹에 영향을 미치고자 할 때 이러한 부를 사용할 수 있었기 때문이다. 따라서 국부를 증진시키기 위해서는 국가가 직접 귀금속의 유출을 금지하고 유입을 장려해 귀금속의 국내 보유량을 증대시켜야 한다는 것이다.

둘째, 국제무역을 통한 차액 획득을 국부의 원천으로 보고 있는 무역차액론을 이론적 기반으로 하고 있다. 초기에는 중금주의 원칙에 충실해 모든 수단을 다해서 귀금속을 축적하기 위해 금·은의 수출을 금지하는 것을 주요 정책으로 삼았다. 그러나 점차 국제무역이 발전하고 중금주의 사상이 후퇴하면서 국부 증진을 위해서는 귀금속의 통제보다는 무역을 관리하는 정책이 필요하다는 인식으로 전환되었다. 동인도회사의 책임자이자 무역업자였던 먼(Thomas Mun)은 "영국에게 가장 중요한 것은 무역에서 흑자를 추구하는 것" 이라 하였다.[5] 그에 따르면, 한 국가 내에서 판매자의 수입은 곧 구매자의 손실을 의미하므로 국가 전체적으로는 국부의 증대를 가져오지 않는다. 따라서 국부의 증대는 무역의 차액에 의해서만이 얻을 수 있으며, 외국 상품의 수입을 가능한 한 억제하고 국내 산업의 생산물 수출을 가능한 한 증대시키는 것이 정치경제학의 주된 목표가 되어야 한다는 것이다.

셋째, 중상주의는 강력한 보호무역정책을 옹호했다. 무역차액론에 기반해 중상주의 국가는 무역흑자를 확보하기 위해 독점권 부여, 수량제한과 수입허가, 수출보조금, 이자율 정책, 유치산업 육성, 노동자 관리 등을 포함한 갖가지 정책을 동원하였다.[6] 이러한 보호정책은 무역에만 집중되지 않고 산업과 노동에도 확대되었는데, 국내 산업을 보호함으로써 고용과 수출이 증가하고 무역차액이 커질 수 있다고 생각하였다. 산업보호정책의 주요 수단은 관세로서 이를 통해 외국 상품의 수입과 소비를 억제하려 하였고, 농업분야에서도 일정한 곡물가격 유지를 위해 수입제한, 수출장려 등의 정책을 시행하였다.

2.2 고전적 중상주의의 의의 및 주요 특징

고전적 중상주의는 역사적으로 가장 오래되었고 국제정치경제에서 지금까지도 가장 중요한 이론적 관점의 핵심 논리를 제공하고 있다. 중상주의는 국가 권력에 대한 강조를 통하여 봉건주의 종언 이후 국가 건설에 중요한 역할을 하였다. 중상주의가 주장하는 주요 내용을 위에서 설명했지만, 국제정치경제 관점에서는 보다 광범위한 의의를 지니고 있다. 왜냐하면 중상주의의 주요 관심사는 안보문제와 모든 형태의 국가안보를 제공하고 유지하는 국가와 시장의 역할에 관한 것이기 때문이다. 중상주의는 국가안보와 독립을 수호하기 위하여 부와 권력을 창출하고 유지하려는 모든 국가의 기본적 속성을 설명해 줄 수 있는 이론적 토대를 제공한다.

고전적 중상주의의 등장은 유럽에서 근대 민족국가(nation-state)가 출현하게 된 것과 긴밀한 관계를 가지고 있다. 이 시기에 민족국가를 지키기 위해서는 경제부문에 대한 국가 건설 및 개입이 필요하다는 생각이 지배적이었다. 당시 새로운 민족국가들은 폭력적이거나 평화로운 수단을 통해 안보를 확보해야 하는 필요성이 절대적으로 컸다. 유럽전쟁사가 보여주듯이 그 당시 전쟁과 폭력의 위협은 언제나 현실이었다. 이런 현실에서 외부 침략자나 내부의 도전세력으로부터 국가를 보호하지 못한다면 번영과 평화를 얻으려는 노력은 모두 무용지물이 되기 때문에 안보는 국가의 최우선순위가 되었다. 그러나 군대를 증강하고 유지하려면 비싼 값을 치러야 하기 때문에 안보는 커다란 비용을 수반한다. 따라서 국부는 국가안보를 획득하고 보존하는 필수 요소로 간주되었고, 이것이 중상주의의 기본 철학적 배경이 되었다.

또한 중상주의는 정치경제에서의 핵심 이슈인 부와 권력 간의 관계에 대해서도 설명해 주고 있다. 중상주의에 따르면, 부를 통하여 무기를 구매하고 병력에 돈을 댔기 때문에 부와 권력은 불가분의 관계에 있다. 그런데 때로는 이 관계가 선순환으로 나타날 수도 있고 아니면 악순환으로 나타날 수도 있다. 예를 들어 권력이 부를 창출하고 그 부를 이용해 권력을 증대시키고, 증대된 권력으로 더 많은 부를 축적하게 되면, 이는 선순환을 통해 국가를 더욱 번영하고 안전하게 만든다. 반면 국가가 가난할수록 타국에게는 유약해 보일 수 있으며, 국가가 유약할수록 국가를 보호하기 위한 정책을 사용할 수 없어 더욱 희생이 따르는 악순환이 나타나게 되어, 국가가 쇠퇴하게 되고 안보도 위협을 받게 된다. 일국의 부와 안보를 위한 정책은 타국의 희생으로 여겨지는 국제적인 현실에서 더 많은 권력은 국가를 보호하지만 부족한 권력은 재앙으로 이어질 수 있다. 따라서 많은 국가들은 민족국가를 보호하려는 중상주의적 행위가 없다면 이러한 취약성과 빈곤의 악순환으로 인해 군사패배, 경제파탄, 사회파괴와 같은 재앙 수준의 상황으로 이어질 수 있다고 보고, 중상주의적인 개입을 정당화하고 있다. 타국에 대한 의존은 수입을 통한 공급이 중단되었을 때 국력을 약화시킬 수 있으며, 또한 대외 의존적인 국가는 공급 국가의 영향력과 힘에 취약할 것이다. 따라서 경제적으로는 경쟁적이며 정치적으로는 적대적인 환경에서 국가는 무역징책 및 식민지 착취 등을 통해 부를 공격적으로 창출할 동기를 갖게 된다.

중상주의가 국제정치경제에 제시하는 또 다른 중요한 의의는, 식민주의를 무역을 지배할 수 있는 중요한 도구 중 하나로 정당화한다는 것이다. 중상주의는 종종 낙후지역에 식민주의와 제국주의를 일으키는 배경으로 일컬어진다. 중상주의자들은 모국의 상품을 팔 수 있는 포괄적 시장으로서, 경쟁국을 통해 구매해야 했던 원자재를 확보하기 위한 원산지로서, 저임금 노동력의 원천으로서 식민지를 세울 것을 주장했다. 각국에서 국내 제조업의 발전으로 제품 판매 시장의 확대가 필요하게 되었고 동시에 더 커다란 원료공급처가 요구되었다. 이런 상황에서 식민지를 확보함으로써 값싼 노동력과 원자재를 확보하고 이를 바탕으로 생산한 완제품의 판매시장을 독점적으로 확보할 수 있다는 인식이 나타났다. 이처럼 원자재 확보 및 판매시장 확보를 위한 식민지의 중요성이 커지면서 강대국들은 식민지 개발에 적극적으로 나서게 되었고 식민지 수탈이 본격화되기 시작하였다. 중상주의 발전에 따라 국가의 군사력에 바탕을 둔 식민지 확장주의는 중상주의 무역을 제패하는 중요한 수단이 되었다.

Box 4-1 고전적 중상주의 vs. 신현실주의(또는 신중상주의)

고전적 중상주의와 신현실주의는 상당 부분 특징을 공유하지만 일부에서는 차이를 보이고 있다. 가장 대표적인 공통점은 두 가지 모두 국가 및 권력이 경제와 시장을 지배하고 영향을 미친다고 생각하는 것이다. 따라서 양자 모두 국제관계에서 국가가 최우선적인 행위자이며 독자적인 주권행사의 최상위 단위라고 간주하고 있다. 둘째, 또한 국제체제는 잠재적 무정부상태이고 한정된 자원을 차지하기 위한 경쟁이 지속적으로 이루어지고 있다고 가정한다. 이러한 갈등을 조정하는 궁극적인 수단은 국가의 역량과 힘이며, 이들은 천연자원, 지정학적 위치, 그리고 부와 군사력을 창출해 내는 국가운영 특성에서 나온다. 국가역량과 힘의 상대적 분배는 국제체제에서 각국이 서로를 다루는 방식을 결정한다고 보고 있다. 셋째, 고전적 중상주의 및 신현실주의는 국가간 경쟁을 일국의 이득이 타국의 손실을 가져오는 제로섬 게임으로 귀결된다고 본다. 힘의 원천은 상대적으로 고정되어 있기 때문에 일국의 안보를 증진시키는 수단은 타국의 안보를 손상시킬 수 있다고 가정한다.

고전적 중상주의와 신현실주의의 차이점은 국가안보를 확보할 수 있는 수단으로 어떤 것을 강조하느냐에서 찾아볼 수 있다. 고전적 중상주의자들은 국부 증진을 통해 군사력을 강화시킬 수 있다고 생각하므로 경제적인 측면에서의 부의 증대를 강조한다. 이들은 갈등이 경제적인 측면에서 비롯될 뿐만 아니라 일국이 스스로를 지킬 무기를 구입할 능력을 갖추고 안보를 확보하기 위해서는 경제역량을 갖추는 것이 필수적이라고 강조한다. 이와는 달리 신현실주의자들은 국가안보를 성취할 수단으로 군사적 도구 및 국가 역량을 강조하고 있다. 갈등관계가 악화될 때 일국이 타국의 공격에 대해 방어를 하거나 더 나아가 상대방을 패배시키고자 한다면, 신현실주의자들은 군사력과 국가 역량이 경제보다 중요하다고 생각한다.

국가는 당연히 부와 힘을 동시에 추구하려고 할 것이고 양자 간에는 항상 긴장관계가 존재하기 마련이다. 이러한 긴장관계는 때로는 부를 좀 더 우선시하는 방향으로 해결되기도 하고 때로는 힘을 좀 더 우선시하는 방향으로 정리되기도 한다. 그러나 양자를 서로 대립관계로 보기보다는, 바이너(Jacob Viner)가 얘기한 것처럼 "부와 힘은 국가 정책에서 모두 타당하며 궁극적인 목적"이라고 봐야 할 것이다.[7]

3. 경제민족주의

3.1 경제민족주의의 태동

중상주의적 사조는 진화를 거듭해 왔고 변화하는 정치 · 경제 환경에 적응해 왔다. 18세기 후반 ~ 19세기에 산업혁명과 더불어 민족주의가 확대됨에 따라 고전적 중상주의도 변모를 거듭해 경제민족주의가 나타나게 되었다. 민족주의는 종종 특정 국가 국민들이 공유하고 있는 정체성이나 특정 국가를 향한 강한 충성도를 가리키는데, 이러한 정서는 해당 국가의 역사, 문화, 종교, 언어, 이데올로기와 밀접한 관련이 있다.

18세기 들어 스미스를 비롯한 자유주의자들의 중상주의에 대한 비판이 이어졌지만, 일부 이론가와 정책결정자들은 중상주의적 정책의 중요성을 계속 강조하였다. 그러나 고전적 중상주의는 산업화 이전의 독트린이며, 산업혁명은 이러한 사조에 새로운 자극제가 되었다. 산업혁명 이후 급격히 전개되는 구조변환 속에서 산업화는 국가안보, 군사력, 경제적 자급자족을 추구하기 위한 필수 조건이 되었다. 경제민족주의자들 중 가장 유명한 인물로는 초대 미국 재무부장관을 지낸 해밀턴(Alexander Hamilton)과 독일 공무원이자 교수이자 정치가인 리스트(Friedrich List)가 있다.

해밀턴은 1791년 저작에서 경제민족주의에 대한 지적 기원과 경제보호주의에 대한 옹호론을 제시했다.[8] 해밀턴은 미국의 국가 독립과 안보를 위하여 경제발전을 증진할 필요가 있다고 보았으며, 농업보다는 제조업을 중시하고 경제적 자급자족, 정부개입, 보호주의 등을 강조하였다. 해밀턴은 국부뿐만 아니라 국가의 독립과 안보 역시 제조업의 번영에 실질적으로 연결되어 있다고 하였다. 특히 영국이 식민지 미국의 제조업을 약화시켜 왔기 때문에 산업 기반을 마련하기 위한 미국 정부의 개입은 필요하다고 여겼다. 또한 영국 산업의 우위에 대응하기 위하여 미국 정부는 해외 기술 · 자본 · 노동을 도입하는 것을 독려해야만 했다. 따라서 정부는 초기 단계의 산업을 활성화시키기 위하여 관세, 쿼터제, 장려금을 포함한 보호주의 정책을 도입해야만 한다고 강조했다.

해밀턴보다 더욱 급진적인 경제민족주의자인 리스트 역시 국가 경제발전에서 제조업이 갖는 중요성을 강조하였다. 리스트는 1841년 저서에서 "생산력이 국부 자체보다 훨씬 중요하다" 고 하면서,[9] 독일과 미국 같은 후발국들이 영국을 따라잡기 위해서는 초창기 산업에 일련의 보호장치를 두어야 한다고 주장하였다. 특히 리스트는 농업이 아닌 제조업이 국가의 부와 힘을 도모하는 데 가장 바람직한 기반이 된다고 하면서, 교육, 기술, 산업에서 생산력을 증진시키기 위해서는 국가개입이 필요하다고 주장하였다. 또한 리스트는 국가 단결을 강조하였는데, 강력하고 단결된 국가여야 외부적 무역장벽을 세우고 철도 건설 같은 국가 사업을 추진하며 인적자원 개발을 증진시킬 수 있기 때문이었다. 리스트는 제조업과 무역에 대한 영국의 리더십은 영국 교육시스템의 우월성 덕분인 것으로 보았으며, 따라서 정부는 시민을 교육시킬 책임이 있다고 주장하였다.

18세기 후반부터 등장한 경제민족주의가 극단적인 형태로 나타난 것은 제1차 세계대전과 제2차 세계대전 사이인 전간기였다. 제1차 세계대전 이후 유럽뿐만 아니라 전 세계적으로 경제위기를 겪게 되었는데, 특히 세계대공황을 거치면서 자유주의에 기반한 국제협력 관계가 사실상 무너졌다. 각국이 국익을 보호하기 위하여 보호주의, 경쟁적 평가절하, 외환거래 규제 등 국제거래를 심하게 위축시키는 근린궁핍화 정책을 경쟁적으로 도입하면서 국가 이기주의적인 사조가 만연하게 되었다. 극심한 경제상황은 자유주의 및 자본주의 체제를 공격하고 민족주의적 도그마가 확산되도록 하였으며, 필요하다면 무력을 통하여 국가 이익을 성취하자고 주장하는 파시즘 같은 극단적 이데올로기를 양산하였다.

3.2 경제민족주의의 의의 및 주요 특징

경제민족주의의 기본 사조는 고전적 중상주의와 유사한 면이 많지만 당시 시대상황의 변화를 반영해 몇 가지 나름대로의 의의를 가지고 있다. 고전적 중상주의자들이 국제무역을 통하여 부와 힘을 취득하는 것에 주목하였다면, 경제민족주의자들은 국가 경제의 내적 성장에 주목하고 있다. 이는 경제민족주의가 고전적 중상주의 이후 인기를 끌었던 자유주의에 대한 대응으로 형성되었다는 것과 관련이 있다. 대영제국이 더욱 부유해지고 강해지면서 미국과 독일 같은 후발국가들은 독립에 대한 관심이 높아졌고 영국의 공격적 자유주의로부터 스스로를 보호할 방안으로 경제민족주의 정책을 도입하였다.

또한 기술 및 교통의 발달로 인해 경제단위의 수준이 지방 혹은 지역 기반이 아니라 국가단위의 수준으로 높아질 수 있게 된 것도 경제민족주의의 등장에 크게 기여하였다. 경제단위가 국가단위 수준으로 높아지면서 국가와 경제의 정치적 경계가 동일한 수준으로 인식되기 시작했으며, 현대와 같은 국민경제 개념이 태동되기 시작하였다. 부와 권력은 서로가 서로를 얻기 위해 필요한 수단이 되어 양자 간의 경계가 모호해지고, 독립적인 정치력을 갖기 위해서는 독립적인 경제력이 필수적이라고 생각하였다. 그러나 시장은 본질적으로 국내경제와 대외경제를 연계시키므로 일국의 대외의존성을 심화시킬 수 있다. 따라서 시장이 경제의 대외의존도를 악화시킨다면, 이를 해결하기 위해 국가가 개입해 시장 연계성을 내부로 돌리고 국내경제가 독립적으로 부와 권력을 창출할 수 있도록 발전시켜야 한다. 국가의 경제적 이해관계가 개인의 이해관계에 앞서며, 국가의 경제력은 강력한 국가 행위를 통하여 조성되어야 한다는 것이 경제민족주의의 주요 주장이다.

경제민족주의의 또 다른 의의는 보호주의 확산에 일조했다는 것이다. 해밀턴과 리스트의 주장들은 애국주의적 경제민족주의 정신을 담고 있으며, 국가 이익 증대를 위해 경제 산업화를 지원하는 정책을 적극적으로 지지하였다. 이러한 형태의 애국주의적 정치경제는 오늘날 세계 곳곳에서 여전히 발견된다. 예컨대 개발도상국 관료 대부분은 개발과 국가 건설을 서구 산업국가를 추격하는(catching up) 과정으로 본다. 이를 위하여 자국의 국내 산업을 촉진하거나 선진국의 성숙한 산업에 맞서 자국 유치산업을 보호하기 위한 정책을 옹호한다. 불확실한 세계에서 자국의 산업을 보호하고 타국보다 경쟁력을 앞서게 만들어 더욱더 안보를 확보하려는 야망은 오늘날 대외정책을 이끄는 핵심 동기 중 하나이다.

경제민족주의도 고전적 중상주의와 마찬가지로 식민지 건설 및 제국주의의 논리적 기반을 제공하고 있다. 경제민족주의가 태동할 당시 주창한 기본 목적을 보면, 안보와 독립을 얻기 위하여 국내경제력을 도모한다는 면에서 국제무역에 초점을 맞춘 고전적 중상주의에 비해 국가 간 갈등을 유발할 가능성이 적어 상대적으로 선해 보일 수도 있다. 그러나 기술 · 커뮤니케이션 · 교통의 발달은 국제교류를 급속도로 확산시켜 이러한 정책이 미치는 영향의 양상을 바꿔놓았다. 19세기 후반에 이르러서는 공산품을 생산할 국가의 능력은 종종 국내시장이 소화할 수 있는 범위를 크게 넘어섰다. 국내 생산력을 발전시키려던 경제민족주의의 관심은 과잉생산된 재화를 판매할 해외시장을 찾는 것으로 옮겨갔다. 이에 안보의 핵심은 국내경제를 강화하는 것 외에도 희소자원을 확보하고 자국의 생산품을 판매할 수 있는 해외시장을 획득하는 것으로 변하였다. 따라서 경제민족주의도 식민지 건설 및 제국주의가 발생하는 데 일조하였다.

4. 신현실주의

4.1 신현실주의의 태동

전간기에 나타난 극단적인 경제민족주의, 보호주의로 인해 더욱 극심해진 대공황의 폐해를 실감하고, 제2차 세계대전이 끝나갈 무렵 각국 지도자들은 새로운 국제질서를 모색하고자 브레튼우즈에 모여 자유주의 경제체제를 수립하게 되었다. 이에 따라 IMF, 세계은행, GATT 등과 같은 국제기구 및 국제협약을 설립하고 자유무역과 시장개방을 촉진하였다. 이러한 움직임에 내재된 논리는 자유무역과 시장개방이 전간기에 발생하여 인류를 고통스럽게 한 국가 이기적인 중상주의적 갈등을 예방할 수 있다는 것이었다. 이러한 국제기구들을 중심으로 각 국가들이 국제무역을 보다 자유화하자는 목표를 세우고 다자협상을 통해 노력하는 모습을 보이기는 했지만, 전후 국제질서에서 여전히 자국의 경제적 안보와 국가 주권을 중요시하며 보호주의적 성향을 보이고 있었다.

고전적 중상주의자 및 경제민족주의자들이 경제문제에 높은 관심을 보였던 것과는 달리 전후 신현실주의 학자들은 주로 안보문제에만 관심을 쏟았다. 미국과 소련을 필두로 하는 동서냉전이 시작됨에 따라 국가안보가 최우선 이슈가 되었고, 국제경제를 포함한 다른 이슈들은 정치적 중요성을 크게 갖지 못해 그 아래 묻히게 되었다. 전후 현실주의자들이 경제문제를 도외시한 또 다른 이유는 소위 말하는 브레튼우즈 기구들의 작동과도 관련이 있다. IMF, 세계은행 및 GATT로 대표되는 브레튼우즈 기구들은 소련 및 사회주의 국가들 없이도 제 기능을 잘 수행할 수 있었다. 따라서 현실주의자들은 경제문제를 국제정치 이슈에 비해 하위 수준의 이슈로 취급하였으며 특별한 관심을 기울이지 않았다.

제2차 세계대전 직후 현실주의 학자들의 이러한 태도는 자유주의자들과 마찬가지로 정경분리라는 원칙을 도입한 것처럼 보이기도 한다. 그러나 정치적 제약이 없는 자유방임 경제를 지향하는 자유주의자들과는 달리 정치를 주로 강조하였고 경제를 무시해 버렸던 것이다. 당시 미국에서도 국가와 경제는 명확히 분리되어야 한다는 주장이 확대되었는데, 국가안보와 관련된 국가개입은 수용되었던 것에 반하여 경제분야에 대한 국가개입은 별로 타당하지 않은 것으로 간주되었다. 이처럼 현실주의자들이 소련과의 동서냉전에 따른 국제관계에만 관심을 갖고 정치적 관계 이면에 자리한 경제적 관계에 대해서는 간과하게 만듦으로써 1960년대까지의 국제정치경제 연구에서 현실주의적 관점은 자유주의와 맑스주의에 완전히 묻혀 버리게 되었다.

국제정치경제에서 현실주의가 부활하게 된 것은 1970년대 들어서였다. 이를 선도한 대표적인 학자로 길핀(Robert Gilpin)과 크래스너(Stephen Krasner)를 들 수 있다. 국제정치경제에서 현실주의가 중요한 관점으로 재출현한 데에는 두 가지 요소가 기여하였다.

첫째, 미 · 중 데탕트 및 석유파동에 따라 냉전 구도가 약화된 반면 세계 경제의 혼란으로 경제이슈가 중요해지면서 현실주의자들이 국가안보 외에 경제문제에도 관심을 기울이게 되었다. 냉전구조 및 미국의 절대적 경제력으로 대변되는 1950~1960년대와는 달리, 1970년대 이후 미국의 패권이 상대적으로 약화되고 냉전구조도 상대적으로 완화되는 가운데 석유파동으로 세계 경제가 심각하게 타격을 받았다. OPEC의 영향력 증대, 제3세계의 등장과 같은 새로운 불안정 요소가 중요한 이슈가 되면서 현실주의자들은 더 이상 경제문제를 국제정치의 하위 개념으로 취급할 수 없음을 깨달았다.

둘째, 전후 1960년대까지 국제정치경제 연구를 지배했던 자유주의와 맑스주의의 경직화에 대한 반발도 현실주의의 부활에 크게 기여하였다. 현실주의자들은 자유주의 및 맑스주의 연구가 경제를 지나치게 강조하고 정치의 중요성을 과소평가함으로써 현실과의 괴리가 점점 커지고 있다고 비판하였다. 따라서 1970년대 이후 새로이 나타나고 있는 변화들을 설명하기 위해서는 정치적인 이슈와 경제적인 이슈를 함께 포괄하는 접근이 필요하게 되었고 이에 현실주의자들이 재등장하게 되었다. 실질적으로 전후 전개된 국제정치경제 상황의 변화들은 자유주의 또는 맑스주의와는 달리 국가의 역할을 함께 강조하는 현실주의적 연구가 필요함을 보여주었다. 예컨대 케인즈주의 혁명으로 정부가 거시경제 관리에 깊게 개입하게 되었고, 식민주의가 와해되면서 서구 자유민주주의 모델과는 상당한 거리가 있는 신생 독립국가들이 출현하게 되었다. 또한 1970~1980년대에 일본 및 독일의 부상으로 미국이 더욱더 치열한 국제경쟁에 직면하게 되자 국가가 개입해 산업과 기술 발전을 증진시키고 경쟁력을 확보하도록 해야 한다는 압력이 가중되었다. 따라서 국제정치경제 연구에 국가의 중요성을 강조하는 새로운 현실주의적 관점이 요구되었다.

신중상주의라고도 불리는 신현실주의자들은 경제 변화에 대한 자유주의적 해석에 정면으로 도전하였다. 자유주의자들에 따르면, 제2차 세계대전 이후 세계 경제가 번성할 수 있었던 것은 자유무역 및 개방 기조 하에 국제교류가 활발해지면서 국가 간 상호 의존도가 증가했기 때문이다. 이와는 반대로 신현실주의자들은 국가 간 권력의 분포가 국제경제가 번성할 수 있는지 여부를 결정하는 가장 중요한 요소라고 주장하였다. 이들에 따르면, 권력 분포에서 고려해야 할 중요한 사항은 리더십을 제공할 의지와 능력이 있는 압도적 권력을 지닌 패권국가가 존재하는가 여부이다. 따라서 신현실주의자들은 국제경제관계와 패권국의 역할을 연계시켜 설명하는 패권안정이론을 강력히 지지하였다.[10]

4.2 신현실주의의 의의 및 주요 특징

새로이 부활한 신현실주의도 국제정치경제 분야에서 여러 가지 중요한 의의를 갖고 있다. 우선 대표적인 것으로, 고전적 중상주의, 경제민족주의와 마찬가지로 보호주의 맥락을 견지하고 있지만, 국제경제 상황의 변화를 고려해 교묘한 형태의 보호주의로 보이고 있다는 것이다. 제2차 세계대전 이후 각국의 경제가 성장하고 브레튼우즈 기구들을 중심으로 공식적으로 자유무역 및 개방을 추구함에 따라 국제교류가 확대되면서 국가 간 상호의존성이 점점 심화되고 있었다. 이런 상황에서 후발 국가들 및 개발도상국들이 발전하고 국제교류에 적극 참여하게 되면서 국제경제에서의 경쟁은 더욱 치열해졌다. 많은 국가들은 국제 경쟁으로부터 자국의 산업을 보호해야 한다는 국내적인 압력을 받았고, 국가 차원 외에도 국내 생산자들은 스스로를 보호하기 위해 보호주의적 수단을 동원하였다. 제2차 세계대전 이후 초기에 자유무역을 확대하기 위한 노력은 관세인하에 초점을 맞추었었다. 그런데 신현실주의 정책은 수입관세 같은 명시적인 보호주의적 무역장벽을 사용하기보다는 비관세장벽과 같이 훨씬 복잡하고 애매모호한 수단에 보다 의존한다. 비관세장벽 수단들은 사실상 정형화하기가 어려워 외형적으로는 보호주의가 아닌 것처럼 보이게 하면서도 얼마든지 높은 무역장벽을 만들어낼 수 있다.

둘째, 신현실주의는 경제안보(economic security)라는 개념을 국가안보 개념만큼 중요한 이슈로 만들었다. 경제안보 이슈는 1970년대 석유파동, 일본과 독일의 부상, 개발도상국들의 발전에 따라 미국의 패권이 약화되면서 중요하게 대두되었다. 1970년대 제1차 및 제2차 석유파동을 통해 OPEC은 석유가격을 올리면서 미국과 네덜란드로 가는 석유 운송을 금지시켰고 나머지 국가 전체로의 석유 운송도 25% 수준으로 감소시켰다. 그 결과 석유가격이 급등해 산유국으로 엄청난 자금이 유입되는 반면 미국을 비롯한 서구는 경제적으로 취약해지면서 국제관계에서 OPEC의 정치적 · 경제적 영향력이 강화되었다.

이러한 경험은 전 세계 석유수입국으로 하여금 정책 아젠다에서 경제안보 문제를 보다 강조하게끔 만들었다. 이후 많은 국가들은 자국의 경제안보를 증진시키기 위하여 석유수입 의존도를 감소시키는 정책을 적극적으로 시행하였다.

경제안보의 위협을 강조하는 또 다른 예로 특히 통신, 교통, 에너지 분야 등 주요 산업에서 경제주권을 상실하는 경우 산업 전반에 걸쳐 국가 이익이 위협을 받을 수가 있다는 지적을 들 수 있다. 이와 같은 지적은 1970년대 이후 일본이 급부상하면서 신랄하게 대두되었다. 예를 들어 타이슨(Laura Tyson)은[11] 일본 기업의 조직적인 미국 기업 먹어치우기에 대해 깊은 우려를 표시하면서 경제안보 차원에서 미국의 주요 산업에 대한 주권을 유지할 것을 강조하였다. 당시 일본이 정보통신과 같은 첨단산업 분야에서 세계시장을 지배해 가는 추세에 있었는데, 이로 인해 미국이 이들 산업분야에서 경제주권을 상실하게 되면 경제 전반에 걸쳐 미국의 이익이 위협받을 뿐만 아니라 미국의 안보까지도 위협받게 된다는 것이다. 핵심 기술을 거머쥔 일본 기업이 이를 이용하는 미국 기업에 대한 기술제공과 부품공급을 자의적으로 제한할 수 있는데, 이는 일본 기업들이 핵심 기술에 대한 미국 기업의 접근을 통제하고 기존 시장에 새로운 미국 기업이 진출하는 것을 얼마든지 방해할 수 있다는 것을 의미한다. 특히 방위산업의 경우 첨단기술을 집약적으로 사용하고 있는데 일본 기업들이 첨단부품의 공급을 중단해 버리면 미국 방위산업의 뿌리 자체가 휘청거릴 우려가 있다. 따라서 이에 대응하기 위해서는 필요한 물자 및 기술에 대한 자급자족 능력을 갖추어야 한다는 것이다.

셋째, 신현실주의에서 흥미로운 전략 중의 하나는 비판의 대상이었던 경제자유주의 이념을 하나의 전략적 수단으로 간주하고 있다는 것이다. 신현실주의자들은 국가가 부와 힘을 축적하고 유지하기 위하여 자국의 경제발전 외에도 타국의 경제발전에 개입하고 영향력을 끼쳐야 한다고 느끼는 경향이 강하다. 일반적으로 많은 국가들은 자국의 산업을 지원하기 위하여 세제, 보조금 등 다양한 산업정책 수단을 동원한다. 그러나 국제체제에서 영향력이 있는 경우 대내적인 지원 외에도 국제경제 재편을 통해 자국 산업의 상대적 지위를 향상시키고자 한다. 그렇게 하는 방법 중 하나는 자국의 특정 생산자를 지원하려는 보호주의적 동기가 드러나지 않도록 자유무역을 옹호하고 시장개방을 촉구하는 등

WTO나 IMF가 관리하는 정치적 · 경제적 규칙에 영향을 끼치는 것이다. 실질적으로 상당 기간 동안 자유무역을 통한 시장개방은 미국이 자국 산업을 보호하기 위한 강력한 수단으로 사용해 왔다. 신현실주의자들은 경제자유주의를 국가가 자국의 힘과 함께 산업을 보호하기 위하여 취하는 또 다른 도구 중 하나로 간주한다.

넷째, 이처럼 보호주의를 견지하면서 경제자유주의를 선호하기도 하는 다소 이율배반적인 입장에서 보이듯이, 신현실주의자들은 세계화에 대해서도 두 가지 상반된 견해를 나타낸다. 일부 신현실주의자들은 세계화와 연관된 개방은 부와 힘을 창출하여 국가에 이득이라는 점을 들어 세계화를 지지한다. 그러나 다른 신현실론자들은 세계화가 국가의 기본적인 주권에 위협이 된다고 우려하고 있다. 시장은 당연히 국제거래를 통해 국가들을 서로 연결하려고 하고 따라서 국제분업 관계를 통해 효율성을 극대화하고자 한다. 이처럼 경제의 상호 의존성이 심화되면 경제안보에 위협이 될 수 있다는 것이다. 세계화에 따른 경제적 효율성을 증진시키면서 동시에 세계화로 인해 나타나는 부정적인 효과를 억제할 수 있는 정책을 제시해야 하는 것은 신현실주의자들이 안고 있는 커다란 과제 중의 하나이다.

Box 4-2 악의적 중상주의 vs. 선의적 중상주의

길핀은 제2차 세계대전 이후 국가들이 자국의 산업을 보호하는 동시에 힘과 안보를 증진하는 방식으로 취한 다양한 신중상주의적 정책에 대해 타국에 미치는 영향을 기준으로 악의적 중상주의(malevolent mercantilism)와 선의적 중상주의(benign mercantilism)로 구분하고 있다.[12]

길핀에 따르면, 악의적 중상주의는 나치 독일이나 제국주의 일본처럼 경제전쟁을 도모하거나 보다 적대적으로 팽창적 경제정책을 사용하는 경우를 말한다. 악의적 중상주의는 합리적인 선에서 자국을 보호하기 위한 수준을 넘어서고 타국에 비용을 유발할 정도로 자국의 영토와 정치적 · 경제적 영향력을 확장할 다양한 방법을 의도적으로 취한다. 한편 선의적 중상주의는 부당한 경제적 · 정치적 세력으로부터 자국의 경제를 보호하고자 여러 정책을 취하기 때문에 본질적으로 보다 방어적이다. 현실에서 벌어지고 있는 많은 갈등 사례에서 볼 수 있듯이, 중상주의 정책은 일국에게 선의적으로 간주된다고 하더라도 타국에게는 악의적 중상주의를 펼치는 것처럼 보일 수 있다. 특히 어떤 국가가 일방적으로 상대방 국가의 적대적 행위 때문에 국가안보가 위협을 받고 기타 정치 · 경제적인 피해를 입었다고 불만을 늘어놓으면 더욱 그렇게 보인다. 현실적으로 어떤 국가가 선의적 중상주의 정책을 펴고 어떤 국가가 악의적 중상주의 정책을 펴는지 판단하기는 상당히 어렵다.

이러한 예는 글로벌 불균형을 둘러싸고 벌어지는 미국과 동아시아 국가들 간의 갈등에서도 잘 나타난다. 제2차 세계대전 이후. 일본을 필두로 동아시아 국가들은 자국의 산업을 발전시키기 위해 강력한 산업정책, 수출촉진정책 및 수입제한정책을 시행했다. 미국은 처음에 동서냉전시대에 동아시아 지역을 소련 및 중국에 대항하는 반공산주의를 위한 지정학적 대들보로 사용하고자 동아시아 국가들의 신중상주의 정책을 기꺼이 받아들였다. 그러나 1980년대 이후 미국과 동아시아 국가들과의 관계가 변하게 되는데, 이는 동아시아 국가들의 신중상주의 전략으로 인하여 미국의 무역적자가 커졌기 때문이다. 미국은 동아시아 국가들에게 무역장벽을 낮추고 시장을 더 개방하라고 압력을 가하였고, 쌀, 소고기, 자동차, 반도체 등 다양한 품목에서 무역 분쟁을 겪었다. 미국 정부는 동아시아 국가들이 타국의 경제에 피해를 입히는 악의적 중상주의를 펼치고 있다고 비난하였고, 동아시아 국가들은 자국의 경쟁력을 높여 국가안보를 강화하려는 선의적 중상주의 정책을 시행했을 뿐이라고 반박하였다. 이와 같은 갈등에 대해 전문가들의 의견도 엇갈린다. 예를 들어 존슨(Chalmers Johnson)은 동아시아 국가들의 산업정책을 통한 국가우위적 자본주의는 선한 것이라 하였다. 반면 프레쉐토비츠(Clyde Prestowitz)는 동아시아 국가들이 본질적인 비교우위가 없는 분야에 대해 전략적 무역정책을 사용하게 되면 상대국에게 피해를 초래하기 때문에 악의적 중상주의라고 주장하였다. 신중상주의 정책은 그 의도가 선하든 악하든 상대국으로부터 보복조치를 취하게 만들어 심각한 무역갈등을 유발하는 경향이 있다.

신중상주의 영역을 국제정치 분야로 확대해도 정책의 선악을 판단하기 어려운 예를 다수 찾아낼 수 있다. 1991년 걸프전쟁 이후 이라크에 대해 경제적 제재가 가해졌다. UN을 비롯해 많은 국가들은 쿠웨이트를 침공한 사담 후세인을 벌하기 위해서는 이와 같은 제재가 필요하다는 명분하에 국제적인 공조를 이루었던 것이다. 그러나 경제제재의 실질적인 결과는 애초의 의도와는 다른 방향으로 나타났다. 이라크에 대한 경제제재는 사담 후세인에게 치명타를 입히기보다는 일반 이라크 국민들에게 더 큰 피해를 입혔다. 게다가 이러한 경제제재로 인해 정상적으로 이루어질 수 있는 투자사업도 완전히 막혀 미국 기업들에게 손해를 가져왔다. 경제제재의 본래 의도는 악한이라고 간주되는 사담 후세인에게만 피해를 주고 이라크 국민 및 미국 기업들에게는 아무런 피해를 가져오지 않는 선한 것이었다. 그러나 결과는 오히려 보호하고자 하는 대상들에게 역으로 더 큰 피해를 가져와 악의적 중상주의처럼 나타나게 되었다.

5. 현실주의에 대한 비판

국제정치경제의 세 가지 관점 중 현실주의는 고전적 중상주의에 뿌리를 두고 있어 가장 오래되었고 또한 현재의 이슈들을 다루는 데 있어서 가장 강력한 것이라고 할 수 있다. 현실주의는 시대상황의 변화에 따라 고전적 중상주의, 경제민족주의, 그리고 신현실주의(또는 신중상주의)로 진화해 오면서 강조점이 약간씩 변화되기도 했다. 그렇지만 현실주의자들은 공통적으로 경제와 시장은 국가·정치가 미치는 영향에서 자유로워질 수 없으며, 국가는 본질적으로 더 많은 부와 힘을 창출하기 위하여 경제를 합법적으로든 비합법적으로든 이용할 것이라고 말한다.

국가가 존재하는 한 국가는 안보 및 독립을 최우선 과제로 삼는다. 모든 국가는 이러한 목적을 달성하기 위해 중상주의적 정책 및 수단을 강구하게 된다. 이는 시대의 대세가 자유주의 사조로 전개되든 아니든 마찬가지로 나타난다. 영국이 국제정치경제질서를 지배해 자유무역을 주창할 때도 여전히 보호주의 정책을 도입했고, 미국이 자유무역을 공격적으로 주장하였던 20세기 내내 역시 중상주의적 정책 및 수단을 강구하였다. 오늘날에도 각국은 자국의 산업과 노동을 지원하기 위하여 다양한 보호주의적 수단을 사용하면서 이러한 경향을 지속하고 있다. 한 가지 흥미로운 것은 자유무역조차도 중상주의 정책의 수단이 될 수 있다는 것이다. 즉, 국가는 흔히 보호주의 정책을 강구하지만 자유무역이 이득이 될 때는 이를 선호하고 타국에 대해서 강요하기도 한다.

현실주의에 대한 가장 강력한 첫 번째 비판은, 자유주의 및 맑스주의에서 지적한 것처럼 정치-경제 관계에서 정치의 구심성(centrality)을 지나치게 강조한다는 것이다. 이와 같은 정치문제에 대한 과도한 편향은, 특히 초기 냉전시기 미국 현실주의자들이 군사 안보 문제에만 천착하여 경제문제를 경시했던 데서 잘 보여지고 있다. 1970년대 이후 현실주의자들은 이런 문제점을 인식하고 경제이슈의 중요성을 국제정치경제 영역에 다시 회귀시키고 정치와 경제의 상호 역학에 대해 심도 있게 연구해 왔다. 그러나 이러한 신현실주의자들 또한 종종 안보, 상대적 이득 같은 현실주의적 고려를 벗어난 경제문제의 중요성은 과소평가하려고 한다. 예컨대, 현실주의자들은 국제정치경제질서의 주류에 영향을 미치지 않는 남북문제, 환경문제 등과 같은 이슈에 대해서는 상대적으로 관심을 덜 갖고 있다.

둘째, 현실주의에 대한 또 다른 비판은 기본 가정에 대한 것이다. 현실주의자들은 복잡한 현실을 최대한 단순화해 설명하고자 한다. 따라서 국가에 대해서도, 국가가 합리적이고 단일한 행위자라고 가정하고 멋진 이론을 도출해 낼 수 있다는 데에 자부심을 갖기도 한다. 하지만 단일한 행위자로서의 국가라는 관점은 현실주의자들이 현실을 무시하고 가정했다는 비판을 받는다. 우선 국제교류가 확대되고 세계화가 진전되면서 국가 외에도 비정부적 기구들이 국제정치경제에서 중요한 행위자로 등장하고 대외정책에 큰 영향을 미치고 있는데, 현실주의적 관점은 이를 도외시하고 있다. 또한 국내에 한정하더라도 민주화가 진전되면서 정부 이외의 다양한 사회적 그룹들의 목소리가 커져 더 이상 정부는 이들의 다양한 목소리를 무시할 수 없게 되었다. 이론을 단순화하기 위해 사회 및 국제질서에서의 다양한 변화를 무시하면 멋진 이론이 아니라 도그마화할 우려가 더 커질 것이다.

셋째, 현실주의자들은 무정부적 자구체계에서의 국가 생존 및 안보를 고려하기 때문에 상대적 이득을 강조한다. 현실주의자들은 국제기구에 대하여 연구할 때도 절대적 이득보다는 상대적 이득에 관심을 더 보이고 있다. 물론 국제관계에서는 상대적 이득을 중요하게 고려해야만 한다. 그러나 현실주의자들처럼 상대적 이득에만 집착하게 되면 세계적인 공통의 관심사를 추구하는 국제기구의 역할 및 영향력에 대하여 회의감이 들게 된다. 국가들이 언제나 다른 국가와 비교한 상대적인 이득에만 관심이 있다면 이들은 초국가적인 국제기구에 상당한 권위를 이양하려 들지 않을 것이기 때문이다. 그러나 현실적으로 UN, IMF, 세계은행, WTO, EU 같은 국제기구들은 국제정치경제질서에서 상당한 영향력을 끼치고 있는데, 이들의 역할을 무시한다는 것은 현실의 중요한 부분을 놓치는 것이다.

넷째, 현실주의의 정책제안들은 국제관계에서 갈등을 유발하고 식민지 지배와 같은 악의적 중상주의 결과를 정당화하는 데 사용될 수 있다. 상대국을 고려하지 않는 자국의 이익만을 추구하도록 한다는 지적은 고전적 중상주의에 대한 비판에서도 제기된다. 18세기 후반 주요 사상가들은 중상주의가 정치 · 경제적 측면 어디에서도 국가 규제에 대한 개인의 자유를 보장하지 않고 전쟁의 악순환을 지속시킨다고 비판하였다. 예를 들어 스미스는, 중상주의가 국가들로 하여금 근린궁핍화 정책을 추구하게 하며 무역과 상업을 불협과 적대감의 근원이 되게 만든다고 격렬히 공격하였다. 기술 및 교통의 발달로 국제무역이 증가함에 따라 정치 · 경제적 경쟁이 더욱 치열해지고 있는데, 이런 상황에서 현실주의의 정책제안들은 갈등을 해소하기보다는 국제 분쟁 및 적대감을 부추기는 데 많은 부분 책임이 있다는 인식이 확산되었다. 이와 더불어 국가안보를 위해 희소자원을 확보하고 자국의 생산품을 판매할 수 있는 해외시장을 획득하는 것이 필요하다는 점을 강조함으로써 후진 지역에 식민주의와 제국주의를 가져오는 원동력으로 종종 일컬어졌다.

부록 패권안정이론

1. 배경

패권안정이론(hegemonic stability theory)은 국제정치경제질서와 패권국 존재 간의 상호관계를 설명하는 이론으로, 자유롭고 안정적인 국제정치경제질서를 유지하기 위해서는 이를 주도하는 세계적인 지배국, 즉 패권국의 역할이 필요하다고 주장한다.

패권안정이론의 기본 개념은 킨들버거(Charles Kindleberger)의 1973년 저서에서 처음 제시되었으며,[13] 이후 길핀, 크래스너, 코헤인(Robert Keohane) 등에 의해 더욱 발전되었다.[14] 1960년대 후반 이후 미국의 경제력이 쇠퇴하고 미국의 패권이 약화되고 있는 가운데, 1970년대 초 미국을 중심으로 운영되어 왔던 브레튼우즈 체세가 붕괴하면서 국제정치경제질서가 혼란에 빠지게 되었다. 이에 미국 학자들을 중심으로 국제정치경제의 안정성과 패권국 존재 간의 관계에 대해 커다란 관심을 갖게 되었고, 이러한 관심과 더불어 패권안정이론이 탄생하게 되었다.

2. 패권안정이론의 전개[15]

패권안정이론과 관련해 여러 가지 다양한 시각 및 설명들이 존재하는데, 일반적으로 공공재적 패권안정이론과 신현실주의 패권안정이론으로 크게 나눌 수 있다.

첫 번째 공공재적 패권안정론은 킨들버거(1973)의 주장에 기초한다. 킨들버거는 1930년대의 대공황이 왜 그토록 심화되고 오래 지속되었는지를 설명하고자 했다. 그동안 대공황의 원인 및 심화 원인에 대해 경제적 측면에 초점을 맞춘 많은 연구들이 진행되어 왔는데, 킨들버거는 기존의 경제학적 설명들이 충분하지 못하다고 보고 새로운 요인, 즉 리더십의 역할에 주목했다. 킨들버거에 의하면, 제1차 세계대전 이전의 국제경제가 수 차례의 위기에도 불구하고 안정적으로 유지될 수 있었던 것은 월등한 경제력을 지닌 영국이 리더십의 역할을 적극적으로 수행했기 때문이었다. 반면, 대공황기에 충격이 확산 · 심화된 이유는, 영국은 리더십을 발휘할 수 없을 정도로 경제력이 쇠퇴한 반면 능력을 지닌 미국은 리더십을 발휘하려는 의도가 없어 국제경제의 위기를 관리할 능력과 의지를 갖춘 리더십이 부재했기 때문이다.

킨들버거의 주장은 이후 경제학의 공공재(public goods) 개념과 결합하면서 보다 이론적으로 정교함을 갖추게 되었다. 공공재란 모든 사람이 함께 소비할 수 있는 재화나 서비스를 말하는데, 생산에는 비용이 들지만 소비에 따른 편익은 누구나 공짜로 누릴 수 있다. 따라서 사람들은 비용을 지불하지 않으면서도 소비에 참여하려고 하므로,[16] 공공재의 생산은 필요 수준에 비해 부족하게 공급될 가능성이 많다. 국제정치경제 분야에서 공공재의 예로는 자유무역과 안정된 국제정치경제질서를 들 수 있다. 국제무역이론에 따르면 안정된 질서 하에 각국이 개방을 하고 자유무역을 행하면 모든 국가의 부가 증진되는 혜택, 즉 공공재의 효과를 가져온다. 그러나 개별 국가 입장에서 보면 자유무역이라는 공공재의 혜택을 누리는 동시에 자국 산업을 보호하기 위해 시장을 폐쇄하면 무역흑자를 볼 수 있다. 따라서 자국은 개방하지 않으면서(비용을 지불하지 않으면서) 타국의 개방에 따른 혜택을 향유하려는 무임승차의 동기를 지니게 될 것이다. 이러한 문제점을 해결하기 위해서는 패권국이 존재해 자유무역에 기반한 안정된 국제정치경제질서를 확립하고 관리해야 하며 다른 국가들이 이러한 규칙을 따르도록 강제할 수 있어야만 한다.

두 번째 신현실주의(neorealist) 혹은 구조적(structural) 패권안정론은 크래스너에 의해 제시되었다.[17] 명칭에서도 나타나듯이, 크래스너는 분석단위를 국가에 두고, 국제무역구조에서 각 국가가 자국의 국가 이익을 추구한다는 전형적인 현실주의 시각에서 출발한다. 그에 따르면, 국가는 무역정책을 통해 경제성장뿐만 아니라 자국의 정치적 힘의 증대와 사회적 안정의 유지라는 다양한 목표를 동시에 추구한다. 시장개방이 이러한 목표들에 미치는 영향은 각국의 규모와 발전 수준에 따라 다르게 나타난다. 예를 들어 규모는 작은데 발전된 국가라면, 개방이 가져다주는 경제적 이득이 큰 반면 구조조정의 사회적 비용은 크지 않으므로 사회적 안정이 유지될 수 있으며, 타국에 대한 정치적 힘은 원래 작기 때문에 고려의 대상이 되지 않는다. 이와는 달리 저발전된 대규모 국가의 경우는 경제성장 효과가 나타나기는 하지만, 개방으로 인한 사회적 비용과 불안정이 증대되고 타국에 대한 정치적 지위가 취약해질 수 있다.

이렇기 때문에 국제무역질서의 개방화 정도는 경제력의 국제적 분포구조에 따라 결정된다. 즉, 고도로 발전된 소국들로 이루어진 체제라면 개방적 국제무역 구조가 이루어질 가능성이 높다. 모두에게 개방이 이익을 가져다주기 때문이다. 반면, 발전 수준이 다른 대국들로 구성된 체제에서는 자유무역질서가 수립되기 어렵다. 사회적 불안정과 정치적 힘의 상실을 두려워하는 저발전 대국들이 개방을 받아들이지 않기 때문이다. 이러한 관점에서 볼 때 개방적 국제정치경제질서가 수립될 가능성이 가장 큰 경우는 다른 국가들에 비해 훨씬 크고 발전된 패권국이 상승기에 있는 체제이다. 반면, 기존의 패권국이 쇠퇴기에 접어들게 되면 더 이상 개방을 선호하지 않게 되거나 개방적 질서를 유지하는 역할을 제대로 수행하지 못하게 된다. 따라서 국제정치경제질서는 폐쇄된 체제로 전락할 가능성이 크다.

3. 패권안정이론에 대한 비판

패권의 등락에 따라 국제정치경제질서 역시 등락할 것인가의 문제는 패권안정이론의 관점에서 논의되고 있는 핵심적인 질문이다. 패권안정이론은 이들 간의 관계를 설명하면서 20세기 국제정치경제질서의 변화를 나름대로 설득력 있게 설명해 왔다.

그러나 패권안정이론은 다음과 같은 점에서 몇 가지 비판을 받을 수 있다.[18] 패권안정이론의 한계 가운데 하나는, 패권국가가 세계질서의 안정을 위해 필요한 존재라는 주장과 달리 패권국가의 존재 자체가 오히려 불안정의 원천일 수 있다는 점이다. 1985년 플라자 합의, 1997년 동아시아 위기, 그리고 2008년 미국발 세계금융위기는 이러한 가능성을 잘 보여주고 있다.[19] 패권이 국제정치경제질서를 유지하기 위해 필요한 조건이라는 패권안정이론과는 달리 레이크(David Lake)는 자유주의 정책을 실천하다 보니 패권국가가 되었다고 주장한다.[20] 어떤 방향으로의 논의가 맞든 결국 패권과 자유주의 질서는 상당한 연계관계가 있다는 점을 강조하고 있다. 그러나 특정 패권과 이념이 필연적으로 동일한 것은 아닐 수 있다. 미국 패권이 쇠퇴한다고 해서 자유주의 질서 역시 필연적으로 붕괴할 것이라고 볼 수만은 없다. 따라서 패권과 자유주의 질서의 위기는 별개로 논의해 볼 필요가 있다.

패권안정이론의 또 다른 한계는, 패권국가의 존재가 체제 내 모든 국가들에게 전체적으로 바람직한 공공재를 가져온다는 전제와 관련된 문제이다. 패권국가가 자유무역질서와 같은 공공재를 제공하는 것은 자국의 이익을 추구한다는 이기적 동기 때문일 수 있다.[21] 패권국가는 다른 국가로 하여금 자신이 제공하는 공공재를 무임승차하도록 방치할 수도 있으나, 이와 달리 공공재 제공에 소요되는 비용을 강제로 부과할 수도 있다. 이를 근거로 패권국가를 자애적 패권국가(benevolent hegemon)와 착취적 패권국가(coercive hegemon)로 나눠볼 수 있다. 그러나 패권국가를 자애적 존재라고 하는 것은, 패권국가가 상대적으로 충분히 영향력이 크기 때문에 자애적 존재로 보이는 것이지 본래 패권국가의 행동 동기가 이타적인 것은 아닐 것이다. 예를 들면 전후 미국은 냉전적 환경과 경제적 우위라는 구조 때문에 유럽 및 아시아에 대한 경제외교정책이 자애적 패권국가의 특성을 보였다. 통상정책에서도 일방적 자유무역정책을 지속했다. 왜냐하면 미국은 일방적 자유무역의 대가를 감내할 경제적 힘이 있었기 때문이며 냉전구조에서의 외교적 안보목적이 경제적 이익보다 우선했기 때문이다. 1980년대 이후 미국의 경제적 힘이 상대적으로 약화되고 탈냉전의 기류가 흐르자 미국은 공정무역을 전제로 한 자유무역을 외치면서 공격적 상호주의를 강조하였다. 패권국가가 상대적 힘의 하락을 경험할 때는 공공재에 따르는 비용을 다른 국가에 부과하기 위해 강압적 힘을 사용해 왔다.

셋째, 국제정치경제에서의 공공재 성격이 일원화된 특징을 갖는다고 보기 어렵다. 자유무역질서가 모든 국가들에게 혜택을 주는 공공재의 특성이라는 가정도 좀 더 구체적으로 들여다볼 필요가 있다. 후발개도국의 입장에서는 선진국과 모든 영역에서 똑같이 자유무역을 위해 문호를 개방할 수는 없다. 개도국은 자국의 유치산업 보호와 보상을 병행한 자유무역정책을 필요로 했다. 선진산업국가도 자유무역과 보호주의를 병행해 왔다. 패권국가인 미국은 자국이 경쟁력 있는 제조업에서의 자유무역을 출발로 제한적 자유주의 질서를 유지해 왔지만, 제조업에서의 경쟁력을 잃자 다른 영역, 예를 들어 농업, 서비스업과 같은 보다 경쟁력 있는 영역에서의 자유무역으로 확대해 왔다. 최근 선진국과 후발개도국 간의 입장차이로 WTO가 답보 상황에 머무른 것은 후발개도국의 영향력이 그만큼 증대했다는 의미이기도 하며 더 이상 일률적이며 강압적인 패권질서에 의해 다자적 자유무역질서가 체결되기 힘들 수 있다는 의미이다. 패권국가가 존재해 왔음에도 불구하고 자유주의 무역질서는 그 내용에 있어 보다 복잡하고 정치적인 고려가 병행되어 왔음을 잘 알 수 있다. 자유주의 질서라 하더라도 보호주의와 공정무역의 내용이 감춰져 왔다. 따라서 특정 이념의 자유주의 질서가 패권 유지에 도움이 되지 않는다면 기존의 자유주의 질서는 변화될 수밖에 없을 것이다. 현재로는 미국이 상대적 힘의 하락 현상을 경험하고 있으며 그와 동시에 신자유주의 질서가 위기를 보이고 있어 변화 가능성이 다분히 있다.

넷째, 공공재의 공급이 패권국에 의해서만 제공될 수 있는가 하는 문제이다. 패권안정론자들은 압도적인 힘의 우위를 지닌 유일한 패권국의 존재만이 공공재 공급의 필수조건이며, 다수의 국가들은 물론 소수의 강대국들의 협력에 의해서도 공공재가 공급될 수 없다고 주장한다. 이러한 주장은 이론적으로나 경험적으로 문제를 지니고 있다. 우선, 국제정치경제질서에서 공공재를 생산하고 관리하는 패권국이 반드시 한 국가일 필요는 없다. 서로 이해관계가 유사하다면 소수의 강대국들이 공통의 이해를 위해 합의하고 과두적 지배에 의한 공공재를 제공할 수도 있을 것이다.[22] 또한 경제학의 게임이론에서 제시하듯이 반복적이거나 협조적인 게임이 이루어지는 경우 모두에게 이득이 되는 파레토 개선(Pareto improvement) 상태의 결과가 도출될 수 있다. 따라서 국제정치경제질서에서도 죄수의 딜레마와 집단행동의 논리가 극복되어 국제협력이 이루어질 수도 있다.[23] 경험적으로도, 1970년대 이후 여러 영역에서 미국의 힘이 쇠퇴함에도 불구하고 적어도 글로벌 금융위기 이전까지는 국제협력이 확대되어 왔다. 자유무역의 심화가 공공재라면, 신자유주의 사조가 확산되던 시기에는 국제무역구조에서 미국의 명백한 쇠퇴에도 불구하고 공공재가 효율적으로 공급되어 온 셈이다.

[미주]

1. Gilpin(2001)은 경제적 민족주의, 경제적 자유주의, 맑스주의로 분류하고 있는데, 이는 이 책의 분류와 대동소이하다.
2. 국제정치경제에서 중상주의와 현실주의라는 용어를 종종 혼용해서 사용한다. 이 책에서는 혼란을 방지하기 위해 (고전적) 중상주의라는 용어는 15세기~18세기에 나타난 사조만을 가리키며, 현실주의라는 용어는 고전적 중상주의부터 최근의 국제정치경제에서 나타나고 있는 같은 계통의 사조까지 전체를 포괄하는 의미로 사용한다. 최근의 현실주의 사조를 특정해 지칭할 때는 신현실주의(또는 신중상주의)라는 용어를 사용한다.
3. 보다 자세한 설명은 이준구 · 이창용(2007), 제8장을 참고할 것.
4. 윤기중(2018).
5. Heilbroner(1996), p.25.
6. 보호무역정책 수단에 대해서는 김인준 · 이영섭(2013), 제VI편을 참고할 것.
7. Viner(1948), p.2.
8. Hamilton(1791), pp.37~47.
9. List(1966), p.144.
10. 패권안정이론에 대해서는 〈부록〉을 참고할 것.
11. Tyson(1992).
12. Gilpin(1987), p.33.
13. Kindleberger(1973).
14. 코헤인이 패권안정이론이란 용어를 공식적으로 처음 사용하였다. Gilpin(1976) ; Keohane(1984) ; Krasner(1976), pp.319~321.

15. 이 부분은 백창재(2003)를 참고해 정리하였음.

16. 이를 무임승차의 문제(free-rider problem)이라고 하는데, 이 문제가 발생하는 이유는 공공재가 사유재(private goods)와 달리 '혜택의 비배제성(non-excludability of benefits)'과 '소비의 비경합성(non-rivalry of consumption)'의 성격을 지니고 있기 때문이다. 관련된 설명은 이준구 · 이창용(2007), 제12장을 참고할 것.

17. Krasner(1976), pp.319～321.

18. Snidal(1985).

19. Beeson and Broome(2010).

20. Lake(2011).

21. 김욱(2000).

22. 이호철(1997).

23. Keohane(1984).

자유주의 시각

05

1. 자유주의의 개요

2. 고전적 자유주의

3. 케인즈주의

4. 신자유주의 : 고전적 자유주의의 부활

5. 자유주의에 대한 비판

부록 죄수의 딜레마와 국제협력의 이익

중상주의에 대한 공격에서 태동하기 시작한 자유주의는 국제정치경제에서 적어도 글로벌 금융위기 이전까지는 가장 대중적인 인기를 얻었던 시각이다. 대부분의 국제경제기구들의 기본 정신 및 주요 선진국들의 경제정책은 표면적으로는 자유주의 원칙을 기반으로 하고 있고, 세계화 및 국제사회의 통합에 따른 글로벌 스탠다드를 모색할 때 보편적 기준을 제시하기가 용이하기 때문이다. 국제정치경제에서 자유주의자들은 자유로운 시장과 사적 재산의 중요성을 강조하고, 경제문제에서 정부의 역할을 제한하려고 한다. 그러나 자유주의 또한 고전주의, 신고전주의, 케인즈학파, 통화주의(monetarism), 오스트리아학파(Austrian), 합리적 기대론(rational expectiation) 등 여러 가지 형태를 취해 왔다.[1]

1. 자유주의의 개요

1.1 자유주의의 기본 가정

자유주의(liberalism)는 현실주의의 기본 가정에 상당한 수정을 가하고 있다. 우선, 자유주의자들은 국제체제에 대해서 현실주의자들과는 다르게 전투의 장이 아닌 협력의 장이 될 수도 있다는 긍정적 가정을 하고 있다. 현실주의자들은 국제체제는 자구체계이기 때문에 각국은 자국의 생존과 이익을 위해 충분한 힘을 확보해야 한다고 주장한다. 이와 달리 자유주의자들은 국제체제에서 국제경제의 상호작용이 자유롭게만 작동할 수 있다면 모두에게 이득을 가져다줄 수 있다고 생각하고 있다. 자유주의자들은 자본주의 경제들이 근본적으로 평화적이라는 입장을 취하고 경제적 상호 의존이 국가들 간의 평화적 관계를 촉진시키는 경향이 있다고 믿는다. 이는 자유주의의 인간 본성에 대한 가정에서 출발하는데, 자유주의는 정당하게 경쟁하고 감성보다는 이성에 의해 인도되는 인간 본성의 긍정적 측면에 좀 더 초점을 맞추고 있다. 자유주의자들도 인간이 기본적으로 이기적 존재라고 보지만, 사회의 광범위한 영역은 경쟁하는 이익들이 상호 건설적으로 연계되도록 구성되어 있기 때문에 이러한 이기적인 본성이 부정적인 것이라고 보지 않는다. 이처럼 자유주의 시각은 인간의 본성이 더 공격적 · 전투적이고, 의심스럽다고 보는 중상주의 시각과 대조된다.

둘째, 자유주의자들은 국가가 국제관계의 유일한 행위자(unique actor)도 아니고 단일한 행위자(unitary actor)도 아니라고 가정하고 있다. 이는 현실주의자들이 국가가 국제관계에서 가장 중요하고 단일한 행위자라고 가정하는 것과 전면 배치된다. 우선 국제관계 현실을 보면 정부만이 중요한 영향력을 행사할 수 있는 상황은 아니고, NGO 등 비국가 행위자(nonstate actor)도 상당한 영향력을 행사하고 있다. 또한 국가 내에서도 다양한 사회그룹이 자신들의 의견을 개진하면서 정부에 영향력을 행사하고 심지어 정부 내에서도 부처마다 다른 목소리가 제기된다. 자유주의자들은 이처럼 국가가 다원적이고 분절된 요소들의 결합체임을 가정하고 다양한 범위의 행위자들과 분석수준을 다루고 있기 때문에 국제정치경제에 대해 아래로부터의 접근(bottom-up approach)을 하며, 개인 소비자 혹은 기업에게 우선순위를 둔다. 자유주의자들에 따르면, 개인은 노동조합, 사회, 국가와 같은 집단으로부터 보호받아야만 하는 양도될 수 없는 자연권(natural rights)을 가진다. 그러므로 전체 사회의 복지는 개인들이 자신들의 이익을 추구할 수 있는 능력에 달려 있고, 사회는 국가로부터 최소의 개입을 받을 때 가장 잘 통제될 수 있다고 생각한다.

셋째, 국가는 합리적 행위자(rational actor)가 아니며, 국가가 추구해야 할 목표는 국가안보뿐만 아니라 경제문제 등을 포함해서 다양하게 나타난다고 가정한다. 국가 내의 다양한 세력들의 이해관계를 조정하기 위해 흥정과 타협을 해야 하는데, 이러한 결과가 국가 이익의 극대화를 위한 것과 일치하지 않을 수 있어 국가의 행동이 합리적이 아닐 수도 있다. 자유주의는 개개인의 소비자, 회사 혹은 가족이 사회의 기초라고 근본적으로 전제하고 있기 때문에 합리성의 가정을 국가가 아니라 개인에 도입하고 있다. 즉, 개인들은 합리적으로 행동하며 가능한 한 최소의 비용으로 어떤 가치들을 극대화하거나 만족시키려고 한다. 인간의 욕구를 충족시키기 위해 시장이 자발적으로 생겨나며, 시장체제의 원리는 그것이 경제적 효율성을 증대시키고 경제성장을 극대화하며 그렇게 함으로써 사회 및 국가 전체의 복지를 향상시킨다는 것이다. 따라서 국가는 시장의 실패가 생기거나[2] 혹은 공공선[3]을 제공하기 위한 경우를 제외하고는 시장에 관여해서는 안 된다.

1.2 자유주의에서 정치와 경제의 관계

현실주의자들과는 달리 자유주의자들은 정치와 경제를 서로 분리되고 독립적으로 자유로운 영역이라고 본다. 따라서 자유주의자들은 기본적으로 정부가 경제활동에 대해 간섭하지 말아야 하며, 정부의 역할은 개인들과 사적 기업들이 자유롭게 자신들의 경제활동을 영위할 수 있도록 제약 없는 열린 환경을 만드는 데 그쳐야 한다고 본다. 만일 국가가 역할을 해야 하는 경우에는 공정한 경쟁이 이루어지도록 제약요인들을 제거하고, 국가안보, 도로 및 기타 사회기반과 같은 공공재를 제공해야 한다고 본다. 정부가 이러한 기반을 조성해 시장이 자유롭게 작동하도록 하면, 각 국가가 비교우위를 가진 재화를 생산하는 노동의 국제분업이 자연스럽게 이루어지게 된다. 이러한 분업을 통해 전 세계 모든 국가들이 한정된 자원을 가장 효율적으로 사용할 수 있게 되고 국제무역에 따른 이득을 얻게 된다.

자유주의자들은 무정부상태의 국제체제에서 국가들이 어떻게 협력하는지를 설명하기 위해 게임이론(game theory)을 사용하고 있다. 죄수의 딜레마(prisoner's dilemma)에서 결과가 두 죄수 모두에게 바람직하지 않은 상태로 나타나는 것은, 게임의 속성이 일회성이고 협력할 수 없기 때문이다. 만일 게임이 계속되거나 협조가 가능하다면 두 죄수가 협력해 모두에게 이득을 가져다주는 결과를 선택할 수 있다. 자유주의자들에 따르면 이러한 게임을 국제관계에도 그대로 적용해 볼 수 있다. 즉, 국제관계에서 국가들이 파레토 개선을 이루는 상태로 이동하기 위해서는 무임승차나 기만에 대한 유인을 억제하고 협력을 도모할 수 있는 장치를 마련해야 한다. 자유주의에 기반한 국제기구들을 설립해 공공재를 제공하거나 각 국가들이 합의된 규칙과 원칙들을 준수하도록 강제할 때 무임승차나 기만하려는 것을 막을 수 있다. 또한 국제기구와 같은 제도들을 통해 국가들이 정기적으로 모이도록 함으로써 게임이 지속되도록 하는 것만으로도 이러한 효과를 거둘 수 있다. 다른 국가들과 정기적으로 상호작용하는 국가는 기만하는 경우 다른 국가들이 보복할 기회들을 많이 가지게 되기 때문에 덜 배신하게 된다. 국제기구들은 배신자들이 처벌받음으로써 손해를 본다는 것과 동시에 각 국가들이 협력을 통해 상호 이익을 얻게 된다는 것을 깨닫게 하는 학습과정(learning process)에도 기여한다.

따라서 자유주의자들은 국제경제의 상호작용이 거래당사국 모두에게 이익을 줄 수 있거나 혹은 포지티브섬 게임(positive-sum game)으로 작동한다고 보고 있다. 모든 국가들은 개방된 경제관계로부터 반드시 같지는 않아도 이익을 얻을 것이며, 따라서 자유주의자들은 보통 분배문제에 관심을 덜 갖고, 부자와 가난한 자 혹은 큰 국가와 작은 국가 간의 구별을 덜 하게 된다. 비록 개입주의 자유주의자들이 자유와 효율성뿐만 아니라 공평과 사회민주주의를 강조하는 것과 같이 분배문제를 포함시키기도 하지만, 거의 모든 자유주의자들은 국제경제체제는 가격메커니즘과 시장에 궁극적으로 의존할 때 가장 잘 작동한다고 보고 있다. 이런 맥락에서 볼 때, 자유주의자들에게 국제경제활동의 목적은 세계의 부족한 자원들을 최적으로 이용하는 것이며 경제성장과 효율성을 극대화하는 것이다. 따라서 자유주의자들은 GDP, 무역, 해외투자, 그리고 1인당 소득과 같은 경제활동의 총량적 크기가 국가들 간의 상대적 분배보다 더 중요하다고 본다. 포지티브섬 게임의 인식은 IMF, 세계은행, WTO 등과 같은 국제기구에 대한 인식에서도 잘 나타난다. 자유주의자들은 이러한 국제기구들의 규범이 자유주의 경제 원칙에 기초하고 있기 때문에 이 기구들이 정치적으로 중립적이라고 보고 있다. 따라서 국가 정책이 이 기구들의 규범인 자유주의 원칙에 순응할 때 각 국가들은 경제성장과 효율성 향상과 같은 혜택을 얻게 된다고 주장한다.

국가들 간의 경제적 상호 의존이 현실주의자들이 주장하는 것처럼 갈등의 원천인가 아니면 평화의 원천인가에 대한 논쟁에서, 자유주의자들은 국제무역의 이득과 국제경제의 상호 의존망의 확대는 국가들 간에 협동적인 관계를 촉진시키는 경향이 있다고 믿는다. 자유주의자들은 자본주의 경제들이 근본적으로 평화적이라는 입장을 취한다. 예를 들어 슘페터(Joseph Schumpeter)는, 자본가들이 호전적이지 않으며, 진정한 자본주의 사회에서 국제관계는 국제무역의 상호 의존을 통해 평화적이 될 것이라고 주장하고 있다.[4] "평화는 무역의 자연적인 결과이다" 라는 몽테스키외(Charles-Louis de Montesquieu)의

말처럼,[5] 자유주의자들은 국제경제를 정치에서 분리할 수 있으며 평화를 위한 도구로 간주해 왔다. 국제무역과 경제적 상호 의존은 국제관계에서 상호 이득을 창출해 내고 평화를 증진시키므로 국제관계에서의 갈등을 완화시켜주는 작용을 한다.

Box 5-1

시장의 실패[6]

시장과 정부의 관계에 대해서는 끊임없이 논쟁이 벌어지고 있다.[7] 지구상의 거의 모든 국가가 어떤 형태로든 시장경제체제를 도입하고 있는데, 그렇다고 정부가 손을 놓고 있는 국가는 또한 찾아보기 어렵다. 자유주의자들이 주장하는 것처럼 시장이 모든 문제를 해결할 수 있다면 왜 모든 일을 시장에 맡기지 않고 정부가 개입하고 있는 상황이 벌어지는가? 이는 현실적으로 시장경제체제가 결코 완벽하지 않으며 나름대로 많은 문제를 안고 있다는 것을 의미한다. 시장경제체제는 공평한 소득분배를 보장해 주지 못하며 경제를 언제나 안정된 상태로 유지시키지도 못한다. 또한 적어도 효율성 측면에서는 가장 뛰어난 체제임에도 불구하고 종종 비효율적인 문제를 야기한다. 이러한 시장의 여러 문제들을 보완하고 시정하기 위해 정부는 소득재분배 정책, 경제안정화 정책 등을 통해 시장에 개입을 하는데, 이 중에서도 정부개입을 정당화하는 가장 대표적인 논리는 시장실패(market failure)를 시정하기 위한 것이다.

시장실패란 시장경제체제에서도 자원배분이 비효율적으로 나타날 수 있는 경우를 말한다. 시장실패가 발생하는 원인은 크게 불완전경쟁, 공공재, 외부성(externalities) 등 세 가지가 있다. 첫째, 예를 들어 완전경쟁이 이루어지지 못하고 시장이 독점(monopoly)화된다면, 독점기업은 이윤을 극대화하기 위해 완전경쟁에 비해 높은 가격을 매기고 공급을 적게 할 것이고, 이로 인해 비효율적인 자원배분이 이루어진다. 둘째, 공공재는 비경합성 및 비배제성 특징 때문에 무임승차의 문제가 발생하게 된다. 따라서 사람들은 아무도 돈을 내고 구입하려고 하지 않기 때문에 시장에 맡기는 경우 공공재를 제공하는 회사는 망할 수밖에 없다. 셋째, 외부성이 존재할 때도 시장실패가 나타난다.[8] 예를 들어 오염물질을 방출하는 기업은 남에게 손해를 끼치면서도 아무런 대가를 지불하지 않는다. 따라서 시장에 맡기게 되면 이와 같은 남에 대한 피해와 관련된 비용은 전혀 고려되지 않을 것이다.

시장실패가 나타나면 정부가 개입해 문제를 해결할 필요성이 있다. 첫 번째 원인인 불완전경쟁의 문제를 해결하기 위한 정책이 공정거래 정책이다. 즉, 시장에서 경쟁을 촉진시켜 불완전경쟁에 따른 비효율을 감소시켜 나가겠다는 것이다. 두 번째 원인인 공공재의 과소공급 문제를 해결하기 위해 정부가 직접 공공재를 생산해 제공하려고 한다. 국방서비스, 도로, 항만, 공원 등과 같은 공공재는 국민들에게 유용함에도 불구하고 시장에 맡기면 공급되지 않기 때문에 정부가 예산을 들여 이들을 공급하는 것이다. 세 번째 원인인 외부성의 문제를 해결하기 정부는 오염물질을 일정 수준 이상으로 방출하지 못하도록 하는 직접통제 방식 또는 환경세 부과 등 가격기구를 이용하는 간접통제 방식을 활용한다.

시장실패를 시정하기 위한 정부의 개입은 이로 인해 효율성이 개선되어야만 정당화될 수 있다. 그러나 시장이 실패할 수 있는 것처럼 정부도 실패할 수 있다. 정부실패가 나타나는 원인 중의 하나는 정부가 갖고 있는 지식과 정보의 불완전성이다. 이로 인해 어떤 정책을 실행에 옮기려 할 때 그 결과가 어떻게 될지 예견하기가 어렵다. 둘째 원인은 민간부문의 행동을 완벽하게 통제하기 어렵다는 점에서 찾을 수 있다. 민간의 반응이 의도한 바와 다르면 정부 정책은 실패로 귀결될 수도 있기 때문이다. 셋째 원인은 정치적 과정에서의 제약이다. 우리가 자주 보듯이 국회에서 최종 통과된 정책이 합리적일 것이라고 기대하기 어려운 경우가 많다. 마지막으로 관료조직의 문제도 정부의 실패를 야기한다. 관료가 복지부동하거나 공공의 이익보다 사익을 추구하는 경우 정책효과는 판이하게 달라진다.

정부실패에 대해서도 여러 치유책을 생각해 볼 수 있다. 가장 대표적인 것이 제도개혁이다. 정부 정책이 실패하는 많은 경우가 제도적인 결함 때문에 발생하므로 제도개혁을 통해 획기적인 개선을 도모하려고 한다. 또 다른 방안은 관료조직에도 적절한 유인구조, 즉 열성적인 노력에 대해 보상하고 반대의 경우 제재를 가하는 제도를 도입하는 것이다. 셋째, 공공부문의 효율성을 높이는 효과적인 방법은 민간부문에서처럼 경쟁을 도입하는 것이다. 많은 국가들이 공공부문 혁신 방안 중의 하나로 민영화(privatization)를 도입하는 것은 이런 이유 때문이다.

이처럼 시장도 실패할 수 있고 정부도 실패할 수 있는데, 어느 쪽이 더욱 심각한 문제인지는 사람들의 인식에 따라 다르다. 이 장에서 다루고 있는 자유주의자들은 역사적인 사례 및 현실 상황을 고려해 볼 때 정부실패가 시장실패보다 더 심각한 문제라고 생각한다. 시장이 실패하면 정부가 개입할 수 있지만, 정부가 실패하면 곧 국가가 망하기 때문이다.

2. 고전적 자유주의

2.1 고전적 자유주의의 태동

자유주의의 기원은 고전적 중상주의에 대한 비판에서 찾아볼 수 있다. 18세기에 들어오면서 유럽의 주요 사상가들은 중상주의가 정치 · 경제적 측면 어디에서도 국가가 개인의 자유를 보장하지 않고 유럽 전쟁의 악순환을 지속시킨다고 비판하기 시작하였다. 중농학파라고 불리는 프랑스 철학자들의 모임을 이끌었던 케네(François Quesnay)는 시장에 대한 정부의 개입이 대부분 사회에 해를 가져왔다고 하면서 정부개입을 비난하였다. 중농학파의 모토는 "laissez faire(내버려둬라)" 였는데, 이것은 이후 중상주의 비판을 주도한 스미스(Adam Smith)의 기본 사상이 되었다.

스미스는 시장에 대한 신뢰와 애정을 갖고 있었으며 동시에 국가의 전방위적인 개입에 대해 혐오를 드러내었다. 스미스가 혐오했던 형태의 국가는 고전적 중상주의 국가로, 모든 힘은 국가에 집중되고 국가가 이 힘을 이용해 생산을 주도할 때 국익을 증진시킬 수 있다는 원칙에 기초하고 있었다. 스미스는 중상주의가 국가들로 하여금 근린궁핍화를 추구하게 하며 국제무역과 상업이 "불협과 적대감의 근원" 이 되게 한다고 격렬히 공격하였다. 중상주의에 대한 이러한 비판은 매우 효과적으로 작용하였으며, 18세기 후반 이후 영국을 비롯한 유럽에서 자유주의적 시각이 우세를 떨치게 되었다. 스미스의 자유무역 주장은 노동의 자유로운 분업과 상호 의존의 원칙에 기초한다. 규제되어 있지 않은 국제경제에서 각 국가들은 절대우위(absolute advantage)에 기초한 생산결정을 내릴 것이며, 자신들이 가장 효율적으로 생산할 수 있는 재화에 전문화하여 다른 국가들과 필요한 것을 교환함으로써 서로에게 이득이 되는 결과를 얻을 것이다.

리카도(David Ricardo)는 스미스의 뒤를 이어 국제관계에서의 경제적 자유주의 시각을 발전시켰다. 리카도는 농업 무역을 제한하는 영국의 곡물법(Corn Law)을 반대하면서 자유무역 옹호론을 내세웠다. 리카도의 무역이론은 두 국가의 비교우위(comparative advantage)에 기초하고 있다. 리카도는 국가가 재화 생산에서 절대우위가 없다 하더라도 비교우위를 갖고 있는 재화를 생산하는 데 주력해 다른 국가와 국제무역을 통해 교환하게 되면, 비교우위가 다른 두 국가 모두가 혜택을 얻게 될 것이라고 주장함으로써 자유무역을 강하게 옹호하였다.

자유주의의 지적인 발전에서 커다란 역할을 한 또 다른 중요한 인물은 스미스와 리카도의 자유주의를 이어받은 밀(John Stuart Mill)이다. 밀은 그의 저서에서[9] 자유주의의 장점을 찬동하면서도 사회적 진보를 달성하기 위해서 국가가 시장의 실패 혹은 취약점을 수정하면서 시장을 보완하는 제한된 행위를 취해야 한다고 제안하였다. 그는 "단순한 부의 축적보다는 도덕적이고 정신적인 진보(moral and spiritual progress rather than the mere accumulation of wealth)"[10]를 선호하고 있었다. 따라서 그는 개인의 자유를 보장하되 이러한 자유 추구가 사회 복지를 증진시키는 데 있어서 부적합할 때는 선별적으로 국가가 개입하는 것을 옹호하였다.

이와 같은 밀의 사상은 그의 시기에 나타나기 시작한 자유주의의 진화를 반영하고 있다. 즉, 기본적인 원리는 여전히 자유방임주의(laissez-faire)여서, 확실하지 않거나 의심스러울 때는 국가의 개입이 방지되어야 한다. 그러나 시장과 개인에 의거한 활동이 시장의 실패와 같은 문제를 유발할 때는 정치경제 틀 내에서 제한된 정부의 개입이 바람직할 수 있다고 보고 있다.

2.2 고전적 자유주의의 의의 및 주요 특징

고전적 자유주의자들은 국제정치경제를 특징짓는 핵심적인 관계, 즉 국가와 시장 간의 관계에서 국가보다 시장 쪽으로 강하게 치우친다. 이들은 자유로운 시장이 개인들이 선택을 하는 데 있어서 개인적으로나 사회 전체적으로나 가장 좋은 결과를 가져오도록 하는 장을 제공해 준다고 믿는다. 스미스는 "보이지 않는 손(invisible hand)"으로서의 시장이 제 기능을 함으로써 개인의 합리적인 선택이 사회 전체의 이익에 기여하도록 하고 공공선을 증진시키도록 한다고 주장했다.

고전적 자유주의자들은 개인의 자유로운 선택과 사회 전체의 공공선이 합치되는 이유를 시장이 개인의 사익 추구 행위와 경쟁을 묘하게 조화를 이루도록 만들기 때문이라고 주장한다. 자본주의 경제에서 사익 추구는 개인들이 일정한 조건에서 자신의 필요와 욕구에 가장 잘 부합하는 합리적 선택을 하도록 만든다. 그러나 동시에 경쟁은 한 개인의 사익 추구 행위가 다른 이들의 이익을 침해하는 것을 막는다. 이는 생산 및 소비 측면에서 모두 나타난다. 생산자들은 시장에서 이윤을 극대화하기 위해 합리적인 가격을 부여하고 질 좋은 상품을 제공하도록 만드는 경쟁에 직면한다. 소비자들 또한 시장에서 많은 소비자들과 함께 참여하기 때문에 적절한 가격을 지불하려는 경쟁에 직면한다. 따라서 이러한 시장에서의 경쟁은 생산자들이 무조건 이윤을 증대시키기 위해 매우 높은 가격으로 팔지 못하도록 만들며, 또한 소비자들이 같은 이유로 무조건 싸게 사려는 것을 못하도록 만든다. 즉, 시장에서의 경쟁의 힘은 개인들의 사익 추구가 극단으로 가는 것을 막아주고 사회에 최적인 상태로 이끈다.

시장에 대한 고전적 자유주의자들의 믿음은 보통 자유방임주의처럼 해석이 되고 있는 것이 사실이다. 그렇지만 시장이 경쟁을 통해 사익 추구에 대한 적절한 억제력을 발휘함으로써 공공선을 증대시킬 수 있다는 점에서 국가나 정부의 역할을 부정하지 않는 측면이 있다고 해석할 수 있다. 스미스도 기본적으로 국가의 역할은 개인의 사익 추구 행위를 강화하는 제도적 환경을 만드는 것을 돕는 것이라고 보고 있다. 즉, 국가는 특히 시장이 기능하도록 하고 개인의 자유로운 권리를 달성하도록 돕는 것과 관련된 기능들을 가진다. 그에게 있어 국가는 기본 법체계를 만들고 유지하며 국가안보를 확실하게 하는 것과 같이 사회에서 개인들이 스스로 수행할 수 없는 업무들을 수행하는 제한된(limited) 역할을 하는 것으로 이해된다. 이러한 인식은 밀의 사상에서도 잘 나타난다. 그는 개인의 사익 추구 행위가 사회 전체의 후생을 증대시키는 데 부적절할 때 국가의 선별적인 개입을 옹호하면서, 이러한 국가의 개입은 시장의 실패를 시정하면서 시장을 보완하는 데 한정되어야 한다고 주장하였다. 이와 같은 주장을 하는 사람들에게는 언제, 어떻게, 그리고 얼마나 정부의 보이는 손이 시장의 보이지 않는 손을 보완할 수 있는가 하는 점이 가장 중요한 문제로 대두되었다.

국제경제관계에 대한 고전적 자유주의자들의 시각은 리카도의 주장에서 가장 잘 드러나 있다. 리카도는 국내시장에서와 같이 국제경제관계에서도 국가들이 조화로운 경쟁을 통해 서로에게 이득이 되는 협조적이고 평화적인 결과를 가져온다고 본다. 즉, 개인에게 옳다고 여겨지는 것은 국가에게도 옳다는 것이다. 따라서 국제무역은 부와 힘을 얻기 위한 경쟁을 가열시켜 갈등을 촉발하기보다는 각국에게 이익을 가져다주는 것으로 보고 있다. 스미스가 말한 것처럼, "외국이 우리에게 우리 자신이 만드는 것보다 더 저렴하게 상품을 제공할 수 있다면, 우리 국가에서 생산한 것을 가지고 그것들을 사는 것이 낫다"고 생각한다.[11]

스미스와는 다르게 리카도는 보다 구체적으로 이러한 상호 이익이 각국의 비교우위에서 발생한다고 주장하였다. 리카도에 따르면, "완벽하게 자유로운 무역체계 하에서 각 국가는 자연적으로 자신들의 자본과 노동을 서로에게 가장 유익한 방향으로 사용한다. 개인의 이익을 추구하는 것은 전 세계의 보편적인 선(universal good)과 연결되어 있다."[12] 그는 자유무역을 단순히 비교우위에 따른 무역이득을 가져다주는 것을 넘어 국가들을 혁신적이고 효율적으로 만든다고 평가하고 있다. 즉, 자유로운 국제시장은 산업을 활발하게 하고 혁신을 촉진하며 생산을 증가시킴으로써 국지적인 이익이 아니라 모두에게 이익이 되는 결과를 창조한다. 현실주의자들이 국제무역을 제로섬 게임으로 보고 있는 반면, 자유주의자들은 포지티브섬 게임을 넘어 모두가 이익을 얻는 윈윈게임(win-win game)으로 보고 있다.

고전적 자유주의의 국제경제에 대한 시각에서 또 하나 중요한 것은 이와 같은 무역거래를 통해 전 세계 국가들이 하나로 연결되는 보편사회를 만들 수 있다는 주장이다. 리카도는 국제무역을 통해 각국에서 생산이 증대됨으로써 전체적인 이득이 증대되는데, 이렇게 되면 각국의 이해관계가 일치해 전 세계 국가들이 보편사회(universal society of nations)로 묶여질 수 있다고 보고 있다. 이는 현대적인 의미에서 세계화가 진행되고 국가 간의 교류가 확산되면 국가들 간에 상호 이익에 근거한 강력한 유대관계가 형성되고, 각국은 전쟁을 할 이유가 약화되거나 완전히 제거됨으로써 서로 협조적이고 통합된 보편 사회를 구성할 수 있다는 것이다.

3. 케인즈주의

3.1 케인즈주의의 태동

20세기 가장 영향력 있는 정치경제학자 중 한 명은 "케인즈 혁명"을 불러일으킨 케인즈(John Maynard Keynes)이다. 케인즈는 1930년대 발생한 대공황에 의해 커다란 영향을 받았으며, 이를 극복하기 위한 이론을 제시하면서 거시경제학이라는 새로운 분야를 창조했다. 그는 보이지 않는 손이 때때로 재난을 가져오는 큰 실수를 범할 수 있다고 믿었으며, 대공황(Great Depression)은 사적 이익 추구 행위가 공적 이익으로 당연히 귀결된다는 것을 고전적 자유주의자들이 너무 과대평가한 결과로 나타났다고 보았다.

기본적으로 케인즈는 중상주의를 반대하는 자유주의자였다. 그러나 케인즈는 시장의 긍정적인 힘을 믿었지만, 합리적인 개인의 선택이 비합리적인 집단적 결과를 가져올 때 국가 행위가 필요할 수 있다고 보았다. 이처럼 필요한 경우 정부개입을 통한 경제 조정에 대한 케인즈의 옹호는 자유주의 경제사상에 중요한 영향을 미쳤다. 케인즈는 시장이 종종 고전적 자유주의자들이 예상한 것과는 다르게 작동하기 때문에 국가가 실업을 극복하도록 도와야 한다고 주창하였다. 케인즈는 이처럼 고전적 자유주의의 주장을 수정하였고, 적절한 관리는 시장의 효율적인 기능을 더 강화한다고 보았기 때문에 자본주의를 돕고 부활시키기 위한 정부의 개입을 선호하였다. 그렇지만 밀과 마찬가지로 케인즈도 경제에서 국가에 대한 과도한 역할 또는 시장에 대한 과도한 역할을 선호하는 극단적인 시각에 대해 비판적이었다. 그의 이러한 시각은 자유주의의 개입주의적 견해를 촉발시켰다.[13]

전후 자유주의자들은 케인즈뿐만 아니라 폴라니(Karl Polanyi)의 영향도 많이 받았다. 폴라니는 케인즈와 마찬가지로 고전적 자유주의의 시장에 대한 과도한 신념이 대공황과 같은 재앙을 초래했다고 비판하였다.[14] 케인즈와 폴라니의 사상에 영향을 받은 전후 시기의 경제학자들은 개입주의적 혹은 "내재된 자유주의의 타협(embedded liberal compromise)" 에 기초한 국제경제질서를 고안하였다. 내재된 자유주의란 대외적으로 개방된 자유주의 국제경제를 유지하려는 노력이 대내적으로 국민을 위해 안보와 안정을 제공하려는 사회적 노력에 내재되어 있다는 사실을 의미한다. 제2차 세계대전 이후 대부분의 자유주의자들은 정부의 개입이 사회적으로 용인될 수 없는 시장의 실패에 대처하기 위해 필요한 것으로 보았다. 그러나 이러한 개입은 어디까지나 생산과 분배를 결정하는 가장 중요한 수단으로서의 시장을 강화시키기 위한 것이었다.

3.2 케인즈주의의 의의 및 주요 특징

케인즈주의의 가장 큰 의의 및 특징은 고전적 자유주의를 좀 더 현실적으로 진화시켰다는 것이다. 우선 케인즈주의는 사적 이익 추구 행위와 사회적 공공선 간의 관계에 대해서 한 가지 가능성이 아니라 여러 가능성에 대해 고려하였다. 고전적 자유주의에 따르면 시장이 제대로 작동하는 한 개인의 합리적 선택은 당연히 사회의 공공선으로 귀결된다. 그러나 케인즈는 현실적으로 불확실성이 존재하고 위험이 개인들의 행동에 영향을 미치기 때문에 자유로운 선택이 공공선을 해칠 수도 있다는 점을 강조했다. 그는 또한 정부의 행위가 보이지 않는 손이 바로잡을 수 없는 문제들을 다루는 데 유용하고 필요하다고 믿었다. 이러한 사상은 이후 인플레이션 및 실업과 같은 국내의 거시경제 문제를 해결하기 위한 총수요관리정책들에서부터 실업보험, 사회보장 프로그램, 그리고 예금보험에 이르기까지 다양한 정책들의 이론적 기반이 되었다.

자본주의 사회에서 개인들은 자신의 입장에서 얼마든지 합리적으로 사적 이익을 추구하는 행위를 할 수 있다. 그렇지만 케인즈의 입장에서 볼 때, 시장에 미래의 불확실성이 존재하고 위험부담을 공유하거나 방지할 수 있는 효과적인 방법이 없는 경우, 개인들의 행위가 집단적으로는 합리적이지 않고 오히려 혼란을 야기하는 어리석인 결정을 내리는 경향이 있다. 만일 개인 입장에서 합리적일지라도 집단적인 결과(collective result)가 비합리적이고 파괴적이라면, 이는 보이지 않는 손인 시장의 실패를 의미한다. 이러한 사례는 금융위기의 경험에서 잘 찾아볼 수 있는데, 1929년 주식시장의 붕괴는 주식투자자들이 겁을 먹거나 군집행동(herding behavior)을 나타낼 경우 어떤 일이 일어날 수 있는지를 잘 보여준다.

케인즈는 이러한 문제의 전형적인 예로 절약의 역설(paradox of thrift)을 들고 있다. 일반적으로 사람들은 어려운 상황에 대비해 저축을 한다. 예들 들어 경기가 어려워져 실업에 대해 위협을 받을 때 합리적인 대응은 적게 소비하고 더 많이 절약하여 이후 필요할 경우 쓸 수 있는 자금을 확보해 놓는 것이다. 이러한 행위는 개인에게 도움이 되는 합리적 판단으로 보일 수 있다. 그러나 만약 모든 사람들이 이런 식으로 행동하여 적게 소비한다면, 구매도 적어질 것이고 그에 따른 판매 감소로 생산도 줄어들어 고용이 줄어들게 되어 결과적으로 개인들에게 돌아가는 수입도 적어질 것이다. 따라서 만일의 사태에 대비하기 위한 개인적인 합리적 행위가 집단적으로 경기침체와 실업을 더욱 악화시키는 비합리적 결과를 초래한다. 이러한 문제는 개인적인 노력으로는 방지할 수 없고 오직 국가를 통한 집단행동(collective action)만이 변화를 가져올 수 있다. 따라서 케인즈는 개인들의 합리적인 행동이 집단적인 비합리성을 초래할 때는 이를 방지하기 위해 국가가 개입해 지출하고 투자해야 한다고 주장했다. 그렇지만 케인즈는 국가가 이러한 국가의 힘을 시장기능을 강화하고 시장실패를 시정하는 데 사용해야 하지만, 중상주의와 공산주의처럼 공격적이고 억압적인 힘으로 사용해서는 안 된다고 보았다.

케인즈주의의 또 다른 중요한 의의는 개별국의 이익과 국제적인 이익을 어떻게 조화시켜야 하는가에 대한 실마리를 제공했다는 것이다. 전후 IMF, 세계은행 및 GATT 등의 국제기구들을 위시로 한 브레튼우즈 체제는 국제무역, 국제통화 및 국제금융 시스템의 근간이 되었다. 따라서 브레튼우즈 체제는 케인즈주의가 국제정치경제에 내재된 것으로 볼 수 있다. 이 체제는 시장과 자유무역 정책들이 각 국가의 대외경제정책 목표에서 중요한 역할을 하는 자유주의 혹은 개방된 시스템을 기초로 한다.

케인즈주의를 국제경제관계로 확대해 보면 패권안정이론을 강화하는 데도 기여를 했다. 현실주의자들이 강력하게 주장하는 패권안정이론에서 강조되는 내용은 패권국가가 공공재를 제공해야 국제질서가 자유롭고 안정되어 모두에게 이득을 가져다줄 수 있다는 것이다. 그런데 이러한 공공재의 내용을 구체적으로 살펴보면 자유무역, 개방, 안정, 건실한 국제수지 등과 같이 자유주의자들이 강조한 것들이었다. 따라서 패권국이 선의를 가졌다면 자유무역, 안정된 질서와 같은 공공재를 제공할 것이고, 이를 통해 국제교류가 증대하면 모두가 이득을 얻게 되는 공공선의 결과를 낳는다. 전형적인 케인즈주의는 한 국가 내에서 경제적 성장과 안정을 도모하기 위해서는 개인들의 행동이 공공선으로 귀결되도록 필요한 경우 정부가 행동을 취해야 한다고 주장하고 있다. 이를 패권안정이론에 적용하면, 국제거래가 상호 이익의 성과를 가져오도록 국제시장이 본연의 기능을 잘하게 패권국가가 필요한 공공재를 제공해 주어야 한다는 것이다. 즉, 전형적 케인즈주의는 국내 정책에 대한 국가의 역할을 강조한 반면 패권안정이론으로 확대된 케인즈주의는 패권국의 국제적인 역할에 더 초점을 맞추었다고 할 수 있다.

4. 신자유주의 : 고전적 자유주의의 부활

4.1 신자유주의의 태동

케인즈주의는 제2차 세계대전 이후 많은 국가들의 경제 발전 및 운영 과정에서 국가의 적극적인 정책이 커다란 역할을 함에 따라 국제정치경제에서 주류 시각이 되었다. 더욱이 브레튼우즈 체제 하에서 국제경제기구들의 역할이 더욱 중요해지고 자유무역과 시장개방이 확대되어 오면서 특히 정책결정자들에게 대중적인 인기를 얻고 있었다. 그러나 1970년대 석유파동과 이후 지속된 세계적 경기침체로 인해 정부가 복지정책과 완전고용정책을 계속 추진하기에는 너무 비용이 높아졌으며, 자본 축적과 부의 재분배 간의 모순은 더욱 명확해졌다. 이와 더불어 각국이 제2차 세계대전 이후 전 세계적으로 지속적인 성장의 배경이 되었던 개방정책을 치열해진 경쟁 속에서 자신들을 보호하기 위한 보호주의 정책으로 선회하면서 국제무역, 국제통화 및 국제금융 체제를 개방된 체제로 유지하기가 매우 어려워졌다.

이처럼 1970년대와 1980년대 경제상황이 어려워지고 보호주의 조치들이 증가하면서 케인즈주의의 대중적 인기는 점점 사그라졌다. 대신 그 자리에 고전적 자유주의와 유사한 사상들이 신자유주의(neo-liberalism)라 불리면서 지적인 기반을 닦아 나갔고 점차 인기와 힘을 얻게 되었다. 비록 전후 많은 국가에서 정책결정자들이 케인즈주의를 지지하였으나, 여전히 고전적 자유주의 사상도 영향력을 어느 정도 유지하고 있었다. 가장 대표적인 학자로는 하이에크(Friedrich Hayek), 미제스(Ludwig von Mises), 프리드만(Milton Friedman) 등을 들 수 있다. 정치적 지도자들 가운데서는 영국의 대처(Margaret Thatcher) 수상과 미국의 레이건(Ronald Reagan) 대통령이 정통 자유주의에 기초한 "보수주의 혁명(conservative revolution)"에 가장 열심이었다. 곧이어 다른 국가들도 사유화, 탈규제화, 그리고 자유무역과 해외투자를 강조하는 신자유주의 정책 채택에 대한 압력을 많이 받게 되었다.

고전적 자유주의의 부활 및 신자유주의의 확대는 1990년대에도 계속되었다. 이 시기에 미국은 특히 국제경제를 확장하는 과정(process)으로서 경제자유주의 원칙들을 핵심 내용으로 하는 세계화를 주창하였으며, 이를 통해 전 세계 국가들의 통합을 심화시키고자 하였다. 세계화는 무엇보다도 규제를 완화하고 국가에 의해 얽매이지 않는 시장의 역할을 강조하였다. 이에 따라 국제거래가 증대하면 전 세계에서 경제성장이 촉진되고 효율성이 강화되며 다양한 새로운 상품과 서비스가 제공되어 많은 일자리가 창출될 것으로 기대되었다. 규제완화와 더불어 새로운 기술 발전도 세계화를 더욱 촉진시켰다. 세계화의 폐단에 대해 많은 논란이 있기는 했지만, 세계화의 혜택은 경제성장 및 세계 경제 통합을 통해 개발도상국에서 가난에 사로잡혀 있는 수백만의 사람들에게도 혜택을 줄 것으로 기대되었다.

그러나 세계화가 인기를 얻게 되면서, 이와 더불어 세계화의 영향에 대한 지역적 저항(local resistance)도 증가했고 반세계화(anti-globalization) 움직임이 전 세계적으로 힘을 얻게 되었다. 비정부기구들(NGOs)은 세계화가 확산되면서 많은 빈국들에서 노동력 착취, 환경파괴, 그리고 소득 양극화와 같은 문제들을 악화시키고 있다고 주장하였다. 이러한 단체들은 노동운동가, 환경보호론자, 평화활동가들과 함께 연합을 형성하여 대규모

시위를 하였다. 어떤 시위들은 개별국 내의 정책에 초점을 맞추기도 했지만, 많은 시위들은 WTO, IMF, 그리고 세계은행들과 같은 국제기구들이 세계화의 이념적 표상인 워싱턴 컨센서스(Washington Consensus)를 지지한다고 주장하면서 이 기구들의 정책들을 강력하게 비판하였다. 때로는 이러한 시위가 과격한 형태로 나타나기도 했는데, 1999년 시애틀에서 열리기로 되어 있던 WTO 회의는 이들의 반세계화 시위로 무산되기도 하였다. 특히 1998년 발생한 글로벌 금융위기 이후 세계화에 대한 반발과 더불어 신자유주의 추세가 약화되고 있는 모습이 보이고 있다. 글로벌 금융위기의 발발로 인해 세계화 시대에 글로벌 스탠다드로 여겨졌던 미국의 자본주의 시스템, 그리고 월가로 대변되는 미국의 금융시스템의 숨겨진 문제가 드러나게 되었다. 글로벌 금융위기 이후 벌어진 "월가를 점령하라(Occupy Wall Street!)" 운동은 이러한 분위기를 극명하게 보여준다. 이에 많은 사람들은 그동안 미국이 주창해 오던 자유무역과 시장경제에 기초한 자본주의에 회의를 품고 이를 대체할 수 있는 대안을 모색하게 되었다. 소위 말하는 자본주의 4.0은 이러한 차원에서 제시된 것이다.

4.2 신자유주의의 의의 및 주요 특징

신자유주의는 미국 및 영국에서 보수주의 정권의 등장과 함께 이론적으로나 정책적으로 큰 영향력을 발휘하였다. 신자유주의의 중요한 의의 및 특징은, 자유주의 본연의 기본에 충실하는 것이 오히려 더욱 성과를 개선하고 공공선을 증진시킬 수 있다면서 고전적 자유주의를 전면으로 부활시켰다는 것이다. 따라서 이들은 기본적으로 케인즈주의의 수정된 입장을 거부하면서 경쟁시장과 자원의 효율적인 배열을 우선시하였고, 종종 정치와 경제의 강력한 구분을 선호하였다.

예를 들어 하이에크는 국가의 영향력 증대가 개인의 자유에 근본적인 위협을 가한다고 주장하였다. 하이에크는 케인즈주의자들이 주장하는 것처럼 필요한 경우 제한적이나마 정부가 개입하면 이후 오히려 더욱더 정부의 개입을 요구하게 만들 것이고, 결과적으로 국가의 역할이 너무 커져버려 개인의 자유는 파시스트 국가에서처럼 사라져버리게 만든다. 프리드만도 하이에크와 마찬가지로 의식적으로 스미스의 고전적 자유주의를 부활시킨다. 이들은 안보와 자유를 가질 수 있는 유일한 방법은 정부의 역할을 제한하고 시장이 개인들에게 자유를 제공해 주도록 만드는 것이라고 주장하였다. 케인즈주의에 기초한 행동들을 통해 시민들의 자유를 간섭하고자 하는 국가는 중상주의, 결과적으로 사회주의 혹은 파시스트 개념에 의해 그들의 자유를 착취하는 국가보다 하등 나을 것이 없다. 힘(power)은 자연적으로 국가에 집중되며 힘이 집중되면 자유가 큰 위협에 처해지기 마련인데, 자유로운 경쟁시장을 가진 자본주의는 힘을 분산시키고 이로써 자유를 보호한다. 즉, 이들은 시장이 자유를 보호한다는 고전적 자유주의 시각을 강조하고 있다.

둘째, 신자유주의 사상은 미국, 영국 등 주요국의 핵심 정책으로 자리 잡으면서 전 세계적으로 정책기조의 변화를 가져왔으며, 심지어 사회주의권을 몰락시키는 데도 일조하였다. 시장을 자유화하고 경제를 성장시키기 위해 미국과 영국의 신자유주의 정부는 국가의 사적 영역 활동에 대한 규제를 줄이고 세금을 삭감하며 시장을 탈규제화하는 등 대대적인 개혁을 시도하였다. 미국에서 레이건 행정부는 레이거노믹스(Reaganomics)라 불리는 공급주도 경제학의 이념을 기초로 소득세율을 1980년에 70%에서 1986년 33%까지 삭감하였다. 또한 전화, 민간 항공사, 화물자동차운송사업 등에서 대형 기업을 분할해 더 많은 경쟁을 이끌어내고 규제를 완화하였다. 영국에서 탈규제는 민영화(privatization)를 중심으로 이루어졌다. 공적으로 소유된 기업들과 주택들의 정부 소유지분을 줄여 시장에서의 정부의 영향력을 축소시켜 나갔다. 대처 수상과 레이건 대통령 모두 안보를 제외한 다른 영역에서 정부는 최소한으로 개입해야 한다는 생각을 철저히 갖고 있었다.

미국과 영국에서의 이러한 경제정책들의 성공은 1990년대 초 소련 및 동유럽 사회주의 국가들의 몰락과 더불어 전 세계적으로 경제적 자유주의 정책들의 대대적인 부활을 이끌었다. 실질적으로 1990년대에 들어 미국 및 유럽 등 선진국뿐만 아니라 아시아, 남미 및 아프리카를 포함한 전 세계 모든 지역에서 경제가 광범위하게 회복되는데, 신자유주의에 기초한 탈규제(deregulation)와 사유화(privatization) 정책, 그리고 국제무역의 확대가 이에 큰 기여를 하였다. 아울러 전후 경제발전의 대명사로 일컬어진 동아시아 지역에서 국가 주도의 동아시아 발전모델이 한계를 보이면서 신자유주의는 이론적 측면 및 실제 정

책적인 측면 모두에서 대대적인 인기를 끌게 되었다.[15]

셋째, 신자유주의는 세계화의 이념적 기초가 되면서 전 세계를 역사적으로 가장 통합된 시대로 이끌었다. 국제정치경제 분야에서 세계화라는 용어는 1980년대 중반 새로운 정보와 통신 기술들을 통해 사람들과 국가들이 좀 더 심도 있고 복잡한 방식으로 상호 연결되는 현상을 설명하기 위해 나타나기 시작했다. 세계화의 특징은 다양하게 규정될 수 있지만, 대표적으로 경제, 정치 및 문화에서의 수렴과정으로 설명한다. 첫째, 경제적인 측면에서 세계화는 새로운 기술과 통신제도, 그리고 무역과 자본의 이동성에 기반해 개인과 국가의 상호 의존성이 더 심화되는 과정(economic process)이다. 이 과정이 더욱 진행되면 국가와 지역 시장이 단일한 세계시장으로 통합될 수 있다. 둘째, 정치적인 측면에서 세계화는 국가와 국경을 약화시키는 과정(political process)이다. 셋째, 문화적인 측면에서 세계화는 현대 사회에서 복잡한 문화들이 상호 연결되고 네트워크가 보다 빽빽하게 얽혀져 가는 과정(cultural process)이다.[16]

세계화와 더불어 국제무역거래와 국제금융거래의 규모는 급속도로 증가되었고, 절대적 규모는 물론 GDP 대비 규모도 역사상 가장 높은 수준으로 확대되었다. 또 다른 흥미로운 결과는 이처럼 재화, 자본 및 노동의 이동이 활발해지면서 냉전시대의 이념적 갈등(ideological conflict)이 감소하게 되었고, 국가의 주요 관심이 안보에서 경제적 이슈로 바뀌는 데 큰 도움을 주었다. 따라서 경제발전, 부채, 양극화, 그리고 환경과 같은 이슈들이 국제적인 주요 문제로 등장하게 되었다. 동시에 국가, 국제기구 외에도 비정부기구(NGOs)들이 국가가 다루지 못하는 시민사회의 특정 부분을 다루기 위해 폭발적으로 증가했고 그 영향력도 늘어나게 되었다.

Box 5-2 워싱턴 컨센서스 vs. 베이징 컨센서스

워싱턴 컨센서스는 신자유주의에 기초해 세계화라는 기치를 내걸고 국제정치경제질서를 정립하려는 방안으로, 미국식 자본주의의 대외 확산 전략으로 인식되고 있다. 이 용어 및 내용은 미국 국제경제연구소(현 피터슨 국제경제연구소)의 윌리암슨(John Williamson) 연구원이 1989년 처음 사용한 데서 유래됐다. 그에 따르면, 냉전시대 붕괴 이후 미 행정부와 IMF, 세계은행 등 워싱턴의 정책결정자들 사이에서는 위기에 처한 국가 및 체제이행 국가에 대해 미국식 시장경제를 이식시키자는 아래와 같은 10개의 주요 내용에 대한 합의가 이뤄졌다.

- 사유재산권 보호
- 정부규제 축소
- 국가 기간산업 민영화
- 외국 자본에 대한 제한 철폐
- 무역 자유화와 시장 개방
- 경쟁력 있는 환율제도의 채용
- 자본시장 자유화
- 관세 인하와 과세 영역 확대
- 정부예산 삭감
- 경제 효율화

이에 대해 신자유주의적인 국제정치경제질서의 문제점을 극복하기 위한 대안으로 주목받고 있는 것이 베이징 컨센서스(Beijing Consensus)이다. 이는 중국 칭화대 강사를 지낸 라모(Joshua Cooper Ramo)가 2004년 보고서에서 처음 사용하면서 통용되기 시작했다. 워싱턴 컨센서스의 쇠퇴, WTO 중심의 다자협상의 실패, 계속되는 국제금융위기, 개도국 경제의 붕괴 등으로 인해 발전에 대한 새로운 모델이 불확실한 상황에서, 정부 주도에 의한 중국의 경제발전 경험은 베이징 컨센서스에 대한 관심을 이끌게 만들었다. 핵심 내용은 다음과 같다.

- 점진적 · 단계적 경제개혁 : 정부 주도로 추진하는 점진적 · 단계적 경제개혁으로 구소련의 급진주의적 개혁을 반대
- 조화롭고 균형 잡힌 발전전략 : 도시와 농촌, 연해와 내륙, 경제와 사회, 인간과 자연이 조화를 이루는 균형 발전을 추구
- 화평굴기의 대외정책 : 각 국가와의 평화로운 대외관계 발전을 도모하기 위해 타국의 주권 존중과 내정 불간섭을 추구한다는 자결주의를 지지

5. 자유주의에 대한 비판

스미스를 필두로 형성된 자유주의는 중상주의에 대한 반발이었으며 정통 경제학의 한 부분으로 자리 잡았다. 이후 자유주의는 영국과 미국, 그리고 서유럽에서 발전해 오는 과정에서 국제정치경제의 한 분야로 구체화되면서 자리매김했다. 비록 자유주의가 사회 변화를 반영해 여러 형태로 변화를 해오지만, 자유주의 사상가들은 인간과 사회, 그리고 경제활동의 성격에 대해 일관성 있는 가정과 믿음을 공유해 왔다. 즉, 자유주의는 공통적으로 국내 및 국제 경제 관계를 조직하는 가장 효율적인 수단으로서 시장과 가격구조를 기본 축으로 하고 있다. 사실상 자유주의는 최대한의 효율성과 경제성장, 그리고 개인의 복지를 달성하기 위해서 시장경제를 조직하고 관리하기 위한 사상이나 체계로 정의될 수 있다. 고전적 자유주의는 제2차 세계대전 이후 케인즈주의로 변모하면서 정책결정자들로부터 큰 인기를 끌었는데, 이후 분열이 일어나서 경제에서 국가의 긍정적인 역할을 지지하는 케인즈주의와 경제와 사회에서 국가의 역할을 부정적으로 보는 신자유주의로 나뉘어지게 된다. 그 이후 신자유주의는 대처 행정부와 레이건 행정부의 대대적인 정책전환, 그리고 신자유주의 아이디어에 기초한 세계화에 힘입어 글로벌 금융위기 이전까지 큰 인기를 끌었다.

자유주의에 대한 비판은 가장 기본적인 가정에 대한 것부터 세계화와 같은 현상에 대한 것까지 다양하다. 첫째, 현실주의자들이나 맑스주의자들은 자유주의가 힘이나 분배 이슈와 같은 정치경제의 핵심적인 이슈에 대해 별 관심이 없다고 비판한다. 자유주의자들의 주장과는 달리 현실주의자들은 국제사회의 현실에서는 상대적으로 누가 힘을 더 많이 갖느냐가 절대적인 힘의 규모 자체보다 훨씬 더 중요하다고 비판한다. 자유주의자들이 국제무역을 통해 모두가 이득을 얻을 수 있다고 하지만, 현실에서는 강한 국가가 약한 국가에게 언제든지 무역거래, 금융거래에 대해 제재를 가할 수 있기 때문에 그러한 이득은 힘의 영향권 아래 놓이게 된다. 심지어 자유주의가 강조하고 있는 내용, 즉 국제질서에서 공공선을 도출하기 위해 필요한 자유무역, 안정된 질서 등과 같은 공공재도 힘을 가진 패권국이 존재해야만 가능한데, 자유주의는 이를 도외시하고 있다고 비판한다.

두 번째 비판은, 자유주의자들이 지나치게 시장의 기능을 신뢰하고 국가의 역할을 도외시하고 있다는 것이다. 밀과 같은 일부 고전적 자유주의자 또는 케인즈와 같은 일부 개입주의자들은 일정한 한도 내에서 최소한의 국가 역할을 인정하고 있다. 그러나 이들은 어디까지나 국가의 역할을 시장의 일부 문제를 보완하는 수동적인 차원에 한정시키고 있고 국가가 독립적인 행위자로서 역할을 할 수 있다는 점을 무시해 버리고 있다. 역사적인 경험에서 보듯이 많은 경우 국가의 주도적인 역할로 인해 정치가 개혁되고 경제가 발전하였으며 사회가 변환되어 왔다. 자유주의자들은 이러한 현실 및 역사를 무시하고 있어 신현실주의자들이 국제정치경제 연구에 "국가를 다시 도입해야 한다(bring the state back)"고 주장하게 된 것이다.

셋째, 시장에 대한 과도한 신뢰는 정책처방과 관련해 여러 가지 문제를 낳을 수 있다. 그중 하나는 위기에 대처할 수 없다는 문제이다. 국제금융위기를 설명하는 여러 이론 중 제2세대 이론(second generation model)에 따르면,[17] 기초 경제여건과 상관없이 시장의 분위기에 따라 위기가 발생할 수도 있고 발생하지 않을 수도 있다. 즉, 경제상태가 양호하더라도 시장 분위기가 악화되면 뱅크런(bank-run)이 발생해 금융위기가 초래될 수도 있다. 이는 시장이 본질적으로 불안정한 속성을 갖고 있다는 것을 의미한다. 따라서 이를 해결하기 위해서는 시장의 자정기능에 맡겨서는 안 되고 정부가 개입해야 한다는 것이다. 또 하나는 국제정치경제 현실에서의 다양한 문제에 대해 대처할 수 없다는 것이다. 주지하다시피 냉전 이후 주된 갈등의 원인은 안보문제보다도 인종분쟁, 종족분쟁, 종교분쟁, 환경문제, 젠더문제 등에서 비롯되고 있다. 이러한 인간속성에서 비롯된 혐오, 공포, 불안 등과 관련된 문제를 과연 보이지 않는 손인 시장에만 맡겼을 때 어떻게 해결될 수 있을지 가늠하기 어렵다.

넷째, 세계화 반대론자 또는 맑스주의자들은 자유주의가 사회적 불평등 및 착취를 정당화하고 심지어 제국주의를 옹호하고 있다고 비판한다. 맑스주의자들에 따르면, 현실세계에서 국제무역 및 금융거래에 따른 이득은 실질적으로 자본계급에게만 혜택을 가져다주고 노동계급은 이러한 거래를 통해 착취만 당한다. 또한 세계화 반대론자들은 신자유주의에 기초한 "세계화는 앞선 자를 더욱 살찌게 하지만 뒤선 자가 쫓아가기 어려울 정도로 그 둘 사이의 간격을 더욱 벌려주고 있다. 무한경쟁, 약육강식, 적자생존, 우승열패(優勝劣敗)라는 냉혹한 논리가 세계화 흐름의 중심을 이루고 있다. 지구적 불균형(imbalance), 불평등(inequality), 부정의(injustice) 현상이 비단 산업, 금융, 무역뿐만 아니라 계층, 문화, 환경 등 거의 모든 영역에 걸쳐 나타나고 있다."[18] 즉, 세계화는 초국적 자본에 의한 정글의 논리로 움직이기 때문에 약소국의 경제적 종속이 불가피하고, 선진국이든 후진국이든 취약계층의 빈곤 및 실업이 악화되어 양극화가 심화되며, 사회적 · 문화적 다양성이 실종될 가능성이 커진다고 비판하고 있다.[19]

부록 죄수의 딜레마와 국제협력의 이익[20]

앞에서 살펴본 바와 같이 국제정치경제의 현실에서 각국 간에 조화된 국제협력을 이끌어낸다는 것은 상당히 어려운 일다. 그렇다면 국제협력이 상호 이익을 가져옴에도 불구하고 이와 같은 협력은 왜 이루기 어렵고 실패하기 쉬운가 하는 문제에 대해서 생각해 보자. 여기에서는 국제협상의 성공에 따라 모든 국가의 사회후생이 증가하고 무역전쟁과 같은 갈등을 피할 수 있다는 사실을 죄수의 딜레마(prisoner 's dilemma) 모형을 이용해 설명하고자 한다.

먼저 세계는 본국과 외국으로 구성되어 있고, 정책의 선택도 자유무역과 보호무역 정책 두 가지만 있는 경우를 생각해 보자. 또한 각국 정부는 각각의 정책이 가져다주는 효과를 정확히 파악할 수 있어서 [표 A5-1]과 같은 보수행렬(payoff matrix)을 만들 수 있다고 하자. [표 A5-1]의 각 칸의 두 수치는 각국이 택하는 무역정책에 따라 양국이 얻게 되는 사회후생의 크기를 나타내는데, 첫 번째 수치는 본국의 사회후생을, 두 번째 수치는 외국의 사회후생을 나타낸다. 이러한 보수행렬은 두 가지 가정에 의해서 만들어졌다. 첫째 가정은 한 나라가 자유무역정책을 펼 때 다른 나라는 보호무역정책을 택함으로써 사회후생을 증가시킬 수 있다는 것이다. 둘째 가정은 양국이 모두 보호무역정책을 택할 경우 양국의 후생은 각각 자유무역을 택하는 경우보다 못하다는 것이다. 이러한 가정들은 현실에서 실제적으로 발생하는 경우와 상당히 부합한다.

표 A5-1 무역정책 선택과 보수행렬

		외국	
		자유무역	보호무역
본국	자유무역	A(10, 10)	C(−5, 15)
	보호무역	B(15, −5)	D(0, 0)

그렇다면 이러한 보수행렬이 주어졌을 때 각국은 어떻게 행동할 것인가? 구체적인 결정을 내리기 위해 각국은 상대국가가 취할 수 있는 무역정책의 시나리오를 모두 고려해 그에 대응해 자신에게 최선인 정책을 택하고자 할 것이다. 본국의 입장에서 볼 때 외국이 취할 수 있는 무역정책의 시나리오는 두 가지, 즉 자유무역을 택하거나 보호무역을 택하는 경우밖에 없다. 예를 들어 외국이 자유무역정책을 택한다고 하자. 이때 본국이 자유무역정책을 택하면(A의 경우) 10의 이익을 얻지만, 반면에 보호무역정책을 택하면(B의 경우) 경상수지 흑자를 통해 더 많은 15의 이익을 얻게 된다. 이와는 달리 두 번째 시나리오로 외국이 보호무역정책을 택했다고 하자. 이때 본국이 자유무역정책을 택하면(C의 경우) 5의 손해를 보지만 반면에 보호무역정책을 택하면(D의 경우) 0을 얻게 되므로 이 경우도 보호무역정책을 택하게 된다. 결국 외국이 어떤 시나리오를 따를지라도 본국은 보호무역정책을 택하는 것이 유리하다. 마찬가지로 외국의 입장에서 볼 때도 본국이 어떤 정책을 택하든 보호무역정책을 선택하는 것이 유리하다. 따라서 각국이 아무런 협력 없이 일방적으로 정책을 택할 경우 양국 모두 보호무역정책을 택하려 할 것이다. 그런데 양국이 모두 보호무역정책을 택하면 [표 A5-1]의 우하단(D의 경우)에 위치하게 되고 결국 양국 모두 0의 이익을 얻게 된다. 각국 정부가 자기에게 가장 유리하게 보이는 정책을 택한 것이 결과적으로 양국을 더욱 나쁘게 만들고 무역전쟁 상태에 빠지도록 만든다.

그런데 양국이 국제협상을 통해 모두 자유무역정책을 택한다면 좌상단(A의 경우)에 위치하여 양국 모두 10만큼의 이익을 보게 될 것이다. 결국 양국은 자유무역정책을 택함으로써 양국 모두 국제무역에 따른 이익을 볼 수 있다는 것이다. 현실세계에는 국가 수도 많고 그 정도에 따라 완전 자유무역정책에서부터 완전 보호무역정책에 이르기까지 무역정책의 종류도 많다. 위의 모형은 현실세계를 지나치게 단순화한 측면은 있지만 무역정책의 협력이 왜 필요한지를 잘 설명해 주고 있다. 현실세계에서도 국제무역체제는 일련의 국제협상 위에 그 기초를 두고 있다. 무역협상 또는 국제협력이란 D의 경우와 같은 보호무역정책에서 A와 같은 자유무역으로 이행하자는 것이다. 즉, 국제협력을 도모하게 되면 두 국가 모두에게 이익이 되는 공공선의 결과를 가져올 수 있는 것이다.

이미 살펴본 것처럼 모든 국가의 사회후생을 증가시키는 국제협력을 이끌어내기는 쉽지 않다. 위의 예에서 무역정책은 이익집단의 정치력에 의해서 좌우되는 경우가 많은데, 현실적으로는 사회 전체적으로 혜택(benefit)보다 비용(cost)이 더 큰 무역정책도 적지 않게 존재한다. 특히 무역정책이 국내의 정치경제적 목적으로 사용되는 경우에는 더욱 그러하다. 따라서 각국이 자국에게 유리한 국제무역질서를 확보하기 위한 무역정책은 수입규제이든 수출촉진이든 무역분쟁을 유발하기 마련이다. 그러나 무역보복을 행하는 경우 서로에게 손해만 커질 것이므로 이를 방지하고 파레토 최적으로 가기 위해 국제협력이 필요하다.

[미주]

1. 일부 학자들은 국제정치경제와 관련해 자유주의를 세 가지 형태—정통 자유주의(orthodox liberalism), 개입주의 자유주의(interventionist liberalism), 제도적 자유주의(institutional liberalism)—로 나눈다. 정통 자유주의는 "부정적 자유(negative freedom)", 즉 국가로부터 최소의 간섭을 받는 시장의 자유를 주장한다. 개입주의 자유주의는 시장이 항상 폭넓은 혜택을 가져오는 것은 아니기 때문에 부정적인 자유에 초점을 맞추는 것은 너무 편협하다고 보고 자유시장경제에서 평등과 정의를 더 많이 증진시키기 위해 어느 정도 국가의 개입을 지지한다. 제도적 자유주의는 개입주의 자유주의자들과 마찬가지로 정부개입이 어느 정도 필요하다고 보지만 WTO, IMF, 세계은행과 같은 강한 국제 제도를 선호한다. Cohn(2005), Ch.4.
2. Baumol(1965).
3. Olson(1965).

4. Schumpeter(1951).
5. De Montesquieu(1748).
6. 이 내용은 이준구 · 이창용(2007), 제12장을 참고해 정리한 것임.
7. 시장과 정부 역할의 조화에 대한 포괄적인 논의는 이준구(2004)를 참고할 것.
8. 외부성이란 어떤 사람의 행동이 제3자에게 의도하지 않은 혜택이나 손해를 가져다주는데도 이에 대해 대가를 받지도 지불하지도 않는 경우를 말한다. 혜택이 발생하는 경우를 이로운 외부성, 손해가 발생하는 경우를 해로운 외부성이라고 한다. 이준구 · 이창용(2007), 제12장 참고.
9. Mill(1848).
10. Ryan(1970), p.201.
11. Smith(1776), p.401.
12. Ricardo(1973), p.81.
13. Arblaster(1984), p.292; Winch(1989), pp.109~110.
14. Polanyi(1965).
15. 후쿠야마(Francis Fukuyama)와 프리드만(Thomas L. Friedman)은 신자유주의의 대대적인 성공이, 특히 구소련의 공산주의가 무너지고 일본식의 발전모델이 더 이상 작동하지 않게 되는 등 다른 정치경제이념이 실패한 데 기인한 것이었다고 주장하였다. Fukuyama(1992) ; Friedman(2000).
16. https://en.wikipedia.org/wiki/Globalization
17. 국제금융위기를 설명하는 이론들은 크게 제1세대 이론, 제2세대 이론 및 제3세대 이론으로 나누고 있다. 좀 더 자세한 설명은 김인준 · 이영섭(2019), 제20장을 참고할 것.
18. 임현진 · 공석기(2012). http://monthly.chosun.com/client/news/viw.asp?nNewsNumb=201201100029
19. 로드릭(Dani Rodrik) 하버드대 교수는 세계화 반대론과 지지론 모두 문제를 너무 단순화하고 있다면서 이런 이분법에 반대하고 있다. Rodrik(2012).
20. 김인준 · 이영섭(2013), 제22장을 참고해 정리.

맑스주의 시각

06

1. 맑스주의의 개요

2. 고전적 맑스주의

3. 제국주의 이론

4. 현대적 구조주의

5. 맑스주의에 대한 비판

부록 그람시적 분석(Gramscian Analysis)

맑스주의는 국제정치경제의 초점을 자본주의에 한정시키지 않고 사회주의까지 포괄하고 있다는 점에서 현실주의 및 자유주의와 또 다른 시각으로 분류된다. 맑스주의자들도 경제관계의 기본 속성을 갈등으로 보고 있으며, 하나의 계급이 다른 계급을 지배하거나 세계 경제의 핵심에 있는 선진국이 주변부에 있는 후진국을 지배하는 착취라는 개념에 초점을 맞춘다. 따라서 맑스주의는 국제정치경제를 '바닥에서부터(from below)' 바라보게 만드는, 즉 억압받는 계급과 가난한 사람들, 제3세계 개발도상국의 시각에서 바라보는 유일한 분석틀인 것이다. 맑스주의도 다양한 형태로 발전되어 왔는데, 정통 맑스주의, 제국주의 이론, 종속이론, 세계체제론, 그람시의 분석 등 광범위한 이론적 접근을 포괄하고 있다.

1. 맑스주의의 개요

1.1 맑스주의의 기본 가정

맑스주의자들은 "지금까지 존재했던 모든 사회의 역사는 계급투쟁의 역사이다"라고 하면서,[1] 계급관계를 경제와 정치 질서에 영향을 미치는 주요 요소라고 본다. 이들에 따르면, 봉건주의이든 자본주의이든 모든 생산양식은 두 개의 대립되는 계급으로 이루어져 있으며, 한 계급이 다른 계급을 착취하고 있다. 이러한 계급 간의 착취가 나타나지 않는 생산양식은 공산주의에서만 가능하다.

현실주의자들은 국가를 강력한 힘을 가진 주체로 보고, 자유주의자들은 국가를 부정적인 존재로 보는 반면, 맑스주의자들은 국가를 독립된 주체로 보고 있지 않다. 맑스(Karl Marx)와 엥겔스(Friedrich Engels)는 국가를 지배계급(부르주아)의 대리인이며 임금 노동자를 착취하기 위한 도구일 뿐이라고 규정하고 있다. 또한 국가가 지배계급인 자본계급으로부터 때로 일시적인 자율성(autonomy)을 가질 수도 있지만, 장기적으로는 지배계급에 대한 종속에서 탈피할 수 없다고 보고 있다. 국가가 자율성을 확보하고 계급 억압의 도구에서 벗어나는 길은 프롤레타리아 혁명을 통해 사적 소유와 계급 차이를 없앨 때만 가능하다. 따라서 경제성장과 효율성이 국가의 중요한 정책목표이긴 하지만 그보다 더욱 중요한 것은 국가의 자율성과 균등한 소득분배라고 맑스주의자들은 주장하고 있다.

맑스주의자들은 계급 갈등 및 착취하는 개념을 기초로 출발하기 때문에, 경제관계의 기본 속성에 대해서도 자유주의자들이 주장하는 것처럼 조화롭고 상호 이득을 주는 것이 아니고 갈등관계로 보고 있다. 즉, 경제관계를 한쪽의 이익은 바로 다른 한쪽의 손실을 가져오는 제로섬 게임 또는 이보다 더 나아가 네가티브섬 게임(negative-sum game)으로까지 보고 있다. 맑스주의자들은 기본적으로 갈등적인 경제관계로 나타날 수밖에 없는 자본주의 내부의 모순으로 인해 노동자 계급의 절대적 빈곤, 과잉 생산, 경제 하락이 발생해 궁극적으로 자본주의의 붕괴가 일어날 것이라 예측했다.

길핀(Robert Gilpin)은 이러한 맑스주의의 기본 특징들을 이론적인 측면에서 네 가지 기본적인 요소들로 구성된다고 정리하였다: 현실의 성격을 역동적이고 갈등적인 것으로 규정하는 지식과 사회에 대한 변증법적인 접근 ; 역사에 대한 유물론적 접근 ; 자본주의적 생산양식과 그 운명은 근대사회의 경제운동의 법칙들에 의해 작동한다는 자본주의 발전에 대한 견해 ; 그리고 사회주의가 역사 발전에서 필연적임과 동시에 바람직한 목표라고 믿는 사회주의에 대한 규범적인 공약이다.[2]

1.2 맑스주의에서 정치와 경제의 관계

맑스주의는 정치를 경제에 종속되는 것으로 보고 있고, 정부를 사회경제적 압력에 수동적인 태도로 반응하는 것으로 본다는 점에서 현실주의와 차이가 있다. 따라서 맑스주의자들은 정부의 정책을 자본가 계급의 이해를 반영하는 것으로 믿었으며, 자본가들과 관료들의 개인적 유대가 기업과 정부 사이의 유착으로 이어져 이런 현상이 나타난다고 지적했다. 정부를 지배계급의 억압 및 착취 도구로 보는 극단적인 견해는 복지국가가 출현하면서 다소 완화된다. 제2차 세계대전 이후 많은 선진국들이 주요 기업집단의 반대에도 불구하고 복지와 실업수당과 같은 사회정책을 대대적으로 채택했기 때문이다.

이와 같은 변화를 반영해 국가가 자본가 계급의 직접적 정치 압력으로부터 상대적으로 자율성을 갖고 있다는 구조적 맑스주의(structural Marxism)가 등장하기도 했다. 구조적 맑스주의와 현실주의 모두 국가가 자율성을 갖고 있다는 것을 인정한다는 점에서 공통점이 있는 것처럼 보일 수 있다. 그러나 현실주의는 국가가 어떤 사회집단의 경제적 이익으로부터도 독립되어 있으며 더 상위의 국가 목표를 위해 행동할 자유가 있다고 주장하고 있다. 반면 구조적 맑스주의는 국가가 부르주아의 직접 통제 하에 있는 것은 아니라고 하면서도, 국가가 부르주아와 함께 자본주의를 장기적으로 유지할 공통의 이해를 갖고 있는 한 자본가들로부터 일정한 자율성을 부여받지만 공통의 이해관계가 깨지면 언제라도 자율성을 빼앗길 수 있는 제한된 관계로 본다.

맑스주의자들은 국내적인 측면에서의 시각을 국제관계에 대해서도 그대로 적용해 국제경제관계가 대립과 착취 관계로 나타난다고 보고 있다. 빈곤한 개발도상국들이 외국의 상품과 자본에 대해 문호를 개방하고 비교우위에 입각한 생산의 전문화를 시도하는 것은 규모와 능력에서 실력의 차이가 심각한 경제단위가 세계시장 및 자원 획득을 위해 선진국과 똑같은 조건으로 경쟁하게 된다는 것을 의미한다. 그 결과 국제경제적 관계에서 발생하는 혜택은 당연히 부국에게만 유리하게 이루어지고, 빈국과 부국 간에 비대칭적으로 분배될 수밖에 없으며, 이러한 분배의 비대칭적 특성이 지배국가와 종속국가 간의 관계를 착취적인 것으로 만들고 있다.

따라서 빈국들이 빈곤에서 탈피하려는 경제적 갈망을 성취시키지 못하고 있는 원인은 경제정책이 잘못된 데 있는 것이 아니라 이들에게 불리하게 운영되고 있는 국제경제관계 그 자체에 있는 것이라고 맑스주의자들은 주장하고 있다. 또한 주요 국제경제기구의 정책과 운영은 물론 대부분의 공공 및 민간 분야의 경제교류에서 발생되는 경제혜택이 항상 부국에 유리하게 분배되어 이들 선진국가들에 의한 세계 경제 및 정치 관계의 지배를 영구화시켜 주고 있다고 비판한다. 맑스주의자들은 이러한 문제를 해결하기 위한 정책처방이 자유주의의 주장과는 달리 선 · 후진국에 공통으로 적용할 수 있는 보편적인 것이 될 수 없고, 국제정치경제질서 자체를 타파하는 것만이 유일한 처방이라고 보고 있다.

국제경제관계의 본질과 경제활동의 목표 및 정책에 대한 맑스주의의 특징은 제국주의와 다국적기업에 대한 이들의 해석과 태도에서도 잘 나타나고 있다. 자유주의자들은 한 국가가 타국가를 지배하고자 하는 의미에서 제국주의란 정치적인 현상, 즉 국가가 정치권력을 극대화함으로써 국가안보를 확보하려는 불완전한 정치체제에 의해 발생하는 것으로 보고 있다. 이와는 반대로 맑스주의자들은, 한 국가가 타국가를 지배하고자 하는 이유는 국가의 경제이익을 보전 내지는 확대시키기 위한 것이라고 보고 있다. 이들에 따르면, 현재의 자본주의 국제경제체제는 강대국에 의한 약소국의 경제적 착취와 강대국의 경제이익의 극대화를 조장하고 있으며, 이러한 경제현상의 이론적 귀결은 결국 식민주의를 낳게 되고 따라서 제국주의가 팽배하게 된다. 이와 똑같은 맥락에서 다국적기업에 의한 해외투자에 관해서도 자유주의자들은 이를 투자국과 투자유치국 쌍방에 상호 이로운 것으로 보는 반면에, 맑스주의자들은 이를 착취적이고 투자유치국에게 일방적으로 해로운 것으로 보고 있다.

세계화의 원인과 효과에 대해서도 맑스주의자들은 세계화가 자본주의의 힘과 계급투쟁의 결과라고 주장하고 있어, 세계화를 국가의 정책과 힘을 추구하는 국가들 간의 투쟁의 결과로 보는 현실주의자들과 대조적인 입장을 취하고 있다. 한편 맑스주의자들은 기술적 진보가 세계화를 촉진할 수 있다는 자유주의자들의 의견에 동의한다. 그러나 자유주의자들이 이러한 기술 진보가 경제적 진보를 위한 인간 본연의 추진력의 결과라고 믿는 반면 맑스주의자들은 자본주의 발전을 위한 역사적으로 특정한 충동들의 결과라고 믿는다. 세계화의 영향에 대해 맑스주의자들은 자유주의자들과 마찬가지로 세계화가 속성상 확대재생산적이고 널리 퍼지는 힘이라고 믿는다. 그러나 자유주의자들과 달리 세계화가 국가로 하여금 국내 복지와 고용을 보호하지 못하도록 하는 부정적인 과정이라고 본다. 세계화가 노동에 대한 자본의 구조적 힘을 강화함으로써 국가는 노동조합을 차별하고 임금과 고용 혜택을 낮추기 위해 압력을 행사하여 기업의 요구에 부응하기도 한다. 또한 초국가적인 경영자 계급의 등장은 생산을 재구조화하기도 한다. 맑스주의자들은 부와 가난의 양극화 심화, 환경문제 악화, 자금세탁과 불법 마약거래와 같은 국제 범죄의 증가, 민족 간 갈등 심화, 근본주의자들의 봉기, 시민사회의 시위 확산 등과 같은 세계화의 부정적인 영향을 언급하기도 한다.

표 6-1 국제정치경제 세 가지 시각의 비교

	현실주의 시각	자유주의 시각	맑스주의 시각
기본 가정	▪ 국가가 중요하고 단일한 행위자 ▪ 국가는 국익 관점에서 합리적으로 행동	▪ 국가 외에 다양한 행위자 존재 ▪ 국가가 국익 외에 다른 목표도 추구	▪ 개별 행위자보다 이들 간의 연계구조에 초점 ▪ 계급 간의 갈등과 착취 구조 ▪ 국가는 부르주아의 대리인으로 노동착취 도구
정치와 경제 관계	▪ 정치를 경제보다 우선시	▪ 정치와 경제가 서로 분리되고 독립된 영역	▪ 정치를 경제에 종속되는 것으로 봄
국제정치경제 의의	▪ 국제체제는 전투의 장 ▪ 국제관계는 제로섬 게임 ▪ 정치적 · 군사적 힘 중시 ▪ 절대이익보다 상대 분배 강조	▪ 국제체제는 협력의 장 ▪ 국제관계는 포지티브섬 게임 ▪ 경제력 및 국제협력 중시 ▪ 절대이익 증대도 강조	▪ 국제체제는 국내와 마찬가지로 갈등과 착취 관계 ▪ 국제관계는 네가티브섬 게임 ▪ 국제정치경제를 '바닥에서부터(from below)' 바라보게 함 ▪ 국제적 불평등 문제 해결이 중요
주요 비판	▪ 과도하게 국가를 중시 ▪ 현실에 대한 가정을 지나치게 단순화	▪ 과도하게 시장을 신뢰 ▪ 현실에서 국가가 행하는 역할을 과소 평가	▪ 선언적인 측면이 많고 근거가 부족 ▪ 현실에 대한 예측력 미흡

Box 6-1 경쟁에 대한 세 가지 시각의 차이점[3]

현실주의자들에게 경쟁은 일종의 치열한 전쟁이고 제로섬이다. 경쟁은 이기거나 아니면 패하는 전쟁인 것이다. 반면 자유주의자들은 경쟁이 포지티브섬을 가져온다고 믿는다. 스미스는 경쟁을 열정과 사익 추구에 대한 사회적 통제로 보았고, 충돌하는 이익이 중상주의자들이 인식하는 것처럼 항상 잔인한 갈등을 낳는다고 믿지 않았다. 오히려 판매자들 간의 경쟁은 어떤 개인 판매자도 너무 많은 힘을 갖지 않도록 만들어준다고 생각했다. 또한 경쟁사회에서는 노동자들이 언제라도 다른 직장을 찾아 이동할 수 있기 때문에 고용주들의 노동자에 대한 착취도 발생하지 않는다. 판매자와 구매자들 간, 고용주와 노동자 간에 경쟁이 충분히 보장된다면, 사적 이익 추구가 적절히 조절되어 사회적 이익과 조화를 이루게 된다고 주장한다.

맑스주의는 시장을 판매자와 구매자, 고용주와 노동자를 연결시켜 주는 하나의 체제로 보고 있다. 현실주의자들은 개인 판매자 대 개인 구매자 각각이 독자적인 힘을 갖고 있는 갈등적인 관계로 보았다. 스미스와 자유주의자들은 수많은 판매자와 수많은 구매자로 구성된 시장을 생각했고, 각각은 경쟁으로 인해 충분한 힘을 갖고 있지 못하므로 이들의 관계를 덜 갈등적이고 더 이성적으로 보았다. 맑스는 시장경제를 재화를 생산하는 노동자 자체가 재화를 구매하는 소비자 자체가 되는 체제로 인식했다. 그러므로 재화시장과 노동시장은 긴밀히 연계되어 있다. 공장의 소유자인 부르주아는 격렬한 경쟁에 처해 있기 때문에 노동절약적인 기술을 통해 비용을 낮추어 시장점유율을 늘리려 한다. 이처럼 사익을 추구하기 위해 효율성을 증대시키면 부르주아 자신들은 물론 고객들에게도 혜택을 가져다줄 수도 있다. 그러나 노동력을 감축시키고 임금을 낮추게 되면 소비자인 노동자의 구매력이 떨어져 공장의 재화에 대한 수요도 떨어진다. 이를 위협으로 느낀 부르주아는 노동절약을 통해 비용을 더 줄이려 하고 악순환이 반복된다. 맑스의 분석에서 경쟁은 문제의 근원으로 간주된다. 부르주아들 간의 경쟁, 프롤레타리아 간의 경쟁은 현실주의자들이 주장하는 제로섬 또는 자유주의자들이 주장하는 포지티브섬을 가져오는 것이 아니라 네가티브섬을 초래한다. 경쟁은 프롤레타리아뿐만 아니라 부르주아들도 열악해지게 만든다. 이러한 시장 체제에서는 부르주아도 경쟁으로 인해 몰락하고 프롤레타리아로 전락할 수 있다.

2. 고전적 맑스주의

2.1 고전적 맑스주의의 태동

고전적 맑스주의는 맑스와 엥겔스의 연구에 기초하고 있다.[4] 맑스는 국제관계에 대해서 체계적으로 저술하지는 않았으나 자본주의와 계급투쟁에 대한 그의 이론은 국제정치경제에서 맑스주의 시각의 기본 틀을 제공하였다. 맑스는 자본주의가 처음 유럽에서 등장한 이유가 봉건제에서의 토지에 대한 사적 소유가 자본주의에서 부르주아의 사적 소유권으로 전환되었기 때문이라고 믿었다. 유럽과 대조적으로 인도와 중국은 공동체적이고 중앙 집중적인 아시아적 생산양식을 갖고 있었기 때문에 서구식의 발전과는 다르게 진행되었다고 보고 있다. 이와 같은 생산양식을 가진 동양사회에서는 자본주의를 거쳐 공극적으로 사회주의로 진화해 나가는 내적 변화 메커니즘이 존재하지 않으므로, 이러한 변화를 유도하기 위해서는 서구 제국주의와 같은 외부적 압력이 필요하다고 주장하였다.

맑스는 동양사회를 정체된 사회로 본 것과는 달리 자본주의를 동적이고 확장되는 체제로 간주했고, 따라서 이러한 자본주의가 전 세계로 퍼져나가는 추세를 역사적 사명으로 보고 있다. 이러한 사고방식은 영국의 인도 지배에 대해서도 두 가지 상반된 견해를 동시에 갖게 만들었다. 즉, 한편으로 영국의 지배로 인해 과거 동양적 사회가 파괴되었고 동시에 다른 한편으로 아시아에 서구식의 자본주의 기초를 제공했다는 것이다. 맑스의 아시아에 대한 이와 같은 분석은 기초 지식의 부족과 유럽 중심적 편견으로 중대한 결함을 갖고 있었으며 후에 그는 자신의 생각을 철회하기도 하였다.

맑스와 엥겔스의 견해는 산업혁명이 한창일 때 영국에서 벌어지고 있던 상황들을 반영하고 있다. 이들의 역사에 대한 이론, 계급 갈등에 대한 관념, 자본주의에 대한 비판은 모두 19세기 유럽의 문화, 정치, 경제적 환경의 맥락에서 이해할 수 있다. 맑스는 역사를 위대하고, 동적이며, 진화하는 생물이고, 경제적 · 기술적 힘에 의해 근본적으로 결정된다고 이해하였다. 그는 역사적 유물론이라고 불리는 과정을 통해 이러한 힘들이 객관적으로 설명될 수 있으며 다른 자연법칙처럼 이해될 수 있다고 믿었다. 맑스는 역사의 경로가 점진적으로 진화한다고 보았다. 하나의 정치경제체제에서 다른 것으로 변화하는 과정은 기술발전과 같은 생산력 증대와 계급이나 소유관계 사이에 모순이 커지는 것에 기반한다. 계급관계가 기술발전보다 더 느리게 변화하기 때문에 사회 변화는 지체되고 계급 간의 갈등은 촉진된다. 이러한 계급 갈등이 너무 심화되어 인류 발전의 진전을 막을 때 사회적 혁명이 기존의 법적 · 정치적 질서를 몰아내고 지속적인 사회 진보와 양립할 수 있는 체제로 대체한다. 이런 방식으로 역사는 특정한 시대 혹은 단계를 통해 진화하는데, 원시적 공산주의, 노예제 봉건주의, 자본주의, 사회주의를 거쳐 마침내 순수한 공산주의에 다다른다. 엥겔스의 기본 사상도 이와 크게 다르지 않다. 엥겔스는 맑스와 함께 변증법적 사적 유물론의 토대를 쌓았고, 후에 프롤레타리아 혁명정당으로 이어진 '공산주의 동맹'을 조직하고 그 동맹의 강령으로 맑스와 함께 『공산당 선언(Manifest der Kommunistischen Partei)』(1848)을 발표하기도 하였다.

2.2 고전적 맑스주의의 의의 및 주요 특징

국제정치경제와 관련해 맑스는 몇 가지 중요한 기여를 하고 있다. 첫째, 관심의 초점을 자본주의가 국가 내에서 그리고 국가들 간에 만들어내는 불평등과 착취 관계에 맞춤으로써 국제정치경제를 '바닥으로부터(from below)' 바라보게 만들었다. 따라서 현실주의 및 자유주의와는 대조적으로 억압받는 계급과 가난한 사람들, 그리고 선진국이 아니라 제3세계 개발도상국의 입장에서 국제정치경제를 바라볼 수 있는 분석틀을 제공하고 있다.

둘째, 맑스는 정치경제에 대한 질문을 개인(시장) 대 사회(국가)라는 틀에 가두지 않았다. 그는 사회 변화를 계급 간 깊은 간극의 관점에서 보았다. 이는 그가 공장을 방문했을 때 자본을 소유한 부르주아(자본가)가 노동하는 프롤레타리아(임금노동자)를 착취하는 것을 본 것에 영향을 받은 것이다.[5] 맑스에게 계급은 생산수단에 대한 객관적 관계가 같은 사람들의 집단을 뜻했다. 자유주의자들은 부르주아와 프롤레타리아 두 계급이 평화적이고 상호 이득을 주는 관계를 형성하는 것이 가능하고 보았다. 그러나 맑스는 부르주아와 프롤레타리아가 일방적인 관계에 갇혔다고 보았다. '실업예비군(reserve army of the unemployed)' 때문에 노동자들은 자신들을 조직화할 수 있는 능력이 좌절되고 모든 협상에서 자본가들이 우위를 차지하게 되었다는 것이다. 또한 경쟁과 이윤극대화의 압력은 부르주아로 하여금 노동자들을 무자비하게 착취하도록 만들었다. 동시에 새로운 기술 개발을 통해 점차적으로 노동력을 대체하였고 노동자가 받는 임금을 낮추도록 만들었다. 궁극적으로 이러한 과정은 프롤레타리아 대중의 비참함으로 이어졌고 혁명을 위한 초석이 마련되도록 했다는 것이다. 맑스와 엥겔스는 이처럼 자본주의는 스스로 무덤을 판다고 주장했다.

셋째, 맑스는 생산양식의 변화에 주목함으로써 국제정치경제에서 동적인 것에 초점을 맞추도록 만들었다. 맑스의 분석에 따르면 자본주의는 세계를 변혁하는 역할을 한다. 자본주의는 두 가지 목표를 동시에 달성하는데, 먼저 노예제도와 봉건주의를 타파하고, 다음 더 높은 수준의 사회 발전으로의 궁극적인 이행을 위한 사회적 · 경제적 토대를 마련한다. 그러나 맑스는 자본주의가 근본적으로 결함을 갖고 있다고 보았으며 자신을 파괴할 씨앗을 내포하고 있다고 보았다. 그는 이를 세 가지 생산양식에 대한 법칙으로 구분하였다. 첫째는 이윤율 감소의 법칙이다. 자본가들이 노동비용을 줄이고 생산적인 기술에 투자하여 이득을 얻게 되면 실업률이 증가하여 역으로 이윤율이 감소한다는 것이다. 둘째는 불균형성의 법칙(또는 과소소비의 문제)이다. 자본주의는 불안정하여 과잉생산, 즉 과소소비로 이르게 된다. 수요와 공급이 균형을 이루지 못하면 격렬한 경기변동으로 이어지고, 사회적 불안의 가능성이 커지면 혁명의 가능성이 커지고 변화하게 된다. 이 법칙은 공급이 자신의 수요를 창출시킨다는 세이(Say)의 법칙을 부정하는 결과를 초래한다. 셋째는 집중의 법칙(또는 자본의 축적)이다. 자본주의는 부와 소득의 분배에 있어 불평등을 증가시킨다. 부르주아가 계속해서 프롤레타리아를 착취하고 약한 자본가가 강한 자본가에 의해 먹혀 버리면 부와 자본의 소유는 점점 더 소수의 손에 집중된다. 이는 불평등을 눈에 띄게 만들고 불균형성 법칙의 영향을 악화시켜 가난해진 소비자 대중이 구매력을 잃게 된다.

3. 제국주의 이론

3.1 제국주의 이론의 태동

비록 맑스가 시장의 힘에 의해 추동되는 계급 착취 관점에서 국제정치경제 관계를 보고 있지만, 국제관계 관점에서 본격적으로 자본주의의 국제적 파급 및 영향에 대해 살펴본 것은 제국주의 이론이라고 할 수 있다. 제국주의 이론은 세계를 위계적으로 조직되어 있으며 어떤 사회가 다른 사회를 정복하고 통제하는 것으로 설정한다. 초기에 제국주의에 대한 가장 영향력 있는 이론 중의 하나를 만들어낸 사람은 경제학자인 홉슨(John A. Hobson)이었다. 그는 자본주의 사회에 만연한 주요 문제들은 낮은 임금과 노동자들의 저소비, 자본가들의 과잉 저축 및 과잉 생산이며, 이 때문에 자본가들은 재화와 이익의 과잉에 대한 배출구로 해외로 눈을 돌려야 했다고 주장한다.[6]

홉슨의 영향력에도 불구하고 제국주의의 가장 중요한 이론은 맑스주의자들, 특히 레닌(Vladmir Lenin)에 의해 제시되었다.[7] 홉슨과 레닌은 제국주의가 노동자들의 저임금과 저소비의 결과였다는 점에는 의견을 같이하지만 해결책에 대한 처방은 달리하였다. 자유주의자인 홉슨은 자본주의 체제 내에서 임금이 올라가고 소득이 재분배되면 제국주의가 잉여의 배출구로서 필수적이지 않게 될 것이라 믿었다. 이와 대조적으로 맑스주의자로서 레닌은 노동자에 대한 착취와 제국주의가 자본주의의 최상위 단계에서 불가피한 결과라고 보았다.

맑스와 마찬가지로 레닌도 자본주의는 과잉생산, 과소소비, 저임금, 실업, 이윤 하락 등과 같은 문제를 야기한다고 보았다. 그러나 맑스가 이러한 프롤레타리아 계급의 고통으로 인해 선진 자본국가에서 혁명이 일어날 것이라고 예측한 것과는 달리, 레닌은 왜 혁명이 일어나지 않았는가를 제국주의로 설명하려고 하였다. 제국주의 하에서 자본과 재화를 식민지로 수출하는 것은 자본가 계급에게 새로운 초과이득(superprofits)을 주어 경제위기를 피하고 자국의 노동자들의 임금을 올려 혁명을 지연시킬 수 있다는 것이다.

맑스는 자본주의가 미성숙한 개발도상국에서 변화를 유도하기 위해서는 서구 제국주의와 같은 외부적 압력이 필요하다고 주장하였다. 이러한 주장에 따르면 제국주의는 식민지의 자본주의적 발전을 가져올 필요악이라고 볼 수도 있다. 그러나 개발도상국 식민지에서의 경험을 보면 제국주의가 만연했음에도 산업화와 경제발전은 예상했던 것처럼 일어나지 않았다. 남미 및 아프리카 지역에서 많은 국가들이 식민지에서 독립한 후에도 여전히 주로 1차 산업 제품들을 생산하고 있고 여전히 자본과 기술을 선진국에 의존하고 있다. 이처럼 맑스의 주장과 달리 식민지에서 독립 후에도 자본주의 발전이 일어나지 않은 현상으로 인해 맑스주의는 쇠퇴하고 분화하게 된다. 이러한 분화과정에서 제2차 세계대전 이후 종속이론이 탄생하게 되는데, 종속이론은 자본주의가 동적인 과정을 거쳐 개발도상국들의 발전을 유도하는 것이 아니라 오히려 저해한다는 점을 강조하고 있다.

3.2 제국주의 이론의 의의 및 주요 특징

국제정치경제 관점에서 제국주의 이론의 가장 큰 기여는 고전적 맑스주의를 국제관계로 확장했다는 것이다. 레닌은 맑스의 생산양식에 근거한 계급투쟁을 받아들여 부유한 선진국들이 세계에서 더 가난한 지역으로 생산과 금융구조를 이전하는 제국주의 행태가 어떤 국제적 영향을 갖는지 설명하는 데 이용하였다. 맑스가 자본주의는 혁명적 위기를 맞아 내부적 계급이 봉기할 것이라고 말한 것에 대해 레닌은 자본주의 국가들이 식민지 건설을 통해 이러한 위기를 피하고 있다고 주장한다. 식민지의 획득은 자본주의 경제에게 소비되지 않은 재화를 처리하고 값싼 원료를 얻을 수 있게 만들어 잉여자본을 발산할 수 있게 해주었다. 자본주의 경제가 성숙하면 자본이 축적되고 이익률이 떨어짐에 따라 자본주의 경제는 식민지를 만들어 시장, 투자의 배출구, 그리고 식량과 원자재의 원천으로 기능하도록 종속하게 만든다는 것이다.

레닌은 제국주의 이론을 통해 본질상 국내경제의 이론이었던 맑스주의를 자본주의 국가 간의 국제정치관계의 이론으로 사실상 바꾸어 놓았다. 레닌은 자본주의가 해외에서의 제국주의를 통해 맑스가 말한 세 가지 운동법칙으로부터 벗어났다고 주장했다. 식민지의 획득 때문에 자본주의 경제가 재고상품을 처분하고 값싼 자원을 획득하여 잉여자본을 투자할 수 있게 되었던 것이다. 더 나아가 식민지들에 대한 착취로 인해 자본가들은 자국의 프롤레타리아 지도부를 매수할 수 있는 경제적 잉여를 가질 수 있게 되었다. 레닌은 이러한 필연적인 팽창을 국제자본주의 체제의 궁극적인 파멸의 원인으로 파악했다. 길핀(Robert Gilpin)은 레닌이 국제자본주의 체제가 불안정하다는 점을 증명하려는 노력에서 맑스의 자본주의 3대 법칙에 네 번째 법칙인 '자본주의적 제국주의 법칙'을 추가했다고 평가하고 있다.[8] 자본주의 경제가 성숙되고 자본이 축적되어 이윤이 떨어질 때 자본주의 경제는 시장, 투자 추구, 식량과 원료 공급자로서의 필요성 때문에 식민지를 장악하고 종속국을 만들어낼 수밖에 없다는 것이다. 자본주의에 내재한 모순은 계급투쟁보다는 오히려 국가들 간의 필연적인 투쟁 속에 있다고 레닌은 믿었다.

레닌에게 제국주의는 자본주의 시대의 역사에서 한 부분을 차지하여 세계는 공산주의로 가는 길에 이를 견뎌야 하는 것으로 생각되었다. 레닌은 이러한 제국주의의 진화과정을 독점시장구조와 연계시켜 설명하고 있다. 레닌에 따르면 제국주의를 나타나게 하는 핵심적인 요인은 국내경제에서의 경쟁 감소와 독점의 성장이다. 맑스의 자본주의 3대 법칙 중 하나인 집중의 법칙에 따르면, 자본주의에서 부와 소득은 일부 소수의 손에 집중되어 버린다. 자본이 집중되면서 경쟁의 경우와는 정반대로 대규모 기업들이 탄생하는 반면 중소규모 기업들은 사라져 버리게 된다. 이러한 대규모 기업들은 더 큰 기업들에 흡수되고 이러한 과정이 진행되다 보면 모든 생산과 자본이 하나로 집중되는 독점기업이 탄생하게 된다. 레닌은 독점구조 하에서는 자본이 집중되기 때문에 선진산업국에서는 충분한 투자기회를 찾을 수 없게 되고, 따라서 보다 유리한 이윤을 얻을 수 있는 지역으로 자본이 수출된다고 주장하고 있다. 이러한 설명에 따르면, 경쟁은 자연독점(natural monopoly)을 만들어내고 결국에는 제국주의를 창출하게 된다.[9]

제국주의 이론의 또 다른 기여는 그 이후 나타나고 있는 종속이론과 현대 세계체제론의 근거가 되었다는 점을 들 수 있다. 레닌은 국내적인 계급 간 불평등이 어떻게 국제적인 국가 간 불균등 발전 형태로 나타날 수 있는가를 설명하려고 하였다. 레닌은 이익을 추구하는 자본가들이 잉여자본을 프롤레타리아의 생활수준을 향상시키는 데 사용하기를 기대할 수 없다고 보았다. 그래서 자본주의 사회는 여전히 불균등하게 발전하여 어떤 계급은 번성하고 다른 계급은 가난에 빠지게 된다. 자본주의의 제국주의 단계는 이러한 부와 가난의 이중성을 단지 세계로 이전하는 것뿐이다. 자본가들은 이익을 유지하거나 더 증가시키려고 하여 착취를 수출하게 된다. 이렇게 가난한 주변부 국가들은 새로운 '프롤레타리아'로서 세계 경제에 통합되는 것이다. 레닌은 생산과 금융이라는 국제정치경제의 두 구조를 통해 제국주의적 자본주의가 퍼져나간다고 보았다. 제국주의는 부유한 자본주의 국가들이 가난한 국가들을 저개발 및 부채의 늪에 빠지게 하고, 부유한 국가에서 제조된 재화, 일자리, 자금에 의존하도록 만들어 자본주의의 궁극적 위기를 지연 가능하도록 만든다.

4. 현대적 구조주의

4.1 구조주의의 태동

일반적으로 국제정치 이론에서 구조주의(structuralism)란 연구대상을 고립되어 있는 개별적 사실보다는 일련의 사실들 간의 상호관계에 초점을 맞추는 접근법을 말한다. 따라서 국제관계를 설명하는 데 있어서도 개별 국가의 특성보다는 국가들이 연계되어 있는 국제체제의 구조에 초점을 맞추고 있다.

맑스 이래로 그 전통을 이어받은 구조주의자들은 경제구조가 사회구조에 강력한 영향을 미친다고 보고 논의를 전개하고 있다. 이들은 이러한 전제를 바탕으로 국제관계를 결정하는 가장 중요한 동기를 경제적 이해관계로 보고 있다. 구조주의자들에 따르면, 국제정치경제 체제에서의 가장 근본적인 갈등은 선진산업국과 저개발국 간의 갈등인데, 이는 선진산업국의 자본가 계급이 자신들의 경제적 이득을 위해 저개발국가들을 수탈하기 때문에 발생한다. 이들은 자본주의의 착취적인 특성에 주목하기 때문에 힘과 부의 재분배를 상당히 강조한다. 그러나 현실주의자들과 달리 부와 힘의 재분배가 자유로운 자본주의에서 일어날 수 있다는 생각에 반대한다. 이들은 계급 갈등의 문제를 국제관계로 확대하고, 더 나아가 국제관계에서 분석의 수준을 세계체제라고 하는 전 지구적 차원으로 넓히고 국제관계를 세계체제 안에서의 유기적 관계로 파악하려고 하였다.

구조주의가 등장하게 된 것은 제2차 세계대전 이후 많은 식민지 국가들이 정치적인 독립을 이루었음에도 불구하고 경제적으로는 여전히 종속되어 있는 현실에 대한 인식에서 출발하였다. 식민지 해방 이후에도 선진 자본주의의 영향이 지속되는 반면 저개발국의 발전은 이루어지지 못해 국가 간 격차가 더욱 커지자 일부 학자들은 이를 신식민주의로 설명하려고 하였다. 신식민주의란 제국주의의 정치적 힘이 소멸함에도 이전 식민지에 대한 경제적 통제가 계속되는 것을 말한다. 커다란 관심을 끌었던 대표적인 구조주의 이론으로 1960년대 후반 남미를 중심으로 나타난 종속이론, 1970년대 후반 전개된 세계체

제론 등을 들 수 있다.[10]

4.2 종속이론

종속이론(Dependency Theory)은 처음에 남미 국가들에 초점을 맞추었으나 점차 저개발국 문제에 대한 지배적인 이론으로 발전하였다. 세계 정치경제의 구조가 본질적으로 남반구의 저개발된 국가들을 북반구의 자본주의 중심부 국가들에게 종속되게 만들어 노예로 전락시킨다는 것이 다양한 종속이론의 중심 내용이라고 할 수 있다. 종속이론가들은 자유주의적 근대화에 대한 낙관주의를 거부하고 선진국이 후진국의 진정한 자율적인 발전을 성취하지 못하도록 만든다고 주장한다.

종속이론은 맑스주의의 이론적 전통을 바탕으로 하고 있다. 따라서 종속이론은 주로 자본주의 발전과정에서의 갈등, 착취, 계급, 생산양식, 제국주의와 같은 용어를 사용하고 있으며, 또한 자본주의를 사회주의로 대체해야 한다는 생각을 옹호한다. 그러나 종속이론은 맑스주의가 주장하는 내용, 즉 선진국이 장기적으로 후진국에게 자본주의를 전파하는 데 기여한다는 의견에 반대한다. 도스 산토스(Theotonio Dos Santos)는 현대 역사에서 종속의 시대를 세 가지, 즉 식민지 종속(18~19세기), 금융-산업의 종속(19세기~20세기 초), 전후의 다국적기업들에 기반한 종속의 시대로 나누고, 어느 경우라도 후진국이 혜택을 본 경우는 없다고 주장하고 있다.[11] 프랭크(Andre G. Frank)도 개발된 지역과 개발 중인 지역이 세계체제에서 연결되면, 거대 자본주의 국가의 주변부에 대한 착취로 이어진다고 보고 있다.[12] 바란(Paul Baran)은 후진국의 경제발전은 선진국의 지배적 이익에 해가 되기 때문에 선진국의 지배계급은 후진국의 산업화를 억제한다고 말한다. 라틴아메리카 구조주의자인 프레비슈(Raúl Prebisch)는 더 자유로운 무역을 통해 모두가 혜택을 받을 것이라는 자유주의적 추정에 의문을 갖게 되었고 1차 상품을 수출하는 주변부의 후진국들은 중심에 있는 선진국들과의 무역조건이 악화되어 고통받고 있다고 주장하였다.[13]

개발도상국이 이미 발전된 자본주의 산업의 힘에 의해 착취된다면 어떻게 발전할 수 있을까? 이에 대해 종속이론의 많은 연구가 세계 정치경제로부터 주변부 국가들이 빠져

나와야 한다고 주장하면서, 저개발국이 산업화하고 발전할 수 있는 다양한 전략들과 정책을 제안하였다. 가장 대표적인 학자가 프레비슈인데, 그는 후진국들이 수입대체 산업화(import substitution industrialization ; ISI) 정책을 채택하여 자국의 유치산업을 보호해야 한다고 주장하였다. 일부 종속이론가들은 중심부가 후진국들이 진정한, 자율적인 발전을 성취하도록 허락하지 않을 거라고 보았기 때문에 프레비슈의 주장을 비판하였다. 더 나아가 국제경제를 좀 더 공격적으로 개혁하고 새로운 국제경제질서를 요구하는 이론가들도 있다.

종속이론가들은 저개발의 원천에 대해서도 다양한 의견을 보이고 있다. 프랭크와 같은 종속이론가들은 외부적 요소, 즉 남반구의 주변부 국가들이 중심부와 상호작용한 결과로 발전에 제약을 받는다고 본다. 그러나 카도조(Fernando H. Cardoso)와 팔레토(Enzo Faletto)는 내부적 및 외부적 과정을 모두 고려해야 한다고 주장한다.[14] 예를 들어 주변부의 매판 자본가들과 외국 자본가들의 연합이 후진국의 종속을 더 강화하기도 한다는 것이다. 프랭크와 같이 좀 더 과격한 학자들은 저개발국의 발전 가능성에 대해서도, 후진국이 중심부 국가들과 관련된 결과로 저개발되었다고 보기 때문에 자본주의 중심부와의 연계가 유지되는 한 저개발에서 벗어날 수 없다고 주장한다. 그러나 카도조 및 팔레토와 같이 상대적으로 유연한 입장을 취하는 종속이론가들은 주변부에서의 발전도 때때로 가능하다고 본다. 이를 "종속된 발전(dependent development)"이라고 하는데, 외국의 자본과 국내 자본, 후진국 정부의 연합이 자본의 축적과 산업화를 가능하도록 만들 때 발전이 가능하다는 것이다. 종속된 발전을 믿는 학자 중에서도 이것이 후진국의 진정한 자율적 발전은 아니라고 주장하는 학자도 있다. 변화를 위한 처방에 대해서는 종속이론가들이 대체적으로 중심부와의 연계를 끊고 사회주의 혁명을 통해 사회 정의와 평등을 가져올 수 있다는 제안을 하고 있다. 그러나 자율성과 사회주의가 필수적으로 양립 가능한 건 아니라면서도 둘 중 무엇이 더 중요한지 명확하게 말하지 않고 있다.

종속이론에 대해서 여러 시각으로부터 다양한 비판이 제기되고 있다. 첫 번째 주요 비판은 종속이론가들이 개념을 적절하게 정의하지 않았다는 것이다. 예를 들어 그들은 국가가 종속적이거나 종속적이지 않다고 보았는데 종속의 정도를 측정하는 방법이 확실하지 않다. 그리고 '중심부'와 '주변부'라는 개념도 지나치게 넓게 분류하고 있어 명확하게 알기 어렵다. 두 번째 비판은 종속이론가들이 자본주의에 너무 몰두하여 다른 형태의 착취에 대해서 고려하지 않고 있다는 것이다. 종속에서 가장 중요한 요소는 자본주의 그 자체가 아니라 국가들 간의 불균등한 힘이라는 비판이다. 세 번째 비판은 종속이론이 후진국 문제의 근원을 지나치게 국제체제에만 두고 있다는 것이다. 카도조 및 팔레토가 내부적 요인에도 관심을 두기는 하였으나 종속이론은 여전히 외부적 요소를 더 중시한다. 이는 비슷한 외부적 제약에 대해 다르게 대응하는 후진국들을 설명하기 어렵다. 네 번째 비판은 종속이론의 후진국 발전에 대한 예측이 틀렸다는 것이다. 예를 들어 중국은 농업 중심의 자급자족 모델이었으나 1978년 개방정책으로 전환한 후 급속도의 경제성장을 이루었다. 다섯 번째 비판은 변화를 위한 처방 또한 모호하고 구체적으로 제시되지 않고 있다는 것이다. 종속이론가들이 사회주의를 궁극적인 목표로 삼고 있지만 어떻게 사회주의가 저개발국을 종속에서 벗어나게 할지, 그리고 어떻게 혁명이 발생하는지에 대한 설명이 부족하다. 여섯째, 심지어 맑스주의자들도 종속이론이 지나치게 국가주의적이라고 비판하기도 한다. 이들의 입장에서 볼 때 가장 중요한 문제는 외국의 통제나 지배가 아니라 생산수단에 대한 사적 통제이므로 이에 대한 해결책을 제시해야 한다.

4.3 세계체제론

세계체제론(World-System Theory)은 종속이론과 유사점이 많지만 포괄하는 범위도 더 넓고 좀 더 유연한 이론이다. 세계체제론은 월러슈타인(Immanuel Wallerstein)이 처음 제시하였고,[15] 이후 체이스-던(Christopher Chase-Dunn)을 포함한 다수의 학자들에 의해 발전되었다.[16] 세계체제론자들은 관심의 초점을 중심부의 주변부 국가들에 대한 영향력에 한정하지 않고 중심부 국가들과 패권의 부상 및 쇠퇴 간의 관계를 포함한 세계체제 전체적인 측면으로 확대하고 있다.

세계체제론에서 분석의 주요 단위는 단일의 노동분업과 다양한 문화체제를 가진 세계체제이다. 세계체제는 두 개의 주요한 유형으로 나뉜다. 첫 번째 세계 제국(worldempires)은 고대 로마처럼 단일한 정치체제를 가진 것으로, 중심부와 주변부의 노동에서 경제적 분업을 통제하기 위해 강압적 정치적 힘을 사용한다. 두 번째 세계 경제(world-economies)는 많은 정치체제를 가진 것으로 하나의 국가가 전체 중심부를 정복하는 것이 아니라 중심부의 국가들이 부상하고 쇠퇴함으로써 "순차적인 패권"을 갖게 되는 것을 말한다. 현대 세계체제는 세계 제국이라는 형태보다는 자본주의 세계 경제라는 형태를 취하고 있다.

현대 세계체제는 다음의 특성들을 보여준다. 첫째, 국가들이 경제적 교환에 상호 의존하게 만드는 단일한 노동분업, 둘째, 이윤을 얻기 위한 상품과 재화의 판매, 그리고 셋째, 세계가 중심부(core)-주변부(periphery)-반주변부(semi-periphery) 세 개의 사회경제적 단위로 나눠지는 것이다. 현대 세계체제론의 관점에서 자본주의 중심부 국가들은 자본주의 세계 경제의 다른 지역에 침투함으로써 농업을 넘어서 더 높은 수준의 기술을 요하는 산업들과 생산양식으로 이동하였다. 중심부, 주변부, 반주변부의 구분은 민족국가에 기반한 것이 아니라 현대 세계체제에서 어떤 역할을 담당하느냐에 따라 달라진다. 부르주아의 이해관계는 어느 국가에서나 존재하며, 모든 국가는 중심부, 주변부, 반주변부의 요소를 다 갖고 있다. 이런 측면에서 세계체제론은 맑스와 마찬가지로 국제정치경제를 계급관계 및 착취 관점에서 보고 있다.

월러슈타인에 따르면, 중심부 국가들이 주변부를 잉여생산물을 쏟아붓는 시장으로 이용한다는 레닌의 주장과는 달리, 값싼 원자재를 획득하기 위한 목적으로 불평등 교환을 통해 주변부 국가들을 지배한다. 중심부는 반주변부 및 주변부와 자본주의의 글로벌 구조를 통해 상호 교류하면서, 이들을 착취하기도 하지만 전환시키기도 한다. 반주변부는 경제적 역할보다는 정치적 역할이 상대적으로 더 중요한데, 피착취자이자 동시에 착취자로서 활동하며 주변부의 불만을 중심부로 확산시킨다.

세계체제론자들은 중심부와 주변부 사이에 제3의 항목인 반주변부라는 개념을 도입했다. 이는 동아시아와 라틴아메리카의 개발도상국과 같이 산업화된 후진국이 나타났기 때문이다. 반주변부 국가들은 자본집중적 산업이 주변부 국가들보다 발달했으나 중심부 국가들보다는 덜 발달했다. 또한 주변부 국가들보다는 강력하고 자율적이나 중심부 국가들보다는 덜하다. 중심부–반주변부–주변부 위계에서 이동하는 것이 가능하기만 하지만 실제적으로는 거의 일어나지 않는다고 본다. 또한 세계체제론자들은 오늘날 저개발국의 전망에 대해 자유주의자들보다 훨씬 더 비관적이다. 반주변부의 존재는 자본주의 세계경제의 안정성과 중심부 선진국들의 지속적인 우위를 확보해 주는 데 기여한다. 반주변부가 주변부를 분화시키기 때문에, 중심부 국가들은 주변부 국가들로부터 조직화된 반대에 직면하지 않기 때문이다. 그러나 이러한 명백한 안정성에도 불구하고 자본주의 세계경제는 장기적인 생존을 위협할 수 있는 모순을 갖고 있다. 따라서 세계체제론자들은 자본주의의 쇠퇴와 사회주의로의 대체를 전망하고 있지만, 변화의 시기에 대한 전망은 상당히 애매모호하다.

세계체제론은 국제정치경제 연구에 중요한 또 다른 대안적 접근법을 제공해 주었다. 세계체제론자들은 현실주의와 자유주의자들과 달리 사회경제적 · 정치적 변화에 대한 장기적이고 역사적인 관점을 제시해 준다. 자유주의자들은 과거에 산업화를 진행했던 국가들과 오늘날 저개발국들 간에 존재하는 역사적 차이점의 중요성을 간과하는 측면이 있다. 세계체제론은 또한 국가가 때로는 주변부에서 반주변부, 중심부로 상승할 수 있다고 주장함으로써 종속이론이 지닌 결점을 피할 수 있었다. 아울러 정치의 경제에 대한 관계 등 일부 중요 이슈에 대해서 월러슈타인은 현실주의와 맑스주의적 견해 사이의 가교 역할을 하려고 시도하였다.

그럼에도 불구하고 세계체제론 또한 다양한 비판을 받고 있다. 고전적 맑스주의자들은 세계체제론자들이 자본가와 노동자 사이의 '생산관계'에 주목하기보다 중심부, 반주변부, 주변부 국가들 간의 '교환관계'에 더 주목한다고 비판한다. 한편 현실주의자들은 세계체제론자들이 국가의 역할을 이론화하지 못했고, 또한 월러슈타인이 "강한 국가"는 중심부에 있고 "약한 국가"는 주변부에 있다고 단순하게 추정하고 있음을 비판한다. 게다가 세계체제론의 비판자들은 후기 산업화된 국가들이 강력한 국가의 리더십으로 인해 성공적으로 발전하기도 하며, 미국은 권력의 분립으로 인해 상대적으로 국가 특성상 약한 국가임에도 경제와 군사적 힘에서 패권을 차지하는 위치가 되었다고 주장하기도 하였다. 많은 사람들이 현대 세계체제론이 세계 자본주의 체제의 영향력을 제약하는 조건에서 너무 결정주의적이라고 비판한다. 또한 자본주의를 현재 역사의 궁극적 산물이라고 보는 것이 잘못되었다는 비판도 있다.

5. 맑스주의에 대한 비판

맑스에서 시작해 현대적 구조주의로까지 발전되어 온 맑스주의는 국제정치경제 분야에서 몇 가지 특별한 기여를 하고 있다. 하나는 이미 앞에서 지적한 것처럼 계급 갈등에 따른 불평등과 착취와 같은 이슈를 자본주의 국가 내에서의 문제로부터 국가들 간의 문제로 확장시키고 국가 간 소득격차와 빈곤에 대한 도덕적 비판의 근거를 제시했다는 것이다. 현실주의자들은 주로 부의 국제적인 분배에만 관심을 두고 있는 데 반하여, 맑스주의자들은 부의 분배에 대한 시장경제의 국내적 영향 및 국제적인 영향 양자 모두에 초점을 맞추고 있고, 또한 노동분업의 성격과 구조를 국내적인 차원 및 국제적인 차원에서 동시에 강조하고 있다. 둘째, 맑스주의는 국제정치경제를 '바닥으로부터(from below)' 바라보게 만들었다는 것이다. 즉, 억압받는 계급과 가난한 사람들, 그리고 제3세계 저개발국의 시각에서 국제관계를 바라보는 분석틀인데, 이는 현실주의 및 자유주의와 명백한 대조를 이룬다. 셋째, 맑스주의는 체제 변화의 동적인 측면을 강조함으로써 체제가 정적으로 고정되어 있는 것이 아니라 끊임없이 상황 변화를 반영해 진화한다고 주장하였다. 자본주의와 다른 생산양식이 갈등과 위기에 의해 추진되고 변화한다는 것이다. 초기 맑스주의자들은 자본주의 위기가 혁명으로 나타나 사회주의가 출현하게 된다는 진화과정을 설명하였고, 제국주의자들은 자본주의 자체가 어떻게 지속될 수 있는지를 설명하였다. 넷째, 마지막으로 맑스주의는 국내 및 국제적으로 약자 입장에서 보고 있기 때문에 훨씬 다양한 사회적인 이슈들을 다룰 수 있게 한다. 예를 들어 빈부문제, 환경문제, 젠너문제 등과 같이 현대 사회에서 중요한 이슈들에 대해서 접근할 수 있는 가능성을 제시해 주고 있다.

Box 6-2 국제정치경제의 시각과 페미니즘

국제정치경제의 세 가지 주류 시각들은 대부분 여성의 역할을 간과한다. 자유주의는 생산과 노동에의 참여를 오직 시장의 조건으로 측정한다. 그러나 여성은 집안일을 하거나 후진국 경제에서 최저한도를 버는 분야에서 일한다. 재화와 서비스에 대한 대가를 지불받지 못하는 여성들은 시장에 참여하지 못했으므로 "비생산자(nonproducers)"로 인식된다. 현실주의는 국가를 분석의 주요 단위로 본다. 그러나 현실주의에서 국가의 주요 목적으로 보는 안보와 생존은 남성들이 정의하고 국가의 안보 이익을 증진하는 데에 남성들이 책임을 지고 있다. 맑스주의자들은 노동자들에 대한 계급 기반의 억압이나 주변부에 대한 중심부의 억압을 우선시하고 관심을 갖지만 여성에 대한 가부장적 억압에 대해 고려하지 않는다.

페미니즘 이론가들은 글로벌 재구조화와 국제 노동분업의 변화, 노동 이주, IMF 및 세계은행의 구조조정 대출 등과 같은 국제정치경제 과정에서 성별에 따라 어떤 영향이 발생하는지 연구해 왔다. 또한 초국적 페미니스트 연결망 또는 국내 수준을 넘어서 조직된 제도에의 참여를 통해 페미니스트가 국제정치경제 과정에 어떻게 반응하는지 살펴보고 있다.[17]

국제정치경제의 한 이론으로서 맑스주의의 주요 약점은 국제관계에서 정치적이고 전략적인 요인들의 역할을 인식하지 못한 데에서 연유한다. 비록 시장과 자본 출구를 위한 경쟁이 확실히 갈등을 유발하고 제국주의와 전쟁을 일으키는 한 원인이 될 수 있다 할지라도 자본주의 국가들의 외교정책 행위에 대해 적절한 설명을 제공하지는 못한다. 아울러 레닌이 자본주의 체제의 내적 운동에서 제국주의의 기본적인 원동력을 추적한 것은 잘못이다. 19세기 제국주의 팽창과정에서는 자본주의의 내적 모순보다는 유럽 강대국들의 정치적 · 전략적 갈등이 더 중요했다. 그들 국가 간 경쟁을 식민지 세계로 끌어냈던 것은 다름 아니라 강대국들 사이의 대륙에서의 교착상태였다. 셋째, 유럽 열강들의 식민지 확장과정을 보면 해외 식민지들은 경제적으로 제국주의 이론이 주장하는 것만큼 중요하지는 않다. 거의 모든 유럽의 해외투자는 대부분 종속적 식민지라기보다는 오히려 미국, 캐나다, 호주, 남아프리카, 아르헨티나 등 최근에 정착된 대륙으로 향했다. 레닌의 견해와 달리 이 시기 동안의 국제금융은 주로 짜르 치하 러시아에게 행해졌던 프랑스의 차관처럼 외교정책의 부산물이었다.

맑스주의의 현대화된 버전인 구조주의에 대한 비판은 기본적으로 이론적인 설명에 있어 명확하지 않은 측면들이 많고 이론적 예측에서도 부족한 면이 많이 나타난다는 것이다. 예들 들어 종속이론 및 세계체제론에서 핵심을 이루고 있는 종속, 중심부, 주변부, 반주변부와 같은 개념에 대한 정의가 추상적이고 구체적인 측정기준도 명확하지 않다. 또한 남미 저개발국의 실패, 동아시아 국가들의 성공, 미국 정치체제와 패권국으로의 연계 등에 대한 예측이 실패했고 타당한 설명을 해주지 못하고 있다. 더욱이 궁극적으로 지향해 가는 목표를 달성하기 위한 처방을 제공하는 데 있어서도 미흡한 측면을 보여주고 있다.

소련 블록의 해체와 냉전의 종식으로 맑스주의 시각이 더 이상 유효하지 않다고 주장하는 사람들도 나타났다. 그러나 그 이후 세계화가 심화되면서 자기 절제의 모습을 보여주는 자본주의 국가들이 감소하였고 상업적 분쟁이 점점 더 커졌다. 그 결과 맑스주의가 우려하던 역사적으로 가장 높은 수준의 불평등이 세계 각국에서 나타났으며, 국가 간 격차도 이전에 비해 훨씬 더 악화되어 왔다. 이러한 문제가 극단적으로 표명된 것이 글로벌 금융위기였다. 글로벌 금융위기가 발발한 지 10여 년이 지난 지금 여전히 자유지상주의적인 추세가 지배하고 있으며 불평등 및 빈부격차 문제는 해결되지 않고 있어 "갖지 못한 자들" 사이의 불만이 팽배하고 있다. 이러한 문제가 지속된다면 맑스주의의 부활을 자극할 수 있다. 또한 종속이론과 같은 구조주의적 접근법이 폐기되었을지라도 이들이 우려했던 문제 중 많은 것들이 계속해서 유효하다. 비록 맑스주의 시각의 영향력이 줄어들었으나 새로운 이론적 개발을 통해 이러한 문제들에 계속 접근한다면, 주류 현실주의와 자유주의적 시각의 중요한 대안으로 기능할 수 있을 것이다.

부록 그람시적 분석(Gramscian Analysis)

그람시(Antonio Gramsci)는 많은 이념과 사상을 맑스주의로부터 이끌어내었다.[18] 그러나 맑스주의가 경제적 요소를 정치적 · 사회적 · 문화적 요소에 비해 너무 강조해 이탈리아에서 가톨릭 교리의 역할과 무솔리니의 부상과 같은 이탈리아 정치와 사회의 중요한 면을 설명할 수 없다고 주장하였다. 그람시에 따르면 자본주의의 지배는 경제적 조건뿐만 아니라 계급투쟁의 정치적 · 이념적 · 문화적 조건에도 기인한다. 따라서 사회주의 하에서 사회의 재구성을 논하기 위해서는 이런 요인들을 모두 고려할 필요가 있다. 그람시는 사회의 구성과 변화를 설명할 때 맑스주의자들보다 문화, 이념, 제도의 역할을 더 강조했다. 그람시주의자들은 구조와 힘을 물질적인 조건뿐만 아니라 사상적 조건으로도 보기 때문에 사회 구성주의(social constructivism)와도 연결된다.

그람시주의자들은 패권에 대한 견해가 현실주의와 상당히 다르다. 현실주의자들이 패권을 국가의 지배적 힘의 관점에서 보는 반면, 그람시주의자들은 맑스주의자들처럼 계급관계를 상당히 중시한다. 지배적 계급이 강압만으로 통치한다면 그람시주의자들의 입장에서 볼 때 그 지배적 계급은 패권을 가진 것이 아니다. 그 힘이 사회 전체에 확장된 것이 아니며 물리적 힘에 의해 쉽게 전복될 수 있기 때문이다. 패권을 획득하기 위해서 지배적 계급은 공유하는 가치, 사상, 물질적인 이해를 근거로 한 피지배계급의 적극적인 동의를 얻어야 한다. 그람시주의자들은 역사적 블록(historic bloc)이라는 용어를 사용하여 한편으로는 국가의 힘과 다른 편으로는 사회와 경제를 이끄는 지배적인 사상 사이의 조화를 언급한다. 고전적 맑스주의자들처럼 그람시는 정치적 행동에 주목하며, 하위집단에서 반패권(counter hegemony)을 수립하는 것의 중요성에 대해 강조했다. 반패권은 사회의 대안적 윤리관의 하나이며, 사회주의 사상을 기반으로 조직된 반패권은 하위집단이 충분히 불만족하게 되면 자본주의를 기반으로 조직된 패권에 도전할 수 있다고 보았다.

그람시에 따르면 사회에서 지배적인 계급이 그 지위를 유지하는 데에는 두 가지 근본적으로 다른 방법이 있다고 한다. 강압을 통한 것과 동의를 통한 것이다. 강압은 경제적이고 정치적인 힘을 직접적으로 적용하여 피지배계급이 동조하게 만드는 것이다. 그람시는 강압이 강력한 도구이기는 하지만 사상이 더 강력하다고 본다. 이는 사상이 대중의 규칙을 허락하기 때문이다. 지적인 패권이 동의를 만들어내는 방법은 다음과 같다. 지배계급이 그들의 이해를 지지하고 정당화하는 이념을 만들어내고 공표하면 이 사상이 교육과 미디어를 통해 사회에 스며든다. 피지배계급이 일단 이 세계관을 받아들이면 그 생각과 행동이 지배계급의 이해관계와 일치하게 현실화된다. 지배계급에 반대하는 자는 누구나 사회에 반대하는 것이 된다. 그람시는 진정한 독립적 지식인은 없다고 말하는데, 이는 모든 지식인들이 특정한 역사적 사건과 사회적 관계의 산물이기 때문이다. 노동자들에게 필요한 것은 그들의 계급 내부부터 유기적 지식인(organic intellectuals)을 개발하는 것이다. 유기적 지식인은 그들 계급과 여전히 연결되어 있으나 지배적 계급의 이념에 도전하는 조직, 리더십, 사상을 만들고 미래에 대한 비전을 제시하는 사람을 말한다. 그람시의 지적 패권(intellectual hegemony) 이론은 구조적 긴장이 국제 무역과 금융의 분야에만 한정되어 있지 않으며 오히려 우리의 일상생활 속에 일어나고 있다는 것을 제시한다.

그람시가 주로 국내적 수준에 초점을 맞춘 반면, 콕스(Robert Cox)와 길(Stephen Gill)과 같은 신그람시주의(neo-Gramscian) 학자들은 그람시의 사상을 국제관계에 적용하였다.[19] 콕스와 길은 세계화 시대에 대규모 다국적기업들, 국제 은행, 국제기업집단, 국제경제기구들로 구성된 초국가적 역사 블록(transnational historic bloc)이 계급관계를 글로벌 수준으로 확장할 수도 있다고 보았다. 이러한 초국가적 역사 블록은 국내의 노동조합을 수세로 몰아넣을 수 있으며, 선출된 정부가 자율적인 정책을 만들 수 있는 능력에 위협을 가할 수 있다. 초국가적 역사 블록의 견고한 형성에도 불구하고 시민사회의 불만족은 반패권을 자극하게 된다. 시민사회는 부르주아 패권을 유지하는 데 도움을 줄 수도 있고 반패권의 원천이 될 수도 있다.

현실주의자들과 자유주의자들이 패권을 국가 중심적 용어로 정의하지만 그람시주의는 패권이라는 용어를 문화적 측면에서 사용하여 사회집단이 그들의 정당성과 권위를 주장하기 위해 사용하는 복잡한 사상과 공명한다는 강점을 갖고 있다. 따라서 그람시주의적 패권 개념은 세계 경제에서 훨씬 더 넓은 범위의 관계에 적용할 수 있다. 게다가 그람시주의의 반패권 개념은 오늘날 신자유주의적 세계화에 저항하는 시민사회집단의 다양한 범위를 살펴보는 데 유용하다.

그러나 그람시주의는 자본주의와 초국가적 자본의 패권에 너무 몰두하여 다른 가능한 세계체제에서의 지배와 복종의 문제를 탐구하지 못한다는 비판을 받고 있다. 또한 그람시주의는 자본주의의 몰락이라는 실현되지 않은 예측을 하는 함정에 빠지지 않는다는 장점이 있으나, 언제 반패권이 발전하고 그 형태가 무엇이 될지에 대한 설명이 거의 없다는 결점을 가진다는 비판도 있다. 많은 맑스주의자들은 그람시주의가 너무 이념과 문화와 같은 상부구조적 요소에 초점을 맞추어 경제의 중요성을 과소평가한다고 비판한다. 게다가 그람시의 국내적 이슈에 대한 분석이 어느 정도 국제적 범위에 적용될 수 있는지 의문도 제기하고 있다.

[미주]

1. "The history of all hitherto existing society is the history of class struggles". Marx and Engels(1955), p.9.
2. Gilpin(1987).
3. Balaam and Veseth(2005), Ch.4를 참고해 정리.
4. 대표적인 예로 Marx and Engels(1955), Marx(1952)를 들 수 있음.
5. 맑스와 엥겔스는 부르주아가 인간관계에 있어 이기심 외에 다른 아무런 유대관계를 남겨놓지 않았고, 착취를 노골적이고 후안무치하고 잔혹하기 그지없는 착취행위로 만들었다고 신랄히 비판하고 있다. Marx and Engels(1955), p.12.
6. Hobson(1965), p.81.
7. 이와 관련해 가장 널리 인용된 저서는 Lenin(1939)이다.
8. Gilpin(1987), p.39.
9. 불완전경쟁이 발생하는 원인으로 크게 규모의 경제, 정부의 정책, 기업의 경쟁전략이 있다. 규모의 경제가 있는 경우 그 시장은 경쟁을 통해 자연스럽게 독점체제로 변해 버릴 수 있는데, 이를 자연독점이라고 한다. 이준구·이창용(2007), 제7장 참고.
10. 구조주의의 선구자로 그람시(Antonio Gramsci)를 들고 있는데, 이에 대해서는 〈부록〉에서 소개한다.
11. Dos Santos(1970).
12. Frank(1966).
13. Prebisch(1962).

14. Cardoso and Faletto(1979).
15. Wallerstein(1974).
16. Chase-Dunn(1988).
17. Hoskyns and Rai(2007) ; Bedford and (2013). https://www.e-ir.info/2013/03/30/feminists-theorize-international-political-economy/; Elias and Roberts(2018).
18. Gramsci(1971).
19. Cox(1983) ; Gill(1993).

국제정치경제의 주요 분야

07 국제통화관계와 정치경제

1. 국제통화관계의 기초 이론 : 국제수지 및 환율제도 / 2. 브레튼우즈 이전의 국제통화체제
3. 브레튼우즈 체제 / 4. 브레튼우즈 이후의 국제통화체제 / 5. 새로운 국제통화체제의 모색

08 국제금융위기와 정치경제

1. 국제금융위기의 기초 이론 : 자본자유화 및 국제금융위기 이론 / 2. 라틴아메리카의 금융위기
3. 유럽의 금융위기 / 4. 미국의 금융위기 / 5. 국제금융체제의 개편 방향

09 국제무역질서와 정치경제

1. 국제무역관계의 기초 이론 : 무역이론과 무역자유화 논쟁 / 2. GATT 체제의 출범
3. 제2차 세계대전 이후의 다자간 무역협상 / 4. WTO와 글로벌 무역체제
5. 국제무역체제의 개편 방향

10 국제생산질서와 정치경제

1. 국제생산질서의 기초 이론 : 다국적기업 이론 / 2. 다국적기업의 역사적 발전과정
3. 생산세계화와 글로벌 생산 네트워크 / 4. 다국적기업과 국제레짐
5. 국제생산질서의 새로운 변화

11 경제발전과 정치경제

1. 경제발전의 기초 이론 : 발전 개념과 발전이론 / 2. 제2차 세계대전 이후의 발전 추이
3. 저발전 문제 해결을 위한 글로벌 노력 / 4. 발전전략 비교 / 5. 발전을 위한 제언

12 지역통합과 정치경제

1. 지역통합의 기초 이론 : 정치학적 접근과 경제학적 접근 / 2. RTA의 현황 및 특징
3. 지역통합 사례 : EU / 4. 지역통합 사례 : 기타 지역 / 5. 지역통합의 향후 전망

국제통화관계와 정치경제

07

1. 국제통화관계의 기초 이론 : 국제수지 및 환율제도

2. 브레튼우즈 이전의 국제통화체제

3. 브레튼우즈 체제

4. 브레튼우즈 이후의 국제통화체제

5. 새로운 국제통화체제의 모색

국제통화관계(international monetary relations)는 국제정치경제에서 가장 중요한 이슈 중의 하나이다. 무역, 투자, 금융을 포함해 모든 국제거래는 반드시 통화거래를 수반해야하기 때문이다. 더욱이 최근 들어 외환시장에서 거래되는 통화의 규모는 전 세계 GDP의 20배에 가까울 정도로 크기 때문에, 국제통화관계의 불안정은 곧 국제정치경제 질서에 직접적인 영향을 미친다.

현대 사회에서 국제통화관계와 국제금융관계(international financial relations)를 구분하기는 매우 어렵다. 일부 학자들은 국제통화관계의 주요 목적은 실물거래를 촉진하기 위한 것이고, 국제금융관계의 주요 목적은 투자자본을 제공하기 위한 것이라고 말한다.[1] 그러나 외환시장에서의 통화거래는 실물거래와 관련된 것뿐만 아니라 금융거래와 관련된 것까지 모두 포함하고 있기 때문에 이렇게 구분하는 것은 옳지 않다. 오히려 그보다는, 국제통화관계는 어떻게 국제통화체제가 금본위제도에서 현행제도까지 고정환율제도와 변동환율제도를 번갈아가면서 변천되어 왔는가 하는 보다 거시적인 측면에 초점을 맞추고, 국제금융관계는 자본이동이 왜 발생하며 각국 경제 및 세계 경제에 어떤 영향을 미치는지 하는 보다 금융시장 행태에 초점을 맞춘다고 이해하는 것이 더 좋다고 생각한다. 따라서 이 책에서는 이러한 구분에 따라 제7장 및 제8장을 기술하고자 한다. 우선 국제통화체제의 변천과정을 이해하는 데 필요한 국제수지와 환율제도에 대해 살펴보자.

1. 국제통화관계의 기초 이론 : 국제수지 및 환율제도[2]

1.1 국제수지

국제수지의 구성

모든 국제거래는 국제수지(Balance of Payments)에 기록이 되므로 국제경제관계와 관련된 어떤 이슈를 논하기 위해서는 제일 먼저 국제수지를 이해해야 한다. 국제수지란 어떤 일정한 기간 동안에 일국의 거주자와 다른 국가의 거주자 사이에 발생한 모든 경제 거래를 체계적으로 분류한 표이다. 국제수지의 체계는 모든 국제거래를 각각의 거래가 일어나는 원인과 경제에 미치는 효과에 따라 경상계정(current account), 금융계정(financial account), 그리고 자본계정(capital account)으로 분류한다.[3]

경상계정은 상품수지, 서비스수지, 본원소득수지, 이전소득수지로 구성된다. 상품수지는 거주자와 비거주자 간의 상품거래인 재화의 수출과 수입을 소유권 이전 기준에 따라 기록하는데, 재화의 특성상 일반 재화, 가공용 재화, 운송조달재화, 비화폐용 금에 대한 거래로 구분한다. 서비스수지는 용역의 수출 및 수입을 포함하며 운수, 여행, 통신서비스, 보험서비스, 지적재산권 등 사용료, 사업서비스, 정부서비스 및 기타서비스로 구분한다. 본원소득수지는 외국인 노동자에게 지급되거나 내국인 해외근로자가 수취하는 급료 및 임금과 대외금융자산 또는 부채와 관련된 배당, 이자 등 투자소득의 수입 및 지급을 기록한다. 이전소득수지는 아무런 대가 없이 제공되며 수혜자의 소득 및 소비 수준에 직접적으로 영향을 주는 송금, 구호를 위한 식량, 의약품 등의 무상원조, 국제기구출연금 등을 포함한다.

금융계정은 민간기업, 금융기관, 정부, 통화당국의 대외금융자산 또는 부채의 소유권 변동과 관련된 거래를 기록하며 직접투자, 증권투자, 파생금융상품, 기타투자, 준비자산으로 세분한다.[4] 직접투자는 기업의 경영활동 참여목적으로 이루어지는 투자이며, 주체별로는 해외직접투자(자산)와 외국인직접투자(부채)로 구분하고 형태별로는 지분투자, 수익재투자 및 기타자본(대부투자)으로 구분한다. 증권투자는 투자자본의 가치 증가, 매매차익 등을 목적으로 한 대외투자로, 주체별로는 해외증권투자(자산)와 외국인국내증권투자(부채)로 구분하고 형태별로는 주식과 채권으로 구분한다. 파생금융상품은 거주자와 비거주자 간의 파생금융상품거래를 기록하는데, 다른 국제금융거래와 마찬가지로 내국인이 외국에서 발행된 파생금융상품 매입은 자산으로, 외국인이 내국에서 발행된 파생금융상품의 매입은 부채로 기록한다. 기타수지는 대출 · 차입, 무역신용, 현금 및 예금 등의 금융거래를 기록한다. 준비자산은 국제준비자산(international reserve assets)의 증감을 기록한다. 국제준비자산에는 화폐용 금, SDR(Special Drawing Rights, 특별인출권), IMF 리저브포지션, 외화자산(현금, 예금, 증권) 등이 포함된다. 이러한 준비자산은 통화당국이 국제수지의 불균형을 직접 보전하거나 또는 외환시장개입을 통해 국제수지 불균형을 간접적으로 조정하기 위해 사용할 수 있다.[5]

자본계정에는 국가 간의 부의 이전을 초래하는 그 외의 다른 거래들이 기록된다. 여기에 포함되는 항목들은 위에서 설명한 금융계정의 거래들과는 달리 시장거래와 상관없는 자본이전으로 인해 발생하거나, 비생산자산, 비금융자산 또는 무형자산의 취득 및 처분을 나타내는 경우가 대부분이다. 자본이전에는 이민, 투자보조금, 채무면제 등이 포함되고, 비생산자산 또는 비금융자산의 거래에는 토지(외국 대사관), 지하자원 등의 거래가 포함된다.

마지막으로 오차 및 누락은 국제수지표를 작성하는 데 이용하는 기초 통계 간의 기록시점 및 평가방법상의 차이, 기초 통계 자체의 오류, 통계작성 과정상의 보고 잘못이나 누락 등으로 인해 경상수지 및 자본수지의 합계와 금융계정 금액이 같지 않을 경우 이를 조정하기 위한 항목이다.

국제수지의 종류

국제거래에서 발생하는 한 나라의 외화 수취(receipt)와 지불(payment)은 균형을 이루는 것이 바람직하다. 왜냐하면 지불이 수취보다 많은 상태가 계속된다면 결국 그 나라의 보유외화가 고갈되고 급기야는 긴요한 재화마저 수입할 수 없게 됨으로써 경제가 파탄에 이르게 될 가능성이 있기 때문이다. 한편 수취가 지불을 항상 초과하는 상태도 국민경제를 위해서 반드시 바람직하다고 볼 수는 없다. 이것은 한편으로는 수출재화가 그만큼 제 값을 받지 못하고 싸게 수출되었기 때문에 수출이 수입을 초과했다고도 해석될 수 있다. 다른 한편으로는 획득한 외화는 단순히 축적하는 데 의의가 있는 것이 아니라 그것을 사용하여 외국의 소비재, 자본재 또는 원자재를 수입함으로써 국민의 생활수준을 향상시키고 경제발전에 도움이 되도록 이용하는 것이 바람직하기 때문이다.

따라서 국제수지의 균형을 이룬다는 것은 완전고용, 물가안정 등과 함께 정부 경제정책의 3대 목표 중 하나가 된다. 엄밀한 의미에서의 국제수지 균형은 다른 경제목표인 완전고용과 물가안정이 달성되고 국제거래에 대하여 정부의 직접규제가 없는 상황 하에서의 균형을 의미한다. 예를 들어 정부가 긴축정책을 사용하여 실업을 유발시키고 이에 따른 소득의 감소가 수입수요를 감소시켜 국제수지 균형이 유지되고 있다면, 이는 표면상으로는 국제수지가 균형을 이루는 것처럼 보이지만, 우리가 다른 중요 경제목표인 완전고용을 달성하였을 때는 국제수지 적자를 가져오게 될 것이다. 또한 수입을 직접적으로 규제하기 위해 '외환통제(foreign exchange control)', '수입할당제(import quota system)' 등 무역장벽을 강화한 상태에서의 국제수지 균형은 엄밀한 의미에서의 대외균형이라고는 볼 수 없을 것이다.

국제수지는 모든 국제거래의 총합계가 사후적으로 0이 되도록 기록하는데, 즉 경상계정, 금융계정 및 자본계정에 기록된 거래들의 수취와 지불을 모두 합하면 0이 되는데, 이를 국제수지의 '사후적 항등성'이라 한다. 그러나 이는 개별 계정에서의 수취와 지불의 합계가 항상 일치한다는 것을 의미하지는 않는다. 예를 들어 경상계정에서 수취의 합이 크면 흑자, 지불의 합이 크면 적자가 되는 경우를 우리는 종종 경험한다. 어느 계정의 거래에 관심을 갖는가에 따라 경상수지, 금융수지,[6] 종합수지 등 여러 가지 종류의 국제수지 개념을 정의할 수 있다.

경상수지는 경상계정에 포함되어 있는 항목만을 합산한 것으로 수출 등과 같은 수취항목의 합이 수입 등과 같은 지불항목의 합보다 크면(작으면) 경상수지가 흑자(적자)를 이루었다고 한다. 경상수지가 균형이라는 것은 경제적으로 한 국가가 자국의 생산능력만큼 지출하고 있다는 것을 의미하고, 경상수지 적자는 자국의 생산능력 이상으로 과잉지출하는 상태를, 그리고 경상수지 흑자는 지출이 생산능력보다 작은 상태를 의미한다. 보통 경상수지가 가장 주목을 받고 있으며, 국제경제 갈등도 대부분 경상수지 불균형과 관련이 있다. 실제로 국제수지 불균형을 말할 때 경상수지 불균형을 의미하는 경우가 많으며, 장기적인 대외불균형의 해소는 경상수지의 균형회복에 달려 있는 것이 사실이다. 따라서 국제수지 불균형 해소 정책의 초점도 경상수지 균형의 회복에 맞추어지는 것이 보통이다.

또한 경상수지는 국민소득계정과 통화부문에 직결되어 있으며 국민경제의 대외균형을 분석하는 데 있어서 중요한 개념이다. 그러나 경상수지 불균형이 곧 국제수지 불균형이라고 보는 견해가 타당치 않은 경우가 있다. 각국의 금융시장이 자유화 및 개방화되면서 단순히 경상수지를 보조하기 위한 금융거래보다 금융이익을 취득하기 위한 금융거래가 훨씬 더 큰 규모로 이루어지고 있다. 이처럼 금융동기에 따른 자본이동의 확대로 인해 직접투자와 증권투자 등을 포함한 금융계정의 대부분의 항목이 더 중요하게 되었고 최근에는 경제에 대한 영향도 크게 나타나고 있어, 금융거래로 인한 국제수지의 불균형도 중요하게 고려되고 있다.

금융수지는 금융계정에 포함된 거래만을 고려한 것이다.[7] 그런데 금융계정 중의 준비자산은 흔히 다른 국제거래에서 발생하는 격차를 조정하기 위한 통화당국의 개입으로 나타나는 경우가 많다. 따라서 금융수지의 불균형이 경제에 대해 미치는 영향을 분석하기 위해서는 이를 제외한 다른 금융거래에 초점을 맞출 필요가 있다. 금융수지(준비자산 제외)가 흑자라는 것은 우리나라의 대외순자산이 증가했음을 의미하고 반대로 적자가 되면 순차입이 더 많이 이루어졌음을 의미한다. 따라서 금융수지(준비자산 제외)를 흑자로 만들기 위해서는 우리나라의 기초적인 경제환경을 안정시키고 경쟁력도 강화시켜 기업들이 돈을 많이 벌고 자산을 축적하도록 만들어야 할 것이다. 그러나 지나친 경상수지 흑자 또는 적자가 꼭 바람직하지는 않은 것처럼 지나친 금융수지(준비자산 제외) 흑자 또는 적자도 바람직한 것만은 아니다. 왜냐하면 지나친 적자인 경우 과도한 자본유입으로 국내 자산시장에 거품이 생겨나고 경기가 과열되면 이후 물가 상승, 경상수지 악화, 경기조정 시 경착륙 등의 문제가 유발될 수 있기 때문이다. 또한 지나친 흑자인 경우 자본이탈로 비추어져 경제에 대한 불안감을 증폭시키고 자국 통화에 대한 신뢰를 하락시켜 위기를 초래할 수도 있기 때문이다. 오늘날 금융거래가 국제거래의 압도적인 비중을 차지하므로 금융수지(준비자산 제외)를 국제수지의 가장 핵심적인 개념으로 고려할 수도 있으나, 아무리 자본이동이 활발하게 이루어진다 해도 금융수지(준비자산 제외) 관점에서 국제수지를 고려하는 것은 타당하지 않다는 견해도 있다. 왜냐하면 경상거래와는 달리 금융거래는 훨씬 가변적이고, 따라서 장기적인 관점에서 균형을 논하는 것이 무의미할 수도 있기 때문이다. 예를 들어 그동안 우리나라 경제에 대한 신뢰도가 높아 지속적으로 자본이 국내에 유입되어 왔을지라도, 어떤 계기로 신뢰도가 무너지면 단기자본의 급격한 유출에 따라 순식간에 외환 · 금융위기가 초래되는 상황이 발생할 수도 있다.

경제적으로 중요한 의미를 갖는 또 하나의 국제수지 개념은 경상계정 항목과 금융계정 항목(준비자산 제외)을 함께 고려한 종합수지(overall balance)이다. 이 개념을 중요하게 간주하는 이유는 외환의 수요와 공급은 경상거래뿐만 아니라 모든 금융거래에 의해서도 이루어지며, 외환의 수요와 공급이 일치되는 점에서 국제수지가 균형이 된다고 보기 때문이다. 따라서 종합수지가 불균형이 된다는 것은 그만큼 국제거래에서 수취와 지불 간에 격차가 발생했으므로 통화당국은 외환보유액을 이용해 이러한 국제거래에서의 격차를 조정해야 한다는 것을 의미한다. 즉, 종합수지 흑자는 외환보유액의 증가를, 그리고 종합수지 적자는 외환보유액의 감소를 가져오게 된다. 변동환율제도 하에서 자본이동이 자유로운 경우 환율은 종합수지가 균형을 이루는 점에서 결정되고 이와 같이 결정된 환율은 다시 소득과 국제수지 등 실질변수에 영향을 끼치므로 개방경제 분석에서 종합수지 개념이 중요시된다. 그렇지만 개발도상국에서 흔히 볼 수 있는 바와 같이 단기차관으로 수입초과를 지탱하고 있는 경우에는 외채상환의 문제가 야기되고 그 나라의 결제능력이 압박받기 때문에 종합수지 균형보다는 경상수지 균형 개념이 보다 유용할 것이다.

국제수지의 유용성

국제수지 개념은 국내경제 및 대외경제 관계에서 발생하는 여러 이슈들을 이해하는 데 유용하게 사용될 수 있다. 그중 대표적인 예로, 경상수지 개념은 국가 간의 무역분쟁을 둘러싼 논쟁을 이해하는 데 활용될 수 있다. 앞에서 설명했듯이 경상수지 불균형은 한 국가의 총생산(또는 총소득)과 총지출 간에 차이가 있다는 것을 의미한다. 따라서 경상수지 흑자를 달성하기 위해서는 총소득이 총지출을 초과하여 저축이 이루어져야 할 것이다. 즉, 지출이 소득에 못 미치게 함으로써 외국 재화에 대한 구입능력을 저축한 셈이 되는 것이다. 반대로 지출이 소득보다 클 경우, 즉 국내에서 생산한 재화와 용역의 총량보다 더 많이 지출하게 될 경우 그 초과분은 필연적으로 외국에서 생산된 재화를 구입함으로써 충당되지 않으면 안 된다. 따라서 수입이 수출을 초과하게 되고 경상수지가 적자로 되는 것이다.

이제 국내경제를 민간부문과 공공부문(정부)으로 나누어보면, 총소득과 총지출의 격차는 민간부문에서의 격차와 정부부문에서의 격차의 합으로 나타낼 수 있다. 민간부문에서의 격차는 저축과 투자 간의 차이로 나타나며 이를 순민간저축(net private savings)이라고 부르고, 정부부문에서의 격차는 조세수입과 정부지출 간의 차이로 나타나며 이를 순정부저축(net public savings)이라고 부른다. 그리고 양자의 합을 순국민저축(net national savings)이라고 부른다. 따라서 경상수지의 흑자는 민간부문에서 양(+)의 순저축이나 정부의 재정흑자가 있어야 가능함을 보여주고 있다. 반면, 경상수지에 적자가 발생했다는 사실은 민간부문에서 음(-)의 순저축이 있거나 정부부문에서 재정적자가 이루어지고 있음을 의미한다.

Box 7-1 글로벌 불균형과 국제무역분쟁

미국과 동아시아 국가들 간에는 1980년대부터 무역분쟁이 지속되어 왔다. 1980년대에는 미국의 대일 경상수지가 심각하게 악화되어 미국은 순채권국에서 1989년 이후 순채무국으로 전환되었다. 또한 2000년대 들어서는 중국에 대한 경상수지가 급격히 확대되어 미국은 전 세계 최대의 순채무국으로 전락하게 되었다. 이와 같은 지속적인 글로벌 불균형으로 인해 미국 내에서 여론이 비등하였으며 따라서 이를 시정하기 위한 강력한 대외통상정책이 추구되었다. 당연히 1980년대에는 당시 최대의 경상수지 흑자국인 일본에 대해서(Japan bashing), 그리고 2000년대에는 중국에 대해서(China bashing) 대미교역 불균형을 시정하도록 강력히 요구하였으며, 이 과정에서 미국과 일본, 미국과 중국 간에 심각한 무역분쟁이 발생하였다.

1980년대 미국은 자국의 심각한 무역역조가 일본의 시장폐쇄적인 정책 때문이라고 강력히 비난하고 미국의 수출품에 대해 일본 대내시장을 개방하라고 요구하였다. 이러한 요구에 대해 일본 측은 당시 미국의 심각한 경상수지 적자는 미국 자체 내의 문제 때문이라고 반박하였다. 위에서 설명한 바에 따르면 경상수지 적자는 민간의 과잉투자 또는 정부의 재정적자 때문에 발생할 수 있다. 1980년대 당시 미국 레이건 정부의 감세정책 및 과도한 군사비 지출에 따른 재정적자는 당연히 경상수지 적자를 야기할 수밖에 없었다. 따라서 미국의 재정수지 적자와 경상수지 적자는 비슷한 추세를 보이면서 변하게 되었고 소위 말하는 '쌍둥이 적자' 현상이 나타나게 되었다는 것이다. 2000년대에는 중국에 대해 환율조작과 중국인의 과도한 저축을 글로벌 불균형의 원인으로 지적하면서 이에 대한 시정을 강력히 요구했다. 이에 대해 중국 측은 환율조작은 터무니없는 주장이고 미국 내 문제로 인해 글로벌 불균형이 지속되고 있다고 반박했다. 즉, 민간부문에서의 과도한 지출과 지속적인 재정적자로 인해 미국의 경상수지는 당연히 과도한 적자로 나타난다는 것이다.

이러한 논쟁에서 미국 및 동아시아 국가들 양측의 주장은 나름대로 일리가 있다. 1980년대 일본은 세계 주요 경제대국 중 수입의 GDP에 대한 비율이 가장 낮은 국가이고 또한 당시 내부적인 판매망이 일본의 전통적인 상호 밀착관계로 이루어져 외국 기업들이 좀처럼 들어가기가 어려웠다는 점에서 미국의 일본에 대한 비난은 설득력이 있다. 그러나 일본의 미국에 대한 비난도 일리가 있다. 1980년대 미국의 경상수지가 급격히 악화된 데에는 급격한 재정적자 확대가 상당한 기여를 했음은 부정할 수 없기 때문이다. 또한 2000년대 중국은 여전히 다른 국가들에 비해 환율제도가 경직적이고 금융시장의 저발전으로 상대적으로 과잉저축이 이루어지고 있다는 점에서 미국의 주장은 어느 정도 일리가 있다. 그러나 자국민의 과잉지출 및 재정적자 문제는 소홀히 하면서 타국을 비난하는 것은 글로벌 불균형 문제 해소에 도움이 되지 않는다는 중국의 주장도 설득력이 있다.

1.2 환율제도

개관

환율제도는 외환시장 운영메카니즘 및 환율결정 과정에 따라 크게 변동환율제도(floating exchange rate system)와 고정환율제도(pegged exchange rate system)로 구분된다. 변동환율제도는 통화당국이 외환시장에 아무런 개입을 하지 않음으로써 환율이 외환의 수요와 공급에 의해서 자유롭게 결정되는 제도이다. 반면 고정환율제도는 통화당국이 외환시장에 개입하여 환율을 일정 수준으로 유지하려는 제도이다. 각국 통화와 금과의 교환비율을 기준으로 환율을 유지하려고 하는 경우 이를 금본위제도라고 부르며, 일정한 외환(예를 들어 달러 또는 유로)에 대하여 환율을 유지하려고 하는 경우를 금환본위제도라고 부른다.

이론적으로 얘기할 때 변동환율제도에서는 외환시장에서 수요와 공급 간에 불일치가 발생하면 환율이 즉각적으로 조정되어 균형을 회복하므로 국제수지가 항상 균형을 이루게 된다. 따라서 변동환율제도에서는 국제수지 불균형에 따른 통화량 변화가 발생하지 않는다. 반면 고정환율제도에서는 외환시장의 수요 · 공급 변화에 따라 환율이 조정될 수 없으므로 국제수지 불균형이 발생할 수 있으며 이에 따라 국내 통화량이 영향을 받을 수도 있다. 예를 들어 국제수지가 흑자로 되는 경우 국내 통화량이 증가하게 되며 적자인 경우에는 국내 통화량이 감소하게 된다. 그러나 현실적으로 각국의 환율제도를 보면 이러한 제도 외에도 자국의 제반 경제여건을 고려해 다양한 환율제도를 도입하고 있다.

IMF의 환율제도 분류

IMF는 각국이 실질적으로 환율제도를 어떻게 운용하고 있는가에 기초해 환율제도 체계를 크게 경직적 고정환율제도(hard pegs), 유연한 고정환율제도(soft pegs), 변동환율제도(floating regimes), 그리고 기타 관리환율제도(other managed arrangements)의 네 개 범주로 나누고 세부적으로는 10개의 환율제도로 분류하고 있다.[8]

큰 범주의 경직적 고정환율제도에는 개별국 법적통화가 없는 제도(no separate legal tender) 및 통화위원회제도(currency board)가 포함된다. 개별국 법적통화가 없는 제도란 한 국가 내에 통용되는 법적통화가 자국 통화가 아니라는 것을 의미하는데, 이러한 제도는 유로지역(Euro area) 혹은 달러와 같은 외국 통화를 법적통화로 도입하는 달러화(dollarization) 형태로 나타난다. 통화위원회제도는 자국 통화와 외국 통화의 비율을 고정시켜 놓고 외국 통화의 유출입에 맞추어 자동적으로 자국 통화가 비례적으로 변하도록 하는 제도이다.

유연한 고정환율제도에는 전통적 고정환율제도(conventional peg), 목표환율대제도(pegged within horizontal band),[9] 안정화된 제도(stabilized arrangement), 크롤링고정환율제도(crawling peg), 크롤링 환율대제도(crawl-like arrangement) 등 다섯 가지가 포함

된다. 전통적 고정환율제도는 자국 통화의 환율을 특정 단일통화에 대해 고정시키거나(single currency peg) 혹은 통화바스켓에 대해 고정시키는(composite currency peg) 제도를 말한다. 목표환율대제도는 기준환율을 정해 놓고 그 주변 일정한 한도 내에서만 환율이 변동하도록 하며 한도를 벗어날 때는 개입을 하는 제도를 말한다. 안정화된 제도는 여러 정책을 통해 6개월 이상 환율이 2% 범위 내에 머물러 있는 제도인데, 목표환율대제도와는 달리 정부가 굳이 환율을 목표로 하지 않는다는 차이가 있다. 크롤링고정환율제도란 고정된 기준환율이 인플레이션 격차 등을 고려해 간헐적으로 조금씩 조정되도록 하는 제도이다. 크롤링환율대제도는 목표환율대제도와 크롤링고정환율제도의 혼합 형태인데, 목표환율대가 간헐적으로 조금씩 조정될 수 있는 제도이다.

변동환율제도는 운영방식에 따라 구체적으로 단순변동환율제도(floating)와 자유변동환율제도(free floating)로 분류된다. 단순변동환율제도는 환율이 기본적으로 외환시장에서 자유롭게 변동하되 필요시 중앙은행이 시장에 개입하여 환율의 안정을 꾀하면서 점진적인 변동을 유도하는 제도이다. 자유변동환율제도란 거의 중앙은행의 개입 없이 외환시장에서의 수요와 공급이 일치되는 점에서 환율이 자유롭게 결정되는 제도를 의미한다. 단순변동환율제도와는 달리 중앙은행의 개입이 아주 예외적으로만 이루어진다. 마지막

표 7-1 IMF의 환율제도 분류

대분류	소분류
경직적 고정(hard peg)	개별국 법적통화가 없는 제도(no separate legal tender)
	통화위원회제도(currency board)
유연한 고정(soft peg)	전통적 고정환율제도(conventional peg)
	목표환율대제도(pegged within horizontal band)
	안정화된 제도(stabilized arrangement)
	크롤링고정환율제도(crawling peg)
	크롤링환율대제도(crawl-like arrangement)
변동(floating)	단순변동환율제도(floating)
	자유변동환율제도(free floating)
기타	기타 관리환율제도(other managed arrangement)

자료 : IMF, *Classification of Exchange Rate Arrangements and Monetary Policy Frameworks.*

으로 기타 관리환율제도는 위의 기준에 따라 분류하기 어려운 제도를 포괄한다. 특히 수시로 정책이 바뀌는 경우 일정한 기준에 맞추어 환율제도를 분류하기 어려우므로 이 범주에 포함시킨다.

표 7-2 우리나라 환율제도의 변천

기간	환율제도 형태
1. 1945년 10월~1964년 5월	고정환율제도
2. 1964년 5월~1980년 2월	단일변동환율제도
3. 1980년 2월~1990년 2월	복수통화군제도
4. 1990년 3월~1997년 12월	시장평균환율제도
5. 1997년 12월 16일~현재	변동환율제도

2. 브레튼우즈 이전의 국제통화체제

일반적으로 국제통화체제를 연구할 때는 실질적으로 국제교류가 활발하게 이루어지기 시작한 19세기 중반 이후의 시대부터 시작한다. 국제통화체제는 제1차 세계대전 이전의 고전적인 금본위제도(Gold Standard), 전간기(제1차 및 제2차 세계대전 사이)의 대혼란체제, 제2차 세계대전 이후 1970년대 초까지의 브레튼우즈 체제, 1970년대 이후 현재의 변동환율체제로 다양하게 변모해 왔다.

2.1 고전적 금본위제도

금본위제도(gold standard system)란, 통화단위를 순금의 일정한 중량으로 정해 놓고 금화의 자유주조를 허용하며 지폐나 예금통화 등은 항상 아무런 제한 없이 금화와 교환할 수 있게 하는 제도를 말한다. 이 제도는 1870년대부터 제1차 세계대전 직전까지 세계 주요국에서 채택되었던 제도인데, 이 제도 하에서 각국 통화는 금의 중량을 기준으로 그 가치가 정해져 있었으므로 각국 통화 간의 교환비율은 금을 통하여 고정되어 있었다. 예를 들어 미국 달러화와 영국 파운드화가 금에 대하여 각각 35.0달러, 14.5파운드에 고정되어 있다면, 달러화와 파운드화 사이의 환율은 파운드당 2.41달러($= \frac{35.0}{14.5}$)로 유지된다. 따라서 금본위제도는 전형적인 고정환율제도이다. 영국의 주도 하에 성립된 금본위제도는 국제통화가치를 안정시켜, 국가 간의 무역 및 투자거래를 촉진시킴으로써 국제금융 및 국제경제의 발전에 공헌해 왔다.

금본위제도에서도 국제수지가 불균형을 나타낼 수 있는데, 이러한 불균형을 조정하는 기능이 흄(David Hume)이 주창한 가격-정화-흐름(price-specie-flow) 메커니즘이다. 예를 들어 영국과 프랑스 모두 원래 균형상태에 있었다고 하자. 그런데 영국의 생산성 증가로 수출이 증대한 반면 프랑스에서는 수입이 증가한다면, 프랑스는 경상수지 적자를 메우기 위해 영국에 금을 지불해야 한다. 금본위제도에서는 금 자체가 곧 화폐였으므로 영국에서는 화폐량이 증가하게 되고 프랑스에서는 화폐량이 감소하게 된다. 따라서 영국의 물가는 상승하고 프랑스의 물가는 하락하게 된다. 이와 같은 양국에서의 물가수준 변화로 인해 비싸진 영국 제품에 대한 수요는 감소하고 상대적으로 싸진 프랑스 제품에 대한 수요가 증가하게 되므로, 영국의 경상수지는 악화되고 프랑스 경상수지는 개선된다. 이에 따라 금의 이동이 이전과 반대방향으로 움직이게 되면 양국의 물가와 경상수지가 다시 본래의 균형상태로 회복될 것이다.

금본위제도는 몇 가지 중요한 점에서 정통 자유주의에 기반하고 있다. 우선 금본위제도는 기본 운영원리 및 가격-정화-흐름 메커니즘에서 보듯이, 자유방임주의에 기초한 비인위적이고 자동적이며 대칭적인 국제통화질서로 간주할 수 있다. 또한 금본위제의 가장 근본적인 목표는 안정적인 환율제도를 통해 개방과 안정을 촉진하는 것이다. 정통 자유주의자들은 금본위제도를 매우 이상적인 제도라고 일컬으며, 1981년 레이건 대통령은 미국이 금본위제도로 돌아가야 할지를 결정하는 특별 위원회를 창설하기도 했다. 그러나 이론적인 특징과는 달리 실제적인 운영에서는 인위적인 조정이 상당히 필요하였다. 많은 국가들이 환율을 유지하기 위해 여러 조정과정을 거쳐야 했지만, 금본위제도는 영국의 패권과 강대국들(특히 영국, 프랑스, 독일)의 협력으로 뒷받침되어 합리적으로 기능할 수 있었다. 영국은 투자자본, 대출 또는 개방된 수입시장 등의 공공재를 제공함으로써 금본위제를 안정화하는 데 필요한 리더십을 발휘할 수 있었다. 이와 같은 영국의 리더십에 기초한 안정된 질서 덕분에 서유럽과 미국은 제1차 세계대전 직전까지 공식적인 금평가(gold parity)를 유지할 수 있었다.

가장 이상적인 제도로까지 평가받았던 금본위제도는 20세기를 넘어오면서 균열의 조짐을 보이고 붕괴되기 시작했다. 금본위제도가 붕괴된 이유는 크게 두 가지, 즉 금본위제도 운영메커니즘 자체의 내재적인 결함과 영국의 상대적인 지위 약화에 따른 국제협력의 실패 때문이었다. 첫째, 내재적인 문제 중 가장 컸던 것은, 경제가 성장함에 따라 증가하는 화폐수요를 충족시킬 수 있는 금생산량이 충분하지 못했다는 것이다. 경제는 지속적으로 성장하지만 금생산량의 증가속도가 이를 쫓아오기에는 한계가 있기 때문이다. 둘째, 비록 효율적이고 안정된 국제통화질서가 각국에 이득을 가져다주었지만, 각국은 경기변동에 따른 경기침체 및 실업이 발생할 때 이를 극복하기 위해 금본위제도에서 이탈한 팽창정책을 쓰고 싶은 유인을 느끼고 있었다. 영국의 지위가 확실할 때는 이러한 충동을 방지할 수 있었으나, 영국의 지도력이 감소하면서 각국이 대내적인 목표를 추구하는 것을 통제할 수 없었고 결국 국제협력의 기본 규칙이 깨지게 된 것이다.

2.2 전간기(interwar period)의 대혼란

제1차 세계대전 이전의 금본위제도 시기가 국제통화질서의 건전성을 대표하는 고전적인 모범이라고 한다면, 제1차 및 제2차 세계대전 사이의 전간기(戰間期) 경험은 다시 되풀이하고 싶지 않은 악몽이었다고 할 수 있다. 이 시기에는 환율과 국제수지가 비정상적으로 변화하였는데, 특히 1919~1923년 기간의 초인플레이션과 1930년대의 대공황은 이 시기의 난맥상을 잘 나타내주고 있다.

제1차 세계대전은 국제통화체제를 완전히 무너뜨렸으나, 제1차 세계대전 이후 각국은 안정된 국제통화질서를 창출하는 것보다는 대내적인 재건 문제에 정신이 없었다. 따라서 각국은 전후 복구를 위해 필요한 재정을 통화증발을 통해 조달하려고 했기 때문에, 환율제도도 대외적인 의무가 전혀 없는 변동환율제도를 대부분 택하였다. 그러나 무분별한 화폐증발은 급격한 물가 상승을 유발하였고, 그중에서도 가장 극심한 곳은 독일이었다. 독일의 경우 1919년부터 1923년까지 약 5년 만에 물가가 자그마치 4,815억 배나 상승하였다. 이러한 초인플레이션은 국제통화체제를 더욱 극심한 혼란 상태로 몰아넣었고 실물경제 또한 극심한 침체에 시달리게 만들었다. 독일에서의 초인플레이션은 독일 정부가 화폐개혁과 균형예산을 달성하기 위한 노력을 기울이고 승전국들이 독일에 대한 전쟁배상금 부담을 경감해 주면서 사라지게 되었다.

초인플레이션의 경험은 각국으로 하여금 금본위제도 시기의 안정된 화폐가치를 그리워하게 만들었다. 이에 또다시 영국을 중심으로 금환본위제도(gold standard exchange system)를 성립시키려 했다. 금환본위제도는 금본위제도와 같이 통화 간의 고정환율제도를 기반으로 한다. 그러나 금본위제도 하에서 각 국가의 국제준비자산은 공식적으로 금인 데 반하여 금환본위제는 금과 기축통화인 파운드화를 국제 준비자산으로 한다. 금환본위제도의 가장 큰 장점은 금본위제도의 내재적 모순을 해결할 수 있다는 점이다. 금 공급이 충분하지 않더라도, 금환본위제도 하에서는 기축통화의 공급을 통해 국제준비자산이 유연성 있게 증가할 수 있었다. 그러나 금환본위제도를 유지하기 위한 영국의 지속적인 노력은 결국 실패했다. 무엇보다도 당시 경제상황이 어려워 각국은 대외적인 목표보다 대내적인 문제에 더 관심을 기울일 수밖에 없었고, 또한 기축통화국이었던 영국의 위치가 과거와 너무 달랐기 때문이다.

이후 발생한 대공황은 국제통화질서에 회복하기 어려운 결정타를 가했다. 미국 월가의 붕괴는 전 세계로 급속히 파급되었고, 각국은 이에 대처하기 위해 이기적인 근린궁핍화(beggar-thy-neighbor) 정책을 남용하게 되었다. 그러므로 이 시기의 국제통화관계는 경쟁적인 평가절하로 얼룩져 있었다. 고정환율제도에서 관리변동환율제도로의 변화는 투기자본 흐름을 가속화했고 무역 보호주의를 부추겨 결국 대공황을 더욱 악화시키고 전 세계적인 공멸을 불러 일으켰다.

전간기에 안정적인 국제통화체제를 확립하지 못하고 대혼란에 빠진 이유로 패권의 공백을 들 수 있다. 그 당시 영국은 경제력이 이미 쇠락하기 시작했고 전쟁 후유증을 겪고 있어 능력이 없었던 반면, 새로운 강대국으로 부상하고 있는 미국은 아직 과거 영국과 같은 리더십을 수행할 의사가 없었다. 이처럼 점차 패권을 잃어가고 있었던 영국이 효과적이고 안정적인 질서를 추구하기에는 역부족이었는데 미국은 그 역할을 기피함으로써 패권의 공백이 생겨 국제질서가 극심한 혼란에 빠지게 되었다는 주장이다. 그러나 근본적인 원인이 각국이 국제통화 안정을 위해 완전고용과 같은 자국의 대내적 목표를 포기하지 않으려했기 때문이라는 목소리도 있다. 국내 요인에 더 큰 책임이 있다고 주장하는 이론가들은 제1차 세계대전 전후 각국의 정책의 차이를 강조한다. 제1차 세계대전 이전에는 대부분의 국가에서 선거를 실시하지 않았고 노동조합 및 농부들의 결속력도 약했고 좌파정당의 활동도 매우 제한되어 있었다. 그러므로 정부들은 대외적 목표를 위해 때로는 실업을 악화시킬 수 있는 정책들, 예를 들어 이자율 및 세율을 높이거나 통화가치를 높이기 위해 정부 재정지출을 축소하는 정책들을 자유롭게 실시할 수 있었다. 그러나 제1차 세계대전이 끝나갈 무렵, 투표권의 확대, 노동조합의 법제화, 농부들의 결집 및 대중정당의 발전을 통하여 국내 여러 집단들의 영향력이 확대되어 갔다. 그러므로 각국의 정부들은 더 이상 대외 목표인 금환본위제도를 유지하기 위해 쉽게 자국의 복지를 희생할 수 없게 되었고, 전간기에 각국에서는 정부가 자주 교체되면서 더욱 국내 경제문제에 민감하게 반응하며 국제적인 목표에서는 점차 등을 돌리게 되었다.

3. 브레튼우즈 체제

3.1 브레튼우즈 통화체제의 성립

전간기의 쓰라린 경험은 제2차 세계대전 이후 브레튼우즈 체제를 출범시키는 데 지대한 공헌을 하였다. 물가 및 환율의 극심한 변동이 경제불안 및 국제질서 혼란의 핵심 원인이라고 생각한 주요 선진국들은 전후 새로운 국제통화체제를 구상할 때 환율안정에 중점을 둔 통화제도를 지지하게 되었다.

제2차 세계대전이 끝날 무렵인 1944년 새로운 국제경제질서 확립을 위해 미국 브레튼우즈(Bretton Woods)에서 44개국의 대표들이 모여 IMF 및 IBRD를 창설하고 GATT를 체결했는데, 이와 함께 출범한 새로운 국제경제체제를 브레튼우즈 체제라고 한다. 케인즈를 대표로 하는 영국협상단 및 화이트에 의해 대표된 미국협상단 모두 기본적으로 고정환율제도와 변동환율제도의 장점을 결합한 환율제도를 구상하고 있었다. 그러나 영국이 국내 통화정책의 독립성을 보다 보장해 주도록 강조한 반면 미국은 환율의 안정을 보다 강조하였다. 양자의 협상 끝에 만들어진 구상은 미국의 주장이 대부분 반영되었고 IMF의 협정문에 명시화되었다.

브레튼우즈 체제 하에서의 국제통화체제는 미국의 달러화를 '기축통화(vehicle currency)'로 하는 금환본위제도(gold-exchange standard system)였다. 이는 미국의 달러화만이 금과의 일정 교환비율을 유지하고 각국의 통화는 기축통화인 미국 달러화와의 기준환율(par value or central rate)을 설정하고 유지함으로써 환율을 안정시키고자 했던 제도이다. 브레튼우즈 체제가 미국 달러화는 금에 연동되어 있고 이를 중심으로 각국 통화가 달러화에 연동된 금환본위제도의 기본적 특징을 갖고 있지만, 금본위제도 또는 전형적인 금환본위제도와는 다른 특징을 보이고 있다. 대공황과 제2차 세계대전을 경험한 각 국가들은 전후 두 가지 경제목표를 설정하였다. 첫째는 경제성장과 완전고용을 달성하는 것이었고, 둘째는 대공황기의 파멸적인 국가이기주의의 재현을 방지할 수 있는 안정적인 국제경제질서를 창조하는 것이었다. 따라서 한편으로 고정환율제도가 국제통화체제를 안정시켜 정상적인 국제무역을 재건할 수 있다고 보면서도, 동시에 다른 한편으로 각국이 고용 및 물가 안정이라는 국내 목표를 추구하기 위한 유연성 및 국제적인 지원도 보장되는 체제를 구상해야만 했다. 브레튼우즈 체제는 이와 같이 전후 대내목표와 대외목표를 아우르는 개입주의적 자유주의 타협(interventionist liberal compromise)에 기초하고 있다. 이것은 장기적인 환율 안정을 국내 목표보다 중요시 여겼던 전통적인 금본위제도 및 금환본위제도와는 대조를 이룬다.

브레튼우즈 체제의 금환본위제도가 제대로 기능을 다하기 위해서는 기축통화의 금평가(gold parity)가 고정되어야 하고 다른 통화들의 경우에도 기준환율의 조정이 최대로 억제되어야 한다. 따라서 개입주의적 자유주의 타협은 다음과 같은 세 가지 요소를 포함했다. 첫째, 브레튼우즈 체제 하에서는 IMF를 통해, 일시적인 국제수지불균형이 생길 경우 각 회원국이 출자한 자금을 공여함으로써 불균형을 해소하고자 하였다. 즉, 대내 목표와 대외 목표를 동시에 아우를 수 있도록, 일시적으로 국제수지 문제를 겪고 있는 국가들에게 IMF가 단기대출을 제공하여 각국이 환율을 안정시키려는 과정에서 발생한 국내 문제들을 완화시킬 수 있도록 하였다. 둘째, 하지만 국제수지의 구조적 불균형(fundamental disequilibrium)이 발생할 때에는 기준환율의 조정이 허락되었다. 미국을 제외한 모든 국가는 단기에 통화가치를 유지하되 만성적인 국제수지 문제를 바로잡기 위해 IMF의 승인 하에 통화를 평가 절상 또는 절하시킬 수 있다. 즉, 브레튼우즈 체제는 '조절 가능한 고정환율제도(adjustable pegged exchange rate system)'를 택함으로써 환율을 안정시키고 국제수지의 불균형을 해소해 국제거래를 증진시키는 것을 그 목적으로 하였다. 브레튼우즈 체제 협상가들은 이러한 제도를 통해 기존의 금본위제도에는 없었던 유연성을 제공하는 동시에 국가 간 경쟁적인 평가 절하를 막을 수 있기를 바랐다. 셋째, 국제 자본 흐름에 대하여 각국의 통제가 가능하도록 지원하는 것이다. 투기자본은 전간기의 혼란을 가중시키는 데 큰 역할을 했기 때문에, 협상가들은 브레튼우즈 체제 하에서 고정환율제도를 유지하고 자유무역을 증진시키는 데 있어서 투기자본이 미칠 수 있는 악영향에 대해 우려하였다. 또한 각국의 대표들은 통제받지 않는 자본 흐름은 복지국가의 기능을 방해한다고 믿었다. 만약 기업과 시민들이 세금을 피하기 위해 자유롭게 자본을 이동시킬 있다면 사회복지 지출을 위한 기금을 형성하기가 매우 어려울 수 있기 때문이다.

브레튼우즈 체제에서 가장 중요한 역할을 하는 국제기구는 워싱턴에 위치한 IMF이다. IMF는 제2차 세계대전 이후 국제통화 및 금융제도 안정을 위한 IMF, 전쟁복구 및 경제개발 금융을 지원하기 위한 국제부흥개발은행(IBRD), 그리고 국제무역질서 안정과 자유무역 증진을 위한 국제무역기구(ITO)를 창설하는 것을 골자로 하는 브레튼우즈 협정에 따라 설립되었다.[10] 가맹국들의 출자로 공동기금을 만들어 각국이 이용하도록 함으로써 회원국의 환율안정과 국제유동성 확대, 자유무역의 안정적인 성장 등 세계 경제의 번영을 가져오도록 하는 것을 목적으로 한다. 1944년 45개국이 합의한 브레튼우즈 협정에 설립 근거를 두고 1947년 3월에 설립되었으며, 현재 회원국은 189개국에 이르고 있다. 회원국은 크게 14조국과 8조국으로 나뉜다. 우리나라는 1955년 8월 14조국에 가입하여 1988년 11월 8조국(article 8 nation of IMF)으로 옮겼다. 8조국은 일반적 의무로서 ① IMF 승인 없이는 국제수지의 경상적 지급에 대한 외환규제를 하지 않고 ② 타국에 대한 차별적 통화조치(2중 환율제)를 취하지 않고 ③ 통화의 태환성을 확대할 것 등이다.

IMF는 기본 목표를 달성하기 위해, 세계 경제와 각국 경제를 모니터하는 감시기능(economic surveillance), 국제수지 문제를 겪고 있는 회원국들에 대한 대출기능(lending), 그리고 경제발전에 도움이 되도록 정책을 조언하는 기능(capacity development) 등을 수행한다. IMF는 국제수지의 악화로 외화유동성 부족을 겪는 경우 긴급자금을 지원하는 것이 주 기능이었지만, 1960년대 이후 저소득 국가에 대한 개발자금도 지원하고 있다.[11] 특히 저소득 국가의 개발을 위한 자금지원은 Poverty Reduction and Growth Trust (PRGT)를 통해 이루어지고 있는데, Extended Credit Facility(ECF), Standby Credit Facility(SCF), Rapid Credit Facility(RCF) 등 세 가지 종류가 있다. 이 기금은 구조적인 부채문제 및 외채상환에 어려움을 겪고 있는 저소득 회원국에 지속경제성장의 기반이 창출될 수 있도록 구조조정 자금을 장기 · 저리로 지원하는 양허성 차관이다.

3.2 브레튼우즈 체제와 달러의 역할

국제정치경제적인 관점에서, 브레튼우즈 체제는 미국 패권을 중심으로 이루어진 체제이다. 첫째, 브레튼우즈 체제는 미국 달러화에 기초한 금환본위제도였기 때문에, 모든 회원국들에게 대칭적인 지위를 부여하는 금본위제도와는 달리 미국 중심의 비대칭적인 국제통화체제였다. 당시 미국이 세계 경제 및 국제무역에서 차지하는 비중, 미국의 금 보유량 규모 등으로 인해, 미국 달러화의 위치는 여타 화폐와는 다른 위치를 차지하게 되었다. 달러화의 유일한 지위는 여러 측면에서 확인할 수 있다. 무엇보다도 달러화는 기축통화였기에 미국은 금에 대한 달러화의 가치를 일정하게 유지하기만 하면 되었고 다른 통화들의 가치가 어떻게 변하든 신경쓸 필요가 없었다. 달러화와 다른 화폐들 간의 환율안정은 다른 나라 중앙은행들이 외환시장 개입을 통해 유지해야 했으므로, 고정환율 유지를 위한 부담은 전적으로 다른 나라 중앙은행들이 져야만 했다. 또한 미국만이 유일하게 독자적인 통화정책을 사용할 수 있었고, 다른 나라 중앙은행들은 미국 연방은행의 결정에 따라 수동적으로 자국의 통화정책을 조절해야만 했었기에 통화정책의 자율성을 가질 수 없었다.

실제적으로 브레튼우즈 체제 출범 이후 IMF와의 협의에 근거해 다른 국가들은 미국 달러화에 대한 기준환율을 때때로 변경시켰지만 미국은 달러화의 가치를 금 1온스당 35달러에 고정시켰다. 물론 미국이 금과 달러화의 교환비율을 일정하게 유지한 것은 미국 달러화에 대해 금만큼의 안정성을 보장하기 위한 것이었다. 따라서 미국은 외국의 중앙은행이 보유하고 있는 모든 달러화에 대해서 언제든지 정해진 비율로 교환해 줄 것에 동의하였다. 이러한 조치는 미국이 전후에 그 어떤 나라보다도 많은 금을 보유하고 있었으므로 굉장히 합리적인 것으로 보인다. 사실 그 당시 대부분의 나라들은, 달러화는 금과 달리 이자를 받을 수 있고 저장하거나 운반하지 않아도 되었기 때문에, 준비자산과 국제거래의 수단으로 금보다 미국 달러화를 선호했다. 국제통화체제 패권국으로서 미국은 국제유동성 공급을 위하여 공공재로서의 달러화를 전 세계에 공급했지만 미국 또한 시뇨리지 이익을 얻고 있었다.[12] 전 세계 유일의 통화 공급자로서 미국은 금융분야에서의 권력과 영향력을 누렸을 뿐만 아니라, 달러화의 절대적인 역할로 인해 뉴욕시는 세계 금융수도로서의 위치를 차지할 수 있었다. 또한 미국은 국제무역 및 국제금융 거래에서 자국 통화인 달러화를 사용함으로써 다른 모든 국가들과는 달리 환위험 및 거래비용에서 벗어날 수 있었다. 전후 1950년대까지 이어진 미국의 정책은 이타주의와 이기주의 모두에 기반하고 있었고, 다른 국가들은 브레튼우즈 체제로부터 얻는 이익으로 인해 미국의 통화 리더십에 대하여 묵인했다.

둘째, 미국 달러화는 준비자산 문제를 해결하는 데 핵심적인 역할을 하였다. 브레튼우즈 체제는 금환본위제도였기 때문에 준비자산 문제를 해결하지 못하면 제도 자체의 존립이 위험에 처하게 된다. 전쟁의 후유증을 극복한 이후 1950년대 및 1960년대 들어 세계 경제는 빠른 속도로 성장했고 국제무역은 그보다 더욱 빠른 속도로 확장되었다. 이와 더불어 국제적인 자본이동도 활발해져 감에 따라 각국 중앙은행들은 경제성장 및 국제거래 확대를 뒷받침하기 위한 준비자산 증대를 더욱 필요로 하게 되었다. 미국 달러화를 기반으로 하는 브레튼우즈 체제에서 각국 중앙은행은 금, 달러 및 회원국의 IMF 포지션 등으로 준비자산을 구성할 수 있다. 그러나 금광의 수는 제한되어 있고 금 생산량도 한정되어, 경제가 빠르게 성장하고 국제무역 및 해외투자가 급격히 확대되고 있는 상황에서 금의 준비자산으로서의 역할은 아주 제한적이었다. 또한 IMF 쿼터 증가에 의한 기금규모의 확대도 한계가 있었기 때문에, 제2차 세계대전 이후 급증하는 준비자산에 대한 수요를 충족시킬 수 있는 것은 미국 달러화가 유일한 수단이었다.

국제수지 적자와 심각한 외환부족 문제는 전후 유럽의 경제 회복을 방해했고 국제통화질서의 안정을 회복하는 데도 걸림돌이 되었다. 전쟁 직후의 시기에 대부분의 서구 유럽 국가들은 외환보유액이 고갈되었고 복구사업을 위해 수입하는 물자대금 지불에 필요한 국제유동성인 미국 달러화가 심각하게 부족한 상태였다. 유동성 공급을 위하여 상당한 양의 달러화가 필요했으나, 전후 1950년대까지 유럽 각국은 대미 적자를 기록했고, 이러한 미국의 무역수지 흑자는 유럽 및 전 세계에 달러화 부족을 더욱 가중시켰다. 이 문제를 해결하기 위하여 미국은 1947년에서 1958년 사이에 마샬 플랜(Marshall Plan)에 따른 경제 원조와 군사 지출을 통해 전 세계에 달러화를 공급했다. 국제정치경제 관점에서 이 시기 미국은 유럽과 다른 국가에 공공재를 제공한 것이다. 수입품에 대한 미국 시장 개방, 유럽 경제회복 프로그램과 마샬 플랜을 통한 장기 대출 및 원조는 국제 유동성의 주유 원천으로서 미국 달러화를 전 세계에 공급하는 역할을 했다. 실제적으로 [표 7-3]에서 보는 것처럼, 브레튼우즈 체제에서 각국 중앙은행 준비자산에서 미국 달러화 보유량이 급증하였다. 전 세계 각국 중앙은행의 준비자산이 1949년에서 1969년 사이 326억 달러 증가했는데, 이 중 대부분(224억 달러)이 미국 달러화의 증가에 기인하였다.

표 7-3 중앙은행 준비자산 (단위 : 십억 달러)

	1949	1969
전 세계 준비자산	45.6	78.2
금	33.5	39.1
IMF 포지션	1.7	6.7
미국 달러화	10.4	32.4

자료 : IMF, *International Financial Statistics*.

셋째, 미국은 브레튼우즈 체제의 핵심 기구인 IMF에 대해 실질적인 영향력을 행사함으로써 이후 체제 운영과 관련된 거의 모든 중요한 이슈에 대해 결정권을 확보하고 있었다. IMF에 대한 미국의 영향력은 IMF 회원국들의 쿼터 비율 및 거버넌스 체제에서 확연히 드러난다. IMF의 쿼터는 출자금, 투표권, 차입금액 등을 결정할 때 사용되는데, GDP, 개방성, 경제적 가변성 및 국제준비금을 고려해 비율이 정해진다. IMF 설립 당시부터 가장 큰 비중을 차지해 온 국가는 미국으로, 현재 17.398%를 차지하고 있어 그 뒤를 잇는 일본(6.461%), 중국(6.390%)에 비해 월등히 높다. 특히 주목할 것은, IMF 주요 의사결정은 전체 투표수의 85% 이상 찬성을 받아야만 한다는 규정이다. 미국은 15% 이상의 의결권을 가진 유일한 나라로, 어떤 안건이라도 미국이 반대하면 통과될 수 없다. 물론 대부분 의사결정은 서로 합의해 이뤄지지만, 이처럼 미국만이 거부권을 행사할 수 있기 때문에 미국의 입김은 누구도 무시하기 힘들고 사실상 IMF는 미국의 영향력 아래 있다고 볼 수 있다.

또한 거버넌스 체제 측면에서도 IMF의 이사회 의사결정 방식 및 주요 경영진 선출방식은 미국의 영향력이 잘 반영될 수 있는 구조로 되어 있다. IMF의 총재 선출방식은 공식적으로 다득표 원칙으로 되어 있지만, 미국 및 유럽 국가들의 비중이 절대적으로 크기 때문에 미국 및 유럽의 의사에 따라 결정된다. 주지하다시피 브레튼우즈 출범 이후 지금까지 유럽이 IMF 총재를, 그리고 미국은 세계은행 총재를 나눠 가졌다. 하지만 IMF 총재도 사실상 미국이 지지하는 사람이 계속 선출되어 왔으며, IMF에서 핵심 정책을 담당하는 수석부총재 자리는 항상 미국이 차지해 왔다. 한편 이사회 의사결정 방식에 특정 국가(미국)가 거부권을 행사할 수 있는 특별의결정족수 제도가 명시되어 있다. 이러한 제도는 국제금융기구인 IMF가 전 세계 모든 구성원들의 이해관계를 반영하면서 운영되는 것이 아니라 특정국인 미국의 이해관계 틀에서 운영된다는 것을 의미한다.

3.3 브레튼우즈 체제의 붕괴

브레튼우즈 체제의 붕괴과정

브레튼우즈 체제는 출범 이후 1960년대 초까지 별다른 큰 문제 없이 잘 운용되어 갔다. 그러나 미국의 국제수지가 지속적으로 악화되면서 미국 달러화 중심의 국제통화체제에 대한 의구심도 점차 누적되어 갔다. 미국 적자의 원인으로 마샬 플랜, 국제 기축통화로서의 달러화, 그리고 세계의 시장 등 미국이 패권국으로서 전 세계에 공공재를 제공해야만 했기 때문에 어쩔 수 없는 측면도 있었다. 그러나 미국 정부 자체가 대내적인 목표 때문에 기축통화국으로서의 역할을 제대로 하지 못한 측면도 있었다. 특히 1965년 미국이 월남전에 개입하기 시작하고 또한 존슨 행정부가 위대한 사회(Great Society) 건설을 목표로 하는 대규모 정부사업을 실시하면서 이러한 문제가 더욱 악화되었다. 전후 달러화 부족 상태에 있었던 국제금융시장에서는, 미국의 월남전 개입으로 경상수지 적자가 확대되면서 미국의 대외유동성 부채가 증가하고 달러화가 공급과잉 상태로 전환되었다. 아울러 팽창정책으로 미국 경기가 과열되고 물가가 상승하면서 경상수지 적자는 더욱 악화되었다.

미국 경제 상황이 변화되면서 1960년대 중반 이후 일부 국가들은 미국에 대해 달러화의 금태환을 요구했고, 또 일부 투자자들은 런던의 금시장을 통해 달러화를 금으로 전환하기 시작했다. 투자자들이 미국 경상수지의 악화 및 인플레이션에 따른 달러화의 가치 하락을 예상하고 런던 금시장에서 대규모로 금을 구입하자 미국 연방은행 및 유럽 각국의 중앙은행들에서 금이 대규모로 유출되었다. 이에 영란은행은 1968년 3월 금의 이중가격제(two-price system for gold)를 실시하였다.[13] 금의 이중가격제는 각국 중앙은행 간의 금거래에서는 종전과 같이 1온스당 35달러의 공정가격을 적용하였고 반면 일반거래에서는 그 가격이 자유금시장에서 결정되게 한 조치였다. 또한 자유금시장을 통한 금융당국의 금 공급과 금 매입을 중단시킴으로써 금의 자유시세가 금의 공정가격을 능가할 경우 금융당국의 금 매입에 의한 수익 도모를 방지하였다.

1960년대 들어 브레튼우즈 체제가 직면한 문제는 미국의 경상수지 적자뿐이 아니었다. 자금흐름에 대한 지속적인 조절에도 불구하고, 투자자들은 기존의 환율체제에 대해 신뢰하지 않았고 투기적인 자본 흐름이 심각하게 증가했다. 1950년대 이후 발전해 온 유로금융시장(Euro market)에 대한 투기는 특히 규제하기 어려웠고, 다국적기업들은 전 세계 자회사를 통해 거래함으로써 각국의 국내 규제에서 벗어날 수 있었다. 이러한 국제자본 이동성의 증가는 각국이 고정환율제도를 재편성하도록 강한 압박을 주고 있었지만, 각국은 자국 통화에 대한 뱅크런을 방지하기 위해 대내 목표를 제한하면서까지 기존의 고정환율을 유지하기 위해 노력하고 있었다. 따라서 국제자본이동의 증가에 따른 국제금융시장의 변화와 당시 경직된 고정환율에 기초한 국제통화체제 간의 괴리는 점점 확대되었다.

미국 달러화에 대한 신뢰가 감소해 가자 이에 대처하기 위해 새로운 지급준비자산을 마련하기 위한 방안들이 제시되기 시작했다. 미국은 기축통화국으로서의 지위를 유지하기 위해 당초 이러한 변화에 대해 반대했으나, 국제금융시장에서 달러화에 대한 압력이 점증하자 나중에는 이에 동조하는 것으로 태도를 바꾸었다. 그러나 프랑스는 미국의 기축통화국가로서의 특권에 대하여 분개하였고 새로운 통화체제가 형성되기 이전에 미국의 국제수지 문제부터 해결하기를 강하게 요구했다.[14] 몇 년간의 협상 끝에 IMF 회원국들은 1969년 특별인출권(Special Drawing Rights ; SDRs)이라고 하는 새로운 지급준비자산을 만들어냈다. 특별인출권은 인위적인 화폐로서 IMF에 의해 발행 및 관리되며 IMF 회원국들이 국제수지 균형을 위해 필요한 경우 사용할 수 있다.[15] 특별인출권을 만들어낸 기본적인 의도는 준비자산에 대한 전 세계의 점증하는 수요에 대응해 공급량을 능동적으로 조정할 수 있는 새로운 준비자산을 창조해 내기 위한 것이었다. 이를 통해 기축통화가 결국에는 불필요해질 것이고, 기축통화의 신뢰성 문제 또는 기축통화국의 비대칭적인 지위 등과 관련된 문제가 해결될 수 있을 것이라고 기대했었다. 그러나 특별인출권을 만들어낼 때 미국의 적자 문제를 해결하기 위한 환율조정 및 다른 수단에 대한 추가 조치가 마련되지 않아, 특별인출권은 미국의 경상수지 적자를 해소하고 달러화의 신뢰를 회복하기에는 역부족이었다.

미국의 경상수지 적자 문제 및 미국 달러화의 신뢰 하락 문제를 해결하기 위한 다양한 노력들은 별다른 성과를 거두지 못하고 브레튼우즈 체제는 더 이상 유지되기 힘들었다. 프랑스 드골 대통령은 정기적으로 달러화의 금태환을 요구하는 것만이 미국의 제국주의적인 정책에 대한 외적 제약을 가할 수 있다고 주장하면서 고의적으로 미 달러화를 금으로 태환하여 미국의 기축통화로서의 패권적인 지위를 종료시키려 하였다. 또한 미국의 경상수지가 계속 악화되면서 많은 국가들이 동시에 달러화의 금태환을 요구해 오자 미국의 입장에서도 이러한 요구를 수용하기 어렵게 되었다. 1971년 3월 독일이 고정환율제도를 포기하고 외환시장에서 달러화에 대한 수요가 더욱 확대되자, 미국의 닉슨(Richard Nixon) 대통령은 1971년 8월 15일 공식적으로 금태환 중지를 선언하고 수입품에 대하여 10%의 관세를 부과하는 조치를 취했다.

닉슨 행정부의 금태환 중지 선언이 있던 그해 12월 달러화의 시세를 현실화하고자 달러화를 8.57% 평가절하(금 1온스당 35달러에서 38달러로 달러의 금평가조정)하고, 과거 기준환율의 1% 수준에서 제한되었던 환시세의 변동폭을 2.25%로 확대하는 이른바 '와이더밴드환율제(wider band exchange rate system)'의 채택을 골자로 하는 스미소니언 협정(Smithsonian Agreement)이 체결되었다. 그러나 이러한 조치에도 불구하고 미국의 경상수지는 개선되지 않았으며, 1972년 미국 대통령 선거와 맞물려 팽창통화정책이 시행되자 국제금융시장에서는 달러화의 추가적인 평가절하가 불가피하다고 인식하게 되었다.

결국 스미소니언 체제가 출범한 지 6개월 만인 1972년 6월 영국은 잇따른 파운드화 파동을 견디지 못하고 변동환율제도를 채택함으로써 동 체제를 이탈하였으며, 뒤이어 프랑스, 벨기에, 이탈리아 등도 이중환율제도를 택하게 되었다. 또한 투기자본이 마르크화와 엔화에 집중되어 달러화의 시세는 계속 하락하게 되었다. 결국 미국은 1973년 2월에 금 1온스당 38달러에서 42.22달러로 다시 평가절하를 단행하지 않을 수 없었고, EC 국가들은 동년 3월에 공동변동환율제도(European system of narrower exchange rate margins 혹은 snake system)로 이행하게 되었다. 스미소니언 체제가 달러화의 재평가절하로 와해된 이후 각국은 자국의 경제여건과 필요성에 따라 다양한 환율제도를 채택했으며, 이에 IMF는 1974년 6월 '변동환율운용지침(Guidelines for the Management of Floating Rates)'을 설정하기에 이르렀다. 결국 브레튼우즈 체제의 양대 지주인 '달러화의 금태환'과 '고정환율제도'는 완전히 붕괴되었고 국제통화체제는 이후 급격히 변화되었다.

브레튼우즈 체제의 붕괴 원인

브레튼우즈 체제가 붕괴한 이유도 금본위제도 붕괴 원인과 유사하게 크게 두 가지로 나누어볼 수 있다. 하나는 금환본위제도라는 브레튼우즈의 운영메커니즘 자체의 내재적인 모순이 존재하고, 다른 하나는 각국의 대내목표와 대외목표 간에 충돌이 발생할 때 미국의 상대적인 지위가 약화됨에 따라 국제협력을 도출하는 데 실패했기 때문이다.

첫째, 브레튼우즈 운영메커니즘의 내재적인 모순이란 국제유동성 확보와 달러화의 신뢰성 확보 간에 발생할 수 있는 모순을 말하는데, 흔히 트리핀 딜레마(Triffin's dilemma)라고 불린다.[16] 국제유동성이란 국제적으로 보편적인 통용성을 갖는 지불수단을 의미하는데, 브레튼우즈 체제에서는 금이나 달러화가 이 역할을 수행했다. 이러한 유동성은 경제성장 및 국제무역 증대에 따라 적절히 공급되어야 한다. 전후 각국의 경제가 빠르게 성장함에 따라 국제유동성에 대한 수요가 증대하였고, 금 생산이 제한된 상황에서는 미국의 국제수지 적자를 통해 유동성을 공급하는 방법밖에 없었다. 즉, 지속적인 세계성장을 뒷받침하기 위해서는 미국이 지속적으로 적자를 내야만 했다.

그런데 미국의 지속적인 국제수지 적자는 달러화에 대한 신뢰성을 약화시키는 문제를 초래한다. 일반적으로 어떤 국가가 지속적으로 국제수지 적자를 기록하는 경우 국제금융시장에서 그 국가의 통화에 대한 신뢰성이 상실되고 투매현상을 가져온다. 브레튼우즈 체제 초기에는 미국이 충분함 금을 보유하고 있었고, 미국 연방은행이 정해진 교환비율로 금을 교환해 주었기 때문에 달러화는 금과 동일한 것으로 간주되었다. 그런데 경제성장과 더불어 각국의 중앙행들은 추가적인 준비자산을 필요로 하였고, 이러한 수요에 부응하기 위해서는 미국의 국제수지가 계속 적자를 기록해야만 했다. 이러한 상황이 지속된다면 결국에는 다른 나라들이 보유하고 있는 달러화의 양이 미국 연방은행이 보유하고 있는 금의 양보다 커지게 될 것이다. 이는 곧 달러화 전체가 금과 교환될 수 없다는 것을 의미하므로, 각국의 중앙은행들은 달러화의 가치에 대해 의문을 품게 되고 따라서 달러화에 대한 신뢰성이 추락하게 되는 것이다. 즉, 국제통화체제를 유지하기 위한 노력 그 자체가 국제통화체제의 위기를 불러일으키게 되는 모순이 발생하는 것이다.

브레튼우즈 초기 미국이 적자를 보더라도 미국에 대해 흑자를 보는 다른 나라들이 달러화를 기꺼이 받아들임으로써 이와 같은 문제가 발생하지 않았다. 그런데 미국이 만성 적자국이 되고 다른 나라 중앙은행들이 보유한 달러화 규모가 증가해 감에 따라 신뢰성의 문제가 대두되기 시작했다. 따라서 다른 나라들은 달러화보다 금을 선호하게 되었고, 원천적인 문제를 해결하고자 미국에 대해 적자문제를 해결하도록 요구하기 시작했다. 그러나 미국은 이에 대해 다른 중앙은행들에 대해 금태환 요구를 자제해 줄 것을 요청하고 자본이동에 대한 규제를 하는 조치만 취하고, 경상수지 적자를 해결하기 위한 대내적인 재정정책 및 통화정책을 조정하려는 노력을 기울이지 않았다. 이 문제는 미국의 베트남 전쟁 개입 및 존슨 행정부의 재정지출 확대로 더욱 악화되어 갔다. 미국의 인플레이션이 심화되고 경상수지 적자가 확대되자 유럽 국가들은 미국으로부터의 달러화 유입을 미국 인플레이션의 수출로 간주하였다. 또한 이들은 미국이 베트남 전쟁에 필요한 물자를 이미 가치가 하락한 달러화를 남발해 다른 나라로부터 구입하고 있다고 비난하면서, 달러화의 평가절하 및 금본위제도로의 복귀를 주장하였다. 이에 대해 미국은 브레튼우즈 체제에서 대외불균형은 기축통화국이라는 특별한 위치에 있는 국가가 나서서 해결하는 것이 아니라 미국 이외의 다른 나라들이 시정해야 한다고 주장했다. 이처럼 달러화의 신뢰성 문제는 국제통화체제를 유지하는 데 절대적으로 필요한 국제협력의 갈등으로 확산되었다.

둘째, 이와 같은 브레튼우즈 체제의 내재적인 문제가 있을지라도, 다른 조절기능이 마련될 수 있으면 내재적인 문제가 체제의 붕괴까지 가져올 정도로 치명적으로 작용하지는 않는다. 브레튼우즈 체제가 처음 출범할 때 조절 가능한 고정환율제도를 채택했기 때문에 이론적으로는 환율조정을 통해 이러한 문제들을 어느 정도 해소할 수도 있다. 그러나 잦은 기준환율 변화, 그리고 미국 달러화의 가치 조정은 곧 브레튼우즈 체제의 실패를 의미했기 때문에 가능한 한 환율을 일정하게 유지하려고 하다가 체제 자체에 치명적인 결과를 가져온 것이다.

이러한 문제는 대내적인 정책목표와 대외적인 정책목표가 서로 충돌할 때 국제협력을 이끌어내지 못하면 흔히 발생한다. 1958년 유럽 국가들이 경상거래에 대한 태환성을 부여하고 자본이동이 자유로워지면서 이 문제는 더욱 심각해졌다. 불가능의 삼각정리(impossible trinity)에 따르면,[17] 고정환율제도, 독자적인 통화정책, 그리고 자유로운 자본이동 등의 세 가지 목표는 동시에 달성할 수 없다. 브레튼우즈 체제와 같은 고정환율제도에서 자본이동이 자유로워지게 되면 당연히 통화정책은 다른 정책목표를 달성하는 데 사용할 수 없고 다만 고정환율을 유지하는 데 맞추어져야 한다. 경상수지 적자 문제가 심각해지면 세 가지 중 무언가를 조정해야 하는데, 상대적으로 용이한 수단은 환율조정이다. 더욱이 자본이동이 활발한 경우 투매현상에 따른 위기가 발생할 수도 있으므로 환율조정은 더더욱 필요했다. 그런데 브레튼우즈 체제에서는 경상수지 적자 문제를 해결하기 위해 환율을 조정하기 어려웠는데, 그렇다고 거시경제정책을 그에 맞게 조정한 것도 아니었다. 왜냐하면 경상수지 적자가 누적된 상태에서 고정환율을 유지하기 위해서는 긴축거시경제정책을 사용해야만 하는데, 이는 경기침체, 실업 등과 같은 상당한 비용을 수반하므로 정치적으로 부담이 컸기 때문이다. 따라서 환율을 고정시켜 놓은 채 상황을 지연하는 방법을 선택했기 때문에 문제가 더욱 악화되고 결국에는 체제 자체의 붕괴를 가져온 것이다.

자국 경제에 부담이 되는 거시경제정책의 기피는 결국에는 국제협력의 실패로 귀결되었다. 경상수지 적자 문제가 가장 컸던 미국의 경우 금에 대한 달러화의 가치는 변경시킬 수 없었으므로, 유일한 정책수단은 거시경제정책을 긴축 기조로 가져가는 것이었다. 그러나 월남전 등 미국 내부의 정치적인 이유 때문에 긴축정책이 아니라 정반대의 팽창정책을 적극적으로 시행하였다. 따라서 미국의 경상수지 적자는 미국의 정책을 통해서는 해결될 수 없었고 오히려 더욱 악화될 수밖에 없었다. 이와 같은 미국의 팽창정책은 전 세계적으로 유동성을 증가시켜 인플레이션 압력이 커지도록 만들었고, 또한 미국은 다른 국가들의 통화를 달러화에 대해 평가절상시키도록 압력을 가함으로써 다른 국가들로 하여

금 미국의 경상수지에 따른 부담을 떠안도록 요구하였다. 당연히 다른 국가들은 이러한 미국의 태도에 대해 강하게 반발하였고, 브레튼우즈 체제를 유지하는 데 절대적으로 필요한 국제협력을 도모하기가 어려워졌다. 따라서 각국은 고정환율 유지라는 대외목표를 포기하고 대내적인 목표를 위해 거시경제정책의 자율성을 확보할 수 있도록 변동환율제도를 택함으로써 브레튼우즈 체제는 막을 내리게 되었다.

4. 브레튼우즈 이후의 국제통화체제

4.1 변동환율제도로의 이행[18]

브레튼우즈 체제가 공식적으로 붕괴된 이후, 브레튼우즈 체제의 비대칭적인 구조를 대칭적으로 개선한 고정환율제도를 도입하려는 움직임이 일시적으로 있었다. 그러나 석유파동이 몰아치면서 각국 경제가 심각한 스태그플레이션의 고통을 받고 있을 때 고정환율제도로 복귀한다는 것은 더 이상 설득력도 없고 불가능하게 되었다. 각국이 고정환율제도로의 복귀 노력을 포기하고 국내 정책 활성화를 위해 재정정책 및 통화정책 등 거시경제정책을 적극적으로 시행하면서 생산이 증대하고 이후 석유파동의 여파가 완화되면서 인플레이션도 진정되었다. 또한 석유파동으로 급증했던 석유수입국들의 경상수지 적자도 석유가격이 안정되면서 상당히 개선되었다.

많은 학자들과 정책담당자들은 변동환율제도 덕분에 거시경제정책 조정과정이 적절하게 이루어져 석유파동의 위기를 성공적으로 극복할 수 있었다고 평가하였다. 고정환율을 유지해야 한다는 부담이 없어진 각국 정부는 재정정책 및 통화정책을 대내적 목표 달성을 위해 자유롭게 사용할 수 있었다. 또한 변동환율제도로의 이행과 더불어 자본이동에 대한 제한도 철폐됨으로써 경제발전을 위해 자본을 차입해야 하는 저개발국들의 회복에 커다란 도움을 주었고, 경제회복은 전 세계로 확산되었다. 이처럼 변동환율제도의 유용성에 대한 인식이 확산되자 고정환율제도로의 복귀에 대한 논의는 사라지게 되었다. 이에 회원국들이 1976년 자메이카의 킹스턴(Kingston)에서 IMF 협정 제4조를 수정함으로써 각국은 자국의 경제여건에 적합한 독자적인 환율제도를 자율적으로 선택할 수 있게 되었다.

소위 킹스턴 체제(Kingston System)라고 불렸던 이 시기에는 회원국들이 알아서 자국의 환율제도를 선택할 수 있으므로, 다양한 환율제도가 나타났다. 주요 선진국들은 환율이 외환시장의 수급 사정에 따라 결정되도록 하는 변동환율제도를 택한 반면, 유럽 국가들은 지역적인 통화통합을 추진하기 위해 정책협력을 촉진하고 있었다. 개발도상국들은 변동환율제도를 택하기도 하고, 주요 통화 또는 주요 통화 바스켓에 자국 통화를 연동시키는 정책을 실시하기도 했다. 이처럼 다양한 환율제도가 존재함에 따라 국제통화체제를 어떤 특정한 형태로 규정할 수 없어 "무체제(non-system)" 라고 부르는 것도 놀라운 일은 아니다. 거시경제정책 및 외환정책을 기본적으로 각국의 자유재량에 맡겼기 때문에 필요한 경우 수시로 외환시장에 개입해 전간기에 횡행했던 근린궁핍화 정책을 시행할 우려도 배제할 수 없었다. 이를 방지하고자 IMF는 수정안에 "부당한 경쟁적 우위를 획득하고자 환율을 조작해서는 안 된다" 는 문구를 삽입해 각국의 중앙은행들이 더러운 변동환율제도(dirty floating)를 택하지 못하도록 하였다.

변동환율제도로의 이행은 자유주의자와 현실주의자 모두에게 환영을 받았다. 자유주의자들은 환율이 더 이상 정부의 개입이 아닌 시장의 원리에 따라 변동하기 때문에 훨씬 바람직하다고 주장하였다. 일부 자유주의자들은 변동환율제도 하에서 자유로운 자본이동은 1930년대와 같이 투기 행위를 부추겨 금융시장에 불안정을 야기시킬 것이라고 염려했으나, 프리드만(Milton Friedman)은 일찍부터 1930년대 시장의 불안정은 자본이동에 기인했다기보다 오히려 경제, 금융의 근본적인 문제에 기인한 것이라고 주장했다.[19] 한편 현실주의자들은 변동환율제도 하에서 정부가 독립적인 통화정책을 실시할 수 있다는 이유로 변동환율제도를 지지했다. 고정환율제도에서 통화정책은 환율을 유지하기 위한 수단으로밖에 사용되지 못하여 정부기관의 재량에 따른 통화정책 실시는 불가능하다. 반면 변동환율제도에서는 국내 경제상황에서 적절하다고 판단되는 통화정책을 독립적으로 실시할 수 있게 된다. 1970년대 들어서 자유주의자들은 또 다른 이유로 변동환율제도를 지지하게 되었다. 이들은 자본이동과 투기압력이 증가하면서 정부는 더 이상 고정환율제도에 의존할 수 없으며, 변동환율제도는 국제수지 불균형을 빠른 속도로 조정하는 데 기여한다고 보았다.

그러나 변동환율제로도의 이행이 기대한 것과 같이 긍정적이지만은 않았다. 1970년대 초 대부분의 정책담당자들은 자본이동성이 어느 수준까지 증가할지 이것이 얼마나 환율변동을 교란시킬지에 대하여 알지 못했다. 또한 각국의 환율은 단기적인 불안정뿐만 아니라 장기적으로도 기초 경제여건과 괴리되는 현상을 보여주었다. 제1차 석유파동 이후 경제가 회복되기는 했지만 예상보다 속도가 느리게 진행되자 미국 정부는 공격적으로 팽창거시정책을 시행하였다. 이후 미국에서 인플레이션이 재발할 조짐이 보이고 경상수지 적자가 발생하면서, 미국 달러화가 다른 화폐에 비해 상대적으로 가치가 하락하기 시작하였다. 이러한 변화에 대응해 독일과 일본은 자국 화폐가치의 강세로 인한 부정적인 영향을 방지하고자 외환시장에 개입해 달러화 절하속도를 늦추었지만, 달러화의 가치 하락은 계속되었다.

달러화의 추세가 전환된 것은 제2차 석유파동에 대처해 미국 정부가 제1차 석유파동 때와는 달리 긴축통화정책과 함께 조세감면정책을 택하면서부터이다. 긴축통화정책으로 이자율이 급등하면서 미국으로 자본이 유입되고 달러화의 가치가 급상승하였다. 제2차 석유파동으로 마찬가지의 경제적 어려움을 겪고 있던 다른 국가들은 자본의 급격한 유출을 막기 위해 이전과는 반대로 외환시장에 개입해 달러화를 팔아 달러화 가치의 급격한 상승을 완화시키고자 하였다. 그러나 레이건 행정부의 팽창재정정책은 달러화 가치 상승을 더욱 부추겼다. 1980년대 초 미국의 레이건 행정부는 공급경제학(supply-side economics)을 신봉하여 개인의 일할 인센티브를 높이기 위한 조세감면정책을 실시하면서 동시에 국방예산을 증가시켰다. 이와 같은 미국의 팽창재정정책은 세계 경제를 회복시키는 효과는 있었다. 그러나 팽창재정정책은 미국의 이자율을 높이고 달러가치를 더욱 상승시켰다. 달러화 가치의 상승은 미국의 경상수지를 더욱 악화시켰고 소득증대효과를 반감시켰다. 더구나 팽창재정정책에 따른 재정적자는 경상수지 적자로 이어져 미국 경제를 더욱 어렵게 만들었다. 조세감면 및 재정 확대에 따른 재정적자가 민간의 저축 증가로 많은 부문이 상쇄되었다면 경상수지가 크게 악화되지는 않았겠지만 실질적으로 민간저축의 증가현상은 별로 나타나지 않아서 미국의 재정적자는 경상수지 적자로 이어졌다.

달러화 가치의 상승은 수입재의 가격을 하락시켜 미국 국내 인플레이션을 낮추는 데 크게 기여하였다. 그러나 다른 한편으로 달러화 가치의 상승은 미국 수출재의 가격을 비싸게 만들고 수입재의 가격을 싸게 하여 국제시장에서 미국 재화에 대한 수요를 크게 줄였다. 특히 농산물, 섬유, 강철, 그리고 자동차 등에서 미국은 가격경쟁력을 잃고 어려움을 겪게 되었다. 또한 달러화의 가치가 오랫동안 고평가됨으로 말미암아 미국은 제조업 분야에서 경쟁력을 잃고 산업공동화 현상을 보이기 시작했다. 그 결과 미국에서 보호무역주의에 대한 요구가 거세게 일어나게 되었다.

4.2 국제통화체제 안정을 위한 정책공조 : 프라자-루브르 합의[20]

미국의 경상수지 적자가 계속되는데도 불구하고 달러화 강세가 지속됨에 따라 환율의 장기 불균형(misalignment)이 더욱 확대되었다. 이와 더불어 달러화 가치 상승으로 국제경쟁력을 잃어감에 따라, 미국은 강한 달러화가 강한 경제력을 의미한다는 종래의 생각을 버리고 더 이상 달러화의 고평가현상이 바람직하지 않다는 생각을 갖게 되었다. 한편 일본, 독일 등도 계속해서 국제수지 흑자를 누적시킬 경우 미국과의 무역마찰이 증가할 것을 우려하여 미국 달러화의 평가절하가 필요하다는 생각을 하게 되었다. 이에 미국, 독일, 일본, 프랑스, 영국 선진 5개국(Group of Five ; G5)의 재무장관들이 1985년 9월 미국 뉴욕의 플라자 호텔에서 회의를 열고 플라자 협정(Plaza Accord)을 발표하기에 이르렀다. 이 플라자 협정의 주요 내용은 미 달러화의 가치 하락을 유도하기 위해서 G5의 중앙은행들이 외환시장에 동시에 개입하여 보유외환(달러화)을 매각하겠다는 것이다.

플라자 협정 이후의 국제통화체제는 그 이전과 몇 가지 차이점이 있다. 그중 하나는 미국 정부가 지금까지 외환시장 개입에 소극적이었던 태도를 바꾸고 달러화 가치 변동을 방지하기 위해 적극적으로 개입하기 시작했다는 것이다. 또 하나는 미국 이외의 다른 나라 중앙은행들이 환율조정을 위해 외환시장에 개입할 때 그 이전에는 자국의 경제사정만을 고려한 채 달러화를 매매했었는데, 이제는 미국 중앙은행과 협의한 후 합의된 방향으로 환율이 조정되도록 개입하였다는 것이다. 이처럼 외환시장 개입 방식이 종래의 독자적이고 은밀하게 이루어졌던 것과는 달리 플라자 협정 이후에는 협조적이고 공개적으로 이루어지게 되었다. 이는 국제통화체제가 비협조체제에서 협조체제로 전환되었음을 의미한다.

플라자 협정을 계기로 달러화의 가치는 급격히 하락하기 시작하였다. 사실 각국이 외환시장에 개입할지라도 그 규모는 자본거래량에 비하면 상대적으로 적은 것이다. 그럼에도 불구하고 플라자 협정이 성공할 수 있었던 이유는 이 협정이 달러화의 고평가현상이 더 이상 계속될 수 없다는 생각을 투자자들에게 확고히 심어주었기 때문이다. 그런데 달러화의 계속된 평가절하에도 불구하고 미국의 경상수지 적자는 개선되지 않았다. 이에 미국 정부는 미국의 수출 확대를 통한 국제수지개선을 꾀하기 위해 일본과 독일 등에 대해서 팽창수요관리정책을 택할 것을 종용하기에 이르렀다. 그러나 인플레이션을 우려한 독일과 일본은 이러한 팽창수요관리정책을 채택하지 않고 미국에 대해서 재정적자를 줄여 경상수지를 개선할 것을 요구하였다. 한편 계속되는 미국의 경상수지 적자로 말미암아 달러화의 가치는 계속 하락하였다.

그러나 독일, 일본 등 다른 국가들은 플라자 협정 이후 자국 통화의 가치가 과다하게 올라 국제경쟁력이 약화되었다고 느껴 더 이상 달러화의 가치 하락을 용인하지 않았다. 이에 1987년 2월 선진 6개국(G5 + 캐나다)의 재무장관과 중앙은행장들은 파리의 루브르에 모여 환율안정을 위한 루브르 협정(Louvre Accord)을 체결하기에 이르렀다. 이들 선진국들은 목표환율대(target zone)를 설정하고 외환시장개입을 통해 이 환율대 안에서 환율을 안정시키자는 데 합의를 보았다. 이 당시 목표환율대는 공표되지 않았지만 그 당시 환율인 달러당 1.825마르크와 1달러당 153엔을 기준으로 환율변동을 5% 내에서 유지하려 했다는 견해가 지배적이었다. 이러한 노력에도 불구하고 미국의 경상수지 적자가 계속 누적됨에 따라 목표환율대는 지켜지지 못했고 엔화와 마르크화의 절상이 계속되었다. 결국 경제적인 상황과 괴리되는 환율대의 설정이라는 것은 지켜질 수 없었다. 이들 선진국들은 환율안정을 달성하기 위해서 직접적으로 외환시장에 개입하기보다는 오히려 이를 위한 재정정책과 통화정책을 조화롭게 사용하는 것이 보다 효율적이라는 결론을 얻게 되었다.

1990년대 들어와서도 달러화, 엔화, 마르크화, 파운드화 등 주요 국제통화들 간의 환율이 때때로 불안하기는 했지만 각국의 외환시장개입은 1980년대에 비해 많지 않았다. 이는 외환시장개입이 근본적으로 환율을 안정시키는 데 한계가 있었고 또한 국제자본이동 규모가 커짐에 따라 외환시장개입이 더욱 어려워졌기 때문이다. 그럼에도 불구하고 1995년 달러화가 사상 최저치를 기록하자 워싱턴 합의를 통해 달러화 약세를 시정하고자 하였고, 또한 1997년 이후 엔화의 약세가 심화되자 이를 저지하기 위해 공동의 시장개입에 합의하는 등 필요한 경우 협의를 통해 외환시장개입을 해오고 있다.

플라자 협정과 루브르 협정은 주요국 정부들이 심각한 수준의 환율 변동성과 장기 불균형을 수정하기 위한 체제로의 전환을 의미한다. 비록 협의를 통해 개입을 해오고 있기는 하지만, 이들 국가들 간의 정책공조는 지속적인 기반에서 이루어지지 못하고 임의적인 협의에 기초해 협력하고 있다. 국제통화들 간의 환율 안정성을 유지하기 위해서는 국제협력이 절실히 요구되는데, 대규모의 국제자본 이동으로 인하여 이러한 협력을 추진하는 데 어려움을 겪고 있다. 또한 대내적인 목표를 추구하는 데 필요한 재정 및 통화 정책이 국제협력으로 인해 제약을 받는 것을 꺼리고 있는 것도, 각국 정부들 간의 정책협력이 높은 수준에서 이루어지는 것을 어렵게 하고 있다. 그러므로 현재의 국제통화체제는 자유주의자들이 예상했던 것보다 훨씬 불안정하며 주요 선진국들이 미래 환율 불균형에 대비하여 충분한 정책 조율을 할 수 있는지에 관하여도 분명하지 않다.

그러나 1990년대 이후 국제통화체제의 불안은 주요 국제통화들 간의 환율 불안정보다는 일련의 국제금융위기에서 초래되었다. 국제자본 이동이 자유로워진 상황에서, 대내적인 경제여건과 환율 등 대외적인 경제여건 간에 괴리가 발생하자, 투기자들은 이를 기회로 삼아 급격하게 자본을 이동시켰고 이에 따라 세계 도처에서 국제금융위기가 발생해오고 있다. 1990년대 초 유럽통화체제의 위기가 발생한 이래 1994년 멕시코 위기, 1997년 동아시아 위기, 1998년 러시아 위기, 1999년 브라질 위기, 2002년 아르헨티나 위기,

2008년 글로벌 금융위기, 2010년 유럽 위기 등 수많은 국제금융위기가 빈번하게 이어져 오고 있다.

4.3 현행 국제통화체제에 대한 평가

브레튼우즈 체제는 전간기의 혼란을 극복하고 새로운 국제통화질서를 확립하기 위해 1944년 개입주의적 자유주의에 기반해 출범하였다. 이 체제는 달러화만 금에 직접 연동되며 다른 화폐의 환율은 미국 달러화에 연동되도록 한 금환본위제도였다. IMF는 국제수지 문제 발생 시 단기융자를 지원하고 회원국들은 환율 안정성을 유지하기 위하여 자본이동을 통제할 수 있었다. 그러나 계속되는 미국의 국제수지 문제와 더불어 체제의 근간이 흔들리면서 1970년대 초 자유주의에 기반한 변동환율제도로 전환되었고 이후 자본이동도 점차 자유로워졌다. 자유주의적인 입장에서 볼 때 브레튼우즈 체제에서 현행 변동환율제도로의 이행 및 자본이동의 자유화는, 시장이 국가의 개입에서 벗어나 좀 더 자유롭게 기능할 수 있게 하는 등 긍정적인 발전을 가져왔다.

이와는 반대로, 맑스주의자들은 자본이동성의 증대를 상당히 부정적인 것으로 본다. 급작스러운 자본유출에 의한 공포로 인하여 정부가 사회의 가장 가난하고 취약한 계층에게 악영향을 미칠 수 있는 정책을 시행할 수도 있기 때문이다. 다국적기업과 국제금융기관들은 정부가 자본 친화적인 정책을 시행하지 않으면 더 좋은 투자처를 찾아 쉽게 떠나버릴 수 있다. 그러므로 정부는 사회복지 프로그램을 희생하면서까지 법인 소득세를 낮추는 등 이들을 유인하기 위한 정책을 확대하려고 할 것이다. 자본이동성의 증대는 또한 노동자들에게도 악영향을 미칠 수 있다. 노동과 달리 자본은 국가 간 이동성이 높으므로, 투자는 노동조합의 영향력이 큰 국가에서 약한 국가로 이동할 수 있고 이에 따라 일자리가 감소하면 그 비용은 노동자들이 지게 된다.

많은 현실주의자들은 통화 및 금융 관계에서 세계화의 영향력이 상당히 과장되었다고 주장한다. 이들은 제1차 세계대전 이전이 현재보다 자본이동성이 더 높았다고 주장하기도 한다. 이들에 따르면, 최근 국제금융거래의 확대가 강대국의 정책에 의한 결과이기는 하지만, 금융세계화가 의도와는 다르게 전개되어 이제는 강대국들도 자신들이 촉진시킨 국제금융시장을 더 이상 마음대로 통제할 수 없게 되었다. 또한 현실주의자들은 변동환율제도에서 국가가 자유주의자들의 생각하는 것보다 더 중요한 역할을 할 수 있다고 주장한다. 실제로 플라자 협정 및 루브르 협정이 보여주듯이 선진국들은 원하는 경우 집단적으로 시장에 개입하여 환율을 관리할 수 있다. 이러한 일이 발생하고 있지 않는 것은 환율을 통제할 수 없어서가 아니라 선진국들 간에 그러한 필요성 또는 방법에 대하여 합의에 이르지 못하기 때문이다. 뿐만 아니라, 현실주의자들은 근본적으로 현재의 체제가 여전히 미국 달러화가 중심에 있는 형태라는 것을 강조하고 있다.[21]

미국 달러화는 여전히 핵심적인 지위를 지켜오고 있고 당분간 기축통화에 준하는 역할을 지속할 것으로 보인다. 그러나 달러화에 대한 신뢰는 전반적인 미국 경제의 상대적인 하락과 더불어 함께 문제가 되고 있다. 예를 들어, 미국은 현재 전 세계 생산의 24.4%, 그리고 전 세계 수출의 8.7%를 차지하고 있다. 그러나 세계 주요 통화국들이 전통적으로 국제 채권국이었던 것과 달리 미국은 가장 큰 규모의 채무국이다. IMF에서 미국의 투표권 비중은 1940년 40%에서 최근 17.398%로 감소하였고 통화 및 금융 정책의 주요한 부문에서 미국의 독단적인 리더십은 부분적으로 집단적 리더십으로 대체되었다. 미국의 경제 패권의 상대적인 감소로 인해, 변동환율제도 하에서의 불안정을 우려하고 자국을 보호하고자 하는 국가들은 지역주의로 눈을 돌리고 있다. 특히 중요한 것은 대부분의 EU 회원국들이 그들의 통화를 유로화로 대체한 것이다. 유로화가 주요 국제통화로서의 달러화의 지위를 얼마나 위협할 것인가에 대하여서는 시각의 차이가 있다. 그럼에도 불구하고 유로화의 탄생은 배타적인 국가 통화주권주의에 기초한 시각에 상당한 전환을 가져왔다.

Box 7-2 다양한 국제통화체제의 성과 비교

다양한 국제통화체제가 어떤 성과를 보이는가는 중요한 관심사 중의 하나이다. 브레튼우즈 체제를 출범시킬 때 학자들 및 정책담당자들은 전간기의 침체 및 혼란을 극복할 수 있는 바람직한 체제를 설계하고자 하였다. 현재의 국제통화체제도 여러 가지 문제를 보이고 있어 많은 학자들이 변동환율제도의 단점을 극복할 수 있는 다양한 아이디어를 제시하고 있다. 아래의 [표 7-4]는 지금까지 존재했던 국제통화체제의 경제적 성과를 성장률 및 물가안정 차원에서 비교하고 있다.

경제성장률을 기준으로 볼 때 브레튼우즈 체제는 다른 어느 체제보다도 월등한 성과를 보이고 있다. 브레튼우즈 기간 중 평균적인 성장률이 4.2%로서 금본위제도 및 전간기는 물론 변동환율체제에 비해서도 거의 두 배 이상 좋은 성과를 보여주고 있다. 그러나 국가들 간의 성장률 격차는 브레튼우즈 체제에 비해 최근의 변동환율체제에서 작게 나타나고 있으며 또한 브레튼우즈 체제 기간 중에도 전기에 비해 후기에 작게 나타나고 있는데, 이는 경제성장이 수렴해 가는 추세를 보여준다고 해석할 수 있다. 인플레이션은 금본위제도 및 브레튼우즈 체제에 비해 현재의 변동환율체제에서 월등히 높은 수치를 보여주고 있는데, 이는 1970년대 두 차례의 석유파동에 따른 것이다. 한편, 전간기에는 디플레이션을 나타내고 있는데, 이는 제1차 세계대전 직후 초인플레이션이 있었지만 이후 대공황 등 세계적인 경기침체로 물가가 하락했기 때문으로 보인다. 국가들 간의 인플레이션 격차는 현재의 변동환율체제에서 크게 나타나지만, 다른 통화체제에서는 별다른 차이를 보이지 않고 있다. 이 표에 따르면, 브레튼우즈 체제가 현재의 변동환율체제보다 더 좋은 성과를 보이고 있다. 그러나 전체적으로 경제성장률이 둔화되는 추세를 보이고 있고 인플레이션도 이미 아주 낮아져 있는 상황을 고려해 볼 때, 또 다른 고정환율제도로의 복귀가 더 나은 경제적 성과를 보일 것이라고 단언하기는 어렵다.

표 7-4 다양한 국제통화체제에서의 성장률 및 인플레이션

		금본위제도 (1881~1913)	전간기 (1919~1938)	브레튼우즈 체제(1946~1970)			변동환율체제 (1973~1989)
				전기(1946~1958)	후기(1959~1970)	전체	
1인당 GDP	평균	1.5	1.2	4.3	4.5	4.2	2.2
	격차	0.3	0.7	2.1	1.7	1.8	0.5
인플레이션	평균	1.0	−1.1	3.9	3.9	3.6	7.2
	격차	1.0	1.0	1.3	0.9	0.9	2.9

주 : 각 수치는 전체 그룹(미국, 영국, 독일, 프랑스, 일본, 캐나다, 이탈리아를 포함)의 평균값을 나타냄. 격차는 전체 그룹과 개별국 수치와의 절댓값 차이를 평균한 것. 브레튼우즈 전기 및 후기는 경상거래에 태환성이 부여된 1958년을 기준으로 나눔.

자료 : Bordo(1992).

5. 새로운 국제통화체제의 모색

1970년대 초 변동환율제도로 이행한 이후 환율의 움직임은 기초 경제여건과 너무 동떨어져 움직이는 장기 불균형 상태를 지속해 왔고 게다가 자본이동이 활발해지면서 이와 같은 환율의 불안정은 빈번한 국제금융위기의 빌미를 제공하게 되었다. 이전까지는 이러한 문제들을 해당국의 개별적인 문제라고 인식했었으나, 국제금융위기가 빈번해지자 이제는 국제통화체제에도 구조적인 문제가 내포되어 있다고 판단하고 이를 개선하기 위한 노력이 활발히 진행되고 있다.

5.1 효율적인 국제통화체제의 조건

국제통화체제가 효율적이고 성공적인 제도로 정착되기 위해서는 기본적으로 안정성과 유동성을 확보할 수 있어야 한다. 환율의 불안정은 국제무역 및 투자를 저해함으로써 각국의 경제에 부정적인 영향을 미칠 수 있으며 또한 최근과 같이 자본거래가 활발한 시대에는 쉽게 위기를 야기할 수도 있다. 불안정 문제는 변동환율제도이든 고정환율제도이든 어떤 통화제도에서도 발생할 수 있다.

변동환율제도의 경우 예를 들어 외환시장에서 어떤 국가의 통화가 평가절하되고 있는 것을 외환거래자들이 인식하기 시작했다고 하자. 통화제도의 운영에 커다란 문제가 없었다면 장기적으로 평가절하 압력이 사라지고 원상복귀가 이루어질 것이다. 그러나 만일 통화제도에 대한 신뢰성에 문제가 있어 거래자들이 초기의 평가절하를 추후 계속되는 평가절하의 전주곡으로 인식한다면 보다 많은 거래자들이 평가절하된 통화를 매각하려 할 것이고 이러한 매각행위는 그 통화를 더욱 평가절하시키는 악순환을 가져올 것이다. 따라서 일시적인 교란요인이 장기적인 교란으로 실현되게 된다.

한편 고정환율제도의 경우 어떤 국가의 경상수지가 누적되었다고 하자. 이때 중앙은행이 어느 정도까지는 외환보유액(reserves) 보유를 줄여 해소할 수 있지만 중앙은행의 외환보유액이 감소해 감에 따라 사람들은 경상수지 적자를 해소하기 위해 정부가 통화를 평가절하시킬 것이라고 예상하게 된다. 통화가 평가절하되는 경우 국내 자산가치가 하락할 것이므로 사람들은 국내 자산을 조기에 매각하려 할 것이고 이러한 국내 자산의 매각행위로 인해 실제적으로 통화가 평가절하되는 결과를 낳게 될 것이다. 즉, 일시적인 교란을 치유하기 위한 노력이 통화제도에 대한 신뢰부족 때문에 실효를 거두지 못하는 경우 교란요인의 불안정이 더욱 가속될 것이다. 따라서 어떤 제도가 되든 환율의 움직임이 기초 경제변수들의 움직임과 크게 다르지 않고 안정적인 행태를 유지할 수 있는 바탕을 제공해야 한다.

한편 국제통화체제가 안정적으로 운영되더라도 때로는 여러 가지 충격으로 인해 불가피하게 불안정이 초래되는 경우가 있을 것이다. 이런 경우 신속히 충격을 해소하고 안정을 회복하기 위해서는 긴급사태에 대비할 수 있는 조정메커니즘이 필요하다. 이러한 조정메커니즘으로 환율조정을 고려할 수도 있으나, 일련의 국제금융위기 경험에서 보았듯이 급박한 위기상황에서는 환율조정만으로는 해결되지 못하고 긴급유동성을 제공하는 것이 훨씬 더 절실히 요구된다.

국제유동성을 확보하기 위해서는 국제무역, 국제수지 조정 및 적절한 외환보유액 유지에 필요한 국제통화를 공급할 수 있는 메커니즘이 마련되어야 한다. 유동성은 외환보유액, IMF 지원, 지역안전망, 국가들 간의 긴급융자협조, 민간금융기관으로부터의 차입 등 다양한 방법을 통해 조달될 수 있는데, 이러한 메커니즘이 어떻게 작동하는가는 국제통화체제에 따라 달라진다. 흔히들 국제유동성의 문제는 고정환율제도 및 국제 간 자본이동이 활발하지 않은 상황에서만 중요한 관심사라고 생각하고 있다. 그러나 이 문제는 변동환율제도에서도 마찬가지로 중요한 문제가 되고 자본이동이 활발한 상황에서는 더욱 큰 관심을 기울여야 한다. 변동환율제도에서도 국제금융자본의 뱅크런 현상 및 이로 인한 일시적인 유동성 부족에 따라 기초 경제여건과는 무관하게 발생하고 있는 국제금융위기는 긴급유동성의 필요성을 강조하고 있다.

5.2 국제통화체제 개선 논의

현재의 국제통화체제를 개선하기 위한 논의는 크게 두 가지 측면에서 설명할 수 있다. 하나는 환율제도 측면에서 주요 국제통화들 간의 환율제도를 어떻게 개선해 나갈 것인가에 대한 논의이고, 다른 하나는 점증하고 있는 국제금융거래를 고려해 어떻게 국제금융협력을 개선시켜 나갈 것인가에 대한 논의이다. 양자는 서로 분리될 수 없고 대부분의 국제회의에서도 함께 논의되고 있다.

환율제도 측면에서의 개선논의는 현재의 변동환율제도를 다른 환율제도로 변경할 것인가 말 것인가로 압축될 수 있다. 이와 관련해서는 극단적으로 과거의 브레튼우즈 체제와 같은 고정환율제도로 돌아가자는 주장부터 현재의 변동환율제도보다 더 나은 대안은 없다는 주장까지 다양한 의견이 대립되고 있다.

현재의 제도를 개편하고 고정환율제도로 돌아가자는 견해들은 과거 브레튼우즈 체제하에서 국제경제가 효율적으로 작동하였고 아울러 유럽에서의 경험도 좋은 사례가 된다는 것이다. 그러나 이러한 주장들이 상정하고 있는 제도는 과거의 환율제도와 한 가지 크게 다른 점이 있다. 과거 브레튼우즈 체제가 달러화를 기축통화로 했었다면 최근의 개선안들은 여러 통화가 조합된 통화바스켓을 기축통화로 하는 복합통화 기축통화안이다. 브레튼우즈 체제의 붕괴 이후 무엇보다도 커다란 변화는 세계 경제에서 미국이 차지하는 비중이 감소하고 달러화의 역할이 축소되었다는 것이다. 따라서 세계물가 안정이나 경제성장에 대한 미국 경제의 영향이 과거와는 달리 한계가 있으며 따라서 세계 경제질서를 유지하기 위한 미국의 영향력도 한계를 갖게 되었다. 또 다른 변화는 사회주의 체제가 붕괴하고 자본주의 내에서 유럽이 통화통합을 이루고 아시아가 부상함으로써 세계정치 및 경제의 질서가 양극체제에서 미국, 유럽 및 아시아의 다극체제로 전환하였다는 것이다. 따라서 이제는 명실공히 세계 경제의 안정을 유지하기 위한 국제통화질서의 확립은 다극체제의 협조와 임무 분담을 통해서만 가능하게 되었다. 게다가 이들 3대 경제블럭은 상호간에 환율을 고정시킨다는 약속이 없음에도 불구하고 저인플레이션을 유지하는 데 상당히 성공해 왔다. 이러한 국제상황의 변화는 향후 국제통화체제가 개선된다면 이들 3대 경제블럭의 통화들을 포함시키는 복합통화 기축통화 제도(multiple currency basket system) 형태로 개선되어야 한다는 것을 시사한다.

현재의 환율제도를 개편하자는 또 다른 논의는 변동환율제도 또는 고정환율제도와 같은 극단적인 제도보다는 양자가 적당히 결합된 중간적인 제도로 이행하자고 제안하고 있다. 대표적인 제안으로는 목표환율대제도(target zone system)를 들 수 있는데, 환율이 평상시에는 자유로이 변동할 수 있으나 한계수준을 벗어나는 경우 정부가 외환시장에 개입해 환율의 움직임을 한도 내에 머무르도록 한다는 것이다. 이 안을 옹호하는 사람들은 기본적으로 대부분의 경우 정부가 통화정책을 국내경제를 위해 자유로이 사용할 수 있다는 변동환율제도의 장점과 환율 변화를 일정한 범위 내로 국한시킴으로서 안정적인 환율을 유지할 수 있다는 고정환율제도의 장점을 결합할 수 있다고 주장하고 있다. 이들의 주장과는 달리, 오늘날의 대규모 국제자본이동을 고려할 때 중간적인 형태의 제도는 지속 불가능하고 단지 극단적인 고정 또는 극단적인 변동만이 유지 가능하다는 주장도 최근에는 많은 지지를 얻고 있다. 이러한 주장을 공동화(空洞化) 이론(hollowing out theory)이라고 부른다.[22]

위에서와 같은 주요국 통화들 간의 관계뿐만 아니라 지역적인 차원에서도 유사한 논의가 전개되고 있다. 흥미롭게도 지역적인 통화협력 논의에서는, 지역 내 핵심 통화와 기타 통화 간의 관계에 대해서는 대부분 유사한 제안을 하고 있다. 즉, 국제통화체제는 현재 세계 경제의 추세를 반영해 아시아, 북미, 유럽 각각의 경제권을 대표하는 통화들 간의 관계는 느슨한 환율관계를 유지하되 각각의 경제블록 내에서의 환율관계는 상대적으로 견고하게 유지되는 다통화블럭 제도의 모습이 바람직하다는 것이다. 지역 내에서의 견고한 환율관계에 대한 구체적인 대안은 지역에 따라 조금씩 다르게 제시되고 있다. 가장 의미 있는 수준의 지역적 대안은 화폐동맹(monetary union)으로, 회원국들은 자국 화폐를 공동의 단일화폐로 대체하며 통화 결정 역시 하나의 중앙은행으로 이관한다. 가장 대표적인 사례로 유럽의 EMU(Economic and Monetary Union)를 들 수 있다. 또 다른 형태의 지역제도는 소국의 통화를 대국 또는 여러 그룹 국가들의 통화에 연동시키는 것이다. 예를 들어, 몇몇의 라틴아메리카 및 캐리비안 국가들은 미국 달러화에 자국 통화를 연동시키는

제도(dollarization)를 택하고 있다.[23]

5.3 신브레튼우즈 체제와 그 도전[24]

일부 학자들은 브레튼우즈 체제가 붕괴했음에도 불구하고, 그 이후 각국의 통화정책 운용 행태를 보면 사실상 달러화를 중심으로 해서 이루어지고 있다면서 새로운 체제를 신브레튼우즈 체제라고 부르고 있다.[25]

구브레튼우즈 체제의 핵심은 미국과 유럽 및 일본과 이루어진 공생적인 통화, 금융관계이다. 당시 미국은 중심부 역할을 하면서 냉전의 군비지출과 다국적기업의 해외직접투자, 그리고 미국 시장의 개방을 통해 막대한 달러를 세계 경제에 공급했다. 주변부 역할을 한 유럽과 일본은 저평가된 통화가치를 유지하면서 수출을 통해 전후 복구와 성장을 이어나갔다. 이러한 불균형은 유럽과 일본의 중앙은행이 달러화 준비자산을 계속 흡수함으로써 균형상태로 교정되었다. 미국의 국제수지 적자는 국제유동성을 공급해 줄 수 있었으며 유럽과 일본의 국제수지 흑자는 달러를 비축하여 자국 통화의 태환성을 복구, 유지할 수 있었다. 이러한 미국의 국제수지 적자가 도를 넘어 달러화의 신뢰를 유지할 수 없게 됨에 따라 브레튼우즈 체제는 1971년 닉슨선언으로 붕괴하게 된다.

이러한 통화, 금융체제는 1990년대를 거쳐 2000년에 이르면 미국과 동아시아 간의 새로운 중심-주변 관계의 신브레튼우즈 체제로 복구되었다. 수출주도 전략을 유지해 왔던 동아시아 국가들은 수출의존도를 더욱 높여 갔다. 동아시아 국가들은 수출경쟁력 확보를 위해 자국의 통화가치를 낮게 유지하고자 외환시장에 개입해 왔다. 이러한 개입을 통해 동아시아 국가들은 엄청난 규모의 달러화를 지불준비금으로 쌓아왔다. 동아시아 국가들이 지불준비금을 대규모로 확대한 이유는 1997년의 외환위기에서 국제자본이동의 위험성을 뼈저리게 인식한 이후 안전망을 구축하기 위해서였다고 볼 수도 있다. 동시에 동아시아 국가들의 달러화 매입은 자국 통화의 평가절상을 막기 위한 의도라고 할 수도 있다 동아시아 국가들의 이와 같은 수출주도 정책과 통화정책을 가능하게 하는 것은 미국의 대규모 경상수지 적자 때문이다. 미국의 재정적자는 상당 부분 동아시아 국가들이 미국의 국채를 매입함으로써 충당되고 있다.

이와 같은 신브레튼우즈 체제의 안정성과 지속성에 대해 다양한 논쟁이 지속되어 왔다. 일부에서는 신브레튼우즈 체제가 대단히 불안정하며 위기의 씨앗이라고 한다. 미국의 경상수지 적자와 재정적자가 천문학적으로 증가하고 있어 달러화에 대한 신뢰가 유지되기 어려워 동아시아 국가들의 달러화 준비금 축적이 더 이상 어려울 수도 있다고 한다. 아이켄그린(Barry Eichengreen) 역시 신브레튼우즈 체제의 유지에 대해 회의적 시각을 견지하면서 이 체제의 붕괴 가능성은 언제라도 존재함을 지적하고 있다. 중국 역시 달러화 패권의 지속에 의문을 제기했으며, 그런 점에서 최근 중국 위안화의 국제화 노력을 이해해 볼 수 있다.

신브레튼우즈 체제는 미국과 중국에게 각각 혜택과 비용을 부여한다. 미국 입장에서는 세계 경제로 공급되는 달러화 채권이 중국을 비롯한 동아시아 국가들에 의해 흡수되므로 달러화 가치가 유지된다. 미국 정부는 낮은 비용으로 국채를 발행할 수 있으니, 전쟁과 같은 외교정책 및 국내의 의료보험 개혁과 같은 사회정책을 추진하면서 세금인상을 최소화할 수 있다. 중국을 비롯한 동아시아 국가들의 내수 부족을 미국의 소비주도 경제 및 경상수지 적자가 메워주고 있기 때문에 신브레튼우즈 체제는 미국과 동아시아 간의 달콤하나 위험한 경제관계를 반영하고 있다. 미국은 자국에 대해 무역수지 흑자를 거두는 국가들에 대해 언제든 공세적 일방주의를 행사할 가능성이 높으며, 중국에 대해서도 위안화 절상 문제를 제기할 수 있다. 그렇다고 미국이 신브레튼우즈 체제의 붕괴를 원하지는 않을 것이기 때문에 그러한 균형 유지를 위해 고심해야 할 것이다. 중국 역시 기존의 수출주도 경제성장 전략을 급격히 전환하기는 힘들기 때문에 당분에 내수 확장을 위한 자구적 노력 및 위안화의 국제화 노력을 병행할 것이다. 중국이 미국의 국채를 보유하고 있기 때문에 달러화 가치의 하락은 중국에게 큰 대가를 가져올 수 있다. 미국은 달러화의 국제적 지위로 인하여 막대한 국제수지 적자와 재정적자에 따른 불균형의 조정 부담을 질 필요가 없게 되었으며, 때로 이에 대한 조정 부담을 미국의 무역상대국에 전가하기도 했다. 미국은 경상수지 적자를 지속하여 세계 최대의 채무국이 되었다. 달러본위제의 결함은 달러화를 무한하게 찍어낼 수 있다는 데 있다. 신브레튼우즈 체제에서 주변부 국가의 유동성이 미국으로 들어가고, 미국의 유동성 증대가 부동산 거품을 일으키며 이것이 글로벌 금융위기의 원인으로 작용했다. 2008년 발생한 미국발 글로벌 금융위기는 미국이 무분별하게 신용정책을 사용할 수 있는 것과 무관하지 않다.[26] 그러나 글로벌 금융위기 이후에도 달러화에 대한 신뢰는 무너지지 않았는데, 그 이유는 달러화 외의 대안이 존재하지 않았기 때문이다.

중국은 글로벌 금융위기 이후 신브레튼우즈 체제와 달러화 패권에 대한 회의가 증가함에 따라, 위안화의 위상을 증가시키려는 위안화 국제화의 움직임을 보였다. 인민은행이 발표한 2016년 위안화 국제화 보고서를 보면 2015년 국경 간 결제금액 중 위안화는 전년 대비 21.7% 증가한 12.1조 위안으로 전체의 28.7%를 차지했다. SWIFT가 발표한 2017년 세계 외환거래 순위에서 위안화는 세계 5위, 결제액 순위에선 세계 3위다. 위안화의 국제적인 이용이 한층 증가해 위안화의 국제적 위상은 계속 상승했다. 위안화의 국제화는 2016년 IMF의 특별인출권(SDR) 구성통화로 공식 편입됨으로써 가속화될 전망이다. 이러한 노력은 국경 간 무역결제 및 외환보유액 축적에서 지나친 달러화 의존도를 해소하려는 의도도 있다고 해석된다.

이러한 성과에도 불구하고 중국이 달러화 패권을 부정하거나 국제통화금융질서에서 중국의 위상과 영향력이 미국에 대항할 수 있는 수준으로 성장했다고 보이지는 않는다.[27] 왜냐하면 중국은 개혁개방 이후 30년 동안 달러화의 통화패권과 글로벌 불균형 하에서 경제발전을 해왔기 때문이다. 중국은 엄청난 규모의 달러화 자산을 보유하고 있기 때문에, 달러화가 폭락할 경우 GDP의 1/3 정도까지 중국 자산이 사라질 수도 있다. 또한 중국은 브레튼우즈 체제를 대체할 수 있는 명확한 대안을 아직도 제시하지 못하고 있다. 비록 중국의 금융시장이 규모가 급속히 확대되고 개혁·개방이 상당히 진전되었지만, 아직도 자본통제와 외환시장 개입이 남아 있고 세계금융시장에 완전히 통합되지 않고 있다. 이처럼 신브레튼우즈 체제의 중국에 대한 혜택 및 중국 금융시장의 현실적 여건을 고려해 볼 때 신브레튼우즈 체제는 당분간 유지될 가능성이 크다.

그러나 최근 들어 미국이 금융제재를 외교정책의 압박수단으로 빈번히 사용하면서 중국, 러시아를 비롯한 많은 국가들의 공분을 사고 있다.[28] 심지어 영국 및 프랑스조차 미국이 달러화를 정치적 무기로 사용하는 것을 권력남용이라고 비난하면서 미국이 국제질서의 안정자 역할을 스스로 훼손시키고 있다고 우려하고 있다. 미국의 공격적 태도를 회피하기 위한 노력은 금융자산의 비달러화(de-dollarization), 국제결제에서의 자국 통화 사용, 미국 시스템을 우회하는 새로운 결제시스템 개발, 디지털 통화를 활용한 결제시스템 구축 등 다양하게 이루어지고 있다. 가장 적극적인 국가는 중국으로, 세계금융위기 이후 위안화 국제화뿐만 아니라, IMF, 세계은행, ADB 등에 대응하는 CRA(BRICs Contingency Reserve Arrangements), 신개발은행(New Development Bank), AIIB(Asia Infrastructure Investment Bank) 등을 설립하고 미국 본위의 국제통화체제에 대항하려는 움직임을 보여 왔다. 최근에는 브릭스 국가들의 중앙은행들이 연합으로 공동 디지털 통화를 발행하자는 제안까지도 논의되고 있다. 물론 달러화의 영향력이 쉽게 사라지지는 않겠지만, 과도한 달러화 영향력 남용이 지속될 경우, 이를 회피하기 위한 노력이 가중되어 역설적으로 달러화 독점권이 약화되는 상황이 발생할 수도 있을 것이다.

지금까지 국제통화체제 개선 방안 및 최근 이루어지고 있는 노력에 대해 논의해 왔다. 그러나 과거 국제통화체제의 붕괴 원인을 살펴보면서 강조했듯이, 국제통화 및 금융질서를 정립하고 국제통화체제가 성공적으로 유지되기 위해 무엇보다도 필수적인 요건은 국가들 간의 상호 협조체제가 공고해져야 한다는 것이다. 과거의 경험에 비추어 얻을 수 있는 가장 큰 교훈은 국제통화체제는 국제협력의 전제 하에 잘 기능할 수 있고 각국이 개별적으로 자국의 이익을 좇아 행동하는 경우 여지없이 붕괴했다는 것이다. 각 국가들 간의 정책 협조가 원활하다면 변동환율제도이든 고정환율제도이든 기능을 잘하지 않을 이유가 전혀 없다. 과거 금본위제도 및 초기의 브레튼우즈 체제, 그리고 관세인하에 합의한 GATT 제도에서 보듯이 각국이 노력하면 국제적인 협조를 도출해 내기가 어려운 것만은 아니다. 이러한 성공적인 경험과 국제통화체제 붕괴의 원인을 돌이켜 볼 때 향후 국제통화질서를 유지하기 위해서는 국제적인 협력을 도출하는 것이 필수적이며, 이러한 국제적인 협조가 각국의 국내 이익을 증진하기 위해 마련되는 수단으로서가 아니라 그 자체가 목적으로 추구되어야 할 것이다.

[미주]

1. Gilpin(2001).
2. 아래의 내용은 김인준 · 이영섭(2019), 제2장 및 제3장을 참고해 정리함. 보다 자세한 설명은 한국은행(2016)을 참고할 것.
3. 이러한 분류는 IMF가 2010년 1월 확정 공표한 국제수지매뉴얼(BPM6)에 따른 것인데, 그 이전에는 자본계정이 새로운 분류에서의 금융계정과 자본계정을 합친 개념으로 사용되었다.
4. 경상계정에 기록되는 거래와 금융계정에 기록되는 거래를 구분하는 쉬운 방법은, 후자의 경우 미래의 현금흐름에 영향을 미친다.
5. 과거에는 준비자산을 경상수지 및 금융 · 자본수지의 합을 종합적으로 고려한 뒤 그 격차를 보전하기 위한 별도의 계정으로 분리했었으나 새로운 매뉴얼에서는 금융계정의 한 항목으로 포함시켰다.
6. 한국은행은 '금융수지' 대신에 '금융계정'이라는 용어를 공식적으로 사용한다.
7. 새로운 국제수지 매뉴얼에서는 금융계정의 부호표기 방식을 종전의 '순유출입액 기준'에서 '자산 · 부채의 증감 기준'으로 변경하였다. 이에 따라 금융계정 항목들의 부호가 이전과는 반대로 표시된다.
8. 2000년대 중반까지는 고정환율제도(pegged exchange rate system), 중간형태환율제도(intermediate exchange rate system), 변동환율제도(floating exchange rate system) 등 세 개의 큰 범주로 나누고 세부적으로 8개의 환율제도로 분류했었으나 최근에 분류체계를 바꾸었다. 환율제도의 개념 차이를 이해하기 위해서는 과거 분류가 더 유용하게 보인다.
9. 목표환율대제도는 target zone system이라고 부르기도 한다.
10. 세계은행그룹(World Bank Group)도 브레튼우즈 협정에 근거해 설립되었으며, 제2차 세계대전 전후재건을 위한 금융지원이 목적이었으나 점차 저개발국 경제성장을 위한 금융지원으로 사업영역을 확대하였다. 현재 세계은행그룹은 국제부흥개발은행(IBRD), 국제개발협회(IDA), 국제금융공사(IFC), 국제투자보증기구(MIGA), 국제투자분쟁해결본부(ICSID) 등 5개 기구로 구성되며, 이 중 IBRD와 IDA를 합쳐서 세계은행(World Bank)이라고 부른다. (http://www.worldbank.org/en/projects-operations/products-and-services#2) 한편 당시 제안된 ITO는 참여국들의 최종적인 합의를 이끌어내지 못해 GATT 협약 형태로만 지속되다가, 1995년 세계무역기구(WTO)로 출범하였다.
11. https://www.imf.org/en/About/Factsheets/IMF-Lending
12. 시뇨리지란 화폐 발행비용과 액면가격 간의 차이로부터 얻는 이익을 가리킨다.
13. 금의 이중가격제는 사실상 1961년 이래 유지되어 온 금풀제(international gold pool)를 대체한 제도였다. 금풀제는 런던의 금시장에서 투기를 목적으로 이루어지는 금거래를 방지하기 위해 주요국들이 금을 지원해 금시세를 1온스당 35달러에서 유지시키려던 조치였다.
14. 브레튼우즈 체제의 비대칭성 및 미국의 경상수지 적자에 대해 가장 적극적으로 불만을 표출했던 사람은 프랑스의 드골(Charles de Gaul) 대통령이었다. 드골은 미국에 일방적으로 의존하고 있는 브레튼우즈 체제의 비대칭성을 비판하면서 특정 통화를 준비자산으로 보유하는 것은 정치적 제국주의의 경제적 표현이라고 비난했다. Calleo and Rowland(1973), p.287.
15. 특별인출권은 여러 통화의 가중평균으로 구성되는 일종의 바스켓통화(basket currency)이다. 1999년 유로화 출범 이전까지는 달러화, 파운드화, 엔화, 마르크화, 프랑화로 구성되었고, 그 이후로는 달러화, 파운드화, 엔화, 유로화의 네 가지 통화만 포함되었으나 2015년 12월 중국 위안화가 새로 편입되었다.
16. Triffin(1960).
17. 불가능의 삼각정리에 대해서는 국제금융연구회(2018), 제6장을 참조할 것.
18. 국제통화체제가 변동환율제도인지 고정환율제도인지는 주요 국제통화들 간의 관계에 따라 규정된다. 1970년대

이후 각국은 자국의 경제여건에 따라 독자적인 환율제도를 선택할 수 있어 전 세계적으로 다양한 환율제도가 도입되었으나, 현재 주요 통화들(달러화, 유로화, 파운드화, 엔화 등) 간의 관계는 변동환율제도이므로 소절의 제목을 '변동환율제도로의 이행'이라고 붙였다.

19. Friedman(1953), p.203.

20. 김인준 · 이영섭(2019), 제19장 제1절 참고해 정리함.

21. 이와 관련된 대표적인 논의로 신브레튼우즈 체제론을 들 수 있다. 이에 대해서는 제5절을 참고할 것.

22. Eichengreen(1994).

23. 오늘날의 대규모 자본이동을 고려해 볼 때 환율안정은 금융안정이 수반되지 않고는 불가능하므로 국제통화체제의 개선논의는 단순히 환율제도 측면뿐만 아니라 반드시 금융체제의 개선을 위한 논의가 수반되어야 한다. 각국의 금융체제 및 국제금융체제를 효율적이고 안정적으로 기능하도록 만들기 위한 논의는 제8장에서 설명된다.

24. 임혜란(2018), 제6장을 참고해 정리함.

25. 관련 논의는 다음의 문헌들을 참조할 것. Dooley et al.(2003) ; Eichengreen(2004) ; 백창재 · 조형진(2012)

26. 문우식(2009).

27. 이왕휘(2017) ; ohen(2015) ; Kirshner(2013) ; Kose et al.(2017) ; Qiu and Zhan(2016).

28. Economist(2020).

08

국제금융위기와 정치경제

1. 국제금융위기의 기초 이론 : 자본자유화 및 국제금융위기 이론

2. 라틴아메리카의 금융위기

3. 유럽의 금융위기

4. 미국의 금융위기

5. 국제금융체제의 개편 방향

오늘날 국제경제질서에서 가장 큰 불안요인은 국제금융관계(international financial relations)에서 발생한다. 무엇보다도 전체 국제거래 중 금융거래의 비중이 98%를 넘어서고 있어 자본이동이 불안해지면 아무리 실물경제가 건실하더라도 직격탄을 맞을 수 있다. 또한 금융 자유화 및 세계화가 진행되면서 다른 어느 분야보다도 금융시장이 빠르게 통합되고 있어 어떤 한 국가에서의 국지적인 위기가 금융거래를 타고 다른 국가 및 지역으로 신속히 파급되면서 전체적인 국제경제질서에 큰 혼란을 가져올 수 있다.

이처럼 국제금융관계가 전체적인 국제경제질서에 위협을 가할 수 있음에도 정치학자들은 주로 국제통화체제 변화 등과 같은 문제에 좀 더 관심을 갖고 있고, 상대적으로 금융시장의 행태에 초점을 맞추는 국제금융관계의 문제에 대해서는 등한시해 온 경향이 있다. 그러나 많은 개발도상국 및 신흥시장국의 경험에서 보았듯이 금융위기는 만성적인 문제로 나타나고 있다. 뿐만 아니라 일련의 금융위기 사례들은 유럽 및 미국과 같이 금융시장이 발전된 선진국까지도 이 문제에서 자유로울 수 없음을 나타내주고 있다. 또한 최근의 글로벌 금융위기는 미국 패권에 대한 수많은 도전들 중 가장 커다란 도전을 야기하게 된 계기로 작동하고 있다. 따라서 국제금융위기에 대한 정치경제적인 고찰은 국제정치경제질서의 핵심적인 불안요인을 파악하고 패권 변화의 흐름을 이해하는 데 필요하다. 국제금융위기는 오래전부터 발생해 왔지만 자본 자유화 및 세계화가 본격적으로 진행되기 시작한 1980년대 이후 빈도수가 특히 증가했다. 대표적인 사례로 라틴아메리카에서 빈발하는 위기, 동아시아 위기, 유럽에서 수차례 발생한 위기, 그리고 글로벌 금융위기를 들 수 있다.[1] 구체적인 국제금융위기 사례들을 분석하기 전에 자본자유화 및 국제금융위기론에 대해 살펴보고자 한다.

1. 국제금융위기의 기초 이론 : 자본자유화 및 국제금융위기 이론[2]

1.1 자본자유화

자본자유화의 개념

자본자유화란 기초 경제변수들(fundamentals)의 변화로 인해 발생되는 금융계정상의 변화, 즉 자본이동에 대해 아무런 제약을 가하지 않고 사부문 및 공부문의 자산구조가 경제 여건 변화에 따라 내국인과 외국인 간의 자유로운 거래를 통해 조정되도록 하는 것을 의미한다. 국제수지표에서 금융계정상의 변화는 크게 경상거래를 보전하기 위한 자본이동과 수익률 차이 등 금융적 거래동기에 따른 자본이동에 의해 발생되는데, 통상적으로 언급되고 있는 자본자유화란 금융적 거래동기에 의한 자본이동을 자유화한다는 것을 의미한다.

자본자유화에 대한 인식은 국제수지에서 균형의 개념을 어떻게 보는가와 관련이 있다. 만일 한 국가가 생산능력만큼 지출하고 있는지의 여부에 관심이 있다면 경상수지만을 자율적 거래로 간주하게 되므로 경상수지의 균형을 곧 국제수지 균형으로 간주하게 되고 금융수지는 경상수지의 보조 개념이 된다. 이러한 경우 경상거래를 보전하기 위해 발생하는 자본거래만을 바람직한 것으로 보고 그 외의 동기에 의해 발생하는 자본거래는 불필요한 것으로 간주하여 경상거래와 무관한 동기에 의한 자본거래를 제한하려고 할 것이다. 반면 한 국가의 경제능력은 그 국가의 금융자산 가치에 반영될 것이므로 가치를 결정해 주는 국가 금융자산의 전체적인 수요와 공급에 관심이 있다면 경상수지와 금융수지를 포함한 종합수지를 국제수지 균형으로 간주하게 되어 경상계정 거래뿐만 아니라 금융계정 거래도 자율적 거래로 간주된다. 따라서 금융수지는 더 이상 경상수지의 보조 개념이 아니라 별도의 거래동기를 갖는 계정이 되므로 금융적 동기에 의한 자본거래 자체도 불필요한 것으로 취급되지 않고 자본이동에 대한 제한은 바람직하지 않은 것으로 보일 수도 있다.

국제수지표에서 나타나듯이 자본이동은 직접투자, 포트폴리오투자, 대출 및 차입 등 세 가지 형태로 이루어진다. 어느 형태로 이루어지든 자본이동이 발생하는 기본적인 이유는 수익률이 낮은 곳에서 높은 곳으로 찾아가는 자본의 속성 때문이다. 보통 두 국가 간의 기대수익률 비교는 이자율평가(interest rate parity)에 기초하는데,[3] 이 관계가 성립하지 않으면 국가 간 기대수익률이 서로 다름을 의미하므로 자본이동이 발생하게 된다. 그러나 사람들이 자산을 선택할 때 단순히 기대수익률만을 고려하는 것이 아니라 그에 따른 위험도 동시에 고려해야 한다. 따라서 국가 간 자본이동의 또 다른 중요한 동기는 위험을 분산하기 위한 것이다. 두 국가의 금융시장이 동일한 패턴으로 움직이지 않는 한 두 시장에 분산투자하게 되면 기대수익률을 희생시키지 않으면서도 위험을 감소시키는 위험분산효과를 얻을 수 있다. 따라서 국제금융거래를 할 때는 수익률과 위험을 동시에 고려한 위험조정수익률(risk-adjusted return)에 근거해 결정을 내리게 된다. 이 외에도 생산기술의 습득, 무역장벽의 극복, 생산 및 마케팅 전략 등도 해외직접투자에 따른 자본이동을 유발하는 동기로 작용하고 있다.

자본자유화의 영향

자본자유화에 따른 긍정적 효과 중 하나는 금융자산 배분에서 시장메카니즘의 역할을 강화시켜 자원배분의 효율성을 높일 뿐만 아니라 경쟁을 촉진함으로써 금융기관 및 금융제도의 효율성을 증진시킬 수 있다는 것이다. 자본이동이 자유롭게 되는 경우 국내 기업이나 개인이 자본조달 대상을 국내 금융시장뿐만 아니라 국제금융시장에까지 확대시킴으로써 국내에서 이용하던 자본보다 낮은 이자율로 자본조달을 가능하게 한다. 따라서 비용을 절감할 수 있는 효과가 있다. 또한 투자자로서는 자본이동의 자유화로 보다 유리한 투자기회를 활용할 수 있게 됨으로써 수익성을 증대시켜 자원을 보다 효율적으로 이용할 수 있다는 긍정적인 효과가 있다. 한편 국내 금융시장과 같이 상대적으로 규제가 심하고 비경쟁적으로 운영되던 금융시장에 경쟁이 촉진되고, 새로운 금융혁신이 수용되게 되며, 아울러 직접투자 활성화를 통한 기술이전의 촉진으로 경제효율성과 경제발전 잠재력이 크게 확대될 수 있다.

자본이동의 자유화는 또한 소비를 고르게 함으로써(consumption smoothing) 사회후생을 증진시켜 준다. 이러한 사회후생 증진효과는 기본적으로 현재소비와 미래소비 간의 시점적 교환을 통해 발생하는데 현재소비와 미래소비 간의 교환이란 곧 자본이동을 의미한다. 자본이동에 따른 또 다른 효과는 자산과 자산 간의 거래에서 발생하는데, 이미 설명한 바와 같이 국제금융시장이 동일하게 움직이지 않는 한 자산거래를 통해 투자를 분산시킬 때 위험분산효과를 통해 위험조정수익률을 향상시킬 수 있다. 투자자들이 국내투자에만 분산투자를 하더라도 위험 감소 효과를 얻을 수 있으나 국제금융시장에 분산투자하는 경우 위험 감소 효과가 더욱 커진다. 이처럼 위험이 감소하게 되면 위험기피적인 투자자들의 후생을 증진시킬 수 있게 된다.

자본자유화는 위에서 지적한 긍정적인 효과뿐만 아니라 부정적인 효과도 나타낼 수 있다. 일반적으로 개도국의 경우 자본시장 개방은 해외자본의 국내 유입을 가져오는데, 이로 인해 자본유입의 문제가 나타날 수 있다. 자본유입으로 인해 국내 통화공급이 증가하게 되면 인플레이션이 발생하고 통화의 절상을 초래하는 경향이 있다. 이와 같은 통화절상은 그만큼 국제재화시장에서 국내 상품의 가격경쟁력을 약화시키고 국제수지를 악화시킨다. 그런데 이와 같은 국내 통화공급의 증가는 물가 상승뿐만 아니라 주가 상승, 부동산 가격 상승도 함께 유발하는 것이 일반적이다. 결국 과도한 자본유입은 거품경제로 연결되어 인플레이션, 주식과 부동산의 급격한 가격 상승, 경상수지 적자, 저축 감소 등을 가져올 가능성이 크다. 그렇지만 이러한 거품경제 현상은 장기간 지속될 수 없으므로 결국 주가 하락, 부동산 가격 하락, 경기침체로 이어지고 심한 경우에는 국제금융위기로까지 전개된다.

또한 여건이 성숙되지 않은 상황 하에서 자본자유화가 추진될 경우, 단기투기성자금(hot money)의 대폭적 이동으로 환율과 국제수지가 교란될 가능성이 크다. 환율의 급격한 변화는 무역종사자나 기업가 등 외환수요자에게는 불확실성과 위험을 증가시킨다. 또한 환율의 급격한 변화는 수요와 공급 측면을 통해 물가와 산출에 직접적인 영향을 끼치면서 경제를 불안정하게 한다. 더욱이 자본자유화에 따라 외국 금융기관들이 대거 몰려들면 국내 금융기관들의 효율성이 제고되는 긍정적 측면이 나타나기 이전에 국내 금융기관들이 잠식당할 우려도 있다.

1.2 금융위기의 유형

금융위기란 금융자산들의 가치가 갑작스럽게 하락하고 금융기관들이 도산하면서 금융시스템이 전반적으로 붕괴되는 상황을 말한다. 따라서 금융위기는 통화 및 금융 시스템의 정상적인 기능을 저해함으로써 실물경제 또한 정상적으로 작동하는 것을 불가능하게 만든다. 금융위기는 여러 특징을 보이지만 흔히 다음과 같은 현상들과 긴밀하게 연계되어 있다 : 자산가치와 신용공여의 심각한 감축 ; 금융중개 및 자금조달 기능의 붕괴 ; 가계, 기업, 정부를 포함한 모든 경제주체들의 재무구조 악화 ; 그리고 대규모의 정부지원.

금융위기는 여러 국가에서 너무 다양한 형태로, 게다가 항상 많은 특성들이 복합된 형태로 발생하기 때문에 이를 몇 가지 대표적인 형태로 구분하기가 매우 어렵다. 실제적으로 IMF의 보고서에서도 한때는 통화위기, 은행위기, 체제적 금융위기, 외채위기로 구분했다가 몇 년 뒤에는 통화위기, 은행위기, 자본유입 중단, 부채위기의 네 가지로 구분하고 있고,[4] 또한 위키피디아에서는 다섯 가지로 분류하는 등 사람들마다 제 각각이다.[5] 그러나 이러한 분류들의 문제점 중 하나는 자본유입 중단과 같은 위기의 원인 또는 대규모 경제위기와 같은 위기의 영향을 별도의 형태로 분류하고 있다는 것이다. 이 책에서는 금융위기의 형태를 단순하게 통화위기, 은행위기, 국가부채위기의 세 가지로 분류하고, 기타 다른 형태 위기들은 이 세 가지 형태의 복합 형태 또는 결과로 해석하고자 한다.

통화위기

통화위기(currency crisis)는 어떤 국가의 통화가 갑자기 가치가 폭락해 거래수단 혹은 가치저장수단으로서의 기능을 상실하거나 정부가 외환보유액 또는 이자율 정책 등을 동원해 통화를 적극 방어하는 상황을 말한다. 특히 고정환율제도를 채택하고 있는 국가의 경우 통화위기는 기존의 고정된 환율 또는 제도 자체를 포기하는 압력이 심각하게 가해지는 상황을 의미한다. 통화위기는 많은 경우 만성적인 국제수지 적자 때문에 발생하기 때문에 국제수지 위기(balance of payment crisis)라고도 불리며, 정부의 통화가치 방어 능력에 대한 의구심 때문에 투기적 공격이 수반된다. 과거에는 개발도상국 및 고정환율제도를 택한 국가에서 통화위기가 주로 발생한다고 생각했다. 그렇지만 최근에는 선진국 및 변동환율제도를 택하고 있는 국가에서도 통화위기가 자주 발생하고 있어 통화위기가 특정 국가 및 제도에 국한된 것이 아님을 알 수 있다.

통화위기는 금융위기의 한 형태로서 당연히 은행위기 및 재정위기 등 다른 형태의 위기들과 연관되는 경향이 크다. 예를 들어 통화가 급격히 평가절하되면 동일한 외채라고 할지라도 상환 부담이 급격히 증가하기 때문에 외채를 차입한 금융기관 및 정부로서는 그에 따라 부도의 위험이 더욱 커질 것이다. 또한 통화위기는 실물경제에도 커다란 충격을 유발한다. 통화위기로 인해 민간부문 및 공공부문이 붕괴되면 그에 따라 경제활동도 크게 위축될 것이기 때문이다. 또한 정부가 이를 타개하기 위해 자본유입을 도모하고자 고이자율 정책 및 긴축재정정책 등을 도입하면 그렇지 않아도 충격을 받은 기업들이 이자 부담 및 매출 감소로 도산할 가능성이 더욱 커진다. 따라서 통화위기를 겪었던 국가들을 보면 거의 모든 경우 심각한 경기침체를 경험했다.

은행위기(banking crisis)

은행위기란 경영실적 부진, 실질적 파산 등으로 뱅크런(bank run)이 발생해 은행이 고객들의 예금인출 요구에 응할 수 없는 상황 또는 이러한 상황이 발생하지 않도록 은행의 경영정상화를 위해 정부가 대규모의 공적자금을 투입하게 되는 상황을 말한다.[6] 뱅크런은 고객들이 은행의 지불능력에 의구심을 갖고 예금을 동시다발적으로 인출하고자 할 때 발생하는데, 일단 뱅크런이 발생하면 스스로 동력을 창출해 내는 경향이 있다. 즉, 많은 고객들이 예금을 인출하게 되면 은행의 부도 가능성이 증가하게 되고 따라서 예금인출이 더욱 촉진되어 결국에는 은행이 도산하도록 만든다. 은행위기는 금융산업이 발달하지 못한 국가에서 좀 더 빈번하게 나타나지만, 1980년대 말 미국의 S&L 위기 및 1990년대 초 스칸디나비아 은행위기에서 볼 수 있듯이 선진국에서도 종종 발생한다.

은행은 속성상 취약한 구조를 갖고 있어 뱅크런과 같은 공조문제(coordination problem)를 야기할 가능성이 크다. 은행은 만기가 상대적으로 짧은 예금을 받아 만기가 긴 형태로 대출을 하는 것이 기본 업무이기 때문에 항상 만기불일치 문제를 내재적으로 안고 있다. 따라서 예금을 인출하고자 하는 수요측 변화에 취약할 수밖에 없으며, 또한 개별 은행의 문제가 즉각적으로 은행시스템 전체의 문제로 확산되는 경향을 갖고 있다. 이러한 내재적 취약성으로 인해 고객들은 어떤 충격이 있을 때 다른 사람들이 행동하기 전에 먼저 인출해야 한다는 불안감에 휩싸이게 된다. 따라서 작은 충격이라도 불안감을 증폭시키게 되면 시장에 큰 혼란을 야기하고 심지어 위기까지도 초래할 수 있을 것이다.

국가부채위기

국가부채위기(sovereign debt crisis)란 정부가 채무를 변제할 수 있는 능력을 상실해 경제적 및 금융적 문제가 야기되는 상황을 말한다. 즉, 정부가 과도한 재정지출을 충당하기 위해 국내 및 해외에서 차입한 규모가 너무 커져 원금상환은 물론 이자조차도 지불하지 못할 때 국가부채위기가 초래된다.

국가부채위기는 차입이 국내에서 이루어졌는지 또는 해외에서 이루어졌는지에 따라 국내 부채위기(재정위기)와 해외 부채위기(외채위기)로 나누어진다. 재정위기는 정부가 과세 등의 정부 수입 이상으로 재정지출이 많아 이를 충당하기 위해 국공채를 과도하게 발행함으로써 결국에는 채무변제 능력을 상실하게 되는 상황이다. 이러한 상황에 이르게 되면 정부는 부도를 선언할 수도 있고 또는 인플레이션 유발 등을 통해 실질적인 채무 부담을 경감시키는 방법을 사용하기도 한다. 재정위기는 범정부 차원에서 발생할 수도 있고 지방정부 차원에서 발생할 수도 있으며, 과도한 정부부채 문제는 개발도상국뿐만 아니라 사회정책 확대 등으로 선진국에서도 심각한 문제로 등장하고 있다.

외채위기는 외채의 주원인이 민간에서 발생하든 공공부문에서 발생하든 국가가 해외에서 차입한 부채를 상환하지 못하게 되는 상황을 가리킨다. 이러한 상황에 직면하게 되면, 정부는 채무불이행을 선언하고 차입조건을 재조정하든지 또는 IMF 등 국제기구에 구제금융을 신청해 위기에서 벗어나고자 노력한다. 외채의 과도한 축적과 관련해서는 흔히 채무국이 방만한 지출을 충당하기 위해 저리의 국제금융자본을 차입했기 때문이라고 지적하고 있다. 그러나 이와 더불어 채권국 은행들이 유리한 투자기회를 확보하기 위해 국제유동성을 과잉공급했기 때문에 채무국에 과도한 외채가 누적되었다는 지적도 동시에 제기되고 있다. 또한 과거에는 라틴아메리카 외채위기에서 보듯이 주로 개발도상국의 문제라고 여겨졌는데, 2010년 이후의 그리스 위기는 선진국에서도 외채위기가 발생할 수 있음을 잘 보여주고 있다.

1.3 금융위기 이론

골드슈타인과 라진(Itay Goldstein and Assaf Razin),[7] 그리고 클라센스와 코세(Stijin Classens and Ayhan Kose)는 금융위기 이론을 세 가지로 나누어 설명하고 있다. 그런데 통화위기 이론이 체계적으로 잘 분류되어 있고 이들을 응용하면 다른 금융위기 이론도 설명할 수 있으므로 통화위기 이론을 기본적으로 설명하고, 금융위기 전반에 걸쳐 설명한 대표적인 이론으로 민스키 이론을 추가적으로 설명하고자 한다.

통화위기 이론

통화위기 이론은 경제정책의 잘못된 운용에 기초해 위기를 설명하는 제1세대 모형, 시장의 분위기 변화에 따른 예상의 역할을 강조하는 제2세대 모형, 그리고 금융구조의 특성과 대차대조표 효과를 강조하는 제3세대 모형으로 나누어진다.

제1세대 통화위기 모형은 크루그만(P. Krugman)에서 유래하여 플로드와 가버(R. Flood and P. Garber)에 의해 발전되었다.[8] 이 모형은 라틴아메리카의 경제위기를 잘 설명하고 있는데, 통화팽창에 의한 재정적자의 유지와 고정환율제도의 유지 같은 국내 정책 간의 기본적인 불일치에 의해 위기가 발생한다고 설명한다. 제1세대 모형은 많은 통화위기에서 나타나는 국내 경제정책과 환율정책의 기본적인 불일치를 간단한 이론적 모형으로 설명하고 있다.

이 이론은 기본적으로 중앙은행이 목표환율을 유지하기 위하여 외환보유액이 완전히 소진될 때까지 외환을 거래하고, 정부는 재정적자를 유지하기 위하여 제한 없이 지속적으로 통화 발행을 한다는 것을 가정한다. 환율이 더 이상 안정되지 않으면 본국 통화를 갖고 있는 것이 손해가 되는 상황에서 고정환율 유지 정책은 통화에 대한 갑작스런 대규모 투기적 공격에 의해 실패하고 외환위기가 발생한다는 것이다. 다시 말하면 통화위기 제1세대 모형에서는 위기의 원인을 과도한 재정적자와 고정환율제도의 유지라는 정책의 일관성 결여에서 찾고 있다. 그 결과 환율이 기존 수준에서 유지될 수 없다고 생각되면 자국 통화에 대한 투기적인 공격이 일어나면서 통화위기가 발생한다는 것이다. 특히 공식적 외환보유액이 환투기를 막기에 부족하다고 생각되면 환투기가 더욱 가속화된다는 것이다.

제1세대 모형의 중요한 시사점은 통화위기가 기본적으로 재정적자와 같은 기초 경제여건의 문제에서 발생한다고 보고 있다는 것이다. 그런데 이 모형은 정부의 경제정책을 너무 기계적인 것으로 가정한 점에서 한계가 있다. 실제로는 환율안정을 위한 정부 정책의 범위가 더 넓어서 중앙은행은 외환시장개입 이외에도 긴축통화정책과 같은 환율방어를 위한 다양한 수단을 보유하고 있다는 점을 간과하고 있다.

제2세대 통화위기 모형은 옵스펠트(M. Obstfeld)에 의해 발전된 이론으로 1990년대 초반 유럽의 ERM 위기를 설명하는 모형이다. 제2세대 모형은 선진국들의 외환위기를 설명하는 모형이므로 국제유동성의 부족을 통화위기의 원인으로 보지는 않는다. 환율방어를 위해 외환을 매각함으로써 환투기와 통화위기가 발생한다고 보는 대신에 예상되는 정부 경제정책의 변화가 환투기를 가져오면서 위기가 발생한다고 보고 있다.

제2세대 모형에서는 평가절하를 고용과 물가안정이라는 상충관계(trade-off) 하에서 경제비용을 극소화하기 위한(효용을 극대화하기 위한) 정부의 선택이라고 본다. 예를 들어 정부는 실업이 경제현안으로 등장한 상황에서 실업률이 상승하면 고정환율제도를 포기하고 경기부양책을 쓸 유인이 생길 것이다. 반면에 환율안정이 국제무역과 투자촉진에 유리하고 외국 투자가들에 대한 신뢰 유지의 수단이 될 수 있다는 점에서 정부는 고정환율제도를 계속 유지할 유인도 있다. 이러한 상황에서 고정환율제도를 유지하는 비용이 포기하는 비용보다 더 커질 경우 정부는 투기적 공격이 없이도 고정환율제도를 포기하고 평가절하를 실시할 것이다.

그런데 그 과정에서 정부가 고정환율제도를 포기할 것이라고 사람들이 예상하게 된다면 그 예상 자체가 환율방어의 비용을 증가시키게 된다. 현명한 투기자들이라면 평가절하 이전에 자국 통화를 매각하려 할 것이고, 그 결과 기초 경제여건이 적절한 수준으로 조정되기 전에 투기적 공격으로 인해 고정환율제도가 붕괴되고 통화위기로 발전할 것이다. 환율안정을 유지할 수 있는 경제의 기초 여건과 의지를 갖고 있는 국가라 할지라도 환율 유지의 비용을 크게 증가시키는 투기적 공격에 의하여 환율안정을 포기하게 될 수도 있다는 것이다. 즉, 평가절하를 예상한 투기적 공격은 그것 자체만으로도 평가절하의 주요 원인이 된다는 자기실현적 예상(self-fulfilling expectation)을 강조하고 있다.

제2세대 모형의 중요한 시사점은 금융시장이 시장참가자들의 예상에 따라 얼마든지 변할 수 있고 내재적으로 불안정하다고 강조하고 있다는 것이다. 즉, 한 국가의 경제사정이 양호하더라도 금융시장에서 분위기가 좋지 않게 바뀌면 경제사정과 상관없이 위기가 발생할 수도 있다는 것이다. 그러나 이와 관련된 문제점은, 현실적으로 시장의 분위기는 기초 경제여건과 밀접히 연관되어 있음에도 불구하고, 이러한 내재적 불안정성에 대응하기 위해 정부가 금융시장에 개입하는 것이 정당하다는 논리로 지나치게 차용될 우려가 있다는 것이다.

제3세대 통화위기 이론은 1997년 동아시아에서 발생한 위기가 기존의 위기 모형으로는 설명이 안 되는 다른 양상을 보였기 때문에 이를 설명하기 위한 새로운 시도로 나타나게 되었다. 동아시아 국가들의 경우 경제성장률, 인플레이션, 실업, 재정수지, 인플레이션 등 기초 경제여건이 양호해 이들의 문제가 위기 발생의 원인이라는 제1세대 모형은 아시아 위기를 설명하는 데 적합하지 않았다. 또한 ERM 위기에서는 투기적 공격이 있었던 데 반해 아시아 위기 당시에는 그런 조짐이 미약해 자기실현적 예상에 의해 위기가 발생했다고 보기에도 어려워 제2 세대 모형도 설득력이 크게 없었다. 그럼에도 불구하고 경제구조의 취약성으로 인해 외부적인 충격이 발생할 때 위기를 발생시켰고 충격도 전체 경제에 크게 확산되었다.

따라서 제3 세대 이론들은 특히 금융구조의 특성에 초점을 맞추고 어떻게 충격이 금융구조와 연계되어 위기를 촉발하고 경제 전체로 파급되는지 설명하고 있다. 세부적인 경로에 대해서는 다양한 견해가 존재하지만 제3 세대 이론들은 공통적으로 대차대조표 효과(balance sheet effect)를 강조하고 있다.[9] 동아시아 국가들 및 신흥시장국들을 비롯해 국제통화를 발행하기 어려운 국가들은 금융 및 경제구조의 특성상 세 가지 근본적인 대차대조표 취약성을 가질 수밖에 없다. 첫째, 통화불일치(currency mismatch)의 문제이다. 이 국가의 은행들은 국제금융시장에서 예를 들면 미국 달러화로 차입하고 국내통화로 기업들에게 대출해 준다. 따라서 만일 환율이 상승해 국내 통화가치가 하락하면 대차대조표의 자산가치는 하락하는 반면 부채가치는 상승해 재무건전성이 악화되어 외채상환도 어렵게 만들고 새로운 차입도 어렵게 만들 것이다. 통화불일치 문제는 신흥국 및 개도국에서 나타나지만 미국, 유럽 등 선진국에서는 나타나지 않는다.

둘째, 만기불일치(maturity mismatch)에 따른 유동성(liquidity) 확보의 문제이다. 금융시장에서는 정보의 불완전성으로 인해 신흥국 및 개도국의 은행들이 충분히 상환능력이 있음에도 불구하고 국제금융시장에서 통용되는 이자율로 원하는 만큼 차입하기가 어렵다. 만일 이런 상황에서 환율이 상승하고 이들 국가들에 대해 상환요구가 발생하면, 당장의 유동성 확보를 위해 무리한 담보를 잡히거나 기존 투자를 헐값에 처분해야만 하므로 경영성과 및 재무건전성이 더욱 열악해지는 악순환이 발생한다. 만기불일치 문제는 단기차입-장기대출의 금융시장 속성으로 인해 선진국에서도 나타날 수 있다. 그러나 위와 같은 불완전성으로 인해 개도국 및 신흥국에서는 선진국에 비해 훨씬 심하게 나타난다.

셋째, 경영성과에 따른 신용위험(credit risk)의 문제이다. 신흥국 및 개도국은 선진국의 거대시장을 주요 수출시장으로 삼고 있다. 만일 수출수요가 감소한다면 전체적인 경제성과에 타격을 주기 때문에 이를 극복하기 위해서는 자국 통화가 절하되어야 한다. 그런데 자국 통화가치의 절하는 위에서 언급한 통화불일치 문제 및 유동성 확보의 문제를 더욱 악화시킬 수 있다. 더욱이 신흥국 및 개도국 기업들의 소득은 수출뿐만 아니라 국내 시장에서도 발생하는데, 환율이 상승하게 되면 이러한 국내소득의 외화표시 가격이 하락하게 되므로 동일한 외채에 대해 재무구조는 더욱 나쁘게 나타나게 된다.

신흥국 및 개도국들이 이와 같은 구조적 특징을 갖고 있는 상황에서 어떤 외부적인 충격으로 환율이 상승하게 되면 재무상태가 급격히 악화되고 유동성 부족에 직면하게 되므로 많은 기업 및 은행들이 도산할 가능성이 있다. 외채규모가 큰 경우에 이 효과는 더욱 극심하게 나타나 위기를 초래하고 전체 경제에 충격이 파급될 것이다. 신흥국 및 개도국에서 외채가 축적되는 원인에 대해서는 다양한 설명이 있는데, 크루그만은 정부의 암묵적 지급보증과 같은 도덕적 해이를 강조하는 반면,[10] 칼보 외(G.A. Calvo et al.)는 국제자본 이동의 변동성을 좀 더 강조하고 있다.[11]

민스키 이론

민스키(Hyman P. Minsky, 1919~1996)는 1950년대부터 1996년까지 경제학자로서 활동했지만 그의 이론은 거의 관심을 끌지 못했었다. 민스키는 왜 금융위기가 발생하는지 설명하고자 했는데, 20세기 후반에는 이 이슈에 대해 대부분 관심을 기울이지 않았다. 당시만 하더라도 시장은 효율적이라고 믿고 있어, 선진국에서 가끔 주식시장의 붕괴가 있어도 금융위기와 같은 엄청난 재앙은 발생하지 않을 것으로 여겨졌다. 그러던 중 2007년 글로벌 금융위기가 발생하면서 금융위기에 관한 그의 연구가 폭발적인 관심을 끌기 시작했다.

민스키의 이론은 금융불안정 가설(financial instability hypothesis)이라고 불리는데,[12] 어떻게 장기간 지속되는 호황이 향후 위기의 씨앗을 잉태하는가를 고찰하고 있다. 민스키는 금융불안정성에 대한 분석을 투자에 대한 설명으로부터 시작한다. 투자란 본질적으로 오늘의 돈을 내일의 돈과 맞바꾸는 행위이다. 예를 들어 회사가 지금 당장 돈을 들여 공장을 짓는 이유는, 공장을 잘 운영해 이윤을 남겨서 향후 이를 통해 지속적인 돈을 확보하기 위한 것이다. 투자라는 것은 미래의 결과를 예측하고 선택하는 행위이므로 당연히 확실성보다는 불확실성이 더 크게 존재한다. 이러한 불확실성으로 인해 미래에 발생할 상황에 대한 객관적 자료가 불가능하기 때문에 경제주체들은 자신이 갖고 있는 한정된 지식과 정보에 의존하여 주관적 판단을 내리고 투자 행위를 할 수밖에 없다.

회사가 투자를 위해 자금을 조달하는 방법은 자기자본 조달과 타인자본 조달 두 가지가 있다.[13] 회사 내부 여유자금이 있다 하더라도 현대 자본주의 경제체제에서는 대부분의 경제주체들이 최적의 재무구조를 위해 부채를 통해 추가적으로 투자자금을 조달한다. 자기자본과 타인자본의 적절한 조합이 중요한데, 민스키는 특히 타인자본 조달에 초점을 맞추고 있다. 부채의 크기는 금융시장의 차입조건과 예상수익에 영향을 받는데, 경기가 호황일 때는 예상수익에 대한 낙관적 기대와 금융시장의 차입조건 개선으로 더 큰 부채의 차입을 가능하게 하여 기업과 가계의 금융구조를 부채비율이 높은 불안정한 금융구조로 만들게 된다. 이처럼 부채가 누적되면 재무구조가 취약하게 되어 작은 충격에도 거품이 붕괴되면서 금융위기가 발생할 수도 있는 것이다. 즉, 민스키는 투자의 타인자본 조달이라는 금융적 성격으로 인해 금융구조가 필연적으로 취약하게 되고, 이로 인해 경제 전체적 차원에서 내재적 불안정성이 심화될 수밖에 없다는 금융불안정성 가설을 제시하였다.

민스키는 부채상환능력을 나타내주는 소득-채무 관계를 바탕으로 자금조달 행태를 헤지 조달(hedge financing), 투기 조달(speculative financing) 및 폰지 조달(Ponzi financing) 세 가지로 구분하였다. 첫째, 헤지 조달은 기업의 미래 현금창출이 원활해서 원금과 이자를 포함한 모든 차입에 대해 상환이 가능한 경우로 가장 안전한 금융구조이다. 이것이 가능하기 위해서는 차입규모가 크지 않고 이윤창출이 원활하게 이루어져야 한다. 둘째, 투기 조달은 조금 위험한 금융구조로, 기업의 현금흐름이 이자를 갚을 정도는 되지만 원금상환을 하기에는 모자라는 경우이다. 따라서 기업은 원금상환을 연장하고 계속해서 빚을 진다. 경제상태가 양호하다면 투기 조달은 크게 문제가 되지 않고 관리가 가능하지만, 경제가 불황으로 전환되면 상당한 곤란을 야기할 수 있다. 셋째, 마지막 폰지 조달은 가장 위험한 형태로, 기업의 현금흐름이 원금뿐만 아니라 이자를 갚을 능력도 되지 않는 경우를 말한다. 이렇게 되면 기업은 자산가치가 상승해 채무를 변제할 수 있게 되기를 바랄 수밖에 없는데, 그것도 여의치 않으면 자산의 일부를 팔거나 다른 곳에서 빚을 더 끌어와 돌려막기를 해야 된다.

이를 바탕으로 민스키는 금융불안정 가설의 두 가지 정리를 내세운다.[14] 하나는, 경제가 안정된 금융구조와 불안정한 금융구조를 가질 수 있다는 것이다. 헤지 조달이 지배적인 경제는 안정적이고 투기 조달 및 폰지 조달이 압도하는 경제는 불안정한 구조를 갖게 된다. 다른 하나는, 호황이 장기간 지속되면 경제가 안정된 금융구조에서 불안정한 금융구조로 전환된다는 것이다. 예를 들어 호황이 오래 지속되다 보면, 자본주의 경제는 헤지 조달이 지배적인 금융구조에서 투기 조달 및 폰지 조달이 큰 비중을 차지하는 구조로 이행하는 경향이 있다. 모든 기업이 처음부터 과도한 차입을 하지는 않는다. 그러나 장기적인 호황이 계속되고 성장이 확실해 보인다면 기업들은 차입을 통해 확장하려는 유혹을 당연히 받게 된다. 게다가 이런 상황에서는 은행도 이 대열에 합류해 신용기준을 느슨하게 하고 대출을 확대하게 된다. 은행대출의 경기순응성(pro-cyclicality)은 부채를 더욱 확대시켜 금융구조를 더욱 취약하게 만드는 것이다. 이와 같이 헤지 조달의 건실한 구조에서 투기적 조달과 폰지 조달의 취약한 구조로 이행하게 되는데, 이 취약한 구조에서 부채 상환을 위해 자산을 처분하게 되면 자산가격이 폭락하게 되고 결국에는 파산이 발생하게 된다. 즉, 장기적인 호황이 결과적으로는 금융불안정 및 위기를 잉태하게 되는 것이다.

Box 8-1 민스키 시점

민스키 시점(Minsky moment)이란 투기 조달 및 폰지 조달로 취약해진 금융구조 하에서, 과도한 부채를 진 채무자들이 상환을 위해 자신의 건전한 자산마저도 내다팔지 않을 수 없고 그에 따라 금융시장에서 자산가치가 폭락할 가능성이 임박한 상황, 즉 금융위기가 임박한 상황을 말한다. 민스키 자신은 이 용어를 만들어내지 않았고, 자산운용사인 PIMCO의 맥컬리(Paul McCulley)가 1998년 러시아 금융위기를 민스키 이론을 이용해 설명하면서 이 용어를 처음 사용했다. 맥컬리는 그 이후에도 2001년 신경제의 거품이 꺼질 때와 2007년 서브프라임 모기지 시장에서 자산가격 하락이 나타났을 때도 그 원인을 설명하면서 이 용어를 사용했다. 이후 금융시장에서 경제분석가 및 펀드매니저들에게 민스키 시점은 금융위기와 사실상 동의어로 사용되고 있다. 예를 들어 CLSA그룹의 분석가인 우드(Christopher Wood)는 글로벌 금융위기가 시작된 2007년 "각국의 중앙은행이 최근 유동성을 긴급하게 공급한 것은 민스키 시점을 방지하거나 연기하기 위한 것이며, 이것은 시장실패의 증거를 의미한다"고 말하기도 했다.[15]

시장에서는 그나마 먼저 민스키의 중요성을 인지한 반면 학계에서는 글로벌 금융위기가 발생하기 이전까지 아웃사이더로 취급하였다. 민스키가 평생 아웃사이더 취급을 받은 이유는 무엇인가? 무엇보다도 중요한 이유는 그의 주된 관심이 주류 경제학과 너무 달랐기 때문이다. 20세기 주류 경제학의 기본 관심은 장기적인 경제성장의 문제와 단기적인 경기변동의 문제에 기울어져 있었고, 금융위기와 같은 극적인 상황에 대해서는 별다른 관심을 갖지 않았다. 그러나 민스키는 대공황을 겪으면서 자라나 금융위기 및 경제위기와 같은 대참사에 지속적인 관심을 기울였다. 둘째, 민스키는 경제 및 시장에 대한 기본 가정도 전형적인 경제학자들과 너무 달랐다. 주류 경제학자들은 경제가 자율조정 기능이 있어 일시적인 충격이 있더라도 결국 균형을 회복할 수 있으며, 특히 시장에 대해서는 효율적이라는 믿음을 절대적으로 갖고 있었다. 그러나 민스키는 시장이 효율적이지 않으며, 특히 금융시장은 내재적인 동학에 의해 언제든지 불안정한 상태로 전환될 수 있다고 보았다. 셋째, 민스키는 그의 이론을 제시할 때도 전통적인 경제학자들과는 달리 수학적인 모델을 사용하지 않았다. 그는 학부에서 수학을 전공했음에도 불구하고 이론을 전개하면서 수식을 거의 사용하지 않았는데, 이러한 접근방법은 수학적 모델의 정교함을 중요시하는 주류 경제학의 분위기와 너무 달라 주목을 끌지 못하게 만들었다.

2. 라틴아메리카의 금융위기

국제금융체제에서 개발도상국들이 직면하게 되는 금융위기의 문제는 라틴아메리카의 사례에서 잘 나타나고 있다. 라틴아메리카에서는 1980년대 외채위기, 1990년대 중반 데킬라 위기, 1990년대 말 이후 일련의 위기 등 위기가 빈번하게 발생하고 있다.

2.1 1980년대의 외채위기

전개과정

1980년대 발생한 라틴아메리카 외채위기는 제2차 세계대전 이후 가장 극적인 국제금융위기 중의 하나였다. 1960～1970년대 중남미 국가들은 적극적인 해외자본 유치를 통해 오랜 기간 동안 높은 경제성장을 이루어 왔다. 그러나 해외차입의 확대는 외채의 증가를 가져왔고 또한 두 차례의 석유파동으로 경상수지 적자가 확대되면서 이를 보전하기 위한 차입으로 외채가 더욱 급격하게 증대되었다. 1970년 중남미 전체의 외채가 250억 달러에 불과했는데, 1978년 1,590억 달러, 그리고 1980년 2,573억 달러로 빠르게 확대되었다. 외채 부담이 점증하는 상황에서 1970년대 말 세계 경제가 침체하고 국제상업은행들이 대출금리를 인상하자 중남미 국가들은 더 이상 외채에 대한 원리금 지불이 불가능하게 되었다. 이를 극복하기 위해 중남미 국가들은 미국 등 선진국 정부와 은행들에게 만기 연장을 요청했지만, 채권자들은 만기 연장을 거부하고 오히려 만기를 단축하면서 대출금리를 인상했다. 이에 1982년 8월 멕시코가 800억 달러에 달하는 외채 상환의무를 더 이상 이행할 수 없다고 선언하면서 외채위기가 시작되었는데, 이후 다른 국가들도 지급유예를 선언하면서 급속히 중남미 전체로 확산되었다.

표 8-1 **중남미 국가의 외채규모**(1980년 말 기준)

(단위 : 억 달러, %)

	중남미 전체	브라질	멕시코	아르헨티나
외채 잔액	2,573.0	729.0	574.0	272.0
외채/수출액 비율	201.0	313.3	250.1	242.4
외채/명목 GDP 비율	34.1	31.8	30.5	35.6

자료 : World Bank, Debt Table ; 신종협 외(2010)에서 재인용.[16]

외채위기 이후 라틴아메리카 국가들은 마이너스 경제성장과 100%를 넘나드는 인플레이션을 경험하면서 스태그플레이션 현상에 고통을 받게 된다. 1인당 실질 국민소득은 절대적인 수준이 줄어들었고, 그에 따라 생활수준이 1950~1960년대 수준으로 떨어졌다. 그러므로 많은 사람들은 라틴아메리카의 1980년대를 잃어버린 십년(lost decade)이라고 부르고 있다.

표 8-2 1980년대 중남미 주요국의 경제지표 추이

(단위 : %)

구분	1980	1981	1982	1983
경제성장률				
멕시코	8.3	8.0	−0.6	−5.2
브라질	7.2	−1.63	0.9	−3.2
아르헨티나	0.3	−6.3	−5.3	2.8
인플레이션율				
멕시코	26.4	27.9	58.9	101.8
브라질	82.8	105.6	98.0	142.0
아르헨티나	100.8	104.5	164.7	343.8
무역적자/GDP				
멕시코	−2.1	−2.0	3.6	8.9
브라질	−1.9	−0.3	−0.3	2.4
아르헨티나	−1.6	−0.2	−4.4	−6.1
실질환율(1980 = 100)				
멕시코	100	92.2	153.6	167.3
브라질	100	94.8	103.3	141.6
아르헨티나	100	129.3	235.8	222.9

자료 : World Bank, Database ; 신종협 외(2010)에서 재인용.

외채위기의 원인

라틴아메리카의 외채위기 원인과 관련해서는 상당히 다양한 주장이 제기되고 있는데, 이를 크게 석유파동과 같은 외부적인 충격, 국제금융시장에서의 채권자-채무자 문제, 그리고 자본주의 체제의 구조적 문제로 크게 나누어 살펴보자.

첫째, 일부 학자들은 국제금융체제의 구조적 문제보다는 외부적인 충격에 초점을 맞추고 예기치 못한 국제경제 상황의 변화가 외채위기의 원인이라고 지적한다. 1970년대 라틴아메리카에 커다란 영향을 미친 외부적인 충격은 대표적으로 국제곡물시장에서의

충격과 두 차례에 걸친 석유파동을 들 수 있다. 우선 곡물시장 충격과 관련해, 1960년대 밀과 곡물 생산 과잉으로 인하여 국제 식량가격이 감소함에 따라 미국, 캐나다 등 곡물 수출 국가들은 생산 감축 프로그램을 시행하였다. 이러한 상황에서 열악한 기후문제까지 겹쳐 전 세계적으로 곡물 부족 사태가 발생해 1970년대 초 국제 식량 재고는 1950년대 이후 가장 낮은 수준으로 떨어지게 되었다. 국제곡물시장에서의 공급부족으로 인해 식량 지원도 급격히 감소하였으며, 식량곡물가격이 급격히 치솟게 되어 식량을 수입했던 개발도상국들은 경상수지가 악화되고 대외차입이 증가하는 등 상당한 타격을 받았다.

그러나 이보다 더욱 큰 충격을 준 것은 두 차례에 걸친 석유파동이었다. 1973년 및 1979년 OPEC 회원국들은 생산을 제한하는 방식으로 석유가격을 급격히 올렸다. 많은 석유수입국들이 석유가격 상승으로 심각한 타격을 받은 반면에, OPEC 회원국들은 대형 상업은행에 상당한 규모의 달러화를 예치하며 페트로달러(petro-dollars)를 축적했다. 상업은행들은 이 예금들을 순환시키기 위해 개발도상국들에게 석유가격 상승에 따른 부담을 상환할 수 있도록 융자지원에 나섰다. 그러나 석유파동으로 인해 전 세계 경제가 심각하게 위축되었고, 그 결과 개발도상국들의 수출품에 대한 수요가 급격히 감소하면서 이들 국가들은 외채상환을 하는 데 심각한 어려움을 겪었다. 더욱이 큰 문제는 1979년 석유파동으로 물가가 상승하자 미국을 비롯한 선진국들은 이자율을 올려 이를 제어하려고 했다. 상업은행들은 단기 대출을 변동이자율로 제공하고 있었고 이에 따라 개발도상국에 대한 이자율 상승 영향은 급격하고 심각하였다.

둘째, 외채위기의 원인을 설명하려면 외부적인 요인보다 국제금융시장에서의 거래행태에 초점을 맞추는 것이 더 필요할 수도 있다. 이와 같은 입장을 취하는 사람들은 많은 경우 채무자의 무분별한 차입이 기본적인 원인이라고 주장한다. 대표적으로 자유주의자들은 외채위기의 근본적인 책임을 채무국들의 무책임한 행위로 돌린다. 이들은 개발도상국들이 1970년대 IMF의 까다로운 융자조건을 피하기 위하여 상업은행으로부터 대출을 받는 쉬운 길을 택했다고 주장한다. IMF가 악성채무국의 정부에 대해 국제수지 융자에 대한 무제한적인 접근이 불가능하며 채무조정을 시행해야만 한다는 제한을 했던 것과는 달리, 상업은행들은 채무국들에게 특정 정책 조건을 부과하지 않았다. 이러한 채무자의 무분별한 차입 행위와 더불어, 자유주의자들은 채무국들의 국내 정책 실패에도 부분적인 책임이 있다고 주장한다. 이들에 따르면, 차입금이 주로 상업성 없는 투자, 공공 지출, 소비재 수입, 부패 공기업 비자금 등 비생산적인 용도로 사용된다고 한다. 자유주의 경제학자들은 1980년대 동아시아 채무국들의 우수한 경제성과를 라틴아메리카 채무국들의 성과와 비교하기도 한다. 두 그룹 모두 거대한 외채를 지고 있었지만[17] 후자와 달리 전자는 상대적으로 원활하게 외채문제를 회피할 수 있었다. 가장 중요한 차이점은 두 그룹 간의 경제정책에서 찾아볼 수 있다. 라틴아메리카의 개발도상국들이 수입대체정책을 선택한 반면 동아시아에서는 수출주도 성장정책을 강조하였다. 수출은 국가의 외채를 상환하기 위한 중요한 외환의 원천이 되므로, 동아시아 국가들의 수출주도 정책은 외채문제를 대처하는 데 핵심 역할을 하였다.

그러나 맑스주의자 및 일부 간섭주의 자유주의자들은 외채위기의 주요 원인을 채무자들 못지않게 채권자들의 무책임한 행위 때문이라고 보고 있다. OPEC 회원국들이 상당한 양의 페트로달러를 뉴욕과 런던의 상업은행들에 예치했을 때, 이들 은행들은 공격적으로 라틴아메리카를 비롯한 개발도상국들에 대한 대출을 증가시켰다. 상업은행들은 과도한 대출경쟁으로 채무자들의 신용도를 충분히 고려하지 않은 채 낮은 이자율로 대출 확대에 나섰다. 1980년대 초반 이자율이 급격히 상승했을 때 채무국들은 이미 상업은행 대출에 과도하게 의존하게 된 상태였다. 따라서 상업은행들은 채무국들이 과도하게 융자를 늘리도록 대출 강요(loan pushing)를 했다는 비난에서 자유롭지 못하다.[18] 몇몇 비평가들은 더 나아가 상업은행들뿐만 아니라 선진국 정부 자체도 이러한 사태에 책임이 있다고 주장한다. 예를 들어 석유파동 이후 주요 국가의 중앙은행들은 페트로달러를 순환시킬 수 있도록 개발도상국으로의 자본유입에 대한 제도적 지원을 보장했다. 또한 자본이동에 대한 통제를 점차 완화함으로써 상업은행들이 과잉 페트로달러를 개발도상국에 쉽게 투자할 수 있도록 만들었다. 이러한 관점에서 볼 때 채무자인 개발도상국뿐만 아니라 채권자인 선진국 상업은행들 모두 외채위기의 중요한 원인이었던 과도한 대출에 대한 책임을 가지고 있다.

셋째, 보다 근본적으로 자본주의 체제의 구조적인 문제에서 외채위기의 원인을 찾으려는 노력도 있다. 종속론자 및 세계체제론자들은 외채위기가 채무 덫(debt trap)의 극적인 예이며, 선진국들이 개발도상국들을 착취하고 그들에게 의존하게 만드는 구조에서 발생했다고 보고 있다. 이런 맥락에서 일부 학자들은 외채위기가 식민주의의 유산이라고 주장하기도 한다. 식민지 권력은 식민지가 농산물 및 원자재를 제공하고 중심국이 생산한 공산품 시장의 역할을 하도록 하는 노동분업 시스템을 만들었다. 이러한 패턴은 지금까지도 많은 개발도상국들의 수입 및 수출의 형태를 결정하고 있고 이들 국가들이 성장에 필요한 외환을 벌어들이는 것을 방해하고 있다. 몇몇 개발도상국들이 산업화되고 있기는 하지만 아직도 기술과 자본을 다국적기업이나 다른 기관에 의존하고 있어 개발도상국들은 과다 채무로부터 벗어날 수가 없는 것이다.

다른 맑스주의자들은 외국의 지원이 외채위기의 원인이라고 지적한다. 왜냐하면 절반 이상의 공적개발원조가 차관의 형태로 지원되고 있기 때문이다. 세계은행 대출금의 상당 부분은 높은 이자율과 상대적으로 짧은 상환기간을 조건으로 하여 지원되고 있다. 또한 개발도상국들은 다자적 또는 양자적 해외원조의 많은 비중을 과거에 받았던 원조를 갚는 데 쓰고 있다. 이는 개발원조가 그 혜택이 개발도상국에 돌아가지 않고 개발도상국에서 다시 중심 지원국으로 이전되는 또 다른 메커니즘에 불과하다는 것을 의미한다. 맑스주의자들은 선진국의 지원뿐만 아니라 국제기구인 IMF와 세계은행의 융자조건이 개발도상국들의 주권을 침해하고 있을 뿐 아니라 외채문제를 해결하는 데 잘못된 정책을 제시하고 있다고 주장한다. 따라서 상업은행의 대출과 마찬가지로 IMF와 세계은행의 금융 지원도 개발도상국들의 종속성을 지속하는 데 일조하고 있다고 비판한다.

정책대응

외채위기는 많은 사람들이 생각했던 것보다 더 길게 이어졌고, 채권국 정부와 국제기구는 그간의 조치들이 불충분하다는 것이 확실해지자 보다 적극적인 정책을 추진했다. 포괄적인 차원에서 국제채무전략을 설계하고 추진한 주체는 미국과 IMF였다. 이들은 국제채무전략의 세 가지 주요 목표를 국제금융체제의 붕괴를 방지하는 것, 국제금융시장에 대한 채무국의 접근성을 회복하는 것, 경제적 혼란을 최소화하고 채무국의 경제적 성장을 회복하는 것으로 설정하였다. 이러한 목표 하에 라틴아메리카 외채위기를 극복하기 위한 대응책은 초기의 긴급자금 제공, 1980년대 후반의 베이커 플랜, 그리고 1980년대 말 이후의 브래디 플랜 등 단계별로 추진되었다.

첫째, 1982년 이후 외채위기가 확산되자 우선적으로 추진한 정책은 긴급자금을 제공하는 것이었다. 미국, IMF, 채권국 정부들뿐만 아니라 BIS도 1930년대식의 금융 붕괴를 방지하기 위해 멕시코, 브라질, 베네수엘라 등 라틴아메리카 국가들에게 단기 긴급자금을 제공했다. 긴급대출 자금과 더불어 개별 상업은행들의 비자발적 대출(involuntary lending)도 제공되었다. 물론 상업은행들은 기존의 채무자들에게 만기를 연장하고 차환을 제공하는 이러한 비자발적 대출을 원하지 않았지만, IMF 및 각국 중앙은행들의 압력 때문에 어쩔 수 없이 참여하게 되었다. IMF는 그 이전까지 채무관계에 적극적으로 관여하지 않았었는데, 1982년 이후 급속히 외채위기가 확산되면서 태도를 전면적으로 전환하게 된다. 채권은행들을 압박하는 것과 더불어 IMF는 채무국들이 채무조정 및 신규 대출과 관련된 조건들, 소위 말하는 IMF 프로그램을 시행하도록 주장했다. 이러한 프로그램은 대부분 채권국 은행들의 요구를 반영하고 있어 많은 비판가들은 외채위기를 관리한 것이 개별 은행이나 금융시장이 아니라 IMF를 통한 채권국이라고 주장했다.

초기에 IMF와 채권국들은 외채위기가 라틴아메리카 개발도상국들이 채무를 상환할 수 없을 때 오는 단기적인 유동성 문제로 보았다. 그러나 긴급자금이 대출되고 또한 비자발적 대출을 통해 채무관계가 일부 조정된 후에도 이들 국가들이 외채를 상환할 수 없다는 것이 점차 분명해졌다. 초기 긴급자금 제공 정책은 급박한 위기를 벗어나기 위한 것이었지만, 채무자인 라틴아메리카 국가들의 경제활동과 투자는 줄어들었고 채무국에 대한 IMF 프로그램의 압박은 그들의 경제발전 목표와 상충되었다. 게다가 개별 상업은행들은 IMF의 압력에 저항하고 그들의 대출을 축소시키려고 함으로써 IMF와 같은 공적 채권자들은 개인 상업은행들보다 더 많은 대출 위험을 떠안아야 했다.

둘째, 이러한 문제를 해결하기 위해 베이커(James A. Baker III) 재무장관은 1985년 베이커 플랜을 제시하고 외채위기에 대해 보다 구조적인 접근을 취하게 되었다. 베이커 플랜은 이전과 마찬가지로 개발도상국의 채무 중 상당량이 면제되어야 한다는 안을 거부하고, 대신에 채무상환 연기, 새로운 대출 시행, 채무국 경제정책의 전환을 강조했다. 이러한 전략은 "주된 채무국들은 채무에서 벗어나서 정상적인 신용시장에 접근할 수 있는 수준으로 상대적 채무 정도를 낮추고 수출을 늘릴 수 있다"는 가정에서 비롯된 것이다. 베이커 플랜은 외채위기가 장기적 문제가 되고 있다는 점을 인식하고 대응정책의 초점을 단기 국제수지 조정 문제에서 장기 구조적 전환 및 개발도상국의 경제성장의 회복으로 옮겼다. 이러한 장기적 전환을 강조함으로써 세계은행과 국제개발은행(Inter-American Development Bank ; IDB)이 장기대출과 관련하여 보다 중요한 역할을 행사하도록 했다. 그 결과 베이커 플랜 이후 3년간 다자 개발은행들의 대출이 100억 달러에서 200억 달러로 증가했으며, 상업은행들이 주요 채무국에 200억 달러를 추가로 대출해 주었다. 이에 대응해 채무국들은 무역 및 해외투자 자유화와 국유기업의 민영화 등을 포함한 중요한 자유주의 경제개혁을 시행했다.

베이커 플랜은 예기치 못한 국제경제 변화로 인하여 어려움을 겪게 된다. 베이커 플랜이 발표된 이후 국제유가가 급격히 떨어져 석유수출국인 멕시코 같은 나라의 경제회복에 상당한 지장을 주었다. 또한 많은 개발도상국 채무국들이 IMF의 지원에 수반된 조건을 따르기를 거부했고, 브라질 등 일부 국가들은 자국의 채무에 대하여 모라토리엄을 선언하기도 했다. 상황이 불안해지면서 상업은행들이 대출규모를 낮추려고 하자 채무 관련 위험은 상업은행에서 정부와 다자기구로 이전되었다. 그러나 다자 개발은행들은 베이커 플랜이 예상했던 것보다 적은 양의 자금을 대출했고, 그 결과 대출상환 요구액이 개발도상국들이 새로이 대출받는 양을 넘어서기 시작하면서 채무국들은 심각한 경제문제를 겪게 되었다. 라틴아메리카 채무국들은 그들의 채무 부담이 경제성장을 가로 막는 악순환에 갇혔고, 저성장은 채무문제 극복을 더욱 어렵게 한 것이다.

셋째, 경제회복을 촉진하려는 베이커 플랜의 실패는 라틴아메리카 시장에 대한 미국의 수출을 심각하게 제한했다. 미국 국회에서는 또한 라틴아메리카의 민주 정부의 재활에 대해서도 좋지 않은 영향이 미칠 수 있다는 목소리가 있었다. 1989년 초 미국의 브래디(Nicholas Brady) 재무장관은 브래디 플랜을 통해 채무를 감면하는 접근법을 채택했다.

채무 감면에 대해 많은 논란이 있었지만, IMF는 브래디 플랜을 1989년 가을 회의에서 채택하였다. 베이커 플랜과 같이 브래디 플랜은 채무문제를 개별적으로 다루었고, 각 채무자들은 따로따로 채권자들과 협상했다. 그러나 브래디 플랜은 채무 감면을 채무자의 IMF 및 세계은행 융자조건 수락, 그리고 그에 따른 자유 경제개혁을 연결시켰다는 점에서 베이커 플랜과는 사뭇 달랐다. 브래디 플랜은 채무 부담이 너무 큰 경우 개발도상국들이 신용을 회복할 수 없다는 점, 그리고 채무 감면 없는 상환기간 연장이 채무국의 경제성장을 촉진할 수 없었다는 점을 인식했다. 따라서 브래디 플랜은 미국의 상업은행들이 원금과 이자를 감면해 준다면 채무의 남은 부분을 상환하겠다는 보장을 명시했다. IMF와 세계은행은 이러한 보장에 대한 금융지원을 도왔고, 주요 채권국들 역시 이를 위한 금융지원에 나섰다.

브래디 플랜은 시간이 걸리기는 했지만, 라틴아메리카 국가들의 수출 및 GDP가 상당히 회복되어 외채 비율이 크게 감소했다는 점에서 한편으로는 매우 성공적인 결과를 가져왔다. 그러나 브래디 플랜은 분명한 한계도 있었다. 비록 수출 및 GDP 대비 비율이 감소했을지라도 절대적인 외채규모 자체는 증가했다. 아울러 1990년대 중반에도 라틴아메리카 국가들은 수출 소득의 30%를 채무 상환에 사용했고 이들의 총외채는 아직도 GDP의 45%에 달하고 있다. 브래디 플랜의 가장 심각한 단점은 오직 상업은행과의 채무만을 다루었다는 것이다. 개발도상국들이 이 플랜으로 기대했던 것보다 도움을 많이 받지는 못했는데, 대부분의 채무가 정부 및 국제금융기구 등 공적 채권자로부터 대출받은 것이기 때문이다.

Box 8-2 파리클럽과 런던클럽

외채문제의 해결을 위한 채권자와 채무자 사이의 채무 재조정은 IMF 및 세계은행과 같은 국제기구와의 협상 외에도 파리클럽(Paris Club) 및 런던클럽(London Club)의 협상을 통해 이루어졌다. 파리클럽은 공적 채무 재조정을 위해 OECD 회원국을 중심으로 결성된 채권단 정부의 비공식적 국제협의체이다.[19] 이와는 달리 런던클럽은 민간은행 채무 재조정을 위해 대형 상업은행들로 구성된 민간채권단 국제협의체를 비공식적으로 가리키는 말이다.[20]

파리클럽은 1956년 5월 16일 대외채무 조정을 위해 개별 협상을 해오던 아르헨티나가 쌍무협상을 지속하기 어려워 다자협상으로 변경해 줄 것을 요청함에 따라 채권국들이 파리의 한 클럽에 모인 것을 기원으로 탄생하였다. 회원 지위는 정회원(members), 특별회원(ad hoc participants), 옵서버(observers) 세 종류가 있으며, 한국은 2016년 7월 정회원으로 가입되었다. 비공식적 협의체인 만큼 공식적인 정관이나 기구가 없으며, 어떤 법적 지위나 문서화된 규정, 또는 투표 절차를 규정하지 않고 있고, 상설 사무소도 갖추어져 있지 않다. 파리클럽의 채무 재조정 참여자들은 채무국 정부, 주요 채권국 정부, IMF, 세계은행, UNCTAD, 그리고 지역 개발은행의 대표자들이었다.

채무 재조정을 협의하는 과정에서 파리클럽은 부도 상황의 급박성(imminent default), 조건부(conditionality), 그리고 비용분담(burden sharing)의 세 가지 원칙을 강조하였다. 첫 번째 원칙인 부도 상황의 급박성은, 부도 가능성이 심각하고 채무 이행이 불가능하다고 판단되는 경우에 한에서만 채무 재조정을 제공하기 위해 고안되었다. 불필요한 협상을 피하기 위해 파리클럽은 채무자가 상당한 체불 상태가 아니고 곧 부도에 직면하지 않을 것 같은 상황에서는 재조정 요청에 대해 고려하지도 않았다. 두 번째 원칙인 조건부는 채무자가 스케줄에 맞추어 상환할 수 있을 것인가에 대한 우려로 제시되었다. 파리클럽은 급박한 상황에 처한 국가라도 위기를 벗어나기 위한 개혁 조치를 취하고 IMF 프로그램을 수행하는 경우에만 재조정 협상을 진행한다. 따라서 채무국은 파리클럽과의 협상 동의 이전에 반드시 먼저 IMF의 요구조건에 기초해 IMF와 융자협상을 마쳐야만 했다. 세 번째 원칙인 비용분담은, 모든 채권국 정부가 반드시 채무국에 대해 대출규모 비율만큼 채무 재조정을 제공해야 하는 것을 말한다. 비용분담 원칙은 채권자들 간에 무임승차하는 것을 방지하는 것이며 이 원칙은 민간 채권은행에도 적용되었다.

민간 채무 재조정을 위한 런던클럽은 자이레(Zaire)의 채무 지불 문제에 대응하기 위해 1976년 민간은행들이 런던에서 회의를 개최한 데서 유래한다. 런던클럽은 파리클럽과 많은 유사성을 갖는데, 비공식적 국제협의체이며 정관, 공적 기구, 법적 지위, 상설 사무소 등을 갖추고 있지 않다. 또한 두 가지 경우 모두 채무 재조정은 하나의 채무자와 다수 채권자들 간의 상호 동의를 통한 사례별(case by case) 협의가 이루어지며, 채무자는 반드시 IMF가 요구한 조건들을 최선을 다해 실행해야 한다. 그러나 양자 간의 근본적인 차이점은 채권단 측면에서 상업은행들 숫자가 국가들의 경우보다 훨씬 많다는 것이다. 파리클럽의 경우 상대적으로 적은 수의 국가들이 재조정에 동의하면 되므로 의견 조율이 용이할 수 있는 반면, 런던클럽의 경우 다수 민간 채권자들 간의 의견 조율 문제는 훨씬 복잡하다.

주요 대형 상업은행들은 개발대상국 대출의 상당 규모를 차지하고 있고 국제금융시장의 안정이 그들에게 궁극적인 이익을 주기 때문에 성공적인 채무 재조정에 대한 공통의 이해가 있다. 이와는 달리 소규모의 채권 은행들은 위험성 있는 대출에 적게 노출되어 있고, 개별 기관의 생존에 주로 관심을 갖고 국제금융체제의 안정적 유지에 대해서는 상대적으로 관심이 적다. 따라서 이들은 개발도상국의 위기 극복을 위해 추가적인 대출을 제공해야만 하는 채무 재조정을 꺼리는 경향이 있다. 소규모 은행들이 이처럼 개별적 합리성에 기반하여 이기적 판단을 하는 경우 관련된 모든 은행들이 피해를 보거나 국제금융체제까지도 위험에 처할 수 있다. 이러한 위험을 방지하기 위해 대형 상업은행들은 소규모 은행들이 이기적 행동을 지양하고 채무 재조정 협상에 참여하도록 회유와 압박을 동원하기도 한다.

파리클럽과 런던클럽은 기본적인 운영방식이 불투명하다는 비판 외에도, 맑스주의자들과 개발도상국의 채무국들로부터 강도 높은 비판을 받아왔다. 우선 협상과정이 비대칭적인데, 파리클럽과 런던클럽의 사안별 접근은 채무국들의 연합을 막고 있으며, 또한 하나의 채무자와 다수의 채권자가 앉았을 때 채권자들은 채무국 정부에 대하여 비정상적인 압력을 행사할 수 있다. 더욱이 외채위기의 원인이 채무자뿐만 아니라 채권자에게도 있다는 것을 인정한다면 두 클럽의 협상방식은 외채위기의 구조적 본질을 무시하는 것이다. 이 외에도 비판가들은 협상의 선수 조건으로 IMF 융자조건을 강조하는 것에 대해서도 채무국의 경제적 어려움을 가중시킬 수 있다고 비판한다.

2.2 데킬라 위기와 이후의 금융위기

데킬라 위기(tequila crisis)는 1994년 12월 외환유동성 악화로 인해 멕시코에서 발생한 금융위기를 말한다. 1980년대 외채위기 이후 일시적으로 안정세를 보이던 라틴아메리카 경제는 1980년대 말부터 또 다시 불안한 조짐을 보이기 시작했다. 멕시코 경제도 1990년 초까지는 양호한 추세를 보여 실질 GDP 성장률은 4～5% 정도를 유지했고 인플레이션은 한 자리 수까지 낮아진 상태였다. 그러나 수입자유화 정책 등으로 인해 멕시코의 대외경제 부문은 급격히 악화되어 1988년 GDP의 1.7%에 불과했던 경상수지 적자가 1994년 8.6%로 높아졌다. 멕시코 정부는 외자유치를 통해 경상수지 적자를 메우기 위해 단기자본을 끌어들이면서 단기 외채가 급등하였고 외국인 투자 전체 규모 중 단기자금 비율이 80%까지 육박하게 되었다. 달러화가 국내로 유입되자 멕시코 페소화 가치는 더욱 폭등하게 되었고, 이로 인해 수입이 급증하고 수출이 증가하면서 경상수지 적자가 더욱 악화되고 외채는 더욱 증가하게 되었다.

그래도 초반에는 멕시코의 투자 매력으로 크게 불안한 움직임을 보이지 않았지만, 대내외적인 충격으로 인해 멕시코 외환시장이 크게 흔들렸다. 대외적인 충격은 미국의 금리인상으로, 1994년 미국이 기준금리를 올리면서 양국 금리차가 축소되자 멕시코에 유입되었던 외국 자본이 빠르게 유출되기 시작했다. 그러나 외환시장의 불안을 더욱 가중시킨 것은 대내적인 충격이었다. 1994년 1월 치아파스(Chiapas) 지방의 농민폭동 및 3월 집권당 대통령후보의 암살로 인한 정치적 불확실성이 증대되고 있었다. 이런 상황임에도 불구하고 대통령선거로 인한 정부의 방만한 재정운영과 외국 자본의 유입 정지로 외환보유액이 급격히 감소하자 이에 대처하고자 달러화로 표시된 테소본드(Tesobond)를 발행했다. 그러나 이것마저도 더 이상 회전시킬 수 없게 되자 멕시코 정부는 환율방어를 포기하고 15% 규모의 페소화에 대한 평가절하를 실시하면서 데킬라 위기가 시작된 것이다. 그러나 평가절하 규모가 불충분하다고 여겨졌고, 평가절하 이전에 자국 기업에게만 정보를 주어 외국 투자자들의 정부 정책에 대한 신뢰가 완전히 상실되었다. 이로 인해 페소화는 급격히 평가절하되었고 물가가 급등하였으며, 이를 막기 위해 정부는 80% 이상에 달하는 고금리 정책을 실시하게 되었다.

1995년 1월 IMF가 255억 달러의 자금지원으로 위기를 진정시키려고 시도했으나 위기의 충격이 너무 커 수습하는 데 큰 효과를 거두지 못했다. 결국 미국이 자국으로의 파급효과를 우려해 IMF와 함께 적극적으로 개입하여 초기 지원의 두 배가 넘는 516억 달러의 대규모 자금 지원이 이루어지면서 위기가 겨우 수습될 수 있었다.

외국 자본의 대량 유출이 멕시코에 국한되지 않고 주변국에서도 나타남에 따라 데킬라 위기는 아르헨티나, 브라질 등 다른 라틴아메리카 국가들로 퍼져 나갔다.[21] 아르헨티나는 위기 이전에 통화위원회(currency board)제도를 채택하고 있었기 때문에 멕시코 위기로부터 큰 영향을 받지 않을 것으로 생각되었다. 그러나 투기자들은 아르헨티나가 높은 실업률로 인해 통화위원회를 포기할지도 모른다고 생각하고 투기적 공격을 감행하였고, 통화위원회 하에서의 자본유출은 본원통화의 감소를 의미하므로 금융시스템의 위기를 초래하였다. 그러나 과거 초인플레이션에 시달렸던 아르헨티나는 위기를 겪으면서도 통화위원회제도를 계속 유지하였다.

한편 브라질은 1994년 이후 '헤알 계획(Real Plan)'을 실시해 초인플레이션을 억제하는 데 상당한 성공을 거두었다. 그러나 경제는 충분히 회복되지 않았고 정부부채는 여전히 심각한 수준이었다. 이로 인해 헤알화에 대한 평가절하 압력이 지속되었고 이를 억제하기 위해 브라질은 높은 이자율을 유지할 수밖에 없었기 때문에 재정적자는 더욱 악화되어 갔다. 1998년 외환보유액이 고갈되자 IMF는 위기의 파급을 우려해 금융지원을 제공했으나 실패했고, 1999년 들어 브라질에서 주정부들이 연방정부에 대해 채무지불유예를 잇달아 선언하면서 외자유출이 가속화되었고 헤알화는 폭락하게 되었다.

그러나 라틴아메리카의 위기는 여기서 그치지 않고 이후에도 계속된다. 브라질의 위기는 3년후 아르헨티나 위기로 다시 이어진다. 브라질 위기 여파, 재정긴축에 따른 내수위축 및 이에 따른 투자 저하, 그리고 페소화의 상대적인 고평가에 따른 산업경쟁력 약화 등으로 지속적인 경기침체를 벗어나지 못했던 아르헨티나는 결국 부채상환능력을 상실하게 되었다. 이에 아르헨티나 정부는 2001년 12월 모라토리엄을 선언하였고 2002년 통화위원회제도를 폐지하면서 페소화 가치가 70% 이상 폭락하였다.

2000년대 이후 원자재 호황으로 10여 년간 경제가 뛰어난 성과를 보였음에도 불구하고 라틴아메리카는 반복되는 문제에 직면하고 있다. 2000년대 들어서면서 중국의 고성장으로 인해 원자재 수요가 급증함에 따라 라틴아메리카 국가들은 수출 증가와 더불어 경제적 성장이라는 수혜를 누리게 되었다. 이 시기 브라질의 대두 및 철광석, 아르헨티나의 소고기 및 대두, 칠레의 구리 수출 등이 급격히 증가하면서 라틴아메리카는 10여 년에 걸쳐 과거 유례없는 장기호황으로 GDP가 2조 37억 달러에서 6조 2,340억 달러로 3배 이상 증가하였다. 그러나 2010년대 들어 중국의 경제성장 둔화로 원자재 수요가 감소하고 가격이 하락하면서 라틴아메리카의 연평균 경제성장률 0.23% 수준으로 급락하였다. 외부적인 요인보다도 내부적인 요인이 이러한 하락세에 더욱 큰 역할을 하였다. 무엇보다도 정책적인 측면에서 원자재 수출로 호황을 누리다 산업화를 해야 할 시점을 놓친 것이 결정적인 실패로 작용했으며, 또한 포퓰리즘 및 부정부패와 같은 고질적인 병폐도 경제상황 악화에 큰 기여를 했다. 이러한 문제들은 여전히 지속되고 있어 일부에서는 과거 1980년대와 같은 잃어버린 10년이 재현되고 있다는 우려를 표명하기도 한다.[22]

3. 유럽의 금융위기

유럽의 금융위기, 미국발 글로벌 금융위기의 사례는 금융위기가 개발도상국 또는 신흥시장국에 국한되는 문제가 아니라 선진국에서도 언제든지 발생할 수 있음을 잘 보여주고 있다. 유럽에서의 금융위기는 주로 통화통합 과정과 연루되어 있지만 스칸디나비아 위기는 전형적인 금융시스템의 문제에서 연유한다.

3.1 스칸디나비아 금융위기

스웨덴, 노르웨이, 핀란드 등 스칸디나비아 국가들의 금융위기는 1980년대 금융자유화, 대외개방 확대 등으로 국내 대출 및 해외차입이 크게 확대되면서 부동산 가격이 급격히 오르고 자산시장 버블이 형성된 것이 가장 큰 원인이었다. 1980년대는 스칸디나비아 실물경기가 확장세를 보이고 대출한도 폐지, 외환자유화 등 금융자유화가 적극적으로 추진되던 시기였다. 이에 따라 은행들의 부동산 관련 가계대출 비중은 급격히 확대되었고, 이 과정에서 스칸디나비아의 부동산 가격은 1980년대 들어 약 네 배 이상 가파르게 상승하였다.

이에 스칸디나비아 각국 정부는 경기과열을 방지하고 부동산 버블을 억제하고자 기준금리 인상 등 긴축통화정책을 시행하였다. 이러한 정책 변화와 더불어 1990년대 초 글로벌 경제여건이 악화되면서 부동산 버블이 꺼이기 시작했고 은행 대출자산의 부실화가 양산되면서 대형 금융기관들이 잇달아 도산되었다. 1980년대 말 최고점 대비 부동산 가격은 불과 3~4년 사이에 스웨덴은 50%, 노르웨이는 30%, 핀란드는 25% 하락하는 등 스칸디나비아 국가들의 부동산 시장이 급격히 폭락해 버린 것이다. 부동산 가격 폭락으로 담보가치가 하락함에 따라 은행들의 부실채권이 급증했는데, 특히 소련과 가장 인접한 핀란드의 경우 구소련 체제의 붕괴로 부실이 더욱 심화되었다.

이후 스칸디나비아 국가들은 금융위기에 봉착하면서 경기침체에 빠져들기 시작했다.

스웨덴은 1991년부터 1993년까지 3년 연속 마이너스 성장을 기록했고 핀란드도 1990년부터 4년 동안 마이너스 성장을 기록했다. 노르웨이의 경우 비록 마이너스 성장을 기록하지는 않았지만 이전에 비해 성장률이 현격하게 떨어졌다. 또한 유럽통화동맹(EMU)에 가입하기를 희망했던 스웨덴과 핀란드의 경우 환투기 세력들의 대규모 공격에 대응해 외환보유액을 대규모로 소진하면서 외환위기로까지 파급되어 그 피해가 더욱 악화되었다.

스칸디나비아 국가들은 금융위기에 대처하고자 공적자금을 적극적으로 투입하고, 부실은행에 대한 국가의 지급보증, 금융기관에 대한 정부와 중앙은행의 출자, 예금보험제도의 활용, 부실자산 처리전담회사를 통한 부실은행의 국영화 및 합병 등 구조조정을 실시하였다. GDP 비중 대비 공적자금 투입 규모는 스웨덴은 5.2%, 노르웨이는 3.0%, 핀란드는 7.4%에 이른다. 스웨덴의 경우 1993년 5월 금융지원법에 근거해 위기 전담관리기구인 은행지원국을 설립하고 이를 중심으로 부실자산 처리 등 구조조정을 실시하였다. 노르웨이의 경우에는 민간기구인 상업은행보증기금 및 저축은행보증기금을 활용하면서 1991년 정부은행보증기금을 설립해 부실은행을 처리하는 공조시스템 형태로 위기를 관리하였다. 핀란드는 1992년 4월 정부보증기금을 설치해 부실금융기관을 정리하는 업무를 맡아보게 하면서도 중앙은행과 공조하는 모습을 보여주었다.

3.2 ERM 위기

1992년 발생한 유럽의 ERM(Exchange Rate Mechanism) 위기는 금융시장에서의 불안정 요인이 환투기에 의해 위기로까지 전개될 수 있는 위험을 보여준 대표적인 사례이다.[23] 1970년대 초 브레튼우즈 체제가 위기를 맞게 되자 유럽 국가들은 환율안정을 바탕으로 유럽의 통합을 가속화하고자 통화통합의 필요성을 인식하게 되었다. 이러한 인식을 바탕으로 1979년 ERM의 운영과 유럽통화단위(European Currency Unit ; ECU)의 창출을 근간으로 하는 유럽통화제도(European Monetary System ; EMS)가 출범하게 되었다.

ERM은 각국 통화의 ECU 대비 환율 변동폭을 기준환율의 상하 일정한 범위 이내로 제한하고 환율이 한계수준에 도달할 경우 중앙은행이 외환시장에 개입해 환율을 제한된 범위 내에 방어하도록 되어 있다. ERM 시행 초기에는 일부 환율의 재조정이 있었지만, 1987년 이후에는 거의 재조정이 없을 정도로 전반적인 역내 환율의 안정을 도모하는 데 기여한 것으로 평가되었다.

순조롭게 진행되던 유럽의 통화통합 과정은 1990년대 들어서면서 몇 가지 장애에 부딪치게 된다. 하나는 통화통합을 위한 국민투표가 유럽 각국에서 진행되었는데, 덴마크에서는 겨우 통과되고 프랑스에서는 부결되어 통합의 모멘텀이 일부 상실되었다. 이와 더불어 독일 연방은행의 금리인상은 ERM의 환율안정을 흔들어 놓았다. 1990년대 초 전 세계적인 경기침체로 유럽 각국은 경기부양을 위한 저금리가 필요했지만, 독일 연방은행은 통일 이후 과도한 재정지출로 야기된 인플레이션 압력을 완화시키고자 금리를 인상하였다. 독일의 금리인상으로 마르크화가 절상되는 반면 다른 유럽 통화들은 절하 압력에 직면하게 되자 다른 유럽 국가들은 ERM에서의 환율을 유지하기 위해 금리를 올릴 수밖에 없었다. 그러나 독일에 비해 경제상황이 열악했던 유럽 국가들은 고금리 정책으로 인해 성장률이 하락하고 실업률이 증가하는 등 더욱 상황이 어려워지게 되었다.

결국 핀란드가 1992년 9월 8일 마르크화와 자국 화폐 간 연동제를 폐지한 데 이어 스웨덴이 자국 통화가치를 유지하기 위해 단기금리를 무려 5백%로 인상했다. 리라화와 페세타화 역시 대폭락하고 파운드화도 대폭락 조짐을 보이기 시작했지만, 영국의 중앙은행인 영란은행은 파운드화를 방어하기 위해 나섰다. 이러한 불안을 틈타 소로스(George Soros)는 파운드화를 공격할 계획을 세우고, 언론에 직접 나서 파운드화 대폭락을 예견하면서 분위기를 조성하고 가능한 모든 자금을 동원해 파운드화를 투매했다. 소로스가 그해 9월 15일 하루 동안 쏟아부은 자금만 100억 달러에 이르는 것으로 추정되고, 소로스를 따라 다른 헤지펀드들도 1,100억 달러에 이르는 파운드화를 매도하였다. 영란은행은 외환보유액을 총동원해 파운드화를 사들이고 단기금리를 10%에서 15%로 대폭 인상해 파운드화를 지키려 안간힘을 썼지만 투기자본의 총공세를 막아내기에는 역부족이었다. 그 다음날인 9월 16일, 야당의 반대를 무릅쓰고 영국을 ERM에 가입시켰던 장본인이었던 메이저 총리는 결국 영국이 ERM에서 탈퇴한다고 선언하기에 이르렀다.

ERM 위기는 제1세대 통화위기 모형으로는 설명하기 어려운 성격을 가졌다. 즉, 투기적 공격을 받은 정부들이 국제금융시장에서 자유롭게 자본조달이 가능했기 때문에 재정적자를 통화 발행으로 유지할 필요가 없었으며, 국내신용의 급격한 증가도 없었다. 또한 위기 전후를 통해 낮고 안정된 인플레이션을 보였다. 반면에 ERM 위기는 제2세대 통화위기 모형의 전형적인 예로서 수요부족으로 인한 실업이 팽창적인 통화정책에 압력을 가중시킴으로써 실업으로 인한 정치적 비용과 ERM 탈퇴로 인한 정치적 비용 사이에 상충관계가 발생하였다. 여기에 독일통일 이후 독일의 금리인상으로 인해 독일 마르크화에 환율이 연동되어 있는 나머지 유럽 국가들이 팽창재정정책 없이 긴축통화정책을 실시해야 했다. 이로 인한 경기후퇴가 ERM 유지의 비용을 더욱 증가시킴으로써 ERM 위기가 발생하였다.

이러한 ERM 위기는 다음과 같은 시사점을 보여주고 있다. 먼저 소로스와 같은 투기자들이 영국 파운드화에 대해 대규모의 매도포지션(short position)을 구축한 후 투기적 공격을 개시하여 위기의 촉발시점을 앞당기는 역할을 수행하였다. 또한 대규모 자본이동하에서 한 국가의 외환보유액은 별 의미가 없었다. 예를 들면 영국의 경우 약 500억 달러 정도의 파운드화 매입을 통한 개입을 시도했으나 결국 실패하였다. 한편 인플레이션 없이 실업률이 급감한 영국의 경우와 같이 고정환율을 포기하고 ERM에서 탈퇴한 국가들이 통화방어에 성공한 국가들에 비해 위기 이후에 더욱 경제가 호전되는 현상이 나타났으며, 위기의 발생이 시장에 의해 거의 예측되지 못했다는 점도 주목할 만한 사항이다. 정치적인 측면에서도, 위기로 인해 장기집권해 오던 영국의 보수당이 노동당에게 정권을 내준 것처럼, 어느 정권도 경제적인 문제로부터 자유로울 수 없다는 점을 다시 한 번 각인시켜 주었다. 이와 더불어 영국을 비롯한 유럽 국가들이 ERM이 설정해 놓은 범위를 포기한 것은, 국내경제가 희생당하는 상황이 도래하면 대외정책 협조를 포기할 수도 있다는 사실을 암시해 주기도 한다.

3.3 유로위기

전개과정

2008년 미국발 글로벌 금융위기가 전 세계로 확산되면서 유럽 국가들도 상당한 충격을 받았다. 1930년대 이후 최악의 상황을 타개하기 위해 유럽 국가들은 유럽경제부흥계획(European Economic Recovery Plan)을 마련하는 등 적극적인 경기부양책을 실시해 어느 정도 성과를 거두면서 글로벌 금융위기의 악몽에서 벗어나는 듯한 모습을 보였다. 그러나 2009년 말 새로 정권을 잡은 그리스의 사회당 정부가, 이전 정권이 재정적자 및 정부부채 통계를 속였다고 고백하고 그리스의 재정적자가 공식적으로 발표된 GDP 대비 6% 수준보다 무려 2배나 많은 12.7%이고 정부부채도 113%에 달한다고 밝히면서 새로운 위기인 유로위기가 촉발되었다.

그렇지 않아도 통화통합 당시부터 그리스의 재정건전성에 대해 의구심을 품고 있었는데, 그리스의 거짓말이 드러나면서 그리스에 대한 국제금융시장의 신뢰도가 급격히 하락하였다. 한 번 무너지기 시작한 국제금융시장의 신뢰도는 그리스에 국한되지 않고 글로벌 금융위기 이후 재정상태가 열악해진 남유럽 국가들[24]로 파급되었고 유로존(Eurozone) 및 EU 자체에 대한 안정성도 위협을 받기 시작했다. 이에 EC, ECB, IMF 등 소위 트로이카(Troika)가 2010년 5월 그리스를 필두로 구제금융을 제공하면서 본격적인 유로위기가 시작된 것이다. 그리스에 이어 2010년 10월 아일랜드, 2011년 5월 포르투갈, 2012년 6월 스페인, 2013년 5월 사이프러스도 구제금융을 받았다. 유로위기가 본격화되자 유로화 도입이 성공적이라고 자화자찬하던 분위기는 일변하게 되었고, 유럽뿐만 아니라 전 세계의 많은 전문가들이 유로존의 붕괴 가능성까지 언급하면서 유럽은 패닉 상태에 빠지게 되었다.

유로위기의 충격은 실물 및 금융 부문의 침체를 비롯해 대규모의 폭동 등 경제 및 사회 모든 분야에 걸쳐 다양하게 나타났다. 무엇보다도 글로벌 금융위기의 직접적인 충격에서 회복되던 유럽 경제가 유로위기로 인해 다시 충격을 받으면서 하향세로 돌아섰고,

그림 8-1 유로지역의 경제성장 추이(2008년 = 100)

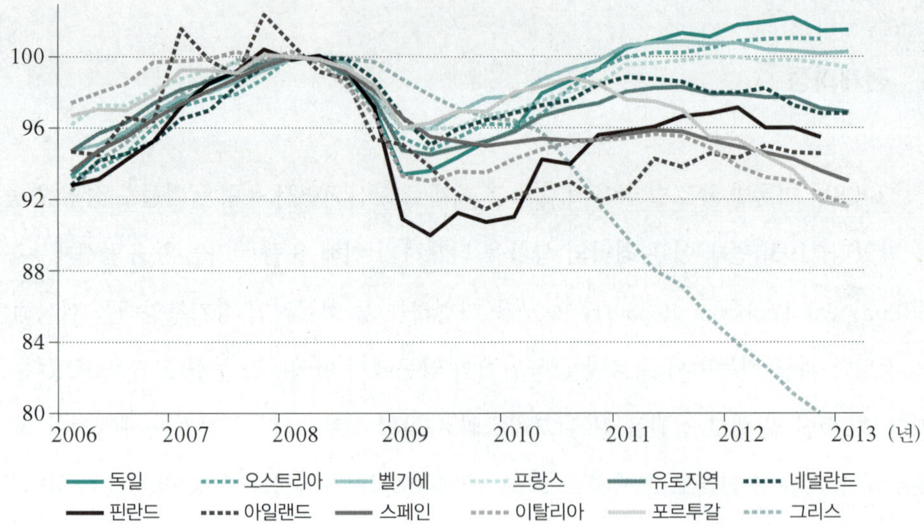

자료: Eurostat(https://ec.europa.eu/eurostat).

유로존의 실업률도 12%를 상회하였다. 또한 위기에서 벗어나기 위한 재정지출의 확대로 대부분의 PIIGS 국가에서 GDP 대비 정부부채 비율이 100%를 훨씬 상회하게 되어 정부부채관리 문제가 심각하게 대두되었다. 이러한 어려움은 금융시장에서도 그대로 반영되었다. 2009년 후반 이후 확연하게 상승하던 주가는 2010년 들어서 곤두박질치더니 장기하락세로 전환되었다. 뿐만 아니라 유럽 국가들 간의 위험도도 명확히 차별화되면서, 장기금리(10년 만기 국채 수익률)가 독일의 경우 2% 이하로 유지되는 반면 그리스의 경우 27%를 상회하기도 했고, 국가 신용부도스왑 프리미엄(credit default swap premium)도 독일의 경우 0.3% 이하의 낮은 수준에서 유지된 반면 그리스의 경우 한때는 54%를 돌파하기도 했다.

위기에 대처하기 위해 유럽 국가들은 트로이카와 함께 적극적인 대응책을 실시해 2010년대 중반부터는 초기의 급박했던 상황이 다소 진정되기 시작했다. PIIGS 국가 중 상대적으로 상황이 나았던 아일랜드가 2013년 구제금융 종료를 선언했고, 이어서 스페인과 포르투갈이 2014년, 그리고 사이프러스도 2016년 구제금융을 종료했다. 그러나 그리스의 경우 수차례의 추가 지원에도 불구하고 여건이 개선되지 않았고 정치적인 상황도 여전히 불안하고 대규모 폭동이 빈발하는 등 좀처럼 안정될 기미가 보이지 않았다. 위기 발생 이후 8년이 지난 2018년 6월에야 그동안 역사상 최대의 2,800억 유로에 달하는 수차례의 지원이 결실을 보면서 유로존 재무장관 회의에서 그리스의 구제금융 졸업을 공식적으로 선포하게 되었다.

유로위기는 유럽 국가들에게 심각한 정치적 · 경제적 · 사회적 손상을 입혔지만, 무엇보다도 커다란 손실은 지역통합의 대표적 모델로서의 위상을 상실했다는 점이다. 유로위기 이전에는 많은 지역에서 유럽과 같이 지역통합을 통해서 성장, 안정, 연대의 지역공동체 설립을 촉진하고자 하는 움직임이 꽤 있었다. 그러나 유로위기가 그렉시트(Grexit)처럼 유로존의 유지에 위협을 발생시키고 브렉시트(Brexit)와 같이 EU의 분열을 초래하게 되자, 지역통합에 대한 타당성과 가능성에 의구심이 커지게 되었고 많은 지역에서 지역통합에 대한 동력이 사라지게 되었다.[25]

유로위기의 원인

유로위기의 원인에 대해서는 글로벌 금융위기의 전이, 구조적인 재정적자 문제, 유럽경제의 저성장, 유럽통화동맹의 내재적 모순, 통화통합에 대한 확신 결여, 정치적 갈등 등 수많은 설명이 제시되고 있다. 다른 금융위기 원인을 설명할 때와 마찬가지로 자유주의자들은 유로위기의 근본적 원인이 PIIGS와 같은 남유럽 국가들의 방만한 운영에 따른 재정적자 및 과도한 정부부채에 있다고 주장한다.[26] 이들에 따르면 남유럽 국가들은 포퓰리즘적인 사회정책에 기반해 과도하게 임금을 상승시키고 정부 재정을 지출함으로써 결과적으로 고질적인 재정적자와 막대한 정부부채를 유발하면서 위기에 빠질 수밖에 없게 되었다는 것이다. 이들과는 달리 맑스주의자들은 남유럽 국가들의 개별적인 문제보다는 EMU 자체가 내재적으로 갖고 있는 구조적 문제점에 초점을 맞추고 이러한 문제들이 어떻게 궁극적으로 위기로 전개될 수 있는가를 설명하고 있다.[27] 이들에 따르면 EMU는 구조적으로 재정조율 체계의 결여, 유로존의 역내 불균형 심화, ECB의 최종대부자로서의 역할 부재 등의 문제점을 안고 있는데, 이러한 문제가 과도하게 누적되면 글로벌 금융위기와 상관없이도 위기가 발생할 수 있다는 것이다.

여러 다양한 설명들이 제시되고 있지만 기존의 연구들은 몇 가지 문제점을 여전히 내포하고 있다. 첫째, 무엇보다도 큰 문제는 유로위기를 설명할 때 재정위기로 인식하고 위기의 본질을 유럽재정위기로 명명한다는 것이다. 원인을 분석하면서 재정위기라는 용어를 사용하려면 위기 발발의 사전적 원인이 재정문제에 기인했다는 것을 밝혀야 한다. 그러나 PIIGS 내에서도 일부 국가들에서는 고질적인 재정문제가 위기의 근본적 원인으로 작용했지만 다른 국가들에서는 재정문제는 위기 발발에 전혀 원인이 되지 않았다는 점을 명시해야 한다.[28] 둘째 의문은, 유로위기가 왜 수많은 유로존 국가들 중에서도 PIIGS 국가들에서 시작되었는가 하는 점이다. 자유주의자들은 이를 개별국의 도덕적 해이에 따른 과도한 부채누적으로 설명하려고 하지만, 실질적으로 유럽 국가들의 상황을 보면 국가마다 각각 취약성의 원인이 다르게 나타난다. 따라서 PIIGS 국가들이 어떤 이유 때문에 충격에 취약해지게 되었는지 설명해 주어야 한다. 셋째, 이와 더불어 유로위기가 왜 글로벌 금융위기 직후 발생하게 되었는가도 관심의 대상이다. 맑스주의자들은 통화통합의 구조적 문제점으로 인해 언젠가는 위기가 발생할 것이라는 운명론적인 설명을 시도하지만, 실제적으로 위기가 발생했으면 당연히 왜 그 시점에서 발생하게 되었는지를 설명해 줄 필요가 있다.

이러한 문제점들을 해결하기 위해 이 장에서는 여러 견해들을 종합할 수 있는 일원화된 체계를 가지고 유로위기를 다음과 같이 설명하고자 한다.[29] 유로위기는 취약성을 누적시키는 구조적 요인과 이를 자극하는 촉발적 요인이 결합되어 발생한 것이다. 그런데 구조적인 문제로 인해 취약성이 누적되는 과정은 국가별로 다양하게 나타날 수 있으며, 따라서 유로위기의 원인은 국가별로 다르며 위기를 극복하기 위한 처방도 국가마다 달라져야 한다는 것이다.

유로위기를 주의 깊게 살펴보면 한 가지 흥미로운 사실을 발견할 수 있다. 유로위기의 원인은 아주 다양하지만 핵심적인 공통요인은 통화통합과 관련된 문제이고, 어떤 원인에 의해 발생했건 유로위기는 결과적으로 정부부채를 누적시켜 재정위기의 형태를 갖게 되었다는 점이다. 이처럼 외연적으로 유사해 보이는 유로위기가 어떻게 국가별로 원인이

다른지를 설명하기 위해 PIIGS 국가들을 예로 들어보자. PIIGS에 속하는 다섯 개 국가들은 크게 두 가지 그룹으로 나눌 수 있다. 첫 번째 그룹은 만성적인 공공부채 문제로 인해 위기가 발생한 국가들로 그리스, 포르투갈 및 이탈리아가 여기에 속한다. 두 번째 그룹은 위기가 발생한 원인이 재정문제와는 전혀 무관하고 미국에서와 같이 부동산버블이 주요 원인으로 작용한 국가들로 아일랜드와 스페인이 여기에 속한다.

첫 번째 그룹의 문제를 가장 극명하게 보여준 국가는 그리스이다. 그리스의 경우 정권과 상관없이 지속적으로 포퓰리즘에 기반한 과도한 사회정책을 실시해 온 반면 이를 뒷받침하기 위한 재정수입은 탈세 등으로 충분하지 못해 만성적인 재정적자 및 경상수지 적자의 쌍둥이 적자 문제에 시달리고 있었다. 예를 들어 퇴직 이후 연금수령액은 국가마다 조금씩 다르기는 하지만 기본적으로 본인의 평균기준소득에 소득대체율을 곱해 계산된다. 그런데 독일의 경우 평생소득의 평균이 평균기준소득이 되고 소득대체율이 1.0인 반면 그리스의 경우 퇴임직전 5년 소득의 평균이 평균기준소득이 되고 소득대체율은 2.57이다. 따라서 독일의 경우 퇴임 후 전체 근로자 평균소득의 36.9%를 연금으로 받는 반면 그리스에서는 95.1%를 연금으로 받는다. 아무리 재정이 튼튼하더라도 이와 같은 과도한 복지지출을 충당하기 어려운데 그리스의 경우 재정구조가 부실해 장기간 만성적인 재정적자가 누적되고 있었다. 이와 더불어 노동생산성이 떨어짐에도 불구하고 정치적인 이유로 임금을 계속 상승시켜 그리스의 단위노동비용(unit labor cost)은 유로존 국가 중 가장 빠르게 상승했다.[30] 이에 따라 그리스 제품의 가격경쟁력은 지속적으로 떨어졌고 경상수지 적자 또한 대규모로 확대되었다.

그런데 문제는 통화통합이 이러한 그리스의 대내외 불균형을 해결하기보다 심화시킨 요인으로 작동했다는 것이다. 통화통합이 이루어지면서 유로존 국가의 신용도가 비슷하게 평가되면서 그리스 정부는 독일과 유사한 수준의 비용으로 자금을 조달할 수 있게 되었다(〈그림 8-2〉). 따라서 그리스 정부는 큰 부담 없이 낮은 비용으로 국채를 발행해 재정적자 및 경상수지 적자를 계속 보전해 옴에 따라 정부부채 및 외채가 과다하게 축적된 것이다. 과도한 대내외 불균형을 해소할 수 있는 방법 중 임금 감소, 재정 긴축 등은 정치적인 이유로 불가능했고 생산성 증대는 단기간 내에 이룰 수 있는 것이 아니므로 그나마

그림 8-2 유로지역의 장기금리

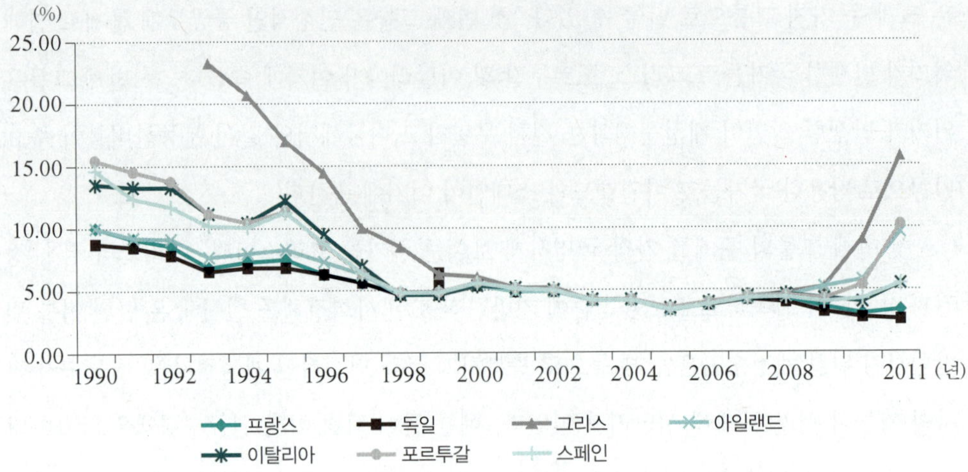

자료 : Eurostat(https://ec.europa.eu/eurostat).

가능한 방법은 환율조정이었다. 그러나 통화통합으로 이마저도 불가능하게 되어 그리스 정부로서는 금융시장에서의 차입에 의존할 수밖에 없었다.

그런데 글로벌 금융위기의 파장이 유럽으로 확산되면서 그리스 정부의 지속적인 차입이 불가능하게 되었다. 국제금융시장이 불안해지면서 유로존 국가들의 재정상태에 대해서도 의구심이 생겨났고 더 이상 그리스의 신용등급을 독일과 같은 수준으로 간주하지 않게 되었다. 이에 따라 그리스가 금융시장에서 차입할 때 지불하는 비용이 급등하게 되었고, 과도한 부채를 안고 있던 그리스로서는 더 이상 추가적인 자금조달뿐만 아니라 기존 부채에 대한 이자지불도 어렵게 되면서 위기에 직면하게 된 것이다.

PIIGS 중 두 번째 그룹의 문제를 대표적으로 나타내주는 국가는 아일랜드이다. 1980년대까지만 해도 아일랜드는 유럽에서 가장 가난한 국가 중의 하나였다. 1990년대 들어서면서 아일랜드 정부는 기업형 국가를 표방하고 규제 혁파, 외국 자본 개방, 인적자원 고도화, 지식경제로의 전환 등을 내세우면서 경제성장을 위해 법인세 인하, 금융산업 특화 등 외국 자본 영입을 위한 강력한 지원정책을 추진하였다. 이러한 정책에 힘입어 엄청난 규모의 외국 자본이 유입되면서 아일랜드 경제는 1990년부터 2007년까지 연평균 6.5%를 상회하는 지속적인 고도성장을 이루었다. 또한 외국 자본의 유입은 금융시장에도 이어져 아일랜드의 수도 더블린이 유럽의 주요 국제금융 허브로 발전하게 되어 유럽의 켈틱 타이거(Celtic Tiger)라 불리기도 했다.

그런데 문제는 이와 같은 경제성장 과정에서 급격하게 유입된 자본 중 상당 규모가 부동산 시장으로 흘러가 부동산 가격이 상승하게 된 것이다. 금융기관들이 경쟁적으로 해외에서 자금을 빌려 부동산시장에 투자했고 정부의 개방정책에 편승해 단기 이익을 추구하는 투기자본이 확대되면서 부동산 시장은 버블에 휩싸이게 되었다. 이런 상황에서 2008년 글로벌 금융위기가 전 세계로 확산되면서 유럽의 부동산 시장을 강타하자 아일랜드의 부동산 시장도 직격탄을 맞게 되었다. 부동산 버블이 꺼지면서 부동산 가격이 순식간에 급락하자 부동산 업계에 대규모의 대출자금을 제공했던 주요 은행들의 대출이 부실화되었고 이들 은행들은 부도에 직면하게 되었다.

아일랜드 정부는 부동산 버블 붕괴로 인해 은행들이 도산하는 것을 막기 위해 대대적인 조치를 단행했다. 일단 은행의 유동성 위기를 해결하기 위해 아일랜드 정부는 은행 부채를 2년간 유예해 주기로 하고, 은행들이 채권 발행을 통해 자금을 마련할 때 정부가 보

그림 8-3 유럽 국가들의 부채 추이(GDP 대비 비율)

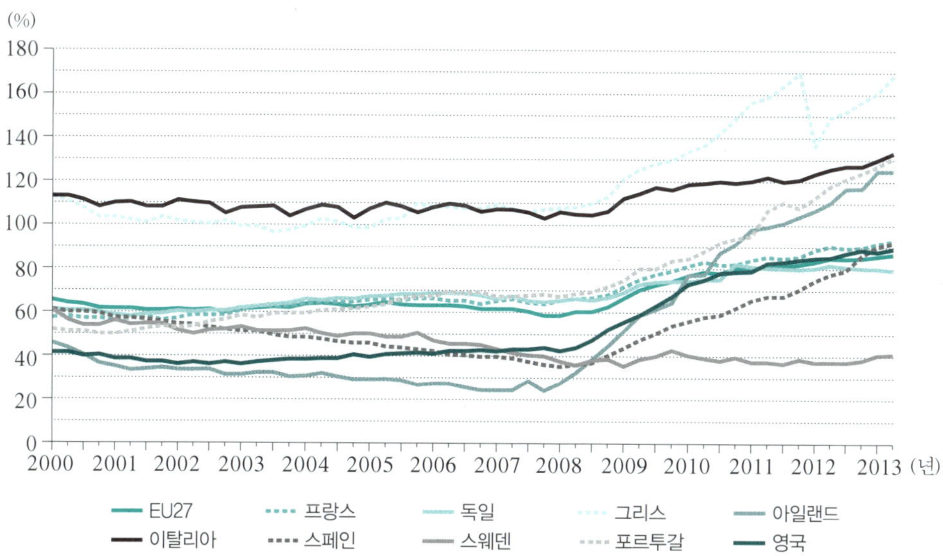

자료 : Eurostat(https://ec.europa.eu/eurostat).

증해 주겠다고 발표했다. 또한 금융시장의 동요를 막기 위해 예금보호제도를 도입해 10만 유로 이하 예금을 영구적으로 전액 보장했다. 이러한 조치만으로 불충분하자 아일랜드 정부는 자산관리공사를 설립해 은행의 대출채권을 할인된 가격에 매입한 후 정부보증채를 대가로 지급하는 조치를 단행해 은행이 보유한 부동산 관련 부실자산을 정리할 수 있도록 했다. 특히 부실이 가장 심한 앵글로 아이리시 뱅크에 230억 유로를 투입해 완전 국유화하기도 했다. 그러나 금융산업 구조조정을 위한 공적자금 투입으로 아일랜드 정부의 재정상태는 급속도로 악화되었다. 2008년 이전까지 기본적으로 흑자 또는 균형을 유지해 오던 아일랜드의 재정수지는 대규모의 적자로 전환되었고, EU 국가에서 가장 낮은 수준을 유지해 왔던 GDP 대비 정부부채 비율도 20%대에서 훌쩍 100% 수준을 넘어서게 되었다.

아일랜드의 경우도 통화통합으로 인해 과도한 부동산 버블이 발생하는 것을 사전에 방지하기 위한 정책을 사용하는 데 어려움을 겪었다. 아일랜드의 부동산 대출 급증은 저금리에 기인한 것으로 아일랜드 은행들은 국제금융시장에서의 신용 붐에 편승해 저리로 자금을 마구잡이로 들여와 부동산 기업들에 엄청난 규모의 대출을 제공했다. 이처럼 경기가 과열되고 부동산 버블이 발생하는 것을 방지하기 위해서는 선제적으로 금리 상승 등의 긴축통화정책이 필요하지만, 단일통화를 사용하는 유로존에서는 개별국이 독자적인 통화정책을 사용할 수 없으므로 이와 같은 선제적 조치를 시행할 수 없었고 그로 인해 부동산 버블이 더욱 확대된 것이다.

정책대응

유로위기를 극복하기 위해 유럽 국가들은 모든 수단을 동원하였다. 금융위기를 극복하기 위한 정책대응 방안들은 크게 위기의 확산을 방지하기 위한 유동성 확보 방안과 구조적인 문제점들을 해결하기 위한 구조개혁 방안들로 나눌 수 있다. 유럽 국가들도 금융시장을 안정시키기 위해 긴급유동성을 지원하고, 아울러 재정문제의 악화에 따른 문제점들을 해결하기 위한 재정개혁, 그리고 통화통합의 내재적 문제를 해결하기 위한 장기 개혁방안들을 시도하였다.

우선 유로존 국가들은 구제금융 재원을 확충하기 위해 잠정적 기구로서 2010년 5월 유럽금융안정기금(European Financial Stability Facility ; EFSF)과 2011년 1월 추가적으로 유럽금융안정기구(European Financial Stabilization Mechanism ; EFSM)를 설립한다. 이후 2012년 이들을 영구적 기구로 전환시킨 유럽안정기구(European Stability Mechanism)를 설립하였다. 이들 기구들은 IMF와 함께 그리스를 비롯해 긴급유동성이 필요한 유럽 국가들에게 적극적으로 구제금융을 지원하였다. 한편 유럽중앙은행(ECB)은 LTRO(Long Term Refinancing Operation)를 통해 2차례에 걸쳐 유로존 은행권에 1%의 저리로 3년 만기 장기대출을 실시함으로써 약 1조 유로 규모의 유동성을 공급하였다. LTRO 정책은 이후 위기 국가들의 국채금리가 하락하는 등 금융시장 불안이 완화되는 단기적인 효과를 발휘했던 것으로 평가된다. 이와 더불어 ECB는 정책금리를 급속히 인하하고, OMT(Outright Monetary Transactions) 정책을 공표하고 회원국 국채를 매입하는 등 추가적인 조치를 시행했다. 이후 유럽 경제의 회복을 위해 ECB는 2014년 6월 마이너스 금리 정책을 실시하고 2015년 3월 양적완화정책(Quantitative Easing ; QE)까지 도입하였다.

단기적인 처방 외에도 유로존 국가들은 위기의 근본적 원인으로 작용한 통화통합과 관련된 대내외 불균형, 즉 재정 불균형 문제와 역내 경상수지 불균형 문제를 해결하기 위한 조치를 단행했다. 우선 역내 경상수지 불균형 해소와 관련해, 단일통화인 유로화 도입으로 인해 환율조정이 불가능하므로 유일한 방법은 경제개혁을 통해 경쟁력 격차를 해소하는 길뿐이었다. 이에 유로존 국가들은 2011년 3월 경쟁력 협약(Competitiveness Pact)이라 불리는 유로협약(Euro Pact)을 체결하였다.[31] 한편 재정규율 강화를 위해 2011년 6개 재정관리법안(Six Pack)을 제정하였는데, 이는 기존에 재정적자에만 적용하던 재정준칙의 교정절차를 정부부채에도 적용한 것이었다. 즉, 기존의 구조적 재정수지 감독에 더해 재정지출에 대한 검토 및 적극적 세수 확보를 통한 정부부채 축소 의무를 명시하는 등 건전한 재정상태 유지를 위한 예방적 조치를 강화한 것이었다. 또한 2013년에는 EMU 예산에 대한 감독 강화를 목적으로 한 2개의 재정관리법안(Two Pack)을 추가로 제정하고, Six Pack을 보완 · 강화한 신재정협약(New Fiscal Compact)을 발효시켰다. 이 협약에 따르면 연간 재정적자가 GDP 대비 0.5% 이내에 머물도록 건전한 재정을 유지해야 하는데, 이를 위반하는 경우 과징금을 부과하는 등 재정규율이 강화되었다.

여러 가지 제도적인 개혁에도 불구하고 고질적인 어려움을 갖고 있는 그리스 등 남유럽 국가들이 재정 측면과 거시경제 측면에서 안정을 확보할 수 있는가에 대해 여전히 의구심이 남아 있다. 또한 중심국과 취약국 간의 경제적 격차도 해소될 기미를 보이지 않고 있어 브렉시트뿐만 아니라 특히 취약국을 중심으로 분리주의 성향의 정치 세력이 부상하는 등 통합의 모멘텀이 약화되고 있다. 이에 EMU의 충격 흡수 능력 및 경제안정화 기능을 높이기 위한 다양한 방안들이 제시되고 있으며, 여러 구조적인 문제점을 해결하고 역내 국가들 간의 경제적 격차를 축소하여 안정적 성장 기반을 토대로 EU 통합을 완결하기 위해서는 은행동맹(Banking Union)과 재정동맹(Fiscal Union)을 출범시키는 것이 바람직하다는 논의가 본격적으로 대두되었다.[32]

통화통합에 따라 역내 금융안정 및 위기에 대한 대처를 강화시키기 위해서는 통화동맹과 은행동맹이 동시에 추진되어야만 한다. 은행동맹은 각국 은행의 건전성 제고, 문제은행의 예금자 보호 및 정리 등을 질서 있게 실행할 수 있는 기반을 제공함으로써 부실은행 구제 등을 위한 재정투입 위험을 낮추는 효과가 있다. 또한 통화통합과 더불어 자본이동 규모가 증가함에 따라 위기는 주변국으로 쉽게 전이되는데, 따라서 위기가 발생하는 경우 개별국 차원에서의 대책보다는 지역 차원에서 공동으로 대응하는 것이 더 효과적이다. 이에 EC는 2012년 EMU를 완결하기 위한 세부적 로드맵을 제시했는데, 그중의 핵심 내용이 은행동맹을 추진하는 것이다. 은행동맹은 단일감독기구(Single Supervisory Mechanism) 설립, 단일은행정리기구(Single Resolution Mechanism) 설립, 유럽예금보험제도(European Deposit Insurance Scheme) 도입 등 크게 세 가지 내용으로 구성되어 있다. 이 중 단일감독기구와 단일은행정리기구는 2014년 도입되었으나 예금보험은 국가의 재정과 직접 연계되므로, 독일과 북유럽 국가들이 중심국 납세자의 부담 증가, 은행에 대한 직접 지원에 따른 도덕적 해이 야기 등의 문제점을 지적하면서 반대해 지지부진한 상황이다.

결국 이러한 문제들을 해결하고 통합을 완결하기 위해서는 은행동맹을 넘어 재정동맹이 추구되어야 한다. 재정동맹에 대한 구상은 2011년 6월 ECB 총재였던 트리셰(Jean Claude Trichet)가 처음 제안했는데,[33] 이후 이를 둘러싼 찬반논쟁뿐만 아니라 구체적인 개념에 대해서도 다양한 의견이 제시되었다. IMF는 예기치 못한 충격에 노출된 국가를 지원하기 위한 공동의 기금 조성 및 경제상황에 따른 자동지원, 도덕적 해이 방지 등을 갖춘 제도적 장치로 재정동맹을 국한시키고 개별 국가의 독자적인 재정정책에 대해서는 간섭하지 않는 것으로 보고 있다. 이와는 달리 티리온(Gilles Thirion)은 재정정책까지도 중앙집권화해야 진정한 재정동맹으로 보고 있어 훨씬 높은 단계의 개념을 도입하고 있다.[34] 즉, 높은 수준의 재정동맹을 이루기 위해서는 단일조세, 단일예산 등 재정자원을 통합하고 유럽재정정책기구에 의한 단일재정정책을 추진해 가야만 할 것이다. 그러나 이를 위해서는 정책 주권의 본질적 부분을 포기해야 하는데, 아직도 많은 국가들이 반대하고 있어 이에 대한 합의가 필요한 만큼 중장기 과제로 제안되고 있는 상황이다.

4. 미국의 금융위기

미국은 국제통화 및 금융체제에서 특별한 위치를 차지하고 있어 미국의 금융위기는 여타 국가들의 사례와 다르게 취급되어야 한다. 미국의 금융위기 사례들은 글로벌 금융 스탠더드를 갖춘 기축통화국에서도 금융위기가 발생할 수 있으며 이러한 금융위기는 자본이동에 따른 투기적 공격 등과 같은 원인이 아니라 다른 국가들과는 사뭇 다른 원인 때문에 발생한다는 것을 보여주고 있다.

4.1 S&L 위기

미국의 저축대부조합[35] 위기(Savings and Loan crisis ; S&L 위기)는 1980년대 수많은 저축대부조합들이 연쇄적으로 도산하면서 충격이 확산되자, 이를 방지하기 위해 정책당국이 공적자금을 투입하고 미국 금융산업을 크게 개편시킨 사례를 말한다.

미국의 저축대부조합은 대공황 이후 금융규제가 강화되는 과정에서 장기주택자금의 중요한 공급원 역할을 해왔다. 저축대부조합의 이자율은 상한 규제에 묶여 있었는데 금융시장이 안정적이던 1960년대까지 큰 문제가 없었다. 그러나 1970년대 들어 인플레이션이 발생하면서 시장이자율이 상승하자 투자자들은 예금을 인출해 더 높은 수익률을 제공하는 신종금융상품에 투자하기 시작했다. 이러한 상황에 대처하기 위해 저축대부조합도 새로운 모기지 상품 및 추가 금융상품을 발행하였지만 그 효과는 제한적이었고, 1979년 제2차 석유파동으로 물가와 이자율이 급등하면서 더욱 심각한 어려움에 처하게 되었다.

문제가 심각해지자 정책당국은 1980년 일련의 규제완화 조치를 시행하였다. 우선 예금금리를 자유화하였고, 또한 자금운영 측면에서도 주택담보대출 외에도 수익성 높은 사업에 투자할 수 있도록 하였다. 이로 인해 위험이 높은 부동산 개발사업 및 상업용 건물에 대한 대출과 정크본드에 대한 투자가 급격히 증가하게 되었다. 또한 저축대부조합이 보다 쉽게 자금을 확보할 수 있도록 예금보험금액도 1인당 4만 달러에서 10만 달러까지 보상이 상향 조정함으로써, 이제 예금자들은 금융기관의 안전성에 대해서는 걱정할 필요가 없게 되어 은행보다 높은 이자를 지급하는 저축대부조합을 선호하게 되었다. 그러나 이러한 일련의 조치들은 오히려 저축대부조합의 문제점을 심화시켰다. 금융규제 완화로 인해 예금자 및 대출자 모두에게 도덕적 해이가 야기됨으로써, 저축대부조합들 간에 예금자에게 높은 수익률을 보장하는 경쟁이 촉발되고 예금자에게 높은 수익을 보장하기 위해 위험이 높은 부동산 개발 및 정크본드 투자에 경쟁적으로 자금을 투입하는 상황이 전개되어 저축대부조합의 취약성이 심각하게 누적되어 갔다.

1980년대 초에 미국 연방은행이 인플레이션을 낮추기 위해 이자율을 높이고 긴축정책을 추진하기 시작하면서, 단기자금을 조달해 장기주택자금대출로 운영하던 저축대부조합의 수익성이 크게 악화되었다. 경영악화를 극복하기 위해 고위험투자를 확대했지만, 긴축재정으로 인해 경기가 위축되면서 기업도산이 증가하고 부동산과 정크본드에 대규모로 투자한 저축대부조합의 부실도 더욱 악화되어 갔다. 그 결과 1980년 43개에 불과하던 부실조합수가 1982년 415개로 급증하였고 동 기간 부실자산 규모도 4억 달러에서

2,200억 달러로 급증하였다.

그러나 미국 정책당국은 부실조합들을 폐쇄하고 자기자본 규제를 강화하는 등 선제적인 조치를 취하기보다는 오히려 자기자본 규제를 완화하고 일시적인 자금지원을 통해 경기 호전과 더불어 문제가 해소되기를 기대하였다. 이러한 정책당국의 방관은 오히려 문제를 악화시켜 1980년대 중반을 넘어서면 대부분의 조합들이 지급불능 상황에 빠지게 되었다. 1989년 326개의 조합이 파산하고 예금보험기구인 연방저축대부보험공사(Federal Savings and Loan Corporation)가 부실을 견디지 못하고 파산하면서 그제야 본격적으로 정책대응을 실행하였다.

미국 정부는 1989년 우선 금융산업을 획기적으로 변화시킬 수 있는 법(Financial Institutions Reform, Recovery and Enforcement Act ; FIRREA)을 제정하였다. 이 법에 따라 정리신탁공사(Resolution Trust Corporation ; RTC)를 설립하고 부실조합을 정리하는 업무를 수행하도록 하였다. RTC는 1996년 폐쇄될 때까지 총 747개의 부실조합을 정리하였고, 이를 위해 총 4,900억 달러에 달하는 비용이 소요되었다.

4.2 글로벌 금융위기

전개과정

많은 사람들은 미국발 글로벌 금융위기가 2008년 리만-브라더스 파산 이후 시작된 것으로 생각하고 있다. 그러나 미국 부동산 시장의 움직임을 자세히 살펴보면 글로벌 금융위기의 기원은 2007년대 중반임을 알 수 있다. 이후 글로벌 금융위기의 전개과정은 크게 4단계로 구분해 볼 수 있다.

제1단계는 2007년 4월부터 2008년 9월 리만-브라더스(Lehman Brothers)가 파산하기 전까지의 시기이다. 2007년 4월 미국 2위의 서브프라임 모기지(sub-prime mortgage)[36] 회사인 뉴센추리파이낸셜(New Century Financial)이 파산신청을 하면서 부동산 시장이 불안한 움직임을 보였다. 이후 8월에 들어서면서 프랑스 BNP Paribas 은행이 자사의 펀드에 대한 환매를 중단한 데 이어 9월에는 영국 Northern Rock 은행의 예금 인출사태가 발생하였다. 2008년도에 들어서도 불안이 계속되어 미국 투자은행 Bear Sterns가 도산해 정부의 주도 하에 JP Morgan Chase에 인수되었다. 모기지 시장 상황이 계속 악화됨에 따라 양대 국책 모기지 업체인 Fannie Mae와 Freddie Mac이 엄청난 손실을 보면서 위기에 직면하자 미국 정부는 9월 7일 두 기관에 각각 1,000억 달러의 긴급 유동성자금을 지원하였다. 그러나 미국 정부의 공적자금 투입 이후에도 금융기관 도산이 연쇄적으로 이어지면서 금융시장은 극도로 불안해졌으며, 결국 2008년 9월 15일 리만-브라더스가 파산하면서 미국의 서브프라임 모기지 위기는 전 세계의 글로벌 금융위기로 확산되었다.

제2단계는 2008년 9월 리만-브라더스가 파산하면서부터 2009년 3월까지 미국발 위기가 금융분야뿐만 아니라 실물분야까지 동반 붕괴시키면서 급속하게 전 세계로 파급되어 가는 시기이다. 미국 모기지 시장의 붕괴는 곧바로 유럽 및 다른 지역 시장에도 전이되어 모든 지역에서 모기지 시장과 연계된 금융기관들이 도산하기 시작했다. 즉, 미국 서브프라임 모기지 부실사태가 정부보증 모기지회사, 대형 투자은행 및 상업은행, 보험회사로까지 광범위하게 확산되면서 전 세계 금융시장이 폭락하게 된 것이다. 특히 우리나라를 비롯한 신흥시장국 및 개도국에서는 외국인 투자자금의 급격한 유출로 미 달러화 유동성 부족현상이 발생하면서 외환위기에 직면하게 되었고 환율도 급등하게 되었다. 금융불안으로 야기된 신용경색, 금융기관의 자금중개 기능 약화, 자산가격 하락에 따른 구매력 감소 등은 금융위기의 여파를 실물경제로 파급시켰다. 이에 따라 2008년 말 이후 금융위기의 진원지인 미국뿐만 아니라 선진국 경제가 동반 침체를 보였고 신흥시장국 및 개도국들도 금융시스템 붕괴 및 선진국 경기 둔화의 영향으로 침체기에 빠지게 되었다.

제3단계는 2009년 3월부터 그해 10월 그리스에서 위기가 시작되기 전까지의 시기이다. 글로벌 금융위기가 걷잡을 수 없게 확산되자 미국 정부는 부실금융기관 및 부실제조업체에 대규모의 자금을 지원하고 또한 적극적인 경기부양정책을 도입해 재정지출을 확대하고 금리를 급격히 인하하였고, 미국으로부터 금융위기가 전이된 다른 국가들도 위기 충격을 수습하기 위해 모든 노력을 동원했다. 국제금융시장이 전체적으로 붕괴되고 세계 경제가 동반 침체하면서 개별 국가의 정책대응만으로는 위기 수습에 한계가 있음을 인식하게 됨에 따라 G20 정상회담을 비롯해 선진국 및 신흥시장국을 포함한 국제적인 정책공조가 강화되었다. 이와 같은 개별국의 적극적인 노력 및 국제공조에 힘입어 2009년 봄부터는 국제금융시장이 일시적으로 안정되는 모습을 보였다. 이에 많은 사람들은 아직 경기가 반전되지는 않았지만 글로벌 금융위기의 급박한 상황이 진정되기 시작했다고 생각하기도 했다. 그러나 여전히 잠재적인 위험은 상존하고 있었고, 2009년 10월 그리스를 시작으로 유로위기가 발발하면서 국제금융시장과 세계 경제는 또다시 혼란에 빠져들게 되었다.

제4단계는 유로위기로 인해 다시 한 번 세계 경제가 불안해지기 시작한 2009년 10월부터 미국이 통화정책 정상화를 처음으로 도입하는 2013년 말까지의 시기이다. 2009년 전반기 이후 다소 안정세를 보이던 금융시장이 다시 불안하게 요동치기 시작했고 또한 빠르게 회복되던 실물경제도 회복세가 둔화되거나 일부 국가에서는 다시 하락세로 전환되기도 했다. 더욱이 유로존에서는 그리스의 탈퇴 가능성까지 높아지면서[37] 여전히 불확실성이 고조된 상태여서 이에 따른 세계 경제에 대한 파급효과도 크게 우려되고 있었다. 유럽에서 혼란이 지속되고 있는 것과는 달리 미국에서는 연방은행이 추가적인 양적완화정책(QE2 및 QE3)을 실시하는 등 적극적인 확장정책 기조를 유지하면서 다른 국가들보다 빠르게 경기가 회복되고 위기의 후유증에서 벗어나는 조짐을 보였다. 이에 미국 정부는 재정 확대 기조는 지속하되 통화정책을 정상화하고자 하였다. 전통적인 통화정책은 정책금리 조정을 통해 이루어지는데, 따라서 미국 연방은행은 정책금리를 계속 낮은 수준으로 유지하면서 글로벌 금융위기 이후 예외적으로 도입했던 양적완화정책은 거두어들이기 시작했다.[38] 이후에도 일부 불안요인이 남아 있기는 했지만 미국 정부의 정책기조 변화는 글로벌 금융위기가 소멸되기 시작한 신호로 볼 수 있다.

글로벌 금융위기는 시발점인 미국뿐만 아니라 전 세계 모든 국가들에게 심각한 타격을 입혔다. 1980년대 이후 많은 금융위기가 발생해 왔는데, 글로벌 금융위기의 충격은 다른 어느 것보다도 크게 나타나 1930년대 대공황 이후 가장 심각했던 위기로 여겨지고 있다. 그러나 미국의 입장에서 볼 때 가장 큰 타격은 글로벌 금융위기 이후 미국의 글로벌

그림 8-4 금융위기의 충격 비교

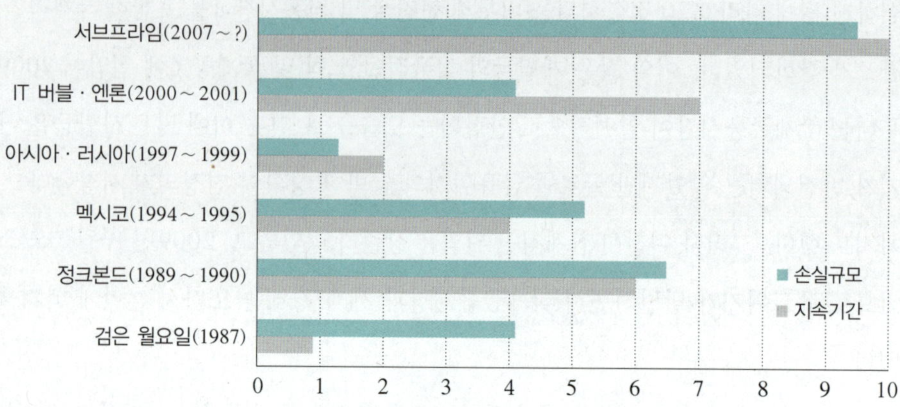

자료 : Economist(2008. 5. 17).

스탠다드에 대한 회의가 전 세계에 만연하게 되었다는 것이다. 1980년대 주식시장 폭락, S&L 위기, 1990년대 IT 버블 폭락과 같은 사태가 발생했을 때도 미국식 모델에 대한 회의까지 대두되지는 않았었다. 그러나 글로벌 금융위기 이후 월가의 탐욕 등 미국식 자유시장주의의 치부가 확연히 드러나면서 영미 중심의 글로벌 스탠다드에 대한 회의가 강하게 대두되면서 중국식 모델과 같은 자본주의 4.0의 대안이 제시되기도 하였다. 이처럼 미국식 모델에 대한 신뢰가 상실되면서 새로운 글로벌 거버넌스를 필요로 하게 되었다는 점, 중국이 명시적으로 패권경쟁에 참여하게 되었다는 점[39] 등이 미국이 글로벌 금융위기의 후유증으로 가장 뼈아파하는 부분이다.

글로벌 금융위기의 원인

글로벌 금융위기의 원인을 설명할 때는 여타국 국제금융위기의 사례들과는 다른 각도에서 원인을 분석해야 한다. 개도국 및 신흥시장국은 물론 심지어 유럽에서 발생한 금융위기의 경우 국제금융질서에서의 주변국 문제 때문에 위기가 발생했다고 주장할 수도 있다. 그러나 미국의 경우 국제금융질서의 핵심 그 자체이기 때문에 주변국의 문제라기보다는 미국 자체 내의 문제에 초점을 맞추는 것이 타당할 것이다.

미국의 문제에 초점을 맞추더라도 다양한 견해가 제시될 수 있다. 일부 미국 학자들은 글로벌 금융위기를 미국 모델의 근본적 문제점 때문에 발생한 것이라기보다는 금융시장의 운영에 대한 관리 문제에서 비롯되었다는 입장을 취하고 있다.[40] 따라서 이들은 시스템의 결함을 보다 강조하는 위기(crisis)라는 용어보다는 충격의 크기를 강조하는 대침체(Great Recession)라는 용어를 사용하고 있다.[41] 이들과는 달리 많은 학자들, 특히 미국 외의 학자들은 워싱턴 컨센서스로 대변되는 신자유주의적 세계화의 근본적 결함이 위기의 원인이라고 주장하고 있다. 따라서 이들은 글로벌 금융 스탠다드에 대한 근본적인 개혁만이 위기의 재발을 방지위한 대응책이라고 주장하고 있다.

물론 미국 당국의 통화정책 및 금융정책 관리 미비, 신자유주의의 내재적 결함 등이 글로벌 금융위기의 원인을 부분적으로 설명할 수는 있지만, 다른 국가들보다 우수한 제도적 여건을 갖추고 있던 미국이 위기의 진앙이 되었다는 점을 충분히 설명하기 어렵다. 미국이라는 특수한 입장을 고려해 볼 때 여러 다양한 이론들 중 글로벌 금융위기의 원인을 가장 잘 설명하는 것은 민스키 이론이라고 볼 수 있다.[42] 즉, 자본주의 금융메커니즘 속성상 오랜 기간 지속된 상대적 안정이 취약한 금융구조를 만들어 불안정을 야기하게 된 것이 글로벌 금융위기의 주요 원인이다. 이와 같은 민스키의 이론을 따르는 경우 왜 안정적인 기간이 금융구조를 취약하게 만들어 민스키 모멘트를 형성하게 되는지 설명해야 한다.

민스키 모멘트를 형성하게 만든 요인들에 대해서도 아주 광범위한 설명들이 제시되고 있는데, 이를 편의상 크게 거시적 관점의 설명과 미시적 관점의 설명으로 나눌 수 있다. 거시적 관점의 설명들은 미국의 거시정책 및 국제경제관계에 초점을 맞추고 있다. 우선 미국의 통화정책에 초점을 맞추는 설명은, 연방은행이 IT 버블 붕괴 이후 침체된 경제를 살리기 위해 2000년대 들어서면서부터 금리를 일정 기간 너무 낮은 수준으로 유지한 것이 잘못되었다고 지적하고 있다. 실제적으로 이와 같은 팽창통화정책은 정책금리를 역사상 가장 낮은 2% 이하의 수준으로까지 떨어뜨려 실질금리가 마이너스 수준으로까지 전환되었다. 이로 인해 미국 가계들은 과다한 대출을 통해 주택을 구매하고자 함으로써 그 결과 전반적인 부동산 시장에 거품이 생겨나게 되었다.[43]

거시적 관점 중 국제경제관계에 초점을 맞추는 설명들은 글로벌 불균형 문제가 위기의 원인이 되었다고 주장하고 있다. 가장 대표적인 주장이 미국 연방은행 총재였던 버냉키(Ben Bernanke)의[44] 과잉저축론(savings glut)이다. 이에 따르면 중국을 비롯한 동아시아 국가들이 내수를 확대시키지 않고 미국 등 서구 선진국 시장으로의 수출에 주력한 결과, 특히 미국에서 만성적인 국제수지 불균형이 초래되었다. 그런데 중국 등 동아시아 금융시장이 발전되지 않은 탓에 동아시아 국가들은 경상수지 흑자로 벌어들인 자금을 미국 재무성 채권을 매입하는 등 미국 금융시장에 집중적으로 투자해 엄청난 자본이 미국으로 유입되었다. 이로 인해 미국에 유동성 과잉이 나타나고 금리가 하락하면서 미국 부동산 시장에 버블이 생겨나게 되었다는 것이다.[45]

금융구조를 취약하게 해 민스키 모멘트를 만든 요인들에 대한 미시적 관점은 금융기관, 금융시장, 금융감독 등 미국 금융시스템의 총체적 결함에 초점을 맞추고 있다.[46] 우선 금융기관을 포함한 금융주체들의 문제로 가계, 금융회사, 신용평가기관 등의 도덕적 해이를 지적할 수 있다. 가계는 주택가격이 계속 상승할 것이라는 예상 하에 채무상환능력을 넘어서는 대출을 받아왔다. 가계뿐만 아니라 금융회사의 도덕적 해이도 과잉대출을 부추겼다. 금융회사들은 저금리 상황 하에서 수익률이 상대적으로 높은 부동산 관련 대출상품을 적극적으로 판매하였으며, 또한 대출기준도 전례 없이 느슨한 기준을 적용했다. 예를 들어 초기 자금부담(down payment) 없이 주택가격 100%에다 수수료까지 대출을 해주는 LTV 대출이 등장하는가 하면, 대출심사도 느슨해져 소득증빙 없이도 대출해 주거나 또는 이전의 기준에 따르면 신용도가 낮아 대출이 불가능했던 서브프라임 등급에까지 약식 또는 무서류로 대출해 주기도 하였다. 이 밖에도 단기이익을 중시하는 보수체계, 신용평가기관의 결함도 문제를 심화시켰다.

가계, 금융기관 등이 문제를 갖고 있을지라도 금융시장이 이를 정화할 수 있는 기능을 발휘하는 경우 문제가 과도하게 누적되지 않고 해소될 수 있을 것이다. 그러나 글로벌 금융위기 이전 미국 금융시장은 자정기능(self-purification)을 상실하고 있었고 오히려 취약성을 확산시키고 있었다. 대표적인 행태로 들 수 있는 것이 금융거래 과정이 지나치게 길어지고 복잡해졌다는 것이다. 예를 들어 과거의 전통적인 금융경로는 자금잉여자가 은행에 저축을 하면 은행을 이를 모아 자금수요자에게 제공하는 단순한 구조였다. 그런데 금융회사들은 수익을 추구하고자 최초의 자금잉여자가 단기금융상품에 투자하면 단기금융회사들은 이를 증권화하고 증권회사들은 또한 모기지 관련 파생상품을 만들어 판매하고 가계는 이러한 상품을 이용해 주택구입자금을 제공받는 등 이 과정을 복잡하게 만들어 버렸다. 금융거래 과정이 길어지고 복잡해지면 가장 큰 문제는 위험이 누적됨에도 불구하고 파악하기 어려워지고 동시에 개별 기관의 위험이 체계적 위험으로 되어 버려 금융시스템의 취약성이 심각해진다는 것이다.

금융주체들이 문제를 보이고 금융시장의 기능이 일부 미흡하게 된다고 할지라도 금융당국의 관리가 적절하게 이루어지면 위기를 미연에 방지할 수 있을 것이다. 그런데 글로벌 금융위기 이전에는 금융당국의 관리감독 기능도 제 역할을 하지 못했다. 금융산업이 빠르게 발전하면서 금융거래가 복잡해져 감독당국이 리스크를 제대로 평가하는 데 한계가 있었고, 또한 금융혁신 진전 등의 영향으로 전통적인 은행업의 경쟁력이 크게 약화되면서 그림자은행(shadow banking)에 대한 감독의 어려움도 가중되고 있었다. 이러한 상황에서도 감독당국은 금융위기가 발생하지 않도록 사전에 조치를 할 수 있는 적지 않은 권한을 부여받았고 정보를 얻을 기회가 있었지만, 금융당국은 이러한 역할을 제대로 수행하지 못하고 위험을 축적시켰다. 예를 들어 글로벌 금융위기 이전 금융당국자들은 파생상품의 위험성을 경고하고 사전 조치의 필요성을 건의했지만 당시 미국 연방은행 총재였던 그린스펀(Alan Greenspan)은 파생상품은 위험을 분산시킬 수 있다면서 이에 대한 규제를 반대했었다. 이처럼 복잡한 금융상품의 잠재적 위험성을 경시해 감독규제가 느슨해지면서 금융기관들의 부채가 과도하게 증대된 것이다.

정책대응

미국 정부는 서브프라임 위기가 글로벌 금융위기로 확산되고 실물경제까지 급속히 위축되자 금융기관 구제를 위한 자본 투입, 채무지급보증 등을 실시하는 한편 경기부양을 위한 대규모 재정지출을 확대하는 등 가능한 모든 정책을 추진하였다.[47]

우선 통화정책으로 정책금리를 5.25%에서 0.25%로 1년여 만에 5.0%만큼 급격히 하락시켜 사실상 제로금리체제로 이행하였다. 대폭적인 정책금리 인하 외에도 유동성을 공급하기 위해 지원자금의 만기를 연장하고 신용공여제도의 한도를 증액하는 등 다양한 지원제도를 도입하였다. 이러한 노력에도 불구하고 투자촉진 등 실물경제의 경기부양 효과가 뚜렷하게 나타나지 않자 연방은행은 비전통적 통화정책인 양적완화정책(Quantitative Easing ; QE)을 과감하게 도입하였다.

양적완화정책이란 중앙은행이 국채 매입 등을 통해 유동성을 시중에 직접 공급해 장기시장금리의 하락을 유도해 궁극적으로 경기를 부양하는 통화정책을 말한다.[48] 미국의 경우 금융위기가 절정에 달했던 2008년 11월 주택저당증권(MBS)을 6,000억 달러 매입해 처음으로 양적완화정책을 도입하였다. 이후 2010년 11월에는 6,000억 달러의 국채를 매입하는 제2차 양적완화정책을 도입했고, 2012년 9월부터 매월 400억 달러의 주택저당증권 및 450억 달러의 국채를 매입하는 제3차 양적완화정책을 추가적으로 시행하였다. 위기 대응책이 효과를 발위하면서 실업률이 낮아지고 제조업 지표가 개선되는 등 전반적인 경기회복세가 나타나자 미국 연방은행은 2013년 12월부터 경기회복을 반영하여 월간 매입규모를 점차 축소시켰고 2014년 10월에는 제3차 양적완화정책을 통한 채권매입을 완전히 종료하였다.

또한 미국 정부는 경기침체에 대응하여 사회간접자본 투자 등에 대한 재정지출을 크게 늘리고 소득세 및 부가가치세 감면, 투자세액 공제 등과 같은 감세정책도 함께 실시하였다. 2008년 10월 제정된 경제촉진구제법에 의거하여 감세안을 마련한 데 이어 2009년 2월에는 일자리 창출, 실업대책, 지방정부 지원, 개인소득 지원 및 기업세액공제 확대 등을 내용으로 하는 총 7,872억 달러 규모(2009~2019년 중)의 경기부양책을 추가로 발표하였다. 이러한 적극적인 팽창재정정책으로 인해 2008~2009년 중 미국의 재정적자는 GDP 대비 9%를 넘어서게 되었다.

유동성을 공급하고 경기를 활성화하기 위한 팽창 통화정책 및 재정정책과 더불어 미국 정부는 금융기관의 구조조정도 강도 높게 시행하였다. 금융기관 구조조정과 관련해 미국 정부의 가장 핵심적인 정책은 부실자산 구제프로그램(Troubled Asset Relief Program ; TARP)이었다. 이 프로그램은 2008년 10월 통과된 긴급 경기안정법(Emergency Economic

Stabilization Act of 2008)에 기반하고 있다. 당초 7,000억 달러 규모로 승인되었으나 이후 4,750억 달러 규모로 수정되었다. 부실자산구제 프로그램은 자동차 산업 지원, 은행 시스템의 안정과 자본확충 등을 위한 지원, 소규모 기업과 소비자들의 수요를 충족할 수 있도록 하기 위한 신용 지원, 주택소유자를 보호하고 지역사회를 안정시키기 위한 주택자금 지원, AIG 그룹에 대한 지원 등 다섯 가지로 이루어져 있다. 이중에서도 금융기관의 자본확충이 가장 중요하게 추진되었는데, 전체 예산 중 과반이 넘는 2,450달러가 이 부문에 지출되었다.

글로벌 금융위기의 중요한 원인 중의 하나로 금융감독 시스템의 미흡함이 지적되었다. 새로운 금융기법이 계속 도입되고 금융시장이 빠르게 성장하고 있는 데 비해 금융 감독·규제가 이를 뒤따르지 못하면서 시스템적인 허점이 발생하고 위험관리가 제대로 이루어지지 못해 위기가 발생했다는 것이다. 미국은 글로벌 금융위기를 촉발한 당사국으로서 위기를 통해 드러난 문제점들을 해결하는 데 금융규제 개혁의 초점을 맞추었다. 미국이 추진하고 있는 금융규제 개혁은 도드-프랭크 법(Dodd-Frank Act)으로 제정되었는데, 이 법은 미국 정부와 의회가 금융규제의 근본적이고 포괄적인 개혁을 통해 금융위기의 재발을 방지할 목적으로 2010년 7월 제정되었다. 도드-프랭크 법의 주요 내용은 금융소비자 보호 강화, 시스템적 리스크의 징후를 조기에 파악할 수 있는 체제 마련, '대마불사' 문제를 개선할 수 있는 체제구축, 새로운 금융상품에 대한 투명성과 신뢰성 제고, 금융기관 경영진의 보상구조 개선, 신용평가사의 투명성과 신뢰성 제고 등을 포함하고 있다.[49]

이전의 위기 대응책과 달리 글로벌 금융위기를 극복하기 위한 미국 정부의 대응에서 특징적인 것 중의 하나는 위기 수습을 위해 적극적으로 국제적인 공조를 도모했다는 것이다. 이미 전 세계로 파급이 확산되고 또한 충격의 강도도 대공황 이후 가장 극심하게 나타나 미국 정부로서도 신속한 수습을 위해서는 자국의 노력만으로는 불충분하다고 느껴 국제공조를 강화하게 된 것이다. 대표적인 조치 중의 하나가 미 연방은행의 양자 간 통화스왑이다. 미국 연방은행은 2007년 12월 ECB 및 스위스 중앙은행과 240억 달러 규모의 통화스왑을 처음 실시한 이후 리만-브라더스 파산으로 국제금융시장이 극도로 불안해짐에 따라 일본은행, 영란은행 등 10개 주요 선진국 중앙은행과 통화스왑을 체결하였다. 이어 우리나라를 비롯한 신흥시장국에서도 대규모 자본이 유출되면서 달러화 유동성이 부족해지자 2009년 10월 우리나라, 브라질, 멕시코, 싱가포르 등과도 통화스왑을 체결하였다. 국제 정책공조의 또 다른 예는 G20 정상회담이다. 1997년 아시아 위기 이후 선진국과 신흥시장국 간 국제협력 필요성에 의해 재무장관 및 중앙은행총재 회의체로 운영되었던 G20은 미국의 제안으로 정상회의로 격상되어 글로벌 금융위기 극복방안 논의를 위한 최상위 협의체가 되었다. 2008년 11월 워싱턴에서 제1차 G20 정상회담을 개최한 이후 지금까지도 지속되고 있다. G20은 세계 경제 현안에 대한 정책공조능력을 갖춘 세계 경제협력의 최상위 포럼으로서 공고한 위상을 갖게 되었으며, 아울러 G7 이외의 국가들도 세계 경제문제의 해결을 주도할 능력이 있음을 보여주었다는 점에서 중요한 의미가 있다.

5. 국제금융체제의 개편 방향

금융의 세계화가 진전되면서 금융위기가 빈번하게 발생함에 따라 금융위기를 예방하고 또한 금융위기 발생 시 최대한 신속하게 해결하기 위한 다양한 방안들이 제시되고 있다. 금융위기는 개발도상국 및 신흥시장국뿐만 아니라 유럽, 심지어는 미국 등 전 세계 다양한 지역에서 발생하고 있어, 그에 대한 대책 또한 여러 견해들이 제시되고 있다.

5.1 국제금융질서 안정을 위한 논쟁

국제금융질서 안정을 위한 논쟁들은 금융위기의 원인분석과 결부해 크게 네 가지 견해로 정리할 수 있다. 첫째는 정통 자유주의 입장에 기초한 견해이다. 이미 앞에서 논의한 것과 같이, 자유주의자들은 국가의 개입은 최소한으로 하고 시장이 자유롭게 작동하도록 하는 것이 중요하다고 강조한다. 예를 들어 프리드만(Milton Friedman)은 국제금융질서에서의 문제는 자유로운 자본이동보다는 국내 금융시스템과 금융정책이 부적절하기 때문에 야기된다고 주장했다. 이런 측면에서 보면, 1994년 멕시코 데킬라 위기는 부적절한 환율정책 및 대외정책에 따라 환율이 과대평가되고 무역적자 및 재정적자가 누적되어 외채위기로 터져버린 것이다. 또한 1997년의 아시아 위기도 자본건전성이 부족한 은행들이 정경유착으로 위험 사업에 대출을 해주는 관행, 잘못된 회계 체계, 그리고 지나치게 환율을 안정시키려는 환율제도 등이 주요 원인으로 작용했다. 자유주의자들에 따르면, 금융위기의 원인은 자유로운 국제자본 이동 때문이 아니며, 오히려 자유로운 자본이동은 바람직한 금융환경, 예를 들어 균형재정, 시장안정, 그리고 물가안정 등을 통해 국가경제의 효율성을 극대화시킨다. 따라서 자본시장의 위험 추구 행동을 제한하는 국제규제는 매우 해롭고 사실상 모든 자본규제는 철폐되어야 한다고 본다. 이들은 더 나아가 중앙은행, IMF 등의 최종대부자(lender of last resort) 역할도 부정하고 있다. 자본이동이 부작용을 수반할 수도 있지만, 자본이동의 폐해와 투기적 공격을 막는 가장 좋은 방법은 도덕적 해이 문제를 없애는 것이라고 주장한다. 최종대부자가 존재한다면 금융위기에 직면한 기업들이나 국가들은 언제나 자신들을 구해 줄 대부자가 존재하기 때문에 더 위험하고 무책임한 금융행위를 할 가능성이 높아지기 때문이다.

두 번째 그룹은 수정자유주의 입장을 취하고 있는데, 위기의 원인에 대해서는 정통자유주의자들처럼 국내 금융시스템과 금융정책의 문제가 더 중요하다고 강조하지만, 국제기구의 역할에 대해서는 긍정적인 시각을 갖고 있다. 예를 들어 아시아 위기에 대해서, 첫 번째 그룹과 마찬가지로 아시아의 원죄(Asian sins)[50]인 정실자본주의, 비지니스와 정치권의 지나친 정경유착, 도덕적 해이 등 때문에 발생했다고 주장한다. 그러나 첫 번째 그룹과는 달리 이들은 개발도상국, 체제전환국, 신흥시장국 경제의 투명성 제고와 자유도 증진을 위해 IMF와 세계은행과 같은 국제금융기구의 역할이 중요하다고 생각한다. 따라서 이러한 국제기구들의 최종대부자 역할을 옹호하지만, 자금을 제공할 때 수혜국들이 시장주의 원칙을 고수하도록 하고 국제 자본이동에 대한 지나친 규제를 지양하도록 하는 것을 명시해야 한다고 주장한다.

세 번째 그룹은 개입주의 입장을 취하면서 국제기구의 역할에 대해서 긍정적 시각을 갖는 견해이다. 이들은 시장의 기본적인 기능에 대해서는 동의하고 잘못된 정책이 시장의 효율성을 저해할 수 있다는 점을 인정하지만, 자유방임의 시장이 항상 바람직한 것은 아니며 때로는 사회를 보호하기 위한 개입정책이 필요하다고 보고 있다. 예를 들어 외환시장에서 외환트레이더(currency trader)들이 순전히 이익만을 추구해 외환을 거래하다보면 외환시장의 불안정이 가중될 수 있으므로, 지나친 변동성에 따른 위험을 방지하도록 일정한 정도 규율을 적용할 때 시장이 더 잘 운영될 수 있다고 본다. 이러한 맥락에서 이들은 중앙은행, IMF 등의 최종대부자 역할을 강조한다. 만일 최종대부자가 없다면 작은 불안정이 금융위기로 확대될 수 있어, 금융발전이 충분히 이루어진 개발도상국 및 신흥시장국들의 경제 효율성이 떨어지며 경제발전이 더디어질 수 있다. 그러나 수정자유주의자들과 마찬가지로 이들은 중앙은행 및 IMF가 자금을 제공할 때 도덕적 해이를 방지할 수 있도록 장치를 마련해야 하며, 그런 점에서 기존 시스템도 다양한 개혁이 필요하다고 주장하고 있다.

마지막으로 네 번째 그룹은 맑스주의자들이다. 이들은 개발도상국 및 신흥시장국에서 발생한 금융위기가 국제자본 권력 부패의 전형적인 사례라고 주장한다. 국제금융기구의 역할에 대해 긍정적 시각을 가진 수정자유주의 또는 개입주의와는 달리 이 그룹은 IMF와 세계은행과 같은 국제금융기구는 개혁될 수 없다고 보고 이러한 기구들의 폐지를 요구하고 있다. 이들에 따르면, 국제금융기구들은 미국, 유럽 등 선진국들에 의해 지배되고 있으므로 개발도상국 및 신흥시장국들의 이해관계를 반영하는 정책이 도입되기 어렵다. 오히려 후자의 이익을 해치는 정책을 시행하도록 하는 경향이 있음에도 불구하고 국제금융기구는 이러한 정책을 개혁할 의지도 능력도 없으므로 폐지하는 것이 좋다고 결론짓고 있다. 국제금융기구의 무용론은 정통 자유주의자들에 의해서도 핵심적으로 제시되고 있는데, 이런 점에서 두 개의 극단적 견해, 즉 정통 자유주의와 맑스주의가 의견을 같이하고 있다는 것은 아이러니이다.

5.2 국제금융질서 개편 및 위기대응 방안

위의 여러 견해들이 위기를 예방하고 수습하기 위해 다양한 대책들을 제시하고 있는데, 이러한 대책들은 크게 세 가지로 분류될 수 있다 : 국제금융질서 재편을 위한 국제금융기구 개혁, 사전적 예방책으로 금융시스템의 취약성을 방지하기 위한 규제 개혁, 그리고 사후 수습을 위해 긴급유동성을 공급하기 위한 안전망 강화.

국제금융기구 개혁[51]

글로벌 금융위기 이전에도 국제금융기구 개혁에 대한 요구가 지속적으로 제시되었으나, 글로벌 금융위기 이후 그 요구가 특히 급증하기 시작했다. 무엇보다도 이들 금융기구들이 위기를 미연에 방지하지 못했을 뿐 아니라 위기 발발 이후에도 확산을 막지 못하는 등 적절히 대응하지 못하자, 전면적인 개혁 필요성이 제기되었다. 이는 단순히 국제금융기구의 규정을 개정하는 차원을 넘어 국제금융기구 운영의 기본 정책 및 철학적 배경까지도 다시 검토할 것을 요구하는 것이었다.

IMF 및 세계은행 등 국제금융기구는 국제통화 및 금융질서 유지와 회원국의 경제발전을 위해 세계 각국이 모여 설립한 범세계적 기구이므로, 국제협력을 이끌어내는 핵심적인 장으로서의 역할을 해야 한다. 그러나 이들 기구들은 주로 미국 및 유럽을 중심으로 한 일부 선진국들의 대변인 역할만을 해왔다. 최근 들어 세계 경제 내 신흥국 비중이 증가하면서 국제금융기구 내에서도 신흥국의 목소리가 점차 커지고 있다. 신흥국들은 IMF가 글로벌 금융위기를 초래한 선진국에는 관대한 반면, 신흥국 및 개발도상국에 대해서는 엄격한 조건을 적용하는 데 불만을 제기하였다. 특히 유로존 위기와 관련해 유럽 국가들을 지원할 때 과거 위기를 겪었던 동아시아 또는 남미에 비해 관대한 정책이행 요건을 적용하고 있는 점에 대해서 강력한 비판이 제기되었다. 급격히 변화하는 세계 경제의 동향을 반영하고, 글로벌 금융위기의 대응 및 사전적 예방의 실패를 반성하며, 국제금융기구 운영과 관련된 비효율성을 해소하고자 IMF 및 세계은행 등은 쿼터·조정 및 지배구조 개혁을 중심으로 근본적인 개혁을 도모하였다. 그러나 아직도 충분한 진전을 보이지 못하고 있는데, 향후 국제통화제도 개혁이 실질적인 성과를 거두기 위해서는 몇 가지 노력이 필요하다.

첫째, IMF 및 세계은행 등 국제금융기구의 대표성과 효율성이 제고될 수 있도록 지금까지 추진해 온 개혁 노력을 더욱 배가할 필요가 있다. 이러한 맥락에서 무엇보다도 필요한 것은, 그동안 합의된 사항들이 발효될 수 있도록 회원국들, 특히 미국이 합의 내용에 대해 승인을 하고 약속을 지켜야 할 것이다. 그동안 미국은 IMF 개혁을 주도하고 글로벌 금융위기를 극복하기 위한 국제적 협력체로서의 G20 정상회의 개최를 제안하는 등 전후 국제금융질서를 유지하는 데 있어 리더십을 발휘해 왔다. 그러나 오늘날 미국은 IMF 쿼터 및 지배구조 개혁을 마무리하는 데 실패함으로써 자국의 입지를 좁혔을 뿐만 아니라, 국제통화 및 금융제도의 신뢰성을 저하시키고 글로벌 정책공조를 저해하는 결과를 초래하고 있다.

둘째, 보다 근본적인 개혁을 위해서는 이에 그치지 말고 신흥국 및 개발도상국의 참여도가 제고되는 방향으로 쿼터 개혁이 지속적으로 이루어져야 한다. 또한 지배구조 개혁 차원에서 IMF 총재 및 세계은행 총재를 지금과 같이 미국과 유럽이 서로 나누어 갖는 선출방식을 전적으로 바꾸어야 하며, 국제금융기구의 운영방식도 명실공히 세계 경제의 모든 구성원들의 이해관계가 반영될 수 있도록 개선해야 한다. 더 나아가, 보다 민감한 사안이지만 이사회 의사결정 방식의 개선을 위해 특정 국가(미국)의 비토권을 제한할 수 있도록 해야 할 것이다. 만일 미국이 현재와 같은 거부권을 갖고 있고 각 기구의 수장들이 미국 또는 유럽 사람으로만 선출된다면, 중국을 포함한 동아시아 국가들의 쿼터 비중이 높아진다고 해도 실질적인 브레튼우즈 기구 운영에서는 동아시아의 위상에 걸맞은 대우를 전혀 기대할 수 없을 것이다.[52]

셋째, 국제금융기구 개혁과 관련해 또 하나 고려해야 할 점은, IMF 및 세계은행의 정책적인 권고가 정치적인 힘을 얻고 추진될 수 있는 방도를 모색해야 한다는 것이다. 만일 IMF 지배구조 개혁이 현재 바라는 바대로 잘 진척되어 신흥국 및 개발도상국의 비중이 높아지고 동아시아 국가 출신이 총재가 된다고 하더라도, 회원국들 정부로부터 정치적인 지원을 받지 못한다면 세계 경제 운영에 필수적인 글로벌 통화정책 및 금융정책에 대한 합의를 이루어내기가 어려울 것이기 때문이다.

금융규제 개혁[53]

수백 년에 걸친 수많은 금융위기 사례를 연구한 라인하트와 로고프(Carmen Reinhart and Kenneth Rogoff)에 따르면, 금융위기의 공통적인 근본 원인은 부채가 과다하게 누적된 데 있다. 또한 김인준 · 이영섭은 개발도상국 및 신흥시장국에서 발생한 금융위기에서는 부채의 과다 누적 외에도 급격한 자본이동의 변화가 핵심적인 원인으로 작용하고 있음을 보여주고 있다.[54] 따라서 금융위기를 예방하기 위해서는 사전적으로 지나친 부채 누적 및 과도한 자본 유입으로 금융시스템이 취약해지지 않도록 방지책을 마련할 필요가 있다. 예방적인 차원에서의 사전적 조치는 크게 금융개혁과 자본이동 규제로 나누어 볼 수 있다.

글로벌 금융위기 이전에는 금융세계화와 더불어 규제완화가 전 세계적인 추세였다. 그러나 미흡한 규제 및 감독 체계가 글로벌 금융위기를 초래했다는 비판이 거세짐에 따라 이후 규제강화의 필요성이 확산되었으며 금융규제 및 감독에 대한 정책기조도 상당히 변화되었다. 특히 개별국 차원뿐만 아니라 글로벌 차원에서의 금융규제 개혁이 필요하다는 의견이 글로벌 금융위기 이후 강조되었다. 이는 글로벌 금융시장의 통합도가 높아진 상황에서는 일부 지역에서 발생한 위기가 주변으로 급속하게 전이되기 때문에 어느 국가도 금융위기의 영향으로부터 자유로울 수 없다는 인식에 기초하고 있다. 또한 국가별로 규제가 다를 경우 이를 이용한 규제차익(regulatory arbitrage)이 발생해 자본의 과도한 이동을 초래할 수 있다고 판단했기 때문이다.[55]

글로벌 금융규제 개혁의 주도적 역할은 금융안정위원회(Financial Stability Board ; FSB)가 담당하고 있는데, G20 정상들은 개혁의 효율적 추진을 위해 기존의 금융안정포럼(Financial Stability Forum ; FSF)을 확대 · 개편한 금융안정위원회를 설립하였다. 금융규제개혁 가운데 중요한 부분인 은행과 관련된 규제는 바젤위원회(Basel Committee on Banking Supervision ; BCBS)가 맡아서 추진하고 있다. 아울러 IMF와 협력하여 거시경제 및 금융 리스크를 분석하고 이를 억제하기 위해 필요한 정책대응을 검토하여 보고하는 조기경보활동(early warning exercises ; EWE)을 수행하도록 하였다.

G20, 금융안정위원회(FSB), 바젤위원회(BCBS)를 중심으로 이루어지고 있는 글로벌 금융규제 개혁 논의는 정책기조의 새로운 방향을 크게 시장의 안전성 강화, 미시건전성 및 거시건전성 동시 강화, 시스템 리스크(systemic risk)의 조기파악, 금융시스템의 복원력 강화, '대마불사(too big to fail)' 관행 불식, 규제의 사각지대 해소, 신흥시장국 금융안전 강화에 두고 금융규제 개혁을 추진해 오고 있다.

한편 글로벌 금융위기를 계기로 국가 간 자본이동을 제한하자는 자본규제 논의가 개발도상국 및 신흥시장국뿐만 아니라 국제사회로 확산되었다. 금융시장 개방은 긍정적 및 부정적 측면 모두 나타나지만, 금융세계화 추세 중에는 긍정적인 측면이 좀 더 강조되어 자본이동에 대한 규제도 완화되었다. 그러나 금융위기가 빈발하면서 자본이동의 급격한 변화가 주된 요인이었다고 비난을 받게 되었고 이에 대한 대응책으로 특히 단기 자본이동 규제가 점차 호응을 얻게 되었다. 일반적으로 대규모 단기자본 유입에 대한 대응책은 크게 자본유입 규제 정책과 건전성 정책으로 나눌 수 있다([표 8-3]).[56]

표 8-3 자본이동 규제 유형

유형		정책
자본유입규제	가격기반규제	토빈세
		무이자 예치제(URR)
		투자소득세
	기타유입규제	비거주자의 국내 금융자산 매입에 최소 의무보유기간 설정
		거주자의 해외차입에 최소 만기요건 부과
건전성 조치		외환포지션 규제
		외화 유동성비율 규제

자료 : KIEP(2011), p.36.

자본유입 규제는 다시 가격기반규제 정책과 기타유입규제 정책으로 나눌 수 있다. 가장 대표적인 자본유입 규제 방안으로 토빈세(Tobin's tax), 무이자예치제(unremunerated reserve requirement ; URR), 만기 규제 등을 들 수 있다. 토빈세는 단기투기자금(hot money)을 규제하기 위해 주식 · 채권 · 외환 등의 단기금융상품 거래에 부과하는 세금이다. 이 제도는 장기자본이동에는 큰 부담이 되지 않지만 단기자본이동에는 큰 부담이 될 수도 있다. 그러나 토빈세가 효과를 거두려면 규제차익 기회를 사라지게 만드는 국제적 공조가 필수적이다. 만일 어떤 국가가 단독으로 실시하면 토빈세를 부과하지 않는 다른 국가로 옮겨서 외환거래가 이루어질 수 있기 때문이다. 무이자예치제도는 유입된 자본의 일정 부분을 중앙은행에 일정 기간 무이자로 예치하도록 함으로써 단기자본의 과도한 유입을 제한하려는 방안이다. 만기 규제는 거주자의 해외차입에 대해 최소 만기요건을 부과하거나 비거주자의 국내 금융자산 매입 시 최소 보유기간을 의무화하는 방안으로, 단기자본 유입을 줄이고 유입자본의 만기구조를 장기화하려는 목적으로 사용된다. 자본유입 규제 외에도 건전성 제고 방안으로서 외화의 포지션 및 외화유동성비율 규제를 도입하기도 한다. 이는 금융회사의 과도한 해외차입을 방지하고 건전성 제고를 위해 외화 포지션과 외화유동성을 일정 수준 이내로 규제하는 방안으로 많은 국가에서 시행되고 있다.

금융안전망 강화[57]

금융위기에 대처하기 위해서는 사전적 예방책과 더불어 일단 위기가 터지면 충격을 최소화할 수 있는 신속한 대응책이 필요하다. 금융위기의 확산을 방지하기 위한 대책은 긴급유동성을 공급하기 위한 안전망을 확보하는 것이다. 이에 대한 필요성은 위기 때마다 강조되었는데, 글로벌 금융위기 및 유로위기 등 선진국에서도 위기가 발생하면서 글로벌 금융안전망 강화의 필요성이 더욱 증대되었다.

금융안전망은 일반적으로 외부 충격에 따른 금융불안에 대비해 국제유동성을 확보하기 위한 수단으로 크게 대내 안전망과 대외 안전망으로 구분할 수 있다. 대내 금융안전망은 외환보유액, 대외금융순자산 등 대외 충격에 대비할 수 있는 국내 자체적인 유동성 가용 수단을 말한다. 대외 금융안전망은 양자 간 통화스왑, 지역 금융안전망, 글로벌 금융안전망 등 대외적인 협력을 통해 유동성을 지원받을 수 있는 수단이다. 이 중에서 1차적인 수단은 외환보유액으로, 과거에는 대내적인 차원에서 충분한 규모의 외환보유액 및 외화자산이 확보되면 갑작스런 국제유동성 부족을 공급할 수 있는 것으로 여겨졌다. 그러나 최근의 국제금융위기 사례들은 외환보유액만으로는 급격한 자본유출입에 충분한 대응을 하기에 미흡하다는 것이 일반적인 판단이다.

대내적인 수단으로 부족할 때 긴급유동성을 제공받을 수 있는 것이 대외적인 수단이고, IMF 기능 중의 핵심도 곤경에 처한 국가에게 구제금융을 지원해 주는 것이다. 그러나 앞에서 지적했듯이 IMF의 긴급유동성 공급체계는 낙인 효과 및 트라우마 효과를 최소화하는 데 따른 부담으로 글로벌 금융안전망의 역할을 효과적으로 수행하는 데 상당한 한계를 드러내고 있다. 우리나라를 비롯한 많은 국가들이 2008년 글로벌 금융위기 당시 일시적인 외화자금난에 대처하기 위해 IMF 자금지원을 회피하고 미국 연방은행과의 통화스왑 또는 각 중앙은행 간 통화스왑을 체결한 것은 IMF 지원체계의 문제점 때문이었다. 중앙은행 간 양자 통화와프는, 필요할 때 두 국가가 단기적으로 자국 통화를 상대국 통화와 맞교환하는 방식으로 이루어진다. 통화스왑이 금융위기처럼 긴급한 상황에서 실질적인 효과를 거두기 위해서는 국제통화를 발행하는 중앙은행과 양자 스왑을 체결하는 것이 필요하다. 이런 면에서 글로벌 금융위기 당시 미국 연방은행이 우리나라를 비롯한 국가들과 체결한 양자 통화스왑은 해당 국가의 금융시장을 안정시키는 데 큰 기여를 하였다.

최근 들어서는 경제구조의 유사성에 따른 역내 국가 간 위기 전염 확대로 인해 지역안전망을 강화해야 한다는 논의가 크게 부각되고 있다. 특히 글로벌 금융위기 및 이후 유로위기를 극복하는 과정에서 지역안전망이 중요한 역할을 함으로써 지역안전망 필요성을 재인식하게 되었다. 현재 유럽의 EFSF, EFSM, ESM, 중동의 아랍통화기금(AMF), 북중미의 북미협정(NAFA), 중남미의 중남미준비기금(LARF), 구소련권의 유라시아 안정개발기금(EFSD), 동아시아의 CMIM 등 전 세계 거의 모든 지역에 지역안전망이 설립되어 있다. 이 중에서도 실질적인 역할을 수행하는 것은 유럽의 안전망들이라고 할 수 있다. EFSF는 회원국의 지급보증을 통해 자금을 조달하나, EFSM은 EU의 예산을 담보로 EU가 직접 채권을 발행하여 자금 조달한다는 차이가 있다. ESM은 한시적 기구인 EFSF와 EFSM을 대체하는 영구적인 지역안전망 구제금융 프로그램으로 출범하였다.

지역안전망이 확산되면서 중요하게 대두되는 이슈는 글로벌 안전망인 IMF와의 협력 방안이다. IMF도 유럽 지역안전망과의 사전 협조 부족으로 유로위기 대응과정에서 비효율과 지연이 있었다고 평가하고, 지역안전망과의 협력 강화를 IMF 대출의 향후 발전방안의 하나로 준비하고 있다. 지역안전망 및 글로벌 안전망 등 두 종류의 안전망을 통해 자금지원이 이루어지는 경우 자금지원 중첩의 비효율을 완화하고 자금지원 역량을 극대화하면서 양자의 비교우위를 살리기 위해 지역안전망과 IMF와의 협력을 강화할 필요가 있다.[58] 우선 재원 활용 측면에서, 지역안전망이 IMF의 재원을 적극적으로 활용하여 부족한 재원을 보완할 수 있는 기회를 마련하도록 IMF와의 협력 강화 문제를 접근할 수 있을 것이다. 만일 동시 대출이 필요한 경우 이에 대비해 사전에 자금지원 조건 및 절차와 관련한 양자 간 조율을 이루어놓고, 위기가 발생할 때 그에 따라 신속하고 효과적으로 대응할 수 있도록 해야 한다. 또한 감시역량을 활용하는 측면에서, IMF는 지역안전망과의 협력을 통해 양자 간 및 다자간 감시활동을 강화할 수 있고, 지역안전망도 IMF와의 협력을 통해 자체 감시활동을 위한 역량을 강화할 수 있을 것이다.

[미주]

1. 여러 금융위기 사례 중 동아시아 위기는 제14장에서 별도로 다루고자 한다.
2. 김인준 · 이영섭(2019), 제20장을 참고해 정리.
3. 이에 대해서는 김인준 · 이영섭(2019), 제4장을 참고할 것.
4. IMF(1998) ; Claessens and Kose(2013).
5. https://en.wikipedia.org/wiki/Financial_crisis
6. Bordo et al.(2001), Reinhart and Rogoff(2009)도 뱅크런이 있는 경우 및 없는 경우 두 가지 상황을 모두 고려해 은행위기를 정의하고 있다.
7. Goldstein and Razin(2015).
8. Krugman(1979) ; Flood and Garber(1984).
9. 일반적으로 대차대조표 효과란 기업의 대차대조표 변동이 차입제약 하에 있는 기업의 실물부문 투자에 미치는 효과로 정의할 수 있다. 이를 금융위기 논의에 연결시키면, 대차대조표에 외화표시 부채가 많은 경우 환율이 상승하면 외채의 국내 통화가치가 증가해 순자산에 부정적인 효과가 발생하게 된다. 따라서 외부조달비용이 상승해 투자를 위축시키게 되는데, 이를 통화가치 평가절하에 따른 대차대조표 효과라고 부른다.
10. Krugman(1999).

11. Calvo et al.(2008).

12. 금융불안정 가설에 대한 자세한 설명은 다음의 문헌들을 참조할 것. Minsky(1975 ; 1986 ; 1992) ; 조복현(2016). 이에 대한 요약 설명은 Economist(2016), "Financial Stability: Minsky' s Moment," Economics Brief, July 30th를 참고할 것.

13. 김인준 · 이영섭(2019), 제11장.

14. Minsky(1992), pp.7~8.

15. 월스트리트저널(2007월 8월 18일자).

16. 신종협 · 최형선 · 최원(2010).

17. 1983년 대한민국의 청소년팀이 멕시코 세계청소년월드컵에서 4강에 진출하자 이를 기념하기 위해 브라질, 아르헨티나 및 멕시코 팀을 초청해 친선축구대회를 개최한 적이 있다. 당시 친선대회에 참가한 4개국이 개도국 중에서 외채가 가장 많은 국가들이어서 이 대회를 "외채 4강 친선대회"라고 비아냥거리기도 했다.

18. Kim and Rhee(1998)도 이와 유사한 입장에서 외국 투자자들이 국제금융자본의 과도한 동아시아 유입을 초래해 동아시아 위기의 원인을 제공했다고 비판하고 있다.

19. 보다 자세한 설명은 홈페이지를 참조할 것. http://www.clubdeparis.org/en

20. 보다 자세한 설명은 Viterbo(2014)를 참고할 것.

21. 이처럼 멕시코 위기가 중남미로 확산되자 당시 채권자들이 "독한 멕시코 테킬라에 이웃나라들이 모두 취한 것처럼 경제위기가 파급된다"고 말하면서 '데킬라 효과(dequila effect)'란 용어가 유행하기 시작했다.

22. KOTRA(2017).

23. 이 위기는 검은 수요일(Black Wednesday)로 일컬어진다.

24. 이들 국가들을 PIIGS(Portugal, Ireland, Italy, Greece, Spain) 또는 GIPSI라고 부른다.

25. 동아시아에 대해서도 이와 유사한 비판이 많지만, Eichengreen(2012) 및 Rhee(2014)는 통화통합을 단일통화라는 정적인 상태가 아니라 최종 목표를 달성하고자 보다 긴밀한 협조관계를 구축해 가는 동적인 상태로 본다면 동아시아 지역에서 통화통합에 대한 당위성은 여전히 존재한다고 주장하고 있다.

26. 이승주(2011) ; Mitsopoulos and Pelagidis(2011) ; Tsoukalis(2012).

27. Belkin et al.(2012) ; Bibow(2012) ; De Grauwe(2011) ; Heise(2012) ; Holinski et al.(2012) ; Knedlik and Schweinitz(2012) ; Overtveldt(2011).

28. 따라서 이 책에서는 유럽재정위기라는 용어 대신 유로위기라는 용어를 사용한다.

29. 이러한 접근법은 Lim(1998) 및 Lim(2010)을 결합한 접근방법으로 볼 수 있다. Lim(2010)은 메가트렌드에 따라 대세가 변화될 수 있는 여건이 조성되고 단기적 충격과 같은 촉발요인이 가미될 때 변혁이 발생할 수 있음을 강조하고 있다. 또한 Lim(1998)은 한국 및 대만이 유사한 외부 환경에도 불구하고 서로 다른 발전양식을 따랐음을 주시하면서 공통요인에도 불구하고 국가별 특성에 따라 발전과정이 다르게 전개될 수 있음을 강조하였다.

30. 일부 구조주의 시각은 독일의 중상주의로의 전환 및 임금억압정책이 주변국의 근린궁핍화를 초래했다고 주장하기도 한다. 한영빈(2013) ; Lapavitsas et al.(2012). 그러나 임금억압은 정치적인 이유로 어느 국가에서나 실행하기 어려운 반면 임금 상승은 포퓰리즘 국가에서 상대적으로 쉽게 채택할 수 있다는 점을 고려할 때, 이러한 해석은 지나친 것으로 판단된다.

31. 문우식(2012).

32. 한국은행(2018)은 은행동맹을 재정동맹의 선결조건으로 제시하고 있다.

33. https://www.theguardian.com/business/2011/jun/02/trichet-wants-eu-central-finance-ministry

34. IMF(2018) ; Thirion(2017).

35. 미국의 저축대부조합은 우리나라의 상호저축은행에 해당하는 서민 금융기관으로, 지역주민들의 소액 예금을 모

아 주로 주택담보대출, 즉 모기지 대출로 운영한다.

36. 모기지 대출(mortgage loan)이란 주택을 담보로 한 대출을 의미하며, 서브프라임 모기지는 이러한 주택담보대출을 받지 못할 만큼 신용등급이 낮은 사람들에게 제공하는 대출을 말한다.

37. 당시 유로위기의 전개 가능성에 대해 다양한 시나리오가 제시되었는데, 이에 대한 추가적인 설명은 강유덕 외(2012), 제2장을 참고할 것.

38. 이를 tapering이라고 부른다.

39. 임혜란(2018).

40. Bergsten(2009), pp.1～9.

41. 이승주(2011).

42. 조복현(2009).

43. 일부에서는 미국 연방은행이 장기간 저금리를 유지하게 된 배경으로 음모론을 제기하기도 한다. 2000년대 들어 대공황 이후 소득격차가 가장 심각해졌는데, 극심한 소득격차는 사회 갈등을 유발할 우려가 있다. 이때 금리를 아주 낮게 유지하고 대출조건도 완화시켜 빈곤층들도 주택을 구매할 수 있도록 만들어주면, 주택소유자가 되었다는 부의 환상(wealth illusion)으로 인해 빈부격차에 대한 사회적 불만이 감소될 수 있다는 것이다. 명시적으로 음모론이라는 용어를 사용하지는 않았지만 유사한 설명은 Rajan(2011)을 참고할 것.

44. Bernanke(2005).

45. 이에 대해 동아시아 국가들은 글로벌 불균형은 기본적으로 미국의 과잉지출에 기인한 것이라고 반박하면서 오히려 달러 위주의 국제통화체제의 문제점을 지적하고 있다. Gang(2006).

46. 금융시스템(financial system)은 금융시장 및 금융기관과 이들을 형성하고 운영하며 원활하게 기능하도록 하는 법규와 관행, 지급결제 시스템 등 금융인프라를 모두 포괄하는 개념이다. 한국은행 홈페이지. https://www.bok.or.kr/portal/main/contents.do?menuNo=200316

47. 미국 정부의 대응책에 대한 포괄적인 설명은 U.S. Department of Treasury(2013)을 참조할 것.

48. 전통적인 통화정책은 중앙은행이 단기 정책금리만 조정해 단기금융시장의 변화가 자본시장에 파급되고 이로 인해 장기금리가 조정되면서 실물투자에 영향을 주는 구조로 되어 있다. 그런데 양적완화정책의 경우 중앙은행이 직접 자본시장에 참여해 장기금리를 변화시키고자 하므로 비전통적 통화정책이라 불린다.

49. 그러나 트럼프 행정부가 출범하면서 금융규제체계의 적정성에 대한 검토를 지시하는 행정명령과 지침을 발동하고, 이에 근거해 부문별 금융규제 개편 권고안을 마련하는 등 금융규제가 다시 완화되고 있다.

50. Asian sins라는 용어는 Krugman(1998)이 아시아 위기의 원인을 분석하면서 사용한 용어이다.

51. 이영섭(2015)을 이용해 정리함.

52. Rogoff(2010).

53. 보다 자세한 논의는 한국은행(2014) 및 금융안정위원회 홈페이지를 참고할 것. www.fsb.org

54. Reinhart and Rogoff(2009) ; Kim and Rhee(2013).

55. 규제차익에 대한 설명은 김인준 · 이영섭(2019), 제22장을 참고할 것.

56. 다양한 규제 방법에 대한 상세한 설명은 KIEP(2011)을 참고할 것.

57. 금융안전망의 다양한 사례, 동아시아에서의 주요 방안 및 문제점 등에 대해서는 Hur and Rhee(2015) 및 Henning(2020)을 참고할 것.

58. Henning(2011 ; 2020).

09

국제무역질서와 정치경제

1. 국제무역관계의 기초 이론 : 무역이론과 무역자유화 논쟁

2. GATT 체제의 출범

3. 제2차 세계대전 이후의 다자간 무역협상

4. WTO와 글로벌 무역체제

5. 국제무역체제의 개편 방향

국제무역관계는 아주 오래전부터 국제 갈등의 가장 기초적인 원천으로 작용해 왔다. 무엇보다도 최근 미국과 중국 간의 갈등에서 볼 수 있듯이 국제무역의 패권이 곧 국제질서의 패권으로 인식되고 있기 때문이다. 또한 국제무역은 사회적으로 서로 상반되는 긍정적 또는 부정적 감정을 대립시켜 항상 논란을 고조시켜 왔다. 일반적인 대중들은 국제관계에 따른 그들의 후생이 통화 및 금융 정책보다 무역정책에 더 많이 영향을 받는다고 보고 있기 때문이다.

제2차 세계대전 이후 전반적으로 국제무역이 경제성장 및 발전뿐만 아니라 소득격차와 같은 사회문제 해소에도 도움이 된다고 평가되어 많은 국가에서 무역을 촉진시켰다. 이러한 추세에 힘입어 제2차 세계대전부터 글로벌 금융위기 이전까지 국제무역의 증가율은 전 세계 경제성장률의 거의 두 배에 이를 정도로 국제무역이 빠르게 확대되었다. 실제적으로 선진국뿐만 아니라 개발도상국에서도 국제무역이 경제성장을 촉진시키고 일자리를 창출하는 등 상당히 긍정적인 역할을 하고 있다. 그러나 국제무역 확산에 따라 글로벌 상호 의존이 심화될수록 국가 간 및 국내 계층 간 소득격차의 심화, 환경문제, 노동 착취, 인권 보호, 부패 방지 등과 같은 새로운 문제들이 대두되기 시작했다. 또한 민주화가 진행됨에 따라 NGO 등 다양한 이해집단의 목소리가 커지면서 국가의 무역정책에 영향력을 행사하기 위한 압력을 가하고 있다. 이러한 다양한 목소리는 기존의 보호주의 압력에 더해 세계화와 무역자유화에 대해 강한 반대세력으로 영향력이 더욱 커져가고 있다. 따라서 어떤 국내외적인 변화가 국제무역질서에 영향을 미쳐왔는지 세부적으로 살펴볼 필요가 있다. 이 장에서도 이러한 내용들을 이해하기 위해 필요한 국제무역이론과 무역자유화 논쟁을 기초 이론으로 먼저 설명하고자 한다.

1. 국제무역관계의 기초 이론 : 무역이론과 무역자유화 논쟁

국제무역이론은 크게 전통적 무역이론과 새로운 무역이론으로 나눌 수 있는데, 어떤 이론이라도 다음의 세 가지를 설명해야 한다. 첫째, 국가는 왜 외국과 거래를 하려고 하는가 하는 무역의 동기(trade motive), 둘째, 어떤 국가가 어떤 물건을 수출하고 수입하는가 하는 무역의 패턴(trade pattern), 그리고 셋째, 무역거래를 통해 국가는 어떤 이익과 손해를 얻게 되는가 하는 무역의 손익(trade gain)을 설명해야만 한다. 전통적 이론과 새로운 이론의 가장 큰 차이는 무역의 동기를 설명하는 데 있는데, 전자는 비교우위(comparative advantage)에 기초해 무역동기를 강조하는 반면 후자는 비교우위 외에 규모의 경제(economies of scale)도 강조하고 있다.

1.1 전통적 무역이론

전통적 무역이론이로는 대표적으로 리카도 이론(Ricardian model)과 헥셔-올린 이론(Heckscher-Ohlin model)을 들 수 있다. 두 이론 모두 비교우위에 기초하고 있지만, 리카도 이론은 비교우위가 각국의 노동생산성 차이 때문에 발생한다고 보는 반면 헥셔-올린 이론은 각국 요소부존도의 차이 때문에 비교우위가 발생한다고 보고 있다.[1]

리카도 무역이론

우선 전통적 무역이론의 핵심인 비교우위 개념에 대해 살펴보자. 자유주의자인 스미스(Adam Smith)는 무역이 각국이 가장 생산을 잘하는 물품에 특화해서 서로 거래하면 모두 이익을 얻는다고 하는 절대우위(absolute advantage)에서 비롯된다고 주장했다. 예를 들어 포르투갈이 영국보다 와인을 더 저렴하게 생산하고 영국이 포르투갈보다 옷을 더 저렴하게 생산할 때, 두 국가가 저렴하게 생산할 수 있는 제품에 특화해서 무역하면 모두 이익을 볼 수 있다는 것이다. 이에 반해 리카도(David Ricardo)는[2] 포르투갈이 와인과 옷 둘 다 영국보다 저렴하게 생산할 수 있을 때에도 영국과 포르투갈이 비교우위에 따라 두 재화를 교역하면 모두 무역이익을 얻을 수 있다고 주장했다.

비교우위를 설명하기 위해 아래의 [표 9-1]에서 각 숫자는 해당 제품 1단위를 생산하기 위해 필요한 노동투입량(노동시간)을 의미한다고 하자. 와인 및 옷 두 제품 모두 포르투갈에서 적은 량의 노동력이 투입되므로 포르투갈은 두 제품 생산에 절대적인 우위를 갖고 있다. 그런데 영국에서 와인을 생산하면 6시간의 노동력을 사용하므로 옷 2단위(6시간 노동력을 사용해 생산할 수 있는 옷의 양)를 포기해야 하므로, 와인 생산에 따른 기회비용이 옷 2단위가 된다.[3] 반면 영국이 옷을 생산한다면 그에 따른 기회비용은 와인 반병이 된다. 즉, 영국에서는 옷을 생산하는 데 따른 기회비용이 훨씬 작다. 이와는 달리 포르투갈은 와인을 생산하는 경우 기회비용이 옷 반 벌(1시간 노동으로 생산할 수 있는 옷의 양)인 반면 옷을 생산하면 기회비용이 와인 두 병이 된다. 즉, 포트투갈에서는 와인을 생산할 때 기회비용이 훨씬 작다. 외국과 비교해 상대적으로 적은 비용으로(낮은 기회비용으로) 생산할 수 있을 때 비교우위를 갖는다고 말할 수 있는데, 따라서 아래의 예에서 영국은 옷 생산에 비교우위를 갖고 포트투갈은 와인 생산에 비교우위를 갖게 된다.

표 9-1 비교우위의 예시

	와인	옷
영국	6	3
포르투갈	1	2

비교우위의 개념을 파악하고 나면 두 국가 간 누가 어느 제품을 생산하고 수출하는지에 대한 무역패턴을 바로 설명할 수 있다. 위의 예에서 영국은 옷 생산에 비교우위가 있으므로 그에 특화해 옷을 수출하게 되고 반대로 포르투갈은 비교우위가 있는 와인 생산에 특화하고 수출하게 된다. 이제 마지막으로 설명해야 할 것은 과연 두 국가가 무역을 통해 리카도가 주장하는 것처럼 이득을 보게 되는가 하는 점이다. 이는 무역 이전의 상태와 무

역 이후의 상태를 비교하면 쉽게 설명할 수 있다.

무역거래 이전에는 두 국가가 모두 와인 및 옷을 자체 생산해야만 한다. 따라서 영국에서는 와인 생산에 두 배의 노동력이 필요하므로 와인 1병과 옷 2벌이 시장에서 거래될 것이다. 반면 포르투갈에서는 옷 생산하는 데 두 배의 노동력이 필요하므로 옷 1벌과 와인 2병(또는 와인 1병과 옷 0.5벌)이 거래될 것이다. 이런 상황에서 두 국가가 무역을 통해 와인과 옷을 교환하게 되면 국제거래 가격은 무역 이전 국내 가격들 사이(와인 1병에 대해 옷 0.5 ~ 2벌 사이)에서 형성될 것이다. 편의상 국제거래 가격이 와인 1병에 대해 옷 1병으로 정해졌다고 하자. 이제 무역 이후 영국은 옷 생산에 특화할 것이므로 3시간의 노동력을 투입해 옷 1벌을 만들어 포르투갈에 수출하고, 그에 대한 대가로 와인 1병을 받아오게 된다. 만일 무역이 없었으면 영국에서 와인 1병을 생산하기 위해 6시간의 노동력이 필요했지만, 무역을 통해 3시간의 노동력만으로도 와인 1병을 얻을 수 있게 되어 3시간의 노동력을 절약할 수 있게 되었다. 이처럼 절약한 노동력만큼(또는 절약한 노동력을 이용해 추가로 생산할 수 있는 만큼)이 무역을 통한 이익인 것이다. 마찬가지로 포르투갈은 이제 와인 생산에 특화해 1시간의 노동력으로 만들어진 와인을 영국에 수출하고 옷 1벌을 받아오게 된다. 무역 이전에는 옷 1절 생산을 위해 2시간의 노동력이 필요했지만 이제는 1시간의 노동력만으로도 옷을 얻었으므로 1시간의 노동력을 절약하고 그만큼 무역이익을 얻게 된 것이다. 이처럼 리카도의 비교우위론은 절대우위가 존재하지 않을 경우에도 무역을 통해 모든 국가가 이익을 얻을 수 있다고 보여주기 때문에 강력한 이론으로 자리 잡게 되었다.

헥셔-올린 무역이론

리카도의 이론이 자유무역에 대한 자유주의자의 주장을 강화했지만 비교우위가 오로지 노동생산성의 차이에서 비롯된다는 가정은 너무 제한적이다. 현실에서는 제품을 생산할 때 노동, 자본, 토지, 천연자원 등 두 개 이상의 생산요소가 투입되므로 리카도 이론을 일반화시킬 필요가 있다. 헥셔-올린 이론은 제품을 생산하는 데 두 개의 생산요소가 투입되는데, 각 요소의 상대적인 부존량에 따라 비교우위가 결정된다고 설명하고 있다. 이 이론을 이해하기 위해서는 요소부존도(factor abundance) 및 요소집약도(factor intensity) 개념을 이해할 필요가 있다.

요소부존도란 한 국가 내에서 사용 가능한 부존자원의 양을 말하는데, 생산요소가 노동과 자본 두 가지밖에 없다면 그 국가 내에 존재하는 총노동량과 총자본량을 의미한다. 절대량보다 더 중요한 것은 각국이 보유하고 있는 부존자원량의 상대적인 크기인데, 만일 두 국가 중 본국의 자본/노동 비율이 외국보다 크다면 본국은 자본풍요국(capital abundant country)이라 하고 외국은 노동풍요국(labor abundant country)이라고 부른다. 예를 들어, 본국의 자본량이 100, 노동량이 100이고 외국의 자본량이 20, 노동량이 50이라고 할 때, 본국이 외국보다 노동 및 자본을 모두 더 많이 보유하고 있다. 그럼에도 불구하고 본국의 자본/노동 비율은 1이고 외국은 0.4이므로 본국은 자본풍요국이 되고 외국은 노동풍요국이 된다.

요소집약도란 상품 생산에 사용되는 부존자원의 양을 의미한다. 마찬가지로 헥셔-올린 이론에서 중요한 것은 각 상품의 상대적인 요소집약도인데, 두 개(*X*재 및 *Y*재)의 제품 중 X재의 생산에 사용된 자본/노동 비율이 *Y*재보다 높다면 *X*재는 자본집약재(capital intensive goods), *Y*재는 노동집약재(labor intensive goods)라고 부른다. 예를 들어, 노동과 자본을 이용해 철강 및 옷을 생산한다고 할 때, 철강 생산의 자본/노동 비율이 옷 생산의 자본/노동 비율보다 높다면 철강은 자본집약재, 옷은 노동집약재가 된다.

헥셔-올린 이론에서 제시되는 핵심적인 내용들은 크게 네 가지 정리(theorem)로 요약할 수 있다. 첫째, 헥셔-올린 정리(Heckscher-Ohlin theorem)는, 한 국가의 비교우위는 그 국가가 상대적으로 풍부하게 보유한 재화를 더 집약적으로 사용하는 제품의 생산에 있게 된다. 따라서 그 국가는 부존자원이 풍부한 요소를 집약적으로 사용하는 재화를 수출하게 된다는 것이다. 예를 들어 본국이 자본풍요국인데 철강이 자본집약재라면 본국은 철강을 수출하게 되고, 외국은 노동풍요국인데 옷이 노동집약재라면 외국은 옷을 수출하게 된다. 둘째, 요소가격균등화 정리(factor price equalization theorem)는 무역을 통해 두 국가 간에 상품의 국제거래 가격이 같아지게 되면 요소가격도 같아지게 된다는 것이다. 셋째, 립진스키 정리(Rybczynski theorem)는 어떤 생산요소의 공급이 증가하면 그 요소를 집약적으로 사용하는 상품의 생산이 절대적으로 증가하는 반면 다른 생산요소를 집약적으로 사용하는 상품의 생산은 절대적으로 감소한다는 것을 말한다. 예를 들어, 노동풍요국인 본국에서 노동공급의 증가는 옷 생산을 증가시키는 반면 자본집약재인 철강 생산을 감소시키게 된다. 이 정리는 생산요소 증가의 국제무역에 대한 영향을 설명해 주는데, 어떤 국가에서 풍부한 생산요소가 증가하면 수출재의 생산이 더욱 촉진될 것이므로 무역 확대 효과가 나타나는 반면, 그 국가에서 부족한 생산요소가 증가하면 반대로 무역 감소 효과가 나타나게 된다.

네 번째는 스톨퍼-사뮤엘슨 정리(Stolper-Samuelson theorem)로, 무역을 통해 계층 간 소득재분배가 발생해 승자와 패자가 나타나게 된다는 것을 보여줌으로써 헥셔-올린 이론의 가장 큰 기여로 평가되고 있다. 이에 따르면, 무역 이후 부존량이 풍부한 요소의 소유자들은 실질소득이 상승하고 부존량이 부족한 요소의 소유자들은 실질소득이 감소하게 된다. 예를 들어, 무역을 통해 자본풍요국인 본국에서 자본가들의 실질소득은 상승하고 노동자들의 실질소득은 감소하게 된다. 이는 무역이 시작되면 철강가격의 상승으로 자본가들의 구매력이 높아지는 반면, 노동자들의 구매력은 감소되기 때문이다. 이는 정치경제적으로도 중요한 함의를 지니고 있다. 헥셔-올린 이론도 두 국가가 무역을 하게 되면 국가의 전체적인 사회후생은 증대될 수 있다는 점을 보여주고 있다. 그러나 비록 전체의 이익이 증대하더라도 국가 내에 승자와 패자가 발생하는 경우, 패자의 손실을 충분히 보상할 수 있는 재분배정책이 마련되지 않는 한 자유무역을 옹호하기는 쉽지 않다.

1.2 새로운 무역이론[4]

새로운 무역이론(New trade theory)은 1980년대 초반 크루그만(Paul Krugman)을 비롯한 젊은 학자들이 제2차 세계대전 이후의 국제무역에서 관측되는 새로운 추세를 설명하기 위한 시도에서 태동했다. 실제 데이터를 가지고 국제무역의 흐름을 보면 과거에는 중심국과 식민국 간에 이루어지는 무역거래 규모가 컸던 반면 점차 선진국과 선진국 간, 즉 대규모 시장 간에 이루어지는 무역거래 규모가 훨씬 크게 나타나고 있다. 이러한 추세

변화 속에 국제무역의 패턴에도 흥미로운 변화들이 관측되고 있다.

그중 하나는 무역 이후의 국제거래 가격이 이전 가격들의 중간 수준으로 결정되지 않고 최소 가격보다도 더 낮은 가격으로 정해지는 경우가 자주 나타난다. 앞에서 전통적 무역이론들을 설명할 때 무역 이후의 국제거래 가격이 무역 이전 가격들 사이 구간에서 정해진다고 가정했는데, 새로운 관측은 이러한 가정들과 어긋나는 것이다. 둘째, 국제무역의 현실에서 어떤 국가가 세계시장을 이미 지배하고 있으면 생산성이 떨어짐에도 불구하고 계속 지배하는 경향이 있다. 이는 무역의 동기 및 패턴이 비교우위에서 출발한다는 전통적 이론의 주장과는 전혀 맞지 않는 상황이다. 셋째, 전통적 무역이론에 따르면, 두 국가는 서로 다른 산업의 제품을 수출하고 수입하는 산업 간 무역을 하게 된다. 그러나 현실에서는, 예를 들어 동일한 자동차 산업 내에서도 서로 자동차를 사고파는 산업 내 무역이 이루어지고 있다. 넷째, 전통적 무역이론에서는 동일한 제품의 가격은 무역 이후 어느 국가에서나 동일하게 된다. 그러나 덤핑의 사례에서 보듯이 동일한 제품이라도 무역 이후 국가 간에 가격이 달라질 수 있다.

위에 예시한 몇 가지 사례들은 전통적 이론으로는 설명이 불가능하다. 이들을 설명하기 위해서는 무역의 동기가 비교우위뿐만 아니라 규모의 경제 때문에도 발생할 수 있다는 점을 고려해야 한다. 즉, 전통적 이론에서는 두 국가가 서로 달라야만 무역을 하려는 동기가 발생하지만, 새로운 이론에서는 두 국가가 서로 유사해도 무역을 하면 이득을 얻을 수 있어 무역을 하려는 동기가 발생한다는 점을 강조하고 있다. 새로운 무역이론을 설명하기 위해 몇 가지 기초적인 개념을 소개하고자 한다.

규모의 경제(economies of scale)란 생산규모가 늘어감에 따라 생산단가, 즉 평균비용이 감소하는 것을 말하며, 수확체증의 법칙(increasing returns to scale)과 동일한 의미를 갖는다.[5] 규모의 경제가 있으면 왜 무역을 하려고 하는지 설명하기 위해, 본국과 외국에 각각 4개의 산업(A, B, C 및 D)이 있는데, 이 산업들이 모두 규모의 경제를 보이고 있다고 가정하자. 두 국가가 각각 모든 제품을 생산하고자 한다면 한정된 자원을 4개의 산업에 투입해 네 가지 제품을 일정량 생산할 수 있을 것이다. 이와는 달리 두 국가가 각각 두 가지 제품에 특화한다면, 예를 들어 본국은 A와 C를 생산하고 외국은 B와 D를 생산한다면, 각국은 한정된 자원을 4개 대신에 2개의 제품에 집중 투입하기 때문에 규모의 경제로 인해 각 상품을 이전보다 더욱 큰 규모로 생산할 수 있게 된다. 따라서 전 세계 생산도 이전보다 증가하게 될 것이다. 그러나 소비자들은 여전히 4개 품목을 모두 소비하기를 원하고 있으므로, 본국 소비자들은 외국에서 B와 D를 수입하고 외국 소비자들은 본국에서 A와 C를 수입해 욕구를 충족시킬 수 있다. 결과적으로 생산량이 증대하는 반면 소비다양성은 감소되지 않으므로 두 국가 상호 이익을 얻게 된다. 이는, 규모의 경제 효과가 있을 때에는 각국이 모든 분야에서 생산하기보다 몇 개 분야에 집중하고 무역을 하는 것이 유리하므로 무역의 동기가 발생한다는 것을 보여준다.

규모의 경제는 외부적 규모의 경제(external economies of scale)와 내부적 규모의 경제(internal economies of scale)로 구분할 수 있다. 외부적 규모의 경제란 산업의 크기가 증가함에 따라 규모의 경제 효과가 나타난다는 것으로, 단위비용은 산업의 크기에 달려있으며 개별 기업의 크기와는 상관없다. 내부적 규모의 경제란 개별 기업의 크기가 증함에 따라 규모의 경제 효과가 나타난다는 것으로, 단위비용은 개별 기업의 크기에 달려있으며 산업의 크기와는 상관없다. 예를 들어, 어떤 산업에 10개의 기업이 있는데, 각 기업이 상품 100개씩을 생산한다고 하자. 외부적 규모의 경제는, 20개 기업이 각각 100개씩 생산함으로써 개별 기업의 크기가 일정하더라도 산업의 크기가 증대함에 따라 효율성이 함께 증대해 상품 1개당 단위비용이 감소하는 경우에 해당한다. 이와는 달리 내부적 규모의 경제는 5개 기업이 각각 200개씩 생산함으로써 산업규모는 1,000개로 일정하더라도 각 기업의 생산규모가 커짐에 따라 효율성 증대해 단위비용이 감소하는 경우에 해당한다.

외부적 규모의 경제 응용사례

위에서 언급한 네 가지 사례들 중 두 가지 사례, 즉 무역 이후 국제거래 가격이 무역 이전 최소 가격보다 낮게 형성되는 경우 및 비효율적임에도 시장을 계속 지배하는 경우는 외부적 규모의 경제를 이용해 설명할 수 있다.

첫째 사례를 설명하기 위해, 본국과 외국이 동일한 옷을 생산하고 있는데 상대적인 노동비용 등의 차이로 외국보다 본국에서 저렴한 비용으로 옷을 생산하고 있다고 하자. 이런 경우 무역이 이루어지면 동일한 제품을 저렴하게 생산하는 본국의 기업들이 외국 시장에까지 옷을 수출하게 될 것이다. 만일 옷 생산에 규모의 경제 효과가 있다면, 본국의 기업들이 전 세계 시장에 판매하기 위해 생산규모를 늘림에 따라 단위비용이 더욱 감소하게 된다. 따라서 무역 이후 국제거래 가격이 무역 이전 최소 가격인 본국에서의 가격보다 더 낮아지게 되는 것이다.

둘째 사례는 흔히 선점효과(preemption effect or advantage of first mover)라고 불리는 경우이다. 예를 들어 현재 전 세계 손목시계 시장을 스위스 제품이 지배하고 있는데, 세계시장에서 손목시계가 한 개당 10달러에 대략 1억 개가 팔리고 있다. 본국의 기업이 손목시계 시장에 진출하고자 새로운 기술을 개발해 스위스 기업들보다 더 효율적으로 생산할 수 있다고 하자. 손목시계 생산에 규모의 경제가 있을 때 더 효율적으로 생산한다는 것은 우하향하는 본국의 평균비용곡선이 스위스보다 낮은 위치에 있다는 것을 의미한다. 그런데 본국은 이제 막 생산을 시작해 겨우 1만 개 정도밖에 생산을 못한다면 비록 효율성이 우월하다고 하더라도 규모의 경제 효과를 충분히 누리기에는 너무 생산규모가 작다. 따라서 상대적으로 열등하지만 엄청난 규모를 생산해 규모의 경제 효과를 크게 누리고 있는 스위스보다 단위비용이 높아질 수밖에 없다. 본국의 기업이 일정한 규모 이상을 생산해 충분히 단위비용을 떨어뜨리지 못하는 한 전 세계 손목시계 시장에서 스위스 기업들을 이겨내기 힘들다. 즉, 세계시장에 먼저 진출한 기업은 효율성이 떨어지더라도 계속 지배할 수 있게 되는 것이다.

내부적 규모의 경제 응용사례

또 다른 흥미로운 사례인 산업 내 무역과 덤핑의 경우는 내부적 규모의 경제를 이용해 설명할 수 있다. 우선 산업 내 무역을 설명하기 위해 전 세계에 본국과 외국 두 나라만이 존재하고 옷과 자동차 두 개의 제품만이 생산되고 있다고 하자. 또한 본국은 노동풍요국인 반면 외국은 자본풍요국이고, 옷은 노동집약적 제품이고 자동차는 자본집약적 제품이라고 하자. 헥셔-올린 이론에 따르면 본국은 옷을 수출하고 외국은 자동차를 수출하게 된다. 전통 이론의 가정에서 탈피해, 옷은 여전히 동질적이지만 자동차 산업에는 규모의 경제가 있고 소형차, 대형차, 지프차, SUV 등 네 가지 종류의 제품이 생산된다고 하자.[6] 여전히 본국은 노동집약 제품인 옷을 수출하게 된다. 그런데 자동차 산업에서는, 앞에서 규모의 경제에 따른 무역동기를 설명할 때 보여준 것처럼, 외국이 네 가지 종류를 모두 생산하는 것보다 본국과 외국이 각각 두 종류씩(예 : 본국은 소형차 및 대형차, 외국은 지프차 및 SUV) 특화하고 무역을 통해 소비자의 다양성을 충족시켜주는 것이 더 유리하다. 따라서 전통 이론과는 달리 본국도 자동차의 일부를 수출하게 된다. 이러한 결과를 통해 본국과 외국 간에는 두 가지 형태의 무역이 이루어짐을 알 수 있다. 하나는 서로 다른 산업인 본국의 옷과 외국의 자동차 간의 무역이고, 다른 하나는 동일한 자동차 산업의 제품인 본국의 소형차 및 대형차와 외국의 지프차 및 SUV 간의 무역이다. 이 둘을 구분지어 전자는 산업 간 무역(inter-industry trade)이라 부르고, 후자는 산업 내 무역(intra-industry trade)이라 부른다. 산업 내 무역은 비교우위를 반영하지 않으며, 심지어 두 국가가 같은 자본/노동 비율을 가졌다고 해도 규모의 경제 효과는 한 국가가 모든 종류의 제목을 생산하지 않도록 유도하고 따라서 무역이 발행할 수 있음을 보여준다. 산업 간 무역과 산업 내 무역의 상대적인 중요성은 두 국가 간의 유사성에 달려 있는데, 서로 다를수록 산업 간 무역이 커지고 서로 유사할수록 산업 내 무역이 증가하게 된다.

산업 내 무역은 몇 가지 중요한 시사점을 제공하고 있다. 무엇보다도 비교우위 외에 추가적인 무역이득이 가능함을 보여줌으로써 자유주의자들의 주장을 강화시켜주고 있다. 즉, 산업 내 무역은 각국이 적은 수의 품목에 특화해 낮은 생산비로 생산할 수 있게 함으로써 확대된 시장으로부터 규모의 경제에 따른 혜택을 누릴 수 있게 만든다. 또한 산업 내 무역은 상품다양성을 증대시켜 소비자들에게 더욱 다양한 선택의 기회를 제공해 주고 있다. 이러한 추가적인 이득으로 인해 무역에 따른 갈등도 훨씬 완화될 수 있다. 헥셔-올린 이론에서는 상대가격 변화를 통해 무역효과가 나타나는데, 따라서 무역으로 인한 승자와 패자 간 소득분배 문제를 야기한다. 그러나 산업 내 무역의 경우 무역이득은 확대된 사장 크기 및 증가된 다양성을 통해 나타나기 때문에, 소득분배 문제는 없어지고 추가적인 무역이득을 크게 만들고 있다. 이 결과는 무역협상에 대해서도 중요한 의미를 갖는다. 만일 서로 유사한 두 국가가 무역협상을 하게 되면 산업 내 무역에 따른 추가이득에 대한 기대로 협상이 원활하게 진행되고 정치적 지지를 얻기 쉬울 것이다. 반면 서로 차이가 많은 두 국가가 무역협상을 하게 되면 헥셔-올린 이론의 설명처럼 승자와 패자 간 소득분배 문제가 발생하기 때문에 협상은 어렵게 진행되고 커다란 정치문제를 야기하게 된다. 과거 무역협상의 역사를 볼 때 1990년대까지의 협상은 주로 미국과 유럽 등 선진국 간의 제조업 제품이 주 대상이어서 궁극적으로 타협을 이루어내고 상당한 성과를 거두었다. 그러나 1990년대 이후에는 선진국 외에도 개발도상국이 주요 참가자로 부상해, 무역협상에 다양한 국가 및 다양한 품목이 포함되고 있어 대립이 첨예화되고 실질적인 성과를 거두기가 점점 어려워지고 있다.

두 번째로, 국제무역 분쟁의 중요한 원인으로 등장하는 덤핑의 경우를 보자. 덤핑(dumping)이란 동일한 제품에 대해 본국에서 부과하는 가격보다 외국에 수출하는 가격을 낮게 부과하는 행위를 말한다. 국제무역에서는 당연히 불공정 행위로 간주되지만, 사실 덤핑이 유해한가에 대한 경제적 정당성을 찾기는 다소 난해한 측면이 있다. 기업들은 이윤을 극대화하기 위해 동일한 제품이라도 소비자들 특성에 따라 서로 다른 가격을 매기는 경우가 종종 있다. 이를 가격차별화(price discrimination)라고 하는데, 가격에 민감한 소비자들에게는 상대적으로 낮은 가격을, 그리고 가격에 둔감한 소비자들에게는 높은 가격을 부과한다. 이를 시장에 적용하면, 수요탄력성이 높은 시장에는 낮은 가격을, 그리고 수요탄력성이 낮은 시장에는 높은 가격을 설정해 이윤을 극대화하려고 한다. 즉, 가격차별화는 기업의 이윤극대화 전략의 하나로 볼 수 있는 것이다.

이를 국제무역에 적용하면, 기업의 입장에서 볼 때 국내시장과 해외시장은 두 개의 다른 속성을 가진 시장으로 간주할 수 있다. 그런데 국내시장에서 이 기업이 어느 정도 독점적 지위를 가지고 있을지라도 해외시장에서는 다른 나라의 기업들과 경쟁해야 하기 때문에 독점적 지위를 유지하기 힘들다. 따라서 해외시장에서는 가격을 조금만 올리더라도 소비자들이 다른 나라 기업들로 즉시 이동하게 될 것이다. 이런 경우 국내 기업은 이윤을 극대화하기 위해 상대적으로 경쟁이 치열하고 수요탄력성이 큰 해외시장에서는 낮은 가격을 책정하고 독점적 지위를 지니고 있어 수요탄력성이 작은 국내시장에서는 높은 가격을 책정하려고 할 것이다. 즉, 덤핑이 발생하게 되는 것이다. 이처럼 덤핑은 기업의 가격차별화가 무역을 야기할 수도 있음을 보여주고 있다. 본국에 독점기업이 존재하는 경우 이 기업은 이윤을 극대화하고자 수출품에 낮은 가격을 부과하고 해외 판매를 증대시키려고 할 수 있다. 만일 외국에도 독점기업이 있다면 마찬가지 이유로 수출을 하려고 할 것이므로, 두 국가 간에 사전적으로 제품가격에 아무런 차이가 없고 운송비용이 존재하더라도 무역이 발생할 수 있게 된다.

1.3 무역자유화 논쟁

역사적으로 보면 국제무역을 둘러싸고 자유무역 옹호론자와 보호무역 옹호론자 간에 끊임없는 논쟁이 지속되고 있다.[7]

자유무역 옹호론

자유무역을 옹호하는 논리는 기본적으로 자유주의자 입장에 기초하고 있는데, 대표적으로 효율성 증진, 규모의 경제 효과, 경쟁촉진과 혁신, 그리고 정치적 이유 등을 들 수 있다.

첫째, 자유무역이 이루어지면 정부개입이 최소화되고 시장의 원리에 기초해 거래가 발생하므로 가격왜곡효과가 최소화되고 따라서 자원이 수요-공급에 따라 가장 효율적으로 이용될 수 있다는 것이다. 관세 및 비관세 수단을 통해 자유무역이 제한되면 소비자는 그렇지 않은 경우에 비해 더 높은 가격을 지불하게 된다. 또한 보호를 받는 기존 기업들이 적정한 규모 이상으로 추가 생산을 할 뿐만 아니라 새로운 기업들도 진입함으로써 무역제한은 가격왜곡으로 인해 과잉생산을 초래하게 된다. 이는 무역제한으로 국가 전체적인 사회후생이 감소될 수 있으며, 자유무역에서 사회후생이 최대로 될 수 있음을 의미한다. 이에 대해 일부에서는 관세가 대부분의 국가에서 이미 충분히 낮아졌으므로 나머지 관세를 제거해도 추가적인 이득은 작을 것이라고 반론을 제기하기도 한다. 그렇지만 비록 관세철폐에 따른 추가적인 이득이 작을지라도 다른 비관세장벽 제거에 따른 효율성 증진효과는 여전히 큰 것으로 추정되고 있다. 예를 들어 수량할당(import quota)이 이용되면 지대추구행위(rent seeking)에 따른 비용이 심각하게 나타날 수 있다. 수량할당허가증이 있으면 제한된 수입재를 팔 권리를 얻어 이윤을 챙길 수 있으므로, 기업들은 시간과 자원을 생산적인 데 이용하기보다 뇌물을 주고라도 허가증을 얻으려하는 비생산적인 데 이용할 가능성이 높다. 따라서 이러한 지대추구행위를 방지하고 효율성을 높이기 위해서도 자유무역이 필요하다.

둘째, 자유무역은 세계시장 확대에 따른 규모의 경제 효과를 향유할 수 있게 만든다. 앞에서 새로운 무역이론을 소개할 때 설명했듯이, 이는 비교우위에 따른 무역이득 외에 추가적인 무역이득을 가능하게 한다. 우선 무역은 시장규모를 확대함에 따라 각국이 생산규모를 늘려 단위비용을 감소시킬 수 있으며, 동시에 무역은 산업내무역을 통해 소비자들에게 선택의 다양성을 확대시켜 다양한 선호를 충족시킬 수 있다. 이처럼 무역은 각국이 기술 및 부존자원에서 큰 차이가 없더라도 서로 이득이 될 수 있는 기회를 제공함으로써 모든 당사자들이 무역이득을 얻을 수 있는 기회를 증대시켜준다.

셋째, 자유무역은 동태적인 측면에서 경쟁촉진과 혁신을 촉발하는 효과도 있다. 자유무역 체제에서는 기업들이 세계시장에서 다른 나라의 기업들과 경쟁해야 하고 정부의 보호를 기대하기가 어렵다. 따라서 기업으로 하여금 경쟁에서 살아남을 수 있도록 새로운 제품을 개발하도록 하는 동기를 부여하게 된다. 보호주의에서는 정부가 수입 및 수출패턴을 대체로 주도하는 경향이 있는데, 따라서 시장에서 살아남기 위한 학습효과 및 혁신을 저해하게 된다. 이와는 달리 자유무역에서는 스스로 경쟁력을 제고해야 하므로 학습효과 및 혁신을 유발하게 된다. 동아시아 국가들의 역사적 사례는 이러한 학습효과 및 혁신유발 효과를 잘 보여주고 있다. 동아시아 국가들의 경제발전 초기에는 제조업에 비교우위도 없고 시장이 협소해 규모의 경제 효과를 향유하기도 어려웠다. 그러나 세계시장에서 경쟁함으로써 혁신을 통해 경쟁력이 점증하면서 동태적 비교우위(dynamic comparative advantage)를 만들어내었다.[8]

넷째, 때로는 정치적 이유가 자유무역을 옹호하는 배경이 되기도 한다. 현실적으로 무역정책은 국가 전체의 비용-편익 관점보다는 특정 그룹의 이해관계에 지배되는 경향이 크다. 중요한 정책결정을 할 때 최종 결정은 종종 정치적 이해관계의 산물로 나타나는 경우가 많다. 이런 경우 무역정책의 혜택은 정치적인 영향력을 가진 이해그룹에 한정되므로 해당 그룹의 혜택은 증대하는 반면 국가 전체의 희생을 초래할 수 있다. 무역정책이 자유무역으로부터 이탈하면 할수록 이들 그룹에 의해 지배되어 국가의 희생을 초래할 가능성이 점점 더 커진다. 이러한 문제점을 고려한다면, 비록 자유무역이 이론적인 면에서 최선의 선택은 아닐지라도 현실적인 면에서 선택 가능한 최선의 대안이 될 수도 있다. 즉, 단순히 자유무역을 지지함으로써 위에서 지적한 정치적 문제들 및 국가 전체의 희생 문제를 해결할 수 있는 것이다. 무역정책이 고도화될수록 이슈가 더욱 정치화되고 왜곡될 가능성이 크므로 단순한 자유무역 선택이 이러한 문제들을 최소화하는 대안이 될 수 있다.

Box 9-1 무역정책 수단

무역정책의 수단은 크게 관세(tariff)와 비관세장벽(non-tariff barriers)으로 나눌 수 있다. 관세는 해외로부터 수입되는 재화에 대해 세금을 부과하는 것으로 가장 오래된 무역정책 수단이다. 관세의 종류는 수입품의 가격을 기준으로 일정률을 과세하는, 예를 들어 수입차의 가격에 대해 10%를 과세하는 종가세(ad valorem tariff)와 수량을 기준으로 일정액을 과세하는, 예를 들어 수입차 한 대당 10달러를 과세하는 종량세(specific tariff)가 있다. 관세를 부과하면 수입이 감소하고 국내 생산이 증가해 무역규모가 축소된다. 자국에 대한 전체적인 사회후생 효과는 관세부과로 인한 효율성 손실과 교역조건 개선에 따른 이득을 비교해 봐야 하는데, 세계 경제에서 차지하는 비중이 크면 후자가 더 크게 나타날 수 있다.

비관세장벽은 관세 외에 무역에 개입하는 모든 조치라고 볼 수 있다. 이는 수입을 제한하는 조치뿐만 아니라 수출을 촉진하기 위한 지원도 포함하고 아울러 직접적인 조치뿐만 아니라 간접적인 조치까지도 포함한다. UNCTAD는 이를 크게 세 형태로 분류하고 있다. 첫째는 직접적으로 수입을 제한하거나 수출을 지원하는 수단으로서 수량할당, 수출규제, 정부구매 제한조치 등과 같은 수량규제와 수출보조금, 복수환율제도 등과 같은 가격규제를 포함한다. 둘째는 직접적인 무역정책 수단은 아니지만 보호 목적으로 활용되는 조치이다. 예를 들어 과도한 통관서류 요구, 통관절차 지연, 광고규제, 위생요건 강화 등과 같은 행정적인 조치들이 여기에 속한다. 셋째는 보호

목적으로 도입되지는 않았으나 결과적으로 동일한 효과를 가져오는 것으로, 정부지출 용도 제한, 독점규제 정책, 국가보험규제 등이 여기에 속한다. 이 중 대표적인 것들을 좀 더 살펴보자.

관세가 수입가격에 대한 규제임에 반해 수량할당(quota)은 수입재의 양 자체에 대한 직접규제이다. 수량할당은 주로 국내의 수입업체들에게 수입허가를 내줌으로써 일정한 수준 이상 수입하지 못하도록 규제하는 비가격적 수입제한정책이다. 관세와는 달리 정부에 귀속되는 소득이 없어지고, 가격 상승에 따른 추가적인 소득은 수입허가 라이센스를 받은 수입업자들에게 귀속된다. 수출자율규제(voluntary export restraint ; VER)는 수입국 정부가 아니라 수출국 정부가 자율적으로 해외 수출에 대한 수량을 제한하는 조치로, 일반적으로 수입국 정부의 강력한 요청에 의해 도입된다. 이 정책은 수량할당과 마찬가지의 효과를 보이지만, 추가적인 소득은 전적으로 수출허가 라이센스를 가진 외국 정부 또는 외국 생산자에게 귀속된다. 가장 대표적인 사례는 1980년대 일본이 대미 자동차 수출에 대해 자발적으로 수출량을 제한한 조치이다. 일본 자동차 회사들은 이에 대응해 소득을 증가시키기 위해 소형 자동차 대신에 고가의 대형 차량을 수출하는 전략을 취함으로써 렉서스 등 럭셔리 자동차가 미국 시장에 진출하는 계기가 마련되었다. 수출보조금(export subsidy)이란 정부가 수출에 대해 다양한 방법으로 보조금을 지급하는 것이다. 수출보조금의 효과는 관세와 정반대로 수입국의 물가는 감소해 순이익을 보게 되고, 수출국에서는 정부가 보조금을 지급하므로 그만큼 손실을 입게 된다. 따라서 농업 등 일부 분야를 지원하기 위해 주로 사용되는 이 정책은 효율성 감소에 따른 손실 및 세계시장에서의 수출품 가격 하락에 따른 교역조건 악화로, 관세와는 달리 자국에게 명확한 순손실을 초래한다.

보호무역 옹호론

보호무역 옹호론은 자유무역에 비해 훨씬 다양하게 제시되고 있다. 대표적인 논리로 교역조건 개선 효과, 시장실패 시정, 유치산업 보호, 사양산업 보호, 국가안보, 국가적 자부심 강화 등을 들 수 있다.

첫째, 관세, 수량할당 등을 통해 교역조건이 개선되면 사회후생이 증가할 수도 있다. 교역조건이란 수출품 1단위를 가지고 구입할 수 있는 수입품의 양을 말하는데, 보호무역 정책으로 교역조건이 개선되면 같은 수출품을 가지고 더 많은 수입품을 구입할 수 있으므로 본국의 후생이 개선될 수도 있는 것이다.[9] 한 가지 주의할 점은 보호무역 조치가 강해

질수록 이러한 후생증진 효과가 계속 커지지는 않는다는 것이다. 예를 들어 관세를 부과하면 처음에는 교역조건 개선 효과가 가격왜곡에 따른 효율성 상실 효과보다 커서 후생이 증진하지만, 일정 수준을 넘어서면 후자가 전자를 압도해 사회후생이 오히려 감소하게 된다. 따라서 사회후생을 최대로 만드는 적절한 관세를 찾아야 하는데, 이를 최적관세(optimum tariff)라고 부른다.

둘째, 경제이론에서 정부의 개입을 옹호하는 가장 대표적인 논리는 시장실패를 시정하기 위한 것이다. 마찬가지로 국제무역에서 시장의 실패가 존재하는 경우 자유무역은 최적의 선택이 되지 못하므로, 정부가 개입해 보호조치를 취함으로써 이러한 문제를 시정할 필요가 있다. 예를 들어 어떤 상품의 생산은 경제 전체적으로 기술을 향상시킬 수 있는 학습효과를 가지고 있다고 하자. 이처럼 긍정적 외부효과가 있는 경우 정부가 아무런 조치를 취하지 않고 시장의 자유로운 결정에 맡기게 되면, 기업들은 사회 전체에 대한 이러한 잠재적 혜택(외부효과)을 인식하지 못하기 때문에 이를 고려하지 않고 생산결정을 내리게 된다. 따라서 개별 기업 차원에서의 최적의 결정은 사회 전체 차원에서의 최적 수준과 달라지게 되고, 자유무역은 이 상품이 사회적으로 바람직한 수준보다 적게 생산되도록 만들게 된다. 이런 경우 정부가 보호무역 조치를 취해 국내 생산이 증가되도록 하면, 국내 생산량 증가에 따라 위에서 지적한 외부효과 커지고 사회적 후생도 증가시키게 된다.

셋째, 유치산업보호론은 보호무역을 옹호하기 위해 가장 널리 사용되는 논리이다. 역사적으로 볼 때 유치산업보호론은 미국의 해밀튼(Alexander Hamilton)에 의해 처음으로 제기되었고 독일의 리스트(Friedrich List)에 의해서 체계화되었다. 리스트의 주장에 따르면 자유무역이론은 국가 간의 동일한 조건을 전제로 국제무역이 가져다줄 수 있는 이익만을 강조하였을 뿐 국가 간의 상이한 경제력은 전혀 고려하지 않고 있다는 것이다. 즉, 무역정책은 각국의 경제발전단계와 연결지어 각국의 환경에 알맞는 서로 다른 내용으로 수행되어야 하며, 자유무역이론이 모든 국가에 동일하게 적용될 수 있는 보편타당성을 갖고 있지는 못하다는 점을 강조했다. 리스트가 유치산업보호론을 전개하면서 염두에 두었던 국가는 19세기 중엽의 독일이다. 그 당시 영국은 선도적 산업국가였으며, 경제규모와 기술 수준에서 영국보다 뒤떨어져 있던 독일이 영국과 경쟁한다는 것은 매우 어려운 일이었다. 리스트는 이 경우 만약 독일이 자유무역을 실시한다면 계속적으로 영국의 공산품시장으로 전락함으로써 공업화를 달성할 수 있는 기회를 상실하게 될 것이라는 생각을 지녔다. 따라서 그는 공업부문의 유치산업이 경쟁력을 배양하기까지 일정 기간 동안 관세와 같은 정책수단으로 보호해 주어야 한다고 역설했다. 유치산업보호론의 핵심은 비교우위를 정태적인 관점에서 볼 것이 아니라 동태적인 관점에서 보아야 한다는 데 있다. 즉, 경제발전에 따라 비교우위가 달라지기 때문에 비록 현재에는 비교우위가 없더라도 장기적으로 발전 가능성이 큰 산업은 정책적으로 보호, 육성할 필요가 있다는 것이다.

넷째, 사양산업보호론은 국제무역이 승자와 패자를 만들어내므로 패자에 대한 보호조치가 필요하다는 것이다. 국제무역은 기업들로 하여금 외국 기업들과도 경쟁하게 만듦으로써 폐쇄경제에 비해 더욱 극심한 경쟁에 노출시키게 되고 이로 인해 경쟁에 패배해 도산하는 기업이 더욱 속출하게 만든다. 자유무역론자들에 따르면 이는 시장의 경쟁원리에 따른 당연한 결과이고 따라서 경쟁에서 패배한 기업들이 사용하던 자원은 다른 부문으로 이전되는 것이 경제 전체의 효율성을 높일 수 있다는 것이다. 그러나 보호무역을 옹호하는 사람들은, 국내 기업들의 경쟁력이 부족해 탈락했다고 인정하기보다 외국 기업들에 비해 불리한 여건에도 불구하고 동일한 시장에서 경쟁했기 때문에 도산할 수밖에 없었다고 믿고 이에 대한 대책을 요구하게 된다. 또한 퇴출된 기업들이 사용하던 자원을 다른 부문으로 이전하는 것이 바람직하다는 자유무역론자들의 주장에 대해서도 이는 현실적으로 상당한 문제를 야기한다고 반박한다. 즉, 이미 한 분야에 생산요소가 투입되는 경우 그 분야의 용도에 고착되기 때문에 쉽게 다른 분야로 이동하기가 어렵다. 더욱이 다른 분야로 이동한다 하더라도 새로운 분야에 적응하는 데는 시간이 걸릴 뿐만 아니라 다른 노하우를 요구하기 때문에 생산성이 향상되기 어렵고 따라서 전체적으로 효율성이 증대되는 것이 아니라 오히려 감소될 수 있다. 따라서 자유무역론자들의 주장과는 달리 사양산업에 속한 기업들이 외국과의 경쟁에 노출됨으로써 도산해 갈 때 이를 그대로 방치하는 것은 오히려 사회 전체적인 손실을 야기할 수 있으므로 정부가 개입을 해서 구제하는 것이 더 바람직하다는 것이다.

다섯째, 국내산업 보호를 위해 보호무역이 필요함을 주장하는 사람들은 본국의 산업에 대한 외국 기업의 영향력이 적정한 수준을 넘으면 경제주권의 문제에 직면한다는 점을 지적하고 있다. 경제주권이 상실되는 경우 발생할 수 있는 결과로 크게 저부가가치 생산활동 담당국가로의 전락, 경제안보 위협, 기술종속 등을 들 수 있다. 우선, 산업에 투입되는 생산요소의 상당 부분을 외국에 의존하게 되면 본국의 경제적 운명이 다국적기업 조직 속의 한 부분으로 전락될 수 있다. 이렇게 되면 경제적 부가 유출되는 것은 물론이고 본국의 산업전환 방향조차도 외부의 힘에 의해 결정될 우려가 있다. 경제주권의 상실이 가져올 수 있는 또 하나의 문제는 경제안보의 위협이다.[10] 특히 통신, 교통, 에너지 분야 등 중요산업에서 경제주권을 상실하는 경우 산업 전반에 걸쳐 국가 이익이 위협을 받을 수가 있다. 더구나 본국의 중요산업의 경제주권을 외국인의 손에 맡겼다가 그들이 갑자기 물자공급을 중단하거나 투자했던 것을 철수한다든가 하면 실업, 경기침체 등 심각한 혼란을 야기하고 이와 같은 현상은 궁극적으로 자국을 기술종속국으로 고착화시킬 우려도 있다. 따라서 만약을 대비해 필요한 물자에 대한 자급능력을 갖추어야 한다는 것이 경제안보론의 주장이다.

여섯째, 심리적인 차원에서 국가적 자부심(national pride)을 제고시킬 수 있는 보호무역정책은 바람직할 수도 있다는 것이다. 예를 들어 해외에 나갔을 때 국내 상품의 대형 광고판이 도시 중심에 붙어 있으면 뿌듯한 마음을 느끼게 되듯이, 전 세계 시장을 리드하는 상품을 생산한다는 것은 올림픽 금메달을 따는 것 이상으로 국가적 자부심을 향상시킬 수 있다. 따라서 국가 입장에서도 삼성전자의 갤럭시처럼 상징적으로 국가이미지를 제고할 수 있는 상품이 필요하다고 느끼고 이를 위한 무역정책 방향을 정하는 것도 바람직할 수 있다. 만일 국가적 자부심이 자국 생산품의 세계시장 지배에서 유래된다면 수출보조금을 사용할 수 있을 것이고, 국가적 자부심이 국내시장에서의 자국 상품 지배로부터 생긴다면 관세 또는 수량할당 등을 사용할 수 있다.

2. GATT 체제의 출범

2.1 제2차 세계대전 이전의 국제무역관계

근대사를 통해 국가들은 무역자유화와 보호주의 사이를 계속 오갔다. 근대국가 체제에서 무역자유화를 촉진시킨 중요한 사건으로 1845년 영국의 곡물법 폐지를 들 수 있다. 이후 영국을 필두로 자유무역이 확산되기 시작했는데, 1860년 영국과 프랑스가 콥든-슈발리에 협정을 체결하면서 유럽 전체의 무역장벽을 제거하고 자유무역 통상망을 구축하는 계기를 마련하게 되었다. 하지만 1870년대 이후 자유무역에 대한 열정이 다소 수그러들었는데, 이는 영국 패권의 쇠약과 프로이센-프랑스 전쟁, 그리고 1870년대부터 근 20여 년 지속된 장기공황 때문이었다. 이후 제1차 세계대전의 발발로 인해 금본위제도뿐만 아니라 유럽의 자유무역 조약도 완전히 분열되었다.

제1차 세계대전 이후 무역을 자유화하려는 노력은 당시 국제질서 여건상 성과를 거두기가 어려웠다. 유럽 국가들은 전쟁의 상흔에서 회복하려는 데 여념이 없었고 뿐만 아니라 전쟁을 통해 순채권국이자 세계 최고의 산업 강국으로 부상한 미국도 다른 유럽 국가들처럼 관세를 인상했다. 특히 1929년 주식시장 붕괴 이후 각국의 근린궁핍화 정책이 가속화되었는데, 미국 의회는 1930년 수입품에 대해 평균 52.8%의 관세를 부과하는 스무트-홀리 법을 통과시키면서 대공황의 폐해를 더욱 심각하게 만들었다. 전간기 세계 제1의 경제력을 보유했던 미국이 왜 보호무역주의를 지양하려 하지 않았는지에 대해 학자들 간에 의견이 분분하다. 패권안정론자들은 미국이 비록 경제대국이 되었을지라도 많은 불확실성이 존재하던 당시에는 패권국의 부담을 떠안고 싶지 않았고, 제2차 세계대전 이후 위치가 좀 더 확고해지고 나서야 패권국으로 이행하고 싶어 했다고 주장한다. 그러나 다른 학자들은 미국이 전간기에 개방경제체제를 이룩할 만한 능력이 실제적으로 있었는지에 대해 의문점을 제기한다.[11] 미국의 경제력은 최강이었지만 세계무역과 투자 비중은

19세기 후반의 영국에 견주어볼 때 훨씬 낮았기 때문이다.

이들과는 달리 일부 학자들은 미국의 국제적인 위상보다 국내 정치에서 미국의 보호주의의 이유를 찾고 있다.[12] 미국이 전간기에 세계 최고의 경제대국이 되기는 했지만 다수의 미국 산업계는 유럽의 경쟁에 대해 두려워했고 미국의 농업 단체는 농산물 가격의 급락에 불안해하고 있었다. 수입을 제한하고자 하는 생산자와 노동자들은 정치적으로 조직화하고 특정 산업 중심으로 힘을 합쳐 강력한 로비를 통해 미국 의회가 스무트-홀리 법을 통과시키게 만들었다. 관세를 낮게 유지하면 이득을 볼 수 있는 소비자 그룹은 사실상 훨씬 분산되어 있고 조직적으로 움직이지 못해 정치권에 대한 영향력이 작았다. 정당정치 또한 스무트-홀리 법 통과에 영향을 미쳤는데 이는 당시 상원의 다수석을 차지했던 공화당이 민주당보다 보호주의적이었기 때문이다.

역사상 최악의 보호무역법안으로 여겨지는 스무트-홀리 관세법이 제정된 이유와 상관없이 이후 다른 국가들이 수입제한으로 보복조치를 취하면서 세계 경제에 처참한 결과를 가져왔다. 1929년부터 1933년 사이 세계 무역은 350억 달러에서 120억 달러로 1/3 수준으로 감소했으며 미국 수출도 4,880만 달러에서 1,200만 달러로 급격히 감소했다. 보후무역 조치에 따른 피해가 워낙 심각해지자 미국 의회는 이를 시정하기 위해 1934년 상호무역협정법(Reciprocal Trade Agreements Act ; RTAA)을 제정했다. RTAA는 사실상 관세부과권을 의회에서 대통령으로 이전한 것이며 대통령은 외국과의 협상에서 관세를 스무트-홀리 법 이전의 수준으로 낮출 수도 있게 되었다. 이를 통해 의회가 일방적이고 법에 기반해 관세를 부과하는 대신 대통령이 양자 계약을 통해 관세 협상을 할 수 있는 지휘권이 주어졌다. 비록 대통령에게 양자 협상만 지휘할 권한이 주어졌지만 관세부과를 국제 협상으로 직접 연결했다는 점에서 RTAA는 중요한 전환점이 되었다고 할 수 있다.

관세 협상이 진행되면서 미국은 자국의 수입 시장을 여는 양보를 통해 외국 시장에 대한 접근이 크게 확대될 수 있다는 것을 인지했다. RTAA가 승인된 1934년부터 1945년까지 미국은 27개국과 양자 계약을 맺었으며 관세를 평균 44% 인하했다. 스무트-홀리 법 이후 1930년대 초에는 관세율이 매우 높았지만 미국 정부의 양자 협정을 통해 과도한 관세부과를 상당히 완화시킬 수 있었다. 그러나 RTAA는 전 세계 무역자유화를 촉진하는

데 한계를 보였다. 미국의 루즈벨트 정부는 외국이 비슷한 수준의 양보를 해야지만 관세를 인하하겠다는 전제를 내세우며 양자 협상을 진행함으로써 무역 촉진 효과를 제한하기도 했고, 또한 아직도 많은 국가들이 관세 인하를 원하지 않았기에 RTAA 계약을 통해 무역자유화가 크게 촉진되지는 않았다.

2.2 GATT의 출범

GATT의 출범과정

미국을 비롯한 연합국들은 전간기의 보후무역주의로 인한 폐해를 절실하게 인식하고 이러한 결과가 다시는 반복되지 않게 하기 위해 전후 세계 경제질서의 재편을 위한 방법을 모색했다. 미국은 전간기 및 제2차 세계대전을 경험하면서 자유무역을 확대하는 것이 자국은 물론 전 세계의 성장, 번영, 안정, 평화를 가져다줄 수 있는 것으로 믿게 되었다. 그러나 브레튼우즈 회의에서는 IMF와 세계은행의 설립만을 결정하고, 국제무역질서를 관장하는 국제기구의 설립은 본 의제에서 제외되었다.

1940년대 중반 미국은 자유무역을 확대시키기 위해 두 개의 전략을 취하고 있었다. 하나는 RTAA에 근거한 관세인하협정권이 1948년까지 연장된 것을 계기로 다자간 관세인하협정을 체결하는 것이었다. 다른 하나는 국제무역질서를 관장하는 국제무역기구(International Trade Organization ; ITO) 설립에 적극 참여하는 것이었다. 1945년 가을 미국 국무부는 무역과 고용에 관한 문서를 공표했는데, 이 문서는 1948년 3월 하바나 헌장(혹은 국제무역헌장)을 통한 다자 협상의 기반이 되었다. 헌장의 범위는 매우 넓었으며 통상정책뿐만이 아니라 경제발전, 완전고용, 국제투자, 국제상품 협의, 거래제한 행위, ITO의 관리와 기능에 관한 내용도 포함했다. 하바나 헌장은 워낙 많은 내용과 민감한 내용들이 포함되어 있어 국가들 간의 입장 차이가 심했고 많은 논란의 소지를 남기게 되었다.

하바나 헌장의 완결로 국제무역질서가 새로운 ITO에 귀속될 것이라 생각되었지만,

미국 의회가 하바나 헌장을 비준하지 않았기 때문에 ITO 설립은 실패로 돌아갔다. 미국 의회가 헌장을 비준하지 않은 이유는 복잡하고 모순적인데, 왜냐하면 미국이 ITO 창설을 처음 주장했기 때문이다. 국제무역기구헌장의 초안을 작성할 때 무역 협상가들은 전쟁의 상흔에서 회복하려고 하는 유럽 등 많은 국가들의 문제에 민감하게 반응하고 너무 다양한 요구들을 수용하려고 하다가, 보호주의자도 자유주의자도 만족시키지 못하게 되었다. 이에 미국의 보호주의자들은 ITO를 통해 저가의 수입품이 들어올 것이고 미국의 통상정책 수립에 위협이 될 것이라고 주장했다. 반면 자유주의자들은 헌장의 수많은 면책 조항과 예외가 무역자유화에 방해가 될 것이라 주장했다. 트루만 대통령은 국내 지지의 부족으로 헌장에 대한 의회 비준 제출을 철회했고 ITO는 설립되지 않았다.

ITO 설립이 실패로 끝나자 한편에서는 이미 종료된 다자간 관세인하 협정만이라도 우선 발효시키자는 입장과 다른 한편에서는 이 협정을 ITO 출범 이루 함께 발효시키자는 입장이 대립하였다. 그러나 당시의 현실을 고려해 협상 참가국들은 결국 '관세 및 무역에 관한 일반협정(General Agreement on Tariffs and Trade)'을 먼저 발효시키기로 합의하고 GATT를 출범시키게 되었다. GATT는 잠정적인 무역협정안으로 채택하기로 했기 때문에 각국의 의회 비준이 필요하지 않았다. 따라서 GATT에 서명한 국가들은 회원국이 아니라 계약 당사국이 되었다. IMF, 세계은행과 동등한 UN 특별기구가 되었을 ITO와 다르게 GATT는 특별기구 신분을 획득하지 못했다. GATT는 일차적으로 서면 상의 국제무역 행동기준이었으며 ITO보다 법률상의 의무와 분쟁해결절차 면에서 제한적이었다. GATT는 하바나 헌정에 명시되었던 투자, 고용, 상품 협정, 거래제한 행위 등의 조항도 포함하지 않았다.[13]

어떤 면에서 GATT 기반의 무역체제는 새로운 것이 아니었다. GATT의 원칙과 법규는 과거 관례를 법규화한 것이고, 무역정책은 국제협상을 통해 설립되어야 한다는 기본 접근방식 또한 미국의 RTAA에서 이미 수립된 것이었다. 그러나 한 가지 대단히 중요한 것은 국제협상을 양자협상보다 다자협상에 기반을 두었다는 점에서 GATT는 새로운 전환점을 마련하였다. GATT 이후의 무역협상은 개입주의와 자유주의의 타협을 바탕으로 이루어졌다. 참가국들이 무역을 자유화하는 조치를 승인했지만 또한 국가의 사회정책과 국제수지를 보호하기 위한 세이프가드나 예외를 지지하기도 했다.

GATT는 잠정협정안으로 출범했기 때문에 형식적 면에서 국제기구로 간주되지 않았음에도 불구하고 국제기구의 특성을 점점 갖추어 갔다. 예를 들어 GATT에는 소규모의 사무국이나 임시위원회, 특별 조사 위원회가 있었으며 회원국에 법적 구속력을 가지는 결정을 내릴 수 있었다. 비공식적인 국제기구라는 태생에도 불구하고 GATT는 원칙, 규범, 규칙, 의사결정 절차 면에서 고도의 무역체제 기반을 마련했다고 볼 수 있다. 일부 학자들은 GATT가 비공식적이기 때문에 IMF나 세계은행보다 더 효율적인 기구가 되었다고 주장하기도 한다.[14]

GATT의 주요 내용

GATT는 관세인하와 수량제한의 철폐, 비관세장벽의 완화 등을 통하여 세계자유무역을 실현하고, 세계 무역환경에 있어 확실성과 명료성을 최대화하여 세계무역발전을 위한 토대를 형성하며, 회원국들 간의 이해관계 침해방지 및 상호 간의 원만한 문제해결을 통한 각국의 분쟁해결을 그 목적으로 하였다.

이를 위해 GATT는 최혜국대우, 내국민대우, 상호주의, 세이프가드 등의 기본 원칙을 채택했다. 첫째, 최혜국대우(most favored nations ; MFN) 원칙은 GATT 제1조에서 GATT 회원국이 다른 국가에 주는 호의나 특권은 즉시, 그리고 무조건적으로 다른 모든 회원국에게 부여되어야 한다고 명시되어 있다. 이는 GATT 가맹국 중 어떤 한 국가에게 관세인하 조치를 하려 한다면 여타 가맹국들에게도 동일한 조치를 해야 한다는 것으로, 2국 간의 배타적인 특혜 조치는 원칙적으로 인정되지 않음을 뜻한다. 최혜국대우 원칙은 가장 저가로 생산할 수 있는 공급자로부터 수입하고 비교우위가 거래패턴을 결정하도록 한다. 최혜국대우의 기원은 15세기 유럽과 1860년 콥든-슈발리에 협정으로 거슬러 올라가지만, GATT 중심의 최혜국대우 원칙은 다자적인 약속과 정기적인 협상에 기반하고 있다.

GATT 협상가들이 최혜국대우의 중요성을 강조했음에도 불구하고 GATT에는 식민지특혜나 지역통합협정, 국제수지, 국가안보를 기반으로 한 최혜국대우 예외조항이 존재하며 불공정 무역 행위에 대한 반발로서의 예외도 인정된다. 이러한 예외 중 NAFTA나 유럽연합 같은 자유무역협정과 관세동맹의 증가로 인해 최혜국대우 원칙이 크게 위협받고 있다. 지역통합협정의 참가국은 참가국 간 무역장벽을 철폐하며 다른 GATT 회원국보다 참가국 간에 더 호의적인 대우를 할 수 있기 때문이다.

둘째, 내국민대우(national treatment) 원칙은 GATT 제3조에 명시되어 있는데, 국내의 조세정책과 규제조치를 적용함에 있어서 수입품(또는 외국 기업 활동)과 국내 상품(또는 국내 기업 활동) 간에 차별을 두지 않고 동등한 대우를 해야 함을 의미한다. 최혜국대우가 한 국가의 국경에서 발생하는 차별을 막기 위한 것이라면 내국민대우 원칙은 내부적인 차별을 막기 위한 것이다. 이 조항은 국가들이 관세와 다른 무역장벽이 줄어들면서 대외경쟁을 제한하기 위해 국내적 조치를 취하는 것을 막기 위해 제안되었다. 내국민대우 원칙의 중요성은 관련 문제가 GATT 분쟁 해결 절차를 통해 자주 다루어졌다는 것에서 나타난다.

기업 진출 시 내국민 대우와 관련해 두 가지 방식을 고려할 수 있다. 하나는 '합법적 내국민 대우'로서 외국 기업은 법률에 의해서만 동등한 취급을 받는 것이다. 이 경우 외국 기업이 처한 상황이 국내 기업과 달라 실제 영업에 있어 제한을 받더라도 상황을 개선할 수 있는 여지가 없다. 한편 '경쟁적 내국민 대우'는 외국 기업들이 경쟁 시 불리한 입장에 놓이지 않도록 하는 것이다. 이는 법적 대우뿐만 아니라 실제적으로 동등한 경쟁기회를 제공할 것을 요구하는 것이다.

셋째, 상호주의(reciprocity)란 한 국가가 다른 국가의 무역 양해로 인해 이득을 보는 경우 그 국가가 그 대가로 대략 비슷한 수준의 혜택을 제공해야 한다는 기본 원칙이다. 예를 들어 한 가맹국이 관세를 인하하는 경우 상대국도 그에 상응하는 관세인하가 있어야 한다는 것이다. 협정 시에 균형 잡힌 양보의 교환이 이루어지도록 보장하기에 상호주의 원칙은 다자협상 원칙의 무임승차 문제를 제한한다. 자유주의 경제학자들은 국가가 협상을 통해서만이 아니라 일방적으로 무역자유화를 해도 이득을 본다고 주장한다. 하지만 특정 산업의 보호주의 세력은 조직이 잘 되어 있으며 일방적 무역자유화 정책을 반대할만큼 충분한 국내 세력을 동원할 수 있다. 상호주의적인 무역 양해 협정을 맺을 경우, 국가는 협정을 통해 이득을 얻을 수 있는 수출 중심적 국내 산업의 지지를 촉진시킬 수도 있다. 실제로 상호주의 원칙은 주요 무역국의 이익을 반영한 관세협정을 보장한다. 다른 국가의 관세 인하로 인해 이득을 보는 GATT 회원국은 상호주의적 양해를 제공할 수 있어야 하며 국내시장이 크고 무역량이 많은 국가들은 양해의 폭이 넓기 때문에 그만큼 더 큰 영향력을 발휘할 수 있다. 이런 면에서 미국과 유럽연합은 가장 큰 양보를 할 수 있기에 GATT의 주도세력으로 역할을 해왔다.

상호주의는 본질상 한정적이거나 시혜적일 수 있다. 한정적 상호주의는 특정 상대방과 엄격하게 한계가 정해진 순서로 물품을 교류하는 상황을 일컫는다. 시혜적 상호주의는 등가에 대해 덜 엄밀한 정의를 내리는데 왜냐하면 상대국이 특정국이라기보다 하나의 집단으로 간주되기 때문이다. 시혜적 상호주의는 조건 없는 최혜국대우와 공존 가능한 반면 한정적 상호주의는 조건부 최혜국대우와 유사하다. 조건부 최혜국대우에서는 서로에게 양해협정을 맺은 두 국가가 제3국이 즉시 동등한 양보를 할 때만 제3국에게 같은 양보를 적용한다. 상대적 이득에 관심이 있는 현실주의자들은 한정적 상호주의를 선호하고 절대적 이득에 관심이 있는 자유주의자들은 시혜적 상호주의를 선호한다.

자유주의 경제학자는 시혜적 상호주의가 한정적 상호주의보다 더 협력에 도움이 된다고 주장하는데, 왜냐하면 양보가 정확히 동등한지 밝히는 것이 어렵기 때문이다. 만약 국가들이 항상 한정적 상호주의를 요구한다면 사실상 다자협상을 진행하는 것이 불가능할 것이다. 그럼에도 불구하고 미국은 무역 패권의 감소와 무역수지 적자에 대응해 한정적 상호주의가 가끔은 무임승차를 막는 데 필요하다고 주장했다. 미국은 특히 일본과 같이 무역적자 규모가 큰 국가에 대해 한정적 상호주의를 요구했다. 미국의 입장에서 보면 일본에는 수많은 숨겨진 무역장벽이 존재하므로 일본 시장에 동등한 진입이 이루어지지 않고 있기 때문이다. 이에 따라 미국은 일본의 미국 시장 진입의 대가로 특정 상품의 시장에 구체적인 지분만큼 진입할 수 있는 결과 중심의 협정을 종종 요구했다. 일본은 이와 대조적으로 일본의 무역흑자가 경쟁우위에 따른 것이지 불공정 무역 관행으로 인한 것이 아니라고 주장했다.

넷째, 최혜국대우, 내국민대우 및 상호주의가 자유주의에 기초한 원칙인 반면 세이프가드(safeguard)와 조건부 무역조치(contingent trade measures)는 간섭주의에 기초한 원칙이다. 세이프가드는 한 국가의 산업이나 경제에 해가 될 만한 수입품을 제한하는 정부의 행위이다. 세이프가드 원칙은 무역자유화 협정의 중요한 부분이다. 세이프가드 조치는 보통 일시적으로 적용되지만 특정 상황에서는 영구적 무역장벽으로 작용할 수도 있다. 가장 중요한 일시적 세이프가드는 GATT 제19조의 일반적 예외조항이며, 국내 산업에 심각한 피해를 끼치거나 끼칠 것이라고 예상되는 수입 급증에 대응할 수 있게 해준다. 이러한 세이프가드 조치는 모든 회원국에게 적용되어야 하며 이로 인해 영향을 받은 국가는 보상을 요구할 수 있다. 이러한 엄격한 요구조건 때문에 국가들은 예외 규정을 자주 사용하지는 않는다.

세이프가드 조항이 다른 국가가 공정하게 무역하고 있을 때도 적용 가능한 반면 조건부 무역조치는 불공정거래에 대항하기 위한 것이다. 조건부 무역조치의 두 가지 주요 유형으로는 반덤핑관세(antidumping duties)와 상계관세(countervailing duties)가 있다. GATT는 외국 제품의 덤핑이 국내 생산자에게 물질적인 피해를 입히거나 위협적인 경우 반덤핑관세 부과를 허용한다. 무역을 왜곡시키는 보조금의 혜택을 받는 수입품이 국내 생산자를 위협하거나 실제로 물질적인 피해를 줄 경우에는 상계관세를 부과할 수도 있다. 조건부 무역조치는 불공정 무역에 대한 적법한 조치로서 보호무역주의를 정당화하는 것일 수 있다. 그러나 반덤핑관세나 상계관세는 매우 논란이 많으며 GATT의 분쟁해결절차에서 자주 문제가 제기되었다.

3. 제2차 세계대전 이후의 다자간 무역협상

3.1 초기의 GATT 라운드

GATT는 출범 이후 우선 관세를 인하하고 비관세장벽을 규제하는 방식으로 자유화를 촉진시키면서 GATT 체제의 문제점을 보완하고자 계속 협상을 진행해 왔다. 1947년 제네바 라운드 이후 1995년 WTO 설립 이전까지 총 8번의 협상이 이루어졌다([표 9-2]).

표 9-2 GATT 협상 라운드

명칭(round)	시기	참가국 수	주요 의제
제1차 : Geneva	1947	23	▪ 관세인하
제2차 : Annecy	1949	33	▪ 관세인하
제3차 : Torquay	1950～1951	34	▪ 관세인하
제4차 : Geneva	1955～1956	21	▪ 관세인하
제5차 : Dilon	1960～1961	45	▪ 관세인하
제6차 : Kennedy	1962～1967	48	▪ 관세인하 ▪ 반덤핑 · 관세평가 협정
제7차 : Tokyo	1973～1979	99	▪ 관세인하 ▪ 비관세장벽 관련 코드 합의 ▪ 복수국 간 협정
제8차 : Uruguay	1986～1994	125	▪ 관세인하 ▪ 농업, 섬유, 서비스 무역자유화 확대 ▪ 지재권보호 확대 ▪ WTO 설립
제차 : Doha	2001～	146	▪ 농업, 서비스, 관세, 비관세 조치 ▪ 지적재산, 분쟁 해결 등

자료 : WTO, Annual Report, 각 시리즈.

제1차 제네바 라운드부터 제5차 딜론 라운드까지의 협상은 관세 인하에 초점을 맞추었다. 이때까지는 회원국도 많지 않아 협상이 주로 선진국 간 품목별 기반으로 양자 간에 이루어졌으며, 관세인하율도 대부분 그리 크지 않았다. 이처럼 제5차까지의 GATT 라운드는 관세인하 문제만 다루었기 때문에 회원국들은 점점 더 생산자를 보호하는 대체적 수단으로 비관세장벽을 사용했다. 비관세장벽에는 수입을 억제하고 국내 생산을 보조하며 수출을 장려하는 엄청나게 다양한 종류의 조치가 포함되며 보통 관세보다 더 제한적이고 불분명하며 불공평하다. 비관세장벽 협상은 관세 협상보다 더욱 문제가 많은데, 왜냐하면 비관세장벽의 영향은 수치화 및 측정하기 어렵고 국내 정책의 부속이라 생각해 국제 규정의 적용을 받지 않는다고 생각하고 있었기 때문이다.

GATT 회원국이 점점 늘어나고 개발도상국들이 협상에 참여하기 시작하면서 품목별 협상이 더욱 복잡해지고 시간 소모가 커져갔다. 이에 따라, 제6차 케네디 라운드에서는 공산품에 한해 모든 국가가 동시에 모든 품목에 대해 관세를 인하하는 다각적 일괄관세인하(across-the-board tariff reduction)를 적용하였다. 케네디 라운드에서의 협상이 성공함에 따라 OECD 국가들은 일괄적으로 평균 35%의 관세를 인하했다. GATT는 항상 관세를 수입할당보다 선호했는데, 왜냐하면 적당 수준의 관세는 효율적인 생산자가 지속적으로 판매를 늘리게 하는 반면 쿼터는 효율성에 대해 보상이 없고 수입에 임의적인 제한을 두었기 때문이다. 따라서 GATT 11조에서는 '수량제한(혹은 수입할당)의 일반적 철폐'를 요구하고 있다. 또한 케네디 라운드는 변화하는 무역 현실을 고려해 처음으로 관세 협상을 넘어서서 비관세장벽 협상 절차를 시작하였다.

케네디 라운드가 종료된 이후에도 GATT 체제는 여전히 많은 취약성을 드러내고 있었다. 개발도상국들은 협상에 참여하기 시작했지만 케네디 라운드의 주요 논의에서 소외되었음을 지적하고 특별대우를 부여할 것을 강력하게 요구하였다. 선진국들 또한 불만을 제기했는데, 미국 의회는 농산물 보조금 감축, 비관세 무역장벽 축소, 관세인하 등이 미흡하다고 평가하였다. 또한 반덤핑 협정에 합의한 것에 대해서도 의회로부터 받은 협상권한을 넘어선 것으로 간주하고 그 결과를 무효화시켰다. 더욱이 예외조항을 근거로 세이프가드 조치를 빈번히 발동하거나, 관세가 인하되자 그에 상응하는 새로운 비관세장벽이 급속히 확산되는 등 무역환경이 개선되기는커녕 악화되었다. 이에 미국, 유럽, 일본 등 주요 선진국들은 국제무역환경 변화에 대응하고 무역자유화를 더욱 진전시키기 위한 새로운 무역협상이 필요하다고 공감하고 도쿄 라운드를 추진하였다.

제7차 협상인 도쿄 라운드에서는 관세인하와 함께 그 이전과는 달리 비관세장벽의 완화 내지 철폐에 대한 논의가 본격적으로 시작되었으며 개발도상국의 참여도 크게 증대되었다. 관세와 관련해서는 관세인하 공식을 적용하는 것과 고율의 관세를 더 감축시키는 개별 협상을 병행해 추진하였다. 협상을 통해 선진국들은 대부분 30% 이상 관세를 인하하여 평균관세율이 5~6%로 낮아졌다. 도쿄 라운드에서는 비관세장벽 협상을 더 포괄적으로 다루고, 기술장벽, 정부조달, 보조금 및 상계관세, 관세 평가, 수입 허가, 반덤핑 등 6개 분야에 대한 코드(code)를 제정하였다.[15] 이처럼 코드 형태로 체결될 수밖에 없던 이유는, 이러한 의제들이 비관세장벽과 관련된 것이어서 관세와 같이 협상에 상호주의 원칙을 적용하기 어려웠고 또한 개발도상국들이 강하게 반대했기 때문이다. 코드 형태로라도 합의를 봤다는 면에서 비관세장벽까지도 완화시켜 무역을 더욱 자유화하려는 노력을 한 것으로 평가받을 수 있다. 그러나 서명국들만이 코드를 준수하고 대부분의 개발도상국이 참여하지 않은 복수 간 무역협정 형태로 됨으로써 다자간 무역체제인 GATT의 위상에 큰 타격을 주었다.

농업문제와 세이프가드 조치는 도쿄 라운드에서도 합의점을 찾지 못하고 미해결과제로 남게 되었다. 농산물에 대해 유럽과 일본 등은 보조금 지급을 예외로 인정하려고 한 반면 미국 등 농산물 수출국들은 이에 대한 GATT 차원의 규율을 강화하려고 하였다. 격렬한 논쟁 끝에 낙농제품과 육류에 대해서 품목별 협정이 타결되기는 했지만, 일부 국가만이 이 협정에 참여했고 그 내용도 실질적인 것이 되지 못해 큰 의미가 없는 것으로 평가되었다. 또한 세이프가드의 발동 시 최혜국대우 원칙을 유지하는 문제에 대해서는 유럽과 개발도상국 간에 심각한 입장차이가 있었다. 개발도상국들은 어떤 경우에도 최혜국대우 원칙이 유지되어야 한다고 강력히 주장하고 세이프가드 조치를 발동할 때 특정 국가를 선택하여 차별할 수 있는 예외를 허용하지 않으려고 했다.

3.2 우루과이 라운드

우루과이 라운드의 배경 및 진행과정

1980년대에 들어서면서 석유파동 후유증으로 세계 경제가 매우 불안한 국면으로 접어들고 글로벌 불균형이 심화되는 가운데, 이전까지 논의되었던 무역 체제 원칙이 끊임없이 변했고 자유무역을 촉진시킨 많은 GATT의 업적이 위기에 처하게 되었다. 자유화 원칙으로 보면 이전의 GATT 라운드는 관세를 낮췄지만 국가들은 회색규제(grey-area measure) 등 GATT 체제 밖에서의 무역제한 조치를 확대하고 GATT 법규에 포함되지도 않은 비관세 장벽을 남용하는 등 신보호주의 경향이 심화되었다. 이에 더해 무역자유화는 직물이나 농업 같은 주요 부문에 확대되지 않았으며 무역분쟁 절차는 불충분했다. 비차별 원칙은 최혜국대우에 속하지 않는 지역무역협정에 의해 더욱더 위협받았다. 상호주의와 세이프가드 원칙을 보면 미국과 유럽연합은 몇몇 무역국에 시혜적 상호주의 대신 한정적 상호주의를 요구했으며 GATT의 세이프가드에 불만족한 일부 국가들은 일방적 보호주의 조치를 취하였다.

한편, 이때까지의 GATT 라운드에서는 상품의 무역을 주로 다루었는데 1980년대에 들어서면서부터 미국을 위주로 한 선진국들이 서비스무역을 다루기 위한 제8차 GATT 라운드의 필요성을 주장하기 시작했다. 이는 서비스산업과 서비스무역이 과거보다 훨씬 중요해졌다는 점, 그럼에도 불구하고 상품무역과는 달리 서비스무역을 다룰 국제적인 다자간 규범이 부재하였다는 점, 그리고 GATT를 실질적으로 주도해 온 미국의 제조업이 비교우위를 잃어 미국은 만성적인 재정 · 무역 적자를 경험하게 되었고 이에 따라 상대적으로 비교우위를 확보하고 있는 서비스무역의 확대를 통해 만성적인 무역적자를 보전하고자 하였다는 점 등이 복합적으로 작용하였다.

이에 따라 제10차 GATT 총회(1984. 11.)에서 미국, 일본, EC 등이 새로운 GATT 라운드 구성을 제의하고 이어 GATT 특별총회(1985. 10.)에서 새로운 라운드 준비를 공식선언하게 됨에 따라, 1986년 9월 우루과이의 푼타델 에스테에서 새로운 다자간 무역협상을 개시하기 위한 GATT 각료선언이 채택되었다. 이에 따라 새로운 국제무역질서를 정립하기 위한 본격적인 협상이 개시되었으며, 이때부터 시작된 제8 차 GATT 다자간 협상을 우루과이 라운드(Uruguay Round ; UR)로 부르게 되었다.

우루과이 라운드는 1986년 이후 4년여 동안의 협상을 마치고 1990년 12월 브뤼셀 세계통상장관회의에서 그 막을 내릴 예정으로 되어 있었으나, 농산물 협상에서의 합의실패로 연장되었다. 그에 따라 1991년 12월 던켈 사무총장은 던켈안이라 불리는 최종 협상안을 각국에 제출하고 1992년 1월에 열린 무역협상위원회에서 이 협상안의 채택 여부를 논의하였다. 미국과 EC, 일본 등 협상주도국들은 이 최종 협상안이 매우 균형잡힌 것으로 평가하였으나 ,농산물을 비롯한 섬유, 반덤핑, 분쟁해결절차, 지적재산권, 서비스 등의 주요 분야에서 각국의 입장이 좁혀지지 않아서 타결에는 상당한 어려움이 있었다. 그러나 1994년 4월 모로코의 마라케쉬(Marrakesh) 우루과이 라운드 각료회의에서, 일부 분야가 타협되지 않았음에도 불구하고, 우루과이 라운드 최종 협정문(Final Act Embodying the Results of the Uruguay Round of Multilateral Trade Negotiation)에 합의함으로써 약 8년 동안의 기나긴 우루과이 라운드 협상은 공식적으로 마무리되었다.

우루과이 라운드의 주요 내용

우루과이 라운드의 협상체계로는 최고의 의사결정기구로서 무역협상위원회(Trade Negotiations Committee ; TNC)가 있고, 그 밑에 14개 상품무역의 분야별 협상을 총괄하는 상품협상그룹(Group of Negotiations on Goods ; GNG)과 서비스무역을 논의하는 서비스협상그룹(Group of Negotiations on Services ; GNS)이 존재한다. 상품협상그룹은 다시 14개 분야로 구성되고, 서비스협상그룹은 서비스무역의 1개 분야로 12개 과제를 다룬다.

그간 7차례에 걸친 GATT 다자간 협상은 전통적으로 선진국을 중심으로, 상품무역에 대한 관세 및 비관세 장벽의 타파를 그 주된 내용으로 삼았다. 이에 반하여, 우루과이 라운드 협상은 이전의 협상에 비해 의제가 훨씬 많고 포괄적일 뿐만 아니라, 상품무역에 대한 시장개방의 확대, GATT 규율의 강화 이외에도 서비스부문의 자유화 등 새로운 분야가 추가되었다는 점과 또한 국제무역에서의 선진국과 개발도상국의 관심사항이 비교적 균형 있게 포괄적으로 다루어졌다는 점에서 이전의 협상과 달랐다. 우루과이 라운드가 특별한 주목을 받았던 구체적인 이유들은 다음과 같다. 첫째, 시장개방 확대, GATT 규율강화, 신분야에 대한 다자간 규범정립 등 협상의제가 광범위하고, 둘째로 농산물, 섬유협정(Multilateral Fiber Agreement ; MFA) 등 GATT체제 밖의 문제와 반덤핑(anti-dumping), 긴급수입규제조치(safeguard) 등 개발도상국의 주요 관심사항이 협상의제에 포함되었다. 셋째, 지금까지의 다자간 무역협상 차원에서 다루어지지 않았던 지적재산권, 외국인 투자시책, 각종 서비스 등 서비스협상과 관련된 새로운 문제들을 GATT 내에서 다루게 되었고, 넷째로 GATT의 기능강화를 통해 GATT를 체계적인 조직을 갖춘 국제기구로 확대 개편하려는 노력이 시도되었고, 그 결과로 GATT보다 더 넓은 범위의 무역과 관련 분야에 관할권이 있는 새로운 세계무역기구(World Trade Organization ; WTO)가 설립되었다. 끝으로 GATT를 중심으로 한 다자간 무역질서가 크게 위협받고 있는 시점에서 우루과이 라운드가 진행되어 그 성패가 1990년대와 2000년대 세계무역질서의 향방에 지대한 영향을 미칠 것으로 기대되었다.

특히 우루과이 라운드 협상의 신분야에 해당하는 서비스협상은 더욱 크게 주목을 받았다. 서비스협상은 서비스무역에 관한 일반협정(General Agreement on Trade in Services ; GATS)을 작성하는 작업과 각 서비스분야별 부속서(sectoral annex or annotation)의 작성, 그리고 각국의 서비스부문 자유화 수준을 약속하는 최초 자유화 약속(initial commitment 또는 국가별 양허협상)으로 나눌 수 있다. GATT가 상품무역에 적용되는 일반협정이라면, GATS는 모든 서비스무역에 적용될 일반협정으로서 모든 서비스무역에 관한 일반적인 원칙과 절차를 규정하게 된다. 분야별 부속서는 분야별 전문가회의를 통해 통신, 금융 등 특정 분야에서 GATS를 보완하거나 추가할 내용을 담게 된다. GATS는 서비스분야 전반에 걸친 일반적인 내용을 담고 있는 반면, 부속서는 특정 분야만을 다루므로 그 분야의 협상에서는 실질적으로 가장 중요한 사항을 담게 된다. 서비스시장 개방 양허협상을 위한 최초 자유화 약속은 이 부속서에 의거하여 작성되므로 부속서에 어떠한 내용이 담기는가에 따라 각국의 이해득실은 크게 달라질 수 있기 때문에 협상에 참가한 각국들은 부속서에 자국에게 유리한 내용을 반영시키고자 노력하였다.

4. WTO와 글로벌 무역체제

4.1 WTO의 조직 및 기능

WTO는 GATT의 제8차 협정인 우루과이 라운드의 결과 마라케쉬 각료회의에서 의결된 WTO협정에 의해 1995년 1월에 설립되었다. 원래 GATT가 브레튼우즈 체제 하에서 국제무역기구(ITO)의 창설을 위한 과정에서의 협정이었다는 것을 돌이켜 볼 때, WTO의 설립은 국제통화기금(IMF), 세계은행 등과 함께 국제경제질서의 기반을 확립하는 계기가 될 것이다. GATT와는 대조적으로 WTO는 세계은행이나 IMF와 같이 법적으로 설립된 공식 기관이다. WTO는 GATT 외에도 우루과이 라운드를 포함한 여러 라운드 협상 때 논의된 다양한 조약의 법규를 관장한다. 서비스무역에 관한 일반 협정(GATS), 무역 관련 지적재산권 협정(TRIPs), 무역 관련 투자조치(TRIMs)가 이에 속한다. GATT는 물품 교역이 국제 무역의 가장 큰 부분을 차지하기 때문에 WTO 산하 가장 중요한 협정이다.

WTO의 조직으로는 최고의 권한을 가진 기관으로 모든 회원국을 포함하고 모든 이슈에 대해 결정을 내릴 수 있는 각료회의(Ministerial Conference)가 있고, 일반이사회(General Council)가 이를 뒷받침하고 있다(〈그림 9－1〉 참고). WTO 각료 회의는 2년마다 개최되며 정치적으로 높은 수준에서 WTO의 위치를 강화하기 위해 개최된다. 그러나 WTO의 업무는 상품무역이사회, 서비스무역이사회, 무역 관련 지적재산권 이사회(각각 GATT, GATS, TRIPs 협정과 관련)를 관장하는 일반이사회에서 처리한다.

또한 WTO 산하에는 무역정책검토기구(Trade Policy Review Body)와 분쟁해결기구(Dispute Settlement Body)가 있어, WTO가 국제적으로 상품 및 서비스 등의 교역의 자유화와 활성화에 이바지하고, 더불어 각 회원국들 간의 분쟁에서 해결의 실마리를 제시하고

그림 9-1 WTO의 조직

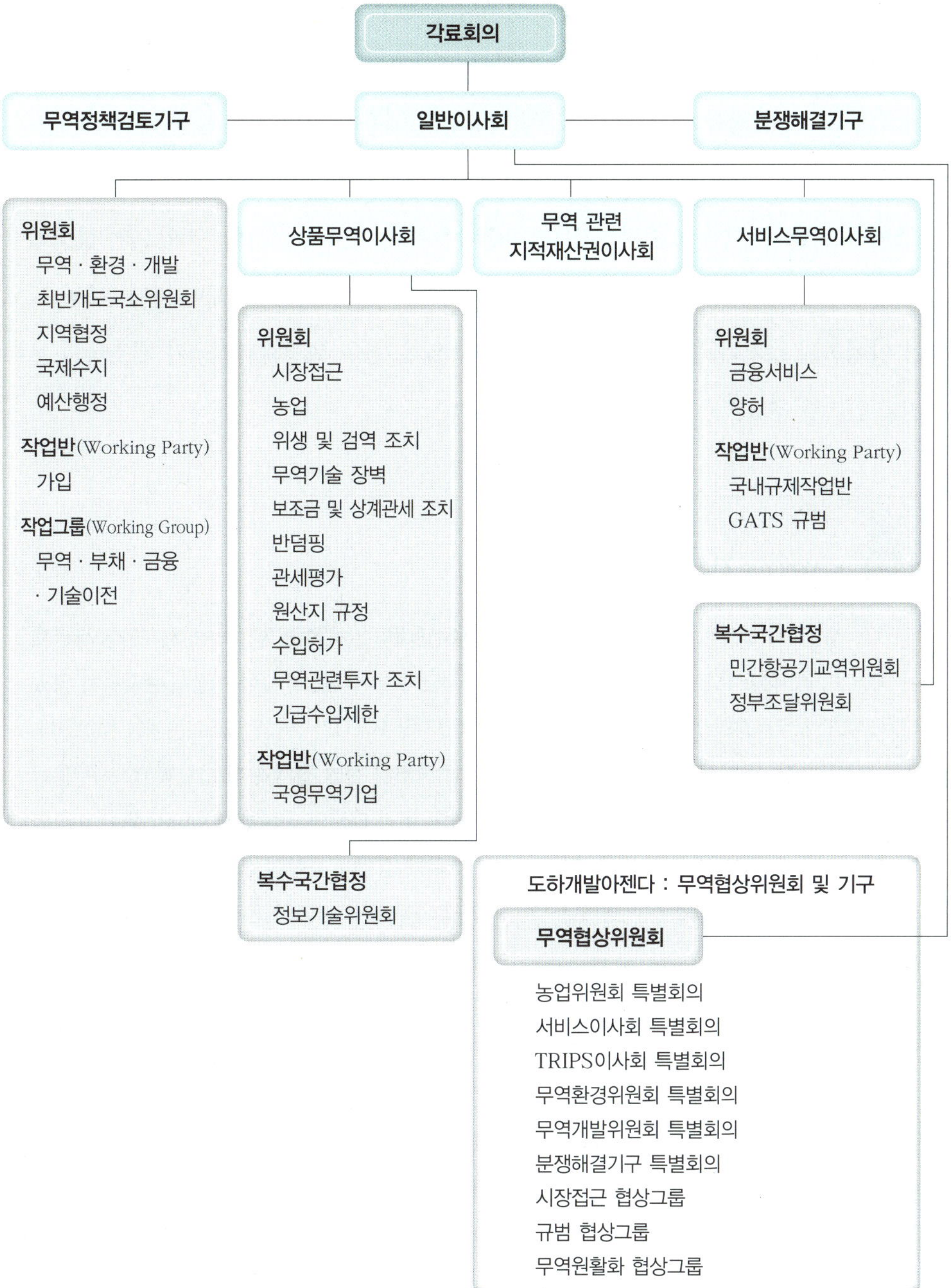

자료 : WTO 홈페이지 ; 김인준 · 이영섭(2013)에서 재인용.

의결하는 역할을 담당하도록 하고 있다. 무역정책검토기구는 WTO 회원국의 무역정책을 검토하고 무역에 지장을 줄 수 있는 정책이 다른 국가에 신속하게 공고되었는지 확인한다. 분쟁해결기구는 무역분쟁 관련 항의를 조사하고 판결하는 패널을 설립한다. 다른 회원국이 WTO 규정을 어기거나 이전에 협상한 양해를 저버린 경우 분쟁 해결 절차를 시작할 수 있다. WTO의 분쟁 해결 절차는 GATT 때보다 더 법적 구속력이 있고 시기적절한 조치를 취할 수 있게 해준다. WTO 회원국은 상소기구에 상고할 수 있으며 상소기구가 패널 보고서에 동의할 경우 패널 권고를 이행하거나 보상을 지불해야 한다. 패널 보고서를 이행하지 않거나 충분한 보상을 지불하지 않은 경우 분쟁해결기구가 제소국의 보복조치를 인가할 수 있다.

Box 9-2 WTO 사무총장

WTO의 최고위 직책은 사무총장이다. 1940년대의 암묵적 협정에 의해 세계은행의 총재는 항상 미국인이고 IMF의 총재는 항상 유럽인이지만 GATT에는 비슷한 협정이 존재하지 않았다. GATT 사무총장의 선발에 대해서는 논란이 적었지만 WTO가 설립된 후로 논쟁이 벌어졌다. WTO 사무총장 선발과정에 관한 분쟁은 GATT 때 공무원 선발 절차와 다르게 WTO 사무총장직에 정치인을 임명하려는 경향에서 비롯되었다. 또한 무역 패권의 하락을 만회하기 위한 미국의 더 강력한 자기 주장과 더불어 유럽, 미국, 일본 간 무역 경쟁이 심화되었고 개발도상국도 적극적으로 참여해 자신들의 목소리를 높이고 있어 WTO 사무총장 선발과정은 상당한 갈등에 휩싸이게 되었다.

WTO 출범 이전인 1948년부터 1995년까지의 모든 GATT 사무총장은 유럽인이었다. 그러나 WTO 초대 사무총장을 선출하려고 할 때 미국은 멕시코의 전 대통령을 지지했고 일본과 대부분의 아시아 국가는 한국의 통상장관이었던 김철수 씨를 지지했으며 유럽연합은 이탈리아 전 외교부 장관인 레나토 루지에로를 지지했다. 루지에로가 당시 GATT 회원국 중 가장 지지율이 높았지만 미국의 반대 입장이 강하면 선출을 장담할 수 없었다. 결국 미국이 루지에로를 사무총장으로 선출하는 데 동의했는데, 이는 미국이 지원하던 후보가 정치적 스캔들에 직접적으로 연루되었기 때문이었다. 그러나 미국은 루지에로가 4년 임기를 한 번만 채우길 원했고 다음 WTO 사무총장은 유럽인이 아니어야 한다고 고집했다. 다음 사무총장을 선출할 때가 오자 논란이 재점화되었다. 이번에는 일본을 제외한 대부분의 선진국이 뉴질랜드의 마이크 무어를 지지했고 대부분의 개발도상국은 태국의 수파차이 파닛차팍을 지지했다. 오래 계속된 분쟁 끝에 WTO 일반이사회 회원국들이 무어가 1999년 9월부터 3년 임기로 사무총장을 하고 2002년 9월부터 수파차이가 뒤를 이어 3년 동안 사무총장이 되는 것으로 합의했다. 수퍼차이의 뒤를 이어 프랑스의 파스칼 라미가 8년 동안 사무총장을 역임했고, 2013년부터 현재까지는 브라질의 호베르코 아제베두가 사무총장을 맡고 있다.

4.2 WTO 체제의 다자협상

WTO 체제의 의미

IMF와 세계은행의 쿼터별 가중투표 제도와 다르게 WTO 체제는 이전의 GATT에서와 같이 일국 일표 원칙에 따른다. 사안에 따라 WTO 투표는 단순 다수, 2/3 또는 3/4 이상의 특별 다수, 혹은 만장일치를 요한다. 일국 일표 체제에서도 예상보다 개도국의 영향력이 작게 나타났는데 이는 대부분의 결정이 합의에 의해 만들어지기 때문이다. 더 나아가 G-7/G-8, OECD, 그리고 EU, NAFTA 등과 같은 지역협정들이 국제무역 체제의 의제를 설정하는 데 중요한 역할을 한다.

WTO는 GATT보다 더 효과적이고 권위 있는 조직으로 설계되었으며 어떤 면으로는 성공을 거두었다고 볼 수 있다. GATT와는 다르게 WTO는 IMF와 세계은행과 비교할 수 있는 지위를 가진 공식 국제기구이다. 회원국은 GATT 분쟁해결 절차를 사용했던 것보다 WTO의 구속력을 가지는 분쟁 해결 제도를 더 자주 사용하고 있다. 더 나아가 WTO는 2019년 현재 164개의 회원국을 지닌 더 진정한 국제무역 기구가 되었다. 또한 WTO는 상품 무역만 관장하는 것이 아니라 서비스 무역과 무역 관련 지적재산권과 투자 조치도 감독한다. 마지막으로 WTO는 개발도상국과 이행기의 경제를 국제 무역 체제에 통합시키기 위해 더 많은 노력을 했고 다수의 NGO와 대화를 시작했다.

그럼에도 불구하고, WTO에는 여러 중대한 결점이 있으며 국제무역 자유화의 가속도를 유지하는 데 많은 장애물에 부딪치고 있다. GATT를 괴롭혔던 여러 문제가 WTO에도 계속 악영향을 주고 있으며 현실적으로 WTO도 국제무역 갈등의 기저 원인을 해결할 수 있을 것이라 생각하기 어려웠다. 그럼에도 자유주의 경제학자들은 새로운 WTO 라운드가 여러 이유에서 국제무역 체제의 활력에 필수적이라고 주장했다. 첫째, 자유주의자들은 자전거가 계속 움직여야 하듯이 라운드를 통해 앞으로 나아가는 힘은 보호주의와 중상주의로 돌아가지 않기 위해 필수적이라고 믿는다. 둘째, 우루과이 라운드 협상가들은 라운드 종료 이후에 서비스 무역과 농업 분야에 대해 추가 협상을 진행하기로 합의했고, 성공적인 결과를 거두기 위해서는 포괄적인 다자협상의 WTO 라운드가 필요했다. 셋째, WTO 분쟁 해결 절차가 발전했지만 아직 남아 있는 문제를 해결하기 위해 추가 협상이 요구되었다. 넷째, 급증하는 지역무역협정이 다자무역 자유화와 양립할 수 있도록 하기 위해 추가적 협상이 필요하다고 생각되었다. 요컨대 WTO 기반의 무역체제를 강화하기 위해 추가 협상이 필요했던 것이다.

이러한 문제들을 논의하기 위해 애초의 계획은 1999년 11월 워싱턴 주 시애틀에서 열린 세 번째 WTO 각료회의 때 새로운 라운드를 시작하는 것이었다. 그러나 세계화에 대한 NGO의 거센 반발에 부딪쳐 회의 자체를 개최하기도 어려웠지만, WTO 대표자들의 극심한 입장 차이 및 사전 협상의 부족 등이 회의 실패의 결정적인 요소로 작용하였다. 예를 들어, 미국은 농업 보조금을 대폭 삭감하기 원했으나 반덤핑 규칙을 개혁하는 것에는 반발했다. 유럽과 일본은 농업 개혁 진전에 반대한 반면 경쟁과 투자 정책에 대한 새로운 담화를 원했다. 캐나다는 문화 산업의 특별 면제를 원했다. 남북 간의 주요한 차이도 문제가 되었는데, 개발도상국은 선진국이 직물과 농업 같은 이전의 약속을 싱가포르 이슈(투자, 경쟁정책, 정부조달, 통관 수속 같은 무역원활화 조치)에 대한 합의 전에 이행해야 한다고 주장했다.

도하개발아젠더(Doha Development Agenda) 협상

선진국들은 새로운 WTO 라운드를 개최하는 것이 필요하다고 생각하고, 시애틀에서의 실패 이후 2001년 11월 카타르 도하에서의 네 번째 각료회의 때 새로운 도하 라운드

(Doha Round)를 시작하기로 계획했다. 심각한 분열 때문에 협상대표단은 모든 방면에서 주요 타협이 이루어졌을 때 새로운 라운드를 시작하자고 합의했다. EU는 농업 수출 보조금을 차차 줄여나가는 것을 논의하기로 했으며 미국은 상계관세와 반덤핑 관세 규칙을 개선시키기 위한 협상에 참여하는 데 동의했다. 남북관계에서도 북반구는 지적재산권 규칙이 남반구에서 에이즈 같은 심각한 병을 치료하기 위해 더 저렴한 약을 구하는 것을 막지 않겠다는 선언문을 공표했고, 남반구는 마지못해 외국인 투자 경쟁, 환경문제에 관한 미래의 협상에 참여할 것에 동의했다.

새로운 WTO 도하 라운드를 시작하자는 합의는 주요 업적이라 할 수 있지만 이것이 어떻게 전개될지에 대해서는 아무도 예측하기 어려웠다. 미국과 유럽연합이 중대한 양보를 하겠다는 약속에도 불구하고 그들은 다자협상에서 과거와 같은 지도력을 보이고 싶어 하지 않았다. 무역패권 하락과 대규모의 무역수지 적자로 미국은 일방주의에 더 자주 의지하고 있으며 다자 협상에서 어려운 양보를 하는 대신 양자무역협정으로 눈을 돌리고 있다. 유럽연합은 농업 주요 부문에서 충분한 양보를 하려고 하지 않았다.

2002년 3월 이후 활발한 협상이 전개되었으나, 2003년 9월 멕시코 칸쿤에서의 다섯 번째 각료회의는 농업에 대한 국가 간 이견, 싱가포르 이슈에 대한 개도국의 반발 등으로 실패로 끝났다. 마지막에 개발도상국들은 논란이 많은 싱가포르 이슈에 대한 회담을 기꺼이 시작하는 대신 미국, 유럽, 일본이 농산물 보조금을 조금 인하하겠다는 WTO의 제안을 거절했다. 이후 2004년 8월 'July Package' 로 불리는 DDA 협상의 기본 골격에 관한 합의문이 채택되면서 DDA 협상이 본격적으로 재개되는 듯했지만, 농업, 비농산물 시장접근, 서비스 등 주로 시장접근 분야 협상에서 미국과 EU, 그리고 브라질, 인도로 대표되는 G20 간의 이견대립으로 2006년 7월 중단되었다. 2006년 11월 라미 사무총장의 DDA 정상화 발언 이후 기술적 쟁점을 중심으로 일부 비공식 협상이 진행되었다. 2007년 7월 DDA 협상의 핵심 의제인 농업과 비농산물 시장접근(NAMA) 분야에서 '세부원칙(modality)' 초안이 작성 배포되었고 2007년 11월에는 규범분야 의장초안이 제시되었지만, 핵심 쟁점에 대한 선진국과 개도국 간의 입장차이가 좁혀지지 않고 있어 당분간은 DDA 협상의 큰 진전을 기대하기는 어려울 것으로 생각된다. 만약 도하 라운드가 성공하려면 선진국과 개발도상국 모두 더 많은 양보를 해야 하고 가장 중요하게 미국, EU, 일본이 지도력을 더 발휘해야 할 것이다.

4.3 중국의 WTO 가입

중국이 GATT 회원국이 되려는 결정은 과거의 정책에서 상당히 벗어난 것이다. 1960년대 초에 중국은 수입대체를 강조한 자기의존정책을 펴왔고 1960년대 후반 이후 문화혁명과 함께 정책이 더욱 자급자족화되었다. 1976년 마오쩌둥의 죽음과 문화혁명 지도자들의 수감으로 중국은 이후 점차 경제를 자유화했고 1978년에는 GATT와 관계를 맺고자 했다. 1982년에 중국은 GATT 정기 회의에 참여할 수 있는 참관인 지위를 얻었고 1984년에는 GATT 협의회에 참석할 수 있는 특별 참관인 지위를 얻었다. 1986년에는 정회원으로 GATT에 재가입하고자 하는 의사를 밝혔고 1995년에 WTO가 설립되었을 때 다시 지원했다.

중국이 1980년 IMF와 세계은행에 상대적으로 쉽게 가입했던 것과는 달리 GATT/WTO의 가입은 계속 연기되었다. 그 이유는 부분적으로 중국이 IMF나 세계은행보다 GATT에 대해 더 양면적인 입장을 취했기 때문이다. IMF와 세계은행에 참여하기 위해 중국은 자국의 경제 정보를 제공하고 기부금을 내야 했지만 외부 자금을 받는 것과 이러한 기관으로부터 경제적인 조언을 받는 등 혜택이 더 컸다고 느꼈다. 이와는 달리 GATT의 정회원이 되면, 중국에 대한 요구사항은 많지만(예를 들어 GATT 법규를 지키는 것과 시장개방) 혜택은 불분명했다. 더 나아가 중국은 GATT 회원국이 되지 않고서도 대부분의 국가로부터 사실상 최혜국대우를 받았다. 주요 예외사항은 미국이었는데, 의회가 매년 이 쟁점에 대해 투표해야 했지만 이 경우에도 항상 최혜국대우를 인정받아 왔었다.

1970년대 말 이후 개혁개방 정책으로 상황이 변해 감에 따라 중국은 1986년 GATT의 정회원이 되기로 입장을 정했다. GATT 회원 자격은 중국의 자유화 조치를 강화시키고 앞으로의 개혁에 동기를 부여할 것이며 수출시장에 법적으로 접근할 수 있게 해주고 GATT 분쟁해결제도를 활용할 수 있게 될 것이며 GATT의 규칙제정단계에 참여할 수 있게 해줄 것이다. 1978년 10% 미만이었던 수입, 수출의 대 GDP의 비중이 1996년에는 30%로 증가하며 중국이 GATT/WTO에 참가하려는 의지가 더 강해졌다.

중국은 1948년 GATT의 창립 멤버였으므로, 새로운 회원 자격 대신 재개를 원했다. 그러나 GATT 초기에 중국은 내전 중이었고 1950년 장제스 정권이 중국을 GATT 회원국에서 탈퇴시킨다는 전보를 보내왔다. 중국은 1950년의 전보가 장제스 정권이 더 이상 법적으로 세워진 정부를 이끌고 있지 않았기에 법적인 효력이 없다고 주장했다. 또한 중국은 새로 회원국 지원을 하지 않고도 UN, 식량농업기구, IMF, 세계은행에서 다시 의석을 차지할 수 있었다고 주장했다. 이에 따라 중국이 GATT에 가입하고자 하는 것은 새로 들어온다기보다 기존의 회원자격을 재개하는 것이라 볼 수 있다고 주장했다. 그러나 GATT 회원국들은 중국이 수십 년 동안 GATT 협상에 참가하지 않았고 GATT의 의무도 지키지 않은 것을 지적하였다. 또한 중국이 여전히 중앙계획경제의 모습을 많이 보였기 때문에 중국이 가입하기 위해서는 조건이 달려야 했다. 이에 따라 중국은 가입 전에 자세한 협상이 이루어져야 하는 사실과 그 과정이 새로운 회원국이 가입하는 것과 비슷할 것이라는 것을 받아들였다.

구체적으로 중국이 WTO 가입신청을 하고 협상을 진행할 때 여러 이슈가 주요 쟁점으로 등장하였다. 첫 번째 쟁점은 중국이 경제를 자유화시켜야 한다는 요건이었다. 중국은 1978년부터 개혁개방 정책을 표방하면서 광범위한 시장 개혁을 해왔다. 그럼에도 불구하고 중국의 무역정책은 투명성이 결여되었고 정부의 시장개입이 여전히 크게 무역을 왜곡시키고 있었다. 예를 들어 중국은 특정 부문의 수입을 높은 관세, 수입쿼터, 수입자격 등의 장벽으로 제한하고 있었다. 미국의 노동계는 중국과의 무역적자로 인해 일자리가 대폭 감소했다고 주장하고 미국 정부가 중국이 WTO 회원국이 되는 조건으로 좀 더 경제자유화를 강화하고 노동권을 보장하라고 주장하도록 압력을 행사했다. 이에 따라 중국이 무역정책을 자유화하고 투명성을 제고하는 특정 약속을 해야 한다는 거센 압력이 있었다.

두 번째 쟁점은 WTO에서 중국의 위치이다. 중국이 산업국으로 분류되어야 하는지 개도국으로 분류되어야 하는지, 중앙계획경제로 봐야 하는지에 대한 의문이 있었다. 이

의문에 대한 답은 중국 회원 지위의 조건에 큰 영향을 미친다. 중국은 지속적으로 비슷한 수준의 경제발전 단계에 있는 개도국이 받는 특별 대우를 WTO에서 받고 싶다고 주장해 왔다. 루마니아가 GATT에 가입했을 때 개도국 지위를 인정받았는데 중국도 비슷한 조건을 원했다. 이 지위가 되면 중국이 다른 개도국에 부여된 유치산업 보호, 일반특혜관세제도, WTO 협정을 이행하는 데 좀 더 오랜 기간을 끌 수 있는 등의 특별대우를 받게 된다. 그러나 많은 WTO 회원국들은 중국의 크기와 세계 수출국으로서의 위치 때문에 선진국으로 대우받아야 한다고 주장했다. 이러한 측면에서 보면 중국은 다른 산업국과 같은 상호협정 조건을 만족시켜야 한다. 국제기구조차도 중국의 개발 정도에 대해 의견이 나뉜다. 예를 들어 세계은행은 중국의 경제를 개발도상국이라고 보지만 중국은 미국 다음으로 GDP가 가장 크다.

세 번째 쟁점은 중국이 중앙계획경제로 여겨져야 하는지 여부이다. 중국은 더 시장지향적이 되었기 때문에 WTO의 가입에 대해 특별 조건이 걸릴 이유가 없다고 주장했다. 이에 따라 중국은 다른 회원국과 마찬가지로 조건 없는 최혜국 대우를 받고 싶어했다. 그러나 WTO의 주요 회원국은 중국 정부가 비교우위 대신 전략적 무역정책에 의존한다고 주장했다. 이전에 동유럽 국가가 중앙계획경제로 GATT에 가입했지만, 중국은 경제규모와 무역량 때문에 시장 접근의 불균형에 대해 더 큰 우려가 존재했다. 따라서 동유럽 국가들과는 달리 중국이 WTO에 가입하는 조건이 매우 중요하며 이런 면에서 주요 무역국이 시장경제와 같은 조건을 중국에 부여하지 않으려고 할 것이다. 예를 들어 미국과 중국은 1999년 11월 중국의 WTO 가입에 대한 양자회담을 마쳤다. 양자회담에서 미국은 일부 측면에서 중국을 비시장경제로 대우할 권리를 보유하고 중국의 수출을 일방적으로 제한하는 세이프가드 제도의 사용 권한을 갖게 되었다. 다른 한편으로는 WTO가 중국이 이행기 경제라는 사실을 인정하고 무역정책의 여러 부분에 대해 단계적으로 도입하는 것을 허락했다.

네 번째 쟁점은 중국의 과거 협정 이행 태도와 연관되어 있다. 예를 들어 1992년에 미국 부시 정부는 중국과 지적재산권 보호 수준을 높이는 협정을 체결했다. 협정에도 불구하고 컴퓨터 프로그램과 음악의 불법 복제가 중국에서 성행했으며 미국 영화, 컴퓨터 프로그램, 음반 등의 중국산 불법 복제품이 동유럽, 캐나다 등지로 보내졌다. 일부는 중국의 지적재산권 보호가 개선되었다고 주장하지만 불법 복제된 지적재산권 제품들을 중국의 주요 도시에서 손쉽게 구할 수 있었다. 따라서 가입 협상과정에서 중국의 협정 이행 능력과 의지가 중요한 쟁점이 되었다.

이와 같은 여러 쟁점에도 불구하고 중국은 WTO 가입의 전주곡으로서 1999~2000년에 미국 및 EU와 시장 접근에 대한 양자 계약을 했다. 미국은 1980년부터 매 년 중국의 최혜국 지위를 연장해 왔는데 이는 1989년 천안문 사태가 발생하기 전까지 별로 문제가 되지 않았다. 천안문 사태 이후로 최혜국 지위를 심사할 때 미국 의회는 인권, 무기 판매, 통상 관례 등 다양한 범위에 문제제기를 했다. 다수의 노동 인권 단체의 반대에도 불구하고 미국 의회는 중국에 영구적 최혜국 지위를 부여했으며 2000년 10월 클린턴 대통령이 이에 서명했다.

2001년 11월 도하 각료회의에서 중국과 대만의 WTO 가입을 인가했다. 이에 따라 중국과 대만은 각각 2001년 12월과 2002년 1월부터 WTO의 회원국이 되었다. 중국의 가입이 중국과 WTO, 다른 무역상대국에 미칠 영향에 대해 다양한 견해가 제시되었다. 일부 학자들은 중국의 복잡하고 불투명한 관료체제, 지방정부, 국영기업, 법규의 부재가 WTO에 부정적인 영향을 줄 것이라고 주장했다. 다른 학자들은 예를 들어 중국의 자동차 산업, 농업부문, 금융 서비스가 WTO 가입에 따른 무역자유화로 피해를 볼 수 있어 중국 경제에 악영향을 줄 것이라 경고했다. 그러나 긍정적인 견해도 있었는데, 중국의 WTO 가입이 중국 경제를 자유화시키고 결국 사회와 정책까지 자유화시키기 때문에 중국과 주요 무역상대국 모두에게 이득이 될 것이라 주장했다. 중국의 WTO 가입의 장기적인 평가를 하기는 아직도 어렵지만, 한 가지 확실한 것은 중국의 가입이 WTO의 형태에 큰 영향을 미치고 있다는 것이다.

5. 국제무역체제의 개편 방향

5.1 국제무역체제 변화에 대한 논쟁

최근 들어 미국과 중국 간의 무역분쟁 등 국제무역의 자유화 추세에 우려를 불러일으키는 상황이 전개되고 있지만, 제2차 세계대전 이후 전체적으로 세계화와 더불어 국제무역의 영향력이 확대된 것은 사실이다. 이는 전 세계 GDP 대비 세계무역 비중의 증가, 국제무역과 주요 국제관계 이슈의 밀접한 연관성, WTO의 회원국 증가 및 WTO에서 다루는 범위의 변화를 보면 확실히 알 수 있다. GATT 체제에서는 거의 상품교역만 주로 다루어 왔지만 국제무역의 확대 및 다양화로 이러한 적용 범위는 너무 좁았다. 따라서 WTO는 서비스, 국제 투자, 지적재산, 노동기준, 환경 등과 같이 무역과 밀접하게 연관된 훨씬 더 다양하고 넓은 범위의 이슈들을 다루고 있다. 또한 기존의 선진국들뿐만 아니라 개발도상국 및 체제이행국들이 대거 WTO에 가입함으로써 WTO가 진정으로 국제화되었다는 평가를 받을 수 있게 되었다. 오랫동안 개발도상국들은 GATT 협상에 제대로 참여하지 않았고 다수의 개발도상국들은 GATT에 가입하지도 않았다. 1982년 시작된 라틴아메리카의 외채위기는 개발도상국 참여의 전환점이 되었으며, 또한 1990년대 초 소비에트 연방의 붕괴는 이후 체제이행 국가들이 연이어 GATT/WTO에 가입하게 되는 전환점을 마련해 주었다.

여기서 한 가지 제기되는 의문은, 미국의 무역패권이 점차 쇠퇴함에도 불구하고 어떻게 무역자유화 추세가 지속되고 확장될 수 있었는지 하는 것이다. 제2차 세계대전 이후 1950년대 초까지만 해도 미국은 전 세계 제조품 수출의 거의 30%를 차지했었지만, 1970년대 말이 되면 13% 정도로 비중이 감소해 서독에 1위 자리를 내주었고 또한 일본의 추격을 바짝 받게 되었다. 이를 반영해 1970년대 말 비관세장벽을 통한 '새로운 보호주의'가 증가되긴 했지만 무역자유화가 1920년대 영국의 무역패권이 몰락할 때처럼 심각하게 위협받지는 않았다. 실제로 GATT 라운드를 통해 평균관세율이 매우 낮은 수준으로 낮춰졌고 비관세장벽에 대한 완화도 시도되었다. 이에 대해 일부 학자들은 1920년대와는 다르게 GATT 중심의 국제무역 체제가 잘 기능해 1970년대 이후 미국의 무역패권이 하락하는 중에도 무역자유화 원칙을 유지시킬 수 있다고 주장한다.

이와는 다른 입장을 취하는 학자들은 1920년대와 1970년대 이후의 차이를 국내 정책 때문이라고 주장한다. 예를 들어 1920년대에는 미국 의회가 헌법상 무역을 규제하고 관세를 부과할 권리가 있어 의회가 이익집단의 압력을 받고 관세를 대폭 인상했었다. 반면 1970년대 이후에는 의회가 무역규제에 대한 권리를 대통령에게 정기적으로 이양함으로써 이익집단의 압력에서 보다 자유로울 수 있었고, 따라서 무역자유화 원칙이 살아남을 수 있었다는 것이다. 또 다른 중요한 국내 요인은 세계화 추세와 연계되어 있다. 1920년대 미국의 산업은 다른 국가의 산업들과 국제적 관계가 적었고 따라서 외부 경쟁을 피하기 위해 미국은 보호무역주의를 지지했다. 하지만 1970년대 이후 세계화가 진전되고 각국 경제가 통합되어 가면서 국내 무역정책이 변화했다. 1920년대 비해 범세계적인 회사가 증가했고 이러한 다국적기업들은 생산, 수출, 수입 등에 있어 회사 내부거래에 매우 의존적이었다. 따라서 이러한 다국적기업들의 영향력이 커짐에 따라 미국의 무역 패권이 떨어지고 있음에도 불구하고 보호무역주의에 대한 반대가 1920년대에 비해 커졌고 무역자유화 추세도 지속될 수 있었다.

자유주의자, 현실주의자, 맑스주의자들은 이러한 국제무역 체제의 변화에 대해 매우 다른 반응을 보였다. 자유주의 경제학자들은 선진국, 개발도상국, 체제이행국가 모두 무역자유화로 인해 혜택을 본다고 믿었다. 이들은 시장개방을 통해 무역을 자유화하는 것이 경제를 활성화할 수 있는 방안을 제시해 준다고 주장하면서, 많은 개발도상국 및 체제이행국들이 무역을 자유화하려는 움직임은 경제발전에 긍정적이고 그에 따라 커다란 혜택을 얻게 될 것이라고 평가하고 있다.

이와 대조적으로 현실주의자들은 전 세계에서 무역자유화가 균일하게 이루어지지 않는다는 점을 지적하면서, 자유주의자들이 내세우는 혜택이 왜곡될 수 있다고 주장한다. 예를 들어 현재 세계 경제는 서유럽, 북미, 동아시아 세 개의 축을 중심으로 발전하고 있고, 이들 지역에서의 지역화(regionalization)가 국제화보다 더 만연하고 있다. 이 세 지역

내에서 역내무역은 활발하게 진행되는 반면 다른 지역과의 역외무역량은 비교적 적다. 따라서 서유럽, 동아시아, 북미 세 지역이 과학 및 기술적 우위, 군사적 패권, 경제적 부, 문화적 힘을 어떻게 가지는가에 따라 패권질서가 상당히 달라질 수 있다고 믿는다. 현실주의자들은 미국 무역패권의 감소가 세 지역 간의 경쟁을 심화시켰다고 주장한다. 이처럼 지역 간 경쟁이 치열해질 때 정부개입을 포함한 전략적 무역정책은 한 지역 및 국가의 무역적 지위를 크게 향상시킬 수 있다. 이에 따라 현실주의자들은 국가 및 지역들이 비교우위의 정적인 관점에 의존하는 대신 동적인 관점에서 전략적 무역정책을 통해 경쟁우위를 발달시킬 수 있을 것이라 믿는다.

맑스주의자들은 현실주의자처럼 북반구가 명백히 국제무역 체제를 군림하고 있는 상황에서 남북 국가 간의 격차에 주목한다. 그러나 맑스주의자들은 현실주의자보다 남반구에 미치는 영향에 대해 더 관심을 가진다. 맑스주의 관점에서 보면 개발도상국은 선택이라기보다는 어쩔 수 없이 필요성에 의해 국제무역 체제에 활발하게 참여하기 시작했다. IMF와 세계은행의 구조조정자금(structural adjustment loan ; SAL)은 개발도상국이 무역자유화, 민영화, 탈규제화를 하겠다는 약속과 연계되어 있는데, 채무국들은 국제자금 조달을 받기 위해 이러한 조건을 받아들여야 했다. 이런 관점에서 볼 때 맑스주의자들은 우루과이 라운드를 북반구가 지적재산이나 서비스분야에서 실질적인 이득을 얻고 개발도상국은 섬유무역과 농업분야에서 미래에 이득을 얻을 수도 있다는 약속을 받아들인 협정으로 생각하고 있다.

자유주의자와 현실주의자, 맑스주의자들은 사실상 모두 국제무역 체제의 흐름에서 나타나는 중요한 특징들에 대해 지적하고 있다. 비록 최근 일부 역방향의 추세가 보이기는 하지만, 무역자유화는 이미 상당히 진전되어 있고 세계 각국은 무역거래를 통해 상호 긴밀히 연계되어 있다. 자유주의자들은 국제무역의 혜택을 배가시키기 위해 무역자유화가 계속 확대되어야 한다고 주장한다. 이에 대해 현실주의자들은 상호 의존의 심화와 미국 무역패권의 하락이 각국 및 지역 간의 경쟁을 증가시키고 전략적 무역정책의 활용을 증가시켰다고 주장한다. 맑스주의자들은 북반구가 무역자유화의 주 수혜자이고 남반구는 주변부였다고 주장한다. 현실주의자와 맑스주의자들은 광범위한 시민사회가 세계화와 WTO 정책을 반대하고 있다고 본다. 즉, 자유주의자들의 입장과는 달리, 무역자유화가 진전되고 그에 따른 혜택이 발생함에도 불구하고 반대하는 세력 또한 증가했으며 과소평가되어서는 안 된다는 것이다.

5.2 국제무역질서의 새로운 변화[16]

20세기의 국제무역질서는 자유무역과 보호무역을 반복했지만 그럼에도 전체적으로는 미국 패권질서를 중심으로 한 보다 확대된 자유무역체제로 발전되어 왔다. 제2차 세계대전 이후 GATT 질서 하의 제한된 자유무역질서가 1970년대에 들어서면서 공정무역을 강조한 자유무역 형태로 확대되었고, 1995년 이후에는 WTO 체제로 변환되었다. GATT 체제는 무역부문에서 공산품에 국한된 자유무역을 추진했으며 자유무역으로 인한 피해로부터 국내 산업을 보호하기 위한 다양한 보호주의 조처를 병행했다. GATT 체제의 핵심은 관세율 인하, 보조금 축소, 차별대우 금지에 있었다. 1980년대 이후에는 탈규제와 자유시장 원리를 확대하는 신자유주의 질서가 본격화되었다. 신자유주의적 무역질서는 공산품뿐만 아니라 서비스, 농업, 지적재산권에 이르기까지 모든 영역에서의 자유무역을 그 특징으로 하며, WTO의 다자적 자유무역체제, 지역주의, 공격적 상호주의가 병행되었다.[17]

현재의 국제무역질서는 WTO를 중심으로 한 다자주의, 지리적 인접성에 기초하여 경제, 정치, 사회, 안보공동체로 표현되는 지역주의, 그리고 지역을 초월한 두 국가 이상의 자유무역협정으로 표현되는 양자주의 방식에 의해 이루어져 있다. 다자주의 방식의 자유무역체제가 1990년대 이후 보다 본격화되었으나, 도하 라운드가 제대로 진전을 이루지 못하자 그 이후 지역주의와 양자주의가 급격히 증가하는 추세를 보여주고 있다.[18]

길핀(Robert Gilpin)은 1970년대 이후 불안정한 무역질서의 변화의 특징으로 네 가지를 제시한다. 첫째, 다국적기업의 역할이 증대함에 따라 무역체제의 구조가 변화되었는데, 즉 무역의 상당 부분이 기업 내 무역(intrafirm transfers)의 양상을 띤다. 둘째, 무역패턴을 결정하는 것은 국가의 주어진 생산요소(natural endowments)에 의한 비교우위라기보다는 국가나 기업 정책에 의해 변경될 수 있는 역동적 비교우위이다. 이는 정태적 비교우위에서 역동적 경쟁우위(from comparative to competitive advantage)의 변화로 이해 가능하다. 즉, 국가의 적극적 정책에 의해 비교우위가 재구성될 수 있다. 셋째, 전략적 무역이론(strategic trade theory)의 중요성이다. 고도의 기술산업의 경우, 규모의 경제가 중요한 산업인 경우, 시장이 독과점인 경우 정부의 보조금 지급 정책이 국제적 경쟁에 중요한 영향을 미칠 수 있다. 정부는 국내 기업 및 산업의 경쟁력을 증진시키기 위해 산업정책을 펼 수도 있지만 동시에 그들이 국제수출시장에서 이기기 위해 무역부문에서의 경쟁정책도 고안해 낼 필요가 있다. 넷째, 무역에서의 국제레짐의 발전이다. 우루과이 라운드에서 선진국의 공산품에 대한 관세가 많이 인하되었으며 수입쿼터와 보조금을 줄이거나 없앨 수 있었다. 이러한 우루과이 라운드의 가장 큰 성과물은 WTO의 창출이었다. WTO는 이전의 기구들보다 구속력이 강하며, 특히 분쟁해결제도가 강화되었다.[19]

그러나 새로운 무역환경의 변화 가운데 보이지 않는 무역장벽이 등장하고 있다는 점도 주목할 만하다. 국제경쟁정책은 국가 간의 경쟁정책이 서로 다르기 때문에 무역마찰을 가져온다. 국가 간에 상이한 전통과 기업 관행은 무역과 투자에 중요한 장애가 될 수 있다. 미국은 강력한 반독점법이 있는 반면, 아시아 국가, 특히 일본의 경우는 그렇지 않다. 또한 합병문제, 기업규제의 차이도 사실상 무역과 외국 투자에 대한 중요한 장애물로 기능한다. 국가 간 정치경제 모델의 차이 자체는 무엇이 공정한 무역기준인가에 대한 합의를 찾기 어렵게 한다. 글로벌 또는 지역적 스탠다드를 강요하다 보면 국내 문제(domestic matters) 영역이었던 경쟁정책이 민감한 국제 갈등 사안으로 발전하게 된다. 무엇이 공정한가(what is fair)에 대한 공동의 인식이 없다면 국가 간 협력은 쉽지 않다. 또한 새로운 무역아젠다로 노동기준과 환경기준의 문제가 등장했다. 환경론자들은 무역자유화를 반대한다. 그 이유는 무역자유화가 국제환경기준을 무너뜨릴 수 있다고 봤기 때문이다.[20] 이는 환경론자와 보호무역주의가 연합하는 경우로, 환경보호와 무역자유화는 서로 갈등관계에 있다.

WTO 체제는 우루과이 라운드 협상 타결을 통해 등장했으며, 이는 다자무역체제에 중요한 변화를 가져왔다. WTO 체제는 비관세장벽을 완화하고, 무역자유화 범위에서 제외되었던 분야, 즉 농산품과 섬유 부문, 서비스, 지적재산권, 투자부문을 다자무역규범의 틀 내로 포함시켰다. 또한 합의에 의한 외교적 방식의 분쟁해결 기제를 보다 강한 구속력이 있는 법적 방식의 기제로 변화시켰다. WTO 체제 자체는 이러한 규칙에 의해 무역정책 감시, 분쟁 해결, 분쟁 판정의 실행과 같은 업무를 지속하고 있다. 2001년 시작된 도하개발아젠다는 농업, 서비스, 지적재산권 등의 대대적인 무역자유화를 목표로 했다. 그러나 선진국과 개도국의 이견만 확인되었을 뿐 진척을 보지 못했다. 2008년 글로벌 금융위기 이후 수많은 보호무역조처가 시행, 입안되었다. 주요 국가들이 내수 진작을 위한 재정, 통화정책 수단이 마땅치 않는 상황에서 수입을 억제하고 수출산업을 지원하는 방식으로 타개책을 찾으려는 소위 '은밀한 보호주의(murky protectionism)'가 증가하고 있다.[21]

WTO는 범세계적 다자주의이며 WTO를 제외한 것은 거의 지역무역협정(regional trade agreement ; RTA)으로 이해 가능하다. RTA에는 FTA, 관세동맹, 공동시장이 포함된다. 지역무역협정은 지역초월적 양자 FTA(cross-regional FTA)도 포함한다. 1990년대 이후 국제무역질서의 두드러진 특징은 지역적 · 양자적 무역협정이 폭발적으로 증가하고 있다는 점이다. 1958년부터 2000년까지 96건이 체결됐던 지역무역협정(RTA)은 2001년 이후 급격히 증가해 현재 484건이 이뤄졌다. 이처럼 지역무역협정이 증가하는 이유는 무엇인가? 도하 라운드의 교착으로 인한 다자주의 무역자유화의 어려움이 부분적인 이유로 제시될 수 있다. 또 다른 이유로, 일정한 규모 이상의 시장을 가진 역외의 국가에 선도적으로 진입함으로써 그 시장을 놓고 향후에 전개될 여타 국가와의 경쟁에서 선점을 누리려는 동기가 있을 수 있다. 즉, 지역거점으로서 자신의 위상을 정립할 수 있다. 또한 하나의 지역주의가 등장하면 이에 대한 대항으로서 자신이 또 다른 지역주의를 진전시키거나 또는 존재하는 지역통합에 다른 국가가 적극적으로 동참한다. 이를 지역주의의 제2의 물결이라고도 한다.[22]

WTO가 답보상태에 머무르고 있는 이유는 선진국과 개도국의 입장차가 크기 때문이라고 하는데, 이로부터 국제경제지형의 힘이 서구 선진국에서 비서구 개도국 방향으로 이동하고 있음을 잘 알 수 있다. 최근 점차 증가하는 지역초월적 양자주의는 아시아와 태평양 지역에서 경쟁을 하고 있는 미국과 중국의 힘의 갈등에서 잘 나타나고 있다. 대표적인 예로 자유무역협정은 미국 주도 또는 중국 주도의 경쟁으로 이어지고 있으며, 그 가운데 ASEAN은 이 둘의 경쟁을 부추기고 있다. WTO 체제 이후 FTA 수는 급증했다. 그 이유는 다국적기업의 투자를 촉진시키기 위해, 그리고 지역 내 무역 증가는 필연적으로 다른 지역에 대한 배제적 결과를 가져오기 때문에 최근 많은 국가는 동시다발적 FTA 체결경쟁에 들어간 상태이다. 무엇보다 WTO가 다소 난항을 겪게 됨에 따라 FTA 체결이 급증하게 되었다.

최근 양자 간 무역자유화뿐만 아니라 다자간 무역자유화도 증대하고 있다. 2015년 미·중은 아시아 태평양 지역에서 각각 다자간 FTA를 추진하여 무역질서 재편을 둘러싼 주도권 경쟁을 벌이고 있다. 미국 중심의 환태평양경제동반자협정(TPP)은 세계 GDP 40%를 차지하는 최대의 자유무역협정이다. 오바마 미국 대통령은 2015년 2월 21일 라디오 연설을 통해 "중국이 21세기 무역질서를 새로 쓰려고 하는데 그렇게 되면 우리 노동자와 기업이 큰 피해를 보게 된다. 중국이 아니라 미국이 21세기 무역질서를 새로 써나가야 한다"고 말하며 TPP 협상 합의에 강한 의욕을 보인 바 있다. 중국의 부상에 맞서 미국이 세계 경제질서의 주도권을 놓치지 않겠다는 의지를 다시 한 번 강조한 것이다. 2015년 6월 오바마 미국 정부의 환태평양경제동반자협정(TPP) 협상을 뒷받침할 양대 연계법안이 모두 의회의 문턱을 넘으면서 TPP 협상이 본격적으로 탄력을 받게 됐다. 무역협상촉진권한(TPA) 부여 법안에 이어 무역조정지원제도(TAA) 법안도 미국 의회를 통과했다. 미국 하원은 2015년 6월 25일 전체 회의에서 TAA 법안을 표결에 부쳐 찬성 286표대 반대 138표로 가결 처리했다. 이로써 TAA 법안은 하원 전체회의에서 민주당의 반대로 부결된 지 2주 만에 다시 살아나 입법절차를 모두 마무리했다.[23] 12개국이 참여하는 TPP는 회원국들이 뉴질랜드에서 2016년 2월 협정문에 공식 서명하였으며, 공식 발효까지 회원국들의 국내 서명만 남겨두게 되었다. 그러나 미국의 트럼프 대통령이 당선된 이후 TPP 탈퇴를 선언했고 기존에 체결한 다른 FTA들도 탈퇴 및 재협상의 운명에 처하게 되었다.

한편, 중국은 2014년 11월 베이징에서 열린 아시아 태평양 경제협력체(APEC) 정상회의에서 아시아 태평양 자유무역권(FTAAP)의 로드맵을 보여 참석 국가의 동의를 얻었다. 중국은 FTA를 통해 중국 중심의 경제 블록을 확대하고 미국의 개입을 축소시킨다는 전략을 갖고 있다. 일본의 TPP 참여 선언이 TPP를 통해 미국이 주도하는 다자간 무역자유화 선언이었다면, 한·중 FTA 타결은 FTAAP 출범을 목표로 역내 포괄적 경제동반자협정(RCEP)의 실효성을 높이는 중국 주도 하 다자무역 전략의 중요한 포석이라 할 수 있다. 그동안 양자 간 무역자유화, 즉 개별 국가와의 FTA에 주력하던 중국과 미국이 다자간 무역자유화에 관심을 갖게 된 것은 아시아·태평양 지역에서 영향력을 넓혀가려는 외교적 목적 때문만은 아니다. 점점 더 복잡하고 정교해지는 글로벌 생산분업 체계 확산에 대응하기 위한 경제전략도 중요한 한 축을 이룬다. 양자 간 FTA 참여 국가가 계속 늘어남에 따라 FTA 발효 초기에 누리던 배타적 이익은 점차 줄어들게 됐고, 이를 만회하려면 TPP나 RCEP 같은 지역 중심의 다자무역협정을 통해 새로운 '배타적 이익'을 만들어내야 했기 때문이다.[24]

2017년 트럼프가 미국의 대통령으로 당선되면서 미국의 대외경제정책의 기조는 보호무역주의로 변화되었다. 트럼프는 대통령 당선 이후 곧바로 TPP 탈퇴를 공식적으로 선언함으로써 국제무역질서를 보다 불명확하게 만들었다. 트럼프 대통령은 2017년 1월 NAFTA 재협상 방침을 밝힌 지 하루 만에 TPP 탈퇴까지 선언함으로써 '미국 우선주의'에 입각한 트럼프식 보호무역 노선을 재천명했다. 이는 미국이 '미국 우선주의'에 기반한 양자 무역협정 시대로 가고 있음을 드러낸 것이다. 트럼프는 "중국과 일본은 미국에 많은 제품을 수출하고 있지만, 미국 제품 수입은 어렵게 만들고 있다"라며 "공정한 무역을 하고 있지 않다"라고 비판했다. 사실상 2017년 트럼프에 의한 미국의 보호주의 강화 현상은 국제무역질서에 많은 도전을 불러일으키고 있다. 미국의 보호 강경책은 '나비효과'를 부를 수 있다. 각국이 경쟁적으로 수출입 문턱을 높이는 한편, 수출경쟁력 강화를 위해 자국 통화가치 절하에 나서는 '환율 전쟁' 재연 가능성도 배제할 수 없다.

20세기의 무역질서는 미국 패권질서를 중심으로 한 보다 확대된 자유무역질서로 발전되었다. 그러나 WTO를 중심으로 한 다자주의가 선진국과 후진국의 의견대립으로 주춤하면서 FTA가 보다 확대되고 있다. 특히 중국이 새로운 패권도전국으로 급부상하면서 미국 중심과 중국 중심의 다자적 FTA 네트워크가 대립하고 있다. 비록 미국의 트럼프 대통령이 TPP 철회를 통해 다자에서 양자무역 질서의 병행 또는 회귀현상이 일어나고 있지만, 21세기 무역구조의 새판 짜기에 두 국가가 보다 선도적 역할을 하기 위해 경쟁하고 있다.

현재 미·중 무역 갈등이 모든 이슈에서 등장하고 있다. 미·중 갈등이 어떻게 진행될지는 아무도 모르지만, 만약 타결이 된다고 하더라도 전 세계 무역질서의 양상이 달라질 수 있다. 양자협상을 통한 타결은 WTO 다자체제를 약화시킬 수 있고, 따라서 무역질서는 그 이전과는 다른 모습이 될 가능성이 크다. 미·중 간에 타결이 잘 된다 하더라도 이는 어디까지나 두 국가에 한정된 타결을 국제무역에 적용하려고 하는 것이므로, 제한된 무역체제, 관리무역체제가 등장하면서 불확실성은 더욱 커질 우려가 있다.

[미주]

1. 두 이론은 주로 공급 측면에 초점을 맞추고 있는데, Krugman et. al.(2015)은 수요 측면까지 함께 고려한 표준무역이론(standard trade model)을 제시하고 있다.
2. Ricardo(1817).
3. 기회비용이란 어떤 선택을 함으로써 포기하게 되는 다른 것의 가치를 의미한다. 이준구 · 이창용(2007), 제1장.
4. 이에 대한 보다 자세한 설명은 김인준 · 이영섭(2013), Krugman et al.(2015)을 참고할 것.
5. 전통적 무역이론에서는 수확체감의 법칙(decreasing returns to scale)이 작용해, 생산을 늘려갈 때 평균비용이 증가한다고 가정하고 있다.
6. 국제무역이론에서는 독점경쟁(monopolistic competition) 시장을 가정하고 산업 내 무역이 발생하게 되는 이유를 설명하고 있다. 독점경쟁이란 다수의 공급자가 존재하고 진입의 자유가 보장되어 있다는 점에서 완전경쟁과 유사하지만, 다수의 공급자가 동질의 상품을 생산하는 것이 아니라 각각 조금씩 다른 상품을 생산하는 상품차별화(product differentiation) 현상이 나타난다. 이준구 · 이창용(2007), 제7장 참고.
7. 아래의 자유무역 옹호론 및 보호무역 옹호론을 설명할 때는 각각의 주장만을 소개하고자 한다. 이러한 주장에 대한 반대논리는 김인준 · 이영섭(2013), 제22장을 참고할 것.
8. 동태적 비교우위란 용어는 Lim(1998)에서 제시되었다.
9. 실제적으로 교역조건 개선에 따라 후생증진 효과가 나타나는지는 이론적으로 다소 복잡하다. 관련 논의는 김인준 · 이영섭(2013), 제20장을 참고할 것.
10. 이러한 안보위협 논리는 아래의 예에서 극명히 나타나고 있다. "In the event of war or other national emergency, it is highly unlikely that the domestic footwear industry could provide sufficient footwear for the military and civilian population … We don' t be able to wait for ships to deliver shoes from Taiwan or Korea or Brazil or Eastern Europe … Improper footwear can lead to needless casualties and turn sure victory into possible defeat." (미국 신발협회 회장, 의회청문회 증언, 1984)
11. Krasner(1976).

12. Pastor(1981) ; Schattschneider(1935).

13. GATT 1947 협정문 국문본은 외교부 홈페이지를, 영문본은 WTO 홈페이지를 참고할 것. http://www.mofa.go.kr/; https://www.wto.org/english/docs_e/legal_e/gatt47_01_e.htm

14. Eichengreen and Kenen(1994).

15. 코드(code)는 GATT 회원국 모두가 참여하는 다자간 무역협정(multilateral trade agreement)이 아니고 코드에 서명한 국가들만이 참여하는 복수 간 무역협정(plurilateral trade agreement)이다.

16. 아래의 내용은 임혜란(2018), 제5장의 일부를 정리한 것임.

17. 백창재(2001) ; Gilpin(2000).

18. 임혜란(2012a).

19. Gilpin(2000).

20. 미국이 참치 수입을 반대한 것에 대해 GATT가 반대를 하자 미국 환경론자들은 매우 비판을 했다. 돌고래를 죽이지 못하게 하기 위한 방책이었기 때문이다. Gilpin(2000), Ch.3.

21. 매일경제(2011), "미국-중국, 아시아서 경제블럭 각축," 12. 6. ; 박성훈(2011) ; 이승주(2010) ; 문돈(2011).

22. 임혜란(2012b).

23. TAA 법안은 무역협정에 따라 실직하는 수백만 명의 근로자들을 상대로 직업재교육 등을 지원하는 것을 골자로 하고 있다. 당초 노조를 의식해 TAA 법안에 반대해 온 민주당은 기존의 강경입장에서 한발 물러섰다. TAA 법안 부결을 주도했던 낸시 펠로시 하원 민주당 원내대표는 "이제는 전투의 열기를 낮추고 정책이 국민의 생활에 미치는 영향을 이성적으로 논의할 때"라며 "다만, 좋은 협상결과가 나오도록 행정부를 압박할 것"이라고 말했다. 연합뉴스(2015), 6. 25.

24. 김형주(2014), 11. 17.

국제생산질서와 정치경제

10

1. 국제생산질서의 기초 이론 : 다국적기업 이론

2. 다국적기업의 역사적 발전과정

3. 생산세계화와 글로벌 생산 네트워크

4. 다국적기업과 국제레짐

5. 국제생산질서의 새로운 변화

현재와 같은 국제정치경제질서를 만들어 온 가장 중요한 요인으로 세계화를 들고 있는데, 이러한 세계화의 핵심 동인으로 활동한 것이 다국적기업(multinational corporations)이다. 다국적기업은 국경을 넘어서 상품 및 서비스뿐만 아니라 자본 및 노동까지도 이동시키기 때문에 국가 주권의 문제에 직접적으로 작용할 수 있다. 이에 일부 학자들은 현재 국제정치경제학에서는 국가와 시장 간의 갈등보다도 국가와 다국적기업 사이의 갈등이 더 중요한 문제로 등장하고 있다고 주장하기도 한다.

실제적으로 세계 굴지의 다국적기업은 많은 국가들의 GDP보다도 훨씬 규모가 크고 특정 국가의 정책범위를 넘어서고 있다. 이처럼 다국적기업의 중요성이 커짐에도 불구하고 다국적기업 이슈는 국제정치경제학에서 상대적으로 많이 다루어지지 않고 있는데, 이는 대부분의 학자들이 국가 간의 관계에 주로 초점을 맞추기 때문이다. 다국적기업의 투자는 단순히 수익을 내기 위한 금융거래와 달리 기업에 대한 경영권과 통제권을 획득하기 위한 거래이다. 따라서 투자유치국(host country) 및 투자국(home country)[1] 정부와의 관계뿐만 아니라 해당 국가들의 후생에 대한 영향에 관해서도 논란이 많다. 이러한 논란은 상황에 따라 정치경제의 초점을 변화시키기도 한다. 예를 들어 우리나라에서는 전형적으로 대기업과 중소기업 간의 갈등, 즉 자본의 크기 문제가 주요 관심사였는데, 동아시아 위기 및 글로벌 금융위기와 같은 상황에서는 오히려 국민기업과 외국의 다국적기업 간의 갈등, 즉 자본의 국적 문제가 더 중요한 것처럼 부각되기도 했다. 향후에도 다국적기업은 더욱 확산될 것으로 예상되는데, 따라서 다국적기업의 특성 및 이들의 국제정치경제질서에 대한 영향에 대해 세밀히 고찰할 필요가 있다.

1. 국제생산질서의 기초 이론 : 다국적기업 이론

1.1 기본 개념 및 동기

다국적기업과 해외직접투자의 개념

다국적기업이란 두 개 이상의 국가에서 생산활동을 하는 다수의 자회사를 소유하거나 통제하며 관리하는 회사로 정의할 수 있다. 이러한 정의는 해외 자회사에 대한 경영통제권, 다국적성 및 의사결정센터 등 세 가지 요소에 기초하고 있다. 모기업이 해외 자회사에 대해 경영통제권을 행사하는 방법은 소유에 의한 방법과 실질적 통제에 의한 방법 등 두 가지가 있다.[2] 경영통제권과 관련해, 소유에 의한 방법은 모기업의 해외 자회사에 대한 소유지분율을 기준으로 하는 반면, 실질적 통제 방법은 지분 소유와 관계없이 실질적인 통제권을 갖고 있으면 해외 자회사로 간주한다. 다국적성 요소는 기업의 국제적 존재감을 강조하는 것으로, 적어도 6개국에 해외 자회사를 가진 기업이 다국적기업이라 불릴 수 있다고 주장한다.[3] 의사결정센터 요소는 다국적기업은 어느 한 국가에 하나의 단일화된 의사결정센터를 가져야 한다는 것으로, 보통 모기업이 속한 투자국에 위치한다.

세 가지 요소의 적용에 따라 다국적기업의 정의가 조금씩 달라질 수 있는데, 이런 연유로 다국적기업이라는 용어 대신 다른 이름을 사용하는 경우도 있다. 일부 학자들은 대부분의 기업의 소유권과 영향이 진짜 다국적이 아닌 경우가 많기 때문에 다국적이라는 말 대신 초국적(transnational), 국제(international), 또는 글로벌(global)이라는 용어를 선호하기도 한다. 물론 의사결정센터 요건처럼, 본부에서의 지시가 해외 계열사로 하달되고 대부분의 연구개발이 자국에서 이루어진다는 점에서 다국적기업이 자국 중심인 것은 사실이며, 이런 점에서 초국적이라는 용어를 사용할 수도 있다. 그럼에도 불구하고 많은 다국적기업들은 지역 중심적이거나 국적 개념이 약한 범세계적인 접근방식을 사용함으로써 특정 국가에 대한 연결고리가 점차 약화되고 있다. 또한 여러 다른 국가 소속의 다국적기업들 간의 전략적 제휴는 다국적기업을 특정한 국가와 연계시키는 것을 더욱 복잡하게 만들고 있다. 이러한 현상은 대부분의 다국적기업에 대해서는 특정 국가와의 연계성을 일률적으로 규정하기가 어렵다는 것을 보여주고 있다. 따라서 기업이 두 개 이상의 국가에서 보다 다양한 형태로 경영 및 생산 활동을 하고 있는 점을 포괄적으로 반영하기 위해서는 다국적이라는 용어가 더 적절하다고 판단된다.

해외직접투자(foreign direct investment ; FDI)란 단순히 자산을 운용하는 것이 아니라 장기적인 관점에서 해외에 소재한 기업에 대해 경영권을 확보하고 실질적인 영향력을 행사하기 위해 투자하는 것을 말한다.[4] 이에 대한 상대적 개념인 해외간접투자(international portfolio investment)란 경영 지배나 통제의 목적이 아닌 단순한 배당금이나 이자수입 및 시세차익을 목적으로 해외에 소재한 기업의 주식이나 채권을 취득하는 것을 말한다.

해외직접투자의 정의는 개념상 간단하지만 구체적인 통계를 작성할 때는 "영향력"이 무엇인가에 대해 명확한 기준을 제시해야 한다. 보통 IMF나 OECD 같은 국제기구는 통계적 목적으로 10%를 기준으로 그 이상의 지분율을 차지하는 경우 해외직접투자로 간주한다. 미국의 경우 1960년대까지는 상무부가 해외직접투자를 외국 기업 자본의 25% 이상 영향을 주는 것이라고 정의를 내렸었는데, 곧이어 수치를 10%로 내렸다. 우리나라의 경우도 거주자가 경영참가를 목적으로 취득한 주식이나 출자 지분율이 10% 이상인 경우 해외투자라고 정의하고 있으며, 다만 지분율이 10% 미만인 투자라도 임원의 파견 등을 통해 사실상 경영에 참여하는 경우도 직접투자에 해당한다고 보고 있다.

다국적기업의 정의와 해외직접투자의 정의를 살펴보면 두 개념은 기본적으로 유사한 개념의 틀에서 이해될 수 있다. 즉, 다국적기업은 해외직접투자를 행하는 주체이며, 어떤 기업이 해외직접투자를 통해 두 개 이상의 국가에 해외 자회사를 갖게 되면 다국적기업이 되는 것이다.

다국적기업의 동기

기업들이 다국적기업이 되려고 하는 기본적인 이유는 생산 및 판매 과정에서 글로벌 네트워크가 가져다주는 경쟁적 우위(competitive advantage) 때문이다. 이러한 경쟁적 우위는 해외 자회사와의 수평적 통합(horizontal integration)과 수직적 통합(vertical integration)을 통해 가능해진다. 수평적 통합은 다국적기업이 같은 제품을 더 많이 생산해 해외 영업을 넓혀가거나 외국에 있는 자회사에서 생산라인을 확대해 나가는 것이다. 수직적 통합은 다국적기업이 여러 다른 생산단계에서 제품을 만들어 한 자회사의 제품이 다른 자회사의 투입재가 되도록 하는 것이다.

기업들이 수평적 통합에 참여하면 시장점유율을 지키거나 증가시킬 수 있다. 본국에서의 수출을 통해 해외시장에서의 제품과 서비스 수요를 충족시킬 수 있지만, 해외시장에 진출한 새로운 현지 공급자들과 경쟁하기 위해서는 자회사를 세우는 경우가 유리할 수 있다. 해외시장에 직접 상주하면 다국적기업이 운송비를 줄이거나 시장의 특성에 대해 더 잘 파악함으로써 현지 기업과 보다 효과적으로 경쟁할 수 있다. 만약 시장이 충분히 크다면 소비자 취향에 맞춘 특화된 상품이나 서비스를 제공하는 것이 경제적으로 가능할 것이다.

기업이 수평적 통합을 사용하는 또 다른 이유는 외국 정부의 정책과 관련이 있다. 만일 외국 정부가 본국으로부터의 수출을 방해하는 관세나 비관세장벽을 부과할 경우 이러한 무역장벽을 극복하기 위해서는 현지에서 직접 사업을 추진하는 것이 바람직할 수 있다. 또한 현지 정부에서 직접투자를 유치하기 위한 정책도 수평적 통합을 추진하는 동인이 된다. 만일 현지 정부가 일자리 창출을 목적으로 그들 지역에 생산설비 투자를 하도록 세제혜택, 금융지원 등 직 · 간접적인 장려책을 펼친다면, 손익 측면에서도 현지에 직접 진출해 영업을 추진하는 것이 바람직할 것이다.

한편 기업들이 수직적 통합을 추진하는 기본적인 이유는 불확실성을 극복하고 거래비용을 줄이기 위해서이다. 수직적 통합이 없는 경우 기업은 여러 생산단계에서 다른 기업과 거래해야 하는데, 이런 경우 상당한 불확실성이 발생할 수 있다. 외부 기업과의 거래에 의존하는 대신 수직적 통합을 통해 이러한 거래를 기업 내부의 거래로 내재화하면, 외부 거래에서 발생하는 불확실성을 상당히 줄일 수 있다. 수직적 통합은 후방통합(backward integration)과 전방통합(forward integration)을 고려할 수 있는데, 원자재나 기타 생산에 필요한 재료를 손쉽게 구할 수 없거나 거래비용이 높은 경우 후방통합을 선택한다. 예를 들어 철강 회사가 철광석 사업에 투자하거나, 석유 회사가 원유추출에 투자하거나, 고무 제조회사가 천연 고무 플랜테이션에 투자하는 경우, 다국적기업은 원자재 공급의 불확실성을 줄이고 원자재 질도 관리할 수 있다. 전방통합을 하는 기본 동기도 후방통합과 유사한데, 판매과정에서의 불확실성과 거래비용을 줄이고 소비자가 받을 상품이나 서비스의 질을 관리하기 위한 것이다.

수직적 통합에 참여하는 또 다른 이유는 경쟁을 제한하기 위해서이다. 소수의 다국적기업이 원자재와 같은 투입요소를 장악할 경우 새로운 경쟁회사에 대해 충분한 진입장벽을 설립할 수 있다. 또한 다국적기업은 정부의 조사를 제한하기 위해 수직적 통합을 하기도 한다. 예를 들어 다국적기업의 계열사가 상품과 서비스의 내부거래 시 서로에게 부과하는 가격인 이전가격은 다국적기업이 기업 내부 운영시스템을 관리하고 계열사의 실적을 감시하는 데 도움을 준다. 그러나 다국적기업은 각 계열사가 지불하는 이전가격을 인위적으로 높이거나 낮추는 조작을 통해 종종 정부에 적발되지 않고 세금을 회피하기도 한다.

이 외에도 수평적 통합을 하든 수직적 통합을 하든 다국적기업은 규모의 경제 효과를 통해 경쟁적 우위를 확보할 수 있다. 다국적기업이 생산을 늘려갈수록 국내의 기업들에 비해 노동분업 및 생산특화를 하기가 쉬워지고 따라서 상대적인 효율성도 증대시킬 수 있다. 예를 들어, 다국적기업은 저숙련노동을 필요로 하는 부품을 저임금 국가에서 생산해 다른 지역에서 조립하도록 할 수 있다. 또한 다국적기업은 국내 기업에 비해 국제금융시장에 대한 접근이 용이하므로 대규모 사업자금을 더 유리한 조건에서 조달할 수 있을 것이다. 게다가 여러 지역의 R&D 인력을 한 곳으로 집중시켜 성과를 향상시킬 수 있는 이점도 있다. 이 외에도 다국적기업은 전 세계 해외 자회사 네트워크를 활용해 각 지역에서 나타나고 있는 새로운 변화에 대한 정보를 입수하고 분석함으로써 국내 기업에 비해 훨씬 유리한 경쟁적 우위를 점할 수 있을 것이다.

1.2 다국적기업 이론

다국적기업과 해외직접투자의 개념, 형태 및 방법이 다양하기 때문에, 이를 설명하기 위한 이론도 학자들에 따라 여러 가지로 제시되고 있다. 이를 크게 정통 경제학적 견해, 기업경제적 견해 및 정치경제적 견해로 나누어 설명하고자 한다.[5]

정통 경제학적 견해

정통 경제학적 견해(mainstream economist view)는 국제거래에서 생산요소, 특히 자본의 이동을 설명해 주는 이론들을 그대로 적용해 다국적기업의 해외직접투자를 설명하는 것이다. 이들에 따르면 자본은 높은 위험조정수익률(risk-adjusted return)을 찾아 이동하는데, 수익률을 결정하는 요인들 중 어느 것을 강조하느냐에 따라 투자수익률 이론, 다변화 이론 및 통화우위 이론 등으로 나눌 수 있다.[6]

투자수익률 이론은 이자율평가(interest rate parity)가 성립하지 않을 때, 투자수익률이 낮은 곳에서 높은 곳으로 자본이 이동한다는 설명이다. 이자율평가란 동일한 통화로 환산했을 때 모든 국가에서 투자의 기대수익률이 같아진다는 것을 의미하며,

$$\text{국내 이자율} = \text{해외 이자율} + \text{예상환율변화율}$$

로 표시된다. 예를 들어, 국내에서 이자율이 5%이고 해외 이자율이 3%인데 환율이 4% 평가절하될 것으로 예상한다면, 해외에 투자하는 경우 2%의 초과수익률을 얻게 되므로 자본이 국내에서 해외로 이동하게 된다.

다변화 이론은 분산투자에 따른 위험 감소 효과를 강조하는 이론이다. 일반적으로 투자다변화를 통해 투자 대상의 수를 증가시키게 되면 동일한 수익률 수준에서도 위험을 감

소시킬 수 있다. 이러한 위험 감소 효과를 가져오는 중요한 조건은 각 투자 대상이 서로 다르게 움직여야 한다는 것이다. 투자 대상을 국내에 한정시키는 경우 일정한 수준까지 위험 감소 효과가 나타나다가 더 이상 나타나지 않게 되는데, 이는 국내 전반에 공통적으로 영향을 미치는 요인에 의해 발생하는 위험은 분산투자를 해도 제거되지 않기 때문이다.[7] 그러나 국제적으로 분산투자를 하게 되면 각국의 시장이 서로 다르게 움직이기 때문에 이와 같은 국내투자의 체계적 위험도 추가적으로 축소시킬 수 있다. 개별 국가 내에서 보면 경제정책, 경기변동 등 시장 전반에 공통적으로 영향을 미치는 요인이라고 하더라도 다른 국가의 공통 요인과 반드시 동일하게 움직이지는 않는다. 따라서 해외투자를 하는 경우 개별 국가 특유의 공통 요인이 서로 상쇄되어 특정 국가 내의 체계적 위험이 추가적으로 제거될 수 있고, 전체적인 위험이 감소될 수 있다. 이 이론의 장점은, 분산투자에 따른 위험 감소 효과를 고려하는 경우 예상수익률이 낮은 국가로도 자본이 이동할 수 있으므로 직접투자가 선진국과 개도국 간 양 방향으로 모두 일어날 수 있다는 것을 설명해 준다는 것이다.

통화우위 이론은 자본이동의 요인들 중 환율 변화의 영향을 강조하는 이론이다. 어떤 국가의 통화가치가 높으면 통화가치가 낮은 국가의 기업들을 상대적으로 저렴한 가격에 매입할 수 있으므로 해외직접투자를 할 유인이 커진다. 반대로 어떤 국가의 통화가치가 낮으면 그 국가로 외국인직접투자가 발생할 가능성이 커진다. 간단히 말해, 강세통화국은 해외직접투자의 투자국이 되고 약세통화국은 직접투자의 유치국이 된다. 이 이론은 해외투자를 결정할 때 해외자본시장에서의 가격 변화만큼 중요한 것이 환율의 변화라는 점을 강조해 주고 있다. 실제적으로 많은 연구들에 따르면, 채권시장의 경우 전체적인 수익률 변화 요인들 중 시장가격의 변화가 20% 내외를 차지하고 나머지 80%는 환율 변화에 기인하고, 주식시장의 경우 두 가지 요인이 대략 비슷한 비중을 차지하고 있다.[8]

이러한 정통 경제학적 견해들은 해외직접투자를 해외간접투자, 즉 해외증권투자의 상대적 개념으로 정의함으로써 직접투자를 국제자본이동의 관점에서 설명하고자 한 것이다. 제2차 세계대전 전까지만 해도 식민지경영에 따른 직접투자를 제외하면, 해외투자의 주류는 간접투자, 즉 증권투자였다. 따라서 해외직접투자를 독창적인 이론으로서 설명하려고 하기보다는 투자수익률 차이에 따라 국가 간 자본이동이 일어난다는 국제자본이동론으로 설명될 수 있다고 생각하였다. 그러나 해외직접투자는 일반적인 경우 자본이동을 수반하지만 자본의 이동 없이 현지차입에 의해서 이루어지기도 한다. 또한 제2차 세계대전 후 급격히 늘어난 해외직접투자를 단순히 국제자본이동론만으로 설명하기는 힘들었기 때문에 국제자본이동론 입장에서의 설명은 이후 주춤한 상태이다.

기업경제적 견해

기업경제적 견해(business economist view)는, 해외직접투자를 투자국 내의 자본, 생산기술, 경영기술 등의 생산요소들이 해외로 이전하여 투자유치국의 생산요소인 노동, 토지 등과 결합하여 현지 생산 및 판매를 한다는 점에서 수출 및 생산요소의 국가 간 이동과는 구분된다고 보고 있다. 따라서 이와 같은 관점에서의 이론들은 기업이 해외에 진출하는 동기가 무엇이며 익숙하지 않은 해외의 기업환경에서 현지기업과 경쟁하여 이길 수 있는 요인은 어디에 있고, 여러 가지 해외 진출 방법 중에서 해외직접투자라는 방식을 택하게 된 원인이 무엇인지를 규명하는 데 초점을 맞추고 있다.

대표적인 이론 중 하나가 하이머(S. Hymer)와 킨들버거(C.P. Kindleberger)에 의해 발전된 독점적 우위이론(monopolistic advantage theory)이다.[9] 하이머는 직접투자를 국제자본이동론에 의해서가 아니라 기업의 독점적 우위이론에 근거해서 설명해야 한다는 견해를 제시하였다. 하이머의 이론에 따르면 해외에서 생산공장을 설립하여 운영할 때 외국 기업은 현지기업과 비교해 불리한 입장에 처하게 되는 것이 보통임에도 불구하고 직접투자를 하는 것은 시장의 불완전성에 따른 독점적 우위를 이용하여 충분한 이윤을 실현시킬 수 있기 때문이라는 것이다. 킨들버거는 기업 특유의 독점적 우위의 원천으로 다음 네 가지를 제시하고 있다. 첫째, 제품차별화, 기업 특유의 마케팅 기술, 관리가격의 책정 등과 같은 제품시장에서의 불완전경쟁, 둘째, 특허기술, 기업 특유의 경영기술, 자본조달력에서의 우위 등 생산요소시장에서의 불완전경쟁, 셋째, 규모의 경제, 넷째, 정부의 간섭 등에 따른 시장의 불완전성이 독점적 우위의 원천이라는 것이다. 그러나 독점적 우위이론은 해외직접투자의 필요조건에 대한 설명은 되지만 국제경영의 세 가지 기본 형태, 즉 수출, 라이센싱(licensing), 해외직접투자 중 특히 해외직접투자를 택하게 되는 이유를 설명하는 데는 미흡하다.

버논(Raymond Vernon)은 국가의 경제적 성장과정이 특정 산업 섹터의 형성, 성숙, 쇠퇴의 주기와 밀접하게 연관되어 있다고 보고, 상품의 생산주기에 따라 변화하는 개별 기업들의 행태에 초점을 맞춘 생산주기이론(product cycle theory)을 제시하였다.[10] 버논은 구체적으로 개별 상품주기(life cycle)가 어떻게 기업의 경쟁력과 생산지(production location)의 결정에 영향을 주는지 살펴보았다. 생산주기 이론에 따르면, 특정 상품의 혁신은 선진국에서 이뤄지며 처음에는 선진국 내에서 독과점적으로 생산하여 국내시장에 판매하기 시작한다. 이 제품에 대한 시장이 증대하는 성장단계에서는 저개발국의 수요가 선진국의 수출에 의해 충족되어 선진국의 독과점적 지위가 지속된다. 상품의 생산주기가 성숙되는 성장단계에 이르러 기술이 표준화되면, 경쟁이 더욱 치열해진다. 이에 따라 기업들은 생산비용을 절감하기 위해 노동비용이 저렴한 해외에 직접투자를 통해 자회사를 설립하고 선진국 기업의 기존 수출은 해외 생산에 의해 대체된다. 마지막 단계에 이르면 최초 선진국의 국내수요는 노동비용이 싼 국가로부터 수입을 통해 충족된다. 최초로 상품을 개발했던 기업은 독과점적 지위가 상실됨에 따라 생산을 포기하게 된다. 버논의 생산주기이론은 해외직접투자의 동기를 동태적으로 설명해 주었다는 점에서 큰 의미가 있다.

더닝(J.H. Dunning)은 국제무역이론과 해외직접투자이론을 종합적으로 다루고자 하는 노력을 시도하면서 절충이론(eclectic theory)을 제시하였다. 더닝의 절충이론에 의하면, 기업 특유의 독점적 우위는 해외직접투자가 아니더라도 수출이나 라이센싱(licensing)에 의해서 이윤을 극대화할 수 있기 때문에 해외직접투자의 필요조건은 되나 충분조건은 아니라는 것이다. 그의 주장에 의하면 해외직접투자가 이루어지려면 기업 특유의 독점적 우위 이외에도 투자대상국의 기업활동 여건, 즉 해외 입지여건도 고려되어야 한다는 것이다. 고려대상이 되어야 하는 해외 입지여건으로는, 첫째, 임금, 둘째, 시장규모, 시장의 성장속도와 발전단계, 현지기업의 경쟁력 등의 마케팅 요소, 셋째, 관세 · 비관세장벽 등 무역장애요인, 넷째, 투자대상국 정부의 경제정책 등을 들고 있다. 이와 같은 절충이론은 기존의 독점적 우위이론에 생산입지이론을 통합한 이론이라 할 수 있다.

기업경제적 견해에서 또 하나 흥미로운 시도는 포터(Michael Porter)의 전략적 이론(strategic theory)이다.[11] 포터는 국제 경영은 생산으로부터 판매에 이르기까지 가치사슬로 연계되어 있다고 본다. 개별 기업은 이러한 가치사슬 중 어느 단계 및 어느 장소에 위치할 것인가를 정해야 하는데, 이러한 결정은 각 기업의 경쟁적 우위에 따라 이루어진다. 다국적기업은 국내 기업에 비해 보다 다양한 기술, 정보 등에 접할 수 있으므로 훨씬 더 광범위한 가치사슬을 활용할 수 있고 따라서 보다 효율적인 결정을 내릴 수 있는 이점이 있다. 다국적기업은 직접투자 외에도 전략적 연합, 생산 외주, 라이센스 공유 등을 통해 정보 및 기술에서 독점적 우위를 유지할 수 있으므로 해외에 더욱 적극적으로 진출하고자 할 것이다.

정치경제적 견해

정치경제적 견해(political economist view)는 해외직접투자를 단순히 개별 기업의 차원에서 볼 것이 아니라 좀 더 시야를 넓혀서 거시경제적 시각 혹은 국제경제질서의 시각에서 보아야 한다는 관점에서 개발된 이론들이다. 대표적인 예로 거시경제적 접근이론, 종속이론, 그리고 국가 중심 이론 등을 들 수 있는데, 앞의 두 가지 이론들이 선진국과 후진국 간의 직접투자를 설명하는 데 초점을 맞추고 있는 반면, 마지막 이론은 다국적기업의 무국적성에 대해 반론을 제기하고 있다.

거시경제적 접근이론은 고지마(K. Kojima) 등에 의해서 일본형 해외직접투자 모형으로 제시된 것이다. 이 이론에서는 해외직접투자가 투자국과 투자유치국 모두에 공헌하기 위해서는 투자국에서는 앞으로 비교우위를 상실하게 되고 투자유치국에서는 앞으로 비교우위를 갖게 될 산업의 해외직접투자가 이루어져야 한다고 주장한다. 이렇게 되면 국제적인 산업구조의 원활한 조정이 이루어지게 되어 비교우위에 의한 국제분업이 촉진되고 국제무역이 신장되어 세계 전체의 후생이 증가된다는 것이다. 이에 따라서 일본의 해외직접투자는 노동집약적 산업, 공해산업, 자원집약적 산업에서 집중적으로 행해졌으며,

독과점적인 기업뿐만 아니라 중소기업의 해외 진출도 활발하였다. 그러나 이 이론에 따라 해외직접투자가 이루어질 경우에 투자유치국의 산업구조가 투자국에 지나치게 의존하게 될 우려가 있고, 투자유치국의 무역규모가 커질지 모르나 투자국에 대한 의존도는 감소하지 않아 국제수지가 계속 적자상태에 머무를 우려가 있게 된다. 또한 공해산업의 수출을 투자유치국의 후생을 증가시키려는 호의적인 의도에서 나왔다고 받아들이기는 힘들다.

종속이론(dependency theory)에 의하면 해외직접투자는 미국을 비롯한 선진국 자본에 의한 세계 경제 지배의 도구로 인식되어진다. 종속이론의 뿌리라고 할 수 있는 레닌(N. Lenin)의 제국주의론은 자본주의가 독점자본주의단계에 이르면, 국내의 유효수요의 부족과 자본의 수익률 감소로 해외시장의 개척이 필연적인데, 직접투자는 이러한 잉여자본을 배출하는 출구로서 이용된다고 보았다. 결국 직접투자는 투자국이 세계의 다른 지역을 착취하는 도구로 간주되었다. 그러나 오늘날 소련과 구사회주의가 붕괴되었고, 이들 과거 공산주의국가들에서조차 해외직접투자를 적극 유치하고 있다. 그 이유는 직접투자에 따른 자본, 기술, 경영기법의 이전이 경제발전에 크게 공헌하리라고 믿기 때문이다. 종속이론의 시각에서 해외직접투자를 보는 견해가 세계화의 부작용을 반대하면서 아직도 제시되고 있지만, 현실에서는 과거와 같은 지지를 얻고 있지는 못하다.

국가 중심적 이론(state-centric theory)은 길핀이 주장하는 것으로, 다국적기업의 성공은 단지 우호적인 국제정치경제 환경 하에서만 가능했다고 보고 있다.[12] 이들에 따르면 다국적기업은 시장의 영향 및 기업의 전략만으로 설명될 수 없다. 물론 경제적이 요인들도 중요하지만 국제정치경제질서가 우호적이지 않았다면 다국적기업이 지금과 같이 활성화되지 못했을 것이다. 따라서 만일 주요 강대국들 간의 협력관계가 무너진다면 세계경제에서 다국적기업의 영향력도 훨씬 감퇴될 것이다. 국가 중심적 이론은 또한 다국적기업을 기본적으로 전 세계의 다른 기업들과 경쟁하는 국내 기업이라고 보고 있다. 많은 경영자들 및 경제학자들은 다국적기업이 국적 개념을 없애고 무국적 기업화되고 있다고 주장하지만, 국가 중심적 이론은 이러한 주장을 강하게 반박하면서 다국적기업을 해당 국가의 역사, 문화, 경제체제 등과 불가분의 산물이라고 봐야 한다고 주장한다.

Box 10-1 개발도상국의 해외직접투자

해외직접투자 이론은 대부분 선진국의 다국적기업들이 해외에 진출하게 되는 이유를 설명해 주고 있다. 그런데 동아시아의 신흥산업국(NICs)들이 발전하면서 적극적으로 해외직접투자를 확대해 나가자, 개발도상국의 기업들이 어떤 동기로 해외에 진출하려 하는지 설명하려는 시도들이 제시되고 있다.

개발도상국의 해외직접투자 방향은 선진국에 대한 진출, 동일 수준의 개발도상국에 대한 진출, 후발개발도상국에의 진출로 나눌 수 있다. 선진국에 대한 진출의 경우는 미국의 실리콘 밸리(Silicone Valley)에 대한 투자 등과 같은 첨단기술획득을 위한 투자와 무역규제에 대응하기 위한 현지 직접투자 등이다. 그러나 일반적인 투자방향은 주로 경제규모가 작고 소득수준이 낮으며 지리적으로 인접한 후발개발도상국으로 진출하는 것이 지배적이다.

개발도상국의 해외직접투자 현상을 설명하는 이론은 웰즈(L.T. Wells)에 의해 제시되었다. 웰즈는 선진국과 경쟁을 해야 하는 개발도상국의 해외직접투자가 어떻게 가능한가에 초점을 맞추고, 선진국의 해외직접투자 현상을 설명하기 위해 개발된 절충이론을 개발도상국의 해외직접투자에 그대로 적용하여 설명하려고 시도하였다. 웰즈는 개발도상국 투자기업이 선진국 다국적기업의 현지 자회사와 경쟁할 수 있는 우위의 원천을, 최근에 산업화 과정을 겪었기 때문에 기술이나 제품이 선진국에 비해 후발개발도상국들에 보다 적합하고 이들 환경에 알맞는 형태로 변화시키기에 유리하다는 점에서 찾는다. 개발도상국의 기업들은 모국 시장의 소규모적이고 가격탄력성이 높은 성격에 적응하기 위하여 노동집약적인 공정과 제품을 개발하게 된다. 이러한 과정에서 축적된 경험과 기술은 후발개발도상국의 비슷한 경제 · 사회적 환경에 적합하기 때문에 선진국에서 진출한 다국적기업의 현지 자회사와의 경쟁에서 살아남을 수가 있다는 것이다. 또한 웰즈는 특별한 기술상의 우위가 없더라도 개발도상국의 투자기업은 비용절감 면에서 선진국의 투자기업보다 유리하다고 주장한다. 이것은 관리자와 기술자에 대한 개발도상국 투자기업의 보수 수준이 선진국 투자기업보다 낮기 때문이다.

절충이론에서 강조하는 입지 특유의 요소(location-specific factors)도 개발도상국의 해외직접투자에서 중요한 역할을 하고 있다. 개발도상국 투자기업들은 현지의 저임금을 이용하고 선진국에 의한 무역규제를 우회적으로 회피하기 위하여 후발개발도상국으로 그들의 공장을 이동시킨다. 자원확보형 해외직접투자의 경우는 특히 입지 특유의 요소가 결정적인 요인이 되는데, 우리나라와 대만과 같이 국내 부존자원이 빈약한 나라의 경우 이와 같은 형태의 직접투자가 많다. 한편 후발개발도상국은 자국 경제가 선진국에 의해서 지배당할 것을 우려하기 때문에 이를 대신할 선발개발도상국의 직접투자에 대해서는 상당히 호의적인 반응을 보이고 있다. 이와 같은 점도 개발도상국의 직접투자에 유리하게 작용한다.

2. 다국적기업의 역사적 발전과정

다국적기업이 급격히 팽창하기 시작한 것은 제2차 세계대전 이후의 현상이기는 하지만 직접투자와 다국적기업의 역사는 그보다 더 오래되었다. 일부 학자는 15세기 피렌체의 메디치 은행같이 국경을 초월한 경영활동을 했던 중세시대의 은행을 다국적기업의 기원으로 보기도 한다. 많은 학자들은 16세기에서 18세기 사이 영국, 네덜란드, 프랑스 동인도회사나 허드슨만 회사 같은 국제무역 회사가 대규모로 국경을 초월한 경영활동을 한 것을 본격적인 기원으로 보고 있다. 19세기에는 다국적기업이라고 여겨지는 기업들이 여러 산업 및 국가에서 좀 더 지속적이고 장기적인 투자를 하기 시작했다.

다국적기업의 직접투자가 전반적으로 확장되어 왔지만, 그 과정에서 여러 가지 요인들이 다국적기업의 활동에 영향을 주었다. 첫째, 다국적기업 활동은 통신 · 운송 · 기술 분야에 큰 발전이 있었을 때 더욱 빠르게 증가했다. 이러한 발전을 통해 다국적기업이 외국에서 사업하고 확장하기 쉬워졌다. 둘째, 경기변동도 중요한 요인이었는데, 대체로 호경기 때는 다국적기업의 성장이 촉진된 반면 불경기는 반대의 효과를 주었다. 셋째, 다국적기업의 활동은 정부와 국제체제에 의해서도 영향을 많이 받았다. 예를 들어 이러한 체제가 다국적기업 활동에 더욱 수용적으로 변화되어 내부적으로 사유재산을 보호하는 법규가 제정되고 국제질서가 안정되면 직접투자가 장려되었던 반면 전쟁은 정반대로 다국적기업의 활동을 침체시켰다. 넷째, 자본자유화는 직접투자를 촉진시킨 반면 자본통제는 이러한 활동을 억제시켰다. 마지막으로, 다국적기업은 무역장벽을 넘기 위해 외국에서 생산하고자 하므로 역설적이게도 보호무역이 성행한 시기에 직접투자도 확장되었다.

2.1 제2차 세계대전 이전

앞의 제3장에서 보았듯이 19세기 말에서 20세기 초반의 금본위제도 시기에 국가들 간의 자본이동 규모는 현재의 관점에서 봐도 상당한 정도에 이르렀다. 일부 학자들은 이러한 자본이동이 직접투자보다 간접투자로 이루어져 있다고 주장하지만, 당시 영국의 생산성 증대 및 해외시장 진출을 고려하면, 직접투자의 비중도 무척 높았다는 것을 알 수 있다. 실제로 처음 산업화한 국가로서 세계의 국제정치경제질서의 패권을 차지했던 영국은 19세기 직접투자의 대부분을 주도한 핵심 국가였다. 그 당시 정부의 제도적 보장이나 체계화된 국제기구가 존재하지 않았지만 국제투자를 촉진시키고 안전을 보장해 주는 여러 요인들이 있었다. 첫째, 통화의 태환성이 보장되었고 배당금을 쉽게 송금할 수 있었으며 금본위제도 하에서 환율이 상당히 안정적이었기 때문에 국제투자와 관련된 위험은 매우 낮았다. 둘째, 유럽 국가들은 대부분 자국의 법규가 적용되는 식민지에 투자를 했기 때문에 국제투자와 관련된 정치적인 위험 또한 낮았다. 셋째, 이 시기에는 자본이동에 대한 규제도 없었기 때문에 직접투자가 용이했다. 넷째, 상대적으로 전쟁이 적게 발발해 안정적인 환경이 유지된 점, 그리고 19세기 철도, 해상 운송 및 통신이 빠르게 발달한 기술적인 뒷받침도 직접투자를 촉진시킨 요인으로 작용하였다.

이 시기 선진국들 중에서 가장 해외투자를 많이 한 국가는 당연히 영국이었다. 영국의 기업들은 제2차 세계대전 이전 직접투자의 주요 공급처였으며 1914년 전체 직접투자의 45%를 차지했고 1938년에도 40%를 차지했다. 미국은 19세기까지는 유럽 국가들이 투자하는 직접투자의 중요한 유치국이었는데, 19세기 말부터는 다국적기업을 설립하기 시작했다. 미국의 첫 제조업 다국적기업은 싱어(Singer Manufacturing Company)였으며, 스탠더드오일(Standard Oil Company)같은 원자재를 기반으로 한 미국 회사도 대규모의 해외 사업을 확장해 나갔다. 이러한 확장과 더불어 미국이 전체 직접투자에서 차지하는 비중은 1914년 14%에서 1938년 28%로 증가했다. 서유럽과 미국은 합쳐서 제2차 세계대전 이전 전 세계 해외직접투자의 90%를 차지했다.

한편 제2차 세계대전 이전의 시기에 직접투자를 가장 많이 받은 투자유치국은 주로 남미와 아시아의 개도국들이었다. 이 두 지역이 세계 전체 투자유입에서 차지하는 비중은 1914년 54%에서 1938년 56%로 과반 이상을 차지하며 거의 변화가 없다. 이 기간 중 캐나다의 비중은 증가한 반면 동유럽 지역의 비중은 급감하였다. 서유럽과 미국으로 유입된 직접투자는 대부분 제조업 분야에 집중된 반면, 개도국으로 유입된 직접투자는 주로 천연자원이나 서비스분야에 투자되었다.

19세기 이후 지속적으로 확장되던 직접투자는 제1차 세계대전 이후 세계의 경제적·정치적인 불안정 때문에 저해되었다. 심지어 일부 유치국들은 직접투자 유입에 대한 규제를 도입하기도 했으며, 소련을 비롯한 동유럽 국가들은 외국 자산을 국유화했고, 이에 더해 금본위제도까지 붕괴되면서 국제투자 환경이 급격히 악화되었다. 전간기 후반의 대공황에 따른 제2차 세계대전으로 다국적기업의 활동이 대폭 축소되었다. 이에 따라 제2차 세계대전 직후에는 1920년대보다도 세계 경제에서 다국적기업이 차지하는 비중이 훨씬 감소했다.

표 10-1 전 세계 직접투자에서 각국이 차지하는 비중

(단위 : %)

투자국	유출(outflow)		유치국	유입(inflow)	
	1914년	1938년		1914년	1938년
영국	45	40	남미	33	31
미국	14	28	아시아	21	25
독일	14	1	미국	10	7
프랑스	11	9	동유럽	10	2
네덜란드	5	10	캐나다	6	10
기타 서유럽	5	3	아프리카	6	7
기타 세계	6	9	기타 세계	14	18

자료 : Jones(1996) ; Cohn(2005), p.319에서 수정해 재인용.

2.2 제2차 세계대전 이후

제2차 세계대전 이후 국제정치경제질서가 안정되면서 다국적기업의 활동이 폭발적으로 증가하기 시작하였다. UNCTAD 통계에 따르면, 일부 부침이 있기는 했지만 1970년 130억 달러에 불과하던 직접투자의 연도별 금액(flow)이 글로벌 금융위기 직전 2조 달러를 넘어설 정도로 크게 확대되었다(〈그림 10-1〉). 이에 따라 총해외투자 누적액(stock)도 2018년에는 30조 달러를 훌쩍 넘어서고 있다. 미국 중심의 국제정치경제질서의 확립

그림 10-1 직접투자의 추이 변화(연도별 flow)

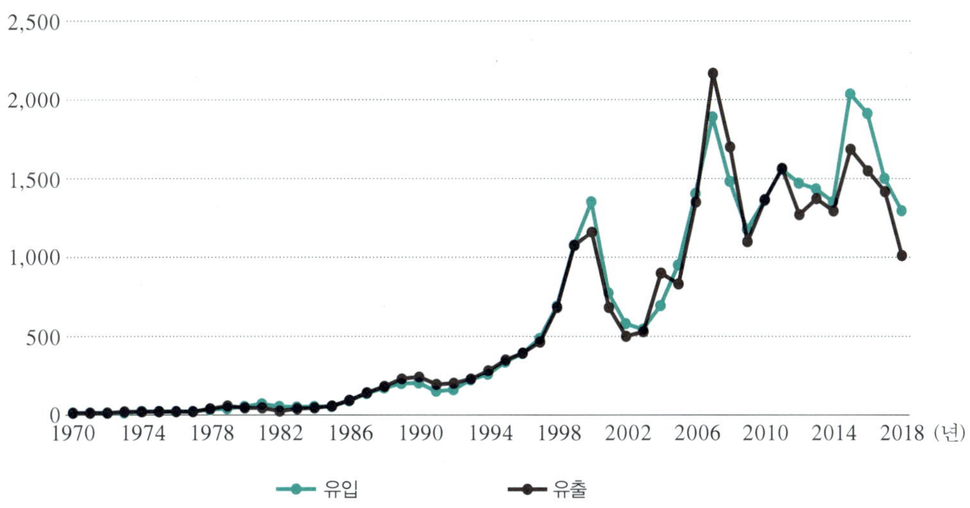

자료 : UNCTAD Statistics.

과 더불어 여러 요인들이 다국적기업의 직접투자를 촉진시켰다. 무엇보다도 브레튼우즈 시기 세계 경제는 지속적인 고속 경제성장을 경험했으며 이는 다국적기업의 활동을 확장하는 데 도움이 되었다. 또한 국제 운송과 통신의 발전도 자본이동을 촉진시키는 데 기여했다. 해상뿐만 아니라 공중 운송, 텔렉스와 위성 통신, 팩스기의 발명은 모두 자본의 흐름을 확대하는 데 기여했다. 제도적인 측면에서도 대부분의 선진국이 경상거래에서뿐만 아니라 자본거래에서도 통화의 태환성을 보장했는데, 이로 인해 자본이 더욱 활발하게 국경을 넘어 이동할 수 있게 되었다.

자본의 해외유출 입장에서 이를 선도한 것은 미국을 비롯한 선진국들의 다국적기업이었다. 선진국들의 직접투자는 전후 내내 90% 가까이 유지되었고, 특히 미국의 비중은 브레튼우즈 시기 세계 직접투자의 50% 이상을 차지했으며, 1970년대 후반에 들어서 조금씩 비중이 감소하기 시작했다. 일본, 독일 및 다른 서유럽 국가들이 전쟁에서 회복하고 급속한 경제성장을 이루어가면서 투자여력이 생기자 이들도 전후 초기 직접투자 유치국에서 투자국으로 전화하기 시작했다. 이에 따라 미국의 비중은 점차 감소하는 반면 일본의 비중은 한때 전체의 10% 수준까지 확대되기도 했고 서독을 비롯한 유럽 국가들의 비중은1980년대 후반 이후 오히려 미국의 비중을 앞서고 있다. 선진국 위주의 해외직접투자에 동아시아의 신흥산업국들과 OPEC 국가들이 참여하면서 약간의 영향이 미치기도 했지만, 전체적인 추세에서는 미미한 영향에 국한되었다.

한편 자본의 유입 입장에서 보더라도 가장 큰 비중을 차지하는 지역은 미국, 유럽 등 선진국 지역이었다. 미국의 경우 1970년대에는 세계 투자유입의 20% 이하를 차지했는데, 이후에는 20%를 훌쩍 상회하고 있다. 유럽의 경우도 지속적으로 30%를 넘고 있으며 한때는 세계 투자유입의 40% 이상을 차지하기도 했다. 일본의 비중은 채 1% 되지 않는데, 이는 일본의 정부 정책 및 사회, 문화적 요인으로 인해 외국인의 국내투자가 상당히 제한되었기 때문으로 해석된다. 개발도상국의 경우는 제2차 세계대전 이전에 비해 세계 투자유입에서 차지하는 비중이 감소하였다. 이는 제2차 세계대전 이후에는 1차 생산물 위주에서 제조업 위주로 투자 패턴이 바뀌었기 때문이다. 특히 아프리카, 라틴아메리카에 대한 투자 비중이 감소하는 반면 동아시아 지역의 비중이 크게 증가했는데, 이는 많은 선진국들의 해외투자가 경제성장에 따른 혜택을 볼 수 있는 지역으로 몰렸기 때문이다. 아시아 지역에서도 1970년대 말 중국의 개혁개방 이후 특히 중국에 대한 투자가 크게 증가하였다. 중부와 동유럽의 체제이행 국가들은 1980년대까지 사실상 거의 직접투자 유입이 없었으며, 체제전환 이후 일부 국가들이 EU에 가입하면서 조금씩 외국 자본이 유입되기 시작하였다.

직접투자의 추세는 상황에 따라 부침이 있기는 했지만 전반적으로 특히 1980년대 이후 훨씬 빠른 속도로 증가했다. 〈그림 10-2〉에 따르면 전 세계 GDP 대비 직접투자 누적액(stock)의 비중이 1980년 5% 수준에서 2010년대 후반에는 거의 40% 수준까지 증가했음을 알 수 있다. 1980년대 이후 직접투자가 빠르게 증가한 배경에는 몇 가지 중요한 요인들이 있다. 우선, 이념적인 차원에서 소위 신자유주의라고 불리는 정통 자유주의가 재부상함에 따라 국제무역 및 국제금융에서의 여러 규제가 과감하게 폐지되었기 때문이다. 선진국뿐만 아니라 개발도상국들도 발전전략의 일환으로 시장개방과 자율화를 내세우면서 자국 내에서 탈규제와 민영화로 다국적기업이 활동을 촉진시켰다. 아울러 소련 및 사회주의권 국가들이 붕괴하면서 대부분 시장 중심 체제로 이행해 갔는데, 이러한 변

그림 10-2 전 세계 직접투자의 GDP 대비 비율(stock)

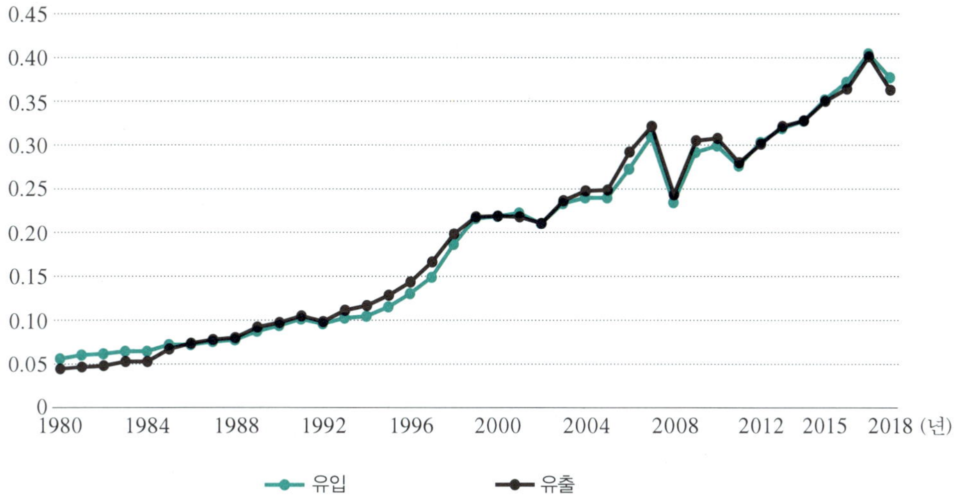

자료 : UNCTAD Statistics.

화는 다국적기업의 투자를 촉진시키는 새로운 큰 시장을 열어 준 것이었다. 또한 국제무역체제에서의 변화도 다국적기업의 직접투자를 확산시켰다. 그동안 여러 번의 다자 협상으로 관세가 상당히 낮아진 상태에서 많은 국가들은 다양한 비관세 장벽을 사용하기 시작했다. 따라서 다국적기업들은 비관세장벽을 회피하고 영업활동 범위를 넓히기 위해 직접투자를 더욱 확대하였다. 마지막으로, 정보통신 기술 및 운송 기술의 발달도 다국적기업이 글로벌 네트워크를 확장하는 데 큰 도움을 주었다.

1980년대 신자유주의 등장 이후 급등해 온 다국적기업의 직접투자 추이에서 몇 가지 흥미로운 특징이 발견되고 있다. 첫째, 우선 주목할 만한 특징은 소위 말하는 세계 경제의 3대축인 미국, EU, 동아시아가 직접투자의 유출 및 유입 모두 주도하고 있다는 것이다. 이는 무엇보다도 시장이 존재하는 곳에 자본 여력도 발생하고 자본에 대한 수요도 커진다는 것을 보여준다. 이 세 경제 축은 1980년대 이후 내내 세계 직접투자 유출의 80% 정도를 차지했으며 세계 직접투자 유입에서도 60% 이상을 유지했다. 미국의 기업들은 유럽에 투자하는 것을 선호한 반면 일본과 유럽의 기업들은 미국에 많은 투자를 했다. 1970년대 후반까지 서유럽의 통합이 역내무역의 확대를 통해 이루어졌다고 하면 1980년대 이후에는 유럽 내 직접투자의 증가가 무역량의 증가보다 더 중요해졌다. 이처럼 시장규모가 큰 국가가 직접투자 유출 및 유입 양면에서 모두 적극적인 활동을 나타내게 되는데, 예외적인 국가로 중국과 일본을 들 수 있다. 중국은 아직까지 빠른 경제성장을 뒷받침하기 위해 자본에 대한 수요가 크므로 직접투자 유출은 거의 없고 유입은 큰 비중을 차지한다. 이와는 달리 일본의 경우 직접투자 유출 규모는 상당한 수준에 이르지만 유입 측면에서는 세계 전체에서 차지하는 비중이 채 1%도 안 될 정도로 미미하다. 일본이 여러 정책을 도입해 직접투자 유입의 공식적인 장애물을 완화시키긴 했지만 아직도 여전히 많은 비공식적 장벽은 그대로 남았다.

둘째, 직접투자 유출 측면에서 중요한 특징은, 전체적으로 선진국이 여전히 주도적이지만 개별국 차원에서 여러 가지 주목할 만한 변화들도 나타나고 있다. 그중 하나는 자본공급자로서의 미국의 위치가 시간이 흐름에 따라 낮아졌다는 것이다. 1980년대 초반까지만 하더라도 세계 전체 직접투자 유출에서 미국이 차지하는 비중은 40%를 넘어 유럽보다 더 컸었다. 그러나 1990년을 넘어 오면서 유럽의 비중이 40%를 넘은 반면 미국의 비중은 그 이하로 감소해 최대 자본공급처의 위치가 변경되었다. 또 하나 흥미로운 것은, 일본의 경우 1990년대 초까지 직접투자 유출에서 차지하는 비중이 계속 증가해 오다 1990년대를 넘어오면서 급격히 감소하는 추세를 보이고 있다. 이러한 추세 변화는 일본 내부에서 발생한 엔고 현상, 자산 버블 및 잃어버린 20년과 직접적인 관계가 있다. 1985년 플라자 합의로 인해 일본 엔화가 강세로 되면서 많은 제조업체들이 해외시장에서의 경쟁력을 유지하기 위해 해외직접투자를 증대시킴으로써 1980년대 후반 직접투자 유출 규모가 급등한 것이다. 그러나 1990년대 초반 부동산을 포함한 자산시장 버블이 붕괴하면서 일본 경제는 장기불황에 빠지게 되었다. 이와 더불어 주요 일본 은행들의 부실 문제로 인해 일본의 기업들은 해외로 확장할 능력이 감소되었고 이에 따라 해외직접투자를 축소함으로써 1990년대 중반 이후에는 세계 전체 직접투자 유출에서 차지하는 비중이 3～4% 수준으로 급감했다. 한 가지 더 추가할 새로운 변화는, 그 이전까지 주로 직접투자 유치국의 위치에 머물러 있던 개발도상국들이 1990년대 후반부터 직접투자 유출에서의 비중을 늘려가기 시작한다는 것이다. 2000년대 이전까지는 세계 직접투자 유출에서 개발도상국들이 차지하는 비중이 10%를 넘지 못했는데, 2000년대 이후 10%를 넘어서고 최근에는 25% 수준까지 차지하고 있다. 이러한 변화에 큰 기여를 한 국가들은 우리나라를 포함한 동아시아의 신흥개발국들로서, 처음에는 아시아의 후발 지역에 직접투자를 했었으나 점차 선진국을 포함한 전 세계로 확대해 오고 있다.

표 10-2 해외직접투자 유출의 지역별 비중(stock)

	1980	1990	2000	2010	2018
선진국	87.3	93.7	90.4	83.4	74.4
북미	47.3	38.0	42.3	28.6	25.2
아시아	3.5	9.0	3.9	4.4	5.7
유럽	36.5	46.7	42.8	48.0	41.9
개발도상국	12.7	6.3	9.6	16.6	25.6

주 : 1980년 및 1990년 선진국의 오세아니아 지역 비중이 미미해 무시함.
자료 : UNCTAD Statistics.

셋째, 직접투자 유입 측면에서도 흥미로운 변화들이 관측된다. 가장 주목할 만한 변화는 전 세계 직접투자 유입에서 차지하는 선진국과 개발도상국 간의 비중 차이가 1990년대 확대되었다가 2000년대 중반 이후 다시 축소되었다는 것이다. 개발도상국의 비중을 보면 1980년대 초반 40%를 넘어서다가 1990년대 이후 겨우 20%를 넘는 수준으로 감소했고, 글로벌 금융위기 이후에야 다시 30% 이상으로 회복되었다. 이러한 변화의 배경에도 동아시아 국가들이 큰 역할을 하고 있다. 처음에는 저렴한 임금을 활용하기 위한 제조업에 대한 투자가 주를 이루었으나 이들 지역이 빠르게 성장하면서 임금이 상승하자 이런 유형의 직접투자가 감소했다. 그러나 이후 경제발전 단계가 더욱 높아지면서 이들 지역을 타깃으로 하는 IT 산업, 서비스 산업 등 고부가가치 산업에 대한 투자가 확대되면서 다시 직접투자가 증가한 것이다. 동아시아 지역에 대한 투자가 확산되는 것과는 달리 다른 개발도상국 지역에 대한 투자, 특히 사하라 사막 이남의 아프리카 지역에 대한 투자는 여전히 지지부진한 편이다. 구소련연방 및 체제이행 국가들의 경우 국영산업의 민영화 과정에서 일시적으로 직접투자 유입이 증가하기도 했으나 그 이후에는 답보상태에 머물고 있다.

표 10-3 **해외직접투자 유입의 지역별 비중**(stock)

	1980	1990	2000	2010	2018
선진국	58.0	76.8	79.0	69.1	66.9
북미	24.0	33.8	42.1	22.3	25.9
아시아	1.0	0.6	1.0	1.4	1.1
유럽	33.0	42.4	33.3	38.9	35.0
개발도상국	42.0	23.2	21.0	30.9	33.1
아시아	30.3	15.5	14.3	19.6	23.7

주 : 1980년 및 1990년 선진국의 오세아니아 지역 비중이 미미해 무시함.
자료 : UNCTAD Statistics.

넷째, 위에서 설명한 지역별 특징 외에도 직접투자의 분야 및 형태에서도 새로운 변화들이 많이 나타났다. 무엇보다도 해외직접투자의 대상 분야가 제조업이나 석유화학 산업에서 서비스 산업으로 옮겨가고 있는 점이 주목할 만하다. 선진국뿐만 아니라 개방도상국들이 금융 및 통신 분야에서의 규제완화를 확대했으며 또한 개발도상국들이 발전전략의 일환으로 주요 기간산업의 민영화를 추진하면서 직접투자의 대상이 과거에 비해 다양화되고 더욱 확산되었다. 이와 더불어 직접투자의 형태도 합작투자, 경영계약, 기술제휴, 일괄수주계약[13] 등의 비자본투자(non-equity investment)를 포함하는 새로운 형태의 직접투자가 점점 더 중요해졌다. 이러한 비자본 투자로 기업은 영업 기술이나 기술 접근 등의 혜택을 주고 그 대가로 로열티, 수수료, 판매 수익 등을 수령하게 된다.

3. 생산세계화와 글로벌 생산 네트워크[14]

지금까지 살펴본 다국적기업의 활동 증대는 1990년대 후반 이후 글로벌 생산체계에 근본적인 변화를 가져왔다. 생산체계가 단순히 국제화되는 것을 넘어 제품 개발, 부품 조달, 생산, 유통, 판매에 이르는 모든 과정이 전 세계에 걸쳐 연계되고 분업화되는 단계로 심화하면서 다국적기업의 활동이 각국 경제에 미치는 영향도 질적으로 변화되었다. 이와 같은 생산세계화의 심화 현상을 설명하는 대표적인 분석틀로 글로벌 가치사슬 이론과 글로벌 생산 네트워크 이론이 있다. 글로벌 가치사슬은 포터(Michael Porter) 등 경영학계를 중심으로 제기되어 사회과학 전반에 걸쳐 많은 영향을 미치고 있으며, 글로벌 생산 네트워크는 영국 맨체스터 대학을 중심으로 한 경제지리학에서 발달해 온 개념이다.

3.1 글로벌 가치사슬 vs. 글로벌 생산 네트워크

다국적기업의 활동은 생산세계화를 유발한다. 세계화란 글로벌 수준에서의 상호 교류 증대와 경제활동의 통합과정으로 정의되는데, 여기서 경제통합은 금융시장의 통합, 직접투자 및 생산 네트워크의 증대를 포함한다. 앞 절에서 다국적기업의 활동 증대를 양적인 직접투자 확대라는 측면에서 주로 설명했다면, 생산세계화 현상은 양적 변화라기보다 글로벌 차원에서 부품 하청 및 기술개발 등의 과정을 기능적으로 통합하고자 하는 질적 변화라 할 수 있다.[15]

글로벌 가치사슬

다국적기업의 생산세계화가 증대해 감에 따라 생산단계의 국가 간 분업화가 유발되었으며, 이 현상을 글로벌 가치사슬(global value chain ; GVC)이라 지칭한다. 글로벌 가치사슬 개념은 세계체제이론에서 파생된 글로벌 상품사슬(global commodity chain ;

GCC) 이론에 그 기원을 두고 있다.[16] 글로벌 상품사슬은 자원을 수집하는 생산체계, 부품이나 생산물을 변형시키고, 마지막으로 최종 제품을 완성하는 과정이 글로벌하게 연계되어 있는 상태를 말한다. 그런데 1990년대 중반 이후 기술이 발전하고 아웃소싱의 형태가 복잡해지고 생산자 주도와 구매자 주도의 거버넌스 구분이 모호해지면서, 이 문제를 해결하는 차원에서 분석의 초점이 상품사슬에서 가치사슬(value chains)로 이동한다. 즉, 글로벌 가치사슬은 생산세계화 과정을 보다 복잡한 분석틀로 만들어낸 개념이라고 할 수 있다.[17] 글로벌 가치사슬 개념의 가장 큰 기여는 전체 연계과정에서 가치창출의 속성을 식별해 내는 데 있는데, 따라서 특정 상품에만 집중한 글로벌 상품사슬의 한계를 넘어 제조업 간, 그리고 서비스 활동으로의 가치창출까지 확장했다고 볼 수 있다.

글로벌 가치사슬이 많은 주목을 받은 이유는, 가치사슬 편입에 따라 생산 역할 증대와 무역규모 확대 정도가 달라져 특정 국가의 경제성장에 커다란 영향을 줄 수 있기 때문이다. 예를 들어 중국의 경우 글로벌 가치사슬에 편입하면서 IT를 비롯한 첨단산업 분야에서도 많은 글로벌 부가가치를 생산하고 무역규모를 크게 확대시킬 수 있었다. 비록 최종 재화를 생산하지는 않지만 글로벌 가치사슬의 중간재 생산과정에 편입해 많은 국가의 중간재 공급처가 되면서 무역규모가 급격히 증가하였고 이로 인해 지속적인 고도성장을 추진할 수 있었던 것이다. 이러한 방식으로 개도국들이 글로벌 가치사슬에 편입하게 되면 제조업 발전을 통해 산업전환을 이룰 수 있기 때문에 바람직한 전략으로 인식되고 있다.

글로벌 생산 네트워크

글로벌 생산 네트워크(global production network ; GPN)는 2000년대 초반 경제지리학에서 제시된 것으로, 다층적 규모에서 생산, 유통, 소비를 가능하게 하는 상호 연관된 기능들과 활동들의 네트워크로 정의할 수 있다.[18] 즉, 글로벌 생산 네트워크는 공정별 분업화 내지는 생산분절화에 따라 복수의 생산거점이 상호 연결되는 구조를 말한다. 기존의 산업모델이 주로 OEM(original equipment manufacture) 방식처럼 전체 가치사슬 중 비교적 낮은 가치의 생산분야에 국한된 것이라면, 글로벌 생산 네트워크는 부품과 생산은 물론 연구개발과 사후 서비스까지 핵심 역량을 제외한 가치 사슬을 모두 외부에 위임하는 산업모델이라고 정의내릴 수 있다.[19] 생산세계화 속에서 경제활동의 다차원적인 측면과 상품과 서비스가 생산, 유통, 소비되는 공간의 다층적 규모가 복잡하게 얽혀 있는 네트워크 또는 관계적 측면을 중시하는 개념으로, 포괄하는 범위가 글로벌 가치사슬에 비해 광범위하다고 볼 수 있다.[20]

글로벌 생산 네트워크가 발전하게 된 연유는 교통통신과 물류서비스의 발전으로 기업이 저비용과 효율화를 동시에 추구할 수 있게 되었고 부품 조달부터 조립에 이르는 제조공정 전체를 대행해 주는 '제조전문기업'이 등장하게 되었기 때문이다. 글로벌 생산 네트워크는 세계적인 브랜드를 보유한 브랜드리더 기업과 제조전문기업으로 이루어진 기함기업(flagships), 현지에서 기함기업들에게 부품을 공급하는 현지 하청기업(local suppliers)으로 이루어진다. 하청기업은 다시 규모와 공급능력에 따라 상위기업(higher-tier)과 하위기업(lower-tier)으로 나뉜다. 폭스콘, 홍하이와 같은 대만계 제조전문기업의 빠른 성장으로 글로벌 기업들이 가격경쟁력을 확보할 수 있었으며, 이는 자사의 기술 및 브랜드와 결합하면서 가능해졌다. 이들 제조기업들이 저렴한 인건비와 거대한 내수시장을 가진 중국에 대거 진출하여 외국인 투자유치와 더불어 세계 제조공정을 담당하게 되면서 중국은 글로벌 생산 네트워크의 중심에 서게 되었다.[21]

글로벌 생산 네트워크는 다국적기업이 전 세계적인 범위에서 제품과 서비스를 생산하고 유통시키는 과정에서 기능과 활동이 상호 연관된 기업 및 관련 주체들과 조직적으로 결합하는 과정을 중시한다. 글로벌 생산 네트워크는 이와 같은 보다 포괄적인 관점에서 생산세계화를 분석함으로써 다양한 주체, 다양한 기능 등을 고려해 거시적인 전략을 고려하는 정책가들의 관심을 끌었다. 글로벌 가치사슬의 개념이 가치사슬을 통한 기업 간 네트워크에 국한하여 생산세계화 과정을 설명하는 것인 데 비해, 글로벌 생산 네트워크 개념에는 기업 거버넌스, 제도와 함께 지역발전과 관련성이 깊은 지역의 권력, 지역의 범위 등이 종합적으로 고려되고 있다.[22] 글로벌 생산 네트워크 개념은 점차 글로벌화되는 세계경제에서 특정 지역이 어떻게 성장하고 발전하는지를 분석하는 거시적 틀을 제공하고 있다. 즉, 글로벌 생산 네트워크는 유리한 생산 입지에 대한 글로벌 현상을 설명함과 동시에 글로벌 생산활동이 국지화되는 현상을 설명하는 분석틀로서 등장하게 된 것이다.

3.2 글로벌 생산 네트워크와 지역 생산 네트워크

글로벌 생산 네트워크와 지역발전

글로벌 생산 네트워크와 지역발전 간의 관계에 대해 헨더슨 외(Henderson et al.)는 생산세계화 과정에서 글로벌 생산 네트워크와 지역발전은 가치, 권력, 착근성이라는 세 가지 범주에 의해 영향을 받는다고 주장한다. 또한 기업, 제도적 기관, 네트워크, 산업부문이라는 네 가지 차원을 통해 이들 세 가지 범주의 영향력이 구체화되고 활성화되어 글로벌 네트워크가 지역발전과 연계된다고 보았다. 양자 간의 연계를 동아시아 지역을 중심으로 살펴보자.

글로벌 생산 네트워크의 발전에 따라 생산과정은 여러 단계로 분절화되었고 비교우위에 따라 다양한 지역에서 생산하게 되었다. 기존의 수직적 통합생산 패턴이 여러 형태의 생산 분절화 패턴으로 변화되었다. 어떤 생산과정은 고도의 기술자 중심의 생산과정이 필요하지만 다른 생산과정은 단순한 노동집약적 과정일 수도 있다. 동아시아 국가들은 노동비용에 있어 실질적 차이를 보여주고 있어 생산과정의 분절화 과정이 나라별로 가능하게 되어 그 생산비용을 줄일 수 있게 되었다.[23]

동아시아 지역 생산 네트워크는, 생산주기이론과 안항형 모델(flying geese model)에 의하면 일본이 주도하고 그 뒤를 신흥공업국이 따라가며, 마지막으로는 동남아 국가와 중국이 그 뒤를 잇는 모형으로 이해될 수 있었다. 한국과 대만 등 후발국들이 일본의 사양산업을 받아들였음에도 불구하고 서로 다른 발전궤도를 걸어갔으며, 그 뒤를 따르는 동남아와 중국 역시 상이한 발전전략 및 궤도를 반영한 것이다. 개별 국가의 특정 산업의 발전과정을 살펴보더라도 기존 모델이 강조했듯 선진국으로부터의 완전한 기술이전이 이뤄지는 것도 아니고, 시간이 지날수록 선진국에서 일어날 것이라 기대되는 '혁신' 이 후발국에서도 지속적인 산업 업그레이드(industrial upgrading)를 통해 일어났다.

1990년 중후반에 들어가면서 새로운 지역발전 모델이 나타나는데, 이 모델은 대나무 자본주의 모델(bamboo capitalism model)이라고 불리고 있다. 대나무 자본주의 모델이란 공정 간 분절화에 의한 생산 공유, 즉 중간재, 부품 수출국으로서 일본 및 NICs와 특히 조립생산기지로서의 중국을 그 특징으로 한다. 국가 간 분업화, 전문화 및 선진국의 해외에 대한 직접투자로 나타난다.[24] 대나무 자본주의 모델에서는 국가 간 산업의 구조에 있어 제품의 개발 및 생산 과정이 단계별로 나뉘어서 각 단계별로 비교우위에 있는 국가에서 수행되는 형태로 산업구조가 형성된다. 2000년대 이후 전통적으로 동아시아 역내 교역망의 중심 축 또는 미국 시장으로의 연결점 역할을 했던 일본의 역할이 감소하면서, 급속하게 중국을 중심으로 한 지역 생산 네트워크로 재편되었다.[25] 중국 중심의 지역 생산 네트워크가 본격화되면서 대나무형 자본주의 모델은 다시 수련형(water lily) 모델로 변화

표 10-4 지역발전 관점에서의 글로벌 가치사슬과 글로벌 생산 네트워크

구분	글로벌 가치사슬	글로벌 생산 네트워크
등장배경과 정의	▪ 생산단계의 국가 간 분업화의 심화에 따른 기업 간 네트워크 분석 ▪ 상품이나 서비스가 생산되고 최종적으로 사용되기까지 지리적 · 국제적으로 분산되는 모든 활동	▪ 글로벌 환경 변화와 내부적 요인과의 결합을 통한 특정 지역의 발전 관점을 중시하는 경제지리학 관점에서 유래 ▪ 다층적 규모에서 생산, 유통, 소비를 가능하게 하는 상호 연관된 기능들과 활동들의 연결망
과정과 범위	▪ 기업의 글로벌 분업에 의한 글로벌 가치사슬 형성 ▪ 가치사슬의 형성	▪ 글로벌 분업과정에서 기업과 다른 주체들의 상호 연관된 기능과 활동의 글로벌 결합 ▪ 통합적 네트워크의 형성
참여 주체와 관계	▪ 기업 ▪ 가치사슬을 따르는 선형적 관계의 형성	▪ 기업, 기관, 네트워크, 산업 등이 모두 포함 ▪ 네트워크를 따라 비선형적 관계의 형성
대응방안	▪ GVC 참여 ▪ GVC 업그레이딩	▪ 전략적 결합을 통한 학습과 호혜적 관계의 형성
주요 시사점	▪ GVC를 통해 지역 내 기술 파급과 클러스터의 형성 가능성 ▪ GVC 참여 및 업그레이딩을 위한 지역정책 또는 기업전략의 필요성 제기 ▪ 연계성 강화로 글로벌 요인과 트렌드 중요성 확대	▪ 글로벌 생산 네트워크의 니즈에 대한 지식 축적 필요성 ▪ 산업 및 분야 특수적 정책 디자인과 타기팅 ▪ 제도적인 지원 노력 요구 ▪ 전략적 결합을 위한 지역정책 필요성

자료 : 박재곤 외(2016), p.71.

되었다고 한다.[26] 경제성장이 본격화되면서 일부 지역에 경제활동이 집중화되는 현상이 발생하여 국경 간 집적지역이 증대하였다.[27] 수련형 모델은 하나의 광역집적지역에서 다양한 산업이 집적되어 상당 수준의 수직적 · 수평적 분업이 형성된 생산체제를 의미한다.

생산세계화가 가속화됨에 따라 국가 간 생산분업이 글로벌 생산 네트워크 중심으로 이루어져 왔으며, 동아시아에서는 일본 중심에서 중국 중심으로 변경되어 새로운 도전으로 다가왔다. 과거 일국적 생산에서 글로벌 생산체제로 변화됨에 따라 기업과 국가의 정책 역시 변화되었다. 해외직접투자와 같은 생산정책이 중요하게 되었고 국가 정책의 변화가 필요하게 되었다.

글로벌 부가가치소득 논쟁

그런데 이처럼 특정 국가 또는 지역이 글로벌 생산 네트워크에 참여하게 되면, 해당 국가 또는 해당 지역에 귀속되는 소득 또는 혜택이 얼마나 되는가에 대한 논쟁이 뒤따른다. 생산세계화에 따라 범세계적인 네트워크의 일부가 됨으로써 국가들은 이제 생산분업 과정에서도 얼마나 더 많은 가치를 창출하고 부를 창출하느냐의 경쟁에 노출되었다. 제조업의 마지막 단계인 조립과정에만 참여하면 전체 상품의 가치사슬에서 차지하는 부분이 매우 낮아 그에 따른 혜택도 적을 수 있다.[28] 세계적으로 분산된 글로벌 공급사슬(global supply chain)에서 부가가치가 높은 부분의 역할을 수행하기란 쉽지 않으므로 기업과 국가의 노력이 필요하다.

2001년 중국이 WTO에 가입하기 전까지 중국은 저임금에 바탕을 둔 노동집약적 상품을, 아시아 개도국들은 상대적으로 고부가가치인 기술집약적 상품을 미국 등 선진시장에 수출하는 국제분업구조의 특성을 보여주었다. 그러나 2001년 이후 중국의 해외직접투자 규제정책이 완화되면서 아시아 신흥산업국들은 대규모로 대중국 투자를 증대시켰다. 기존에 아시아 개도국에서 생산되어 미국으로 수출되던 첨단제품들이 중국 생산기지에서 조립되어 미국으로 수출되었다. 조립생산에 필요한 부품조달을 위해 아시아 신흥국들의 대중국 수출은 급격히 증대되었다. 아시아 생산 네트워크의 재편은 중국의 대미수출 증대, 아시아 선발공업국의 대미수출 감소라는 형태로 나타났다. 문제는 중국의 대미수출액 중 상당 부분이 아시아 선발산업국에서 부가된 것이다. 아시아 선발산업국들은 생산과정을 분절화시켜 생산과정별로 가장 효율적인 생산이 가능한 지역으로 생산기지를 재배치하였는데, 이는 '가치사슬의 분절화(slicing the value chains)' 의 전형적 사례라 할 수 있다.[29] 첨단부품의 경우 비교우위를 갖고 있는 아시아 선발산업국에서 그 부품을 생산하고, 이를 중국에서 수입한 후 저임금 노동력을 이용하여 조립하고 그 최종 생산품을 미국 등 선진 지역으로 수출하는 새로운 국제분업구조로 변화되었다. 이와 같은 중국의 지역 생산 네트워크로의 통합과정이 한편으로는 중국이 조립생산의 중심으로 떠오르면서 동아시아 선발산업국들이 부품생산에 특화할 수 있는 기회를 제공하기도 했다.[30] 중국이 아직 생산가치사슬의 관점에서 볼 때 높은 부가가치 생산 영역을 주도할 정도의 힘을 갖게 되었다고 보기엔 시기상조라고 하나, 중국이 이미 높은 부가가치 생산 영역에 많이 들어가 있으므로 이러한 체계는 상당히 변화되었다고 할 수 있다.[31]

휴대폰과 자동차사업을 들여다보면 이와 유사한 주장을 찾아볼 수 있다.[32] 휴대폰과 자동차 산업의 글로벌 생산 네트워크에서 중국을 포함한 동아시아 각국의 지위는 상당 부분 상승했다. 특히 중국은 동아시아 지역뿐만 아니라 글로벌 생산 네트워크의 확산과정에서 핵심적 국가로 부상했다. 그러나 중국이 휴대폰 산업에서 생산 및 소비의 영향력을 측정하는 연결중심성에서 상당히 높은 네트워크 지위를 차지함에도 불구하고 매개중심성의 측정결과는 부품 및 완제품 모두에서 미국과 독일 등 선진국들의 지위가 지속되고 있다는 것이다. 이 경우 중국 역시 부품의 생산 및 수요지로서 중심적 역할을 하고 있음이 나타나고 있지만 아직은 여전히 미국과 독일이 중요한 위치를 차지하고 있다고 한다.[33] 애플의 iPod의 가치사슬에 대한 연구에 의하면, 비록 iPod이 해외의 다양한 공급업체에 의해 제조된다 하여도 혁신의 이익은 미국회사인 애플이 가져가는 것으로 분석되었다. 애플은 상품디자인, 소프트웨어개발, 생산경영, 마케팅, 그리고 다른 고부가가치 분야를 미국 내에 유지하고 있다. iPod 생산부문 가운데 고부가가치 부문에 속하는 하드드라이브와 디스플레이는 일본 기업에 의해 생산된다는 점에서 미국 다음으로 일본이 고부가가치 이익을 차지한다.[34] 다국적기업의 국적은 세계화 시대에 있어 여전히 혁신적 가치 획

등의 차원에서 중요한 역할을 하고 있다고 볼 수 있다.

과거 일국적 생산, 또는 지역생산분업체계에서의 국가 정책은 해외직접투자를 통해 기술이전 및 생산노하우를 기업이 터득하도록 유도하면서 동시에 국내 기업의 발전 및 전후방 연계산업의 발전으로 이어지도록 하는 것이었다. 반면 생산세계화 시대에서 글로벌 공급사슬에서 높은 부가가치 역할을 수행하기 위한 국가 역할은 보다 적극적인 혁신국가 정책으로 변화될 필요가 있다. 예컨대, 중국이 세계의 공장으로 부상한 데에는 중국의 저임금 노동을 활용한 가공무역에 특화된 외자기업의 역할 때문이다. 그러나 2006년 이후 중국의 대외무역에서 이러한 특성의 외자기업의 비율이 감소했다. 한국과 대만의 대중국 수출에서 중간재가 차지하는 비율은 대만이 90%, 한국이 74%에 달한다. 한국과 대만은 일본으로부터 부품소재를 수입해 중간제품을 만들고 이를 중국에 수출하여 가공생산하여 역외시장으로 수출하는 일본 의존 수출주도 발전의 분업체제를 구축했다. 2006년 이후 중국은 이러한 가공무역 비중을 줄이기 위해 다양한 정책을 시도했다. 기술이전 및 기술혁신이 되지 않는다고 생각했기 때문이었다. 중국은 '혁신국가' 정책을 통해[35] 중앙정부 관계의 재편과 자율성의 증가를 통해 정책능력을 향상시켰으며, 동시에 외부지향적 개입국가로의 변화뿐만 아니라 내부지향적 개입국가로의 변화를 꾀하고 있다.[36]

4. 다국적기업과 국제레짐

다국적기업 활동에 따른 생산세계화가 중요한 영향을 미침에 따라 당연히 국제레짐 차원에서 이를 어떻게 관리할 것인가에 대한 노력도 진행되어 왔다. 국제레짐 차원에서의 논의는 다국적기업 활동 전반에 대한 논의보다는 해외직접투자에 대한 국제규범을 정하는 데 초점이 맞추어졌다. 이러한 노력들은 국제무역에서와 마찬가지로 크게 다자간 투자협정, 지역 및 양자 간 투자협정으로 나누어 볼 수 있다. 다자간 투자협정은 WTO,

OECD 및 UN에서 논의된 내용들이 대표적인 예이고, 지역 및 양자 간 협정은 EU 및 NAFTA에서 대표적인 사례를 찾을 수 있다.

다국적기업이 세계 경제에서 중심 역할을 맡고 있지만 해외투자를 규제하는 원칙과 국제규범은 국제무역체제 및 국제통화체제에 비해 제대로 발달하지 못했다. 국제무역의 경우 WTO라는 국제기구가 존재하고 또한 국제통화의 경우 IMF라는 국제기구가 존재하는 반면 해외투자 체제에는 이에 견주어볼 만한 국제기구가 존재하지 않는다. 다국적기업과 관련된 대부분의 정부 정책은 국가 수준에서 형성되지만 다국적기업은 초국경적인 성격을 갖고 있기 때문에 이러한 국내 수준의 정책은 불충분하다. 해외투자와 관련된 국제규범을 마련하는 데 가장 큰 장애물은 국제규범에 포함될 내용, 즉 무엇이 규제되어야 하는지에 대해 의견의 일치를 보기가 어렵다는 것이다. 대부분의 자유주의자, 현실주의자, 맑스주의자들이 생산세계화의 현실을 인정하고 해외투자의 국제적 규범이 필요하다고 생각하지만, 아직도 여전히 구체적인 내용, 그리고 다국적기업, 투자국 및 유치국 중 어떤 주체가 규제되어야 할지에 대해 매우 다른 견해를 갖고 있다.

정통 자유주의자에 의하면, 투자협정은 투자유치국이 자본의 자유로운 이동을 방해하는 조치를 취하지 못하도록 함으로써 투자자가 국제금융시장에서 자유롭게 기능하도록 해야 한다. 이에 따라, 투자협정은 투자유치국의 국유화 정책, 이행 요건 및 기타 다른 장애요인으로부터 다국적기업을 최대한 보호할 수 있도록 해야 한다. 이들은 심지어 투자 흐름을 방해하는 유치국의 조치에 대응하기 위해서 투자국 정부가 자국의 다국적기업을 대신하여 투자유치국 정책에 개입할 권리를 가져야 한다고 주장하기까지 한다.

현실주의자와 맑스주의자는 이와 대조적으로 해외투자에 대한 정부의 제약이 때로는 정당화될 수 있다고 보고 있다. 현실주의자의 관점에서 보면, 국가는 다국적기업의 활동이 국익이나 국가안보와 충돌하지 않기를 당연히 원할 것이다. 한편 맑스주의자의 관점에서 보면, 투자협정은 다국적기업을 규제해야 하고 유치국을 보호해야 한다. 투자자가 국경선을 넘어 쉽게 자산을 옮길 수 있는 경우 투자국과 유치국의 노동자 모두 뚜렷하게 불리한 입장에 처하게 되기 때문이다. 특히 개발도상국 유치국은 다국적기업에 대해 매우 종속적인 위치에 놓여 있기 때문에 특별 보호를 요구해야 한다. 따라서 이들은 국제규범을 통해 다국적기업과 그들을 지원하는 투자국 정부의 영향력을 제한해야 한다고 주장한다.

4.1 다자간 접근

GATT/WTO

해외투자와 국제무역의 밀접한 관계를 고려할 때 WTO는 해외투자 관련 사안을 다루기에 가장 적합한 기구이다. 물론 다국적기업 활동의 확대에 따라 국경을 넘어선 다국적기업 내 무역의 비중이 증가하고 있는 현실을 반영해 현재의 지역 및 다자 무역협정에 투자조항이 포함되어 있기는 하다. 그럼에도 불구하고 해외직접투자는 무역의 방치된 쌍둥이(neglected twin)라고 불리고 있으며 투자보다 무역이 전후 다자협상의 초점이 되었다. 더욱이 많은 국가들은 국경을 넘나드는 무역에 대해서는 국제규범을 만드는 것에 필요성을 느꼈으나 국경 내에서 이루어지는 직접투자에 대한 통제권에 제한을 두는 것을 주저했기 때문에 해외투자에 대한 논의는 상당 기간 동안 GATT에서 사실상 금지된 주제나 마찬가지였다.

GATT에서 투자규범 관련된 문제가 최초로 제기된 것은 1981년 GATT 자문그룹 회의에서였다. 미국은 다국적기업에 부과되는 이행요건이 투자왜곡효과를 가져온다는 연구결과를 토대로 GATT에서 투자요건과 관련된 조치 목록을 작성하도록 제안했으나, 많은 국가들의 반대로 채택되지 못했다. 미국은 이어 1984년 캐나다의 외국인투자심사법(Foreign Investment Review Act)이 외국인 투자기업에 대해 부당한 이행요건을 강요하고 있다고 GATT에 제소하였다. 이처럼 미국은 여러 번 GATT가 유치국의 해외투자 통제에 대해 조치를 마련하기 원했으나, 1980년대에 우루과이 라운드를 준비하기 전까지는 투자문제에 대해 협상하는 것을 그렇게 심각하게 생각하지 않았다.

1980년대에 국제무역 환경이 변화하면서 우루과이 라운드를 시작하게 되었을 때 투자 이슈와 관련해 상당히 첨예한 의견대립이 있었다. 미국은 외국인투자에 관한 국제규범을 다자간 협정인 GATT에서 당연히 마련해야 한다고 주장한 반면 유럽 및 개발도상국들은 이에 대해 극렬히 반대했다. 특히 개발도상국들은 외국인투자 정책이 경제발전을 촉진하기 위한 중요한 정책수단이므로, 이 문제를 다자간 협상에 포함시키는 것은 정책주권이 침해될 수 있다는 입장에서 강하게 반대했다. 결국 우루과이 라운드 협상에서 외국인투자정책의 무역 관련 효과만을 다루기로 합의함으로써 해외투자의 국제규범 제정을 위한 논의가 가까스로 시작되었다.

우루과이 라운드가 무역 관련 투자조치(Trade Related Investment Measures ; TRIMs) 협상을 포함했지만 브라질, 인도를 비롯한 대부분의 개발도상국은 여전히 강력하게 TRIMs 회담을 반대했다. 결과적으로 TRIMs 협정은 투자 관련 문제에 대한 어떤 규율도 반대하는 국가들을 수용하기 위해 매우 좁게 정의되었으며, 최종 TRIMs 협정은 기존 GATT 조항의 가장 명백한 위반에 대해서만 다루게 되었다. 그럼에도 불구하고 우루과이 라운드 TRIMs 협정은 투자조치의 무역왜곡 및 무역제한효과를 방지함에 있어서 법적 구속력을 가진 최초의 다자간 규범이고 GATT 체제를 공고히 하는 데 기여했다는 점에서 중요한 의의를 갖는다.[37]

TRIMs 협정은 상품교역 관련 투자이행요건의 금지로 간단히 요약될 수 있는데, 내국민대우와 수량제한금지, 개도국 우대조치, 통지 및 경과조치를 주요 내용으로 한다. 우선 이 협정에 따라 GATT 제3조 '내국세 및 규제에 관한 내국민대우', 그리고 제11조 '수량제한의 일반적 금지'에 저촉되는 투자조치는 취할 수 없다. 그러나 이러한 조치의 철폐에 있어 개발도상국에 대해 전반적 예외는 허용하지 않더라도 선진국에 비해 유리한 유예조건을 허용한다. 또한 모든 회원국은 협정 발효 후 90일 이내에 협정과 어긋나는 모든 무역 관련 투자조치를 통지하고, 통지된 투자조치는 일정 기간 내에 철폐해야 한다.

GATT/WTO 체제 하에서 해외직접투자 관련된 조항은 TRIMs 외에도 GATS에서도 찾아볼 수 있다. 우루과이 라운드를 통해 제정된 GATS는 서비스 무역과 관련된 포괄적인 자유화 기틀을 마련했다는 점에서 큰 의의가 있지만, 동시에 서비스 관련 투자의 자유화에서도 중요한 전기를 마련하였다. 투자 관련 주요 내용은 투명성, 내국민대우, 최혜국대우, 설립권, 송금 및 투자자유화 및 투자자보호규정을 들 수 있다. 그러나 GATS에 투자 관련 규정이 포함되어 있기는 하지만, 이를 일반적인 투자규범으로 간주하기에는 많은 문제점이 있다. 예를 들어 최혜국대우를 원칙적으로 회원국들에게 적용하도록 규정하고 있으나 예외를 허용하고 있으며, 시장접근과 내국민대우를 회원국의 일반적 의무사항이 아닌 구체적 약속사항으로만 다루고 있다.

이처럼 국제투자규범은 WTO 출범 후 처음으로 개최된 1996년 싱가포르 각료회의에서 싱가포르 이슈(투자, 경쟁정책, 무역원활화, 정부조달투명성) 중 하나로 논의가 시작돼 제9차 다자무역협상인 도하개발어젠다 협상 의제에 포함되었다. 그러나 싱가포르 이슈가 2003년 9월 멕시코 칸쿤에서 개최된 제5차 WTO 각료회의 결렬의 직접적인 이유로 대두됨에 따라, 2004년 8월 개최된 WTO 일반이사회는 싱가포르 이슈 중 무역원활화만을 남기고 나머지를 도하개발어젠다 협상 의제에서 제외하기로 결정했다. WTO에서 투자와 관련된 이슈에 대한 논의 필요성이 다시 제기된 것은 2013년 인도네시아 발리에서 개최된 제9차 각료회의에서 무역원활화협정 협상이 타결된 후였다. 이후 투자원활화에 관심을 가진 WTO 회원국들이 지속적인 워크샵 등의 비공식대화를 통해 WTO 투자원활화에 포함될 수 있는 내용들에 대해 논의하는 한편, 투자원활화 논의 필요성에 대한 회원국들의 공감을 확산시키기 위해 노력해 왔다. 이러한 노력의 결과로 2017년 12월 아르헨티나 부에노스아이레스에서 개최된 제11차 각료회의에서 투자원활화의 논의를 위한 각료결정 채택을 추진했으나 일부 국가들의 반대로 70개국이 각료공동선언만을 채택했다.[38]

OECD

많은 자유주의 경제학자들은 GATT/WTO의 TRIMs와 다른 투자조항을 다자적 투자체제로의 첫 발자국으로 간주하고 있지만 보다 포괄적이고 광범위한 다자간 투자협정은 OECD의 다자간 투자협정(Multilateral Agreement on Investment ; MAI)이라고 볼 수 있다.[39] OECD에서는 직접투자가 증대함에 따라 투자 관련 통상마찰이 빈번해지자 기존 투자 관련 규범을 대체할 새로운 투자규범이 필요하다고 인식하게 되었다. 이에 OECD 회원국들은 1995년 9월부터 MAI를 설립하기 위한 협상을 시작했다.

OECD는 실제적인 의미에서 법적 구속력을 갖는 의무를 포함한 다자 투자협상을 진행시키기에 적임자로 여겨졌다. 이는 앞에서 살펴본 바와 같이 OECD 회원국이 전 세계 직접투자 유출뿐만 아니라 유입 측면에서도 상당한 비중을 차지하고 있으며 또한 OECD는 해외투자 문제를 오랜 기간 다뤄왔던 경험을 보유하고 있기 때문이었다. 예를 들어 OECD는 1961년 자본이동을 자유화하는 두 개의 법규를 채택했으며 1976년에는 국제투자와 다국적기업에 관한 OECD 선언을 채택했는데, 이 선언은 내국민대우와 다국적기업 행동을 위한 가이드라인을 모두 포함했다. WTO는 협상을 통해 목적을 달성하고자 노력하는 반면, OECD는 일방적 자유화나 또래집단압박(peer pressure)을 통해 목적달성이 가능하다. 따라서 어떤 면에서 보면 집단 내의 상호 평가가 투자 자유화에 기여한 바가 크다. 그렇지만 이러한 OECD 접근방식은 WTO와 같은 공식적인 국제기구에서의 합의와 성격이 다르기 때문에, OECD 가이드라인이 다국적기업의 행동에 실질적으로 큰 영향을 미쳤는지에 대해서는 회의를 제기하기도 한다.

MAI 협상과정에서도 많은 갈등이 노출되었다. 미국은 포괄적이고 법적 구속력을 갖는 MAI를 원했고 우루과이 라운드 협상 때 개발도상국들이 제한적인 TRIMs 협상조차도 반대하는 것을 보고 불만스러워했다. 대부분의 OECD 회원국들은 자본 수출국이었으므로 미국은 그들이 MAI에 동의할 것이라고 생각하고 있었다. 그러나 미국의 생각과는 달리 OECD가 투자협상의 최적 국제기구인지에 대해서는 선진국 간에도 의견이 일치되지 않았다. EU는 WTO를 선호했는데 왜냐하면 WTO가 모든 EU 회원국을 집단으로 대변할 수 있는 유일한 국제기구였기 때문이다. 또한 EU 국가들의 직접투자가 점점 더 OECD 비회원국으로 이동하고 있었기 때문에 EU는 OECD 비회원국도 구속할 수 있는 MAI를 원했다. 이러한 견해차이에도 불구하고 MAI 협상은 최종적으로 OECD에서 진행되었다. 무엇보다도 WTO에서는 많은 개도국들의 반대로 인해 투자 쟁점에 대한 의견 일치를 이루기 어려웠으며, 일부 EU 회원국들은 투자 이슈를 WTO로 가져가서 확대하는 것보다 OECD 내에서 협상하는 것이 좋다고 판단했기 때문이다.

협상 그룹은 외국인 투자자의 보호, 투자의 자유화, 분쟁해결 절차 세 가지 측면에 초점을 맞추고 규범을 제정하고자 했다. 투자보호 조항은 자산의 수용에 대한 보상이나 투자자가 이익과 배당금을 유치국 밖으로 옮길 자유, 외국인 투자자에 대한 공평하고 공정한 대우원칙 등의 쟁점을 다루어야 했다. 투자자유화 조항은 유치국이 외국인 투자자에게 최혜국 대우와 내국민 대우를 하고 이행 의무를 제한하도록 했다. 분쟁해결 절차는 국가뿐만 아니라 투자자도 국제적인 수준에서 구속력을 갖는 분쟁 해결을 시작할 수 있게 했다. 일부 이런 조항이 이미 양자협정이나 NAFTA와 같은 지역협정에 포함되어 있었지만 MAI는 다자간 협상이었고 이전의 협정보다 더 포괄적인 범위를 다루었다.

협상의 진전에도 불구하고 여전히 중요한 이슈에 대해 의견차이가 있어 협상을 1년 더 연장해야만 했다. 남아 있는 쟁점 중 중요한 이슈들은 노동과 환경, 자유화와 예외, 치외법권의 세 가지에 집중되어 있었다. 그런데 OECD 국가들 간의 내부 차이로 인한 협상의 연장은 개발도상국들과 NGO와 같은 외부 비판세력들에게 MAI에 대한 반대 의견을 집결할 수 있는 기회를 주었다. 예를 들어, 인도, 이집트, 파키스탄, 말레이시아 등이 개발도상국들은 MAI에 대해 강한 적대감을 표현했는데 이는 그들의 참여 없이 OECD에서 협상이 진행되었기 때문이다. 대부분의 개도국이 1980년대 외채위기 이후 해외투자에 대해 점점 개방적이 되었음에도 불구하고, MAI가 다국적기업보다 유치국에 더 많은 의무를 부과하지는 않을까에 대해 우려했다. 이러한 우려는, 실제로 대부분의 OECD 회원국은 MAI가 다국적기업에 아무런 의무를 부과하지 않아야 한다고 생각하고 있었으며 또한 정통 자유주의의 부활과 더불어 해외투자와 자본이동을 자유화하고자 하는 추세가 확산되는 데 따른 것이었다. 개도국의 입장에서 보면, 1990년대 후반의 아시아 위기는 자본과 무분별한 국제자본이동에 기인한 바가 크기 때문에 외국인투자가 자유화되기보다 규제되어야 할 필요가 있으며, 따라서 MAI가 개도국의 자주적인 성장에 위협이 된다고 생각되었다. 개발도상국들의 반대 이상으로 MAI에 대한 효과적인 반대는 NGO의 광범위한 연합체로부터 초래되었다. NGO들은 MAI가 인권, 노동과 환경 기준 , 문화침해, 개도국의 보호를 위협한다고 주장했는데, 특히 OECD 내에서 문화 지배에 대한 이슈는 MAI 협상의 결정적인 걸림돌로 작용했다. 1998년 프랑스가 문화에 대한 우려와 주권에 대한 위협으로 인해 협상에서 철수하면서 OECD는 MAI 협상을 멈출 수밖에 없었다.[40]

UN

1970년대 초 미국 국제전화전신기업(ITT)과 칠레가 개입된 문제가 개도국의 비판을 고조시키면서 다국적기업 규제 이슈가 UN에서 제기되었는데, 이를 계기로 UN에서 국제투자 문제와 관련해 논의가 시작되었다. 당시 세계에서 가장 크고 성공적인 다국적기업 중 하나였던 ITT는, 1970년 칠레 대통령 선거에서 맑스주의자 후보인 살바도르 아옌데가 칠레에 소재한 자회사를 보상 없이 국유화할 수도 있다는 가능성을 우려하고 있었다. ITT는 미국 중앙정보부(CIA)와 미국 공보국(USIA)을 연루시켜 아옌데의 당선을 방해하고자 했으며, 당선 후에는 권좌에서 축출시키고자 공작을 시도했다. 이러한 ITT의 행동은 1972년 세상에 알려지게 되었으며 심각한 반향을 가져왔다. 미국에서는 상원 외교관계 위원회가 조사를 했고, 국제적으로는 UN 사무총장이 1972년에 다국적기업의 영향을 조사하기 위해 현인그룹(Group of Eminent Persons)을 임명했다. 1974년 현인그룹은 ITT 같은 다국적기업의 체제 전복적인 정치적 개입에 대해 강하게 비판하고, 정부와 다국적기업의 행동강령을 만드는 위원회 설립을 제안하는 보고서를 발표했다. 이를 바탕으로 UN은 다국적기업 위원회를 설립하고 다국적기업의 행태에 대한 포괄적인 정보 체계를 구축했으며 행동강령을 제정하도록 했다. 이 위원회는 매년 개최되며 UN 다국적기업센터(UNCTC)가 사무국 역할을 맡았다.

UN 위원회의 우선 목표는 다국적기업의 포괄적인 행동강령 제정이었고, 이에 워킹그룹은 강령의 초안을 작성하고 1982년 보고서를 위원회에 제출하였다. 그러나 행동강령 내용에 대한 회원국 간의 근본적인 의견 충돌로 인해 이 보고서에 대한 협상이 길게 이어졌다. 대부분의 개도국과 사회주의 국가들은 초안이 다국적기업의 탈세, 불법영업행위, 이전가격 조작을 금지했기 때문에 강령 초안을 지지했다. 이와는 달리 선진국들은 강령 초안이 투자국인 자국의 기업들에게 불리하고 유치국의 다국적기업 대우 문제가 충분히 다뤄지지 않았다는 이유로 강령 초안에 강하게 반대했다. 수년간 서로 상반되는 의견을 절충하고자 노력했으나 결국 합의에 실패하면서, UNCTC가 해산되고 UNCTAD 산하의 작은 분과가 이 업무를 떠안게 되었다. UNCTAD는 해외투자 관련 사안에 대해 많이 다루어 왔으며 또한 매년 발간하는 정기보고서(세계투자보고서 및 무역개발보고서)가 높이 평가되고 있다. 그러나 UNCTAD가 다자 투자규범 협상을 주도하는 것에 대해 선진국들은 별로 찬성하지 않았으며, 이에 따라 1993년부터 UN의 노력은 다국적기업을 위한 순전히 자발적인 행동 규범을 장려하는 쪽으로 나아갔다.

4.2 지역 및 양자 간 접근

OECD의 MAI가 1998년 중단되고 WTO 차원에서의 논의도 공동선언문에 그치는 등 다자간 투자협정이 지지부진함에 따라, 각국은 지역 또는 양자 차원에서 투자협정을 진행시켜 왔다. GATT/WTO같은 다자 국제기구가 해외투자 규범을 만드는 데 실패했기 때문에, 자유주의 경제학자들은 지역무역협정(regional trade agreement ; RTA)이 해외투자 이슈를 다루는 차선책이라고 생각한다. 대부분의 RTA는 원칙적으로 무역조항뿐만 아니라 투자조항도 포함하고 있다.

EU

EU의 경제통합 단계는 해외투자에 대한 규범을 마련하는 데도 반영된다. EU는 경제공동체로서 상품의 자유로운 이동을 보장했는데, 점차 서비스 교역 및 해외투자로까지 자유로운 이동을 확장해 나갔다. 자본이동 자유화는 단일시장(Single Market)의 핵심 요소이며 마스트리히트 조약에 명시되어 있다.[41] 이 조약 제63조는 EU 역내에서의 자본이동에 대해서뿐만 아니라 EU 회원국과 역외국 간의 자본이동에 대해서도 규제를 금지하고 있다.[42]

자본이동 자유화에는 직접투자를 포함한 모든 종류의 자본이동이 포함되어 있으며, 따라서 EU는 자본의 자유로운 이동에 따라 이루어지는 회원국 간의 직접투자를 보호한다. 그동안 EU 회원국들은 역내 투자에 대해 양자 간 협정에 기초한 투자규범을 마련했으나, 2019년 EU 역내 양자협정을 종식시키는 복수 간 협정에 합의한다는 성명을 발표했다.[43] 이에 따라 EU 집행위원회는 공평한 경쟁의 장 개발이라는 궁극적 목표와 함께 다국적기업의 활동을 감시하고 규제할 법적 권리를 갖는다. EU는 유럽의 다국적기업이 일본이나 미국의 다국적기업과 경쟁하기에 규모가 충분히 크지 않다고 우려했다. 이러한 우려를 반영해 EU의 다국적기업 정책은 양면적으로 되어 있는데, 한편으로 단일 유럽시장에서 다국적인 활동을 장려함과 동시에 구체적인 법적 효력이 있는 억제 조치를 통해 이러한 다국적 활동으로 인해 초래될 수 있는 문제를 해결하고자 한다. 그러나 EU의 경제통합은 다른 어느 지역보다도 높은 단계여서, EU 단일시장에서 적용되고 있는 해외직접투자 규범은 향후 다자간 해외투자 규범을 만드는 데 좋은 본보기로 활용될 확률은 낮아 보인다.

NAFTA

지역적 및 양자 투자협정과 관련해 가장 널리 참고되는 사례가 NAFTA이다. NAFTA 협정문의 제11장 투자조항은 미국의 양자 간 투자협정의 주요 조항을 3개국 차원에 적용한 것으로 보면 된다. 예를 들어 NAFTA는 미국, 캐나다, 멕시코 3개 회원국들이 외국 투자자에 최혜국대우와 내국민대우를 제공하고 새로운 수출 성과, 현지 조달, 기술이전 의무를 모두 금지하며 이와 더불어 대부분의 기존 이행의무를 단계적으로 10년 내에 폐지하도록 하고 있다. 또한 NAFTA는 투자 분쟁에 대해 법적 효력이 있는 중재를 국내 법원이 아닌 국제법원에서 제공하도록 하고 있다. 특히 중요한 것은, 개인 투자자가 제3국 재판소에 NAFTA 정부를 직접 고소할 수 있다는 것이다. 이와는 대조적으로 WTO에서는 정부만 분쟁 해결 절차에서 권한을 가질 수 있기 때문에 개인 투자자들의 불만을 해결하려면 국가가 대변해야 한다. 많은 양자 투자협정에서 투자자-국가 간 분쟁해결 조항(investor-state dispute settlements ; ISDS)이 존재하지만, NAFTA 조항은 양자 수준을 넘어선 수준으로 발전되었으며 향후 다자간 투자협상에서 좋은 참고가 될 수 있을 것이다.

대체적으로 자유주의자들은 투자 흐름 자유화에 큰 발전을 가져온 NAFTA에 갈채를 보냈으며, 오히려 일부 부문별 예외조항이 북미의 투자규범을 완전하게 자유화하지 못했다는 점에서 NAFTA를 비판하고 있다. 이와 대조적으로 현실주의자와 맑스주의자들은 NAFTA 투자조항이 국가의 주권과 노동조합의 이익을 보호하는 데 위협이 된다고 주장한다. 맑스주의자의 관점에서 보면, 다국적기업은 이제 더 낮은 임금과 환경 기준을 통해 이득을 취하고자 미국, 캐나다, 멕시코를 넘나들 수 있게 되었고, 따라서 NAFTA는 높은 자본 이동성을 통해 자본가에게는 큰 혜택을 주지만 노동자들에게는 피해를 줄 수도 있다. 현실주의자들은 NAFTA가 이행의무의 적용을 금지함으로써 유치국이 해외투자로부터 긍정적인 파생 효과를 얻을 수 없게 되었다고 주장한다. 캐나다와 멕시코는 침체된 지역과 경제의 특정 분야에 투자를 촉진하도록 이행의무를 부과해 왔었는데, NAFTA에서는 이러한 조치가 금지되면서 유치국이 그들의 개발 목적에 맞게 외국인 투자를 유치하는 게 어려워졌다는 것이다.

미국에서 트럼프 행정부가 들어서면서 NAFTA 재협상이 이루어졌고, 2018년 9월 USMCA(United States-Mexico-Canada Agreement)를 체결했다. 투자 관련해서는 NAFTA 이후 특히 ISDS에 대한 논쟁이 많이 제기되어 USMCA에서 이에 대해 많은 수정이 이루어졌다. ISDS는 외국인 투자자가 부당한 수용, 차별적 대우 등을 당하는 것을 막기 위해 고안된 제도이다. 그러나 다국적기업 등의 외국인 투자자가 자신의 권리를 침해하는 것으로 보이는 환경 및 사회 규제 등 정부 조치에 대해서도 ISDS를 활용하여 기투자 금액뿐 아니라 미래 기대이익을 포함한 보상을 요구함에 따라 정부의 정책 집행을 위축시키는 효과를 갖게 되었다. 이에 특히 미국 내에서 많은 단체들이 ISDS가 정부 주권, 인권과 환경 보호를 저해한다며 NAFTA 제11장에서 ISDS 규정을 삭제하고 향후 ISDS가 무역 또는 투자협정에 포함되지 않을 것을 촉구하였다. 캐나다 정부도 미국 투자자에 의한 ISDS 활용이 많아 부담을 느끼고 있는 상황이었기에 캐나다와 미국은 ISDS를 철폐하는 방향으로 합의를 도출하였다. 이에 따라 USMCA의 제14장에서는 세 가지 경우에 한해 ISDS를 활용할 수 있도록 축소시켰다.[44]

양자 간 투자협정

국가들은 해외투자를 촉진하고 보호하기 위해 오래전부터 양자 간 투자협정(bilateral investment treaties ; BITs)을 체결해 왔다.[45] 양자 간 투자협정은 해외투자에 대해 계약 당사국에 의무를 부과하며 이러한 의무를 집행하기 위한 분쟁해결 절차를 제공한다. 제2차 세계대전 이후 처음으로 양자 간 투자협정을 체결한 국가는 서독으로서 1959년에 파키스탄 및 도미니카 공화국과 두 개의 협정을 체결하였다. 1960년대 이후에는 서유럽 국가들이 과거 식민지였던 아프리카 국가들과 양자 간 투자협정을 많이 체결하였으며, 미국 및 일본 등 다른 선진국들도 개도국과 양자 간 투자협정을 체결하기 시작했다. 개도국들은 해외투자에 관한 국제규범을 바꾸고 싶어했지만, 직접투자 유치를 통해 경제발전을 도모하고자 하는 실용적인 이유로 양자 간 투자협정에 참가했다.

1980년대 이후에는 더 많은 개발도상국들이 양자 간 투자협정을 체결했다. 라틴아메리카에서 외채 위기가 발발함에 따라 상업은행 대출이 급격히 감소하면서 개도국 채무국들은 개발을 위한 재원을 해외투자에 심하게 의존하게 되었다. 또한 일부 체제이행국들도 경제개발을 위해 투자를 유치하면서 양자 간 투자협정을 체결하기 시작했다. 예를 들어 중국은 1982년 처음을 양자 간 투자협정을 체결했는데 1980년대 말에는 25개의 투자협정을 체결했다. 양자 간 투자협정 숫자는 1990년대 들어서 더 빠르게 증가했는데 이는 부분적으로 선진국의 해외원조가 지속적으로 감소하면서 개도국의 해외투자 수요가 증가했기 때문이다. 대부분의 양자 간 투자협정이 선진국과 개도국 사이에 체결되었지만, 점점 더 많은 수의 협정이 개도국 간 또는 개도국과 체제이행국가 간에 체결되고 있다. 2020년 1월 현재 총 2,901개의 양자 간 투자협정이 체결되어 있으며, 그중 2,334개가 효력을 발휘하고 있다.[46]

양자 간 투자협정에서는 일반적으로 최혜국원칙과 내국민대우를 포함하므로, 다국적기업은 국내 기업과 동등한 대우를 받게 된다. 또한 다국적기업이 유치국에서 생산된 제품을 수출하거나 유치국에서 재화와 서비스를 구입하게 하는 이행 의무를 금지하며, 유치국에서 국유화를 하는 경우 충분한 보상이 신속하게 이루어지도록 하고 있다. 이러한 양자 간 투자협정에 대해 선진국이나 개발도상국 모두 불만을 제기하기도 한다. 개발도상국 입장에서 보면, 선진국과의 양자 간 투자협정은 해외투자를 보호하기 위해 유치국에 의무를 부과하지만 투자국이나 외국인 투자자에게는 그에 상응하는 의무를 부과하지 않기 때문에 편파적으로 느껴진다. 반면 선진국들은 양자 간 투자협정의 경우 협정마다 조항에 차이가 있기 때문에 국제법에서 양자 간 협정의 효과가 심각하게 저해될 수 있다고 우려한다. 이처럼 선진국 및 개발도상국 모두 양자 간 투자협정에 충분히 만족하지 못하고 있음에도 불구하고, 다자간 투자규범이 제대로 마련되지 못하고 있어 양자 간 투자협정은 여전히 중요한 위치를 차지하게 될 것이다.

Box 10-2 다국적기업과 NGO

다국적기업을 규제할 국제규범이 명확하게 정립되지 않고 있는 상황에서 많은 소비자 그룹과 NGO들은 다국적기업의 사회적 책임과 자기 관리에 관심을 기울이라고 압력을 행사하고 있다. 예를 들어 환경과 노동운동가들은 국제기구와 국내 규제당국과 함께 다국적기업이 행동강령이나 감시 기준, 생산 가이드라인 같은 절차를 도입하도록 압력을 가하고 있다. 다국적기업의 사회적 책임을 촉진시키기 위한 노력은, 다국적기업이 열악한 근로 및 환경 조건의 저임금국으로 아웃소싱하는 것을 지양하고, 억압적인 정권에 대한 협력 또는 다국적기업의 운영에 따른 환경피해 등을 방지하는 데 초점을 맞추고 있다.

NGO는 다국적기업에 압력을 주기 위해 다양한 전략을 사용한다. 전통적으로 불매운동이나 기업의 위법행위 폭로 등과 같은 전략을 써왔는데, 최근에는 주주 행동주의나 스튜어드십 도입과 같은 전략도 구사하고 있다. NGO는 목표 및 선호 전략에 따라 순응자(conformer), 개혁가(reformer), 급진주의자(radical)로 구분된다.[47] 순응자는 대체로 다국적기업의 행태를 지지하고 다국적기업의 활동에 대한 제약을 선호하지 않는다. 개혁가는 규제를 통해 다국적기업이 개혁될 수 있을 것이라 생각한다. 급진주의자들은 다국적기업의 개혁이 전혀 가능하지 않다고 믿는다. 어떠한 면에서 순응자는 정통 자유주의 학자, 개혁가는 개입주의적 자유주의 학자와 현실주의자, 급진주의자들은 맑스주의자와 비슷하다.

자유주의적 NGO는 이념적인 대립을 하기보다 책임감 있는 다국적기업의 행동을 촉진시키는 것을 더 선호한다. 예를 들어 환경분야의 자유주의적 전략은 다국적기업과 환경단체가 함께 노력해 친환경적인 기업활동을 영위하도록 만드는 것이다. 비판적 NGO는 더 대립적이고 절충이나 대화의 여지가 더 적다. 자유주의 전략과는 달리 비판적 전략의 주요한 목적은 책임감이 없는 기업의 행태를 폭로하고 처벌하는 것이다. 어떤 NGO는 자유주의와 비판적 전략을 동시에 사용하기도 한다. 예를 들어 그린피스(Greenpeace)는 기업들과 오존층을 파괴하지 않는 냉장고 생산에 나섰으며 동시에 셸(Shell) 석유회사가 나이지리아에서 국가 진압에 참여했다는 이유로 소비자 불매운동을 벌이기도 했다. 한편 개혁가와 급진주의자 NGO 자체가 많은 비판의 대상이 되어 왔다는 것은 주목할 만하다. 예를 들어 NGO는 대중에 의해 선출되지 않았으며 다국적기업에 대한 사회의 태도를 대변하는 것도 아니라는 비판을 받는다. 또한 MAI 등의 국제투자규범이 유치국의 행태만 규제하려고 했던 반면 NGO는 다국적기업 행태의 규제에만 집중하는 모습을 보인다는 지적도 받는다.

다국적기업의 행태를 바꾸기 위한 NGO들의 수많은 노력에도 불구하고 이러한 활동이 실제로 얼마나 효과적인지에 대해서는 여전히 의문이 존재한다. 예를 들어 석유 회사는 정부가 다국적기업의 석유 기술, 전문 지식, 유통망 접근에 의지하고 있기 때문에 NGO의 압력에 덜 취약하다. 더 나아가 NGO의 감시 역량은 제한적이다. 이처럼 NGO 활동이 다양하게 전개되더라도 다국적기업의 행태가 크게 변하지 않을 것이기 때문에, NGO가 다자적, 지역 및 양자적 투자규범을 대체할 수 있다고 보기는 어렵다. 또한 다국적기업이 자발적 행동 강령에 따라 스스로 규제하기를 기대하는 것은 현실적으로 어렵다. 따라서 다국적기업의 행태를 규제하기 위한 투자규범은 적어도 정부 간 또는 국제기구 차원에서 마련되는 것이 바람직하다.

5. 국제생산질서의 새로운 변화

5.1 다국적기업의 영향 논쟁

생산세계화가 엄청나게 확대되면서 국제생산질서가 변화되었다는 데 대해서는 모두가 인정을 하면서도, 생산세계화 및 그 핵심 주체인 다국적기업이 국가와 사회에 미치는 영향에 대해서는 매우 다른 견해를 보이고 있다.

우선 정통 자유주의자는 주로 시장에만 관심을 갖고 있었기 때문에, 다국적기업이 독과점시장에서 어떻게 행동하는가를 주시할 뿐 다국적기업과 국가 및 사회와의 관계에 대해 거의 주의를 기울이지 않는다. 그러나 제도적 자유주의자는 다국적기업은 국경을 넘어 다닐 수 있기 때문에 특정 지역에 묶여 있는 정부에 비해 여러 가지 유리한 점이 많았고, 따라서 현재의 상호 의존적 시대에서 다국적기업은 세계 경제를 연결하는 주요 주체가 되었다고 보고 있다. 맑스주의자들도 다국적기업의 부상에 대해 얘기하지만 자유주의자와는 다르게 기업경영자가 자본주의 체계를 옹호하고 유지시키는 초국가적인 계층을 이룬다고 말한다. 이런 관점을 가진 학자들은 주요 기업들이 미국의 대외정책에 중대한 영향을 미친다고 주장한다. 현실주의자들은 이들과는 달리, 강력한 국가가 여전히 그 국가의 다국적기업에 영향력을 갖고 있고 다국적기업은 본국의 정부와 친밀한 관계를 유지하려 한다고 주장한다.

이러한 다국적기업의 부상과 관련해 제도적 자유주의자와 맑스주의자들은 다국적기업의 영향력이 증가했다는 것에는 동의하지만 그 영향이 긍정적인지 또는 부정적인지에 대해서는 매우 다른 견해를 보인다. 직접투자의 필요성을 주장하는 입장에서는 투자국의 자본이 해외로 진출하여 더 높은 생산성을 갖게 된다는 것과 투자유치국의 경우 필요한 자본의 이전은 물론 기술과 경영능력까지도 이전된다는 점에서 직접투자가 투자국과 투자유치국 모두의 후생 증가에 기여한다고 본다. 반면 직접투자에 회의를 갖는 경우는 투자국이 직접투자를 통하여 투자유치국의 현지시장을 지배할 뿐만 아니라 투자대상국의 주권을 손상시키고 경제정책의 효율성을 좌절시킨다고 생각한다. 자유주의자는 전자의 입장을 보이고 있는데, 직접투자가 혁신, 경쟁, 경제성장, 고용을 촉진시키며 세계 자원의 효율적인 사용을 늘릴 것이라고 믿는다. 다국적기업은 또한 국가에 자본, 기술, 경영 기술, 마케팅 네트워크 등의 수많은 혜택을 가져온다. 반면 맑스주의자들은 후자의 입장에서, 다국적기업을 물품과 서비스를 너무 비싸게 팔고 기술의 이동을 방해하며 남반구의 외자유치국이 다국적기업에 의존하게 만드는 약탈적 독점기업으로 본다. 다국적기업은 또한 일자리를 유출하고 노동과 환경 기준을 낮추도록 압력을 행사하며 자국에도 부정적인 영향을 미친다고 주장한다.

이 장에서는 다국적기업의 직접투자에 따른 이익과 쟁점을 투자국과 투자유치국으로

나누어 좀 더 살펴보고자 한다.[48]

투자국에 대한 효과

다국적기업의 해외직접투자에 의하여 투자국이 누리는 이익 중의 하나는 자본가에게 귀속되는 이윤이 본국에서의 투자보다 크다는 점이다. 투자유치국은 대체로 자본이 부족한 국가이므로 자본-노동비율이 낮다. 따라서 투자국은 투자유치국에 직접투자를 함으로써 자국 내에서 생산하는 것보다 더 높은 투자수익을 얻게 되어 국내의 사회적 후생을 증가시킬 수 있게 된다.

그러나 투자국은 세제상의 문제 때문에 이와 같은 사회적인 이익을 누리지 못하는 경우가 많다고 주장되기도 한다. 즉, 동일한 세원에 대해서는 이중으로 조세를 부과하지 않는 것이 보통이므로 투자국은 투자유치국에서 기업이 지불한 세금만큼을 감면해 주게 되므로, 투자국의 사회적 이익이 해외직접투자로 인해 오히려 감소할 수 있다고 주장한다. 그러나 다국적기업은 기업 간의 내부가격조정(transfer pricing)을 통하여 특허사용료, 상표권, 기술계약 등에 따른 로열티를 높게 책정하여 실질적 투자수익을 올리며 이윤을 조정할 수 있으므로 이런 논의에는 한계가 있다.

투자국의 입장에서 또 하나의 쟁점은 자본의 해외유출은 결국 국내 자본의 감소를 가져와 고용기회를 줄이거나 노동의 한계생산성을 감소시켜 실질임금을 감소시킨다는 주장이다. 특히 미국의 트럼프 행정부에서 많이 보았듯이, 이와 같은 이유 때문에 투자국의 노동자들은 해외직접투자를 반대하기도 한다. 그런데 이와 같은 주장은 정태적인 일반이론에서는 타당성이 있지만 많은 연구결과들은 이와 다른 결론을 보여주기도 한다. 이들 연구에 따르면 해외직접투자는 자국 수출에 대한 보완적인 역할을 한다는 것이다. 즉, 직접투자에 따라 해외의 새로운 공급망을 형성하고 새시장을 개척하여 수출을 확대시켜 국내 생산을 증가시킨다는 것이다. 따라서 직접투자에 따라 투자국의 노동자가 일방적으로 불이익을 본다는 주장은 문제가 있다.

투자유치국에 대한 효과

투자유치국이 해외직접투자로부터 얻을 수 있는 이익은 자본도입에 따른 생산 및 고용 증대에 의한 소득창출 효과와 투자회사의 이윤 발생에 대하여 부과되는 조세수입이다. 또한 생산 측면에서의 노하우(know-how)나 관리 및 경영기술, 마케팅 관련 기술 등의 이전에 따른 이익 등을 볼 수 있으며, 동태적인 측면에서 산업구조의 고도화에 기여할 수 있다는 점 등을 들 수 있다. 그러나 이와 같은 투자유치국의 이익 발생에도 불구하고, 상당히 많은 경우 직접투자가 투자유치국의 경제발전을 저해한다는 비판을 받고 있다.

투자유치국이 직접투자에 대하여 비난하는 첫째 이유로는 다국적기업이 얻는 높은 이윤을 들 수 있다. 다국적기업이 최초에 진출할 때부터 경쟁이 없는 산업을 선택하여 독과점적인 방법으로 유치국 시장을 지배하는 경우에 특히 이윤이 높게 된다. 또한 다국적기업은 이러한 고이윤을 투자유치국에 재투자하는 것이 아니라, 본국에 송금하거나 여타 지역으로 투자를 전환시켜 궁극적으로는 투자유치국의 국내투자를 저하시킨다는 것이다.

다음으로 문제가 되는 것은 기술의 개발 및 이전에 관한 비판이다. 이는 연구개발이 다국적기업의 모회사가 속한 국가를 중심으로 집중적으로 이루어지고 있으며, 투자유치국에 대한 연구는 이러한 기술개발이 투자유치국의 특수한 환경에 얼마나 효율적으로 운영될 수 있느냐에 관한 연구뿐이라는 주장이다. 따라서 투자유치국에 알맞은 연구개발은 등한시하고 중앙집중적인 방식으로 개발된 기술의 이전만을 목표로 하기 때문에 결국은 투자유치국의 연구개발능력을 저하시킨다는 비판이다. 또한 기술의 이전 문제에 대한 비판은 경제의 발전단계를 고려하면, 투자유치국(특히 개발도상국인 경우)에는 풍부한 노동력을 이용한 노동집약적인 기술이 필요한 데 반해 다국적기업들이 택하는 기술은 자본집약적이고 첨단적인 기술이라는 점이다. 따라서 이와 같은 기술은 투자유치국의 각 산업으로 확산되지 않으며, 결과적으로 이중적인 산업구조를 만들게 된다는 주장이다. 그러나 이에 대한 투자국의 입장은 연구개발에 따른 위험부담이 크다는 점과 연구성격상 대규모의 연구비와 우수한 두뇌의 집중이 필요한 경우가 많아, 일정 지역, 즉 모회사가 속한 국가에서 연구개발이 집중적으로 이루어질 수밖에 없다는 주장이다. 또한 이들 연구개발의 결과는 투자유치국에 혜택을 준다고 주장한다.

또 하나의 큰 쟁점은 선진국이 개발도상국의 자원개발산업에 진출하는 경우에 발생한다. 맑스주의자를 포함한 비판론자들은 선진국이 저렴한 비용을 들여 1차 상품(primary product)을 채취 내지 생산하여 높은 가격으로 팔아서 큰 이윤을 봄으로써 투자유치국을 착취한다고 생각하고 있다. 반면 자유주의자들은 선진국들이 필요한 자본과 기술을 제공하고 시장을 개척함으로써 투자유치국은 자원을 개발할 수 있고 또한 조세수입을 올릴 수 있어 그만큼 직접투자에 따른 혜택을 본다고 주장한다. 이와 같은 상반된 견해는 결국 직접투자가 이루어져 현실로 나타난 상태와 그렇지 않았을 경우에 대한 가정이 다르기 때문이다. 비판론자들은 자원개발산업에 대한 투자가 투자유치국 자체에 의해서 이상적으로 이루어진 경우와 비교하는 경우가 많으며, 반면 긍정론자들은 개발도상국이 직접투자가 이루어지지 않아 황무지상태에 있는 경우를 상정하고 주장을 펴는 경우가 많다.

다음으로 또 하나의 비판은 다국적기업이 투자유치국 정부의 경제정책의 효율성을 저해한다는 주장이다. 다국적기업들은 본국의 모기업을 중심으로 세계적인 연결망을 형성하고 있다. 따라서 투자유치국의 경제정책이 자신들에게 불리하게 작용할 경우 이를 쉽게 피할 수 있어 투자유치국의 경제정책을 좌절시킨다는 것이다. 예를 들어 투자유치국이 물가안정을 위해 긴축금융정책을 쓸 경우 다국적기업은 모기업으로부터 차입을 하여 이를 쉽게 피할 수 있으며, 이러한 자본의 유입은 긴축금융정책을 와해시킨다는 것이다. 그러나 이와 같은 쟁점에 대해 다국적기업들은 외국 기업에 불리한 경제정책은 투자유치국 자국 기업에도 불리한 경제정책이며 따라서 이와 같은 정책은 어차피 사회후생을 감소시킨다고 주장한다.

5.2 생산세계화의 새로운 변화

1990년대 이후 생산세계화의 진전으로 국제무역이 확대되었을 뿐만 아니라 전 세계의 생산체계가 긴밀하게 연계되었다. 글로벌 생산 네트워크는 2000년대 중 · 후반까지 무역자유화 진전, 운송 및 통신기술의 발전 등 국가 간 분업에 유리한 환경이 조성되면서 급속히 확산되었으며, OECD는 전 세계 무역의 70% 이상이 글로벌 가치사슬에 관계되어 있을 것으로 추정하고 있다.[49] 이 과정에서 다국적기업들이 비용 절감 및 해외시장 개척을 위해 설비를 이전하거나 현지에서 아웃소싱하면서 생산세계화를 주도하였다. 예를 들어 스마트폰 제조사가 일본, 한국 등에서 부품을 조달하여 중국에서 조립·가공한 뒤 전 세계 소비자에게 판매하는 경우를 대표적인 사례로 들 수 있다.

이처럼 2000년대 들어 빠르게 확산되던 생산세계화가 2010년대 들어오면서 약화되는 모습을 보이고 있다.[50] 예를 들어 전 세계 GDP에서 글로벌 가치사슬을 통해 창출된 부가가치의 비중이 2001~2008년 기간에는 10.2%에서 14.1%로 증가하였으나, 2008년을 정점으로 이후 계속 하락하는 추세를 보이고 있다.[51] 또한 글로벌 가치사슬의 확산과 밀접히 연계된 원자재, 부품 등의 중간재 수입 비중도 크게 하락하였다. 신흥국을 중심으로 이와 같은 생산세계화의 약화 현상이 나타나고 있는데, 특히 한국, 중국, 베트남 등 아시아 지역에서 이러한 현상이 더욱 두드러지고 있다. 선진국과 신흥국에서의 특징이 서로 다르게 나타나는데, 선진국은 전방참여(국내 생산 중간재의 해외 생산 투입), 신흥국은 후방참여(해외 생산 중간재의 국내 생산 투입)가 더 크게 약화되었다. 유형별로는 국가 간 분업 정도가 높은 복합 글로벌 생산 네트워크가 더 크게 약화되었는데, 특히 신흥국의 복합 생산 네트워크 참여도가 전방 및 후방 모두 크게 하락하였다.[52] 또한 이러한 약화 현상은 서비스업보다 제조업에서 후방참여도를 중심으로 두드러지게 나타나고 있다.

생산세계화 추세가 약화되는 배경에는 미·중 간의 통상분쟁같은 정치적인 이유도 있지만, 기술 발전, 생산구조 변화 등과 같은 다양한 이유가 존재한다. 첫째, 장기적인 차원에서 이러한 변화를 가져온 가장 큰 이유는 당연히 기술발전과 연계되어 있다. 예를 들어 인공지능, 빅데이터 분석, 로보트 발전 등은 생산, 유통, 판매 등 모든 공정에서 엄청난 충격을 유발하기 때문에 당연히 글로벌 생산 네트워크 또한 영향을 받을 것이다. 따라서 이러한 신기술의 등장과 함께 세계 주요국이 새로운 가치사슬에서의 위상 강화를 위해 국내 산업 및 혁신 시스템을 재정비하는 과정에서 기존의 생산 네트워크 체계는 약화될 수밖에 없을 것이다.[53] 혁신기술과 제조의 융합, 인공지능 등 새로운 기반기술의 출현에 따라 저부가가치 영역의 생산에서 고부가가치화가 진행될 수 있다. 이에 따라 향후 글로벌 생산 네트워크는 핵심 기술, 부품과 서비스 공급을 둘러싼 경쟁이 치열해지고 국제 분업화 체계가 수직 · 수평 분업이 공존하는 복잡한 형태로 재편될 것으로 예상된다. 이처럼 신기술의 발전으로 국제 분업화 체계가 변화되면 글로벌 생산 네트워크 내에서의 부가가치 분배는 더욱 양극화될 것으로 예상된다. 신기술 출현으로 자동화, 지능화된 생산설비로 글로벌 생산 네트워크에서 저임금, 물류비용의 중요성이 감소하면서 저렴한 인건비에 의존하던 생산기지 효용성이 감소할 것이기 때문이다. 이로 인해 글로벌 네트워크 상에서 핵심적인 위치를 차지하고 흐름을 집결하는 선진적인 기업에 대한 대체가 더욱 힘들어지는 구조가 될 것이며,[54] 기술을 장악하는 다국적기업이 글로벌 생산 네트워크 내에서 더 많은 부가가치를 획득할 수 있는 구조로 바뀌어갈 것이다.

둘째, 글로벌 생산 네트워크 확대과정에서 생산기지 역할을 했던 아시아 주요국의 경제구조가 수출 중심에서 내수를 중시하는 구조로 변화한 것도 생산세계화 추세의 약화에 커다란 영향을 미쳤다. 대표적으로 중국의 경제가 발전하고 내수시장이 확대됨에 따라 개방도(= 총교역량/GDP)가 2008년을 정점으로 급격히 하락하고 있으며, 다른 아시아 주요국들의 개방도도 꾸준히 하락하고 있다. 이는 전형적인 글로벌 생산 네트워크 체제에 근본적인 변화를 가져왔다. 중국 등 아시아 국가에서 수입품의 국내 대체가 확대됨에 따라 기술선도국가의 핵심 부품을 신흥국에서 조립 · 가공하던 수직적 분업이 약화되었으며, 따라서 아시아 국가들이 제조업의 후방 생산 네트워크에 참여하던 정도를 크게 하락시키는 데 기여했다. 예를 들어, 중국, 베트남, 태국 등 동아시아 후발신흥국들의 총수출 중 국내 부가가치 비중이 2000년대 중반까지는 하락하였으나, 2010년대 들어서 상승하고 있다. 이들 국가들은 정책적인 차원에서도 저부가가치 조립가공 중심의 무역에서 고부가가치 중간재 국내 생산 및 수출 강화 정책을 추진함으로써 기존 생산 네트워크의 해체를 더욱 가속화시키고 있다. 또한 신흥국들의 소득수준이 상승하면서 구매력이 증대함에 따라 다국적기업들이 현지 생산 제품을 선진국 시장에 재수출하지 않고 현지에서 판매한 것도 국제 생산 분업체계를 약화시킨 요인으로 작용하였다.

셋째, 기존 생산세계화를 확대시킨 기저 요인들이 변화된 것도 글로벌 생산 네트워크를 약화시킨 배경이 되었다. 우선 선진국과 신흥국 간 생산비용 격차가 줄어들면서 다국적기업들이 글로벌 생산 네트워크에 참여할 유인이 상당히 축소되었다. 그동안 저임금의 매력으로 다국적기업들을 유치했던 중국, 인도 등에서 임금 수준이 꾸준히 상승한 반면 선진국의 인건비 부담은 인공지능, 로봇 등 4차 산업 발전, 생산공정 자동화 등으로 축소되었다. 따라서 다국적기업들이 비용 여건 변화에 맞추어 글로벌 생산 네트워크 분업 정도를 축소하는 방식으로 제조공정, 비즈니스 모델 등을 조정하고 있다. 또한 과거의 글로벌 생산 네트워크 체제에서 공급사슬을 길게 하면 할수록 생산과정에서의 위험이 증가한다. 실제적으로 다국적기업은 길게 이어진 공급사슬 중 어느 단계에서 누가 필요 물품을 공급하는지 정확하게 파악하기 어려워, 사슬의 일부가 끊어지면 상당한 애를 먹게 된다. 2011년 일본 쓰나미 사태 때 굴지의 글로벌 반도체 회사가 공급사슬의 3단계 및 4단계에 위치한 업체로부터의 공급차질을 파악하려고 했는데, 어떤 기업이 해당 사슬에 있는지를 파악하는 데 100여 명을 1년 이상 투입했다고 한다.[55] 이와 더불어 국제무역에서의 서비스 비중 증가도 다국적기업의 생산세계화 유인을 감소시킨다. 제조업과 달리 서비스 산업에서는 소비자가 바로 주변에 위치해야만 판매가 가능하므로, 기업들이 굳이 서비스 업무를 위해 해외로 진출할 유인이 크지 않다.

넷째, 미 · 중 통상분쟁으로 대변되는 보호무역의 기조가 강화된 것도 글로벌 생산 네트워크 체제를 변화시키는 데 중요한 역할을 하고 있다. 보호무역 기조의 확대는 우선 직접적으로 국제무역에 타격을 주고, 또한 단순한 무역갈등을 넘어 세계 경제의 불확실성을 고조시켜 다국적기업의 해외투자를 위축시키고 있다. IMF, OECD 등 많은 국제기구들은 미국의 트럼프 행정부가 중국에 대해 관세를 인상시키는 무역보복 조치로 인해 전 세계 경제성장률이 약 0.7% 포인트 하락하고 아시아 경제는 1.0% 포인트 이상 타격을 받을 것으로 예상하고 있다. 무역장벽 수단은 국경을 통과할 때마다 생산에 투입되는 중간재에 무역제재가 적용되어 부정적 효과가 증폭되고, 국가 간 글로벌 생산 네트워크의 원활한 작동을 저해함으로써 국제적 생산분업화의 확산을 제약하게 된다. 더욱이 최근 미국의 대중국 기술통제 조치가 원천기술을 보유한 기술우위국으로서의 미국이 중국을 글로벌 생산 네트워크에서 배제시키고자 하는 전략적 조치라는 점을 고려하면, 미 · 중 간의 통상분쟁은 글로벌 생산 네트워크의 재편에 더욱더 큰 영향을 미칠 것이다. 그동안 중국은 글로벌 생산 네트워크 참여를 통해 기술경쟁력 확보와 경제성장을 실현했으나 원천 기술 방면에서는 경쟁열위에 있어 이러한 통상분쟁은 중국에 커다란 위협으로 작용하고 있다. 따라서 중국 차원에서도 미국의 통상압력에 대해 첨단산업 혁신을 통해 자국 위주의 생산 네트워크를 구축하고자 대응하고 있어, 글로벌 생산 네트워크의 변화가 더욱 촉진되고 있다.

글로벌 생산 네트워크에서의 지각 변동에 대해 다국적기업들이 적극적으로 대응하고 있는데, 이는 크게 두 가지 방향으로 나타날 수 있다. 하나는, 기존 국제 분업화 체계가 산업에 따라 지역별로 세분화 및 재배치될 것이다. 예를 들어, 의류산업의 경우 여전히 노동집약적인 성격이 강하므로 저렴한 임금이 중요한 요소로 작용할 것이다. 따라서 기존에 중국의 저임 노동자를 활용하기 위한 다국적기업들은 중국 노동임금이 상승함에 따라 동남아, 아프리카 등 임금이 더욱 저렴한 지역으로 어디든지 생산기지를 이동하게 될 것이다. 이와는 달리 자동차 산업과 같은 경우는 3대 경제 축을 중심으로 좀 더 지역화되는 경향을 보일 것으로 예상된다. 물론 자동차 생산에서도 비용이 중요한 요인으로 작용하지만, 자동차 산업의 경우 상당히 자동화되어 있기 때문에 의류산업에 비해 상대적으로 노동임금의 중요성이 약하다. 또한 자동차 산업의 경우 두 가지 특성 때문에 지역화가 이루어지는 경향을 보일 수 있다. 우선 자동차의 경우 지역별로 소비자들의 취향이 상당히 다르게 나타난다. 예를 들어 아시아 및 유럽 소비자들은 에너지 효율성을 중시하는 반면 미국 소비자들은 상대적으로 이를 등한시하고 픽업트럭이나 SUV를 많이 구매하고 있다. 아울러 자동차의 경우 무역협정에 따른 현지부품 조달률 조건이 엄격하게 적용되고 있어 지역무역협정을 체결한 국가에서 생산하는 것이 유리하다. 이는 트럼프 행정부 이후 더욱 중요하게 고려되고 있다.

다른 하나는 글로벌 생산 네트워크의 길이가 짧아지고 빨라지고 첨단화될 것이다.[56] 다국적기업들은 첨단 기술을 활용해 복잡한 글로벌 생산 네트워크를 보다 투명하고, 초기 생산부터 최종 판매 단계까지 신속히 처리되도록 노력하고 있다. AI를 통해 모든 과정의 데이터를 입력하고 분석하게 하고 세계 각국에서 노동자가 하던 것을 자동화를 통해 간편하게 대체함으로써 생산과정 시간을 단축할 뿐만 아니라 드론을 통한 유통으로 최종 소비자에게 전달되는 시간도 크게 단축시키고 있다. 심지어 최신 AI를 도입해 미래에 대한 예측 및 기획까지도 사람을 대체하고 있어, 생산 네트워크의 본질적 특성이 협상 및 조달 업무에서 기술 및 과학 기능으로 변화되고 있다고 할 수 있다.

글로벌 생산 네트워크의 약화 배경이 주로 기술 발전, 경제구조 변화 등 메가트렌드의 구조적 요인에 기인하고 있어 이전의 확장세를 회복하기는 어려울 것으로 평가된다. 따라서 생산세계화가 과거와 같이 확산되기보다는 글로벌 생산 네트워크의 체계가 새로운 모습으로 변화될 것으로 예상된다. 이러한 변화에 대응해 다국적기업들도 적극 노력하고 있지만, 국가 간의 경쟁도 가중되고 있다. 특히 미 · 중 간의 갈등은 단순한 통상 분쟁이 아니라 새로운 글로벌 생산 네트워크에서 핵심적 위치를 차지하기 위한 경쟁이다. 따라서 생산 네트워크가 짧아지고 빨라질수록 갈등이 빈번해질 가능성이 높아질 것이므로 미 · 중 간의 패권경쟁은 국제생산질서에서도 더욱 치열하게 나타날 것이다.

[미주]

1. 투자국(home country)에 대해서는 거의 용어가 통일되어 있지만 투자유치국(host country)에 대해서는 피투자국, 투자대상국 등 다양한 용어가 사용되고 있다. 이 책에서는 투자유치국 또는 간단히 유치국이라는 표현을 사용한다.
2. 안세영(1993), 제1장.
3. Vernon(1971).
4. 투자자가 해외에 투자한다는 점에서 해외직접투자란 용어를 공통적으로 사용할 수 있지만, 투자의 방향에 따라 inward FDI(또는 inbound FDI)와 outward FDI(outbound FDI)로 구분한다. 우리나라에서는 외국인이 국내에 투자하는 경우는 외국인직접투자(foreign direct investment)라 하고, 내국인이 외국에 투자하는 경우는 해외직접투자(overseas direct investment)라고 부르니 용어에 혼동이 없길 바란다.
5. 이러한 분류는 Gilpin(2001)을 따른 것이다. 김인준 · 이영섭(2013)도 이와 유사하게 세 그룹으로 분류하고 있으나, 두 번째 그룹을 기업경제적 견해라는 표현 대신 산업조직론적 견해라고 표현하고 있다.
6. 위험조정수익률은 샤프 지수(Sharpe performance index)라고도 부른다. 김인준 · 이영섭(2019), 제11장 참고.
7. 분산투자로 제거할 수 있는 위험은 비체계적 위험(non-systemic risk)이라고 하고 분산투자로도 제거할 수 없는 위험은 체계적 위험(systemic risk)이라고 부른다.
8. Eun and Resnick(2009), Ch.5.
9. Hymer(1976) ; Kindleberger(1969). Gilpin(2001)은 하이머가 맑스주의 학자였다는 이유로 그의 독점우위론을 정치경제적 견해에 포함시키고 있다. 그러나 주요 내용을 보면 산업조직론적 관점에서 독점구조를 강조하고

있으므로, 이 책에서는 기업경제적 견해에 포함시키고자 한다.

10. Vernon(1966).

11. Porter(1990).

12. Gilpin(2001), Ch.11.

13. 일괄수주계약이란 투자에 대한 타당성 검토, 설계, 시공 및 감리 시 운전까지 일괄수주하여 사업주가 최종 단계에서 키만 돌리면(turn key) 모든 설비가 가동되는 상태로 인도하게 되는 계약을 말한다. 토목공사는 물론 공장 건물 부대설비 등의 모든 것을 포함한다는 의미에서 풀(full) 턴키라고도 한다.

14. 이 절의 내용은 임혜란(2018), 제5장을 참고해 정리한 것임.

15. Sturgeon(2013).

16. Hopkins and Wallerstein(1986) ; 이재열(2016).

17. Gereffi and Korzeniewicz(1994) ; G. Gereffi and Sturgeon(2005).

18. Henderson et al.(2002).

19. 복득규 외(2008).

20. Coe et al.(2004).

21. 임혜란(2013b) ; 홍진영 · 이준엽(2012).

22. 박재곤 외(2016)은 글로벌 가치사슬과 글로벌 생산 네트워크의 공통점과 차이점을 자세히 설명하고 있다.

23. Ando and Kimura(2003).

24. 박번순(2005).

25. WTO and IDE-JETRO(2011).

26. 박번순(2005).

27. 중국 3대 집적지역으로 주강삼각주, 장강삼각주, 북경-천진 지역을 예를 들 수 있다. 그 외에도 동북 3성 지역, 동남아 지역에서의 말레이시아반도, 메콩강 유역, 그리고 동인도 지역 등이 중요한 광역집적지역으로 등장할 것으로 보았다. 박번순(2005), p.24.

28. Ali-Yrkko et al.(2011). Nokia N95 스마트폰의 사례연구를 통해 저자들은 최종 조립과정은 전체 부가가치의 2%만을 차지하며 이는 해외 생산, 특히 중국으로 이전하고 있다고 분석했다.

29. 이항영 · 이준구(2012), p.245.

30. Kimura and Obashi(2011), p.18.

31. 중국에서 1997~2002년 사이 제조업 수출 가운데 외국 콘텐츠의 비율은 50%이다. 2002년 국산 콘텐츠의 비율은 51%에서 2007년 61%로 증대했다. 그러나 이는 산업영역에 따라 달라지는데, 예컨대 의류와 같은 노동집약산업 분야에서는 국내 콘텐츠 비율이 높은 반면, 컴퓨터, 전자기기, 통신기기와 같은 기술집약산업에서는 국내 콘텐츠 비율이 낮다고 할 수 있다. Koopman et al.(2008), p.24.

32. 임혜란(2013a) 참고.

33. 매개중심성(betweenness centrality)이란 특정 노드가 각 노드들의 모든 네트워크에서 최단경로에 위치하게 될 확률을 산출하는 것으로, 즉 노드 간의 최단경로에 위치한 특정 노드는 전체 네트워크의 연결과정에서 가장 많이 거치게 될 것이며, 이는 네트워크의 전체 흐름에 큰 영향을 미치는 노드라고 본다. 액정 디바이스의 경우 미국과 독일과 같은 선진국의 해당 부품에 대한 수요가 매우 중요한 연결고리로서 작용한다. 홍진영 외(2012), pp.210~213,

34. 일반적으로 전자제품에 있어 고부가가치 영역에 속하는 부분은 영상표시(visual display), 하드 드라이브, 집적회로(key integrated circuits) 등이 속한다. Linden et al.(2009), pp.141~144.

35. 중국 정부는 핵심 과학기술의 발전시키기 위해 2020년까지 국유기업 중심의 과학기술 혁신체제를 정부, 대학,

기업 간 개방적 수평적 다원적 네트워크로 변화시키기 위한 정책을 제시했다. 윤대엽(2015).

36. 중국은 신형대국 관계, 일대일로, AIIB, RCEP 경쟁국가 등을 통해 보다 능동적인 국제사회에서의 역할을 강조하고 있다. 윤대엽(2015).

37. 강인수 외(2003), 제5장 참고.

38. WTO에서 이러한 논의에 주도적인 역할을 한 것은 투자원활화 프렌즈그룹(Friends of Investment Facilitation for Development ; FIFD)으로, 2017년 2월 중국, 파키스탄, 아르헨티나, 나이지리아, 브라질, 홍콩, 콜롬비아 7개국으로 시작해 현재는 17개국이 참여하고 있으며, 우리나라는 2017년 6월부터 참여했다. 김명준(2019). 이와 관련된 최근 논의는 추가적으로 Balino and Bernasconi-Osterwalder(2019)를 참고할 것.

39. https://www.oecd.org/investment/internationalinvestmentagreements/multilateralagreementoninvestment.htm

40. 임혜란(2002b). OECD의 공식 홈페이지에 따르면 OECD 차원에서의 MAI 협상은 재개되지 않을 것이다. "Negotiations were discontinued in April 1998 and will not be resumed." https://www.oecd.org/investment/internationalinvestmentagreements/multilateralagreementoninvestment.htm

41. https://ec.europa.eu/info/business-economy-euro/banking-and-finance/financial-markets/capital-movements_en?

42. Article 53: "1. Within the framework of the provisions set out in this Chapter, all restrictions on the movement of capital between Member States and between Member States and third countries shall be prohibited."

43. "EU Member States agree on a plurilateral treaty to terminate bilateral investment treaties." https://ec.europa.eu/info/sites/info/files/business_economy_euro/banking_and_finance/documents/191024-bilateral-investment-treaties_en.pdf

44. 세 가지 경우는 ① 제14장 부속서-C(레거시 투자 소송 및 계류 중인 사건) ② 부속서-D(멕시코 · 미국 투자분쟁) ③ 부속서-E(정부계약 관련 미국 · 멕시코 투자분쟁)를 말한다. 조문희 · 권혁주 · 강민지(2018).

45. 양자 간 투자협정의 현황은 UNCTAD의 홈페이지에 소개되어 있다. https://investmentpolicy.unctad.org/international-investment-agreements

46. 우리나라는 2020년 2월 현재 총 91개국과 투자보장협정을 체결하고 있다. http://www.mofa.go.kr/www/brd/m_4059/list.do

47. Cohn(2005), Ch.10.

48. 이와 관련된 논의는 Salvatore(2011), Ch.12도 참고하기 바람.

49. Economist(2019), Special Report : Global Supply Chains, Juny 11th.

50. Economist(2019)에서는 Globalization이 더뎌지고 있다는 의미로 이러한 현상을 "Slowbalization"이라고 부르고 있다.

51. 한국은행(2018).

52. 전방참여는 국내 생산 중간재의 해외 생산 투입을 의미하고 후방참여는 해외 생산 중간재의 국내 생산 투입을 의미한다.

53. 김성옥(2019).

54. Rodrik(2018).

55. Economist(2019).

56. Economist(2019)는 이를 "Global supply chains will be shorter, faster, and smarter"라고 표현하고 있다.

11

경제발전과 정치경제

1. 경제발전의 기초 이론 : 발전 개념과 발전이론

2. 제2차 세계대전 이후의 발전 추이

3. 저발전 문제 해결을 위한 글로벌 노력

4. 발전전략 비교

5. 발전을 위한 제언

국제정치경제질서에서의 중요 이슈들은 대부분 강대국들의 패권경쟁에 초점이 맞추어져 있고, 저발전 및 빈곤의 문제는 상당히 도외시되어 왔다. 그러나 최근 많은 국제사회의 논의에서 알 수 있듯이 선진국과 저개발국 간의 남북문제는 원활한 국제협력을 저해하는 갈등의 주요 원천이 되고 있다. 앞에서 살펴본 국제무역 및 국제생산 질서의 규범을 마련하기 위한 노력들도 남북문제의 갈등이 핵심 장애요인으로 작용하고 있다.

제2차 세계대전 이후 전 세계는 괄목할 만한 성장 및 발전을 이루어 왔으나 이러한 혜택이 모든 나라에게 고루 돌아가지는 못했다. 현재 미국, 유럽 및 아시아 일부 선진국들은 1인당 소득이 5만 달러를 넘어서고 급격히 발전해 가는 첨단 기술의 혜택을 풍족하게 누리고 있다. 반면 아직도 사하라 사막 이남의 많은 아프리카 국가들, 남미 국가들 및 동남아시아 국가들은 여전히 굶주림에 허덕이고 있으며, 아주 기초적인 생계 수준도 위협을 받고 있다. 사회과학 분야에서 많은 연구들은 국가 내 빈부격차 및 빈곤의 문제에 대해서는 커다란 관심을 기울이고, 이들을 종종 중요한 정치적 · 사회적인 이슈로 등장시키고 있다. 이에 반해 국가 간 격차 및 남북문제는 국가 내 격차 이슈 및 국가 간 패권경쟁 이슈에 비해 거의 관심을 받아오지 못했다. 그러나 현대적인 교통 및 통신의 보급과 개방화와 더불어 지구가 점점 좁아짐에 따라 각국의 사람들은 더욱 상호 의존적이 될 것이고, 교류가 빈번해짐과 동시에 갈등의 소지도 증가할 것이다. 따라서 국제정치경제질서의 변화를 이해하기 위해서라도 이제는 주요 강대국들의 패권경쟁에 대한 관심을 넘어 모든 인류의 공통적인 관심사 차원에서 발전과 관련된 이슈들을 다룰 필요가 있다.

1. 경제발전의 기초 이론 : 발전 개념과 발전이론

1.1 발전의 개념 및 측정

발전의 개념

발전(development)이라는 용어는 사람들마다 다르게 정의하고 있어 이를 측정하기 위한 지표도 아주 다양하게 제시되고 있다. 어떤 학자들은 경제학 분야에서 성장(growth)과 발전을 동일시하고 혼용하고 있다고 주장하지만, 아주 기술적인 측면에서도 성장과 발전의 개념은 다르다.[1] 경제학에서 성장이란 1인당 소득이 증가하는 것을 의미하는 반면, 발전이란 양적인 증가에 대해 질적인 개선이 이루어지는 것을 의미한다. 초기에는 발전을 산업화 개념으로 좁게 해석해, 생산 및 고용에서 농업의 비중이 감소하고 제조업과 서비스업의 비중이 증가하면 발전으로 보기도 했다. 그러나 지금은 보다 포괄적인 의미로 발전을 사용하는데, 따라서 사회적 · 경제적 · 제도적 · 환경적 측면에서 개선이 이루어져 좀 더 나은 삶의 질을 향유할 수 있는 것을 발전으로 보고 있다.[2]

구체적으로 좀 더 나은 삶의 질이 무엇을 의미하는지는 다양하게 해석될 수 있지만, 발전은 적어도 세 가지 목표를 추구한다.[3] 첫째, 의식주, 건강, 안전 등과 같이 기본적인 생계유지를 위한 수단의 가능량을 증대시키고 널리 사용되도록 배포한다. 둘째, 소득 증대, 일자리 증대, 양질의 교육, 문화 및 인간적 가치에 대한 중시 등을 통해 삶의 질을 향상시킴으로써 물질적인 풍요뿐만 아니라 개인 및 국가의 자긍심이 제고되도록 한다. 셋째, 개인과 국가로 하여금 서로 간의 종속관계에서 자유롭고 인간적 비통함에서 벗어나게 함으로써 개인과 국가가 선택할 수 있는 사회적 · 경제적 활동 범위를 확장시켜 준다.

발전 지표

이처럼 발전의 개념이 훨씬 포괄적이고 추상적으로 됨에 따라 구체적으로 발전의 정도를 측정하기가 점점 어려워졌다. 오랫동안 양적인 성장이 생활수준을 향상시킨다는 믿음 하에 총생산에 기초한 1인당 소득을 발전의 척도로 사용해 왔다. 그러나 국민계정의 총생산 개념은 발전의 척도로 사용하는 데 심각한 문제가 있다. 즉, 시장경제에서 생산 활동이나 부의 축적을 측정하는 데 적합하지만, 사람들의 삶과 행복에 영향을 미치는 안전, 여가, 소득분배, 환경 등 성장 자체를 지속 가능하게 만드는 요인들에 대한 고려는 전혀 없는 개념이기 때문이다.[4]

국민계정을 벗어나 보다 폭넓게 사회 전체의 특성을 반영하는 지표를 개발하기 위한 대표적인 사례로 센(Amartya Sen)이 개발한 인간발전지수(Human Development Index ; HDI)를 들 수 있다. HDI는 1990년 이후 UNDP에서 산출하여 매년 발표하고 있는 지표로, 센의 역량이론(capabilities approach)에 기초해 경제성장과 인간발전이 실질적으로 인류의 삶의 질을 개선시키는지를 측정하기 위한 것이다.[5] 한 사회의 발전에 관한 설명에서 센이 특별히 주목한 것은 개개인이 실질적으로 자유를 발휘할 수 있는지의 여부였고, 센은 총생산 대신에 '삶의 질'을 발전의 잣대로 사용할 것을 제안하였다. HDI의 목표는 인류가 건강하고, 행복한 생활을 하되, 필요한 교육을 받고, 적절한 생활수준을 유지하며, 건강수명을 유지하고, 정치적 자유와 인간적 존엄성을 유지할 수 있는 정도를 확인하기 위한 것이다. 따라서 HDI는 이런 상황들을 반영하기 위해 기대수명, 교육의 정도, 그리고 1인당 실질GDP(구매력 기준)을 지표에 포함하고 있다.

2008년 프랑스 사르코지 대통령의 요청에 따라 스티글리츠(Joseph Stiglitz)를 위원장으로 하고 4명의 노벨 경제학상 수상자들이 참여해 구성한 '경제적 성취와 사회발전 측정위원회(Commission on the Measurement of Economic Performance and Social Progress)'도 진정한 발전을 지표화하려는 국가적인 노력을 잘 보여주는 사례이다. 스티글리츠 위원회에서 다룬 주제는 크게 세 가지인데, 첫 번째는 경제성장의 지표로 사용되어 온 GDP에 대한 수정과 확장이고, 두 번째는 지속 가능하도록 경제성장과 환경보존을 조화시키는 것이며, 세 번째는 삶의 질 제고의 문제이다. 스티글리츠 위원회 보고서는 발전지표 개발 노력에 있어 사회발전지표의 필요성 및 중요성에 대해 강조하고, 사회발전을 바라보는 보다 폭넓은 시각을 제공했으며, 또한 향후 사회발전지표를 만드는 작업에서 논의될 주요 이슈를 포괄적으로 제기했다는 점에서 매우 큰 기여를 했다고 평가된다.

발전 개념에 따른 국가 분류

세계은행은 기본적으로 1인당 소득수준에 따라 전 세계 국가들을 저소득국가(low-income countries), 중하소득국가(lower-middle-income countries), 중상소득국가(upper-middle-income countries) 및 고소득국가(high-income-countries) 네 개의 그룹으로 분류하고 있다.[6] 각 그룹의 구체적인 소득수준은 계속 변해 왔는데, 2019년 현재 저소득국가는 1인당 소득이 1,025달러 이하, 중하소득국가는 1,025~3,995달러, 중상소득국가는 3,996~12,375달러, 그리고 고소득국가는 12,376달러 이상이다. 보통 개발도상국이라고 하면 고소득국가를 제외한 나머지, 즉 저소득국가, 중하소득국가 및 중상소득국가의 합을 의미한다. 그러나 고소득국가 중에서 일부 산유국들처럼 소득이 높기는 하지만 교육, 보건 등 다른 여건들이 충분히 만족스러운 수준에 이르지 못한 경우 개발도상국으로 분류되기도 한다. 한편 개발도상국들 중에서도 국가 채무 정도에 따라 고채무국(severely indebted countries), 중채무국(moderately indebted countries) 및 저채무국(less indebted countries)으로 분류한다.

세계은행 외에도 UN 등 다른 국제기구들도 여러 가지 기준에 따라 다른 개념의 국가 그룹들을 분류하고 있다. 예를 들어 UN은 소득 외에도 인적자원, 외부 취약성 등을 고려해 최빈국(least developed countries ; LDCs)을 선정하고 있는데, 2019년 현재 47개국이 포함되어 있다.[7] 신흥산업국(newly industrialized countries ; NICs)이란 개념은 국제기구에 의해 구체적으로 정의된 것은 아니지만, 보통 선진국에 이르지 못했지만 다른 개발도상국들보다 우월한 성과를 보이는 국가들을 지칭한다. 이 개념은 1970년대 한국, 대만, 싱가포르, 홍콩 등 동아시아의 4개 국가가 놀라운 경제발전을 보여, 이들을 별도로 지칭하기 위해 처음 사용되었다. 신흥시장국(emerging markets)이란 용어도 널리 사용되고 있는데, 이는 아직 발전하지는 못했지만 빠르게 소득이 증대하고 시장이 확대되면서 발전해 가고 있는 국가들을 의미한다. 1981년 세계은행 경제학자에 의해 처음 명명되었으며, 신흥산업국보다 더 넓은 개념으로 사용된다.[8]

1.2 발전이론

각국의 발전과정은 워낙 다르기 때문에 발전이론도 아주 다양하게 제시되고 있다. 이를 발전을 바라보는 내재적인 철학에 따라 크게 주류 경제학적 발전이론, 구조전환 이론, 그리고 종속이론으로 대별할 수 있다. 이 외에도 최근에는 기존 발전이론의 한계점을 극복하기 위한 새로운 시도가 이루어지고 있는데, 이들을 새로운 발전이론의 모색으로 소개하고자 한다.[9]

주류 경제학적 발전이론

주류 경제학에서의 발전이론은 기본적으로 발전과정을 성장이 연속적으로 이어지는 단계라고 보고 성장이론의 연장선상에서 발전이론을 제시하고 있다. 대표적인 예로 로스토우 이론, 해로드-도마 이론, 솔로 이론, 그리고 내생적 성장이론 등을 들 수 있다. 이러한 이론들은 주류 경제학적 관점에서 출발하고 있는데, 기본적으로 선진국과 후진국의 차이가 자본스톡의 차이에서 기인한다고 보고 후진국의 경제 성장 및 발전을 위해서는 고정자산에 대한 투자가 가장 중요하다고 생각하였다.

로스토우(Walt W. Rostow)는 모든 사회를 전통사회, 도약을 위한 준비단계, 도약단계, 성숙단계, 고도의 대중소비단계의 5단계로 분류하고, 국가경제의 발전과정은 어느 나라든 이러한 단계들을 거쳐 이루어진다고 보았다.[10] 그중에서도 도약의 단계가 경제발전이 개시되는 근대화의 획기적 시기로 가장 중요하다고 강조함으로써, 저개발국가도 선진국가처럼 발전할 수 있을 뿐만 아니라 저개발국가들이 경제적 번영을 단기간에 달성할 수 있다는 '도약이론' 을 제시하였다.

어떤 도약의 경우에도 필요한 조건 중의 하나는 경제성장 및 발전을 가속화시키기 위해 투자를 통해 자본축적이 이루어져야 한다는 것이다. 해로드-도마(Harrod-Domar) 이론은 이처럼 투자의 증가가 경제성장을 가져온다는 메카니즘을 간단하게 제시한 것이다.[11] 이에 따르면 성장하기 위해서는 자본스톡이 증가해야 하는데, 자본스톡을 증가시키기 위해서는 새로운 투자가 필요하고 투자 재원은 저축에 의해 마련되므로 결국 성장을 위해서는 국민소득 중 저축되는 비율을 증가시켜야만 한다. 그렇지만 많은 저개발국가의 경우 충분한 저축이 이루어지지 않으므로, 저축갭 및 자본제약을 극복하기 위해서는 해외원조 또는 외국자본 투자가 필요하다. 솔로(Robert Sololw) 이론도 마찬가지로 자본축적의 중요성을 강조한다.[12] 그러나 해로드-도마 이론이 경제성장의 주요 요인인 노동력과 기술을 무시한 반면 솔로 모형은 자본과 노동 간의 대체를 허용함으로써 1인당 자본축적이 증가해야 1인당 소득이 증가해 경제가 성장하게 된다는 것을 보여주고 있다. 또 다른 중요한 차이점은 경제발전 초기에는 높은 성장률을 기록하다가 경제 수준(level)이 높아질수록 성장률이 점점 하락하게 되어 국가 간 경제가 수렴할 수 있다는 논리를 제공하고 또한 외생적이지만 기술진보가 지속 성장을 위한 필수 요건임을 보여주고 있다.

이러한 전통이론들은 지속적인 경제성장이 기술진보 등 외생적인 충격에 의해 결정된다고 설명함으로써 이론적으로도 결함이 많았고 저개발국의 경제발전 전략으로 활용되는 데도 많은 한계가 있었다. 1980년대 로머(Paul Romer), 루카스(Robert Lucas) 등에 의해 제시된 내생적 성장이론(endogenous growth theory)은 지속적인 경제성장이 내생적으로도 가능하다는 것을 보여주었다.[13] 현실에서 기술진보는 연구 및 개발, 생산공정을 개선하기 위한 혁신 등 기업들의 노력에 의해 이루어지는 경우가 대부분이다. 또한 이러한 혁신에 의해 이윤 및 자본이 축적되어 가면 자본의 한계생산이 체감하지 않고 지속적으로 증가할 수도 있다. 따라서 정부가 연구 및 개발 촉진, 인적자본 육성, 지적재산권 등 기본 인프라 구축, 경쟁정책 도입 등을 통해 기술발전이 이루어지도록 한다면 저개발국의 지속적인 경제성장도 가능할 것이다.

구조전환 이론

주류 경제학적 발전이론이 전 세계 모든 국가를 포괄하는 보다 거시적인 관점에서 성장 및 발전을 설명하려고 한 반면, 구조전환 이론은 주로 저개발국가의 발전 자체에 초점을 맞추고 있다. 이 이론은 저개발국의 발전 동인을 경제구조의 변환, 즉 전통적 농업에서 현대화된 제조업, 서비스업으로의 전환에 있다고 보고 이를 구현하기 위한 메커니즘에 초점을 맞추고 있다. 대표적인 학자로 루이스(W. Arthur Lewis)를 들 수 있다.

루이스는 2부문 모형(dual-sector model)을 제시하면서, 저개발국가는 전통적인 농업부문과 현대적 공업부문으로 구성되어 있다고 보고 있다. 농업부문은 인구가 과잉상태여서 잠재실업이 존재하고 노동의 한계생산성이 0이므로, 농업부문에서 공업부문으로 노동력이 이동하더라도 농업생산량은 감소하지 않는다. 반면 농업부문에서 이동한 노동력이 공업부문에서 고용되면 공업부문의 생산량이 증가하므로 국가의 전체적인 생산량이 증대할 것이다. 농업부문에서 노동이 과잉이므로 공업부문에서 노동수요가 증가한다고 해서 임금을 올려줄 필요는 없고, 공업부문에서는 상품에 대한 수요가 증가함에 따라 가격도 상승하고 이윤도 증가한다. 이러한 이윤이 다시 공업부문의 자본 형성에 재투자된다면 공업부문에서는 두 가지 수요가 더욱 증가하게 된다. 즉, 새로 고용된 노동자들에 의해 추가되는 소비재 수요의 증가와 자본가들에 의해 추가되는 자본재 수요의 증가가 동시에 나타난다. 공업부문에서의 이러한 수요 증가는 농업부문에서 공업부문으로 노동력을 더욱 이동시키게 되고, 경제구조의 전환을 발생시키게 된다.

이와 같은 공업부문에서의 수요 증대와 고용 확대 과정은 농업부문에서의 잉여노동력이 모두 공업부문에 흡수될 때까지 계속될 것이다. 만일 잉여노동력이 소진된다면 그 이후에는 농업부문에서 공업부문으로 노동력이 이동함에 따라 농업생산량이 감소하게 된다.[14] 따라서 이제는 농업부문의 노동생산성이 0이 아니기 때문에 노동력이 이동할 때 농업생산량 감소라는 비용과 공업부문 생산량 증가라는 이득을 비교해 봐야 하고, 후자가 커야만 노동력 이동에 따른 국가 전체의 생산량 증대, 즉 경제발전이 이루어지는 것이다.

루이스 이후 많은 학자들은 실증분석을 통해 경제성장과 함께 수반되는 구조적 변화가 어떻게 일어나는지 구체적인 패턴을 찾아내고자 노력하였다. 쿠즈네츠(Simon Kuznets)는 경제성장으로 인해 총생산액에서 차지하는 각 산업의 비중이 변화하는 산업구조(industrial structure)의 변화가 발생한다는 것을 보여주었다.[15] 즉, 총산출액에서 농업부문이 차지하는 비중이 감소하는 반면 공업부문의 비중이 증가하고, 서비스부문은 큰 변화를 보이지 않는다는 것이다. 체너리(Hollis B. Chenery)는 경제성장 과정에서 발생하는 구조적인 변화를 10가지의 지표로 검토함으로써 1인당 국민소득이 증가하면서 이들 지표들이 어떤 체계적 변화를 보이는가를 설명하였다. 그에 따르면 국가마다 특별한 환경에 따라 발전의 속도와 패턴이 달라질 수 있는데, 이러한 패턴에 영향을 미치는 요인들에는 부존자원과 규모, 정부 정책과 목표, 외부 자본과 기술 이용 가능성, 국제무역환경 등이 포함된다.

종속이론

저개발국가의 발전 자체에 초점을 맞춘 또 다른 이론으로 종속이론을 들 수 있다. 종속이론은 저개발국의 발전 동인을 종속으로부터의 해방에 있다고 보고, 이러한 관계를 끊기 위한 전략에 대해 고심하고 있다. 종속이론은 1970년대 각광을 받다가 1980년대 이후에 쇠퇴했으나, 최근 반세계화운동의 핵심 논리로 받아들여지면서 다시 각광을 받고 있다. 종속이론 내에도 신식민지 종속 모형, 거짓패러다임 모형, 이중구조 모형 등 여러 접근법이 있으나, 가장 대표적인 것은 신식민지 종속 모형이다.

식민지 종속 모형(neocolonial dependence model)은 맑스의 사고를 이어받고 있으며, 저발전의 문제를 매우 불균등한 자본주의 체제의 역사적 전개 탓으로 돌린다.[16] 선진국 자본은 자본의 과잉에 따른 이윤율 저하에 대한 대응으로서 후진국에 진출하고 상대적으로 높은 이윤율을 확보한 후에 이를 송금 등으로 선진국으로 이전하게 되는데, 이러한 상황이 바로 후진국을 계속 저발전의 상태로 머물게 만든다는 것이다.

국제자본주의 체제는 중심부와 주변부로 나뉘는데, 이러한 불평등한 권력관계로 인해 주변부의 자립 및 발전이 어려워지게 된다. 주변주의 일부 엘리트 계층은 중심부에 의해 지배되는 국제기구 및 권력집단에 협력하고 보상을 받고 있는데, 이들의 입장은 주변부의 개혁에 방해가 되며 발전을 저해하는 경우가 대부분이다. 종속이론은 주변부의 저발전의 문제를 내부적인 요인이 아니라 외부적인 요인, 즉 중심부의 착취와 더불어 개발도상국 내의 매판그룹의 협력 때문으로 보고 있다. 따라서 개발도상국들이 발전을 이루기 위해서는 이러한 외부적인 요인을 타파해야 하므로, 혁명적 투쟁 또는 세계 자본주의 체제의 재편이 요구된다.

세부적인 강조점이 약간 차이가 있기는 하지만 종속이론의 다른 접근법들도 신고전파 이론 및 구조 이론을 거부하면서, 국제적 및 국내적 힘의 불균형에 따른 이중구조가 저발전의 근본적 원인이라고 강조하고 있다. 극단적으로는, 자산의 사유화보다는 공유화가 빈곤 퇴치, 고용 확대, 소득불평등 완화, 삶의 수준 향상에 더 효과적이므로 사유재산의 즉각적인 몰수를 주장하기도 한다. 또한 대외적인 측면에서도 개방은 성장을 유발하기보다는 저발전을 낳는다고 주장한다. 따라서 개발도상국이 발전을 하려면 선진국과의 관계를 단절하고 자급자족을 위한 내부지향적 발전정책을 추구하거나, 대외교류가 필요하다면 다른 개발도상국들과만 무역을 추구할 것을 제시하고 있다.

새로운 발전이론의 모색

지금까지 살펴본 다양한 발전이론들은 후진국 및 개발도상국의 발전을 어떻게 하면 촉진할 수 있는가에 관해 서로 주장하고 있지만 설득력 있는 새로운 대안적인 패러다임을 제시하고 있지 못하고 있다.

이런 상황에서 새로운 발전론을 모색하는 노력은 발전의 성취가 매우 어려우며 과거에 인식했던 것보다 훨씬 더 많은 장애요인이 존재한다는 인식에서 출발하고 있다. 발전의 장애요인으로는 투자재원의 부족, 인적자원의 부족 등과 같은 물질적인 요인도 있지만, 시장실패, 정부실패 등과 같은 비물질적인 요인들도 존재한다.

앞에서 소개한 발전이론들이 다른 견해를 보이더라도 발전이 가능하기 위해서는 투자를 통한 자본축적이 이루어져야 한다는 것은 대체로 동의한다. 특히 발전의 근간이 되는 사회인프라를 구축하려면 대규모의 투자가 필요한데, 저발전국의 경우 이를 위한 재원이 부족하다. 우선 내부적으로, 소득이 충분하지 못한 상황에서 저축할 여유가 없을 것이고, 이에 따른 자본축적 부족으로 소득이 증가하지 못하고 이로 인해 저축과 투자가 부족해지는 빈곤의 악순환을 초래하게 된다. 외부적으로도 저발전국의 부실한 형편 및 정치 불안 등으로 인해 해외자본을 유치하기가 쉽지 않고, 이에 더해 종속이론에서 주장하는 것처럼 외자유입에 대해 거부감을 갖고 있다면 외자도입을 통한 투자재원 마련도 쉽지가 않을 것이다.

개발도상국들이 자본은 부족해도 인구는 상당히 많아 노동력이 풍부할 것으로 생각할 수도 있다. 그러나 성장의 개념을 1인당 소득의 증대로 보면 인구가 증가할수록 더 빠르게 경제도 확대되어야 한다. 인구가 증가하더라도 노동을 할 수 있는 실효노동인구가 증가되어야 하는데, 많은 개발도상국의 경우 보건, 교육 등의 부족으로 숙련된 노동력의 공급이 부족한 상황이다. 극심한 가난 때문에 어릴 적부터 밥벌이를 하느라 기초 교육조차 제대로 받지 못하고 있으며, 산업화가 제대로 이루어지지 않아 농업 이외의 분야에서는 현장학습 기회도 극히 제한되어 있어 인적자원의 축적이 어려운 상황이다.

주류 경제학의 발전이론들이 시장의 역할을 강조하는 데 대해 많은 반론이 있기는 하지만, 개발도상국들의 현실을 살펴보면 기본적인 시장경제 체제도 갖추지 못해 그로 인한 시장실패가 핵심적인 발전의 장애요인으로 작용하는 경우도 많다. 특히 이러한 현상은 노동, 자본과 같은 생산요소 시장에서 흔히 발견된다. 예를 들어, 개발도상국의 경우 농업부문에 과도한 노동력이 존재함으로써 이들이 대부분 잠재실업자 상태에 있다. 노동시장이 발달했다면 부문 간 노동이동으로 이 문제가 어느 정도 해소될 수 있지만, 개발도상국의 경우 노동시장이 발달하지 못해 잠재실업자를 다른 부문에서 효율적으로 활용할 수 없게 되고 따라서 발전도 저해를 받는다. 이러한 문제는 자본시장에서도 마찬가지여서, 자본시장이 제대로 발달하지 못해 자금의 효율적 배분이 이루어지기 힘들다. 그렇지 않아도 투자재원이 부족한데, 그나마도 효율적으로 활용되지 못한다면 발전은 더욱 어려워질 것이다.

시장실패 이상으로 정부의 실패도 개발도상국의 발전을 저해하는 중요한 요인이다.

우선 정치적 혼란으로 전반적인 사회가 불안정해지면 경제적인 성과도 부정적 영향을 받기 마련인데, 게다가 사유재산권 보장 등 기본적인 제도인프라가 갖추어져 있지 않다면 더욱 열악해질 것이다. 특히 개발도상국의 경우 정권의 부패가 발전을 저해하는 경우가 많은데, 이로 인한 잘못된 정책으로 인해 이후 오랜 기간 동안 경제가 역행하기도 한다. 스티글리츠(Joseph Stiglitz)는 이에 대한 대표적인 사례로 1990년대 초 세계은행이 공기업 민영화를 추진했던 상황을 들고 있다.[17] 당시 러시아 등 체제이행 국가에서 부패한 관료들이 이권을 대가로 민영화 정책을 적극 찬성했는데, 이로 인해 각국은 상당 기간 동안 후유증에 시달려야 했다.

새로운 발전이론을 모색하는 학자들은 이와 같은 발전의 구속적 제약요인들을 잘 이해하는 것이 무엇보다도 중요하다고 강조한다. 예를 들어 로드릭(Dani Rodrik)에 따르면, 나라마다 서로 다르기 때문에 일반적으로 말하기 어려울지라도 각국에 가장 중요한 제약요인을 먼저 찾아야 저발전 국가가 왜 빈곤 함정(poverty trap), 저발전 함정(underdevelopment trap), 중진국 함정(middle income trap)에 빠지게 되고 벗어나지 못하는가를 이해할 수 있다.[18] 발전이론의 목적은 저발전을 이해하고 이를 해소할 수 있는 효과적인 정책들을 제안하는 것이다. 그러나 그동안 수많은 경험에서 알 수 있듯이 모두에게 적용되는 만병통치와 같은 발전정책은 없다. 서로 다른 국가들은 서로 다른 제약조건에 직면해 있고, 따라서 이러한 제약조건의 본질을 파악하도록 도와주고 그에 적절한 제안을 해주는 것이 발전이론가들의 핵심 임무이다.[19]

2. 제2차 세계대전 이후의 발전 추이

2.1 국가그룹별 경제성장 추이 변화

제2차 세계대전 이후 전 세계 경제는 석유파동, 글로벌 금융위기 등 수차례의 어려움이 있었음에도 불구하고 꾸준히 성장해 왔다. 전 세계 GDP는 1970년 3.4조 달러(명목)에서 2018년 85.3조 달러로 확대되었고, 1인당 소득도 923달러에서 10,687달러로 크게 증가하였다. 이러한 성장의 배경에 선진국들의 지속적인 발전도 역할을 했지만, 동아시아 국가들을 비롯한 개발도상국들의 비약적인 발전이 주요 원인이었다. 이에 따라 저소득국가, 중하소득국가, 중상소득국가 및 고소득국가가 전 세계 GDP에서 차지하는 비중이 각각 1970년 0.6%, 3.4%, 14.9%, 81.2%에서 2000년 0.5%, 5.0%, 17.1%, 77.4%로 변화되었으며, 2018년 현재에는 0.6%, 8.3%, 26.5%, 64.6%로 중하 및 중상소득국가의 비중이 크게 확대되었다.

그림 11-1 전 세계 총생산의 국가그룹별 비중 추이

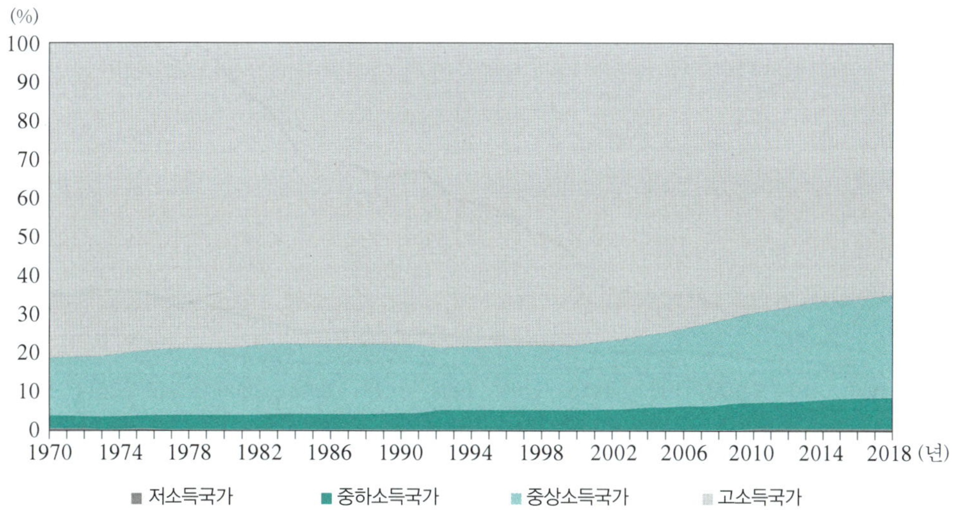

자료 : UNCTAD Statistics.

그러나 이와 같은 지속적인 성장이 국가 또는 지역별로 균등하게 이루어지지는 않았다. 국가그룹별 비중을 보더라도 최하위 그룹에 속하는 저소득국가의 비중은 지난 50년간 거의 변화가 없다. 또한 고소득국가와 저소득국가 간의 1인당 소득의 격차비율이 1970년 16.1에서 62.6로 거의 네 배 가까이 확대되어 국가 간 격차가 더욱 커지고 있다. 이처럼 성장의 혜택이 골고루 돌아가지 않고 저소득국가로 갈수록 혜택을 보지 못하고 있어, 아직도 가난, 굶주림, 질병이 세계의 많은 지역에 만연해 있다. 아직도 전 세계 인구 중 하루에 1.90달러 미만으로 살아가는 극빈층 인구가 7.4억 명으로 전 세계 인구의 10% 정도를 차지하고 있으며, 특히 사하라 남부 아프리카 지역에 많이 몰려 있다.[20] 저개발국들은 단순히 1인당 소득수준 및 증가율이 낮은 것뿐만 아니라, 발전의 제반 여건들이 제대로 갖추어져 있지 못하고 현대적 기술에 대한 접근도 제한적이다. 무엇보다도 많은 저개발국들은 보건 및 교육 시설이 불충분해 유아 사망률이 높고 영양상태가 좋지 않으며 문맹률이 높다. 또한 정치적 측면에서도 저개발국들은 안정적인 정부를 유지하는 데 어려움을 겪고 있으며, 분쟁에 휘말려 있는 경우가 많다.

그림 11-2 국가그룹별 1인당 소득 추이

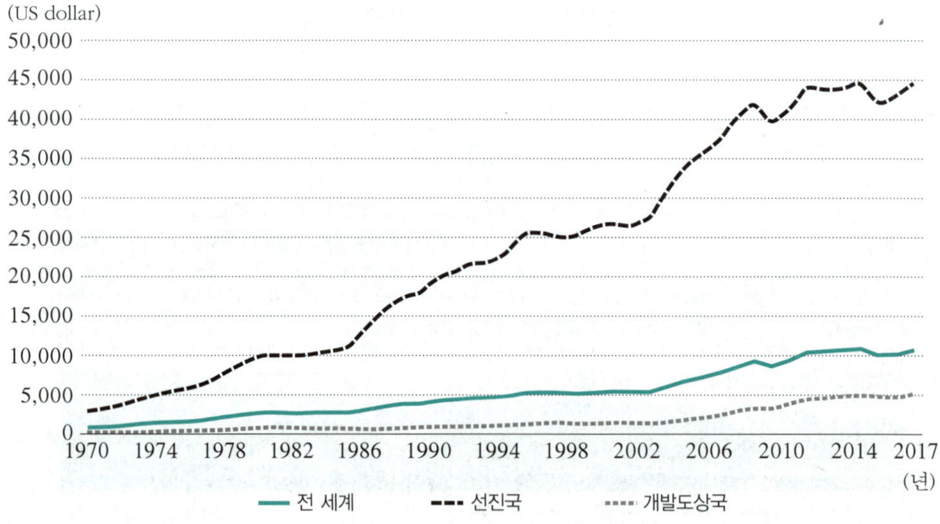

자료 : UNCTAD Statistics.

개발도상국들이 대체적으로 어려움을 겪고 있지만 지역별로 보면 큰 차이가 있음을 알 수 있다. 가장 뛰어난 성과를 보인 지역은 동아시아로, 제2차 세계대전 직후 가장 낮은 수준의 소득에서 최근에는 개발도상국 중 가장 높은 소득수준을 기록하고 있다. 다른 지역들이 세계 경제 상황에 따라 부침을 보여준 것과는 달리 동아시아 지역은 석유파동, 동아시아 위기 등 커다란 충격에도 불구하고 상대적으로 큰 변동 없이 꾸준히 성장해 왔고, 그 결과 일부 동아시아 국가들은 1인당 소득이 이미 선진국 수준에 도달한 상태이다. 이와 정반대의 성과를 보인 지역은 사하라 이남 아프리카 지역으로서 지난 50년간의 평균성장률이 동아시아 지역에 비해 1/5도 되지 못한다. 특히 1980년대부터 1990년대까지 마이너스 성장률을 기록해 오히려 발전이 퇴보했으며, 2000년대 들어서야 겨우 다시 발전을 가동하기 시작했다. 라틴아메리카 지역은 1980년대 외채위기의 후유증으로 마이너스 성장을 기록했으나 1990년대 이후 회복세를 보이다가 최근에는 주춤한 상황이다. 한편 체제전환국들은 1990년대 초 사회주의권의 붕괴로 심각한 침체를 경험했으나 체제전환에 정착하면서 빠른 속도로 발전해 오고 있다. 다른 지역들이 부침을 겪었던 것과 달리 오세아니아의 도서 국가들은 아주 낮은 성장률을 유지하면서 오랜 기간 동안 거의 특별한 변화를 보이지 않고 있다.

표 11-1 국가그룹별 1인당 실질GDP 성장률

(단위 : 연평균, %)

	1971~1980	1981~1990	1991~2000	2001~2010	2011~2018	1971~2018
전 세계	2.01	1.32	1.34	1.57	1.61	1.57
개발도상국	3.36	1.05	2.97	4.27	3.25	2.97
아프리카	1.34	−0.48	−0.05	2.82	0.27	0.80
미주	3.77	−0.62	1.36	1.94	0.29	1.39
아시아	3.53	2.89	4.61	5.67	4.78	4.27
오세아니아	0.05	0.98	0.75	0.92	0.81	0.70
체제전환국	3.97	3.33	−4.17	5.32	1.42	2.00
선진국	2.67	2.47	1.91	0.96	1.38	1.90

자료 : UNCTAD Statistics.

2.2 대외원조의 추이 및 특징

대외원조의 추이

대외원조는 저개발국의 발전을 위해 해외에서 제공되는 재원을 의미한다. 대외원조의 지원 형태는 기준에 따라 여러 가지로 구분할 수 있다. 특정국이 지정해 지원하느냐의 여부에 따라 양자 간 원조(bilateral aid)와 다자간 원조(multilateral aid)로 나눌 수 있고, 구속성 여부에 따라 구속성 원조(tied aid)와 비구속성 원조(untied aid)로 나눌 수 있으며, 또한 상환 여부에 따라 증여(grant)와 차관(loan)으로 구분할 수 있다.[21]

〈그림 11-3〉은 1960년부터 2018년 현재까지 ODA(official development assistance)의 추이를 보여주고 있다.[22] 2018년 현재 총규모는 1,499억 달러이며, 전체적으로 지속적인 증가세를 보이고 있다. 1990년대 들어 냉전체제의 붕괴와 원조 효과성에 대한 회의가 심화되면서 개발협력의 침체기를 겪기도 했으나,[23] 이후 국제사회의 적극적인 노력으로 ODA 규모는 빠른 속도로 증가하였고 이러한 추세는 심지어 글로벌 금융위기 이

그림 11-3 ODA 규모와 GNI 대비 비중

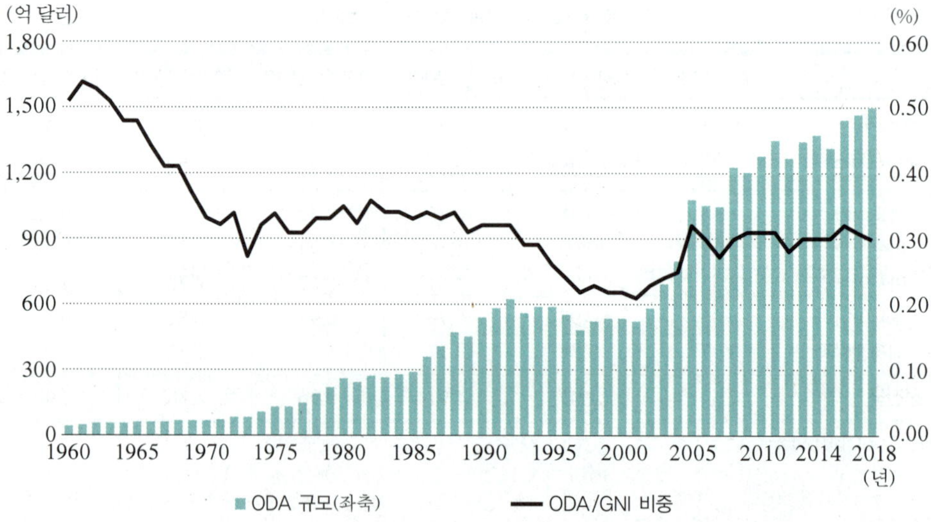

자료 : OECD Data.

후에도 이어지고 있다. 대외원조의 절대적인 규모가 증가하고 있는 것과는 달리 GNI 대비 비율은 오히려 초기 1960년대에 비해 감소한 상태이다. 1961년 0.54%를 정점으로 계속 하락하다가 1970~1980년대는 0.30% 초반에 머물렀고, 1990년대 중후반에는 절대 규모의 감소와 더불어 더욱 감소해 0.21%까지 추락했다. UN과 OECD DAC는 2015년까지 이 비율을 0.70%로 높이는 것을 기본 목표로 설정하였고, 2000년대 이후 이를 달성하기 위한 국제사회와 공여국의 노력으로 2000년대 중반 이후 0.30%를 회복하였다. 한편 전체적인 대외원조 중에서 개별국 차원의 양자 간 ODA가 70% 이상을 차지하고 있어 국제기구를 통한 다자간 ODA보다 훨씬 더 많이 이루어지고 있다.

〈그림 11-4〉는 ODA 수혜국을 지역별로 구분해 표시한 것이다. 아프리카로 흘러가는 ODA는 지속적으로 증가해 현재 가장 큰 비중을 차지하고 있으며, 이는 대부분 사하라 이남 지역에 대한 원조로 이루어져 있다. 아시아의 경우 1970년대까지 가장 큰 비중을 차지했으나 이후 지속적으로 감소하다가 최근 들어 다소 증가하고 있는 추세이다. 라틴아메리카의 경우 1980년대 외채위기 이후 비중이 다소 증가했으나 2000년대 이후에는 그 이전에 비해 감소한 상태이다. 체제이행국의 경우 1960년대 초 비중이 10%를 넘기도 했

그림 11-4 ODA의 지역별 비중

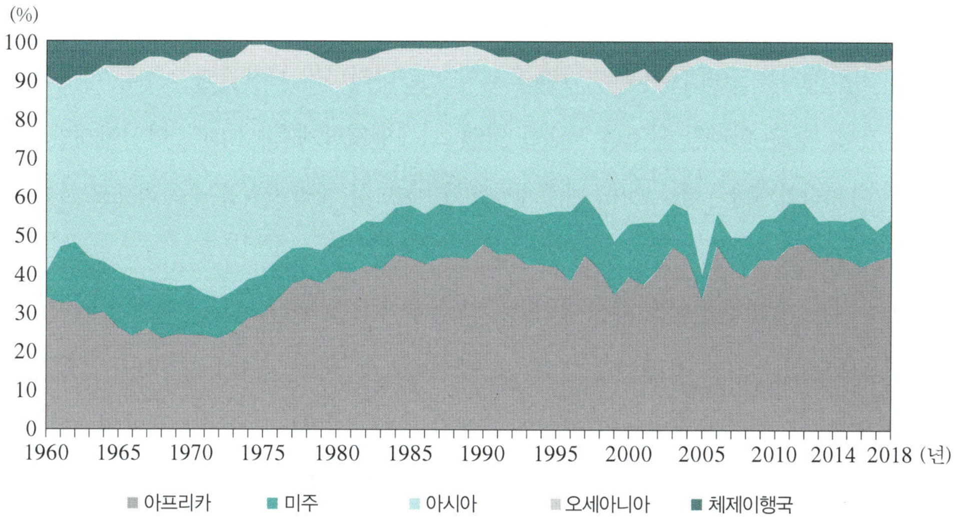

자료 : OECD Data.

지만 이후 지속적으로 감소하다가 1990년대 말 이후 약간 증가한 수준을 유지하고 있다. 오세아니아 지역의 도서국가들은 1990년대까지 그래도 약간의 비중을 차지했지만, 2000년대 이후에는 그 비중이 미미한 수준에 불과하다.

대외원조의 주요 특징

역사적으로 볼 때 대외원조의 시초는 서구 열강들이 자국의 식민지를 대상으로 증여 혹은 차관 형식의 개발자금을 지원한 것으로 볼 수 있다. 그러나 이러한 식민지 대상의 대외원조는 제국주의론자들이 주장하는 것처럼, 수혜국의 삶의 수준 개선을 위한 인도적 목적이 아니라 서구 열강 자국의 이익을 추구하기 위해 신민지를 착취하는 것이 주된 목적이었다.

최근의 원조 개념에서 볼 때 본격적인 대외원조의 시작은 제2차 세계대전 직후 미국이 유럽에 제공한 마샬 플랜이라고 할 수 있다. 미국은 냉전체제 하에서 공산세력의 확산을 막기 위해 당시로서는 엄청난 규모에 달하는 130억 달러의 자금을 유럽에 제공하였다. 이 마샬 플랜이 성공적으로 유럽을 재건시키면서 대외원조를 통한 자본투입과 기술지원이 발전에 커다란 기여를 할 수 있다는 인식이 확산되었고, 선진국들이 본격적으로 대외원조 정책을 수립하는 계기를 마련했다. 한편 개별 국가 차원이 아니라 국제기구를 통해 발전을 지원하려는 노력도 전후 커다란 움직임으로 나타나기 시작했다. UN을 비롯해 세계은행, IMF 등은 다자간 원조의 시대를 열었고, 유엔개발계획(UNDP), 아시아개발은행(ADB), 아프리카개발은행(AfDB), 미주개발은행(IDB) 등 개발지원을 주목적으로 하는 국제기구들이 설립되었다.

이와 같은 개별 선진국의 양자 간 원조 및 국제기구를 통한 다자간 원조가 제공되기 시작했음에도 불구하고 1970년대 초까지는 대외원조의 규모가 크게 증가하지 않았는데, 이는 무엇보다도 개발도상국들의 인식과 관계가 있다. 개발도상국들은 국제체제에서의 여러 가지 취약점 때문에 선진국과의 관계에 대해 한편으로 기대하면서도 다른 한편으로 항상 불편해하고 조심스러운 태도를 보인다. 발전의 입장에서 볼 때도 개발도상국들은 당연히 선진국과의 무역, 해외투자, 개발원조, 기술이전에 대한 기대를 하고 있는 반면, 이러한 관계가 선진국에 대한 의존도를 높여 자치권을 위협당할까 우려한다. 이러한 상반된 태도는 선진국에 대해서뿐만 아니라 IMF, 세계은행, WTO 등 국제기구에 대해서도 나타난다. 이러한 국제기구들이 개발도상국들에게 외부자금 조달과 해외무역시장에 접근할 수 있도록 도움을 줬지만 저개발국들은 국제기구에 대한 지배적인 영향력을 선진국들이 쥐고 있다는 점을 거북하게 여긴다. 또한 채무국의 입장에서는 IMF와 세계은행이 정한 구조조정 차관을 부여받기 위한 조건들이 자신들의 발전 노력을 저해한다는 입장이다. 이러한 양면성으로 인해 대외원조에서도 적극적인 자세를 취하지 못해 1960년대까지 경제규모 증대에 비해 대외원조의 상대적인 비중이 감소해 왔다.

1970년대 말 이후 개발도상국들로 하여금 선진국과의 관계를 증진시키고 선진국들이 제시한 발전정책을 채택하면서 세계 경제에 더욱 활발하게 참여하도록 하게 만든 몇 가지 계기가 있다. 가장 중요한 전환점은 1980년대 라틴아메리카를 중심으로 발생한 외채위기였다. 많은 개발도상국들이 외채를 상환할 수 없게 되자 이 위기를 극복하기 위해 IMF, 세계은행, 선진국들에게 도움을 요청해야만 했다. 당시 라틴아메리카 국가들이 발전전략으로 주로 채택했던 수입대체 정책의 실패가 위기의 주된 원인이었기 때문에, IMF와 세계은행은 구조조정자금(structural adjustment loan)을 제공하면서 채무국들에게 무역자유화, 규제완화, 민영화를 강조하는 더욱 개방적인 경제정책을 채택하도록 요구했다. 또 다른 중요한 이유는 1990년대 초 소련을 비롯한 사회주의 체제의 붕괴였다. 사회주의 체제가 붕괴하기 이전의 냉전체제에서 개발도상국들은 동·서 진영 양쪽으로부터 여러 가지 혜택을 받을 수 있었는데, 냉전체제의 종결은 이러한 기회를 사라지게 만들었다. 따라서 개발도상국들은 미국을 비롯한 서구 선진국들의 주도로 이루어지는 국제체제에 동참하지 않으면 소외될 수밖에 없다고 우려하고 선진국과의 관계를 증진시키려고 노력하였다.

그러나 이러한 개발도상국들의 태도 변화에도 불구하고 1990년대 들어 대외원조 규모는 오히려 감소하였다. 1980년대 대외원조가 증가했음에도 불구하고 효과가 불투명해짐에 따라 소위 원조피로(aid fatigue) 현상이 나타나기 시작했으며, 냉전 종식과 더불어

지정학적 목적으로 지원되던 원조에 대한 선진국들의 관심이 줄어들었기 때문이다. 선진국들에게 대외원조에 대한 관심을 다시 제고시킨 계기는 세계화의 부작용으로 오히려 개발도상국의 빈곤화가 더욱 심화되고 국가 간 격차가 더욱 확대되었기 때문이었다. 1990년대 중반 이후 저개발국의 빈곤 퇴치 및 국가 간 격차 완화가 국제적인 공감대를 형성하면서 UN과 OECD를 중심으로 개발도상국 지원을 위한 국제사회의 노력이 본격화되기 시작했다. 대표적인 사례가 2000년 UN 밀레니엄 정상회의에서 채택된 새천년개발목표(Millenium Development Goals ; MDGs)이다. MDGs가 채택된 이후 원조규모를 확대할 뿐만 아니라 원조효과성을 개선시키기 위한 노력이 활발하게 진행되고 있으며, 개별 공여국들도 독자적인 목표를 세우고 대외원조 확대를 적극 추진하고 있다.[24]

3. 저발전 문제 해결을 위한 글로벌 노력

개발도상국의 저발전 및 빈곤의 문제를 해결하기 위한 노력은 국제사회 차원에서 세계은행, UN, OECD 같은 국제기구 또는 G20 정상회의와 같은 고위급회담을 통해 이루어지는 노력과 개별국 차원에서 발전전략을 도입해 성과를 이루어내려는 노력으로 나누어 볼 수 있다. 이 절에서는 우선 전자의 국제사회에서의 노력을 살펴보고, 개별국 차원의 발전전략은 다음 절에서 논하고자 한다.

3.1 세계은행그룹

세계은행그룹의 주요 기능

개발도상국의 개발 및 빈곤 퇴치에 있어 가장 적극적이고 중요한 역할을 하는 국제기구는 세계은행그룹이다. 현재 세계은행그룹은 국제부흥개발은행(IBRD), 국제개발협회

(IDA), 국제금융공사(IFC), 국제투자보증기구(MIGA), 국제투자분쟁해결본부(ICSID) 등 5개 기구로 구성되며, 이 중 IBRD와 IDA를 합쳐서 세계은행(WB)이라고 부른다. 세계은행그룹 중 가장 먼저 출범한 IBRD는 1944년 합의된 브레튼우즈 협정에 근거해 설립되었으며, 제2차 세계대전 전후 재건을 위한 금융지원, 민간 해외투자 촉진, 국제무역의 장기 성장 및 국제수지의 균형 유지 등을 목적으로 출발하였다.[25] 이후 IDA 등의 기구들을 추가하면서 점차 개발도상국의 발전을 위한 금융지원, 투자분쟁 조정 등으로 사업영역을 확대하였다. 세계은행그룹 5개 기구들의 주요 역할이 서로 다른데, IBRD는 전쟁 복구 및 장기개발 자금을 지원하고, IDA는 저소득 개도국들을 대상으로 무상 또는 무이자로 자금을 대여하며, IFC는 국가가 아닌 민간 기업에게 금융을 제공하는 역할을 한다. MIGA는 개도국 또는 후진국을 대상으로 한 해외직접투자의 정치적 위험에 대해 보증을 해주고, ICSID는 국제투자분쟁을 조정하는 역할을 하고 있다.[26]

표 11-2 **세계은행그룹**

	IBRD	IDA	IFC	MIGA	ICSID
주요 기능	전쟁 복구 및 장기개발 자금 지원	저소득 및 개도국 대상 양허성 자금 지원	민간기업에 대한 투 · 융자	개도국 직접투자의 비상업적 위험 보증	국제투자분쟁 조정/중재로 국제민간투자 촉진
설립연도	1945	1960	1956	1988	1966

자료 : http://www.worldbank.org/en/projects-operations/products-and-services#2

IBRD는 IMF와 마찬가지로 가중투표 제도를 갖고 있다. 각 회원국은 경제력 등을 고려해 쿼터(quota)가 정해지는데, 이는 세계은행에의 재정적 기여를 의미함과 동시에 정책결정기구에서의 투표권의 수를 결정한다. 현재 미국의 투표권 비중은 15.44%로서 가장 높고, 일본 7.76%, 중국 4.78%, 독일 4.08%, 영국 3.80%, 프랑스 3.80% 등이 뒤를 따르고 있다.

IBRD는 가입조건으로 IMF의 회원국 자격을 명시적으로 요구하고 있다. 따라서 IBRD에 가입하기 위해서는 우선적으로 IMF 가입한 후 가입신청서를 IBRD 당국에 제출해야만 한다. 가입신청서를 제출하면 IBRD 당국은 출자주식 수 등 가입조건을 결정한 후 가입결의안을 총회 투표에 회부한다. 가입결의안이 채택되기 위해서는 총투표권의 2/3 이상을 보유하는 과반수의 회원국이 참가하여 행사된 투표권 반수 이상의 찬성을 얻어야 한다. 가입결의안이 채택되면 가입 예정국은 출자주식을 인수하고 출자금을 납입함으로써 정식 회원국이 될 수 있다. 이러한 가입조건 및 절차에 비추어 보면, IBRD 가입의 전제 조건인 IMF 회원자격을 충족시키기 위해 미국의 지원이 절대적으로 중요하다는 것을 알 수 있다([Box 11-1] 참고). 세계은행의 회원이 되기 위해서는 동시에 IMF에도 가입을 해야 한다는 조건은 오랜 기간 동안 대부분의 사회주의 국가들이 세계은행의 회원국이 되는 데 장애물로 작용하였다.

Box 11-1 국제기구 가입에서의 미국의 절대적 영향력

IMF는 가입 희망국의 자격에 관하여 특별한 제한을 하고 있지 않으며 질서 있고 안정적인 환율제도 운용을 통해 국제통화 문제에 협력할 의사가 있는 모든 나라에 대해 가입을 허용하고 있다. 회원국의 제반 의무사항을 준수하겠다는 의사와 함께 가입신청서를 제출하면 IMF가 동 신청국의 쿼터 규모, 쿼터 납입방법 등이 포함된 가입결의안을 이사회(Executive Board)의 승인을 거쳐 총회(Board of Governors)에 회부한다. 가입결의안은 총투표권의 2/3 이상을 보유하는 과반수 회원국이 참가하여 이들이 행사한 투표권의 과반수 찬성을 얻어 채택되며, 가입예정국은 할당된 쿼터를 납입함으로써 정식 회원국이 될 수 있다. IMF가 특별한 가입조건을 명시적으로 요구하지 않고 있지만, 이사회 승인 및 총회 의결을 통과하려면 여전히 미국의 지원이 중요하다. 현재 IMF 내에서 미국이 16.52%의 투표권을 갖고 있고 영향력도 막중하므로 미국의 지원 없이는 가입결의안이 채택되기 어렵기 때문이다.

ADB의 가입을 위해서도 미국의 협조가 필요하다. ADB 가입조건을 보면, 아시아 지역의 UN 회원국이거나 역외국가의 경우 UN 회원국이면서 선진국이어야 한다. 가입신청을 하더라도 회원국 전체 투표권의 3/4 이상을 대변하는 위원들의 2/3 이상의 동의를 받아야만 한다. 따라서 신규 회원으로 ADB에 가입하기 위해서는 미국과 일본의 지원이 필요하다. 두 국가의 지분 합이 25%를 넘으므로(일본 12.840%, 미국 12.752%), 이들의 합의 없이는 회원국 자격을 승인 받기가 어렵기 때문이다. 북한은 이미 두 차례 ADB 회원가입을 신청한 적이 있지만 미국, 일본의 반대로 무산되었었다.

심지어 중국이 주도하는 AIIB의 가입에도 미국의 영향력이 미칠 수 있다. AIIB의 경우,

IBRD 또는 ADB 회원국이거나 IBRD 또는 ADB 회원국 중 AIIB 창립멤버가 아닌 경우 총회의 특별 투표(Special Majority vote of the Board of Governors)에 의해 회원자격 취득이 가능하다. AIIB는 명시적으로 IBRD 또는 ADB 회원국을 자격요건으로 제시하고 있으므로 아직 이러한 국제금융기구 회원국이 아닌 경우 가입을 원한다고 해도 가입하기 어려운 실정이다. 따라서 중국이 주도하고 있음에도 불구하고 AIIB의 가입을 위해서는 여전히 미국과 일본의 지원이 필요하다. IBRD 및 ADB 내에서 미국과 일본의 영향력 막중하므로 이들의 지원 없이는 가입하기 어렵기 때문이다.

세계은행이 개발도상국의 발전에 있어 중대한 영향력을 갖고 있는 것은, 한편으로 개발을 위한 다양한 자금지원을 해주고 다른 한편으로 연구 및 아이디어 창출 기구, 자문서비스 등의 조언자 역할을 통해 개도국 발전전략에 커다란 도움을 줄 수 있기 때문이다. 우선 세계은행은 개발도상국의 자금지원에 큰 영향을 미친다. 선진국들은 전통적으로 대부분의 ODA를 양자적 혹은 직접적으로 수혜국에게 제공하는 편을 선호한다. 실질적으로 1970년대 중반까지만 해도 전체 ODA 중 양자 간 원조가 80%를 상회했고, 이후 감소하기는 했지만 여전히 70% 이상을 차지하고 있다. 그러나 국제기구의 적극적인 역할을 통해 다자간 원조가 계속 확대되어 전체 ODA에서 차지하는 비중이 1960년대 초 5% 정도에서 1980년대 이후 30% 수준까지 늘어났다. 세계은행은 다양한 금융지원 프로그램을 통해 국제개발을 위한 다자간 원조를 제공해 주는 가장 큰 국제기구이다.

세계은행의 막대한 영향력은 단순한 다자간 원조의 양을 넘어 공여국들이 개발도상국에 양자 간 원조를 제공할 때 필요한 신용평가 기능의 역할에서도 나온다. 세계은행의 대출결정, 정보수집, 국가분석은 양자 간 원조공여국, 지역개발은행, 민간투자자에게 큰 영향을 준다. 이는 세계은행그룹이 개발도상국이 국제금융시장에 접근할 수 있는 조건들에 커다란 영향력을 갖고 있음을 의미한다. 또한 세계은행은 경제발전 전략을 마련하는데도 영향을 미치며, 개발 이슈에 대한 국제적 토론들은 주로 세계은행그룹을 중심으로 이루어지고 있어 세계은행은 경제이슈에 대한 지식공동체로서 중요한 역할을 한다. 지식공동체는 특정 분야에서 높은 수준의 전문성을 가지고 권위 있는 주장을 하는 전문가 네트워크로, 해당 분야와 관련된 이슈의 정책 결정에 상당한 영향을 미칠 수 있다. 세계은행은 어떠한 개발기구보다 더 방대한 학자그룹, 연구성과와 정책연구예산을 갖고 있어, 발전과 관련된 국제사회의 논의를 주도하고 각국의 발전정책 및 대외원조정책에 중요한 영향을 미친다.

세계은행이 다자간 원조뿐만 아니라 양자 간 원조에서도 큰 영향을 미친다는 점을 주목할 필요가 있다. 세계은행의 연구결과와 정책제안들은 각국의 공무원들에게 발전 이슈에 관련된 정책결정을 할 때 자료와 분석의 주된 출처로 여겨지고 있다. 세계은행은 또한 여러 채권국 회의와 협의체의 의장으로서의 역할을 한다. 이러한 그룹회의들은 선진국들이 특정 수혜국에게 양자 간 원조계획을 고려하고 있을 때 여러 국가들의 계획을 조정해서 불필요한 중복 문제를 피할 수 있도록 해준다. 세계은행은 가장 중요한 다자개발기관으로서 ADB, EBRD, AfDB, IDB와 같은 지역개발은행을 위한 모델도 제공했다. 세계은행과 유사하게 지역개발은행들도 대체로 국제금융시장을 통해 기금을 모집하여 시장금리에 가까운 금리로 차관을 제공한다. 세계은행은 대부분의 기금을 거대 프로젝트에 투자하는 반면, 지역개발은행들은 대체로 지역적 차원에서의 비교적 소규모 프로젝트에 투자한다.

세계은행의 역할에 대한 비판

세계은행에서 가장 중요한 회원은 미국이며, 그 영향력은 여러 면에서 확인할 수 있다. 무엇보다도 미국은 회원국들 중에서 가장 높은 투표권 비중을 갖고 있다. 또한 세계은행에서 사용되는 유일한 언어가 영어이며, 워싱턴에 위치하고 있다는 것도 미국의 영향력을 반영한다. 미국은 한 가지의 공용어가 효율성을 증진시킨다고 주장하는 반면, 다른 많은 국가들은 문화, 인종의 다양성으로 인해 국제기구에서는 다양한 언어 사용을 필요로 한다고 생각한다. 게다가 세계은행 총재는 항상 미국인이라는 것도 미국의 절대적인 영향력을 나타내주고 있다. 세계은행 총재는 의제 설정, 인사, 예산통제 등 세계은행의 운영에 많은 영향력을 미치는데, 백악관은 세계은행 총재후보로 항상 미국 정계와 연계가 있는 사람을 내세운다. 미국의 세계은행에서의 역할은 재무부에서 담당해 처리하며, 따라서 자국의 이해관계가 세계은행의 역할에 반영되도록 하고 있다.

물론 과거 초창기에 비해 미국의 영향력이 감소하고 있는 것은 사실이다. 그럼에도 불구하고 미국의 세계은행에 지배적인 영향력은 여전히 강력한데, 이에는 몇 가지 이유가 있다. 첫째, 미국의 투표권 감소에도 불구하고 주요 의제에 대해 거부권을 갖고 있는 유일한 국가이다. 둘째, 다른 회원국들은 미국의 주도권에 도전하려고 하지 않는다. 타 선진국들은 미국을 공개적으로 공격함으로써 미국과의 양자 관계에 피해가 가도록 만드는 것보다, 필요한 경우 별도의 개발은행을 만드는 것이 유리하다고 생각한다. 예를 들어, 유럽 국가들은 자신들이 주도하는 국제기구를 통해 얻는 이익이 많다는 것을 느껴 EBRD을 설립하였고, 중국은 유사한 이유로 다른 BRICs 국가들과 함께 신개발은행(New Development Bank)을 설립하였다. 셋째, 미국은 상당한 소프트 파워를 세계은행 내에서 갖고 있다. 이 소프트 파워는 학회, 씽크탱크, NGO 등과 같은 전문가 집단에서 창출되는데, 이들이 많은 경우 워싱턴에 위치하고 세계은행에 접근성이 용이하기 때문에 세계은행의 주요 이슈에 커다란 영향을 미친다.

세계은행 내 미국의 영향력은 세계은행에 대한 비판의 중요한 표적이 되었다. 국제기구가 특정 강대국의 이해관계를 대변한다는 비판은 세계은행 운영방식과 관련된 비판과도 관련되어 있다. 흥미롭게도 세계은행에 대한 가장 강력한 비판은 좌측의 맑스주의자들과 우측의 정통 자유주의자들로부터 동시에 나오고 있다. 맑스주의자들은 세계은행이 개발도상국들을 지배하고 해외자본의 유입을 반대하는 민족주의자와 사회주의자들의 영향력을 쇠퇴시키려 하고 있다고 주장한다. 이들은 또한 은행대출을 통해 선진국의 수출업체들과 다국적기업들이 개발도상국을 희생시키면서 자신들의 부를 축적한다고 주장한다. 이와 반대로 정통 자유주의자들은 세계은행이 다자간 원조의 무한정 확대에만 관심이 있다고 비난하면서, 세계은행이 국가개입주의로 치우치는 것을 강하게 제어해야 한다고 주장한다.

사실 세계은행에 대한 비판들은 충분히 예견되어 왔다. 세계은행은 다면적인 발전 이슈에서 자유주의적 접근법이 야기할 수 있는 문제점을 너무 쉽게 도외시해 왔다. 또한 시장실패보다는 정부실패를 강조하는 주장들을 받아들이는 경향도 있었다. 세계화가 확산되는 1980년대 이후 세계은행은 워싱턴 컨센서스로 대변되는 정통 자유주의 정책의 강한 지지자가 되었고, 개발도상국들로 하여금 이러한 정책들을 구조조정자금을 통해 채택하도록 강요했다. 세계은행은 최근에 들어서야 무분별한 시장압력으로부터 보호할 대책이 강구되지 않을 경우 시장방임주의가 불러일으킬 수 있는 문제들을 인식하기 시작했다. 또 다른 비판들은 세계은행이 UNDP, UNICEF, 지역개발은행과 같은 다른 국제기구들에 대해 무시하고 거들먹거리는 태도를 취하기 때문에 나온다. 워싱턴에서의 중앙집권적 구조, 스태프의 필드 경험 부족, 프로젝트의 감독, 실행 및 평가보다는 대규모 프로젝트에 대한 신속한 차관 제공 등에 우선순위를 두는 경향이 그러한 태도로부터 유래될 수 있는 대표적인 사례이다.

세계은행 옹호자들은, 세계은행이 개발기관으로서 개입주의 또는 개혁적 자유주의 정책들을 종종 채택하고 있기 때문에, 좌측과 우측 모두로부터 강한 비판을 받는 것은 불가피하다고 보고 있다. 또한 세계은행은 가장 큰 다자개발기구이기 때문에 어떤 정책을 채택하고 실행하든 무관하게 비판을 받기도 한다. 예를 들어, 일부에서는 세계은행이 시민사회의 압력이나 개도국의 요구를 반영해 발전에 대한 접근방식을 변경하는 데 너무 많은 시간이 걸린다고 비판한다. 그런데 세계은행이 이들의 요구를 반영해 정책을 변경하면 다른 이들은 세계은행이 NGO나 이권단체들의 압력에 못 이겨 실질적 효과를 따지지 않고 무조건 의견을 수용했다는 정반대의 비판을 하기도 한다. 워낙이 다양한 주제를 다루고 거대한 인력과 예산을 운용하는 최대의 국제개발기구이니만큼 비판에서 자유로울 수 없다는 것이 세계은행에 대한 옹호론의 핵심이다.

3.2 UN : MDGs 및 SDGs[27]

2000년대 들어 발전 이슈는 UN의 새천년개발목표(Millenium Development Goals ; MDGs)의 출범과 함께 새로운 전환기를 맞이하였다. MDGs가 종료되는 2015년에는 2030년을 목표로 하는 지속가능개발목표(Sustainable Development Goals ; SDGs)가 새롭게 시작되면서 국제사회에서 개발협력의 큰 그림이 다시 그려졌다. SDGs는 2015년 9

월 UN에서 채택된 지속가능개발을 위한 2030 아젠다(2030 Agenda for Sustainable Development)의 발전목표를 지칭하는 것이다.

2000년 9월 UN은 제55차 정기총회에서 189개국 정상들이 모인 가운데 밀레니엄 선언을 채택하고, 2001년 6월 이에 대한 구체적인 실행목표로 2015년까지 빈곤을 반으로 줄인다는 내용을 담은 MDGs를 발표했다.[28] UN에서 채택된 MDGs의 추진과 함께 개발 이슈가 국제사회에서 새로운 동력을 얻어 ODA 규모 확대는 물론 원조의 효과성 증대를 위한 노력도 강화시켰다. MDGs는 [표 11-3]에 제시된 8개 분야의 목표를 채택하고 2015년을 기한으로 이를 추진하여 의미 있는 성과를 거두었다. UN 보고서에 따르면[29] MDGs 성과의 예로 하루 1.25달러 이하로 생활하는 개도국의 절대빈곤 인구는 1990년 19.3억 명, 1999년 17.5억 명이었다가 2015년에는 8.4억 명으로 2000년대 들어 크게 감소하였다. 개도국 초등학교 등록률도 2000년 83%에서 2015년 91%로 증가하였고, 5세 이하 유아 1,000명당 사망자가 1990년 90명에서 2015년 43명으로 감소하는 등 상당한 성과가 있었다.

그러나 UN 보고서에서 지적된 바와 같이 이러한 성과는 지역과 국가에 따라서 상당한 차이를 보이고 있으며, 여전히 수많은 사람들이 빈곤에 처해 있고, 성별, 나이, 장애,

표 11-3 MDGs의 주요 목표와 성과

	주요 목표	주요 성과
1	절대빈곤 및 기아 퇴치	절대빈곤인구 : 17.5억 명(1999년) → 8.4억 명(2015년))
2	보편적 초등교육 실시	개도국 초등학교 등록률 : 83%(2000년) → 91%(2015년)
3	양성 평등	남아시아 초등학교 남자 대비 여자 등록률 : 74%(1990년) → 103%(2015년)
4	유아사망률 감소	5살 이하 유아사망률(출생아 1,000명당) : 90명(1990년) → 43명(2015년)
5	모성건강 증진	산모사망률(10만 명당) : 330명(2000년) → 210명(2015년)
6	HIV/AIDS 등 질병 퇴치	새로운 HIV 감염자 : 3.5백만 명(2000년) → 2.1백만 명(2013년)
7	환경 지속 가능성 확보	상수도 사용률 : 75%(1990년) → 91%(2015년)
8	개발을 위한 국제적 파트너십 형성	ODA 규모 : 810억 달러(2000년) → 1,350억 달러(2014년)

자료 : UN(2015).

인종, 지리적 여건 등으로 인해 차별을 받고 있다. 특히 남녀 불평등, 빈부격차, 기후변화와 환경파괴에 따른 빈곤층의 피해, 전쟁과 갈등에 따른 위협 등이 여전히 존재하며, 수백만 명의 사람들이 아직도 가난과 기아 때문에 고통받고 있다. 따라서 2015년의 MDGs 목표시한이 다가오면서 새로운 차원의 개발협력의 틀이 제시될 필요성이 커졌다.

이처럼 MDGs가 국제사회에서 개발협력을 새롭게 시작할 수 있는 동력을 제공하였고 나름대로 의미 있는 성과를 거두었지만, 그 목표 달성이 분야와 지역에 따라서 차이가 컸고 전반적으로 미흡한 부분이 많았다. 따라서 2016년을 맞이하면서 국제사회는 개발협력을 위한 새로운 목표 제시가 필요하였다. UN은 2015년 MDGs의 문제점을 개선하고 보다 포괄적이고 지속 가능한 새로운 개발목표인 SDGs를 채택하여 2030년을 기한으로 추진하고 있다.[30] MDGs가 절대빈곤 퇴치, 교육, 보건, 양성평등과 같은 사회개발 위주의 분야에 주안점을 두었다면, SDGs는 기존의 사회개발에 더해 경제개발과 환경 등의 분야로 개발의 차원을 확대한 것이다. 이에 따라 SDGs는 주요 목표를 17개로 확대하여 포괄적인 새로운 개발 패러다임을 제시하였다. 또한 MDGs에서의 개발목표는 개도국을 대상으로 설정되었지만, SDGs에서는 전 세계 모든 나라에까지 개발목표를 부여했다는 차이점이 있다.

표 11-4 **SDGs 주요 목표**

1	빈곤 퇴치	10	불평등 해소
2	기아 해소	11	안전한 도시와 주거지역
3	보건 증진	12	소비와 생산의 지속성
4	교육 보장	13	기후변화 대응
5	양성 평등	14	해양자원 보존
6	물과 위생	15	지상 생태계 보존
7	에너지	16	평화로운 사회와 제도
8	경제성장과 일자리	17	목표달성을 위한 파트너십 강화
9	인프라, 산업화와 혁신		

자료 : UN.

3.3 OECD : DAC

개발원조위원회(Development Assistance Committee ; DAC)는 개발도상국에 대한 공적개발원조에 대하여 논의하는 기구로, 경제협력개발기구(OECD) 산하의 25개 위원회 가운데 하나이다.[31] DAC는 OECD의 전신인 유럽경제개발기구(Organization for European Economic Development ; OEEC)의 산하기구로 출범하였다. 1960년 출범 당시 최초의 명칭은 개발원조그룹(Development Assistance Group ; DAG)이었는데, OEEC를 토대로 OECD가 1961년 출범하면서, 종전의 DAG를 DAC로 개편하였다. 전후 유럽의 재건이 마무리되면서 피원조기구로 출발한 OEEC의 성격 변화가 불가피하게 되었고 이에 따라 복합적 기능의 경제협력 협의체로 전환하게 되면서 서유럽 국가들도 개도국 원조에 참여하기 시작하였다.

DAC는 회원국들 간 정책대화를 통해 개도국에 대한 공적개발원조정책의 상호 조정 및 효율성 제고를 목적으로 하고 있다. 이러한 목적을 달성하기 위해 국제원조정책의 가이드라인 제공 및 공여국 간 원조정책 협의의 장 마련, ODA 관련 통계 작성, 회원국의 개발협력 실적, 정책에 관한 상호 검토(peer review), UN SDGs 이행 지원 등의 활동을 하고 있다. 구체적인 활동을 지원하기 위해, DAC에는 개발재원통계작업반, 평가 네트워크, 양성평등 네트워크, 환경 네트워크, 거버넌스 네트워크, 분쟁 및 취약국 지원 네트워크 등 6개의 산하 기관이 있다.

현재 DAC 회원국은 OECD 36개 회원국 중 30개 회원국(29개 회원국 및 EU)으로 이루어져 있는데,[32] OECD 가입과 동시에 DAC 회원국이 되는 것이 아니라 일정 조건을 충족해야만 한다. 필요 충족 조건은 적절한 원조전략, 정책 및 제도 구비, ODA/GNI 비율이 0.20% 이상이거나 ODA 규모가 1억 달러 이상, 모니터링 및 평가 시스템의 구축 등을 포함한다. 우리나라는 2009년 24번째로 DAC의 회원국으로 가입했으며, 원조 수원국에서 공여국으로 전환한 최초의 사례가 되었으며, 2019년에는 부의장국으로 선출되기도 하였다.

4. 발전전략 비교

저발전과 빈곤의 문제를 해결하기 위해 국제기구를 중심으로 글로벌 차원에서 다양한 노력이 추진됨과 동시에 개별국 차원에서도 발전을 위한 다양한 전략이 도입되었다. 가장 대표적으로 비교되는 전략이 많은 라틴아메리카 국가들이 추진했던 수입대체 전략과 동아시아 국가들이 추진했던 수출주도 전략이다. 그러나 이러한 전략 외에도 체제이행국가들이 사회주의 붕괴 이전에 추진했던 사회주의 발전전략, 그리고 많은 개발도상국들이 세계은행 및 IMF의 권고에 따라 시도했던 정통 자유주의 구조조정 프로그램 등도 중요한 발전전략의 사례로 들 수 있다.

4.1 수입대체산업화 전략

전후 초기에는 몇몇 주요 경제학자의 사상이 개발도상국의 발전전략에 영향을 미쳤다. 그중 가장 대표적인 것이 케인즈(John M. Keynes)의 개입주의적 자유주의 사상이었다. 케인즈는 선진국에서의 사회 복지와 일자리 생성을 위한 정부의 역할을 강조했지만, 그의 사상은 개도국의 경제발전을 위해서도 정부의 역할이 중요하다는 견해를 낳았다. 또 다른 그룹은 개발도상국 학자들로, 특히 프레비쉬(Raul Prebisch)와 싱거(Hans W. Singer)의 사상이 큰 영향을 미쳤다. 1950년 프레비쉬와 싱거는 각각 1차 상품(원자재, 농산물) 가격의 장기적 하락으로 개발도상국과 선진국 사이의 소득격차가 증가하고 있다는 연구를 발표했다.[33] 소득격차를 줄이기 위해, 개발도상국은 경제구조를 개혁하여 1차 상품의 생산을 줄이고 산업화에 중점을 둬야 한다고 주장했다.

프레비쉬와 싱거는 개발도상국이 1차 상품의 수출국으로서의 역할 때문에 불리한 입장이라고 주장했으며, 이는 비교우위에 기반한 자유무역은 모든 국가에게 이익이라는 자유주의 경제학 주장과 모순이 되었다. 프레비쉬와 싱거의 논문에 의하면 수출을 통해 임금이 상승함으로 자동차나 텔레비전과 같은 공산품에 대한 수요가 증가하지만 농산물이나 원자재 가격은 하락한다. 또한 선진국에서 기술발전으로 원자재의 대체재를 발명하게 되면 원자재 수요가 더욱 하락할 가능성이 있다. 따라서 1차 상품의 수출에 의지하는 개발도상국의 교역조건이 악화된다. 개발도상국이 더 높은 이익을 얻기 위해 1차 산업 제품 생산을 늘릴 경우, 가격이 더욱 하락하고 재고가 증가해 개발도상국은 더욱 극심한 빈곤에 직면하게 될 것이다. 따라서 프레비쉬는 수입대체화 전략을 통해 개도국이 이전에는 수입을 해왔던 공산품을 국내에서 생산하게 되면 이러한 악순환을 극복할 수 있을 것이라고 주장했다. 그의 연구는 1950~1960년대 라틴아메리카 발전정책의 핵심을 이루게 되었다. 수입대체화 전략의 핵심 주장은 개발도상국이 관세와 비관세장벽, 보조금, 그리고 이외의 산업성장을 위한 장려책을 통해 유치산업을 보호하고 지원해야 한다는 것이었다. 개발도상국이 선진국과 경쟁할 수 있는 방법은 산업의 발달을 촉진하는 것밖에 없으며, 산업화 과정에 있어 정부, 국내 기업가, 외국 자본가의 연합은 필요불가결 하다는 것이다.

라틴아메리카에 이어 아시아, 아프리카의 많은 국가들이 수입대체화 정책을 실시하면서, 이 정책은 개발도상국의 산업화에 있어 절대적 진리처럼 부상했다. 수입대체화 전략이 국수주의적 성향을 띈 현실주의 개발전략임에도 불구하고 1950년대에는 세계은행이 이 정책에 대해 지지하는 입장이었다. 세계은행은 항상 개도국 민영기업의 활성화를 지지해 왔지만, 전후 초기에는 정부가 개발과정에 깊이 관여하는 것을 강조하는 개입주의 자유의자들의 영향을 받았다. 세계은행은 발전이슈와 관련해 산업화를 크게 강조하였으며, 개발도상국의 유치산업 문제 때문에 세계은행은 수입대체화 전략이 보호주의 성격을 포함할 것이라는 점을 우려하면서도, 산업화를 위한 최선의 정책이 1950년대에는 주로 수입대체화 전략임을 인정했다.

전후 초기에는 수입대체화 전략이 개발도상국의 발전에 큰 기여를 하는 것처럼 보였다. 예를 들어, 1950~1960년대 라틴아메리카 국가들의 성장률은 양호한 수준을 기록했으며, 일부 아프리카 국가들도 산업화에 진전을 보이기도 했다. 당시 개발도상국들은 북미와 서유럽의 번영으로 인해 많은 이득을 얻고 있어, 국제경제적 상황은 수입대체화 전략이 성과를 거두기에 좋은 환경이었다. 더욱이 수입대체화 전략이 농업의 역할을 축소시켰음에도 불구하고 개발도상국들의 농업은 1960년대에 큰 손해를 보지 않았다. 그 이유는 록펠러 기금이 녹색혁명(Green Revolution)을 지원함으로 많은 수확을 거둘 수 있는 곡식을 개발하게 되었기 때문이다. 이처럼 개발도상국에서의 농산물 생산이 증가함에 따라 수입대체화 전략이 실제로는 농업의 희생을 대가로 산업화를 촉진한다는 사실이 가려지게 되었다. 그러나 녹색혁명은 개발도상국 내에서의 부농과 빈농 간의 격차를 악화시켰는데, 그 이유는 부농만이 새로운 다수확곡식을 재배하기 위해 필요한 관개수로 및 비료와 같은 비용들을 부담할 수 있었기 때문이었다.

초기의 성공에도 불구하고 1960~1970년대에 들어서면서 수입대체화 전략을 시행하는 개발도상국들 사이에서 여러 가지 문제점들이 나타나기 시작했다. 특히 1970년대의 식량위기 및 석유위기와 같은 국제경제의 변화들은 이 전략의 취약점을 그대로 드러나게 했다. 첫째, 1970년대 초기의 국제 식량위기는 개발도상국이 농업의 희생을 대가로 산업화를 촉진하는 것에 대한 어려움을 보여주었다. 농업을 경시한 수입대체화 전략은 농촌 빈곤화, 식량 수입, 농업 침체 등을 초래했다. 세계 농산물 수출에 대한 개도국 농산물 수출의 비율은 1955년 44%에서 1970년 32%로 줄어들었으며, 이로 인한 수익의 감소는 개발도상국의 국제수지 악화와 투자 침체로 이어졌다. 둘째, 수입대체화 전략이 자급자족을 지향함에도 불구하고 역설적으로 개발도상국들이 선진국에 더욱 의지하도록 만들었다. 자본과 외환이 부족했던 개발도상국들은 외채를 산업화를 촉진하는 필요악으로 생각했기 때문에, 외국 자본 유입을 수입대체화 전략의 일환으로 강조했다. 그 결과 다국적 기업들은 개발도상국의 무역장벽 하에서도 자회사를 세울 수 있었으며, 이는 미국 정부가 자국 기업의 해외투자에 유리한 조건을 확보하기 위한 방법으로 수입대체화 전략을 지지한 배경이 되었다.

수입대체화 전략이 궁극적으로 추구한 목표는 수입대체를 통한 산업화를 바탕으로 자국 산업의 경쟁력을 확보하는 것이었다. 수입대체를 통한 산업화는 크게 두 단계로 구성된다. 첫 번째 단계는, 개발도상국들이 신발, 가정용품, 의류와 같은 소모품 생산을 수입에서 국내 생산으로 전환하는 것이다. 이는 대규모의 자본 투자, 기술 진보, 부품공급 네트워크 등을 요하지 않는 노동집약적 제품들이었으며, 개발도상국 내에 이들 제품에 대한 커다란 시장이 존재하고 있어, 큰 어려움 없이 달성할 수 있었다. 두 번째 단계는, 자본집약적이며 규모의 경제에 의지하고 높은 기술수준을 요하는 산업의 제품들을 국내 생산으로 대체하는 것이다. 그러나 개발도상국들이 높은 산업성장률을 유지하기 위해 요구되는 두 번째 단계로의 진행은 아주 어려웠다. 그 이유는 이와 같이 자본집약적이고 높은 기술을 필요로 하는 제품들을 생산하기 위해 개발도상국들은 기술 및 중간재를 수입해야 했으며, 그러한 수입을 통해 국내에서 생산된 최종재의 수익이 수입 비용을 충당하지 못했기 때문이다. 또한 수입대체화 전략에 따른 자본집약적 생산은, 산업화에 종사한 소수의 집단만이 발전에 따른 이익을 얻었고 나머지 인구는 실업문제에 직면하게 됨으로써 개발도상국 내에서 계급 간의 격차를 확대시켰다.

수입대체화 전략의 심각한 문제점들에도 불구하고, 라틴아메리카, 동남아시아 지역의 많은 국가들은 발전전략으로 이를 지속했다. 무엇보다도 이에 따른 정책이 진행됨에 따라 보호주의 무역으로 인해 이익을 얻는 집단들이 생겨났고 정책의 개정을 제한했기 때문이다. 1980년대 외채위기가 발생하고 나서야 대부분의 개발도상국들은 더 이상 수입대체화 전략을 고집할 수 없게 되었고 대안으로서 좀 더 개방적인 개발전략으로 전환하였다. 1960~1970년대에 많은 개발도상국들이 수입대체화 전략을 고집했지만, 일부 국가들은 다른 대안을 모색했다. 그중 한 그룹은 동아시아 NICs로, 이들은 비교적 이른 단계부터 수입대체에서 수출주도형 발전전략으로 전환하였다. 또 다른 그룹의 개발도상국들은 수입대체보다 더 극단적인 폐쇄적 전략을 채택하고 소련 모델에 기반을 둔 사회주의 계획경제를 발전전략으로 추진했다.

4.2 수출주도 발전전략[34]

대한민국, 대만, 싱가포르, 홍콩과 같은 동아시아 NICs들은 대부분의 개발도상국들과는 다른 경제발전을 경험했다. 동아시아 NICs들은 수출주도형 발전전략을 도입했으며, 놀라운 경제적 · 사회적 성과를 거두었다. 결과적으로 수출주도형 발전전략은 1970~1980년대 사회주의 전략이나 수입대체 전략보다 훨씬 성공적이었다. 동아시아 국가들의 수출주도형 발전전략의 효과를 검토하기 위해서는 대한민국과 대만의 변화를 분석하는 것이 중요하다.[35] 그 이유는 싱가포르와 홍콩은 개발도상국의 특징으로 보면 매우 특수한 경우에 해당하기 때문이다. 싱가포르와 홍콩은 둘 다 도시국가에 버금갈 정도로 지리적으로 규모가 작고, 홍콩은 중국에 편입되기 전에 영국의 식민지였으며 또한 동아시아 NICs들 중 유일하게 수입대체화 정책을 시행하지 않았다.

한국과 대만은 제2차 세계대전 이후 독립국가로 출범하면서 처음에는 수입대체화 전략을 발전전략으로 채택했다. 1950년대 당시 한국과 대만의 수출 품목은 주로 1차 상품이었고 국제수지 적자 규모가 컸으며, 적자의 대부분을 대외원조로 메우고 있어 수입대체화 전략의 1단계도 추진하기 어려운 상황이었다. 1960년대 들어서면서 한국과 대만은 일본 모델을 따라 수입대체화 전략에서 제조 수출업 성장을 촉진하는 수출주도 전략으로 방향을 바꾸었다. 국내시장을 어느 정도 보호하면서, 감세, 수출신용보증, 수출목표 설정, 수출품 생산에 필요한 중간재 수입의 무관세 등을 통해 수출을 장려했다. 또한 한국과 대만은 최저임금제를 폐지했으며, 고용에 대해 최소한의 세금을 적용하여 수출산업이 빨리 성장할 수 있는 환경을 만들어주었다. 1980년대에 들어서는 말레이시아, 인도네시아, 태국과 같은 동남아시아 국가들도 일본과 동아시아 NICs의 뒤를 따라 수출주도형 발전전략을 도입했다.

발전전략을 수입대체에서 수출주도형으로 전환한 이후 동아시아 NICs의 경제성장은 극적으로 바뀌었다. 예를 들어 대한민국의 GDP는 1960년대에 매년 평균 8% 이상의 높은 성장률을 기록했으며, 수출은 1960년 1억 달러 수준에서 1980년도에 198억 달러로 증가했다. 더욱 놀라운 점은 한국과 대만의 수출량이 증가한 것뿐만 아니라 수출상품의 구성도 근본적으로 바뀌었다는 점이다. 1960년대~1970년대 초기에는 한국과 대만의 수출 품목 중 중요한 것들이 비숙련 노동집약적이며 자본을 크게 요하지 않는 경공업 제품이었다. 그러나 1970년대를 지나면서 경공업 제품에서 고숙련 노동력 및 자본투입을 요구하는 고기술 공산품을 생산하기 시작하였고 중공업 제품 위주로 구조전환이 발생했다. 1980년대에는 한국과 대만이 전 세계 10위권대의 제조품 수출국이 되었다.

동아시아 NICs들은 또 다른 면에서 세계를 놀라게 하였으며 그들의 발전전략에 더욱 주목하게 만들었다. 1980년대 라틴아메리카 국가들이 외채위기로 국가부도에 직면한 데 반해 동아시아 국가들은 1980년대 일시적으로 성장률이 낮아지기도 했지만, 채무 상환에 대한 재조정을 요청하지 않았으며 경제를 신속히 정상궤도에 올려놓고 높은 성장률을 다시 회복했다. 동아시아 NICs들이 다른 개발도상 석유수입국들과 비슷한 정도의 외채를 갖고 있었음에도 불구하고 수출 대비 외채의 비율은 훨씬 낮았다. 다른 개발도상국에 비해 비교적 유리한 수출 입지와 해외투자의 유입으로 동아시아 NICs들은 IMF나 세계은행의 구조조정자금에 의지하지 않고 외채 상환을 할 수 있도록 하였다. 이와는 대조적으로, 수입대체 전략을 채택한 라틴아메리카 국가들은 외채위기의 영향을 크게 받았으며, IMF와 세계은행의 자금에 크게 의존해야 했다.

동아시아 국가들은 1980년대 말부터 여러 가지 문제들에 직면하게 되었으며, 이 문제들은 1990년대에 더욱 부각되었다. 1997년 동아시아 위기 때 이러한 수출지향 전략의 약점이 노정되면서 동아시아 발전모델은 심한 비판에 직면하게 된다.[36] 그럼에도 불구하고, 1950년대에 수입대체화 전략이 개발도상국들의 산업화 및 발전에 있어 절대적 진리로 부상했듯이, 1970년대~1990년대 초에는 아시아의 수출주도형 발전전략이 새로운 절대적 진리로 부상했다. 수출지향적 발전모델이 많은 장점들이 있고, 1970~1980년대 동아시아 발전국가들이 다른 지역의 개발도상국들보다 우수한 성과를 이루었기 때문에 이러한 풍조가 형성된 것이다. 동아시아의 경험을 근거로 많은 발전전문가들은 수입대체화 전략보다 수출주도형 전략이 더 성공적이라는 입장에 전반적으로 동의한다. 하지만 수출주도형 전략이 동아시아의 성공에 있어 핵심적인 요인인가에 대해서는 다소 이견도 존재한다.

Box 11-2 수입대체 전략 vs 수출진흥 전략

이론적으로 수입대체 전략과 수출진흥 전략 중 어느 것이 우월하다고 일률적으로 말하기는 곤란하다. 각각의 전략이 나름대로의 장단점이 있고 시대적인 상황 및 각 나라의 사정에 따라 성과가 달라질 수 있을 것이기 때문이다. 제2차 세계대전 이후 처음에는 수입대체 전략이 훨씬 더 많은 지지를 받았고 따라서 많은 개발도상국들이 그에 기초한 발전전략을 취해 왔었다. 그러나 국제무역의 성격이 변화하고 동아시아 국가들의 성공적인 경제발전 경험으로 인해 점차 수출진흥 전략에 기초한 경제발전전략을 택하는 국가들이 늘어나고 있다.

수입대체 전략과 수출진흥 전략은 크게 두 가지 차원에서 비교할 수 있다. 하나는 그룹별 비교로, 과거 수입대체 전략을 택한 국가들의 성과와 수출진흥 전략을 택한 국가들의 성과를 비교하는 것이다. 다른 하나는 기간별 비교로, 동일한 국가 내에서 수입대체 전략을 취했던 기간의 성과와 수출진흥 전략을 취했던 기간의 성과를 비교하는 것이다.

첫 번째 그룹별 비교를 위해 [표 11-5]는 개발도상국의 대외지향 정도와 경제성장률 간의 관계를 보여주고 있다. 이 표에 따르면 기본적으로 대외지향적인 국가일수록 경제적인 성과가 더 좋은 것으로 나타나고 있다. 특히 적극적인 대외지향정책을 지속적으로 추구해 온 한국, 대만, 홍콩, 싱가포르의 경우 연평균 성장률이 6%를 넘어 다른 국가들에 비해 월등히 뛰어난 성과를 보여주고 있다. 반면 적극적인 대내지향정책을 추구한 남미 및 아프리카 국가들의 경우 지속적인 경기침체에서 벗어나지 못하고 있는 대조적인 모습을 보여주고 있다. 물론 대외지향도가 동아시아 지역의 경제발전을 촉진한 유일한 요인은 아니지만 이와 같은 각국 및 각 지역의 경험은 수출진흥 전략이 발전에 상당한 기여를 했다는 것만은 부정할 수 없게 만든다.

표 11-5 **발전전략과 경제성장률**

(단위 : %)

대외지향도	1963~1973	1973~1983
강한 대외지향	7.4	6.1
약간 대외지향	3.7	1.8
약간 대내지향	2.5	0.7
강한 대내지향	1.7	−1.0

자료 : World Bank(1987), World Development Report, p.84.

두 번째 기간별 비교를 위해 경제발전 초기 수입대체 전략을 취했던 동아시아 국가들의 경험, 그리고 1980년대 외채위기 이후 발전전략을 전환한 칠레의 경험을 살펴보고자 한다. 본문에서 언급한 것처럼 동아시아 NICs 중 대만의 경우 1950년대까지 수입대체 전략을 취했었으나 1950년대 말 이후 수출진흥 전략으로 궤도를 수정하였다. 이후 대만의 경제성장은 급속히 확대되어

1960년대에는 연평균 10%를 상회할 정도의 괄목할 만한 성장률을 기록하였다. 우리나라의 경우도 1960년대 초까지는 기본적으로 수입대체 전략을 취했으나 이후 수출진흥에 기초한 발전전략을 도입하면서 30여 년간 초고속 성장을 지속해 왔다. 라틴아메리카 국가 중에서 칠레의 경우 다른 주변국가들과 마찬가지로 1970년대 중반까지 수입대체 전략을 택해 오고 있었다. 그러나 다른 국가에 앞서 1970년대 중반 이후 수입대체 전략을 포기하고 많은 수입장벽을 제거해 왔다. 처음에는 일부 세력의 반발 및 1980년대 초반 외채위기로 인해 다소 어려움을 겪기도 했으나 1980년대 이후 칠레의 경제성장률은 다른 남미 국가들에 비해 월등히 높았고 거의 동아시아 국가들에 버금갈 정도의 괄목할 만한 수준의 성과를 이루었다.

4.3 사회주의 발전전략

1960년대 풍미했던 수입대체 전략은 좌우 모두로부터 도전에 직면했는데, 많은 좌파 학자들은 종속이론으로 기울었다. 종속이론가들에 따르면, 수입대체 전략은 국제질서에서 개발도상국의 체제를 재정립하지 못했으며, 중심 선진국들에 비해 주변 개발도상국들의 영향력을 키우는 데도 성공하지 못했다. 따라서 종속이론가들은 사회주의를 도입하고 중심 선진국과의 연계를 끊는 방법만이 개발도상국들이 자주적인 발전에 성공할 수 있는 길이라고 주장했다. 이러한 주장에 근거해 중국, 북한, 쿠바, 에티오피아, 모잠비크, 베트남, 라오스, 캄보디아, 버마와 같은 일부 국가들은 수입대체 전략의 대안으로 사회주의 계획경제정책을 채택했다.

사회주의 발전전략은 소련 모델을 기반으로 한 것이다. 소련 모델은 자본주의 시장경제와 사유권 폐지, 그리고 국가가 경제와 자원을 통제하는 형태이다. 따라서 중앙당국의 계획이 시장기능을 대신하여 자원배분, 투자분배, 생산목표, 임금, 가격 등을 결정하였다. 사회주의 개발도상국들은 타 개발도상국들보다 경제발전의 재분배 측면에 대해 더 많은 관심을 기울였다. 따라서 그들은 보건과 교육에 대한 기회 확대, 여성 지위 향상, 공원과 같은 공공시설 설립 등의 방법으로 비사회주의 국가들보다 경제적 · 사회적 불평등을 감소시키고자 노력했다. 사회주의 개발도상국들은 보건, 복지 교육과 같은 사회적 측면에서는 더 나았지만 많은 경제적 문제점들에 직면하게 되었다.

사회주의 전략에서 가장 큰 문제점은 중국 이외의 개발도상국들은 소련 모델의 계획경제를 실현하기에 규모가 너무 작고 자원이 부족했다는 점이었다. 예를 들어 이들은 중앙당국의 계획경제에 있어 필수적인 통신과 교통시설이 부족했으며, 계획을 설계하고 통제하기 위해 필요한 잘 훈련된 기술관료들이 미흡했다. 사회주의 개발도상국들은 또한 소련과 동유럽 국가들을 괴롭혔던 문제들과 유사한 문제들에 직면했다. 중앙집권적 계획경제는 생산목표를 설정하고 그에 맞추어 생산량을 증대시킬 수 있을지 모르지만, 생산의 질이나 자원의 효율적 사용을 보장하기에는 거리가 멀었다. 이들 국가들이 사회주의 중앙 계획경제를 도입하기 위해 필요한 준비가 제대로 갖추어져 있지 않은 것도 문제였지만, 이에 더해 서양의 원조와 투자 정책의 도움을 받지 못한 것도 어려움을 가중시켰다. 예를 들어 세계은행과 미국의 국제개발국(AID)은 대외원조가 부분적으로라도 민간부문의 활동을 증진시키기 위한 목표로 이루어져야 한다는 입장이었다. 따라서 대부분 사회주의 개발도상국들은 서양의 개발원조의 혜택을 받지 못했다.

이와 같은 사회주의 발전전략의 문제점으로 인해 이 전략을 추구한 개발도상국들은 식량부족과, 외환부족, 국내 생산의 급격한 감소로 극심한 경제위기에 직면했다. 또한 1990년대 초 소련 및 동구권이 몰락하면서 사회주의 개발도상국들은 더 이상 소련 및 동유럽 국가들로부터 경제적 · 군사적 지원을 기대할 수 없었다. 따라서 현재는 북한과 같은 아주 소수의 개발도상국들만이 사회주의적 전략을 구사하고 있으며, 대부분의 국가들은 자본주의 세력과 더 가까운 관계를 형성하고자 한다.

4.4 정통 자유주의 전략

1980년대 이후 세계은행, IMF 등과 같은 국제기구는 개발도상국들이 발전전략으로서 동아시아 국가들과 같은 국가개입주의 전략을 채택하는 것에 대해 강하게 반대했다. 많은 개발도상국들이 동아시아 발전모델에서 강조하고 있는 여건들을 갖추지 못하고 있다는 것이 표면적인 이유였다. 예를 들면, 발전국가 모델이 잘 작동하기 위해서는 높은 학력의 기술관료집단(highly skilled technocratic bureaucracy)의 형성과 주요 경제집단들 사이의 긴밀한 협력이 이루어져야 한다. 그런데 대부분의 개발도상국들은 아직 전문적인 관료집단이 형성되어 있지 않으며 주요 경제주체들 간의 협력 또한 이루어지지 않고 있어 동아시아 발전모델을 모방하기에 어려움이 따른다는 것이다. 그러나 보다 근본적인 이유는 신자유주의가 대두하면서 워싱턴 컨센서스(Washington Concensus)가 새로운 발전전략의 패러다임으로 자리 잡았기 때문이다. IMF와 세계은행은 워싱턴 컨센서스의 내용을 강하게 지지하면서, 시장 합리적 접근법이 발전을 추구하는 데 유일하게 옳은 방법이라는 입장을 채택했다. 이후 1980년대 외채위기 때 IMF와 세계은행은 구조조정 대출자금을 제공하면서 개발도상국 채무국들로 하여금 워싱턴 컨센서스의 주요 내용을 준수하도록 많은 조건을 달았다. 이러한 조건에는 수혜를 받는 개발도상국들이 인플레이션 조정, 정부지출 감축, 균형재정 달성, 공기업 사유화, 금융시장과 노동시장 자유화, 무역과 투자정책 자유화 등을 추진할 것이 포함되어 있었다.

이처럼 1980년대에 다수의 개발도상국 채무국들은 세계은행과 IMF의 구조조정 프로그램(Structural Adjustment Program ; SAP)을 시행하면서, 정통 자유주의 발전전략을 시험하는 실험실이 되었다. 특히 SAP 발전전략은 빈곤 및 저발전의 문제가 가장 심각한 사하라 이남 아프리카 지역에 본격적으로 추진되었다. 그러나 SAP 결과는 세계은행과 IMF의 기대와는 달리 국가별로 아주 다르게 나타났으며, 그에 대한 평가도 비판적으로 이루어지고 있다. 예를 들어, 한 연구는 SAP을 충분히 따르지 못한 국가들은 시간이 지나면서 SAP을 따른 국가들보다 점점 낮은 성과를 나타냈다는 결과를 보여주고 있다.[37] 그러나 다른 연구는 세계은행의 SAP을 가장 잘 시행한 국가들이 이를 잘 시행하지 않은 국가들만큼 성장하는 데 실패했다는 결과를 발견했다.[38] 심지어 어떤 연구들은 지난 10년에 걸쳐 시행되어 온 SAP으로 인해 아프리카 대륙이 오히려 파멸에 이르고 있다는 결과를 발표했다. SAP으로 인해 아프리카 국가들이 단기적으로는 정부실패를 겪고 있으며 장기적으로는 환경파괴에 이르게 된다는 내용이었다.[39]

이와 같이 대조적인 결과는 당연히 학자들 간에도 극명한 견해차이를 유발하였다. 정통 자유주의자들은 당연히 구조조정을 강하게 옹호한다. 정통 자유주의자들은 SAP이 워싱턴 컨센서스에 기반해 개발도상국의 부채문제를 가장 적절하게 처방하고 규율했다고 주장한다. 개입주의 자유주의자들도 개발도상국 내 비효율성과 부패에 대처하는 데 SAP이 중요한 역할을 한다는 정통 자유주의자들의 입장에 동의한다. 그러나 개입주의 자유주의자들은 정통 자유주의자들과 다르게 정부개입의 필요성을 인정하면서, 세계은행과 IMF는 인적자원 개발의 측면에 더 집중해야 한다고 주장한다.

현실주의자의 관점에서는 세계은행과 IMF가 사유화, 자유화, 무역개방을 통해 정부의 역할을 약화시키는 것은 잘못된 정책이다. 현실주의자들은 19세기의 미국이나 독일, 1960년대 이후의 동아시아 NICs, 기타 후발 산업국가들이 기존 선진국들을 따라잡기 위해서는 정부의 강한 개입이 필수적이라고 주장하면서, 따라서 개발도상국의 발전에서는 강한 정부가 중요하다고 강조한다. 구조조정에 대해 가장 냉혹한 비판을 하는 그룹은 맑스주의자들이다. 이들은 SAP이 지속 성장과 발전을 위한 순수한 치유 정책이라고 생각하지 않는다. 오히려 SAP은 개발도상국들의 무역 의존을 고착화하게 만드는 고의적 책략이며 세계 불균형을 계속 재생산하게 만든다고 주장한다. 더욱이 SAP은 개발도상국들을 다국적기업, 국제은행, 중심 선진국 휘하에 들어가게끔 하며 계층 소득격차를 더욱 확대시킨다. 선진국이 개발도상국 부채문제를 유발한 주범이기 때문에 세계은행, IMF와 같은 선진국 중심의 국제기구가 개발도상국의 문제들을 해결해 주기 위해 SAP을 계획했다는 주장은 비현실적이라는 입장이다.

SAP이 받는 가장 강한 비판 중 하나는 사하라 이남 아프리카와 관련이 많다. 대부분의 아프리카 국가들이 IMF와 세계은행으로부터 구조조정 대출자금을 공여받고 있었던 1980년대는 아프리카에게 잃어버린 10년으로 알려져 있다. 이 시대 중에는 경제성장과 산업생산이 급격히 하락했으며 농업 생산량이 인구증가율보다 낮았고, 1인당 GDP와 투자가 하락했고, 실업률이 증가했다. UN의 보고서에 따르면,[40] SAP이 일부 이득을 가져다주었는지 모르겠지만 대부분의 아프리카 국가들에게는 회복의 흔적조차 찾을 수가 없다. 이에 대해 구조조정을 옹호한 자유주의 경제학자들은 전반적인 경제의 퇴보로 인한 문제점들에 대한 책임을 SAP에 전적으로 물을 수는 없다고 주장했다. 다시 말해, 세계은행과 IMF는 단순히 외채위기에 대한 대응책을 제시한 것일 뿐이며, 아프리카의 많은 문제들에 대한 대책을 세우는 것은 거의 불가능하다고 주장하면서, 아프리카의 경제적 상태가 IMF나 세계은행의 SAP이 없었더라면 더욱 악화되었을 것이라는 주장을 펼친다.

이들의 주장과는 반대로, 세계은행과 IMF의 SAP이 시장 중심 정책에 과도하게 집착하여 경제성장에 도움을 주지 못하고 아프리카를 포함한 최빈곤 국가들에게 막대한 비용을 부담했다는 지적이 많다. 가장 강력한 비판은 세계은행과 IMF가 개발도상국 채무국들에게 정부의 역할을 최소화하고 사유화를 촉진해 시장의 힘이 작동하도록 정책 추진을 강요한 점에 대한 것이다. 아프리카 정부는 고용을 창출하는 데 큰 역할을 하기 때문에 정부의 역할 축소는 실업률을 증가시킨다. 정부의 역할 축소로 인해 교통이나 통신, 복지, 교육과 같은 서비스 또한 줄어든다. 사유화에 대한 강조는 사기업들이 공익을 창출하지 않기 때문에 오히려 발전을 저해한다는 점을 간과하고 있다. 많은 비판가들은 세계은행과 IMF가 시장 중심의 처방을 내렸기 때문에 아직 초기 단계에 있는 아프리카 경제발전에 상처를 입혔다고 주장한다.

5. 발전을 위한 제언

5.1 발전과 저발전 관계에 대한 논쟁

제2차 세계대전 이후 전 세계의 발전과정을 보면 전체적으로 총생산 규모도 엄청나게 증대되었고 1인당 소득도 수십 배나 증가하는 등 괄목할 만한 성과를 보여주고 있다. 그러나 이에 따른 혜택이 국가 또는 지역별로 골고루 돌아가지 못하고 많은 국가 및 지역이 아직도 저발전 및 빈곤의 문제로 고통을 받고 있다. 이러한 현실에 대해 일부에서는 전체적인 측면에서의 성과를 강조하고 또 다른 일부에서는 국가 간 및 지역 간 격차 확대에 초점을 맞추고 비판하고 있다. 제2부에서 소개한 국제정치경제의 세 가지 관점들 간의 견해차이는 남북문제에 대해서도 그대로 드러나고 있다.

자유주의자들은 전체적인 성장 및 발전을 강조하면서, 물질적으로 풍요해지는 성장은 행위자들에게 선택의 범위를 넓혀준다는 점에서 혜택이라고 믿고 있다. 따라서 비록 남북 간의 격차가 다소 확대된다고 하더라도 개발도상국들의 소득이 과거에 비해 증가했다면 이는 수십 년 동안의 성장 및 발전이 선진국 이상으로 개발도상국에게 많은 혜택을 준 것이라고 주장한다. 개발도상국의 저발전 문제 자체에 초점을 맞추어 보더라도, 자유주의의 시각에서 볼 때 개발도상국의 경제문제들은 국제정치경제 체제에서의 종속적인 구조 때문이 아니라 개발도상국 내의 비효율적인 국내 정책에서 비롯된 것이다. 따라서 내부적인 문제들을 스스로 해결하기 어려우면 개방적 발전정책을 채택하고 선진국과의 관계를 강화해야만 그 문제들을 해결하고 발전에 성공할 확률이 높다. 자유주의자들은 개발도상국들이 개방적이고 시장 중심의 정책을 채택할 것을 권장하지만, 개입주의 자유주의자들은 남북 격차가 개발도상국들에게 불이익을 줄 수 있다는 점을 인정한다. 국가별 차이와 상관없이 평등대우와 호혜주의를 강조하는 정통 자유주의자들과 달리 개입주의 자유주의자들은 선진국이 개발도상국의 특수한 상황을 고려해 그들에게 진정으로 필요한 것이 무엇인지 관심을 더 기울여야 한다는 입장이다. 그렇지만 개입주의 자유주의자들 또한 정통 자유주의자들과 마찬가지로, 기존 자본주의 체제 내에서 발전에 필요한 개혁을 만들어낼 수 있다고 믿고 있으며 사기업과 시장기능을 신뢰하고 있다.

현실주의 학자들은 권력과 영향력에 중점을 두고 패권경쟁에 보다 관심을 기울이고 있으며, 개발도상국의 저발전 및 빈곤의 문제에 대해서는 소홀히 하고 있다. 현실주의 학자들의 관점에서 볼 때 개발도상국들 또한 부를 원하는 만큼 권력과 지배력을 원하고 있다. 따라서 개발도상국들이 선진국의 경제권 장악을 위협한다고 생각되는 경우에만 현실주의자들은 개발도상국의 움직임에 주의를 기울인다. 예를 들어 현실주의자들은 1970년대 OECD국가들의 석유가격에 대한 영향력에 주시했고, 또한 신국제경제질서(New International Economic Order ; NIEO)를 통해 힘과 부를 모으고자 하는 개발도상국들의 노력을 주의 깊게 보았다. 1980～1990년대 동아시아 발전국가 모델(East Asian developmental state model)이 성공을 거두면서 선진국을 추격해 오자 현실주의자들은 동아시아 국가들에게도 관심을 갖기 시작했다. 현실주의자들이 기본적으로 개발도상국의 저발전 및 빈곤 문제에는 관심을 기울이지 않았음에도 불구하고, 현실주의 이론은 개발도상국의 발전정책에 상당한 영향을 미쳤다. 예를 들어 현실주의의 선조인 해밀턴(Alexander Hamilton)과 리스트(Friedrich List)는 국가건설의 중요성을 강조하면서, 산업화에 뒤늦은 국가들은 패권국이었던 영국을 따라잡기 위해 정부의 적극적인 개입을 필요로 한다고 주장했다. 이러한 해밀턴과 리스트의 주장은, 제2차 세계대전 이후 개발도상국들의 주요 발전전략이었던 수입대체전략과 수출주도전략에서, 발전을 위해서는 정부의 역할을 증대시켜야 한다는 정부 역할론의 핵심이 되었다.

종속이론가들을 포함한 맑스주의자들은 개발도상국의 저발전 및 빈곤의 문제에 초점을 맞추고 전 세계 발전과정에서의 부작용을 부각시키고 있다. 이들은 자유주의자들의 낙관주의를 비판하면서 개발도상국의 경제문제들이 국내의 비효율적인 정책에서 비롯된다는 자유주의자들의 주장에 대해 강하게 반대하고 있다. 종속이론의 입장에서 보면, 국제 자본주의 체제의 구조적인 요소들이 개발도상국의 발전 가능성을 원천적으로 제한하고 있다. 따라서 종속이론가들은 국제정치경제 체제의 중심부에 있는 자본주의 국가들이 주변부에 있는 개발도상국을 충분히 발전시키지 않거나 또는 진정한 자립적 발전을 이루지 못하도록 방해하고 있다고 주장한다. 종속이론가들은 또한 개발도상국 내에서의 계급관계에도 관심을 기울이고 있으며, 개발도상국 내의 엘리트 매판계급이 선진국 자본가들과 협력하여 개발도상국의 종속성을 강화시키고 있다고 주장한다. 개발도상국의 저발전 및 빈곤 문제를 해결하기 위해 일부 맑스주의자들이 중심국에서 주변국으로 자원을 재분배할 필요가 있다고 주장한다. 그러나 그람시주의처럼 극단적 입장을 취하는 사람들은 중심부의 선진국들이 절대로 그러한 자원의 이동을 허용하지 않을 것이라고 믿고 있다. 따라서 개발도상국의 발전을 위해서는 개발도상국 내에서 사회혁명이 일어나고 동시에 선진국과의 관계를 끊어야 한다고 주장한다. 즉, 불이익을 당하는 그룹들을 위한 해결책은 대내외적인 패권에 대한 저항이라는 것이다.

5.2 발전전략을 위한 제언[41]

개발도상국의 저발전과 빈곤에 대한 자유주의, 현실주의, 맑스주의의 세 가지 관점은 가장 적절한 발전전략이 무엇인지에 대한 중요한 논점들을 제시하고 있다. 서로 간에 견해가 다른 데서 알 수 있듯이 모든 개발도상국들에게 일률적으로 적합한 발전전략은 없는 듯하다. 국가들마다 중요한 차이점을 갖고 있으며 또한 국제정치경제질서 차원에서 볼 때도 위치가 각각 다르기 때문이다. 따라서 국가마다 서로 다른 발전전략들을 채택할 것으로 보이는데, 세 가지 이론적 관점들 간의 차이 및 과거의 여러 발전 경험에 비추어 몇 가지 중요한 시사점을 도출할 수 있다.

첫째, 모든 발전전략에는 장점 외에도 단점이 있으며 따라서 완벽한 전략을 찾기란 불가능할 것이다. 현실적으로, 발전은 복잡한 과정이기 때문에 국내외적인 변화에 대응해 필요한 조건을 잘 맞추어 가야 한다. 동아시아 NICs와 같은 몇 안 되는 개발도상국만이 국내외의 변화를 잘 인지하고 조건을 만족시켜가면서 발전을 이룰 수 있었다. 따라서 개발도상국의 성공적 추격을 통해 발전을 이루기 위해서는 무엇보다도 정책을 담당하는 정부가 외부 환경의 도전과 기회의 측면에 대해 정확히 인식할 필요가 있다. 세계정치와 세계 경제의 구조적 특성은 개별 국가의 선택지를 제한한다. 무엇보다 산업화의 시기(timing)가 언제인가 하는 점을 잘 인식해야 한다. 산업화를 시작하는 시기에 '유망한 산업'이 무엇이며 개발도상국은 어떤 국가와 다국적기업으로부터 기술이전을 받을 수 있는지, 글로벌 생산 네트워크에서 어떤 부가가치 영역에서의 생산분업이 가능한지 파악해야 한다. 국제정치의 패권경쟁 구도는 저개발국의 성장과 위기에 다양한 방식으로 영향을 미친다. 국제정치적 이유로 경제원조 및 우호적 또는 보호주의적 통상환경을 제공받을 수도 있다. 국제정치적 관점에서 어떤 패권적 국가와의 협력이 국가 이익을 위해 필요한지의 총체적 문제도 고심해야 한다. 결론적으로 외부 환경의 도전과 기회의 측면을 잘 인지해야 한다.

둘째, 어떤 국가 및 지역에서의 성공적인 발전전략이 다른 개발도상국들에게도 항상 적용 가능한 것은 아니다. 동아시아 개발도상국들이 수출지향 전략을 통해 놀라운 경제성장률을 기록했지만, 다른 개발도상국들이 이 모델을 그대로 모방하기는 쉽지 않다. 동아시아 NICs의 성공은 미국과 일본의 지원과 같은 우호적인 국제환경 이상으로 내부적인 역량강화로 인해 이루어 질 수 있었다. 비록 우호적인 외부 환경이 현재 비교적 가난한 아프리카나 동남아시아 개발도상국에서 기대하기 힘든 요소들일지라도, 내부적인 역량강화를 모색한다면 어느 정도 성과를 거둘 수 있을 것이다. 내부적인 역량강화로서 강조되는 것 중의 하나가, 정책을 담당할 정부는 안정적이며 효율적인 관료체제를 건설함으로써 '자율성'을 유지할 수 있도록 해야 한다는 것이다. 정부와 사회행위자와의 협력 네트워크는 성공적인 산업전환을 위해 필수적이나, 정부가 사회기득권 세력의 이익에 포획됨으로써 지대 추구 국가가 등장하는 일은 없도록 해야 한다. 관료체제의 효율성을 통해, 다양한 산업영역과 기업에 대한 중복투자를 막을 수 있는 '조정역량(coordinative capacity)'을 길러야 한다. 웨이드(Robert Wade)는 저개발국가들의 정부가 동아시아 발전국가들이 했던 것과 같은 산업정책의 역할을 수행할 필요가 있다고 주장한다.[42] 자유주의 학자들은 워싱턴 컨센서스의 기본적 규범인 굿거버넌스(good governance) 아젠다를 강조하고 있는데, 물론 굿거버넌스 아젠다의 발전은 매우 중요하다. 그러나 경제성장의 추격을 이뤄낸 개발도상국과 그렇지 못한 국가를 비교해 보면 굿거버넌스의 존재 여하가 추격의 핵심적 요인이 아님을 알 수 있다. 성공적 추격이 가능했던 국가들과 그렇지 못한 국가들을 가르는 제도적 특성은 국가의 조정역량의 여하에 있다.[43] 핵심적 경제 행위자들 간의 조정역량을 높이는 것이 룰의 공식화 및 강화보다 더 중요한 일이기도 하다.[44]

셋째, 발전전략은 정부와 시장 사이에서 현실적인 밸런스를 유지해야 하며 또한 그 사이에서 긍정적이고 역동적인 소통을 유도해야 한다. 수입대체 전략들은 정부의 개입에 집중하여 시장을 충분히 고려하지 못한 반면, 정통 자유주의는 후발 산업국들에게는 정부의 역할이 중요하다는 것을 간과하였다. 동아시아 정부들은 정부와 시장 간의 소통을 상당히 잘 활용하여 놀라운 성과를 창출할 수 있었다. 물론 동아시아는 정치적 영향에 따라 시장이 움직이기도 했으며, 정부의 규제가 적절하지 못해 1990년대 동아시아 위기를 맞기도 했다. 동아시아 정부의 기여가 긍정적인 면과 함께 부정적인 면도 있었다는 점을 보았을 때 경제안정, 건전한 시장을 보장할 수 있는 규제의 정도와 종류가 중요하다는 것을 알 수 있다. 동아시아 위기 이후 정부 역할의 부정적인 면이 강조되기도 했지만, 국제정치경제질서의 변화를 주의 깊게 살펴보면, 후발개도국이 어느 정도의 추격을 이루었다 해도 산업전환과 기술혁신을 위한 국가의 주도적 역할은 지속되어야 한다. 신자유주의와 워싱턴 컨센서스와 같은 글로벌 스탠다드의 압력은 국가 역할의 제한, 규제완화, 그리고 자유화의 필요성을 무비판적으로 수용하도록 할 것이다. 그러나 선진국가의 경우에도 발전국가적 정책을 사용해 온 경우가 많기 때문에 후발개도국의 산업화 중반 시기 이후에 이르러 정부 역할의 제한을 무조건적으로 받아들여서는 안 된다. 환경변화에 대한 도전과 기회를 잘 파악한 후 새로운 정부 역할을 재규정해야 한다. 특히 어떤 조건 하에 정부개입이 효율적일 수 있는지에 대한 보다 심층적 연구와 노력이 필요하다.

넷째, 발전전략은 국제정치경제 체제 하에서 선진국과 개발도상국의 관계를 고려해 계획되어야 한다. 제2차 세계대전 이후 전체적으로 발전을 해왔을지라도, 소수의 동아시아 NICs를 제외하고는 남북 간의 소득격차가 지속적으로 증가했으며 또한 빈발하는 금융위기가 보여주듯이 개발도상국이 선진국에 의존하고 있다는 현실을 인식해야 한다. 무역, 대외투자, 그리고 여러 다양한 측면들을 고려해 볼 때 선진국과의 긴밀한 연계는 개발도상국에게 아주 중요하다. 남북 간의 연계를 강조한 나머지 자유무역 및 자본개방 등을 무조건 발전전략의 일환으로 밀어붙여서는 안 되고, 발전전략은 개발도상국의 특성을 반영해 차별화된 모습을 보여야 하며 궁극적으로 남북이 연계된 체제 내에서도 개발도상국이 자립적인 활동을 영위할 수 있도록 해야 한다. 또한 개발도상국들 간에도 남남 관계를 더욱 활성화시켜 새로운 비교우위를 형성될 수 있도록 해야 개발도상국의 발전이 더욱 촉진될 수 있을 것이다.

마지막으로, 발전전략은 발전의 개념을 현실화시킬 수 있는 방향으로 추진되어야 한다. 세계은행과 IMF가 추구했던 SAP은 사회와 인간의 관점을 간과하고 경제적 관점에서만 발전을 고려함으로써 여러 가지 문제점을 보여주었다. 이에 수많은 비판을 받았고, 이로 인해 발전이 자동적으로 인간개발을 가져오지는 않는다는 부정적인 견해가 강조되기 시작했다. 이러한 문제점을 극복하기 위해 추구하고 있는 인간개발접근법은 발전을 국가의 1인당 GDP 성장률의 측면에서만 보지 않고, 기대수명, 건강, 위생시설, 교육, 고용,

빈부격차, 성차별, 도시와 농촌의 격차 등 다양한 측면을 고려하고 있다. 이 장의 서두에서 발전의 정의를 사회적 · 경제적 · 제도적 · 환경적 측면에서 개선이 이루어져 좀 더 나은 삶의 질을 향유할 수 있는 것으로 본다는 점에서, 이러한 접근법은 매우 중요하고 가치가 있다. 따라서 발전의 주된 목표는 인간의 삶의 질을 개선하기 위한 것이므로, 발전전략은 성장을 넘어 인간 요소들까지도 포함되어야 한다.

[미주]

1. 예를 들어 한 국가의 생산능력을 나타내는 생산가능곡선(production possibility frontier)을 이용해서도 성장과 발전의 차이를 보여줄 수 있다. 즉, 성장이란 생산가능곡선이 확장되는 것을 의미하는 반면 발전이란 생산가능곡선 내부에서 곡선상으로의 이동과 더불어 곡선 자체가 확장되는 것을 의미한다.
2. 킨들버거와 헤릭(1977)은 발전의 개념이 아주 다면적이고 상당히 광범위한 내용을 포함하고 있다고 주장하면서 구체적인 예를 길게 나열하고 있다. Kindleberger and Herrick(1977), Ch.1.
3. Todaro and Smith(2011), Ch.1.
4. 박명호 외(2009)는 발전지표의 다양한 사례와 주요 문제점들을 상세히 설명하고 있다.
5. Sen(1999).
6. https://datatopics.worldbank.org/world-development-indicators/stories/the-classification-of-countries-by-income.html
7. https://www.un.org/development/desa/dpad/least-developed-country-category/ldc-criteria.html
8. http://www.nationalpost.com/m/related/www.vancouversun.com/emerging+markets+defined+newly+industrialized+countries+take/7135359/story.html
9. Kindleber and Herrick(1977) Ch.11 및 Tadaro and Smith(2011) Ch.3 참고.
10. Rostow(1960).
11. Harrod(1939) ; Domar(1946).
12. Solow(1956).
13. Romer(1986) ; Lucas(1988).
14. 이를 루이스의 전환점(Lewis turning point)이라고 부른다.
15. Kuznetss(1966 ; 1973).
16. Dos Santos(1973). 그 외에도 제6장에 언급된 문헌들을 참고할 것.
17. Joseph E. Stiglitz(1999), 세계은행 세미나 연설, 5월 27일.
18. Rodrik(2006).
19. 하우스만(Ricardo Hausmann), 로드릭(Dani Rodrik), 벨라스코(Andres Velasco)는 이런 노력의 일환으로 성장진단 의사결정 체계도(growth diagnostics decision tree)를 제시하고 있다. Hausmann et al.(2006).
20. https://www.worldbank.org/en/topic/poverty

21. 박명호 외(2016), 제5장.
22. 대외원조는 공적인 원조, 민간 원조 등 여러 가지 종류가 있는데, 전체적인 추이를 파악하기 위해서는 일정한 기준에 따라 제공되는 일관성 있는 통계가 필요하다. OECD의 DAC는 일정한 조건을 충족하는 정부 차원의 자금 이전을 ODA로 정의하고 매년 정기적으로 통계를 제공하고 있어 이 책에서는 이 데이터를 사용하고자 한다. https://stats.oecd.org/ ODA에 관한 추가적인 설명은 http://www.oda.go.kr/opo/odin/mainInfoPage.do?P_SCRIN_ID=OPOA601000S01을 참고할 것.
23. 박명호 외(2016), 제6장.
24. MDGs의 세부적인 설명은 제3절을 참고할 것.
25. IBRD Articles of Agreement. https://www.worldbank.org/en/about/articles-of-agreement/ibrd-articles-of-agreement/article-I
26. 각 기구에 대한 상세한 설명은 https://www.worldbank.org/en/what-we-do 를 참고할 것.
27. 박명호 외(2016), 제6장의 일부를 원용해 정리.
28. MDGs에 대한 자세한 설명은 외교부 및 UN 홈페이지를 참고할 것. http://www.odakorea.go.kr/ODAPage_2018/cate01/L01_S05_03.jsp; https://www.un.org/millenniumgoals/
29. United Nations(2015), The Millennium Development Goals Report.
30. SDGs에 대한 자세한 설명은 아래의 홈페이지를 참고할 것. https://sustainabledevelopment.un.org/sdgs
31. 보다 자세한 설명은 OECD-DAC 홈페이지를 참고할 것. http://www.oecd.org/dac/development-assistance-committee/
32. DAC 회원국 : 호주, 오스트리아, 벨기에, 캐나다, 체코, 덴마크, 핀란드, 프랑스, 독일, 그리스, 아이슬란드, 아일랜드, 이탈리아, 일본, 한국, 룩셈부르크, 네덜란드, 뉴질랜드, 노르웨이, 폴란드, 포르투갈, 슬로바키아, 슬로베니아, 스페인, 스웨덴, 스위스, 헝가리, 영국, 미국, EU. 세계은행, IMF, UNDP 및 DAC 미가입 OECD 회원국(라트비아, 멕시코, 칠레, 터키, 이스라엘, 에스토니아)은 옵서버 자격으로 참석하고 있다.
33. Prebisch(1950) ; Singer(1950).
34. 동아시아 발전모델에 대한 보다 자세한 논의는 제13장에서 이루어지므로 여기서는 다른 전략과의 비교 차원에서 간단히 다루고자 함. 추가적인 논의는 임혜란(2018)을 참고할 것.
35. 이런 맥락에서 한국과 대만의 발전과정을 비교한 연구로는 Lim(1998), 임혜란(2006)을 참고할 것.
36. 이와 관련해서는 임혜란(2018)을 참고할 것.
37. Noorbakhsh and Paloni(2000).
38. Milward(2001).
39. Riddell(1992).
40. UN Program of Action for African Recovery and Development(1988).
41. 이 부분은 임혜란(2018), 제8장을 참고하여 정리하였음.
42. Wade(2010).
43. Meidel(2008).
44. 이는 암스덴(Alice H. Amsden)도 강조했던 '보조금과 성과 기준'의 병행과도 연관된다. 이러한 제도적 조정기제는 일본의 MITI, 대만의 IDB, EPC, 한국의 EPB, 싱가포르의 EDB 등이 했다. 이는 필리핀의 대지주집단이 산업전환을 반대하고 정치적 보호 및 렌트를 지속적으로 획득한 사례와 비교된다.

지역통합과 정치경제

12

1. 지역통합의 기초 이론 : 정치학적 접근과 경제학적 접근

2. RTA의 현황 및 특징

3. 지역통합 사례 : EU

4. 지역통합 사례 : 기타 지역

5. 지역통합의 향후 전망

제2차 세계대전 이후 국제정치경제 측면에서 국제규범을 만들기 위한 노력은 통화 및 금융에서의 IMF, 무역 및 생산에서의 WTO, 발전에서의 WTO 및 UN 등 주로 범세계적인 차원에서 다자적 접근에 의해 이루어져 왔다. 그러나 EU를 비롯한 지역통합이 진전됨에 따라 국제규범을 마련하기 위한 국제사회에서의 논의는 더욱 복잡해졌고, 범세계적인 차원에서의 패권갈등뿐만 아니라 지역 차원에서의 새로운 갈등도 야기되고 있다.

국제규범을 마련한다는 관점에서 상황에 따라 다자주의와 지역주의는 함께 갈 수도 있고 대립적인 입장으로 갈 수도 있다. 일부 국가 그룹이 국제규범을 만들어 범세계적인 국제기구의 협정으로 발전시키듯이, 지역주의는 다자주의를 촉진시킬 수도 있다. 그러나 유럽 국가들이 개별국 차원에서는 미국의 패권에 도전하기 힘들지만 집단으로 움직일 때는 충분한 대응세력으로 작동할 수 있어, 때로는 범세계적 국제기구 차원에서의 접근을 어렵게 만들기도 한다. 최근에는 개발도상국들도 종종 하나의 그룹으로 충분히 영향력 있는 목소리를 내고 있어 국제협상이 어려워지는 경우를 많이 보고 있다. 한편 지역주의가 전개됨에 따라 나타나는 또 다른 새로운 문제는 지역 내의 패권갈등이 전체 국제사회의 갈등으로 진화되는 경우가 많이 나타난다는 것이다. 아시아에서의 중국과 일본 간의 갈등이 결국 미국과 중국 간의 패권갈등으로 전이되고, 중동에서의 맹주 갈등이 전 세계적인 갈등으로 종종 확산되고 있다. 이처럼 지역주의의 확대는 국제정치경제 영역에서 다양한 새로운 문제들을 만들어내고 있기 때문에, 이와 관련된 이슈들을 살펴볼 필요가 있다.

1. 지역통합의 기초 이론 : 정치학적 접근과 경제학적 접근[1]

지역통합을 설명하기 위한 노력은 오랫동안 사회과학의 주된 관심사 중의 하나였다. 정치학 분야에서의 연구들은 주로 제도적인 측면 및 정책적인 측면에 많은 관심을 기울여 왔다. 이들은 통합이 발생하게 되는 정치적 환경을 도출해 내고 통합과정에서의 다양한 변화에 대한 설명을 시도했다. 이에 속하는 지역통합이론으로는 크게 기능주의론 및 신기능주의론, 그리고 정부 간 협상론 등을 들 수 있다. 한편 경제학 분야에서도 정치경제학적 시각, 근대경제학적 시각, 현실적 시각 등 다양한 접근이 이루어졌다.[2] 그러나 전체적으로 경제학자들은 주로 역내 및 역외의 시장관계에 초점을 맞추고 제도적인 측면 혹은 정치적인 요인들의 역할을 배제하는 경향을 보였다. 경제적인 측면에서 지역통합을 설명한 이론은 크게 실물거래 측면에서 무역통합을 설명해 가는 일련의 이론들(대표적으로 관세동맹이론)과 화폐금융부문에서의 통합을 설명하는 최적통화지역이론 등을 들 수 있다.[3]

1.1 정치학적 접근

(신)기능주의 이론

신기능주의 이론의 요체는 통합의 점진적 확산론(spillover)과 초국가적 기구의 역할에 대한 강조이다. 점진적 확산론이란 일단 통합이 어느 하나의 경제분야에서 이루어질 경우 경제 각 분야의 상호 의존성으로 말미암아 다른 경제분야에서의 통합 또한 요청되어지고, 궁극적으로는 정치와 경제의 상호 의존성으로 말미암아 정치적 통합으로까지 통합의 필요성이 확대된다는 것이다. 즉, 신기능주의론은 통합과정이 일단 시작되면 통합은 점진적 확산의 경향을 갖는다고 본다.

신기능주의 이론의 또 하나의 중요한 측면은 초국가적 기구의 역할에 대한 강조이다. 신기능주의 이론에 의하면 초기 단계의 통합과정에서 통합의 과업을 수행하기 위해 초국가적 기구가 형성되면, 우선 초국가적 관료들이 자신들의 역할과 권한을 확대시키기 위해 통합의 대상 분야를 확대시키려는 경향을 보이게 된다. 또한 초국가적 기구가 점차 실질적 권한을 행사하게 됨에 따라 통합이 이루어지는 지역의 이익집단들이 초국가적 기구를 대상으로 하는 이익표출 활동을 증가시키게 된다. 이처럼 초국가적 기구에 대한 기대의 강도가 높아짐에 따라 이익집단들이 통합의 심화를 위한 사회적 환경을 적극적으로 조성하게 됨으로써 통합의 확산경향에 일조를 하게 된다는 것이다. 나아가 초국가적 기구의 권한영역이 점차 확대되면서 보다 많은 사안에 있어 초국가적 기구의 독자적인 문제해결 능력이 향상되고, 이에 따라 지역통합체 회원국 국민들의 초국가적 기구에 대한 기대와 충성심 또한 높아지게 된다고 한다.

이러한 신기능주의 이론은 몇 가지 전제를 갖고 있다. 첫째, 통합의 진전은 기능적 확산효과의 압력(functional spillover pressure)에 의해 자동적으로 이루어지는 것이 아니라, 자기이익의 추구를 목표로 하는 행위자의 적극적인 개입을 필요한 것으로 본다는 점이다. 말하자면 경제적 상호 의존성에 따른 통합의 확산효과가 존재하긴 하지만, 이 확산효과가 현실화되기 위해서는 확산효과의 실현을 통해 자기이익을 추구하고자 하는 행위자, 즉 초국가기구의 관료와 이익집단의 적극적 노력이 있을 때 통합의 진전이 가능해진다고 보는 것이다.

둘째, 신기능주의 이론은 정치를 다원주의적 관점에서 파악한다. 다원주의 정치이론은 산업화의 진전에 따른 다양화된 사회적 이익이 집단 구성을 통해 세력화되고, 집단화된 사회세력 간의 상호작용이 곧 정치과정이며, 그러한 상호작용의 결과가 바로 정부의 정책으로 표출된다고 본다. 따라서 신기능주의적 관점에서는 지역통합은 자기이익을 추구하는 집단들이 지역통합의 진전을 이익실현의 효과적인 방안으로 파악할 때, 이들로부터 통합에 대한 요구가 생성되어 통합의 심화를 촉진시키는 압력으로 작용하게 된다고 본다.

셋째, 나아가 신기능주의 이론은 이러한 다원주의적 정치동학이 국가 수준뿐만 아니라 초국가적 수준에서도 발현될 수 있다고 본다. 즉, 의사결정의 소재가 국가영역에서 점차 초국가적 권위체로 이양되면서 이익집단 활동의 초점이 초국가적 기구로 전이된다는 것이다. 뿐만 아니라 이익집단들은 효과적인 이익 추구 활동을 위하여 초국가적 기구를 대상으로 활동을 전개하기 용이한 형태로 조직 및 전략을 수정하기까지도 한다고 보고 있다. 즉, 이익집단의 '초국가화'가 이루어질 수 있다는 것이다.

신기능주의 지역통합이론의 효시라고 할 수 있는 하스(Ernest B. Haas)에 의하면 신기능주의적 통합이 성공적으로 이루어지기 위해서는 크게 세 가지의 '배경적 조건(background conditions)'이 필요하다고 한다. 첫째, 지역통합에 참여하는 국가들이 다원주의적 사회구조를 가질 것(pluralistic social structure), 둘째, 경제 및 산업발전의 수준이 높을 것(substantial economic and industrial development), 셋째, 참여하는 국가들 사이에 이념적 정향성의 공통분모가 상당 정도 존재할 것(common ideological patterns) 등이 그것이다.[4] 유럽의 경우, 이러한 배경적 조건이 대부분 충족되고 있었으며, 아울러 유럽의 경험은 이러한 배경적 조건이 갖추어진 상태에서 초국가적 기구의 관료 또는 초국가적 수준에서 활동하는 이익집단의 존재 등이 통합의 모멘텀을 지속시켜 나갈 수 있음을 보여준다고 한다.

정부 간 협상론

정부 간 협상론의 이론적 출발점이 되는 현실주의 이론에 의하면 국제관계에 있어 가장 중요한 행위자는 국가이다. 국가는 단일행위자이며 국가의 행위는 합리성의 토대 위에서 이루어지는 것으로 가정된다. 또한 국가가 행위하는 환경인 국제체제는 무정부상태인 것으로 규정된다.

여기에서 국가가 가장 중요한 행위자라는 명제는, 국제정치현상이란 기본적으로 국가들 간의 상호작용의 결과이며, 국제기구나 NGO와 같은 국가 이외의 행위자들의 역할은 부수적 또는 도구적인 역할을 수행하는 데 그치는 것으로 인식함을 의미한다. 또 국가가 단일행위자로 간주된다고 하는 것은 곧 국가 내적 문제, 월츠(Kenneth Waltz)의 표현을 빌자면, 단위수준변수(unit-level variables)는 국제정치연구의 관심의 대상이 아님을 뜻한다. 국제정치를 설명하는 것은 체계수준변수(system-level variables)라는 것이다.[5] 아울러 국가가 합리적 행위자라는 것은 국가는 일관된 선호체계를 가지며, 국가의 행위 동기는 국가 이익의 극대화임을 뜻한다. 이는 신고전주의 경제학에서 인간의 행위 동기가 효용극대화인 것과 마찬가지이다.

국가외적 존재(non-state entities)는 국제정치에 있어 별다른 의미를 지니지 못한다고 보는 현실주의적 관점에서는 국제기구란 이에 참여하는 개별 국가들에 귀속되는 효용성의 정도로 평가되며, 개별 국가들은 국제기구에의 참여 및 활동을 득실계산에 의해 결정하게 된다. 말하자면 국제기구는 개별 국가들이 자신들의 국가 이익을 최대화하기 위한 수단으로 존재할 뿐이라는 점에서 국제기구의 자율성을 논할 여지는 없어지고 국제기구란 다만 국제정치에 있어 도구적 의미를 갖는 것에 지나지 않는다.

정부 간 협상론은 EU의 역할이 현실적으로나 당위적으로나 모두 도구적 수준에 머무르고 있는 것으로 파악한다. 정부 간 협상론의 관점에서 보았을 때 유럽연합은 근본적으로 국가 이익의 수렴이 이루어졌을 때 그 실현을 위한 정책도구의 일환으로 사용되어 왔음에 지나지 않는다는 것이다. 즉, 국가 중심적인 현실주의적 사고에 기초한 정부 간 협상론에 의하면 유럽통합의 근본적인 동인은 회원국 정부 간의 이해관계의 수렴현상이라고 본다.[6] 국제정치의 상황적 변화에 의하여, 그리고 이와 아울러 국내의 정치경제적 상황의 변화에 의하여 회원국 정부 사이에 통합에 대한 이해관계가 수렴이 되면 통합에 진전이 있고, 이해관계의 수렴이 이루어지지 않을 경우 통합의 추진이 어려워진다고 본다. 그리고 통합의 구체적 내용과 방향은 회원국 간의 힘의 관계에 의해 기본적으로 결정이 된다고 한다. 즉, 힘의 관계에 있어 주도적 위치에 있는 국가의 선호도가 통합과정에서 형성되는 공동체의 정책에 보다 많이 반영된다는 것이다.

정부 간 협상론이 현실주의 시각, 그중에서도 월츠로 대표되는 신현실주의적 시각과 다른 점은 국가 이익의 규정에 있어 단위수준의 변수, 즉 국내적 요인의 중요성을 강조하고 있다는 점이다.[7] 앞서 밝힌 바와 같이 현실주의적 관점에서는 국가 이익을 무정부상태로 규정되는 국제체계의 속성에서 도출되는 것으로 본다면, 정부 간 협상론, 그중에서도 특히 최근 모라브칙(Andrew Moravcsik)에 의해 발전된 자유주의적 정부 간 협상론(liberal intergovernmentalism)은, 국가 이익이 상당 부분 국내적 정치과정에 의해 결정되는 것으로 본다.[8]

1.2 경제학적 접근

관세동맹론

경제통합은 가맹국 간의 무역장벽철폐를 원칙으로 하며, 가맹국 간의 밀착도에 따라 보통 자유무역지대(free trade area), 관세동맹(customs union), 공동시장(common market), 그리고 경제동맹(economic union)의 네 가지 형태로 구분된다. 자유무역지대란 가맹국 간의 무역에 대해서는 관세 및 여타 양적 규제를 철폐하지만, 비가맹국에 대해서는 각 가맹국이 독립적으로 관세 및 비관세장벽을 유지하는 경제통합이다. 관세동맹은 가맹국 간의 재화의 이동에 대한 차별의 철폐 외에도 비가맹국에 대해 각국이 공동관세를 부과하는 경제통합이다. 공동시장은 가맹국 간의 재화의 이동에 대한 규제의 철폐뿐만 아니라 요소이동에 대한 제한도 철폐하는 경제통합 형태이다. 관세동맹과 같이 비가맹국에 대해서는 대외적으로 공동관세를 부과한다. 마지막으로 경제동맹은 관세의 철폐와 생산요소의 자유로운 이동은 물론 가맹국 간의 재정 · 금융정책에서도 상호 협조가 이루어지는 경제통합의 형태이다.

이상에서 열거한 경제통합 형태 중에서 관세동맹이 무역정책의 관점에서 가장 관심을 끌어왔으며, 가맹국의 후생이 필연적으로 증가할지의 여부가 관세동맹의 이론분석에서 관심의 초점이 되어 왔다. 따라서 지역경제통합의 내용을 관세동맹을 중심으로 좀 더 설명하고자 한다.

관세동맹은 보호무역으로부터 자유무역으로 전향하는 한 단계로 생각되어 관세동맹의 결성이 가맹국의 후생을 증가시킬 것이라는 견해가 과거에는 지배적이었다. 그러나 바이너(Jacob Viner)에 의해서 관세동맹이 가맹국의 후생수준을 반드시 증가시키지는 않는다는 사실이 입증되었다. 그는 최초로 무역창출(trade creation)과 무역전환(trade diversion)이라는 개념을 도입하고,[9] 만일 관세동맹에 의해 무역창출 효과가 크게 발생하면 후생을 증가시키지만, 무역전환이 크게 발생하면 후생수준이 감소한다고 주장하였다.

그러나 바이너는 너무 제약적이고 비현실적인 가정, 즉 재화 간의 대체효과를 고려하지 않고 국가 간의 대체효과만을 가정한 채 관세동맹에서의 무역전환 효과를 분석하고 있다. 관세동맹의 형성은 상대가격의 변화를 가져오며 이는 재화 간의 대체를 가져올 것이다. 어느 한 국가가 관세동맹을 형성하여 무역전환효과가 발생하면 수입재에 대하여 종전보다 높은 대가를 지불하여야 하므로 교역조건은 악화되고 후생수준은 감소한다. 그러나 국내 소비자는 더 이상 관세를 지불할 필요가 없으므로 수입재의 국내 상대가격은 떨어지게 된다. 이는 재화 간에 대체효과를 가져와 수입재의 소비를 증가시키고 후생수준을 증가시킨다. 즉, 관세동맹은 교역조건의 악화에 따른 후생 감소와 수입재의 소비 증가에 따른 후생 증가라는 상반된 두 개의 효과를 가져온다. 따라서 재화 간의 대체효과를 고려한 립시(Richard G. Lipsey)는 바이너와는 달리 무역전환의 후생효과가 불분명해진다고 주장했다.[10]

일반적으로 한 국가의 무역량에서 가맹국과의 무역이 차지하는 비중이 높으면 높을수록 관세동맹은 그 국가의 후생수준을 증가시킬 가능성이 크게 된다. 반면 비가맹국과의 무역이 경제에서 큰 비중을 차지하는 국가의 경우에는 관세동맹을 결성할 때 신중을 기하여야 한다. 그 이유는 관세동맹에 따라 나머지 국가들과의 무역에서 왜곡을 겪을 위험이 상대적으로 크기 때문이다.

이상의 정태적 효과 외에도 관세동맹에 따른 동태적 효과를 고려할 필요가 있다. 관세동맹에 따른 후생수준의 변화를 비교정학적 관점에서만 고려하면 후생효과는 그렇게 크지 않은 것으로 간주되고, 실증적 연구에서도 무역창출 효과는 미미한 것으로 나타나고 있다. 그러나 관세동맹은 가맹국의 경제는 물론 비가맹국의 경제에까지도 여러 면에서 동태적 영향을 미치게 된다. 따라서 관세동맹의 경제적 효과를 평가하기 위해서는 그것이 경제성장과 발전에 미치는 동태적 효과까지 평가하여야 할 것이다. 관세동맹의 동태적 효과로 시장의 확대에 따른 규모의 경제, 심화된 경쟁, 외부경제의 발생, 가속화된 기술향상, 그리고 감소된 불확실성 등을 들 수 있는데, 따라서 정태적 및 동태적 효과를 함께 고려한다면 관세동맹의 효과는 크게 나타날 수 있을 것이다.

Box 12-1 무역창출 vs. 무역전환

무역창출과 무역전환이라는 개념은 바이너(Jacob Viner)가 관세동맹의 효과를 설명하기 위해 처음으로 도입된 개념이다. 무역창출이란 관세동맹에 의해서 비효율적인 재화의 공급원이 효율적인 공급원으로 대체됨을 의미하며, 무역전환이란 관세동맹에 의해서 효율적인 재화의 공급원이 비효율적인 공급원으로 대체됨을 의미한다.

양 개념은 아래의 예로 잘 설명된다. A, B, C 3국이 존재하며, 이들 3국은 X재를 [표 12-1]과 같은 생산비를 들여 생산하고 공급가격은 생산비와 같다고 가정하자. 먼저 관세동맹이 결성되기 전에 A국은 100%의 무차별관세를 부과하였으나 후에 B국과 관세동맹이 결성된 경우를 생각해 보자.

표 12-1 3국에서의 X재 생산비용

(단위 : 원)

국가	A	B	C
생산비	50	40	30

관세동맹이 결성되기 전에는 B국과 C국에서 생산된 제품이 관세로 인하여 A국에서 80원과 60원으로 평가되므로, A국은 X재를 수입하지 않고 자국에서 생산하게 된다. 만약 A국과 B국 간에 관세동맹이 형성된다면 B국으로부터 수입한 X재 가격은 40원인 반면 C국으로부터 수입한 X재 가격은 60원 그대로이다. 이 경우 A국은 B국으로부터 X재를 수입하게 되며, 더 싼 가격으로 재화를 구입하므로 관세동맹 이전에 없었던 무역이 새로 이루어지는 효과, 즉 무역창출이 발생한다.

다음으로 A국이 최초에는 모든 수입재에 대하여 50% 관세를 부과하였으나 B국과 관세동맹을 결성한 경우를 생각해 보자. 이 경우 관세동맹이 결성되기 전, B국과 C국에서 생산된 X재의 국내 가격은 관세의 부과로 인하여 각각 60원과 45원으로 평가되므로 A국은 C국에서 X재를 수입하여 소비한다. 그러나 B국과 관세동맹이 형성되면 B국에서 수입한 X재의 가격이 40원이 되므로 A국은 X재를 B국에서 수입하여 소비하게 된다. 이 경우 효율적인 공급원 C국이 비효율적인 공급원 B국으로 대체되므로 무역전환이 발생한다. 이 두 가지 예를 비교해 보면 관세동맹에 의해 무역창출은 A국의 후생을 증가시키지만 무역전환은 후생을 감소시킴을 알 수 있다.

자료 : 김인준 · 이영섭(2013), 제24장.

통화통합 이론

통화통합이론의 가장 대표적인 예는 먼델(Robert Mundell)이 제시한 최적통화지역이론이다.[11] 최적통화지역(optimum currency area)이란 단일통화가 통용되기에 가장 이상적인 크기의 지역을 의미한다. 보통 국가단위로 단일통화가 사용되나 환율을 고정시킨다는 사실은 결국 단일통화를 사용하는 것과 같은 효과를 갖게 되므로, 국제경제에서 최적통화지역이란 고정환율제도의 유지에 가장 적당한 크기의 지역을 의미한다. 최적통화지역이론의 입장에서 본다면, 고정환율제도의 주장은 전 세계를 하나의 최적통화지역으로 보는 것이며 변동환율제도의 주장은 일국 경제를 최적통화지역으로 보는 것이라고 생각할 수 있다.

최적통화지역이론은 노벨 경제학상 수상자인 먼델에 의해 처음 제시되고 맥키논(Ronald McKinnon), 케넨(Peter Kenen) 등에 의해 발전되었다.[12] 이 이론의 기본적인 아이디어는, 어떤 지역에서 각각 개별적인 통화를 이용하던 국가들이 고정환율제도를 도입하거나 단일통화를 도입하는 경우 거래비용 감소 등에 따른 편익과 환율정책 수단 상실에 따른 비용이 발생하게 되는데, 편익이 비용보다 크면 그 지역은 환율을 고정시키거나 통화를 통합하는 것이 바람직한 최적통화지역이 된다는 것이다. 그렇다면 고정환율제도의 장점을 살리면서 국제수지불균형에 따라 야기되는 문제를 커다란 경제적 비용을 지불하지 않고 해소할 수 있는 최적통화지역의 성립요건은 무엇인가?

먼델은 최적통화지역 여부를 판단하기 위해 충격의 비대칭성 문제와 다양한 조정경로의 문제를 고려하고 있다. 만일 일군의 국가들이 유사한 경제구조를 갖고 있고 유사한 충격을 경험한다면, 즉 경제에 대한 충격이 대칭적으로 느껴진다면, 이러한 충격은 비슷한 통화정책을 통해서 해소될 수 있을 것이며 따라서 독자적인 통화정책에 대한 필요성이 작아질 것이고 최적통화지역을 형성하기에 유리할 것이다. 반대로 각국의 경제구조가 상이하고 비대칭적인 충격에 노출된다면, 이러한 충격은 각 경제에 상이한 영향을 미치게 될 것이다. 이러한 상황에서 독자적인 통화정책을 통해 이자율 또는 환율을 변화시킬 수 없다면 각 경제는 상당한 비용을 치르게 될 것이다. 평가절하정책을 통한 충격 흡수가 불가능한 상황에서 충격에 대한 조정은 임금절하 또는 실업 등 노동시장의 조정을 통해서만 가능할 것이다. 따라서 충격이 비대칭적인 경우 국가들은 독자적인 통화정책에 대한 필요성을 크게 느낄 것이고 최적통화지역 구성을 통해 통화정책을 포기하고자 하는 유인이 작아질 것이다.

맥키논 및 케넨 등은 먼델이 고려하지 못한 다른 요인들의 중요성을 강조하면서 최적통화지역이론을 발전시키고 있다. 맥키논은 한 국가의 경제가 상대국에 대해 개방 정도가 높으면 경제적 연관성이 높아지기 때문에 환율이 충격조정수단으로 활용될 수 없을 것이라는 점을 강조했다. 따라서 경제적인 상호 개방도가 큰 국가들 간에는 환율이 조정수단으로 이용될 여지가 적으므로 통화를 통합시켜도 문제가 되지 않는다고 생각하였다. 크루그만(Paul Krugman)도 이와 유사한 맥락에서 역내의 무역 비중이 증대함에 따라서 통화통합의 비용은 감소하고 이득은 증가한다고 주장하고 있다.[13] 한편 케넨은 상품의 다변화 정도를 강조하고 있는데, 상품다변화 정도가 낮은 국가는 특정 상품에 가해지는 외부적인 충격을 흡수하기 위해 환율변동을 유지할 필요가 있고, 반대로 상품다변화 정도가 높은 국가는 특정 상품에 가해지는 충격이 경제 전체적으로는 완화될 가능성이 크므로 최적통화지역을 구성하기에 유리하다고 주장하고 있다.

이상의 전통적인 최적통화지역이론에 따르면 최적통화지역을 구성하기에 유리한 조건을 다음과 같이 도출할 수 있다. 첫째, 각국의 경제구조가 유사하면 충격이 대칭적으로 느껴질 가능성이 크므로 최적통화지역을 구성하기에 유리하다. 둘째, 비록 비대칭적인 충격이 발생하더라도, 노동 및 자본을 포함한 역내 요소이동이 자유로우면 고정환율에 따른 충격흡수장치를 요소이동이 대신할 수 있으므로 최적통화지역을 구성하기에 유리하다. 셋째, 개방도가 커지면 환율변동에 따른 물가불안이 가중될 우려가 더 커지므로 환율안정에 대한 필요성이 커지고 따라서 최적통화지역 구성에 대한 유인이 커진다. 넷째, 역내 국가들 간에 경제연관성이 클수록 노동 및 자본의 이동이 더 자유로워질 것이고 따라서 최적통화지역 형성의 이득이 커질 것이다. 다섯째, 역내 각국의 산업구조가 다변화된 구조를 갖고 있는 경우 충격이 분산되어 통화통합에 따른 비용이 감소될 것이므로 최적통화지역 구성에 유리하다.

최근의 신최적통화지역이론(new theory of the optimum currency area)[14]에서는 기존 최적통화지역이론에서 명확히 고려하지 못한 정책신뢰성의 중요성을 강조하고 있다. 이들은 정책에 대한 신뢰성이 없으면 변동환율제도에서의 통화정책의 독자성이 반드시 바람직한 것만은 아니며 이런 경우에는 오히려 고정환율제도를 통해 신뢰성이 큰 다른 통화당국의 신뢰성을 차입하는 것이 더 바람직할 수도 있다고 주장하고 있다.

최적통화지역이론 및 신최적통화지역이론에서 고려하고 있는 통화통합의 이득 및 비용은 크게 첫째, 거래비용 등과 관련된 미시적 효과와 둘째, 물가안정, 정책규율성(policy discipline), 통화주조차익(seignorage) 등과 관련된 거시적 효과를 고려한 것이라고 볼 수 있다. 그러나 통화통합은 불가분하게 정치적인 요소가 개입되므로 경제적 요인 외에도 사회적인 심볼리즘 및 외부적인 효과 등 정치적인 요인을 함께 고려해야만 한다. 전통적으로 통화는 국기, 언어 등과 함께 한 국가의 정체성(identity)을 대변하는 심볼로 중요한 역할을 해왔다. 따라서 국제적으로 전혀 경쟁력이 없는 통화일지라도 자국 내에서는 상당한 생명력을 유지하는 것이 다반사이며 이러한 감정적인 정체성이 강할수록 통화통합은 어렵게 된다. 또한 통화는 대외관계에서도 중요한 역할을 할 수 있다. 독자적인 통화를 보유하지 않은 경우 불가피하게 유동성을 공급하는 기축통화국에 의존할 수밖에 없는데, 이는 경제적인 차원뿐만 아니라 외교적인 차원에서도 대외종속적인 결과를 야기할 수 있다. 이와는 반대로 통화통합을 이루는 경우 대외적인 영향력이 강화될 수 있다는 측면도 있다. 개별국 차원에서는 국제경제에서의 발언권이 미미하지만 통화통합에 동참하는 국가들이 한목소리를 내는 경우 국제통화질서에서의 발언권이 훨씬 강화될 수도 있기 때문이다.

지금까지 소개한 지역통합의 정치학적 접근 및 경제학적 접근의 제 이론들은 다음과 같이 정리될 수 있다.

표 12-2 지역통합 이론 요약

이론 / 특징	정치학적 접근			경제학적 접근	
	기능주의	신기능주의	정부 간 협상론	관세동맹론	통화통합 이론
강조점	초국가기구	초국가 차원의 정치행동	국가의 역할	시장 : 상품 및 서비스	시장 : 상품 및 통화
분석방법론	규범적 동태론	실증적 동태론	실증적 동태론	실증적 정태/동태론	실증적 정태/동태론
통합시점	전쟁 이후	특별한 언급 없음	각국 선호 수렴 이후	각국 합의 이후	수렴조건 충족 이후
통합목적	번영을 통한 평화	후생 극대화	후생 및 권력 극대화	후생 및 무역 극대화	후생 및 거시 안정

주 : Matti(1999)를 참고해 수정.

2. RTA의 현황 및 특징

2.1 RTA 현황 및 추이

지역무역협정(regional trade agreement ; RTA)이란 소수의 협정 체결국 또는 지역 간에 무역장벽을 제거하고 관세 등에서 상호 배타적인 특혜를 부여하는 협정을 의미한다.[15] RTA는 역내국과 역외국에 대해 서로 다른 교역기준을 적용함에 따라 기본적으로 '차별 없는 무역'이라는 WTO 핵심 원칙에 위배되나 WTO는 RTA의 긍정적 효과를 감안하여 이를 예외적으로 인정하고 있다. WTO는 개별 RTA를 협정의 포괄범위 및 통합 수준에 따라 부분적 역내 관세 철폐가 가능한 부분적 무역협정(partial scope agreement ; PSA), 역내 관세의 전면철폐를 실시하는 자유무역협정(free trade agreement ; FTA), 역내 관세 철폐 및 역외에 대한 공동관세를 부과하는 관세동맹(customs union ; CU), 서비스부문 협정인 경제통합협정(economic integration agreement ; EIA)의 네 가지 유형으로 구분하고 있다. 상품부문 협정 중에서는 PSA, FTA, CU의 순으로 통합강도가 높아진다.[16]

최근 들어 다자주의 질서 속에서도 지역주의 움직임이 활발하게 나타나고 있지만, 지역통합 노력은 새로운 현상이 아니다. 20세기 이전에도 이미 지역통합을 이루기 위한 노력이 여러 차례 있었으며, 그중 일부 성공적인 경우는 상업적 동맹을 넘어 정치적 동맹으로 까지도 이어졌다. 유럽과 북미의 통합 노력에 대한 1665년 오스트리아, 바바리아, 스페인과 일부 독일 공국들 간의 상업적 동맹에 대한 제의, 1826년 영국과 아일랜드 간의 관세동맹, 1833년 독일 공국들 간의 관세조약, 그리고 1854년 미국과 캐나다 간의 호혜조약(Reciprocity Treaty) 등이 있다.[17]

지역통합을 이루고자 하는 과거의 노력들에도 불구하고 현대적인 의미에서의 지역통합 노력은 제2차 세계대전 이후 유럽경제공동체(EEC)의 형성과 함께 나타나기 시작하였다. 이러한 최근의 노력은 WTO의 지역무역협정 통계를 이용해 파악해 볼 수 있다. WTO에 따르면 2020년 현재 통보된 RTA는 전 세계에 총 484개가 있으며, 이 중 발효 중인 것은 304개이다. 한편 유형별로는 PSA가 3개, FTA가 262개, CU가 30개, 그리고 EIA가 161개로, FTA가 가장 많은 비중을 차지하고 있다. 발효 중인 RTA를 지역별로 보면 유럽 국가들이 속한 것이 100개로 가장 많고, 동아시아 90개, 남미 90개, 북미 67개

그림 12-1 RTA 추이

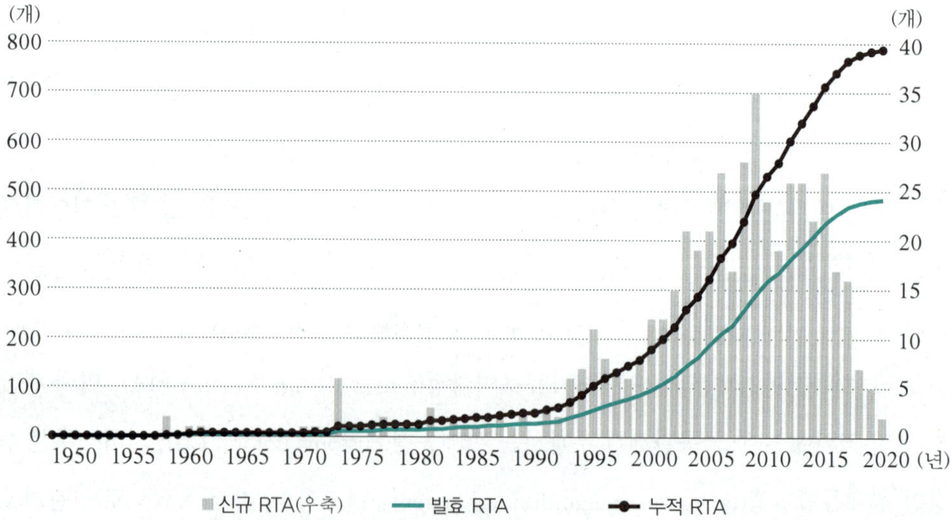

자료 : WTO, RTA Database. http://rtais.wto.org/UI/charts.aspx

순으로 나타나고 있다.

전체적인 추이를 보면 물론 WTO 출범 이후 압도적으로 RTA가 증가하지만, 그 이전에도 적어도 몇 차례 RTA가 확산되는 시기가 있었다. 그중 하나는 1957년 로마조약의 체결과 1958년 EEC의 창설로 시작되는 유럽에서의 지역통합 노력이다. 이 유럽협정들은 1960년대 초기에 라틴아메리카와 아프리카 내의 지역주의 확산을 촉진하기도 하였다. 그러나 이러한 첫 번째 지역주의 물결은 유럽을 제외하고는 성공적이지 못했는데, 그 이유로는 여러 가지가 있다. 무엇보다도 라틴아메리카 및 아프리카와 같은 개발도상국에서의 지역통합 노력은 한편으로 무역자유화와 다른 한편으로 보호주의적인 수입대체 전략 사이에 근본적인 모순이 존재했기 때문에 많은 문제가 발생했다. 일부 소수 경쟁력 있는 산업들을 확보하기 위한 회원국들 간의 경쟁이 치열했으며, 이러한 산업들은 대부분 상대적으로 발전된 회원국에 자리 잡게 되었다. 따라서 라틴아메리카 및 아프리카에서의 RTA 이익은 불평등하게 배분되는 경우가 자주 있었으며 이는 회원국 간의 갈등으로 이어졌다. 이러한 불평등에 대응하기 위해 시장에 의지하기보다 관료적 조치를 통해 산업을 재분배하고자 하였으나, 이 조치는 경제적 비효율성과 정치적 갈등으로 이어졌다. 유럽 외의 지역에서 RTA 노력이 실패한 또 다른 원인은 세계 패권을 장악하고 있는 미국이 다자주의를 강하게 지지하는 반면 지역주의를 지지하지 않았기 때문이다.

RTA 확산의 두 번째 물결은 1980년대에 들어서면서 시작되었고, 이때의 RTA 확산은 유럽 이외의 다른 지역에서도 지속되는 경향을 보였다. EC는 1980년대 더 넓고 깊은 수준의 통합을 이루어나가면서 유럽공동체가 명실상부하게 서유럽 전체를 포괄하는 지역통합체로 변모되었다. 미국도 이전과는 달리 전후 다자주의 무역질서 옹호자로서의 입장을 바꾸고 1980년대 중반부터 점차 RTA에 참여하기 시작하면서, 이스라엘, 캐나다 등과 FTA를 체결하였다. 이 외에도 남태평양 도서국가들도 무역 및 경제협력 협정을 시도하였고, 라틴아메리카 국가들은 수년간의 노력 끝에 1991년 MERCOSUR를 출범시켰다.

가장 최근의 RTA 확산은 WTO 출범 이후 나타나고 있는데, 1990년대 초반까지는 연도별로 평균 2개 정도 증가한 반면 WTO 출범 이후 훨씬 빠르게 증가하였다. 총 484개 중 WTO 출범 이전인 1994년 이전에 이루어진 것은 겨우 46개에 불과하며 나머지 438

개는 WTO 출범 이후에 이루어졌다. 오랫동안의 다자간 협상 끝에 WTO 체제가 출범하면서 오히려 RTA가 더욱 증가한 이유 중의 하나는, WTO 출범으로 다자협상이 주를 이루고 전체적인 무역자유화가 진전될 것으로 기대했으나 실질적인 성과가 지지부진했기 때문이다. 이에 다자간 협상의 경우 장기간이 소요되고 회원국수의 급증으로 컨센서스 도출이 어렵다는 데 대한 반작용이 발생하면서, WTO 체제를 바탕으로 뜻 맞는 나라끼리라도 관세 및 비관세 장벽을 대폭 제거해 무역자유화 혜택을 향유하고자 하였다. 또한 기존의 지역주의 확산에 따라 역외국가로서 받는 반사적 피해에 대한 대응이 필요하다는 인식도 확산되었다. 이러한 인식은 특히 글로벌 금융위기 이후 비영미권 지역에서 확산되었는데, RTA의 핵심 추진지역이 글로벌 금융위기 이전 유럽에서 금융위기 이후에는 동아시아 및 중남미 국가로 이동하고 있다. 이에 따라 2020년 1월 말 기준으로 유럽, 동아시아, 중남미 등 3개 지역의 RTA 발효 건수가 대체로 유사하다. 한편 유형별로는 글로벌 금융위기 이후 전체 RTA 중에서 FTA의 비중은 감소하였으나 서비스협정인 EIA의 비중은 큰 폭으로 확대되었다.

Box 12-2 우리나라의 FTA 현황

우리나라는 세계적인 FTA 확산 추세에 대응하여 안정적인 해외시장을 확보하고 개방을 통해 우리 경제의 경쟁력을 강화하기 위해 동시다발적으로 FTA를 적극 추진해 오고 있다. 2004년 4월 1일 한-칠레 FTA 발효를 시작으로 지금까지(2020년 1월 발효 기준) 총 55개국과 16건의 FTA 체결을 완료하였으며, 여타 신흥국가와의 FTA도 지속적으로 추진해 오고 있다. 이와 같은 노력을 통해 주요 시장을 중심으로 FTA 네트워크를 구축해 왔으며, FTA 체결 효과를 극대화하기 위해 상품분야에서의 관세철폐뿐만 아니라 서비스 · 투자 · 정부조달 · 지적재산권 · 기술표준 등 다양한 규범을 포함하는 포괄적인 FTA를 지향해 오고 있다.

보통 FTA는 협정을 체결한 국가 간에 상품 · 서비스 교역에 대한 관세 및 무역장벽을 철폐함으로써 배타적인 무역특혜를 서로 부여하는 협정을 의미하는데, 전통적인 FTA를 비롯해 포괄적 경제동반자협정(Comprehensive Economic Partnership Agreement ; CEPA), 경제연계협정(Economic Partnership Agreement ; EPA), 전략적 경제보완협정(Strategic Economic Complementation Agreement ; SECA) 등 다양한 형태로 체결되고 있다. CEPA는 상품의 관세인하, 비관세장벽 제거 등의 요소를 포함하면서 무역원활화 및 여타 협력분야 등에 중점을 두고 있는 협정 무역과 투자 자유화를 비롯해 금융, 정보, 커뮤니케이션 기술, 과학기술, 인력개발, 관광, 에너지, 식량 문제 등에 관한 협의를 포함한다. EPA는 관세 철폐 및 인하 외에 투자와 서비스, 지식재산, 인적자원 이동의 자유까지 포괄하는 협정이다. SECA는 라틴아메리카 국가 간 경제통합을 목적으로 1980년에 체결된 몬테비데오 조약에 근거한 지역협정인 ECA를 모델로 한 것으로 FTA의 느슨한 형태라고 보면 된다.

표 12-3 **우리나라의 FTA 추진 현황**(2020년 1월 현재)

발효 및 타결된 FTA	추진 중인 FTA 협상	기타 여건 조성 중인 FTA
한-칠레 한-싱가포르 한-EFTA 한-ASEAN 한-인도 CEPA 한-EU 한-페루 한-미국 한-터키 한-호주 한-캐나다 한-중 한-뉴질랜드 한-베트남 한-콜롬비아 한-중미 한-영 한-이스라엘 한-인도네시아 CEPA	한-중-일 ASEAN+6(RCEP) 한-에콰도르 SECA 한-MERCOSUR 한-필리핀 한-러시아 한-말레이시아	한-PA 한-EAEU

자료 : 통상교섭본부 홈페이지. https://www.fta.go.kr/main/situation/kfta/ov/

2.2 RTA와 WTO

제2차 세계대전 이후 세계 패권국인 미국은 무역특혜협정뿐만 아니라 개방적 다자간 무역체제를 방해하는 어떠한 차별대우에 대해서도 강하게 반대했다. 그러나 영국은 대영

제국 내 특혜 관세제도를 유지하고 싶어했고, 몇몇 국가들도 RTA 체결의 특혜가 있기를 바랬다. 서로 상충되는 입장을 가진 국가들이 오랜 논의 끝에 RTA에 관한 GATT 규범을 만들어낸 것이 GATT 제24조이다.[18] 또한 WTO가 현재 급격히 확산되고 있는 지역주의를 인정하지 않을 수 없으므로, 다자간 규범과 RTA와의 조화를 위해 GATT 제24조 외에도 GATS 제5조 및 권능조항(enabling clause) 등을 WTO 규범에 포함시켜 놓고 있다.[19]

RTA를 규정하고 있는 GATT 제24조는 RTA가 가능한 한 무역창출 효과를 극대화하고 무역전환 효과를 극소화하도록 하기 위한 조항이다. 이를 위해 GATT 제24조의 8항에 FTA와 CU는 당사국 간에 실질적으로 거래되는 모든 무역에 있어 관세 및 그 밖의 제한적인 상거래 규정을 철폐할 것을 규정하고 있다.[20] 그런데 이처럼 RTA에 대해 최대 특혜를 부여하는 것은 최혜국대우(MFN)와 더욱 괴리가 생기고 또한 부분적 자유화보다 RTA 비회원국들에게 더 큰 피해를 입힐 수 있다는 문제를 내포하고 있다. 그럼에도 불구하고 이 조항이 포함된 데는 몇 가지 이유가 있다. 우선 GATT 창설자들은 RTA에서의 모든 관세장벽들을 철폐하는 엄격한 조건은, 1930년대 무역차별과 보호주의를 야기한 형태의 특혜협정들의 확산을 방지할 것이라고 생각했다. 또한 이들은 진정한 FTA나 CU는 국제적 수준의 무역자유화를 촉진시킬 가능성이 더 높다. 즉, RTA가 더 깊은 수준의 통합으로 발전할 때 이는 다자적 무역자유화로 이어질 수 있다고 믿었다. RTA와 같은 특혜협정에서 회원국들 간의 무역자유화를 전면적으로 허락하는 대신 부분적으로만 허락하면 이러한 긍정적인 효과들을 거두기 어렵다고 판단한 것이다. 한편 부정적인 무역전환 효과를 최소한으로 줄이기 위해 GATT 제24조는 RTA가 형성될 당시에 비회원국들에 대한 평균적인 관세를 높이지 않도록 규제하고 있다.[21]

GATT 제24조가 RTA를 규정하는 메커니즘을 제공함에도 불구하고 현실적으로 GATT/WTO는 RTA에 대해 제한적인 영향력을 행사하고 있을 뿐이다. 국가들이 RTA를 형성할 때 GATT/WTO는 특별조사위원회를 구성하여 RTA가 GATT/WTO 규범에서 요구하는 조건들을 충족하는지 여부를 결정한다. 특별조사위원회가 제24조에 근거해 조건을 검토함으로써 RTA에 어느 정도 관여하는 것으로 되어 있지만, 이 조항의 태생적 문제로 인해 실제로 그 영향력은 상당히 제한을 받게 되었다. RTA 관련 GATT 규정들은

1944년 벨기에, 네덜란드, 룩셈부르크가 추진한 베네룩스 관세동맹(Benelux Customs Union) 정도의 소규모 협정을 염두에 두고 만들어졌다.

그러나 1957년 EC를 설립하는 로마조약이 GATT에 보고되었을 때의 상황은 1944년과는 엄청나게 차이가 있었다. EC는 경제통합을 위해 제24조의 승인이 떨어지기를 기다릴 의사가 없었고, 로마조약 협상은 어렵고 민감한 과정을 통해 이루어졌기에 EC 회원국들은 GATT의 조건에 충족하도록 조약 내용을 재조정하지 않겠다고 밝혔다. EC의 규모와 중요성을 고려했을 때, 이는 무시하기 어려운 상황이었다. 결국 GATT 회원국들 간에 로마조약이 24조와 합치하는가의 여부에 대한 의견 일치가 없었음에도 불구하고 GATT는 EC의 요구를 받아들였다. 이러한 GATT의 묵인이 걸림돌이 되어 그후 다른 RTA에 대한 GATT의 영향력도 제한되었다. 초기에는 EC와 같은 지역협정들이 발효 전에 GATT에 보고한 반면, 나중에는 RTA들이 발효 후 보고하는 경우도 발생했다. 예를 들어 1994년 1월 출범한 NAFTA와 1995년 1월 오스트리아, 핀란드, 스웨덴이 EU 가입한 것은 발효 후 보고되었다.

일부 학자들은 GATT/WTO의 RTA 규정이 불분명했던 탓에 영향력이 제한될 수밖에 없다고 주장하고 있다. 우선 제24조 조항의 의미와 관련해 "실질적으로 모든 무역" 및 "그 밖의 제한적인 상거래 규정"의 범위와 의미가 구체적으로 무엇인지를 규정하고 있지는 않다. 또한 같은 조항에 의하면 관세동맹은 역외국가들에 대해서 실질적으로 동일한 관세 및 제한적 상거래 규정을 적용할 의무가 있는데, 관세동맹국가들의 대외무역제도를 조화하는 과정에서 이 규정이 어떻게 적용되어야 하는지에 대해서는 다양한 견해가 대립하고 있다.[22] 더욱이 제24조 조항이 타당한지에 대해서도 문제를 제기하는데, 이를테면 실질적으로 모든 무역을 포함하는 RTA가 적당한 기간 동안 완전히 실행된다면 평균적으로 이전보다 더 제한적일 수가 없으므로 타당성이 소멸된다는 해석이다. 한편 GATS 제5조 1항의 RTA 개념에 대해서도 마찬가지로 "상당한 분야별 대상 범위" 및 "실질적으로 모든 차별조치"의 범위 및 의미에 대한 명확한 해석 역시 없는 상태이다.

불분명한 표현 이외에도 제24조는 긴급수입제한조치나 원산지규정이 충분히 지역적 보호주의를 증대시킬 수 있음에도 불구하고 이를 분명히 다루지 않고 있다. GATT 제

24조의 표현들에 대한 구체적이고 명확한 규정이 제시되지 않아 해석이 분분하기 때문에 당연히 특별조사위원회는 RTA를 전적으로 승인하기를 꺼려했던 것이다. RTA 승인과 관련해 많은 특별조사위원회가 개최되지만, 그중 의견합치를 볼 수 있는 경우는 극소수에 불과하다. 대다수의 경우에 있어 특별조사위원회 위원들은 해당 RTA가 제24조 조건을 준수하는지에 대해 의견의 합치를 보지 못하고 서로 의견이 나뉜다고만 보고하고 있다. 그러나 이처럼 의견합치를 보지 못했을 때 GATT는 해당 RTA가 어떤 법적인 요건들을 만족시키지 못하는지 명확하게 밝힌 적이 없다.

RTA에 대한 규제와 영향을 개선하기 위해 우루과이 라운드에서 제24조를 보완한 "1994년 GATT 제24조 해석에 대한 이해(Understanding on the interpretation of Article of the GATT 1994)", 서비스 무역의 지역통합에 대한 GATS 제5조를 추가한다. RTA에 대한 지속적인 걱정을 다루기 위해 WTO 사무국은 지역무역협정위원회(Committee on Regional Trade Agreements ; CRTA)를 설립해 RTA 검토과정을 개선할 절차들을 개발하도록 하였다. 보완된 GATT 조항과 CRTA는 제24조의 약점을 다루었지만 아직도 몇 가지 문제들이 존재한다. 보완된 GATT 조항과 CRTA는 RTA의 검토과정을 강화하고, 또한 더 엄격한 기준의 WTO 분쟁해결 절차를 RTA에 적용하고 있어 분쟁해결 사례를 통해 제24조의 불분명함을 해결해 줄 수도 있을 것이다. 긍정적인 면에서 보완된 GATT 조항은 RTA의 관세가 전체적으로 높아졌는지를 검토할 수 있는 방법을 개선하였다. 그러나 여전히 기본 개념의 해석과 다양한 형태의 RTA의 허용 여부에 대해 회원국 간의 의견차이가 만연하다. 예를 들어 보완된 GATT 조항도 실질적으로 모든 무역이라는 표현이 특정 부문을 제외하는 것을 허락하는지에 대한 문제를 해결하지 않았으며, 많은 RTA들은 여전히 농산품을 제외시키고 있다. 또한 WTO가 RTA를 평가하는 과정에서의 방해요소를 CRTA가 해결할 수 있을지는 아직 지켜봐야 할 문제이다.

한편 GATT 제24조는 모든 RTA에 적용되는 조항이만, 개발도상국들은 실제적인 적용에 있어 특별대우를 받았다. GATT는 제24조를 적용할 때 선진국들 간의 RTA보다 개발도상국들 간의 RTA를 비교적 엄격하지 않게 검토했다. 예를 들어 라틴아메리카 FTA(Latin America FTA ; LAFTA)는 보호주의적 성향이 있었고 전체적 통합에 대한 조건을 다루지도 않았음에도 불구하고, GATT는 1960년 LAFTA 설립을 공식적으로 반대하지 않았다. 또한 GATT 조항에 무역과 개발에 관련된 제4부(Part IV)가 추가된 이후, 저개발국들은 RTA가 실질적으로 제24조 조건을 만족하지 않았음에도 RTA 설립을 정당화하기 위해 제4부 조항을 언급했다. 1979년 권능조항이 개발도상국들에 대한 무역 특혜의 법적 기반으로 제정된 이후, 개발도상국들은 RTA의 WTO 조건 충족 여부 문제가 제기될 때 이 조항을 법적 방어막으로 활용하였다. 권능조항은 개발도상국의 RTA가 실질적으로 모든 무역을 다루어야 한다는 조건을 제거했고, RTA 내의 관세장벽 철폐보다 완화된 수준으로 관세를 낮추는 것도 허락했다. MERCOSUR는 제24조가 아닌 권능조항에 근거해 GATT에 보고하였다.

3. 지역통합 사례 : EU

3.1 EU의 형성과정

개관

제2차 세계대전 이후 유럽의 통합과정은 전후 지역통합의 움직임을 선도하였다. 전후 유럽이 당면한 초미의 과제는 무엇보다 전쟁으로 인해 피폐된 각국의 경제를 재건하는 것이었다. 그런데 미 · 소라는 초강대국이 경쟁하는 상황 하에서 유럽이 자신들의 입지를 세울 수 있기 위해서는 역내 국가들의 갈등을 조정하고 상호 협력함으로써 공동의 목소리를 내는 것이었다. 이러한 조건을 배경으로 유럽 국가들 간의 협력을 증진하고 유럽통합을 촉진시키는 구체적인 움직임이 나타나기 시작한다. 유럽의 정치적 통합을 목표로 1949년에 창설된 '유럽협의회(European Council)'는 이 시기 유럽통합의 시발점을 이룬다. 그러나 이 협의회는 상징적인 의미는 컸지만 1953년부터 발효한 '인권과 기본 자유를 위한 유럽협약'을 통과시킨 것을 제외한다면 별다른 성과를 내지 못했다. 유럽통합 과정과 관련해 보다 중요한 사건으로는 당시 프랑스 외무장관인 슈망(Robert Shuman)의 주창으로 1952년 8월 프랑스, 서독, 이탈리아, 벨기에, 네덜란드, 룩셈부르크가 참가하고 모네(Jean Monnet)를 초대회장으로 한 '유럽석탄철강공동체(European Coal and Steel Community ; ECSC)'가 창설된 것이다.

그러나 유럽의 통합과정에서 획기적인 전환점을 이룬 것은 1957년 3월 '로마조약(Rome Treaty)'의 체결이다. 이 조약에 근거하여 1958년 1월 '유럽경제공동체(European Economic Community ; EEC)'가 창설되고, 초국가적 기구들을 갖춘 부문별 통합의 일환으로 '유럽원자력공동체(European Atomic Energy Community, Euratom)' 등이 창설되었다. EEC의 핵심적인 내용들은, 1960년대 말까지 '관세동맹'의 형성, 이후 관세장벽을 넘어선 재화, 용역, 인력과 자본의 자유로운 교류를 목표로 한 '공동시장'의 구축, 농업생산물에 대한 공동정책과 시장창출을 위한 노력, 제반 통합정책을 실행하기 위한 정치적 제도들의 창설 등을 포함하고 있다.

유럽 대륙의 중심국들의 움직임에 대해 1960년 7개국(오스트리아, 영국, 덴마크, 노르웨이, 포르투갈, 스웨덴, 스위스)은 유럽자유무역연합(European Free Trade Association ; EFTA)을 체결함으로써 EEC에 대응했다. 이 7개의 변두리 국가들은 FTA에 속하고 싶었지만 중심부였던 6개의 EEC 국가들에 합류할 준비가 되어 있지 않았다. 관세동맹으로서의 EEC는 공동의 대외관세와 정책의 조화를 요구하였지만 이는 영국의 영연방에 대한 무역특혜제도와 스웨덴 및 스위스와 같은 비동맹국의 정책들을 위협했다. EFTA는 공동의 대외관세를 요구하지 않았기 때문에 그들의 자치권에 위협이 되지 않았다. EEC와 EFTA의 형성 이후 유럽통합은 점진적으로 심화되고 확대되었다. EEC와 EFTA는 EC로 통합되었고, 1991년 마스트리히트 조약 체결로 공동체의 무역과 경제에서 다른 부문까지로 확대를 기념하기 위해 공식적 명칭을 1994년부터 EC에서 EU로 변경하였다. 또한 1999년 단일화폐인 유로(euro)를 도입하면서 통화통합을 이루어냈고, 동구권 유럽 국가들을 신규 회원으로 받아들이면서 더욱 확대되었다. 그러나 최근 2019년 영국이 EU에서 탈퇴하면서 갈등을 심하게 겪기도 했다.

표 12-4 유럽의 통합과정

연도	주요 내용
1951	유럽석탄철강공동체(European Coal and Steel Community ; ECSC) 출범 : 벨기에, 프랑스, 독일, 이탈리아, 룩셈부르크, 네덜란드 (총 회원 6개국)
1957	로마조약(Rome Treaty) 체결 유럽원자력공동체(European Atomic Energy Community ; Euratom) 창설
1958	유럽경제공동체(European Economic Community ; EEC) 창설
1960	유럽자유무역연합(European Free Trade Association ; EFTA) 창설
1967	ECSC, Euratom, EFTA : 유럽공동체(European Community ; EC)로 통합
1968	관세동맹 출범
1972	바젤조약(Basel Treaty) 체결 및 스네이크 제도(snake system) 도입
1973	신규 회원 : 덴마크, 아일랜드, 영국 (총 회원 9개국)
1979	유럽통화제도(European Monetary System ; EMS) 도입
1981	신규 회원 : 그리스 (총 회원 10개국)
1986	신규 회원 : 스페인, 포르투갈 (총 회원 12개국) 체결
1987	단일유럽의정서(Single European Act) 체결
1992	단일시장(Single Market) 출범 마스트리히트 조약(Maastricht Treaty or Treaty on European Union) 체결
1994	유럽공동체(EC)에서 유럽동맹(European Union ; EU)으로 전환
1995	단일화폐 명칭(euro) 도입. 신규 회원 : 오스트리아, 핀란드, 스웨덴 (총 15개국)
1996	안정 및 성장 협약(Stability and Growth Pact) 체결
1999	11개국 단일화폐 유로 도입(그리스는 2001년)
2004	신규 10개국 : 체코, 사이프러스, 에스토니아, 헝가리, 라트비아, 리투아니아, 몰타, 폴란드, 슬로바키아, 슬로베니아 (총 회원 25개국)
2007	신규 회원 : 불가리아, 루마니아 (총 회원 27개국)
2013	신규 회원 : 크로아티아 (총 회원 28개국)
2019	영국 EU 탈퇴(BREXIT) (총 회원 27개국 : 19개국이 단일화폐 유로 사용)

유럽통합의 심화

유럽통합의 과정은 거대한 비전을 갖고 발단되었으며 처음에는 순조롭게 진행되었다. 그러나 1960년대 일어난 두 사건은 유럽통합에 차질을 빚게 했다. 1963년 프랑스 대통령 드골(Charles de Gaul)은 유일하게 영국의 EC 가입에 거부권을 행사했고 1965년 EC의 예산 집행에 관련된 제안에 항의하기 위해 프랑스를 위원회에서 철수시켰다. 이러한 프랑스의 반대를 무마하기 위해 조율된 합의는 유럽위원회(EC Commission)의 힘을 제한하였으며, 이후 1960년대 기간 동안 유럽통합의 과정이 전진하는 데 장애로 작용하였다. 1970년대 벌어진 일련의 사건들은 전 세계 및 EC를 뒤흔들었고 이로 인해 유럽통합에 대한 전망은 더욱 어두워졌다. 브레튼우즈 체제의 붕괴, OPEC 석유파동에 따른 경제 불황의 시작은 모두 통합과정을 늦추는 장애요인들이었다. 세계 경제 불황과 더불어 유럽 경제가 침체와 위기를 경험하면서 안정기에는 부각되지 않았던 EC 국가들 간의 불균등 발전과 격차들이 전면으로 부각되기 시작했다. 1973년 영국, 덴마크, 아일랜드가 EC에 가입했음에도, 영국과 덴마크는 강력한 초국가기관으로서의 EC 설립에 대해 반대했다. EC는 1979년 3월 통화정책의 협력체제를 유지하는 EMS을 성공적으로 출범시켰다. 그러나 1970년대부터 1980년대까지는 유럽 경제가 전반적으로 둔화되어 유럽 동맥경화증(Eurosclerosis)이라 불렸고, EC의 생명력에 대한 신뢰가 위기에 처하게 되었다.

1980년대 초 EC는 세계시장에서의 경쟁력이 미국이나 일본에 비해 떨어진다는 사실을 절실히 인식했다. 이 문제의 주된 근원은 차등과세, 보조금, EC 역내무역의 내부 장애물이었다. 유럽시장을 통합해 특화와 규모의 경제 효과를 누릴 수 있다면 유럽시장에서는 더 경쟁력 있는 유럽 기업이 창출될 수 있으므로, EC는 1980~1990년대에 통합을 심화하는 데 노력을 기울였다. 들로르(Jacques Delors) 위원장은 통합 심화를 위한 정책들을 강하게 추진했으며, 그 노력의 결과로 EC회원국들은 단일유럽의정서(Single European Act)를 1986년 서명했다. 이 의정서는 역내시장을 1992까지 단일시장으로 통합하겠다는 협정으로, 상품 무역의 비관세장벽 철폐, 서비스 무역 자유화, EC 내 자본과 노동의 자유로운 이동을 포함하고 있다. 단일의정서는 또한 통화동맹도 목표로 삼고 있었고 이를 구체화하기 위해 1988년 6월 들로르 위원회를 구성했다. 이 위원회는 3단계 통화통합 과정을 제시했으며, 이를 기초로 1992년 마스트리히트 조약(Maastricht Treaty)이 체결되었고 이후 EU(European Union) 명칭을 사용하게 되었다. 마스트리히트 조약의 핵심은 통화통합이었지만, 이 조약은 공동의 사회 · 외교 · 안보 정책을 갖춘 유럽연방 정치시스템 설립이라는 경제 외의 장기 목표도 갖고 있었다.

마스트리히트 조약은 포괄적 의미인 EU는 크게 첫째 유럽공동체 EC, 둘째 공동 외교안보정책(Common European Security and Defence Policy), 셋째 공동 법무내무정책(Common Justice and Home Affairs Policy)의 세 가지 기둥으로 이루어져 있다. 그러나 둘째 및 셋째 기둥은 '공동'이라는 용어가 사용되기는 하지만, 첫 번째 EC의 경우와는 달리 하나의 정책 수립이나 회원국 주권 이양과 같은 단계에 이르지 못하고 있다.[23] 마스트리히트 조약은 이 외에도 노동조합, 복지국가, 이민정책 등 사회정책에 관련된 부분도 포함하고 있다. 예를 들어 EU 이사회는 다수의 법칙에 따라 노동조건, 노동자 복지와 안전에 대한 결정도 내릴 수 있도록 권한이 확대되었다. 이러한 사회문제들은 유럽의 보수당과 사회민주당 사이에 의견이 크게 갈리는 민감한 이슈들이어서, 이는 공식적 차원의 정책 결정보다는 비공식적인 합의를 통해 다루어져 왔다. 유럽통합의 심화를 위해 마스트리히트 조약이 제시한 여러 거대 목표들 중에서 가장 성공적이었던 것은 단일통화 도입을 통해 통화동맹(Economic and Monetary Union ; EMU)을 이루어낸 것이었다.

유럽통합의 확대

[표 12-4]에 나타나듯이 유럽통합 과정은 초기의 6개국에서 지속적으로 확대되었다. 첫 번째 확대는 영국, 덴마크, 아일랜드가 1973년 EC에 가입함으로써 이루어졌다. 두 번째 확대는 단일시장 출범 이전인 1980년대에 그리스(1981년) 및 스페인과 포르투갈(1986년)이 가입하면서, 그리고 세 번째 확대는 통화통합 이전인 1995년 오스트리아, 핀란드, 스웨덴이 새로 가입하면서 이루어졌다. 마지막 네 번째 확대는 2000년대 이후 동구권 유럽 국가들이 대거 가입하면서 이루어졌다. 특히 동구권 국가들로 통합을 확대할 때는, 당시 유럽통합을 심화하는 데 어려움을 겪고 있던 EU가 과연 회원국을 더 받아야 하는가에 대한 의문이 강하게 제기되었다. 유럽통합의 심화과정은 빠르게 변하는 경제상황들에 대한 대응에서 이루어져 온 반면에, 동구권으로의 추가적인 확대는 사회주의의 실패로 인해 촉진되었기 때문이다.

1958년 EEC가 설립되었을 당시 소련은 이에 대해 부정적이었고 적대적인 입장이었으며 1960~1970년대에 둘의 관계는 긴장상태에 있었다. EC는 소련이 주도하는 상호경제원조협의회(CMEA)를 인정하기를 꺼려했으며 CMEA와 별도로 동유럽 국가들과의 양자간 무역협정을 맺기를 선호하였다. 소련은 CMEA가 EC의 경제적 접촉의 매개체가 될 것을 주장했지만, EC는 동유럽 국가들이 소련과 공동으로 행동하기보다는 개별적으로 접촉하도록 설득하였다. 예를 들어 EC는 1972년 루마니아에게 일반특혜제도(Generalized System of Preference ; GSP)를 허락하였고 1980년 무역협력협정에 서명했다. 1980년대 들어 유럽의 경제상황이 악화되고 동구권이 서유럽과의 경제적 연계에 더욱 의존하게 되면서 소련은 EC에 대한 입장을 누그러뜨렸다. 소련의 붕괴는 획기적인 사건으로서 이후 CMEA의 해체와 1990년대 초 EU와 동구권 국가들과의 유럽협정(Europe Agreements)에 대한 협의로 이어졌다. 유럽협정은 그리스, 스페인, 포르투갈의 EU 편입을 승인한 협정과 비슷했지만, CEEC의 EU편입에 대한 구체적인 일정은 포함되어 있지 않았다. 그러나 EU는 동구권 국가들에게 비유럽 지역 국가에 비해 완화된 조건을 용인했고, 이에 따라 동구권 국가들은 EU에 정회원 가입신청을 제출했다.[24]

EU가 본격적으로 동구권 국가들로 확대되면서 기존 EU 회원국들에 대한 장점과 문제점들이 논의되기 시작했다. 무엇보다도 큰 경제적 이익은 시장 확대에 따른 규모의 경제 효과, 새로운 생산네크워크 구축에 따른 효율성 증대 등을 들 수 있다. 그러나 EU는 새로운 회원국을 위한 구조기금의 확대, EMU 통합의 심화와 확대의 조정, 노동의 자유로운 이동에 따른 서유럽 실업률 증대 우려, 생산질서 재편에 따른 남유럽 국가들의 비교우위 상실, 기타 환경기준 및 범죄예방에 대한 여러 가지 논란을 해소해야 한다. 게다가 유럽은 EU의 확대와 함께 NATO의 확대 또한 염두에 두어야 한다.

이러한 걱정들에도 불구하고 EU의 공식적 입장은 유럽통합의 확대가 정치적으로 불가피하고 역사적인 기회라는 것이다. EU의 확대는 동구권 국가들뿐만 아니라 기존 EU 회원국들에게도 이득이 더 많을 것이라고 보았다. 동구권 국가들은 EU와 NATO에 가입해 러시아로부터의 안보를 확보하고자 하며, EU의 자본, 기술 및 시장을 통해 서유럽과의 경제격차를 줄이고자 하였다. EU 회원국들은 EU 가입을 통해 동구권이 안정화되면 사회주의 붕괴 이후의 정치적 불안정에 대한 완충제 역할을 할 수 있으며, 또한 EU 확대를 통해 유럽을 넘어 전 세계에서 유럽의 영향력을 강화할 수 있을 것이라고 기대했다. 현실주의자 관점에서 볼 때, EU가 유럽통합을 확대하여 경제권과 시장을 넓히지 않으면 주요 전략 상대방인 미국과 아시아와의 경쟁을 견디기 어려울 것이라고 예상되었다. 독일, 영국, 프랑스와 같은 유럽의 선진국들은 고기술 제조업과 서비스 수출에 비교우위를 갖고 있으며, 동구권 국가들은 이러한 수출을 위한 싼 노동력과 투자기회를 제공해 줄 것이므로 EU의 확대는 커다란 도움이 될 것이라고 기대했다.

1994년 12월 EU 이사회는 일부 동구권 국가들에게 회원가입을 준비작업을 승인했고, 2002년 12월 10개 동구권 국가와의 협상을 종결하고 EU 가입을 승인했다. 이어 2007년에는 불가리아 및 루마니아, 그리고 2013년에는 크로아티아의 가입을 승인하면서 확대과정을 마무리지었다.

3.2 EU의 지역통합에 대한 평가

현실주의자들은 유럽통합을 국제정치경제질서에서 유럽의 영향력을 강화하기 위한 수단으로 보고 있다. 즉, 제2차 세계대전 후 미국과 소련이 장악하는 양극 체제는 세계무대에서 영향력을 키우고자 했던 유럽 국가들이 경제통합을 추진하게 만든 주요 요인이었다. 미국은 강한 서유럽이 소련을 대적하기 위한 서구 진영의 동맹에 있어 핵심 요소라고 생각했기 때문에 EC의 형성을 적극 지지했다. 서구 진영 내에서만 보더라도 경제적인 측면에서 브레튼우즈 체제 및 안보적인 측면에서 NATO 등 미국이 주도하고 있었다. 이러한 체제는 당시 유럽의 절실한 욕구를 충족시키기 어려웠으며, 따라서 유럽의 입장에서 전후 유럽 내 단결과 경제재건이라는 유럽 특유의 시급한 요구에 해답을 줄 수 있는 별도의 테두리가 필요했다. 유럽통합에 대한 입장이 국가마다 조금씩 달랐을지라도[25] 오직 통합된 유럽만이 유럽의 자치권과 영향력을 유지시킬 수 있다는 인식은 유럽통합을 지속하게 한 근본적 동인이었으며, 궁극적으로 단일시장과 통화통합을 이루어낸 주요 원인이었다.

자유주의 경제학자들은 유럽통합이 개방적 지역주의인가 아니면 폐쇄적 지역주의인가에 대해 논의하고 있다. 일부 자유주의자들은 EU의 보호주의적 성향을 걱정하면서, 단일시장협약의 강화와 GATT/WTO에서의 농산품에 대한 EU의 비타협적인 태도가 이러한 걱정을 현실화시키고 있다고 주장한다. EU의 폐쇄적인 지역주의 성향에 대해서, 자유주의자들은 타 지역과 EU회원국 간의 무역에서 무역창출 효과보다는 무역전환 효과가 더 많이 나타나고 있다는 점, 그리고 공동농업정책과 같은 특정한 EU의 정책을 극단적인 보호주의의 사례로 들고 있다. 자유주의자들은 이러한 폐쇄적인 EU 정책들이 역외지역 국가들뿐만 아니라 회원국들에게도 악영향을 미칠 수 있음을 주지시키고 있다.[26] 예를 들어, 산업 구조조정을 피하기 위해 보호주의 정책을 펼치는 전략은 오히려 유럽이 고기술 분야에서 미국이나 일본보다 뒤처지게 만들고 있다.

일부 다른 학자들은 이러한 우려에 대해 반대하며 EU는 세계화를 개방적인 정책으로 대응하고 있다고 주장한다. 이들의 주장에 따르면, 유럽에서 가장 큰 제조업체들이 1990년대 전후 단일시장프로그램을 추진하는 데 주요 역할을 했으며, 이러한 기업들은 세계적 경쟁력을 갖고 있어 지역적인 보호주의 정책에 반대한다. 통합의 심화와 확대는 EU 내 무역창출에 기여하며 동구권 국가들을 세계 경제권에 더욱 통합시킬 것으로 기대된다. 비록 유럽통합이 역외국가들에 대해 일부 무역전환 효과를 나타낼 우려도 있지만, EU와 확대에 따른 시장의 팽창은 세계 경제권 확대로 이어져 무역창출 효과를 더욱 크게 만들 것이다. 이들은 국제무역 관계에서 유럽의 농업에 대해 비타협적 성향 때문에 우루과이 라운드가 실패로 돌아갈 것이라는 예상에도 불구하고 결국에는 EU가 우루과이 라운드 협정에 승인했음을 강조하고 있다.[27]

맑스주의자들은 유럽사회프로그램이 불평등과 빈곤을 해결하는 데에 부적합하다고 평가하며, 많은 유럽 국가들은 사회적 목적의 재정지원의 증가에 반대한다는 점에 주목한다. 유럽통합의 확대는 EU 내 회원국들 간에 산업특화를 더욱 심화시키고 따라서 산업구조도 국가별로 더욱 뚜렷하게 분리될 것이다. 그렇지 않아도 유럽 내에서 북유럽 국가들과 남유럽 국가들 간에 격차가 해소되지 않고 있는데, 동구권으로의 확대는 기존의 문제를 더욱 악화시킬 것이다. 독일의 통일 사례는 이런 우려를 더욱 크게 만들었다. 독일의 경우 서독 지역으로부터의 적극적인 재정지원에도 불구하고 동독 지역의 1인당 소득이 서독 지역의 60% 수준에 도달하는 데 20년 가까이 걸렸고, 이후에는 별다른 수렴 추이를 보이지 않고 있다. 엄청난 재정지원이 수반된 독일이 이 정도이니 재정지원이 충분하지 못할 동구권 국가들의 경우 기존 EU 회원국들을 따라 잡는 것은 상당히 어려울 것이며, 따라서 유럽 내 지역 간의 격차는 지속될 것으로 보인다. 또 하나의 추가적인 우려는, 동구권 국가들이 EU에 통합되면, 비유럽 국가에 대한 EU 개방 수준을 그대로 동구권에도 적용해야 한다. 이럴 경우 동아시아 국가들을 비롯한 역외국가들과의 경쟁으로 동구권 국가들은 더욱 어려운 곤경에 처하게 될 수 있어 문제가 더욱 악화될 것이다.

4. 지역통합 사례 : 기타 지역

유럽 이외의 지역에서도 여러 지역통합의 노력이 이루어지고 있다. 이 절에서는 북미, 남미, 아시아 지역에서의 대표적인 지역협정 사례를 우선 살펴보고, 이어 대륙 간 지역협정의 사례를 살펴보고자 한다.

4.1 북미 : NAFTA 및 USMCA

북미자유무역협정(North America FTA ; NAFTA)은 미국과 캐나다 간의 CUSFTA (Canada-US FTA)에서 시작되어 멕시코를 포함한 협정으로 확대된 것이다. 미국과 캐나다는 1980년대가 될 때까지 포괄적인 FTA를 맺지는 않았지만, 두 나라 사이에 자유무역 움직임은 아주 오랜 역사를 갖고 있다. 미국과 캐나다는 1854년 작물, 육류, 유제품, 생선과 같은 1차 상품 자유무역에 대한 호혜조약을 체결하였다. 그러나 미국은 캐나다에 대한 무역적자, 미국 제조품에 대한 캐나다의 관세, 미국의 시민혁명 때 영국의 역할 때문에 1866년에 그 조약을 폐지했다. 이후 20세기 들어 자유무역을 부활시키려고 노력했으나 큰 성과를 거두지 못하다가, 1965년 두 국가는 자동차 분야에서 자유무역을 보장하는 자동차 협정(Automotive Agreement)을 체결했다. 그러나 이 협정은 실질적으로 모든 무역을 포함해야 한다는 GATT 제24조를 충족시키지 못했다. 1988년이 되어서야 두 국가는 보다 포괄적 FTA인 CUSFTA를 형성했다. 이후 1990년 6월 10일 부시와 살리나스가 미국-멕시코 양국 간 포괄적인 자유무역협정 체결을 추진하기로 약속하는 공동성명을 발표하면서 3국 간 자유무역협정으로 확대되었다. 3국 정상들은 1991년 2월 5일 자유무역협정 추진계획을 발표하고 1992년 8월 12일 NAFTA 협상이 타결되었음을 공식 발표하였다. 이후 각국의 의회비준을 거쳐 1994년 1월 1일 NAFTA가 공식적으로 출범하였다.

미국은 전통적으로 자유무역주의의 원칙 하에 다자간 협상을 선호하여 왔으나 1980년대 들어와 GATT의 기능과 신뢰성이 낮아지자 지역 간 자유무역협정을 다자간 협정의 보완적 수단으로 추진하는 무역정책을 추구하기 시작하였다. 게다가 유럽통합의 급진전에 따른 미국의 경제적 위상이 약화되면서 이에 대한 대응책 마련이 필요하였다. 또한 대내적으로도 1970년대 후반 이후 미국은 국제경쟁력이 저하되면서 큰 폭의 경상수지 적자 및 재정수지 적자를 기록하면서 경제여건이 크게 악화되자 멕시코의 저임금, 캐나다 자원, 자국의 첨단기술 및 자본의 결합을 통해 일본, 동아시아, EC 제품에 밀리고 있는 자국 산업 경쟁력을 확보하고자 지역경제통합을 시도한 것이다.

캐나다는 대부분의 무역관계가 미국과 이루어지고 있었기 때문에 미국의 시장접근을 보장하기 위해 FTA가 중요하다고 판단했다. 캐나다가 걱정했던 것은 미국의 무역에 대한 일방주의적인 태도였는데, 자유무역을 통해 이를 방지할 수 있다고 생각했다. 캐나다 국내 정책을 바꿔야 한다는 생각 또한 미국과의 자유무역에 대한 동기가 되었다. 캐나다 기업인들은 1980년대 경제운영에 있어 정부의 적극적인 개입을 부정적으로 보고 있었는데, 자유무역이 캐나다 경제를 시장의 원리에 의존하도록 만들 수 있을 것이라고 기대했었다. 이러한 기대 하에 미국과 자유무역을 추진한 캐나다는 처음에 NAFTA에 대해 소극적이었다. 그러나 기존의 미국-캐나다 자유무역협정으로 인한 미국 시장에서의 기득권이 미국-멕시코 간 무역협정으로 침해되는 것을 방지하고 멕시코 원유시장을 확보함과 동시에 캐나다의 상품, 서비스 및 자본의 멕시코 시장접근 기회를 확대하고자 NAFTA에 가입한 것으로 보인다.

멕시코는 초기에 아주 높은 수준의 보호주의에서 시작하였으며, 미국과의 자유무역을 추구하기 전에 무역규제를 완화하기 위한 독단적인 정책을 펼쳤다. 이러한 독단적인 움직임들은 멕시코의 채무 문제를 해결하기 위해 IMF의 조건과 세계은행 구조조정자금에 수반된 강요를 수행하기 위한 것들이었다. 그러나 이러한 강요 외에도 멕시코는 해외투자를 유치하기 위해서 자유화가 필요하다는 인식을 갖게 되었다. 물론 멕시코도 캐나다처럼 수출의 70% 이상을 미국 시장에 의존했기 때문에 FTA를 통해 미국 시장접근을 더욱 보장받고 싶어했다. 그러나 멕시코 발전을 위해서는 해외투자가 훨씬 더 중요한 요소였다. 멕시코의 독단적인 자유화에도 불구하고 해외투자자들은 멕시코 정부가 오랜 기간 동안 시장개입을 해왔기 때문에 자유화로의 변화가 과연 영구적인 것인지에 대한 의심을 했다. 만일 미국과 FTA가 체결된다면 해외투자자들에게 멕시코의 자유화 정책이 영구적이라는 확신을 줄 수 있으므로, 멕시코 정부는 미국 및 캐나다의 고도기술 및 자본유치를 통해 발전을 이루기 위해 NAFTA에 가입한 것이다.

2017년 미국에 트럼프 행정부가 들어서면서 미국은 NAFTA에 대한 수정을 강력히 요구하고 재협상을 개시하였다. 트럼프 대통령은 이미 그 이전 공화당 대통령 후보 경선 당시부터 NAFTA를 맹비난했으며 자신이 대통령이 되면 이를 폐기하겠다고 여러 번 언급하였다. 이에 트럼프 대통령이 집권하자마자 NAFTA의 현대화를 명분으로 캐나다, 멕시코와 함께 2017년 8월 16일부터 재협상을 시작하였다. 원래 미국 정부는 재협상 개시와 함께 조속히 마무리하고자 2017년 연내 협상 타결을 목표로 설정했으나, 캐나다와 멕시코와의 의견 차이를 좁히지 못해 협상은 2018년까지 지속되었다. 2018년 7월 멕시코 대선 이후 미국은 캐나다를 제외한 채 멕시코와 양자 협상을 진행했으며, 8월 27일 원칙적인 합의를 이루었다고 발표했다.

멕시코와의 양자 간 협상을 타결한 이후 미국은 8월 29일부터 캐나다와의 양자 간 협상에 본격적으로 돌입하였다. 미국과 캐나다는 협상을 재개하면서 1주일 내로 협상을 완료하기를 희망했지만 캐나다의 유제품 시장 개방과 미국의 NAFTA 분쟁해결 조항 삭제 등의 주제에서 의견 차이를 좁히지 못해 협상은 지연되었다. 협상단이 입장 차이를 좁히지 못하는 가운데 미국이 설정해 놓은 합의 최종 기한인 9월 30일이 다가올수록 협상 타결에 대한 부정적 기류가 심화되기도 했다. 여러 난관에도 불구하고 양자 간의 이견 조율을 거쳐 9월 30일 미국과 캐나다 간의 협상이 최종적으로 타결되었음이 선포된다. 미국, 멕시코, 캐나다 북미 3개국 정부는 기존의 NAFTA와 구분하기 위해 새로운 무역협정의 이름을 USMCA(United States-Mexico-Canada Agreement)라고 발표하였다. 이 협정문은 제일 먼저 멕시코가 의회 비준까지 마쳤으나, 미국은 2020년 1월에 들어서야 트럼프 대통령이 협정문에 서명하고 의회의 비준을 요청하였다.[28]

NAFTA (및 USMCA) 협정의 영향에 대해서도 학자들 간에 많은 논란이 일고 있다. 미국 내에서는 현실주의, 자유주의, 맑스주의 간에 여전히 다양한 의견이 제시되고 있다. 우선 현실주의자들은 NAFTA의 노동자 및 환경과 관련된 합의는 미국의 노동시장이나 환경을 위해 실질적인 보호를 보장해 주지 않는다는 입장이다. 또한 현실주의자는 NAFTA 조항이 국가의 자주권에 해로운 영향을 미친다고 주장하면서, 국가의 해외 기업에 대한 차별대우를 방지하기 위한 제도도입을 투자자들이 선호하지 않는 정책을 시행하는 현지 정부들을 공격하기 위한 수단으로 보고 있다. 이와는 달리 자유주의자들은, 일부 문제점이 없는 것은 아니지만 NAFTA가 자유무역 확대에 기여하며, 다자간 자유무역에 장애물이 아닌 디딤돌로 작용할 것이라고 기대한다. 맑스주의자들은 NAFTA는 자본가 계층이 노동자를 지배하는 것을 용이하게 해 준다는 점에서 비판적이다.

4.2 남미 : MERCOSUR

남미에서의 지역통합 노력의 기원은 유럽에서의 지역통합 움직임에 자극받아 중남미 자유무역 지대를 창설하기 위해 1960년 체결된 라틴아메리카 자유무역지대(ALALC) 협약으로 거슬러 올라갈 수 있다. ALALC 협약은 초기에는 역내 국가들 간의 교역을 증진하는 데 효과를 보았으나 1960년대 중반을 넘어서면서 한계에 직면하기 시작했고 1970년대 들어서면서 그 실효성을 거의 상실했다. ALALC를 대체하기 위해 1980년 창설된 라틴아메리카 통합위원회(ALADI)는 기존의 자유무역지대 결성 정책 대신, 향후 라틴아메리카 지역에서의 다자간 통합기구 창설을 위한 준비단계로서 우선 쌍무적인 교역 증대를 위한 경제호혜 지역의 건설에 역점을 두었다. 이는 과거 자유무역지대 결성 문제점을 극복하기 위해 제시된 보다 현실적인 방안으로서 회원국들 간의 가능한 협정체결과 상호 협력증진에 목표를 두는 것이었으나 라틴아메리카에서 보다 높은 통합의 단계인 공동시장의 결성과는 상당히 거리가 있었다. 그러나 ALADI 체제 하에서의 브라질과 아르헨티나의 쌍무적인 경제교류증대는 MERCOSUR 결성에 구체적인 디딤돌이 되었다.

1985년 이과수(Iguacu) 선언으로 시작된 브라질과 아르헨티나의 실질적인 외교관계 개선은 1986년 7월 부에노스아이레스에서 사르네이(José Sarney) 대통령과 알폰신(Raúl Alfonsín) 대통령이 브라질과 아르헨티나의 경제통합을 위한 의정서인 '경제 협력 및 통합 프로그램(PICE)'에 서명함으로써 남미 지역협력에 새로운 장을 열었다. PICE의 주요 목적은 양국 상품시장의 선별적 개방과 특정 경제부문의 상호 보완을 통해 경제통합을 증진하는 것이었다. 1988년 브라질과 아르헨티나는 향후 10년 이내, 양국의 거시경제정책의 조화와 관세장벽의 점진적인 철폐를 통해 공동시장을 결성한다는 목표로 '발전, 협력, 통합을 위한 협약'을 체결하였다. 이 조약은 1989년 8월 양국의 의회에서 각각 비준되었으며 ALADI의 이념에 따라 모든 라틴아메리카 국가들에 대한 회원 가입 개방 원칙을 채택하였다.

1990년 7월, 브라질과 아르헨티나는 보다 적극적인 경제 개방화 정책을 채택함에 따라 통합의 일정을 앞당기는 부에노스아이레스 의정서에 서명하였고, 그 해 8월 파라과이와 우루과이가 통합 참여를 결정하였다. 이에 따라 1991년 3월 26일 남미공동시장 결성을 위한 '아순시온 협약(Treaty of Asuncion)'이 공식 체결되었고 실질적인 남미 지역통합을 위한 발판이 마련되었다. 아순시온 협약은 1991년 12월 'MERCOSUR 분쟁해결을 위한 브라질리아 의정서'를 비롯하여, 1995년 12월 '경제통합기구 조직에 관한 Ouro Preto 의정서'에 이르기까지 일련의 부속 의정서의 체결로 보완되었다.

MERCOSUR는 물론 여러 가지 문제점들을 내포하고 있다. 무엇보다도 MERCOSUR 회원국들은 개발도상국들로서 국제정치경제질서의 측면에서 취약하다. 이 국가들은 모두 1차 상품을 주생산물로 하고 있으며 아직까지도 많은 외채를 지고 있어 외부의 경제안보의 변화에 민감하게 반응하고 있다. 또한 내부적으로 브라질이 지역 전체 GDP의 70%를 차지하고 있는 불균형적인 구조를 갖고 있는데, 브라질이 지역적인 목표들보다 국제적인 목표들에 좀 더 관심이 있다는 현실을 고려해 볼 때 지역통합의 심화에 대한 의문이 제기된다. 이와 더불어 MERCOSUR는 NAFTA와 달리 공식적인 분쟁해결절차가 존재하지 않는다는 점도 문제이다. 이런 상황에서는 정치적 협상이 모든 불협화음과 갈등을 해결하는 수단이 되기 마련인데, 회원국들이 분쟁해결기구 설립을 국가의 자주권 상실로 간주하게 되면 갈등을 수습하기가 어려워질 것이기 때문이다.

MERCOSUR에 대한 문제들과 불확실한 전망에도 불구하고 긍정적인 견해도 많이 있다. MERCOSUR의 결성은 중남미의 경제 통합에 새로운 모델을 제공하였다. 과거 경제통합의 시도가 수입대체산업화와 역내 국가로의 교역의 단순한 전환을 통한 소극적인 방식이었다면 MERCOSUR는 개방화와 상호 경제보완에 근거한 새로운 교역의 창출 시도로 국제 경쟁력을 강화하는 개방적인 모델이다. 경제공동체로서 MERCOSUR의 성공적인 출발은 선진국들의 모임이라고 할 수 있는 EU나 미국이 실질적인 역할을 하고 있는 USMCA와 달리 개도국들 간의 협력으로 이루어졌다는 점에서 라틴아메리카에서뿐만 아니라 다른 지역 경제권에 대해서도 훌륭한 통합 사례가 될 수 있음을 보여준다.

현실주의자들은 MERCOSUR를 세계 경제에서의 지역화에 대한 대응이라고 주장하면서 MERCOSUR가 경제뿐만 아니라 안보에도 기여한 바를 강조한다. 예를 들어 아르헨티나와 브라질은 공동군사훈련과 최고위장성들 간의 연례 미팅을 갖는 등 군사협력을 강화하였다. 현실주의자들은 또한 MERCOSUR 회원국들이 선진국들과의 지역 간 차원에서의 협상력을 강화하기 위해서라면 지역 내 관계에서의 개별적인 이해관계를 포기할 각오가 되어 있다고 생각한다. 자유주의자들은 MERCOSUR의 전망에 대해 가장 긍정적인 입장을 갖고 있다. 이들은 MERCOSUR가 해외투자자들에게 회원국들이 개방주의로 전환했음을 확인시키는 데에 큰 도움을 주기 때문에, 국내의 비지니스 그룹들도 이를 지지할 것이라고 주장한다. 맑스주의자들은 IMF가 채무부담이 있었던 라틴아메리카에게 정책을 자유화하라는 압박을 가한 결과 MERCOSUR가 형성되었다고 주장한다. 따라서 이 관점에서 볼 때, MERCOSUR는 회원국들을 세계자본주의 세계로 포함시키고 그 체제 내에서 종속적인 위치를 차지하게 만들고 있다.

4.3 동아시아 : ASEAN

동아시아 지역에서 현재 구체화된 지역통합 움직임의 가장 대표적인 사례로 ASEAN을 들 수 있다. ASEAN의 기원은 동남아 국가들이 지역협력을 위해 최초로 노력을 기울인 것으로 간주되는 동남아조약기구(Southeast Asian Treaty Organization ; SEATO)라고 할 수 있다. 그러나 1954년 출범한 SEATO는 어디까지나 미국의 대 동남아 정책의 일환이었고 미국 지배의 지역협력기구였기 때문에 미국의 군사동맹국인 필리핀과 태국을 제외한 국가들의 관심은 끌지 못했다. 이후 1961년 동남아연합(Association of Southeast Asia ; ASA)이 말레이시아, 필리핀, 태국 등 3개국에 의해 방콕에서 성립되었다. 그리고 이는 정치적 관심보다는 경제 · 사회 · 문화 · 과학 · 행정 등 제반 분야의 협력관계에 초점을 두었다.

1960년대 중반 베트남 전쟁이 격화되고 인도차이나에서 공산주의 세력이 확대되는 등 동남아시아 지역의 국제정세가 급변함에 따라, 이러한 정세에 대응하기 위해서 말레이시아와 싱가포르는 인도네시아를 포함시켜 ASA를 강화할 필요를 느끼게 되었다. 그리고 1966년 8월 3년 만에 재개된 제3차 ASA 외상회의에서 이와 같은 의제들이 논의되었고, 결국 ASA는 1967년 8월 8일 인도네시아, 말레이시아, 태국, 싱가포르, 필리핀 등 5개국을 회원국으로 하는 ASEAN으로 발전하게 되었다. 이후 1984년 브루나이, 1996년 베트남, 1997년 미얀마와 라오스, 1999년 캄보디아가 가입함으로써 현재는 10개국으로 구성되어 있다.

ASEAN은 초창기에 실질적 공동협력체라기보다는 느슨한 성격으로 출발했으나 시간이 경과함에 따라 결속력이 강한 지역협력기구로 발전해 왔다. 특히 1980년대 후반 소련 및 공산권의 몰락, 유럽통합 구체화, 우루과이 라운드 협상 등 국제정치경제적인 변화를 배경으로 1992년 1월 ASEAN의 새로운 발전방향을 모색하면서부터 지역공동체로 발전했다. 동 회담에서 '아세안경제협력기초협정' 및 '공동유효특혜관세협정'을 체결함으로써 1993년 1월 1일부터 AFTA(ASEAN Free Trade Area)가 출범하게 되었다. 이후 2015년 12월 ASEAN 정치 · 안보 공동체(ASEAN Political-Security Community ; APSC), ASEAN 경제공동체(ASEAN Economic Community ; AEC), ASEAN 사회 · 문화 공동체(ASEAN Socio-Cultural Community ; ASCC)의 세 개의 공동체로 구성된 ASEAN 공동체(ASEAN Community ; AC)를 공식 출범시키는 등 지역통합 움직임을 더욱 확대해 오고 있다.

AFTA는 처음에 ASEAN의 창립멤버인 인도네시아, 말레이시아, 필리핀, 싱가포르, 태국과 브루나이 6개국으로 시작되었다. ASEAN이 회원국을 확대하면서 AFTA에도 베트남, 라오스, 미얀마, 캄보디아 등이 새로운 회원으로 가입했다. AFTA 역내무역자유화의 대상은 서비스부문을 제외한 자본재 및 제조업 품목 전부이며, 공동실효특혜관세협정(Agreement on the Common Effective Preferential Tariff ; CEPT)이 주요 정책수단이 되고 있다. CEPT 계획에 따르면, 예외품목으로 지정된 품목 이외의 모든 역내무역거래에 대한 관세를 2008년까지 0～5%로 낮추기로 했는데, 이 계획은 이후 2003년까지 조기실현하기로 수정되었고 1997년 아시아 위기 이후에는 실현계획을 2002년으로 더욱 앞당겼다. 한편 회원국들이 비회원국들에 대해 적용하는 관세율은 각 회원국의 독자적 결정에 맡겨 놓았다. 수량규제를 포함하는 비관세장벽의 인하계획은 대상품목에 대한 현행 관세율 및 수량규제 이외의 비관세장벽의 유무에 따라 달라진다. 그리고 수량규제 이외의 비관세장벽은 수량규제가 철폐된 후 5년 이내에 철폐하도록 되어 있다. 이 외에도 무역자유화 계획을 보완하기 위해 외환규제 조치를 완화하는 등 다양한 조치들을 추진하고 있다.

AFTA는 어느 정도 성공을 거두어, AFTA 회원국들이 일부 품목에 대해서는 높은 수준의 무역자유화를 달성했다. AFTA는 기초 농산물까지도 관세철폐 프로그램에 포함시켰으며, 서비스, 투자, 지적재산, 제품기준의 통합까지 포함한 AFTA-plus 프로그램도 발전시켰다. 또한 AFTA는 일정 시기 이내 모든 역내관세를 철폐하는 목표를 설정했으며, 2003년 ASEAN회원국들은 2020년까지 EU와 같은 경제공동체를 설립하는 합의안에 서명하기도 했다.

이러한 움직임에도 불구하고 실질적인 면에서는 커다란 성과를 거두지 못하고 AFTA 회원국 간의 무역이 차지하는 비중은 여전히 미미한 수준에 머물렀다. 무엇보다도 AFTA

의 특혜관세율은 최혜국대우 조항과 별 차이가 없어 실제적인 효과를 거두기 어려웠다. 또한 설탕, 쌀 등과 같이 역내무역에서 큰 비중을 차지하고 있는 상품들은 정치적으로 민감하여, 많은 AFTA 국가들은 그 상품들의 자유화를 나중으로 미뤘다. 이에 더해 AFTA 회원국들 간의 발전격차가 워낙 커 시장자유화에 적응하는 속도, 시장자유화에 따른 혜택이 서로 너무 다르게 나타남으로써 통합을 심화시키기가 쉽지 않았다. 마지막으로, ASEAN의 무역자유화 방법은 항상 너무 조심스러웠고 반대 의견이 공존했으며, 민족적 · 배타주의적인 요소들에 얽혀 있었다. 이로 인해 ASEAN의 절차에 대한 강조가 결속에는 기여하지만, 공식적인 무역자유화에 대한 정치적 추진력은 약화시킨다.

4.4 대륙 간 지역협정

여러 지역에서 지역 내부의 협정 추진이 활발하게 진행되고 있는 것과 동시에 지역을 넘어서는 대륙 간의 초지역협정도 활발하게 진행되고 있다. 이 중 대표적인 사례로 아시아-미주 간의 APEC, 아시아-유럽 간의 ASEM, 북미-유럽 간의 TTIP, 그리고 북미-남미 간의 FTAA를 살펴보고자 한다.

아시아-미주 지역협정 : APEC

아시아태평양 경제협력체(Asia-Pacific Economic Cooperation ; APEC)는 1989년 호주 캔버라에서 우리나라를 포함한 12개국 간 각료회의로 출범하였다.[29] 이어 미국의 클린턴(Bill Clinton) 대통령의 제안으로 1993년부터 정상회의로 격상되어 오늘날의 구조를 갖추게 되었고, 현재 총 21개 회원국으로 구성되어 있다. APEC은 전 세계 인구의 약 40%, GDP의 약 59%, 교역량의 약 50%를 점유하는 거대 규모의 지역협력체이며, 특히 회원국 중에는 전 세계에서 가장 큰 경제규모를 가진 미국, 중국이 포함되어 있다.

1989년 1월 호주 총리 호크(Robert Hawke)는 환태평양 지역 국가들 간의 보다 효과적인 경제협력을 요청했고, 이를 계기로 같은 해 11월 호주의 수도 캔버라에서 제1회

APEC 회담이 개최되었다. APEC 첫 경제 정상회담은, 1993년 클린턴 미국 대통령이 키팅(Paul Keating) 호주 총리와의 회담을 진행한 뒤 각 회원국 정부 수장들을 초청하여 이루어졌다. 클린턴 대통령은 이를 통해 고착에 빠진 우루과이 라운드 통상협의를 다시 정상 궤도에 올리는 데 도움이 될 것으로 기대하였다. 회담에서 일부 정상들은 무역 투자 장벽을 지속적으로 줄여달라고 요청하여, 아시아-태평양 지역에 공동체를 구상하고 협력을 통해 번영을 이끌 수 있도록 하는 방안을 제시했다. 이후 APEC 기구의 활동을 조직화하기 위한 APEC 사무국이 싱가포르에 설치되기에 이른다.

APEC은 아・태 공동체의 달성을 장기 비전으로 하여 아・태 지역의 경제 성장과 번영을 목표로 삼고 있다. 이를 위해 1994년 인도네시아 보고르 정상회담에서 각국 정상은 보고르 선언을 통해 아시아-태평양 지역의 무역 투자를 자유화하고 개방하기로 약속하였으며, 2010년까지는 선진국들이, 2020년까지는 개발도상국들이 이행하기로 결정하였다. 아・태 공동체 비전 달성을 위한 이행프로세스로서 APEC은 보고르 목표로 대표되는 무역・투자 자유화(Trade and Investment Liberalization Facilitation ; TILF)와 함께, 경제기술협력(Economic and Technological Cooperation ; ECOTECH), 비즈니스 원활화(Business Facilitation ; BF)를 3대 축으로 설정・운영하고 있다.[30]

APEC 참가자격은 주권국가(country)가 아니라 경제체(economy)로, '국가' 라는 명칭 사용이나 국기 게양이 허용되지 않는다. 그러므로 대만과 홍콩은 각각 "Chinese Taipei" 와 "Hong Kong, China" 로 표기되고 있다. APEC 특징 중의 하나는 개방적 지역주의(open Regionalism)를 표방하고 있는 것인데, 아・태지역 내 무역자유화를 추진하되, 역외국에 대한 배타적인 지역주의는 지양하고 있다. 또한 APEC은 진화적 과정(evolving process)을 택함으로써, 창설 당시 아・태 협력의 기본 원칙에 대해서만 합의한 뒤 향후 운용해 나가는 과정에서 필요에 따라 탄력적으로 제도를 마련하고 기구를 확대해 가고 있다. 이 외에도 APEC에서의 의사결정은 컨센서스 방식에 따르며, 비구속적(non-binding) 이행을 원칙으로 함으로써 회원국의 자발적 참여 또는 이행을 중시하고 있다.

처음 12개국에서 출발하여 21개 회원국으로 확대되었고 또한 지역적으로 포괄하는 범위 및 회원국들의 경제규모가 NAFTA와 EU를 크게 능가하는 등 매우 커다란 잠재력을 지니고 있음에도 불구하고 기대와는 달리 큰 성과를 거두지 못하고 있다.[31] 여러 가지 내재적 및 외부적 이유가 있었지만,[32] 특히 아시아 위기로 동아시아 국가들이 심각한 타격을 입었을 때 APEC의 역할이 전혀 없어 APEC의 혜택에 의문을 갖기 시작한 것이 중요한 원인 중의 하나로 평가되고 있다. 뿐만 아니라, EU 등 역외국들은 지난 20여 년 동안의 APEC 협력이 '여러 가지 합의 및 천명은 많이 했으나 실질적으로는 중요한 성취가 거의 없었다'는 점을 들어 말의 성찬(talk shop)에 불과하다는 평가를 내리기도 한다.[33] 2010/2020년을 기하여 역내무역투자 자유화를 성취한다는 보고르 선언이 실질적으로 실패로 돌아간 점은 이를 반증하는 사례이기도 하다. 특히 회원국의 구성이 매우 다양하여 21개 회원국 전체를 대상으로 하는 FTA 등 경제통합 노력은 매우 어려운 과제로 인식되고 있기도 하다.

아·태자유무역지대(FTA of the Asia-Pacific ; FTAAP) 구상은 APEC의 본질적 문제인 대내적 정체성의 위기와 대외적 신뢰성의 위기를 타파하고 APEC을 발전시키기 위한 새로운 시도라고 할 수 있다. 이 구상은 2004년 정상회의에서 APEC 기업인자문회의(APEC Business Advisory Council ; ABAC)에 의해 처음 제안되었다.[34] 기업인자문회의가 FTAAP 창설을 위한 타당성 연구와 환태평양 비즈니스 아젠다(Trans-Pacific Business Agenda)를 정상회의에 제출했을 때, 호주를 포함한 일부 회원국이 지지를 표명하였으나 APEC 주요 회원국인 미국과 중국이 미온적 반응을 보임에 따라 구체적인 추진 계획은 수립되지 못했다. APEC 정상들은 2006년에 처음으로 FTAAP의 장기적 전망을 검토하기로 합의하고 FTAAP를 보고르 목표를 보완하는 동시에 중장기적으로는 아시아태평양 경제공동체 구축을 위한 도구로 활용할 것을 지시하였다. 이후 이에 대해 추가적인 논의가 이루어졌고, 마침내 2010년 일본 요코하마 정상회의에서 'FTAAP로의 경로(Pathways to FTAAP)'라는 제목의 별도 성명문을 정상회의 부속서로 채택하여 처음으로 FTAAP 실현을 위한 실질적인 비전이 제시되었다. APEC 정상들은 FTAAP를 APEC 지역경제통합 의제를 발전 및 심화시키는 주요 수단으로 인식하고 이를 위해 구체적인 조치를 취할 것을 지시하였으며, APEC이 FTAAP 실현을 위한 인큐베이터 역할을 담당해야 한다고 강조하였다. 이후 2014년 FTAAP를 실현하기 위한 로드맵이 채택되고, APEC 정상회의에서 매번 FTAAP가 아·태지역 경제통합을 실현시키기 주요 수단임을 재확인하면서 추진해 오고 있다.

아·태지역의 대륙 간 지역협력 노력에 대해 자유주의 경제학자들은, 세계무역자유화로의 징검다리가 될 가능성이 높은 개방적 지역주의의 한 예로서 APEC을 강하게 지지한다. APEC은 여러 대륙을 포함하는 광범위한 지역에 걸친 회원국들의 연합체로서 개방적 지역주의 특성을 보이는데, 자유주의들은 이를 차별적 지역주의인 EU와 비교하기도 한다. APEC의 장래에 대해 자유주의자들 간에도 상반된 전망을 하고 있다. 일부 자유주의자들은 APEC과 같이 다양성을 지닌 협의체에서는 궁극적인 자유무역의 목표를 달성하는 데 장애물이 많을 것이라고 보고 있다. 반면 이와 더불어 또 다른 자유주의자들은 APEC과 같은 개방적 지역주의는 장기적으로 봤을 때 성공적일 수 있다는 희망적인 전망을 갖고 있다.[35]

현실주의자들은 APEC을 경제적 측면뿐만 아니라 정치적인 측면을 함께 고려해, 아시아에 국한된 지역무역협정을 막기 위한 호주와 미국 등 비아시아 국가들의 노력이 성과를 거둔 것으로 평가한다. 이러한 관점에서 볼 때, 미국은 APEC을 미국의 권력을 유지하기 위한 장으로 활용하며, 동아시아의 정체성을 보다 포괄적인 아시아·태평양 지역 안에서 포함시키려고 하고 있다. 현실주의자들은 자유주의자들보다 아시아 지역주의의 제도적인 측면을 덜 강조하면서, 아시아 국가들이 RTA를 구축하는 대신에 생산 네트워크를 활용하여 최첨단제품들을 미국 및 유럽 시장에 계속하여 공급한다는 점에 주목한다. 따라서 현실주의자들은 일본, 중국, 동아시아 NICs들이 서방국에 대해 경쟁적인 도전을 하고 있다는 점을 중시하고 있다.

맑스주의자들은 APEC이 사회정책의 붕괴, 환경, 노동, 건강기준에 대한 악화, 정치적·경제적 권력의 거대기업으로의 영구적 이동을 초래할 것을 우려하고 있다. 일부 동아시아 국가들은 환경, 노동, 인권 등의 최저 수준만을 보장하기 때문에, APEC에서의 무역과 해외투자 자유화는 다른 국가들로 하여금 경쟁력을 잃지 않기 위해 그들의 기준도 덩달아 낮출 것을 강요하게 할 수도 있다. NAFTA의 경우에서처럼 APEC도 회원국들을 강제적으로 아래로의 경쟁(competitive race to the bottom)에 돌입하게 만들 수도 있다. 또한 맑스주의자들은 동아시아 지역주의의 제도화되지 못한 측면에도 주목한다. 아시아 국가들이 제도적인 지역주의를 추구하는 대신에 생산 네트워크에 의존해 역내거래를 증진시킨다면, 역내 국가들 간의 수직적 · 종속적 구조가 고착 및 심화될 우려가 있다는 것이다.

아시아-유럽 지역협정 : ASEM

아시아 국가들과 유럽 국가들을 포함하는 대표적인 지역협정으로 아시아-유럽 정상회의(Asia-Europe Meeting ; ASEM)를 들 수 있다. 1994년 싱가포르의 제안으로 출범해 1996년 정상회의를 개최함으로써 본격적으로 출범하였고, 이후 아시아 및 유럽 정상, EU 집행위원장과 ASEAN 사무총장이 참석하여 2년마다 정상회의를 개최하고 있다. ASEM은 세계 인구의 63%, 교역량의 65%, GDP의 58% 차지하고 있어, 어떤 면에서 APEC보다 더 큰 규모의 협력체라고 볼 수도 있다.

1990년대 냉전 질서가 붕괴하고 세계화가 급속히 진행되면서 국제질서는 아시아, 북미, 유럽 3개 지역을 중심으로 급속히 재편되었다. 이 중 유럽과 북미는 정치 · 경제 · 문화 등 모든 분야에서 전통적으로 긴밀한 관계를 구축해 왔으며, 아시아와 북미 간의 관계도 APEC 등을 통해 꾸준히 발전해 왔다. 그러나 아시아와 유럽 간의 관계는 '잃어버린 고리(missing link)' 로 불릴 정도로 미약했고, 특별한 협의체도 없었다. 아시아의 발전과 더불어 유럽 지역통합이 가속화됨에 따라, 아시아와 유럽 두 지역 간의 관계를 강화시킬 필요성이 대두되면서, 1994년 10월 싱가포르가 ASEM 창설을 제안하고, 한 · 중 · 일 동북아 3국, ASEAN 및 EU가 동의함으로써 아시아-유럽 정상회의 개최(Europe Asia Summit ; EAS)가 합의되었다.[36] 1995년 3월 ASEAN 고위관료회의(Senior Officials' Meeting ; SOM)에서 유럽이 주도하는 인상을 주는 EAS라는 명칭 대신 아시아가 주도하는 인상을 주는 ASEM으로 변경하였다. 제1차 ASEM 정상회의는 1996년 3월 태국에서 개최되었고, 향후 방향 설정과 정치 · 경제 · 문화 등 포괄적인 문제들을 논의하였다. 초기에는 ASEAN 7개국, 한 · 중 · 일 등 동북아 3국, EU 15개국과 EU 집행위원회가 참여했는데,[37] 이후 지속적으로 확대되어 현재는 51개 회원국, EU집행위원회 및 ASEAN사무국이 참여하고 있다.

ASEM은 기본적으로 아시아 · 북미 · 유럽 중 상호 협력관계가 상대적으로 미약했던 아시아와 유럽 간의 관계 강화를 목적으로 설립되었다. 즉, ASEM은 정치 · 안보, 경제 문화 등의 제분야에서 아시아와 유럽 양 지역 간의 이해 증진과 상호 협력을 통하여 양 지역에서 평화-안보 기반을 구축하고 동시에 경제적 보완성과 다양성을 최대한 활용함으로써 이들 양 지역의 번영과 발전에 기여하는 것을 목표로 하고 있다. 이를 위해 ASEM은 크게 정치분야, 경제분야, 사회 · 문화분야의 3대 협력분야를 설정하고, 자유무역 촉진, 아시아와 유럽 지역의 무역과 투자 확대, UN의 개혁 촉진, 환경문제 개선, 약물 · 화폐위조 · 국제범죄 · 테러에 대한 협력 강화 등 구체적인 사업활동을 전개해 오고 있다.

ASEM은 몇 가지 특징을 갖고 있다. 첫째, 모든 참가자들이 정치, 경제, 사회 · 문화 분야의 공통 관심 사안에 대해 자유롭게 논의하는 비공식적 협력체(informality)이다. 둘째, 아시아와 유럽 지역에 관계된 모든 이슈를 포괄하며, 정치, 경제, 사회 · 문화 3개 분야에 동일한 비중을 두고 협력해 가는 다차원성(multi-dimensionality) 특징도 지니고 있다. 셋째, 동등한 동반자 관계, 상호 존중과 호혜를 바탕으로 한 대화와 협력을 강조하는 동등한 파트너십(equal partnership)을 원칙으로 한다. 넷째, 정상회의를 중심으로 한 정부 간 협력뿐 아니라 사람과 사람, 사회와 사회 등 다양한 사회적 계층 간 교류를 통해 아시아-유럽 지역 간 소통 확대를 위한 노력을 경주하는 다중심 협력(dual focus on high-level and people-to-people)을 추구한다. ASEM에서 모든 의사결정은 APEC와 마찬가지로 ASEM의 운영 규칙에 따라 전원합의(consensus) 원칙으로 이루어진다. 전원합의는 정상회의는 물론 각료급 회의 및 고위관리회의 등 ASEM 프로세스 내 모든 단계에서 공히 통용되는 의사결정 방식이다.

ASEM은 구속력이 있는 결과를 도출하기 위한 협상기구는 아니며, 아시아-유럽 간 포괄적인 관심사를 논의하는 기구이다. 따라서 어느 한 부분에 치우치지 않고 유럽과 아시아 간 정치, 경제, 사회, 문화 등 다방면에 걸친 다양한 논의를 하며 상호 이익에 바탕한 평등한 협력을 강조하면서 양 지역의 정부 수준의 고위급 혹은 민간 수준의 이중의 토론의 장을 제공해 주고 있다. 이처럼 RTA 등과 같이 경제협력에 주안점을 두는 지역협력체와는 다는 성격의 ASEM이, 폭넓은 의제에 관해 자유로이 의견을 교환할 수 있는 대화의 장을 제공하고 있다는 점에서 일정한 역할을 한 것으로 평가하기도 한다. 또한 ASEM은 매우 상이한 조건을 가진 국가 간, 지역 간 대화의 창구로서 역할을 수행해 왔으며, 회원국들도 ASEM 정상회의로 인해 파생된 대화의 기회를 충분히 활용하고 있는 것으로 판단된다.[38]

그러나 냉정하게 평가하면, 그동안 ASEM이 50여 개국의 정상들이 참여하는 정상회의를 여러 번 개최했음에도 불구하고 성과가 빈약하고, 협력사업의 일관성과 지속성이 부족하다는 평가를 받아왔다. 예를 들어 정치협력 부분에서 합의내용이 규범적 차원에 그치는 경우가 대부분이며, 또한 경제협력 부분에서는 협력사업의 일관성이 결여되고 일회성으로 그치는 경우가 많다. 이러한 한계로 인해 초기에는 많은 주목을 받았던 ASEM은 이후 특히 유럽 회원국의 참여도가 저하되고 있다. ASEM이 뚜렷한 성과를 내지 못하는 근본적인 이유는 ASEM의 구조적 문제점과 직결되어 있다. 첫째, ASEM은 지역주의에 입각한 협의체로는 최대 규모일 정도로 많은 회원국들을 포함하고 있는데, 회원국 간의 국력, 경제 수준 및 정치적 이해가 매우 상이하여 공통분모를 찾기 어려운 실정이다.[39] 둘째, 또한 아시아와 유럽 양 지역에서 이루어진 지역통합 정도의 차이가 크다는 것도 장애요인으로 작용한다. 유럽의 경우 제도적 차원에서 구속력 있는 합의안을 선호하는 반면 지역통합 정도가 약한 아시아 지역은 이러한 구속을 선호하지 않는 경향이 있다. 셋째, ASEM의 태생적인 문제로서, 초기부터 구속력 있는 협의체를 설립하는 데 목적을 두지 않았으며 공식기구도 없고 운영예산도 배정되지 않은 상태이다. 넷째, 유럽의 경우 EU집행위원회가 대표 역할을 하는 데 비해 아시아 지역의 경우 결집성과 대표성이 결여되어 있다는 점도 근본적인 한계점으로 지적되어 왔다.

이러한 문제점을 극복하기 위해 아시아와 유럽 양 지역 간 협력을 제도화하는 것이 필요하다는 지적도 있어, 최소한 경제분야에서라도 다른 대륙 간 지역협력과 같은 RTA를 제안하기도 했다.[40] 그러나 아시아와 유럽 간에 대륙 차원에서의 노력은 거의 없고, 우리나라, 싱가포르 등 많은 아시아 국가들이 개별국 차원에서 EU와의 FTA 협정을 체결하고 있다.

범대서양무역투자동반자협정 : TTIP

범대서양무역투자동반자협정(Transatlantic Trade and Investment Partnership ; TTIP)은 미국과 EU 사이에 체결을 추진하고 있는 자유무역협정이다. 2013년 2월 미국 오바마(Barack Obama) 대통령이 의회 국정연설에서 제안한 데 대해 EU측이 동의 의사를 밝히면서 협상이 시작되었다. TTIP는 전 세계 최대 규모일 뿐만 아니라 포괄적이며 높은 수준의 자유무역협정으로, 체결된다면 엄청난 영향을 미칠 것으로 기대되었으나 2016년 아무런 결론 없이 협상이 종결된 상태이다.

미국과 EU는 낮은 관세율과 거대한 국내시장 등으로 인해 상호 간 지역무역협정을 체결할 필요성이 크지 않았다. 이에 미국은 최근까지 중남미 및 아시아 · 태평양 국가와의 지역무역협정에 역점을 두었으며, EU 또한 신흥국과의 지역무역협정을 추진해 왔다. 그러나 경기침체 타개, 새로운 성장기회 모색, 신흥국 부상에 따른 국제경제질서 변화 등의 요인들로 인해 지역무역협정 추진 필요성이 증가했다. 특히 글로벌 금융위기 이후 미국과 EU의 대내 경제 상황이 악화되자 상호 간의 지역무역협정을 통해 무역과 투자를 활성화시킬 필요가 있다는 인식이 증가했다.

이에 오바마 대통령의 제안으로 미국과 EU는 TTIP 협상에 착수할 것을 2013년 2월 13일에 공식적으로 선언하였으며, 동년 7월 미국 워싱턴에서 개최된 제 1차 협상을 시작으로 2016년까지 여러 차례의 협상을 진행하였다. 양측은 원래 2014년 10월까지 TTIP를 체결하려 했으나 일부 협상분야에 대한 의견 충돌, 유럽의회 선거 등과 같은 정치적 상황으로 인해 목표 시한을 달성하지 못하고, 협상 시한을 연장했다.

미국과 EU는 TTIP 체결을 통해 상품 · 서비스 · 농업 부문의 무역 및 투자 장벽을 축소 또는 철폐하여 시장 접근성을 확대하려는 목표를 갖고 있었다. 이와 동시에 규제 일관성 및 상호 협력을 강화하고, 외국인직접투자, 지적재산권, 환경, 노동 등의 분야에서 새로운 규정들을 마련하려고 하였다. 또한 다자간 자유무역 확대, 범세계적인 규범 및 기준 수립, 중국과 여타 신흥국의 영향력 증대에 따른 문제 해결 등에 TTIP를 전략적으로 활용하고자 한 것도 주요 목적 중의 하나였다. 미국과 EU가 국제규범 제정에서 월등한 비교우위를 갖고 있어, 미국과 EU 간 TTIP를 통해 통상규범을 정립하는 데 성공할 경우 국제 무역체계를 미국과 EU 중심으로 재설계하는 계기가 될 수 있기 때문이다.

이러한 배경 하에 TTIP는 시장접근(개방), 규제와 비관세장벽, 그리고 규범, 원칙 및 새로운 협력의 형태 등 세 분야에 걸쳐 구체적인 결과를 도출하는 것을 목표로 협상을 진행하였다. 시장접근 협상은 미국이나 EU가 맺은 과거 어느 무역협정을 통해 성취한 것 이상의 시장접근의 일괄 타결을 지향하였다. 규제와 비관세장벽 분야에서는 양 지역이 위생, 안전 및 환경보호 기준 등과 관련된 제반 장벽에 대처하는 새로운 수단을 모색하기로 하였다. 또한 글로벌 교역규범 강화 분야에서는 협상을 통해, 양자 간 교역과 관련된 내용뿐만 아니라 다자간 교역체제의 전향적인 강화에 기여할 교역 규범을 개발하기로 하였다.

많은 노력에도 불구하고 세계 최고 선진지역 간 역사상 최대 규모의 경제권 형성을 목표로 한 TTIP는 결국 협상의 타결이 사실상 무산됐다. 애초부터 양측이 협상의 자리에서 대할 교역 현안들은 수십 년 동안 양 지역 간에 마찰을 빚어 온 것들이었다. TTIP 이전 수십 년의 협상 노력에도 불구하고 여전히 해결을 보지 못했다는 사실은, 그 현안들이 아주 민감해 쉽게 합의하기 어렵다는 점을 반증해 준다. 그 현안의 해결을 가로막고 있는 이유들은 문화 및 정치적 성격의 것들로, TTIP가 가져다줄 경제적 혜택만으로 극복하기는 쉽지 않았을 것이다. 아울러, 양 지역 공히 각각 TTIP와 같은 거대협정에 관한 일관성 있는 사회적 합의를 신속하게 도출하는 체제가 결여되어 있었기 때문에 협상의 진전이 어려웠다.

이와 같은 고질적인 이유 외에도 당시 미국과 EU의 정치경제적인 상황은 협상 종결을 더욱 부채질했다. 우선 미국에서는 글로벌 금융위기 여파로 경제상황이 어려워지자 자유무역에 대한 부정적 여론이 비등하고 유력 대통령 후보들도 무역협정에 반대하거나 소극적인 입장을 취했다. 공화당 트럼프 후보는 노골적인 고립주의를 표방하였고, 트럼프보다 개방적 색채가 강한 힐러리(Hillary Clinton) 민주당 후보조차 여론을 의식해 자유무역에 소극적인 입장을 보였다. 한편 EU에서는 핵심 국가인 프랑스를 비롯한 일부 회원국이 반대 입장을 굽히지 않고 있는데다 영국의 브렉시트 결정으로 TTIP 협상 타결에 대한 전망이 급격히 어두워졌다. 영국은 EU 내에서 TTIP에 가장 우호적인 국가이지 미국의 강력한 우방이었는데, 브렉시트로 영국의 EU 탈퇴 협상이 본격화되면 TTIP에 대한 관심은 상대적으로 줄어들 수 밖에 없었기 때문이다. 이에 EU가 2016년 9월 협상 중단을 선언하면서 TTIP 협상은 성과 없이 끝나고 말았다.[41]

북미–남미 지역협정 : FTAA

미주자유무역지대(Free Trade Area of the Americas ; FTAA)는 쿠바를 제외한 북미와 남미 대륙 모든 국가를 포괄하는 자유무역협정을 맺기 위해 제안된 지역무역협정이다. 1994년 미국 마이애미에서 열린 미주정상회의에서 NAFTA를 확대하는 형태를 목표로 FTAA 협상 개시를 선언하고 2005년까지 결말짓기로 했으나, 별다른 결론을 내리지 못한 채 사실상 종결된 상태이다.

북미와 남미를 포괄하는 미주 통합의 아이디어는 과거에도 일부 제시되기는 했지만, 1990년대 들어서면서 보다 현실적인 대안으로 구체화되기 시작하였다. 중남미 지역의 경제개혁과 개방의 전반적인 흐름 속에서 북미에서는 NAFTA가, 그리고 남미에서는 MERCOSUR가 출범하였고, 기존에 존재해 왔으나 정체되어 있던 소지역 통합체들도 새로운 활력을 찾기 시작했다. 이 결과 중남미 국가들의 역내 무역과 투자가 빠르게 증가하여 왔고, 산업의 경쟁력과 효율성이 증가하여 왔다. 이러한 배경 하에서 미국의 주도 하에 FTAA 협상이 시작된 것이다.[42]

미국은 이에 앞서 1990년 6월 부시(George Bush) 대통령이 라틴아메리카의 경제문제들에 대응하기 위해 EAI(Enterprise for the Americas Initiative)라는 미국–라틴아메리카 관계의 새로운 프레임워크를 발표했다. EAI는 투자촉진과 채무 감면 형태의 미국의 원조도 다루었지만 무역장벽 철폐를 목표로 하는 협정이 가장 중요한 항목이었다. 미국은 EAI를 세계의 절반에 해당하는 미주권을 통합할 가장 좋은 방안이라고 생각하고, 보다 넓은 지역에 자유무역을 확산하는 데 중요한 역할을 할 것으로 기대했다. 1993년 12월 미국 부통령 고어(Al Gore)는 보다 구체적으로 FTAA 형성을 제안하며 1994년 미주 국가들의 정상회담을 요청했다. 이에 1994년 12월 마이애미에서 미주정상회담이 개최되었고

34개국 정상들이 FTAA 협상 개시를 선언하였다. 1998년 3월 통상장관들이 코스타리카에 모여 FTAA 내용에 대한 문서를 작성하고, 이 문서를 기반으로 동년 4월 칠레 샌디에고 정상회의에서 늦어도 2005년까지 협상을 체결한다는 계획을 발표했다.

FTAA 협상은 시장접근, 농업, 투자, 서비스, 노동 및 환경 등으로 나누어 진행되었다. 시장접근의 분야에서는 상품교역에서 관세 및 비관세장벽의 철폐가 핵심 주제였으며, 농업분야에서는 국내보조금 문제와 민감 농산품 선정에 대해 첨예하게 대립하고 있었다. 투자분야에서는 투자의 개념, 비차별적 원칙, 이행요건, 분쟁해결절차, 협상방식 등이 주요 쟁점이었으며, 서비스분야에서는 서비스부문의 포괄범위가 국가들 간에 구체적으로 설정되어 있지 않은 것이 쟁점으로 부각되었다. 경제적 이슈라기보다는 사회적 이슈인 노동 및 환경 분야에서도 국가 간, 특히 북미 지역과 남미 지역 간 노동규범 및 환경규범이 서로 달랐다는 것이 협상 중 쟁점의 원인으로 작용했다.

FTAA 협상은 미국에 의해 주도되었는데, 미국이 FTAA에 관심을 갖는 몇 가지 이유가 있다. 첫째, 미국으로서는 NAFTA 출범으로 북미 지역통합을 이루었으므로 이를 라틴아메리카로 확대함으로써 사실상 미주 전역에 대한 주도권을 확보하고자 하였다. 둘째, 또한 자유무역지대의 확장은 경제적인 측면에서 미국에게 상당한 이득을 가져올 수 있었다. 미국이 라틴아메리카에 대해서는 무역흑자를 보고 있었으며, 게다가 라틴아메리카에 대한 수출 중 상당 부분을 고부가가치 상품들이 차지하고 있었다. 셋째, 미국이 다자간 무역협상에 미칠 수 있는 영향력이 점차 낮아지고 또한 도하 라운드도 지지부진하고 있는 시점에서 FTAA를 새로운 무역아젠다를 내세울 기회로 여기고 있었다. 넷째, 미국은 경제뿐만 아니라 안보의 측면에서도 FTAA의 중요하게 생각했는데, 미국의 라틴아메리카에 대한 안보문제는 마약, 테러리즘, 폭동, 석유 · 에너지, 이민, 환경 등의 이슈와 관련이 있다.

한편 미국 이외의 다른 국가들도 FTAA 협상을 추진하는 데 관심을 갖고 있었다. 캐나다는 이전에 중남미 국가들과의 무역관계에 대해 양면적인 입장이었지만, 1992년에 미주기구(OAS)에 가입했으며 1993년에는 NAFTA 형성에도 참여했다. 또한 라틴아메리카 국가들도 1980년대 외채위기 이후 발전전략을 수입대체정책에서 수출지향정책으로의 전환함으로써 무역 확대에 관심을 기울이게 되었으며, 국내적으로 민정강화와 민주주의 도입 또한 협상을 추진하는 데 도움이 되었다. 이와 더불어 라틴아메리카 지역 내에서 소규모 형태로의 지역협정이 활발해지고 지역주의가 개방적인 형태로 등장한 것 또한 더욱 광범위한 FTAA를 추진하는 데 징검다리 역할을 했다.

초반의 의욕적인 노력에도 불구하고 일부 북미와 남미 간의 FTAA에 대한 개념 차이, 협상 내용에 대한 이견 등으로 FTAA 협상이 지지부진해졌고 결국에는 중단되고 말았다. 첫째, 애초 협상을 개시할 때부터 FTAA에 대한 개념이 달라 일부 라틴아메리카 국가들의 반대가 있었다. 미국은 FTAA를 NAFTA의 확대로 보고 있어 점차적으로 국가들을 확대해 가고 싶어 했지만, 브라질을 비롯한 일부 남미 국가들은 FTAA는 새로운 계획이어야 하며 전 회원국들 간에 평등하게 협상이 진해되어야 한다고 주장했다. 둘째, 이와 유사한 맥락에서 미국은 각각의 국가들이 협상을 진행하기를 원했지만, 브라질은 MERCOSUR, 안데스 공동체, 중미공동시장(Central America Common Market ; CACM)과 같은 지역단위로 협상이 진행될 것을 제안했다. 특히 브라질은 FTAA에 대해 의심을 갖고 있었으며 MERCOSUR 통합의 심화에 주력한 후 더 큰 범위의 지역통합을 추진하길 선호하였고, MERCOSUR 회원국들은 브라질의 협상방식을 지지했다. 셋째, 미국은 FTAA가 WTO의 서비스, 투자, 정부조달, 지적재산 관련 협정을 넘어서는 WTO-plus 협상이 되기를 바랐다. WTO를 넘어서는 협상을 함으로써 미국은 FTAA를 통해 다자간 무역협상을 진행시키는 데에 자극을 주길 원하고 있었다. 그러나 라틴아메리카는 WTO 협정과 다른 내용이 포함되려면, 미국이 먼저 미국의 국내 농산물보조금 및 기타 무역조치에 대해 협상해야 한다고 주장했다.

이러한 구조적인 문제와 더불어 2000년대 초반부터 라틴아메리카에서 정권교체가 일어나면서 미국 주도의 FTAA에 대한 부정적 인식이 확대된 것도 협상 중단을 초래한 주요 원인이었다. 새로 정권을 장악한 좌파 정부들은 협상의 구체적인 내용에도 반대했지만, 미국 주도에서 벗어나 남미 국가들만의 독립적인 지역협정을 추진하고 싶어했다. 이러한 움직임을 볼리바르주의(Bolivarism)라고 하는데, 미국 주도의 FTAA에 반대해 탄생한 지역협정의 대표적인 사례로 베네수엘라의 차베스(Hugo Chavez) 대통령이 2001년 제안하고 2004년 출범한 볼리바르 동맹(ALBA)을 들 수 있다.[43] 결국 전 미주 차원에서의 FTAA 협상은 2004년 11월 포기되었고, 이후 미주 정상회의에서 다시 의제로 등장하기는 하지만 사실상 거의 아무런 논의도 진행되지 않고 있다.

5. 지역통합의 향후 전망

5.1 지역주의 확산 원인 및 영향

지역주의가 부상하고 확산된 원인에 대해 공통된 의견도 존재하지만, 현실주의, 자유주의, 그리고 맑스주의 간에는 이에 대해 각자 다른 요인들을 강조하고 있다. 현실주의자가 안보와 권력관계의 변화를 주요 원인으로 꼽는 반면에, 자유주의자들은 국가 간의 상호 의존도 증대를 강조하며, 맑스주의자들은 국가를 넘나드는 자본의 영향을 강조하고 있다.

현실주의

현실주의자들은 전후 1950~1960년대 발생한 서유럽의 지역통합을 안보와 권력관계의 변화에 대한 대응이라고 보고 있다. 유럽통합의 첫걸음이었던 ECSC 형성의 근본 동기는 지역의 평화와 안보를 강화하기 위한 것이었다. 창립멤버로 참여한 6개국(벨기에, 프랑스, 서독, 이탈리아, 룩셈부르크, 네덜란드)은 ECSC를 형성해 오랜 기간 갈등의 씨앗으로 작용한 프랑스와 독일 간의 경쟁을 방지하고자 하였다. 이후 한편으로는 EC, 단일시장 등 더욱 높은 단계의 지역통합으로 발전해 통합을 심화시키면서 동시에 다른 한편으로 회원들을 추가함으로써 통합을 확대하였다. 현실주의자들은 국제적인 측면에서 소련과 미국이라는 초강대국의 등장이 서유럽 국가들 간의 포괄적이고 효과적인 통합을 촉진했다고 주장한다. 제2차 세계대전 이후 미국과 소련은 안보 측면에서의 주된 의무를 떠맡았기 때문에, 서유럽은 경제통합을 진척하는 데 집중할 수 있었다. 변화하는 국제정치경제질서 또한 유럽이 통합을 진전시켜 나가는 데 커다란 유인을 제공하였다. 미국과 소련이 초강대국으로서 부상하면서 결과적으로 식민지를 잃게 된 유럽 국가들은 세계무대에서의 영향력을 유지하기 위해서는 통합이 필수불가결하다는 것을 깨달았다.

1950~1960년대 미국은 대체로 RTA에 반대하는 입장이었지만, 서유럽의 급속한 경제회복이 소련으로부터 안보를 지키기 위해 극히 중요하다고 여겨 서유럽의 통합을 지지하고 마샬 플랜 등을 통해 적극적으로 지원해 주었다. 유럽이 공동의 경제회복 프로그램을 형성하여 미국의 마샬 플랜을 집행해야 한다는 주장은 1948년 OEEC의 출범으로 이어졌다. OEEC는 공동의 경제회복 프로그램 형성과 마샬 플랜 펀드를 공정하게 배분함에 이어 유럽 통화의 태환화와 유럽의 무역자유화를 감독하였다. 또한 OEEC는 서독이 서유럽으로 신속히 통합되도록 공헌하여 EC 형성의 기반을 다졌다.

현실주의자들은 1980년대, 그리고 1990년대 이후의 지역주의 확산 또한 국제정치경제질서에서의 권력관계 변화로 설명한다. 가장 큰 변화는 냉전의 양극체제에서 다극체제로의 전환에 따른 국제정치경제질서의 변화이다. 전후 양극체제 하에서는 서유럽과 일본이 미국의 핵저지력과 경제적 원조에 의존하고 있었지 때문에 미국의 주도권을 인정하였다. 그러나 소련의 종말과 함께 양극체제가 무너진 후, 미국의 동맹국들은 보다 독립적인 행동을 취하고자 하는 경향이 생겼다. 이러한 변화로 인해 3개의 주요 경제권인 북미, 유럽 및 동아시아를 중심으로 하는 다극체제가 형성되었다. 또 다른 중요한 요인은 미국의 경제패권이 상대적으로 쇠퇴해 갔다는 것이다. 제2차 세계대전 이후 미국은 세계 패권국으로서 힘과 자원을 활용해 개방적이고 통합된 세계 경제를 이룩하려고 노력했다. 그러나 경제 패권이 쇠퇴하면서 미국은 개방적인 다자주의 무역체제를 유지하기 위한 공공재를 제공하기를 꺼려하게 되었고, RTA 합류를 통해 다자주의 체제에 일정한 영향력을 유지 및 회복하고자 하였다.

현실주의 입장에 따르면, 지역주의 확산이 국제정치경제 체제에서의 권력관계에 두 가지 중요한 변화를 가져올 수 있다. 하나는, 패권경쟁이 국가 간 경쟁에서 국가 간 · 지역 간 경쟁으로 변모될 수 있다는 것이다. 대표적인 사례로, EU가 지역적 차원에서 미국과 힘겨루기를 하는 것, 그리고 ASEAN이 지역공동체로서 역내 강대국들과의 협상에서 유리한 고지를 점하고 있는 것을 들 수 있다. 다른 하나는, 범세계적 수준에서의 국가 간 권력관계가 그대로 존속되면서 역내 국가들 간에 새로운 추가적인 권력관계가 형성될 수도 있다는 점이다. 이들에 따르면, 지역협정이 출범하게 되면 범세계적 수준에서 나타나지 않았던 역내 국가들 간의 권력관계가 역내에서 명확하게 드러나게 되며, 이로 인해 지역협정에 따른 이득을 강대국들이 약소국들에 비해 더 많이 가져가게 된다. 즉, 다자주의와 마찬가지로 지역주의에서도 특정 국가들과 집단들이 타국이나 타 집단에 비용을 초래하는 대가로 이익을 얻는 분배효과가 나타나게 된다는 것이다.

자유주의

자유주의자들은 전후 자유주의 경제질서의 형성이 제도적인 측면에서 국제기구의 필요성을 증대시켰고, 이로 인해 전후 지역적 차원에서뿐만 아니라 범세계적 차원에서 국제기구들이 형성되었다고 주장한다. 이런 관점에서 자유주의자들은 1980년대 및 1990년대 이후 지역주의가 부활 및 확산된 원인을 국제경제관계의 상호 의존도 증가 때문이라고 설명한다. 국가 간 상호 의존도가 증가함으로 국가들은 수출을 촉진하고 해외투자를 유치하며 기술을 발전시키고자 경제자유화를 추진하였다. 하지만, GATT 중심의 국제무역체제는 많은 문제점을 안고 있었기 때문에, 지역주의가 무역관계를 심화시키는 차선책으로 도입되었다. 지역무역협상은 지역 내 비슷한 이해관계를 갖고 인접한 국가들 간에 소규모 그룹으로 진행되었으므로, 다자간 무역협상보다 효율적으로 추진되었다. 이에 반해, 회원국 수도 엄청나게 많고 서로 아주 다른 회원국들을 포함하고 있는 GATT 단위의 다자간 협상은 협상과정이 복잡하고 어려웠다.

1980년대 이후 각국 경제의 상호 의존도 증가는 또한 해외시장의 중요성을 크게 만들어 산업계와 같은 사회집단의 무역 및 투자 자유화에 대한 수요를 증대시켰다. 이에 대해 각국 정부는 다자간 협상이 어려우면 RTA 체결을 통해서라도 이 집단들의 욕구를 채워주고자 하였다. 세계화가 진전됨에 따라 대외거래의 비중이 커지고 따라서 기업들은 이에 대처하기 위해 생산시설을 국내에서 해외로 이동시켰다. 그런데 이러한 국제무역 및 해외투자의 증가는 타 지역보다는 주변의 같은 지역 국가에서 더욱 크게 나타나고 있어, 이들 기업들은 범세계적인 차원에서의 자유화 이상으로 지역적 차원에서의 자유화를 강하게 요구하였다. 특히 해외투자를 확대하는 기업들은 생산기지를 확보해 기업의 경쟁력을 높임으로써 국내시장뿐만 아니라 더 큰 세계시장에서 이익을 얻고자 RTA의 확산을 더욱 요구하였다.

1980년대 이후 개발도상국들이 지역주의에 관심을 갖게 된 것은, 지역주의의 확산이 세계화의 압박뿐만 아니라 선진국-개발도상국 관계의 변화에서도 기인함을 보여주고 있다. 1980년대 개발도상국들은 대체적으로 1960년대의 지역주의보다 더 개방적인 형태의 지역주의를 지지했다. 이전의 발전전략이었던 수입대체 전략의 한계, 그리고 1980년대 외채위기는 개발도상국들로 하여금 정통 자유주의적 개혁을 채택하도록 만들었으며, 이는 그들의 지역주의에 대한 새로운 접근법에 반영되었다. 예를 들어, 멕시코는 독자적으로 무역정책을 자유화했고 선진국들과의 지역협정인 NAFTA에 가입하였다.

지역주의 확산에 대해, GATT/WTO 협상들이 다자주의적 기반에서 관세를 낮추어 왔기 때문에 지역협정이 각국에게 별다른 추가적인 이익을 제공하지 못할 것이라고 주장할 수도 있다. 자유주의자들은 이에 대해 반박하면서, WTO 회원국들이 서둘러 RTA를 체결하는 이유를 몇 가지 제시하고 있다. 우선, 관세가 아직 높은 산업의 경우나 관세가 낮더라도 추가적인 감축이 상당한 정도로 경쟁력을 강화시킬 수 있는 경우, RTA를 통한 관세철폐는 회원국들에게 커다란 이익을 가져다준다. 또한 RTA는 비관세장벽을 단계적으로 소멸시키고 역내 회원국들 간 긴급수입제한조치 사용을 금지시킴으로써 추가적인 이익을 줄 수 있다. 이와 더불어 RTA는 상거래와 관련된 법규정의 일치와 같은 제도적 통합을 통해 더욱 깊은 단계의 지역통합을 촉진할 수 있다.

맑스주의

맑스주의자들은 자유주의자들과 마찬가지로, 다국적기업과 국제자본이동이 1980년대 이후의 지역주의 확산에 가장 큰 역할을 했다고 주장한다. 또한 맑스주의자들은 강대국들이 지신의 지역 내에서 패권을 쥐고 싶어하기 때문에 지역주의가 부활했다고도 설명한다. 국제정치경제질서에서 경제패권이 쇠퇴해 감에 따라 미국은 지역단위에서의 패권을 더욱 강화하여 이를 토대로 범세계 수준에서의 영향력을 회복 및 보완하고자 하였다. 그러므로 NAFTA가 미국의 구상에 캐나다와 멕시코를 포함시켜 미국 기업의 진출을 용이하게 하기 위해 만들어졌다는 비판이 있다.

그러나 자유주의자들과는 다르게, 맑스주의자들은 지역주의의 확산을 부정적인 시각으로 바라보고 있다. 이 관점에서 볼 때, NAFTA와 같이 회원국들 간에 소득격차가 크고 발전 정도가 다른 RTA들은 다국적기업이 세금, 임금, 환경기준이 낮은 국가와 지역에 생산시설을 설치할 수 있게 해준다. 즉, RTA는 다국적기업에게 있어 임금, 환경기준과 세금이 낮은 회원국에 생산시설을 설치하고 그 지역 내의 다른 회원국에 수출을 가능하게 함으로써 노동, 환경, 건강과 안전, 공공 서비스, 소비자 보호 기준에 악영향을 미치게 된다. 이러한 지역주의가 증가하면 자본가 계층은 이익을 얻는 반면에 자본은 임금이 낮은 지역과 국가로 쉽게 이동할 수 있게 때문에 국내의 노동자들은 손해를 입게 된다.

5.2 지역적 접근 vs 범세계적 접근

세 가지 시각 비교

무역자유화가 바람직한가에 대한 논쟁과는 별도로, 무역자유화를 추구하는 두 가지 접근, 즉 지역적 접근과 범세계적 접근에 대해서도 논쟁이 전개되고 있다. 국제정치경제에서 다자주의와 양자주의 간의 관계를 보는 시각 또한 세 가지로 나눌 수 있다.

자유주의 경제학자들은 다자주의가 국가 간의 장벽과 함께 지역 간 장벽도 무너뜨리기 때문에 그것이 무역자유화를 이룩하는 가장 좋은 방법이라고 주장한다. 하지만 WTO에서의 다자간 협상의 어려움으로 인해 무역자유화를 추진하는 데 장애를 받는 경우, 자유주의 학자들은 개방적 지역주의를 차선책으로 인정한다. 개방적 지역주의를 따르는 RTA는 회원국들 간의 무역장벽은 철폐하고 역외지역의 무역에 대해서도 장벽을 낮추므로 무역창출 효과가 커지게 된다. 따라서 일부 산업에서 RTA로 인해 손해를 보는 집단이 생겨난다고 하더라도, 자유주의 학자들은 개방적 지역주의로 인한 이득이 이로 인해 발생하는 비용을 능가한다고 주장한다. 자유주의학자들은 개방적 RTA로 인해 장기적으로는 모든 국가들이 이득을 본다고 가정하기 때문에 RTA 내에서 대규모 회원국과 소규모 회원국 간의 힘의 불균형은 큰 문제가 되지 않는다고 보고 있다. 자유주의 학자들은 RTA로 인해 규모의 경제와 수출품에 대한 수요가 늘기 때문에 작은 국가들이 오히려 큰 국가들보다 더 많은 혜택을 입는다고 주장한다.

이처럼 자유주의자들은 기본적으로 지역주의가 다자주의가 추구하는 무역자유화에 장애물이 아닌 징검다리라고 생각하며 이를 긍정적인 시선으로 보고 있다. 그러나 자유주의자들은 RTA 내 회원국들 간의 무역장벽은 철폐하지만 역외지역의 무역에 대해서 장벽을 유지 및 증대시키는 보호주의적 RTA는 반대하고 있다. 한편 자유주의자들은 수많은 양자 간 협정이 맺어지고 있는 현재 추세가 복잡한 양자 간 지역협정망을 양산해 내어 '스파게티 보울 효과(spaghetti bowl effect)'[44]와 같은 부작용을 초래하게 될 것이라는 우려를 갖고 있다. 자유주의자들은 또한 MERCOSUR와 같이 무역 자유화를 촉진하는 데 한계를 보이고 문제점들을 노정시키는 RTA에 대해서도 비판적이다.

자유주의 학자들의 의견과는 달리, 현실주의자들과 맑스주의자들은 다자주의와 지역주의 간의 관계가 어떻게 달라지는지 그 차이를 명확하게 구분하지 않고 있다. 그러나 두 시각 모두 지역주의로 인해 다자주의에서 나타났던 문제가 더 악화될 가능성을 지적하고 있다. 우선, 현실주의자들은 지역 내 국가들 간의 권력관계로 인해 협상과정에서 분배효과가 초래될 수 있음을 지적하고 있다. 예를 들어, RTA 내 대국들은 소국이 더 많은 혜택을 받는 것을 용인하지 않거나 혜택을 받는 경우 그에 대한 보상을 요구할 것이라고 주장한다. 이러한 보상은 소국이 시장진출이나 규모의 경제로 인해 받을 수 있는 경제적 이익보다 더 크게 나타날 우려가 있다. 즉, 다자주의에서 나타나지 않는 비용이 새롭게 추가될 우려가 있다는 것이다.

예를 들어, 캐나다와 멕시코는 규모가 큰 미국의 시장을 확보하고자 미국과의 자유무역협정인 CUSFTA와 NAFTA를 맺고자 하였다. 하지만 미국은 해외투자, 서비스 무역, 그리고 특히 에너지를 포함한 자원에서 보상을 요구했다. CUSFTA에서는 캐나다에 대해 에너지 공유, 해외투자, 서비스 무역을 개방할 것이라는 약속을 받았으며, NAFTA에서는 멕시코에 대해 국제무역협정에서 개발도상국이 받는 특별대우를 포기하도록 했다. 심지어 개발도상국들 간의 RTA에서도 이러한 현상이 나타나고 있는데, 브라질은 MERCOSUR의 소국들에게 부수적 보상을 요구했다. 현실주의자들의 입장에서 볼 때, RTA 내 국가들 간의 이익 분배는 장기적으로 역내에서의 힘, 부, 기술의 불균형을 반영할 수밖에 없는 것이다. 한편 현실주의자들은 RTA 내의 안보와 경제 관계에도 주목하고 있는데, 범세계적인 차원에서와는 달리 역내에서의 긴밀한 안보관계는 EU, ASEAN, MERCOSUR와 같은 지역통합에 중요한 촉매제 역할을 했다고 주장한다.

맑스주의자들은 다자주의이든 지역주의이든 자유화 추세에 대해서는 부정적인 입장을 취하고 있다. 지역협정에 대해서도 자본주의 체제에서의 분배문제, 종속문제 등에 초점을 맞추고 RTA와 같은 지역자유화 협정은 이러한 문제들을 완화시키기보다 악화시킬 우려가 있다고 주장한다. 범세계적 차원에서 발전과 저발전의 문제가 선진국과 개발도상국 간의 관계에서 나타난 것처럼, 지역 차원에서도 동일한 문제가 나타날 수 있다. 지역협정으로 역내에서 무역 및 투자 자유화가 이루어지면 최대의 수혜자는 당연히 국경을 마음대로 이동할 수 있는 자본의 주체가 될 것이다. 만일 역내 자유화가 다자주의 차원에서 이루어진 자유화보다 더 진행된다면 수혜계층인 자본가와 피해계층인 노동자 간의 격차는 더욱 확대될 것이다.

맑스주의자들은 또한 지역협정이 중심국들이 주변국들을 착취할 수 있는 구조를 새로이 만들어낼 수 있다고도 주장한다. 예를 들어, 범세계적 수준에서 보면 같은 지역 내의 국가들은 동일한 위치에 속하게 될 것이다. 그런데 지역협정의 추진으로 역내에서 무역 및 투자가 자유화되면, 역내 국가들 간에 상대적인 관점에서 중심국 및 주변국 관계가 형성될 수 있다. 이러한 구조가 발생하면 심지어 개발도상국들 간에도 역내에서 새로운 중심국들은 주변국들에 대해 착취할 유인이 생기고, 따라서 중심국–주변국 문제는 선진국과 개발도상국 간의 관계에서뿐만 아니라 개발도상국 간의 관계에서도 발생하게 되어, 더욱 확대되는 경향을 보일 수 있다. 특히 이러한 문제는 보호주의적 지역주의에서 더욱 크게 나타날 우려가 있다.

세계화와 지역주의

지역주의는 지역적인 근접성뿐만 아니라 문화, 경제, 정치, 그리고 조직의 응집력도 함축하고 있기 때문에 정의하기가 쉽지 않다. 특히 근래 들어 많은 지역협정들이 특정 지역에 한정되는 것이 아니라 지역을 초월하고 있는데, WTO는 이러한 협정들도 RTA에 포함시키고 있다. 예를 들어 EU는 멕시코, 칠레, 남아프리카, 여러 중동 국가들, 아 · 태 국가들과의 FTA를 체결했고, 미국은 이스라엘, 요르단과 싱가포르와 FTA를 체결했다. 또한 동아시아 국가들도 전 세계 거의 모든 지역의 국가들과 FTA를 체결해 오고 있다.

어떤 측면에서 보면 세계화는 지역주의의 확산을 제한할 수 있다. 세계화가 진행됨에 따라 국가 간 상호 의존도가 증가할수록 경제위기, 무역전쟁, 그리고 환경파괴와 같은 많은 문제들이 범세계적인 차원에서 발생하며, 따라서 이에 대응해 세계적인 규모에서의 다자적인 해결을 필요로 한다. 이런 측면에서 보면, WTO, IMF, 세계은행과 같은 글로벌 국제기구들이 지역적 기구들보다 세계화로 인해 발생하는 여러 문제들을 해결하기에 적합하다. 또한 세계화는 국가 간 연대와 함께 지역 간의 연대도 촉진하기 때문에 국가 또는 지역의 응집력을 약화시킬 수 있다.

이러한 대립에도 불구하고 세계화는 지역주의를 촉진시킬 수도 있다. 국가 간 상호 의존도가 높아짐에 따라 발생하는 문제들을 해결하기 위해서는 초국가적 국제기구가 필요한 것은 사실이다. 그러나 WTO, IMF, 세계은행과 같은 글로벌 국제기구들은 수많은 다양한 회원국들을 포함하고 있기 때문에, 공동의 이익을 파악하고 무임승차 국가들을 식별하는 데 어려움이 있기 때문에 문제 해결을 위해 높은 거래비용과 정보비용이 요구된다. 이는 비슷한 수준과 비슷한 생각을 가진 국가들로 구성된 지역적 국제기구가 대규모의 다양한 회원국들로 구성된 글로벌 국제기구보다 더 효과적으로 문제 해결을 할 수 있음을 보여준다. 세계화는 또한 지역적인 경쟁을 촉진시켜, 국가 및 다국적기업들로 하여금 지역에서의 경쟁력 강화를 통해 전 세계적인 차원에서의 경쟁력을 갖출 수 있게 만든다. 또한 세계화를 통해 경쟁압력이 증대하면 국가 간 장벽을 완화시킴으로써 지역 및 범세계 차원에서 제도 및 표준을 보다 발전시키는 데도 공헌할 수 있다.

세계화와 지역주의 모두 증가하고 있고 또한 지역주의 특성이 다변화되고 있는 가운데, 세계화와 지역주의 두 과정은 서로 복잡하게 얽힐 수밖에 없다. 상황에 따라 지역주의와 세계화는 서로 대립할 수도 있고 공생할 수도 있는 개념들이다. 대립적인 관점에서 보면, 세계화는 범세계적 차원에서 무역자유화에 기여하면서 세계를 하나로 통합해 가는 데 반해, 지역주의는 세계를 경쟁관계에 있는 무역권으로 나눈다. 이와는 달리 공생적인 관점에서 보면, 지역주의는 국가 간 장벽을 무너뜨릴 수 있고 무역자유화에 장애물이 아닌 디딤돌로서의 역할을 함으로써 세계화를 더욱 촉진할 수도 있다. 이처럼 세계화와 지역주의는 서로 보완하는 동시에 대립할 수 있다. 따라서 국가들과 다국적기업들은 적절한 전략을 통해 세계화와 지역주의가 상호 보완적인 작용을 하도록 만들어야 한다. 다시 말해, 세계화와 지역주의를 동시에 활용함으로써 세계화와 지역주의 확산에 따른 이득을 극대화하고 세계무대에서 그들의 경쟁력을 향상시킬 수 있도록 해야 할 것이다.

[미주]

1. 이 부분은 전홍택 · 박명호 편(2010), 제2장을 일부 수정 · 보완하였음.
2. 정치경제학적 시각은 경제통합을 사회경제적 이상 실현의 과정으로 보았고, 근대경제학적 시각은 경제일반에 관련된 국가적 혹은 국제적 경제거래구조의 변화 현상으로 파악하였으며, 현실적 시작은 기본적으로 전통적 관세동맹의 영역에서 경제통합의 제형태를 관찰하고자 하였다.
3. 지역통합에 대한 다양한 접근법에 대한 자세한 설명은 손병해(2002)를 참고할 것.
4. Haas(1959).
5. Waltz(1979).
6. 정부 간 입장론을 국가 중심적 시각으로 분류할 수 있다면, 신기능주의는 초국가적 기구와 이익집단 등의 영향

력을 강조하고 있다는 점에서 탈국가 중심적 시각에 속하는 것으로 간주할 수 있다. 지역통합이론을 국가 중심적 시각과 탈국가 중심적 시각으로 분류하여 소개하고 있는 연구로 구갑우(1998)를 참고할 것. 이와는 달리 통합이론을 합리성 모델과 구성주의적 접근으로 분류하는 견해도 있다. 이 견해에 따르면 정부 간 협상론과 신기능주의는 다 같이 합리성 모델에 포함된다. Pollack(2001)을 참고할 것.

7. 이러한 이유로 정부 간 협상론은 기본적으로 현실주의적 관점을 견지하고 있으나 유럽통합에 대한 설명을 위해 현실주의의 기본 전제를 어느 정도 '훼손'시키고 있다는 평가를 받기도 한다. 최영종(2001), p.417을 참고할 것.
8. Moravcsik(1993).
9. Viner(1955).
10. Lipsey(1957).
11. Mundell(1961)의 이론이 정태적인 데 반해 Vaubel(1977)은 동태적인 측면을 강조하는 최적통화통합 과정 이론(Theory of Optimum Currency Unification Process)을 제안하고 있다.
12. Kenen(1969) ; McKinnon(1963).
13. Krugman(1993).
14. 이들에 대한 설명은 De Grauwe(1997), Emerson et al.(1992) 등을 참고할 것.
15. RTA에 대한 자세한 설명은 WTO 홈페이지를 참고할 것.
https://www.wto.org/english/tratop_e/region_e.htm
16. 과거에는 EIA 및 PSA를 각각 서비스협정(service agreement)과 개도국 간 특혜협정(preferential arrangement)라고 불렀는데, 2007년 이후 현행 형태로 구분하였다.
17. Cohn(2005), Ch.9.
18. WTO 내 지역협정 조항의 기원에 관해서는 구갑우(2001)를 참고할 것.
19. 이에 대해서는 강인수 외(2002), 제16장을 참고할 것.
20. GATT는 종종 부분적인 FTA에 대해서는 실질적으로 모든 무역에 면제를 허락하기도 했다. 1952년 ECSC에 승인한 면제와 1965년 캐나다 미국의 자동차 협정을 예로 들 수 있다.
21. 한편 GATS 제5조 1항의 RTA 관련 규정은 상당한 분야별 대상 범위에 대해 당사국 간에 실질적으로 모든 차별조치를 폐지할 의무를 요구하고 있다.
22. 서진교 외(2008), 제4장.
23. 김세원(2004), 제1장.
24. 이와 관련된 논의는 Rhee and Messerlin(2019), Ch.2를 참고할 것.
25. 유럽통합에 대한 입장은 크게 두 갈래로 분류될 수 있다. 하나는 기능주의 접근(functional approach)로서 주로 영국을 중심으로 한 북유럽 국가들의 입장이 여기에 속한다. 이 접근에 따르면 정치통합과 같은 민감한 분야는 그 대상에서 제외하고, 원칙적으로 주권에 대한 제약은 받아들이지 않는다. 이에 반해 연방주의 접근(federalist approach)은 전통적으로 프랑스와 독일을 비롯한 유럽 대륙 국가들의 입장이라고 할 수 있다. 이에 따르면 유럽 국가들 사이에 어떤 형태이든지 하나의 연방을 설립해야 하며, 통합 대상 분야에 있어 회원국들 사이에 주권에 대한 제약을 전제로 공동정책을 수립해 나가야 한다. 김세원(2004), 제1장.
26. Winters(1993).
27. Cable and Henderson(1994).
28. 보다 자세한 내용은 조문희 외(2018)를 참고할 것. 이 외에도 무역협회 또는 KOTRA 홈페이지를 참고할 것.
https://www.kita.net/ http://news.kotra.or.kr/
29. 창설멤버 12개국은 한국, 미국, 일본, 호주, 뉴질랜드, 캐나다, ASEAN 6개국(말레이시아, 인도네시아, 태국, 싱가

포르, 필리핀, 브루나이)이다.

30. 외교부 홈페이지 참고. http://www.mofa.go.kr/www/wpge/m_3901/contents.do

31. 심지어 2019년에는 11월 칠레에서 개최하기로 한 APEC 정상회의는 보름을 앞두고 갑자기 취소되기도 했다.

32. 이에 대해서는 Park and Lee(2009)를 참고할 것.

33. 전홍택 · 박명호 편(2011), 제10장 참고.

34. 정철 · 박경훈(2016).

35. Cohn(2005), Ch.9.

36. 외교부 홈페이지를 참고해 정리. http://encykorea.aks.ac.kr/Contents/Item/E0066598

37. 창립멤버들은 ASEAN 7개국(말레이시아, 베트남, 브루나이, 싱가포르, 인도네시아, 태국, 필리핀) 한국, 중국, 일본 및EU 15개국(그리스, 네덜란드, 덴마크, 독일, 룩셈부르크, 벨기에, 스웨덴, 스페인, 아일랜드, 영국, 오스트리아, 이탈리아, 포르투갈, 프랑스, 핀란드)이다.

38. 강유덕(2014).

39. 이러한 문제점은 서울에서 개최된 제3차 ASEM 회의에서는 아시아와 유럽 국가들 간에 가치관의 충돌로 나타나기도 했다.

40. 예를 들어 노무현 대통령은 2006년 헬싱키에서 열린 ASEM 정상회의에서 ASEM 회원국 간 자유무역협정을 제안하기도 했다. http://www.jjan.kr/news/articleView.html?idxno=199601&sc_section_code=S1N1&sc_sub_section_code=S2N1

41. 2019년 1월 미국과 EU가 협상을 재개하자고 했지만, 여전히 갈등이 지속되고 진전이 없자 EU집행위원회는 TTIP가 이미 지나간 일이며 더 이상 의미 없다고 선언해 버렸다. “The TTIP negotiations were launched in 2013 and ended without conclusion at the end of 2016. A Council decision of 15 April 2019 states that the negotiating directives for the TTIP are obsolete and no longer relevant.” https://ec.europa.eu/trade/policy/in-focus/ttip/ TTIP와 관련된 추가적인 논의는 전혜원(2013), 김정수(2013), Wikipedia 등을 참고할 것.
https://en.wikipedia.org/wiki/Transatlantic_Trade_and_Investment_Partnership

42. 강문성 외(2003).

43. 볼리바르(Simon Bolivar, 1783~1830)는 지금의 콜롬비아, 베네수엘라, 에콰도르, 페루, 볼리비아, 파나마를 스페인 식민통치에서 해방시킨 라틴아메리카의 독립 영웅으로, 오늘날에도 라틴아메리카의 ‘해방자’이자 국부로 추앙받고 있다. 볼리바르 주의는 볼리바르의 사상을 의미하며 라틴아메리카에서 강조되는 정치적인 이념으로서, 다음을 주요 내용으로 포함한다 : 남아메리카의 경제적 · 정치적 주권 회복 ; 대중적 투표와 국민적 투표를 통한 풀뿌리 정치 참여 ; 자급자족 ; 국민들에게 애국주의와 도덕 교육 실시 ; 광대한 천연 자원의 공정한 분배. 볼리바르는 미국처럼 ’라틴아메리카 합중국‘을 설립하고 인종차별 없는 국가를 건설할 계획으로, 1826년 아메리카 총회를 소집하기도 했다. 그가 소집한 총회는 범아메리카주의의 모태가 되었고, 2001년 12월 차베스 베네수엘라 대통령은 이를 기초로 ALBA를 제안한 것이다. 아틀라스뉴스(http://www.atlasnews.co.kr/news/articleView.html?idxno=1215) 및 위키백과(https://ko.wikipedia.org/ wiki/) 참고.

44. 스파게티보울 효과란 여러 나라와 동시에 자유무역협정을 체결하면 각 나라마다 다른 원산지규정 적용, 통관절차, 표준 등을 확인하는 데 시간과 인력이 더 들어 거래비용 절감이 애초 기대효과보다 반감되는 현상을 말한다. 대상국별 혹은 지역별로 다른 규정이 적용돼 서로 얽히고설키는 부작용이 발생하는 모양새가 마치 스파게티 접시에서 면발이 마구 얽힌 것과 닮았다는 뜻으로 사용했다. KDI 경제용어설명 참고.

동아시아의 정치경제

13 동아시아 발전의 정치경제

1. 동아시아 발전과 여러 시각 / 2. 동아시아 발전국가 모델의 개념 및 주요 요인
3. 동아시아 발전국가 모델을 둘러싼 논쟁 / 4. 동아시아 발전국가 모델의 재구성
5. 개발도상국에 대한 시사점과 국가의 새로운 역할

14 동아시아 위기의 정치경제

1. 동아시아 위기의 전개과정 / 2. 동아시아 위기의 원인 / 3. 동아시아 위기에 대한 정책대응
4. IMF 정책처방에 대한 평가 / 5. 동아시아 위기 이후 새로운 정책과제

15 동아시아 지역통합의 정치경제

1. 동아시아 통합의 역사적 고찰 / 2. 동아시아 지역통합의 필요성 / 3. 동아시아 지역통합의 현황
4. 동아시아 지역통합의 여건 평가 / 5. 동아시아 지역통합의 한계 및 과제

IV

동아시아 발전의 정치경제[1]

13

1. 동아시아의 발전과 여러 시각

2. 동아시아 발전국가 모델의 개념 및 주요 요인

3. 동아시아 발전국가 모델을 둘러싼 논쟁

4. 동아시아 발전국가 모델의 재구성

5. 개발도상국에 대한 시사점과 국가의 새로운 역할

국제정치경제 분야에서 동아시아에 대해 커다란 관심을 갖는 이유는 무엇일까? 최근 미국과 중국 간의 갈등에서 볼 수 있듯이 때때로 동아시아 국가들이 국제정치경제 패권에 도전하기 때문일까? 아니면 아시아가 전 세계에서 가장 면적이 넓고 인구가 많기 때문에 아시아의 핵심인 동아시아 지역의 문제는 곧 전 세계적인 문제로 부각되기 때문일까? 여러 가지 많은 이유를 떠올릴 수 있겠지만, 무엇보다도 중요한 이유는 동아시아 지역이 전후 지속적인 고도성장과 더불어 드라마틱한 전환을 이루어 국제정치경제질서의 한 축으로 우뚝 섰기 때문이라고 생각한다.

사실 일시적인 고도성장의 사례는 쉽게 찾을 수 있다. 그러나 지역 전체가 고도성장과 발전을 장기간 지속하는 사례는 거의 찾아보기 힘들다. 그런 면에서 동아시아의 경험은 충분히 관심을 끌 만하고 국제정치경제 분야에서 중요한 이슈로 다루어져야 한다. 이러한 동아시아의 빠른 성장 및 대전환을 설명하기 위해 학자들이 동아시아 발전국가 모델이라는 개념을 만들었다. 이에 대한 논의는 크게 세 가지 차원에서 진행된다. 첫째, 동아시아 발전국가 모델의 개념 정의와 주요 특징이 무엇인지에 대해 광범위한 논의가 이루어지고 있다. 둘째, 동아시아 발전국가 모델을 둘러싸고 두 개의 그룹으로 나뉘어 논쟁이 벌어지고 있다. 논쟁 중 하나는 이념적 · 정책적 유용성에 대한 논쟁으로, 동아시아 모델이 다른 지역에도 적용될 수 있는가 하는 것이다. 다른 하나는 동아시아 위기를 둘러싸고, 모델의 내재적 문제가 위기의 원인인가 아니면 모델의 변질 및 퇴행이 원인이었나 하는 논쟁이 벌어지고 있다. 이 외에 동아시아 위기 이후 발전국가 모델이 어떻게 변화되었는가를 둘러싼 논쟁도 전개되었다. 셋째, 최근 들어 동아시아 내부 및 국제정치경제질서가 상당히 변화되었는데, 이러한 변화에 대응해 동아시아 발전국가 모델은 어떻게 재구성되어야 하는가도 중요한 이슈이다. 이 장에서는 동아시아의 전체적인 발전 추이와 함께 이와 같은 논의에 대해 살펴보고자 한다.

1. 동아시아의 발전과 여러 시각

1.1 동아시아 발전의 추이 및 주요 변화

동아시아 발전의 추이 및 현황

동아시아 지역의 발전 추이는 양적인 측면과 질적인 측면으로 확인해 볼 수 있다. 우선 〈그림 13-1〉은 양적인 측면에서 전 세계 GPD에서 3대 경제권인 동아시아, 북미 및 유럽 지역이 차지하는 비중을 비교하고 있다.[2] 1970년대 동아시아 지역의 비중은 겨우 10.8%로 북미 지역의 35.6%, 유럽 지역의 24.1%에 비해 아주 작은 규모를 차지하고 있었다. 그러나 다른 지역보다 훨씬 빠른 성장을 오래 지속하면서 2018년에는 그 비중이 28.4%로, 북미의 27.6% 및 유럽의 20.0%를 넘어서 전 세계 3대 경제권 중 가장 큰 경제권으로 확대되었다. [표 13-1]에서 나타나듯이 모든 시기에 걸쳐 동아시아 지역의 경제

그림 13-1 각 지역의 전 세계 GDP 비중

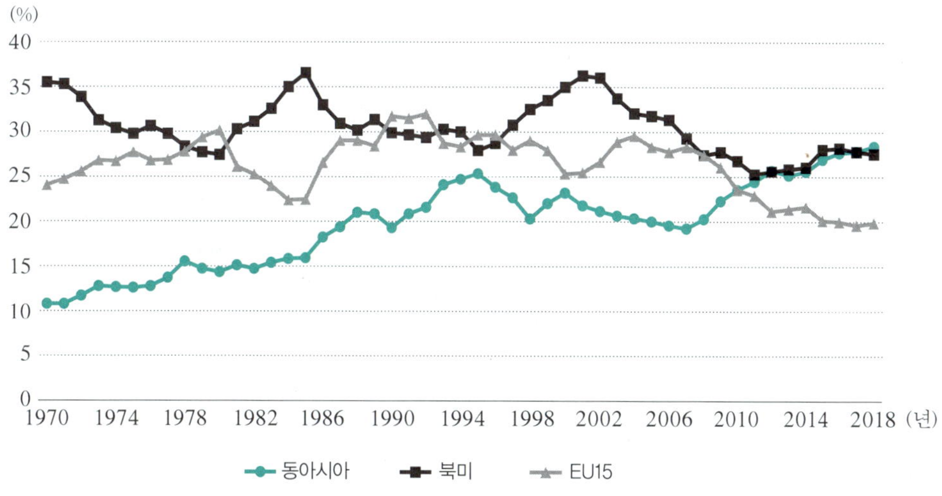

자료 : UNCTAD Data.

성장률이 다른 지역을 앞서고 있다. 즉, 동아시아 지역의 고도성장은 어떤 특정 시기에 일시적으로 나타났던 것이 아니라, 제2차 세계대전 이후 지금까지 계속 이어져오고 있다.

표 13-1 각 지역의 경제성장률

(단위 : %)

	1970~1979	1980~1989	1990~1999	2000~2009	2010~2018	1971~2018
전 세계	4.18	3.03	2.66	2.85	2.95	3.14
동아시아	5.34	5.28	3.76	4.35	4.93	4.72
북미	3.77	3.04	3.17	1.89	2.22	2.84
EU15	3.40	2.33	2.23	1.44	1.43	2.20

자료 : UNCTAD Data.

이와 같은 경제규모의 확장과 더불어 1인당 소득도 빠르게 증가해 왔다. 동아시아에서 1970년 1인당 소득(명목)이 1,000달러를 넘었던 국가는 일본이 유일했고, 한국은 280달러, 중국은 112달러에 불과해 전 세계 최빈국 수준을 벗어나지 못했다. 그러나 이후 빠른 속도로 증가해 2018년 동아시아 국가들 대부분이 1만 달러를 넘어섰고, 일본 및 NICs 국가들은 모두 선진국 수준에 도달했다. 〈그림 13-2〉는 이러한 추이를 미국의 1인당 소

그림 13-2 미국 대비 각국의 1인당 소득수준(PPP 기준)

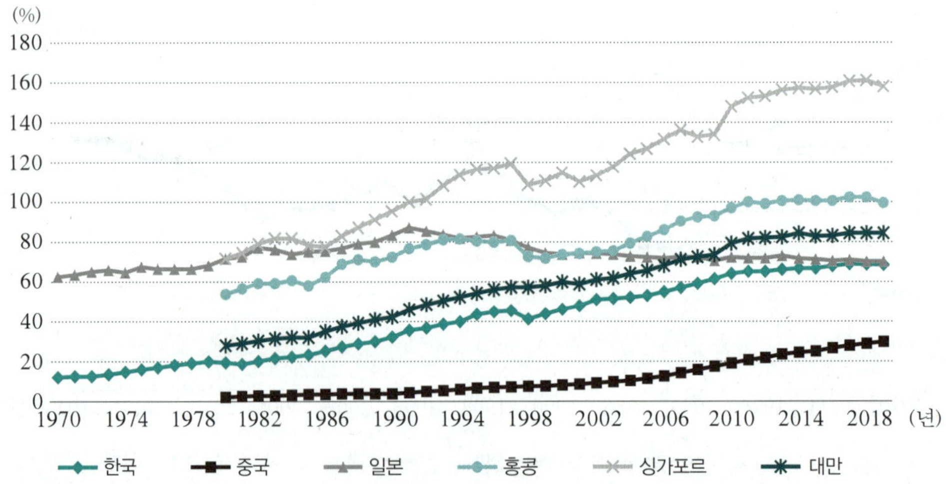

자료 : IMF, World Development Indicators ; OECD Data.

득과 비교해 보여주고 있다. 구매력(purchasing power parity ; PPP)을 기준으로 했을 때 1970년 한국의 1인당 소득은 미국 수준 대비 12.0%에 불과했고, 1980년대에 들어서도 한국 19.4%, 대만 27.7%, 그리고 중국은 겨우 2.5% 수준에 불과했다. 그러나 현재는 중국(30.0%)을 제외하고는 대부분 70.0% 이상의 수준에 도달했고, 싱가포르 및 홍콩 등은 오히려 미국보다도 더 높은 소득수준에 이르렀다.

동아시아의 약진은 경제규모뿐만 아니라 경쟁력의 향상에서도 확인할 수 있다. 국가 또는 지역의 경쟁력은 수출을 통해 간접적으로 나타낼 수 있는데, 〈그림 13-3〉은 전 세계 수출에서 각 지역이 차지하는 비중을 보여주고 있다. 전후 일본을 선두로 적극적인 수출진흥정책을 추진했음에도 1980년 동아시아의 비중은 전 세계 수출의 10.0%로 유럽은 물론 북미보다도 훨씬 낮은 수준이다. 그나마 10%대의 비중을 차지하게 된 것도 일본이 1960년대 이후 급격하게 수출을 확대했기 때문이고, 예를 들어 한국은 1980년 전 세계 수출의 0.1% 비중도 차지하지 못하는 등 다른 동아시아 국가들은 미미한 수준에 머물러 있었다. 그러나 일본과 더불어 네 마리의 용, 후발 동남아 국가들, 그리고 중국 등 동아시아 국가들은 적극적인 대외개방정책을 통해 해외시장을 개척하고 이를 바탕으로 수출을 확대해 경제성장을 촉구하는 전략을 지속적으로 취해 왔다. 그 결과 전 세계 수출에서 동

그림 13-3 각 지역의 전 세계 수출 비중

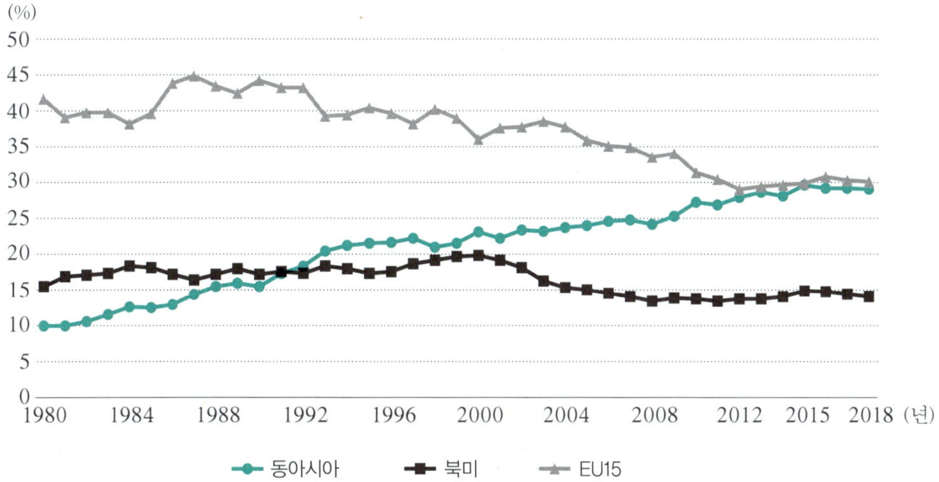

자료 : UNCTAD Data.

아시아가 차지하는 비중은 2018년 현재 29.2%로 북미의 두 배 이상, 그리고 유럽의 비중과 거의 유사한 수준에 도달하게 되었다.

주요 변화

동아시아의 발전과정은 단순히 양적으로 경제규모가 팽창한 것뿐만 아니라 질적·구조적으로도 여러 가지 변화를 수반하였다. 동아시아의 발전과정에서 가장 먼저 느낄 수 있는 변화는 산업구조가 농업 등 1차 산업 위주에서 제조업 및 서비스업 위주로 전환되었다는 것이다. 특히 농업이 급격히 위축되고 제조업이 핵심적인 산업으로 확대된 것이 가장 큰 변화라고 할 수 있다. [표 13-2]는 이러한 변화를 명확히 보여주고 있다. 개발도상국에서 선진국으로 발전해 간 NICs 중 하나인 한국은 한국전쟁 직후 농업의 비중이 전 산업의 거의 반을 차지하고 있었지만, 이후 지속적으로 감소해 1970년 26.4%, 그리고 2018년에는 2.0%까지 급감하였다. 특히 중화학공업 육성책이 시작된 1970년대 들어 빠른 속도로 감소해 1970년대 중반 이후에는 농업보다도 제조업 비중이 더 커지게 되었다. 반면 제조업 비중은 1953년 10.1%에서 조금씩 증가했지만 1960년대까지 10%대에 머물다가, 중공업육성책을 통해 산업전환을 본격적으로 추진하는 1970년대 이후 빠르게 증가했고 이후 2018년에는 35.1%까지 확대되었다. 이러한 현상은 후발 동남아 국가들 및 중

표 13-2 산업구조 변화

(단위 : %)

	국가	1차 산업 비중 변화	제조업 비중 변화	비고 : 기간
NICs	한국	39.6 → 2.0	17.1 → 35.1	1960~2018
후발 동남아 국가	인도네시아	24.1 → 12.8	41.9 → 9.7	1983~2018
	말레이시아	43.7 → 7.5	24.7 → 38.3	1960~2018
	태국	36.4 → 8.1	18.5 → 35.0	1960~2018
기타	중국	35.8 → 7.2	31.9 → 40.7	1960~2018
타 지역	라틴아메리카	16.3 → 4.6	30.5 → 24.5	1965~2018
	사하라이남	18.6 → 15.6	33.6 → 25.0	1981~2018

주 : 부가가치 기준. 기간은 통계자료 확보에 따라 달라짐

자료 : World Bank, *World Economic Outlook*.

국의 발전과정에서도 발견된다. 사실 인도네시아, 말레이시아, 태국 등은 자원이 풍부한 국가들임에도 불구하고 1차 산업 비중을 축소시키고 제조업을 확대하는 산업전환을 통해 지속적인 발전을 추구해 왔다. 뒤늦게 출발한 중국도 많은 인구가 농업에 종사함에도 과감한 산업전환을 이루어 제조업 비중이 2018년 40.7%까지 증가했고 세계의 생산공장으로 불리기도 한다.

이러한 발전과정에서 더욱 특이할 만한 산업구조 변화는 제조업 내에서도 경공업 중심에서 중공업 중심으로 전환되었다는 것이다. 대표적인 사례로 한국의 경험을 들 수 있는데, 한국의 경우 발전과정에서 성장을 주도한 핵심적인 산업의 변화는 수출의 주요 품목 변화에서 단적으로 드러난다. 1960년대 이후 산업전환이 진행되면서 처음에는 농림수산업 제품이 수출의 주력상품이었으나 점차 경공업 제품에서 중화학 제품으로 주력 상품이 변화되어 왔다. 초기 발전단계에서는 단순노동력을 이용한 경공업에 중심을 두었기 때문에 가발, 합판 및 섬유직물산업 등이 수출산업의 주종을 이루었다. 그러나 경제가 지속적으로 성장하고 기술축적이 이루어짐에 따라 1980년대에는 자동차 수출을 시작했고, 1990년대 이후에는 반도체, 선박, IT 제품 등 보다 부가가치가 높은 중화학공업 제품 및 첨단제품이 수출을 주도하게 되었다.

Box 13-1 산업화와 지속성장

동아시아 국가들은 경제개발 초기부터 산업구조를 전환하지 않고는 지속적인 경제성장이 불가능하다는 사실을 간파하고 산업정책을 통해 농업에서 제조업으로의 산업화를 강력하게 추진하였다. [표 13-3]은 1950년 이후 한 세대라 할 수 있는 30년 동안 1인당 경제성장률을 5.5% 이상 지속적으로 증가시켰던 국가들의 목록을 보여주고 있다.[3] 이에 해당하는 사례로 전 세계에서 11개국을 찾을 수 있는데, 그중 적도기니, 오만, 리비아, 보츠와나, 사우디아라비아 등 5개 자원부국을 제외하면 나머지 6개국은 한국, 대만, 중국, 싱가포르, 일본, 홍콩 등 모두 동아시아 국가로만 구성되어 있다.

자원부국과 그렇지 않은 동아시아 국가들 간의 가장 두드러진 차이점은 후자의 경우 제조업을 기반으로 하는 산업화를 통해 경제성장을 이룩하였다는 점이다. 산업화의 결과로 해당 기간 말에 한국, 중국, 일본, 대만, 싱가포르 등 홍콩을 제외한 다른 동아시아 고속 성장 국가들의 경우 제조

표 13-3 1950년 이후 한 세대에 걸쳐 고속 성장한 국가

(단위 : 1990 International dollars, %)

순위	국가명	고성장기간(30년 단위)				2008년 1인당 GDP	국부 대비 자연자원 비율
		기간	시작연도 1인당 GDP	마지막 년도 1인당 GDP	1인당 GDP 연평균 증가율		
1	적도기니	1974~2004	1,128	16,416	8.9	22,049	0.309
2	오만	1955~1985	766	6,545	7.1	8,332	0.523
3	리비아	1950~1980	857	7,272	7.1	2,994	–
4	한국	1965~1995	1,436	11,850	7.0	19,614	0.011
5	보츠와나	1960~1990	403	3,304	7.0	4,769	0.092
6	대만	1963~1993	1,545	11,929	6.8	20,926	–
7	중국	1976~2006	85	6,048	6.5	6,725	0.209
8	싱가포르	1964~1994	2,541	18,005	6.5	28,107	0.000
9	일본	1950~1980	1,921	13,428	6.5	22,816	0.004
10	사우디아라비아	1950~1980	2,231	13,217	5.9	8,435	0.664
11	홍콩	1958~1988	2,924	16,716	5.8	31,704	0.000

자료 : 박명호(2012).

업의 비중이 모두 20%를 훨씬 상회하고 있다. 이처럼 산업화를 통해 경제발전을 이룬 동아시아 국가들은 30년간 고속 성장을 이룬 후에도 지속적인 경제성장을 보이고 있다. 반면 자원부국의 경우 전 산업에서 제조업이 차지하는 비중은 산업화를 통해 경제성장을 이룬 동아시아 국가들에 비해 훨씬 낮다. 제조업의 비중이 20%를 상회하는 국가는 하나도 없고 적도기니가 13%로 가장 높으며 나머지 국가들은 모두 10% 이하에 머물고 있다. 이처럼 자원을 기반으로 고속 성장한 국가들은 자원가격의 상승으로 인한 고속 성장시기가 지나면 대부분 성장세의 둔화를 겪거나 심지어는 마이너스 성장세를 보이기도 한다. 고속 성장시기 이후 동아시아 국가들과 자원부국이 보여주는 대조적인 결과는 산업화를 기반으로 하지 않고는 지속적인 경제성장이 불가능하다는 사실을 확실하게 입증하고 있다.

자료 : 이영섭 외(2013), 제1장.

또 다른 중요한 질적인 변화는 경제성장과 더불어 동아시아 국가들이 빠른 속도로 빈곤에서 해방되었다는 것이다. 한국의 경우 전쟁 직후인 1950년대에는 빈곤율이 거의

50%에 달해 대부분의 국민들이 전쟁 이후의 절대적인 빈곤에서 벗어나지 못하고 있었다. 그러나 1960년대 이후 경제개발이 본격화되면서 빈곤율이 급격하게 줄어들어, 한국경제가 산업전환을 이루는 1980년대 이후에는 하루 1.90달러 이하로 생활하는 극빈층의 비율이 거의 0% 가까운 수준으로 줄어들게 되었다.[4] 중국의 경우도 1990년대에는 40%를 넘기도 했는데, 개혁개방정책의 지속적인 효과로 2010년 이후에는 10% 이하로 떨어졌고 현재는 0.5% 이하로까지 감소했다. 후발 동남아 국가들도 한국, 중국과 유사한 패턴을 보이고 있는데, 다만 인도네시아의 경우 아직도 빈곤율이 5% 정도에 머물러 있다.

1.2 동아시아 발전을 설명하는 여러 시각들

경제규모의 팽창과 같은 양적인 성장과 더불어 산업화 및 빈곤으로부터의 해방과 같은 질적인 변화를 수반한 동아시아의 발전과정은 유례를 찾아보기 어려운 극적인 특징을 보이고 있어, 이를 설명하기 위해 다양한 시각들이 제시되었다. 동아시아 발전에 대한 설명들은 여러 가지 요인들이 상호작용하여 동아시아 발전을 이루어냈다고 하면서도, 각각의 시각에 따라 강조하는 요인이 달라진다. 이들은 크게 국가 외부의 요인을 강조하는 외부 환경론과 동아시아 각국 내의 요인을 강조하는 내부 요인론 두 가지로 나눌 수 있다. 또한 내부 요인론은 국가의 역할을 강조하는 국가 중심적 시각, 시장의 역할을 강조하는 시장 중심적 시각, 그리고 기타 제도적 요인 및 문화적 요인을 강조하는 제도주의 시각과 문화주의 시각으로 세분할 수 있다.[5]

외부 환경론

동아시아 발전을 설명하고자 하는 다양한 이론 가운데 외부 환경론적 시각은, 동아시아 국가들 자체의 노력보다도 국제정치경제 환경이 동아시아 국가들에게 유리하게 작용했음을 강조한다. 이 시각 내에서도 국제정치의 안보구조, 국제경제 통상환경, 혹은 국제경제 분업구조를 강조하는 등 다양한 논의가 있다. 그러나 논의의 강조점이 안보와 경제로 나뉘더라도 이들은 공통적으로 동아시아 개별 국가 내부의 성장엔진보다는 외부적인 환경이 동아시아 국가의 발전에 보다 중요한 영향을 미쳤다고 보고 있다. 이 시각에 따르면, 동아시아의 산업화는 '초청에 의한 상승(promotion by invitation)' 전략에 해당한다. 세계체제적 차원에서 동아시아의 성장을 가능하게 했던 외부 조건은 첫째, 미국 패권과 냉전체제의 특수이익, 둘째, 일본과의 국제분업구도, 셋째, 세계 경제의 호황 등이다.[6] 만일 냉전구조에 의한 미국의 동아시아 지역에 대한 전략적 경제원조 및 우호적 통상정책이 아니었다면 한국과 대만의 빠른 성장은 가능하지 못했을 수도 있었다. 한국과 대만은 1960년대 이후 수출주도 정책을 통해 빠른 경제성장을 할 수 있었는데, 이는 미국이 거대한 수출시장을 일방적으로 제공했기 때문이었다.[7]

커밍스(Bruce Cumings)는 동아시아가 종속이론의 주장과 달리 발전을 보여주었던 원인은 동아시아가 갖고 있는 역사적 특수성, 특히 냉전에 의해 미국이 일본에 부여했던 경제원조 및 지원체제와 연관되며, 한국과 대만은 이러한 일본의 위성(satellites)국가로서 세계 경제 자본주의 체제에 용이하게 편입될 수 있었다고 강조한다. 한국과 대만은 생산주기이론(product cycle theory)에서 논의하듯이 일본에서 쇠퇴산업이었던 면직물과 철강 산업을 받아들임으로써 일본으로부터 기술을 이전받을 수 있었다. 이를 통해 일본의 발전경험이 한국과 대만에도 유사하게 반복되는 결과를 가져왔다는 것이다.[8]

이러한 외부 환경론적 시각은 동아시아 개별 국가의 성장을 지역 간 생산분업체제(regionalized networks of production) 및 생산 네트워크의 차원에서 이해해야 함을 강조한다.[9] 제레피(Gary Gereffi)는 동아시아 성공원인, 특히 일본 및 동아시아 신흥공업국의 수출전략의 성공원인을 일국적 차원에서 설명하기보다는 생산세계화 과정의 부분으로 이해하고 있다.[10] 그는 생산자 추동 상품사슬(자동차, 전자, 항공), 구매자 추동 상품사슬(의류, 신발)의 개념을 통해 위계적 · 탈집중적 분업구조를 설명하고 있다. 생산자 추동 네트워크는 생산이 해외 생산거점에서 이뤄지고, 탈집중적 네트워크(decentralized network)가 그 특징이다. 구매자 추동 네트워크는 생산은 선진국 기업이 맡고, 다층적 생산체제 구조가 그 특징이며, 생산업체는 판매와 원자재 등에서 중요한 역할을 담당한다.

그러나 중요한 것은 동아시아 발전국가가 이러한 세계체제적 구조 내에서도 발전국가의 제도적 공고화를 가능하게 할 정도의 정책적 자율성을 유지했다는 점이다. 요컨대 동아시아의 발전과정은 단순히 외부의 구조에 의해 결정되는 것이 아니라, 구조가 부과하는 제약 속에서 각국의 자율적 정책의 선택에 의해 진행된 것이다. 따라서 동아시아 국가들의 발전과정을 보면 모두 동일하게 나타나지는 않는다. 한국과 대만의 경우를 보더라도 각국의 특수한 역사성과 제도적 특성으로 인해 서로 다른 발전과정과 결과를 가져왔다. 외부 환경론적 시각은 개별 국가의 성장을 국가 내부적인 측면뿐만 아니라 국제정치경제적 요인도 고려하도록 함으로써 좀 더 시각을 넓혔다는 면에서 한편으로 유용한 시각이라고 볼 수도 있다. 그러나 외부적 요인만을 강조하다 보면 외부 구조가 개별 국가의 운명을 결정한다는 인식을 가져올 수도 있다. 개별 국가가 유사한 국제환경에서도 서로 다른 성장결과를 가져올 수도 있는데, 외부 환경론적 시각은 이를 간과함으로써 개별 국가의 자유의지와 선택을 과소평가할 소지가 많다. 그런 점에서 개별 국가의 내적 요소 등에 초점을 맞춘 시각들을 살펴볼 필요가 있다.

내부 요인론

첫째, 내부 요인을 강조하는 다양한 이론 중 국가 중심적 시각은 맑스를 비판한 베버(Max Weber)의 전통에 기반을 둔 국가이론으로부터 그 지적 근원을 찾아볼 수 있다. 맑스(Karl Marx)는 생산양식이 정치체제를 형성하고 그 생존 및 파괴까지 결정한다고 하면서 정치가 경제보다 하위적 중요성을 반영할 뿐이라고 주장하였다. 베버는 이러한 맑스의 경제결정론적 시각을 비판하면서 국가가 자율적 행위자로서의 역할이 있음을 주장한다. 자유주의와 맑스주의가 정치를 경제에 대한 종속변수로 인식한 것에 비해 베버는 정치적 영역의 독자성을 강조하였다. 동아시아 국가가 빠르게 성장하자 저개발국의 발전이 불가능하다고 했던 종속이론과 세계체제론은 설득력을 잃기 시작했고, 그 뒤를 이어 베버의 사상에서 연유된 국가 중심적 시각이 부각되었다. 국가 중심적 시각은 동아시아 발전을 설명하는 발전국가 모델(developmental state model)로 구체화되면서 더욱 정교화되었다.[11]

둘째, 시장 중심적 시각은 동아시아 발전이 시장에 의한 효율적인 자원배분의 결과에 의해 가능했으며 수출지향정책이 그 대표적인 정책이라 강조한다. 시장 중심적 시각을 갖고 있는 신고전주의 경제학자들은, 시장은 자율적 · 효율적, 그리고 윤리적이기까지 하다고 강조한다. 스미스는 시장의 덕성을 강조함으로써 개인이 자신의 이익을 추구하면 그 결과는 사회적 번영과 질서를 가져온다고 하였다. 하이에크 역시 시장의 자발적 질서를 강조하고 국가는 시장이 발전할 수 있는 틀을 제공해 주고 보장해줘야 한다고 하는 제한된 국가를 주장하였다. 평등주의는 자의적이며 강압적인 정치적 간섭을 필요로 하여 자발적 시장을 침해하게 되는 반면 시장은 개인의 자유를 중시하는 윤리성을 반영한다는 것이다.[12]

시장 중심적 시각은 시장실패보다 정부실패가 더욱 악영향을 미친다고 주장하면서 국가의 최소 역할을 강조한다. 신고전주의자들은 이기적 국가, 규제국가, 지대 추구 국가의 논의를 통해 국가가 해결책이 아니라 문제의 근원임을 제시한다.[13] 이들 논의의 핵심은, 정부는 재선을 추구하는 정치인과 정부예산을 극대화하려는 관료들로 구성되어 있기 때문에, 정부의 규제정책은 정부기구 확대로 인한 폐해, 사회구성원의 지대 추구, 자원의 비효율적 배분, 그리고 경제의 비효율성을 가져온다는 것이다. 신고전주의에서 논의하는 성장의 주된 동력은 효율적인 자원배분이며, 따라서 동아시아 국가의 성장원인은 이러한 효율적인 자원배분에 기인한다. 특히 동아시아 국가들의 빠른 성장은 시장 순응적 정책, 예컨대 수출지향정책, 자유무역정책, 정부개입 축소, 그리고 민간기업의 주도적 역할 등에 의해 진행되었다고 강조한다.

그러나 동아시아 국가들을 자세히 살펴보면 한국과 대만은 이러한 신고전적 시각에서 논의하는 최소국가 역할의 범주에 들어가지 않으며, 국가는 중립적인 인센티브만을 제공한 것도 아니었다. 신고전주의 시각은 동아시아 국가가 정부의 금융기관 통제수단을 통해 적극적인 산업정책을 시행하였다는 점만 고려하더라도 그 주장의 한계를 드러내고 있다.

셋째, 제도주의 시각은 수정주의적 발전국가 모델과 유사한데, 예를 들면 발전국가의 제도적 기반으로 관료적 자율성을, 정치적 기반으로 민관 협력(private-public cooperation)을 강조한다. 발전을 위해서는 국가와 사회집단의 협력이 필요하지만 이 관계가 지대 추구가 되지 않기 위해서는 국가의 자율성이 필요한 것이다. '배태된 자율성(embedded autonomy)'을 강조했던 에반스(Peter Evans)의 논의 역시 이러한 문제의 중요성을 강조하고 있다.[14]

제도주의 시각에 의하면 시장은 자본주의 체제에 있어 다양한 제도 중 하나이다. 자본주의 체제는 교환제도인 시장, 생산제도인 기업, 그리고 이러한 제도들을 규제하고 조정하는 제도인 국가 등으로 구성되어 있다.[15] 제도주의 시각은 신고전주의의 '시장 우위적 전제(market primacy assumption)'를 비판하면서 시장이 원래 자발적으로 존재하는 것이 아니라고 강조한다. 그리고 시장은 국가와 기업과 같이 인위적 제도 가운데 하나이며, 국가는 시장 형성에 역사적으로 개입해 왔음을 강조한다. 사실 국가와 시장은 그 목표 및 작동기제가 서로 다르다. 국가는 공익 추구, 영토, 충성심, 배타성의 개념에 기반을 두고 있으며 폭력의 합법적 사용에 대한 독점권을 소유하고 있다. 시장은 사적 욕구 충족, 계약관계와 기능적 통합, 효율성을 위해 팽창하려는 기제에 기반을 두고 있다. 이처럼 국가와 시장은 상이한 작동원리에 의해 서로 긴장관계를 반영하고 있으며, 이러한 역동적 상호작용이 근대 자본주의 역사의 진행과정에 긴밀한 영향을 주었다.[16]

시장과 국가의 관계를 이분법적으로 설명하는 논리와는 달리 역사적 · 제도적으로 바라보면 국가는 언제나 시장에 간여해 왔음을 알 수 있다. 또한 국가의 개입은 구체적인 역사적 상황에 따라 경제적 효율성을 낳을 수도 있으며, 또는 비효율적 결과를 가져올 수도 있다.[17] 폴라니(Karl Polanyi)는 시장을 내버려두는 경우 인간사회 및 자연마저 파괴할 수 있으며, 근대 자본주의 발전과정에 있어 국가의 역할은 매우 중요했음을 강조한다.[18] 블락(Fred Block)과 같은 학자는 경제를 자율적 · 윤리적인 존재로 인식하는 사상 때문에 국가가 어느 특정한 역사적 상황에서 중요한 역할을 담당할 수 있는 것에 많은 제한을 받고 있다고 비판한 바 있다.[19] 결론적으로 국가의 시장개입은 역사적으로 지속되어 왔고 정치와 분리된 시장은 존재할 수 없으며, 정치는 시장의 기구와 밀접히 연계되어 있는 것이다.

제도주의 시각은 국가와 사회의 다양한 네트워크를 통한 상호작용 관계를 분석하고 있기 때문에 동아시아 지역 발전과정의 다양성을 설명해 줄 수 있다. 예를 들어 한국의 권위주의 정권이 금융기관을 독점적으로 통제하여 대기업 중심의 산업전환 과정을 추진해 온 것과 달리, 대만의 일당독재체제는 금융기관을 통제하면서도 대기업의 산업구조가 형성되지 못하도록 안정지향적 금융정책을 지속하여 중소기업 위주의 경제발전 전략을 선택하였다. 한국의 국가-기업 관계가 보다 직접적인 것과 달리 대만은 간접적 관계를 특징으로 한다. 대만의 경제발전을 이끌어 온 추동력이 중소기업이었던 것과 달리 한국은 대기업이었다. 일본은 국가-기업 관계가 상대적으로 협력적이며 대기업과 중소기업의 균형적 발전을 가져왔다. 외형적으로 한국과 대만의 국가가 권위정권이며 사회에 대해 보다 우월한 국가의 힘을 반영하는 유사한 특성을 보이지만 구체적인 국가-기업 관계, 국가-사회 관계는 서로 다른 제도적 역사성에 의해 상이한 발전패턴을 보여주고 있다.

제도주의 시각은 기존의 정태적 분석이라는 한계를 극복하고 다양한 이해관계의 갈등에 초점을 맞추고 제도 변화라는 역동성을 설명하려고 하고 있다. 특히 제도주의 시각에서 국가는 다양한 이해갈등 과정에서 중요한 역할을 담당하는 제도로 인식되며, 또한 발전과정에서 미래의 비전을 제시해 주는 기업가적 역할을 하는 주체로 강조되고 있다. 그러나 제도로서의 국가가 이해갈등 조정자, 미래비전 제시자로서 그 역할을 다해야 한다고 할 때, 문제는 국가 역시 다양한 이해갈등 집단과 연합을 맺을 수도 있으며, 또는 이해집단에 포획됨으로써 그 역할을 다 하지 못할 상황이 많이 생긴다는 것이다. 따라서 제도주의 시각이 동아시아 발전모델로서 보다 유용성을 제고하기 위해서는, 제도로서의 국가가 발전과정에 긍정적 기여를 할 수 있는 조건, 그리고 언제 약탈국가가 되지 않는지에 대한 보다 구체적인 조건을 제시하는 이론적 논의가 뒷받침되어야 한다.

넷째, 문화주의 시각은 동아시아 국가가 유교자본주의 특성을 공유하며, 이러한 문화적 공통점인 유교적인 전통이 발전에 기여했다고 주장한다. 유교사회가 강조하는 교육, 저축, 근검절약 등의 가치와 정신이 발전에 긍정적 영향을 미쳤다는 것이다. 그러나 경제발전에 대한 유교의 순기능을 지적한 주장에 반해 유교문화의 역기능을 지적하는 반대 의견도 만만치 않다. 즉, 경제성장에 대해 유교문화의 혈연, 지연, 학연 등의 네트워크가 상호작용의 비용(transaction costs)을 줄여 준다는 점에서 긍정적 평가를 내리는 학자가 있는가 하면,[20] 이러한 네트워크 사회가 오히려 경제발전에 역행하는 부정적 영향이 있었음을 강조하기도 한다. 1997년 동아시아 위기 이후 서구의 많은 학자들은 위기의 주범으로 동아시아의 정실자본주의와 유착에 의한 도덕적 해이를 지적하였다.[21] 또한 동아시아 국가들의 유교문화를 보다 엄밀한 의미에서 비교해 볼 때 국가별로 상당한 차이가 있기 때문에, 서로 다른 유교문화가 유사한 경제발전을 가져왔다는 주장은 설득력이 없다고 제기된 바 있다.[22]

유교자본주의 논의와 연관되는 또 다른 문화주의 시각으로 '사회적 자본(social capital)'의 중요성을 강조하는 학자들도 있다. 이 시각은 경제발전에 있어 개별 국가의 부존자원 및 기술, 경제적 자본, 그리고 인적자본 등의 요소 외에도 개별 국가의 사회구조 및 사회 관계에 의한 사회적 자본을 중요한 요소로 인식한다. 사회적 자본은 사회 네트워크, 규범, 신뢰와 같은 사회조직의 특성을 의미하며, 이는 상호 이익을 위한 협력과 조정을 용이하게 한다.[23] 후쿠야마(Francis Fukuyama)는 국가의 경쟁력은 사회적 '신뢰(trust)'라는 문화적 특성에 의해 조건지워진다고 강조한다.[24] 그러나 신뢰가 문화의 산물이라는 후쿠야마의 논의와 달리 신뢰는 서로 다른 문화적 배경을 가진 개인들 사이에도 얼마든지 형성될 수 있다는 제도적 시각도 존재한다. 신뢰는 공통의 문화를 공유하지 않는 이방인들 간에도 네트워크 형성을 통해 제도적으로 창출될 수 있다. 신뢰의 원천을 어떻게 보느냐에 따라 정부 정책의 역할에 대한 함의도 달라질 수 있다는 점에서 제도의 관점이 문화적 시각과 더불어 보완될 필요가 있다.[25]

동아시아의 발전을 설명하기 위한 논의는 앞서 설명한 것처럼 외부 환경, 국가, 시장, 제도, 그리고 문화 등 다양한 요인들을 강조한다. 이와 같이 다양한 이론적 시각이 존재하지만 이들이 서로 배타적일 필요는 없으며, 연구자의 관심 주제 및 이론적 선호에 따라 보완적으로 이용될 수 있다. 최근의 이론 발전 진행과정을 볼 때 자본주의 발전과정에서 개별 국가마다 다양한 패턴과 나름의 복합적인 길이 있음을 인정하는 경향이 나타나고 있다. 그런 점에서 동아시아 역시 제도적 · 역사적 유산을 바탕으로 독자적인 발전모델을 모색해 볼 필요가 있다.[26]

2. 동아시아 발전국가 모델의 개념 및 주요 요인

역사적으로 보면 발전모델은 국가 및 지역에 따라 다양한 형태로 나타났다. 서구 자본주의 발전모델은 영미형 모델, 유럽대륙형 모델, 북구형 모델 등으로 나눌 수 있고, 그 외에 제11장에서 살펴본 사회주의 모델 및 남미형 모델 등 개발도상국 발전모델을 추가할 수 있다.[27] 그러나 앞에서 살펴본 동아시아의 발전 경험은 기존의 모델들과는 확연히 구분되는 특징을 보이고 있다. 이러한 동아시아의 특수성을 반영해 독자적으로 제시된 대표적인 모델이 발전국가 모델이다.

2.1 동아시아 발전국가 모델의 개념

동아시아 발전국가 모델의 개념을 둘러싸고도 끊임없이 논쟁이 계속되고 있다. 무엇보다도 앞에서 본 것처럼 동아시아 발전의 주요 요인에 대해서도 다양한 시각이 존재하고, 또한 동아시아 지역 내 국가별로 발전과정의 특징이 조금씩 다르게 나타나고 있기 때문이다.

동아시아 발전국가 모델의 기원(origin)에 대한 설명은 존슨(Chalmers Johnson)의 연구에서 찾아볼 수 있다. 존슨은 동아시아 발전국가의 성장을 설명하기 위해 '자본주의 발전국가 모델(model of capitalist developmental state)' 개념을 도입했다.[28] 이후 발전국가 모델의 개념과 정의에 대해 학자마다 서로 다양하게 제시하고 있지만, 동아시아 발전과정을 자세히 살펴보면 몇 가지 공통점을 발견할 수 있다.[29] 첫 번째 공통점은, 발전과정에서의 국가 주도적 역할이 강조되고 있다는 것이다. 동아시아 발전국가들은 국가가 높은 자율성과 시장개입 능력을 가지고 경제발전을 이끄는 강력한 주체로서 역할을 하고 있는데, 이는 일본을 위시한 동북아 국가들 모두에서 발견된다. 두 번째 공통점은, 국가가 시장에 개입을 하더라도 시장의 역할을 위축시키려고 하기보다 그 기능을 활성화시키려고 했다는 것이다. 산업정책, 수출주도 정책 등을 통해 전략적 지원을 할 때도 궁극적으로 세계시장에서의 검증을 통해 생존할 수 있는 산업과 기업을 지원하고 경쟁력을 확보할 수 있도록 하였다. 세 번째 공통점은, 동아시아 국가들은 구조적 여건들을 주어진 것으로 받아들이기보다 이러한 여건들을 발전에 유리하게 만들어나갔다는 것이다. 실질적인 발전과정을 보면 끊임없이 필요한 제도를 새로 만들고 이전의 제도를 개선해 나갔다는 것을 확인할 수 있다.

이와 같은 동아시아 발전과정에서 관측되는 공통점을 바탕으로 동아시아 발전국가 모델을 다음과 같이 정의할 수 있다. 아래의 정의는 앞에서 살펴본 동아시아 발전에 대한 다양한 시각을 서로 배타적으로 고려하기보다 함께 통합적으로 고려해 동아시아 발전모델을 정의할 필요가 있음을 강조하는 것이다.

> "동아시아 발전국가 모델이란 국가가 적극적으로 주도해 시장기능을 활성화시키고 제도적인 여건을 개선해 국가의 경쟁력을 키워나가는 모델이다."

2.2 동아시아 발전국가 모델의 핵심 요인

이와 같은 발전국가 모델이 강조하는 것처럼, 동아시아 지역에서 국가가 주도를 하더라도 시장과 조화를 이루면서 장기간 동안 발전전략이 성공적으로 작동하도록 만든 요인들은 무엇인가? 이에 대해서도 아주 다양한 의견들이 제시되고 있다. 이들을 구체적으로 고찰하기 전에 우선 후발국으로서 선발국을 추격하기 위해 국가가 적극적으로 노력했던 독일 등의 과거의 역사적 사례를 먼저 살펴보면서 시사점을 도출해 보고자 한다.

후발국 발전전략의 역사적 사례

18세기 영국에서 시작된 산업혁명으로 영국은 전 세계의 패권국으로 등장하였고 새로운 국제정치경제질서를 설립해 나갔다. 영국은 이미 가장 큰 시장규모를 가졌고, 또한 영국의 제조업은 다른 국가들보다 월등한 경쟁력을 갖고 있어 국제무역을 지배하였다.

영국의 패권 확대는 다른 국가들에게 엄청난 압박으로 작용했으며, 독일과 같은 유럽 대륙의 후발국들이 영국을 따라잡기 위해서는 시장경제체제 및 자유무역을 기반으로 하는 영국 모델과는 다른 접근을 필요로 했다.

거센크론(Alexander Gerschenkron)은 영국처럼 먼저 산업화를 시작한 국가들과 독일 및 일본처럼 뒤늦게 산업화에 뛰어든 국가를 비교분석하였다.[30] 이를 통해 외부 환경의 변화에 대한 국가의 대응과정에서 국가 내부의 자율적 전략에 따라 결과가 달라질 수 있다는 중요성을 인식하고 '후발주자의 이점(advantage of late developers)'을 이론적으로 체계화하였다. 영국의 자본가는 축적된 자본을 통해 농업·면직물·중화학 분야로 점진적으로 전환할 수 있었으며, 따라서 은행과 국가의 주도적 역할이 필요하지 않았다. 이와 달리 독일은 뒤늦게 산업화에 뛰어들었다. 당시 국제적으로 경쟁력 있는 산업은 중화학공업이었는데, 이는 거대자본의 투자가 필요한 산업이었다. 그러나 독일은 투자를 위해 필요한 축적된 자본이 부족한 상황이었다. 따라서 독일의 기업들은 은행과의 합병을 통해 필요한 자본을 얻어야 했으며, 이에 독일의 산업화 과정은 영국과 달리 보다 적극적인 국가 역할을 필요로 했다.[31]

독일과 마찬가지로 뒤늦게 산업혁명을 시작한 일본도 영국과 달리 국가 주도적 발전패턴을 보였다. 일본이 발전하고 그 뒤를 네 마리 용이 좇는 동아시아 후발개도국의 사례 역시 국가 주도적 발전패턴을 따랐다. 역사적 맥락과 시기는 다를지 모르나 후발개도국은 선진국이 오랜 시간에 걸쳐 발전시킨 기술을 이전받아 빠른 시간에 따라잡을 수 있는 후발주자의 이점을 향유할 수 있었다. 빠른 시간 내에 성장하기 위해서는 자본 동원의 권한을 가진 국가의 역할이 필요하다. 후발국가들은 적극적인 국가개입을 통해 특정 산업을 육성하고 선발국가로부터 기술이전을 유도함으로써 경제성장의 속도를 낼 수 있었다. 선발주자와 후발주자의 차이에 있어 가장 중요한 것은 산업화를 시작하는 시기(timing)의 문제일 것이다. 왜냐하면 산업화를 시작할 당시 세계시장에서 경쟁력 있는 산업이 무엇인지에 따라 어떤 산업을 육성할 것인지 결정할 수 있으며, 그와 관련된 기술의 도입은 어떻게 가능한지 등을 고려함으로써 산업화 과정이 결정될 수 있기 때문이다. 동시에 유망산업을 육성하기 위해서는 국내 산업구조 및 자본축적 정도, 기업가의 역량 등 내생적 조건들이 중요하다.[32] 후발주자의 이점은 선발주자의 길을 따라감으로써 실패할 가능성을 줄인다는 데 있다. 그러나 구체적인 발전의 궤적은 국가 내부의 내생적 요인인 산업구조, 발전정향, 기업가 역할, 이데올로기 등에 따라 달라질 가능성이 높다.[33]

이처럼 후발국가들은 독일, 일본, 아시아의 네 마리 용처럼 국가개입, 기술이전, 산업선택 등의 후발주자의 이점을 이용할 수 있으며 성장시간을 단축할 수도 있다. 그러나 모든 후발개도국이 이러한 이점을 십분 활용하여 발전하는 데 성공하는 것은 아니다. 또한 성공한 후발개도국이 모두 같은 요인 덕분에 같은 경로를 걸어가는 것도 아니다. 거센크론의 논의로부터 이끌어낼 수 있는 점은 개별 국가의 경제발전 과정은 외부적 환경만으로 또는 내부적 여건만으로는 가능하지 않다는 것이다. 외부 환경에 대한 적절한 인식을 바탕으로 한 국가 내부의 대응과 자율적 전략이 중요하다. 그런 점에서 동아시아 발전국가의 성장은 산업화에 뛰어든 시기, 즉 'timing'과 당시의 환경적 특성에 따른 국가 내부의 정책적 자율성이 유효했다는 점에서 그 성공의 원인을 찾아볼 수 있다.

동아시아 발전국가 모델의 특징 및 핵심 요인

동아시아 발전국가 모델의 특징 및 핵심 요인을 파악하기 위해 많은 연구들이 이루어져 왔다. 어떤 연구들은 정치, 경제, 사회, 문화 등 모든 분야의 특징을 언급하기도 하고 다른 연구들은 일부 분야의 특징만 간단히 언급하기도 하는 등 포괄범위도 아주 다양하다. 김형기는 광범위한 분야를 포괄해, 동아시아 발전모델의 원형은 국가부문에서 발전국가, 권위주의 정치체제, 산업정책, 기업부문에서 기업집단의 지배, 내부자 지향 기업지배구조, 관계 기반 계약, 금융부문에서 은행 기반 시스템, 금융억압, 인내자본, 노동부문에서 장기고용, 연공임금제도, 기업별 노조, 해외부문에서 전략적 개방, 수출촉진, 자본통제 등으로 특징지워진다고 요약하고 있다.[34] 구종서도 이와 유사하게, 동아시아 발전모델이 유교문화를 사회적 · 정신적 바탕으로 하여, 먼저 발전주도 체제로서의 개발독재형 권위주의 정치체제를 확립하여 경제발전에 필요한 여건을 확보한 다음, 국가 주도형 수출

지향적 공업화 전략을 추진하여 고속 성장을 통해 경제를 발전시키고, 경제를 성장시킨 다음에는 개발독재로 유보됐던 민주화를 실현해 나가는 발전 형태를 취한다고 하고 있다.[35] 이에 반해 박병영은 동아시아형 자본주의에서는 무엇보다도 경제성장에 진력하는 개발국가와 은행 중심의 금융체계와 기업감시체계라는 특징이 나타난다고 주로 경제분야를 중심으로 간단히 특징짓고 있다.[36] 또한 문돈 · 정진영도 동아시아 발전국가 모델은 정부의 압도적인 주도력 하에 일사분란한 산업정책, 통상정책, 거시경제정책이 실행되었으며, 그 결과 수출주도형, 대외의존형, 고도성장형 경제체제 성립을 특징으로 한다고 경제분야를 중심으로 설명하고 있다.[37]

이들과는 달리 또 다른 연구들은 정부조직의 특성을 강조하고 있는데, 예를 들어 문정인 · 류상영은 발전국가의 특성으로 행정부의 우위가 보장되는 제도, 사회로부터의 높은 자율성을 부여받은 권위주의 정권, 그리고 정책적 수단, 즉 신용, 임금, 조세를 통해 기업을 통제하고 규제할 수 있는 역량을 강조하고 있다.[38] 정부는 금융통제를 통해 정책금융과 산업정책을 효율적으로 수행할 수 있었다. 강력한 발전국가는 높은 자율성과 높은 개입능력을 갖춘 국가로, 경제발전을 국가 목표로 설정하고 이를 위해 자본과 노동을 동원해 효과적인 발전을 수행할 가능성이 큰 국가이다. 또한 레프트위치(Adrian Leftwich)는 다음의 5가지 요소를 제시한다. 발전적 정향을 지닌 엘리트 집단, 상대적으로 자율적인 관료집단, 복종적인 약한 시민사회, 사회경제집단의 효율적 관리, 성과에 기반을 둔 정당성이 그것이다.[39]

많은 연구들이 제시하는 다양한 특징에도 불구하고 몇 가지 공통적으로 지적되는 요인들을 발견할 수 있다. 동아시아 발전국가 모델의 핵심적 요인들은 앞에서 제시한 개념 정의와 연계시켜 다음과 같은 기준에서 정리해 볼 수 있다. 첫째 기준은 국가가 발전을 지향하기 위한 능력과 변혁적 이념을 갖고 있는지 여부이다. 둘째 기준은 국가가 발전전략을 계획하고 이를 성공적으로 수행할 수 있는 자율적 역량이 있는 제도를 구비하고 있는지 여부이다. 셋째 기준은 국가가 정치, 관료, 재계와의 연계가 이루어져 있는지 여부이다.[40] 이러한 세 가지 기준에서 볼 때, 동아시아 발전국가 모델의 핵심 요인은 산업화를 통한 경제성장이라는 발전정향의 이념을 제시하고 주도할 수 있는 국가, 상대적 자율성을 반영하는 효율적인 관료집단의 존재, 그리고 국가와 경제 및 사회 집단과의 협력을 반영하는 '연계된 자율성'의 제도적 배열 등으로 압축될 수 있다.

첫째, 동아시아 발전국가 모델은 이념적인 측면에서 국가가 경제성장을 통한 발전을 최우선 목표로 지향하는 발전적 정향을 갖고 있었으며 이를 주도적으로 추진해 나갈 능력이 있었다. 이를 달성하기 위해 핵심적 요소로 강조되는 것이 '전략적 산업정책'이다.[41] 웨이드(Robert Wade)는 동아시아의 빠른 경제성장이 특정 전략산업에 대한 투자의 결과와 이들 산업의 국제경쟁에의 노출에 기인한다고 강조했다. 전략적 산업정책은 다양한 인센티브, 규제수단 등을 제공함으로써 성공적 산업전환을 가능하게 했다. 암스덴(Alice Amsden)은 발전국가의 중요한 목표는 빠른 산업화 과정이었으며 전략적 산업정책이 이를 가능하게 했다고 보았다. 국가가 기업들에게 선별적으로 보조금을 부여하면서도 동시에 수출성과를 강조하는 이중적 압박을 가하였는데, 이러한 동아시아적 경쟁정책(East Asian style competition policy)이 라틴아메리카나 아프리카와 달리 경제적 효율의 원천이 되었다고 보고 있다.

둘째, 동아시아 발전국가 모델은 국가가 주도하는 발전적 정향의 구체적 정책을 계획 및 실행하기 위한 효율적 관료제도를 구비하고 있었다. 존슨은 발전국가의 주요 특징으로 효율적 역량을 보유한 국가엘리트, 관료의 자율성과 효율성이 특징인 정치제도, 시장순응적인 국가개입, MITI와 같은 선도기구(pilot agency) 조직의 존재를 제시하면서,[42] 이 중에서도 주목해야 할 점은 정부의 선도기구의 존재 여부임을 강조했다. 존슨은 동아시아 경제성장의 핵심 요인으로 일본의 통산성(Mistry of International Trade and Industry ; MITI), 한국의 경제기획원(Economic Planning Board ; EPB), 대만의 경제부 공업국(Industrial Development Bureau ; IDB)이나 경제자문기구인 건설위원회(Council for Economic Planning and Development ; CEPD) 등의 역할에 주목한다. 이러한 기구들은 전략적 산업정책을 입안하고 집행하는 발전국가 내의 '경제참모본부'로서 관료의 자율성이라는 요소와 직접적으로 연관된다. 그는 또한 일본의 통산성이 산업정책을 원활하게 추진할 수 있었던 원인으로 정부-기업 간의 정책 네트워크의 작동을 들었다.[43]

존슨은 이들 세 국가가 국내 제도의 관점에서 서로 다른 관계적 특징을 보여준다고 강조했다.[44] 정부의 금융통제는 발전국가의 가장 중요한 정책적 수단 가운데 하나였다. 일본에서는 간접금융이 핵심적 특징이었으며, 한국에서는 간접금융과 더불어 정책금융이 산업정책의 실행을 위해 중요한 수단으로 기능했다. 그러나 대만에서는 특정 기업 및 산업에 대한 지원방식보다는 간접적 조세정책이 보다 중요했으며, 대기업보다는 공기업에 대한 지원을 우선했다.[45] 또한 대만의 대기업은 대부분 공기업이었으며, 일반 중소기업의 자금은 사적 영역으로부터 충당했다. 또 다른 예로 노사관계를 보면, 일본이 연성권위주의였던 것과 달리 한국과 대만은 노동탄압의 정도가 심했다. 일본은 노동의 정치적 역할과 힘의 정도를 줄이면서 생산성과 연계된 임금 상승, 분배정책을 유도한 측면이 많다. 산업정책을 수행하기 위해서는 비정치적인 관료의 역할이 중요하다. 이때 통치하는 국가는 실제로 지배하는 관료를 위해 안전밸브(safety valve)의 역할을 하게 된다. 한국의 군부는 영향력이 컸지만, 정부는 관료자율성을 유지하기 위해 경제기획원을 창설했다. 관료의 자율성, 노동탄압, 금융정책, 외국 자본 등은 동아시아 발전국가의 성장을 위해 사용한 수단이다. 그러나 그 정도와 구체적 실행의 내용에서 각국의 모습은 상이했다. 동아시아 발전국가 모델은 서로 다른 국가-사회 관계 및 산업구조, 그리고 역사적 유산이라는 차이점에도 불구하고, 관료제도가 효율적이었고 정치로부터 자율성을 갖고 있었다는 공통적인 특징을 반영하는 개념이라고 볼 수 있다.

셋째, 동아시아 발전국가 모델은 국가가 주도하고 관료제도가 정책을 시행하지만, 경제집단과 긴밀한 협력관계를 유지하면서 국가와 시장 간의 조화를 추구했다. 관료의 자율성과 정부와 기업 간의 정책 네트워크의 중요성은 동아시아 발전국가의 핵심 제도인 '연계된 자율성(embedded autonomy)' 의 개념으로 발전했다. 오니스(Ziya Onis) 역시 동아시아 발전국가의 제도적 · 정치적 특성은 관료적 자율성(bureaucratic autonomy)과 민관협력(public-private cooperation)이었음을 지적한다. 관료의 자율성은 국가시험을 통해 관료의 역량을 유지하며 권력분립을 통해 관료의 특정 영역에 대한 독자적 역할분담을 허용함으로써 가능했다. 민관협력은 동아시아의 경우 국가에 의해 그 주도권이 유지되었으며 인센티브 정책을 통해 그러한 협력관계를 유도했다. 이는 다른 개발도상국가인 라틴아메리카나 아프리카 국가들의 경우와 비교된다.[46]

아래의 [표 13-4]에 의하면 후발개도국의 정치경제 모델 유형을 민관협력과 관료적 자율성의 두 가지 요인으로 나눠 유형화해 볼 수 있다. 국가-사회 협력이 높고 관료적 자율성이 높은 경우는 동아시아 발전국가에 해당한다. 이 두 가지 요인 가운데 하나라도 부재할 경우 경제발전 과정의 어려움을 겪을 가능성이 높다. 라틴아메리카의 경우는 동아시아에 비해 관료적 자율성이 낮고 국가-사회의 연계성이 매우 높기 때문에 지대 추구 행위가 나타날 가능성이 높다. 사회주의 국가의 경우는 국가의 자율성이 비교적 높으나 사회영역에서의 시장 자율성 및 혁신의 가능성이 매우 낮고 민관협력의 가능성도 낮다. 최근 들어 아프리카 지역은 다른 지역에 비해 발전 가능성이 비교적 높지만 아직까지 많은 경우 저개발의 늪에서 빠져 나오지 못하고 있다. 아프리카의 많은 지역은 국가 제도의 발전과 자율성이 매우 낮고 사회영역의 발전이 미뤄져 있어 민관협력 가능성도 낮다. 후발개도국들의 발전과정은 이와 같은 다양한 관점에서 유형화할 수 있는데, 동아시아의 경험에 비추어보면 발전을 위해서는 국가의 주도적 역할과 더불어 관료제도의 자율성 및 사회집단과의 긴밀한 협력도 핵심적인 요인임을 알 수 있다.

표 13-4 후발개도국 정치경제 모델의 유형화

		국가/사회 협력(embeddedness)	
		높음	낮음
관료적 자율성 (bureaucratic autonomy)	높음	(Ⅰ) 연계된 자율성(embedded autonomy) : strong state, strong society : 동아시아 발전국가	(Ⅲ) 국가통제(state control) : strong state, weak society : 사회주의 또는 구사회주의 국가(북한, 러시아)
	낮음	(Ⅱ) 지대 추구 국가(rent-seeking society) : weak state, strong society : 남미	(Ⅳ) 약탈국가(predatory state) : weak state, weak society : 저개발국가(아프리카)

자료 : Evans(1995) ; 임혜란(2018)에서 재인용.

지금까지 살펴보았듯이 동아시아 발전국가 모델이 성공적인 결과를 거둘 수 있는 핵심적인 요인을 설명하기 위해서는, 개념 정의에서 제시한 것처럼 국가가 주도적인 역할을 할 수 있으며 동시에 국가와 시장이 조화를 이루도록 만든 요인들을 찾아야 한다. 후발주자로서 선진 영국의 산업화를 추격했던 독일과 일본의 역사적 사례가 주는 시사점, 그리고 동아시아 국가들의 발전 경험에 비추어 동아시아 발전국가 모델의 특징 및 핵심 요인을 다음과 같이 정리할 수 있을 것이다. 첫째, 개별 국가의 발전은 외부 환경과의 상호작용을 통해 진행되므로, 후발개도국의 성공적 추격을 위해서는 국가가 명확한 발전정향의 이념을 가져야 하고 외부 환경의 구조적 도전과 기회의 측면을 잘 포착해 주도적으로 발전전략을 추구할 수 있어야 한다. 둘째, 효율적인 관료제도와 유능한 관료집단을 구성하고 이들에게 자율성을 부여해 국가의 발전정향적 목표를 구체적으로 성취할 수 있는 정책을 기획 및 실행하도록 해야 한다. 셋째, 그러나 이와 같은 국가 주도적이고 관료에 의해 집행되는 발전정책이 시장과 조화될 수 있도록 국가-관료-사회 간의 협력관계가 긴밀하고 유기적으로 작동되도록 해야 한다.

3. 동아시아 발전국가 모델을 둘러싼 논쟁

동아시아 발전국가 모델을 둘러싸고 두 그룹으로 극명하게 나뉘어 여러 논쟁이 벌어지는 경우가 많다. 대표적인 사례 중의 하나는 발전국가 모델이 과연 다른 개발도상국의 발전과정에도 적용 가능한가 하는 유용성 논쟁이다. 또 다른 사례는 1997년 동아시아 위기의 원인과 관련된 논쟁으로, 발전국가 모델의 내재적 문제점이 위기의 원인이었다는 견해와 발전국가 모델이 퇴보했기 때문에 위기가 왔다는 견해가 팽팽히 맞서기도 했다. 세 번째 사례로, 동아시아 위기 이후 발전국가 모델이 어떻게 변화되었는가를 둘러싸고, 신자유주의로 변화되었다는 주장과 규제주의로 변화되었다는 주장 간에 논쟁이 벌어지기도 했다.

3.1 발전국가 모델의 유용성 논쟁

동아시아 발전국가 모델의 개념은 학문적 · 정책적으로 어느 정도 유용한가? 동아시아 발전모델은 후발개도국인 동아시아 국가의 빠른 성장을 설명하기 위해 제시된 개념이다. 이 개념이 유용성을 갖기 위해서는 다른 후발개도국의 발전과정에도 적용될 수 있어야 한다. 이 개념의 유용성에 대한 반대 입장은 다음의 두 가지 관점에서 제기되는데, 첫 번째는 이 모델이 갖는 일반화의 오류와 관련되어 있고, 두 번째는 이 모델이 갖는 역사적 특수성과 관련되어 있다.

동아시아 발전국가 모델 일반화의 오류

일반화의 오류 주장은, 간단히 말해 동아시아 지역 국가들의 발전과정을 보면 국가별로 너무 다르기 때문에 일반화시킬 수 없다는 것이다. 동아시아 발전국가 모델은 동아시아 발전국가의 대표적 사례인 4마리 용, 즉 신흥산업국인 한국, 대만, 홍콩, 싱가포르의 발전과정으로부터 형성된 개념이다. 그런데 발전모델에 속한다는 국가들은 많은 점에서 상당한 차이를 보인다. 따라서 동아시아 발전국가 모델의 개념 및 핵심 요인을 제시하는 것은 지나친 일반화의 우려가 있으며, 모델로 일반화된 개념을 다른 개발도상국에 적용하는 것은 많은 문제를 내포한다는 것이다. 이러한 일반화의 오류 주장은 더욱 확장될 수 있는데, 비록 동아시아 발전국가 모델이 제시될지라도 이는 지리적 · 공간적 명칭으로서 동아시아에서만 기능하고 다른 지역에 적용하면 기능하지 않을 수 있다는 것이다. 가령 동아시아 발전국가 모델을 동남아 국가의 발전에 적용하는 데 문제가 있을 수 있다. 예를 들어 같은 동아시아에서도 동남아 국가는 동북아 국가보다 국가의 자율성 정도가 낮고, 국가-관료-사회 간의 관계도 덜 긴밀하며, 해외직접투자의 역할이 보다 컸다는 점에서 차이를 보이기 때문에 그대로 적용하기 어렵다. 이러한 지적으로 인해 동아시아 발전국가 모델이 이론적 · 실천적으로 유용성을 갖지 못한다는 회의적 시각이 팽배하기도 했다.

그러나 일반화의 오류 논리는 상당한 문제점이 있다. 비판론자들의 지적처럼, 일본과 네 마리 용은 산업화의 시기와 정치적 민주주의 발전궤적이 서로 다른, 선진국과 후발개도국이라는 근본적 차이를 보여준다. 유사한 시기에 산업화를 시작한 아시아의 네 마리 용들 간에도 빠른 성장이라는 유사한 결과를 보여주지만, 개별 국가의 발전과정이 그린 궤적은 서로 같지 않았다. 홍콩은 국가가 발전국가의 전형적인 행태인 산업정책을 시행하지 않았으며 자유시장 모델에 근접한 경우라 발전국가 모델의 예외로 인식된다. 싱가포르는 국가가 산업정책의 시행과 같은 역할을 수행했으나 제조업에 대한 직접적인 금융지원은 하지 않았으며 싱가포르 경제발전에 있어 다국적기업의 비중이 매우 컸다.

네 마리의 용 중 가장 유사하다는 한국과 대만에 국한하더라도 유사점만큼이나 차이점도 많다. 이 두 국가는 냉전의 직접적 대결구도라는 환경을 지니고 있었기 때문에 미국으로부터의 원조 및 우호적 통상환경을 제공받을 수 있었다는 공통점이 있다. 또한 강한 권위주의 정부의 지배, 약한 시민사회, 국가와 기업 간 협력관계, 일본 식민지 지배 경험, 제3세계의 저발전 상태에서 유사한 시기에 산업화에 돌입하는 등 공통점이 많다. 그럼에도 불구하고 한국과 대만을 보다 면밀히 비교해 보면, 한국이 대기업 기업조직을 키워낸 반면 대만은 중소기업 중심의 산업조직이 그 특징이라는 점에서 서로 달랐고, 이에 따라 수출경쟁력의 품목에서도 큰 차이가 있음을 알 수 있다.[47] 특히 정부와 기업 간의 관계에 있어 대만은 'arm's length' 관계였으나 한국은 보다 밀접한 관계를 보여준다.

동아시아의 개별 국가들을 살펴보면 이처럼 많은 점에서 유사점과 차이점을 보여준다. 그러나 차이점이 많다고 하여 이들 국가가 공통적으로 보여준 역사적 궤적을 간과함으로써 사회과학의 일반적 함의 가능성을 무시해서는 안 된다. 커밍스가 지적했듯이, 동아시아 지역의 발전국가들을 라틴아메리카와 아프리카 국가의 경우와 비교할 경우 지역 간 차이가 부각되면서 지역 내 국가들은 서로 유사한 것처럼 보인다. 하지만 비교의 관점을 동아시아 국가들에만 초점을 두고 관찰해 보면 그들 간의 서로 다른 특성들이 부각되어 동아시아 국가들 간의 차이점이 강조되는 결과를 가져온다.[48] 비교의 대상을 무엇으로 하느냐, 어떤 문제의식 및 퍼즐을 갖느냐에 따라 차이점을 볼 것인지, 유사점에 주목할 것인지의 문제가 결정될 수 있다.

동아시아 국가들은 라틴아메리카와 아프리카 국가와 비교해 보면 빠른 성장과 민주화를 동시에 성취해 낸 경우라 할 수 있다.[49] 왜 그러한 성공을 이끌어낼 수 있었는가의 질문에 답하기 위해서는 다른 지역과는 다른 동아시아 국가만의 공통된 특성에 논의의 초점을 둬야 한다. 동아시아 국가들은 다양성에도 불구하고 다음과 같은 공통점을 지니고 있다. 동아시아라는 지역적 환경, 지역적 생산분업 네트워크를 통한 상호작용, 식민지 경험, 냉전, 산업화의 시기, 강한 권위주의 정권, 민주화 과정, 수출주도형 산업화, 그리고 유교자본주의 등의 요인들을 공유한다. '동아시아 발전국가 모델'은 라틴아메리카나 아프리카 지역과는 달리 왜 동아시아가 후발개발도상국 가운데 빠른 성장과 민주화를 이룩했는지 잘 설명해 주고 있으며 그런 점에서 그 개념의 유용성을 찾아볼 수 있다. 또한 동아시아 발전모델이 지역적 명칭이기 때문에 동아시아에서만 기능한다는 논의도 문제가 있다. 동아시아 발전국가 모델의 태생은 지역적 차원에 기반하고 있지만 핵심적 틀은 일반적 함의를 통해 다른 지역에도 적용될 수도 있다.[50] 뒤에서도 강조하는 것처럼, 동아시아 발전국가 모델의 핵심적인 요인들은 국가마다 여건이 다르더라도 신축적으로 적용할 수 있는 조건들이다.

Box 13-2 한 · 중 · 일 공통점과 차이점

본문에서 여러 번 강조한 것처럼 동아시아 발전국가 모델은 서로 공유되는 특징이 있기는 하지만, 세부적으로 살펴보면 개별 국가별로 다르게 나타나는 점이 많다. 이러한 차이점은 유사한 시기에 발전과정을 거친 NICs 국가들 간에도 나타나고 있으며, 더욱이 발전시기가 다른 한 · 중 · 일 간에는 더욱 명확하게 나타나고 있다.

김형기는 동북아 3국을 비교분석한 후 이들 간의 공통점과 차이점을 보여주고 있다. 3국 발전모델의 공통점은 발전국가, 권위주의 정치체제, 산업정책, 재벌 지배, 관계 기반 계약, 은행 기반 시스템, 금융억압, 연공임금제도, 수출촉진, 자본통제 등으로 나타나고 있다. 반면 한국 모델은 국가주의 조절양식을 가진 규제시장경제, 중국 모델은 국가주의 조절양식을 가진 사회주의시장경제, 일본 모델은 기업주의 조절양식을 가진 조정시장경제라는 차이점을 갖고 있다. 3국의 발전모델 간의 구체적인 차이점은 [표 13-5]에 제시되어 있다.

표 13-5 한 · 중 · 일 발전모델의 차이점

구분	일본 모델 1960~1970년대	한국 모델 1960~1970년대	중국 모델 1960~1970년대
정책 패러다임	▪ 발전국가 ▪ 철의 삼각형 성장연합 ▪ 일본주식회사	▪ 강한 발전국가 ▪ 개발독재 ▪ 한국주식회사	▪ 강한 발전국가 ▪ 지역-국가 코포라티즘 ▪ 중국주식회사
산업정책	▪ MITI에 의한 집중적 조정	▪ EPB에 의한 유도 계획	▪ SDPC에 의한 명령적 계획
기업체제 제품시장	▪ J형 기업 ▪ 게이레츠의 지배 ▪ 주거래은행 소유	▪ K형 기업 ▪ 재벌의 지배 ▪ 가족 소유	▪ C형 기업 ▪ 국영기업의 지배 ▪ 국가 소유
금융시스템 금융시장	▪ 주거래은행 체제 ▪ 관계금융	▪ 국유은행 ▪ 정책금융	▪ 국유은행 ▪ 국가금융
노동체제 노동시장	▪ 반테일러주의 노동과정 ▪ 종신고용 ▪ 연공임금제도	▪ 테일러주의 노동과정 ▪ 장기고용 ▪ 연공임금제도	▪ 테일러주의 노동과정 ▪ 계약노동제도 ▪ 저임금
무역체제 세계시장	▪ 온건한 자본통제 ▪ 외국 기술 수입	▪ 엄격한 자본통제 ▪ 외국 차관과 기술 도입	▪ 아주 엄격한 자본통제 ▪ FDI 유입
조절양식	▪ 기업주의 ▪ 조정시장경제(CME)	▪ 국가주의 ▪ 규제시장경제(RME)	▪ 국가주의 ▪ 사회주의시장경제(SME)

주 : SDPC = 중국국가발전계획위원회(State Development Planning Commission)
자료 : 김형기(2016), p.14.

동아시아 발전국가 모델의 역사적 특수성

두 번째 반대 주장은, 동아시아 발전국가 모델이 '특수한 역사적 상황'의 결과이기 때문에 다른 환경과 다른 지역의 국가에는 적용할 수 없다는 것이다. 오니스는 발전국가 모델의 주요 요소들이 특수한 역사적 상황으로부터 나온 것이므로 일반적 적용이 가능하지 않다고 강조한다. 동아시아 발전국가의 역사적 특수성의 특징은 다음과 같다. 동아시아는 냉전시기의 안보위협이라는 특수성 때문에 평등과 분배 문제보다는 성장이라는 중장기적 목표가 더 중요했다. 국제경제구조에 편입되기 이전에 이미 권위주의 정권이 형성되었다는 순서(sequence) 및 시기(timing) 또한 중요했다. 이는 동아시아 국가들이 외국 자본에

비해 우위를 점할 수 있었던 조건이 되었다. 동아시아는 산업화를 시작하기 전에 농지개혁을 시행함으로써 상당 부분 평등한 사회관계를 이뤄냈다. 라틴아메리카의 경우 민중주의적 정권(populist regimes)에 노동을 포함했다가 관료적 권위주의 정권(bureaucratic authoritarian regime)이 들어서자 노동을 배제시킴으로써 정당성의 문제가 야기되었다. 동아시아는 애초부터 노동을 배제했기 때문에 민주화가 시작되기 전까지는 큰 문제에 부딪히지는 않았다. 또한 이미 농지개혁을 통해 지주계급 등이 없어지면서 상당한 평등관계를 기반으로 하여 산업화를 추진할 수 있었다는 점을 강조할 수 있다.

펨펠(T.J. Pempel) 역시 동아시아 발전국가 모델의 일반적 적용 가능성에 대해 회의적 입장을 견지한다. 펨펠의 기본적 주장은 동아시아 모델은 역사성 속에서 이해해야 한다는 것, 그리고 발전국가의 성공은 국제정치라는 외부 환경에 기인한 점이 많다고 강조한다. 그런 점에서 펨펠은 동아시아 모델이 다른 국가에 반복적으로 적용되기는 매우 어렵다고 보았다. 펨펠은 동아시아 국가의 발전은 개발도상국의 발전이 불가능하지 않음을 경험적으로 알려준 '사실'이었다고 강조한다. 발전국가 모델의 특징인 국가 주도 자본축적 과정, 국가의 투자조정 역량, 산업정책, 노동규제, 외국 자본에 대한 규제, 생산성 향상, 기술개발 등과 같은 정책 패키지는 일본을 시작으로 한국과 대만에 광범위하게 적용되었다. 펨펠은 동아시아 발전국가 모델의 주요 특징으로 평등과 병행된 성장, 개방정책, 산업정책, 그리고 사적 기업의 역할 등을 제시하고 있다. 그는 동아시아 발전국가 모델이 다른 후발개도국에게 발전에의 '추격(catch-up)'이 가능하다는 사실을 보여주었다는 의의를 갖지만, 그럼에도 불구하고 다른 나라에 그대로 적용될 수 있다고 보지는 않았던 것이다.[51]

오니스와 펨펠의 논의는 동아시아 발전국가 모델을 특수한 역사적 상황의 맥락에서 이해해야 하므로 이러한 모델을 다른 시기의 다른 환경에 있는 국가에 그대로 적용할 수는 없다는 것이며, 그런 점에서 설득력이 없지는 않다. 그러나 동아시아 발전국가 모델의 원형적 논의인 존슨이나 거센크론의 주장을 고려해 본다면, '후발국의 이점'과 발전과정에서의 국가의 역할 등은 역사적 시기와 지역을 뛰어넘어 일반적 적용이 가능한 교훈을 제시해 준다고 볼 수 있다. 특히 거센크론은 과거 독일과 일본이 영국을 비롯한 선진국가의 발전을 따라잡을 수 있었던 것은 독일과 일본 국가의 보다 적극적 역할에 의해 가능했음을 강조한다. 그런 점에서 동아시아 발전국가 모델의 유용성을 찾아볼 수 있다. 후발개도국들이 '후발국의 이점'을 십분 활용하기 위해서는 여러 가지 국내외적 요인이 기반되어야 한다. 무엇보다도, 국가의 외부 환경의 도전에 대한 정확한 판단을 통해, 개별 국가의 내부적 요인과 외부 환경이 전략적으로 상호작용하도록 해야 한다. 따라서 동아시아 발전국가 모델은 거센크론이 제시한 것처럼 후발개도국의 발전궤적에서 유사하게 강조되는 후발국의 이점을 잘 활용하면 성공적인 추격이 가능하다는 것을 보여주는 모델이라고 할 수 있다. 후발개도국의 개별적 내부 특성은 서로 많은 점에서 다를 것이므로 발전국가 모델의 공통점을 이끌어내는 것은 용이하지 않지만, 그럼에도 후발국의 이점, 국가의 역할, 관료제도의 중요성, 국가-사회의 관계 등 몇 가지 핵심적인 요인들을 찾아 볼 수 있을 것이다.

3.2 발전국가 모델과 위기의 관계 논쟁

동아시아 발전국가 모델을 둘러싼 또 다른 커다란 논쟁은 동아시아 위기 이후 위기 원인을 놓고 벌어졌다. 발전국가 모델의 폐해가 노정된 결과 위기가 발생했다는 주장과 이와는 반대로 모델의 장점이 점차 상실된 결과 위기가 발생했다는 주장이 대립되었다.

발전국가 모델이 위기의 원인이라는 주장은 동아시아 위기의 내인론의 일부로[52] 크루그만, IMF 등 신자유주의적 입장을 가진 그룹에서 주장하였다. 크루그만은 동아시아 위기의 원인을 분석하면서 동아시아 위기는 아시아의 죄에 대한 징벌이라고 말하고 있다.[53] 또한 IMF의 기본적 입장은 동아시아의 위기가 발전국가 모델 특징 중의 하나인 정부의 과도한 시장개입과 규제에 기인했다는 것이다. 이에 따르면, 정경유착과 도덕적 해이로 인한 부실대출과 과다한 외채누적 등이 금융기관들을 취약하게 만들었고, 결국에는 누적된 취약점이 견디지 못하고 터지면서 위기를 초래했다는 것이다.

이들과는 정반대로 동아시아 위기를 동아시아 발전국가 모델의 장점이 상실된 결과로 보는 입장도 있다.[54] 이 시각은 동아시아 발전국가 모델의 특징 및 장점이 공동체적 자본주의로서 공동체의 성장과 복지를 최우선으로 생각하는 민족주의와 실용주의를 그 중심으로 하는 정책적 유연성에 있다고 강조한다. 1997년 발생한 동아시아 위기는 이러한 유연성이 상실됨에 따라 초래된 것이다. 동아시아 발전국가 모델의 유연성이 제약을 받게 된 이유는 당시 국제정치경제질서의 특징이 변화된 것과 무관하지 않다. 중상주의적 경쟁과 보호주의의 증대, 그리고 선진국을 필두로 한 금융세계화가 그것이다. 미국을 중심으로 한 선진자본들이 개발도상국들에게 금융시장 개방을 요구하였으며, 이러한 흐름에 따라 한국을 비롯한 동아시아 국가들이 금융자유화, 무분별한 규제완화와 시장의 자유를 강조하는 신자유주의로 옮아간 것이다. 이로 인해 기업 및 금융부문에 부채가 과도하게 증대되고 또한 단기외채가 급증하면서 동아시아 국가들이 대외 충격에 아주 취약해진 것이 위기의 원인이었다는 것이다.

위의 두 가지 시각은 동아시아 위기의 원인에 대해 이처럼 상반되는 입장을 갖고 있었으므로, 발전국가 모델의 향후 진로와 관련해서도 전자는 발전국가 모델이 폐기되어야 한다는 입장이었고 후자는 오히려 재강화되어야 한다는 입장을 보였다. 전자의 신자유주의자들 입장에서 보면, 위기를 극복하고 방지하기 위해서는 위기의 주원인이었던 동아시아 발전국가 모델을 폐기하는 것이 당연한 논리적 귀착이었다. 이들은, 발전국가 모델을 고수하게 되면 정부, 재벌, 금융기관의 유착관계에 따른 경제적 비효율의 문제가 계속 야기되기 때문에, 또다시 동아시아 국가들을 취약하게 만들고 향후 언제라도 위기에 노출시킬 것을 우려하였다. 동아시아 위기를 극복하기 위해 IMF가 구제금융을 제공하면서 구속요건을 덧붙인 소위 IMF 프로그램은 이러한 신자유주의 입장을 반영한 것이었다. IMF 프로그램은 기본적으로 전반적인 금융구조조정, 산업구조와 기업지배구조 개혁, 전면적인 자본개방 및 금융자유화, 변동환율제도 채택, 무역규제정책 완화 등을 포함하고 있었다.

후자의 시각에서는, 동아시아 국가들의 정책운영 과정에서 발전국가 모델의 장점이 점차 상실되었기 때문에 위기가 발생했으므로, 위기에 대한 처방책은 동아시아 발전모델의 장점을 재구축하는 것이라고 주장한다. 동아시아 발전국가 모델은 전체 공동체에 대한 유기체적 관점, 국민주력기업의 육성, 시장기능의 선택적 사용, 그리고 수출산업화의 추구가 기본적 요소로서 민족의 이익을 극대화하려는 실용주의적 부국강병책이었으며,

권위주의는 이러한 성격을 구체화하는 데 사용된 정치적 틀이었다. 따라서 이 시각에 의하면 동아시아 위기는 동아시아 발전국가 모델의 위기가 아니라 동아시아 모델에 무리하게 주입된 시장만능주의 이데올로기에 기인한 위기였다. 세계화를 빙자한 무분별한 규제완화와 시장의 자유만을 부르짖은 신자유주의적 이데올로기가 당시 위기의 주된 원인이었으므로, 위기 이후에도 동아시아 발전국가 모델을 폐기할 필요는 없고 오히려 재강화되어야 한다는 것이다.

이처럼 동일한 상황에 대해 상반되는 두 입장은 동아시아 위기를 설명하고 이해하는 데 필요한 시야를 넓혀준다는 면에서 유용한 측면이 있다고도 볼 수 있다. 그러나 이 두 입장은 동아시아 발전국가 모델에 대한 양극단적 이해에 기반하고 있어 보다 균형적인 이해를 저해하고 있다. 발전국가 모델은 경제적 성취의 기반이기도 했으며 동시에 위기 가능성의 구조적 기반으로 작용하기도 했다. 후자의 주장처럼 동아시아 발전국가 모델이 실용주의적 부국강병책이었다면 불리한 방향으로의 환경변화에도 탄력적으로 적응함으로써 위기를 피할 수 있어야 했다. 그러나 발전국가 모델 자체에 그러한 탄력적 대응력이 내재하지 않았다면 동아시아 발전국가 모델을 실용주의적 부국강병책으로 이해하는 데 문제가 있다. 반면 발전국가 모델을 위기의 원인으로만 본다면, 동아시아에서 그 이전의 이례적인 성과를 설명할 수 없다는 문제가 발생한다. 따라서 위기 이후의 방향과 관련된 논쟁에서 두 극단적 입장 중 하나를 선택하기보다 발전국가 모델의 문제점을 파악하고 새로운 상황에 부합하는 내용을 반영해 발전국가 모델을 재구성하는 것이 바람직하다고 본다.

3.3 동아시아 위기 이후 발전국가 모델의 변화 논쟁

동아시아 위기 이후 발전국가 모델과 관련된 또 한 가지 흥미로운 논쟁은 동아시아의 발전국가가 어떻게 변화되었는가를 둘러싼 논쟁이다. 혹자는 발전국가가 해체되고 신자유주의 국가가 등장했다는 주장을 한다. 문돈 · 정진영은 한국의 경험에 초점을 맞추고, 위기 이후 한국의 발전체제의 성격은 신자유주의 체제라고 주장한다. 무역 및 투자 자유화와 대외개방, 시장에서 재벌 · 외국 자본의 주도성 강화, 규제완화와 민영화, 구조조정의 실시와 노동시장의 유연화 등 전체적인 방향에서 신자유주의적 경로로 신속하게 전환해 왔다는 것이다.

이들과는 달리 동아시아 위기 이후 국가의 성격을 구분하기 위해서는 국가개입의 여부를 기준으로 발전국가 또는 신자유주의 국가를 구분하는 것이 아니라 국가가 어떤 내용을 갖고 국가개입을 하는지 구체적으로 보아야 한다는 입장도 있다.[55] 예를 들어 한국의 김대중 정부는 경제성장을 추구하고 자본자유화, 금융화, 개방화, 노동유연성을 더욱 강하게 추구함으로써 신자유주의 정치의 틀을 견고하게 다졌다. 즉, 신자유주의는 탈규제, 개방, 노동유연화에 초점을 둔 또 다른 국가개입의 방식이라는 것이다. 이를 두고 '규제국가형 발전모델' 로 규정하는 주장도 있다. 이들은 발전모델이 발전국가의 유산으로서 비효율적 국가개입이 지속되어 왔던 정책영역, 예를 들어 산업정책, 외환정책, 화폐정책, 경제성장정책에서는 국가개입을 제한하는 한편, 경제민주화, 복지정책, 노동정책과 같은 다른 영역에서는 더 적극적인 국가 역할을 요구하는 방향으로 균형을 잡아야 한다고 주장한다.

이러한 주장을 좀 더 강화해 발전국가가 규제국가로 이행했다는 주장도 있다.[56] 규제국가란 특정 산업을 육성하기 위한 산업정책, 국가에 의한 직접적 고용창출 및 보편적 복지 제공과 같은 복지정책을 사용하지 않지만 시장의 공정성을 보장하기 위해 시장과 시장행위자들에게 일정한 제약을 가하는 국가를 의미한다. 자유방임으로 일관하는 것이 아니라 시장의 투명하고 공정한 경쟁을 위해 매우 정교하고 발전된 규제장치를 고안하고 운영한다고 정의된다. 이런 점에서 규제국가는 재규제의 산물로 인식되며 국가 역할의 축소라기보다 국가 역할의 변화로 인식된다. 정부의 규제개혁은 탈규제의 내용을 의미하기보다는 재규제의 전략을 통해 규제국가로 이행하는 과정이라는 것이다.

임혜란 · 이하나는 한국의 경험을 바탕으로 이러한 논의에 대해 평가하고 있다.[57] 이들에 따르면, 1997년 위기 이후 한국은 범정부 차원에서 4대 구조개혁을 내세우고 기업, 금융, 노동, 공공부문 등 전 분야에 걸쳐 대대적 개혁과제를 추진하면서 신자유주의적 방향으로 움직였다. 그러나 한국이 외환위기를 맞이한 이후 신자유주의적 개혁의 드라이브를 걸었지만, 한국의 국가 주도 시장경제라는 제도는 한순간의 개혁을 통해 질적으로 완전히 변화되었다고 보기는 어렵다. 또한 한국의 변화과정을 보면 위기 이후 금융부문에서 신자유주의적 방향으로의 대대적 개혁이 이뤄지기도 했지만, 기업을 포함한 다른 부문에서의 개혁과정은 많은 어려움에 봉착하기도 했다. 발전국가 모델에서 이익을 본 기득권계층들 사이의 연계와 네트워크가 위기 이후 다소 붕괴되기도 했으나, 권력을 갖고 있는 집단은 지속적 개혁을 어렵게 하는 힘을 여전히 갖고 있다.

한국의 경우 민주화와 세계화 이후 상당한 권한을 잃었던 정부 관료들이 위기 극복이라는 명분 하에 새로운 개혁과제를 제시하고 개혁의 주도권을 장악함으로써 위기를 자신들의 권력 확대를 위한 기회로 활용했다. 즉, 위기 이후 한국이 신자유주의적 규범 및 원리를 받아들였다고 생각되었지만, 현실은 발전국가적 속성을 여전히 유지했다고 보는 것이다. 발전국가의 유산이란 기득권 이해집단의 네트워크의 유지와 제도적 속성에 의해 정의될 수 있다. 이런 점에서 볼 때 위기 이후에도 개혁과정을 통해 오히려 발전국가의 제도와 이해집단의 속성이 지속되는 경향을 보이고 있는 것이다. 이와 같은 한국의 경험은, 동아시아 위기 이후 각국의 개혁방향은 신자유주의적일 수 있으나, 이와 동시에 개혁의 주도세력과 패턴은 발전국가적 유산을 지속한다고 보는 주장이 보다 설득력을 갖는다고 볼 수 있다. 따라서 위기 이후의 특성이 발전국가인가 아니면 신자유주의 국가인가의 판단보다는 그 내부적인 정치경제적 동학을 살펴보는 것이 더 중요하다. 이러한 속성이 대내외적 환경변화에 따라 국가가 적절한 대응을 할 수 있는 능력을 결정하기 때문이다.

4. 동아시아 발전국가 모델의 재구성

동아시아 발전국가 모델은 1997년 동아시아 위기를 맞이한 이후 심각한 비판에 직면했고, 한국 등 동아시아 발전국가들은 IMF가 제시한 신자유주의 구조조정의 개혁과정을 거쳤다. 비록 위기 이후 본격적으로 발전국가 모델 존폐와 관련된 논란이 제기됐지만, 사실상 발전국가 모델은 1980년대 이후부터 대내적으로 쇠퇴하기 시작했다고도 볼 수 있다. 이는 국가 주도적 성장방식이 쇠퇴하면서 국가개입의 정당성과 효율성이 하락하고 경제 운용의 중심이 시장 및 민간기업으로 이전되었다는 것을 의미한다. 발전국가 모델은 내부적 요인뿐만 아니라 외부적 요인에 의해서도 도전을 받았다. 냉전시기 우호적 통상환경은 동아시아 발전국가가 성장할 수 있게 한 대외적 조건이었지만 탈냉전시기에 들어서면서 상당히 비우호적인 환경으로 변화되었다.

이 절에서는 이처럼 대내적 환경 및 국제정치경제질서가 새롭게 바뀜에 따라 과연 동아시아 발전국가 모델이 어떻게 재구성되어야 하는지 살펴보고자 한다. 이미 환경이 변화되었기 때문에 변화된 환경에 맞는 새로운 형태의 발전국가 모델을 제시할 필요가 있으며, 이는 동아시아 발전국가 모델을 원용하려는 후발개발도상국에게도 유용한 이론적 · 실천적 함의를 제공할 것이다.

4.1 대내외적인 새로운 변화

동아시아 발전국가의 대내적인 측면에서 가장 큰 변화로 당연히 민주화를 들 수 있다. 또한 대외적인 측면에서 국제정치경제질서의 새로운 변화는 다음의 두 가지 차원에서 살펴볼 수 있다. 하나는 국제정치적인 차원에서 패권질서의 변화 및 냉전 구조의 변화이고, 다른 하나는 경제적 세계화의 차원에서의 변화인데, 이는 다시 4가지 영역, 즉 생산, 무역, 통화, 금융체제 영역에서의 변화로 나눌 수 있다.

민주화의 확산

동아시아 발전국가에서 주요 특징으로 지적되었던 권위주의는 1980년대 이후 민주화의 바람을 타고 상당히 변모된다. 민주화의 확산과 더불어 다양한 사회그룹의 목소리가 나타나기 시작했고, 이들의 압력은 정치적 생존에도 상당히 중요한 영향을 미치게 되었다. 이러한 사회그룹들의 확대 및 다양화는 국가와 사회 간의 관계에도 영향을 미쳐, 국가로서는 발전전략의 추진을 위해 새로운 그룹과의 연대를 강화할 필요성을 느끼게 되었다. 과거에는 관료제도 및 개인적 친분을 통해서 국가와 사회 간의 네트워크를 형성했지만, 이제는 그러한 경로가 어렵게 된 것이다. 더욱이 경제성장에 따라 소득이 상승하면서 국민들의 관심도 성장일변도에서 삶의 질, 형평 등과 같은 다른 이슈로 변화되었다. 국민들의 관심이 다양화됨에 따라 국가로서도 과거에 소외되었던 집단들의 요구에 좀 더 주의를 기울여야만 했다.

민주화가 진행되면 발전국가 모델의 장점이었던 새로운 발전정책의 적극적인 추진이 어려워질 수 있다. 우선 민주주의는 다양한 집단의 정치참여를 증가시키므로, 새로운 정책에 대해서도 이로 인해 손실을 입는 집단과 혜택을 보는 집단 간의 갈등이 야기될 것이다. 이런 경우 일반적으로 손실을 입는 집단의 반대 목소리가 보다 적극적인 경향을 보이기 때문에 개혁이 좌초될 가능성이 크다. 또한 민주주의에서는 정기적인 선거를 실시하게 되는데, 선거는 항상 선거자금을 필요로 한다. 선거법의 발전, 예컨대 정치자금법이나 유착을 막기 위한 정치자금 투명성 등의 제도 발전이 병행되지 않는 한 정치가와 기업, 금융기관 간의 정경유착을 막을 수 없다. 오히려 정치적 스캔들과 같은 문제가 발생하기 때문에 기득권 집단의 부패가 심화될 우려가 커진다.

그러나 무엇보다도 심각한 문제는 동아시아 발전모델의 핵심 요인이 손상될 수 있다는 것이다. 민주화는 정부 권력의 분권화를 가져옴으로써 발전정책의 추진주체인 관료의 효율성, 자율성이 줄어들 우려가 있다. 정부 내 정책결정 과정이 권위주의 시기에는 수직적 특성을 보이면서 효율적으로 작동하였다. 그러나 정부 내에서의 권력분산, 의회의 역할 증대는 행정부의 정책 결정 및 집행 과정에 자율성이 위축되게 하는 등 많은 도전과 저항을 가져올 수 있다. 또한 관료조직 내의 권력분산으로 인해 갈등 현상이 증대할 수 있는데, 다양한 부처 및 영역의 갈등을 조정하는 '갈등조정 기제'가 작동하지 않으면 관료제도의 효율성이 떨어질 수 있다. 즉, 민주화는 정부의 자율성과 효율성을 떨어뜨릴 수 있다는 것이다. 이처럼 민주화가 심화될수록 다양한 집단의 정치참여가 확대되므로 새로운 정책 및 개혁 이슈가 들어설 때 이와 관련된 이해집단 간의 충돌은 불보듯 뻔한 현실이다. 따라서 이와 같은 상황에서 동아시아 발전국가 모델에서 강조되었던 여러 요인들이 어떻게 수정·보완되어야 하는지 논의해 볼 필요가 있다.

국제정치질서의 변화

우선 정치적인 측면에서 패권질서의 변화를 살펴보자. 국제정치는 주권국가가 독립성과 자율성을 갖고 있는 평등한 질서이다. 그러나 현실주의적 관점에서 보면 국제정치는 불균등한 힘(power)과 영향력(capability)을 보유하고 있는 국가들 간의 불평등한 질서로 특징지워진다. 물리적 힘이 권력으로 작용하는 무정부상태(anarchical order)가 국제질서의 기본적 특징이다. 경제적 · 군사적 · 정치적 · 문화적으로 다양한 영역에서 우세한 힘의 역량을 보유하고 있는 국가가 세계정치질서를 이끌어 갈 수 있는 패권을 쥐게 된다. 패권질서의 변화에 따라 국제정치경제는 많은 영향을 받는다. 어느 국가가 패권국이냐에 따라 시장 중심의 자유주의 질서를 고수하거나 또는 국가 중심의 발전주의 질서를 고수하는 등 국제정치경제의 기본 제도인 생산질서, 무역질서, 통화질서 및 금융질서가 바뀐다.

동아시아 발전국가 모델이 잘 작동했을 당시 패권국인 미국은 소련과 냉전을 치르고 있었다. 따라서 미국이 전 세계를 상대로 경제원조 및 통상정책을 펼 때에는 다분히 경제적 이해관계보다는 정치적 고려가 중요하게 작용했다. 동아시아 지역에 대한 미국의 대외경제정책은 냉전적 환경으로 인해 일방적인 우호적 통상환경과 경제원조 정책을 폈으며, 이러한 정책은 동아시아 지역의 경제성장에 긍정적 영향을 미쳤다. 그러나 미 · 소 간의 냉전이 끝나고 탈냉전이라는 국제적 환경이 조성되면서 미국의 대외경제정책은 안보보다도 경제적 이해관계가 중요한 고려사항이 된다. 특히 미국은 일본, 중국을 비롯한 동아시아 신흥국들과의 무역적자 폭이 커지자 보다 공격적인 상호주의 원칙에 기반한 통상정책으로 선회한다. 이러한 환경변화야말로 대외의존도가 높은 소국에게는 커다란 도전으로 작용한다.

또한 미국 패권이 중국이라는 거대 신흥국의 도전을 받게 되면서 패권경쟁이 시작되었으며 국제정치경제질서의 다양한 영역에서의 변화를 가져왔다. 동아시아 발전국가는 탈냉전과 미 · 중 갈등의 혼란에 휩싸여 있다. 미 · 중 갈등과 이를 둘러싼 합종연횡 현상을 신냉전이라 할 수 있다면, 과거의 냉전과 어떻게 다른지 고민해 볼 필요가 있다. 과거 냉전은 자본주의, 민주주의, 사회주의, 그리고 공산주의 간의 이념 및 가치의 갈등을 반영한다. 그러나 탈냉전 이후 미 · 중 갈등은 자본주의 체제 내에서의 갈등을 의미한다. 중국은 미국 패권 주도의 자유주의 질서 안에 편입되면서 성장을 지속해 왔으며, 앞으로 이러한 자유주의 질서가 중국의 이익에 도움이 되는 한 이 틀을 벗어날 것으로 보이지는 않는다. 따라서 탈냉전 이후 미 · 중 갈등은 이전의 정치적 이념에 따른 냉전시기와는 다른 신냉전 양상으로 이해할 수 있다.

신냉전은 과거의 냉전시기가 부여했던 것처럼 우호적인 통상환경을 제공하지는 않을 것이다. 과거의 냉전시기는 정치적인 면에서 이념적 대치가 분명했고 이를 기반으로 하여 사회주의 진영과 자본주의 진영이 서로 나뉘었다. 당시엔 친구와 적의 구분이 분명했다. 따라서 냉전의 핵심국인 미국과 소련은 친구에겐 군사동맹, 경제원조 및 우호적 통상환경을 부여했다. 그러나 21세기의 신냉전시기에는 국가 생존에 있어 정치이념 간 대치보다는 경제적 관계가 보다 중요하게 되었기 때문에 적과 친구의 구분이 다소 분명하지 않다. 중국이 경제대국으로 부상함에 따라 동아시아 국가들은 정치이념의 차이를 넘어서 중국과의 무역, 투자, 금융관계 의존도를 높여 왔다. 따라서 미국과 중국의 갈등이 고조되어 동아시아 국가들에게 둘 중 하나를 선택하라는 압력을 넣게 된다면 중국 경제에 의존도를 높여온 국가들로서는 신냉전으로 인해 치명적 타격을 입을 수밖에 없다. 예를 들어 한국은 군사동맹 관점에서는 미국을, 경제관계에서는 중국을 전략적 국가로 인식하고 있는데, 두 나라로부터 '선택'이 강요될 때 필연적으로 보복의 가능성이 높아질 우려가 있다. 신냉전체제에서의 미 · 중 간의 패권갈등은 동아시아 발전국가에 부정적 영향을 미칠 것으로 보인다. 따라서 한국을 포함한 동아시아 국가들은 신냉전체제에서의 새로운 환경에 대한 보다 적극적 대응을 모색해야 한다.

국제경제질서의 변화

정치적인 측면뿐만 아니라 경제적인 측면에서도 패권질서와 긴밀하게 연계되어 있는 생산 · 무역 · 통화 · 금융 영역에서의 변화를 논의할 필요가 있다. 국제정치경제는 국제정치와 국제경제가 상호작용하는 영역이다. 세계 정부가 없는 무정부상태의 국제정치와 개별 국가의 국경선을 넘어서는 국제경제는 다양한 부문에서 상호작용한다. 세계 정부가 없기 때문에 결국 영향력이 큰 패권국이 국제경제의 다양한 영역에서 기본 질서를 계획하고 질서 유지를 위해 적극적 역할을 수행한다. 예를 들어 자유무역이 수행되기 위해서는 무역질서 외에도 세계 경제의 통화질서가 수립되어야 하나, 세계통화가 없기 때문에 결국 패권국의 통화가 기축통화로서의 역할을 한다. 자본거래가 자유화됨에 따라 금융세계화가 진행됨과 동시에 다국적기업의 해외 진출로 생산 네트워크가 전 세계로 확장된다. 이처럼 네 영역에서의 변화는 서로 얽혀 있는데, 각 영역에서의 변화과정을 간단히 하나씩 살펴보자.

첫째, 세계화와 더불어 경제성장과 발전을 추동하는 데 있어 가장 핵심적 영역인 생산질서가 급격히 변화하고 있다. 국민국가의 국경선 안에서 이뤄지던 기존의 생산과정은 생산세계화를 통해 대부분의 과정을 세계적으로 분산시켜 진행되고 있다. 선진 자본주의 국가들은 과거 일국 내 생산을 조직하고 수출을 통해 연결되던 국제화와 달리 생산과정 자체를 국제적으로 재조직하였다. 이는 자유무역의 증대와 더불어 격화된 무한경쟁으로 인해 기술, 임금, 시장 근접성 등 투입요소 등을 전 세계적 차원에서 새로이 조합하기 위해서다. 대량생산체제에 합리적이던 기존의 수직적 통합체제는 저임금, 신기술, 신정보 등 다양한 투입요소를 결합하기에는 경직적 구조를 반영하고 있어 새로운 조직화의 필요성이 제기되었다.

생산세계화는 생산과정의 분절화와 수직적 생산구조의 해체를 가져왔다.[58] 냉전시기 미국 패권 내에서 일본이 동아시아 국가들과 지속해 온 지역생산분업 시스템은 더 이상 가능하지 않게 되었다. 미국 패권에 도전하고 있는 중국이 세계의 생산공장으로 변화되었으며 새로운 생산분업체제가 이뤄지고 있다. 생산의 세계화에도 불구하고 개별 국가는 기업의 생산활동을 지원하기 위한 다양한 노력을 게을리하지 않고 있다. 이는 미국을 비롯한 유럽 국가들의 산업발전을 위한 지원책을 보더라도 잘 알 수 있다. 생산세계화와 동시에 병행되고 있는 개별 국가의 생산지원책을 고려해 보면서 이러한 환경변화가 동아시아 발전국가의 생산적 구조변화에 어떤 영향을 주었는지, 동아시아 발전국가 모델은 어떻게 재구성될 수 있는지 살펴볼 필요가 있다.

둘째, 패권은 국제무역질서와 긴밀히 연계되어 있다. 패권안정이론의 주창자인 킨들버거는 19세기 중반 및 20세기 중반 안정적인 자유무역질서가 유지될 수 있었던 요인으로 영국과 미국이라는 공공재 공급자로서의 패권국의 존재를 지적했다. 20세기의 세계무역질서는 자유무역과 보호무역을 반복했지만 그럼에도 전체적으로는 보다 확대된 자유무역체제로 발전되어 왔다. 1980년대 이후엔 탈규제와 자유시장 원리를 확대하는 신자유주의 질서가 본격화되었다. 현재의 세계무역질서는 WTO를 중심으로 한 다자주의, 지리적 인접성에 기초하여 경제, 정치, 사회, 안보공동체로 표현되는 지역주의, 그리고 지역을 초월한 두 국가 이상의 자유무역협정으로 표현되는 양자주의 방식에 의해 이뤄져 있다. 다자주의 방식의 자유무역체제가 1990년대 이후 보다 본격화되었으나, 도하 라운드가 제대로 진전을 이루지 못하자 이후 지역적 · 양자적 무역협정이 폭발적으로 증가해 왔다.

그러나 동시에 2008년 글로벌 금융위기 이후 보호무역 조치가 빈번하게 시행, 입안되었다. 주요 국가들이 내수 진작을 위한 재정 · 통화정책 수단이 마땅치 않은 상황에서 수입을 억제하고 수출산업을 지원하는 방식으로 타개책을 찾으려는 소위 '은밀한 보호주의(murky protectionism)'가 증가한 것이다.[59] 냉전시기 미국 패권에 의한 우호적 통상환경의 이점을 누릴 수 있었던 동아시아 발전국가 모델은 탈냉전시기 새롭게 변화된 무한경쟁의 무역환경에서 더 이상 생존이 어렵게 되었다. 중국의 2001년 WTO 가입 이후 세계무역질서도 변화되었다. 최근 미국 패권이 중국에 의해 도전받게 되면서 미국과 중국은 TPP 추진과 RCEP 등 국제무역질서를 새롭게 끌고나가기 위한 힘겨루기에 돌입한 바도 있었다.[60] 그러나 2017년 미국의 트럼프 대통령은 TPP를 철회함으로써 보호무역주의의 환경을 만들고 있다. 무역의존도가 높은 동아시아 발전국가들이 무역환경 변화 이후 이에 어떻게 대응해야 하는지, 발전국가 모델은 어떻게 재구성될 수 있는지 고찰해 볼 필요가 있다.

셋째, 패권과 국제통화질서 또한 서로 뗄 수 없는 관계에 있다. 19세기 영국이 패권국일 때 영국 파운드화를 중심으로 고정환율제도인 금본위제도가 시행되었다. 제1차 세계대전 이후 전간기 동안 영국이 다시 금본위제도로 복귀하고자 노력했으나 영국의 힘이 쇠락하고 역량이 부족하여 실패한다. 1945년 이후 미국이 패권국으로서의 의지와 역량을 갖추게 되자 미국 달러화와 금을 연계하고 다시 각국의 통화와 연계시키는 금환본위제도인 브레튼우즈 체제가 출범한다. 그러나 미국 달러화의 가치에 대한 신뢰 저하로 1970년대 초 브레튼우즈 체제는 붕괴된다. 현재의 세계통화질서는 과거 브레튼우즈 체제와 비교해 볼 때, 환율제도 관점에서 본다면 변동환율제도이며 자본이동 규제가 완화되었다는 점에서 다른 체제로 볼 수 있다. 그러나 달러화를 기축통화로 한 체제에 기반하고 있으며 IMF가 핵심적으로 역할하고 있다는 점에서 브레튼우즈 체제와 유사한 국제통화질서의 특성을 반영하고 있으며, 이를 신브레튼우즈 체제라고 할 수도 있다. 브레튼우즈 체제 및 신브레튼우즈 체제와 같은 달러본위제도의 결함은 달러화를 무한하게 찍어낼 수 있다는 데 있다. 2008년 미국발 금융위기는 미 달러화를 기반으로 한 국제통화질서의 특징, 즉 미국이 무분별하게 신용정책을 사용할 수 있었던 것과 무관하지 않다.[61] 동아시아 국가들은 무역을 통해 벌어들인 미국 달러화를 다시 미국 시장의 안전자산에 투자하게 되었으며, 따라서 미국 국채의 반 이상을 동아시아 국가가 보유하게 되었다. 달러화를 많이 갖고 있는 나라일수록 달러체제를 옹호하게 되는 상황이 벌어진 것이다. 미국 달러화를 기축통화로 한 달러본위제도는 미국의 팽창적 신용정책에 따른 위기를 가져왔으며, 국제수지 적자와 같은 글로벌 불균형의 정도가 도를 넘음에 따라 환율전쟁과 같은 갈등을 가져왔다. 최근 중국은 위안화의 세계화를 위한 다양한 노력을 지속하고 있다. IMF가 위안화를 SDR 바스켓에 편입시키기로 결정하게 됨에 따라 위안화는 2016년 10월부터 SDR 구성통화가 되었다.[62] 중국은 또한 통화스왑 협정을 확대하고 역외 위안화 청산결제은행을 확대하는 등 '위안화 굴기' 노력을 지속하고 있다.

미국 패권의 달러본위제도는 달러화의 가치가 안정되어 있을 때는 무역 및 투자를 촉진시키면서 긍정적 영향을 주지만, 달러화 가치가 불안정할 때는 경제위기 등의 문제를 가져올 수도 있다. 1990년대 중반 이후 미국 달러화의 강세와 더불어 당시 동아시아 국가들의 통화강세 현상은 1997년 위기와 무관하지 않았다. 미국 경제가 취약함에도 불구하고 고금리 정책으로 달러화의 강세가 억지로 유지되면서, 달러화에 연동되어 있던 동아시아 국가의 통화가치도 강세가 되어 수출경쟁력 약화와 경상수지 적자가 확대되는 등 그 비용이 컸다. 과거 동아시아 발전국가 모델에서는 자본통제가 이뤄졌고 국가가 국내 금융체제를 독점할 수 있었기 때문에 국가의 정책금융(policy loan)이 가능했다. 그러나 브레튼우즈 체제가 붕괴되고 자본이동규제가 완화되면서 금융세계화가 진행되었다. 한국을 비롯한 동아시아 발전국가들은 금융자유화의 압력에 노출되어 자본자유화를 할 수밖에 없었으나 동시에 달러화에 연계된 경직된 통화제도를 유지함으로써 위기에 취약해졌다. 따라서 더 이상 발전국가 모델이 향유한 조건들을 유지할 수 없게 된 것이다. 또한 미국의 달러화와 중국 위안화의 국제화 노력 등이 환율전쟁 및 갈등으로 전화될 가능성이 있어 동아시아 발전국가 모델이 이러한 환경변화에서 어떻게 재구성되어야 하는지 살펴볼 필요가 있다.

넷째, 동아시아 국가들이 1997년 위기를 맞이했을 때 외인론으로 지적된 것 가운데 하나는 국제금융체제의 불안정성이었다. 국제금융체제가 불안정한 상태에 이르게 된 데에는 금융세계화 현상이 주요한 요인으로 작용했다. 금융세계화로 인하여 각국의 통화제도 및 금융시장은 상호 밀접한 연계를 맺게 되었다. 그동안 세계시장은 국제무역을 통해 상호 연계를 심화시켜 왔으나 오늘날의 세계는 무역에 의한 상호 의존의 시대에서 자본이동에 의한 상호 의존의 시대로 변화하고 있다고 할 수 있다. 예를 들어 세계 외환시장의 연간 거래량은 2019년 약 1,649조 달러에 이르는 데 반해 전 세계 교역량은 연간 약 25조 달러에 불과했다. 전 세계 국제거래에서 실물경상거래가 차지하는 비중은 2%에 불과하며 98% 이상의 거래는 순수한 금융거래로서 금융차익을 좇아 국제자본이 이동하는 데 따른 거래이다. 금융세계화가 본격화된 것은 1970년대 초 미국 달러화 가치의 하락 및 브레튼우즈 체제의 붕괴에 따른 변동환율제도의 채택, 그리고 자본이동에 대한 각종 규제완화 및 기술발전에 기인한 것으로 볼 수 있다. 특히 1970년대 초 변동환율제도의 도입 이후 각국의 환율이 변동하게 됨에 따라 환율은 새로운 투기 및 투자 대상으로 변하게 되면서 외환시장이 급속도로 확대되었다. 이와 더불어 자본시장도 급속도로 발전하기 시작하였다. 1970년대 두 차례의 오일쇼크로 경제가 침체에 빠짐에 따라 국내 투자기회를 찾지 못하던 선진국의 금융자본이 개발도상국으로 흘러 들어가게 되었다. 이로 인해 미국의 재정적자 문제를 해결하려 했던 정부와 미국 민간자본들의 금융자유화 이해관계가 맞아떨어지게 되면서 국제적으로 금융시장들이 상호 연계되면서 발전하게 되었다.[63] 1980년대 이후 자본이동의 규제완화와 더불어 신흥시장(emerging market)으로의 국제자본이동이 보다 가속화되었다. 특히 1990년대 이후 금융세계화 물결을 타고 전 세계 금융시장이 더욱 통합되면서 자본이동이 폭발적으로 증가한다.

동아시아 국가가 외환위기를 맞이한 것도 금융세계화로 인한 아시아 국가들의 금융부문의 취약성과 연관된다. 외국 자본이 대량으로 유입될 때 경제의 충격을 줄이면서 생산적인 투자로 연결시킬 수 있는 시스템이 당시 잘 발달되어 있지 못했다. 유입된 자본은 생산적 부문으로 가는 대신 자산시장으로 흘러가 자산가격을 부풀려 버블을 형성시키는 역할을 수행했다. 또한 이들 국가의 비은행 금융기관을 비롯한 금융기관의 부실화와 금융기관을 감독하는 감독시스템의 취약성이 문제였다. 유입된 자본이 제조업 등 생산부문으로 투자되었다고 하더라도 금융기관의 여신심사 기능이 취약하여 투자의 많은 부분이 부실화되어 결과적으로 금융기관의 부실을 초래한 것이다.[64] 금융세계화가 본격화되기 이전 동아시아 발전국가 모델은 이러한 자본자유화의 압력으로부터 자유로울 수 있었으며 그러한 위기 가능성으로부터 안전한 보루를 유지할 수 있었다. 그러나 새로운 금융환경의 변화와 더불어 발전국가의 고유 속성은 더 이상 지속할 수 없어 위기에 취약하게 될 수밖에 없었다. 그런 점에서 새로운 금융세계화 환경 속에서 동아시아 발전모델을 어떻게 재구성해 볼 수 있는지 고민할 필요가 있다.

4.2 새로운 변화와 발전국가 모델의 재구성

개요

동아시아 발전국가 모델은 시대에 따라 새로운 환경변화에 대응해 끊임없이 변화되고 재구성되어 왔다. 초기 외부적인 여건이 냉전시기의 우호적 통상환경, 일본 중심의 안행형 지역생산 네트워크 체제, 브레튼우즈 체제와 자본이동 규제 등으로 특징지어졌을 때, 동아시아 국가의 성장은 일본이 중간재와 부품을 생산하고, 한국과 대만이 이를 수입하여 조립한 후 미국에 수출하는 삼각무역 관계에 의해 진행되었다. 냉전시기의 안보전략적 이해관계 때문에 미국은 자국의 시장을 동아시아 국가에게 일방적으로 제공했다.

그 덕분에 동아시아 발전국가는 수출주도적 산업정책을 성공적으로 이행할 수 있었다. 브레튼우즈 체제는 환율의 안정이라는 환경 하에서 무역자유화를 목표로 한 체제였다. 환율통제는 국가 간의 금융시장을 서로 분리, 차단시키는 유용한 수단으로 간주되었다. 브레튼우즈 체제의 고정환율제도와 자본이동제한으로 동아시아 국가는 정책금융을 산업정책의 중요한 수단으로 사용할 수 있었으며, 그럼으로써 빠른 산업전환과 경제성장을 지속할 수 있었다. 동아시아 발전국가는 외부의 환경을 자국의 자율적인 산업정책을 통해 적극적으로 활용함으로써 라틴아메리카 및 아프리카 국가들과는 다른 역동적인 성장을 이뤄냈다.

동아시아 발전국가 모델은 1980년대 이후에도 새로운 환경변화에 따라 재구성되어 왔다. 예컨대 1980년대에는 기존에 공급된 정책금융의 문제점을 해소하고 경제의 균형발전을 위해 정책금융을 기능별 체제로 전환하였다. 또한 민주화와 더불어 과거 소외그룹인 중소기업, 농업, 노동자 그룹 등에 대한 지원을 확대하면서 기존 모습에 변화가 생겼다. 1990년대에는 금융자율화의 흐름 속에서 정책금융 및 각종 여신규제가 축소 · 폐지되고, 정책금융의 주된 경로가 기존의 일반은행에서 정책금융기관으로 전환하였다. 1990년대에 이르러 국제적 금융거래의 증가가 보다 가속화되었다. 이런 상황에서 1990년대 신자유주의 영향에 의해 급격히 전개된 발전국가 모델의 재구성은 한국을 비롯한 동아시아 국가들을 1997년 외환위기에 노출되게 만들었다. 위기 이후 IMF 요구에 따라 시장 중심적 경제개혁을 할 수밖에 없었고, 동아시아 발전국가 모델은 위기 이후 성공적으로 재구성되지 못했다.

이러한 외부적 환경은 이후 세계화와 탈냉전, 그리고 미 · 중 패권경쟁이라는 새로운 요인에 의해 더욱 급변하였다. 미국과 중국의 패권경쟁이 시작됨에 따라 신냉전의 가능성이 증대했다. 그러나 패권 전이과정은 상당한 시간을 필요로 한다. 현재는 미 · 중 간에 협력과 갈등이 혼재하고 있어 소국은 힘의 이동방향을 파악하면서 동시에 자국의 힘을 기르는 것에 집중할 필요가 있다. 탈냉전이 되면서 미국의 통상정책은 공정무역 및 보호무역주의로 변화된다. 동아시아 발전국가들은 더 이상 우호적인 무역환경의 특권을 누리지 못하게 된 것이다. 일본 중심의 안행형 지역분업구조는 중국의 부상과 함께 중국 중심의 새로운 지역생산체제로 이행하였다. 안행형 모델에서 이루어졌던 산업 간 이전이 일어나기보다는 생산세계화가 가속화됨에 따라 생산과정의 노동분업이 보다 증대되었다. 산업 간 구분이 아니라 가치사슬의 구분이 중요하게 된 것이다. 통화 · 금융질서에서의 패권경쟁도 국제통화제도와 자본이동의 불안정을 가중시켜 새로운 위기의 요인으로 등장할 수 있다. 따라서 최근에도 발전국가 모델의 재구성을 위한 노력이 계속되고 있으며, 새로운 환경변화로 인한 문제들을 방지하기 위한 내적인 구조개혁과 안전망 확보를 위한 지역적 · 국제적 협조가 더욱 중요하게 부각되고 있다.

발전국가 모델 기본 프레임의 재구성

최근 전개되고 있는 새로운 변화는, 대내적으로 민주화가 더욱 확대되고 있으며, 대외적으로는 생산세계화로 인한 글로벌 가치사슬의 경쟁 심화, 미 · 중 패권경쟁에 따른 보호무역주의 증대, 신브레튼우즈 체제와 환율전쟁 증가, 그리고 금융세계화와 금융위기 가능성의 증대로 요약된다. 이러한 대내외적인 환경변화에 대응해 과거의 동아시아 발전국가 모델의 재구성은 크게 두 가지로 나누어 논의해 볼 수 있다. 하나는 제2절에서 논의한 발전국가 모델의 개념과 핵심 요인으로 구성된 기본 프레임의 재구성 문제이고, 다른 하나는 이러한 기본 프레임에 기초해 발전전략을 추구하기 위한 세부적인 정책의 재구성 문제이다.

앞의 제2절에서 살펴본 것처럼, 동아시아 발전국가 모델의 개념과 핵심 요인을 고려하면 이 모델의 기본 프레임은 다음과 같은 세 가지 조건으로 구성되어 있다. 첫째, 국가가 발전을 지향하는 이념을 제시하고 있고 이를 적극적으로 주도할 수 있는 능력이 있어야 한다. 둘째, 국가의 발전목표를 계획하고 성공적으로 수행할 수 있는 자율적 역량이 있는 관료제도를 구비해야 한다. 셋째, 국가 주도적이고 관료에 의해 집행되는 발전전략이 시장과 조화될 수 있도록 국가-관료-사회 간의 협력관계를 긴밀하게 유지해야 한다.

우선 첫 번째 조건을 보면, 민주화, 민간부문의 확대, 전 세계 시장의 통합 등과 같은 대내외적인 환경변화를 고려할 때 국가의 역할이 과거의 발전전략을 주도하는 입장과는 달라져야 한다. 무엇보다도 경제구조가 훨씬 복잡해지고 국가 간 연계가 심화되었기 때문에 국가가 새로운 변화에 대해 시장 및 민간기업보다 더 많은 정보를 신속하게 파악한다는 보장이 없다. 이런 상황에서 정부가 과거와 같은 경제개발계획을 세우고 특정 산업을 선정해 지원해 주는 모델은 지양되어야 한다. 그러나 이러한 비판이 발전국가 모델의 첫 번째 조건 자체를 파기하라는 의미는 아니다. 아무리 대내외적인 환경이 바뀌었다고 하더라도 여전히 국가는 지향하는 목표를 명확하게 제시하고 추진할 수 있어야 한다. 과거의 발전국가 모델에서는 경제성장이 이념적으로 지향하는 목표였다면, 새로운 환경에서는 삶의질 향상 등과 같은 목표를 사회발전의 목표로 설정할 수 있다. 또한 과거에는 수출을 진흥하기 위해 중공업 등과 같은 산업을 목표로 정하고 지원하는 산업정책을 시행했다면, 새로운 환경에서는 벤처산업 등을 지원해 장기적으로 경쟁력을 갖도록 만드는 산업정책을 여전히 적극적으로 시행할 필요가 있다. 동아시아 발전국가들이 상당한 정도의 추격을 이루었다 해도 산업전환과 기술혁신을 위한 국가의 주도적 역할은 여전히 필요하며 지속되어야 한다. 신자유주의와 워싱턴 컨센서스와 같은 글로벌 스탠다드의 압력은 국가 역할의 제한, 규제 완화, 그리고 자유화의 필요성을 무비판적으로 수용하도록 요구할 것이다. 그러나 선진국가의 경우에도 전략적 산업정책을 사용하고 있는 경우가 많기 때문에 동아시아 발전국가들이 환경이 변화되었다고 해서 국가 역할을 제한해야 한다는 주장을 무조건 받아들여서는 안 된다. 다시 말해, 과거와 같은 전체적인 개발계획을 전적으로 주도하는 국가는 변화되어야 하지만, 명확한 발전목표를 제시하고 이를 달성하기 위해 적극적으로 역할하는 강한 국가는 여전히 필요한 것이다.[65]

두 번째 조건인 관료제도도 새로운 환경에서 변화가 필요하다. 예를 들어 한국의 경우 민주화가 진행되면서 나타난 문제 중의 하나는, 정부의 정책결정 과정에서 정치적 영향력이 강화되고 관료제도의 자율성이 심각하게 약화되었다는 것이다. 국가 발전을 위한 새로운 정책을 입안해 추진하려고 해도 정치적인 이해관계의 대립으로 국회에서 번번이 무산되거나 이상한 형태로 변질되곤 한다. 이와 더불어 또 다른 문제는 정부 내에 권력의 분권화로 인해 혁신적인 정책을 일사분란하게 도입하기도 어렵고, 도입된다고 하더라도 부처 간의 이해관계 대립으로 추진하는 데 어려움을 겪게 된다. 각 부처마다 이해관계가 얽힌 비즈니스 그룹이 달라 정책의 실행결과에 대한 기대효과가 서로 다르기 때문이다. 의회의 정치적 영향력 증대 및 정부 내 부처 간 이해관계 대립은 정책실행 과정에 많은 갈등을 가져오고 관료조직의 효율성을 저해할 수 있다. 이러한 상황에서 과거와 같이 한국의 EPB, 일본의 MITI, 중국의 SDPC와 같은 기관을 정점으로 발전정책의 결정 및 집행 과정을 수직적인 구조로 가져갈 수는 없을 것이다. 그럼에도 불구하고 여전히 관료제도의 효율성 및 자율성을 확보하는 것은 국가 정책의 구현을 위해 아주 필요한 것이다. 따라서 정책 결정 및 집행 과정에서 관료조직의 독립성을 강화해 관료제도의 자율성을 높이고 아울러 다양한 부처 간의 갈등을 조정하는 '갈등조정 기제'를 반드시 구비해야 한다.

세 번째 조건인 국가-관료-사회 간의 긴밀한 협력관계는 새로운 환경에서 더욱 중요하게 고려되어야 한다. 과거에는 이들 관계가 사실상 수직적인 관계로, 국가가 주도하고 관료제도가 설계해 추진하면 기업이 그에 맞추어 실행하는 구조였다. 그러나 새로운 환경에서는 민간부문의 정치적인 압력이 증대되어 이러한 수직구조를 유지하기 어렵다. 또한 세계시장의 통합으로 다국적기업의 영향력은 국가의 범위를 넘어서므로 더더욱 과거의 체제를 지속시킬 수 없을 것이다. 그러나 이러한 어려움이 국가, 정부, 민간의 관계가 과거에 비해 덜 중요하고 국가 차원에서 특별한 노력을 기울일 필요가 없다는 것을 의미하지는 않는다. 오히려 민간부문의 영향력이 커질수록 국가의 목표를 달성하기 위한 정책은 시장과 조화되지 않으면 성공적인 결과를 거두기 어려우므로, 정책의 효과를 증진시키기 위해서도 민간부문의 협력이 더더욱 필요하게 된다. 즉, 국가와 시장 간의 조화 및 국가와 사회 그룹 간의 긴밀한 협력은 오히려 과거보다 더욱 중요한 조건이 되는 것이다.[66]

이상의 논의를 정리해 보면, 새로운 환경 속에서도 동아시아 발전국가 모델의 기본 프레임은 크게 재구성될 필요가 없다. 그러나 각각의 조건들은 새로운 환경에 맞추어 신축적으로 해석하고 조정하는 것이 바람직하다. 즉, 국가의 주도적 역할은 변화되어야 하지만 여전히 강한 국가는 필요하고, 관료제도의 효율성 및 자율성이 증진되도록 정부 내 갈등을 조정하기 위한 기제를 확보해야 하며, 그리고 국가와 시장의 조화, 국가-사회의 협력관계는 더욱 강화될 필요가 있다. 따라서 동아시아 발전국가 모델은 새로운 환경변화에 맞게 탄력적인 국가 역할을 제시함으로써 재구성될 수 있으며, 그런 점에서 폐기 대상이라기보다는 지속적인 재구성을 통해 장점을 강화시켜나가야 할 대상이라고 볼 수 있다.

새로운 변화에 대한 정책 재구성

새로운 환경변화에 대해 동아시아 발전국가 모델의 기본 프레임은 크게 재구성되지 않더라도, 구체적으로 제시하고 있는 정책의 세부적인 내용들은 새로운 환경변화에 맞추어 상당히 조정될 필요가 있다.

첫째, 생산의 영역에서 생산세계화가 가속화되면서 산업 간 구분보다 가치사슬의 구분이 중요하게 되었다. 고부가가치 영역을 둘러싼 기업 간 경쟁이 보다 치열해진 것이다. 중국과의 무역관계가 증대함에 따라 처음에는 중국으로의 투자가 유인되었으나, 최근 들어서는 중국 정부가 자국 산업 보호 및 해외 기업 길들이기 전략으로 중국 산업의 혁신적 발전의 도약을 촉진하고 있다. 중국 정부의 이와 같은 혁신국가정책은 중국 기업이 고부가가치 영역으로 쉽게 전환될 수 있도록 돕는다. 중국의 경우가 보여주듯이, 동아시아 발전국가는 글로벌 가치사슬에서 자국 기업이 우위를 점할 수 있도록 국가의 기업생산성 증가 및 R&D 지원을 위한 혁신정책을 중요하게 고려해야 한다. 과거에도 산업정책의 수단이었던 정책금융 지원을 상황변화에 맞게 조정했었는데, 예컨대 한국은 1980년대 이후 특정 기업과 특정 산업영역을 육성하던 산업정책을 R&D 기준에 따른 기능적 산업정책으로 이행한 바 있다. 1990년대 이후 신자유주의 이념의 확산과 더불어 국가의 산업정책은 점차 그 설자리를 잃게 되었다. 그러나 미국과 유럽조차도 과학기술과 관련된 기술정책에서 적극적 역할을 수행해 온 것을 보더라도 신자유주의 이념을 무비판적으로 받아들여 산업정책을 포기해서는 안 될 것이다. 이와 반대로 생산의 영역에서 기술개발을 위한 국가의 지원정책은 새로운 환경에서 오히려 적극적으로 사용할 필요가 있다. 다만, 새로운 생산질서 속에서는 특정 산업을 목표로 지원하는 산업정책보다 장기적으로 동태적 비교우위를 가질 수 있는 신생 벤처기업에 대한 지원을 제공해 주는 전략적 산업정책의 추진이 필요하다.

둘째, 트럼프가 미국의 대통령이 된 이후 대외경제정책의 기조는 미국 우선주의에 기반한 보호무역주의로 변화되었다. 중국이 새로운 패권도전국으로 급부상하면서 미국 중심과 중국 중심의 FTA 네트워크가 대립하고 있다. 비록 미국의 트럼프 대통령이 TPP를 철회했지만 21세기 무역구조의 새판 짜기에 두 국가가 선도적 역할을 하기 위해 경쟁하고 있음을 알 수 있다. 미 · 중 패권의 경쟁과 갈등이 증가할수록 이들 국가와의 외교적 관계에 대한 선택 압력이 거세지고, 그에 따라 무역 보복이 가해질 우려도 커진다. 중국 중심의 경제구도와 중국에 대한 경제의존도가 높아진 상황에서, 신냉전시기 중국의 보호무역은 중국 경제 의존적인 동아시아 발전국가에 또 다른 파고를 가져올 것으로 보인다. 미 · 중 패권경쟁이 심화되는 보호주의적 국제무역질서 하에서 한국을 비롯한 동아시아 발전국가는 수출다변화정책과 보호규제에 대한 적극적 대응방식을 구상해야 한다. 신냉전을 막기 위해서는 미국과 중국이 대결구도보다는 협력적 관계가 될 수 있도록 동아시아 국가들의 노력이 필요하다. 보호무역주의에 대처하기 위해서는 다양한 자유무역 네트워크를 활용할 필요가 있다. 어느 한 국가와 한 지역에 의존하기보다는 다양한 지역과 다양한 국가와의 자유무역 네트워크를 형성해야 한다. 이와 더불어 보호규제에 대해 적극적인 차원에서, 특히 중국이 자국 기업을 보호하는 대신 동아시아 발전국가의 기업들에 대해 차별적인 보호주의 조처를 일삼고 있는 상황을 WTO에 제소하는 등 보다 강도 높은 대응이 필요하다. 동아시아 발전국가 입장에서 궁극적으로 바람직한 무역질서는 다자주의 체제이므로, 도하 라운드의 진전으로 현재와 같은 양자 또는 지역 위주의 무역질서가 변화되도록 노력해야 할 것이다.

셋째, 미국 달러화가 여전히 핵심 기축통화의 지위를 유지해 고정환율제도가 붕괴된 이후의 질서를 신브레튼우즈 체제라고 한다. 동아시아 국가들은 수출경쟁력 확보를 위해 자국의 통화가치를 낮게 유지하려고 하며 평가절상을 막기 위해 동아시아 국가들은 외환시장에 개입하고 있다. 동아시아 국가들의 달러화 매입은 자국 통화의 평가절상을 막기 위한 의도이다. 동아시아 국가의 이와 같은 수출주도 정책과 통화정책을 가능하게 하는 것은 미국의 대규모 경상수지 적자 때문이다. 그런 점에서 신브레튼우즈 체제는 대단히 불안정하며 위기의 씨앗일 수 있다. 신브레튼우즈 체제는 변동환율, 자본이동 자유화, 그리고 정책적 자율성의 한계라는 특징을 보인다. 신브레튼우즈 체제에서 주변부 국가의 유동성이 미국으로 들어가고, 미국의 유동성 증대가 부동산 거품을 일으키며 이것이 글로벌 금융위기의 원인으로 작용했다. 글로벌 금융위기 이후 각국은 내수 진작과 수출 확대를 위한 환율전쟁 상황에 봉착하게 되었다. 또한 최근 코로나 바이러스의 대유행으로 전 세계 경제가 타격을 받으면서 이러한 가능성이 더욱 증대하였다. 이처럼 국제통화제도가 불안해지고 환율의 등락이 심화되는 상황에서 우선 대내적으로 각국은 수출다변화, 수출 경쟁력 강화를 위한 혁신정책을 지속해야 한다. 즉, 개별 국가는 이러한 불안정한 환경에 취약할 수 있는 내부적 역량과 기초 체력을 길러야 한다. 또한 동아시아 발전국가들은 지역적인 차원에서 통화가치가 안정되고 역외지역 통화인 달러화 및 유로화의 동아시아에 대한 영향이 완화되도록 역내 통화협력을 강화시킬 필요가 있다. 과거에는 동아시아 발전국가가 개별적으로 외부 환경변화에 대응했다면, 이제는 집단적으로 대응하는 전략도 중요하게 고려해야 한다.

넷째, 1970년대 브레튼우즈 체제가 붕괴된 이후 변동환율제도로 전환함으로써 제한적 금융질서가 와해되고 국제금융시장이 급성장하게 되었다. 글로벌 금융시장이 발전하고 팽창함에 따라 동시에 금융위기의 발생 가능성이 높아졌다. 규제가 상대적으로 약한 지역에서의 높은 수익성을 획득하기 위해 자본이 대량 유입됨에 따라 자산버블이 형성되는데, 이후 자본이 급속히 빠져나가면서 버블이 붕괴되고 금융위기가 발생하는 것이다. 자본이동이 자유롭고 전 세계 금융시장의 통합이 심화되는 상황에서 이러한 금융위기의 가능성은 더욱 높아지는 것이다. 금융세계화에 따른 위기 증대 및 기타 관련된 문제점들에 대처하기 위해서도 국가 내부의 취약성을 줄이기 위한 제도적 역량강화와 외부와의 협력 네트워크 건설이라는 이중 노력이 병행될 필요가 있다. 동아시아 발전국가들은 상대적으로 금융부문의 경쟁력이 취약하므로 내부 역량 강화 차원에서 과감한 금융개혁을 추진해야 한다. 금융부문의 취약성을 감소시키기 위한 정부의 금융감독관리 강화도 중요하나 최근의 IT기업과 금융의 융합 추세에서 정부의 규제완화를 통해 금융부문의 경쟁력을 제고하는 것이 더욱 필요하다. 또한 이와 더불어 동아시아 지역 차원에서의 공동 노력이 요구되는데, 금융위기와 같은 긴급한 상황에 대비해 유럽에서의 ESM과 같은 지역 금융안전망을 적극적으로 추진해 보는 것도 바람직하다. 한편 중국은 최근 세계금융질서 형성과정에 개입하기 위해 미국 중심의 금융질서구조에 반기를 들고 있다. AIIB를 신호탄으로 그동안 일원체제를 유지했던 국제금융질서가 다원체제로 상호 경쟁, 상호 보완하는 새로운 시대로 급속하게 전환될 전망이다. 동아시아 발전국가는 다양한 국제금융기관에 적극적으로 참여함으로써 국제금융질서 형성에 보이스를 높이도록 보다 적극적으로 대처해야 한다.

5. 개발도상국에 대한 시사점과 국가의 새로운 역할

지금까지 동아시아 지역의 발전과정, 발전국가 모델의 개념 및 주요 특징, 발전국가 모델을 둘러싼 쟁점, 그리고 대내외적인 새로운 변화를 고려한 발전국가 모델의 재구성에 대해 살펴보았다. 이러한 동아시아의 경험으로부터 여러 가지 함의를 도출해 낼 수 있는데, 이 절에서는 개발도상국들이 발전전략을 추진할 때 고려해야 할 시사점, 그리고 급격한 대내외 환경변화가 국가의 역할에 주는 시사점을 제시하고자 한다.

5.1 개발도상국에 대한 시사점

동아시아 발전국가 모델은 '역사적 특수성'의 관점보다는 다른 지역의 후발개도국에 대한 일반적 함의를 제시해 줄 수 있는 관점으로 이해하는 것이 바람직하다. 많은 비판에도 불구하고 아프리카, 동남아 지역 등 세계 여러 지역의 저개발국들은 한국을 비롯한 동아시아 발전국가를 성장 및 발전을 위한 학습과 모방의 표본으로 삼고 있다. 동아시아 발전국가 모델의 개념 및 핵심 요인, 최근 새로운 변화에 대한 재구성의 필요성, 그리고 과거 개발도상국들의 실패 경험에 비추어 네 가지 시사점을 제시하고자 한다.

첫째, 동아시아 국가들의 경험을 살펴보면 개별 국가마다 발전전략을 추진하는 과정이 조금씩 다르다. 이러한 다양성은 어떤 면에서 서로 다른 배경을 가진 후발개발도상국들이 동아시아의 경험 중 가장 유사한 내용을 참고할 수 있도록 해주므로 도움이 될 수도 있을 것이다. 그러나 동아시아 국가들의 다양성, 그리고 후발개발도상국들의 다른 배경에도 불구하고 공통적으로 강조되었던 한 가지 중요한 시사점은 발전전략을 추구하는 데 있어 국가의 역할이 중요하다는 것이다. 동아시아 국가들의 초기 발전단계에서는 국가가 전체적인 면에서 주도적인 역할을 해 큰 성과를 보여주었다. 이후 발전단계가 어느 정도 성숙하고 새로운 대내외적 환경변화가 발생한 상황에서 국가의 역할에 대한 많은 논의가 있었지만, 비록 국가의 역할에 대한 재규정이 필요할지라도 여전히 강한 국가는 필수적으로 요구되고 있다. 특히, 고도성장의 지속성을 위해서는 산업전환이 필수적인데([Box 13-1] 참고), 초기 발전단계에 있는 개발도상국들의 경우 국가의 주도적인 역할 없이는 이러한 산업전환을 이루어내기 힘들다. 제11장에서 보았듯이 개발도상국 발전전략 중의 하나였던 IMF 및 세계은행에 의해 주도된 SAP 발전전략이 정통 자유주의에 기초해 국가의 역할을 제한함으로써 사실상 실패로 끝나버린 경험도 이를 방증해 준다. 따라서 개발도상국들이 동아시아의 발전 경험을 참고로 하는 경우, 강한 국가가 명확한 발전정향의 이념을 제시하고 발전을 주도할 필요가 있다는 점을 반드시 인식해야 한다.

둘째, 국가가 주도적인 역할을 하는 경우 급변하는 상황에 대한 국가의 판단이 잘못되면 치명적인 결과를 가져올 수 있다. 특히 후발개발도상국들의 경우 세계시장과의 연계를 통해 발전을 추구해야 하므로, 성공적 추격을 위해서는 발전전략을 주도하는 국가가 외부 환경의 도전과 기회의 측면에 대해 정확히 인식을 해야만 한다. 산업혁명 당시 후발주자였던 독일과 일본의 경험, 20세기 동아시아 발전국가의 경험들이 말해 주는 것은, 국제정치경제질서의 구조적 특성이 개별 국가의 선택을 제한할 수 있지만, 이를 국가가 주도적으로 잘 활용하는 경우 후발주자의 이점을 살려 훨씬 빠르게 큰 성과를 거둘 수 있다는 것이다. 외부 환경변화를 활용하고자 할 때 무엇보다 중요한 것은 어떤 산업을 목표로 할 것인가, 그리고 산업전환을 언제 진행해 나갈 것인가에 대한 정확한 판단을 하는 것이다. 동아시아 국가들이 발전을 추구할 당시에는 상대적으로 생산 네트워크가 단순해 산업화를 진행할 때 수출을 촉진하기 위해 필요한 '경쟁적 산업'이 무엇인가가 주된 고려의 대상이었다. 그러나 지금은 생산세계화를 통해 다국적기업의 영향력이 커지고 생산 네트워크도 훨씬 복잡해졌으므로, 후발개발도상국들은 어디서 기술이전을 받을 수 있는지, 글로벌 생산 네트워크의 어떤 위치에서 생산 분업이 가능한지 보다 더 면밀하고 정확하게 파악해야 한다. 동아시아 국가들은 냉전체제에서의 패권경쟁으로 우호적인 환경을 향유할 수 있었지만, 현재의 국제정치경제의 패권경쟁 구도는 후발개발도상국들에게 예전과 같은 우호적 환경을 제공해 주지 못하고 있다. 따라서 국제정치경제적 관점에서 보더라도 후발개발도상국들이 발전을 추구할 때, 어떤 패권적 국가와의 협력이 국가 이익을 위해 필요한지, 어떻게 외부 환경을 활용해야 할지를 판단할 수 있는 주도적 국가의 명확한 판단이 더욱 요구된다.

셋째, 동아시아의 성공적인 경험 및 개발도상국들의 실패 경험을 함께 비교해 볼 때 또 한 가지 중요한 차이점은 관료제도의 기능에 있다. 동아시아 국가들이나 개발도상국들 모두 국내에서 가장 우수한 인력들이 어려운 시험을 거쳐 관료로 진출하기 때문에 관료조직 인적자원의 우수성이라는 점에서는 서로 유사하다고 할 수 있다. 그런데 양자 간의 커다란 차이는, 많은 학자들이 지적한 것처럼, 동아시아의 경우 관료체제가 정치적인 영향력에서 상당한 자율성을 가지고 일관되게 발전정책을 추진할 수 있었고 또한 총체적인 발전전략을 추진할 때 상당히 체계적으로 움직여 효율적으로 기능했다. 이러한 경험은 개발도상국들의 발전전략 추구에 중요한 시사점을 제공한다. 즉, 국가는 발전정책을 계획하고 추진할 수 있는 안정적이며 효율적인 관료제도를 건설하고 이들의 '자율성'을 유지할 수 있도록 해야 한다. 앞에서도 강조했지만, 국가와 사회 간의 협력 네트워크는 발전전략의 성공적인 완수를 위해 필수적이나, 국가가 사회 기득권 세력의 이익에 포획됨으로써 지대 추구 국가가 등장하는 일은 없도록 해야 한다. 이를 위해 무엇보다도 필요한 것이 관료조직이 정치적 영향에 좌지우지되지 않는 자율성을 확보하는 것이다. 또한 관료체제가 효율적으로 기능하기 위해서는, 발전정책을 추진해 갈 때 다양한 분야에서 정책들 간의 갈등 및 중복을 막을 수 있는 '조정역량(coordinative capacity)'이 있어야 한다. 웨이드는 저개발국들의 정부가 동아시아 발전국가들이 했던 것과 같은 산업정책의 역할을 수행할 필요가 있다고 강조한다.[67] 자유주의 학자들은 발전전략의 일환으로 워싱턴 컨센서스의 기본적 규범인 굿거버넌스(good governance)를 강조하고 있지만, 실제적으로 경제성장의 추격을 이뤄낸 개발도상국과 그렇지 못한 국가들을 비교해 보면 굿거버넌스의 존재 여하가 추격의 핵심적 요인이 아니었다. 경제성장의 추격을 이뤄낸 국가들은 많은 경우 굿거버넌스의 정도가 낮았음에도 발전을 이루어냈다. 이는 성공적 추격이 가능했던 국가들과 그렇지 못한 국가들을 가르는 제도적 특성은 국가의 조정역량의 여부에 달려 있음을 보여준다. 따라서 개발도상국의 발전전략에서는 관료제도의 효율적 기능을 위해 핵심적 경제행위자들 간의 조정역량을 높이는 것이 거버넌스의 강화보다 더 중요한 일이기도 하다.[68]

넷째, 동아시아 발전국가 모델 개념의 핵심적 부분 중 하나는 강한 발전국가임에도 불구하고 시장 및 사회와 조화를 잘 이루어 발전전략을 추진해 나갔다는 것이다. 많은 개발도상국들이 빈곤으로부터 벗어나기 위해 동아시아 국가들의 경험을 바탕으로 발전전략을 계획하고 실행하고 있다. 대표적인 정책 중의 하나로 수출진흥정책을 성장엔진의 핵심으로 도입하고 있다. 그러나 동아시아 경험을 자세히 살펴보면, 국가가 수출진흥정책을 추진할 때 두 가지를 파악하기 위해 상당히 고심하였다는 것을 알 수 있다. 하나는, 비록 현재 세계시장에서 비교우위에 따른 경쟁력이 없을지라도 동태적인 면에서 장기적으로 경쟁력을 확보할 수 있는 산업이 무엇인가를 찾아내는 것이고, 다른 하나는 국내의 경제 · 사회적 구조를 정확하게 이해하고 국가 주도의 발전정책을 뒷받침할 능력이 있는 경제 · 사회적 그룹이 누구인지를 파악하는 것이었다.[69] 개별 국가의 정치경제 구조에 따라 이들 그룹은 한국처럼 대기업이 될 수도 있고 아니면 대만처럼 중소기업이 될 수도 있다. 또한 어떤 국가에서는 농업부문이 주도할 수도 있고 혹은 제조업부문이 주도할 수도 있다. 발전전략의 핵심인 산업정책을 단순히 국가와 정치적으로 연합한 세력의 요구에만 부응하기 위해 제시되어서는 안 되고, 궁극적으로 장기발전을 가져올 수 있는 방향에서 이러한 요구가 부합할 때 전략산업을 적극적으로 추진해야 한다. 그렇지 않을 경우 특정 산업을 목표로 하는 발전전략은 오히려 특정 그룹의 이해관계만 반영해 그들의 렌트를 증가시키는 반면, 장기적으로 성장을 가져오지도 못하고 사회 전체의 삶의 수준을 악화시킬 수도 있다. 따라서 발전전략을 주도하는 국가는 이에 필요한 정책을 현장에서 실행에 옮길 수 있는 경제적 · 사회적 그룹을 잘 파악하고 선택해야 궁극적으로 성공적인 결과를 가져올 수 있다는 점을 명시해야만 한다.

5.2 세계화와 국가의 역할[70]

동아시아 발전국가 모델에서 가장 핵심적인 부분은 국가의 역할이다. 동아시아 국가들의 경우 국가의 주도적인 역할이 성공적인 결과를 가져오는 데 중요했음은 부인할 수 없다. 그러나 대내외적인 환경이 상당히, 그리고 급격히 변화되는 상황, 특히 세계화가 진행된 상황에서 이러한 주장이 여전히 유효한가에 대해 많은 논란이 있어 왔다.

세계화가 가속화됨에 따라 시장이 팽창하고 국가는 쇠퇴할 것으로 예견되었으나 이는 적절한 예측이었다고 할 수 없다. 다국적기업의 국적(nationality) 역시 그 중요성이 줄어들 것이라는 점도 현실을 반영하지 않는 주장이었다. 다국적기업들은 연구개발, 해외직접투자, 기업 내 무역전략 등에서 체계적으로 분화하고 있다. 다국적기업들의 정책은 서로 수렴하지 않는다는 것이다 . 특정 국가의 역사, 제도, 이념적 유산은 기업전략에 지속적으로 큰 영향을 미치고 있기 때문이다.[71] 세계화가 가속화됨에 따라 자본주의 생산체제는 영미식으로 수렴될 것이라는 주장도 있다. 이와 달리 홀과 소스키스는 자유시장경제(LMEs)와 조정시장경제(CMEs)의 제도적 비교분석을 통해 '자본주의의 다양성(Varieties of Capitalism)' 논의를 제시한 바 있다.[72] 이러한 연구들에 따르면, 세계화가 되어도 개별 국가의 정체성과 제도는 지속적으로 유지된다는 논의가 보다 설득력이 있다.

21세기 새로운 국제정치경제질서의 변화와 더불어 새로운 행위자들로 다국적기업과 글로벌 금융자본을 들 수 있다. 한때 세계화가 가속화되고 이들 행위자의 영향력이 커지면서 '바닥으로의 경주(race to the bottom)' 현상에 대한 우려도 제기된 바 있다. 국가는 다국적기업의 해외직접투자를 유인하기 위해 국가 내 환경, 인권, 노동의 기준을 낮추는 정책을 경쟁적으로 지속한다는 것이다. 세계화와 정보화가 가속화되면서 국가보다 다국적기업과 글로벌 금융자본의 힘이 더 커지게 되었다고 인식한다. 국제정치경제 영역에서 제기된 중요한 이슈 가운데 하나는 이들 글로벌 행위자들의 국적(nationality)이 과연 아직도 중요한가, 또한 세계화 시대에 있어 국가와 시장의 관계는 어떻게 재조정되고 있는가 하는 점일 것이다.

세계화 시대 다국적기업을 필두로 한 시장의 팽창이 가속화되고 있으나, 이에 맞서는 국가의 규제 역시 지속되고 있다. 특히 글로벌 금융위기 이후 다국적기업과 글로벌 금융자본을 규제하려는 국가의 시도가 강화되고 있다. 구글, 아마존, 페이스북, 애플 등 IT기업들이 지역, 영역을 넘어 팽창하자 IT 다국적기업에 대한 정부규제도 확대되었다. 또한 2008년 글로벌 금융위기 이후 미국을 비롯한 선진국, 그리고 신흥국들은 토빈세 또는 금융거래세 도입을 통한 글로벌 자본에 대한 규제를 논의해 왔다. 동시에 각국 내부에서도 금융기관에 대한 금융관리 · 감독의 강화라는 개혁과제를 실행하기도 했다. 다국적기업과 글로벌 금융자본을 규제하려는 국가들 간의 노력과 협력이 용이하지는 않지만 지속되고 있다. 이러한 움직임은 무엇보다 세계화 시대에 다국적기업의 국적이 아직 매우 중요함을 보여주고 있다.

특히 최근 벌어지고 있는 기업들 간 경쟁이 종종 자국 기업을 보호하고자 하는 국가 간 경쟁으로 그대로 전환되어, 다국적기업의 국적이 여전히 중요함을 잘 나타내주고 있다. 대표적인 다국적기업인 구글의 사례를 들어보자. 미국 연방무역위원회는 구글의 반독점 현안을 두고 고심을 거듭한 끝에 2013년 반독점법을 별달리 위반했다고 볼 수 없다며 소송하지 않기로 결정한 바 있다. 이와는 달리 유럽에서는 구글이 자사의 서비스를 홍보하기 위해 검색엔진에서 지배적인 시장 지위를 남용했다는 이유로 유럽연합 집행위원회(EC)가 5년간에 걸친 조사 끝에 구글을 반독점법 혐의로 기소했다. 유럽에 이어 한국 및 중국에서도 구글이 시장지배력을 남용하지 못하도록 대책 마련이 시급하다는 지적이 제기되었다. 이처럼 구글의 시장지배 문제가 너무 심해지면 다양한 성장동력을 품어 갈 수 없기 때문에 각국 정부에서 어떤 방식으로든 행동에 나설 것이라는 말이 나오는 상황임에도 불구하고 미국에서 이런 결정을 내리자, 각국은 이를 미국의 '팔을 안으로 굽는' 행위라고 강력하게 비난하였다.

또 다른 사례로 최근 차이나 머니의 유럽에 대한 투자가 증가하면서 유럽 내 각국에서 우려의 목소리가 커지고 있다는 것을 들 수 있다. 중국 기업의 유럽 진출에 대해 유럽의 견제가 커지는 다른 이유는 중국이 전략적으로 취약분야에 집중 투자하면서 기술을 빼가고 있다는 우려 때문이다. 독일에선 중국 최대 가전업체 메이디(Midea)의 독일 산업로봇 제조회사 쿠카(Kuka) 인수가 최대 논란거리였다. 100년 넘는 역사를 가진 쿠카는 독일의 자존심인 히든 챔피언(세계시장 점유율이 높은 중소기업)으로 자동차를 포함한 미래 산업의 전략적 노하우를 갖고 있다. 그런 쿠카를 메이디가 인수하려 하자 가브리엘(Sigmar Gabriel) 독일 부총리까지 반대하고 나섰다. 그는 "유럽은 사실상 국가가 운영하는 중국 기업들과의 불공정한 투자 경쟁을 바로잡는 데 힘을 합쳐야 한다"며 중국의 무분별한 유럽 투자에 대한 유럽의 공동 대응을 촉구했다. 월스트리트저널은 "중국은 자국의 주요 산업에 외국인은 접근도 못 하게 하고 있어 유럽의 불만이 크다"고 보도했다. 문제는 '큰손' 중국의 투자를 완전히 뿌리칠 수 없는 게 유럽의 딜레마이다. 독일 정계의 반대에도 불구하고 결국 중국 메이디는 쿠카 지분 76%를 인수했다.

구글에 대한 각국의 규제와 이에 반하는 미국 정부의 결정, 그리고 중국 기업의 팽창과 이에 대한 유럽 국가의 견제는 다국적기업의 '국적'의 중요성을 반영하는 사례이다. 자국 기업을 보호하려는 국가 간 경쟁이 지속되고 있는 것이다. 세계화 시대에 국가는 신중하면서도 적극적인 역할을 강화하거나 또한 기업경쟁을 촉진하고 지원하기 위한 규제를 완화하는 등 탄력적 역할을 수행해야 한다. 동아시아 발전국가는 빠르게 변화되고 있는 환경에 따른 도전의 본질을 인식함으로써 자국 기업의 생산질서와 무역질서에서의 경쟁력 강화를 위한 지원정책을 모색해야 한다. 뿐만 아니라 미·중 간의 국제정치경제질서 경쟁구도에서 자국의 이익을 위한 적극적 역할을 수행해야 한다. 세계화가 진행되어도 발전국가 모델에서 핵심 요인이었던 국가의 역할은 여전히 재강조될 필요가 있는 것이다.

세계화 시대에 다양한 영역에서의 도전이 변화하고 급증함에 따라 국가의 역할은 새롭게 재구성될 필요성이 있다. 세계화 시대 국가의 역할 강화는 후발개도국의 경우에만 적용되기보다는 다양한 발전 정도에 있는 모든 국가의 경우에도 적용되는 것이다. 이를 강조한 연구들에 따르면, 유럽과 미국이 한 가지 점에서 수렴하는데, 이는 정부가 새로운 기술발전에 중요한 역할을 해왔다는 점이다.[73] 미국은 발전국가적 정책을 숨겨(hidden)왔는데, 이는 미국의 시장근본주의 이념에 반하는 것이기 때문이었다. 유럽의 발전국가적 정책은 사실 사회민주적 · 기독교 민주주의적 정책의 유산과 잘 맞아 떨어졌다. 워싱턴 컨센서스는 정부가 경제에서의 적극적 역할을 하지 못하도록 했다. 그러나 실질적으로 워싱턴 행정부는 기술정책을 통해 자국의 경제에 깊이 개입해 왔다.[74] 기업의 입장에서는 원치 않는 규제를 피하고자 시장 이념의 중요성을 강조한다. 그러나 기업 역시 정부의 보조금, 우호적인 규제환경, 연구지원, 지적재산권 보호를 포함하는 정부 정책을 필요로 한다. 산업정책의 중요성을 너무 드러내 놓고 강조하다가는 비판을 받는 경우가 많았기 때문에 미국의 사례를 '숨겨진 발전국가(hidden developmental state)' 라고 명명한 것이다.[75]

이러한 연구들은 가장 시장근본주의적 믿음에 기반을 두고 있는 미국 경제에서조차 기술발전을 통한 국가경쟁력 확보를 위해서는 정부의 주도적 역할이 매우 중요함을 잘 지적하고 있다. 동아시아 발전국가 모델은 후발개도국의 발전모델로서 잘 기능할 수 있으며, 성공적인 추격을 위해서는 국가의 주도적 발전정향, 관료체제의 효율성 및 자율성, 국가와 기업 간 긴밀한 협력, 그리고 외부 환경의 도전과 기회에 대한 정확한 판단 등 필요한 요인들을 제시할 수 있다. 그러나 기존 발전국가 모델의 시사점과 더불어 발전국가 모델에서 강조했던 국가의 역할은, 민주화 등과 같은 대내적인 변화, 국제정치경제질서의 외적인 변화, 세계화의 확대 등과 새로운 환경에서도 여전히 더욱 강조되어야 할 것이며, 이와 함께 새로운 국가 역할에 대한 보다 심도 있는 논의를 진행해야 할 것이다.

[미주]

1. 이 책의 제Ⅳ부(제13~15장)는 2016년 대한민국 교육부와 한국연구재단의 지원을 받아 수행된 연구를 바탕으로 집필하였음(NRF-2016S1A5B8924523). 이 장은 임혜란(2018)을 일부 참고해 정리하였음.
2. 이 장에서 동아시아는 ASEAN+3(홍콩, 대만 포함), 북미는 NAFTA 회원국, EU는 동구권으로 확대되기 이전의 EU15를 포함한다.
3. 30년 동안 연평균 5.5% 성장하면 한 세대에 걸쳐 1인당 소득이 5배 이상 증가하게 된다는 것을 의미함.
4. 일정한 소득수준인 빈곤선을 정해 그보다 소득이 낮은 사람을 빈곤층이라고 한다. 빈곤선을 산출하는 방식은 라운트리(Rowntree) 방식 및 라이덴(Leyden) 방식과 같은 절대적 방식과 평균소득 또는 중위소득의 일정한 비율로 정하는 상대적 방식이 있다. 이준구 · 이창용(2007) 참고. 이 장에서는 전 세계에 공통적으로 동일한 기준을

적용하기 위해, 하루 1.90달러 이하에 속하는 극빈층의 비율을 빈곤율로 사용하고 있다.

5. 이하의 내용은 임혜란(2008)을 참고해 정리함.
6. 윤상우(2006).
7. Pempel(2002).
8. Cumings(1987).
9. Bernard and Ravenhill(1995) ; Kurth(1979) ; Vernon(1971).
10. Gereffi(1998).
11. 발전국가 모델에 대해서는 제3절에서 좀 더 자세히 설명한다.
12. 임혁백(1994).
13. Krueger(1990).
14. Doner(1992) ; Evans(1995) ; Onis(1991).
15. Chang(2002).
16. 안청시 · 정진영(2000).
17. Bates(1988).
18. Polanyi(1957).
19. Block(1990).
20. 유석춘(2005).
21. Krugman(1994).
22. Hamilton and Biggart(1988).
23. Putnam(2001).
24. Fukuyama(1995).
25. 임혜란(2007).
26. Hall and Soskice(2001).
27. 이와 관련된 논의는 다음 문헌들을 참고할 것. Leys(1996) ; 김형기(2016) ; 박병영(2003).
28. Johnson(1987), p.140.
29. 이에 대한 논의는 임혜란(2013)을 참고함.
30. Gerschenkron(1962).
31. 독일의 자본은 분산되어 있었기 때문에 'bigness'의 통합 압력이 증대했다. 독일의 기업은 은행과의 합병과 융합의 형태로 발전되어 갔으며 철강 중화학공업을 집중적으로 선택, 육성하였다. 독일의 은행은 universal bank의 형태로 credit mobilizer의 중장기 투자 목적과 상업은행의 단기자금은행의 형태를 결합함으로써 발전되었다. Gerschenkron(1962). 가장 먼저 산업화에 성공한 영국은 상업은행으로 족했으나, 후발국가인 프랑스는 개입주의적 국가와 투자은행, 그보다 더 늦은 독일은 개입주의적 국가와 투자은행, 그리고 강력한 민족주의를 필요로 했다. 백종국(2011), p.8.
32. 산업발전 과정에서 중요한 것은 산업발전을 수행하면서 사용하는 제도적 수단과 이념이다. 따라서 옳고 그른 것에 대한 판단보다 더 중요한 것은 경제발전에 있어 더욱 유연하고 상대주의적 접근이 필요하다고 강조한다(more flexible and relativistic approach in economic development). Gerschenkron(1962).
33. 거센크론은 'ideologies of delayed industrialization'에 대해 논의한다. 후발개도국의 발전을 위해서는 강력한 idea, 믿음, 신념 자극이 필요하다고 강조한다. 프랑스의 Saint-Simonian이 그랬던 것처럼 Faith, 신념이 중요하다. 1890년 러시아의 산업화를 위해서 정통 맑스주의가 그러한 역할을 수행했다. 러시아의 절대적 후진적 조건 하에서 보다 강력한 이데올로기가 필요했는데 이는 산업화의 지적 · 감정적 바퀴에 기름을 칠하기 위한

이데올로기였다. Gerschenkron(1962).

34. 김형기(2016).

35. 구종서(1996).

36. 박병영(2003).

37. 문돈 · 정진영(2014).

38. Moon and Rhyu(2002).

39. Leftwich(1995).

40. 임혜란(2018), 제1장 ; Stubbs(2009) ; Weiss(2003).

41. Amsden(1989) ; Wade(1990).

42. 존슨은 국가의 시장개입을 시장원리에 따르는 것으로 논의한 반면, 암스덴과 웨이드와 같은 학자는 동아시아 국가가 시장순응적이었다기보다는 시장가격을 의도적으로 왜곡하는 보다 국가 주도적 시각(govering the market)에 속한다. 같은 국가개입이라 해도 주장하는 바가 다르다는 점에서 국가와 시장의 논쟁은 계속되어 왔다. Johnson(1987), pp.3～4.

43. Johnson(1982).

44. 존슨은 금융통제, 노동관계, 관료적 자율성, 국가자율성, 행정지도, 재벌, 외국 자본의 7가지 요인 중심으로 이들 발전국가가 어떤 내부적 상이성을 보여주는지 예리하게 분석한 바 있다. Johnson(1987).

45. 1976년 공기업은 대만 GDP의 26%를 차지했으며, 한국에서는 9%였다. Johnson(1987).

46. 에반스는 합리적으로 발전목표를 설정하고 이를 효과적으로 수행하기 위해서는 국가자율성을 견지하면서도 경제발전의 파트너와 유대 · 협력관계를 맺어야 하는데 이것이 바로 연계된 자율성이라고 주장한다. Onis(1991) ; Evans(1995).

47. Feenstra and Hamilton(2014).

48. Cumings(1987).

49. 동아시아 국가인 한국과 대만이 경제성장과 민주화를 동시에 이루어냈다는 주장은 논쟁의 여지가 없지 않다. 사실 두 나라에서 빠른 경제경장은 권위주의 정권에 의해 이루어졌기 때문이다. 1970년대 이후 민주화 요구가 시민사회의 성장과 함께 증폭되면서 한국과 대만은 1980년대 말 민주화를 이뤄냈다. 민주화 이후 한국과 대만은 지속적인 경제발전을 이뤄내야 하는 어려운 도전을 맞이했다. 1997년 동아시아 외환위기는 동아시아 국가의 민주화의 후퇴 가능성을 가져올 수도 있음이 염려되었으나 역사의 후퇴는 일어나지 않았으며 현재까지 경제발전과 민주화라는 두 가지 도전의 파고를 넘기 위해 노력하고 있는 과정에 있다. 이러한 관점에서 경제위기와 정치적 후퇴를 경험하고 있는 다른 국가와 비교해 볼 때 동북아시아 국가들은 경제성장과 민주화를 동시에 이루어내고 있다는 주장이 가능한 것임을 알 수 있다.

50. 임혜란(2013).

51. 아시아의 발전은 '평등'이 병행될 수 있었다는 점이다. GINI계수가 라틴아메리카의 경우는 0.60이었던 것에 반에 대만은 0.30, 한국은 0.33～0.35였다. 동아시아는 건강보험, 교육, 장수 등의 면에서 평등의 기회를 강조했다. 'markets operate neither in political vacuums, nor as invisible hands.' 한국 정부는 의도적으로 가격을 왜곡시키는 역할을 잘 수행했다. 산업정책은 경쟁력 있는 산업에 대한 집중적 투자를 가능하게 했으며, 산업구조조정, 산업전환 과정을 성공적으로 이행했다. 또한 개방정책이 중요했다. 동아시아 모델의 특징을 보면, 사적인 국내투자와 인적자본의 성장이야말로 성장의 엔진이었다. 이러한 요인은 동아시아 성장에 대한 끊임없는 논쟁을 그대로 반영하는 것이다. 즉, 정부 정책에 대한 이해 없이는 성공을 설명할 수 없으며, 동시에 사적 영역의 활동에 대한 이해 없이도 성공의 이해가 가능하지 않다. Amsden(1989) ; Pempel(2002).

52. 동아시아 위기의 다양한 원인 분석은 임혜란(2018), 제3장을 참고할 것.

53. Krugman(1998)의 다음과 같은 표현은 그가 내인론 입장임을 보여준다. "The crisis, in short, was a punishment for Asian sins."

54. 백종국(1998).

55. 윤민재(2016).

56. 이연호 외(2002).

57. 임혜란 · 이하나(2009).

58. 권형기(2010).

59. 매일경제, "미국-중국, 아시아서 경제블럭 각축," 2011. 12. 6 ; 이승주(2010) ; 문돈(2011).

60. 임혜란(2012).

61. 문우식(2009).

62. 위안화의 편입 비율 10.92%는 달러화(41.73%), 유로화(30.93%)에 이어 3번째로 높은 것으로, 이번 IMF의 결정에 따라 위안화는 이제 명실상부한 세계 3대 주요 통화로 부상하게 됐다. 엔화는 8.33%, 파운드는 8.09%다. 뉴시스(2015), 12. 1.

63. Kim and Rhee(2013).

64. 최두열(1998).

65. 새로운 환경에서의 국가의 역할 변화에 대해서는 제5절에서 추가적으로 논의한다.

66. 임혜란(2020)은 이런 측면에서 정치경제학 분야에서 국가와 시장을 이분법적으로 논의하는 것은 상당한 문제가 있음을 지적하고 있다.

67. Wade(2010) ; Meisel(2009).

68. 이는 암스덴도 강조했던 '보조금과 성과 기준'의 병행과도 연관된다. 이러한 제도적 조정기제는 일본의 MITI, 대만의 IDB, EPC, 한국의 EPB, 싱가포르의 EDB 등이 했다. 이는 필리핀의 대지주집단이 산업전환을 반대하고 정치적 보호 및 렌트를 지속적으로 획득한 사례와 비교된다. Wade(2010).

69. Lim(1998)은 '산업정책의 연합이론(coalition theory of industrial policy)'을 제시하고 동아시아 국가들의 이러한 전략을 설명하고 있다.

70. 이 내용은 임혜란(2018), 제8장을 바탕으로 일부 수정 · 보완한 것임.

71. 백창재 외(2012) ; Pauly and Reich(1997).

72. Hall and Soskice(2001).

73. Wade(2010) ; Block(2008).

74. 미국 펜타곤의 Advanced Research Projects Agency(ARPA)는 발전 네트워크 국가의 pioneer라고 할 수 있다. 소련의 Sputnik 성공 이후 창설된 것으로 기술발전을 위한 기구로 이해 가능하다. 이 기구는 미국의 기술정책 방향을 설정하는 데 proactive한 역할을 수행했다. 1970년대 이전 컴퓨터 사이언스와 인터넷 발전을 위해, 그리고 1970년대 이후 biotechnology 발전 등 연방정부는 미래기술 발전을 키우는 데 중요한 역할을 할 수 있음을 잘 보여주었다. Block(2008).

75. 빌 클린턴 시기에 오면 발전국가적 정책 지원을 확대하게 된다. 그러나 공화당은 민주당을 big government의 옹호자라고 하면서 이와 같은 시도를 비판하였고, 1994년 중간선거에서 공화당이 승리한 이후 많은 예산을 삭감하였다. 공화당과 민주당 간의 갈등으로 인해 발전국가의 'hidden' 속성은 지속되었다. Block(2008).

동아시아 위기의 정치경제

14

1. 동아시아 위기의 전개과정

2. 동아시아 위기의 원인

3. 동아시아 위기에 대한 정책대응

4. IMF 정책처방에 대한 평가

5. 동아시아 위기 이후 새로운 정책과제

1997년 발생한 동아시아 위기는 동아시아 발전의 이슈만큼 또다시 국제정치경제 분야에서 동아시아에 대한 관심을 야기시켰다. 물론 가장 큰 논란은 승승장구하던 동아시아 국가들의 발전모델이 근본적인 결함이 있고 한계를 보인 것이 아닌가를 둘러싸고 벌어지고 있다. 그러나 동아시아 위기를 좀 더 넓은 관점에서 고찰하면 단순한 발전모델 논쟁이 아닌 국제정치경제질서의 근원과 관련된 이슈도 다양하게 다루어져야 함을 알 수 있다.

동아시아 위기 이전까지만 하더라도 국제금융위기와 관련된 논의는 주로 발전 대 저발전의 차원에서 전개되었고, 단골손님으로 언급된 사례가 외채위기 등 반복적인 위기를 겪고 있는 라틴아메리카 국가들이었다. 이와는 달리 동아시아 국가들은 수십 년간 지속적인 발전을 이룩한 대표적인 성공사례로 칭송을 받고 있었다. 그러나 동아시아 위기가 터지면서 국제금융위기의 원인 및 특성과 관련해 새로운 시각이 요구되었다. 과거 개발도상국에서 발생한 금융위기를 다룰 때는, 대부분의 위기가 경제정책 운용의 실패로 인해 발생했기 때문에 그에 따른 처방도 주로 위기 발생국의 국내 경제문제 해결에 초점이 맞추어졌었다. 발전국가 모델의 결함이 위기의 원인이었고 따라서 이 모델을 폐기해야 한다는 주장이 하나의 예라고 볼 수 있다. 그러나 동아시아의 위기는 대내적인 문제 외에도 그 이상으로 국제금융자본의 행태가 위기 발생의 책임이 있다는 사실을 보여주어, 국제금융위기에 대한 근본적인 인식의 전환을 가져왔다. 더욱이 위기를 해결하기 위한 국제금융기관들의 태도에 대해서도 또다시 새롭게 의구심이 제기되는 계기가 되었다. 이처럼 동아시아 위기는 해당 국가들의 내부적인 문제를 넘어 국제금융질서에 대한 새로운 인식을 필요로 하고 있고 또한 최근 빈발하고 있는 국제금융위기에 대한 이해를 제고시킬 수 있으므로 면밀히 검토해 볼 필요가 있다.

1. 동아시아 위기의 전개과정

동아시아 위기의 전개과정은 크게 네 단계로 나눌 수 있다. 제1단계는 1997년 7월 2일 태국 바트화가 폭락하면서 위기가 시작되어 주변 동남아 국가들로 퍼져나가는 시기이다. 제2단계는 동남아에 머물던 위기가 동북아 국가들에까지 영향을 미쳐 본격적인 동아시아 위기로 확산되는 시기이다. 제3단계는 위기의 충격이 금융분야를 넘어 실물 및 전 사회 분야로 파급되어 경기침체, 기업도산 및 실업의 효과가 본격적으로 나타나는 시기이다. 마지막 제4단계는 위기의 충격이 바닥을 찍으면서 동아시아 경제가 다시 회복세를 보이는 시기이다.

1.1 제1단계 : 태국에서 동남아시아 주변국으로 전이

일반적으로 동아시아 위기의 출발점은 태국의 외환시장이 붕괴되는 1997년 7월 2일로 잡고 있다. 그러나 그 이전에도 태국을 포함한 동아시아 지역에는 몇 번 금융시장이 동요를 보이는 사건들이 있었다.

1990년대 이후 자본시장 개방과 더불어 외국 자본이 유입되면서 한국, 태국 등 동아시아 경제는 경기가 과열되고 부동산시장에 버블이 누적되어 왔다. 이러한 자본유입과 과잉투자에 따른 후유증은 1997년에 들어서면서 본격적으로 나타나기 시작했다. 한국에서는 새해 초부터 그동안 부도설에 휩싸였던 한보그룹이 1월 23일 마침내 부도처리되면서 큰 충격을 주었다. 이와 더불어 3월 19일 삼미그룹이 도산하고 또한 3월 말 진로그룹이 부도위기에 몰리자 국내 금융시장이 불안해지고 전체적인 자금조달이 어려워지는 상황이 초래되었다. 그러나 이후 또 다른 대기업들이 위기에 몰리기는 했지만 한국의 금융시장은 비교적 안정세를 회복했다.

한국에서 연초의 불안정이 다소 안정화되는 것과는 달리 동남아 지역에서는 불안정이 점점 더 증폭되어 갔다. 태국에서도 지속적인 외국 자본의 유입으로 부동산시장에 버블이 형성되고 경상수지 적자가 누적되고 있었는데, 부동산버블이 붕괴되면서 금융기관들이 부실화되기 시작했다. 태국 최대의 금융기관이었던 파이낸스원(Finance One)은 부동산 대출을 많이 제공했는데, 부동산 버블 붕괴로 심각한 타격을 받고 부실화되자 태국 정부는 1997년 3월 1일 이를 타이다뉴은행(Thai Danu Bank)에 합병시켰다. 이러한 소식이 전해지면서 태국 금융시장이 요동을 쳤고, 1997년 3월 3일에는 태국 증권거래소가 개설된 이후 처음으로 은행 및 금융회사의 주식거래가 정지되는 사태가 발생하기도 했다. 3월 이후 태국의 금융시장이 불안을 보인 반면 사실상 달러화에 고정되어 있던 바트화가 고평가되어 있었기 때문에 바트화에 대한 투기적 공격은 점차 증가되었다. 특히 5월 14~15일에 걸쳐 대규모의 투기적 공격이 발생했는데, 이에 대해 태국 중앙은행(Bank of Thailand)은 외환보유액 대부분을 소진함과 동시에 싱가포르, 홍콩, 말레이시아 등 주변국가들과의 협조개입에 의하여 겨우 바트화를 방어할 수 있었다. 그러나 이후에도 계속되는 투기적 공격에 대하여 바트화를 방어하기에는 역부족이었으며, 1997년 7월 2일 태국 정부는 바트화에 대한 방어를 중단하기로 결정한 후 복수통화바스켓제도를 포기하고 변동환율제도로 이행하였다. 이 결정과 동시에 바트화가 폭락하기 시작하면서 7월 2일 하루 동안 20% 하락하여 당시까지 사상 최저치인 달러당 28.8바트를 기록하게 되었다. 바트화의 폭락은 곧바로 주변국에 전이되면서 동아시아 위기가 시작된 것이다.

필리핀은 태국 금융시장의 불안에 계속 영향을 받고 있었다. 5월 중순의 바트화에 대한 투기적 공격 당시 필리핀 페소화도 영향을 받아, 필리핀 중앙은행은 오버나이트(overnight) 이자율을 1.75%에서 13.0%로 급상승시켰다. 7월 2일 바트화의 폭락으로 필리핀 페소화도 절하압력을 강하게 받게 되자 중앙은행은 페소화를 방어하기 위해 외환시장에 적극 개입하였다. 동시에 7월 3일 오버나이트 이자율을 24.0%로 추가 상승시켰으며 7월 11일에는 환율변동폭을 12.0%로 확대하였다. 또한 멕시코 데킬라 위기 이후 받고 있었던 기존의 IMF 지원금을 6.5억 달러에서 11.0억 달러로 증액하고 기한도 1997년 말까지 연장하였다.

태국 바트화의 위기가 전이되면서 말레이시아 링기트화에 대한 절하압력이 강해지자 말레이시아 중앙은행(Bank Negara Malaysia)도 7월 8일 강력한 외환시장개입으로 링기트화를 방어하였다. 그러나 금융시장이 더욱 불안해지고 링기트화에 대한 절하압력이 지속되면서 말레이시아 정부는 링기트화 방어를 포기하고 7월 14일 변동환율제도로 이행한다. 말레이시아는 외환위기 발생 직후부터 태국에 비해 말레이시아의 경제 여건이 양호한 것처럼 국제금융시장에서 행동하였다. 대표적으로 마하티르(Mahatir bin Mohamad) 총리는 수차례에 걸쳐서 소로스(George Soros)를 비롯한 국제적 투기세력에 대하여 공개적으로 비난하였다. 그러나 소로스는 마하티르 총리를 말레이시아에 오히려 위협이 되는 존재라고 맞받아치는 등 국제금융시장에서는 말레이시아도 주변국과 다르지 않다고 보았고, 이러한 비난은 말레이시아 금융시장을 오히려 더욱 악화시켰다.

7월 2일 태국 바트화의 폭락 이후 처음에는 인도네시아 정부가 변동환율제도로 이행하는 대신 7월 11일 환율 변동폭을 8.0%에서 12.0%로 확대하는 등 유연한 경제정책을 시행하였다. 그러나 바트화에 대해 공격을 하던 투기자본이 페소화 및 링기트화에 이어 루피아화를 집중공격하게 되면서 루피아화 가치가 폭락하기 시작하였다. 인도네시아 중앙은행(Bank Indonesia)이 외환보유액을 동원해 외환시장 개입에 나섰음에도 불구하고 8월 13일에는 변동제한폭의 상한선을 돌파하게 되었다. 환율 변동폭의 확대만으로는 루피아화의 방어를 할 수 없고 외환보유액도 소진되어 감에 따라 인도네시아 중앙은행은 8월 14일 환율 변동폭 제한을 폐지하고 변동환율제도로 이행하였다. 그러나 변동환율제로 이행하게 되면서 인도네시아의 은행과 기업들은 뒤늦게 외화표시 채무를 해지하려고 달러화를 현물환시장과 선물환시장에서 모두 적극적으로 매입하였다. 이로 인해 루피아화의 가치는 이후 지속적으로 곤두박질치게 되었고 결국 동아시아 통화 중 가장 큰 폭으로 가치가 하락하였다.

표 14-1 **동아시아 위기 전개과정**

날짜	주요 사건
1997. 1. 23	한국 한보그룹 부도
1997. 3. 3	태국 증권거래소, 은행, 금융회사 주식거래 정지
1997. 3. 19	한국 삼미특수강, 진로 부도위기
1997. 3. 28	말레이시아 부동산 대출 제한
1997. 5. 14	태국 바트화에 대한 투기세력 공격
1997. 5. 23	태국 Finance One 부도
1997. 5.	한국 대농, 한신공영, 태화백화점 법정관리
1997. 6. 29	태국 16개 금융기관 영업 정지
1997. 7. 15	한국 기아자동차 부도유예 협약
1997. 7. 2	태국 바트화 폭락, 변동환율제도 전환
1997. 7. 8	말레이시아 외환시장 개입
1997. 7. 11	필리핀 페소 급락, 인도네시아 환율변동폭 확대
1997. 7. 14	필리핀 IMF 자금 지원, 말레이시아 링기트 방어 포기
1997. 7. 15	싱가포르 달러 절하 용인
1997. 7. 28	태국 IMF 구제금융 요청
1997. 8. 14	인도네시아 변동환율제도 전환 루피아 급락
1997. 8. 15	홍콩 달러화에 대한 투기세력 공격
1997. 8. 20	태국 IMF 구제금융 승인
1997. 10. 8	인도네시아 IMF 및 세계은행 구제금융 신청
1997. 10. 17	대만 달러화 방어 포기
1997. 10. 23	홍콩 주식시장 폭락, 한국 원화 하락
1997. 10. 27	홍콩 주식시장 폭락, 미국 주식시장에 파급
1997. 10. 30	한국 외환시장 거래 중단
1997. 10. 31	인도네시아 IMF 구제금융 승인
1997. 11. 3	일본 산뇨증권 부도
1997. 11. 7	대만 달러화 주식 폭락
1997. 11.	태국 정권교체
1997. 11. 17	일본 홋카이도 타규쇼쿠은행 부도
1997. 11. 19	한국 환율변동폭 확대
1997. 11. 21	한국 IMF 구제금융 신청

1997. 12. 3	한국 IMF 구제금융 양해각서 체결
1997. 12. 8	태국 56개 금융사 폐쇄
1997. 12. 18	한국 김대중 대통령 당선
1997. 12. 24	한국 외채만기 연장 협상 타결
1998. 1. 12	홍콩 페레그린투자 청산 신청
1998. 1. 30	한국 대다수 종합금융회사 폐쇄
1998. 2. 6	한국 노사정 협상 타결
1998. 3.	필리핀 IMF 구제금융 승인
1998. 5. 21	인도네시아 수하르토 대통령 사임
1998. 6. 5	인도네시아 외채만기 연장 협상 타결
2001. 8. 23	한국 IMF 대출금 상환
2003. 7. 31	태국 IMF 대출금 상환
2006. 10. 12	인도네시아 IMF 대출금 상환
2006. 12. 28	필리핀 IMF 대출금 상환

자료 : 각종 자료를 참고해 저자가 정리.

1.2 제2단계 : 동남아에서 동아시아 전체의 위기로 확산

태국을 시작으로 필리핀, 말레이시아 및 인도네시아 등 동남아 국가들에 전이되었던 위기가 10월 들어서면서 동북아로 확산되기 시작했다. 그동안 대만 달러화는 장기간에 걸쳐 서서히 절하되는 추세를 보여 왔으나, 7월 2일 이후 동남아 국가들이 위기에 직면하게 되자 대만 달러화도 이전보다 강한 절하압력을 받기 시작했다. 처음에는 대만 달러화가 약간 절하되었지만 대만 중앙은행이 추가적인 절하를 용인하지 않고 개입하면서 8월 이후 대만 외환시장은 상대적으로 안정적인 기조를 유지했다. 그러나 동남아 국가들의 외환위기가 계속 심화되고 동남아 통화들의 절하폭이 더욱 커지자 대만 달러화에 대한 투기적 공격도 점점 심화되었다. 대만 중앙은행은 지속적인 외환시장개입으로 대만 달러화 가치를 어느 정도 방어해 왔다. 그러나 10월 들어 대만 달러화가 고평가되어 있다는 인식이 확산되고 투기적 공격이 더욱 심해지면서 대만 달러화의 가치가 지난 10년 이래 가장 낮은 수준까지 하락하는 등 외환시장의 불안이 계속되었다. 대만 중앙은행은 더 이상 대만 달러화를 방어하는 것이 바람직하지 않다고 판단해 10월 17일 외환시장개입을 중단하였고, 이에 환율이 시장에서 자율적으로 결정되면서 대만 달러화는 즉각 대규모로 절하되었다.

막대한 무역수지 흑자와 외환보유액을 가지고 있던 대만이 환율방어를 포기하고 대만 달러화를 절하시켜 버리자, 이는 즉각 홍콩 달러화 및 한국 원화에 대한 절하압력으로 작용하면서 동남아에서의 위기가 동아시아 전체로 확산되는 제2단계로 접어들게 되었다.[1] 홍콩은 7월 1일 중국으로 반환되었는데, 7월 초 동남아 국가들이 무너졌을 때 홍콩 달러화도 대규모 투기적 공격을 받았다. 그러나 강력한 외환시장개입을 통해 미국 달러화에 대해 미국 1달러 당 홍콩 7.80달러로 고정되어 있던 환율을 방어할 수 있었다. 8월 15일에도 투기세력의 대규모 공격이 있어, 외환시장개입과 함께 오버나이트 금리를 8.0%로 상승시켰으나 이로 인해 주가가 크게 하락하였다. 이러한 투기적 공격에 대해 중국 정부는 8월 16일 홍콩 달러화를 방어하기 위해 500억 달러의 자금을 준비해 놓고 있다고 공언함으로써 외환시장의 동요를 수습할 수 있었다.

그런데 10월 17일 대만 중앙은행이 대만 달러화에 대한 방어를 포기하자 국제투기자본은 10월 20일부터 또다시 홍콩 달러화를 공격하기 시작하였다. 이에 대해 홍콩 통화당국은 10월 24일 오버나이트 금리를 8.0%에서 23.0%로 대폭 인상하고(한때는 300%까지 인상했음) 외환시장에 적극적으로 개입해 홍콩 달러화를 방어하였다. 그러나 홍콩의 은행간 금리가 폭등하게 되자 홍콩 주가는 연일 폭락해 1987년 주가 대폭락 사태 때보다도 더욱 큰 하락폭을 나타내었다. 10월 27일 홍콩 주가가 또다시 폭락하면서 이 여파는 전 세계로 퍼져나가게 되었다. 그날 미국의 다우존스산업지수(DJIA)는 7,715.41로부터 7,161.15로 554.25 포인트(7.18%) 하락하여 당시까지 미국 역사상 최대의 주가 하락을 기록하였고, 미국 주식시장의 거래가 중지되기도 하였다. 이처럼 동아시아 지역을 대표하는 금융허브인 홍콩의 주식시장 및 외환시장이 불안정해지자 동아시아 지역으로부터 국제투자자본의 철수가 가속화되었다. 이로 인해 단기외채 비중이 높은 한국의 금융기관과 기업들의 외채연장률이 급격히 하락하면서 한국이 외환위기의 직격탄을 맞게 되었다.

한국의 경우 1997년 초반 일련의 대기업 도산으로 금융시장 및 외환시장이 불안하기도 했으나, 정부의 적극적인 환율방어 노력으로 원화의 급격한 하락 추세는 곧 진정되었다. 4월 이후에도 진로, 건영, 대농, 한신공영 등의 대기업이 퇴출되었으나, 외환시장은 비교적 안정적으로 움직였고 환율도 몇 달 동안 900선 이하에 머물렀다. 내부적인 불안 요인이 잠잠해져 특별한 위기 조짐이 감지되지 않고 있었지만, 7월 이후 태국, 인도네시아 등 동남아 외환위기가 본격적으로 진행되면서 한국에서도 위기조짐이 나타나기 시작했다. 이처럼 지역 금융시장의 불안이 확대되고 있는 가운데 국내에서도 7월 15일 기아가 부도를 내는 등 불안이 가중되었다. 동남아 위기는 전혀 진정될 기미를 보이지 않았으며, 9월 29일 외환시장 개장 40분 만에 환율이 일일변동폭 상한선까지 상승해 거래가 중단되는 등 때때로 국내 금융시장을 흔들기도 했다.

이런 와중에 10월 들어서 건실하다고 여겨졌던 대만 달러화가 10월 17일 대규모로 평가절하되고 10월 23일에는 홍콩증시가 폭락하면서 한국의 외환시장도 걷잡을 수 없는 혼란에 빠져들었고 위기가 시작되었다. 신용평가기관들은 한국의 신용도를 낮추었고 해외투자기관들은 자본철수를 권고하면서 주가가 급락하고 환율이 급등하였다. 주가 및 원화의 폭락을 방지하고자 정부는 금융시장 안정대책을 발표하는 등 모든 수단을 동원했으나, 10월 30일 환율의 폭등으로 외환시장에서 거래가 중단되고 11월 들어서자마자 해태, 뉴코아 등 대기업들이 줄줄이 도산하였다. 9월부터 11월까지 3개월 동안 154억 달러를 매도하는 등 적극적인 외환시장개입을 통해 원화를 방어하려고 했으나 11월 10일 환율이 사상 처음으로 1,000을 넘는 등 연초와는 달리 아무런 성과를 거둘 수 없었다. 위기가 심각해져감에 따라 외환이 고갈되면서 국가부도의 상황에 직면하게 되자, 한국 정부는 결국 1997년 11월 21일 IMF에 구제금융을 신청했고 그 해 12월 3일 구제금융양해각서를 체결해 IMF로부터 자금을 지원받게 되었다.[2]

1.3 제3단계 : 실물 및 전 사회 분야로 파급

동남아 국가들과는 달리 기초 경제여건이 상대적으로 양호하게 평가되었던 한국까지 국가부도의 위험에 직면해 IMF에 구제금융을 신청하게 되자 동아시아 전체의 금융시장이 동반 폭락하기 시작하였다. IMF가 한국에 대해 구제금융 지원을 결정했다는 뉴스가 전해졌을 때 한국 외환시장에서는 일시적으로 원화가치가 회복되기도 했지만, 동아시아 국가들의 상황에 대한 국제투자자들의 시선은 여전히 의심에 가득찼고 대규모로 셀-동아시아 현상이 계속되었다.

1998년 1월 들어 IMF의 지원이 구체적으로 집행되고 국제상업은행들이 한국을 비롯한 동아시아 국가들에게 제공한 단기대출 자금의 만기를 장기로 전환해 주기 이전까지는 동아시아 국가들의 환율 및 주가가 계속 하락하였다. [표 14-2]에서 볼 수 있듯이 1997년 7월 2일 동아시아 위기가 발발하기 직전에 대비해 한국의 원화는 54.7%, 태국의 바트화는 54.3%, 말레이시아 링기트화는 46.1%, 인도네시아 루피아화는 85.5%, 그리고 필리핀 페소화는 41.8%만큼 가치가 하락하였다. 불과 수개월 만에 각국 통화의 가치가 대부분 반 이상 급락했던 것이다. 동일한 현상은 주가에서도 확인할 수 있다. 1997년 7월부터 1998년 1월까지 기간 동안 한국 53.3%(1997년 12월 23일), 태국 35.7%(1998년 1월 12일), 말레이시아 55.7%(1998년 1월 12일), 인도네시아 53.2%(1998년 1월 9일), 필리핀 46.9%(1998년 1월 9일)만큼 주가가 하락하였다.

그림 14-1 동아시아 각국의 환율 추이(1997년 7월 1일 = 100)

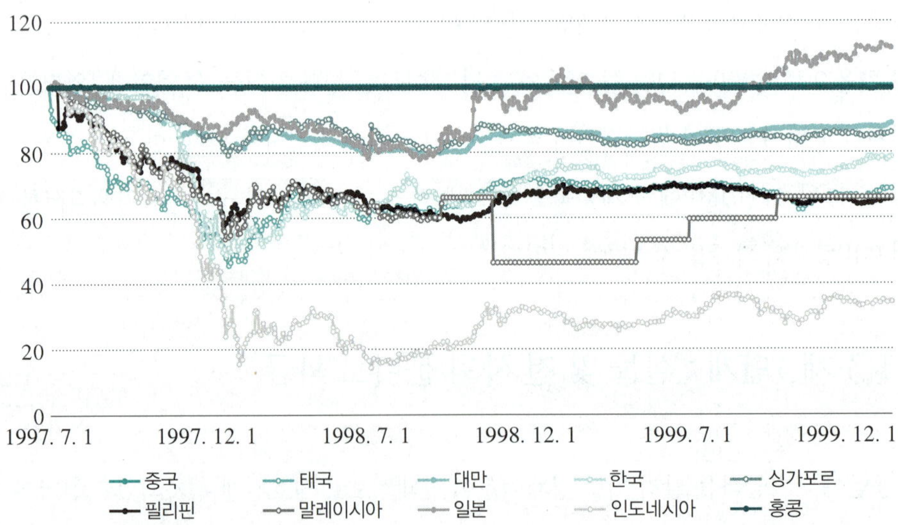

자료 : Data Stream International.

그림 14-2 동아시아 각국의 주가지수 추이(1997년 7월 1일 = 100)

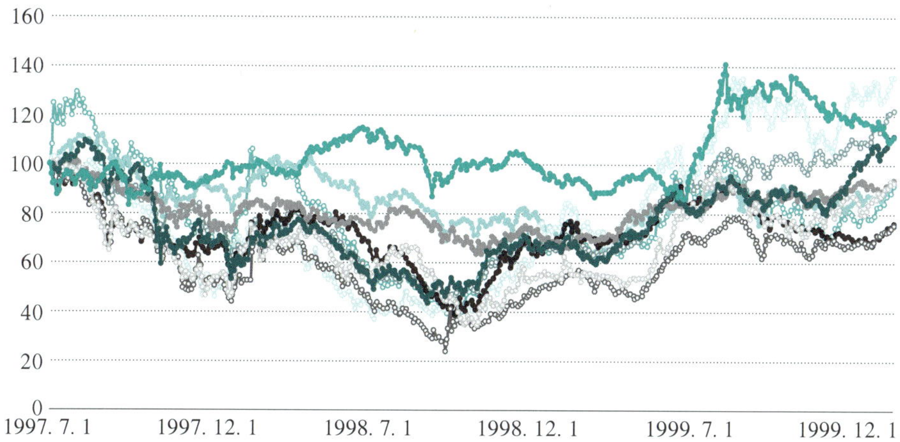

자료 : Data Stream International.

표 14-2 동아시아 각국 통화가치 최대 손실률(1997년 7월 1일 대비)

	가치손실(%)	날짜
한국	−54.7	1997년 12월 23일
태국	−54.3	1998년 1월 12일
말레이시아	−46.1	1998년 1월 8일
인도네시아	−85.5 (−84.3)	1998년 6월 17일 (1월 23일)
필리핀	−41.8	1998년 1월 7일
홍콩	0.0	−
대만	−20.4 (−19.5)	1998년 6월 10일 (1월 12일)
싱가포르	−20.8	1998년 1월 12일
중국	0.0	−
일본	−22.0	1998년 8월 11일

자료 : Data Stream International.

그러나 2월 이후 IMF 및 세계은행의 자금지원, 각국 정부의 금융시장 안정화를 위한 특단의 정책 시행 등이 본격화되면서 환율 및 주가는 일시적으로 반등을 보인다. 동아시아 위기의 충격을 가장 크게 받은 5개국에서 모두 환율이 하락세를 보이고 안정세로 돌아섰으며, 주가 또한 일시적으로 바닥을 치고 상승세로 전환하였다. 하지만 금융시장이 다소 안정화되는 추세를 보임에도 불구하고 여전히 불안감은 지속되었다. 금융시장에서의 자금경색이 본격화되면서 한계기업들이 도산하기 시작했고 이에 더해 IMF의 구제금융 지원에 수반된 긴축 재정 및 통화 정책 등 조건들이 강제되면서 수많은 기업들이 연이어 붕괴되었다. 더욱이 위기에 직면한 각국 정부도 대대적인 구조개혁을 단행하면서 부실한 기업 및 금융기관들을 과감히 정리해 나갔다.

동아시아 위기 발발 이후 수축되기 시작한 성장률은 계속 마이너스를 기록했고 기업 도산율도 급등했으며, 이로 인해 각국에서의 실업률은 계속 최고치를 갱신해 나갔다. 예를 들어 한국의 경우 1997년 4분기부터 1998년 3분기까지 연속 마이너스로 성장해 1998년 연평균 −6.8%의 경제성장률을 기록했다. 또한 기업도산율도 동아시아 위기 이전 평균 0.12% 수준에 머물던 것이 1997년 12월 1.45%까지 급등했고 이후에도 1998년 3분기까지 0.40%를 계속 상회했다. 실업률도 위기 이전의 평균 2.2% 수준에서 1998년 초 4.0%를 넘어서더니 1999년 초에는 8.8%까지 증가했다.

한국 이외의 다른 국가들의 사정도 유사하거나 오히려 한국보다 더 열악한 상황이었

그림 14-3 동아시아 국가들의 성장률(분기별)

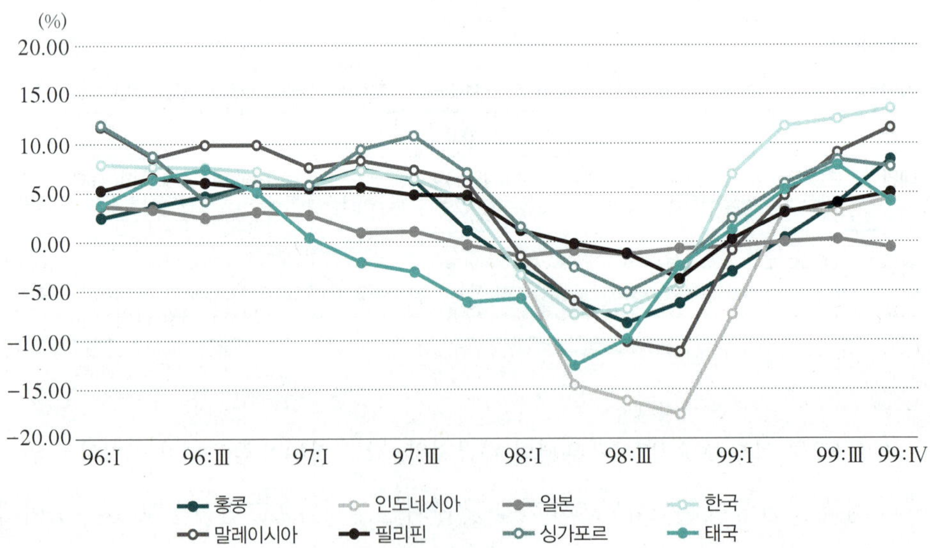

자료 : IMF, IFS Data.

다(〈그림 14－3〉). 위기 발생 이전 대부분 평균 7.0% 수준을 유지하던 경제성장률이 1998년에는 태국 －10.8%, 말레이시아 －7.4%, 인도네시아 －13.1%, 필리핀 －0.6%로 급감했다. 이처럼 금융부문에서 실물부문으로 위기가 파급되자 일시적으로 안정세를 보이던 금융시장이 다시 불안해지기 시작했다. 동아시아 모든 국가에서 주가는 4월 이후 다시 하락세로 전환해 1998년 후반기까지 계속 이어졌다([표 14－3] 참고). 환율의 경우 한국과 태국에서는 4월 이후에도 안정세를 유지했지만 말레이시아, 인도네시아, 필리핀에서는 또다시 통화가치가 폭락세로 급변하였다. 특히 인도네시아의 경우 루피아화가 완전히 바닥으로 가라앉아 6월 17일 사상 최저치를 기록하기도 하였다.

표 14－3 **동아시아 각국 주가지수 최대 손실률**(1997년 7월 1일 대비)

	가치손실(%)	날짜
한국	−63.1	1998년 6월 16일
태국	−60.7	1998년 9월 3일
말레이시아	−75.7	1998년 9월 1일
인도네시아	−64.9	1998년 9월 21일
필리핀	−61.6	1998년 9월 11일
홍콩	−56.2	1998년 8월 13일
대만	−35.8	1999년 2월 10일
싱가포르	−56.5	1998년 9월 4일
중국	−13.9	1999년 5월 18일
일본	−36.2	1998년 10월 9일

자료 : Data Stream International.

경제사정이 더욱 악화되고 금융시장의 불안도 여전히 지속되는 가운데 실업률이 급등하면서 위기의 충격은 사회에서 가장 취약한 계층에게 더욱 크게 가해졌다. 각국 정부가 여러 가지 조치를 취하기는 했지만 워낙 엄중한 상황이라 충분한 여력이 없고 그나마 시행하는 조치들도 별다른 효과를 거두지 못했다. 이로 인해 각 사회에서는 불만이 쏟아져 나오기 시작했고, 일부 국가에서는 정권까지 교체되는 커다란 변화를 초래했다. 가장 심각한 곳은 인도네시아였는데, 1998년 초기부터 데모가 연이어 발생했다. 급기야 무력

진압까지 동원되었지만 결국 실패하고 수십 년간 통치했던 수하르토 대통령이 하야하기에 이르렀다. 태국에서는 1997년 말 정권이 교체되었으며, 한국에서도 수십 년간 지배했던 보수정권이 막을 내리고 1998년 2월 진보정권의 대통령이 처음으로 취임했다.

거의 모든 상황이 악화되는 가운데 그나마 유일하게 개선된 부분은 경상수지였다. 동아시아 국가들은 1990년대까지 대부분 만성적인 경상수지 적자를 기록하고 있었다. 그러나 동아시아 위기 이후 경상수지 적자가 흑자로 급반전되면서 사상 최고치의 흑자를 기록하기도 하였다. 한국의 경우 1997년 108.1억 달러(GDP 대비 -1.9%)의 적자에서 1998년 401.1억 달러(GDP 대비 +12.7%)의 흑자로 반전되어 사상 최고의 실적을 보여주었다. 태국의 경우도 GDP 대비 -2.0%에서 +12.1%로 전환되었고, 말레이시아 -7.7%에서 +9.8%, 인도네시아 -2.2%에서 +4.1%, 필리핀 -3.8%에서 2.4%로 전환하는 등 동아시아 국가들의 경상수지는 크게 개선되었다. 이는 가격효과 및 소득효과가 모두 긍정적으로 작용했기 때문이었다. 동아시아 국가들의 통화가 절하됨에 따라 미국 및 유럽 등 세계시장에서 동아시아 국가들의 수출품의 가격경쟁력이 강화되었으며, 또한 동아시아 국가들이 위기로 인해 심각한 타격을 입어 소득이 감소하고 수입이 급감했기 때문이다.

1.4 제4단계 : 최악에서 회복 추세로 전환

불안과 침체를 거듭하던 상황은 1998년 말에 이르면서부터 개선되는 조짐을 보였다. 금융시장에서는 환율이 1998년 중반 이후에는 대부분의 국가에서 더 이상 악화되는 추세를 보이지 않고 전반적으로 안정적인 움직임을 보여주고 있다. 또한 주가지수는 금융시장의 안정에 따른 외국 투자자금의 유입으로 1998년 후반 이후 회복세로 전환하면서 지속적으로 상승하였다.

실물부문에서도 회복세가 뚜렷하게 나타나고 있는데, 위기의 충격을 가장 크게 받은 5개국의 경제성장률은 예상을 뛰어넘는 빠른 속도의 회복을 보여주었다. 동아시아 국가들이 1998년 모두 마이너스의 성장을 기록한 반면 1999년에는 한국 11.3%, 태국 4.2%, 말레이시아 6.1%, 인도네시아 0.8%, 필리핀 3.4% 플러스 성장으로 돌아서 이른바 'V'

자형 회복패턴을 보여주고 있다.[3] 물가상승률도 위기 직후 환율 상승으로 인해 수입물가가 증가하면서 그 이전에 비해 높아지지만, 이후 환율이 안정되면서 다시 예전의 수준 또는 그 이하로 회복되고 있다. 한편 위기 직후 급격히 개선된 경상수지는 회복세에 들어서도 계속 흑자기조를 유지했다. 이는 환율이 안정되더라도 위기 이전보다는 높은 수준을 유지하고 있어 가격효과가 지속되고 있었고, 또한 경제성장률이 플러스로 전환되었다고는 하지만 위기 이전의 소득수준을 회복하기에는 다소 시간이 걸리기 때문에 소득효과도 여전히 지속되고 있었기 때문이다.

경제가 빠르게 'V' 자형 패턴을 보이면서 회복되고 있는 것과는 달리 실업률은 그 이후에도 바로 회복되지 않고 있다. 다른 경제변수들에 비해 실업률의 회복이 더디게 나타나는 이유는 몇 가지가 있다.[4] 그중 하나는 노동생산성 증가이다. 일반적으로 외환위기를 경험한 국가들은 위기가 발생하기 이전 수익성에 비해 과다한 인력을 고용하고 있었다. 따라서 구조조정 과정에서 과잉 인력이 정리되면 1인당 노동생산성이 증가하게 된다. 그 결과 보다 적은 인력으로도 생산규모를 늘일 수 있기 때문에, 경기회복으로 인해 생산규모가 늘어나도 노동수요는 비례적으로 늘지 않는다. 즉, 노동생산성 증가가 장기적으로 경제 전체에 파급되어 새로운 노동수요를 창출할 때까지는 실업률의 하락이 더디게 나타날 수 있다. 또 다른 이유는 임금이 상대적으로 빠르게 회복되었기 때문이다. 실제적으로 외환위기의 경험을 보면, 대부분의 국가에서 외환위기 직후 임금이 급속히 하락하지만 위기가 회복되면 임금상승률도 빠르게 증가하는 것을 볼 수 있다. 회복세에 들어설 때 임금상승률이 빨리 증가하는 것은 위기 직후 임금 감소를 받아들인 노동자들이 경기가 회복되는 과정에서 그에 대한 보상을 요구하기 때문이다. 이처럼 위기 중에도 실직하지 않고 남아 있는 노동자들이 임금 상승을 요구하면 그들에게는 큰 혜택을 주지만, 위기로 인해 직장을 잃은 실업자들이 재취업할 가능성을 줄이게 되고 따라서 실업률의 회복도 더디게 진행되는 것이다.

전체적으로 동아시아 국가들이 모든 예상을 뛰어넘고 빠른 회복세를 보여준 데는 몇 가지 이유가 있다. 그중 하나는 동아시아 국가들이 추진한 구조조정의 역할이 컸다고 볼 수 있다. 제3절에서 자세히 설명하듯이 동아시아 국가들은 IMF의 구제금융 조건으로 구조조정을 시행하기도 했지만, 각국 정부가 그 이상으로 과감한 구조개혁을 추진했다. 이로 인해 많은 기업들이 폐쇄 및 합병되면서 실업자도 양산되는 어려움이 있었지만, 과감한 구조조정으로 대외신인도가 회복되고 초기의 충격이 안정화되면서 더욱 빠른 회복세를 보일 수 있었던 것이다.

둘째, 동아시아 위기는 다른 지역의 위기에 비해 금융시장의 취약성이 크고 신용위기의 특성보다는 유동성 위기의 특성을 좀 더 보여주었다는 점도 'V' 자형 패턴을 설명해 준다. 동아시아 지역은 다른 지역보다 빠르게 성장하고 있었고 또한 자본시장도 상당히 개방된 편이었다. 따라서 외국 투자자들의 거래가 매우 활발하게 이루어져 있어 이들의 움직임에 따라 지역경제에 대한 충격도 아주 다르게 나타난다. 동아시아 지역의 금융시장에 외국 자본이 대규모로 참가한 경우 동아시아 경제에 비관적인 인식이 작용하면 투자자금이 급격히 회수되고 외화가 유출되면서 위기가 발생하고 침체에 빠지게 된다. 그러나 이후 이들의 인식이 낙관적으로 전환되면 외화가 재유입되고 투자자금이 공급되면서 경제가 빠르게 회복되는데, 동아시아 위기를 전후해서 이러한 패턴이 관측되었다.[5]

셋째, IMF 프로그램에 따른 거시경제정책도 이러한 패턴에 크게 영향을 미쳤다. IMF는 동아시아 국가들에게 긴축 거시정책을 강요했는데, 이로 인해 초기에 위기 자체에 따른 충격 이상으로 경기침체를 초래하였다. 그러나 이후 거시정책 기조를 긴축에서 팽창으로 전환하면서 경기가 확장세로 돌아섰고 이후 초기의 과도한 충격이 조정되면서 더욱 빠르게 경기를 회복시킬 수 있었다.[6]

넷째, 동아시아 국가들이 수출주도로 성장했기 때문에 개방도가 높았던 점도 빠른 회복세에 큰 역할을 하였다. 동아시아 국가들의 경우 GDP 대비 수출비중이 높은 편인데, 위기 이후 환율이 폭등하면서 수출경쟁력이 크게 향상되었다. 실질환율이 급격하게 절하되면 경상수지 개선과 더불어 국민소득이 회복되는 경향이 있는데, 따라서 수출 지향적이고 개방도가 큰 동아시아 국가들의 경우 더욱 빠른 경기회복을 보일 수 있었던 것이다. 게다가 동아시아 국가들의 주요 수출시장인 미국과 유럽 지역은 동아시아 위기 당시 별다른 영향을 받지 않고 있어 동아시아 국가들의 수출을 충분히 소화시킬 수 있었던 점도 일조를 했다.

이처럼 동아시아 국가들이 빠른 속도로 위기에서 벗어나면서 외국 자본도 다시 동아시아 시장에 유입되었다. 이로 인해 동아시아 국가들의 자금사정도 양호해졌고 원래 계획보다 훨씬 빠르게 IMF 차관을 상환할 수 있었다. 한국의 경우 2001년 8월 23일 IMF 대출금 전액을 상환하였고, 이어 태국은 2003년 7월 31일, 인도네시아는 2006년 10월 12일, 그리고 동아시아 위기 이전부터 계속해서 지원받았던 필리핀도 예정보다 이르게 2006년 12월 28일 IMF 대출금을 상환하였다.

2. 동아시아 위기의 원인

2.1 동아시아 위기 원인 논쟁

1997년 동아시아 위기는 여러 요인들이 복합적으로 상호작용해 발생한 것이므로 그 원인을 어느 특정한 것으로 한정해 이야기하기는 어렵다. 그럼에도 동아시아 위기의 전개과정에 대한 관측, 그리고 많은 학자들의 논의를 참고해 보면, 상대적으로 어느 요인을 강조하느냐에 따라 크게 외인론과 내인론으로 대별할 수 있다.[7] 외인론을 주장하는 사람들은 자본이동의 급변성과 위기의 전염효과(contagion effect)를 강조하고 있다. 내인론을 주장하는 사람들 또한 크게 두 부류로 나눌 수 있는데, 첫 번째 그룹은 거시경제 상황을 포함한 기초 경제여건이 부실했기 때문이라고 주장하고, 두 번째 그룹은 동아시아 국가들이 충격에 버티기 어려운 구조적인 취약성을 갖고 있었기 때문이라고 주장한다.

외인론

외인론을 주장하는 학자들 중 첫 번째 그룹은, 외환금융위기는 자본주의 체제의 불가피한 구조적 속성으로 국제금융시장의 불안정성, 투기자본의 무분별한 투기행태에 기인한 국제자본이동의 급변성 때문에 발생한다고 보고 있다. 민스키(Hyman Minsky)에 따르면, 전형적인 금융위기(typical financial crisis)는 '외부적 충격, 새로운 이윤영역의 창출, 새로운 이윤 추구 및 투자, 투자열풍, 은행신용의 팽창, 총통화공급의 급증, 금융자산의 가격 상승, 금융시장의 과열, 투자가의 탈출, 가격 하락, 금융기관들의 파산, 거품 붕괴, 가격 폭락' 이라는 인과 사슬을 거쳐 위기에 도달한다.[8] 동아시아의 경우에도 1990년대 호황기를 거치면서 국내경제가 과열되자 자금을 공급하기 위해 국내 금융기관이 외환표시 단기외채를 도입하고 이를 다시 국내투자자에게 장기로 대여해 주는 위험한 투자행태가 만연했다. 과도한 자본유입은 금융 및 자산시장의 거품을 생성하고 이러한 거품이 꺼지는 과정에서 가격이 폭락하고 급기야 위기가 발생했다는 것이다. 이러한 무분별한 자본도입 및 투자행태는 소위 말하는 원죄(original sin),[9] 즉, 통화불일치(currency mismatch)의 문제와 단기와 장기의 만기불일치(maturity mismatch)로 인해 국내 금융기관의 취약성 및 통화의 유동성 위기 가능성을 증대시켰다.

삭스(Jeffrey Sachs) 역시 동아시아 위기는 국제자본이동의 변동성에 의한 외환위기의 한 예이며, 이를 내부적인 요인 때문이라고 판단하고 처방한 IMF의 정책 권고가 오히려 위기를 악화시켰다고 본다.[10] 세계은행 부총재인 스티글리츠(Joseph Stiglitz)는 금융세계화 시대에 개방경제를 추구하는 작은 국가는 아무리 내부적으로 경제운영을 잘한다 해도 망망대해에서 풍랑을 만난 작은 배와 같은 신세라고 비유했다.[11] 라드렛과 삭스(Steven Radelet and Jeffrey Sachs)는 동아시아 위기가 외국 자본의 단기간의 집단적 탈출로 인한 금융공황으로 촉발되었고, 이것이 전염되었다고 설명한다.[12] 또한 웨이드와 베네로소(Robert Wade and Frank Veneroso)는 1990년대 고속 성장과 환율안정이 지속되리라는 가정 하에 이 지역 국가들의 기업이나 금융기관에게 과도한 대출을 했다가 갑자기 회수해 간 미국과 일본의 투자자들에게 많은 책임이 있다고 비판했다.[13] 임혜란은 동아시아 위기의 원인이 내부에 있었다면 동아시아 위기가 그렇게 빠른 시일 내에 회복될 수 없었을 것이라며 위기의 원인이 보다 외부에 있었음을 강조하기도 한다.[14]

외인론을 강조한 학자들은 공통적으로 [표 14-4]에서 잘 나타나듯이 당시 동아시아 국가들의 주요 경제지표가 위기를 불러올 정도는 아니었다고 봤다.[15] 물론 이 지역의 경제가 불안해져 투자매력이 상실된 결과 외국 투자자들이 자금을 회수해 간 것은 사실이다. 그러나 동아시아 위기의 경우, 현대적인 공황이론(panic theory)에서 지적하듯이 외국 투자자들이 위기발생에 앞서 국제유동성 공급을 별안간 회수하면서 이 지역의 외환·금융위기를 심화시킨 측면도 있다. 이러한 주장은 과연 1년 사이에 1,051억 달러의 자금흐름을 바꿀 만한 경제적인 변화가 이 지역에 있었는가 하는 질문과도 연결된다.[16] 만약 이들이 동아시아 위기를 예상하고도 이 지역에 대해서 그동안 자금 공급을 과도하게 했다면 도덕적 해이 문제를 피할 수 없고, 만약에 예상을 하지 못했다면 이 지역 외환·금융위기에 대한 공동책임이 있는 것이다.[17]

외인론 중 음모론적 요소를 갖고 있는 웨이드와 베네로소는 더 나아가 월스트릿-재무성 복합체(Wall Street-Treasury Complex)가 동아시아 위기에 대한 주된 책임을 져야 한다고 비판했다. 국제금융기관 및 헤지펀드의 무책임한 투기행위와 동아시아 지역의 금융시장 개방을 위해 압력을 가한 재무성도 책임이 있다. 한국은 OECD 회원국 가입 조건으로 금융시장의 개방을 약속했다. 중국과 인도는 금융시장을 개방하지 않았고 그로 인해 내부의 취약성이 덜 노출될 수 있어 위기를 모면한 것과 대조적이다.

표 14-4a 한국의 주요 거시경제지표 (단위 : %)

연도	실질경제 성장률	소비자물가 상승률	실업률	재정수지/GDP	경상수지/GDP
1990	9.2	8.6	2.2	0.3	−0.9
1991	9.4	9.3	2.4	−0.8	−3.0
1992	5.9	6.2	2.4	−0.7	−1.5
1993	6.1	4.8	2.5	0.3	0.1
1994	8.5	6.3	2.9	0.5	−1.2
1995	9.2	4.5	2.1	0.4	−2.0
1996	7.0	4.9	2.0	0.3	−4.9
1997	4.7	4.4	2.6	−0.1	−1.9

자료 : IMF, IFS.

표 14-4b 태국의 주요 거시경제지표

(단위 : %)

연도	실질경제 성장률	소비자물가 상승률	실업률	재정수지/GDP	경상수지/GDP
1990	11.6	5.9	2.2	4.5	-8.5
1991	8.4	5.7	2.6	4.7	-7.7
1992	7.8	4.1	1.4	2.8	-5.7
1993	8.3	3.4	1.5	2.1	-5.1
1994	8.8	5.2	1.3	1.9	-5.6
1995	8.7	5.7	1.1	3.0	-8.2
1996	6.1	5.9	1.2	2.3	-8.1
1997	-0.4	5.9	0.9	-0.3	-2.0

자료 : IMF, IFS.

표 14-4c 말레이시아의 주요 거시경제지표

(단위 : %)

연도	실질경제 성장률	소비자물가 상승률	실업률	재정수지/GDP	경상수지/GDP
1990	9.7	2.7	5.1	-4.7	-2.0
1991	8.4	4.4	4.4	-4.4	-8.9
1992	7.8	4.6	3.7	-4.2	-3.7
1993	8.4	3.6	3.0	0.2	-4.7
1994	9.2	3.7	2.9	2.4	-6.4
1995	9.5	5.3	3.1	0.9	-8.4
1996	8.2	3.6	2.5	0.8	-5.8
1997	8.0	2.6	2.4	2.4	-7.7

자료 : IMF, IFS.

표 14-4d 인도네시아의 주요 거시경제지표

(단위 : %)

연도	실질경제 성장률	소비자물가 상승률	실업률	재정수지/GDP	경상수지/GDP
1990	7.2	7.8	2.6	0.4	-2.8
1991	7.0	9.4	2.7	0.4	-3.7
1992	6.5	7.5	2.8	-0.4	-2.2
1993	6.5	9.7	2.8	0.6	-1.3
1994	7.7	8.5	4.5	0.9	-1.6
1995	8.2	9.4	7.4	2.2	-3.5
1996	7.8	7.9	5.0	1.2	-3.6
1997	4.7	11.1	4.8	-0.7	-2.2

자료 : IMF, IFS.

표 14-4e 필리핀의 주요 거시경제지표 (단위 : %)

연도	실질경제 성장률	소비자물가 상승률	실업률	재정수지/GDP	경상수지/GDP
1990	3.0	14.2	8.4	−3.5	−6.1
1991	−0.5	18.7	10.5	−2.1	−2.3
1992	0.3	8.9	9.8	−1.2	−1.9
1993	2.1	7.6	9.3	−1.5	−5.6
1994	4.4	9.1	9.5	1.1	−4.6
1995	4.8	8.1	9.5	0.5	−4.5
1996	5.5	8.4	8.5	0.3	−4.5
1997	5.3	5.1	8.7	0.1	−3.8

자료 : IMF, IFS.

외인론을 주장할 때 또 다른 중요한 논거로 제시되는 것이 위기의 전염효과이다.[18] 위기의 전염효과란 한 국가에서 외환위기가 발생했을 때 그 위기가 급속하게 주변국으로 파급되는 것을 말한다. 위기의 전염효과에 대한 가장 간단한 설명은 주변 지역의 국가들이 실물경제적인 측면에서 서로 밀접하게 상호 연결되어 있다는 점이다. 다시 말하면 무역과 직접투자 측면에서 이들 지역이 밀접하게 연결되어 있어, 한 국가가 위기를 맞으면 상호 의존성이 높은 주변국들도 아울러 타격을 받게 되어 위기를 맞을 수 있다는 주장이다.[19] 또한 국가들 간의 실질적 연계가 강하면 한 국가의 통화위기가 경쟁적 평가절하의 형태로 주변국으로 전염된다는 것이다.[20] 동아시아의 경우 태국에서 위기가 시작되어 태국 경제가 어려워지지 태국에 수출하던 주변국들이 타격을 입게 되고, 또한 태국 바트화의 평가절하로 미국 및 유럽 시장에서 경쟁하던 주변국들의 수출상품 가격경쟁력이 하락해 추가적인 타격을 입었다는 것이다.

위기의 전염효과에 대한 또 다른 설명은 투자자들이 이들 국가들의 경제 특성이 유사하다고 간주하고 이들을 하나의 그룹으로 인식할 경우 위기의 전염효과가 나타난다는 것이다.[21] 경제 특성이 서로 유사하다는 것은 한 국가가 어려운 상황에 빠진다면 유사한 다른 국가들도 어려움에 처해 있다는 것을 의미하므로 위기가 해당 국가들에서 동시에 발생할 수 있다는 것이다. 또한 제도적인 면에서도 그룹의 한 국가가 외환위기에 직면하여 고정환율제도를 포기한다고 한다면 투자자들은 고정환율제도를 유지하고 있는 그룹 내의 다른 국가들도 뒤따를 것으로 예상함으로써 자금을 회수해 위기가 전파된다는 것이다. 이에 따르면, 동아시아 국가들은 수출 위주, 달러화에 대한 환율 고정, 금융시장의 미발달 등 여러 가지 공통적인 특징을 갖고 있었는데, 태국이 무너지자 이는 곧 유사한 특징을 가진 다른 국가들도 곤경에 처해졌음을 의미하므로 외국 투자자들이 주변 국가들에서 동시에 자금을 회수해 위기가 전파되었다는 것이다.

위기 전염효과에 대한 세 번째 설명은 국제상업은행의 공동대부자(common creditor) 역할에 초점을 맞추고 있다.[22] 전 세계 금융시장의 통합이 진전됨에 따라 국제투자자들은 여러 금융시장에서 동시에 활동을 하므로, 한 국가에서 발생한 위기는 이들 국제투자자들을 매개로 해서 다른 국가에 전파될 가능성이 높아졌다. 예를 들어 국제투자자들이 어떤 국가의 금융시장에 투자했는데, 그 국가에서 위기가 발생하면 은행들의 도산, 영업정지 등으로 자금 인출이 정지되거나 또는 주식시장 붕괴로 인해 주식시장에서 자금을 회수하기가 어려워질 것이다. 이런 경우 국제투자자들은 유동성 부족 문제에 직면할 수 있는데, 이를 해결하기 위해 아직 위기가 발생하지 않은 다른 국가의 금융시장에 투자한 자금을 가능한 신속히 회수하고자 할 것이다. 이처럼 유동성 부족을 해결하기 위한 조치와 더불어 국제투자의 위험에 대한 노출(exposure)을 축소시키기 위한 조치로 인해서도 위기가 전파될 수 있다. 예를 들어, 한 국가에서 위기가 발생하면 국제투자자는 해당 지역에 대한 위험을 축소시키기 위해 그 지역 국가들에 투자했던 전체적인 투자규모를 줄이고자 할 것이다. 만일 유동성 부족에 따른 것이든 위험 노출을 축소시키기 위한 것이든, 이러한 자금회수가 대규모로 이루어진다면 주변국들의 금융시장도 붕괴하게 될 것이고 덩달아 위기가 발생하게 되는 것이다. 동아시아의 경우에도, 태국에서 위기가 발생하자 투자자들은 주변 동남아 금융시장뿐만 아니라 동북아 금융시장에서도 자금을 회수해 위기가 더욱 크게 확산되었다는 것이다.

내인론

외인론은 동아시아 국가들이 위기로부터 회복되는 시점 이후 많은 공감대를 얻은 반면 위기의 초반에는 내인론이 좀 더 지배적이었다. 내인론은 간단히 말해 1997년 동아시아 위기의 원인이 동아시아 국가 내부에 있다는 입장이다.

동아시아 위기뿐만 아니라 라틴아메리카의 위기, 체제이행국가의 위기 등 개발도상국의 위기를 내인론 관점에서 설명할 때 단골메뉴로 등장하는 것이, 경제정책 운용 실패에 따라 경제 상황이 어려워지고 기업이 도산하면서 금융시장 또한 붕괴하고 위기가 발생했다는 것이다. 이런 경우 경제정책의 실패 원인으로 흔히 지적되는 것이 방만한 재정운용 및 과도한 통화팽창이다. 따라서 위기를 극복하기 위한 정책처방은 당연히 긴축 기조를 택할 수밖에 없어 정부지출을 축소하고 통화증발을 억제해야만 한다. 이러한 입장을 가진 사람들이 동아시아 위기와 관련해 대표적으로 지적하는 것이, 동아시아 국가들의 경상수지 적자가 지속되고 있으며 이에 반해 외환보유액의 규모가 너무 왜소했다는 것이다. 또한 IMF 및 미국 재무부 등은 경상수지뿐만 아니라 기본적인 정책 운용에 문제가 있다는 입장을 가지고 동아시아 국가들의 거시경제지표와 무관하게 초강력 긴축정책을 강요하였다. 그러나 이미 앞의 [표 14-4]에서 보여준 것처럼, 태국과 말레이시아 등이 다소 높은 경상수지 적자를 기록하고 있지만 다른 거시경제지표들은 아주 양호한 상태를 유지하고 있었다. 또한 그 당시 동아시아 국가들이 보유하고 있던 외환보유액 규모는 현재 기준으로 보면 왜소한 수준이지만, 당시 세계은행이 권고한 3개월분 수입규모에 비추어 보면 적정한 수준 이상이었다.[23] 따라서 동아시아 국가들의 경우 경제성과가 좋지 않아 기초 경제여건의 문제점 때문에 부도 위험에 직면하고 위기가 발생했다는 주장은 설득력이 전혀 없다.

그러나 비록 동아시아 국가들의 거시경제지표가 상당히 양호한 상태를 보였을지라도 내부적으로 구조적인 취약점이 심화된 것은 사실이다. 무엇보다도 각국에서 경제 전체적으로 부채가 과도하게 누적되어 있었다. [표 14-5]에 나타나 있는 것처럼, 부채-자본 비율이 한국 600%, 태국 700%, 말레이시아 260%, 인도네시아 420%, 필리핀 200%로 아주 높은 수준이다. 그 당시 기업들의 부채-자본 비율이 150%를 넘으면 부채가 너무 과도해 잠재적인 위험이 크다고 간주하고 있었는데, 동아시아 국가들의 경우 모두 이 기준을 훨씬 상회하고 있어 구조적으로 취약하다는 인식이 널리 퍼져 있었다.

표 14-5 기업부문 부채-자본 비율, 1997년

(단위 : %)

한국	태국	말레이시아	인도네시아	필리핀
600	700	260	420	200

자료 : ADB Database.

또 다른 구조적 문제점은 총외채가 빠른 속도로 누적되고 있었고, 특히 단기외채가 급증함으로써 외채구조가 취약해졌다는 것이다. [표 14-6] 및 [표 14-7]은 동아시아 국가들의 GDP 대비 총외채 비율 및 총외채에서 단기외채가 차지하는 비중을 각각 보여주고 있다. [표 14-6]에서 알 수 있듯이 한국을 제외한 다른 동아시아 국가들은 GDP 대비 총외채 비율이 40% 수준을 넘고 있어 고외채국가군으로 분류될 수 있을 정도로 외채 부담이 큰 상태여서 대외 충격에 취약한 구조를 갖고 있었다. 한국의 경우 GDP 대비 총외채 비율은 그렇게 높지는 않았지만 1990년대 중반 이후 빠르게 증가했고, 또한 [표 14-7]에서 보여주듯이 단기외채의 비중이 50%를 훨씬 상회해 자본유출이 발생하는 경우 쉽게 유동성 위기에 직면할 수 있는 취약한 구조를 갖고 있었다.

표 14-6 GDP 대비 총외채 비중

(단위 : %)

	1990	1991	1992	1993	1994	1995	1996	1997
한국	12.5	13.3	13.9	13.2	17.4	19.2	23.8	28.2
태국	33.0	38.5	37.6	40.9	44.7	59.1	61.7	73.1
말레이시아	35.8	36.3	34.5	41.3	41.5	39.3	40.1	46.7
인도네시아	69.0	71.5	62.7	66.5	62.8	53.1	53.1	61.6
필리핀	33.0	38.5	37.6	40.9	44.7	59.1	61.7	73.1

자료 : ADB Database.

표 14-7 총외채에서 단기외채 비중

(단위 : %)

	1990	1991	1992	1993	1994	1995	1996	1997
한국	45.2	44.0	43.2	43.7	53.5	57.8	58.3	42.4
태국	29.5	33.1	35.2	42.9	44.5	44.1	42.3	34.5
말레이시아	12.4	12.1	18.2	26.6	21.1	21.2	27.8	31.6
인도네시아	14.5	15.2	15.8	13.9	14.2	13.4	18.1	23.3
필리핀	29.5	33.1	35.2	42.9	44.5	44.1	42.3	34.5

자료 : ADB Database.

그렇다면 동아시아 국가들이 양호한 기초 경제여건과는 다르게 왜 이처럼 내부적으로 구조적 취약점을 누적시켜 갔는가를 설명해 주어야만 한다. 내부적으로 취약한 구조를 갖게 된 원인을 설명하는 데 있어서, 내인론은 다시 정부의 과도한 규제(overregulation) 때문이라는 주장과 이와는 달리 규제완화(underregulation)가 원인이 되었다는 주장으로 나뉜다.[24] 즉, 구조적 취약점의 배경으로 과도한 규제와 같은 발전국가 모델의 문제점을 지적하는 그룹과 신자유주의에 따른 급속한 자유화 및 개방이 원인이라는 그룹이 대립하고 있다.

IMF 등 신자유주의 시각의 기본적 입장은 발전국가 모델의 병폐로 인해 부채가 과도하게 누적되었다는 것이다. IMF는 정실자본주의와 도덕적 해이를 비판하면서 자유시장, 개인의 창조적 자유, 최소주의적 국가 역할의 중요성을 강조한다. 위기는 정경유착과 도덕적 해이에 따른 부적절한 대출심사, 과열된 투기 붐, 버블 형성, 버블 붕괴 이후 국내 통화가치 및 자산가격의 폭락이라는 과정을 통해 진행되었다. 한국을 비롯한 동아시아 국가의 금융기관은 경제발전을 위해 동원되는 수단으로 기능했다. 정책금융이나 정부의 이자율정책 때문에 금융기관은 독자적인 영업수익을 기반으로 성장할 수 없었다. 외국 은행과 국제투자가들은 정부가 금융기관에 대해 보증을 선다는 점에 안심하고 과도한 자금을 동아시아 금융기관에게 대출해 주었다. 금융기관들 역시 정부의 암묵적 보증 하에 금융기관에 대한 적절한 규제 없이 지나친 대출을 했다. 이러한 부실대출과 과다한 외채누적 등이 금융기관들을 경기변동에 취약하도록 만든 것이다. 동아시아 모델 자체가 위기의 원인임을 주장하는 시각에 따르면, 동아시아 모델의 특징인 정부의 과도한 시장개입과

정부규제가 비효율과 위기를 가져왔다는 것이다.

그러나 이들과는 정반대로 외환위기가 정부의 과도한 규제완화 때문에 기인했다는 주장도 있다. 장하준은 외환위기가 정부의 과도한 규제 때문에 일어난 것이 아니라 오히려 지나친 규제완화 때문임을 강조한다. 한국에서는 1990년대 김영삼 정권 이후 세계화와 자유화 정책이 추진되면서 제2금융권이 급성장했고 재벌의 금융독립성 역시 증대했다. 한국 정부는 외채에 대한 관리감독을 완화했으며 외환규제 완화, 탈규제 정책을 추진하였다.[25] 금융기관에 대한 관리감독 부재뿐만 아니라 김영삼 정권에서는 기존의 환율조정 정책, 투자조정의 산업정책에 대한 정책적 의지가 방기되었다. IMF가 한국에게 요구한 처방은 금융자유화를 비롯한 신자유주의 정책이었다. 그러나 김영삼 정부는 이미 자유화 정책을 시행해 오다 위기를 맞이했기 때문에 무조건적인 개방 및 자유화보다는 재규제(reregulation)를 포함한 정책의 조율이 더 필요했다. 즉, IMF의 압력에 의해 신자유주의 기조에 따른 정책방향을 추진하더라도 산업투자 조정정책과 산업정책 등의 적극적인 정부의 역할이 여전히 필요했다고 보고 있다.[26] 급속한 금융자율화와 시장개방을 추진하면서 발생한 문제는 단지 한국에 한정되지 않고 다른 동아시아 국가들에게도 마찬가지로 나타났다.

외인론 및 내인론 간의 대립적인 입장은 원인의 진단이 다른 만큼 처방 역시 다르다.[27] 외인론은 국제자본이동이 위기의 근원이었으므로 이와 관련된 국제금융질서의 변화 등 외부 여건의 개선을 처방책으로 제시한다. 이와는 달리 내인론은 동아시아 국가의 축적된 구조적 모순이 위기를 가져왔으므로 내부의 구조개혁이 필요함을 강조한다. 서로 다른 시각들이 대립하고 있어 위기의 원인에 대한 정확한 판단과 그에 적합한 처방을 제시하는 데 어려움을 주는 것이 사실이지만, 반면 다양한 문제에 대한 답을 찾을 때 유용하게 사용될 수도 있다. 예를 들어 한국, 태국, 인도네시아와 같은 국가들이 IMF의 구제금융을 받게 된 것과 달리, 대만은 왜 이를 비켜갈 수 있었는지의 차이를 설명하고자 한다면, 각 국가의 내부적 요소에 초점을 둬야 한다.[28] 그러나 모든 동아시아 국가들이 어떻게 외환위기 이후 짧은 시간 내에 위기를 극복하고 경기를 회복할 수 있었는가에 관심이 있다면, 이 사실은 위기의 원인이 내부적으로 있다기보다는 외부 환경의 불안정성에 있었다는 외인론에 초점을 두고 설명해야 한다.

2.2 동아시아 위기 원인의 새로운 고찰 : 회복과정을 중심으로[29]

위에서 소개한 외인론과 내인론의 대립은 주로 위기가 발생할 때까지의 과정을 중심으로 어떤 요인이 동아시아 위기를 유발하는 데 가장 핵심적인 역할을 했는지를 둘러싸고 벌어지고 있다. 그러나 위기가 진행되는 과정에서는 그 충격이 전 분야로 확산되고 있기 때문에 각 주장들이 나름대로의 설득력을 가질 수 있다. 따라서 전개과정에만 지나치게 초점을 맞추고 논의를 전개하면 과연 어느 주장이 동아시아 위기의 원인을 제대로 간파하고 있는지 판단하기 어려울 수가 있다. 이러한 어려움을 해소하기 위해서는 위기 이후의 회복과정을 중심으로 각 이론들이 피력하고 있는 주장을 점검해 보는 것이 유용할 것이다. 즉, 위기 원인을 설명하는 다양한 이론들이 위기 이후의 회복과정에 대해 어떻게 예측하고 있는지를 제시하고, 과연 실제적인 회복과정이 어느 주장의 예측과 유사하게 나타나고 있는지를 고찰할 필요가 있다.

우선 내인론에 따르면, 외환금융위기는 해당 국가들이 안고 있는 문제점들이 오랫동안 누적되어 표출된 것이므로 이와 같은 국가 내부의 구조적 문제점이 해결되지 않는 한 위기는 극복되기 어렵다는 것이다. 그런데 이러한 내부적인 문제는 하루아침에 치유될 수 있는 것이 아니며, 구조개혁은 상당한 시간과 비용이 요구되는 과제이다. 따라서 내인론이 경제위기에 대한 보다 적절한 설명이 되려면 경제성장의 회복세가 장기적으로 서서히 나타나는 'L' 자형 회복과정을 보여야 한다. 반면 외인론에 따르면, 국제금융시장의 통합에 따른 대규모의 자본이동이 동아시아 위기의 촉발요인이 되었다. 즉, 국제자본들이 공황(panic)현상을 일으켜 동아시아에서 철수함으로써 일시적으로 자금경색을 가져온 것이 위기를 촉발시킨 원인이 된 것이다. 따라서 이 경우 일거에 자금경색을 가져온 문제만 해소되면 위기에서 벗어날 수 있어 회복과정은 'V' 자형 패턴을 보일 것이다.

경제위기를 경험한 여러 국가들의 사례를 살펴보면 여러 유형의 회복과정을 발견할 수 있다. 비록 동아시아 위기와 같은 차원에서 비교하기는 어렵지만 구조적인 문제 때문에 위기가 발생했다는 점에서 내인론의 설명에 잘 부합하는 예로 1990년대 동구권 붕괴 이후의 회복과정을 들 수 있다. 소련을 포함한 동구권의 붕괴를 가져온 가장 중요한 요인은 사회주의 체제라는 내부적인 구조 문제라고 할 수 있다. 따라서 이들 국가들이 체제전환의 문제와 구조개혁의 문제를 해결하지 않는 한 회복세를 기대하기는 어려울 것으로 예상되었다. 실제적으로 동구권 국가들은 [표 14-8]에서 보는 바와 같이, 1990년대 초반 상당한 기간 동안 경제가 위축되어 갔고 오랜 기간이 흐른 후에야 회복세로 전환하는 'L' 자형 회복과정을 보였다.

표 14-8 **동구권 국가들의 경제성장률** (단위 : %)

	1989	1990	1991	1992	1993
폴란드	0.0	−11.6	−9.0	−2.0	2.0
체코	1.0	−0.4	−16.0	−7.0	0.0
헝가리	−0.2	−3.3	−10.0	−4.0	0.0
루마니아	−0.4	−7.4	−14.0	−13.0	−5.0
불가리아	−0.4	−9.1	−17.0	−10.0	−4.0

자료 : World Bank, World Development Indicator.

이와는 달리 동아시아의 경우는 〈그림 14-4〉에 잘 나타나 있듯이 내인론보다는 외인론의 경우에 해당한다고 볼 수 있다. 동아시아 위기의 충격을 가장 크게 받은 5개국 모두 단 1년 만에 마이너스 성장에서 플러스 성장세로 돌아섰다. 이와 같은 급격한 반등은 국제금융시장의 사정이 호전되어 동아시아 국가들에 대한 자금경색 현상이 해소되자마자 바로 나타나기 시작하였다. 또한 주목할 현상은 이들 국가들이 서로 다른 다양한 대응정책을 시행했음에도 불구하고 공통적으로 급격한 회복세를 보였다는 점이다. 만일 IMF의 기본 견해인 내인론이 옳다면 IMF의 처방을 따른 한국, 태국, 인도네시아, 필리핀은 회복되더라도, 이를 거부한 말레이시아 경제는 급격한 반등을 보이지 말고 오히려 악화되었어야만 한다. 그러나 이와는 무관하게 모든 국가들이 동일한 패턴을 보였다는 것은, IMF의 주장과는 달리 동아시아 위기가 역내 국가들의 고질적인 내부 문제라기보다 국제자본의 공통적인 충격 때문에 발생했다는 것을 보여주고 있다. 물론 외환위기 및 금융위기를

그림 14-4 동아시아 국가들의 성장률(연도별 : 1996~2001년)

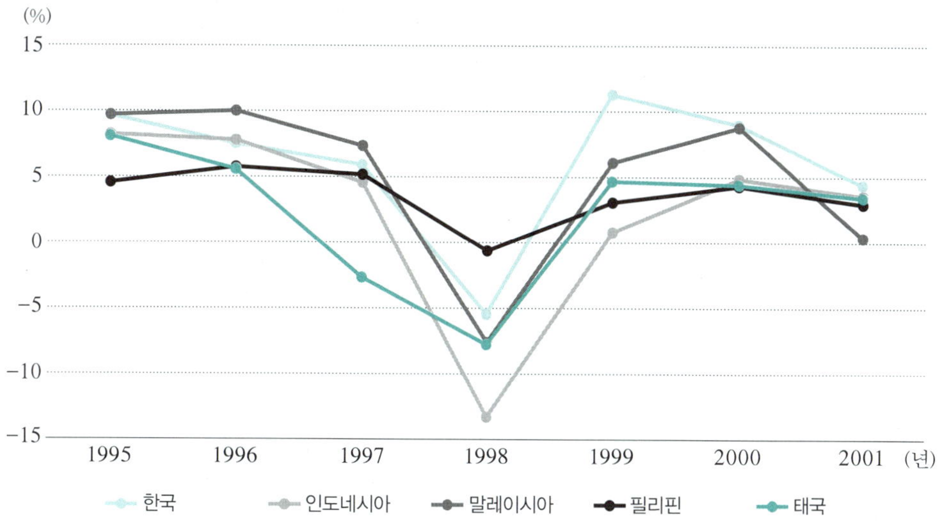

자료 : World Bank, Word Development Indicator.

경험한 국가들 중 'V' 자형 패턴의 회복세를 보인 다른 국가들도 많이 있다. 그러나 제1절에서 설명했듯이, 동아시아의 경우 다른 지역에 비해 훨씬 회복속도가 빨라 더욱 뚜렷한 'V' 자형 패턴을 보여주었다는 것은 외인론의 주장에 좀 더 설득력을 가져다주고 있다.

이와 같은 맥락에서 임혜란은 대립되는 논쟁, 동아시아를 포함한 다양한 지역에서의 위기의 전개과정 등을 종합적으로 고려해, 동아시아 위기는 동아시아 '발전모델' 의 위기라기보다는 동아시아 '지역' 의 위기였음을 강조하고 있다. 동아시아 위기는 동북아 국가에서 시작된 것이 아니라 동남아 국가에서 시작되어 동아시아 지역 전체에 전이된 것이다. 동아시아 발전모델의 대표국가군이라고 할 수 있는 한국, 대만, 홍콩, 싱가포르 중 한국이 큰 타격을 입기는 했지만, 위기의 파급 정도에 있어 상대적 안정성이 존재하고 있었다는 점에서 동아시아 모델이 동아시아의 위기의 원인이라고 일반화하기엔 문제가 있다.[30]

또한 동아시아 위기와 그 이전 다른 지역의 위기들을 비교해 보면 차이가 있음을 발견할 수 있다. 개발도상국 외채위기, ERM 위기, 멕시코 위기 등은 해당 지역에 국한된 위기였다. 그러나 동아시아 위기는 동아시아를 넘어 러시아, 라틴아메리카, 심지어 미국 유력 금융회사의 붕괴로까지 이어져, 위기의 강도와 전염의 속도라는 차원에서 보다 광범위한 위기였다. 다시 말해 동아시아 위기는 국제금융체제 및 자본이동에 문제가 있었음을 암시하는 위기였다. 즉, 동아시아 위기는 외인론의 설명이 보다 적실하게 들어맞는 위기였다.

물론 동아시아 발전국가 모델 내에도 구조적 문제가 있었다. 그러나 어떤 국가라도 경제구조상 내부적 취약성을 지니고 있기 마련이며, 내부적으로 취약한 국가라고 모두가 위기를 맞지는 않는다. 세계화와 내부의 취약성이 만나는 과정에서 위기 가능성의 정도를 가늠해 볼 수 있을 것이다. 동아시아 국가 내부의 구조적 문제는 과도한 규제와 지나친 규제완화라는 서로 대립되는 측면을 동시에 고려할 때 더 잘 이해할 수 있다. 한편으로 기업집단을 규율하지 못한 실패와 금융기관의 도덕적 해이, 금융세계화 이후 국가의 금융관리감독의 실패 등을 위기의 원인으로 지적할 수 있다.[31] 다른 한편으로 과도한 정부규제 역시 변화하는 환경에 대한 빠른 적응력을 저하시키는 데 일조했다. 물론 규제가 그 자체로 잘못된 것은 아니다. 정부의 시장개입 현상은 정치경제적 본질상 어느 시기 어느 국가에서나 찾아볼 수 있다. 어떤 영역에 대한 어떤 개입인가 하는 문제가 보다 중요하다. 신고전주의에서 주장하는 바와 같이 최소국가가 최선일 수는 없다. 동아시아 발전국가에서의 국가개입은 효율성을 가져올 수 있는 정부개입이었으며, 환경이 변화함에 따라 적절하게 정책을 변화시키지 못한 것이 문제였을 뿐이다.

예를 들어 한국의 김영삼 정부 시기 금융자유국가는 더 이상 합리적이며 유능한, 그리고 단일한 자율적 행위자가 되지 못했다. 한국의 관료와 행정부는 원래 수직적 연계가 그 특징이었다. 그러나 김영삼 정부 이후 이러한 수직적 연계를 효율적으로 사용하지 못하는 조정의 실패가 지속되었다. 가령 EPB(경제기획원)와 MOF(재무부)를 MOFE(재경부)로 개혁하였으나 이러한 관료개혁이 큰 성과를 거두지는 못했다. 또한 부처 간 갈등 사례로 재경부와 한국은행의 갈등이 존재했으며, 관료적 분파주의(bureaucratic fragmentation), 관료적 파당, 관료적 무능의 문제가 드러났다. 학연, 혈연, 지연과 같은 네트워크를 통해 사회집단의 이해가 관료정치에 반영되기도 했다. 한국의 발전과정에서 국가, 은행, 기업 간 3자 연합 네트워크는 발전의 역동성으로 거래비용을 줄이고, 정보흐름을 용이하게 하며, 불확실성과 위험의 수준을 약화시킨 제도였었다. 그러나 위기 이후 이러한 관계는 지대 추구, 도덕적 해이, 부패의 근원으로 치부되었다.[32] 이러한 관점에서 한때 효율적이며 유능한 관료제도가 왜 비효율적으로 변화되었는지, 한때 일관적 경제정책을 폈었던 정부가 왜 비일관적 정책을 펴게 되었는지, 또한 발전의 역동적 기반이 된 3자 연합 네트워크가 왜 부패의 근원이 되었는지 설명해야 한다. 이에 대한 설명 없이 단순히 위기가 발생했다는 사건만을 놓고 발전국가 모델 자체가 위기의 원인이라고 일방적으로 주장하는 내인론은 커다란 설득력이 없으며, 향후 개선방안을 제시하는 데도 유효하지 못할 우려가 있다.

Box 14-1 동아시아 위기 vs. 글로벌 금융위기

우리나라는 1997년 동아시아 위기뿐만 아니라 2008년 글로벌 금융위기도 경험하였다. 두 위기를 비교해 보면 유사한 점도 있지만 동시에 여러 면에서 차이점도 발견할 수 있다.

우선 위기 원인과 관련해, 동아시아 위기 때나 글로벌 금융위기 때나 기초 경제여건이 양호했던 것으로 평가되어 경제 부실이 위기의 원인은 아니었다. 그러나 두 위기 때 모두 구조적인 취약성 면에서 단기 외채가 급증하는 추세를 보이고 있다. 위기를 유발한 원인으로 가장 눈에 띄는 공통점은 두 번의 위기에서 모두 위기를 전후해 국제자본이동의 급격한 변화가 목격되었다는 것이다. 특히 자본이동의 구성요소 중 주식자금이나 채권자금보다는 은행차입자금의 변화가 결정적인 역할을 하고 있다(〈그림 14-5〉 참고). 그러나 동아시아 위기는 진원지가 동아시아 자체였던 것에 반해 글로벌 금융위기는 세계 금융중심지인 미국이었다는 점에서 차이가 있다.

그림 14-5 위기 전후 자본흐름의 변화

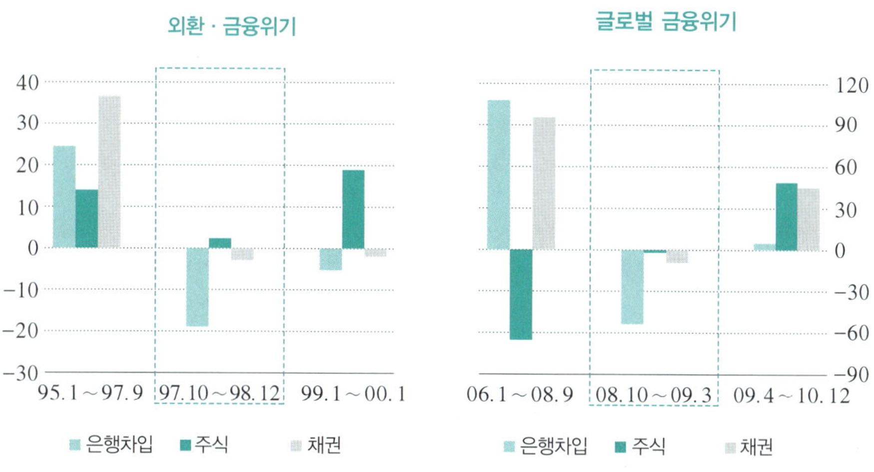

자료 : 한국은행

위기의 대응책과 관련해서는 공통점보다는 차이점이 뚜렷하게 나타나고 있다. 가장 큰 차이는 동아시아 위기 때는 IMF에 적극적으로 구제금융을 신청했으나 글로벌 금융위기 때는 이를 전혀 이용하지 않았다는 것이다. 또한 거시경제정책에서도 동아시아 위기 때는 IMF 프로그램으로 인해 긴축 기조를 유지했던 반면, 글로벌 금융위기 때는 적극적인 경기부양책을 도입하였다. 구조개혁에서도 양자 간에 큰 차이가 있는데, 동아시아 위기 때는 전 부문에 걸쳐 대대적인 구조조정을 추진한 반면, 글로벌 금융위기 때는 구조조정이 극히 일부분에 한정되었다. 이는 글로벌 금융위기가 좀 더 유동성 위기의 성격이 강하다는 것을 의미한다.

위기의 충격 및 사후 영향에서도 양자 간에 큰 차이가 있다. 동아시아 위기 때는 기업 및 금융기관이 줄도산한 반면, 글로벌 금융위기 때는 도산한 기업 및 금융기관이 거의 없었다. 지역적인 차원에서도 동아시아 위기에 비해 글로벌 금융위기의 충격은 전 세계로 더욱 확산되었다. 위기

표 14-9 동아시아 위기와 글로벌 금융위기 비교

	동아시아 위기	글로벌 금융위기
원인	▪ 진원지 : 동아시아 ▪ 한국 경제의 대내적 원인 – 기초 경제여건 양호 – 실물 · 금융부문 과다 부채 – 단기외채 급증 – 외환보유액 미미 ▪ 대외적 원인 – 위기 동남아에서 전염 – 자본흐름(특히 은행차입 자금)의 급격한 변화 : 수요측 동인이 큼	▪ 진원지 : 미국 ▪ 한국 경제의 대내적 원인 – 기초 경제여건 양호 – 실물 · 금융 부문 재무구조 개선 – 단기외채 급증 – 상당한 정도 외환보유액 확보 ▪ 대외적 원인 – 위기 미국에서 전염 – 자본흐름(특히 은행차입 자금)의 급격한 변화 : 공급측 동인이 큼
대응책	▪ 유동성 확보 – IMF 구제금융 요청 : 효과 의문 – 외채만기 연장 협상 : 효과적 ▪ 거시경제정책 – 초강력 긴축정책 ▪ 구조개혁 – 전 부문 구조개혁 – 신용위기 및 유동성 위기	▪ 유동성 확보 – IMF 구제금융 요청 않음 – 통화스왑 협정 : 효과적 ▪ 거시경제정책 – 대대적 경기부양책 ▪ 구조개혁 – 극히 일부 구조개혁 – 유동성 위기 측면 강함
영향	▪ 기업, 금융기관 줄도산 ▪ 빠른 회복 – 위기 충격 동아시아가 크게 받음 ▪ 워싱턴 컨센서스 강화 – 이후 규제 및 감독 완화 추이	▪ 기업, 금융기관 도산 거의 없음 ▪ 회복 느려지고 침체 장기화 – 위기 충격 전 세계로 확대 ▪ 워싱턴 컨센서스에 대한 회의 – 이후 규제 및 감독 강화 추이

자료 : 김인준 · 이영섭(2019), 제21장.

이후 정책 기조의 방향을 보면 동아시아 위기의 경우 워싱턴 컨센서스 기조를 따라 규제 및 감독이 완화된 반면, 글로벌 금융위기 이후에는 워싱턴 컨센서스에 대한 회의로 규제 및 감독 추세가 반전되기도 했다.

3. 동아시아 위기에 대한 정책대응

한 국가가 국제금융위기에 처하게 되면 모든 수단을 동원해 위기의 확대를 저지하고 가능한 한 빨리 극복하려고 노력한다. 이러한 다양한 정책대응은 크게 급한 불을 끄기 위한 유동성 확보 방안과 진화 이후 위기의 원인에 대한 해결 방안으로 나눌 수 있다. 동아시아 국가들이 국제유동성 확보를 위해 IMF에게 구제금융을 요청했으며, IMF는 국제유동성을 지원하면서 위기의 원인 해결을 위한 여러 가지 조건들을 덧붙였다. 따라서 동아시아 국가들의 위기 대처방안은 대체적으로 IMF를 통한 국제유동성 제공 내용과 이후 IMF 프로그램에 포함된 거시경제정책, 구조개혁 및 금융자유화 등으로 나누어 살펴볼 수 있다.[33]

3.1 동아시아 국가들의 정책대응[34]

긴급유동성 확보

동아시아 위기가 발발하자 해외자본이 유출되고 금융시장에서 국제유동성, 즉 달러화 자금경색이 발생하면서 환율이 급등하고 주가가 폭락하기 시작했다. 따라서 무엇보다도 시급한 과제는 달러 유동성을 확보하는 것이었다. 처음에는 각국이 보유하고 있던 외환보유액을 내다 팔아 환율을 방어하려고 했지만 곧 소진되었고 국가부도 위기에 처하게 되었다. 이에 동아시아 각국은 IMF에 구제금융을 신청할 수밖에 없었다.

표 14-10 동아시아 국가에 대한 긴급유동성 제공

(단위 : 억 달러)

	한국	태국	인도네시아
총액 :	583.5	172	424
IMF	210	40	164
세계은행 및 ADB	140	27	80
개별국 지원	233.5	105	180

주 : 말레이시아는 IMF 구제금융을 신청하지 않았고 필리핀은 동아시아 위기 이전부터 제공받았던 구제금융 지원규모를 6.5억 달러에서 11억 달러로 증액.

자료 : Berg(1999) ; 이규성(2015).

[표 14-10]은 동아시아 위기의 충격을 가장 크게 받은 5개국 중 한국, 태국, 인도네시아에 대해 IMF, 세계은행 등이 제공한 국제유동성 확보 내용을 보여주고 있다. 한국의 경우 구제금융 총액은 583.5억 달러였고, 태국의 경우는 총 172억 달러였다. 인도네시아의 경우 처음에는 총 374억 달러의 구제금융이 계획되었으나, 2000년 50억 달러가 추가되어 총액이 424억 달러로 증가했다.

그러나 공적인 구제금융 자금은 위기 직후 해외 자금유출에 따른 국제유동성 경색을 막기에는 충분하지 못했다. 이에 동아시아 각국 정부는 해외투자자들과 협상을 통해 차입자금 만기를 재연장하는 정책을 추가로 추진해야만 했다. 위급한 상황에서의 만기 연장 협상은 수세적이고 불리한 입장에서 진행될 수밖에 없어, 만기를 연장하는 조건으로 정부가 지급보증을 해주고 게다가 훨씬 더 높은 이자율을 제공하는 조건으로 타결되었다. 만기 연장 협상이 타결되면서 특히 외환시장은 다소 안정되기도 했지만, 주식시장을 비롯한 전체적인 금융시장은 여전히 불안한 조짐이 지속되었다. 궁극적으로 금융시장을 안정시키기 위해서는 해외자본이 유출되지 않고 머물러 있거나 유출된 자본도 다시 유입되도록 하는 여건이 조성되어야만 했는데, 이를 위해 각국 정부는 추가적으로 거시경제정책 및 구조개혁을 추진해 나갔다.

거시경제정책

IMF가 동아시아 국가들에게 구제금융을 지원하면서 그 조건으로 내세운 IMF 프로그램의 거시경제정책 내용을 간단히 요약하자면 긴축재정정책 및 긴축통화정책을 실시하라는 것이었다. IMF가 동아시아 국가들과 맺은 초기의 의향서를 보면 필리핀을 제외하고는 예외 없이 흑자재정을 요구하고 있다([표 14-11] 참고). 라틴아메리카 국가들과는 기초경제여건에서 차이가 났음에도 불구하고 단순히 메뉴화된 정책처방을 강요했는데, 이에 대해 IMF의 명분은 경상수지 적자를 해소하기 위해서는 총지출을 줄여야 하기 때문이라는 것이다.[35] 그러나 위기 직후의 사정을 보면 자금경색 등 위기의 충격으로 인해 국내수요가 급격히 축소되고 있는 상황이므로 과잉지출보다는 과소지출이 오히려 더욱 시급한 문제였었다. 위기의 충격이 실물경제로 파급되면서 경기가 침체되고 실업률이 급등하는 등 사태가 심각해지자, IMF는 초기의 의향서를 뒤늦게 수정하고 적자재정을 편성하도록 하였다. 위기가 발생할 당시에는 IMF가 자금지원 조건으로 재정긴축 의무를 부과했지만, 뒤늦게서야 경기급락을 막고 조기 회복을 도모하는 것이 중요하다는 인식이 설득력을 얻게 되면서 대규모의 적자 재정을 편성하도록 한 것이다. 이후 동아시아 국가들의 재정정책은 경기활성화에 주안점을 두고 확장적으로 운용되기 시작했다.

한국의 경우 초기의 1차 의향서에서는 IMF가 한국 정부에 대해 균형 또는 소폭의 흑자를 강력하게 요구했고, 이러한 입장은 2차 의향서에서도 유지되었다. 그러나 경제상황

표 14-11 **동아시아 위기 이후 IMF 의향서 중 재정정책 부문** (단위 : %)

	1차 의향서	2차 의향서	3차 의향서	4차 의향서
한국	0.0~0.3	0.0~0.3	적자 용인	−0.8
태국	1.0	1.0	−1.6	−2.4
말레이시아	2.5	0.5	−3.5	−
인도네시아	1.0	−1.0	−3.0	−8.5
필리핀	0.9	0.0	−3.3	−

주 : 숫자는 GDP 대비 재정수지 비율을 나타냄.
자료 : 박규리(2017) ; Doraisami(2014) ; 이규성(2015).

이 심각해지자 3차 의향서에서 적자를 용인한다는 내용으로 태도가 완화되었고, 1998년 2월 7일 4차 의향서에 가서야 구체적으로 GDP 대비 0.8%의 적자재정을 편성하는 데 합의하였다. 태국의 경우 1997년 8월 체결된 1차 의향서에서는 한국에서와 마찬가지로 GDP 대비 1% 재정수지 흑자 달성을 명시적으로 요구하였다. 그러나 1998년 2월의 3차 의향서에서는 공공부문 재정수지가 GDP 대비 1.6% 적자가 되도록 편성하였고, 1998년 5월의 4차 의향서에서는 이를 더욱 완화해 재정수지 적자를 2.4%까지 확대하였다. 마찬가지로 인도네시아에서도 처음에는 재정수지 흑자를 1.0% 달성하도록 요구했으나, 2차 의향서부터는 적자를 용인하였고 1998년 6월의 4차 의향서에서는 인프라 지출 축소 등의 전제 하에 재정수지가 GDP 대비 8.5% 적자까지 발생할 것으로 예상하였다. 한편 필리핀의 경우는 1998년 3월의 1차 의향서에서 재정수지가 GDP 대비 0.9% 흑자를 유지하고 1999년에는 균형을 달성할 것으로 편성되었으나, 1999년 1월의 3차 의향서에서는 재정수지가 GDP 대비 3.3% 적자로 완화되었다.

IMF는 통화정책의 경우도 재정정책과 마찬가지로 고금리 정책, 국내신용 한도제한 등 긴축정책을 요구하였다. IMF는 동아시아의 통화가치를 안정시키기 위해서는 해외자본 유입이 필요하므로 고금리 정책이 필요했고 또한 환율급등에 따른 인플레이션 압력을 해소하기 위해서는 국내수요를 감소시켜야 하므로 전체적인 긴축통화정책이 필요하다는 논리를 제시했다.[36] 그러나 외환위기 당시 동아시아 국가들은 금융시스템이 붕괴된 상태이고 기업부문의 부채도 과다한 수준이었다. 또한 외환위기의 충격으로 국내수요가 위축된 상황이었으므로 이와 같은 고금리 정책과 같은 긴축통화정책은 상황을 개선하기는커녕 오히려 악화시켰다. IMF도 이 문제를 인식하고 다소 태도를 완화해 갔으나, 이후에도 환율안정을 위해서는 필요에 따라 금리가 신축적으로 상향 조정될 수 있다는 여지를 계속 남겨놓았다.

동아시아 위기 이후 통화정책 운용상에서의 큰 변화는 전반적으로 중앙은행의 독립성이 강화되었다는 것이다. 1990년대 이후 통화정책의 독립적 운용이 거시경제의 변동성을 완화시키는 데 중요하다는 인식이 확산되고 있었다. 그런 가운데 동아시아 위기를 계기로 동아시아 국가들은 중앙은행법 개정 등을 통해 중앙은행 독립성을 강화하였다.

또한 통화정책 운영체계에서는 시장 및 경제주체로부터의 신뢰를 기반으로 운영되는 금리 중심 체계로 전환하여 이전에 비해 좀 더 투명하고 명확하게 통화정책을 수행하는 체제로 변화되었다. 이와 함께 물가상승률을 명시적으로 제시함으로써 기대인플레이션 안정을 도모하고자 하였다.

표 14-12 동아시아 위기 이후 통화정책의 변화

한국	태국	말레이시아	인도네시아	필리핀
▪ 1997년 IMF 프로그램 하에 고금리 정책 시행 ▪ 1998년 2월 이후 외환시장 상황에 따라 콜금리 인하 가능	▪ 1997년 IMF 프로그램 하에 통화량 목표제 시행 ▪ 1997년 위기 직후 통화 긴축 ▪ 1998년 완화 기조로 전환	▪ 1995년 11월 통화량 목표제에서 금리 목표제로 전환 ▪ 1997년 위기 직후 고금리 정책 시행 ▪ 1998년 9월 완화 기조 전환, 고정환율제 및 자본통제 시행	▪ 1997년 위기 직후 통화 긴축 ▪ 긴축정책에 따른 뱅크런 막기 위해 1997~1998년 은행부문 유동성 공급 ▪ 1998년 8월 IMF 프로그램 하에 통화량 목표제 시행	▪ 1997년 위기 직후 통화 긴축 ▪ 1998년 완화 기조로 전환

자료 : 박규리(2017) ; 이규성(2015).

구조개혁

동아시아 국가들의 위기 대응 과정에서 특히 주목되는 것은 IMF에 의해 강요된 이상으로 각국 정부가 과감한 구조개혁을 추진해 갔다는 것이다. 동아시아 위기의 원인 중에서 국제자본이동의 성격과 같은 외인론이 주요 역할을 했지만, 동아시아 각국 내부적으로도 구조적인 취약점이 누적된 것은 사실이었기 때문에, 이를 해결하기 위한 노력이 필요했다.[37]

금융부문의 구조적 취약성을 해결하기 위해 동아시아 국가들은 위기 직후 긴급유동성을 지원하는 것 외에도, 부실 금융기관 및 기업에 대한 구조조정을 통해 자원배분의 효율성을 높이고 신용공급 여건을 개선함으로써 경제성장을 복원할 수 있는 기반을 마련하고자 하였다. 이를 위해 가장 우선적으로 부실 금융기관과 생존 가능한 금융기관들을 분리하고자 하였다. 이를 바탕으로 전자의 경우 정리를 추진하는 한편 후자에 대해서는 유

동성 지원과 자본 확충 등을 통해 재무건전성을 강화함으로써 금융시스템의 정상화를 도모하였다. [표 14-13]에서 나타나듯이 부실 금융기관의 상당수를 폐쇄 조치하였고, 부실 정도가 상대적으로 낮은 기관에 대해서는 국유화 또는 합병 조치 후 자산관리기구가 부실자산을 매입하는 방식을 통해 건전화를 추진하였다. 그 외에도 생존 가능성이 큰 금융기관에 대해서는 공적자금을 활용한 자본 확충 등을 통해 건전성을 보강해 주었다. 비록 각국 정부가 자산관리기구에 부실기관 처리를 넘겼지만, 기본적인 재원은 정부에 의해 충당되었으므로 이에 따른 정부의 재정부담이 상당히 증가하였다. 이미 긴급유동성 지원을 위해 엄청난 규모의 지원이 이루어졌고, 금융부문의 구조조정을 위해서도 1999년 중반까지 GDP 대비 10% 이상을 사용한 상태였으며, 이후에도 구조조정을 마무리할 때까지 추가적으로 더 많은 자금이 소요되었다.

또한 동아시아 위기 발생 직후 개별 금융기관의 건전성 규제를 강화하기 위한 조치들을 도입했다. 구체적으로 적기시정조치 도입, 정보공개 확대, 리스크 관리 강화 등을 통해 개별 금융기관 자체의 건전성 개선을 위한 규제뿐만 아니라 시장규율 강화를 위한 노력도 함께 추진해 나갔다. 중앙은행 또는 금융당국에게 적기시정조치 권한을 부여하는 한편, 금융회사 조기경보 시스템을 개발하고 금융기관 재무상태에 대한 공시를 의무화하는 등 정보공개를 확대하였다. 이와 더불어 금융기관 경영실태평가 요소에 시장리스크에 대한 민감도를 추가하는 등 리스크 모니터링 및 관리 체계를 강화하였다.

표 14-13 금융구조조정 주요 내용

	한국	태국	말레이시아	인도네시아	필리핀
금융기관 정리	266	92	19	80	–
폐쇄	241	57	–	64	
합병	21	17	15	4	
국유화	4	18	4	12	
유동성 지원	233	241	92	217	5
GDP 대비 비율	5	22	13	17	0.8
공적자금 투입	459	95	13	714	–
GDP 대비 비율	15.8	17.4	10.9	37.3	

주 : 1997년 6월~1999년 6월 기준.

자료 : Kawai(2001), Lindgren et al.(1999) ; 기획재정부 경제백서.

동아시아 국가들의 구조적 취약성은 금융부문과 기업부문이 상호작용해 누적된 것이므로, 금융부문과 더불어 기업부문의 취약성을 해결하기 위해서도 과감한 구조조정을 추진하였다.[38] 부실기업의 구조조정은 가능한 신속히 추진해야 했으므로 사법절차를 거치지 않아도 되는 워크아웃 제도를 적극 활용하였다.[39] 위기 극복을 위한 기업 구조조정 차원에서 태국이 1998년 6월 워크아웃 제도를 처음 도입했고, 이후 말레이시아와 인도네시아도 워크아웃 제도를 도입하였다. 이 제도를 바탕으로 보다 구체적으로 채권자 손실 최소화, 회생 가능 기업의 청산 배제 및 회생을 위한 추가 자금 지원 등을 주요 내용으로 하는 채무조정원칙을 마련하고 이에 따라 구조조정을 추진하였다. 또한 공적 기업채무조정기구를 설립하여 채권자-채무자 간 자율협약 유도 및 중재 등 기업 구조조정과 관련된 세부적인 내용을 전담케 함으로써 기업의 조기 정상화를 도모하였다. 이와 더불어 파산법 정비, 파산 및 상업분쟁 전담 법원 설립 등을 통해 부실기업의 상시적 구조조정 기반을 마련함으로써 기업 파산 및 회생 관련 법적 효율성이 제고되고 상업적 분쟁해결 절차가 체계화되도록 하였다.

3.2 우리나라의 정책대응[40]

우리나라도 위기 극복을 위해 기본적으로 IMF의 프로그램을 따라 정책대응을 할 수밖에 없었다. 그러나 우리 정부는 IMF 프로그램에서 요구하는 것 외에도 추가적으로 엄청난 노력을 기울여 당초 예정보다 훨씬 빠르게 2001년 8월 23일 IMF로 받은 지원금액 전액을 상환하고 IMF 관리체제로부터 벗어나게 되었다. IMF 프로그램 및 우리 정부가 위기 극복을 위해 시행한 정책대응을 크게 분류해 보면, 유동성 확보를 위한 정책, 거시경제정책, 경제 체질을 개선하기 위한 구조개혁, 위기 충격을 완화하기 위한 사회안전망 확충의 네 가지 방향으로 나눌 수 있다.

유동성 확보

갑작스런 해외자본 유출에 따른 국제유동성, 즉 달러 경색에 대처하기 위해 우리 정부가 제일 먼저 요청한 것은 IMF 구제금융이었다. 우리 정부와 IMF의 협의를 통해 최종적으로 총 583.5억 달러의 자금 지원을 받기로 했다. 이 중 IMF는 3년에 걸쳐 210억 달러를 제공하고, 세계은행이 최대 100억 달러, ADB가 40억 달러를 지원하기로 약속했다. 또한 개별 선진국들이 제2선 자금(second line of defence)으로 233.5억 달러를 지원하기로 하였다. 개별 선진국 지원자금은 일본 100억 달러, 미국 50억 달러, 독일 · 영국 · 프랑스 · 이탈리아 총 50억 달러, 벨기에 · 네덜란드 · 스위스 · 스웨덴 총 12.5억 달러, 호주 10억 달러, 캐나다 10억 달러, 뉴질랜드 1억 달러로 구성되어 있다.

그러나 우리 정부는 단기외채 상환불능으로 유동성 위기에 처한 상황에서 IMF 구제금융 신청만으로 충분하지 않다고 생각하고, 기본적으로 국제금융시장의 신뢰를 확보해야 금융시장이 안정될 수 있다고 판단하였다. 따라서 IMF의 구제금융 외에도 JP모건을 위시로 한 해외채권단과 외채만기 연장 협상을 벌였다. 1998년 1년 뉴욕에서 열렸던 협상에서 국채 발행 방식이 아닌 정부보증을 통해 총 217.4억 달러의 단기외채를 1~3년 만기로 연장하는 데 합의하였다. 이처럼 단기외채를 중장기외채로 전환했으며 또한 6개월 후부터는 2년 및 3년 만기의 외채에 대해 채무자인 우리나라의 은행들이 조기상환하더라도 범칙금을 부과하지 않기로 하는 합의도 아울러 이끌어냈다. 그러나 주지해야 할 사항은 이러한 만기 연장을 위해 상당한 대가를 치렀다는 점이다. 외채협상 때 특히 중요했던 문제는 금리결정 문제였는데, 1년 만기에 대해서는 LIBOR+2.25%, 2년 만기에 대해서는 LIBOR+2.50%, 3년 만기에 대해서는 LIBOR+2.75%를 적용하기로 했다. 추가 금리를 제공하는 것 외에도 또한 정부가 지급보증을 한다는 내용도 추가되었다.

이러한 외채협상 타결은 국제투자자들의 불안을 완화시켜 긴급한 유동성 위기를 벗어나는 데 기여를 한 것으로 평가된다. IMF 구제금융과 함께 외채협상으로 은행 및 종금사는 긴급한 외환위기 상황을 모면했으며, 이를 통해 당시 직면하고 있었던 국가부도 위기에 대해서도 최악의 상황을 벗어나는 계기가 마련되었다. 단기외채 만기 연장에 따라 국제신용평가기관인 Fitch는 1998년 2월 2일 우리나라 국가신용등급을 5단계 상향조정하였고 S&P도 3단계 상향조정하였다. 이에 따라 급격하게 치솟았던 환율도 1,300원대로 하락했고 외환시장 안정의 전기가 마련되었다.

거시경제정책

IMF가 구제금융을 지원하면서 우리 정부에게 환율안정과 국제수지 개선을 위해 강력하게 요구한 것은 고강도 긴축수요관리정책이었다. 이러한 기조는 의향서를 작성할 때 기준이 되는 거시경제목표에서 잘 나타나고 있다. 초기의 의향서에는 경제성장률 3.0%, 인플레이션율 5.0% 이내, 경상수지 GDP 대비 1% 이내 적자 등 한국의 경제상황을 라틴아메리카 국가 등 기초 경제여건이 부실한 국가들과 동일하게 취급하고 있다. 따라서 재정정책 부문에서도 초기에는 "균형 또는 소폭 흑자 유지"의 재정수지 목표를 명확하게 요구하고 있고, 아울러 조세정책도 "세수 확대를 위해 교통세, 특별소비세 인상 및 범위 확대"를 요구하고 있다. 이러한 긴축재정정책 요구에 대해, IMF의 구제금융 하에서 정책주권을 상실했던 우리 정부로서는 의향서에 따라 재정정책을 실시할 수밖에 없었다. 그러나 경제상황이 개선되기는커녕 계속 악화되자, IMF는 이후 의향서를 수정해 나갔다. 전체적인 기조를 나타내는 거시경제목표에서도 경제성장률 목표를 마이너스로 잡기 시작했고 인플레이션율도 한 자릿수로 정하는 등 상황을 반영해 갔다. 이에 따라 재정정책 부문에서도 3차 의향서부터 적자를 용인하기 시작했으며, 정부지출에 대해서도 적극적인 확대를 제안해 나갔다.

IMF는 통화정책에 대해서도 재정정책과 마찬가지로 초기에는 강력한 긴축기조를 요구하다가 점차 완화해 나갔다. IMF는 초기 정책협의에서 환율이 뚜렷하게 안정세를 보일 때까지 콜금리를 30% 이상의 높은 수준에서 유지할 것을 요구했다. 이는 고금리 정책이 해외자금의 유입을 촉진시킬 뿐만 아니라 소비, 투자 감소와 저축 증대를 통해 단기간 내에 경상수지를 개선시킬 수 있다는 논리에 기초를 둔 것이다. 즉, 내외금리차 확대로 외자유입이 확대되고 긴축경제 운영으로 경상수지가 개선되면 환율이 하락한다는 것이다. 또한 본원통화 증가도 경기확장을 위해 과감히 허용하기보다는 일정한 범위 내에서만 가능하도록 제한하였다.

초기의 유동성 위기가 해결되는 기미를 보이자 우리 정부와 IMF는 경기회복을 도모하고자 고강도 긴축정책을 완화하면서 재정지출을 확대하고 금리를 인하하기 시작하였다. 초기의 긴축재정 및 고금리 정책 여파로 기업도산과 실업이 급증해 1998년 -6.8%의 성장률을 기록할 정도로 과도하게 위축되었던 우리 경제는 거시경제정책 기조가 완화되면서 1999년 이후 다시 (+)성장을 회복하게 되었다.

구조개혁

당시 동아시아 위기의 원인에 대해 논란이 있기는 했지만, 우리 경제의 고질적인 문제도 중요한 원인이었음은 부정할 수 없었다. 따라서 정부는 초기의 유동성 확보를 위한 노력을 진행하면서도 중장기적으로 우리 경제 전 분야에 대한 개혁이 위기의 근본적인 원인을 해결하는 데 필수적이라고 인식하고, 기업, 금융, 노동, 공공부문 등 4대 분야에 대한 구조개혁을 추구했다.

기업부문의 구조개혁은 단기적으로 기존 채무를 담당할 수 없는 부실기업을 처리하면서 동시에 중장기적으로 위기의 재발을 방지하기 위해 시장규율을 강화하고 효율성을 제고하는 방향으로 이루어졌다. 단기적인 면에서 기존 부실기업 처리는 대기업 간의 사업교환(빅딜)과 금융기관의 협약에 기초한 기업개선작업(워크아웃)의 양축으로 추진되었고, 이와 더불어 부실징후기업평가, 회사채신속인수제, 기업구조조정촉진법 등의 비상대책도 도입되었다. 중장기적인 차원에서 시장 규율 및 효율성 제고를 위한 기업부문 구조개혁은 '5 + 3' 원칙을 중심으로 추진되었다.[41] 이와 동시에 도덕적 해이의 혁파, 기업지배구조의 개선, 경쟁압력의 제고 등을 통해 시장규율을 강화하고자 노력하였다.

금융부문의 구조개혁은 구조조정을 통한 금융시스템 정상화와 금융안전망의 정비 및 개선을 추구하는 방향으로 진행되었다. 금융구조조정을 위해 정부는 금융시스템 전반에 위험을 야기하지 않을 소규모 부실은행들은 폐쇄하고, 대형 은행들은 금융시스템 위기를 방지하고자 공적자금을 투입해 자본확충을 시도하였다. 그 결과 1996년 25개이던 은행이 2003년 14개로 대폭 감소되었고 보험회사도 동 기간 동안 41개에서 33개로 축소되었다. 한편 금융안전망의 정비 및 개선을 위해 은행, 증권, 보험 등을 포괄하는 통합감독기구가 설립되고 적기시정조치도 도입되었다. 이와 더불어 부실자산 기준이 대폭 강화되었고 부실채권정리기구로서 자산관리공사(KAMCO)가 설립되었다. 금융영역에서의 또 다른 개혁방향은 위기의 내적 원인이었던 규제체제 문제를 정비하고 금융관리감독을 강화한 것이었다.[42]

위기 이후 노동시장의 구조개혁은 노동시장의 유연성을 확보하는 방향으로 시도되었다. 그러나 기업부문과 금융부문의 구조조정 과정에서 대규모의 정리해고가 불가피했다. 따라서 정부로서는 노동자의 극심한 반발을 완화시킬 수 있는 대안을 모색할 수밖에 없었고, 이를 위해 노사정위원회를 구성하여 사회협약에 기초한 제도개선을 추진하였다. 그러나 노사정위원회는 1998년 2월 법 개정 이후 파행만을 거듭하고 실질적인 역할을 수행하지는 못했다. 그럼에도 불구하고 노동시장에 정리해고와 파견제 등 일부 변화가 나타난 것은 제도적 변화보다는 경제여건의 변화 때문이라고 할 수 있다.

공공부문의 구조개혁은 정부조직 개편, 공기업의 민영화, 기타 공기업 경영혁신 및 자체 구조조정을 중심으로 추진되었다. 즉각 민영화 대상 기업이었던 포항제철을 비롯한 5개 공기업은 모두 민영화되었고, 단계적 민영화 대상이었던 일부 공기업도 민영화되었다. 이와 더불어 보다 중장기적인 차원에서 시장친화적 정부기능 확립 및 정부역량 강화를 위한 노력도 이루어졌다.

이와 같은 구조개혁 노력은 경제 전체적으로 부실을 감소시키고 건전성을 강화하는 데 기여를 한 것으로 평가된다. 예를 들어 기업의 부채비율은 이전보다 반 이상 낮아졌고, 은행들의 BIS 자기자본비율도 1997년 7.0% 수준에서 단기간 내에 12.0% 이상으로 높아졌다. 그러나 노동시장의 유연성이 제도적으로 개선되지 못하고 공공부문 비중이 여전히 비대하게 남아 있다는 것은 추가적인 노력이 필요한 부분이었다.

사회안전망 확충

동아시아 위기에 따른 충격으로 많은 기업 및 금융기관들이 도산하고 아울러 구조조정 과정에서 대규모 정리해고가 발생해 실업자가 양산되면서 빈곤층이 크게 확대되었다. 이에 대비하기 위한 노력은 고용을 확대하기 위한 정책과 생계비 지원을 위한 정책 두 방향으로 진행되었다.[43]

고용을 확대하기 위해 정부는 우선적으로 직업훈련사업을 대폭 강화했다. 이어서 정부가 직접 고용을 창출해 실직자에게 단기 일자리를 제공하고자 공공근로사업을 추진했다. 공공근로사업은 위기 직후 실업대책 중 핵심적인 내용을 차지하고 있었는데, 구조적 실업을 줄이려는 본래적 의미보다는 생계비 지원을 위한 긴급구호사업의 성격을 갖고 있었다. 공공근로사업은 실제적으로 실업 감소에 거의 기여하지 못하고 효율성이 매우 낮았던 것으로 평가된다. 이와 더불어 청년실업 증가에 대처하기 위한 정부지원 인턴제도가 단기 일자리 창출 사업의 일환으로 대거 추진되기도 했었다.

일자리 대신에 생계비를 지원했던 정책으로는 고용보험 적용범위 확대, 국민기초생활보장제도 도입 등을 들 수 있다. 고용보험제도는 1998년 초기에 실업급여 수혜율이 10% 정도에 불과해 대량실업에 대처하는 데는 한계가 있었으며, 2000년 이후에나 어느 정도 실업자 소득보전에 역할을 할 수 있었다. 국민기초생활보장제도는 공공근로, 노숙자 보호, 한시적 생활보호, 생업자금 융자 등 일시적 성격의 사회안전망 사업을 제도화하여 국민의 기본적인 생활을 제도적으로 보장한다는 취지로 2000년 10월부터 시행되었다. 이 제도의 도입은 대상자 규모와 급여 면에서 공공부조의 대폭적인 확대를 가져와, 그 이전의 정책적 흐름을 획기적으로 전환시킨 것으로 평가받는다. 그러나 수급자들이 빈곤에서 탈출하기 위해 노력할 동기가 미약하여 궁극적인 빈곤문제 해결책이 되지 못한다는 문제점도 내포하고 있다. 아울러 이러한 정책에도 불구하고 위기 이후 소득 및 임금격차가 확대되었다는 점에서 경제구조 변화에 따른 새로운 빈곤대책을 모색하는 것도 필요했다.

4. IMF 정책처방에 대한 평가

동아시아 위기가 막 시작되었을 때는 워낙이 상황이 급박해 IMF 구제금융이 절실하게 필요했었고, 따라서 동아시아 국가들은 구제금융에 수반되는 조건에 대해 별다른 불만을 제기하기 어려웠다. 그러나 IMF 프로그램이 실행되면서 동아시아 국가들의 사정이 좋아지기보다는 오히려 더욱 악화되어 갔다. 신규투자가 이루어지지 못한 것은 당연하고 진행 중이던 투자마저도 중단되었고, 경기도 점점 더 악화되어 기업들이 줄도산하면서 실업도 급증했다. 그나마 IMF 구제금융으로 안정되리라고 기대했던 금융시장에서도 환율은 여전히 등락을 거듭했고 주가는 반토막이 나버렸다.

이처럼 IMF 정책이 상당 부분 실패했음에도 불구하고 의외로 동아시아 위기를 극복하기 위해 IMF가 처방한 정책에 대한 전반적인 평가는 많지 않다. 심지어 IMF 스스로가 당시의 정책처방 중 잘못된 측면이 많다는 점을 인정했음에도 불구하고,[44] 이를 포괄적으로 분석한 연구들이 별로 없는 상황이다. 위기 직후 상황이 더욱 악화되면서 일부 학자들은 IMF의 처방이 근본적인 문제가 있고, 의도했던 결과를 가져오지 못할 것이라고 강하게 비판을 하기도 했다.[45] 그러나 이러한 비판들은 대부분 IMF의 거시경제정책에 주안점을 두었고, 구조개혁, 자유화 등을 포함한 IMF 프로그램의 전체적인 운영에 대한 평가는 다소 부족한 측면이 있다. 이 절에서는 우리나라의 경험을 중심으로 동아시아 위기를 극복하기 위한 IMF의 정책처방에 대해 평가해 보고자 한다.

4.1 IMF 프로그램의 내용

국제금융위기에 처한 국가가 IMF에 구제금융을 요청하는 경우, IMF는 지원을 대가로 수혜국에게 위기극복을 위한 요구조건, 즉 IMF 프로그램을 실천하도록 의무화한다. 1997년 동아시아 위기에 처한 정부가 IMF에 구제금융을 요청함에 따라 우리나라에도 IMF프로그램이 실시되었다.

IMF 프로그램은 외채지불 불이행 방지, 통화가치 하락폭 제한, 인플레이션의 급속한 진전 예방, 외환보유액 확보, 균형재정의 유지, 은행부문의 개혁, 비금융부문의 개혁, 신뢰 확보, 소득 하락 축소 등의 공언된 목적을 갖고 있다. 또한 이러한 목적을 달성하기 위해서 IMF 프로그램은 환율방어와 금융부문에 투입할 재원마련을 위한 긴축재정정책, 확고한 개혁의 신호를 보내고 신뢰회복을 위한 은행폐쇄 조치, 금융건전화를 위한 BIS 자기자본비율 확보, 환율방어를 위한 긴축신용정책, 외채를 갚기 위한 외환보유액 확보, 비금융부문의 구조조정 등 다양한 정책처방을 제시한다.

우리나라의 경우 1997년 12월 3일 발표된 IMF 합의서에 포함되어 있는 1차 의향서가 IMF 프로그램의 시작이었다. 이후 동년 12월 24일 2차 의향서 등 경제상황의 변화에 따라 수차례에 걸쳐 거시경제목표와 정책방향에 대한 보완작업이 이루어졌고, 1999년 11월 24일 최종적으로 10차 의향서를 발표한다. [표 14-14]는 위기 직후 IMF 정책처방의 예시를 위해 1차 의향서부터 3차 의향서까지 내용을 보여주고 있다. 의향서에는 우선 전체적인 경제상황에 대한 IMF의 인식을 보여주는 거시경제목표가 제시되는데, 가장 대표적인 거시경제변수인 경제성장률, 인플레이션율, 그리고 경상수지 목표가 포함되어 있다.

표 14-14 IMF 의향서 : 한국

구분		**1차 의향서**(1997.12.3)	**2차 의향서**(1997.12.24)	**3차 의향서**(1998.1.7)
거시경제 목표	경상수지	GDP의 1% 이내 적자		흑자 추세 강화
	물가상승률	5% 이내		9%
	성장률(GDP)	3%		1~2%
통화 및 환율정책	본원통화			14.9% (1998. 3 말)
	금리 및 유동성 공급	▪ 외환시장 안정 위해 상승 용인	▪ 환율안정 위해 콜금리 30% 이상 인상 ▪ 이자율 상한선 폐지	▪ 외환시장 안정 때까지 계속 고금리 유지 ▪ 수출부문 지원 위해 다양한 지원방안 고려
	환율정책 및 외환보유고 관리	▪ 순외환보유고 기준 112억 달러 (1997. 12 말)	▪ 일일 환율변동 제한폭 철폐 ▪ 외환지원 엄격히 감독	▪ 순외환보유고 기준 81억 달러 (1998. 3 말)
	재정수지	▪ 균형 또는 소폭 흑자 유지		▪ 적자 용인

재정정책	정책			▪ 세수 확대를 위해 교통세, 특별소비세 인상 및 범위 확대
금융부문 구조조정	금융개혁 법안	▪ 한국은행법개정안 통과 ▪ 금융감독기구의 설치 등에 관한 법률안 통과 ▪ 결합재무제표 도입을 위한 법률개정		
	구조조정 및 개혁조치	▪ 부실금융기관 퇴출 및 구조조정 ▪ 부실대출정리 가속화 ▪ 예금전액보장을 3년 내에 부분보장 제도로 대체 ▪ 은행의 BIS 기준 충족 추진일정 수립 ▪ 건전성 감독 기준 강화(BIS core principles) ▪ 금융기관 지원 시 조건부과와 투명성 제고 ▪ 회계 및 공시는 국제기준에 부합하도록 강화 ▪ 종금사 감독인력 보강 ▪ 국내 금융기관에 대한 외국인투자 개방계획 가속화 ▪ 국내 은행 해외지점 관리 강화 ▪ 외환보유고 관리방식 개선 및 국내 은행의 해외점포에 대한 예치 억제	▪ 금융위기 대처를 위한 태스크포스팀 편성 ▪ 종금사 정상화 방안 추진의 구체적 일정 제시 ▪ 은행 정상화 방안 추진의 구체적 일정 제시 ▪ 예금보험제도의 강화	▪ 서울 · 제일은행에 대한 정부출자 계획, 감자시기와 구체적 방법 발표 예정 ▪ 성업공사에 의한 부실채권 매입 및 공공부문의 금융기관에 대한 지원의 투명한 기록
기타 구조개혁	무역자유화	▪ 무역 관련 보조금 폐지 ▪ 수입승인제 폐지 ▪ 수입선다변화제도 폐지 ▪ 수입증명절차의 투명성 제고		
	자본자유화	▪ 외국인 주식투자한도 확대 ▪ 국내 단기금융상품 매입 제한 없이 허용 ▪ 회사채시장 개방 ▪ 직접투자 절차 간소화 ▪ 기업의 해외차입 제한 철폐	▪ 외국인투자 전체 한도 인상 ▪ 채권시장의 완전개방 ▪ 외국 은행 · 증권사의 현지법인 설립 허용 ▪ 단기금융상품 개방 일정 수립	
	기업 지배구조 및 기업구조	▪ 기업의 재무제표에 대한 투명성 증대 추진일정 수립 ▪ 정책금융 범위 축소 ▪ 보조금 및 세제지원 금지 ▪ 상호 채무보증 개선조치 시행		

자료 : 기획재정부.

그 다음에는 통화정책, 재정정책, 구조조정 등 분야별로 정책처방이 제시되어 있다. 통화정책 부문에서는 양적인 목표, 금리 수준, 환율 및 외환보유액 관리 등에 대한 세부적인 실행 방안이 포함되어 있다. 재정정책 부문에서는 재정수지 목표와 이를 달성하기 위한 정부지출 및 조세 정책에 대한 가이드라인이 포함된다. 구조조정 부문은 상당히 포괄적인데, 크게 금융부문 구조조정, 기업부문 구조조정, 무역 및 자본 자유화 등으로 나눌 수 있다.

1차 의향서 이후 내용이 계속 수정되어 왔지만, 우리나라에 대한 IMF 프로그램은 기본적으로 긴축 재정 및 통화 정책 채택, 자유변동환율제도 채택, 전반적인 금융구조조정과 개혁, 산업구조와 기업지배구조 개혁, 전면적인 자본자유화, 그리고 수입선다변화 정책의 폐지 등의 정책처방을 주요 내용으로 포함하고 있었다. 이러한 내용들을 종합적으로 고려할 때 위기에 처한 국가들에 대해 IMF는 긴급유동성 제공을 포함해 결국 네 가지 측면에서 정책처방을 내놓았다고 볼 수 있다. 첫째, 환율안정과 국제수지 개선을 위한 긴급유동성 제공이다. IMF의 역할을 국제금융시장에서 최종대부자라고 정의할 때 이는 위기 시 IMF 본연의 임무이며 1980년대 남미의 외채위기 시 IMF 처방은 주로 이 분야에 국한되었다. 둘째, IMF 프로그램의 일환으로 긴축재정과 긴축금융 정책을 요구하였다. IMF는 이러한 긴축정책이 해외자본 유입을 촉진해 외환시장을 안정시키고, 수입을 억제해 국제수지를 개선하기 위해 불가피하다고 보았다. 셋째, 구조조정에 대한 처방이다. 외환위기의 근본적인 원인을 금융과 산업 부실로 보아 이 분야에서 구조조정이 필요하다는 시각이다. IMF 프로그램이 구조조정을 포함하기 시작한 것은 IMF가 구소련과 동구권의 구조조정에 본격적으로 개입하기 시작하면서부터이다. 마지막으로 자유화 조치를 요구하였다. 당시 IMF의 자유화 조치 요구는 환율자유화 및 자본자유화 조치뿐만 아니라 무역자유화 조치를 포함하고 있었다.

4.2 IMF 정책 평가[46]

긴급유동성 제공에 대한 평가

IMF 구제금융에 대해 가장 크게 기대하는 것은 긴급유동성의 제공으로 외환시장에서 달러 경색이 완화되고 환율이 안정화 추세로 전환시키는 효과를 유도할 수 있다는 점이다. 〈그림 14-6〉은 한국에서 외환시장이 불안해지기 시작한 1997년 10월 이후 1998년 4월까지 원화의 달러화에 대한 일별 환율움직임을 보여주고 있다. 그림에서 첫 번째 수직선은 1997년 12월 3일 IMF 구제금융 지원 결정이 발표된 시점을 나타내고, 두 번째 수직선은 동년 12월 24일 한국 정부와 국제상업은행들과의 외채만기 협상이 타결되었다는 소식이 발표된 시점이다.

그림 14-6 한국의 일별 환율 추이

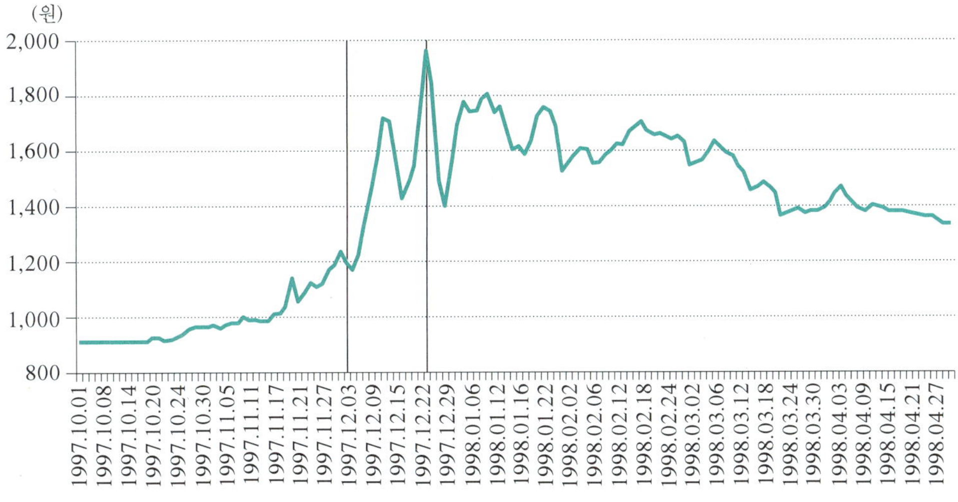

자료 : 한국은행, 경제통계자료.

IMF의 구제금융 지원 소식이 발표되었을 때 외환시장에서 일시적으로 환율이 안정되는 추세로 전환되기도 했다. 그러나 그러한 추세 전환은 며칠 지속되지 못하고 곧바로 다시 환율이 급등세로 반전되어 12월 23일 사상 최고 수준인 달러당 1960.0원까지 상승하였다. 이에 반해 12월 24일 만기협상 타결 소식이 전해지자 구제금융 지원 소식 때보다도 훨씬 더 큰 폭으로 환율이 하락세로 전환되었다. 물론 환율이 며칠 후 다시 상승하기도 했지만, 1998년 1월 이후의 환율은 확연하게 하락세로 전환되었음을 알 수 있다. 일반적인 기대와는 달리 IMF 구제금융이 환율을 안정시키는 데 커다란 효과를 거두지 못하고 있는데, 이는 무엇보다도 한국 금융시장 및 경제에 대한 국제금융시장에서의 신뢰가 확보되지 못했기 때문이다. 외채만기 협상은 국제금융시장의 주요 상업은행들이 직접 협상에 참여해 타결한 것이므로 시장에 주는 신호효과는 훨씬 더 컸던 것으로 판단된다. 물론 IMF, 세계은행 등 국제금융기구들이 먼저 나서서 국제상업은행들이 참여하고 협조하도록 주선했다는 것은 긍정적으로 평가받을 수 있다. 그럼에도 당시 한국의 경험은, 구제금융 지원이 실질적인 효과를 거두기 위해서는 그에 수반된 프로그램이 위기에 처한 국가들의 상황을 개선시키고 국제금융시장에서의 신뢰를 회복시키는 방향으로 이루어져야 한다는 것을 시사해 주고 있다.

거시경제정책에 대한 평가

우리가 환율안정을 위해서 물가안정을 유지하고 경상수지 적자를 줄이는 데 최선을 다해야 한다는 데에는 이론이 있을 수 없다. 그렇지만 이를 위해서 과거 중남미 국가들에 적용된 고강도 긴축수요관리정책을 채택하라는 IMF의 요구는 문제가 있다.

우선 재정정책 측면에서 보더라도 라틴아메리카 국가들과 동아시아 국가들은 재정운용에서 명확한 차이가 있었다. 한국을 포함한 동아시아 국가들은 기본적으로 재정정책 운용에서 균형 내지는 약간의 흑자 기조를 견지하고 있어 재정적자는 위기의 원인으로 작용하지 않았다. 그럼에도 불구하고 IMF는 한국 정부에 대해 정부지출을 감소시키고 세금을 증대시켜 재정수지 흑자를 유지하도록 의향서에 명기하였다. 이러한 처방은 IMF가 적어도 두 가지 차원에서 잘못했음을 나타내주고 있다. 첫째, 위기에 처한 국가들의 사정이 다름에도 불구하고 기존 매뉴얼에 따라 무조건적으로 천편일률적인 처방을 내렸다는 것이다. 상황이 다름에도 불구하고 이와 같은 긴축처방을 내리면 당연히 결과는 부정적으로 나타날 수밖에 없을 것이다. 둘째, 당시 위기에 처한 한국 경제는 소비가 감소하고 투자도 위축되는 등 총수요가 급격하게 부족한 상황이었는데, 팽창재정정책을 권고하기보다 긴축정책을 강요해 더욱 수요를 위축시켰다는 것이다. 이에 대해서는 IMF 자신도 1999년 1월 19일 내부 평가보고서를 통해 위기의 심각성을 오판하는 등 수 많은 실수를 저질렀다고 시인하고 있다.[47]

이와 더불어 상황을 더욱 악화시킨 것은 긴축통화정책이었다. IMF는 초기 정책협의에서 환율이 뚜렷하게 안정세를 보일 때까지 콜금리를 30% 이상의 높은 수준에서 유지할 것을 요구하였다. 이는 고금리 정책이 두 가지 메커니즘을 통해서 환율을 안정시킨다고 보는 것이다. 먼저 국내 고금리로 인하여 내외금리차가 확대되면 그만큼 외자유입이 확대되고 환율이 하락(원화가치 상승)한다는 지적이다. 또 다른 메커니즘은 고금리에 따라 저축이 증대되고 소비와 투자가 감소되면서 경상수지가 개선되고 환율이 하락한다는 것이다.

그런데 이러한 고금리 정책은 우리 경제 현실에 비추어 그 효용성이 제한되어 있다. IMF 구제금융을 요청한 직후 환율은 외환에 대한 투기적 수요와 우리 경제에 대한 불안감에 따라 큰 폭의 등락을 보이고 있고 이미 지나치게 높은 수준까지 올라 있었다. 국내금리가 과도하게 높음에도 불구하고 외자유입이 부진한 것은 원리금 회수에 대한 신용리스크가 크기 때문이며, 우리 경제의 미래에 대한 불안감이 가시지 않는 한 고금리 정책이 외자유입을 촉진하는 데에는 한계가 있다. 외국 금융기관들의 대출 만기 연장과 원화에 대한 수요는 금리 격차보다는 한국신인도에 달려 있었다. 환율이 안정되려면 기업 및 금융기관의 원활한 구조조정을 통해 대외신인도가 회복되어 자발적인 외자도입이 이루어져야 하는데 이러한 구조조정은 어느 정도의 기간이 소요된다. 따라서 고금리 유지라는 가격정책만으로 짧은 기간 내에 환율을 안정시키는 것은 사실상 불가능하다. 한편 고금리 정책에 의해 추가적 소비 감소와 저축 증대로 경상수지가 개선되고 환율이 안정되는 효과 또한 이미 저축률이 30% 이상으로 매우 높은 우리나라의 경우에는 한계가 있었다.

반면에 단기금리를 높게 유지하는 정책의 부작용은 매우 크다. 인위적으로 콜금리를 높은 수준으로 유지하는 것은 환율의 하향안정화 달성에 앞서 기업금융 부담 과중에 따라 무더기 기업부도 사태를 낳을 가능성이 크다. 기업부도사태가 금융기관의 동반부실, 대외신인도의 추가 하락, 그리고 해외자본 유입 부진으로 이어진다면 소기의 환율안정에도 실패할 가능성이 크다. 우리나라와 같이 부채-자본비율이 높은 경우 금리가 일시에 IMF 체제 이전의 수준보다 2배 이상으로 상승하게 되면 기업의 채산성 및 자금흐름 면에서 극도의 어려움이 있으며 정상적인 기업활동이 어렵게 된다. 금융기관들의 연이은 도산으로 지금시장의 흐름이 막히면서 금융경색 현상을 보이는 상황에서 과도한 금융긴축은 금융공황과 산업기반 붕괴를 가져올 가능성도 있다. 미국의 대공황 당시 이를 악화시킨 요인으로 긴축금융정책을 들고 있는 미국 경제학자들도 많이 있다. IMF가 요구하는 과도한 긴축금융정책은 무리가 있었으며 협의과정에서 곧 재조정될 수밖에 없었다.

Box 14-2 IMF의 이중적 태도

IMF는 위기에 처한 국가들이 긴급 지원을 요청할 때 구제금융을 제공하면서 항상 과도한 프로그램을 조건으로 내세웠다. 라틴아메리카 국가들이 수차례 외채위기를 맞았을 때도 IMF는 긴축정책, 구조개혁 및 자유화 등의 프로그램을 강요했었다. 동아시아 국가들이 위기를 맞아 지원을 요청했을 때도, 라틴아메리카와 상황이 다름에도 불구하고 여전히 동일한 처방에 유사한 프로그램을 조건으로 추가했다. 이와 같은 혹독한 조건을 강제적으로 실행해 위기를 경험했던 국가들에서는 IMF 대표단을 '저승사자'라고 불렀다.

그런데 이러한 IMF가 서구 지역의 국가들에게는 전혀 다른 태도를 보이고 있어 비난을 받고 있다. 2008년 미국발 글로벌 금융위기가 전 세계로 확산되기 시작했을 때 IMF는 미국 및 유럽 국가들에게 적극적인 확장정책을 권했다. 사실 이들 국가들의 지출 및 재정수지는 동아시아 국가들보다 훨씬 열악했음에도 불구하고 정반대의 정책을 제시한 것이다. 그 당시 동아시아 국가들이 금융위기뿐만 아니라 외환위기를 함께 겪던 상황이었고 달러화가 예나 지금이나 기축통화라는 차이는 있다는 점을 십분 고려해도, 서로 상반된 정책처방을 하는 것은 이해하기 힘들다.[48] 2008년 10월 14일 인터내셔널헤럴드트리뷴(International Herald Tribune)의 칼럼은 이러한 문제점을 지적하면서, IMF가 미국, 영국, 유럽 등 서구권 국가들과 아시아 신흥경제국들에 차별적인 대우를 하고 있다고 주장했다. IMF는 서구권 국가들에 대해서는 금융정책 등에 대한 규율을 요구하려 하지 않는 반면, 동아시아 국가 및 개발도상국들에 대해서는 엄격한 규율을 적용했다고 하면서, 동아시아 국가들은 캉드쉬 IMF 총재의 감시 하에 인도네시아 수하르토 대통령이 협의서에

싸인하는 굴욕적인 장면을 결코 잊지 않을 것이라고 쓰고 있다.[49]

IMF의 이중적 태도는 유럽 위기 진행 중에도 나타나, IMF가 유럽 위기에 대응하는 태도가 과거 동아시아 위기 때와는 다르다는 비판이 또다시 강하게 제기되었다. IMF는 지난 1997년 동아시아 위기로 인해 국가부도의 위기에 놓인 한국, 태국, 인도네시아 등에 대해 엄격한 프로그램을 따른다는 조건으로 구제금융을 제공했다. 이러한 과도한 조건으로 인해 충격의 진폭이 더욱 확대되면서 수많은 기업 및 금융기관이 폐쇄되거나 국영화, 통폐합됐다. 그러나 유럽 위기 속에서 진원지인 그리스와 유럽의 대형 은행들은 전혀 다른 대접을 받고 있다. 그리스는 동아시아 국가들에 비해 상대적으로 양호한 조건 속에서 구제금융을 받고 있고, 그리스에 투자한 유럽 은행들은 문을 닫기는커녕 투자금 회수를 보장받고 있다. IMF는 위기를 겪고 있는 그리스, 포르투갈, 아일랜드 등의 국채에 투자한 유럽의 금융기관들에 대해서는 반드시 상환받도록 해주겠다고 약속한 것이다.

동아시아 국가에서는 IMF가 유럽에 이중 잣대를 적용하는 것은 이사진에 유럽 인사들이 상당수 포진하고 있기 때문이라고 주장했다. 실제로 라가르드(Christine Lagarde) IMF 총재는 그리스 채권을 가장 많이 보유하고 있는 나라인 프랑스의 재무장관 출신이다. IMF 총재 및 이사진 등 고위층들에 유럽 쪽 인사들이 많이 포진해 자신들의 국가에 대해서는 과거 금융위기 시절 개발도상국에 강요했던 가혹한 처방들을 피하도록 허용하고 있다는 것이다. 경제 전문가들은 그리스 부채 문제가 초기에 부상했을 때 그리스 국채에 투자한 금융기관들에게 투자책임에 따른 손실을 부담시키고 퇴출시키는 방식으로 일찌감치 가혹한 처방을 내렸다면 유럽 위기가 확산되지는 않았을 것이라고 지적하고 있다. 유럽의 일부 은행들은 퇴출되었겠지만, 그리스가 더 심한 위기에 빠져들지 않고 유럽 전체도 재정위기에서 절연됐을 것이라는 분석이다.[50]

구조조정 정책에 대한 평가

IMF는 금융, 산업, 노동, 그리고 무역 등 전 분야에서 구조개혁을 요구하고 있다. 금융구조 개혁 내용을 보면, 금융기관의 흡수 · 합병을 제도화하고 부실 금융기관을 정리하며 외국인의 국내 금융기관 인수를 허용하는 것이다. 한편 산업부문 관련 개혁 내용을 보면, 재벌의 재무구조와 지배구조 개선, 상호지급보증제도 개선(금지 또는 대상 확대), 독립적인 외부감사 및 이사제도 도입, 경영의 투명성 확보를 위한 완전공시, 재벌의 결합재무제표의 작성 등을 통해 새로운 경영환경에 적응할 것을 요구하고 있다. 또한 외국인의 적대적인 M&A 허용도 합의 내용에 포함되어 있다. IMF는 무역자유화 조치를 요구하고 있고 해외투자를 적극 유치하고 대외신뢰도 회복을 위해 정리해고제와 근로자 파견제도 도입을 포함한 노동개혁도 함께 요구하고 있다.

동아시아 위기 당시 한국의 구조조정, 특히 금융부문의 구조조정은 성공적이었다고 평가된다. 일반적으로 구조개혁은 엄청난 반대에 직면하게 되고, 많은 경우 개혁으로 인해 피해를 입는 기득권 집단의 반발이 너무 강해 성공적으로 추진하기가 어렵다. 그런데 한국은 위기를 맞았기 때문에 개혁의 필요성과 정당성을 부여받음으로써 개혁반대세력을 설득할 수 있었고 따라서 IMF의 요구 이상으로 대대적인 구조조정이 가능했다.[51] 이처럼 IMF의 구조조정 정책은 평상시 가장 어려운 구조개혁을 추진할 수 있도록 명분을 제공했다는 점에서 IMF의 여러 정책처방 중 가장 긍정적으로 평가받을 수 있다.

한국의 경우 IMF 구조조정 요구가 긍정적으로 평가받음에도 불구하고, 여전히 제기되는 문제는 IMF의 구조조정 요구 자체가 당시 직면한 위기를 극복하는 데 과연 바람직했는가 하는 것이다. 펠슈타인은 IMF에 대한 구제금융 신청 시 한국에 필요했던 것은 채권은행들의 조정을 통한 단기성 채무구조의 재조정, 만기 연장, 일시적인 추가신용의 제공 등이며, 구조조정은 한국 경제의 장기적 효율성을 증진시킬지는 모르겠지만 한국이 당장 국제금융시장에 접근하는 데 반드시 필요한 조치라고는 볼 수 없다고 주장한다.[52] 한국의 외환위기를 해결하기 위해서는 외환위기의 성격이 영구적 지불불능이 아닌 일시적인 것임을 채권자들에게 설명해야 함에도 불구하고 강력한 구조조정 요구를 통해 한국 경제의 구조적 · 제도적 문제점을 강조함으로써 이와 정반대의 인식을 심어주었다는 것이다. 또한 자본시장 개방과 일본 상품에 대한 무역장벽의 제거 등 IMF 프로그램의 상당 부분은 선진국들이 오랫동안 한국에 요구해 온 정책들로서 원론적으로는 한국 경제에 도움이 될 수 있지만 한국이 어려운 위치에 처해 있는 그 시기에 추진하는 것은 IMF의 권력남용이라는 인식을 심어준다는 것이다.

결국 펠슈타인의 견해는 한국 경제의 문제를 외환위기와 일반적인 구조개혁 문제로 나누어 접근하는 것이 바람직하며, IMF는 외환위기를 푸는 데 집중하는 것이 바람직하다는 것이다. 이러한 펠슈타인의 견해는 IMF의 고유 기능을 강조한 측면이 크다.

이와 더불어 외환위기 상황에서 구조조정을 동시에 진행함으로써 가뜩이나 어려운 경제를 빈사상태로 끌고 갔다는 사실도 간과해서는 안 될 것이다. 외환위기로 경기가 극도로 침체되고 실업이 급등한 상태에서는 더욱 그렇다. 한 예로 IMF가 단시일 내에 우리 금융기관들로 하여금 BIS 자기자본비율을 충족시킬 것을 요구하는 것은 금융경색을 더욱 악화시킬 가능성이 컸다. 금융기관들은 부실대출 급증에 따른 평가손, 주식가격 폭락에 따른 주식평가손, 그리고 환율 급등에 따른 원화표시 외채규모의 증가 등으로 BIS 자기자본비율이 급격히 악화된 상태였기 때문이다. 이런 점을 고려할 때 IMF는 외환위기에 대한 처방을 하고 구조개혁은 해당 정부의 주도 하에 하는 것이 바람직할 것이다.

자유화 정책에 대한 평가

IMF 프로그램은 환율제도와 관련, 일일환율변동폭 제한을 철폐하고 변동환율제도를 택할 것을 요구하고 있었다. 한국 정부는 사전에 준비된 외환 및 자본자유화 정책에 따라, 단계적으로 선진국형의 변동환율제도로 이행하고 자본시장도 완전 개방하려고 했었다. 그러나 1997년 12월 완전변동환율제도로 조기 이행하였으며 자본자유화와 관련해서도 외국인 주식투자 한도를 1998년 말까지 완전히 철폐하고 채권시장을 개방하며, 1998년에 외국인의 국내 회사채와 단기금융상품 매입을 제한 없이 허용하고 민간기업의 해외차입에 대한 제한을 철폐하기로 합의했다.

이러한 변화의 큰 특징은 정부의 능동적인 판단과 공개적인 스케줄에 의한 것이 아니라 외환시장이 마비된 급박한 상황에서 IMF의 요구에 의해 전격적으로, 그리고 수동적으로 행해진 점이다. 외환시장의 마비상태를 해소하기 위해서 환율이 새로운 균형상태에서 결정되도록 조치를 취하고, 또한 고평가된 원화를 평가절하시켜서 자본유입을 꾀할 필요가 있었던 것은 사실이다. 그렇지만 환율변동에 따른 위험을 피할 수 있는 헤지 수단 등 제도적인 여건이 미비한 상태에서 환율변동이 전격 자유화됨으로써 환위험에 그대로 노출되게 되었다.

외국인의 단기금융상품과 회사채 매입을 제한 없이 허용하는 것도 문제가 있었다. 물론 이론적으로 이들 시장의 개방은 우리나라와 외국 간의 금리 차이, 그리고 원화의 저평가를 감안할 때 필요한 외국 자본의 유입을 가져오는 데 공헌할 수도 있다. 그렇지만 이들 시장의 개방은 위기 이후에도우리의 금융시장을 핫머니 이동에 완전히 노출시키는 것이며 환투기가 발생한다면 그 충격은 더욱 클 것이다.

물론 한국의 발전단계를 볼 때 궁극적으로 금융부문을 자유화하고 자본시장을 개방해야 하는 것은 좀 더 선진화된 수준으로 가기 위해 필요하다. 이러한 필요성을 인식하고 한국 정부는 1996년 OECD에 가입하기 이전에 금융개혁위원회를 설치하고 장기적으로 단계적인 금융개혁, 자본시장 개방 정책을 구상해 놨었다. 이러한 정부의 금융개혁 구상은 IMF가 요구했던 내용들을 다 포함하고 있었고 수년 내에 이러한 구상을 완료할 예정이었다.[53] 그러나 당시 위급한 위기상황 극복이 최우선 과제였음에도 불구하고 초단기간에 이러한 개혁안을 모두 실행하도록 함으로써 위기의 충격이 증폭되게 만들었다. IMF의 2006년 보고서에도 금융세계화의 긍정적 효과를 향유하기 위해서는 일정한 조건을 갖춘 뒤 개방하는 것이 바람직하다는 문턱효과(threshold effect)를 언급하고 있는데, 따라서 IMF가 한국을 포함해 위기에 처한 국가들에게 지나치게 급속도로 개방 및 자유화를 요구한 것은 문제가 있었다.[54]

5. 동아시아 위기 이후 새로운 정책과제

동아시아 위기는 그 이전까지는 경험해 보지 못한 엄청난 충격을 가져왔고 또한 위기의 원인에 대해서도 새로운 인식의 전환을 가져왔다. 따라서 더 이상 위기가 반복되어서는 안 된다는 데 대해서는 이견이 없으나, 위기의 재발을 방지하기 위한 방안들은 위기 원인 논쟁만큼이나 아주 다양하게 제시되고 있다. 그러나 내인론이니 외인론이니 하는 논쟁에 지나치게 매몰되면 대처방안에 대해서도 신자유주의를 따라야 하느니 구조주의를 따라야 하느니 하는 택일의 문제로 몰려갈 수 있다. 주지하다시피 동아시아의 위기는 아주 다양한 원인들이 복잡다기하게 얽혀 발생한 것이다. 따라서 위기 원인 논쟁의 패턴을 따르기보다 어느 시각에서라도 필요한 주장을 취사선택하는 현실주의 자세가 필요하다고 보고, 다음과 같이 정책과제를 제시하고자 한다.

우선, 동아시아 위기의 경우 비록 외인론적인 성격이 상대적으로 강하더라도 내부적인 취약성이 누적된 것도 동시에 원인으로 작용하였다. 따라서 각국이 현실적으로 추구할 수 있고 또한 필요한 처방은 이러한 취약성을 해결하기 위한 구조개혁이다. 둘째, 현재와 같이 금융세계화가 진전된 상황에서는 개별국의 사정이 아무리 양호하더라도 대규모의 국제자본이동이 발생하면 그대로 위기에 빠져들 수 있다. 따라서 과도한 자본이동이 발생하지 않도록 조치를 취할 필요가 있다. 셋째, 동아시아 국가들은 공통적으로 통화불일치 및 만기불일치의 원죄 문제를 갖고 있고 또한 위기는 쉽게 주변국으로 전염되는 특징을 갖고 있다. 따라서 동아시아 국가들이 자기 방어를 하기 위해서는 지역적인 협력체를 구성해 위기발생을 방지하고 위기발생 시 집단적으로 대처할 수 있는 수단을 마련해야 할 것이다.

5.1 내부적인 구조개혁

앞에서 강조했듯이 동아시아 위기의 중요한 원인 중의 하나는 동아시아 국가들의 실물부문 및 금융부문이 과도한 부채 및 거버넌스 문제와 같은 구조적 취약성을 갖고 있어 급변하는 국제금융환경 변화에 제대로 적응할 수 없었다는 데 있다. 그리고 이와 같은 실물 및 금융구조의 취약성은 정부의 재벌과 금융기관에 대한 암묵적인 구제조치 보장 등과 같은 도덕적 해이에 연유한다는 사실도 알게 되었다. 따라서 무엇보다도 시급한 일은 정부, 기업, 그리고 금융기관 간의 유착관계를 끊고 시장원리가 제대로 작동하게 함으로써 기업과 금융기관의 효율성을 높이는 일이다. 특히 금융시장의 범세계화 속에서 금융기관들이 살아남을 수 있도록 금융의 체질을 강화해야 한다. 이러한 점에서는 IMF가 요구한 신자유주의 처방을 일부 받아들이고 계속 추진할 필요가 있다.

금융산업의 체질강화를 위해서는 금융산업 전반에 걸쳐 영업 및 감독 기능이 시장원리를 강화하는 방향으로 확립되어야 한다. 즉, 자율적인 대출심사 및 그에 대한 책임부과가 이루어지도록 하고 금융기관 감독은 시장참여자들의 자발적인 내적 조정메커니즘에 의존하여 신중한 행위가 보상받는 방향으로 이루어져야 할 것이다. 그러나 이와 같은 시장원리가 강화되더라도 금융감독기관은 여러 가지 적극적인 역할이 필요하다. 그중 하나는 금융기관들의 통계를 정확히 파악해 잠재적인 위험을 사전에 방지해야만 한다. 예를 들어 동아시아 위기가 발생했을 때 외채에 대한 상황을 정확히 파악하지 못해 외환보유액이 순식간에 고갈됨으로써 위기가 급속도로 확산되었었다. 따라서 해당 정보를 정확히 파악하고 동아시아 위기에서 부각된 자산과 부채 간의 통화구조 및 만기구조 불일치에 따라 국제유동성위기가 발생하는 일이 없도록 감독을 강화할 필요가 있다. 또한 금융감독기관은 금융기관들이 위험을 고려하지 않고 수익성 위주로 투자를 한 결과 자산이 부실화되지 않도록 지휘 감독할 필요가 있다.

금융당국의 또 다른 역할은 금융위기가 다시 발생하는 것을 막도록 조기경보체제를 마련하는 것이다. 교란요인의 원천을 파악하고 이를 통제하여 새로운 위기로 발전하는 것을 막아 사전에 조치를 취할 수 있도록 정부는 조기경보체제를 가동할 필요가 있다. 이미 많은 국가들이 다양한 조기경보체제를 도입하고 있으나, 그럼에도 불구하고 여전히 위기가 빈발하고 있다. 위기 국가들의 경험에 비추어보면 위기 발생 원인으로 작용하는 가장 핵심적인 요인은 단기외채의 급증이다. 동아시아 위기 때도 단기외채와 경상수지 적

표 14-15 (단기외채 + 경상수지) / 외환보유액 (단위 : %)

	1994	1995	1996
한국	133	165	253
태국	127	152	153
말레이시아	46	60	55
인도네시아	139	169	138
필리핀	212	203	149
대만	0.1	2.5	−1.6

주 : (−)는 경상수지 흑자가 단기외채보다 큰 것을 의미함.
자료 : Rasiah (1998) ; 한국은행 ; Barclays Country Report–Taiwan.

자를 더한 값을 외환보유액으로 나눈 비율이 100%를 넘은 국가들은 IMF에 구제금융을 신청한 반면 그렇지 않은 국가들은 IMF의 구제금융 없이 잘 버텼다. 따라서 일시적인 국제유동성 부족이 외환위기로 발전하는 것을 막기 위해서는 만성적인 경상수지 적자 문제를 해결함과 동시에 단기외채가 급증하지 않도록 해야 할 것이다.

금융부문 구조개혁과 더불어 기업부문의 구조개혁도 지속적으로 추진할 필요가 있다. 기업부문의 구조개혁과 관련해서는 위기대응방안으로서가 아니라 상시적 구조조정을 추진하는 체제가 정립되어야 한다. 이러한 상시적 체제에서는 경기변동에 따라 나타날 부실기업의 효율적인 구조조정을 위해 필요한 제도적 장치와 재원을 사전에 준비할 필요가 있다. 그러나 신규 창업된 유망기업에 대해서는 비록 현재 상황이 좋지 않더라도 향후 국가경제의 성장을 견인할 수 있도록 산업경쟁력 강화, 자금흐름의 개선 등 거시적·산업적 측면의 정책지원을 하는 것이 바람직하다. 기업부문의 구조개혁과 관련해 중요한 원칙은 채권금융기관 주도로 기업의 자금지원과 구조조정을 단행하도록 하는 것이다. 위기 때는 정부가 주도적으로 구조조정을 추진하지만, 장기적인 차원에서는 채권은행들이 기업들 간 옥석을 가려 회생불가 기업은 퇴출시키고 부실징후 기업은 구조조정을 하며 건전하나 유동성 위기에 직면한 기업에 대해서는 금융지원을 강화하도록 해야 한다.

5.2 국제자본이동의 변동성 완화

동아시아 위기 이후 IMF 프로그램에 따라 외환 및 자본거래에 대한 자유화를 추진함으로써 동아시아 국가들의 자본개방 정도가 거의 선진국 수준으로 높아졌다. 이와 같이 자본거래가 자유화됨에 따라 동아시아의 소규모 개방경제 국가들의 경우, 대규모 국제자본이동에 압도당하여 경제상황과 상관없이 커다란 위험에 처할 가능성이 더욱 커졌다. 따라서 핫머니와 같은 단기자본이동이 경제에 미치는 부작용을 줄이도록 노력하는 것이 무엇보다도 중요해졌다.

그런데 과거와 같은 해외차입 규제, 외국인 투자 한도와 같은 해외자본 유입에 대한 양적인 통제는 불가능하다. 따라서 대안으로 모색되고 있는 것이 제8장에서 소개한 토빈세, 가변예치의무제 등과 같은 가격규제를 통한 것이다. 핫머니 규제의 필요성을 주장하는 측은 칠레와 같은 규제방법을 택할 것을 많이 제안하고 있다. 칠레에서는 비주식투자자금유입의 경우 30%를 중앙은행에 무이자로 예치하도록 했었고, 민간기업이 해외에서의 증권 발행을 통해 자본을 들여오려 할 경우 발행기관은 적어도 두 개의 국제신용평가기관으로부터 칠레 국가 수준의 신인도를 획득할 것을 요구했으며, 칠레에 들어오는 해외자본은 1년 이상을 머무를 것을 의무화했었다.

이러한 경험을 동아시아에 원용하려 할 때 한 가지 염두에 둘 것이 있다. 다음의 [표 14-16]은 동아시아 위기 당시 가장 커다란 충격을 받은 5개국의 자본이동 상황을 보여주고 있다. 특히 민간부문에서의 자본이동 상황을 보면 위기 이전에는 항상 자본유입이 자본유출보다 컸었고 위기 직전인 1996년에는 930억 달러에 달하는 대규모의 자본이 순유입되었다. 그런데 위기가 발생한 1997년에는 순유입에서 121억 달러의 순유출로 1년 사이에 1,051억 달러 규모의 자본이 방향을 바꾼 것이다. 이러한 자금흐름의 변화를 주도한

표 14-16 동아시아 5개국의 자본이동

(단위 : 10억 달러)

	1994	1995	1996	1997	1998
경상수지	−24.6	−41.3	−54.9	−26.0	17.6
외자유입	47.4	80.9	92.8	15.2	15.2
민간부문 유입	40.5	77.4	93.0	−12.1	−9.4
주식투자	12.2	15.5	19.1	−4.5	7.9
직접투자	4.7	4.9	7.0	7.2	9.8
포트폴리오투자	7.6	10.6	12.1	−11.6	−1.9
기타투자	28.2	61.8	74.0	−7.6	−17.3
상업은행	24.0	49.5	55.5	−21.3	−14.1
비은행 민간부문	4.2	12.4	18.4	13.7	−3.2
공적부문 유입	7.0	3.6	−0.2	27.2	24.6
국제기구	−0.4	−0.6	−1.0	23.0	18.5
양자 간	7.4	4.2	0.7	4.3	6.1
기타[b)]	−17.5	−25.9	−19.6	−11.9	−5.7
금을 제외한 외환보유액(− = 증가)	−5.4	−13.7	−18.3	22.7	−27.1

주 : 한국, 인도네시아, 말레이시아, 태국, 필리핀. 기타는 통화용 금, 오차, 결측치 포함.

자료 : Institute for International Finance(1998)

주체는 상업은행들로서 1997년 555억 달러의 순유입에서 1997년 213억 달러의 순유출로 무려 768억 달러의 자금흐름을 변화시켰다. 이는 동아시아의 경우 핫머니의 주체가 단기 포트폴리오투자 자금보다는 상업은행 차입 자금임을 말해 준다. 따라서 자본이동에 대한 규제방안을 도입하려고 할 때, 동아시아에서는 전체적인 외환거래에 세금을 부과하는 포괄적인 토빈세보다 은행의 차입자금에 초점을 맞추는 특정한 외환거래세가 보다 유용할 수도 있다.

그러나 시간이 지나면 투자자들은 이를 회피할 수단을 찾아낼 것이고 칠레에서 도입했던 바와 같은 규제정책도 그 효력을 잃게 될 것이다. 따라서 핫머니와 같은 단기자본에 대한 규제는 국제금융시장의 변화를 신속하게 반영해야만 한다.

동아시아 위기를 통해 우리는 선진국 금융기관들이 단기 채무의 회전(roll-over)을 중단하고 일시에 회수해 감으로써 외환위기가 심화되는 현상을 생생히 경험하였다. 이와 같이 단기 채무가 핫머니화하는 현상을 막기 위한 다자간 협력방안도 모색되어야 할 것이다. 이는 과다하게 신흥국가들에게 신용을 공급한 선진국 금융기관들도 이들 국가들과 함께 국제금융위기에 공동 책임을 질 필요가 있다는 것을 의미한다. 동아시아 위기에서는 신용공여 금융기관들이 아무런 책임을 지지 않는 반면 모든 부담은 차입자들이 졌었다. 동아시아 경제사정이 양호할 때 국제상업은행들이 자신들의 업무영역을 확대하기 위해 이 지역에 대해 과다하게 자금을 공급한 것이 동아시아 위기를 촉발한 저변적 원인 중의 하나라고 생각할 때 차입자뿐만 아니라 과도한 자금공여자(creditor)의 도덕적 해이 문제도 함께 해결해야 할 필요가 있다.

자금공여자들에게도 비용을 분담시키기 위해 여러 방안들이 제시되고 있는데, 국제금융위기 발생 시 자동적으로 외채의 10% 혹은 그 이상을 경감해 주는 방안, 또는 대출을 해줄 때 환위험을 차입자에게 전가시키는 것이 아니라 대출자가 떠맡는 방안도 고려해 볼 수 있다. 그 외에도 국제금융위기가 발생하면 원금상환 및 이자지불을 자동적으로 일정기간 정지시키되 국제금융시장에서의 차입을 계속 허용하는 조건을 계약에 포함시키는 방안도 고려해 볼 수 있다.[55]

5.3 지역 금융협력

동아시아 위기는 이 지역 국가들로 하여금 위기 재발을 막기 위해서는 동아시아 지역협력이 필요하다는 점을 강하게 느끼게 만들었다. 당시 당장의 위기를 극복하기 위해서 무엇보다도 동아시아 국가들이 무역장벽, 경쟁적 평가절하 등과 같은 근린궁핍화(beggar- thy-neighbor) 정책을 택하지 않는 협력을 도모했었다. 그러나 동아시아 위기는 이러한 일시적 협력의 차원을 넘어서 보다 적극적인 국제협력을 필요로 하고 있다.

동아시아에서 금융협력의 필요성은 다각도로 제기되고 있다. 첫째로 이 지역 내의 투자와 교역 증대로 동아시아 각국들의 경제는 점점 같은 운명을 타는 경향이 있다. 둘째로 동아시아 위기 당시 각국에 동시다발적으로 진행되던 경제위기는 이 지역 금융협력의 필요성을 입증하고 있다. 무엇보다도 위기가 급속도로 전염되었으며 해외투자자들은 이 지역 경제를 동일시하면서 지역 전체에서 자금을 무차별적으로 회수하는 것을 경험하였다. 셋째로 동아시아 지역 경제의 구심점이 없는 관계로 금융시장이 통합되지 못해 동아시아 위기와 같은 유동성위기를 겪었다는 인식이 팽배했다. 특히 동아시아 지역은 전 세계에서 외환보유액이 가장 많은 중국, 일본, 한국, 홍콩, 그리고 대만을 포함하고 있음에도 불구하고 외환위기를 겪었다. 넷째로 IMF의 처방이나 서구은행들의 태도가 이 지역 금융협력의 필요성을 느끼게 만들고 있다. 동아시아 국가들의 상황은 라틴아메리카 국가들과 다름에도 불구하고 IMF는 동일한 처방을 내려서 동아시아 국가들은 필요 이상의 많은 비용을 지불하게 만들었고, 미국 및 유럽 등 서방국들에 대해서는 상당히 유한 태도의 이중잣대를 적용했다.

동아시아 위기 때도 그렇고 글로벌 금융위기 때도 그렇고 동아시아 국가들은 국제금융위기가 발생할 때마다 가장 혹독한 시련을 겪어왔다. 위기가 이 지역에서 발생했다고 하면 어쩔 수 없는 시련이라고 받아들이겠지만, 위기가 다른 지역에서 발생하는 경우에도 종종 동아시아 국가들이 상대적으로 큰 피해를 입는 것은 수긍하기 어려운 측면이 많다. 동아시아 국가들이 이와 같은 시련을 겪는 이유는 동아시아 지역의 자본시장이 발전하지 못했다는 본질적인 통화금융 문제 때문이다. 자본시장의 미발달로 인해 동아시아 지역이 세계 경제에서 자본잉여 지역임에도 불구하고 잉여자본을 역내보다는 미국 등 역외 자본시장에 투자하고 이를 다시 차입하는 자본이동의 불일치 문제가 발생하고 있다. 이러한 자본이동의 불일치 문제는 동아시아의 원죄(original sin), 즉 통화불일치 및 만기불일치 문제를 야기해 위기의 중요한 원인으로 작용하고 있음은 주지의 사실이다.[56]

동아시아의 다양성 및 과거의 역사적 경험을 고려할 때, 동아시아 지역에서는 통화협력보다 금융협력을 먼저 추구하는 것이 현실적이라고 판단된다. 통화협력은 통화정책 주권의 양도와 같은 정책주권의 문제가 얽혀 있기 때문이다. 금융협력의 시발점으로 지역 내에서의 환율안정과 국제유동성 확보를 위한 노력을 추진해야 할 것이다. 동아시아 위기 직후 외화유동성을 확보하기 위한 재원 조달 방법으로 AMF(Asian Monetary Fund)와 같은 역내 기구를 설립할 필요가 있다는 주장도 대두되었었다. 이를 실천하기 위해 아세안+3 체제를 중심으로 치앙마이 이니셔티브(Chiang Mai Initiative ; CMI), ABMI 등 몇 가지 구체적 방안이 추진되기도 했다. 그러나 일부 성과에도 불구하고 CMI 외에는 특별히 내세울 만한 합의가 이루어진 것을 찾기 어렵고, CMI 자체도 비록 다자화 형태의 CMIM으로 되기는 했지만 실질적인 기능을 하지 못하고 있다. 단적인 예로 2008년 글로벌 금융위기가 발생했을 때, CMI를 이용한 케이스가 없었고 동아시아 지역 내에서 위기의 파급을 진정시키는 데 아무런 역할을 하지 못했다.[57]

따라서 동아시아 지역의 본질적인 통화금융 문제를 해결하고 위기에 대처하기 위해서는 크게 두 가지 방향으로 지역협력이 추진될 필요가 있다. 하나는 동아시아 국가들의 자금이 역내에서 순환되도록 역내 자본시장을 발전시키고, 금융인프라를 개선해 금융시장의 효율성 증진과 안정화를 추구할 필요가 있다. 이에 대한 구체적인 실행방안 중의 하나로 동아시아 국가들의 풍부한 저축자금이 역내에서 투자될 수 있도록 역내 채권시장을 육성하기 위한 ABMI의 구체적 실현과 같은 제도적 · 경제적 기반시설의 마련이 필요하다. 다른 하나는 위기가 발생하는 경우 긴급유동성 지원제도를 마련하는 것이다. 지역안전망의 가장 대표적인 사례는 2012년 10월 출범한 ESM으로, 유럽 위기 당시 긴급유동성을 제공하는 데 많은 역할을 했다. 동아시아 지역에서도 CMIM을 보다 체계화된 상설펀드로 만들어 실질적인 역할을 하도록 해야 할 것이다.[58]

[미주]

1. Bergsten(1997).
2. 구제금융 지원을 둘러싸고 한국 정부와 IMF 간의 협상과정에 대한 상세한 내용은 정덕구(2008)를 참고할 것.
3. 이종화 외(2001), 이종화(2002)는 외환위기 및 금융위기를 경험한 많은 국가들이 동아시아 국가들과 유사하게 'V'자형 패턴의 회복세를 보이고 있지만, 동아시아의 경우 다른 지역에 비해 경기침체의 골도 깊은 반면 훨씬 회복속도가 빨랐음을 보여주고 그에 대한 설명을 하고 있다.
4. 이종화 외(2001).
5. Sachs and Woo(2000).
6. IMF 프로그램의 내용을 보여주는 예로, 한국 정부와 IMF 간의 10차에 걸친 협의내용은 이규성(2015)을 참고할 것.
7. 위기의 원인과 관련된 논의로는 임혜란(2000)의 논문을 상당 부분 참조함.
8. 국내 금융기관이 외환표기단기외채를 증가시켜 이를 다시 국내투자자에게 장기로 대여해 준 위험한 투자행태에 문제가 있다는 것이다. 단기와 장기의 만기불일치로 인해 국내 금융기관의 취약성 및 통화의 유동성 위기 가능성이 증대되었다.
9. Eichengreen and Housmann(1999)의 원죄론에 따르면, 금융시장이 발전되지 못한 국가 또는 지역은 자국 통화표시로 해외에서 장기로 기채하는 것이 불가능하기 때문에 통화불일치(currency mismatch) 및 만기불일치(maturity mismatch)의 구조적인 취약성을 안고 있을 수밖에 없다.
10. Sachs(1998).
11. Stiglitz(1998)는 'Even with the best economic management, small open economies remain vulnerable. They are like small rowboats on a wild and open sea.' 라고 얘기하면서 국제금융자본의 책임을 강조하고 있다. 이영섭 · 이종욱(1998)의 주장도 외인론을 강조한다.
12. Radelet and Sachs(1998).
13. Wade and Veneroso(1998)는 투자위험도를 제대로 고려하지 않고 동아시아의 민간기업이나 은행에 돈을 대출해 준 외국 금융기관들에게도 부실대출의 책임이 있다고 강조한다.
14. 이에 대해서는 뒤에 좀 더 자세히 설명한다.
15. 이영섭 · 이종욱(1998).
16. 동남아 지역에 대한 자본유입은 1996년에는 930억 달러였으며, 1997년에는 121억 달러의 자본유출이 일어났다. 김인준 · 이영섭(1998) ; Gilpin(2000).
17. 김인준 · 이영섭(2019), 제20장.
18. 위기의 전염효과 원인과 관련된 추가적인 설명은 송치영(2000)을 참고할 것.
19. 무역관계로 인한 전염효과에 대한 실증적 연구는 다음을 참고할 것. Eichangreen et al.(1996) ; Gerlach and Smets(1995).
20. 경쟁적 평가절하로 인한 전염효과에 대해서는 Corsetti et al.(1998)을 참고할 것.
21. Radelet and Sachs(1998), Sachs et al.(1996)은 거시경제의 유사성에 따른 전염효과를 분석하고 있다.
22. 국제상업은행의 공동대부자 역할을 강조한 연구는 다음을 참고할 것. Kaminsky and Reinhart(1998) ; Pritsker(1999).
23. 1996년 외환보유액과 3개월분 수입규모의 비율은 한국 0.91, 태국 2.05, 말레이시아 1.38, 인도네시아 1.70, 필리핀 1.18로 한국을 제외하고는 모두 세계은행 권고 수준을 넘어서고 있다.
24. 즉, 내인론은 'too much government intervention' 과 'too little government intervention' 의 서로 다른 시각으로 나뉘어진다. Chang(1998) ; 임혜란(2000).

25. 정부의 금융기관에 대한 관리감독의 허점은 당시, 외채의 경우 대출(borrowing)의 64%가 단기였고, 차입(lending)의 85%가 장기였다는 점을 인식하지 못했던 점에서도 잘 드러난다. Chang(1998).

26. Lim(2009) ; Lim(2010).

27. 한편, 동아시아 위기의 원인은 워낙 복잡다기하므로 내인론 및 외인론 모두를 포괄해 설명해야 한다는 입장도 있는데, 이들에 의하면 동아시아 위기의 발생은 외적인 요인과 내적인 요인의 상호작용을 통해 설명해야 한다는 입장이다. 윤영관(1999)에 따르면, 동아시아 위기는 동아시아식 자본주의와 영미식 자본주의의 운용논리의 충돌에 의해 설명할 수 있다고 한다. 영미식 자본주의가 금융대국이라는 패권적 지위를 활용하여 금융세계화를 추진하는 과정에서 금융체제의 부실로 인한 경직적인 동아시아의 중상주의 약점이 노출될 수밖에 없었다는 것이다.

28. 이호철(1999)은 '통제되지 않는 국제자본이라는 바이러스 군집이 동아시아 국가에서 번져나갔음에도 불구하고 왜 어떤 국가는 심하게 병을 앓아 누워 수혈을 받아야 했고, 왜 어떤 나라들은 가벼운 감기 정도로 넘어갔는가의 차이가 있는데, 이러한 반응의 차이를 설명하기 위해서는 국가의 내적 요소에 초점을 두어야 한다'고 했다. 이는 극심한 태풍이 왔음에도 유사한 지역에 있던 나무들이 어떤 것은 태풍에 쓰러졌으며 다른 나무는 건재하다면 그 원인을 나무의 내적인 문제, 뿌리를 살펴봐야 할 수도 있다는 것에 비유 가능하다.

29. 이 부분은 임혜란(2000), 3절을 바탕으로 정리하였음.

30. 임혜란(2000), p.31.

31. Moon and Rhyu(2002) ; Chang(1998).

32. Moon and Rhyu(2002).

33. 한국의 경우는 다음 소절 2.에서 별도로 다룬다.

34. 보다 자세한 내용은 World Bank(2000), Berg(1999), 박규리(2017) 등을 참고할 것.

35. Berg(1999), p.38.

36. IMF는 심지어 동아시아 위기의 경우 금리가 상당히 높았다는 명확한 증거를 발견하기 어려우며, 또한 기대인플레이션 측정방법의 문제로 인해 실질금리가 얼마나 긴축적이었는지 알기 어렵다는 다소 황당한 주장까지 제기하기도 한다. Berg(1999), p.31.

37. Lim(2010)은 개혁이 발생하게 되는 여건을 이론적으로 설명하면서, 정치경제적인 측면에서 위기는 개혁을 추진하기 위한 좋은 환경을 제공해 준다고 주장하고 있다. 유사한 설명에 대해 Rodrik(1996) 및 Williamson(1994)도 참고할 것.

38. 보다 자세한 내용은 World Bank(2000)를 참고할 것.

39. 기업구조조정방식은 사법적 절차를 거쳐야 하는 법원 주도의 '회생절차'와 채권금융기관 또는 채권단 자율협약 방식에 의한 '워크아웃'으로 구분된다. 박규리(2017).

40. 이 내용은 김인준 · 이영섭(2019), 제21장을 바탕으로 정리함. 우리나라의 정책대응과 관련해 상세한 내용은 이규성(2015), 정덕구(2008)를 참고할 것.

41. '5 + 3' 원칙이란 기업경영의 투명성 제고, 상호지급보증(채무보증) 해소, 재무구조의 획기적 개선, 핵심 주력 사업으로의 역량 집중 및 중소기업과의 협력 강화, 지배주주와 경영자의 책임성 강화 등의 5대 원칙과 제2금융권 지배구조 개선, 계열사 간 순환출자의 억제 및 부당내부거래 차단, 변칙적인 상속 · 증여의 방지 등 3대 원칙을 말한다.

42. 금융부문의 개혁과 관련된 추가적인 설명은 임혜란(2018), 제3장을 참고할 것.

43. 넓은 의미의 사회복지제도는 사회 전체를 대상으로 일종의 보험을 제공하는 성격의 사회보험제도(social indurance)와 가난한 사람들의 생계를 돕기 위한 공공부조정책(public assistance)의 두 가지가 있다. 사회복지제도에는 국민연금제도, 건강보험제도, 고용보험제도 등이 포함되고, 공동부조정책의 예로는 국민기초생활보장제도를 들 수 있다. 이준구 · 이창용(2007), 제10장.

44. 전임 IMF 총재였던 칸(Strauss Khan)은 2010년 6월 인터뷰에서, 1990년대 외환위기 당시 IMF가 구제금융을 제공하는 대가로 요구한 것들이 너무 혹독했다는 지적에 대해 "당시 어떤 실수가 없었다고 말하지 않겠다"면서 잘못한 부분이 있었음을 인정했다. 또한 동아시아 위기 당시 저승사자로 불렸던 나이스(Hubert Neiss) 전임 IMF 아태국장도 2017년 10월 인터뷰에서, 위기 직후 IMF의 재정 긴축 요구에 대해 "긴축이 아니라 완화했더라면 빠른 경제회복에 더 도움이 됐을 것"이라고 말했다.

45. 대표적으로 Sachs(1997 ; 1998), Stiglitz(1998)를 참고할 것.

46. 이 내용은 김인준 · 이영섭(1998)을 바탕으로 정리함.

47. http://www.donga.com/news/article/all/19990120/7413689/1

48. 김인준(2013), 제7장.

49. https://www.nytimes.com/2008/10/14/opinion/14iht-edbowring.1.16938299.html?searchResultPosition=1

50. https://www.washingtonpost.com/business/economy/imf-lax-on-europe-rescue-efforts-elsewhere-hit-private-investors-harder/2011/09/27/gIQABxMi5K_story.html

51. 임혜란(2003) ; 임혜란(2018), 제3장.

52. Feldstein(1998).

53. 당시 한국 정부와 협상하기 위해 파견된 IMF 대표단이 금융개혁위원회 보고서 번역본을 들고 다녔다는 것은 공공연한 비밀이다.

54. 이러한 IMF 요구의 배경에 대해 월가(Wall Street) 및 미국 정부가 있었다는 음모론도 주장되고 있다.

55. Wyplosz(1998).

56. Eichengreen and Hausmann(1999) ; Eichengreen et al.(2002) ; Eichengreen and Bayoumi(1996).

57. Kim and Rhee(2010). 이 외에도 기존 체제의 전반적인 문제점 및 다양한 아이디어에 대해서는 Chung and Kawai(2011), 기획재정부(2011)를 참조할 것.

58. 동아시아 지역의 금융안전망 발전방안에 대해서는 Hur and Rhee(2015)를 참고할 것.

동아시아 지역통합의 정치경제[1]

15

1. 동아시아 통합의 역사적 고찰

2. 동아시아 지역통합의 필요성

3. 동아시아 지역통합의 현황

4. 동아시아 지역통합의 여건 평가

5. 동아시아 지역통합의 한계 및 과제

동아시아 지역은 경제력, 인구 등 여러 여건에 비해 국제사회에서의 영향력이 상대적으로 작게 나타나고 있다. 과거에는 미국과 소련이 냉전을 주도했었고 동아시아 지역이 평균적으로 저발전 상태였기 때문에 그랬다고 하지만, 최근에는 그러한 상황이 변했음에도 불구하고 여전히 충분한 위상을 확보하지 못하고 있다. 많은 이유 중에서도 중요한 이유로 들 수 있는 것은 동아시아 지역 국가들 간의 협력이 부족해 지역을 대변하는 일치된 목소리를 내지 못하고 있기 때문이라는 것이다.

지난 20세기에 비해 금세기는 이미 보편화된 세계화 속에 국내 문제와 국제 문제의 구분이 점점 모호해지면서 국가 간 경쟁과 상호 네트워크에 의한 국제 협력이 공존하는 시대로 변모되고 있다. 이러한 추세는 지역 내 국가들이 서로 경쟁하면서도 동시에 협력함으로써 개별국의 발언권을 강화하는 수단으로 지역공동체를 활용하는 요인으로 작용할 수 있다. 거대한 세계질서의 재편과정에서 세계 경제의 역동성의 핵심 위치에 있는 동아시아 지역이 지역통합을 이끌어낼 수 있다면, 실질적으로 국제사회에서의 주도세력으로 영향력을 발휘할 수 있을 것이다. 또한 역내 협력을 강화시키면 대외 취약성을 감소시켜 국제금융위기에 대한 대응 차원에서도 효과를 가져올 수 있다. 이처럼 동아시아 지역통합의 필요성이 점증함에도 불구하고 여전히 지역 내에서 갈등이 빈발하고 있고 다른 지역에 비해 역내 국가들 간의 협력 수준이 가장 낮은 상황이다. 동아시아 지역통합의 전개과정은 국제정치경제질서의 변화에 직접적인 영향을 미칠 것이므로, 동아시아 지역이 어떤 이유로 협력이 지지부진한지, 범세계적 수준에서의 국제정치경제와 어떤 관계가 있는지, 그리고 어떻게 이러한 문제들을 극복할 수 있는지 살펴볼 필요가 있다.

1. 동아시아 통합의 역사적 고찰

동아시아 지역통합에 대한 논의는 1990년대 이후, 특히 동아시아 위기 이후 활발하게 전개되고 있는데, 역사적 배경으로서 동아시아라는 지역 개념이 어떻게 받아들여지고 있는지, 그리고 과거에 어떠한 구상들이 제시되어 왔는지 살펴보고자 한다. 동아시아 역내에 포함된 국가들이 다양한 입장 및 구상들을 제시하고 있지만, 그중에서도 특히 한국, 중국 및 일본을 중심으로 살펴보고자 한다.

1.1 동아시아 개념의 형성

한국

한국에서 동아시아 지역이라는 개념이 형성된 것은 1990년대 이후라고 볼 수 있다. 과거 조선시대에는 중국 중심의 중화질서를 지역질서로 인식하다가 일본 제국주의 시대에는 일본 중심으로 지역질서를 인식하고 있었다. 물론 동양평화론, 삼국제휴론[2] 등 일부 한국을 독립국가로 한 지역협력 구상이 제시되기도 했지만, 이는 지극히 예외적인 경우였다. 해방 이후에도 1980년대까지는 미국과 소련이 대립하는 냉전체제 속에서 지역 개념을 인식할 수밖에 없었다. 따라서 냉전체제에서는 동아시아 개념보다도 미국을 포함한 아시아·태평양이라는 개념이 지역협력을 논의할 때 주된 개념으로 사용되었었다.

이러한 인식에 변화가 나타난 것은 1990년대에 접어들면서인데, 이후 동아시아, 동북아 등과 같이 현재 우리가 사용하고 있는 개념이 폭넓게 사용되기 시작하였다. 새로운 변화가 나타난 배경으로 1990년대 초 사회주의권 붕괴로 인한 냉전 종식이 중요한 계기로 작용했지만, 지난 수십 년간 동아시아 지역의 경제성장으로 우리나라의 경제가 동아시아 지역과 긴밀해진 것도 중요한 요인으로 작용하였다. 특히 1990년대 말 외환위기 이후 글로벌화된 세계질서에 대처하고 새로운 발전전략을 마련하기 위한 방안으로 동아시아의 중요성을 인식하고 지역협력에 보다 적극적인 입장을 취하게 되었다.

중국

청나라 때까지 중국은 스스로를 아시아 및 세계의 중심이라고 생각하고 동북아를 중국의 동북부와 한국, 일본, 몽골 등 주변지역을 포함하는 지역이라고 인식했었다. 그러나 중국공산당이 정권을 수립한 이후 개혁개방 이전까지는 이데올로기를 다른 무엇보다도 우선시했으며, 따라서 동아시아 혹은 아시아에 대한 개념도 지리적 개념보다는 이념적 개념으로 인식하는 태도를 보였다. 예를 들어 마오쩌뚱은 1974년 2월 22일 제3세계론을 제기하면서 "일본을 제외한 아시아는 제3세계이다" 라고 천명하고 있다.[3] 이는 아시아라는 개념을 서방에 대립해 제3세계의 단결을 강조하기 위해 도입한 것으로 받아들여진다. 이러한 태도는 이후 개혁개방 때까지 이어져, 중국 지도자들이 중국의 정체성을 언급할 때 아시아라는 개념보다는 사회주의 국가, 개발도상 국가, 제3세계 국가라는 개념을 더욱 자주 언급하고 있다.

개혁개방 이후 중국의 동아시아 혹은 아시아에 대한 개념이 변화되지만 초기에는 기존의 개념을 그대로 유지했다. 그러나 개혁개방이 본격화되면서 이러한 기존의 세계관을 버리고 점차 실용주의 차원에서 경제발전을 우선시하게 됨에 따라 주변국들을 경제발전을 위한 협력자로 받아들이기 시작하였다. 특히 사회주의 체제가 붕괴되고 대외정책의 족쇄였던 이념적 대결이 해소되면서 경제개발을 위한 주변국과의 관계개선과 역내협력의 필요성이 강조되었다. 이러한 변화에 따라 1990년대 들어서면서부터 중국이 지역주의에 본격적인 관심을 갖기 시작하였다.

일본

일본은 한국 및 중국에 비해 오래전부터 오늘날 사용되는 동북아 혹은 아시아 지역에 대한 인식을 가졌던 것으로 판단된다. 예를 들어 일본에서의 아시아주의는 이미 메이지 시대부터 시작되고 있다. 당시 일본 지도층들은 구미열강의 아시아 침략에 대비하기 위해 아시아 국가들이 일본을 중심으로 단결하자고 주장하고 있다. 1930년대 전 세계의 블록화 추세에 부응해 주창한 대동아공영권도 기본적인 배경에서는 이러한 인식과 맥을 같이 하고 있다. 대동아공영권에서는 동북아 지역을 하나의 국가로 간주하고, 유럽권 및 아프리카, 미주권, 러시아권을 제외한 동아시아–남태평양을 일본 중심의 권역으로 형성하려 하였다.

제2차 세계대전에서 패한 이후 한동안 일본에서 아시아주의는 일종의 금기사항이었다. 대동아공영권의 유산 때문이기도 하고 또한 일본이 미국의 극동 전략 및 아시아 정책하에서의 부흥과 발전이라는 노선을 선택함에 따라 일본의 아시아 정책은 자국 발전전략의 부속적인 것으로 간주되었기 때문이기도 하다. 일본은 패전에서 회복되고 빠른 경제성장을 이룩하면서 기본적으로 아시아와의 관계를 일본의 발전을 위한 수단으로 삼아왔고 이를 위해 다양한 협력 구상을 제안해 왔다. 이러한 노력으로 동아시아에서 시장주도의 경제통합 추이에 기여하기도 했다. 그러나 탈아(脫亞)-입아(入亞)를 반복하면서 다소 이중적인 태도를 보여오고 역외국인 미국에 지나치게 의존한다는 인상을 지우지 못해 동아시아 국가들로 하여금 일본의 아시아주의에 대해 회의를 갖게 만들었다.

1.2 동아시아 공동체 구상의 역사적 고찰

역사적으로 동아시아 공동체에 대한 다양한 구상은 주로 일본을 중심으로 제안되어 왔다. 이는 위에서 설명한 각국의 동아시아 지역에 대한 개념과 밀접한 관련이 있다. 중국에서는 동북아 지역을 자국의 일부 경계지역으로 간주하거나 아니면 이념적 개념의 하부 개념으로 인식함으로써 지역공동체에 대한 구상이 거의 나타나지 않고 있다. 한국에서도 식민지시대, 냉전시대를 거치고 1990년대 이후에 들어서야 동아시아 개념이 형성되기 시작해, 그 이전에는 특별히 주목할 만한 구상을 찾아볼 수 없다. 반면 일본은 제2차 세계대전 이전에는 서구열강의 동양 진출에 대해 아시아에서의 패권을 확보하기 위한 차원에서, 그리고 전후에는 최소한 경제 면에서 아시아의 질서를 주도하기 위한 목적으로 다양한 구상을 제시해 왔다.

최근의 여러 구상들에 대해서는 뒤에서 다루어질 것이므로 여기서는 과거 오래전에 한·중·일 3국에서 대표적으로 제시된 구상들을 살펴보고자 한다. 특히 한·중·일 3국의 입장을 동등한 차원에서 비교하기 위해 한국의 동양평화론, 일본의 대동아공영권, 중국의 대아시아주의 등 국가별로 하나씩만 소개하고자 한다.

안중근의 동양평화론[4]

안중근의 동양평화회의체 구상을 살펴보면 정치협력, 금융협력, 안보협력의 3대축으로 구성되어 있다. 따라서 그 구상이 실현되었다면 오늘날 EU와 같은 지역공동체가 아시아에서도 출현할 수 있을 것으로 보인다.

안중근은 한국, 중국, 일본 간의 3국 관계를 지역적으로 인접한 국가들 간의 평등한 관계로 설정하고 상호 제휴하여 서구 제국주의의 아시아 침략에 대항해야 한다고 호소하였다. 19세기 말 20세기 초에 걸쳐 아시아 국가들 간의 여러 다양한 연대론이 모색 및 제시되었는데, 안중근의 동양평화론은 일본이 중심이 되어 주창한 아시아 연대주의와 구조적으로는 유사해 보일지라도 반침략주의라는 점에서 커다란 차이점을 갖고 있다.[5] 안중근은 일본의 제국주의 정책은 일본 지도층의 일부에 의해 자행되고 있는 것으로 판단하고, 지도층과 인민을 분리하여 사고하였으며, 일본 인민들 다수는 평화를 희망한다고 확신하였다.[6]

구체적인 방안 중의 하나로, 우선 안중근은 군사, 안보적 측면에서 당시 러시아, 일본, 중국의 군사세력이 치열하게 다툼하였던 여순을 일본, 중국, 한국 3국이 공동으로 관리하는 군항으로 만들고 3국이 대표를 파견하여 동양평화회의를 조직할 것을 주장하였다. 나아가 세 나라의 청년들로 군단을 편성하고 이들에게는 2개국 이상 어학을 배우게 하여 우방 또는 형제의 관념이 높아지도록 함으로써 한 · 중 · 일 3국의 청년들이 서로 연대할 수 있는 기반을 만들고자 했다.

한편 안중근은 실질적인 삼국 제휴를 가능하게 할 경제적 기반을 마련하기 위해 삼국 공동으로 은행을 설립하여 공동화폐를 발행할 것을 제안하기도 하였다.

일본의 대동아공영권[7]

대동아공영권은 일본의 쇼와(昭和) 시대에 제국주의 정부와 군대에 의해 급조되어 보급된 구상이다. 1930년대 국제정세를 보면 영미의 헤게모니 블록, 이탈리아의 후발 자본주의 블록, 소련의 공산주의 블록 등 지역블록화가 성행했는데, 이러한 추세에 편승해 일본에 의해 주도되고 서방 세력으로부터 독립된 아시아 블록을 만들어내려는 욕망을 표현한 것이 대동아공영권이다. 1940년 7월 당시 일본의 고노에 후미마로 내각이 결정한 기본국책요강과 관련해 9월 마쓰오카 외상이 담화에서 언급한 이래 광범위하게 사용되었다.

대동아공영권은 일본, 만주, 중국을 하나의 경제공동체로 구성하고 동남아시아를 자원공급 지역으로 하였으며, 군사적 측면에서는 인도양 및 남태평양 지역까지를 국방권에 포함시켰다. 대동아 공영권의 요체는 아시아 국가를 구미열강의 식민 지배로부터 독립시키고 아시아 각국의 '공동 번영'을 모색하는 새로운 국제질서를 확립하여 번영과 평화를 나눈다는 것이었지만, 실제적으로는 구미열강의 식민 지배를 일본이 대체했을 뿐이었다.

이처럼 대동아공영권에 포함된 일본의 아시아공동체론은 1930년대부터 제2차 세계대전까지 일어난 일본 제국의 동아시아 침략을 정당화하려는 도구에 불과했었으며, 이는 이후 일본의 대외정책에 커다란 장애요인으로 남게 되었다. 아직까지도 아시아 국가들은 대동아공영권을 제국주의 일본이 제2차 세계대전 중에 괴뢰 정부를 내세워 각국을 통치하려 했던 수단으로 기억하고 있다. 이러한 기억은 일본 경제가 부상함에 따라 일본을 중심으로 아시아를 결집하려고 할 때 많은 국가들이 강한 거부감을 나타내도록 만든 부정적인 유산으로 작용하게 되었던 것이다.

쑨원의 대아시아주의[8]

중국에는 쑨원, 캉유웨이, 량치차오 등이 아시아주의를 주장했었는데, 그중에서도 가장 주목을 끈 것은 쑨원의 대아시아주의였다. 쑨원은 1924년 11월 28일 일본의 고베여자고등학교에서 '대아시아주의'라는 제목으로 강연을 하였고, 이 연설에서 당시 국제정세에 대한 조망과 함께 아시아의 연대를 강조하였다.

쑨원은 당시의 국제정치 구도를 서양과 동양의 전쟁, 즉 군사력에 기반을 둔 서양의 '패도의 문화'와 인의도덕에 바탕을 둔 동양의 '왕도의 문화' 간 대결구도로 간주하였다. 이러한 대결구도에서 아시아의 평화를 보장하기 위한 방안으로 대아시아주의를 주창하였다. 쑨원은 대아시아주의의 기초를 형성하는 것은 왕도문화인데, 이것은 단순한 저항의 이데올로기가 아니라 아시아 제 민족을 결속시키고 아시아에서 서구 제국주의 세력을 배척할 수 있는 수단임을 강조하고 있다.[9]

쑨원은 아시아 국가들이 연합해야만 서구열강의 침략에 대해 아시아 국가들이 독립하고 평화를 유지할 수 있음을 강조하였다. 하지만 당시 현실은 아시아 대부분의 국가들이 서구의 식민지로 전락한 상태이므로 아시아 전체가 협력한다는 것은 불가능한 상황이었다. 따라서 쑨원은 중국과 일본이 중심이 되어 아시아 평화를 회복하는 데 공헌할 것을 촉구하고 있다. 특히 쑨원은 "일본은 이미 서구의 패도문화를 습득하였고 아시아의 왕도문화의 본질을 보유하고 있다" 고 하면서 아시아의 평화를 지키는 데 일본의 역할이 막중함을 강조하고 있다. 아울러 일본에 대해 "이후 세계문화의 전도에 대해 서양패도의 개가 될 것인가 아니면 동양 왕도의 간성(干城)이 될 것인가는 전적으로 여러분들의 손에 달려 있다고" 고 함으로써 일본의 제국주의적 아시아 정책을 비판하는 한편 중일연대를 호소했다. 한편 쑨원은 중국과 일본을 두 축으로 하는 아시아 연대에서 더 나아가 소련과의 연대도 모색할 것을 주장하고 있다.

2. 동아시아 지역통합의 필요성

지역통합의 대표적인 사례인 유럽에서 '유럽통합(European integration)' 이라는 이상은 제2차 세계대전 이후에 새롭게 나타난 개념이 아니며 이미 오랜 역사를 갖고 있다. 유럽에서 근대국가가 출범한 이후 통합을 취지로 하는 구상들이 지속적으로 주장되어 온 이유는 한마디로 유럽 내 '평화와 안정' 의 정착이라고 할 수 있다.[10] 유럽의 역사는 다른 어느 지역보다도 전쟁의 연속으로 이어져 왔다. 이처럼 계속되어 온 전쟁의 원인은 근본적으로 유럽의 수많은 국가들 간 불화와 이해충돌이 자주 일어났기 때문이었다. 따라서 유럽이 정치경제적으로 하나의 공간을 이룩한다면 안정과 번영을 누릴 수 있다는 것이 통합에 대한 가장 큰 배경이었다. 여기에 경제적 요인이 유럽통합의 추진을 가져온 결정적인 추가 배경으로 작용하였다. 유럽이 수많은 국가들로 분열되어 있어 경제적 이해관계가 서로 충돌하고 있었는데, 보호주의는 서로에게 해가 될 뿐 이득을 가져오지 못하고 있었다. 따라서 시장을 통합한다면 국가 간 갈등을 해소하고 다양한 추가적인 경제적 이익도 누릴 수 있어 적극적으로 유럽통합을 추진하게 된 것이다.

동아시아에서의 지역통합 배경도 전체적으로는 유럽과 크게 다르지 않다. 역내 국가 간 갈등을 완화시키기 위한 취지는 여전히 중요하지만, 그러나 정치적인 차원에서 전쟁을 방지하기 위한 이유는 상대적으로 약하다고 볼 수 있다. 동아시아에서 지역통합의 필요성으로 강조되는 것은 크게 국제정치경제 분야에서 동아시아 이슈에 대한 관심이 부각된 이유와 긴밀하게 연계되어 있다. 첫째, 동아시아의 기적으로 대변되는 성공적인 발전을 지속하기 위해 동아시아 지역통합이 필요하다는 것이다. 둘째, 이러한 성공적인 사례에 치명타를 입힐 수 있는 국제금융위기 등 다양한 위기에 대처하기 위해서도 지역 차원에서 공동의 노력이 필요하다는 것이다. 셋째, 격변하는 새로운 국제질서 형성과정에서 동아시아의 객관적 지위에 부응하는 영향력을 행사하기 위해서도 공동의 대응이 필요하다는 것이다. 이 외에도 사회, 문화, 역사적인 유대관계를 공고히 하고 발전시키기 위해 동아시아 지역통합이 필요하다는 주장도 있다.[11]

2.1 동아시아 발전의 지속

그동안 동아시아 지역은 가장 빠른 속도로 성장하면서 전 세계의 경제성장을 이끌어 왔고, 그 결과 북미, 유럽과 더불어 세계 경제 3대 축의 하나로 간주되고 있다. 이러한 결과를 가져온 가장 큰 이유는 동아시아 각국이 장기간 지속적으로 발전하여 경제규모가 급격히 확대되었다는 데 있다. 동아시아의 지속적인 발전원인에 대해서는 다양한 주장이 제기되지만 적어도 경제적인 측면에서 공통적으로 지적되는 것은 대외개방적인 수출주도 전략을 취했다는 것이다. 제2차 세계대전 이후 미국을 비롯한 서방 선진국들의 시장은 동아시아 발전국가들의 수출에 대한 충분한 수요를 제공했고, 이로 인해 장기간 꾸준한 고속 성장이 가능했던 것이다.

이러한 역외지역의 시장은 동아시아 지역이 위기에 직면했을 때 이를 극복하는 데도 크게 역할을 하였다. 동아시아 위기가 발발했을 때 한국을 비롯한 일부 동아시아 국가들은 위기의 직접적인 타격으로 경제성장이 (–)로 전환되고 실업도 급증하였다. 그러나 미국 및 유럽 등 주요 수출시장이 건재한 데다 동아시아 통화가치가 급락하면서 동아시아 국가들의 수출이 급증하였고, 이에 힘입어 예상보다 훨씬 빠르게 위기의 충격에서 벗어날 수 있었다.

그러나 최근에는 상황이 과거와 상당히 달라지고 있다. 동아시아 지역의 성장에 따라 전체적인 추이에서 동아시아 국가들의 수출시장이 역내시장으로 점차 확대되고 있고, 상대적으로 북미 및 유럽 시장의 비중이 줄어들고 있다. 역외지역의 동아시아에 대한 영향력이 감소한 것은 글로벌 금융위기 때도 잘 나타나고 있다. 〈그림 15–1〉에 나타나듯이, 위기 전후 동아시아 지역과 미국의 산업생산 추이를 보면 동아시아 지역은 리만-브라더스 도산 직후 일시적으로 생산이 위축되기는 하지만 곧바로 회복세를 보이고 있다. 반면 미국의 경우는 그 이후 오히려 더욱 생산이 위축되는 추세가 유지되고 있다. 이처럼 글로벌 금융위기의 동아시아 지역에 대한 충격이 제한적으로 나타난 가장 큰 이유는 동아시아

그림 15–1 글로벌 금융위기 전후 동아시아 및 미국의 산업생산

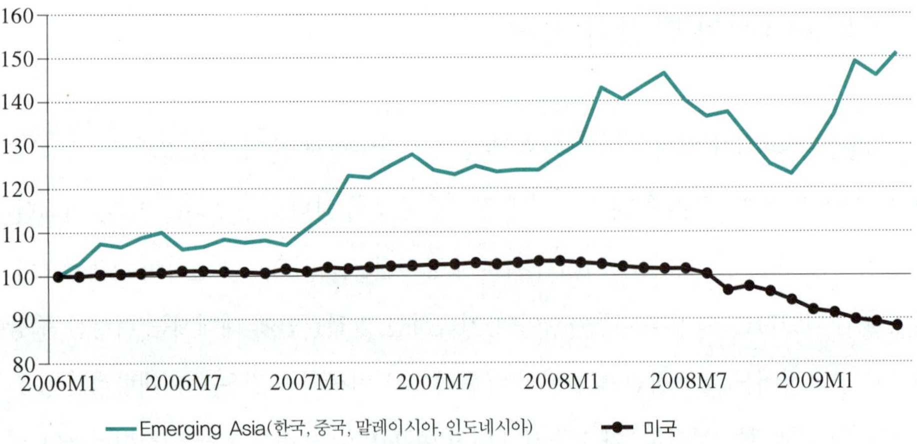

주 : 2006년 1월 = 100.
자료 : IMF, IFS.

역내 국가들 간의 상호 연계성이 높아진 반면 미국 등 역외지역에 대한 의존도가 낮아졌기 때문이다. 동아시아 지역의 역내 연계성 강화는 수출집중도(export intensity) 및 수입집중도(import intensity)에서도 확인할 수 있다([표 15-1]). 동아시아 국가들 간의 수출 및 수입집중도는 미국 또는 유럽에 비해 훨씬 높고, 또한 다른 지역과의 집중도는 하락하는 반면 동아시아 국가들 간의 역내집중도는 증가하는 추세를 보이고 있다.

표 15-1 **동아시아의 수출집중도 및 수입집중도**

	기간	With U.S.	With EU	With East Asia
수출집중도	1990 : I ~ 1996 : IV	0.225	0.155	0.471
	1999 : I ~ 2002 : IV	0.218	0.147	0.494
	2003 : I ~ 2006 : IV	0.170	0.128	0.537
수입집중도	1990 : I ~ 1996 : IV	0.161	0.134	0.502
	1999 : I ~ 2002 : IV	0.145	0.109	0.540
	2003 : I ~ 2006 : IV	0.110	0.095	0.558

주 : 1997년 및 1998년은 동아시아 위기의 극단적 영향을 배제하기 위해 생략했음.

자료 : Kim and Rhee(2009). In June Kim and Yeongseop Rhee(2009), "Global Financial Crisis and East Asian Monetary Cooperation Revisited," presented at the Japanese Economic Association 75th Anniversary International Symposium on *Future of the East Asian and World Economies*, October 9, Tokyo.

뿐만 아니라, 북미 및 유럽 지역에서 지역적 경제통합이 가속화되고 있어 역외시장을 중심으로 한 수출증대정책은 이전에 비해 많은 제한을 받게 될 것으로 예상되고 있다. 더욱이 오랜 기간 동안 지속되고 있는 글로벌 불균형의 심화로 동아시아 지역에 대한 보호주의가 더욱 강화되는 추세에 있다. 결국 동아시아 시장 역내의 교역을 활성화함으로써 동아시아 지역의 성장을 지속시키는 것이 장기적으로 더욱 현실적인 지속성장 전략이 될 것이다. 실제로 동아시아 지역이 전체 세계시장에서 차지하는 교역규모도 이미 미국 및 유럽 지역이 차지하는 교역규모에 견줄 정도로 확대되어, 동아시아 지역에서도 역내교역을 중심으로 한 성장이 지속 가능한 것으로 보여진다. 또한 동아시아 지역에서 중국, 베트남 등 사회주의 국가들의 체제전환과 급속한 경제성장에 따른 구매력 증가는 동아시아의 역내성장 능력을 확대시키고 있다. 따라서 이전처럼 역외시장에 과도하게 의존하는 것이 아니라 역내시장을 활성화하고 역내시장 중심으로 동아시아의 성장정책을 추진할 수 있는 기틀을 제공하는 것이 필요하다. 이를 위해 역내시장 통합을 통해 동아시아 국가들 간의 경제교류가 더욱 활성화되어 효율성 증대, 규모의 효과 증대, 공급사슬 심화 등 통합의 효과가 극대화되도록 노력할 필요가 있다.

수출주도의 대외개방 전략 외에도 동아시아 지역의 지속적인 성장을 가능하게 만든 또 다른 중요한 요인으로 달러화 중심의 안정된 환율을 들 수 있다. 문우식 · 이영섭에 따르면, 동아시아 국가들은 사실상 달러화를 중심으로 환율을 고정시켜 역외통화에 대해서뿐만 아니라 역내통화들 간에도 환율을 안정시킬 수 있었고, 이것이 오랜 기간의 지속적인 고성장에 큰 기여를 했다.[12]

그러나 역외통화인 달러화를 중심으로 환율을 안정시키는 것은 더 이상 기능하기 어렵고 많은 문제를 내포하고 있다. 무엇보다도 동아시아 국가들은 실물적인 측면에서 역내 국가들 간의 연계성이 심화되어 미국의 중요성이 과거에 비해 월등히 감소했다는 것이다. 따라서 달러화를 지역 기축통화로 설정하게 되면 실물 측면에서의 지역화 현상(real regionalization)과 통화 측면에서의 글로벌화 현상(monetary globalization) 간의 간극은 더욱 확대될 우려가 있다. 또한 달러화를 지역 기축통화로 설정하게 되면 위안-달러 환율 또는 엔-달러 환율의 변동이 동아시아 국가들의 통화가치를 급변시켜 동아시아 경제에 커다란 충격을 줄 수 있다.

예를 들어 동아시아 위기의 원인으로 많은 것들이 지적되고 있지만, 동아시아 각국의 환율이 고정 또는 준고정 형태로 달러화에 대해 과도하게 연동되어 있는 상황에서 엔-달러 환율의 급격한 변동이 다른 동아시아 통화의 환율에 반영되지 못한 점도 중요한 원인 중의 하나로 분석되고 있다. 예컨대 맥키논은 동아시아 통화위기를 달러화에 대한 고정환율정책 자체 때문에 발생한 것이라기보다는 엔-달러 환율변동에 따른 아시아 통화와 일본 엔화와의 상대적 환율변동에 기인한 것으로 보고 있다.[13] 특히 동아시아 국가들의 통화가 대체로 미 달러화에 편중 연동되어 있던 관계로 엔화 강세 시기에는 동아시아 각국의 경기가 호황을 이루다가 엔화 약세 시기에는 경기침체를 겪고 있는 패턴이 반복되어 왔다. 우리나라의 외환위기도 1995년 4월 25일 G7의 달러화 안정협약 이후 수직 하락하기 시작한 엔화가 많은 부문에서 일본과 경합관계에 있었던 우리나라 수출기업의 경쟁력을 극도로 악화시키고 경상수지 적자를 대폭 확대시킨 데서 상당히 비롯되었다. 또한 1994년 초 중국 인민폐의 평가절하에 따른 동아시아 통화 간 경쟁적 평가절하(competitive depreciation)로 인해 ASEAN 국가들의 가격경쟁력이 저하되어 결국에는 동남아에서 위기를 초래하게 되었다고 할 수 있다. 이처럼 수년간 지속되는 환율불균형은 실업이나 초과생산, 기업파산, 보호주의 대두 등을 통해 실물경제에 큰 충격을 줄 수 있으며 이는 심각한 통상마찰을 불러일으킬 수도 있다. 따라서 동아시아 국가들 간의 통화협력을 통해 역내 환율안정을 도모하고 역외국가의 환율불안정이 역내 국가들에게 파급될 수 있는 경로를 차단할 필요가 있다.

동아시아 지역이 경제성장 잠재력을 더욱 확대시켜 명실공히 하나의 독립적인 경제성장축이 되고 세계 경제의 리더가 되기 위해서는 지역경제가 자체적으로도 충분히 지속가능한 경제능력을 갖추고 있어야 한다. 현재 동아시아의 상황을 보면 GDP 규모, 역내무역 규모 등 실물적인 측면에서는 충분히 자체지속성이 가능하지만, 통화 · 금융 측면에서는 조건이 상당히 미흡한 실정이다. 만일 동아시아 국가들 간에 통화 · 금융협력을 통해 역내통화가치를 안정시키고 금융시장을 발전시킨다면 동아시아 지역에서 이루어지고 있는 역내 교역 및 투자 규모가 더욱 크게 신장되어 성장잠재력이 확대될 수 있을 것이다.

또한 역내 통화 · 금융협력은 금융시장의 유동성을 높여 자금수요자의 조달비용을 낮추고 투자기회를 확대시킴으로써 자원배분의 효율성을 높이며 동아시아 지역의 경제성장을 더욱 촉진하는 효과를 갖는다. 동아시아 지역은 다른 어느 지역보다도 성장이 빠르고 세계 경제성장에 기여하는 바가 크기 때문에 새로운 투자가 활성화되고 있으며 그에 따라 투자자금 수요도 크게 나타나고 있다. 그러나 지역적인 차원에서의 자본시장이 발달하지 못하고 있어 이러한 투자자금을 주로 국제금융시장을 통해 조달하고 있다. 이로 인해 실물부문은 지역화 현상을 보이는 반면 금융부문은 글로벌화 현상을 보이고 양자 간 연계성이 부족해 금융시장의 비효율성이 장애요인으로 작용해 왔는데, 통화 · 금융협력을 통한 자본시장의 발달은 양자 간의 연계성을 강화시켜 역내 경제성장을 촉진하는 효과를 가질 것이다.

뿐만 아니라 동아시아 통화 · 금융협력을 통해 동아시아 지역의 자본시장이 점차 통합되어 간다면, 현재 잉여상태에 있는 동아시아 지역의 자금이 역내에서 환류되도록 함으로써 하나의 독립적인 경제 축이 되기 위한 실물 및 금융 측면에서의 자족성을 완비하게 되는 효과를 낳는다. 따라서 통화 · 금융협력은 동아시아 지역이 국제무역에서뿐만 아니라 국제금융에서도 독자적인 목소리를 내는 주도적인 세력이 되는 것을 가능케 할 것이다.

2.2 국제금융위기 대응

최근 들어 동아시아 경제협력의 필요성을 특히 고조시킨 원인은 무엇보다도 1997년 발생한 동아시아 위기라고 할 수 있다. 이로 인해, 이전까지 동아시아 경제협력에 대한 논의가 주로 무역 및 투자에 대해 초점을 맞추어 왔었다면 최근의 논의는 무역 및 투자와 같은 실물적인 측면보다 오히려 통화 및 금융에 초점을 맞추게 되었다.

1997년 7월 태국에서 시작된 위기는 동남아 국가들과 한국에까지 이어졌으며 동아시아 지역경제 전체를 급격한 침체에 빠지게 하는 결과를 초래했다. 위기를 겪은 국가들이 정책적 실수와 내부적인 결함을 갖고 있긴 하였으나 이러한 약점을 포착한 국제투기자본의 개입이 내부적인 원인 이상으로 동아시아 금융위기의 주요 원인을 제공하였다. 그러나 막상 위기가 터졌을 때 동아시아 국가들은 IMF와 같은 국제기구로부터 당장의 위기를 진정시키기 위한 도움을 받을 수 없었다. 더구나 위기 이후 채권단들의 일방적인 피해전가, 그리고 국제기구 및 국제금융자본의 뒤늦은 개입이 위기를 해소하기는커녕 오히려 더욱 확대 · 심화시키기에 이르렀다. 이와 같은 위기 발생 및 이후의 전개과정은 많은 동아시아 국가들로 하여금 동아시아 국가들 스스로 불안정한 국제자본으로부터 자신들을 보호해야 하고 다시는 외부의 입김에 의해 동일한 피해가 발생하지 않도록 공동의 대처방안을 마련해야 한다는 생각을 갖게 만들었다.[14]

동아시아 위기는 그래도 진원지가 동아시아 지역이었기에 내부적인 문제에 대한 반성도 많이 있었다. 그러나 글로벌 금융위기는 진원지가 미국이었음에도 불구하고 동아시아 지역은 여전히 커다란 충격을 받았다. 또한 이어지는 유로위기 중에 그리스를 비롯한 남유럽 국가들은 엄청난 규모로 국제금융기구로부터 지원을 받은 반면 동아시아 국가들은 동아시아 위기 당시 사실상 거의 아무런 지원도 받지 못했다. 이처럼 빈발하는 국제금융위기에 대응해 동아시아 국가들이 지향해야 하는 대안은 무엇인가? 물론 제14장에서 언급한 것처럼 내부적인 문제를 해결하고 구조개혁 추진 등을 통해 동아시아 각국의 체질을 강건하게 만들 필요가 있다. 그러나 수차례의 금융위기를 통해 얻은 경험은 이러한 위기 가능성에 대처하기 위해서는 내부적인 체질 개선 외에도 동아시아 지역에 공통적으로 충격을 미칠 수 있는 국제자본이동에 초점을 맞추고 대응방안을 모색할 필요가 있다는 것이다.[15]

국제자본질서의 변화에 대응하는 방법은 두 가지를 고려해 볼 수 있다. 하나는 개별 국가의 차원에서 국제자본주의의 흐름에 그대로 편입되는 방법이고, 다른 하나는 지역적인 협력체를 구성해 집단 대응하는 방법이다. 전자의 접근방식에 따르면 국제자본주의 체제 변화에 맞추어 신속히 국내시장을 개방하고 국내체제를 국제표준에 맞추어 가는 것이 국제경쟁에 뒤처지지 않고 외부로부터의 위협에 대응할 수 있는 방법이다. 즉, 글로벌 스탠다드를 신속히 구축하는 것이 최선의 방책인 것이다.

그러나 주지하다시피 동아시아 국가들이 빈번하게 겪은 위기는 약소국이 국제자본주의 체제 변화에 맞추어 독자적으로 개방 등을 통해 대응해 갈 때 겪을 수 있는 문제를 단적으로 보여주고 있다. 국제거래를 통해 세계 경제가 더욱 긴밀해져 감에 따라 약소국은 대외적인 요인에 더욱 큰 영향을 받게 될 수밖에 없고, 따라서 국제자본의 흐름에 따라 이와 같은 금융위기는 언제라도 반복될 가능성이 크다. 즉, 개별 국가, 특히 약소국은 아무리 건전한 경제구조를 가지고 있다 하더라도 국제금융자본의 거대한 군집이동으로 인해 치명적인 충격을 받을 수 있다는 것이 여러 금융위기가 보여주는 교훈이다. 여러 위기를 통해 얻은 또 다른 중요한 교훈은 오늘날과 같이 대규모로 자본이 이동하는 상황에서 각국이 독자적으로 방어노력을 취하는 데는 한계가 있고 또한 위기는 일단 발생하면 급속히 주변국으로 전염되는 특성을 갖고 있다는 것이다. 따라서 위기에 대처하기 위해서는 개별국 차원에서 대응방안을 마련하는 것보다 지역 차원에서 공동으로 모색하는 것이 훨씬 효과적이다.

동아시아 국가들이 위기에 처했을 때, 위기의 실제적 표현은 결국 이 지역 국가들이 국제거래에서 사용하는 대표적 유동성인 달러화의 부족으로 나타났다. 이러한 국제금융위기의 발생을 방지하는 가장 단순한 방안은 유동성을 빌리든 혹은 해외시장에 수출을 통해 획득하든 가능한 한 외환보유액 규모를 최대로 늘리는 수밖에 없다. 그러나 이러한 방안은 두 가지 문제점을 갖고 있다. 첫째는 외환보유액을 아무리 늘린다 하더라도 경제규모가 작은 국가에서 확보할 수 있는 외환규모가 제한된다는 점이다. 그에 비해 세계화된 국제자본시장에서 이동 가능한 국제 투기자본의 규모는 하루 수천억 달러 이상 동원이 가능한 것으로 추정되고 있다. 이처럼 방대하고 신속한 자본 동원 능력에 대항할 수 있는 충분한 규모의 외화를 확보하는 것은 많은 나라에게 실제로 불가능한 것으로 보인다. 둘째는 이처럼 많은 외화를 보유하는 것에 소요되는 비용의 문제이다. 외국으로부터 자본을 빌릴 경우 지불해야 하는 이자는 이러한 외환보유에 대한 직접적인 비용이다. 교역을 통해 획득한 외환이라 할지라도 투자될 수 있는 자본을 외환금융위기에 대응하기 위해 유동성 자본으로 보유하는 것은 높은 기회비용을 발생시킨다. 특히, 경제규모가 작은 국가일수록 이로 인한 국민 1인당 피해는 늘어날 것이다.

통화 · 금융협력의 형태에 따라 달라질 수 있지만 국제금융위기를 방지할 수 있는 협력방향은 두 가지가 가능하다. 첫째는 국제유동성의 필요시 그 공급능력을 제고하는 방향이다. 예를 들어 한 국가가 외환금융위기 가능성이 있을 때 여러 국가에서 공동으로 참여하여 필요한 유동성을 공급해 주는 방식이다. 둘째는 국제유동성의 수요를 줄이는 방향이다. 동아시아 국가들의 역내 무역비율은 이미 50%를 넘어섰으며, 이러한 역내무역에서 사용되는 거래통화를 역내통화로 전환할 경우 무역에 필요한 역외통화에 대한 외환수요를 크게 줄일 수 있다. 따라서 동아시아 국가들 간의 통화 · 금융협력은 국제유동성에 대한 수요를 줄일 뿐만 아니라 공급능력을 제고시키게 되어 동아시아 국제금융위기와 같이 유동성부족으로 인한 위기 발생을 방지할 수 있는 제도적 대안이 될 수 있을 것이다.

동아시아 통화 · 금융협력은 긴급유동성을 제공하는 기능 외에도, 소위 말하는 원죄론(original sin)에 따른 국제금융위기를 방지하는 효과를 가질 수 있다. 아이켄그린과 하우스만(Eichengreen and Hausmann)의 원죄론에 따르면, 금융시장이 발전되지 못한 국가 또는 지역은 자국 통화표시로 해외에서 장기로 기채하는 것이 불가능하기 때문에 통화불일치(currency mismatch) 및 만기불일치(maturity mismatch)의 구조적인 취약성을 안고 있을 수밖에 없다. 실제적으로 1997년의 동아시아 위기를 비롯해 개발도상국 및 신흥시장국에서 발생한 위기는 달러화표시 부채에 따른 구조적인 문제점 때문에 기인한 바가 크다. 만일 동아시아 지역의 통화·금융협력의 진전으로 자본시장이 통합되고 그에 따라 역내 경쟁을 통해 금융시장의 효율성이 제고된다면, 이러한 원죄는 많은 부분 면죄될 것이고 또 다른 국제금융위기의 가능성도 상당히 낮아질 것이다. 더욱이 자본시장 통합은 역내 금융시장을 통해 경상수지 적자를 보전하기 위한 단기적 자본유입을 용이하게 하며 포트폴리오의 분산을 통해 비대칭적 충격에 대한 완충장치로 작용하는 등 최적통화지역 형성에도 유리한 환경을 조성하는 효과를 가진다.[16]

2.3 새로운 국제정치경제질서에서의 영향력 확대

동아시아 지역주의를 자극해 온 또 다른 중요한 원인은 1980년대 후반 이후 급속하게 번져 나가고 있는 전 세계적인 지역주의 현상이다. 가장 대표적인 예로는 EU를 들 수 있지만, 그 외에도 북미 지역에서의 NAFTA,[17] 남미 지역에서의 MERCOSUR 등 세계 곳곳에서 지역주의가 확산되어 왔다. 반면 동아시아에서는 ASEAN 등 일부 움직임들이 있지만 다른 지역에 비해 상대적으로 지역주의 움직임이 미미한 편이다.[18]

일반적으로 지역주의는 강대국과 역내 주변국과의 관계를 보다 협력적으로 재정립할 수 있게 해줌으로써 세계화에 따른 위협에 대처하는 수단을 제공할 뿐만 아니라 외부적인 경제적 위협 자체를 감소시키는 데도 도움을 줄 수 있다. 지역 내 국가 간의 사회·문화적 상호성은 국가들로 하여금 지역 내 무역 및 투자를 선호하게 하며 이를 통해 지역 내에서의 자본·노동·자원을 통합적으로 활용하여 생산하는 방안을 모색하게 되는 것이다. 이와 같은 지역적인 협력은 역내 국가들 간의 상대방에 대한 경쟁위협을 감소시킴과 동시에 역내 국가들로 하여금 세계시장에서의 경쟁에서 우위를 차지하도록 하는 데 상당한 도움을 줄 수 있다. 지역 내 국가 간 무역 및 금융 관계가 보다 상호 의존적으로 변화되면서 경제적 지역주의는 당연한 현상이라고 볼 수 있는데, 문제는 지역 간에 경쟁적 지역주의 경향이 생겨나고 있다는 것이다. 한 지역이 지역공동체를 형성했을 때 이는 배타적 무역장벽, 규모의 경제 등을 통해 다른 지역에 상당한 위협으로 작용할 수 있다. 이런 경우 전 세계적으로 번져가는 지역주의 현상은 동아시아 지역에 상대적으로 많은 불이익을 가져올 수 있다. 흔히 우려하는 역외지역에 대한 배타적인 정책을 취하는 경우에는 당연히 불이익이 발생하고, 배타적인 입장을 취하지 않는 경우에도 무역전환 효과 등을 통해서 상대적으로 손실을 입을 수도 있다.[19] 따라서 다른 지역의 국가들이 경쟁적 지역주의 입장을 취하는 경우 먼저 형성된 지역공동체로부터 파급되는 손실을 방지하기 위해 동아시아 국가들도 대응공동체를 형성할 필요가 있는 것이다.

뿐만 아니라 향후 국제정치경제질서를 재편하기 위한 논의과정에서 동아시아 국가들의 입장을 반영하고 영향력을 확대하기 위해서도 지역 차원의 협력이 필요하다. 지금까지 국제정치경제질서는 미국과 유럽 양자에 의해 좌우되어 왔다. 수차례의 GATT 라운드 협상과정 및 WTO 체제 내에서도 양자 간의 합의가 최종적인 타결에 필요한 것이었으며, 동아시아의 의견은 다만 양자 간의 게임에서 서로 자신의 입장을 유리하게 하기 위한 하나의 방편으로만 이용되어 왔다. 유럽이 협상의 한 축으로 작용할 수 있었던 것은 EU라는 지역공동체를 통해 통일된 목소리로 미국에 대응했기 때문이다.

한편 지금까지 국제금융시장구조는 미국 달러화를 중심으로 한 IMF 체제에 의해 운영되어 왔는데, 유럽 국가들이 유로화를 공동의 단일통화로 도입하면서 국제금융질서 또한 달러권과 유로권 양극체제로 상당히 분화되었다. 양대 통화가 세뇨리지(seignorage) 획득을 위해 경합을 하든 아니면 타협을 통해 통화권을 분리하든, 동아시아 지역의 통화들과 금융시장은 이러한 변화에 수동적으로 적응할 수밖에 없다. 이러한 양대 통화권이 형성하는 새로운 국제금융질서구조는 동아시아 지역의 이해관계가 전혀 고려되지 않을 가능성이 높다. 예를 들어, 그동안 미국만이 달러화의 독점적 지위를 이용해 다른 국가에 대한 고려 없이 국내 정책목표에 전념하는 무해한 무시(benign neglect) 환율정책을 써왔는데, 유로화 출범 이후 미국뿐만 아니라 유럽도 무해한 무시정책을 취하는 경향이 있다. 유럽 위기가 발생했을 때 ECB의 정책이 동아시아 국가들의 통화 등 역외통화 가치에 미치는 영향을 고려해 정해졌다고 보기 어렵다. 이처럼 대표적인 국제통화인 달러화와 유로화가 경쟁적으로 변동하면 동아시아 통화가 더욱 불안해져 또 다른 위기가 발생할 수도 있다. 더욱이 달러블록과 유로블록이라는 통화블록이 무역블록과 불가피하게 연계되므로 동아시아 지역은 무역에 대한 타격을 통해 손실을 입을 수도 있다. 따라서 새로운 국제금융질서에서 동아시아 국가들의 이득을 반영시킬 수 있기 위해서는, 혹은 적어도 양대블록 형성으로 인해 동아시아 국가들이 입을 수도 있는 손실을 방지하기 위해서는, 동아시아 지역에서도 공동의 목소리를 낼 수 있는 지역적인 통화 · 금융협력 장치를 마련해야 한다. 이와 더불어 동아시아 지역의 신흥시장국 및 개발도상국이 부상함에 따라 국제기구의 거버넌스 개편 논의가 계속 진행되고 있지만, 아직도 동아시아 국가들은 국력에 상응하는 위치를 차지하지 못하고 있다. 따라서 동아시아 지역에서도 공동의 경제권을 만들어 국제경제질서 개편 논의에 지역의 목소리가 반영될 수 있도록 할 필요가 있다.[20]

3. 동아시아 지역통합의 현황[21]

동아시아 지역협력의 여건이 변화해 옴에 따라 동아시아에서의 지역통합 구상도 다양한 형태를 보여 왔다. 첫째, 초기에는 지역협력이 안보를 목적으로 시도되었으나 점차 안보보다는 경제적 이해관계 자체를 주된 목적으로 삼고 있다. 둘째, 얼마 전까지만 해도 실물 차원에서의 협력이 강조되었고 일부 통화 · 금융 차원에서의 협력을 언급한 것들도 사실은 실물 차원에서의 협력을 보완하기 위한 것들이었으나, 점차적으로 특히 동아시아 위기 이후 통화 · 금융 차원에서의 노력도 강조되고 있다. 셋째, 과거 동아시아 지역통합 구상들이 승승장구하던 동아시아 경제의 이득을 극대화하기 위한 것에 초점을 맞추었다면 최근의 구상들은 위기와 같은 최악의 상황을 회피하기 위한 것에 많은 초점을 맞추고 있다.

3.1 실물부문의 지역통합 구상

현재 실물부문(무역 및 투자)에서의 지역통합 구상은 크게 동북아를 중심으로 역내 일부 국가들 간의 국지적인 협력, 보다 광범위한 동아시아 전체에서의 지역다자협력, 그리고 동아시아 국가들 외에 역외국가들을 포함하는 초동아시아적 협력으로 구분해 볼 수 있다.

동북아시아를 대상으로 하는 지역통합 구상

동북아시아를 대상으로 하는 지역통합 구상은 주로 FTA 결성이라는 형태로 진행되고 있는데, 대체로 한·일 FTA, 한·중 FTA, 중·일 FTA 등 두 국가 간의 양자 FTA 결성과 동북아 3국을 FTA로 묶는 한·중·일 FTA를 예로 들 수 있다.

우선 한·일 FTA는 1998년 10월 한국의 김대중 대통령이 처음 제안하였다. 이후 산관학 공동연구 결과에 기초하여 2003년 11월 협상을 개시하여 2004년 11월까지 6차례의 공식협상을 가졌으나, 그 이후에는 협상이 중단된 상태에 있다. 한국과 일본은 지난 50여 년 동안 과거사 청산 문제로 인한 양국 국민 간의 반목과 질시, 그리고 그 때문에 생겨난 혐오증 등으로 양자관계가 순탄치 못했던 것이 사실이다. 그럼에도 불구하고 2000년대 초반부터는 양국이 상호 간의 협력강화 필요성을 절감하면서 접점을 찾아가는 과정에 있던 것으로 분석된다. 이러한 노력의 일환으로 시작한 것이 바로 2003년에 개시된 한·일 간 FTA 체결을 위한 협상이다. 이 협상은 원대한 목표를 가지고 출발했으며, 출발 당시 양국의 기업계가 커다란 박수를 보낼 정도의 기념비적인 사건이 될 수도 있었으나, 협상이 거의 마무리되던 시점에 불거진 정치적인 문제들로 인해 협상이 중단되었다. 현재는 협상 중단 후 상당한 시간이 경과하였고, 이에 따라 협상의 모멘텀이 상당한 정도 상실되었고 이를 회복하기 위한 여건이 아직 성숙되지 못한 상황에 있는 것으로 평가할 수 있다. 지난 수년간 협상 재개를 위한 적지 않은 시도가 있었으나, 그때마다 나타나는 과거사 문제는 지금까지도 장애요인으로 작용하고 있다. 즉, 협상 재개를 위한 결정적인 계기, 예를 들면 역사교과서, 독도, 위안부 문제 등에 대한 일본의 전향적인 태도 변화 등의 새로운 환경이 마련되지 않는 한 조만간 협상을 재개하기는 어려울 것으로 판단된다. 특히 일본이 환태평양경제동반자협정(Trans-Pacific Partnership ; TPP)에 가입하면서 한 · 일 FTA로부터 얻을 수 있는 추가적인 이득이 거의 없다고 인식해 더욱 소극적으로 변화한 점도 앞으로의 전망을 어둡게 하는 요인이 되고 있다.

한 · 중 FTA는 2004년 11월 한국의 노무현 대통령과 중국의 후진타오 대통령 간의 정상회담에서 제안되었다. 2005～2006년 기간 중 민간공동연구가 추진되었으며, 이에 기초하여 2007～2010년의 4년간에 걸쳐 산관학 공동연구가 진행된 바 있다. 지난 10여 년간 ASEAN과의 FTA 결성, 홍콩/마카오와의 공동시장 구축 등의 경험을 바탕으로 중국은 한 · 중 FTA에 대해 매우 적극적인 의지를 나타내었다. 구체적인 협상은 다소 늦게 2012년 5월 시작되었으나 한 · 일 FTA와는 달리 순탄하게 진행되었다. 한국의 경우 중국산 농산물의 위생 문제, 저가 공산품의 공세에 대한 우려 등이 작용하여 긍정적 여건이 중국에 비해 약했기는 하나, 중국이 한국의 가장 커다란 수출시장으로 부상하였고, 오랫동안 양국 간 무역관계에서 무역수지 흑자를 시현하고 있는 점 등을 고려하여 전반적인 분위기는 우호적으로 진행되었다. 한 · 중 FTA는 최종적으로 2015년 타결되었고 그 해 12월 공식 발효되었다. 한 · 중 FTA가 한 · 일 FTA보다 우선적으로 성사됨으로써 동북아시아 통합의 초석이 될 한 · 중 · 일 3자 FTA를 위해 소위 'NAFTA 방식'을 활용할 수도 있을 것으로 기대되었다. 즉, 미국이 캐나다와 먼저 FTA를 체결하였으나, 또 다시 멕시코와의 FTA 체결을 서두르자, 캐나다의 자세가 3국 간 FTA인 NAFTA 결성을 지지하는 방향으로 바뀌었던 사례를 동북아시아에 활용할 수도 있는 것이다. 말하자면, 한 · 중 FTA를 성사시킬 경우 일본의 한 · 중 · 일 FTA에 대한 정책방향이 전향적으로 변화할 가능성이 적지 않을 것으로 기대했던 것이다. 그러나 이런 기대와는 달리 일본은 여전히 3자 FTA에 대해 소극적인 태도를 보이고 있다.

중 · 일 FTA는 양자 FTA 중 가장 지지부진한데, 다음과 같은 이유로 아직 제대로 추진되지 못하고 있는 실정이다. 우선 중국의 저가, 비위생 농산물에 대한 일본 소비자들의 반감이 매우 크고 시장잠식을 우려한 일본의 농민단체들의 반대 목소리가 매우 큰 편이다. 둘째, 일본과 중국 사이에는 동아시아의 정치, 경제에서 주도권을 확보하기 위한 양국 간의 리더십 경쟁이 매우 첨예하게 대립하고 있다. 셋째, 무역자유화가 매우 크게 진전된 일본과는 달리 자유화 수준이 낮은 중국이 일본과의 무역협상에서 자유화를 대폭 확대할 것이라는 기대가 그리 크지 않은 것이 사실이다. 이러한 연유로 양국 간에는 아직 공식적인 협의조차도 진행되지 않고 있는 실정이다.

동북아시아 3국 전체를 FTA로 결성하려는 한 · 중 · 일 FTA는 처음에는 다소 부진했으나, 2010년대 들어 의미 있는 진전을 나타내기도 했다. 우선 2003~2009년 사이에 민간 연구기관들이 중심이 된 민간공동연구가 추진되었으며, 2009~2011년 기간 중 산관학 공동연구를 시작하고 여러 차례의 회의를 개최하였다. 이러한 산관학 공동연구가 대부분 공식협상으로 이어졌는데, 한 · 중 · 일 FTA의 경우도 2013년부터 체결을 위한 공식협상이 시작되었다. 이뿐만 아니라, 2011년 9월 한 · 중 · 일 3국 간에는 정상회의를 관리하고 협력관계 증진을 도모할 목적으로 공동사무국을 서울에 설치하였다. 이 공동사무국에서는 3국 간 협력을 증진할 수 있는 다양한 프로그램들을 관리하는 역할을 담당하고 있는데, 한 · 중 · 일 FTA 공동연구 및 차후의 협상을 관리하는 업무도 담당하고 있다. 한 · 중 · 일 FTA는 3국 사이에 존재하고 있는 '물고 물리는 적자-흑자 관계'를 완화시킬 수 있는 중요한 계기도 마련해 줄 수 있을 것으로 분석되는 등 여러 면에서 긍정적인 효과가 큰 것으로 평가할 수 있다. 그러나 한 · 중 · 일 FTA가 성사되기 위해서는 중국과 일본 사이에 존재하는 반목 · 경쟁 등의 정책방향들이 화해와 협력의 방향으로 획기적으로 수정되어야 하는 어려운 전제가 존재하고 있다. 이 때문에 이를 위한 한국의 역할도 주목받을 수 있을 것으로 판단된다. 즉, 한 · 중 · 일 FTA가 결성된다면, 동아시아 전체를 아우르는 FTA의 결성에서 ASEAN이 중심적인 역할을 할 수밖에 없다는 소위 'ASEAN-Centrality' 기제를 가장 효과적으로 타파하여 실질적인 통합을 이끌어내는 중심기제로서의 역할을 담당할 수 있을 것으로 기대된다.

동아시아 전체를 대상으로 하는 지역통합 구상

동아시아 전체를 대상으로 하는 지역통합 구상에는 ASEAN이 한국, 중국, 일본 등과 각각 체결한 ASEAN+1 FTA, ASEAN+3 정상회의, 동아시아정상회의(East Asia Summit ; EAS), CEPEA, RCEP 등이 있다.

우선 ASEAN-중국 FTA는 세 개의 개별 FTA 중에서 가장 먼저 체결된 자유무역협정으로 중요한 의미를 지닌다. 중국은 ASEAN 회원국들과의 경제관계 증진을 위해 FTA를 체결하는 과정에서 중국 시장 자유화를 통해 동남아 국가들이 혜택을 볼 수 있는 소위 'early harvest(조기수확)' 프로그램을 협정 체결 이전에 우선적으로 도입하여 ASEAN 국가들에게 협상에 참여할 수 있는 유인을 제공하는 전략을 활용하였다. 이러한 유인책이 주효하여 ASEAN 국가들은 중국과의 경제협력 확대 및 상호 무역 확대에 따른 시장통합이 과거에 우려했던 것처럼 더 이상 중국에 종속되는 것이 아니라, 중국과 공동번영을 이룩하는 하나의 수단이 될 수 있다는 인식을 새롭게 갖게 되었던 것이다. 여기에는 특히, ASEAN의 거의 대부분 회원국들에게 중국이 이미 최대의 수출시장으로 부상했다는 사실도 크게 작용한 것으로 분석된다. 특히 중국은 동아시아의 지역통합을 위한 최근의 노력에서 ASEAN이 중심적 역할을 할 수밖에 없는 현실을 용인하기 때문에,[22] ASEAN-중국 FTA를 통해 이를 실천적으로 보여주는 한편 ASEAN 국가들에게 힘을 실어준 측면을 간과할 수 없다. 즉, 중국은 동아시아 지역통합에 대해 다분히 전략적으로 접근하고 있는 것이다. 한편, ASEAN-중국 FTA는 중국이 전반적으로 개발도상에 있는 ASEAN 회원국들과 체결한 협정이라는 점에서 그 자유화의 수준과 심도가 상대적으로 낮은 수준에 머물러 있는 것으로 평가할 수 있다. 중국이 ASEAN을 이런 방식으로 선점하였고, 전통적으로 중국이 동남아 지역에 행사하고 있었던 영향력이 다른 동북아 국가들보다 강했다는 사실들에 미루어 볼 때, 동아시아 전체를 아우르는 지역통합구도에서 ASEAN-중국 FTA가 차지하는 영향력은 적지 않을 것으로 예상된다. 특히 중국이 ASEAN과의 무역관계를 더욱 확대하면서 중국에 대한 ASEAN 국가들의 시장접근을 강화해 줄 경우 동아시아의 경제구도가 ASEAN-중국 FTA에 의해 주도될 가능성도 배제할 수 없어 주의를 요한다.

ASEAN-일본 FTA는 ASEAN 시장에서 중국에게 주도권을 빼앗길 것을 우려한 일본이 궁여지책으로 ASEAN 회원국들과 서둘러 체결한 자유무역협정의 성격이 강하다고 할 수 있다. 일본은 자신이 주도하는 동아시아 지역통합을 동아시아공동체(East Asian Community ; EAC) 구상을 통해 이미 밝힌 바 있다. 그러나 중국이 ASEAN-Centrality를 용인하고 이를 ASEAN-중국 FTA 체결을 통해 표면화하자, 일본도 이에 따르는 것이 동남아시아 경영을 위해 국익에 더 부합한다는 결론을 내린 것으로 평가할 수 있다. 그러나 중국과의 무역 확대, 중국 기업의 적극적인 진출 등에 따라 동남아시아가 이미 중국의 전략적 무대로 활용되고 있다는 점을 고려할 때, ASEAN-일본 FTA의 실질적인 파급효과는 그리 크지 않을 것으로 예상된다. 이는 비교적 낮은 자유화 수준으로 구성되어 있는 협정 내용을 통해서도 확인할 수 있다.

ASEAN-한국 FTA도 ASEAN-일본 FTA와 유사한 배경에 의해 출발한 것으로 평가된다. 즉, 중국의 동남아시아에 대한 전략적 접근 강화 움직임에 대한 대응의 성격이 강하며, 특히 한국이 주도하는 동아시아 지역통합 노력이 한계에 부딪히면서 차선책으로 ASEAN과의 자유무역협정을 체결했다고 볼 수 있다. 그렇기 때문에 상대적으로 낮은 자유화 수준을 보이고 있으며, 한국 경제에 대한 파급효과도 그만큼 크지 않은 것으로 평가된다. 중국과 일본, 그리고 한국이 제각기 ASEAN과 자유무역협정을 체결한 상태이기 때문에, 향후 동아시아의 지역경제통합을 위한 하나의 방안으로서 이 세 개의 FTA를 결합하는 형태의 동아시아 FTA 구축도 고려해 볼 만한 방안인 것으로 판단된다.

1998년 정상회의를 처음 개최함으로써 출범한 ASEAN+3 협력은 기본적으로 '금융위기의 재발 방지' 라는 목표 하에서 추진되고 있기 때문에 그동안 통화 · 금융부문의 협력기제인 CMI를 보다 구체화 · 정치화하는 데 주력해 왔다. 그러나 이후 ASEAN+3 13개 회원국을 대상으로 하는 FTA를 결성하는 방안에 관해서도 심도 있게 논의하기 시작하였다. ASEAN+3 정상회의가 설치한 동아시아 비전그룹은 2001년 보고서를 통해 ASEAN+3 회원국들을 대상으로 하는 동아시아경제공동체의 창설을 제안하였으며, 이를 위해 13개 국가들 사이의 FTA인 동아시아 FTA(East Asian FTA ; EAFTA)를 고려할 필요가 있다는 제안을 내놓았다. ASEAN+3을 대상으로 하는 FTA는 타당성 조사가 이미 완료되었으나, 아직 구체적으로 논의되지는 않고 있다. 중국, 한국 등 동북아 국가들의 폭넓은 지지를 받고 있는 한편, ASEAN 국가들도 그리 부정적이지 않은 태도를 보이고 있다. 그러나 일본의 경우 ASEAN+3보다는 동아시아정상회의 회원국들을 대상으로 하는 포괄적 경제동반자협정(Comprehensive Economic Partnership for East Asia ; CEPEA)을 더 선호하는 것으로 알려져 있어, 여기에서도 일본과 중국의 리더십 경쟁이 표면화되고 있는 것을 관찰할 수 있다.

CEPEA는 일본이 제안한 구상으로 기본적으로 2005년에 출범한 EAS의 회원국을 대상으로 하는 자유무역협정이라 할 수 있다. 2011년 미국과 러시아가 신규회원국으로 가입함에 따라 EAS의 회원국 수는 기존의 16개에서 18개로 확대되었는데, 일본은 미국, 러시아를 포괄하는 광역 동아시아경제권을 만들려는 구상을 펼치고 있는 것이다. 근본적으로는 동아시아가 막강한 경제력을 구가하고 있는 중국의 영향권 하에서 운용되는 것에 대해 부정적인 시각을 가지고, 이에 인도, 미국, 러시아 등 강대국들을 끌어 들임으로써 중국의 영향력을 약화시키고자 하는 일본의 의도가 숨어 있는 구상인 것으로 평가할 수 있다. 이러한 이유 때문에 CEPEA는 중국이 수용하기 어려운 성격을 지니고 있고 그 실현가능성이 EAFTA보다 크게 뒤떨어지는 것으로 평가된다. 그리고 이 구상은 실현되더라도 미국, 러시아, 인도뿐만 아니라 뉴질랜드, 호주까지도 포함하기 때문에 동아시아의 정체성이 매우 약한 성격을 지닐 수밖에 없을 것으로 판단된다. 이러한 부정적인 측면에도 불구하고 한국의 국익이라는 측면에서 평가할 경우, 다른 FTA들보다 상대적으로 확대된 경제적 이익을 한국에 가져다줄 가능성도 배제할 수 없다.

역내 포괄적 경제동반자협정(Regional Comprehensive Economic Partnership ; RCEP)은 ASEAN 10개국과 한국, 중국, 일본, 호주, 뉴질랜드, 인도 등 동아시아 역내 및 역외 16개국이 참여하는 메가 FTA이다. 동아시아 위기 이후 ASEAN+3 중심으로 다양한 형태의 동아시아 경제통합 논의가 전개되었는데, 중국의 영향력을 우려한 일본은 인도, 호주, 뉴질랜드를 추가한 ASEAN+6 구상을 꾸준히 제시하였다. 2011년 ASEAN이 역내 경제통합을 선도하고자 ASEAN+6 체제인 RCEP을 공식적으로 제안하였으며, 중국은 당시 진행되고 있던 TPP에 대응할 만한 동아시아 경제통합의 필요성을 느껴 RCEP 출범에 협력함으로써 본격적인 협상이 개시되었다. RCEP은 2012년 11월 동아시아 정상회의에서 협상 개시가 공식 선언된 이후 8대 원칙 아래 협상이 진행되었다.[23] 최초 협상 타결 목표시한은 2015년이었으나, 주로 중국과 인도 간의 의견 차이로 협상 타결이 지연되었다. 그러나 2018년 이후 미국의 보호주의 기조 및 세계 경제의 불확실성이 고조되는 가운데 RCEP 협상이 빠르게 추진되었고, 2019년 11월 RCEP 정상회의에서 인도를 제외한 15개국이 모든 협정문에 합의하였음을 선언하였다. 15개국은 협정문 법률검토를 개시하는 등 2020년 최종 서명을 완료하겠다는 의지를 표명하는 한편, 무역적자 심화 우려 때문에 합의에서 빠진 인도가 RCEP에 동참할 수 있도록 인도와 관련된 잔여 이슈 해소를 위해 참여국 모두 노력하기로 합의하였다.

동아시아 및 역외를 대상으로 하는 지역통합 구상

동아시아를 넘어 역외지역 국가들까지 대상으로 하는 지역통합 구상에는 제12장에서 소개했던 APEC 및 FTAAP, 최근 출범한 CPTPP, 앞에서 간략하게 언급된 EAS, APEC을 대체할 목적으로 호주가 제안한 아시아 · 태평양 공동체(Asia-Pacific Community ; APC), 일본이 제안한 EAC 등 매우 다양한 제안들이 존재하고 있다.

TPP는 싱가포르, 뉴질랜드, 칠레, 브루나이 등 APEC 내의 소규모 개방국 4개국이 출범시킨 소규모 FTA로서 처음에는 APEC의 시각에서 본 '소지역주의(sub-regionalism)'의 형태를 띠고 있었다. TPP는 전체 경제규모가 그다지 크지 않아 커다란 관심을 받지 못했으나, 2010년 미국이 TPP에 참여하기로 결정하고, 뒤이어 호주, 페루. 베트남, 말레이시아 등이 TPP에 참여함에 따라 그 중요성이 한층 배가되었다. 2011년 11월 일본이 TPP 협상에의 참여를 선언하면서 TPP는 아 · 태지역에서 매우 중요한 자유무역협정으로서의 위치를 점유하게 되었다. 그러나 2017년 1월 새로 취임한 미국의 트럼프 대통령이 TPP에서 탈퇴하겠다고 선언하면서 난관에 부딪쳤다. 다수의 TPP 회원국들은 미국의 탈퇴로 TPP의 의미가 퇴색되었다고 우려하였으나 일본의 주도로 남은 회원국 간 다시 적극적인 논의를 시작하였다. 그동안 수차례 협상에 투여한 노력과 각국의 대내 정치상황 및 해외시장 확대에 대한 필요성을 고려하여 미국이 탈퇴하더라도 TPP 협정을 계속 추진하는 방향으로 선회한 것이다.[24] 미국을 제외한 TPP 11개 회원국들은 2017년 3월 15일 칠레에서 통상장관 회담을 개최해 TPP는 여전히 중요하다는 점을 재확인하고 개방된 시장을 유지하자는 내용의 공동성명을 발표했다. 그해 11월 11일 TPP 11개 회원국 통상장관 회담에서 기존의 TPP 협정을 '포괄적 · 점진적 TPP' 라는 의미의 CPTPP(Comprehensive-Progressive Trans-Pacific Partnership)로 변경하여 추진하기로 합의하였다. 이듬해인 2018년 1월 23일 CPTPP 수석대표 회담에서 협상이 최종 타결되었고, 이후 3월 8일 칠레에서 11개 회원국 통상장관들이 공식 서명함으로써 CPTPP가 출범하게 되었다.

호주가 제안한 APC 구상과 일본이 제안한 EAC 구상은 다음과 같은 점에서 그다지 커다란 관심을 받지 못하고 있다. 첫째, 두 구상이 공통적으로 공동체의 범위나 실현방식 등에 관해 구체적인 전략을 마련하지 않은 채 매우 추상적인 아이디어만을 제안하였다. 둘째, 그 구상들을 제안한 양국의 수상들이 2010년 실각함에 따라 구심점이 사라진 관계로 적극적으로 추진되지 못하고 있는 것으로 분석된다. 이러한 연유로 이 두 구상은 최근 동아시아의 지역통합구도에서 자주 언급되지 않을 정도로 주변화되고 있는 것으로 평가할 수 있다.

반면, EAS는 일본이 경제통합 차원에서 적극적으로 추진하는 CEPEA의 정치외교 영역으로서 적지 않은 역할을 하고 있다. 특히 동아시아 국가들만을 대상으로 하고 있는 ASEAN+3에서 중국에 대해 상대적 열위를 느끼고 있는 일본이 전략적 차원에서 출범시킨 지역협력 구상으로서의 의미를 지닌다. 그러나 이 구상은 동아시아 지역통합의 측면에서 살펴볼 때 적지 않은 문제점을 노정하고 있다고 하겠다. 우선 역할에서 ASEAN+3과의 구별이 뚜렷하지 않다. EAS의 출범 당시 ASEAN+3는 경제협력 및 통합에 주력하고 EAS는 외교안보 및 문화협력에 주력하는 분업관계를 구축하는 것이 필요하다는 제안도 있었으나 수용되지 않았다.[25] 둘째, 미국, 러시아, 호주 등 동아시아에 속하지 않은 강대국들이 참여하는 관계로 실현되더라도 동아시아의 정체성이 보존되지 못하는 구상이다. 앞에서 논의되었듯이 일본은 EAS 회원국들을 대상으로 하는 FTA를 CEPEA의 형태로 제안하였는데, 이 또한 ASEAN+3 차원의 EAFTA와 대립되고 있는 실정이다.

〈그림 15-2〉는 동아시아를 둘러싼 지역통합 구상의 다양한 사례들을 요약해 보여주고 있다.

그림 15-2 동아시아 지역통합 구상

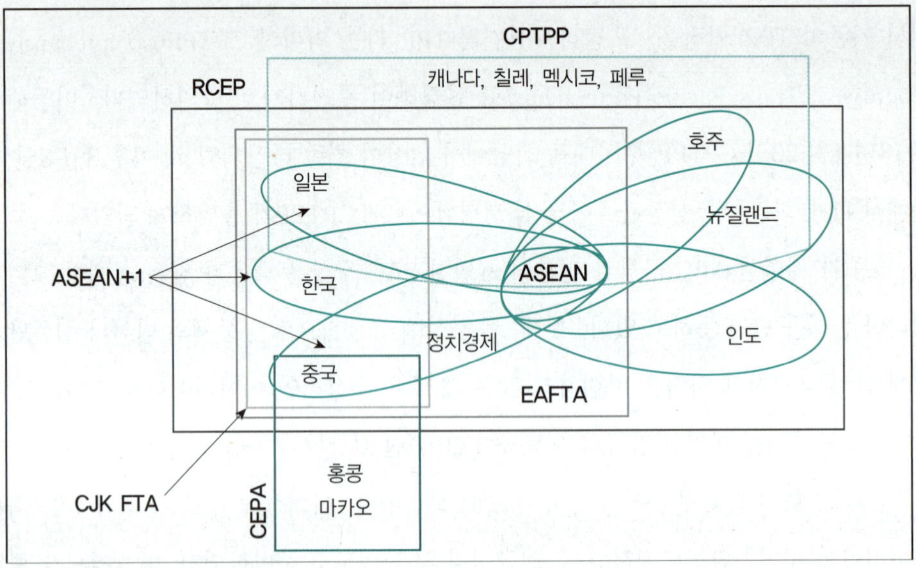

자료 : Rhee and Messerlin(2019), p.64 ; 박성훈(2009)을 일부 수정.

3.2 통화·금융부문의 지역통합 구상

실물분야에서는 역내 일부 국가들 간의 국지적인 협력 형태를 띤 제안들이 많이 있었으나 통화·금융 분야에서의 협력 구상은 국지적인 형태보다 대체적으로 동아시아 지역 전체 또는 동아시아 지역을 넘어서는 초동아시아적 협력 형태를 띠고 있다는 특징이 있다.

동아시아 지역에서의 통화·금융협력과 관련된 구상들은 주로 1990년대 이후 나타난다.[26] 1991년 시작된 EMEAP(Executives' Meeting of East Asia Pacific Central Banks), 호주 중앙은행 총재인 Fraser가 제안한 Asian BIS, 동아시아 위기가 발발하자 이에 대한 대응으로 1997년 11월 APEC 재무장관 회의에서 창설된 마닐라 그룹(Manila Framework

Group) 등과 같이 초기에는 대부분 아·태 통화협력의 구상들이 많이 제안되었다. 그러나 동아시아 위기 이후에는 그 외에도 동아시아 지역에 국한된 협력 구상들이 제시되고 있다.[27] 가장 널리 알려진 것으로는 1997년 9월 일본 정부에 의해 제안된 AMF(Asia Monetary Fund) 구상을 들 수 있는데, 동아시아 지역에서 IMF의 기능을 수행하려고 하던 이 구상은 IMF 및 미국의 강력한 반대에 의해 무산되고 말았다. 그러나 이후 1998년 10월 일본 미야자와 재무장관(미야자와 플랜), 1999년 말레이시아 마하티르 수상 및 필리핀 에스트라다 대통령 등에 의해 꾸준히 AMF의 필요성이 반복 제기되어 왔다. 2000년 5월 ASEAN 10개국, 한국, 중국, 일본의 13개국이 합의한 CMI(Ching Mai Initiative)도 동일한 취지에서 이루어진 것이라고 볼 수 있다. 최근에 아이켄그린은 CMI를 보다 확대하고 제도화한 AFI(Asian Financial Institute) 구상을 제시하기도 하였다.[28] 여기서는 ASEAN+3 체제를 중심으로 이루어져 오고 있는 대표적인 사례들인 CMI, ABMI, ABF, RCU 논의 등에 대해 살펴보고자 한다.

치앙마이 이니셔티브(CMI)

CMI의 기원은 1997년 일본이 제안한 AMF 안이라고 할 수 있다. 동아시아 위기가 발생한 직후 지역적인 차원에서 위기에 대응하고 통화·금융협력을 도모하기 위한 방안으로서 일본은 1997년 9월 G7-IMF 회의에서 AMF 안을 제시했다. 그러나 IMF의 영향력이 감소될 것을 우려한 미국 및 IMF의 강력한 반대에 부딪쳐 이 제안은 좌초되었다.

비록 AMF 안이 좌초되었지만, 기본적인 아이디어까지도 소멸된 것은 아니었다. 2000년 5월 태국의 치앙마이에서 ASEAN+3 재무장관회의가 열렸을 때, 동아시아 국가들은 외환위기 재발을 막기 위한 통화스왑 협정을 도입하기로 합의했다. 1997년 동아시아 외환위기 때 동아시아 국가들이 IMF 정책에 대한 불만과 역내 공조를 통한 금융시장 안정 확보의 필요성에 공감하여, 역내 국가들 간 국제수지 적자 및 단기유동성 부족에 대응하기 위한 지원방안으로 통화스왑 제공에 합의한 것이 CMI의 출발이 된 것이다. CMI는 크게 한·중·일 3국과 ASEAN 5개국(태국, 말레이시아, 필리핀, 싱가포르, 인도네시아)

그림 15-3 CMI 통화스왑 구조

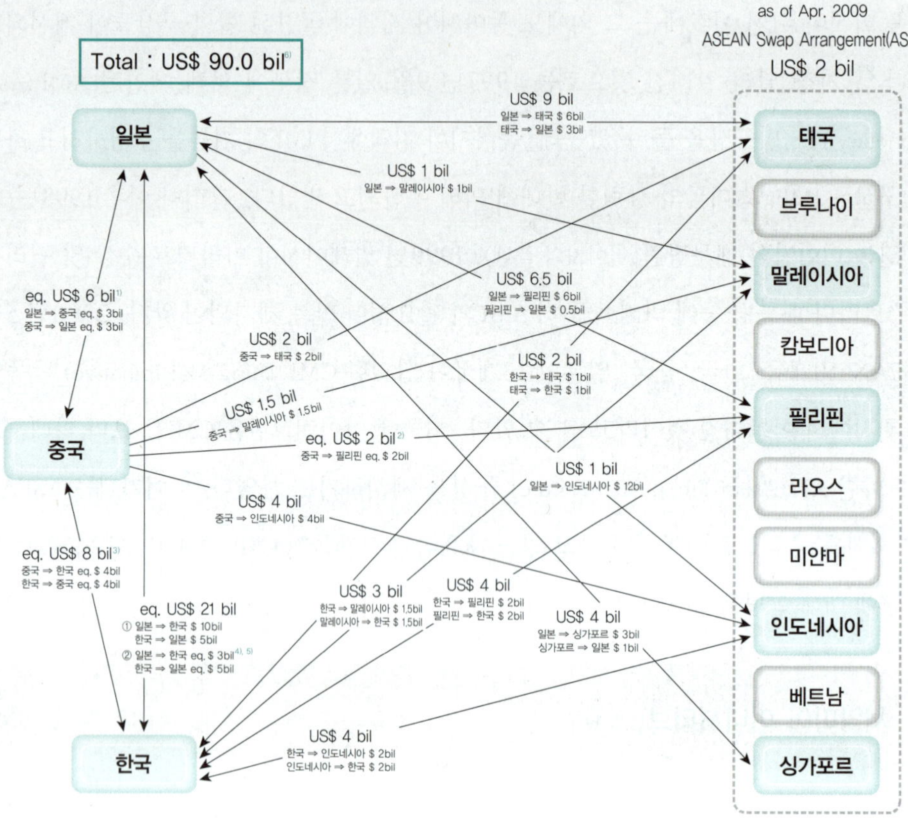

주 : 1) Local currency swap between Japanese YEN and Chinese YUAN.
2) Local currency swap between Chinese YUAN and Philippine PESO.
3) Local currency swap between Chinese YUAN and Korean WON.
4) Local currency swap between Japanese YEN and Korean WON.
5) The maximum amount is increased to US$ 20 bilion equivalent until the end of October 2009.
6) The sum of US$ 90.0 bil does not include the ASEAN Swap Arrangement(ASA).

자료 : 일본 재무성 홈페이지.

간의 양자 간 스왑(Bilateral Swap Arrangement ; BSA)과 1977년에 출범한 기존의 아세안 5개국 간의 ASA(ASEAN Swap Agreement)로 구성되어 있다. 초기에는 아주 작은 규모로 시작했으나 이후 점차 역내 각국 간의 양자 스왑이 확대되어 2009년에는 16개의 양자 간 스왑과 ASA를 포함해 총규모가 900억 달러까지 증대되었다.

여러 상징적인 의미에도 불구하고 CMI는 지역적인 협력체로 기능하기에는 커다란

표 15-2 CMI 통화스왑 규모, 2009

지원국 / 수혜국	한국	중국	일본	ASEAN
한국	–	40억 달러 지원 40억 달러 수혜	130억 달러 지원 80억 달러 수혜	65억 달러 지원 65억 달러 수혜
중국	40억 달러 지원 40억 달러 수혜	–	30억 달러 지원 30억 달러 수혜	0 지원 95억 달러 수혜
일본	80억 달러 지원 130억 달러 수혜	30억 달러 지원 30억 달러 수혜	–	45억 달러 지원 280억 달러 수혜
ASEAN	65억 달러 지원 65억 달러 수혜	95억 달러 지원 0 수혜	280억 달러 지원 45억 달러 수혜	–
	185억 달러 지원 235억 달러 수혜	165억 달러 지원 70억 달러 수혜	350억 달러 지원 440 125억 달러 수혜 155	110억 달러 지원 440억 달러 수혜
	총합 : 900억 달러			

자료 : 기획재정부 홈페이지.

한계를 지니고 있었다. 즉, CMI는 동아시아 지역의 국가들이 모여 합의한 지역협력 형태이기는 하지만 양자 간 통화스왑을 기반으로 하고 있어서, 실질적으로는 개별 두 국가 간 협정들의 모임 형태일 뿐 지역 전체 차원의 협력체라고 보기는 어렵다. 더욱이 지역 차원에서 이를 통제하거나 관리하는 제도적 근거가 없었으며, 개별국이 자국 사정에 따라 원하면 취소할 수 있는 Opt-out이 가능하여 현실적인 유효성에 의문이 제기되었다.

CMI의 구조적인 문제점을 개선하고 실효성을 높여 명실상부한 지역협력체로 발전시키기 위한 방안으로 CMI의 다자화(CMI Multilateralization ; CMIM)가 추진되었다. 2005년 5월 터키 이스탄불에서 개최된 ASEAN+3 재무장관회의에서 기존의 CMI를 다자화하여 양자 간 스왑 체제에서 다자간 스왑(Multilateral Swap Arrangements ; MSAs) 체제로 전환하는 것에 합의하고 이에 대한 논의를 시작했다. 2007년 5월 교토 장관회의에서 CMIM 기본 방향에 합의를 이루었고, 2008년 5월 마드리드 재무장관회의에서는 총규모,[29] 아세안과 한 · 중 · 일 간 분담 비율, 역내경제 감시기능 강화 등에 대해 대체적인 합의를 이루었다. 이후 2009년 5월 발리 재무장관회의에서 분담금, 투표권 등 CMIM 주요 쟁점에 대해 최종 합의를 이루고, 2009년 12월 CMIM 법률계약서에 서명을 완료한 후,

2010년 3월 24일 CMIM 체제가 공식적으로 출범하게 되었다.

최종 합의된 CMIM의 주요 내용은 [표 15-3] 및 [표 15-4]에 나타나 있다. 총규모는 1,200억 달러로, 이 중 한 · 중 · 일이 80%(한국 16%, 중국 32%, 일본 32%), ASEAN이 20%씩 분담하기로 되어 있다. 분담금 대비 가능한 인출규모를 나타내는 인출배수는 중

표 15-3 CMIM의 주요 내용

항 목	주요 내용
총 규모	▪ 1,200억 달러 규모의 CMIM 약정금액 조성
자금조성 방안	▪ 약속어음 방식 – 각 회원국은 평상시에 약속어음을 발행하고, 위기 시에 약속어음에 따라 자금을 지원하는 방식
의사결정 구조	▪ 공동의장국은 '아세안 가운데 1국 + 한 · 중 · 일 가운데 1국'으로 구성 ▪ 장관급회의 : 근본적 이슈 결정, 만장일치제 ▪ 차관급회의 : 차관급 이슈 결정, 유효투표의 2/3 다수 결제
지원 조건	▪ 미 달러를 스왑거래 통화로 사용 ▪ 만기 : 기본 90일, 최대 7회 연장 가능(단, IMF 비연계자금은 최대 3회 연장 가능) – 만기가 도래하면 자금지원국은 요청국에 담보(요청국 통화)를 돌려주고 요청국은 지원자금(미 달러)을 이자와 함께 반환 – 상환날짜는 각각의 스왑거래별 영업일 차이에 따른 만기불일치 문제를 감안해 차관회의 투 표일로부터 97일로 정함. ▪ 금리 : 최초 LIBOR_150bp, 만기 연장 2회마다 50bp 인상, 300bp 한도 ▪ 연체금리 : 연체 4일째부터 연체금액 이자에 200bp 추가, 6개월마다 50bp 인상, 500bp 한도
Escape	▪ 원칙적으로 사유서 제출과 차관급회의의 2/3 이상 동의 시만 행사 가능 – 단, BOP상 어려움, 외환보유액 부족, 전시 및 준전시, 국내법상 제약 등이 있는 경우에는 회원국 동의 없이 행사 가능
자금 동시 요청 시	▪ 국별 차입한도에 비례해 할당
IMF 연계	▪ IMF 연계자금 인출 시 : 90일 만기, 최대 7회까지 연장 가능 ▪ IMF 비연계자금 인출 시 : 90일 만기, 최대 3회(기본 1회)까지 연장 가능
조기 상환	▪ 만기일 3일 전 통지 ▪ 당초 이자율과 상환시점 시장이자율(상환시점 2일간 LIBOR 평균) 중 낮은 이자율 적용
개정	▪ 계약당사자 만장일치로 결정
검토 주기	▪ 5년 원칙, 장관급회의 결정으로 임의 검토 가능
감시기구 설립	▪ 설립 필요, 추가 논의 필요
홍콩 참여	▪ 홍콩은 아세안+3 회원국으로 가입하지 않음. ▪ IMF 비연계자금만큼만 지원받을 수 있음. ▪ 차관급회의 의사결정에만 참여 가능

자료 : 기획재정부.

표 15-4 CMIM 분담금 및 인출한도

		분담금		수혜한도	
		분담금(억 달러)	비중(%)	분담금 대비(배)	최대 수혜금액(억 달러)
한국		192	16.0	1	192
중국(홍콩 포함)		384	32.0	0.5	192
일본		384	32.0	0.5	192
한·중·일 합계		960	80.0	–	576
Big 5	인도네시아	47.7	3.97	2.5	119.25
	말레이시아	47.7	3.97	2.5	119.25
	태국	47.7	3.97	2.5	119.25
	싱가포르	47.7	3.97	2.5	119.25
	필리핀	36.8	3.07	2.5	92
	계	227.6	18.9	–	569
Small 5	브루나이	0.3	0.02	5	1.5
	캄보디아	1.2	0.10	5	6
	라오스	0.3	0.02	5	1.5
	미얀마	0.6	0.05	5	3
	베트남	10.0	0.83	5	50
	계	12.4	1.0	–	62
아세안 합계		240	20.0	–	631
총계		1,200	100	–	1,207

주 : 글로벌 금융위기 이후 총규모를 2,400억 달러까지 확대함.
자료 : 기획재정부.

국 및 일본이 각각 0.5, 한국이 1.0, ASEAN Big 5국가(태국, 말레이시아, 필리핀, 싱가포르, 인도네시아)가 2.5, Small 5국가(미얀마, 베트남, 라오스, 캄보디아, 브루나이)가 5.0이다. 이에 따르면 우리나라는 192억 달러(16%)를 분담하고, 위기 시 192억 달러까지 인출이 가능하게 되어 있다.[30]

CMI가 다자간 협정체제인 CMIM으로 진일보하기는 했지만, 지역 통화·금융협력체로 기능하기에는 여전히 많은 한계를 안고 있다. 우선 비록 2,400억 달러로 전체 규모가 또다시 증가했지만 각국이 인출할 수 있는 금액은 자국의 출자금에 연동되어 있어, 일정

금액 이상은 인출이 불가능하다. 이와 같은 한정된 규모는 국제금융자본의 이동규모를 고려할 때 실제 위기를 막을 수 있는 규모가 되지 못할 수 있다. 그러나 보다 더 큰 문제는 자금지원을 결정할 때, IMF의 통제(IMF Conditionality)를 받는다는 것이다. 즉, 자금 인출 시 CMIM이 독자적인 결정을 할 수 있는 부분은 30%에 불과하여[31] IMF의 결정이 CMIM 자금의 활용 여부를 실질적으로 결정하게 되어 있다. 따라서 동아시아 국가들이 역내 국가들의 위기를 해결하기 위해 합의한 협력체제가 IMF 지원의 보조적 역할에 한정되도록 되어 있다. 또 다른 구조적인 문제점은 CMIM이 위기 시 요청이 있을 때만 작동하게 되어 있고 상설 펀드로서 존재하지 않는다는 것이다. 따라서 위기와 같은 긴박한 상황이 발생했을 때 참여하기로 약정했던 국가가 도피(escape)하는 경우 해당 국가로부터의 지원금 제공이 보장되지 않아, 당초에 예상했던 지원금 규모가 충당되지 않을 우려도 크다. 2008년 글로벌 금융위기가 발생했을 때 일시적인 국제유동성 경색의 어려움을 겪었던 역내 국가들 중 아무도 CMIM에 자금지원을 요청하지 않았다는 사실은 이러한 문제점을 단적으로 보여준다고 할 수 있다.

이러한 구조적인 문제점 외에도 한 · 중 · 일 3국, 특히 우리나라 입장에서 볼 때 ASEAN+3에 기초한 CMIM은 ASEAN에 유리하고 우리에게는 불리한 구조로 되어 있다. 한 · 중 · 일 3국의 경제 및 금융시장 규모, 그리고 역내에서의 위치를 고려해 볼 때 CMIM의 규모나 실행방식은 한 · 중 · 일 3국에 실질적인 도움이 되지 못한다. 더욱이 CMIM에 지원 신청을 할 경우 우리나라는 동남아의 개도국과 동일한 국가로 취급되는 수모를 겪게 되는 구조적인 문제점이 있다. 그동안 IMF 자금지원의 문제점으로 IMF 자금의 사용이 오히려 사용국의 금융시장 취약성을 공개하는 행위로 간주되어 시장에서의 신뢰를 상실하게 만드는 낙인효과(stigma effect)를 지적했는데, CMIM에서도 이러한 낙인효과가 동일하게 발생할 가능성이 존재한다. 이런 문제 때문에 우리나라는 2008년 말 외환시장이 극심하게 불안했을 때도 CMIM에 아무런 지원요청을 하지 않았고, 대신에 미국, 중국, 일본과 양자 간 통화스왑 협정을 체결했던 것이다. 주요 국가들과의 양자 스왑이 오히려 금융시장을 안정시키는 데 훨씬 더 효과적이었다.

더욱이 CMIM 체제에서는 우리나라의 정치적 레버리지가 중 · 일에 비해 훨씬 취약할 뿐만 아니라 ASEAN 국가에 비해서도 열등한 위치에 있다. [표 15-5]를 보면 우리나라의 투표권은 14.77%로서 CMIM의 중요한 정책 결정에서 아무런 결정권이 없다. 예를 들어 어떤 중요한 안건에 대해 중국(또는 일본)과 합의를 한다고 해도 총득표율이 43.18%에 불과해 과반수를 획득할 수 없다. 반면, 다른 나라 및 지역들은 둘만 합의하면 과반수를 획득할 수 있어 중요한 정책 결정에 영향력을 행사할 수 있다. 예를 들어 ASEAN의 투표권은 28.41%로서 중국 또는 일본 중 한 국가와 합의하면 총 56.82%를 획득할 수 있으므로 자신들에게 유리한 결정을 통과시킬 수 있다.

표 15-5 **CMIM 분담금 및 투표 비율**

<table>
<tr><th rowspan="2"></th><th colspan="4">분담금(비율)</th><th colspan="2">투표권(개)</th><th colspan="2">총투표권</th></tr>
<tr><th colspan="2">USD(10억 달러)</th><th colspan="2">(%)</th><th>기본 투표</th><th>분담금 기준 투표</th><th>투표권</th><th>(%)</th></tr>
<tr><td>중국</td><td rowspan="2">38.4</td><td>34.2</td><td rowspan="2">32.0</td><td>28.50</td><td>1.60</td><td>34.20</td><td>35.8</td><td>25.43</td></tr>
<tr><td>(홍콩)</td><td>(4.2)</td><td>(3.50)</td><td>0</td><td>4.20</td><td>4.2</td><td>2.98</td></tr>
<tr><td>일본</td><td colspan="2">38.40</td><td colspan="2">32.00</td><td>1.60</td><td>38.40</td><td>40.00</td><td>28.41</td></tr>
<tr><td>한국</td><td colspan="2">19.20</td><td colspan="2">16.00</td><td>1.60</td><td>19.20</td><td>20.80</td><td>14.77</td></tr>
<tr><td>Plus 3</td><td colspan="2">96.00</td><td colspan="2">80.00</td><td>4.80</td><td>96.00</td><td>100.80</td><td>71.59</td></tr>
<tr><td>아세안</td><td colspan="2">24.00</td><td colspan="2">20.00</td><td>16.00</td><td>24.00</td><td>40.00</td><td>28.41</td></tr>
<tr><td>합계</td><td colspan="2">120.00</td><td colspan="2">100</td><td>20.80</td><td>120.00</td><td>140.80</td><td>100</td></tr>
</table>

자료 : 기획재정부.

채권시장 발전방안

동아시아 위기 이후 긴급한 유동성을 지원하기 위한 대책으로서 CMI를 출범시킨 것과 더불어 동아시아 지역의 본질적인 통화·금융 문제를 해결하기 위한 노력도 함께 진행되었다. 동아시아 지역의 통화·금융 문제의 본질은 자본의 역내 리사이클링이 이루어지지 않고 있다는 것이다. 동아시아 국가들은 엄청난 규모의 경상수지 흑자를 통해 자본을 축적해 왔다. 그러나 역내 자본시장의 미발달로 인해 동아시아에서 축적된 자금이 미국의 재무성 채권 등 안전자산을 좇아 미국과 유럽으로 유출되고 있다. 유출된 동아시아 국가들의 자금은 서구 금융기관들이 동아시아 지역의 기업 및 금융기관에 제공하는 신용 아니면 직접투자 형태로 동아시아 지역에 다시 유입되고 있다.

이와 같은 자본흐름 구조로 인해 동아시아 국가들은 미국과 유럽의 안전자산에 투자함으로써 낮은 수익을 받는 대신 서구 국가들의 투자자들은 동아시아 국가들의 자금으로 동아시아 지역에 투자함으로써 높은 수익을 추구하는 아이러니가 발생하고 있는 것이다. 그러나 손익 면에서의 순손실보다도 더 큰 문제는 동아시아 지역의 자본흐름이 동아시아 국가들에 의해 주도되지 못하고 서구권의 국제금융자본에 의해 주도됨으로써 동아시아 지역의 경제사정과 무관하게 역내 국가들이 국제금융위기 혹은 유동성위기에 자주 노출되고 있다는 점이다.

따라서 동아시아 지역의 본질적인 통화 · 금융 문제를 해결하기 위해서는 동아시아 국가들의 자금이 역내에서 순환되도록 역내 자본시장을 발전시키고, 금융인프라를 개선해 금융시장의 효율성 증진과 안정화를 추구할 필요가 있다. 이에 대한 구체적인 실행방안 중의 하나로 동아시아 국가들의 풍부한 저축자금이 역내에서 투자될 수 있도록 역내 채권시장을 발전시키기 위한 제도적 · 경제적 기반시설의 마련이 필요하다는 공감대가 형성되었다. 아시아 채권시장의 발전방안은 크게 ASEAN+3 체제에서 추진하고 있는 Asian Bond Market Initiative(ABMI)와 EMEAP에서 추진하고 있는 Asian Bond Fund(ABF)가 있다.

ABMI에 대한 구체적인 제안이 표현된 것은 2002년 11월 동경에서 개최된 ASEAN+3 재무차관회의였다. 이 회의에서 한국은 '아시아 채권시장 발전방안'에 대한 논의를 역내 금융협력의 주요 과제로 추진할 것을 제안했고, 다음 해인 2003년 8월 마닐라에서 열린 ASEAN+3 재무장관회의에서 ABMI를 지역협력사업으로 채택했다. 2007년 5월 교토에서 개최된 재무장관회의에서는 보다 구체적으로 인프라 자금조달을 위한 채권 개발, 대출자금의 증권화, 중기노트(MTN) 개발방안들을 연구하기 위한 작업을 착수하는 데 합의했다. 이후 지속적인 논의와 연구를 시행하여 2008년 5월 동아시아 각국의 재무장관들은 ABMI 논의를 보다 체계적이고 효율적으로 추진하기 위한 새로운 로드맵을 채택하게 되었다.

표 15-6 ABMI의 추진과정

	주요 내용
2002	▪ 11월 : 아세안+3 재무차관회의에서 우리나라가 ABMI 제안
2003	▪ 8월 : 재무장관회의에서 ABMI를 지역협력사업으로 채택
2004	▪ 6월 : 라오스의 태국 바트화 채권 발행에 대한 JBIC(Japan Bank for International Cooperation)의 신용보증 ▪ ADB 및 IFC의 말레이시아 링깃화 채권 발행
2005	▪ 5월 : ABMI 로드맵 제안 ▪ 아시아에서 국제채권시장을 발전시키기 위한 아시아채권표준 연구 시작
2006	▪ 12월 : 한국 및 일본의 국경 간 CDO 발행
2007	▪ 5월 : 구체적으로 사회간접자본 자금조달을 위한 채권 개발, 대출자금의 증권화, 중기노트(MTN) 개발방안들을 연구하기 위한 작업을 착수하는 데 합의
2008	▪ 5월 : 새로운 ABMI 로드맵 합의 ▪ 태스크포스 활동을 모니터링하고 조정하기 위해 steering group을 설립
2009	▪ 5월 : 자본금 5억 달러 규모의 신용보증투자기구 설립 합의 ▪ 11월 : 자본금 7억 달러로 확대, 명칭을 CGIF로 변경, 주요 정관 합의
2010	▪ 9월 : 아시아채권포럼 설립
2011	▪ 아시아채권시장 발전방안을 아시아자본시장 발전방안으로 확대 논의
2012	▪ 5월 : New ABMI 로드맵 채택
2013	▪ CGIF 최초 보증, 국경 간 예탁결제인프라(CSI) 포럼 설립
2015	▪ 일본계 미즈호은행이 최초로 30억 바트 규모의 채권 발행

자료 : KIEP(2017) 및 기획재정부 자료를 참고해 정리.

새로운 로드맵에서는 역내 채권시장 발전방안을 수요·공급·규제·인프라의 네 영역으로 나누어 각 영역별로 목표를 설정했으며, 아울러 각 영역에 대한 태스크포스 활동을 모니터링하고 조정하기 위해 운영그룹(steering group)을 설립했다. 각 분야별 실무회의 결과를 바탕으로 2009년 5월에 열린 재무장관회의에서는 5억 달러 규모의 신용보증투자기구를 설립하기로 발표했다. 그 해 11월 부산에서 개최된 아세안+3 재무차관회의에서 이 기구의 명칭을 CGIM(Credit Guarantee Investment Mechanism)에서 CGIF(Credit Guarantee Investment Facility)로 변경하고, 기구의 형태는 ADB 산하 기금으로 설립하기로 합의했다. 또한 이 회의에서는 자본금, 이사회 등 정관의 핵심 쟁점을 타결하고, 자본금 규모를 5억 달러에서 7억 달러로 확대하고 이사회를 납입국 지명 7명 및 최고경영자 1

명 등 총 8명으로 구성하기로 합의했다.

ABMI는 또한 보다 더 활성화된 채권시장을 개발하기 위해 다양한 채권시장 관련 이슈를 폭넓게 논의하고자 2010년 9월 아시아채권시장포럼(Asia Bond Market Forum ; ABMF)을 설립하였다. ABMF는 ASEAN+3 국가들에 ① 역내 채권시장에 대한 심도 있는 분석 및 역내 각국 채권시장의 비교 분석, ② 역내에서의 국경 간 채권 발행 및 투자를 원활하게 하기 위한 제도 조화, ③ 지역 간 채권시장 통합을 위한 규제 및 관행 조화 등에 대한 연구 결과를 제공한다.

표 15-7 ABMI 태스크포스의 주요 과제 및 추진 내용

	과제	추진 내용
태스크포스 Ⅰ	역내통화채권 발행 확대 (의장 : 중국, 태국)	▪ 라오스의 태국 바트화 채권 발행 ▪ 신용보증투자기구 ▪ 인프라 채권
태스크포스 Ⅱ	역내통화채권에 대한 수요 촉진 (의장 : 일본, 싱가포르)	▪ 기관투자자를 위한 투자환경 조성 방안 ▪ 기관투자자에 대한 홍보 ▪ 역내 채권시장 활성화를 위한 컨퍼런스
태스크포스 Ⅲ	규제체계 개선 (의장 : 일본, 말레이시아)	▪ 역내 규제 · 감독당국 간 협력 강화 방안 ▪ 규제 · 감독당국의 역량 강화 방안 ▪ 아시아채권표준 연구 진행 ▪ 역내 규제체계 선진화를 위한 세미나 ▪ 역내 채권시장 규제표준화를 위한 논의체계 정비
태스크포스 Ⅳ	채권시장 인프라 개선 (의장 : 한국, 필리핀)	▪ 채권유동성 증가 방안에 대한 연구 ▪ 증권 결제 인프라의 구축 ▪ 역내 예탁결제기구에 대한 전문가그룹의 연구

자료 : 기획재정부.

ASEAN+3 체제를 중심으로 ABMI 논의가 전개되어 오고 있으나, 이와는 별도로 EMEAP 회원국들은 ABF를 통한 지역 채권시장 발전을 모색해 왔다.[32] EMEAP는 2003년 6월 약 10억 달러에 달하는 ABF1의 출범을 발표했다. ABF1은 EMEAP 11개 회원국 중 일본, 호주, 뉴질랜드를 제외한 8개 회원국(한국, 중국, 홍콩, 인도네시아, 말레이시아, 필리핀, 싱가포르, 태국)에 의해 발행된 미국 달러화 표시 채권에 대한 투자로 운영되었다.

ABF1은 상징적인 차원에서 중요한 의미를 가졌지만, 규모가 영세하고 더욱이 역외통화로 발행되는 채권에 대한 투자였기 때문에 아시아 금융시장의 본질적인 통화불일치 문제를 해결할 수 없었다. 이러한 문제를 보완하기 위해 만든 것이 2004년 12월에 출범한 ABF2이다. ABF2는 20억 달러 규모로 조성되었는데, 회원국들이 발행한 달러화 표시 채권 대신 역내 통화 표시 채권에 대해 투자하도록 했다. ABF2는 크게 Pan-Asian Bond Index Fund(PAIF)와 Fund of Band Funds(FoBF)로 구성되어 있다. PAIF는 8개 EMEAP 회원국에서 발행된 역내 통화 표시 국채 및 준국채에 투자하는 단일 펀드로 투자대상 8개국 채권을 전문기관이 작성한 채권지수에 따라 자유롭게 투자할 수 있다. FoBF는 8개 회원국별로 자국 통화표시 국채 및 준국채에 투자하는 국가별 채권펀드이다.

ABMI가 역내 채권시장 육성에 대한 본격적인 논의의 장을 마련하고, ABF는 EMEAP 회원국 중앙은행들이 보유한 외환보유액으로 조성한 공동 펀드를 역내 통화 표시 채권에 직접 투자하여 아시아 채권시장을 발전시키기 위한 방안이라는 점에서, 이러한 노력들이 역내 국가들 간 금융협력에 큰 기여를 한 것은 사실이다. 그러나 이와 같은 많은 논의 및 노력에도 불구하고 ABMI 및 ABF는 별다른 성과를 보이지 못하고 있다고 냉정하게 평가할 수 있다. 동아시아 역내에서 달러화든 역내 통화든 ABMI를 이용한 채권 발행은 거의 없고, 있다고 하더라도 상징적인 수준에 머물고 있다. 또한 ABF의 투자규모도 전체적인 채권투자 현황에 비하면 아주 미미한 수준에 불과하다. 구체적인 채권 발행 실적이 미미할 뿐만 아니라 금융시장 인프라 구축, 규제 · 감독 체계 협력 등도 거의 활성화되지 못하고 있다.

이처럼 ABMI 및 ABF가 많은 한계를 보이는 이유는 다음과 같이 정리할 수 있을 것이다. 첫째, 채권시장을 포함한 자본시장 발전을 위해서는 금융인프라가 구비되어야 하나, 동아시아 지역은 아직도 기본적인 인프라가 충분히 갖추어져 있지 않다. 싱가포르 및 홍콩 등과 같이 일부 소규모 도시국가를 중심으로 발달되어 있다고 하더라도 지역 전체를 포괄하기에는 상당히 미흡하다. 둘째, 이와 더불어 동아시아 지역의 채권시장이 안정적인 발전을 지속하려면 시장에 의해 추동되어야 하나, 지금까지 역내 채권시장의 발전은 행정적인 협력을 통해 추진되어 왔으므로 한계를 보일 수밖에 없다. 셋째, 아시아 채권시장이 발전하기 위해서는 국제적으로 호환성 있는 통화가 많아야 하나, 이 지역에서 일본의 엔화 외에는 국제적 호환성이 보장되어 있지 않다. 더욱이 일본의 엔화조차도 통화가치의 변동성이 높고, 정책적 통제능력이 부재해 달러화나 유로화 등 다른 통화에 비해 널리 통용되지 못하고 있다. 넷째, 아직까지도 아시아 채권시장 규모가 제한적이어서 채권의 유동화가 채권가격에 직접 반영되는 구조를 갖고 있으므로 투자자들에게 안정적인 투자환경을 제공하지 못하고 있다. 다섯째, 역내 국가들의 금융시장 국제화 수준이 낮고 상호 간 정치적 협력관계가 안정되지 못하여 지역 내에서도 채권시장 발전노력이 충분한 신뢰를 획득하지 못하고 있다. 여섯째, 더욱이 역내 국가들 간 경제규모의 차이가 많이 나 안정적인 채권시장 구축을 위한 공동의 노력이 한계에 부딪힐 가능성이 크다.

기타 통화 · 금융협력

이 외에도 다양한 지역 통화 · 금융협력 방안이 제시되고 있는데, 그중에서 경제동향 모니터링을 위한 방안, 통화스왑 협정, 그리고 역내통화단위 도입 등에 대해 살펴보고자 한다.

ASEAN+3 회원국들은 2002년 역내 감시체제로서 경제동향 점검 및 정책대화(Economic Review and Policy Dialogue ; ERPD)를 출범시켰다. ERPD는 세계 경제, 지역 경제 및 각국 경제에 대한 분석, 역내 자본이동 및 금융시장 발전에 대한 모니터링, 취약성 및 위험에 대한 판단 및 관리, 동아시아 지역에 영향을 미치는 이슈들에 대한 공동 행동 추진 등을 기본적인 기능으로 하고 있었다. 각 회원국들은 ERPD를 통해 보다 나은 거시경제정책 및 금융정책을 실행할 것으로 기대되었지만, 감시기능을 위한 인프라의 미흡으로 인해 ERPD는 본연의 기능을 효과적으로 수행하지 못했다. 2008년 글로벌 금융위기가 발생하자 각국 정부는 새로운 역내 감시기구 설립에 대한 필요성을 절실하게 느꼈고, 이에 따라 2010년 5월 우즈베키스탄의 타슈켄트에서 열린 ASEAN+3 재무장관회의에서 CMIM 체제 하에 ASEAN+3 Macroeconomic Research Office(AMRO)를 설치하기로 합의했다. 2011년 5월에 공식 출범한 AMRO는 역내 경제상황을 감시해 위기에 처한 국가를 조기에 감지하고 신속하게 자금이 지원되도록 돕는 역할을 담당하는 기구로, 기본적인 역할이 이전의 ERPD와 유사하다. ARMO는 2017년 공식적인 국제기구로 등록되어 ASEAN+3 체제의 영구기관으로 기능하게 되었다.[33]

2008년 글로벌 금융위기가 확산될 때 한국 정부는 IMF에 지원을 요청하지 않고 대신에 10월 30일 한국은행과 미국 연방은행 간 300억 달러 규모의 통화스왑 협정을 체결했고, 최근 코로나 바이러스 위기를 극복하기 위한 일환으로 2020년 3월 600억 달러 규모의 통화스왑 협정을 다시 체결했다. 이러한 통화스왑 협정은 당시 한창 진행되고 있던 금융시장에서의 불안을 진정시키는 데 상당한 기여를 했다. 한국 정부는 한 · 미 간 통화스왑 협정 체결에 이어 2008년 12월 13일 국제적인 금융위기에 대응하는 조치로서 한 · 중, 한 · 일 간 통화스왑 규모를 각각 300억 달러로 확대하는 협약을 체결했다. 우선 일본과는 단기 유동성 공급을 통한 역내 금융시장 안정을 도모하기 위해 2005년 5월에 체결했던 기존의 원/엔 통화스왑 계약규모를 30억 달러 규모에서 300억 달러로 확대하기로 합의하였다.[34] 유럽 위기로 금융시장이 불안조짐을 보이자 유럽 위기 및 세계 경제 둔화에 대한 파장을 방지하고 금융시장의 심리적 안정을 도모하고자, 2011년 10월 19일 한 · 일 양국은 통화스왑 규모를 700억 달러(엔화 300억 달러 + 미화 400억 달러)로 확대하는 데 합의했다. 그러나 2012년 정치적 갈등으로 만기가 된 통화스왑이 더 이상 연장되지 않고 종료되었다.

한국은행은 2008년 당시 중국인민은행과도 양자 간 통화스왑 계약을 체결하고 1,800억 위안(38조원, 300억 달러 규모) 이내에서 상호 자금지원이 가능하다고 발표하였다.[35] 또한 2011년 10월 26일 통화스왑 규모를 560억 달러(원-위안화 교환) 규모로 확대하는 데 합의했으며, 2017년 이를 3년 더 연장하였다. 중국과의 통화스왑은 유동성 확보 목적보다는 양국 간 무역비중이 빠르게 증가하고 있는 상황에서 양국 통화로 거래할 수 있는 계기를 마련하기 위한 것이다.

1997년 동아시아 위기 이후 역내 환율을 안정시키고 역내 금융시장을 발전시키기 위한 일환으로 역내 통화의 창출에 대한 필요성도 제기되기 시작했다. 아울러 동아시아 위기 이후 국제금융체제 개편에 대한 논의가 시작되었는데, 이러한 논의에서 동아시아의 위상을 제고시키고 역내 통화협력을 진전시키기 위한 방안으로서도 지역통화단위[36]의 도입을 제기하기 시작했다. 동아시아에서 지역통화단위에 대한 논의는 처음에 일본을 중심으로 전개되어 왔다. 일본은 2000년부터 2002년까지 'Kobe Project' 라는 이름으로 지역통화 도입을 위한 연구를 시행하여 ASEAN+3 및 역외 국가들의 학자들과 이 주제에 대한 이론적 기초를 확보하고 관심을 확대시키기 위한 노력을 기울였다. 일본은 이러한 연구 결과를 토대로 ADB를 통해 2005년 11월 지역통화단위인 ACU(Asian Currency Unit)의 환율 발표를 시도하였으나 한국과 중국의 반대에 직면해 좌절되었다. 2006년 ADB회의에서 한 · 중 · 일 3국 재무장관들은 지역통화단위의 도입 문제를 정부 차원에서 본격 논의하기로 합의했고, 이에 따라 아세안+3 리서치 그룹에서 지역통화단위의 구성, 감시감독체제와의 연계, 지역통화단위의 활용방안 등에 대한 연구를 본격적으로 진행했다.[37]

이러한 노력에도 불구하고 지역통화단위의 도입은 거의 아무런 성과를 보이지 못했다. 외견상 지역통화단위의 도입이 난항을 겪은 것은 지역통화단위의 구성과 관련된 여러 기술적인 문제들을 해결하지 못했기 때문인 것처럼 보일 수 있다. 그러나 보다 근본적인 문제는 역내 각국이 통화주권에 대해서는 전혀 양보하지 않고 자국 통화 중심의 통화블록이 형성되도록 의도하고 있기 때문이다. 현실적으로 동아시아 통화협력을 주도하기 위한 경제력을 갖추고 있는 국가는 중국과 일본이지만, 양국 모두 지역통화단위에 대한 역내 협력을 이끌어내지 못하고 있으며 양자 간 협력도 부재한 실정이다. 특히 최근 들어 중국은 위안화의 국제화에 심혈을 기울이고 있는데, 이는 동아시아 지역에 위안화를 기축통화로 하는 통화블록을 추진하려는 것으로 판단된다. 중국의 이러한 일방적 노력이 통화협력으로 전환되지 않을 경우 역내 통화분쟁으로 비화될 수 있으며, 이 경우 오히려 역외통화에 대한 의존도를 심화시킬 수 있는 우려가 있다. 동아시아 내의 취약한 금융시장과 협력 경험의 부재를 고려할 때, 일본과 중국의 통화영향력 확대 경쟁은 역내 통화협력을 좌절시킬 수 있는 위험이 크다.

Box 15-1 아시아 지역통합에 대한 오피니언 리더 서베이

ADB에서는 2010년 1월 21일~2월 12일 기간 동안 아태지역 19개국의 오피니언 리더 3,027명을 대상으로 아시아 지역통합의 인식 및 구체적인 통합 구상에 대한 서베이를 실시했다.

우선 대부분의 응답자들은 아시아에서의 지역통합에 따른 비용보다 이득이 훨씬 클 것으로 인식하고 있었다. 통합으로 빈국과 부국 간 격차가 다소 확대될 수 있다는 우려도 있었지만, 빠르고 역동적인 경제성장이 촉진되고 국제사회에서 아시아의 목소리가 커질 수 있다는 이득이 훨씬 강조되었다. 특히 이러한 혜택은 지역 인프라 건설, 무역 및 투자 자유화 등에서 크게 나타날 것으로 보았으며, 지역 안보 및 구체적인 통화·환율 협력 메커니즘에서도 발현될 수 있다고 보고 있다. 응답자의 74%가 당장 지역통합을 강화해야 한다고 믿고 있었으며, 새로운 기구 창설보다는 기존의 기구를 강화·발전시키는 것이 바람직하다고 생각했다.

그림 15-4 지역통합의 궁극적 형태 서베이

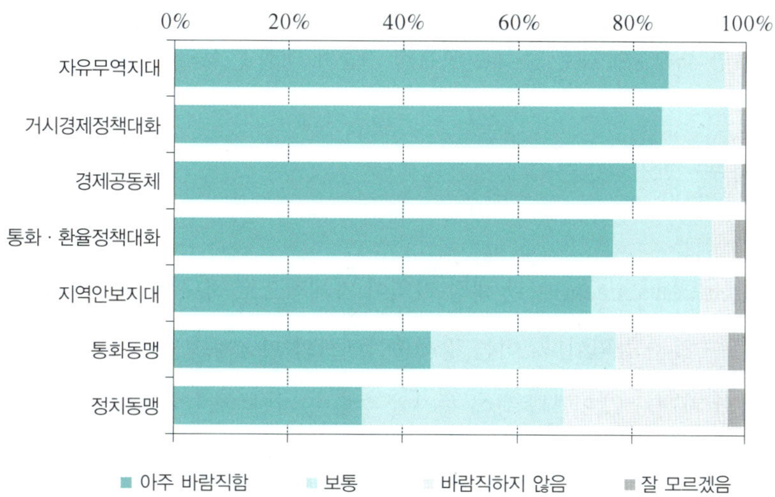

자료 : ADB(2010), p.267.

지역통합의 궁극적인 형태에 대해서는 자유무역지대, 거시경제정책대화, 경제공동체, 통화·환율정책대화, 통화동맹 등과 같이 경제적인 측면에서의 통합에 주된 관심을 보였다. 그러나 일부는 지역안보지대, 정치동맹 등과 같은 정치적인 측면의 통합에 대해서도 관심을 나타냈다. 어떤 형태가 되든 궁극적인 지역통합을 위해서는 지역단위의 국제기구가 필요한데, 이와 관련해서도 10개의 후보군 중 아시아 금융안정대화, 아시아 자유무역지대, 아시아 인프라포럼, 아시아 통화기금,

아시아 경제협력 사무국 등 경제 관련 국제기구들은 상위를 차지한 반면, 아시아 의회, 아시아 집행부, 아시아 법원, 아시아 평의회, 아시아 안보대화 등은 하위를 차지했다.

4. 동아시아 지역통합의 여건 평가

일반적으로 지역통합의 여건을 평가할 때 다양한 이론에서 제시된 기준을 근거로 평가한다. 그러나 실제적으로 지역통합이 적합한 대안인가를 판단하기 위해서는 각 이론에서 제시하는 통합에 유리한 혹은 불리한 조건들에 대한 평가에 앞서 과연 특정 지역이 그 자체만으로 독자적으로 유지될 수 있는가에 대한 평가를 해야만 한다. 즉, 지역통합에 대한 여건 평가는 자족성에 대한 분석과 이론적 기준에 대한 분석의 2단계로 진행해야 한다.

4.1 자족성의 평가

자족성(self-containment)이란 해당 지역이 자체적으로 하나의 독립된 단위로 생존을 진행해 나갈 수 있는 능력이다. 이는 경제분야에서의 자급자족 능력에 해당하는 것으로, 물론 외부와의 거래가 있으면 후생이 증진할 수도 있지만 그러한 대외거래가 없을지라도 독자적으로 생존해 나갈 수 있는지 여부를 기초적인 여건으로 먼저 점검해 보는 것이다.

자족성은 흔히 개별 국가의 경우 국력을 나타내는 조건을 통해 평가하는데, 국력을 나타내는 대표적인 변수들로는 인구, 경제규모, 무역규모, 자산, 군사력을 들 수 있다. 따라서 동아시아 지역의 자족성 여부도 개별 국가의 자족성 기준에 준해 평가해 볼 수 있다. [표 15-8]은 이러한 기준에 근거해, 동아시아, 유럽 및 북미의 자족성을 비교하고 있는데, 자족성 측면에서 동아시아 지역은 다른 지역에 비해 여건이 뒤처지지 않는다고 평가된다.

표 15-8 **자족성 평가**(2018)

	동아시아	유럽	북미
인구(백만 명)	2,321.7	341.7	493.5
GDP(10억 달러)	24,329.9 43,325.1	13,660.4 13,300.0	23,617.3 24,990.1
무역규모(10억 달러)	14,132.3	12,589.1	7,731.1
외환보유액(10억 달러)	6,427.2	289.9	280.4
군사규모(천 명) (10억 달러)	4,782.0 392.0	1,032.0 279.5	1,704.1 705.0

주 : 1) 동아시아는 ASEAN+3(홍콩, 대만, 마카오 포함) 및 몽골, 유럽은 유로존, 북미는 NAFTA(미국, 캐나나, 멕시코). GDP에서 위의 숫자는 시장환율 기준, 아래 숫자는 PPP 기준임.

2) 군사규모에서 위에 있는 숫자는 병력인원수를, 아래 있는 숫자는 군사비지출액을 나타냄. 동아시아의 경우 북한 및 미얀마를 제외.

자료 : UNCTAD 데이터 ; IFS 데이터 ; WEO 데이터 ; Wikipedia ; SIPRI Military Expenditure Database(https://www.sipri.org/databases/milex).

우선 가장 기초적인 인구규모에서 동아시아 지역은 총 23.2억 명으로서 3.4억 명의 유럽 및 4.9억 명의 북미지역보다 인구가 훨씬 많다. 또한 경제적인 측면에서도 동아시아 지역은 이미 북미 및 유럽을 넘어설 만한 지역경제 규모를 갖추고 있다. 구매력평가(purchasing power parity ; PPP) 기준으로는 총생산이 다른 두 경제블록의 규모를 훨씬 넘어섰고, 시장환율 기준으로도 유럽보다는 훨씬 크고 북미와도 충분히 상응할 만한 규모에 도달하였다. 무역규모도 과거에는 유럽 지역보다 작았지만 지금은 더 커졌고 북미지역에 비해서는 두 배 이상 훨씬 큰 규모로까지 확대되었으며, 현재의 증가 추세를 고려해 볼 때 향후에는 이 격차가 더욱 벌어질 것으로 예상된다. 또한 외환보유액 규모를 보면 유럽 및 북미지역의 20배 이상에 달할 정도로 다른 지역에 비해 훨씬 크다. 군사력 측면에서도 병력인원 수는 타 지역을 압도하고 있으며, 총군사비지출액은 미국을 중심으로 한 북미지역에 비해서는 규모가 작지만 유럽 지역에 비해서는 크게 나타나고 있다.

현재 시점에서의 여건을 보더라도 불리하지 않게 나타나는데, 장기전망을 고려하면 이러한 자족성 여건은 다른 지역보다 더욱 강화되는 방향으로 나타날 것으로 예상된다. [표 15-8]에서 보여주는 여건 외에도 역외지역과의 연계성을 고려해 자족성을 평가하기도 한다. 과거에는 동아시아 경제가 미국에 상당히 의존했으므로 역외지역에 대한 의존성이 높았었는데, 현재는 역내경제들 간의 상호 의존도가 더욱 심화되고 있어 이 조건도 점점 개선되는 것으로 평가할 수 있다.

4.2 이론적 조건 평가

이론적인 여건은 어떤 지역이 일단 자족성의 조건을 만족시킨다고 하더라도, 지역통합을 추진하는 것이 실질적으로 해당 지역의 국가들에게 유익한가 여부를 살펴보기 위한 조건이다.

제12장에서 소개한 다양한 지역통합이론에 비추어 통합을 촉진하는 혹은 저해하는 조건들을 도출할 수 있다. 예를 들어 정치적인 접근에 따르면, 통합의 수요적 측면에서 정부, 기업, 국민들의 통합에 대한 요구가 충분히 강한가, 그리고 통합 지지세력의 발굴 및 동원을 통해 수요창출이 용이한가, 또한 통합의 공급적 측면에서 통합을 이룩하려는 정치적 의지가 충분히 강한가, 그리고 국내의 정치적 합의, 국가 간 동의, 사회적 지지 조성을 통해 공급에 필요한 조건을 구비하기가 용이한가 등이 주요한 통합 조건으로 제시된다. 경제적 접근에서는 무엇보다도 역내경제의 상호 연계성을 가장 강조하고 있다. 아울러 경제발전 정도, 경제구조의 유사성, 개방도, 경기변동의 동조성 등도 중요한 요인으로 간주되며, 정책목표의 지향성 및 정책에 대한 신뢰성 등도 경제정책 협력에서 갈등을 완화하기 위한 조건으로 중요하게 고려되고 있다.

이 장에서는 다양한 이론적인 조건들을 크게 경제적 여건, 정치적 여건, 기타 여건(사회 · 문화적 여건)으로 나누어 살펴보고자 한다. 구체적으로 동아시아 지역의 통합 여건 분석을 위해서는 몇 가지 사항을 고려해야만 한다. 그중 하나는 구체적인 평가를 위해 현실적으로 비교 가능한 조건들을 도출해 내는 것이다. 동시에 여러 조건들이 서로 간에 상충되지 않도록 선별하는 것이다. 이를 고려해 각 조건들을 나타내는 대표적인 변수들을 다음과 같이 선정하였다. 경제적 여건을 평가하기 위한 변수들은 역내무역비중, 개방도, 경기변동 동조 및 인플레이션을 포함한다. 정치적 여건을 평가하기 위한 변수들로는 통합 수요 측면에서 안보협력체에 대한 수요 및 정책공조에 대한 수요, 통합공급 측면에서 국제정치적 환경, 국내정치적 환경, 역내리더십 등을 사용했다. 기타 사회 · 문화적 조건을 평가하기 위해서는 지역적 정체성, 역사적 친밀성, 문화적 유사성, 상호 신뢰도를 고려했다.

경제적 조건

동아시아 지역통합의 경제적 여건은 [표 15-9]에 나타나 있다. 앞에서 설명한 바와 같이 지역통합이론에 따른 경제적 여건은 여러 가지가 있다. 그중에서도 구조적인 측면에서 특히 중요한 여건은 개방화와 역내경제의 상호 연계 정도이다. 이 표에 따르면 동아시아 지역의 개방 정도는 평균 58.1%로서 EU의 92.2%보다 낮지만 북미지역의 32.7%에 비해 매우 높게 나타나고 있다. 동아시아 지역경제는 개방도가 높을 뿐만 아니라 이러한 개방경제의 특성이 상호 연계성으로 심화되고 있다. 동아시아의 역내무역 비중은 지속적으로 증가해 현재 51.7%에 이르고 있는데, 이는 유럽의 45.5% 및 북미지역의 49.4%보다는 높은 수준이며, 더구나 이러한 역내무역 비중은 지속적으로 증가하는 추세에 있다.

표 15-9 경제적 조건 평가

	동아시아	유럽	북미
역내무역 비중	51.7%	45.5%	49.4%
개방도	58.1%	92.2%	32.7%
경기동조성	0.3097 (−0.0359)	0.6090 (−0.0230)	0.5678 (−0.0146)
인플레이션	2.31%	2.30%	2.89%

주 : 경기동조성에서 위의 숫자는 1인당 실질소득성장률 상관관계의 평균값을, 아래 숫자는 1인당 실질소득성장률 격차 (−)절댓값의 평균값을 나타냄.[38] 경기동조성 및 인플레이션은 1990년대 이후의 평균값을 나타냄.

자료 : UNCTAD 데이터.

한편 또 다른 측면에서 역내 국가들 간의 상호 연계성을 파악할 수 있는 것이 경기변동의 동조성과 인플레이션의 수렴 정도이다. 이 변수들은 특히 각국의 경제정책이 얼마나 수렴되어 가고 있는지를 나타내는 척도가 되기도 한다. 동아시아 국가들의 경기변동의 동조성을 보면 두 가지 척도 모두 유럽 국가들에 비해 상대적으로 동조성이 없는 것을 확인할 수 있다.[39] 경기변동의 동조성이 없는 경우 각국의 경제상황이 서로 다르게 나타나기 때문에 유사한 경제정책을 사용하기 어려우므로, 이는 통합에 불리한 조건으로 작용할 수 있음을 의미한다. 그러나 2000년대 들어서는 역내 국가들 간 경기변동의 동조성이 증가하고 있는데, 특이한 것은 동아시아 역내지역과의 동조성만이 아니고 미국이나 유럽과의 동조성도 증가하는 것으로 나타난다는 점이다. 한편 장기적인 경제정책을 판단해 볼 수 있는 또 다른 조건은 인플레이션의 수렴 정도이다. 1990년대 이후 동아시아 전체적으로 평균 인플레이션율은 2.31%로서 유럽 및 북미와 유사한 정도로 수렴하고 있다.

정치적 조건[40]

정치적 조건에 대한 평가는 통합에 대한 수요적 측면과 공급적 측면의 요소들을 고려하여 정성적으로 시도할 수 있다. 우선 지역통합의 수요적 측면에서, 동아시아에서도 유럽 등 다른 지역과 마찬가지로 평화에 대한 수요 및 이를 구현하기 위한 안보협력체에 대한 수요는 엄연히 존재하지만, 유럽과 비교하면 이에 대한 수요는 미약하다고 평가된다. 동아시아 국가들은 냉전시대 유럽 국가들을 결집시켰던 안보이익을 공유하지 못하고 있으며, 오히려 안보문제에 관한 한 이익의 갈등을 겪고 있는 상황이다. 이러한 상황을 간접적으로 대변하는 것이 역내 각국 간의 정치적 친밀도인데, 동아시아 국가들의 정치적 친밀도는 유럽보다 낮게 나타나고 있다. [표 15-10]은 유엔총회에서 어떤 국가가 제시한 안건에 대해 각 국가들이 얼마나 동조표를 던지는가를 보여주고 있다. 2000년대 들어 동아시아 국가들은 역내 국가가 제안한 안건에 대해 평균 81.5%의 찬성을 보인 반면 유럽의 경우 평균 92.2%의 지지를 보이고 있다. 그렇지만 통합 초기였던 1980년대 유럽의 평균이 76.2%였던 점에 비추어보면, 동아시아의 정치적 친밀도가 열악한 상태라고 보기는 어렵다. 한 가지 강조하고 싶은 것은 한국과 일본의 경우 동아시아 국가들과의 정치적 친밀도가 낮게 나타나고 있다는 것이다. 이는 동아시아 통합에 있어 한국 또는 일본의 주

표 15-10 정치적 친밀도 측정 지수

	1985~1990				2000~2005			
	미국	유럽	일본	동아시아	미국	유럽	일본	동아시아
일본	0.317	0.757	–	0.491	0.292	0.836	–	0.653
중국	0.150	0.487	0.489	0.852	0.106	0.532	0.591	0.819
홍콩	–	–	–	–	–	–	–	–
인도네시아	0.125	0.473	0.455	0.896	0.120	0.567	0.601	0.858
한국	.	.	.	.	0.278	0.805	0.853	0.597
말레이시아	0.143	0.495	0.496	0.920	0.121	0.571	0.610	0.863
필리핀	0.142	0.513	0.487	0.904	0.142	0.587	0.626	0.861
싱가포르	0.154	0.524	0.529	0.888	0.137	0.593	0.632	0.849
대만	–	–	–	–	–	–	–	–
태국	0.132	0.497	0.490	0.905	0.132	0.615	0.656	0.861
평균(동아시아)	0.141	0.498	0.491	0.894	0.148	0.610	0.653	0.815
평균(유럽)	0.339	0.762	0.757	0.498	0.365	0.922	0.836	0.611
미국	–	0.339	0.317	0.141	–	0.367	0.292	0.148

주 : 정치적 친밀도의 측정은 UN General Assembly에서 어떤 사안에 대한 두 나라 간의 투표결과의 일치 정도를 나타낸 것임(모든 사안에 대해 두 나라 간의 투표결과가 완전일치하면 1이 됨).

자료 : 윤덕룡 외(2005).

도적인 역할에 제약을 가할 수 있다는 점을 시사해 준다. 지역통합의 수요 측면에서 또 하나 고려할 것은 정책공조에 대한 수요가 존재하느냐 하는 점이다. 동아시아 국가들은 상호 정책공조를 도모한 경험이 많지 않으며, 더욱이 초국가적 기구에 정책의 일부를 양도한 경험은 전혀 없다고 볼 수 있다. 따라서 정책공조에 대한 수요는 특히 유럽에 비해 훨씬 열악하다고 판단된다. 그러나 1990년대 동아시아 위기, 글로벌 금융위기 등과 같은 위기상황이 대두되면서 경제정책, 외교안보정책 협력에 대한 수요가 점증하고 있는 상황이다.

정치적 측면에서 지역통합의 공급 여건은 수요 여건에 비해 더 열악하다고 할 수 있다. 우선 국제정치적 환경에서 동아시아 지역에는 많은 갈등의 소지가 상존하고 있다. 예를 들어 미국과 안보이익을 공유하고 있는 한국과 일본에게는 중국이 하나의 '위협'이 되고 있고, 일본의 과거사 반성 부족과 군사대국으로의 부활 가능성에 대한 우려가 아직도 사라지지 않고 있다. 또한 북한 정세의 변화에 따른 안보 불확실성도 상존하고 있으며, 많은 주변국들은 중국의 부상과 영토분쟁에 대한 경계를 늦추지 않고 있다. 이 외에도 역외국인 미국의 태도가 유럽통합에 대해서는 호의적이었던 반면 동아시아 통합에 대해서는 호의적이지 않은 것도 장애요인으로 작용할 수 있다. 국내정치적 환경에서도 여건이 그다지 호의적은 아니며, 많은 동아시아 국가 내에서 지역통합의 사안이 극도로 정치화될 가능성이 있다. 한편 유럽에서와는 달리 동아시아에서는 비전과 추진력을 갖고 지역통합에 대한 지지를 동원할 수 있는 정치적 자본을 가진 인물을 찾기 어렵다. 뿐만 아니라 국가적 리더십도 결여되어 있다. 동아시아에서의 복잡한 역학 구도로 인해 중국과 일본은 주도국가로서의 능력은 있으나 정당성을 확보하기 어려울 것이다. 더욱이 양국의 지나친 경쟁관계는 지역통합에 대한 리더십에 상당한 손상을 입히고 있는 실정이다. 아래의 표는 정치적 여건에 대한 전반적인 평가를 요약하고 있다.

표 15-11 정치적 조건 평가

	여건	비고
평화공존 및 안보협력 수요	▪ 지역 평화 및 안보 협력에 대한 수요는 당연히 존재하나 유럽에 비해 약함	▪ 일부 국가를 제외하고는 정치적 친밀도가 나쁘지는 않음
정책공조	▪ 초국가기구에 권한 양도 아주 꺼림	▪ 수차례의 경제위기로 인해 정책공조 필요성 인식 증대하고 있음
국제정치적 환경	▪ 미국의 태도 : 유럽에 비해 동아시아 통합에 비협조적 ▪ 역내 각국 간 갈등요인 많음	▪ 최근 영유권 분쟁 등으로 인해 더욱 심해짐
국내정치적 환경	▪ 지역통합이 각국 내에서 지나치게 정치화될 우려	▪ 국내에서 정치력이 부족할 때 더욱 크게 나타남
역내리더십	▪ 리더십 부족 : 공공재 제공 기능 미흡	▪ 중국과 일본의 경쟁관계로 더욱 악화

Box 15-2 아시아에는 장 모네(Jean Monnet)가 없다

피터슨 국제경제연구소(Peterson Institute of International Economics ; PIIE) 소장이었던 버그스텐(C. Fred. Bergsten) 박사는 동아시아 위기 이후 지역통합에 대한 관심이 고조되었을 때 동아시아 지역통합과 관련된 글을 많이 썼다.

왜 동아시아 국가들이 지역통합에 관심을 갖게 되었는가, 동아시아 통합에 적절한 구상은 어떤 형태인가, 동아시아 통합에 주요 장애요인은 무엇인가, 동아시아 통합은 국제사회에 어떤 의미를 갖는가 등 지역통합과 관련해 제기될 수 있는 다양한 이슈들을 상당히 설득력 있고 예리하게 분석하고 있다. 그런데 유럽통합의 경험과 비교하면서 리더십과 관련해 특히 눈길을 끄는 흥미로운 지적을 하고 있다. 간단하게 그의 지적을 살펴보자.

아시아의 지역통합으로 제3의 블록이 생기면 국제질서에 상당한 변화를 야기할 것이다. 아시아의 지역주의는 한편으로 아시아 및 세계 전체에 긍정적으로 작용할 수도 있지만 동시에 다른 한편으로 모두에게 부정적인 폐해를 초래할 수도 있다. 따라서 아시아가 추구하는 긍정적인 효과를 극대화하고 모두에게 손해가 되는 결과를 방지하기 위해 무엇보다도 필요한 것은 아시아 지역주의를 추구할 수 있는 강력한 리더십이다. 현재 아시아 지역에 가장 부족하면서 가장 요구되는 것은, 지역협력에 대한 개념을 설계하고 이를 적극적으로 설파할 수 있는 유럽의 장 모네(Jean Monnet) 같은 인물이다. 모두가 인정하듯이 모네는 유럽통합의 아버지이다. 그러나 불행하게도 아시아 지역에는 그런 인물이 없다.

혹시 리콴유(Lee Kwan Yew)가 좀 더 젊었더라면, 그리고 좀 더 큰 나라 출신이라면 그러한 역할을 했을지도 모르겠다. 말레이시아의 모하마드 마하티르는 아시아주의를 제창해 지역에서 강한 반향을 불러일으키고 있다. 그러나 그의 힐난은 거의 피해망상에 가깝고 또한 국내에서의 권위주의 행태는 그의 매력을 상당히 제한하고 있다. 중국인이나 일본인은 아시아 지역에서 두 국가의 지배에 대한 두려움 때문에 그런 역할을 하기가 불가능할 것이다. 혹시 일본의 사부로 오키타(Saburo Okita)가 사망하지 않았더라면 그러한 역할을 해낼 수 있었을지도 모르겠다. ASEAN이 동아시아 지역에서 지도적 역할을 할 가능성이 있으므로, 인도네시아인 혹은 태국인이 가장 좋은 대안일 것 같다. 그러나 아직까지는 아시아합중국(United States of Asia) 건설을 추진해 갈 만한 인물은 보이지 않는다.

이처럼 버그스텐 박사는 무엇보다도 리더의 중요성을 강조했다. 그런데 수많은 후보들, 심지어 NGO 리더들까지 언급하면서도 한국 사람은 전혀 염두에 두지 않고 있다.

자료 : Bergsten(2000a).

기타 조건 : 사회 · 문화적 조건

기타 사회 · 문화적 여건은 아래의 표에 정리되어 있는데, 전체적으로 볼 때 여건이 성숙되어 있다고 판단하기는 어려울 것 같다. 많은 연구들이 지역협력의 가장 중요한 요인 중의 하나로 지역 정체성(regional identity) 형성을 들고 있다. 지역 정체성이란 역내 국가들 상호 간에 협력을 촉진하고 내부 결속력을 유지시켜 줄 수 있는, 역내에 서로 공통되면서도 다른 지역과 차별화되는 사회 · 문화적 특징 및 인식의 기반을 의미한다. 지역 정체성은 지리적 조건, 민족, 언어, 종교, 역사, 문화 등 다양한 이유 때문에 생겨난다. 이러한 정체성 형성과정을 통해 볼 때 동아시아는 유럽에 비해 다소 여건이 만족스럽지 못하다고 판단된다. 이미 앞에서 설명했듯이 동아시아라는 지리적 개념도 한 · 중 · 일 간에 서로 다르고, 특히 역사적인 경험은 정체성 형성에 커다란 장애요인으로 작용하고 있다. 지금까지도 일본 정부는 과거 제국주의 시대에 주변국에 끼친 커다란 폐해를 인정하지도 않고 반성하지도 않고 있어 동아시아 지역에서 긴밀한 협력을 추구하는 데 걸림돌이 되고 있다. 더욱이 교과서 개정 문제, 위안부 문제 등 과거사에 대한 왜곡을 지속하고 있다는 것은 지역통합에 절대적으로 불리한 요인이 될 것이다.

문화적 측면에서는 현재의 여건에 일장일단이 있다. 한 · 중 · 일 3국은 같은 한자 및 유교 문화권에서 역사적으로 오랜 기간 교류를 유지하였다. 유교는 동아시아의 대부분,

표 15-12 사회 · 문화적 조건 평가

	여건	비고
지역적 정체성	▪ 지역정체성이 명확하지 않고 협력 경험 없음	▪ 지역주의 확산과 더불어 아시아니즘도 확산
역사적 친밀성	▪ 과거사 문제가 정리되지 않고 왜곡되고 있음	▪ 유럽의 경우도 숱한 전쟁을 치름 ▪ 그러나 일본이 반성 않는다는 것은 문제
문화적 유사성	▪ 비대칭적인 문화교류 관계가 지속됨 ▪ 근대로 넘어오면서 서양의 문화가 혼재되면서 다양화	▪ 문화다양성 자체는 장애요인 아닐 수도 있음 ▪ 한편 한 · 중 · 일 고려하면 유교문화권 : 유럽보다 동질
상호 신뢰도	▪ 아직은 신뢰보다는 불신이 크게 나타나고 있음 ▪ 유럽에 비해 상호 신뢰가 약함	▪ 그러나 젊은 세대로 갈수록 극단적인 불신태도는 많이 완화되고 있음

특히 한 · 중 · 일에서 정치경제적으로 뿌리 깊은 영향을 미쳐왔기 때문에 사실상 유교문화권이 동아시아의 지배적인 문화적 공통분모라고 말할 수 있다.[41] 이러한 공통적인 유교문화에 기초해 동아시아에서도 가족, 사회, 국가로 연결되는 공동체 사상과 사회적 공익을 추구하는 집단주의적 사고가 발전하게 되었는데, 이러한 공통의 유교적 가치는 동아시아의 지역통합에서 지렛대로 활용될 수도 있다. 그런데 한 · 중 · 일 3국의 문화적 교류는 대체로 비대칭적 구조 하에서 진행이 되었다고 해도 과언이 아니다.[42] 19세기 이전까지의 기간은 중국 문화의 주도로 문화적 교류가 이루어졌다면, 20세기 이후에는 근대화를 통해 서양 문화를 일찍 접한 일본 문화가 3국 관계에서 지배적 입장을 유지하였다고 볼 수 있다. 따라서 문화적 교류가 대칭적인 관계로 개선되지 않는 한, 특히 문화적 교류는 국민감정과 직결되어 있다는 점에서 상호관계에 대한 각국의 거부감이 수그러들지 않는 한 3국 간 협력을 근간으로 하는 문화 교류는 교착상태에 빠질 수밖에 없다.

그런데 현재 3국 간의 상호 신뢰 정도를 보면 아래의 서베이 표에서 알 수 있듯이 아직은 부정적인 의견이 긍정적인 의견보다 크게 나타나고 있다. 한 · 중 · 일 협력사무국(TCS)이 3개국 국민들을 대상으로 2018년 말 여론조사를 진행했는데, 3국에 대한 전반적인 이미지 조사에서는 일본이 가장 나쁘게 나왔고, 그 다음 중국, 그리고 한국은 다른 두 국가보다 좋게 나왔다. 한편 한국은 신뢰도 및 친밀도에서 중국이나 일본보다 상대국가들에게 우호적인 태도를 보인 반면, 중국은 3국 중 가장 비우호적인 태도를 보이고 있다. 그러나 한 가지 고무적인 사실은 이러한 서베이를 연령대별로 구분해 보면, 젊은 세대일수록 부정적인 의견이 감소되는 추세를 보이고 있다는 것이다.

표 15-13 한 · 중 · 일 각각에 대한 3국 국민들의 이미지

(단위 : %)

이미지	한국	중국	일본
부정	23.8	33.6	40.9
중립	56.9	54.5	42.7
긍정	16.2	6.0	13.4

자료 : 세계일보에서 재인용. https://m.segye.com/view/20190108003878

표 15-14 한 · 중 · 일 3국의 상호 신뢰 정도 (단위 : %)

관계	신뢰도	친밀도
한국 → 일본	56.4	41.4
일본 → 한국	32.3	37.2
한국 → 중국	39.1	39.5
중국 → 한국	31.4	32.3
일본 → 중국	51.7	30.7
중국 → 일본	24.2	32.1

자료 : 세계일보에서 재인용. https://m.segye.com/view/20190108003878

5. 동아시아 지역통합의 한계 및 과제

지금까지의 논의를 통해 동아시아 지역은 경제통합에 대한 필요성도 점증하고 있고, 역내교역 및 역내투자 증대에 힙입어 외부지역에 대한 의존성이 감소하고 독자적으로 지속성장 가능한 경제블록으로 대두되고 있음을 알 수 있다. 또한 유럽 및 북미지역과 비교해 볼 때 경제협력 여건이 열악한 수준은 아닌 것으로 평가된다. 이는 동아시아도 지역공동체를 형성할 만한 여건이 성숙되어 가고 있음을 보여주고 있다. 물론 지역공동체의 형성은 경제적인 이유만으로 추진될 수 없고 정치적인 협력이 전제되어야 하는데 동아시아 국가들은 이러한 측면에서 아직 미진한 상황이라고 할 수 있다. 그동안 동아시아 국가들은 냉전 등의 이유 때문에 정치적인 면에서 상호 협력을 해본 경험이 거의 없고, 또한 동아시아 전체를 하나의 공동체로 통합하고자하는 비전도 제시된 바가 없었다는 것은 사실이다. 그러나 경험이나 전통은 항상 처음부터 있었던 것이 아니라 만들어지는 것이고 또한 동아시아의 성장과 더불어 정치경제적인 여건들도 개선될 수 있는 여지가 많다. 따라서 아직까지 정치적, 사회 · 문화적인 장애가 남아 있고 협력에 대한 경험부족으로 의견조율과정에서 시간이 더 소요되거나 조정을 위한 비용이 더 소요될 수는 있을 것으로 보이나, 이러한 문제들 때문에 동아시아에서의 공동체 건설 노력이 결정적으로 불가능하다고 받아들일 필요는 없을 것으로 보인다.

5.1 남아 있는 문제들

동아시아 지역이 지역통합의 긍정적 여건을 일부 갖추고 있고 또한 많은 구상들이 제안되고 합의되었음에도 불구하고 동아시아 지역이 하나의 독자적인 블록으로 전개되지 못하는 데는 여러 장애요인들이 있다.

첫째, 가장 큰 문제 중의 하나는 이익의 상대적 배분 문제이다. 개별 국가의 경제안보를 지역 차원에서 공동의 노력을 통해 추진한다고 할 때 현실주의 시각에 의하면 개별 국가는 절대이익보다 국가 간 상대적 이익에 보다 더 큰 관심을 갖게 된다. 따라서 지역 차원의 공동경제협력체 건설은 많은 경제적 이익의 배분차이로 인한 정치적 갈등만 증폭시킬 우려가 있다. 그러나 문제는 공동의 협력에 불참했을 때 입게 되는 손실이 공동의 협력을 위해 어느 정도 상대적 이익의 차이를 감수하고 들어갈 때 발생하는 손실보다 더 큰 경우가 존재한다는 것이다. 그러한 경우조차 상대적 이익의 차이에만 관심을 둔다면 국가경제의 자급자족의 길을 택할 수밖에 없으며 이는 수차례 경험한 국가위기라는 자명한 결과를 가져올 우려가 크다. 오늘날처럼 상호 의존이 증대하고 있는 상황에서 그러한 상호연계로부터 유발되는 긍정적 기회를 놓치지 않기 위해서는 이익배분에 과도하게 집착해서는 안 될 것이다.

둘째, 대외적인 장애요인으로 동아시아에서 패권국가의 지위를 향유해 왔던 미국이 동아시아 지역주의를 경계하고 있다는 것이다. 예컨대 과거 동아시아경제공동체(EAEC) 방안이 제시되었을 때도 미국은 자신들을 배제하는 경제협력체 구상을 받아들일 수 없어 이를 무산시키고자 미국을 포함한 APEC 방안을 추진해 성사시킨 바 있다. 또한 동아시아 위기 직후 일본이 엔화의 역할을 확대하고자 AMF의 창설을 제안했을 때 동아시아 지역 내 국가들은 많은 지지를 보냈으나, 미국은 자국의 이익과 상충된다는 점에서 IMF와 함께 AMF안을 강력하게 반대하여 결국 무산시키고 말았다.[43] 미국은 동아시아 지역 내에서 지역주의에 따른 자신들의 영향력 감소뿐만 아니라 유럽의 영향력 확대도 지속적으로 견제해 왔다. 따라서 동아시아에서 미국의 패권적 견제구조는 동아시아 독자적인 경제공동체 건설을 어렵게 하고 있다.[44]

셋째, 대내적인 측면에서 동아시아에서의 지역통합과 관련해 커다란 장애물은 무엇보다도 정치적인 장애라고 할 수 있다. 동아시아 지역에서는 뚜렷한 두 라이벌인 중국과 일본이 지역에서의 패권을 차지하기 위해 오랫동안 반목해 왔다. 1990년대 들어와, 천안문 사태 이후 일본이 서방국 중 가장 먼저 중국과의 관계를 정상화하는 등 여러 분야에서 서로 화해의 제스처를 보이기도 했지만, 이후에는 다시 악화되어 아직까지도 양자 간의 반목이 동아시아 경제협력체 추진을 저해할 만큼 대립관계에 있다고 보는 것이 타당할 것이다.[45] 정치적인 장애의 또 다른 측면은 양국에 대한 다른 동아시아 국가들의 인식이다. 특히 일본에 대해서는 아직도 거의 대다수 국가들이, 제2차 세계대전 당시 일본의 침공에 대한 원한을 차치하고라도, 신뢰할 수 있는 파트너라는 인식을 갖지 못하고 있다. 그러나 동시에 중국에 대해서도, 비록 향후 중국이 지역의 리더로 부상할 것이라는 것은 공감하면서도, 남사군도 분쟁 등에서 알 수 있는 바와 같이 중국의 경제 및 군사력 성장에 따라 중국의 본심에 대한 의구심을 더욱 증가시키고 있다.

넷째, 지금까지의 동아시아 지역협력이 제도적인 차원에서 이루어지지 못하고 친목이나 협의 차원에서 이루어져 온 것도 장애요인 중의 하나이다. 유럽의 경우에도 상당히 오랜 기간에 걸쳐 서서히 점진적으로 이루어져 오는 통합과정 중에 정치적인 반목, ERM 위기 등 여러 이유 때문에 난관에 봉착한 적이 수없이 많았다. 그러나 유럽에서는 유럽위원회(European Commission)라는 제도화된 기구를 갖고 있었고, 이 기구를 통해 개별국의 이해에 반하더라도 전체적인 측면에서 바람직한 방향으로 지역의 공동이익을 추구하는 데 협력하도록 각국을 유도함으로써 통합과정이 단절되지 않고 지속될 수 있었다. 유럽과는 달리 동아시아의 경우 이와 유사한 제도가 없으며 따라서 동아시아 경제협력 과정에서 조그마한 장애요인이 발생하더라도 그간의 노력이 무산되는 경우가 많다. 정치경제적인 차원에서 반목이 발생할지라도, 역내 국민들이 지역통합에 따른 이득이 결과적으로 자신들에게 돌아올 것이라고 확신하게 되면 정치적인 어려움이 상당 부분 완화되고 통합가능성도 더욱 커질 수 있다. 유럽의 경우 유럽위원회와 같이 제도화된 기구들이 정치적인 부침과 상관없이 끊임없이 유럽통합의 긍정적인 측면을 강조해 범유럽화된 의견으로 확산되도록 하였으며 동시에 부정적인 폐해에 대한 대응책도 전문적인 차원에서 제시함으로써 각국 국민들의 인식을 전환시켰다. 동아시아 지역이 경제통합을 하는 경우 결과적으로 나타나는 이득은 유럽보다 더 클 수도 있다. 그러나 동아시아 지역에서는 이를 지속적으로 추구하고 설득시킬 수 있는 제도화된 기구의 부재로 말미암아, 새로운 통합노력이 있을 적마다 그에 따른 이득보다는 통합에 수반될 수 있는 폐해에 집착하고 이를 각국의 정치인들이 대내적인 정치문제와 연계시켜 제동을 해옴으로써 지역협력 논의가 항상 표류해 왔다. 따라서 새로운 상황이 닥치면 다시 처음부터 시작해야 하는 과정을 반복해 옴으로써 아직도 별다른 진척을 보이지 못하고 있으며, 이와 같은 제도의 부재에 따른 부작용은 향후에도 많은 제약을 가할 것으로 판단된다.

다섯째, 동아시아의 경제적인 측면에서 또 하나 지적할 수 있는 장애요인은 동아시아 경제의 실물부문과 통화 · 금융부문이 상당히 격리되어 있다는 것이다. 동아시아 경제를 전체적으로 볼 때, 적어도 국제무역에서는 상당한 정도 경쟁력을 갖고 있다. 3대 경제블록 간의 무역관계를 보더라도 동아시아 지역의 타지역에 대한 경상수지 흑자가 월등히 크며 또한 전 세계 시장에 대한 시장점유율도 점차 확대되고 있는 상황이다. 그러나 실물 차원에서의 이러한 대외적인 경쟁력과는 달리 통화 · 금융분야에서는 국제무대에서 아직도 거의 영향력을 발휘하지 못하고 있다. 동아시아 지역은 경상수지 흑자와 더불어 다른 어느 지역에 비해서도 높은 저축률을 갖고 있어 전 세계에서 가장 자금이 풍부한 지역이다. 그러나 이러한 자금들은 대부분 서방국들, 특히 미국의 금융기관을 통해 서방국들의 유가증권에 투자되고 있다. 동시에 동아시아 지역은 다른 어느 지역보다도 경제가 빠른 속도로 팽창하고 있어 상당한 투자자금이 필요한데, 이러한 자금들은 대부분 서방국들의 금융기관을 통해 공급되고 있다는 것이다. 다시 말해, 동아시아 국가들은 그들의 자금으로 서방국들의 적자를 메워주고 있지만 동시에 필요한 자금은 서방국들로부터 공급받으려고 백방의 노력을 다하고 있는 모순관계에 놓여 있는 것이다. 이러한 구조적 제약 때문에 동아시아 지역의 실물부문은 점점 역외경제에 덜 영향을 받고 독자적인 블록으로 움직여 가지만, 금융부문(예를 들면 주식 또는 환율 등)은 여전히 역외지역, 특히 미국에 의존하게 되는 실물-금융부문의 괴리현상이 심화되고 있다. 이러한 괴리 현상은 실물부문에서의 많은 경제협력 노력들을 제어하고 있으며, 또한 금융부문에서의 독자적인 행보에도 상당한 제약요인으로 작용하고 있다.

5.2 동아시아 지역통합을 위한 제언

그렇다면 이와 같은 문제점들을 극복하고 궁극적으로 동아시아 협력기제를 성공적으로 실현시키기 위해 필요한 것은 무엇인가?

첫째, 동아시아 지역 내 국가들은 지역주의 협력기제를 실현시키기에 유리한 조건들을 적극적으로 활용해 지역통합 여건을 더욱 성숙시켜 나가야 한다. 비록 정치적 또는 사회 · 문화적인 측면에서 동아시아 지역협력기제를 구성한다는 것이 현실적으로 불가능할지라도 경제적인 측면에서는 유럽 또는 북미 지역에 크게 처지지 않을 만큼 유리한 여건들이 조성되어 가고 있다. 과거 동아시아 지역의 경제발전 과정에서 미국이 절대적인 역할을 했었지만 이러한 상황은 많이 변했다. 동아시아 국가들 간의 역내무역 비중도 상당히 높아졌고 또한 동아시아 국가들의 수출시장에서 미국의 비중도 이전에 비해 현저히 낮아졌다. 게다가 투자 측면에서도 미국의 영향력이 감소하고 동아시아 선진국들의 역내 투자가 상당히 증가하였다. 따라서 역내 교역 및 투자를 확대함으로써 역내 국가들 간의 상호 연계성을 더욱 심화시키고 동시에 지나치게 역외통화, 특히 달러화에 의존하고 있는 국제거래구조를 개선함으로써 장기적으로 지역공동체 형성을 위한 여건을 향상시켜 나가야 할 것이다.

둘째, 동아시아 지역통합이 성공적으로 추진되기 위해서는 이제 동아시아에서도 제도화된 기구(institution)를 중심으로 지역주의 노력을 지속시킬 필요가 있다.[46] 제도적 기구에 대해 구체적인 역할을 꼭 부여할 필요는 없지만 궁극적으로 동아시아 지역통합을 지향한다는 기본 목표를 추구하도록 해야 할 것이다. 유럽의 경험에서 보았듯이 제도적 기구가 존재함으로써 특정 국가의 이해관계에 얽매이지 않고 지역 전체 차원에서의 공동이익 및 공동목표를 추구할 수 있게 된다. 이러한 기구는 통합과정에서 각국이 부정적인 태도를 취할 때도 끊임없이 긍정적인 태도를 견지하고 설득하는 통합옹호론자의 역할을 할 수 있고, 아울러 통합과 관련된 논의를 정치적인 차원에서 기술적인 차원으로 전환시킴으로써 실제적인 통합과정을 가능한 궤도에서 논의되도록 할 수 있다는 이점을 갖고 있다. 이처럼 제도화된 기구들을 통해 중립적인 입장에서 통합논의가 지속되도록 할 수 있으며, 따라서 통합과정에 대해 명분과 타당성을 계속 유지시켜 나갈 수 있을 것이다. 제도화의 노력 과정에서 하나 염두에 두어야 할 것은 이러한 제도화는 동아시아 지역 전체를 대상으로 하는 지역다자협정(regional multilateral agreement)이 되어야 한다는 것이다.[47] 지금까지의 경제협력 노력들, 특히 실물적인 차원에서의 협력노력들을 보면, 동아시아 지역 전체를 포괄하는 지역적 다자협정보다는 국지적인 것 또는 역외국가까지 포함하는 광범위한 것들이 많았다. 그러나 수많은 국지적 또는 양자합의는 동아시아 지역 차원에서 합의될 수 있는 공동의 프레임웍을 형성하는 데 오히려 부담이 될 수도 있다. 또한 동아시아 국가들 외에 공통성이 상대적으로 적고 이해관계가 많이 다른 역외국가들을 포함시키는 경우 협력과정이 계속 답보상태에 머무를 수 있다. APEC처럼 동아시아 외에도 북미, 남미 및 오세아니아 국가 등 광범위한 지역의 국가들을 포괄하는 경우 회원국들 간의 이해관계가 달라 보다 발전된 경제협력체로 승화되지 못하고 표류할 우려가 있다. 그러나 지역다자협정을 추구하더라도 이와 같은 지역주의가 타지역에 배타적이거나 국제표준에 어긋나는 방향으로 유도되어서는 안 된다. 지금까지 세계화와 지역주의가 동시 진행되는 과정에서 보았듯이 지역주의의 표준이 국제표준과 어울어져 갈 때 오히려 세계화가 촉진된 측면이 많다.[48] 따라서 국제정치경제질서와 관련된 논의에서 동아시아 지역의 이해관계를 반영하면서도 동시에 필요에 따라 북미 또는 유럽과 의견을 조율해 나가도록 해야 할 것이다.

셋째, 흔히들 통합과정은 경제통합이 우선되고 정치통합은 나중이라고 인식하거나, 경제통합 과정에서도 실물부문이 우선되고 통화 · 금융부문이 뒤따르는 등 순서가 있다고 생각하고 있으나 그러한 인식을 정당화할 근거는 전혀 없다. 유럽의 통합과정에서 실물통합이 우선하고 통화통합이 나중에 이루어졌기 때문에 실물통합이 선행해야 한다는 주장들이 많지만, 이와 같은 순서가 경제적인 이득을 크게 하거나 혹은 반드시 통합을 촉진시키는 것은 아니다. 실물부문이 통합되어 상호 무역연계성이 심화되어 있으면, 최적통화지역 이론에서 주장하는 바와 같이 충격의 비대칭성이 감소되고 또한 환율정책의 필요성이 감소되어 통화통합에 따르는 비용을 감소시키므로 통화통합이 촉진될 수 있을 것이다. 그러나 반대로 동아시아 국가들 간에 통화 · 금융협력을 진전시킬 수 있다면 환율변동의 위험으로부터 자유로워지고 거래의 안정성이 증가하여 시장에 대한 투명성이 제고됨으로써 환율변동의 영향을 회피하기 위한 헤징비용 등 환율변동에 따른 거래비용이 감소할 것이다. 이로 인해 거래량과 거래에 참여하는 사람들의 수가 늘어나 역내 교역 및 투자규모가 더욱 크게 신장되어 실물부문에서의 통합이 가속화될 수도 있다.[49] 따라서 양자 간에는 상호관계가 있음을 인식하고 어느 것이든 가능한 것부터 추구해 나가는 것이 바람직하다. 예를 들어 동아시아 지역에서 국가들의 발전단계가 달라 동아시아 자유무역지대와 같은 구상이 현실적으로 당장은 어려운 상황이고 또한 동아시아 위기 이후 통화 · 금융협력에 대한 필요성이 강하게 대두된 상황임을 고려해 통화 · 금융분야에서 우선적으로 협력을 시도했던 것이다. 한걸음 더 나아가 통화협력은 통화정책에 대한 주권(sovereignty) 문제 등 아직 정치적으로 해결하기 어려운 문제들이 있는 반면 금융협력은 그와 같은 문제들이 없으므로, 현실적으로 가능한 금융분야부터 CMI 등 제도화된 기구를 설립해 협력을 시작한 것은 바람직한 방향으로 판단된다.

넷째, 앞에서 문제점 중의 하나로 지적된 것처럼 지역통합의 기제를 실현하기 위해서는 중심국의 리더십이 중요하다. 현실적으로 정치경제적인 영향력을 고려해 볼 때 중국 또는 일본이 그 역할을 담당해야 한다고 생각하고 있는데, 과연 이 나라들이 유럽의 통합과정에서 독일 및 프랑스가 수행했던 것과 같은 역할을 해낼 수 있을 것인가에 대해서는 상당한 의구심이 따른다. 예를 들어 금융위기가 재발하는 경우 과거 독일이 희생을 무릅쓰고 긴급유동성을 무한히 제공한 것처럼 중국 또는 일본이 국제유동성을 필요한 만큼 제공해 줄 것이라고 신뢰하기 어렵다. 또한 중국이 미국과 패권을 다툴 만큼 정치적 및 경제적인 힘을 갖고 있을지라도 과연 국제무대에서 동아시아 국가들의 입장을 대변해 줄 것인가에 대해서도 지극히 의문스럽다. 따라서 동아시아 지역통합이 성공적으로 이루어지기 위해서는 한국, 중국, 일본 등 역내 핵심 국가들의 끊임없는 자기희생과 리더십이 요구된다.

다섯째, 마지막으로 하나 더 강조하고 싶은 것은, 동아시아 공동체를 구성하기 위해서는 무엇보다도 지역의 정체성을 확립하는 것이 필요하다는 것이다. 동아시아 지역이 국제정치경제질서에서 소외되고 있는 가장 큰 이유는 역내 국가들 간의 갈등으로 지역정체성을 확립할 수 없기 때문이다. 특히 중국과 일본은 지역 맹주가 되기 위한 경쟁으로 동아시아 지역에서는 핵심 국가들 간에 항상 긴장이 지속되어 왔다. 지역의 정체성은 동아시아 공동체에 대한 비전을 제시하고 주도할 수 있는 역내 핵심 국가들을 중심으로 만들어져 가는 것이다. 유럽의 경우도 독일과 프랑스 간의 역사적인 반목이 동아시아에서의 일본과 중국 간의 반목만큼이나 심각했었으나 정치지도자들이 유럽통합에 대한 비전을 제시하고 이끌어감으로써 역사적 반목을 극복하고 유럽통합의 초석을 마련했던 것이다. 동아시아 지역통합의 경제적 여건이 상당히 성숙되어 있는 상황임을 고려해 볼 때, 동아시아 지역에서 주도적인 그룹들이 이러한 여건을 바탕으로 정치적으로 동아시아 공동체에 대한 비전을 제시하고 또한 모든 동아시아 국가들이 동참할 수 있는 협력의 틀을 제시해 주어야만 한다. 이러한 과정을 통해 지역의 정체성이 공고해져야만 갈등도 완화되고 장기적인 측면에서 지역공동체 형성도 가능해질 수 있는 것이다.

[미주]

1. 이 장은 임혜란(2000), 이영섭(2002), 전홍택 · 박명호 편(2010 ; 2011 ; 2012) 등을 일부 참고해 정리하였음.
2. 동양평화론은 아래의 소절 2.를 참고할 것. 삼국제휴론은 19세기 말 20세기 초, 조선 지식층들 사이에 논의된 한국 · 중국 · 일본 삼국의 연대를 통해 서구세력을 방비하자는 지역협력 구상. 한국민족문화대백과사전 참고. http://encykorea.aks.ac.kr/Contents/Item/E0066379
3. 1974년 2월 22일 마오쩌둥(毛澤東)이 잠비아의 카운다 대통령과 회담하는 자리에서 '제3세계론'을 제기했다. http://www.chinawatch.co.kr/chinawatch.php3?_Number=61475
4. 이 내용은 문우식(2010)을 참고해 간략히 정리했다. 이 외에도 한국민족문화대백과, 동북아역사넷 등을 참고할 것. http://encykorea.aks.ac.kr/Contents/SearchNavi?keyword=동양평화론&ridx=0&tot=857; http://contents.nahf.or.kr/item/item.do?levelId=edeah.d_0005_0040_0020_0030

5. 동북아역사넷 홈페이지.
6. 현광호(2010).
7. 보다 자세한 내용은 히라카와 히토시(2009)를 참고할 것.
8. 이 내용은 동북아역사재단(2009)을 참고하여 정리한 것임. 보다 자세한 내용은 배경한(1996), 양순창(2005)을 참고할 것.
9. 양순창(2005).
10. 김세원(2004), p.5.
11. 마지막 동기와 관련해서는 손병해(2002), 제1장을 참고할 것.
12. Moon and Rhee(2012), ch.6.
13. McKinnon(1998). Yam(1997) 또한 주요 국제통화들 간의 환율, 특히 엔-달러 환율의 급격한 변동이 동아시아 경제에 심각한 부담을 주었다고 지적하고 있다.
14. Bergsten(2000a), Eichengreen(2002), Moon and Rhee(1999).
15. 경제안보의 차원에서 지역협력 기제 설립의 필요성을 논의한 임혜란(2000b)을 참고. 대외 의존 및 국가 간 상호 의존으로부터 오는 위험을 제거하는 것은 자급자족의 길을 택한다는 것인데, 과거의 경험에 비추어 볼 때 이는 오히려 국가안보의 위협을 가져오는 길이었다. 따라서 이미 상호 의존의 관계에 밀접하게 연계되어 있는 이상 지역적 상호 체제를 통한 공동의 대처는 자본주의 시장이 부여하는 위협으로부터 대처하는 방안이 될 수 있다. 즉, 세계화의 위협에 대응하기 위한 한 방편은 지역주의라고 할 수 있다.
16. 최영종(2012)은 이 외에도 역내 금융협력을 통해 과도한 외환보유액 축적을 지양할 수 있고 이를 통해 글로벌 불균형 해소에도 기여할 수 있음을 지적하고 있다.
17. 2018년 USMCA로 개정됨.
18. Bergsten(2000b), Frankel and Kahler(1993)도 세계 3대 경제블록 중 동아시아 지역만이 구체적인 경제협력체가 구성되어 있지 않다고 지적하고 있다.
19. Goto and Hamada(1995)는 규모에 대한 수익체증(increasing returns to scale)이 있는 경우 경제블록이 역외국에 배타적인 입장을 취하지 않더라도 역외국들이 손실을 입을 수 있음을 이론적으로 보여주고 있다.
20. Bergsten(2000a ; b)은 동아시아가 성장했음에도 불구하고, WTO 및 IMF 등 국제기구에서 푸대접을 받고 있는 것도 동아시아 지역주의를 확산시키고 있는 주요 동기 중의 하나라고 지적하고 있다.
21. 이 부분의 내용은 전홍택 · 박명호 편(2011), 제4장 및 제10장을 참고해 정리했음.
22. Zhang(2010).
23. 구체적인 내용은 KIEP(2019) 및 산업통산자원부 홈페이지를 참고할 것. https://fta.go.kr/rcep/
24. 이요셉(2018).
25. 권율(2005).
26. 물론 그 이전에도 1956년 아태지역 중앙은행총재 회의로부터 시작된 SEANZA(South East Asia, New Zealand and Australia), 관련된 교육 및 연구를 위해 1966년 설립된 SEACEN(Southeast Asian Central Banks) 등이 있었다. 동아시아 화폐-금융협력의 다양한 아이디어에 대해서는 Eichengreen(2002), Yam(1997) 등을 참고할 것.
27. 동아시아 위기 이후 한국, 일본, 중국 등에서 제기된 동아시아 통화 · 금융협력에 관한 다양한 아이디어에 대해서는 Rhee and Moon(2002), Rhee and Messerlin(2019) 등을 참조할 것.
28. 이러한 구상들이 주로 금융협력에 치우친 반면 Rhee and Moon(2002)은 통화협력도 포괄하는 AMS(Asian Monetary System) 구상을 제안하고 있다. 한편 통화협력과 관련해 필리핀 대통령 및 홍콩 통화당국 총재는 ACU(Asian Currency Unit) 구상을 제안한 바 있다.

29. 2008년에는 총규모를 800억 달러로 합의했으나 이후 2009년 2월 푸켓 재무장관회의에서 규모를 1,200억 달러로 확대하기로 합의하였다.
30. 이후 수차례 협정 내용이 개정되었는데, 2020년 현재 우리나라는 최대 384억 달러까지 인출할 수 있다.
31. 이 비율이 처음에는 20%로 제한되었었지만 글로벌 금융위기 이후 30%로 확대되었다.
32. ABF에 대한 보다 자세한 논의는 박정필(2005)을 참고할 것.
33. 보다 자세한 설명은 Hur and Rhee(2015)를 참고할 것.
34. 200억 달러(원/엔) 규모를 평상시에 사용하고, 나머지 100억 달러(원/달러)는 위기 시에 사용할 수 있다.
35. 전액 원/위안화 스왑으로, 증액된 260억 달러 규모는 평상시에도 자유롭게 사용하고, 기존의 40억 달러 규모는 기존 협약대로 위기 시에 인출할 수 있었다.
36. 지역통화단위에 대한 명칭은 ACU, RCU, AMU, RMU 등 다양하지만, 한 · 중 · 일 3국 재무장관회의에서 공식적으로 합의된 용어는 RCU(Regional Currency Unit)였다.
37. 통화협력과 관련해 일부 학자들은 미국 달러화, 유로화 등 역외통화를 포함한 통화바스켓에 기초한 협력방안을 제시하기도 한다. 전홍택 · 박명호 편(2013) 제4장, Kawai(2002), Willismson(1996) 등을 참조할 것. 그러나 역내 문제를 위해 역외통화를 통제한다는 것은 불가능하고 바람직하지 않을 수 있으므로, ASEAN+3 Research Group에서는 역내통화로만 구성된 지역통화단위를 중심으로 협력방안을 논의하기로 합의하였다.
38. 경기동조성을 측정하는 여러 방법들 중 가장 간단한 방법을 사용해 계산함. 자세한 과정은 이동은 외(2013), 편주현(2020)을 참고할 것.
39. 동조성 지수가 작을수록 경기변동의 동행성이 없음을 의미함.
40. 아래의 설명은 최진우(2010)를 기초로 수정 · 보완한 것임.
41. 손병해 외(2006).
42. 박명호(2005).
43. Bergsten(1998)은 AMF안에 대한 대응방안으로 APMF(Asia Pacific Monetary Fund)안을 제시하였다. 그러나 이 안의 핵심은 결국 아시아 지역에서 독자적인 통화협력을 저지하고 미국의 패권을 유지하겠다는 것이다.
44. Thompson(1998), Ch.2.
45. 1998년 강택민 주석이 일본을 방문했다가 전쟁사과 문제와 관련해 상당한 갈등을 보여준 것은 화해 제스처에도 불구하고 이러한 반목이 강하게 잔재되어 있음을 보여주는 좋은 예라고 할 수 있다. 또한 1990년대 한 조사에 의하면 중국 대학생들 중 96.3%가 일본의 군국주의가 부활할 것이라고 대답했고 3.7%만이 그렇지 않을 것이라고 대답하고 있다. Deng(1997).
46. 유럽통합의 아버지 장 모네(Jean Monnet)는 다음과 같은 표현으로 제도의 중요성을 강조했다. “Nothing is possible without men, but nothing is lasting without institutions.”
47. Wyplosz(2001)는 “동아시아 지역에서 상당히 심화된 무역연계성을 고려할 때 동아시아 지역에 공동시장과 같은 다자협정이 없다는 것은 유럽인의 입장에서 보면 상당히 놀랄 만한 일”이라고 하고 있다.
48. 박경석(2002).
49. Eichengreen(1998), Frankel and Rose(1996), Rose(2000)는 통화블럭과 무역블럭의 상호 연계성에 대해 강조하고 있다.

[참고문헌]

강문성 · 김원호 · 박순찬 · 전종규 · 권기수 · 김진오 · 나수엽(2003), “미주자유무역지대(FTAA)의 협상동향과 경제적 효과분석,” 『KIEP 정책연구』 03-11.

강유덕(2014), “제10차 ASEM 정상회의의 의미와 평가,” 『KIEP 지역경제포커스』 8(53).

강유덕 · 김균태 · 오태현 · 이철원 · 이현진(2012), “유럽 재정위기의 원인과 유로존의 개혁과제,” 『KIEP 연구보고서』 12-12.

강인수 · 김태준 · 박태호 · 유재원 · 유진수 · 이호생 · 채욱 · 한홍렬(2003), 『국제통상론』, 박영사.

구갑우(2001), “세계무역기구(WTO) 지역주의 조항의 기원 : 국제경제법 형성의 정치경제,” 『국제정치논총』 41(1).

구종서(1996), “동아시아 발전모델과 한국,” 『한국정치학회보』 30(2).

국제금융연구(2018), 『글로벌 시대의 국제금융론』(제5판), 시대가치.

권율(2005), “동아시아 정상회의의 진로와 과제,” 『KIEP 연구자료』 05-01.

권형기(2010), “생산 세계화의 다양성: 독일의 독특성,” 『한국정치연구』 19(1).

김성옥(2019), “신기술 경쟁이 촉발하는 GVC의 변화 : 미 · 중 갈등을 중심으로,” 『KISDI Premium Report』 19-09.

김세원(2004), 『EU 경제학 : 유럽경제통합의 이론과 현실』, 박영사.

김영준(2019), “WTO 투자원활화 논의 어디까지 왔나?” KDI 경제정보센터, 『세계는 지금』, 10월호.

김욱(2000), “공공재이론의 관점에서 본 패권안정이론,” 『국제정치논총』 40(4).

김인준(2013), 『위기극복 경제학』, 율곡출판사.

김인준 · 박준용 편(1995), 『자본자유화론 : 이론과 우리 현실』, 법문사.

김인준 · 이영섭(1998), “외환 · 금융위기와 IMF 경제정책 평가,” 『금융학회지』 3(2).

__________(2013), 『국제경제론』(제7판), 다산출판사.

__________(2019), 『국제금융론』(제4판), 율곡출판사.

김정수(2013), "범대서양무역투자동반자협정(TTIP)과 그 시사점," 한국경제연구원 『KERI Brief』 13-05.

김형기(2016), "동아시아 발전모델의 원형과 변형 : 한중일 3국 모델의 공통점과 차이점," 『경제발전연구』 22(1)

김형주(2014), "동아시아 무역질서, 고차원 방정식," 『주간동아』, 2014.11.17.

노택환(2014), 『국제경제관계와 정치경제론』, 영남대학교 출판부.

매일경제(2011), "미국-중국, 아시아서 경제블럭 각축," 2011.12.6.

문돈(2011), "글로벌 금융위기와 동아시아 무역체제," 『세계정치』 32(1).

문돈 · 정진영(2014), " '발전국가모델' 에서 '신자유주의모델' 로 : '한국발전모델' 논쟁에 대한 비판적 평가," 『아태연구』 21(2).

문우식(2009), "글로벌 금융위기 이후의 국제통화질서 : 동아시아 통화통합에 대한 시사점," 『경상논총』 27(4).

______(2010), "안중근의 동양평화론과 아시아 금융통화협력," 안중근 의사 기념사업회 편, 『안중근과 동양평화론』, 서울 : 채륜.

______(2012), "유럽재정위기의 원인과 대응방안," 『한국금융연구원 금융브리프』 21(18).

박경석(2002), "북미자유무역협정의 무역창출 및 무역전환 효과," 2002 경제학공동학술대회 발표.

박규리(2017), "아시아 외환위기 20년 : 동남아 외환위기 경험국들의 경제안정화 성과와 과제," 한국은행 『국제경제리뷰』, 2017-25.

박명호(2005), "동북아 문화협력 방안 : EU의 경험을 중심으로," KIEP.

______(2012), "KSP 개선방안 및 법적 기반 정립," 한국개발연구원.

박명호 · 이재열 · 전홍택 · 이영섭 · 오완근 · 장덕진 · 장용석 · 한상범(2009), 『한국 경제 · 사회 선진화의 조건(Ⅱ) : 경제 · 사회 발전지표의 개발 및 응용』, 경제인문사회연구회, 국가정책연구 총서, 2009-02-02.

박명호 · 전홍택 · 박성훈 · 이영섭 · 문우식 · 홍종호 · 김승년 · 최창용(2016), 『글로벌 거버넌스 논의 참여방안 연구』, KDI 연구보고서.

박번순(2005), "중국의 부상과 동아시아 지역발전모델의 변화," 삼성경제연구소 『Issue Paper』, 11.17.

박병영(2003), "신자유주의 지구화의 진전과 발전모델의 변화," 『한국사회학』 37(2).

박성훈(2011), "글로벌 금융위기와 국제무역질서 : 현황 및 전망," 『경상논총』 29(2).

박재곤 · 변창욱 · 김지수 · 윤정현(2016), "지역경제의 글로벌 교역 및 투자 분석과 정책 방향," 산업연구원 『연구보고서』 2016-811.

배경한(1996), "손문의 '대아시아주의' 와 한국," 『역사와 경계』 30.

백종국(1998), "한국 외환위기의 원인과 구조," 『국제정치논총』 37(3).

백창재(2000), 『20세기로부터의 유산 : 세계경제와 국제정치』, 사회평론.

______(2003), "패권과 국제정치경제 질서 : 패권안정론의 비판적 평가," 『국제지역연구』 12(1).

______(2012), 『20세기의 유산, 21세기의 진로 : 세계정치경제질서의 위기와 변동』, 사회평론.

백창재 · 송주명 · 정하용 · 권형기 · 명재석 · 이소정(2012), "생산세계화의 다양성 II : 미국, 독일, 일본 자동차산업의 비교분석," 『한국정치연구』 21(1).

백창재 · 조형진(2012), "신 브레튼우즈 체제와 미중관계의 경제적 구조," 『한국정치연구』 21(2).

복득규 · 임영모 · 박성배 · 정호성(2008), "글로벌 네트워크형 산업모델의 부상과 시사점," 삼성경제연구소 『연구보고서』.

서진교 · Sherzod ShadiKhodjaev · 이경희 · 박지현 · 윤창인(2008), "WTO 체제의 개혁 방향과 한국의 대응," KIEP 『연구보고서』 08-05.

손병해(2002), 『경제통합론』, 법문사.

송치영(2000), "전염효과의 원인 : 동아시아 금융위기의 경우," 『금융학회지』 5(1).

신종협 · 최형선 · 최원(2010), "과거 금융위기 사례분석을 통한 최근 글로벌 금융위기 전망," 보험연구원 『연구보고서』 2010-1.

안세영(1993), 『다국적기업 경제학 : 해외직접투자와 국민기업』, 박영사.

안청시 · 정진영(2000), 『현대 정치경제학의 주요 이론가들』, 서울 : 아카넷.

양순창(2005), "쑨원의 대아시아주의에 나타난 일방성과 다자성," 『대한정치학회보』 13(2).

유석춘(2005), "유교윤리와 한국 자본주의 정신 : 효를 중심으로," 『한국사회학』 39(6).

윤기중(2018), "중상주의 경제정책에 관한 연구," 『학술원논문집(인문 · 사회과학편)』 57(1).

윤덕룡 · 이영섭 · 이종화 · 채희율 · 이형근(2005), 『동아시아 통화통합을 위한 여건과 가능성』, KIEP.
윤민재(2016), "민주화 이후 신자유주의의 강화와 사회경제정책의 특징 : 김대중 정부의 사례를 중심으로," 『인문사회』 7(3).
윤영관(1999), "동아시아 모델과 세계 자본주의 : 시장, 제도, 국가의 관점에서," 백광일 · 윤영관 편, 『동아시아 : 위기의 정치경제』, 서울대학교.
윤상우(2006), "한국 발전국가의 형성, 변동과 세계체제적 조건, 1960~1990," 『경제와 사회』 72.
이규성(2015), 『한국의 외환위기 : 발생, 극복, 그 이후』, 박영사.
이동은 · 강은정 · 편주현 · 안지현(2013), "금융통합이 금융위기에 미치는 영향," KIEP 『연구보고서』 13-07.
이승주(2010), "FTA의 확산과 동아시아 지역주의의 중층화," 『한국정치외교사논총』 32(1).
______(2011), "글로벌 금융위기와 동아시아의 대응," 서울대 국제문제연구소, 『세계정치』 15.
이연호 · 임유진 · 정석규(2002), "한국에서 규제국가의 등장과 정부-기업 관계," 『한국정치학회보』 36(3).
이영섭(2002), "동아시아 경제협력 : 현황과 과제," 『북한경제리뷰』 4(3).
______(2015), "G20의 주요 의제 및 한국의 대응전략 : 국제통화제도 개혁," 이일형 외, 『함께 만들어가는 지구촌 : G20을 통한 우리의 역할』, KIEP.
이영섭 · 강원택 · 김준석 · 마상윤 · 모영규 · 임성학 · 최영종(2013), 『한국 정치 · 경제 개론』, 한국국제교류재단.
이영섭 · 이종욱(1998), "한국의 외환위기 : 예측가능했는가?" 이종욱 외, 『한국의 금융 · 외환위기와 IMF』, 경문사.
이왕휘(2017), "세계금융위기 이후 미중 통화금융 패권 경쟁과 통화전쟁 : 통화금융 책략의 관점," 동아시아연구원, 『국가안보패널보고서』.
이요셉(2018), "CPTPP 타결 의미와 시사점," KITA 『통상리포트』 06.
이재열(2016), "글로벌 생산네트워크 담론의 진화 : 기업 및 산업 중심 거버넌스 분석을 넘어서," 『대한지리학회지』 51(5).

이종화(2002), "동아시아의 금융위기와 회복과정의 평가," 『아세아연구』 45(2).

이종화 · 이창용 · 홍기석(2001), "외환위기 전후의 거시경제변수의 조정과정 : 국가 간 횡단면 자료 분석 연구," 『경제학연구』 49.

이준구 · 이창용(2007), 『경제학 들어가기』, 법문사.

이항영 · 이준구(2012), "WTO 가입 이후 중국의 대미수출과 아시아 생산 네트워크의 재편 : 글로벌 가치사슬 이론적 접근," 『한국사회』 13(1).

이호철(1997), "WTO 체제의 형성," 『국제정치논총』 37(1).

임혁백(1994), 『시장 · 국가 · 민주주의 : 한국민주화와 정치경제이론』, 서울 : 나남.

임현진 · 공석기(2012), "世界化, 대안은 없는가 1 : 世界化, 찬성할 일인가, 반대할 일인가," 『월간조선』.

임혜란(1999), "신경제안보 : 동아시아의 경제위기에 따른 경제안보 개념의 재정립," 『안보학술논집』 10(1).

______(2000a), "국제정치경제의 변화와 경제안보," 국제정치연구회, 『20세기로부터의 유산 : 세계경제와 국제정치』, 사회평론.

______(2000b), "동아시아위기 : 동아시아모델과 지역경제협력," 『국제정치논총』 40(2).

______(2002a), "미국의 신통상정책과 이념의 역할 : 미 · EU 통상마찰의 재조명," 『EU학 연구』 12.

______(2002b), "다국적기업과 거버넌스 : 이론과 사례," 『거버넌스의 정치학』, 법문사.

______(2003), "금융세계화와 대만의 대응 : 금융자유화와 금융개혁을 중심으로," 『한국정치학회보』 37(5).

______(2005), "미국 부시행정부의 통상정책 : 이념과 이해의 역할," 『한국과 국제정치』 12(2).

______(2006), "동아시아 발전국가와 거버넌스 : 정보화 시대 한국과 대만의 산업정책을 중심으로," 『신아세아』 13(1).

______(2007), "한국, 일본, 대만의 사회적 자본 비교연구," 『한국정치연구』 16(2).

______(2008), "동아시아 발전의 정치경제," 한국정치학회 편, 『정치학길잡이』, 제9장, 법문사.

______(2012a), "대변환기의 국제정치경제질서 : 패권과 신자유주의 질서의 변환," 『한국과

국제정치』 28(1).

______(2012b), "신자유주의 세계화 30년의 부침," 국제정치연구회, 『20세기의 유산, 21세기의 진로 : 세계정치경제질서의 위기와 변동』, 사회평론.

______(2013a), "동아시아 발전국가모델의 적용 가능성과 한계," 임현진 · 임혜란 편저, 『동아시아 협력과 공동체 : 국가주의적 갈등을 넘어서』, 나남.

______(2013b), "생산세계화와 동아시아 지역생산네트워크의 재편," 『평화연구』 21(1).

______(2014), "중국 동향과 한 · 중 관계 전망," 삼성사장단회의 특강, 2014.7.2.

______(2018), 『국제정치경제의 변화와 동아시아 발전국가 모델의 재구성』, 서울대학교 출판원.

______(2019), "정치경제," 서울대 정치학과 교수진, 『정치학의 이해』, 박영사.

______(2020a), "정치경제학의 양분법적 논의를 넘어서 : 시장/국가, 자본주의/민주주의 논쟁을 중심으로", 임혜란 외 공편, 『양분법을 넘어서』, 사회평론아카데미.

______(2020b), 『1980년대 한 · 미 통상협상 연구 : 1985년 301조 사례를 중심으로』, (출간 예정).

임혜란 · 유혜림(2015), "아프리카 모잠비크의 산업전환과 동아시아 발전국가모델의 적용 가능성," 『한국정치연구』 24(2).

임혜란 · 이하나(2009), 한국 금융감독체계 개혁의 정치경제, 『한국정치연구』 18(1).

임혜란 · 조한나(2014), "생산세계화와 생산네트워크의 변화 : EU 기업과 한국 기업의 사례 비교," 『EU학 연구』 19(2).

전혜원(2013), "EU-미국 관계의 현황과 전망 : 범대서양무역투자동반자협정(TTIP)을 중심으로," 국립외교원, 『주요 국제문제 분석』 2013-10.

전홍택 · 박명호 편(2010), 『동아시아 통합전략 (I) : 성장 · 안정 · 연대의 공동체 구축』, KDI.

______________(2011), 『동아시아 통합전략 (II) : 한 · 중 · 일을 중심으로』, KDI.

______________(2012), 『동아시아 통합전략 (III) : 협력의 심화 · 확대와 새로운 도전』, KDI.

정덕구(2008), 『외환위기 징비록 : 역사는 반복되는가』, 삼성경제연구소.

정철 · 박경훈(2016), "2016 APEC 정상회의 결과와 FTAAP 향후 전망," KIEP, 『오늘의 세계경제』 16(25).

조문희 · 권혁주 · 강민지(2018), “NAFTA 재협상(USMCA) 결과 : 평가와 시사점,” KIEP, 『오늘의 세계경제』 18(36).

조복현(2009), “세계 금융위기와 케인스-민스키의 새로운 해석 : 유동성 추구-금융취약성 심화 가설,” 『경제발전연구』 15(1).

______(2016), “비주류 화폐신용 및 금융위기 이론의 발전,” 경제학공동학술대회 발표.

조수현 · 임혜란(2015), “미국의 TPP 참가화 타결을 둘러싼 제도적 동학,” 『EU학 연구』 20(2).

최두열(1998), “아시아 외환위기의 발생과정과 원인,” 한국경제연구원.

최영종(2012), “글로벌 위기와 동아시아 지역주의,” 『한국과 국제정치』 28(1).

최진우(2010), “동북아 통합을 위한 유럽의 시사점,” 『PRESS』.

편주현(2020), “국가 간 경기 동조성과 국내 주식에 대한 편향,” 『시장경제연구』 49(1).

한국은행(2016), 『우리나라 국제수지통계의 이해』.

________(2018a), “글로벌 가치사슬의 현황 및 시사점,” 『국제경제리뷰』 2018-11호.

________(2018b), “유럽지역 재정동맹 추진 배경 및 과제,” 『국제경제리뷰』 2018-15호.

한영빈(2013), “유럽 재정위기의 원인과 정치적 성격,” 『한국정치연구』 22(2).

현광호(2010), “안중근의 동양평화론과 아시아 금융통화협력,” 안중근 의사 기념사업회 편, 『안중근과 동양평화론』, 서울: 채륜, 제3장.

홍진영 · 이준엽(2012), “글로벌 생산네트워크에서의 중국의 위상에 관한 연구 : 휴대폰 및 자동차산업을 중심으로,” 『현대중국연구』 14(1).

히라카와 히토시(2009), “일본의 동아시아 지역 구상 : 역사와 현재,” 한일아시아미래포럼 편, 『한일의 동아시아 지역 구상과 중국관』.

ADB(2011), *Asia 2050 : Realizing the Asian Century*.

Ali-Yrkko, Jyrki, Petri Rouvinen, Timo Seppala and Pekka Yla-Anttila(2011), “Who Captures Values in Global Supply Chains? Case Nokia N95 Smartphone,” *Working Papers* 1240, BRIE(Berkeley Roundtable on International Economy).

Amsden, Alice H.(1989), *Asia's Next Giant : South Korea and Late Industrialization*, Oxford University Press.

Ando, Mitsuyo and Fukinari Kimura(2003), "The Formation of International Production and Distribution Networks in East Asia," *NBER Working Paper* 10167.

Arblaster, Anthony(1984), *The Rise and Decline of Western Liberalism*, New York : Basil Blackwell.

Balaam, David and Michael Veseth(2005), *Introduction to International Political Economy* (3rd ed.), Pearson Prentice Hall.

Balino, Sofia and Nathalie Bernasconi-Osterwalder(2019), "Investment Facilitation at the WTO : An Attempt to Bring a Controversial Issue into an Organization in Crisis," *Investment Treaty News*, IISD, June 27th. https://www.iisd.org/itn/2019/06/27/

Bates, Robert(1988), "Governments and Agricultural Markets in Africa," in Bates, Robert ed., *Toward a Political Economy of Development : A Rational Choice Perspective*, University of California Press.

Baumol, William J.(1965), *Welfare Economics and the Theory of the State* (2nd ed.), Cambridge : Harvard University Press.

Bedford, Kate and Shirin M. Rai(2013), "Feminists Theorize International Political Economy," *E-International Relations*, March. https://www.e-ir.info/2013/03/30/feminists-theorize-international-political-economy/

Beeson, M. and A. Broome(2010), "Hegemonic Instability and East Asia : Contradictions, Crises and U.S. Power," *Globalizations* 7(4).

Belkin, P., Derek E. Mix and M.A. Weiss(2012), "The Eurozone Crisis : Overview and Issues for Congress," *CRS Report for Congress*.

Berg, Andrew(1999), "The Asian Crisis : Causes, Policy Responses, and Outcomes," *IMF Working Paper* 99-138.

Bergsten, C. Fred(1997), "The Asian Monetary Crisis : Proposed Remedies," Institute for International Economics, November 13th.

______________(1998), "Reviving the Asian Monetary Fund," *PIIE International*

Economic Policy Brief 98-9.

_______________(2000a), "The New East Asian Challenges, Peterson Institute for International Economics," *Policy Brief* 00-4.

_______________(2000b), "Towards Tripartite World," *Economist*, July 13.

_______________(2009), "Introduction : Global Crisis and the International Position of the United States," in Fred C. Bergsten ed., *The Long-Term International Economic Position of the United States*, Washington, D.C. : Peterson Institute for International Economics, 2009.

Bernanke, Ben(2005), "The Global Saving Glut and the U.S. Current Account Deficit," speech at the Sandridge Lecture, Virginia Association of Economists, Richmond, Virginia, March 10th.

Bernard, Mitchell and John Ravenhill(1995), "Beyond Product Cycles and Flying Geese : Regionalization, Hierarchy, and the Industrialization of East Asia," *World Politics* 47.

Bibow, Jorg(2012), "The Euro Debt Crisis and Germany' s Euro Trilemma," *Working Paper* 721, Levy Economics Institute of Bard College.

Block, Fred(1990), *Postindustrial Possibilities : A Critique of Economic Discourse*, University of California Press.

__________(2008), "Swimming against the Current : The Rise of a Hidden Developmental State in the United States," *Politics and Society* 36(2).

Bordo, Michael(1992), "The Bretton Woods International Monetary System ; A Historical Overview," *NBER Working Papers* 4033.

Bordo, Michael, Barry Eichengreen, Daniela Klingebiel, Maria Soledad Martinez-Peria and Andrew K. Rose(2001), "Is the Crisis Problem Growing More Severe?" *Economic Policy*, April.

Cable, Vincent and David Henderson(1994), *Trade Blocs? The Future of Regional Integration*, London : Royal Institute of International Affairs.

Calleo, David P. and Benjamin M. Rowland(1973), *America and the World Political*

Economy : Atlantic Dreams and National Relations, Indiana University Press.

Calvo, G.A., A. Izquierdo and L. Mejia(2008), "Systemic Sudden Stops : The Relevance of Balance-Sheet Effects and Financial Integration," *NBER Working Papers* 14026.

Cardoso, Fernando H. and Enzo Faletto(1979), *Dependency and Development of Latin America*, Berkeley : University of California Press.

Chandler, Alfred D.(1994), *Scale and Scope : The Dynamics of Industrial Capitalism*, Harvard University Press.

Chang, Ha-Joon(1998), "South Korea : the Misunderstood Crisis," *World Development* 26(8).

______________(2002), *Globalization, Economic Development and the Role of the State*, London and New York : Zed Books Ltd.

Chase-Dunn, Christopher(1988), "Comparing World Systems : Toward a Theory of Semiperipheral Development," *Comparative Civilization Review* 19.

Chung, Duck-Koo and Masahiro Kawai(2011), *The Global Financial Crisis, Future of the Dollar and the Choice for Asia,* Near Foundation Press.

Claessens, Stijn and Ayhan Kose(2013), "Financial Crisis : Explanations, Types, and Implications," *IMF Working Paper* 13/38.

Coe, N., M. Hess, H. Yeung, P. Dicken and J. Henderson(2004), "Globalizing Regional Development : A Global Production Networks Perspective," *Transactions of the Institute of British Geographers* 29(4).

Cohen, Benjamin J.(2015), *Currency Power : Understanding Monetary Rivalry*, Princeton : Princeton University Press.

Cohn, Theodore H.(2008), *Global Political Economy : Theory and Practice* (3rd ed.), New York : Pearson Longman.

Corsetti, G., P. Pesenti, N. Roubini and C. Tille(1998), "Competitive Devaluation : A Welfare-Based Approach," *mimeo*.

Cox, Robert W.(1983), "Gramsci, Hegemony and International Relations : An Essay in Method," *Millenium : Journal of International Studies* 12(2).

Cumings, Bruce(1987), "The Origins and Development of the Northeast Asia Political Economy : Industrial Sectors, Product Cycle, and Political Consequences," in Frederic C. Deyo (ed.), *The Political Economy of the New Asian Industrialism*, Ithaca : Cornell University Press.

De Grauwe, Paul(1997), *The Economics of Monetary Integration*, Oxford University Press.

________________(2011), "The European Central Bank : Lender of Last Resort in the Government Bond Markets?" *CESIFO Working Paper* 3569.

De Melo, Jaime and Arvind Panafariya (eds.)(1995), *New Dimensions in Regional Integration*, Cambridge University Press.

De Montesquieu, Chanrles-Louis(1748), *The Spirit of Laws*.

Deng, Yong(1997), *Asia-Pacific Economic Cooperation*, Macmillan.

Domar, Evsey(1946), "Capital Expansion, Rate of Growth, and Employment," *Econometrica* 14(2).

Doner, Richard(1992), "Limits of State Strength : Toward an Institutionalist View of Economic Development," *World Politics* 44.

Dooley, Michael P., David Folkerts-Landau and Peter Garber(2003), "An Essay on the Revived Bretton Woods System," *NBER Working Paper* 9971.

____(2009), "Bretton Woods II Still Defines the International Monetary System," *Pacific Economic Review* 14(3).

Doraisami, Anita(2014), "Macro-Economic Policy Responses to Financial Crises in Malaysia, Indonesia and Thailand," *Journal of Contemporary Asia* 44(4).

Dos Santos, Theotonio(1970), "The Structure of Dependence," *American Economic Review* 60.

____________________(1973), "The Crisis of Development Theory and the Problem of Dependence in Latin America," in Henry Bernstein (ed.), *Underdevelopment and Development*.

Economist(2016), "Financial Stability : Minsky's Moment," Economics Briefing, July 30th.

________(2019), "Special Report : Global Supply Chains," July 11th.

________(2020), "Dethroning the Dollar : America's Aggressive Use of Sanctions Endangers the Dollar's Reign," Economics Briefing, Jan. 18th. https://www.economist.com/briefing/2020/01/18/americas-aggressive-use-of-sanctions-endangers-the-dollars-reign

Eichengreen, Barry(1989), "Hegemonic Stability Theories of International Monetary System," in Richard N. Cooper, Barry Eichengreen, C. Randal Haeening, Geralf Holtman and Rpbert D. Putnam (eds.), *Can Nations Agree? : Issues in International Economic Cooperation*, Brookings Institution.

________________(1994), "International Monetary Arrangements for the 21st Century," Washington D.C. : Brookings Institution.

________________(2002), "Hanging Together? On Monetary and Financial Cooperation in Asia," World Bank.

________________(2004), "The Dollar and the New Bretton Woods System," *mimeo*, University of California.

________________(2012), "Throwing Out the Baby with the Bathwater? Implications of the Euro Crisis for Asian Monetary Integration," *Journal of Economic Integration* 27(2).

________________(2019), *Globalizing Capital : A History of the International Monetary System* (3rd ed.), Prince University Press.

Eichengreen, Barry, Andrew Rose and Charles Wyplosz(1996), "Contagious Currency Crisis," *NBER Working Papers* 5681.

Eichengreen, Barry and Peter B. Kenen(1994), "Managing the World Economy under the Bretton Woods System : An Overview," in Peter B. Kenen (ed.), *Managing the World Economy : Fifty Years after the Bretton Woods*, D.C. :

Institute for International Economics.

Eichengreen, Barry and Richard Hausmann(1999), "Exchange Rates and Financial Fragility," *NBER Working Papers* 7418.

Eichengreen, Barry, Richard Hausmann and Ugo Panizza(2002), "Original Sin : The Pain, the Mystery, and the Road to Redemption," presented at the conference on *Currency and Maturity Matchmaking : Redeeming Debt from Original Sin*, Inter-American Development Bank, November, Washington, D.C.

Eichengreen, Barry and Tamim Bayoumi(1996), "Is Asia an Optimum Currency Area? Can It Become One? Regional, Global and Historical Perspectives on Asian Monetary Relations," homepage of Eichengreen, U.C. Berkeley. http://www.econ.berkeley.edu/~eichengr/

Elias, Juanita and Adrienne Roberts (eds.)(2018), *Handbook of International political Economy of Gender*, Edward-Elgar.

Emerson, M. , D. Gros, A. Italianer, J. Pisani-Perry and H. Reichenbach(1992), *One Market, One Money : An Evaluation of the Potential Benefits and Costs of Forming an Economic and Monetary Union*, Oxford University Press.

Eun, Cheol S. and Bruce G. Resnick(2009), *International Financial Management*, McGraw Hill.

Evans, Peter(1995), *Embedded Autonomy : States and Industrial Transformation*, Princeton : Princeton University Press

Fan, Gang(2006), "Currency Asymmetry, Global Imbalance, and Rethinking Again of the International Currency System," National Economic Research Institute, China.

Feenstra, Robert and Garry G. Hamilton(2014), *Emergent Economies, Divergent Paths : Economic Organization and International Trade in South Korea and Taiwan*, Cambridge : Cambridge University Press.

Feldstein, Martin(1998), "Reforming the IMF," *Foreign Affairs*, March/April.

Flood, R. and P. Garber(1984), "Collapsing Exchange Rate Regimes : Some Linear

Examples," *Journal of International Economics* 17(1).

Frank, Andre G.(1966), "The Development of Underdevelopment," *Monthly Review* 18(4).

Frankel, Jeffrey A. and David A. Lake(2000), *International Political Economy : Perspectives on Global Power and Wealth* (4th ed.), Wadsworth.

Frankel, Jeffrey and Miles Kahler(1993), *Regionalism and Rivalry*, University of Chicago Press.

Friedman, Milton(1953), *Essays in Positive Economics*, Chicago : University of Chicago Press.

Friedman, Thomas L.(2000), *The Lexus and the Olive Tree*, New York : Anchor Books.

Fukuyama, Francis(1992), *The End of History and the Last Man*, New York : Free Press.

____________(1995), *Trust : The Social Virtues and the Creation of Prosperity*, New York : Free Press.

Gereffi, G.(1998), "Commodity chains and regional divisions of labor in East Asia," in Eunmi Kim (ed.), *The Four Asian Tigers : Economic Development and Global Political Economy*, Academic Press.

Gereffi, G., J. Humphrey and T. Sturgeon(2005), "The Governance of Global Value Chains," *Review of International Political Economy* 12(1).

Gereffi, G. and M. Korzeniewicz(1994), *Commodity Chains and Gloabl Capitalism*, Westport : Praeger.

Gerlach, S. and F. Smets(1995), "Contagious Speculative Attack," *European Journal of Political Economy* 11.

Gerschenkron, Alexander(1962), *Economic Backwardness in Historical Perspective*, Cambridge : Belknap.

Gill, Stephen (ed.)(1983), *Gramsci, historical ercantilism and International Relations*, Cambridge : Cambridge University Press.

Gilpin, Robert(1976), *U.S. Power and the Multinational Corporation*, Basic Books.

____________(1987), *The Political Economy of International Relations*, Princeton

University Press.

____________(2000), *The Challenge of Global Capitalism : The World Economy in the 21st Century*, Princeton University Press.

____________(2001), *Global Political Economy : Understanding the International Economic Order*, Princeton University Press.

Goddard, C. Roe, Patrick Cronin and Kishore C. Dash (eds.)(2003), *International Political Economy : State-Market Relations in a Changing Global Order* (2nd ed.), Rienner.

Goldman Sachs(2003), "Dreaming with BRICs : The Path to 2050," *Global Economics Paper* 99.

Goldstein, Itay and Assaf Razin(2015), "Three Branches of Theories of Financial Crises," *Foundations and Trends in Finance* 10(2).

Gramsci, Antonio(1971), *Selections from the Prison Notebooks of Antonio Gramsci* ; Quintin Hoare and Geoffrey N. Smith (eds. and translated), New York : International Publishers.

Haas, Ernest B.(1959), *The Uniting of Europe : Political, Social and Economic Forces, 1950~1957*, Stanford : Stanford University Press.

Hall, Peter and David Soskice(2001), *Varieties of Capitalism : The Institutional Foundations of Comparative Advantage*, Oxford : Oxford University Press.

Hamilton, Alexander(1791), "Report on the Subject of Manufactures," in George T. Crane and Abla Amawi (eds.)(1991), *The Theoretical Evolution of International Political Economy : A Reader*, New York : Oxford University Press.

Hamilton, G.G. and N.W. Biggart(1988), "Market, Culture and Authority : A Comparative Analysis of Management and Organization in the Far East," *American Journal of Sociology* 94.

Harrod, Roy F.(1939), "An Essay in Dynamic Theory," *Economic Journal* 49(193).

Hasenclever, Andreas, Peter Mayer and Volker Rittberger(2000), "Integrating Theories of International Regimes," *Review of International Studies* 26(1).

Heilbroner, Robert(1996), *Teachings from the World Philosophy*, New York : W.W. Norton.

Heise, Arne(2012), "Governance without government or : The Euro Crisis and what went wrong with European Economic Governance?" *Discussion Papers* 32, Zentrum fr konomische und Soziologische Studien.

Henderson, J., P. Dicken, M. Hess, N. Coe and H. Yeung(2002), "Global Production Networks and the Analysis of Economic Development," *Review of International Political Economy* 9.

Henning, C. Randall(2011), "Coordinating Regional and Multilateral Financial Institutions," *Working Paper* 11-9, Washington, DC : Peterson Institute for International Economics.

__________________(2020), "Regional Financial Arrangements and the International Monetary Fund : Sustaining Coherence in Global Financial Governance," Center for International Governance Innovation, *Special Report*.

Hobson, John A.(1965), *Inperialism : A Study*, Ann Arbor : University of Michigan Press.

Holinski, N., C. Kool and J. Muysken(2012), "Persistent Macroeconomic Imbalances in the Euro Area : Causes and Consequences," *Federal Reserve Bank of St. Louis Review* 94(1).

Hopkins, T. and I. Wallerstein(1986), "Commodity Chains in the World-Economy Prior to 1800," *Fernand Braudel Center Review* 10(1).

Hoskyns, Catherine and Shirin M. Rai(2007), "Recasting the Global Political Economy : Counting Women' s Unpaid Work," *New Political Economy* 12(3).

Hur, Kyung-Wook and Yeongseop Rhee(2015), *Strengthening Asian Financial Safeguards against Future Crisis Focusing on CMIM and AMRO*, KDI.

Hymer, S.A.(1976), *The International Operations of National Firms : A Study of Direct Foreign Investment*, MIT Press.

IMF(1998), "Financial Crises-Characteristics and Indicators of Vulnerability," *World*

Economic Outlook, Ch.4.

____(2018), "A Central Fiscal Stabilization Capacity for the Euro Area," *IMF Staff Discussion Note*, March.

Institute of International Finance(1998), "Capital Flows to Emerging Market Economies," January 29.

Johnson, Chalmers(1982), *MITI and the Japanese Miracle : The Growth of Industrial Policy, 1925～1975*, Stanford University Press.

________________(1987), "Political Institutions and Economic Performance : The Government–Business Relationship in Japan, South Korea, and Taiwan," in Frederic C. Deyo (ed.), *The Political Economy of the New Asian Industrialism*, Cornell University.

Jones, Geoffrey(1996), *The Evolution of International Business,* Routledge.

Kaminsky, G. and C. Reinhart(1998), "On Crises, Contagion and Confusion," *mimeo*, George Washington University

Kenen, Peter(1969), "The Theory of Optimum Currency Areas : An Eclectic View," in Robert A. Mundell and Alexander K. Swoboda (eds.), *Monetary Problems in the International Economy*, University of Chicago Press.

Kennedy, Paul(1987), *The Rise and Fall of the Great Powers*, D.C. : Lexington Books.

Keohane, Robert(1984), *After Hegemony*, Princeton University Press.

Keohane, Robert and Joseph Nye(1977), *Power and Interdependence : World Politics in Transition*, Boston : Little, Brown and Company.

Keynes, John Maynard(1929), "The German Transfer Problem," *Economic Journal* 39.

KIEP(2011), 국제단기자본 규제 효과 및 시사점, 『연구보고서』 11–05.

____(2017), ABMI 진행상황 평가 및 향후 대응방안에 관한 연구, 『연구보고서』.

Kim, In June and Yeongseop Rhee(1998), "Currency Crises of the Asian Countries in a Globalized Financial Market," presented at the International conference on *The Implication of Globalization of World Financial Markets*, May, Seoul.

______________(2010), "Global Financial Crisis and East Asian Monetary Cooperation Revisited," in Toyo Keizai, *Frontiers of Modern Economics*.

______________(2013), *Overcoming Financial Crises*, SNU Press.

Kimura, Fukunari and Ayako Obashi(2011), "Production Networks in East Asia : What We Know So Far," *ADBI Working Paper* 320.

Kindleberger, Charles P.(1969), *American Business Abroad : Six Lectures on Direct Investment*, Yale University Press.

______________(1973), *The World in Depression, 1929～1939*, University of California Press.

Kindleberger, Charles P. and Bruce Herrick(1977), *Economic Development* (3rd ed.), McGraw-Hill Inc.

Kirshner, Jonathan(2013), "Bringing them all Back Home? Dollar Diminution and U.S. Power," *Washington Quarterly* 36(3).

Knedlik, Tobias and Gregor Von Schweinitz(2012), "Macroeconomic Imbalances as Indicators for Debt Crises in Europe," *Journal of Common Market Studies* 50(5).

Kose, M. Ayhan, C. Lakatos, F. Ohnsorge and M. Stocker(2017), "The Global Role of the U.S. Economy : Linkages, Policies and Spillovers," *World Bank Policy Research Working Paper* 7962.

KOTRA(2017), 신통상시대 중남미 주요국의 다각화 전략과 시사점 — 트럼프노믹스 대응전략과 기회요인 —, *Global Strategy Report* 17-003.

Krasner, Stephen(1976), "State Power and the Structure of International Trade," *World Politics* 28(3).

Krueger, Anne(1990), "Government Failure in Development," *Journal of Economic Perspectives* 4, Summer.

Krugman, Paul(1979), "A Model of Balance of Payments Crisis," *Journal of Money, Credit and Banking* 11.

______________(1993), "Lessons of Massachusetts for EMU," in Francisco Torres and Francesco Ziavazzi (eds.), *Adjustment and Growth in the European Monetary Union*, London : CEPR.

______________(1994), "The Myth of Asia's Miracle," *Foreign Affairs*, Nov./Dec.

______________(1998a), "Will Asia Bounce Back?," speech for Credit Suisse First Boston, Hong Kong, March.

______________(1998b), "What Happened to Asia?" *mimeo*, http://web.mit.edu/krugman/www/DISINTER.html

______________(1999), "Balance Sheets, the Transfer Problem, and Financial Crises," *International Tax and Public Finance* 6(4).

Krugman, P., M. Obstfeld and M.J. Melitz(2015), *International Economics : Theory and Policy* (10th ed.), Pearson.

Kurth, James(1979), "The Political Consequences of the Product Cycle : Industrial History and Political Outcomes," *International Organization* 33, Winter.

Kuznets, Simon(1966), *Modern Economic Growth*, New Haven : Yale University Press.

______________(1973), "Modern Economic Growth : Findings and Reflections," *American Economic Review* 63(3).

Kwon, Goohoon(2009), "A United Korea? : Reassessing North Korea Risks," Goldman Sachs, *Global Economics Paper* 188.

Lairson, Thomas D. and David Skidmore(2003), *International Political Economy : The Struggle for Power and Wealth*, Wadsworth.

Lake, David A.(2011), *Hierarchy in International Relations*, Cornell University Press.

Lapavitsas, Costas(2012), *Crisis in the Eurozone*, London : Verso.

Lassell, Harold D.(1936), *Politics : Who Gets What, When and How*, New York : Whittlesey House.

Leftwich, Adrian(1995), "Bringing Politics Back In : Towards a Model of the Developmental State," *Journal of Development Studies* 31(3).

Lenin, Vladmir(1939), *Imperialism : The Highest Stage of Capitalism*, New York :

International Publishers.

Leys, Colin(1996), *The Rise & Fall of Development Theory*, Bloomington : Indiana University Press.

Lim, Haeran(1998), *Korea's Growth and Industrial Transformation,* McMillan.

__________(2009), "Democratization and the Transformation Process in East Asian Developmental States : With a Focus on Financial Reform in Korea and Taiwan," *Asian Perspective* 33(1).

__________(2010), "Transformation of Developmental States and Economic Reform in Korea," *Journal of Contemporary Asia* 40(2).

Lim, Haeran and Yeongseop Rhee(2013), "Political Economy of Financial Reform in Korea," in In June Kim and Yeongseop Rhee (eds.), *Overcoming Financial Crises : The Korean Experience*, SNU Press.

Linden, Greg, Kenneth L. Kraemer and Jason Dedrick(2009), "Who Captures Value in a Global Innovation Network? The Case of Apple's iPod," *Communications of the ACM* 52(3).

Lipsey, Richard G.(1957), "The Theory of Customs Union : Trade Diversion and Welfare," *Economica* 24.

List, Friedrich(1841), *The National System of Political Economy*, New York : Augustus M. Kelly.

Lucas, Robert E.(1988), "On the Mechanics of Economic Development," *Journal of Monetary Economics* 22.

Marx, Karl and Friedrich Engels(1955), The History of All Hitherto Existing Society is the History of Class Struggles, in Samuel Beer (ed.), *The Communist Manifesto*, New York : Appleton-Century-Crofts.

Mattli, Walter(1999), *The Logic of Regional Integration*, Cambridge University Press.

McKinnon, Ronald(1963), "Optimum Currency Areas," *American Economic Review* 53.

______________(1998), "Exchange Rate Coordination for Surmounting the East

Asian Crisis," presented at the 6th Convention of the East Asian Economic Association, September 4–5, Kitakyushu, Japan.

Meisel, Nicolas(2008), "Is Good Governance a Good Development Strategy?" *Working Paper* 58, Paris : Agence de Francaise de Development.

Mill, John Stuart(1848), *Political Economy with Some of Their Applications to Social Philosophy*, John P. Parket.

Milward, Bob(2001), "The Heavily Indebted Poor Countries and the Role of Structural Adjustment Policies," *Developments in Economics : An Annual Review*.

Minsky, Hyman P.(1975), *John Maynard Keynes*, Columbia University Press.

________________(1986), *Stabilizing An Unstable Economy*, Yale University Press.

________________(1992), "The Financial Instability Hypothesis," *Levy Economics Institute Working Paper* 74.

Mitsopoulos, Michael and Theodore Pelagidis(2011), *Understanding the Crisis in Greece : From Boom to Bust*, New York : Palgrave Macmillan.

Moon, Chung-In and Sang-Young Rhyu(2002), "Dismantling the Developmental State," in Youngrae Kim, Hochul Lee and In-Sub Mah(eds.), *Redefining Korean Politics*, KPSA.

Moon, Woosik and Yeongseop Rhee(1999), "Asian Monetary Cooperation : Lessons from the European Monetary Integration," *Journal of International and Area Studies* 6(1).

Moravcsik, Andrew(1993), "Preferences and Power in the European Community : A Liberal Intergovernmentalist Approach," *Journal of Common Market Studies* 31(4).

Mundell, Robert(1961), "A Theory of Optimum Currency Areas," *American Economic Review* 51.

Noorbakhsh, Farhad and Alberto Paloni(2000), "Structural Adjustment and Growth in Sub-Saharan Africa : The Importance of Complying with Conditionality,"

Economic Development and Cultural Change 49(3).

Oatley, Thomas(2006), *International Political Economy* (2nd ed.), Pearson-Longman.

______________(2010), *Debates in International Political Economy*, Pearson-Longman.

Ohlin, B.(1929), "The Reparation Problem : A Discussion," *Economic Journal* 39.

Olson, Mancur, Jr.(1965), *The Logic of Collective Action : Public Goods and the Theory of Groups*, Cambridge : Harvard University Press.

Onis, Ziva(1991), "The Logic of the Developmental State," *Comparative Politics* 24, October.

Overtveldt, Johan van(2011), *The End of the Euro. The Uneasy Future of the European Union*, Chicago : B2 Books.

Park, Bae-Gyoon, Richard C. Hill and Asato Saito (eds.)(2012), *Locating Neoliberalism in East Asia : Neoliberalizing Spaces in Developmental States*, Wiley-Blackwell.

Park, Sung-Hoon and Jeong-Yeon Lee(2009), "APEC at a Crossroads : Challenges and Opportunities," *Asian Perspective* 33(2).

Pastor, Robert A.(1981), *Congress and the Politics of U. S. Foreign Economic Policy*, University of California Press.

Pauly, Louis W. and Simon Reich(1997), "National Structures and Multinational Corporate Behavior : Enduring Differences in the Age of Globalization," *International Organization* 51(1), Winter.

Pempel, T. J.(2002), "Revisiting the East Asian Economic Model," in Youngrae Kim, Hochul Lee and In-Sub Mah(eds.), *Redefining Korean Politics*, KPSA.

Polanyi, Karl(1957), *Trade and Market in the Early Empires : Economies in History and Theory*, Free Press.

__________(1965), *The Great Transformation*, Boston : Beacon Press.

Porter, Michael E.(1990), *The Competitive Advantage of Nations*, New York : Free

Press.

Prebisch, Raul(1962), "The Economic Development of Latin America and Its Principal Problems," *Economic Bulletin of Latin America* 7(1).

Pritsker, M.(1999), "The Channels for Financial Contation," *mimeo*, Board of Governors of the Federal Reserve System.

Putnam, Robert D.(2001), *The Collapse and Revival of American Community*, Simon and Schuster.

Qiu, Larry D. and Chaoqun Zhan(2016), "China's Global Influence : A Survey through the Lens of International Trade," *Pacific Economic Review* 21(1).

Radelet, Steven and Jeffrey Sachs(1998a), "The Onset of the East Asian Financial Crisis," *NBER Working Papers* 6680.

____________________(1998b), "The East Asian Financial Crisis : Diagnosis, Remedies, and Prospects," *Brookings Papers on Economic Activity* I.

Rajan, Raghuram G.(2011), *Fault Lines : How Hidden Fractures Still Threaten the World Economy*, Princeton University Press.

Reinhart, Carmen and Kenneth Rogoff(2009), *This Time Is Different : Eight Centuries of Financial Folly*, Princeton University Press.

Rhee, Yeongseop(2014), "Implications of the Euro Crisis for the Regional Economic and Monetary Integration in East Asia," *Asia-Pacific Journal of EU Studies* 12(1).

Rhee, Yeongseop and Patrick Messerlin(2019), *North Korea and Economic Integration in East Asia*, Routledge.

Ricardo, David(1817), *On the Principles of Political Economy and Taxation,* London : John Murray, Albemarle-Street.

Riddell, J. Barry(1992), "Things Fall Apart Again : Structural Adjustment Programmes in Sub-Saharan Africa," *Journal of Modern African Studies* 30(1).

Rodrik, Dani(1996), "Understanding Economic Policy Reform," *Journal of Economic Literature* 34, March.

__________(2006), "Goodbye Washington Consensus Hello Washington Confusion? A review of the World Bank' s Economic Growth in the 1990s : Learning from a Decade of Reform, *Journal of Economic Literature* 44(4).

__________(2012), *The Globalization Paradox : Why Global Markets, States, and Democracy Can' t Coexist*, Oxford University Press.

__________(2018), *New Technologies, Global Value Chains, and the Developing Economics*, Pathways for Prosperity Commission.

Rogoff, Kenneth(2010), "G20 Needs to Reform Global Governance," *Korea Herald*, April 7th.

Romer, Paul M.(1986), "Increasing Returns and Long Run Growth," *Journal of Political Economy* 94(5).

Rostow, Walt W.(1960), *The Stages of Economic Growth : A New-Communist Manifesto*, Cambridge University Press.

______________(1978), *The World Economy : History and Prospect*, University of Texas Press.

Ryan, Alan(1970), "John Stuart Mill," in Eatwell, J., M. Milgate and P. Newman (eds.), The New Palgrave.

Sachs, Jeffrey D.(1997), "Alternative Approaches to Financial Crises in Emerging Markets," *Development Discussion Paper* 568, Harvard University

______________(1998), "Fixing the IMF Remedy," *The Banker*, Feb.

Sachs, J., A. Torness and A. Velasco(1996), "Financial Crises in Emerging Markets : The Lessons from 1995," *Brookings Papers on Economic Activity* I.

Sachs, Jeffrey D. and Wing Thye Woo(2000), "Understanding the Asian Financial Crisis," in Jeffrey D. Sachs, Klaus Schwab and Wing Thye Woo(eds.), *The Asian Financial Crisis : Lessons for a Resilient Asia*, Ch.2, MIT Press.

Saez, Emmanuel and Gabriel Zucman(2016), "Wealth Inequality in the United States since 1913 : Evidence from Capitalized Income Tax Data," *Quarterly Journal of Economics* 131(2), pp.519~578.

Salvatore, Dominick(2011), *International Economics : Trade and Finance*, John Wiley and Sons Inc.

Schattschneider, E. E.(1935), *Politics, Pressures and the Tariff : A Study of Free Private Enterprise in Pressure Politics, as Shown in the 1929~1930 Revision of the Tariff*, Prentice-Hall Political Science Series.

Schumpeter, Joseph A.(1951), *Imperialism and Social Classes*, New York : Meridian.

Sen, Amartya(1999), *Development as Freedom*, Anchor Books.

Singer, Hans W.(1950), "The Distribution of Gains between Investing and Borrowing Countries," *American Economic Review* 40(2).

Smith, Adam(1776), *The Wealth of Nations*, London : W. Strahan and T. Cadell.

Snidal, Duncan(1985), "The Limits of Hegemonic Stability Theory," *International Organization* 39(4).

Solow, Robert M.(1956), "A Contribution to the Theory of Economic Growth," *Quarterly Journal of Economics* 70.

Stiglitz, Joseph(1998), *The Role of International Financial Institutions in the Current Global Economy*, World Bank Group.

Strange, Susan(1983), "Cave! hic Dragones : A critique of Regime Analysis," in Krasner, Stephen(ed.), *International Regimes*, Cornell University Press.

Stubbs, Richard(2009), "What ever happened to the East Asian Developmental State? The Unfolding Debate," *Pacific Review* 22(1).

Sturgeon, Timothy J.(2013), *Global Value Chains and Economic Globalization-Towards a New Measurement Framework*, Industrial Performance Center, MIT.

Thirion, Gilles(2017), "European Fiscal Union : Economic Rationale and Design Challenges," *CEPS Working Document*, January.

Thompson, Grahame (ed.)(1998), *Economic Dynamism in the Asia-Pacific*, London : Routledge.

Todaro, Michael P. and Stephen C. Smith(2011), *Economic Development* (7th ed.), Addison Wesley.

Triffin, Robert(1960), *Gold and the Dollar Crisis : The Future of Convertibility*, New Haven : Yale University Press.

Tsoukalis, Loukas(2012), "Greece in the Euro Area : Odd Man Out, or Precursor of Things to Come," in William R. Cline and Wolff B. Guntram (eds.), *Resolving the European Debt Crisis*, Bruegel : PIIE Press.

Tyson, Laura(1992), *Who's Bashing Whom? Trade Conflict in High-Technology Industries*, Institute for International Economics.

United Nations(2015), *The Millennium Development Goals Report*.

Vaubel, Roland(1977), *Strategies for Currency Unification : The Economics of Currency Competition and the Case for a European Parallel Currency*, Kieler Studien.

Vernon, Raymond(1966), "International Investment and International Trade in the Product Cycle," *Quarterly Journal of Economics* 80.

____________(1971), *Sovereignty at Bay : The Multinational Spread of U.S. Enterprises*, New York : Basic Books Inc.

Viner, Jacob(1948), "Power vs. Plenty as Objectives of Foreign Policy in the Seventeenth and Eighteenth Centuries," *World Politics* 1 (October).

____________(1955), *Studies in the Theory of International Trade*, London : George Allen and Unwin Ltd.

Viterbo, Annamaria(2014), "The Role of the Paris and London Clubs : Is It Under Threat?" Academia. https://www.academia.edu/24972121/The_Role_of_the_Paris_and_London_Clubs_Is_It_Under_Threat

Vogel, Ezra(1979), *Japan as Number One*, iUniverse.

Wade, Robert(1990), *Governing the Market : Economic Theory and the Role of Government in East Asian Industrialization*, Princeton : Princeton University Press.

____________(2010), "After the Crisis : Industrial Policy and the Developmental State in Low-Income Countries," *Global Policy* 1(2).

Wade, Robert and Frank Veneroso(1998), "The Asian Financial Crisis : The High

Debt Model Versus the Wall Street Treasury–IMF Complex," *New Left Review* 228.

Wallerstein, Immanuel(1974), "The Rise and Future Demise of the World Capitalist System : Concepts for Comparative Analysis," *Comparative Studies in Society and History* 16.

Waltz, Kenneth(1979), *Theory of International Politics*, New York : McGraw Hill.

Weingast, Barry R. and Donald A. Wittman (eds.)(2006), *The Oxford Handbook of Political Economy*, Oxford University Press.

Weiss, Linda(2003), "Guiding Globalisation in East Asia : New Roles for Old Developmental State," in Linda Weiss (ed.), *States in the Global Economy : Bringing Domestic Institutions Back In*, Cambridge : Cambridge University Press.

Williamson, John (ed.)(1994), *The Political Economy of Policy Reform*. Washington, DC : Institute for International Economics.

Winch, Donald(1989), "Keynes, Keynesianism, and State Intervention," in Peter Hall (ed.), *The Political Power of Economic Ideas*, Princeton University Press.

Winters, L. Alan(1993), "The European Community : A Case of Successful Integration?" in Jamie De Melo and Arbind Panagariya (eds.), *New Dimension in Regional Integration*, World Bank.

Woo, Meredith J. (ed.)(2007), *Neoliberalism and Institutional Reform in East Asia : A Comparative Study*, UNRISD.

World Bank(2000), *Global Economic Prospects*, Ch.2.

WTO and IDE–JETRO(2011), "Trade Patterns and Global Value Chains in East Asia," June.

Wyplosz, Charles(1998), "Globalized Financial Markets and Financial Crises," Forum on Debt and Development, Amsterdam, March.

______________(2001), "A Monetary Union in Asia? Some European Lessons," *mimeo*.

Yam, Joseph(1997), "Asian Monetary Cooperation," the *Jacobsson Lecture*, September, Hong Kong.

Zhang, Yuling(2010), *China and Asian Regionalism*, World Scientific.

찾아보기

가

가격규제 628
가격메커니즘 23
가격-정화-흐름(price-specie-flow) 메커니즘 183
가격차별화 296
가중투표 제도 415
가치사슬의 분절화(slicing the value chains) 367
갈등조정 기제 542, 553
강한 국가 552, 553, 560
개발도상국 39, 425
개발독재 526
개발원조위원회(Development Assistance Committee ; DAC) 423
개방도(= 총교역량/GDP) 387
개방적 지역주의(open Regionalism) 482, 498
개방화 683
개입주의적 자유주의 424, 436
개입주의적 자유주의 타협 187
거시경제정책 603
거시경제정책의 자율성 199
거품경제 223
건전성 규제 606
게임이론 116
경공업 중심 513
경기변동의 동조성 684
경상계정 173
경상수지 175, 221
경상수지 불균형 176
경쟁적 우위(competitive advantage) 343
경쟁적 지역주의 653
경쟁적 평가절하(competitive depreciation) 60, 185, 649
경제공동체 692
경제동맹 451
경제동향 점검 및 정책대화(Economic Review and Policy Dialogue ; ERPD) 676
경제민족주의 92, 94
경제안보 98, 303
경제적 상호 의존성 25
경제적 성취와 사회발전 측정위원회 398
경제적 여건 682
경제정책 운용 실패 591
경제주권 99, 303
경제통합협정(economic integration agreement ; EIA) 457
경제 협력 및 통합 프로그램(PICE) 477
경직적 고정환율제도 180
계급 갈등 160

계급투쟁 142
계층별 소득분배 29
고금리 정책 604, 619
고도성장형 526
고립주의 489
고부가가치 산업 33
고소득국가 399, 407
고용보험 612
고전적 맑스주의 147
고전적 자유주의 120
고전적 중상주의 88
고정환율제도 59, 179
곡물법 51
공공재 14, 36, 105, 118
공공재적 패권안정이론 105
공급경제학 201
공동대부자(common creditor) 590
공동변동환율제도 195
공동시장 451
공동실효특혜관세협정(Agreement on the Common Effective Preferential Tariff ; CEPT) 480
공동화(空洞化) 이론 211
공산주의 148
공적개발원조 239
공적자금 611
공정무역 108, 550
공조문제 226
공황이론(panic theory) 587
과도한 규제(overregulation) 593
과잉저축론 268
관료의 효율성 542, 553
관료적 분파주의(bureaucratic fragmentation) 598
관료적 자율성(bureaucratic autonomy) 527~529, 552, 553
관료집단 527
관료체제 559
관리변동환율제도 185
관세(tariff) 299
관세동맹(customs union ; CU) 451, 457
관세 및 무역에 관한 일반협정(General Agreement on Tariffs and Trade) 65, 307
교역조건 300
교환관계 159
구매자 추동 네트워크 516
구속성 원조(tied aid) 410
구제금융 252, 583
구제금융양해각서 577
구조개혁 551, 605, 625
구조적 맑스주의 144
구조적인 취약성 585, 591
구조적(structural) 패권안정론 106
구조전환 이론 402
구조조정자금(structural adjustment loan ; SAL) 330, 413
구조조정 정책 621
구조조정 프로그램(Structural Adjustment Program ; SAP) 433
구조주의 154
국가개입 539
국가-관료-사회 간의 협력관계 551, 553
국가부채위기 226
국가의 역할 558, 561
국가이론 517

국가 자율성 25
국가 주권 13
국가 주도적 역할 522
국가 중심적 시각 517
국가 중심적 이론(state-centric theory) 350
국가 통화주권주의 206
국내 부채위기(재정위기) 226
국민기초생활보장제도 612
국제개발협회(IDA) 414
국제거래 11, 34
국제경제질서의 변화 544
국제규칙 수용자 73
국제규칙 제정자 73
국제금융관계 172
국제금융기구 274
국제금융위기 204
국제금융위기 대응 650
국제레짐 13, 26, 27, 368
국제무역기구(International Trade Organization ; ITO) 65, 188, 306
국제무역분쟁 178
국제부흥개발은행(IBRD) 188, 414
국제수지 172
국제수지 균형 175
국제수지 불균형 176
국제수지 위기 225
국제수지의 '사후적 항등성' 175
국제 식량위기 426
국제유동성 209, 587
국제유동성 확보 601, 631
국제자본이동의 급변성 586
국제자본이동의 변동성 627
국제적인 공조 271
국제전화전신기업(ITT) 375
국제정치경제 9
국제정치경제 환경 515
국제정치질서의 변화 543
국제통화관계 172
국제투자규범 372
국제투자대조표 67
국제투자보증기구(MIGA) 415
국제투자분쟁해결본부(ICSID) 415
국제협력 137
군집이동 651
굿거버넌스(good governance) 560
권능조항(enabling clause) 462, 465
권력의 분권화 542
권위주의 533
권위주의 정권(bureaucratic authoritarian regime) 535
규모의 경제 292
규제국가 539
규제시장경제 533
규제완화(underregulation) 593
규제차익 277
그람시주의자 163
그렉시트 253
그린피스(Greenpeace) 381
그림자은행(shadow banking) 269
근린궁핍화(beggar-thy-neighbor) 정책 49, 93, 104, 185, 630
글로벌 가치사슬 361
글로벌 금융위기 129, 220, 263
글로벌 부가가치소득 366

글로벌 불균형 178
글로벌 상품사슬 361
글로벌 생산 네트워크 361, 362, 364
글로벌 스탠다드 265, 651
글로벌 안전망 281
금본위제도 53, 179, 182
금융감독 시스템 271
금융경색 현상 620
금융계정 173
금융당국의 관리감독 기능 269
금융불안정 가설 231, 233
금융세계화 548
금융수지 176, 221
금융안전망 279
금융안정위원회 277
금융위기 16, 224, 233
금융자유화 247
금의 이중가격제 193
금태환 중지 선언 195
금환본위제도 64, 179, 185, 187
기능별 소득분배 29
기능적인 통합 11
기술관료집단(highly skilled technocratic bureaucracy) 433
기업 간의 내부가격조정(transfer pricing) 383
기업개선작업(워크아웃) 610
기업경제적 견해 347
기초 경제여건 585
기축통화국 53, 185, 194
기타 관리환율제도 182
긴급수입규제조치(safeguard) 317
긴급수입제한조치 463
긴급유동성 209, 617
긴급유동성 지원제도 631
긴급유동성 확보 240, 601
긴축 거시정책 584
긴축수요관리정책 609, 618
긴축재정정책 603
긴축통화정책 603

나

낙인효과(stigma effect) 670
내국민대우(national treatment) 원칙 309, 379
내부 요인론 517
내부적 규모의 경제 293
내부적 주권 85
내생적 성장이론(endogenous growth theory) 401
내인론 536, 585, 591, 595
내재된 자유주의 124, 125
냉전(cold war) 70, 543
네가티브섬 게임 87, 143
노동소득분배율 29
노사정위원회 611
농업 수출 보조금 323

다

다국적기업 340, 341, 352
다극체제 210, 494
다변화 이론 345
다자간 스왑(Multilateral Swap Arrangements ; MSAs) 667

다자간 원조(multilateral aid) 410, 412
다자간 투자협정(Multilateral Agreement on Investment ; MAI) 368, 372
다자적 자유무역질서 108
다자주의 497, 546
다통화블럭 제도 211
단기외채 592
단기외채의 급증 626
단기투기성자금 223
단순변동환율제도 181
단일유럽의정서(Single European Act) 468
달러본위제도 547
달러블록 655
대공황 124, 184
대기업 간의 사업교환(빅딜) 610
대나무 자본주의 모델(bamboo capitalism model) 365
대동아공영권 642
대륙 간 지역협정 481
대아시아주의 643
대외신인도 619
대외원조 410
대외의존형 526
대차대조표 효과 230
대처리즘 68
대침체(Great Recession) 267
덤핑 296
데킬라 위기 244
데탕트(détente) 70
도덕적 해이 268, 593
도드-프랭크 법 271
도약이론 401
도쿄 라운드 314
도하개발아젠더(Doha Development Agenda) 협상 322
독점적 우위이론(monopolistic advantage theory) 347
동남아연합(Association of Southeast Asia ; ASA) 479
동남아조약기구(Southeast Asian Treaty Organization ; SEATO) 479
동아시아경제공동체(EAEC) 691
동아시아공동체(East Asian Community ; EAC) 660, 697
동아시아 발전 509
동아시아 발전국가 모델(East Asian developmental state model) 436, 522, 536
동아시아 FTA(East Asian FTA ; EAFTA) 660
동아시아 위기 536, 571
동아시아 위기 vs. 글로벌 금융위기 599
동아시아적 경쟁정책(East Asian style competition policy) 527
동아시아 지역주의 691
동아시아 지역통합 638
동양평화론 642
동양평화회의 642
동태적 비교우위 298, 554

라

라틴아메리카 FTA(Latin America FTA ; LAFTA) 464
라틴아메리카 외채위기 235
라틴아메리카 자유무역지대(ALALC) 476

라틴아메리카 통합위원회(ALADI) 476
런던클럽 242
레닌(N. Lenin) 350
레이거노믹스 68, 130
로마조약(Rome Treaty) 466
루브르 협정 203, 204
리더십 696
리카도 무역이론 287
리카도(David Ricardo)의 비교우위론 32
립진스키 정리 290

마

마닐라 그룹(Manila Framework Group) 665
마샬 플랜 34, 62, 191, 412
마스트리히트 조약 376, 466, 469
만기 규제 279
만기불일치(maturity mismatch) 226, 230, 586, 653
말의 성찬(talk shop) 483
맑스주의 15, 142, 205
모라토리엄 241
목표환율대제도 211
무역 관련 지적재산권 협정(TRIPs) 318
무역 관련 투자조치(Trade Related Investment Measures ; TRIMs) 318, 371
무역전환(trade diversion) 451, 453, 472
무역정책검토기구 320
무역정책 수단 299
무역조정지원제도(TAA) 법안 334
무역차액론 88
무역창출(trade creation) 451, 453, 472
무역패턴 288
무역협상위원회(Trade Negotiations Committee ; TNC) 316
무역협상촉진권한(TPA) 334
무이자예치제 278
무정부상태(anarchical order) 84, 543
무체제 200
무해한 무시(benign neglect) 환율정책 654
문턱효과(threshold effect) 624
문화주의 시각 520
미국발 글로벌 금융위기 214
미국 우선주의 335
미국의 불평등 31
미주자유무역지대(Free Trade Area of the Americas ; FTAA) 490
미 · 중 통상분쟁 388
미 · 중 패권경쟁 40, 544
민감의존성 26
민관협력(public-private cooperation) 528, 529
민스키 시점 233
민스키 이론 231, 267
민영화 119, 130, 611
민주화 533, 541
민중주의적 정권(populist regimes) 535

바

바닥으로의 경주(race to the bottom) 561
바젤위원회 277
바트화의 폭락 572
반덤핑(anti-dumping) 317
반덤핑관세(antidumping duties) 311

반세계화 128
반주변부 158, 159
반패권 163
발전(development) 397
발전국가 533, 539
발전국가 모델(developmental state model) 517
발전국가 모델의 위기 538, 597
발전국가 모델의 유연성 537
발전국가 모델의 재구성 540, 549
발전국가 모델의 폐해 536
발전국가의 유산 540
발전정향의 이념 526, 527, 530, 558
배분 13
배타성 11
배태된 자율성(embedded autonomy) 519
뱅크런 134, 225
범대서양무역투자동반자협정(Transatlantic Trade and Investment Partnership ; TTIP) 488
베르사이유 조약 58
베스트팔렌 조약 48, 50
베이징 컨센서스 132
베이커 플랜 240, 241
변동환율제도 68, 179, 181, 199
변증법적 사적 유물론 148
보고르 선언 482, 483
보수주의 혁명 128
보이지 않는 손 22, 121
보편사회 123
보호무역 302
보호무역 옹호론 300
보호무역주의 55, 94, 550, 555
복합통화 기축통화안 210
볼리바르주의(Bolivarism) 492
부동산 버블 247, 258
부동산 버블 붕괴 257
부분적 무역협정(partial scope agreement ; PSA) 457
부실 금융기관 605
부실자산 구제프로그램 270
부채문제 58
부채-자본 비율 591
북미자유무역협정(North America FTA ; NAFTA) 473
분배문제 31
분업체계 21
분쟁해결기구 320
불가능의 삼각정리 198
불균형성의 법칙 150
불완전경쟁 118
불평등 162
브래디 플랜 240, 241
브레튼우즈 기구들 64
브레튼우즈 체제 64, 186, 189
브렉시트 253, 489
비공식적 협력체(informality) 486
비관세장벽 98, 299
비관세장벽 협상 314
비교우위 123, 288
비구속성 원조(untied aid) 410
비국가 행위자 115
비자본투자(non-equity investment) 360
빅데이터 분석 386
빈곤율 515
빈곤 함정(poverty trap) 406

사

사양산업 32
사양산업보호론 302
사하라 이남 아프리카 지역 433
사회 구성주의 163
사회 · 문화적 여건 682
사회안전망 612
사회적 신뢰 521
사회적 자본(social capital) 521
사회주의 발전전략 431
사회주의시장경제 533
산업 간 무역 295
산업공동화 현상 202
산업 내 무역 295
산업전환 513
산업정책 99, 522, 533, 550
산업혁명 45, 50, 524
산업화 526, 533
산업화와 지속성장 513
상계관세(countervailing duties) 311
상대적 분배 28, 33, 34
상대적 이득 33, 86, 103
상대적 지위 86
상시적 구조조정 627
상업은행 차입 자금 629
상호경제원조협의회(CMEA) 470
상호무역협정법 305
상호 신뢰 689
상호주의(reciprocity) 309
새로운 무역이론 287, 291
새로운 보호주의 328
새천년개발목표(Millenium Development Goals ; MDGs) 414, 420
생산과정의 분절화 545
생산세계화 363, 386, 545
생산요소시장 28
생산주기이론(product cycle theory) 348
서브프라임 모기지 위기 264
서비스무역 315
서비스무역에 관한 일반협정(General Agreement on Trade in Services ; GATS) 317, 318
석유파동 237
선의적 중상주의 100
선점효과 294
세계무역기구(World Trade Organization ; WTO) 65, 317
세계은행 417, 418
세계은행그룹 414
세계 제국 157
세계체제론 153, 157
세계화 6, 128, 131, 145, 500, 561
세계화 반대론자 134
세뇨리지(seignorage) 190, 654
세이(Say)의 법칙 150
세이프가드 311
소득분배론 28
소련 모델 431
소지역주의(sub-regionalism) 662
수량할당 298, 300
수련형(water lily) 모델 365
수입대체 산업화 156
수입대체정책 238, 430
수입집중도(import intensity) 647

수정자유주의자 274
수정주의적 발전국가 모델 518
수직적 생산구조 545
수직적 통합(vertical integration) 343
수출보조금 89, 300
수출주도 성장정책 238
수출주도 정책 522, 645
수출주도형 발전전략 427, 428, 526
수출진흥정책 430, 511, 533
수출집중도(export intensity) 647
수평적 통합(horizontal integration) 343
수확체증의 법칙 292
순국민저축 178
순대외자산 67
순민간저축 178
순정부저축 178
숨겨진 발전국가(hidden developmental state) 564
스무트-홀리 관세법 60, 304, 305
스미소니언 협정 195
스칸디나비아 금융위기 247
스태크플레이션 68
스톨퍼-사뮤엘슨 정리 291
스튜어드십 380
스파게티 보울 효과(spaghetti bowl effect) 498
시장만능주의 이데올로기 538
시장실패 36, 118, 405, 518
시장 우위적 전제(market primacy assumption) 519
시장 중심적 시각 518
시혜적 상호주의 310
식민주의 90, 145
식민지 종속 모형(neocolonial dependence model) 403
신개발은행(New Development Bank) 73, 215, 419
신국제경제질서(New International Economic Order ; NIEO) 436
신그람시주의 164
(신)기능주의 이론 447
신냉전 70, 543, 544
신브레튼우즈 체제 212, 213, 547, 555
신생 독립국가 97
신식민주의 154
신용부도스왑 프리미엄 252
신용위험 230
신자유주의 67, 127, 331
신자유주의 국가 538
신자유주의 처방 625
신최적통화지역이론(new theory of the optimum currency area) 456
신현실주의 91, 95
신현실주의 패권안정이론 105
신흥산업국(newly industrialized countries ; NICs) 399
실물 측면에서의 지역화 현상(real regionalization) 648
실업예비군 149
싱가포르 이슈 372

아

아순시온 협약(Treaty of Asuncion) 477
아시아공동체론 643

아시아-유럽 정상회의(Asia-Europe Meeting ; ASEM) 485
아시아의 원죄 273
아시아주의 640
아시아채권시장포럼(Asia Bond Market Forum ; ABMF) 674
아시아태평양 경제협력체(Asia-Pacific Economic Cooperation ; APEC) 481
아시아 · 태평양 공동체(Asia-Pacific Community ; APC) 662
아시아투자개발은행 73
아 · 태자유무역지대(FTA of the Asia-Pacific ; FTAAP) 483
악의적 중상주의 100
안데스 공동체 492
안전망 확보 551
안항형 모델(flying geese model) 364
양극체제 494
양극화 135
양자 간 원조(bilateral aid) 410, 412
양자 간 통화스왑 271, 280, 677
양자 간 투자협정(bilateral investment treaties ; BITs) 379
양자주의 497, 546
양적완화정책 6, 265, 270
양적인 통제 627
에너지 효율성 389
역내경제의 상호 연계 정도 683
역내집중도 647
역내 포괄적 경제동반자협정(Regional Comprehensive Economic Partnership ; RCEP) 335, 661
역사적 블록 163
역사적 유물론 148
역사적 특수성 534, 557
연계된 자율성(embedded autonomy) 527, 528
연성권위주의 528
영국의 곡물법 304
5분위분배율 30
완전고용 175
왕도의 문화 643
외부성 118
외부적 규모의 경제 293
외부적 주권 85
외인론 515, 585
외채만기 협상 608, 617
외채위기 227, 235
외화 수취 174
외환거래세 629
요소가격균등화 정리 290
요소부존도 290
요소집약도 290
우루과이 라운드 315
워싱턴 컨센서스 132, 267, 420, 433
워크아웃 제도 607
원격지무역 48
원산지규정 463
원죄(original sin) 586, 631, 652
"월가를 점령하라(Occupy Wall Street!)" 운동 129
위안화 국제화 214
위험조정수익률(risk-adjusted return) 222, 345
윈윈게임 123
유교문화권 688

유교자본주의 520
유동성 위기 592
유럽경제공동체(European Economic Community ; EEC) 458, 466
유럽금융안정기구 259
유럽금융안정기금 259
유럽 동맥경화증(Eurosclerosis) 468
유럽 부흥 계획 62
유럽석탄철강공동체(European Coal and Steel Community ; ECSC) 466
유럽연맹(EU) 72
유럽위원회(European Commission) 692
유럽의 EMU 211
유럽자유무역연합(European Free Trade Association ; EFTA) 466
유럽재정위기 254
유럽통합(European integration) 644
유럽통화제도 248
유럽협의회(European Council) 465
유로블록 655
유로협약 259
유망산업 32
유연한 고정환율제도 180
유치산업보호론 301
유치산업 육성 89
은밀한 보호주의(murky protectionism) 333, 546
은행대출의 경기순응성 233
은행동맹 260
은행위기 225
이라크 전쟁 6
이론적 조건 682
2부문 모형(dual-sector model) 402
이윤율 감소의 법칙 150
이익의 상대적 배분 691
이자율평가(interest rate parity) 222, 345
인간개발접근법 440
인간발전지수(Human Development Index ; HDI) 398
인공지능 386
인플레이션의 수렴 684
일국 일표 원칙 321
일반화의 오류 531
일본 때리기 71
잃어버린 10년 236, 246, 434
잃어버린 20년 358

자

자기실현적 예상 229
자기자본 조달 232
자본계정 174
자본이동 32
자본자유화 221, 222, 376, 549
자본주의 발전국가 모델(model of capitalist developmental state) 522
자본주의 4.0 129, 266
자본주의의 다양성(Varieties of Capitalism) 561
자본주의적 제국주의 법칙 152
자애적 패권국가 107
자연권 115
자연독점 153
자유무역 네트워크 555
자유무역 옹호론 297

자유무역협정(free trade agreement ; FTA) 457
자유방임주의 121
자유변동환율제도 181
자유주의 15, 114
자유주의적 정부 간 협상론(liberal intergovernmentalism) 450
자유화 정책 623
자족성(self-containment) 680
장기공황 56
재규제(reregulation) 594
재분배정책 31
재정동맹 260
저발전 함정(underdevelopment trap) 406
저부가가치 산업 33
저소득국가 399, 408
저축대부조합 262
적기시정조치 606
전간기 58, 93, 184
전략적 무역이론(strategic trade theory) 332
전략적 무역정책 101, 326, 330
전략적 산업정책 527, 554
전략적 이론(strategic theory) 349
전방참여 386
전방통합(forward integration) 344
전염효과(contagion effect) 585, 589
전원합의(consensus) 원칙 486
전쟁배상금 58
전통적 무역이론 287
절대우위 120
절대적 이득 28, 33, 103
절약의 역설 126
절충이론(eclectic theory) 348, 351
점진적 확산론(spillover) 447
정경분리 96
정부 간 협상론 449
정부실패 119, 518
정실자본주의 273, 593
정책공조에 대한 수요 685
정책금융(policy loan) 547, 550
정체성(regional identity) 688
정치경제적 견해 349
정치적 여건 682
정치적 친밀도 684
정통 경제학적 견해 345
정통 자유주의 전략 432
제국주의 90, 95, 145, 150, 151
제노바 회의 59
제도적 기구 694
제도적 자유주의자 382
제도주의 시각 518
제로섬 게임(zero-sum game) 86
제3세계론 640
제3세대 통화위기 이론 229
제2세대 통화위기 모형 134, 228, 250
제1세대 통화위기 모형 227, 249
제1차 세계대전 57
제조전문기업 363
조건부 무역조치(contingent trade measures) 311
조건부 최혜국대우 310
조기경보체제 626
조세감면정책 201
조절 가능한 고정환율제도 188, 197
조정시장경제 533
조정역량(coordinative capacity) 439, 559

종속국가 144
종속된 발전 156
종속이론(dependency theory) 151, 155, 350, 403
종합수지 177
죄수의 딜레마 116, 135
주권국가 49
주류 경제학적 발전이론 400
주변부 157, 158, 404
주주 행동주의 380
중공업 중심 513
중국 때리기 71
중금주의 88
중미공동시장(Central America Common Market ; CACM) 492
중상소득국가 399, 407
중상주의 33, 49, 88
중심부 157, 158, 404
중앙계획경제 326
중앙은행의 독립성 604
중 · 일 FTA 657
중진국 함정(middle income trap) 406
중하소득국가 399, 407
증여(grant) 410
지배국가 144
지속가능개발목표(Sustainable Development Goals ; SDGs) 420
지역 간 생산분업체제(regionalized networks of production) 516
지역 금융안전망 556
지역 금융협력 630
지역다자협정(regional multilateral agreement) 695
지역무역협정(regional trade agreement ; RTA) 333, 376, 457
지역무역협정위원회(Committee on Regional Trade Agreements ; CRTA) 464
지역생산분업 시스템 545
지역안전망 280
'지역'의 위기 597
지역의 정체성 697
지역적 국제기구 501
지역주의 500, 546
지역주의 현상 653
지역초월적 양자주의 333
지역통합 16, 446
지역통합이론 447
지역통화단위 678
지역협력기제 694, 696
지역화(regionalization) 329
지적재산권 317, 326
지적 패권(intellectual hegemony) 이론 164
집중의 법칙 150

차

차관(loan) 410
착취적 패권국가 107
채무 덫 239
체제전환국 409
초국가적 국제기구 447, 500
초국가적 역사 블록 164
초인플레이션 59, 184
초청에 의한 상승(promotion by invitation) 516

최소국가 598
최적관세 301
최적통화지역(optimum currency area) 454, 653
최적통화지역이론 454
최종대부자 37, 273, 616
최혜국대우(most favored nations ; MFN) 308, 324
최혜국원칙 379
취약의존성 26
치앙마이 이니셔티브(Chiang Mai Initiative ; CMI) 631, 665

카

케네디 라운드 313
케인즈주의 97, 124, 125
켈틱 타이거 257
콥든-슈발리에 협정 52
킹스턴 체제 200

타

타인자본 조달 232
탈규제 130
탈아(脫亞)-입아(入亞) 641
탈집중적 네트워크(decentralized network) 516
테소본드 245
토빈세 278, 629
통합감독기구 611
통합과정 695
통화동맹(Economic and Monetary Union ; EMU) 469
통화불일치(currency mismatch) 230, 586, 652
통화블록 60
통화스왑 665
통화우위 이론 346
통화위기 224
통화위기 이론 227
통화위원회(currency board)제도 245
통화주조차익(seignorage) 456
통화 측면에서의 글로벌화 현상(monetary globalization) 648
통화통합 254, 255, 260, 466
투기 조달 232
투자국(home country) 340, 383
투자유치국(host country) 340, 353, 384
투자자-국가 간 분쟁해결 조항(investor-state dispute settlements ; ISDS) 377
트리핀 딜레마 196
특별인출권 194
특별조사위원회 462

파

파레토 개선 109
파레토 최적 137
파리클럽 242
파생상품 269
패권 35
패권경쟁 8, 14, 390
패권국 38
패권안정이론 35, 104, 126
패권의 쇠락 53
패도의 문화 643

팩스-브리태니카 35
팩스-아메리카나 35
팽창수요관리정책 203
팽창재정정책 201
페미니즘 161
페트로달러 237, 238
포괄적 경제동반자협정(Comprehensive Economic Partnership for East Asia ; CEPEA) 661
포드니-맥컴버 법 60
포지티브섬 게임 87, 117
포퓰리즘 255
폰지 조달 232
프롤레타리아 149
플라자 협정 202, 204

하

한 · 미 간 통화스왑 677
한 · 미 FTA 7
한 · 일 간 통화스왑 677
한 · 일 FTA 656
한정적 상호주의 310
한 · 중 FTA 657
한 · 중 · 일 FTA 658
핫머니 629
항해법 52
해외간접투자 342
해외 부채위기(외채위기) 226
해외직접투자 342, 356
헤게모니 35
헤알 계획 246
헤지 조달 232
헥셔-올린 무역이론 289
혁신국가 정책 368
현실주의 15, 84, 96
현인그룹(Group of Eminent Persons) 375
화폐동맹 211
환율제도 179
환태평양경제동반자협정(Trans-Pacific Partnership ; TPP) 334, 657
후발국 발전전략 523
후발주자의 이점(advantage of late developers) 524, 525, 535
후방참여 386
후방통합(backward integration) 344
희소한 자원 27

영문

ACU(Asian Currency Unit) 678
ADB 416
AFTA(ASEAN Free Trade Area) 480
AIIB 215, 416
AMF(Asia Monetary Fund) 665
APEC 482
ASEAN 479
'ASEAN-Centrality' 기제 658
ASEAN+3 정상회의 660
ASEAN+3 Macroeconomic Research Office(AMRO) 677
ASEAN-일본 FTA 660
ASEAN-중국 FTA 659
ASEAN-한국 FTA 660
Asian Bond Fund(ABF) 672, 674

Asian Bond Market Initiative(ABMI) 672

CGIF(Credit Guarantee Investment Facility) 673
CGIM(Credit Guarantee Investment Mechanism) 673
CMIM(CMI Multilateralization) 667, 699
CPTPP(Comprehensive-Progressive Trans-Pacific Partnership) 663
CRA 215
CUSFTA(Canada-US FTA) 473, 474, 499

E7 75
EAI(Enterprise for the Americas Initiative) 490
'early harvest(조기수확)' 프로그램 659
EC 468, 493
ECSC 493
EMEAP(Executives' Meeting of East Asia Pacific Central Banks) 664
EMS 468
ERM 위기 248
EU(European Union) 376, 468

FTAA 491
FTAAP 483

G20 정상회담 272
G7 75
GATS 371
GATT 65, 306, 312

IBRD 415
IDA 415
IMF 64, 188, 189, 192, 416
IMF 구제금융 601, 608, 613
IMF 의향서 603, 614
IMF 차관 585
IMF 프로그램 607, 613
IMF의 이사회 의사결정 방식 192
IMF의 이중적 태도 620
IMF의 총재 선출방식 192
ISDS 378

'L' 자형 회복과정 595

MAI 협상 373
MDGs 421, 422
MERCOSUR 476, 477, 478, 492

NAFTA 377, 499
NGO 374, 381

OECD 372
OEEC 494
OEM(original equipment manufacture) 362

S&L 위기 261
SAP 434, 558
SDGs 422

TPP 662
TRIMs 371
TTIP 489

UN 375, 420

UN 다국적기업센터(UNCTC) 375
UNCTAD 375
USMCA(United States-Mexico-Canada Agreement) 378, 476
'V' 자형 패턴 583, 584, 595, 597

WTO 318
WTO 사무총장 320

지은이에 대하여

임혜란

이화여자대학교 졸업(정치학 학사)

미국 University of California, Davis 졸업(정치학 박사)

가톨릭대학교 국제학부 교수

외교통상부 자문위원

미국 Brookings 연구소 객원연구원

서울대학교 한국정치연구소 소장

한국국제정치학회 부회장

한국정치학회 부회장

대법원 법원감사위원회 위원

현, 서울대학교 정치외교학부 교수

이영섭

서울대학교 졸업(경제학 학사)

미국 University of California, Berkeley 졸업(경제학 박사)

한국개발원구원(KDI) 부연구위원

숙명여자대학교 경제학부 교수

일본 동경대학교 객원교수

금융발전심의회 위원

한국EU학회 회장

미국 Brookings 연구소 객원연구원

현, 한국금융학회 회장

현, 서울대학교 국제대학원 교수

국제정치경제와 동아시아

초판 1쇄 발행 2020년 9월 1일
초판 2쇄 발행 2022년 6월 30일

지은이 임혜란 · 이영섭
펴낸이 박기남
펴낸곳 **율곡출판사**

08590 서울시 금천구 가산디지털1로 84(에이스하이엔드 8차), 803호
전화 (代) 02) 718-9872
팩스 02) 718-9874
home-page www.yulgokbooks.co.kr
e-mail yulgokbook@naver.com
등록 1989.11.10. 제2014-000031호
ISBN 979-11-87897-95-8 93340

값 35,000원